Der Swaziland Christian University
of Theology
und der Mission Kwa Sizabantu
in Dankbarkeit gewidmet

OKKULTES ABC

Ergänzungsband zum Buch
„Seelsorge und Okkultismus“

von
Dr. Kurt E. Koch

3. Auflage

Bibel- und Schriftenmission Dr. Kurt E. Koch e.V.
D-6955 Aglasterhausen

ISBN 3-924293-02-3
Herstellung: Ebner Ulm
1. Auflage 1981 / 2. erw. Aufl. 1984 / 3. Aufl. 1988
Grafik: Heinz Knaus, Öhringen

Inhalt

B. Auswirkungen

C. Befreiung

Vorwort zur 1. Auflage

Einführungen zu Büchern, Vorreden, Vorworte sind gewöhnlich langweilig. Die Leser überschlagen in den meisten Fällen die Vorworte. Ich habe das selbst seit vielen Jahren auch getan. Bei dem vorliegenden Buch ist es nicht ratsam, diese Gewohnheit zu praktizieren. Es könnten sonst bei der Lektüre des Buches Mißverständnisse entstehen.

Wer das Inhaltsverzeichnis des Buches liest, kann unter Umständen schockiert werden. Was hat zum Beispiel ein Kapitel über die Meditation in einem antiokkulten Buch zu tun? Die Antwort ist sehr einfach: dieses Buch bringt nur mißbräuchliche Dinge. Und es gibt mehr okkulte Formen der Meditation als echte Formen. Das betende Nachdenken über einen biblischen Text hat wahrhaftig mit Okkultismus nichts zu tun. Es wird nur gegen die von Christus ablenkenden Formen der Meditation zu Felde gezogen.

Der deutsche Leser wird viele fremdartig klingende Bewegungen vorfinden. Das hängt damit zusammen, daß dieses Buch ins Englische übersetzt wird. Es wurden deshalb die amerikanischen Bewegungen berücksichtigt. Da ein Verleger aus Quebec (Kanada) um das Übersetzungsrecht ins Französische nachgesucht hat, müssen auch Strömungen aus Kanada mitbehandelt werden. Wir beobachten ohnehin seit Jahrzehnten die Erscheinung, daß Strömungen in Nordamerika zehn Jahre später sich in Europa zeigen. Was wir heute noch nicht kennen und begreifen, wird uns also in zehn Jahren geläufig sein.

Das vorliegende Buch ist durch die häufige Nachfrage nach dem vergriffenen Titel „Der Aberglaube" entstanden. Mit dem früheren Buch „Der Aberglaube" hat der vorliegende Titel nur das eine gemeinsam, daß die Probleme in alphabetischer Reihenfolge dargestellt werden. Stoff und Inhalt sind von Anfang bis Ende neu gefaßt und geschrieben.

Bei den vielen Beispielen aus meiner seelsorgerlichen Praxis wird wiederum die Frage entstehen, ob ich nicht das Beichtgeheimnis verletzt habe. Dieser Vorwurf wurde früher schon einmal erhoben. Ich weise ihn aber energisch zurück. Durch die Barmherzigkeit Gottes habe ich bis jetzt 128 Länder bereist – Südpol eingeschlossen –, niemand kann also feststellen, woher das Beispiel stammt. Außerdem sind alle Anhaltspunkte wie Ortsnamen, Personennamen, Alter, Berufsbezeichnung weggelassen. Mein Hauptargument gegen diesen Vorwurf ist, daß ich nur Beispiele bringe, die ich veröffentlichen darf.

Von seiten der Parapsychologie, das bedeutet zum Beispiel von Prof. Bender, Freiburg, wurde darauf hingewiesen, meine Beispiele hätten keinen wissenschaftlichen, sondern nur einen persönlichen Wert, weil eben alle statistischen Daten weggelassen worden sind. Diesen Einwand kann ich auf dreierlei Weise entkräften:

1. In meiner Kartei befinden sich statistische Angaben.
2. Gerade aus Gründen der Wahrung des Beichtgeheimnisses wurden die näheren Bezeichnungen weggelassen.
3. Die Spontanfälle haben auch im Gebiet der Parapsychologie einen größeren Beweiswert als etwa die Experimente. Bei den Spontanfällen gibt es derartig starke Beweismittel, die wir bei den Experimenten nicht finden. Prof. Bender wird antworten: die Tatsache, daß es gelungen ist, den Spuk von Rosenheim auf einem Filmstreifen festzuhalten, sei doch der Gegenbeweis zu meiner Behauptung. Auch dieser Hinweis läßt sich entkräften: der Spuk von Rosenheim ist ein Spontanfall und nicht etwa ein Experiment. Weitere Probleme auf dieser Ebene finden Sie in dem Kapitel über Parapsychologie.

Aus den Kreisen ernstzunehmender gläubiger Christen kam manchesmal der Vorwurf: geben wir dem Teufel nicht zuviel Ehre, wenn wir okkulte Bücher schreiben? Diesen Vorwurf hat zum Beispiel in Amerika das christliche Blatt „Eternity“ (Ewigkeit) erhoben. Dazu ist folgendes zu sagen. Paulus konnte den Korinthern schreiben: „Wir sind nicht unkundig der Anschläge Satans.“ (We are not ignorant of his devices.) Heute müßte man sagen: Wir sind unwissend und unkundig der Anschläge Satans. Viele Christen haben keine Ahnung, was auf dem Gebiet des Okkulten sich alles abspielt – und in dieser Unwissenheit, in dieser Vernebelung und Kurzsichtigkeit hat Satan leichtes Spiel. Ich gebe dazu drei Beispiele, die mir viel Herzweh bereitet haben.

1. Als mein Buch „Seelsorge und Okkultismus“ erschienen war, sagte der damalige Leiter der Bibelschule Unterweissach (Fischer), ein solches Buch sei nicht notwendig. Wenn man mit einem Christen, der unter einer okkulten Belastung leidet, einmal ernsthaft betet, dann sei er von allen Auswirkungen befreit. Diese Aussage zeugt von einer grenzenlosen Unwissenheit. Es gibt Gläubige, die Jahre und Jahrzehnte unter der

okkulten Belastung, verursacht durch Zaubereisünden der Vorfahren oder im eigenen Leben, leiden.

2. Das gleiche Buch „Seelsorge und Okkultismus", das heute schon zusammen mit den Fremdsprachenübersetzungen 25 Auflagen hat, wurde auch an der Bibelschule Beatenberg durch Frau Dr. Wasserzug verdammt. Das Buch wurde auf den Index gesetzt. Die Seminaristen der Bibelschule durften dieses Buch nicht kaufen und nicht lesen. Die Kehrseite war dann, daß bei meiner Evangelisation in Interlaken Bibelschüler und Lehrer von Beatenberg zur seelsorgerlichen Aussprache kamen und ihre okkulten Probleme ausgeräumt haben.
3. Ein drittes Erlebnis hatte ich in Basel. Prediger Gilgen, der Leiter der Freien Gemeinde in Basel, war ein gesegneter Zeuge Jesu. Er hat sich nach Erscheinen meiner Bücher über das okkulte Gebiet geäußert: „Wir brauchen diese Bücher nicht, in der Schweiz gibt es keine okkulten Probleme." Das ist eine groteske Äußerung. In der Schweiz ist gerade der Kanton Appenzell bekannt für seine okkulten, magischen und spiritistischen Heiler. Es gibt Zehntausende in der Schweiz, natürlich auch in Deutschland und in anderen Ländern, die durch die okkulten Praktiken schwer belastet sind. Es ist mir unbegreiflich, daß ein Mann vierzig Jahre lang das Wort Gottes verkündigt und Seelsorge hat und mit diesen Problemen nicht konfrontiert wird.

Das okkulte Problem liegt zwischen zwei Extremen: das eine Extrem ist bereits dargestellt. Es gibt Gläubige, die erklären, wenn ein Mensch zu Jesus kommt, dann bedeutet das gleichzeitig ein Ende aller okkulten Belastungen. Diese These habe ich auch oft in Nordamerika gehört, und doch ist diese These eine Unwahrheit und gründet sich auf eine mangelnde Erfahrung.

Das andere Extrem ist die Übersteigerung der okkulten Probleme. Es gibt Gläubige, die all das, was sie nicht begreifen, okkult nennen. Ja, solche Gläubige können sogar in eine Art okkulte Neurose geraten, daß sie alles Merkwürdige in ihrem Leben einer okkulten Belastung zuschieben. Man muß auf diesem Gebiet äußerst nüchtern und auf dem Boden realer Tatsachen bleiben.

Zur Lektüre dieses Buches muß ich noch einen seelsorgerlichen Rat geben. Menschen mit einem schwachen Nervensystem oder einer unnormalen Beeindruckbarkeit der Seele sollten das Buch nicht lesen, sondern sich höchstens von gläubigen Freunden daraus einiges berichten lassen. Es gibt ja nervenschwache und hochsensible Menschen, die gleich alles auf sich beziehen, was sie zu lesen bekommen. Den andern aber, die seelisch und nervlich gesund sind, ist zu raten, daß sie sich jeweils im Gebet unter den Schutz Jesu und unter die Bedeckung seines teuren Blutes stellen. Der Teufel versucht immer, uns an der schwächsten Stelle anzugreifen. Wer sich auf ein Kampffeld begibt, wird dort beschossen werden. Das erlebte ich selbst bei der Niederschrift dieses Buches. Eine Krankheit löste die andere ab, Unfälle ereigneten sich, dazu traten eines Tages schlimme Schmerzen am rechten Arm auf, so daß ich mit der Schreibmaschine nicht mehr schreiben konnte. Ich mußte wochenlang die Niederschrift des Buches unterbrechen.

Das Buch soll bewußt keinen wissenschaftlichen Charakter haben wie der andere Titel „Seelsorge und Okkultismus". Man sagt mir immer wieder, dieses wissenschaftliche Buch „Seelsorge und Okkultismus" sei zu schwer für den einfachen Menschen. Notwendig sei ein Volksbuch, das die Probleme nicht verharmlost und andererseits aber auch nicht extrem übersteigert. Dieser vielfach geäußerten Bitte versuchte ich hier nachzukommen.

Wenn man mich nun fragt: „Was willst du eigentlich mit diesem Buch?", dann antworte ich mit einem Beispiel.

B 1 Vor einigen Jahren erzählte mir eine Lehrerin ein gefährliches Erlebnis. Sie war am Nachmittag auf einen hohen Berg gestiegen. Auf dem Rückweg wurde es rasch dunkel, und an einer Kreuzung verfehlte sie den Weg. Als gläubige Christin betete sie um den Schutz des Herrn. Plötzlich sah sie auf der anderen Seite des Tales ein helles Licht aufleuchten, das den Weg vor ihr erhellte. Mit Schrecken stellte sie fest, daß sie sich am Rande eines großen Steinbruches befand. Wenn das Licht nicht zur rechten Zeit gekommen wäre, wäre sie in den Abgrund gestürzt. Mein Buch will nur die Funktion eines solchen Lichtes übernehmen. Ich will Abgründe anleuchten, damit nicht die Unwissenden abstürzen.

Warnung und Aufklärung ist aber nur die eine Seite. Die andere Seite ist der Hinweis auf den, der allein Hilfe bringen kann: Jesus Christus, der Sohn Gottes, der am Kreuz auf Golgatha der alten Schlange den Kopf zertreten hat. Er ist in diese Welt gekommen, um unser Dunkel zu erhellen. Er ist dazu erschienen, daß er die Werke des Teufels zerstöre (1. Joh. 3,8). Wer sich Jesus anschließt und ihn als Herrn seines Lebens annimmt, steht auf der Seite des Siegers.

Noch einen technischen Hinweis. Die drei großen Kapitel: Spiritismus – Magie – Wahrsagen – bringen nur einen Überblick mit einigen Beispielen. Wichtige Punkte werden dann noch einmal in einem speziellen Kapitel behandelt. Das soll dem aufmerksamen Leser erklären, warum brennende Probleme wie der Gebrauch des Ouijaboards, des Pendels und anderer okkulter Utensilien zweimal im Text erscheinen.

Zuletzt befehle ich die Leser und alle, die mit ihren Erlebnissen der Öffentlichkeit dienen, dem Schutz und der bewahrenden Gnade Gottes.

Der Autor

Vorwort zur 2. Auflage

Der vollkommene Sieg Jesu Christi steht über all den dunklen Machenschaften des Erzfeindes. Von dieser festen Position darf sich unser Blick nicht abwenden.

Nachdem in drei Jahren 15000 Exemplare der ersten Auflage ihre Leser gefunden haben und immer noch große Bestellungen erfolgen, werden nochmals 10000 mit großer Texterweiterung nachgedruckt. Leser machten mich auf fehlende Probleme und Bewegungen aufmerksam. Zugleich bekam diese neue Auflage einen etwas anderen Charakter. Da in dieser Veröffentlichung soviel Negatives dem Titel entsprechend ausgebreitet wird, sind auch einige positive, auflockernde Geschichten eingefügt worden. Darum findet sich in dem unheimlichen Kapitel über die Rockmusik das wundervolle Zeugnis von Franz Knies „Vom Opernsänger zum Evangeliumssänger“. Damit soll an einigen Stellen dokumentiert werden, daß nicht Satan, sondern Christus das letzte Wort hat. Es wird zunehmend finster und dunkel in der Welt. Die vorgerückte Nachtstunde kündet aber die kommende Morgenröte, die Wiederkunft Jesu, an.

Die zweite Auflage dieses Buches beschreibt rund 150 okkulte Strömungen und Praktiken und bringt dazu 500 Beispiele. Es bleibt nicht aus, daß angegriffene Bewegungen sich zur Wehr setzen. Das war bisher bei allen meinen antiokkulten Titeln der Fall. Zwischen dem Erscheinen der ersten und zweiten Auflage sind drei Jahre verstrichen. Meine Arbeit blieb nicht stehen, sondern ging weiter. Die Zahlenangaben haben sich darum geändert, weil in diesen drei Jahren viele Vortragstouren nach Südafrika und USA unternommen worden sind. Es liegen also keine Widersprüche vor.

Noch eine Erläuterung: Das Buch will ein Nachschlagewerk sein. Man kann es nicht wie einen Roman oder eine Erzählung in einem Stück lesen. Sinn der Veröffentlichung ist, daß dem okkult belasteten Menschen Aufklärung und Hilfe angeboten wird. Die dämonischen Bewegungen wachsen lawinenartig an. Millionen von unerfahrenen Menschen geraten in ihren Sog und finden in dem okkulten Labyrinth nicht den Weg. Solchen verirrten und gefährdeten Menschen wird eine Hilfestellung angeboten. Ich selbst bitte auch meine Leser um Fürbitte. Wer sich auf dieses Kampffeld wagt, erhält vom Feind schweren Beschuß.

Kurt Koch
im Februar 1984

Vorwort zur 3. Auflage

Unser lieber, verehrter Dr. Kurt E. Koch hat nun die dritte Auflage dieses Buches nicht mehr erlebt. Gott hat ihn inzwischen zu sich gerufen. Unvergessen ist sein unermüdlicher Eifer, den Sieg Jesu Christi zu bezeugen.

Aus seinem Werk sei besonders hervorgehoben: Wahre Christen machen oft die Erfahrung, daß okkulte Kräfte letztlich keine Gewalt über sie haben. Bei auftretenden Kämpfen demaskieren sie ihr wahres Wesen. Okkulte Kräfte können nicht sachgemäß beurteilt werden, wenn man sie wissenschaftlich neutral angehen will. Nur auf der lebens- und wirklichkeitsgerechten Ebene der Du-Ich-Beziehung zu dem Dreieinigen Gott wird ihr Wesen erkennbar.

Möge diese 3. Auflage wiederum vielen Lesern die Augen öffnen über die Gefährlichkeit okkulter Praktiken und deren Auswirkungen, aber auch über die allein mögliche Befreiung durch Jesus Christus, der alle Finsternismächte am Kreuz auf Golgatha entmächtigt hat.

Helmut Braun, Pfr. i. R.
im Oktober 1988

Befreiung aus einer okkulten Kirche

Dieses Buch beginnt mit einer Gebetserhörung. Am Samstag, den 4. Februar 1984 beendete ich die stark erweiterte zweite Auflage vom „Okkulten ABC“. Nach dem letzten Satz sagte ich dem Herrn Jesus: „Nun fehlt mir noch eine positive Geschichte aus dem okkulten Milieu, die ich an den Anfang setzen kann.“ Ich betete mehrmals darum. Die Erhörung traf bereits am Donnerstag, dem 9. Februar, also schon fünf Tage später, ein.

Es kam zu einer außerordentlichen Begegnung mit zwei Amerikanern, die mich von meinen englischen Büchern her kennen. Was ich zu berichten habe, ist so außergewöhnlich, daß ich mich gegen eventuelle Kritik schützen muß. Ich ließ mir von beiden Besuchern schriftlich bestätigen, daß ich ihre Berichte mit voller Namensnennung veröffentlichen darf. Denn jetzt gerade berichtete die Tageszeitung am 7. 2. 84, daß ein berühmter Professor, nicht nur in Deutschland, sondern in der ganzen zivilisierten Welt bekannt, von einem Gericht zu DM 4000,– Geldstrafe verurteilt wurde, weil er in einem öffentlichen Bericht den Namen eines früheren Patienten preisgegeben hatte. Das ist eine schwere Panne und Heimsuchung, die ein verdienter Mann in seinem hohen Alter hinnehmen muß.

Der eine Amerikaner, David G. Clark, ist ein von der amerikanischen Regierung bestätigter Kult-Experte. Er war einige Jahre in einer okkulten Kirche, bekehrte sich und kam unter großen Kämpfen wieder frei.

Danach besuchte er eine Bibelschule. Er erklärte, er habe drei Jahre unter dem Worte Gottes und in der Gemeinschaft mit gläubigen Menschen gebraucht, um von den magischen und hypnotischen Einflüssen der okkulten Kirche „The Walk“ freizukommen.

Heute steht er im Dienst einer evangelikalen Reichgottesarbeit und arbeitet als Berater und Seelsorger von Menschen, die in verknechteten Sekten und Kulten stehen und frei werden wollen.

Der zweite Amerikaner, der mit ihm sieben Stunden in meinem Arbeitszimmer saß und mir u. a. seine Geschichte auf Band sprach, ist Toni Cox.

Er war sieben Jahre mit Yoko Ono verheiratet, die ihm von John Lennon, dem Beatle-Idol, entfremdet wurde. Sie reichte die Scheidung ein und heiratete John Lennon, den Multimillionär.

Nun müssen beide kurz vorgestellt werden. Toni stammt aus einer Künstlerfamilie und hat dieses Erbe mitbekommen. Er fing früh zu malen und zu musizieren an und schlug mit sechzehn Jahren beruflich diesen Weg ein. Das Fernsehen und die Bühne gaben ihm gelegentliche Jobs. In einer musikalischen Gruppe spielte er das Saxophon. Zu dieser Zeit fiel ihm eine talentierte Japanerin auf, die eine vielseitige Begabung vor allem in der Kalligraphie (Schönschreibkunst) und Dichtung bewies. Diese Japanerin war außerdem noch hübsch, was bei großer Begabung selten zusammenfällt.

Ich erinnere mich an meine Tübinger Studentenzeit. Ein Student hat mit dem Messer im Auditorium Maximum auf ein Pult den lateinischen Vers eingeritzt: Fere raro accidit, ut studiosa pulchra sit, auf deutsch heißt das: Selten fürwahr kommt es vor, daß eine Studentin schön ist. Was ist schuld an dieser merkwürdigen Regel? Die schönen Studentinnen werden rasch geheiratet, damit bleiben die andern in den Hörsälen sitzen. Natürlich gibt es Ausnahmen.

Dazu gehörte Yoko Ono. Sie war so hübsch, daß Toni sie nicht vergaß. Eines Tages war Yoko verschwunden. Toni forschte nach. Es hieß, sie sei nach Japan zurückgekehrt. Kurz entschlossen bahnte er sich den Weg nach Tokio und suchte im Telefonbuch nach Yoko Ono. Er erschrak, denn es gab fast 50 Spalten Onos, so wie etwa Meyer oder Schmidt im Telefonbuch von Berlin. Eine Yoko Ono war unter den vielen Namen. Er suchte sie auf. Es war aber nicht die richtige. Sie hatte nur den gleichen Namen. Die falsche Yoko Ono half ihm dann, die richtige zu finden. Der menschliche und berufliche Kontakt kam zustande. Toni wurde Mitglied von Yokos Gruppe. Es entstand eine leidenschaftliche Zuneigung. Sie heirateten, Yoko tat sich dann auch als erfolgreiche Textschreiberin hervor. Toni druckte ihr Buch „Grapefruit". Das Ehepaar reiste zurück in die USA und machte dort beruflich Karriere.

Toni hatte Kunstgeschichte studiert. So erfüllte er sich eines Tages den Wunsch, eine „Museumsreise nach Ägypten und Israel" zu unternehmen. Israel interessierte ihn auch, weil er die Heiligen Stätten besichtigen wollte.

In dieser Zeit trat John Lennon dem Ehepaar in den Weg. Es war ein freundschaftliches Verhältnis auf der Basis gleicher beruflicher Interessen. John fand Gefallen an der attraktiven Japanerin. Damit bahnte sich eine Tragödie an. Toni verlor seine Frau an John Lennon.

All das passierte, ehe Toni Christ war. Der enttäuschte Ehemann fand bald Trost in einer zweiten noch stärkeren Liebe, in der Heirat von Melinda.

Sie wurden in einer presbyterianischen Kirche getraut. Seit dieser Zeit war Toni und zugleich Melinda offen für das Evangelium. Sie suchten nun eine Kirche, der sie sich anschließen konnten und gerieten in den Sog einer Kirche, die sich „Walk with God" = Wandle mit Gott nannte. Diese Kirche gab sich auch als „Church of the living word" = Kirche des lebendigen Wortes aus, oder sie bezeichnete sich als „True, New Testament Church" = Wahrhaftige neutestamentliche Kirche.

In Wirklichkeit war diese Kirche, die sich zu den charismatischen Gemeinden rechnete, ein Eldorado an okkulten Vorgängen. Für Toni und Melinda begann eine furchtbare Leidenszeit.

Toni händigte mir zwei christliche Magazine aus, die über diese Kirche „The Walk" berichten. Es ist eine mystische, okkulte Organisation, die einige Ähnlichkeit mit der Vereinigungskirche von San Myun Mun und der Christian Science hat.

Die beiden Zeitschriften sind: „Cornerstone" Issue 57, Seite 30 „Radix Magazine" März/April 1981. Zusätzlich zu der Information dieser beiden Zeitschriften habe ich das von Toni besprochene Band.

Gründer der mysteriösen Kirche ist John Robert Stevens, geboren 1919. Seine Familie gehörte zu einer Pfingstgemeinde mit dem Namen Foursquare Gospel Church. In diesem geistlichen Milieu wuchs Stevens auf. Mit 28 Jahren wurde er in dieser Kirche ordiniert. Wegen seiner Irrlehren wurde zwei Jahre später diese Ordination für nichtig erklärt.

Von der Foursquare-Kirche wechselte Stevens über zu der Assembly of God, einer gemäßigten Pfingstrichtung. Stevens wurde hier auch ordiniert und abermals wegen seiner Irrlehren ausgeschlossen. Dann gründete Stevens, der über eine große Beredsamkeit verfügt, 1951 eine eigene Kirche, die Grace Chapel in South Gate, Kalifornien. Heute hat „The Walk", wie Stevens Bewegung heißt, schon 160 Kirchen in USA, auf den Philippinen und in anderen Ländern. In Iowa richtete Stevens für 15 Millionen Dollar ein Camp für 6000 Menschen ein. Sie haben eigenes Farmland, um die vielen Besucher zu ernähren.

Toni und Melinda, die beide noch Anfänger im christlichen

Glauben waren, fühlten sich von dieser Kirche angezogen. Sie waren der Meinung, daß es sich um eine echte christliche Glaubensgemeinschaft handle. Die Möglichkeit, alles von der Bibel her zu prüfen, hatten sie nicht, da sie die Heilige Schrift noch nicht gut kannten.

Bei der Aufnahme in die Stevens-Kirche legte man ihnen die Hände auf. Es wurde ihnen gesagt, sie würden nun Propheten Gottes werden. Erst einige Jahre später erkannte Toni, daß sämtliche Neueintretenden von Stevens unter Handauflegung hypnotisiert wurden. Die Kirche hatte eine feste Ordnung. Es wurde von den Mitgliedern verlangt, daß sie keine christlichen Bücher lesen und keine christlichen Filme sehen sollten. Besuch einer anderen Kirche wurde verboten. Die Predigten von Stevens wurden alle auf Band aufgenommen. Die Gemeindeglieder wurden angewiesen, laufend während der Pausen des Tages solche Bänder zu hören. Nachts sollten ebenfalls die Bänder während des Schlafes abgespielt werden, damit die Botschaften in das Unterbewußtsein eindringen könnten.

Im Center der Kirche war eine Bibliothek mit okkulten Büchern, denn Stevens und die Ältesten praktizierten jede Form von Zauberei. Wahrsagen wurde Prophetie genannt. Die Offenbarungen der Gemeindepropheten wurden höher als die Bibel bewertet. Heilungen durch Schwarze oder Weiße Magie galten als göttliche Heilungen. Der Charakter eines Gemeindegliedes konnte an der Farbe seiner Aura erkannt werden. Wer sich von den Mitgliedern nicht in der Linie des göttlichen Meisters Stevens entwickelte, galt als „Nephilim", der ausgerottet werden mußte. Um das zu erreichen, hatte er Gruppen, die das sogenannte „Death Prayer = Todesgebet zu praktizieren hatten. Es handelt sich hier um die Ausübung der Schwarzen Magie (Black Magic). Von Zeit zu Zeit verschwanden solche „Nephilim". Toni nimmt an, daß es sich um die Opfer dieser Todesmagie handelte. Für die Menschen der zivilisierten Welt ist es kaum zu glauben, daß eine Todesmagie funktioniert. Auf den Missionsfeldern habe ich das oft angetroffen. Heiden, die Christen wurden, bekennen, daß die Todesmagie ihrer Stammeszauberer funktioniert, aber nur bei den Heiden und bei den Namenchristen, nicht bei den echten wiedergeborenen Christen. In diesem Buch sind einige Fälle berichtet.

Die biblische Lehre, die Stevens entwickelte, ist vollgepackt mit Irrlehren, die alle dazu dienten, seinen Ruhm als göttlich autorisierten Führer zu begründen. Er erklärte zum Beispiel, die Zeit von Jesus bis jetzt sei die Ära der Seele. Aber seit 1979 hätten wir die Ära des Geistes, von Stevens vertreten. Er wollte seinen Mitgliedern damit klarmachen, daß er höher stehe als Jesus. Das wurde z.B. ohne Scheu in einem Lied anerkannt, bei dem der Schlußchorus stets mit den Worten endete: We bless the Apostle, he is our Lord = Wir segnen den Apostel (Stevens gemeint). Er ist unser Herr.

Der Einfluß von Stevens auf seine Gemeinde kommt einer Massensuggestion und starken Hypnose gleich. Wer sich gut hypnotisieren läßt, lebt in einem tranceähnlichen Zustand wie die Zombis. Toni sagte, die posthypnotischen Effekte sind so stark, daß sofort das Bewußtsein schwindet, wenn der Name Jesus Christus in einem Bibelwort auftaucht. Die hypnotischen Wirkungen dauern noch lange an, wenn es einem Mitglied gelingt, den Kult zu verlassen.

Zweieinhalb Jahre erlebte Toni diesen Terror. Er konnte keinen klaren Gedanken mehr fassen. Das ganze Denken und Empfinden wurde durch die Hypnose gesteuert. Einen Wendepunkt gab es dann, als Stevens ihm seine Frau Melinda entfremdete. Es laufen Geschichten über sexuelle Exzesse im Kult, die aber hier nicht aufgenommen werden. Toni hing mit großer Liebe an Melinda. Als sie ihm weggenommen wurde, fing er an, zu Gott im Gebet zu schreien. Er faßte den Plan, mit Melinda zu fliehen, die ebenfalls den Kult verlassen wollte. Es gelang nicht. Die hypnotisch bedingte Versklavung war stärker. Es dauerte noch einmal mehr als zwei Jahre, bis Toni endlich durch Gebet die Kraft fand, sich aus der Unterjochung zu lösen. Seine Frau ist immer noch in den Klauen dieser okkulten Kirche.

Ich verstehe diesen Terror. Ich habe einige Tragödien miterlebt, wie Eltern versuchten, ihre Söhne oder Töchter aus der Sklaverei Muns oder der Children of God herauszuholen. Es gab in der westlichen Welt viele Prozesse von Eltern gegen diese okkulten Sekten. Seit dieser Zeit ist auch ein neuer Berufszweig aufgekommen: die Deprogrammierer, die den Versuch machen, den versklavten und der „Hölle“ entronnenen jungen Menschen zu helfen und den suggestiven Bann zu lösen.

Toni suchte nach seiner Flucht Seelsorger auf, von denen er Hilfe erwartete. Zuerst war es ein Professor der Soziologie, dann eine

Psychologin Margrit Singer, die auch Deprogrammierungen vornimmt. Bei dem Bericht Tonis wachte Frau Dr. Singer geistlich auf und wurde Christin. Toni hatte nach seiner Flucht noch fast sechs Jahre unter den hypnotisch gegebenen Kommandos zu leiden. Das erste Kommando hatte gelautet: Du kannst nicht fliehen. In einem zweijährigen Kampf war es ihm durch das Gebet gelungen, dieses Kommando zu brechen. Nun gab es aber noch viele andere. Z. B. konnte Toni nicht die American Standard Bibel lesen, weil diese von Stevens zur Hypnose benützt worden war. Erst jetzt, nach sechs Jahren der Flucht, kann er diese Bibel wieder in die Hand nehmen und lesen. Er betet intensiv für seine Frau, damit sie ebenfalls aus diesem Terror freikommt.

Damit steht am Anfang dieses Buches ein Bericht, der Einblick gibt, wie der Okkultismus in eine Kirche eindrang und völlig formte. Teufelsgeschäfte im religiösen Gewand! Das andere ist aber noch wichtiger, daß Jesus auch aus einer solchen Hölle Menschen herausretten kann. Toni weiß, daß er ohne intensives Gebet nicht die Kraft gefunden hätte, sich zu lösen.

Wer eine solch abenteuerliche Geschichte zum ersten Mal hört, wird zweifelnd fragen: „Ja, stimmt denn das? Es sind doch auch viele Christen durch John Todds Geschichte von seiner Zugehörigkeit zu den Illuminaten genarrt worden." Diesen Zweiflern gegenüber erwähne ich das Beweismaterial. Zuerst verweise ich auf eine aufschlußreiche Entführungsgeschichte eines jungen Mannes aus der Kultgemeinschaft der Vereinigungskirche. Readers Digest brachte in einer seiner Nummern den abenteuerlichen Bericht. Auch aus Kanada sind mir solche Entführungsversuche, die mit Prozessen endeten, bekannt. In was für einer Zeit leben wir, daß Eltern ihre Kinder aus den Klauen von sogenannten Kirchen stehlen müssen?

Im Fall von Toni weise ich nochmals auf die Berichte in „Cornerstone" und „Radix". Diese Magazine enthalten auch neun Fotos, zuerst Toni und Yoko Ono als Ehepaar, dann John Lennon und Yoko. Dazu bestätigte auch der Begleiter von Toni, David Clark, dem ebenfalls die Flucht aus dem Kult gelungen war, die Angaben Tonis. Eine „Delikatesse" kann noch serviert werden. John Lennon nahm eines Tages wieder Kontakt zu seinem ehemaligen Freund Toni auf. Er besuchte ihn und schenkte ihm als versöhnliches Zeichen eine wertvolle Gitarre, die Lennon einmal von Beatles-Fans erhalten hatte. Für Beatles-Fanatiker stellt dieses Erinnerungsstück einen unschätzbaren Wert dar.

Manche werden fragen: „Was macht Toni heute?" Er ist als Filmregisseur tätig. Er produziert aber nur christliche Filme mit klarer evangelistischer Ausrichtung. Das war auch der äußere Anlaß, daß er mich aufsuchte. Er nahm einige Stunden meine Berichte über das Eindringen okkulter Praktiken in Kirchen und Sekten auf.

A. FORMEN DES OKKULTEN

Aberglaube

Was nicht „Christum treibet" (Luther), ist Aberglaube. Im abergläubischen Dschungel finden sich aber Tausende von Variationen. Da dieses Buch aus der Praxis heraus entsteht, sollen Beispiele in diesen Irrgarten einführen.

B 2 Eine Hamburger Zeitung berichtete folgenden Vorfall. Ein Bauer in Holstein hatte krankes Vieh. Er ließ einen „Hexenbanner" aus dem Nachbardorf kommen und mit „Teufelsdreck" den Stall ausräuchern. Der Magier erklärte: „Wer am nächsten Tag als erster den Hof betritt oder in den nächsten drei Tagen etwas leihen will, der hat das Vieh verhext." Am nächsten Morgen war eine 70jährige Landarbeiterin die erste, die den Hof betrat. Der Bauer bezichtigte sie der Hexerei und schlug sie.

Der Hexenwahn hat schon viele Unschuldige getroffen. In diesem Beispiel liegt gleich noch eine andere Form des Aberglaubens vor. Es ist kaum zu glauben, daß es in vielen Apotheken Holsteins heute noch „asa foetida" = Teufelsdreck, zu kaufen gibt. Wer aber meint, solche Dinge seien auf Deutschland beschränkt, der irrt sich. In Chicago gibt es in Drugstores rund 1600 Zaubermittel und Entzauberungsmittel zu kaufen, wie ich in einer amerikanischen Zeitung las.

Zum Aberglauben gehört auch die Zahlenangst und der Zahlenglaube. Selbstverständlich haben in der Bibel Zahlen eine gewisse Bedeutung. So taucht in der Offenbarung die Zahl sieben häufig auf. Der Antichrist wird einmal die Zahl 666 haben. Alles, was in der Heiligen Schrift steht, kann natürlich zum Aberglauben verzerrt werden. So wird z. B. die Zahl sieben häufig abergläubisch mißbraucht. Ein Beispiel dazu:

B 3 In Irland besteht die Meinung, daß das siebte Kind einer Familie besondere Kräfte besitzt. Wenn gar der Vater und sein

Sohn beide ein siebtes Kind sind, dann ist der Sprößling mit großen Fähigkeiten ausgerüstet. So ist es bei Finbarr Noland, einem Teenager aus Irland. Als Finbarr noch ein Säugling von drei Monaten war, kam schon der erste Patient. Es hatte sich ja die doppelte Sieben herumgesprochen. Die Mutter ließ die Heiltätigkeit erst zu, als der kleine Sohn zwei Jahre alt war und das Zeichen des Kreuzes machen konnte. Die Familie ist katholisch. Als der Junge heranwuchs, wurden seine Heilkräfte immer offenkundiger. Viele Wundergeschichten sprachen sich herum: Heilungen von Arthritis, Wurmkrankheiten, Hautkrankheiten, Lähmungen, Erblindungen. Täglich versammeln sich einige hundert Kranke vor seinem Haus. Der Tagesablauf zeigt folgendes Bild. Finbarr steht um die Mittagszeit auf. Seine Mutter erklärt, der Junge sei jede Nacht in Nachtklubs und komme erst vier Uhr früh nach Hause. Am Nachmittag kommen erst die Frauen und Mädchen in einer großen Gruppensitzung an die Reihe. Sie entkleiden sich teilweise. Die Behandlung dauert nur fünf Sekunden und besteht darin, daß Finbarr zuerst seine Finger in einen bereitgehaltenen Weihwasserkessel taucht und dann die kranken Stellen berührt. Er selber spricht nicht mit den Patienten. Das Organisatorische wird von seinem Bruder erledigt. In der Gruppensitzung der Männer die gleichen Vorgänge. In rund vier Stunden werden 200 bis 300 Menschen in dieser Weise behandelt. Am Schluß steht der Heiler in der Mitte des großen Raumes. Er neigt seinen Kopf. Alle stehen auf und „beten mit". Wenn Finbarr sich bekreuzigt, wissen alle, daß die Sitzung zu Ende ist. Finbarr wurde gefragt, ob die Benutzung von Weihwasser etwas zu bedeuten hätte. Er verneinte. Er pflegt das nur, weil ein anderer bekannter Heiler ihm das angeraten hat. Nach seinem Gefühl strömt bei dem Heilungsvorgang eine Kraft aus seinem Körper auf den Patienten. Weihwasser und Bekreuzigung spielten dabei keine Rolle. Die Geheilten spenden mitunter große Summen. Das Finanzamt ist dauernd auf der Jagd nach entsprechenden Steuern. Das Verhältnis zur katholischen Kirche war ursprünglich gut. Die Kirche verlangte aber einen Anteil an den Einnahmen. Als Finbarr sich weigerte, fing die Kirche an zu warnen. Sie sagte: „Vertraut der Jungfrau Maria und nicht Finbarr."

Wo steht das übrigens in der Bibel, daß wir der Jungfrau Maria vertrauen sollen? Warum diese gräßliche Akzentverschiebung von Jesus auf Maria? Paulus schreibt in 1. Tim. 2,5: „Es ist ein Mittler zwischen Gott und den Menschen, nämlich der Mensch Jesus Christus."

Wie wir uns die Heilkräfte Finbarrs erklären können, wird in dem Kapitel der Magie besprochen. Hier geht es nur um den Zahlen-Aberglauben.

Ein krankhaft gesteigerter Aberglaube ist die Angst vor Freitag, dem 13. Die Psychologen nennen diesen Aberglauben „Triskedekaphobie". Dieses Fremdwort kommt aus dem griechischen triskaideka = dreizehn und phobos = Furcht. Einige Beispiele dazu:

B 4 Die Londoner Hausfrau Joyce Ratcliffe verläßt an drei oder vier Tagen im Jahr nicht ihr Haus. Das sind jeweils die Freitage, die auf einen 13. fallen. An diesen Tagen muß ihr Mann sich vom Geschäft freinehmen und alle Besorgungen erledigen.

B 5 Psychologische Untersuchungen haben gezeigt, daß mindestens eine Million Frauen in den USA froh sind, wenn ein Freitag, der 13., vorbei ist.

B 6 In England vermeiden manche Stadtbehörden bei den Straßennummern die Zahl 13. Viele Hotels haben ferner nicht diese Zimmernummer. Schiffskapitäne weigern sich gelegentlich, an einem Freitag, dem 13., loszufahren.

Woher kommt denn die Furcht vor Freitag, dem 13.? Manche Phantasten erklären das damit, daß Eva an einem Freitag Adam verführt haben soll. Wer will das eigentlich wissen?

B 7 Andere geben einen Hinweis auf eine Sage Skandinaviens. Zu einem Gastmahl der nordischen Götter waren zwölf eingeladen. Loki war nicht eingeladen, weil er als Unruhestifter bekannt war. Dieser Streithahn kam dann ungeladen als dreizehnter und brachte wieder Unglück. Der Götterliebling Baldur mußte sterben. So war bei unseren heidnischen Vorfahren schon die Zahl 13 ein Unheilzeichen.

In der christlichen Tradition führt man das Unheil der Zahl 13 auf Judas zurück, der beim heiligen Mahl der dreizehnte war.

Diese Erklärungen sowohl im heidnischen als auch im christlichen Raum sind nur neuer Aberglaube.

Alle abergläubischen Formen zeigen, daß das Geschöpf seine Bindung an den Schöpfer verloren hat. Wer sein Leben in der Hand

Gottes weiß, dem kann kein Freitag, der 13., noch eine „Unglückszahl“ etwas anhaben.

In Mt. 10,30 sagt Jesus: „Es sind alle eure Haare auf dem Haupte gezählt.“ Wollen wir uns nicht dem anvertrauen, dem alle Macht und Gewalt im Himmel und auf Erden gegeben ist?

Philipp Spitta singt:

> Ich steh in meines Herren Hand
> und will drin stehen bleiben;
> nicht Erdennot noch Erdentand
> soll mich daraus vertreiben.
> Und wenn zerfällt die ganze Welt,
> wer sich an ihn und wen er hält,
> wird wohlbehalten bleiben.

Abstammung vom Affen

Eine meiner Töchter kam von der Schule heim und berichtete, der Lehrer habe ihnen erzählt, daß der Mensch vom Affen abstamme. Das ist nur ein Beispiel aus Tausenden von Äußerungen, die täglich in Schulen, auf Universitäten, in Büchern und in Artikeln gemacht werden.

Es ist nicht meine Aufgabe, dieses ganze Problem aufzurollen, obwohl ich ihm oft bei meinen Reisen begegnet bin.

B 8 So hat mir ein Schweizer, Monsieur Le Coc, der mich mit einer einmotorigen Cessna auf Feuerland herumflog, von Darwin berichtet. Dieser vielzitierte Forscher hat zwei Jahre auf Feuerland nach dem „missing link“ – dem Bindeglied zwischen Affen und Mensch – ohne Erfolg gesucht. Ihm zu Ehren nannte man das hohe Gletschergebirge auf Feuerland das Darwingebirge.

Im hohen Norden, nördlich des Polarkreises, stieß ich auf ein ähnliches Problem. Archäologen gruben eine alte Eskimosiedlung aus und behaupteten, die Knochenfunde seien 20 000 Jahre alt. Ich nahm diesen Hinweis mit Skepsis auf.

Ein drittes Mal war es in Mexiko. Ich besuchte verschiedene Pyramiden. Von einer wurde behauptet, sie sei 15 000 Jahre alt. Ich schenkte dieser Altersangabe keinen Glauben. Wie recht ich hatte, erfuhr ich einige Zeit hinterher. Eine Zeitung berichtete, man habe bei dieser 15000 Jahre alten Pyramide Teile gefunden, die sich verbrennen ließen. Die C-14-Probe ergab, die Pyramide war nicht 15000 Jahre alt, sondern 3000.

Ich habe eine Hochachtung vor der Archäologie. Oft bezweifle ich aber ihre Zahlenangaben. So soll der Pithekanthropus 600000 Jahre alt sein. Der Homo Heidelbergiensis, gefunden bei Mauer – 20 km von meinem Wohnort entfernt –, soll 100000 Jahre alt sein. Warum schneidet man nicht aus diesen Funden ein Stück heraus, verbrennt es und bestimmt das Alter nach der C-14-Probe, die aber auch noch einen Plus-Minus-Spielraum hat. Meine anderen Bedenken sind, ob es sich überhaupt um Menschenknochen handelt und nicht um Tierknochen. (Heute wird das Alter mit 500000 angenommen.)

In Zweifelsfällen, wenn die Archäologie im Widerspruch zur Bibel steht, stelle ich mich auf die Seite der Bibel, die unter der unfehlbaren Inspiration des Heiligen Geistes entstanden ist (1. Tim. 3,16; 2. Petr. 1,21). Man mag das unwissenschaftlich nennen – aber es ist sicherer und zuverlässiger als die Wissenschaft, die alle zehn Jahre ihre Hypothesen ändert. Die Heilige Schrift mußte noch nie ihre Aussagen revidieren.

Geben wir ein Schulbeispiel, in dem die Fachwissenschaftler sich selbst widerlegen. Damit bleibt uns diese Arbeit erspart.

Ich zitiere aus „Bibel und Gemeinde“ 69/1, Seite 56 (und empfehle herzlich diese Zeitschrift):

B 9 „Wie wertlos die aus den einzelnen Schädeln gezogenen Schlüsse sind, zeigen einige Angaben: Den berühmten, 1831 gefundenen Engisschädel, hält Prof. C. Vogt entschieden für affenähnlich; Lyell hält ihn für einen Kaukasier; der Darwinist Prof. Huxley dagegen findet ihn so schön, daß er ‚einem Philosophen angehört haben könnte‘; ja, der Petersburger Anatom Theodor Landzert vergleicht ihn mit den klassischen Schädeln der schönen Griechen! (Ranke, der Mensch, S. 443)“

Von dem ebenso berühmten Neanderschädel, den man zum Typus des affenähnlichen, vorsintflutlichen Menschen machen wollte, sagt Virchow: „Selbst wenn man ihn als typischen Rassenschädel aufstellt, was ich für ganz unzulässig halte, darf in keiner Weise aus demselben eine Annäherung an irgendeinen Affenschädel abgeleitet werden.“ Dr. Pruner-Bey hat ihn ausgegossen und findet seinen Hirnraum größer als der mittlere heutige und hält ihn für den eines Kelten in historischer Zeit (Figuier, l'homme primitif, S. 101). Prof. Davis aber hält ihn für den Schädel eines Idioten, der vielleicht in neuer Zeit in einer Felsspalte verunglückt ist! – Über solche Resultate spottet mit Recht Prof. Fraas, selbst ein Kenner, und fügt hinzu: „Diese Ansichten der Gelehrten liefern den besten Beweis, daß wir über diese ältesten Bewohner so gut wie nichts wissen (Vor der Sintflut, S. 478). Schädel tragen ebensowenig wie sonstige Knochen oder Steinbeile eine Jahreszahl, und zu allen Zeiten gab's Rund- und Langschädel, begabte und unbegabte Köpfe und auch Krüppel und Idioten."

Das ist das Urteil eines Fachmannes, Prof. Bettex, der einfach an Hand der Ergebnisse der Forschung zu dieser höchst wichtigen Zusammenstellung von Äußerungen führender Wissenschaftler kommt!

Solange es Menschen gibt, die die Bibel verachten, wird das Affenmärchen nicht aussterben. Daß viele moderne und orthodoxe Theologen an dieses Märchen glauben, ist ein Beweis dafür, daß sie mit ihren Theorien eine Entmythologisierung nötig haben. Es ist nur eine Tragik, daß Tausende von gläubigen Eltern ihre Kinder zu solchen Lehrern und Theologen in den Unterricht schicken müssen.

Item – wer unbedingt vom Affen abstammen will, der freue sich dieser Urahnen, gehe zu seinen Artgenossen in den Dschungel und esse Bananen.

Jünger Jesu wissen um ihren Adel:

1. Mos. 1,27: „Gott schuf den Menschen ihm zum Bilde, zum Bilde Gottes schuf er ihn."

Akupunktur

Die Materialsammlung für den vorliegenden Bericht habe ich mir auf allen Kontinenten zusammengetragen. Ich kann unmöglich alle Beispiele bringen, die sich mir in seelsorgerlichen Gesprächen boten.

An Literatur stehen uns viele Veröffentlichungen zur Verfügung. Ein Buch, das uns eine gute historische und technische Einführung gibt, ist die Darstellung von Marc Duke „Akupunktur" (Suhrkamp-Taschenbuch). Dieses Buch muß aber mit einer gewissen Vorsicht gelesen werden, denn es behandelt nicht die mediale Seite der Akupunktur. Und das ist gerade ein seelsorgerliches Hauptproblem für den Christen, der sich darüber Gedanken macht, ob er die Akupunktur in Anspruch nehmen darf oder nicht. Das Vorwort des Buches ist von Dr. Köhnlechner, das Schlußkapitel von Frau Dr. Scheel. Beiden Akademikern entging aber der Lapsus in der ersten Zeile des Buches. Der Begriff „Akupunktur" setzt sich aus zwei lateinischen Wörtern zusammen: acus, us, f = Nadel, punctum, i, n = Stich – nicht punctua, wie im ersten Satz behauptet wird. Den Lateinern tut das weh.

Zunächst einige Beispiele zur Einleitung:

B 10 In Tokio war ich Gast bei Dr. Eitel, der rund 30 Jahre Chefarzt eines Krankenhauses in Changsa, Provinz Hunan (China) gewesen war, bis ihn die Mao-Revolution vertrieb. Ich fragte diesen erfahrenen Arzt:

> „Dr. Eitel, wie denken Sie über Akupunktur? Sie wissen doch, daß diese Therapie einen astrologischen Hintergrund hat. Yang entspricht dem Sonnensystem, Yin dem Mondsystem."
> Dr. Eitel antwortete:
> „Der astrologische Hintergrund ist im Verlauf von 5000 Jahren – dem Alter der Akupunktur – ganz zurückgetreten. Daran brauchen sich die Christen nicht zu stoßen. Fest steht, daß die Akupunktur hier in Ostasien verblüffende Erfolge zu verzeichnen hat.

B 11 Im September 1974 war ich Gast bei Dr. med. Hill in Sherbrook, Quebec (Kanada). Dr. Hill ist entschieden gläubiger Christ. Auch ihn fragte ich nach seiner Meinung über die Akupunktur. Er gab seine Antwort mit einem Beispiel: Ein gläubiger Baptistenprediger konnte infolge von Gelenkrheuma den einen Arm nicht mehr bewegen. Zu seiner Gemeinde gehörte ein gläubiger Arzt, ein Chinese, der in Hongkong studiert hatte. Dieser Arzt behandelte seinen kranken Pastor mit Nadeln. Daraufhin konnte der Baptistenprediger seinen Arm wieder bewegen.

B 12 Ein brillantes Beispiel von erstklassiger Zuverlässigkeit ist der Bericht von Frau Dr. med. Mildred Scheel, der Gattin des Exbundespräsidenten. Wir finden ihn in dem erwähnten Taschenbuch Seite 162 unter der Überschrift „Kaiserschnitt bei vollem Bewußtsein".

Anläßlich einer Chinareise des Bundespräsidenten sprach seine

Gattin den Wunsch aus, eine Operation mit Akupunktur miterleben zu dürfen. Ihre Bitte wurde erfüllt. In einem Pekinger Krankenhaus beobachtete sie einen Kaiserschnitt, bei dem die Anästhesie nur durch eine Nadelung durchgeführt wurde. Der Gebärenden wurden vier Nadeln von je 8 cm Länge in die Unterschenkel eingestochen. Zwei weitere Nadeln von 15 cm Länge kamen in die Umgebung des Nabels. Alle Nadeln wurden mit einer Stromquelle verbunden. 2400 Stromstöße pro Minute brachten die Bauchdecke zum Vibrieren, 140 die Beine. Während der Eröffnung der Haut, Fettschichten und Sehnenplatte reichte eine Ärztin der Gebärenden Apfelstückchen. Die beiden Chirurginnen unterhielten sich sogar während der Operation mit der Patientin. Das Kind kam zur Welt. Es war ein faszinierendes Erlebnis. – Ohne Zweifel ist den westlichen Medizinern mit diesem Bericht ein Dienst getan.

Diese drei ersten Beispiele scheinen positiven Charakter zu haben. Bei der Akupunktur stehen wir vor einer Erfolgsmedizin oder Erfahrungsmedizin. Eine wissenschaftliche Begründung können selbst die chinesischen Akupunkturärzte nicht angeben. Die Russen allerdings meinen, den Akupunkturpunkten auf der Spur zu sein.

Die westlichen Ärzte stehen in der Mehrheit der Akupunktur skeptisch gegenüber. In den USA ist diese Therapie verboten. Im Frühjahr 1975 sah ich eine Fernsehsendung, in der ein junges Mädchen bei einer Operation durch Nadeln anästhesiert worden war. Nach der Operation war zwischen Befürwortern und Gegnern der Akupunktur eine Diskussion. Fest steht, daß bis heute besonders die deutschen und schweizerischen Ärzte der Entwicklung dieser chinesischen Heil- und Narkosemethode ablehnend oder mindestens abwartend gegenüberstehen.

Wir haben damit zwei Lager, die es selbst auch in China gab, solange Tschiang Kai-schek noch Präsident des chinesischen Festlandes war. Tschiang, der Christ war, wollte durch ein Gesetz die Akupunktur verbieten. Mao Tse-tung sah darin eine Chance. Er wußte, wie stark das Volk an seinen alten Heilmethoden hing und führte sie nach seiner Machtergreifung überall ein oder begünstigte sie.

Nach diesen Grenzfragen skizzieren wir kurz die Praxis der Akupunktur. Die Entstehung dieser chinesischen Heilkunst geht auf Kaiser Huang Ti vor rund 5000 Jahren zurück. Huang Ti kam durch Betrachtung des Sternenhimmels auf den Gedanken, daß im Universum Harmonie und Gleichgewicht herrsche. Sein nächster Schluß war, daß der Mensch als Mikrokosmos dem Makrokosmos entsprechen müsse. Das bedeutet, daß die physischen und psychischen Vorgänge aufeinander abgestimmt sein müssen. Eine Erkenntnis, die in der psychosomatischen Schule in unserem Jahrhundert wieder neu betont wird. Das Grundkonzept der Akupunktur hat also philosophischen Charakter mit astrologischem Akzent.

Auf der zweiten Stufe dieser Entwicklung entfaltete der Kaiser Huang Ti seine Hypothese, wie diese Harmonie im menschlichen Körper zu verwirklichen oder zu erhalten sei. Er nannte die Energie, die Lebenskraft des Menschen, Ch'i, das bei der Geburt in den Körper strömt und beim Tod ihn wieder verläßt. Das Ch'i durchfließt den Körper in zwei Systemen: Yang und Yin. Yang ist das männliche Prinzip (die Sonne), Yin das weibliche Prinzip (der Mond). Die Durchströmung des Körpers durch Yang und Yin erfolgt in einem System von Kanälen, den Meridianen. Diese Meridiane haben weder mit dem Blutkreislauf, noch mit dem Lymphsystem, noch mit den Nervenbahnen etwas zu tun. Sie werden deshalb von den Kritikern der westlichen Welt als nichtexistent abgelehnt.

Auf der dritten Stufe erhalten wir Einblick in die Ordnung der Meridiane, die sich unter der Haut und um den Rumpf ziehen. Die Hauptmeridiane sind durch 15 Luo-Kanäle verbunden. Von den Hauptmeridianen zweigen 47 Nebenmeridiane ab. An 365 Stellen nähern sich die Meridiane der Haut. Das sind die speziellen Punkte, die bei der Nadelung benützt werden müssen.

Was ist der Sinn der Nadelung? Im ganzen Körper und in jedem Organ muß zwischen Yang und Yin das Gleichgewicht herrschen. Ist eine Energieform in einem Organ im Übermaß da, dann tritt eine Erkrankung auf. Ist zum Beispiel das Yin (das weibliche Prinzip) zu stark, dann wird im entsprechenden Organpunkt eine Goldnadel gesteckt, um das Yang (männliche Prinzip) zu stärken. Wird Yang zu stark, dann wird eine Silbernadel gesetzt.

Die Akupunkturspezialisten heute begnügen sich nicht mehr mit den klassischen 365 Punkten, sondern benutzen bis zu tausend. Dazu ein Beispiel aus der Gegenwart:

B 13 Die deutsche Illustrierte „Bunte" brachte am 23. 1. 1975 ein

Akupunkturbeispiel unter der sensationellen Überschrift „Mit fünf Nadeln im Ohr zum Nichtraucher". Dem staunenden Leser wird mit diesem Bericht ein starker „Tobak" vorgesetzt. Eine deutsche Heilpraktikerin hat sich auf die Auricula-Akupunktur – Ohr-Akupunktur – spezialisiert. Das Ohr soll über 100 Punkte bergen, von denen aus durch Nadelstiche Krankheiten beeinflußt werden können. Fünf Punkte davon sollen das Suchtzentrum bedeuten. Die Heilpraktikerin erklärt, daß mehr als 90% ihrer Patienten durch Nadelung vom Rauchen frei geworden sind. Als Paradepferde nennt sie vier Schulmediziner, die sich in ihrer Praxis das Rauchen abgewöhnt haben. Als Glanzbeispiel erwähnte sie den ZDF-Moderator Dieter „Thomas" Heck, der rund 80 Zigaretten am Tag rauchte und durch die Akupunkturnadelung völlig frei wurde.

Man gestatte mir einige scherzhafte Andeutungen. Wenn ein starker Raucher bei einem Autounfall durch die Windschutzscheibe saust und durch das Glas sich ein Ohr abrasiert, dann ist er vom Rauchen frei. Das Suchtzentrum ist ja weg.

Wir leben im Zeitalter der Organverpflanzungen. Beim Ohr ist eine solche Transplantation besonders leicht. Mein Bruder ist Raucher. Ich bin Nichtraucher. Wenn ich nun mit meinem Bruder ein Ohr tausche, dann ist er das Rauchen los, und ich plage mich mit dem Verlangen nach Zigaretten ab.

Aber wie gesagt, das sind nur scherzhafte Folgerungen dieser mysteriösen Suchtbehandlung. Damit sich die starken Raucher keine allzu großen Hoffnungen machen, sei auch ein anderes Beispiel wiedergegeben:

B 14 Der Schauspieler Richard Harris, bekannt durch den Film „Der Mann, den sie Pferd nannten", unterzog sich in New York einer Ohrnadelung, um seiner Raucherleidenschaft Herr zu werden. Die Therapie hatte keinen Erfolg. Mister Harris sagte hinterher: „Ich fürchte, die Dinger haben den falschen Nerv erwischt. Ich paffe immer noch 100 am Tag."

Schließen wir die sogenannte wissenschaftliche Seite der Akupunktur ab mit dem schwersten Lapsus, den sich die klassische Akupunktur geleistet hat. Für die alten chinesischen Ärzte hat die Milz die Funktionen, die man in der Medizin dem Gehirn zuschreibt. Das Gehirn spielte bei ihnen eine untergeordnete Rolle. Das ist immerhin ein Maßstab, wie die „Wissenschaft" der Akupunktur einzuschätzen ist.

Gehen wir nun zu dem äußerst ernsthaften Problem der Akupunktur über, das in dem erwähnten Buch von Marc Duke und auch in den allermeisten Büchern über die Akupunktur nicht erwähnt wird:

Der mediale Faktor

Der Westen hat eine rationale Weltordnung, der Osten eine mediale Ordnung. Dieses Problem kann hier nicht im Detail behandelt werden. Es ist im 2. Teil der Jubiliäumsausgabe (25. Aufl.) des Buches „Seelsorge und Okkultismus“ unter dem Thema „Medialität aus der Sicht der Seelsorge“ dargestellt worden. Das in einigen Jahrzehnten gesammelte Material ließ dieses grundlegende Werk auf 688 Seiten anwachsen.

Hier nur einige kurze Hinweise. Der Ahnenkult und alle Religionen des Ostens haben einen spiritistischen oder animistischen Hintergrund. Die Auswirkung ist die Entwicklung einer Medialität. Es ist äußerst schwer, diesen Begriff zu definieren. Medialität ist ein Offensein für das Transpsychische, das Metaphysische, das Supranaturale, das Dämonische.

Missionare und gläubige Forscher, die Jahrzehnte in Asien gelebt haben, erklären, daß 95% bis 98% der nichtchristlichen Bevölkerung medial veranlagt ist. Diese Medialität hat eine sehr verschiedene Stärke, je nachdem der Mensch mit den okkulten Praktiken der asiatischen Religionen verwickelt war.

Das Weltbild des Westens ist vorwiegend rational fundiert. Die Medialität ist im Westen umgekehrt proportional zur Medialität des östlichen Menschen. Im Westen findet sich unter der Bevölkerung eine Medialität von 2% bis etwa 5%. Nur in Gegenden, wo viel Zauberei getrieben wird, ist der Prozentsatz höher.

Was hat nun die Medialität mit der Akupunktur zu tun? Es ist eine empirische Tatsache, daß die Akupunktur bei medialen Ärzten und medialen Patienten viel besser zur Wirkung kommt als bei Nichtmedialen. Viele chinesische Ärzte haben das indirekt erkannt; denn sie weigern sich in großer Zahl, westliche Patienten mit Akupunktur zu behandeln. Natürlich gibt es Ausnahmen, da es ja auch im Westen medial veranlagte Menschen gibt. Die zum größten Teil unbewußte Medialität ist der Katalysator für gute Akupunkturerfolge.

Nur en passant – im Vorbeigehen – muß erwähnt werden, daß

Medialität die Meditation, die Suggestionen jeder Art, die Hypnose, die Narkose, die Telepathie, die Trancefähigkeit vertieft. Nahezu alle spiritistischen und magischen Praktiken sind ohne Medialität nicht durchführbar.

Akupunktur ist in vielen Fällen eine mediale Anästhesie (Unempfindlichkeit, Schmerzbetäubung). Ob das in allen Fällen zutrifft, vermag ich nicht zu sagen.

Zur medialen Anästhesie habe ich mit eigenen Augen in Ostasien Beispiele erlebt und mit der Kamera festgehalten. Eine Nadelung war bei diesen beobachteten Fällen überflüssig.

B 15 Anläßlich eines Götzenfestes geriet ich in Kuala Lumpur, der Hauptstadt von Malaysia, in eine Prozession. Viele Teilnehmer hatten sich Bambusstäbchen durch die Wangen, durch die Augenbrauen, durch die Ohren, durch die Schläfenhaut oder durch die Muskeln des Oberarms gesteckt. Die Prozession dauert sechs bis acht Stunden. Solange stecken die Stäbchen im Körper. Die Träger behaupten, sie würden keine Schmerzen empfinden. Wenn die Stäbchen herausgezogen werden, bluten die Wunden nicht und heilen in zwei Stunden zu.

B 16 Eine eindrucksvolle Szene hat mich besonders gefesselt. Ein Hindu steckte sich ein Messer zwischen Elle und Speiche durch den Unterarm. Er erklärte, er könne das durch Halbtrance. Er sei imstande, seinen Unterarm durch mentale Konzentration schmerzunempfindlich zu machen. Auch hier keine Schmerzen, kein Bluten und rasche Heilung. – Es war kein Trick, wie westliche Rationalisten uns vorhalten wollen. In einem Fall wurde ein solcher Durchstich des Körpers auf einer Röntgenaufnahme festgehalten.

Ich kenne mediale Menschen, die eine mediale Anästhesie an sich selbst oder an anderen durchführen können. Nadeln sind hier überflüssig, können aber zur Verstärkung der psychologischen Wirkung mitbenützt werden.

Diese ostasiatischen Beispiele zeigen immerhin eine Möglichkeit, wie wir uns die teilweise großen Akupunkturerfolge erklären können.

Es gibt im Westen nicht viele Reichgottesarbeiter, die das Problem der medialen Anästhesie kennen. Ich will einige nennen, die mir besonders bekannt sind und nahestehen:

Emil Kremer (Colmar, Frankreich) stellt in seinem Buch „Geöffnete Augen“, 17. Aufl., Seite 73, das dar.

Gottfried Eisenhut, Missionswerk Central in Blekendorf (Deutschland), kennt sich auf diesem Gebiet aus.

Wim Malgo aus Pfäffikon (Schweiz) ist zu nennen.

Auf die Warnschrift „Eine gefährliche Unwissenheit“ von Walter Wilms, Schriftenmission Essen, weise ich in diesem Zusammenhang hin.

Auch im nordamerikanischen Raum gibt es Männer des Glaubens, die vor allen okkulten Praktiken einschließlich der Akupunktur warnen.

B 17 Ein Bruder aus Kalifornien ist stark in der Abwehr der okkulten Praktiken engagiert. Weil er von den Satanisten und Okkultisten schon bedroht wurde, sie würden ihn umbringen, bleibt sein Name hier weg. Er hat unter anderem an den Generalstaatsanwalt Evelle J. Younger in Sacramento, Kalifornien, ein Schreiben gerichtet mit dem Antrag, er möchte doch gegen die Ausbreitung der okkulten Praktiken Stellung beziehen und dagegen vorgehen. Leider ist es in den USA manchmal so, daß die Satanisten und Okkultisten auch Richter und Anwälte bedrohen und sie dadurch einschüchtern. Auf einen Mord mehr oder weniger kommt es ja den Satanisten nicht an.

Man wird bei all diesen Strömungen, die vom Osten her auf uns zukommen, unwillkürlich an das Wort Offb. 16,12–14 erinnert:

„Es sind Geister der Teufel, die tun Zeichen, um den Königen vom Aufgang der Sonne den Weg zu bereiten.“

Wir kommen am Schluß zu zwei Fragen. Können auch Christen medial veranlagt sein? Ja, bei der Bekehrung und Hinkehr zu Christus verschwindet nicht immer die ererbte oder erworbene Medialität. Da die vererbte Medialität den Trägern meistens unbewußt ist, haben solche Christen in ihrem Glaubensleben negative Auswirkungen, ohne deren Herkunft zu kennen. Solche Gläubige können auch durch okkulte Praktiken beeinflußt werden. Vielleicht liegt das zweite Beispiel dieses Kapitels auf dieser Ebene.

Die nächste Frage, die mir oft gestellt worden ist, lautet: Darf ein gläubiger Christ sich mit Akupunktur behandeln lassen? Ich bin niemandes Vormund. Jeder hat selbst seine Entscheidung zu treffen. Wenn ein Christ sich jahrelang bei der offiziellen Schulmedizin erfolglos hat behandeln lassen und nun meint, durch Akupunktur Hilfe zu finden, der trifft damit eine schwerwiegende Entscheidung. Er soll aber unter allen Umständen sich im Gebet unter den Schutz Jesu stellen. Mediale Kräfte sind gefährlich. Besser ist es, wenn Gläubige die Anwendung der Akupunktur ablehnen.

Anhang: Was versteht man unter Elektro-Akupunktur?

Ich bin zwei Formen begegnet. Die erste Form besteht darin, daß die Nadeln mit einer Schwachstromquelle hoher Frequenz verbunden werden, um den Körper des Patienten in Vibration zu bringen. Diese Art verdient den Namen Elektro-Akupunktur.

Die zweite Form hat mit Akupunktur eigentlich nichts mehr gemeinsam und trägt zu Unrecht den Namen Elektro-Akupunktur. Ich sah die zweite Form bei zwei deutschen Ärzten, Vollmedizinern. Sie gaben zur Diagnose dem Patienten in die linke Hand die Elektrode eines Meßgerätes. Mit der rechten Hand probierte der Patient unter Anleitung des Arztes verschiedene Medikamente aus. Das elektrische Meßgerät gab dabei einen verschiedenen Ausschlag. Nach dem optimalsten Ausschlag bestimmte der Arzt das Medikament und wußte damit zugleich, an was der Patient erkrankt war. Wie diese Diagnose und Therapie zu dem Namen Elektro-Akupunktur kam, entzieht sich meiner Kenntnis.

Die Heilmethoden werden von Jahrzehnt zu Jahrzehnt seltsamer.

Alkoholismus

Einer amerikanischen Zeitschrift „Plain Truth" (Reine Wahrheit) entnehme ich einige statistische Angaben. Es heißt in dieser Monatsschrift:

„Alkoholismus nimmt beim Gesundheitsproblem den vierten Rang ein. Nur Herzkrankheiten, Krebs und Rauschgift fordern mehr Todesopfer. Gegenwärtig gibt es in der Welt 25 Millionen Alkoholiker, davon leben in USA 6 Millionen."

Unter dem Begriff „Alkoholiker" versteht der Verfasser W. Dankenbring Menschen, die an den Alkohol gebunden sind, also die Sklaven des Alkohols. Er spricht kein totales Verbot des Alkohols aus, sonst müßte er auch Jesus verdammen, der zu Kana Wasser in Wein verwandelt hat. Man lese dazu auch das Kapitel über „Gesetzlichkeit".

Alkoholgebundenheit ist ein weltweiter Fluch. Millionen von Menschenleben werden dadurch ruiniert. Familien brechen auseinander. Frauen und Kinder gehen mit blassen Gesichtern herum, wenn der Vater im Rauschzustand in der Wohnung tobt.

Sehen wir uns ein wenig die schreckliche Statistik an. Frankreich ist die am meisten mit dem Alkoholkonsum verflochtene Nation der Welt. Rund 2 Millionen Menschen unter 60 Millionen Bewohnern sind an den Alkoholmißbrauch gekettet. Frankreich hat deshalb die höchste Rate an Leberzirrhosen. Es sind 33 auf 100 000 Bewohner. Die Alkoholiker kosten den französischen Staat jährlich 3–4 Milliarden DM. Neuerdings soll Spanien die meisten Alkoholiker aufweisen.

Deutschland soll 600 000 Alkoholiker haben, das wäre einer unter hundert. Verglichen mit Frankreich, hat unser Land nur ⅓ der französischen Alkoholiker. Die europäische Bevölkerung von Südafrika hat wieder die gleiche Rate wie Frankreich. England zeigt den deutschen Prozentsatz 1 : 100. Kanada hat unter 20 Millionen Einwohnern etwa 300 000 Alkoholiker. Verhältnis 1 zu 66, etwa genau die Mitte der Alkoholgebundenen zwischen Frankreich und Deutschland. In USA kommt auf 36 Bewohner 1 Opfer des Alkohols, fast der gleiche Prozentsatz wie Frankreich. Die Amerikaner geben im Jahr 30 Milliarden DM für Alkohol aus. 80 Millionen Liter werden in USA täglich getrunken. Da Alkoholiker weniger gute Arbeitskräfte sind, verliert die Industrie in USA jährlich rund 7–8 Milliarden DM. 25 bis 50% der Männer, die ins Gefängnis wandern, sind Alkoholgebundene.

Die behördlichen Stellen, die gegen den Alkoholmißbrauch eingesetzt sind, unterscheiden vier Stufen derer, die auf den Flaschen-gepflasterten Straßen wandern.

1. Stufe ist der sporadische Trinker, der von den Parties einen Rausch heimbringt und seine Selbstbeherrschung zu unordentlichem Gebaren und Streitereien verloren hat.
2. Stufe ist das Zittern, das bei regelmäßigem Übergenuß der alkoholischen Getränke entsteht.
3. Stufe ist ein Stadium alkoholbedingter Halluzinationen. Das Opfer hört Stimmen, entwickelt einen Verfolgungswahn und meint, es wolle ihn jemand töten.
4. Stufe ist das delirium tremens. Es ist das Stadium der Alkoholvergiftung, kann aber auch als Entzugsdelirium auftreten. Ein solches Alkoholopfer kann nicht mehr schlafen. Es entstehen

fiebrige Zustände. Eine ganze Gruppe von Erkrankungen sind als Folge der Alkoholexzesse bekannt: Gastroduodenitis, Pankreatitis, Leberzirrhose, Polyneuritis, Tremor, ferner auch Psychosen. In manchen Fällen tritt der Tod ein. Ich kannte einen Mann in höherer Position, den man nicht Säufer nennen konnte, der aber heimlich-unheimlich-viel trank. Er bekam das delirium tremens. Eine Leberblutung trat hinzu. Dann war er nicht mehr zu retten.

Besonders giftig und gefährlich sind die Ersatzstoffe. Bei den Zulus ist das Bierbrauen Aufgabe der Frauen. Manche benützen als Gärmittel ausgediente Batterien von Taschenlampen. Wer dieses Zeug trinkt, ist in 2 bis 3 Jahren tot.

Die Schwarzen in Harlem und Assoziale in den amerikanischen Großstädten brauen sich „Green River". Dieses Getränk wird bereitet vom alkoholhaltigen „after shave Lotion" (Rasier Lotion), das mit einem Verdünnungsmittel, wie es die Maler zum Verdünnen der Farbe gebrauchen, vermischt wird. Diese giftige Brühe färbt die Lippen grün, daher der Name „Green River" (grüner Fluß).

Eines der wirksamsten alkoholischen Betäubungsmittel ist Kerosin mit Buttermilch. Es ist so stark, daß es dem Süchtigen den Verstand raubt.

Es gibt noch mehr solcher Alkohol-Ersatzmittel wie „Block and tackle" – „Pink Lady" – „Sneaky pete" – „Rubby dub" – alles Stoffe, die gesundheitsschädlich sind, den Menschen verblöden lassen oder ihn in kurzer Zeit körperlich völlig ruinieren. Es ist ein furchtbares Sklaventum.

Es ist aber fehl am Platz, bei den Suchtgefahren nur über die Grenze ins Ausland zu schauen. Es gibt bei uns Säufer, die Brennspiritus trinken. Wir haben vor der eigenen Türe genug Probleme, die auf Lösung warten. In Deutschland nimmt der Anteil der Alkoholgefährdeten zu. Vier Prozent der Bevölkerung über 14 Jahre sind als gefährdet anzusehen. Von diesen 1,5 Millionen Jugendlichen sind rund zehn Prozent, also 150000 akut behandlungsbedürftig. Als alkoholgefährdet gilt, wer mehr als 100 Gramm Alkohol pro Tag zu sich nimmt. Das sind zweieinhalb Liter Bier, gut ein Liter Wein und 12 bis 15 Schnäpse. Das Problem liegt auch nicht nur im „Elendalkoholismus", sondern viel mehr im „Wohlstandsalkoholismus". Den höchsten Anteil Gefährdeter stellt die soziale Mittelschicht, gefolgt von den oberen sozialen Schichten. Hingegen sind in den unteren Sozialschichten viel weniger Gefährdete zu finden.

Nach einer Umfrage und Erhebung der Universität Kiel sei bereits ein Sechstel aller Jugendlichen alkoholgefährdet. Jugendliche geben monatlich bis zu DM 200,– für Alkohol aus. Mindestens 5000 Kinder kommen jährlich infolge von Alkoholmißbrauch mißgebildet zur Welt. Die Todesfälle im Straßenverkehr, bei denen Alkohol eine Rolle spielt, steigen an. Die Zunahme der Rauschmittel führt außerdem zu einem eklatanten Anstieg der Kriminalität unter Kindern und Jugendlichen. Als verstärkte Maßnahme gegen den Alkoholmißbrauch wurde die verstärkte Einrichtung alkoholfreier Jugendgaststätten vorgeschlagen.

Es ist oft gefragt worden, warum es zu einer Alkoholleidenschaft kommt. Verschiedene Meinungen sind geäußert worden. Die einen sagen, es sei eine Sucht wie die Spielleidenschaft. Andere weisen einfach auf den Wohlgeschmack hin. Das kann man aber beim „Inhalieren von Brennspiritus" bestimmt nicht sagen. Bei vielen ist es eine Flucht vor den Schwierigkeiten und schwer lösbaren Problemen des Alltags. Andere suchen einfach einen Ruhezustand und vorübergehenden Frieden bei einem Elendzustand des eigenen Herzens. Ihre Losung heißt: Wasche die Sorgen weg, spüle den Ärger runter! Im Grund genommen sind das alles Scheinlösungen. Nach der Ernüchterung ist der Jammer doppelt so groß. Alkoholismus ist eine Form von Sklaverei. Der Alkoholiker ist der Architekt seines eigenen Elends.

Bei der Behandlung des Alkoholikers und der Stellung zum Alkohol ist die exakte Marschroute wichtig. Es geht um zwei Begriffe: Mäßigkeit oder totale Abstinenz.

Beides ist ein Rat der Bibel. Paulus sagt in 1. Kor. 6,12: „Ich habe es alles Macht, es soll mich aber nichts gefangennehmen." Auch in 1. Kor. 9,4 klingt diese mäßige Haltung des Apostels an, wenn er sagt: „Haben wir nicht Macht zu essen und zu trinken?" Auf der gleichen Linie liegt, was in Kol. 2,16 gesagt ist: „So lasset nun niemand euch Gewissen machen über Speise oder über Trank." Überhaupt ist der letzte Abschnitt von Kolosser 2 ein Beispiel für eine nüchterne, ungesetzliche Haltung des Apostels: „Du sollst – sagen sie –, das nicht angreifen, du sollst das nicht kosten, du sollst das nicht anrühren, was sich doch alles unter den Händen verzehrt. Es sind der Menschen Gebote und Lehren."

Das Beispiel Jesu kennen wir, der auf der Hochzeit zu Kana (Joh. 2) Wein bereitete, damit in dieser Feierstunde nicht der Stoff fehlte, der des Menschen Herz erfreut. Psalm 104, 15 lautet: „Daß der Wein erfreue des Menschen Herz." Die Verwandlung von Wasser in Wein oder Saft ist in dem schon erwähnten Kapitel Gesetzlichkeit behandelt. Wenn wir Alkohol haben, so ist wichtig, daß er uns nicht hat. Mäßigkeit ist in der Bibel nicht als Sünde dargestellt.

Anders steht es mit der Alkoholgebundenheit. Die Bibel enthält viele Stellen, daß hier die Grenzüberschreitungen zu großem Unheil führen. So sagt Paulus in Eph. 5,18: „Saufet euch nicht voll mit Wein, daraus ein unordentliches Wesen folgt!" Den Römern gibt der Apostel den Rat: „Lasset uns ehrbar wandeln als am Tage, nicht in Fressen und Saufen" (Röm 13,13). In 1. Kor. 6,10 warnt Paulus: „Die Trunkenbolde werden das Reich Gottes nicht erben." Alkoholismus ist eine schwere Bindung und Belastung, von der jeder Gebundene frei werden kann und muß, wenn ihm ein ordentliches Leben und seine Seligkeit erstrebenswert ist.

Die Seelsorge zeigt einen einfachen und doch folgenschweren Sachverhalt.

Wer mäßig Alkohol trinkt, wird leicht zum Säufer.

Wer ein Säufer ist, kann nicht mehr mäßig werden. Das heißt, daß ein Alkoholgebundener radikal auf jeden Tropfen verzichten muß. Schon die geringste Menge kann ihn wieder in das alte Elend hineinführen. Deshalb sind manche Gemeinden in alkoholverseuchten Gebieten dazu übergegangen, beim Abendmahl keinen Wein, sondern Traubensaft zu geben. Wenn der Tiger Blut geleckt hat, ist er nicht mehr zu bändigen. Hat der Alkoholiker einen Schluck Wein genossen, bricht die alte Leidenschaft wieder auf.

Die brennendste Frage ist, wie kommt der Alkoholgebundene von seiner Leidenschaft los? In USA experimentiert man, eine Droge zu entwickeln, die beim ersten Schluck ein Ekelempfinden hervorrufen soll.

Eine andere Möglichkeit der Befreiung ist eine Entziehungskur in einer geschlossenen Anstalt. Das alles sind nur halbe Lösungen.

Eine tiefgreifende Lösung des Problems ist eine Befreiung durch Christus: „So euch nun der Sohn Gottes frei macht, der ist recht frei." Alkoholgebundenheit ist nicht nur eine Belastung und Sklaverei, sondern vor allem Schuld vor Gott. Es gibt darum kein echtes Freiwerden ohne Buße und Lebenserneuerung. In der Nachfolge Jesu gibt es ein Freiwerden und ein Freibleiben.

In der seelsorgerlichen Betreuung von Alkoholikern ist es manchmal eine seelische Hilfe für den Gebundenen, wenn der Seelsorger ein Zeichen aufrichtet und genauso verzichtet, bis der Gebundene frei ist. Ich kenne einen Seelsorger, der einmal fünf Jahre einen Säufer betreute und in dieser Zeit keinen Tropfen trank, bis der Gebundene frei war. Ein andermal tat er das 18 Monate hindurch. Dann schrieb der Alkoholiker, daß er durch Jesus frei geworden sei, und daß er – der Seelsorger – nun keine totale Abstinenz mehr einhalten brauche.

Anthroposophie

Buchhinweis: Anthroposophie – eine Alternative? v. Pierott, Hänssler Verlag

Es wird manche Opposition entstehen, wenn Leser den Titel dieses Buches mit seinem Inhalt vergleichen. So wird auch hier die Frage laut werden: Was hat die Anthroposophie mit dem Okkultismus zu tun? Die Antwort ist schnell gegeben.

Das theologische Sammelwerk „Religion in Geschichte und Gegenwart" schreibt im Band 1 folgendes: „Die Anthroposophie, die Weisheit vom Menschen, oder, wie sie sich selbst nennt, die Geisteswissenschaft, ist die vollendetste Ausgestaltung des Okkultismus."

Begründer dieser im 20. Jahrhundert entstandenen Bewegung oder Weltanschauung ist Rudolf Steiner, der unter vielen Gebildeten, vor allem auch Ärzten, seine Anhänger gefunden hat.

Steiner hat in einer universalen Weise viele geistesgeschichtliche Strömungen wie Buddhismus, Christentum, Theosophie, Gnostizismus, Mystik, Idealismus, aber auch Spiritismus und Magie zu einer Einheit zu verschmelzen versucht.

Die Darstellung dieses neuen Systems gäbe eine philosophische Abhandlung und übersteigt das Ziel dieses Buches.

In diesem Kapitel sollen nur einige eigene Erfahrungen wiedergegeben werden.

B 18 Es war bei der Autobahneinfahrt Ulm-West. Ein Anhalter winkte und bat, mitgenommen zu werden. Ich hielt an. Auf der Fahrt nach Karlsruhe kamen wir ins Gespräch. Schließlich fragte ich ihn: „Was haben Sie für einen Beruf, daß Sie sich keine Fahrkarte leisten können?" Er antwortete: „Ich bin anthroposophischer Priester."

Ich stellte mich dumm und fragte: „Was ist das? Was glauben Sie? Wie ist Ihre Hauptlehre?" Mein Partner war willig, mich zu informieren. Er erklärte: „Eines unserer Kernprobleme ist die Reinkarnation. Wir glauben, daß der Mensch etwa alle 800 Jahre wieder auf die Welt kommt, um sich höher zu entwickeln."

„Das wird doch auch in den östlichen Religionen gelehrt", fügte ich hinzu.

Meine Wißbegierde war noch nicht gestillt. Ich fragte weiter: „Kann man wissen, was man 800 Jahre zuvor getrieben hat?"

Der Priester antwortete: „Ja, aus den Tendenzen, aus den Neigungen, aus der Einstellung lassen sich Rückschlüsse ziehen. Was lieben oder hassen Sie am meisten?"

Ich war zu einem Scherz aufgelegt und sagte: „Ich habe eine Stinkwut auf alle Pfarrer und Theologiestudenten." (Nebenbei gesagt, ich liebe meine gläubigen Brüder unter den Theologen.)

Der Priester antwortete prompt: „Diese Neigung verrät, daß Sie vor 800 Jahren Theologieprofessor waren." Diese Schlußfolgerung war mir nicht klar. Sie belustigte mich.

Nun war ich an der Reihe. Ich erklärte, daß sich die Reinkarnation, die Wiederverkörperung, nicht mit der Bibel in Einklang bringen läßt. Unser einmaliges Leben ist entscheidend für unsere Ewigkeit.

Der Anthroposoph war noch nicht zufrieden. Er parierte mit dem Hinweis, daß Johannes der Täufer die Wiederverkörperung von Elia gewesen sei. In der Tat haben wir in Mt. 17,12 das Wort Jesu, in dem Johannes der Täufer mit Elia verglichen wird. Der Täufer war aber niemals eine leibliche Wiederverkörperung von Elia, sondern war nur mit der Kraft und Vollmacht Elias ausgerüstet. Die Gleichheit eines geistlichen Auftrages heißt nicht, daß Fleisch und Blut sich in dieser Zeit in neuer Form wiederholen. Die Auferstehung in neuer Leiblichkeit ist ein Ereignis der Zukunft bei der Wiederkunft Jesu.

Wir müssen festhalten: Die Bibel verkündigt nicht die zweite oder dritte Chance. Unser einmaliges Leben ist in seiner Haltung zu Jesus Christus entscheidend und ausschlaggebend, wo wir die Ewigkeit zubringen.

Die Lehre von der Wiederverkörperung und damit die Anthroposophie erhält seit einigen Jahrzehnten neue Nahrung durch seltsame Experimente.

B 19 Ein schwedischer Psychiater hypnotisierte eine Frau und erforschte in der Hypnose ihren Lebenslauf. Er kam dabei auf den Gedanken, die Befragung bis zurück zur Geburt und vor die Geburt weiterzuführen. Bei diesem Experiment gab die Frau an, im vorigen Jahrhundert schon einmal gelebt zu haben. Sie gab Name, volle Anschrift und viele Begleitumstände an, die sich bei der Nachprüfung als richtig erwiesen. Weder der Psychiater noch die Hypnotisierte wußten um die in der Hypnose gemachten Angaben. Es hat also keine Übertragung vom Hypnotiseur auf die Frau stattgefunden.

Es sind jetzt schon eine Reihe solcher Experimente bekanntgeworden. Ein Zürcher Hypnotiseur machte den gleichen Versuch mit demselben Erfolg.

Nur zur Illustration seien zwei Zeitungsartikel wiedergegeben. Die „Rhein-Neckar-Zeitung" vom 22. 1. 75 brachte folgenden Bericht:

B 20 Ermordet als „Gretchen Gottlieb"?

Amerikanerin spricht in Hypnose von früherem Leben – Neues von der „Okkultismus-Welle".

Ein amerikanischer Geschichtsprofessor bemüht sich zur Zeit herauszufinden, ob im letzten Viertel des vergangenen Jahrhunderts in Deutschland, in Eberswalde, ein junges Mädchen mit dem Namen Gretchen Gottlieb gelebt hat, das möglicherweise während der religiösen Spannungen des „Kulturkampfes" ermordet worden ist. Anlaß für seine ungewöhnlichen Nachforschungen: die 52 Jahre alte Amerikanerin Dolores Jay aus Elton in Virginia, die nach ihren Versicherungen nie im Leben ein Wort deutsch gelernt hat, erzählt unter Hypnose auf deutsch von einem früheren Leben als eben dieses Gretchen Gottlieb und davon, daß sie mit 16 Jahren in einem Wald von mehreren Männern umgebracht worden sei.

Nach einem Bericht der „Washington Post" war Mrs. Jay von ihrem Mann, einem Methodistenpfarrer, mehrfach wegen Rückenbeschwerden hypnotisiert worden. Bei einer dieser Sitzungen fragte er sie 1970, ob sie noch Schmerzen habe, worauf sie unerwartet mit dem deutschen Wort „nein“ antwortete. Auf die Frage des überraschten Ehemannes, ob sie sich wohl fühle, kam es auf deutsch zurück: „Ja.“ In den folgenden drei Jahren wurde Mrs. Jay mehrfach von Germanistikprofessoren und Wissenschaftlern in Hypnose befragt. Sie und ihr Mann unterzogen sich dazu erfolgreich mehreren Lügendetektor-Tests. Eidesstattliche Erklärungen von Verwandten bestätigten, daß die Frau niemals Deutsch gelernt hat und nie mit Deutschsprechenden zusammengekommen ist.

Das Bild, das Mrs. Jay in mehreren Hypnose-Sitzungen von „Gretchen Gottlieb“ zeichnete, beschreibt ihr Mann so: „Gretchen war etwa 16, als sie starb, und sie lebte in den 1870er Jahren. Sie kann nicht lesen und schreiben. Ihr Vater war Bürgermeister einer Stadt namens Eberswalde, und sie lebte dort mit ihrem Vater und einer Köchin, Frau Schilder oder Schiller.“ Ermordet worden sei „Gretchen“, als sie in einem Wald auf einen Onkel wartete, der Pferde versteckt hatte, mit denen beide fliehen wollten. Eine Gruppe Männer hätte sie jedoch vorher entdeckt und umgebracht.

Auf Fragen mehrerer Geschichtsprofessoren kam Mrs. Jay in Hypnose immer wieder auf „Kirchenprobleme“ zurück. „Sie hat Todesängste und redet eine Menge über Probleme mit der Kirche“, berichtete ihr Mann. Der Vater „Gretchens“ sei wegen dieser „Kirchenprobleme“ eingesperrt worden. Dieser Hinweis läßt Historiker vermuten, daß mit den „Kirchenproblemen“ die scharfen Auseinandersetzungen des Kulturkampfes zwischen dem preußischen Staat und der katholischen Kirche gemeint sind, bei denen es vereinzelt Gewalttätigkeiten gab. Obwohl es mehrere Orte namens Eberswalde in Deutschland gibt, redet Mrs. Jay offenbar über die Kreisstadt Eberswalde bei Berlin.

Die Vorfahren der Mutter von Mrs. Jay waren Deutsche. Obwohl die Mutter nicht mehr Deutsch sprach, ist eine der Erklärungen des Ehemannes für ihre „Gretchen-Erinnerungen“, daß sie möglicherweise „eine Art genetische Erinnerung“ in sich hat.

Ein zweiter Bericht befaßt sich mit der Arbeit des Münchner Therapeuten Th. D. Seine Praxis trägt den Namen „Institut für außergewöhnliche Psychologie“. Schon als Junge hat sich dieser

Therapeut mit Hypnose und Magie beschäftigt. Er bringt also die beste Eignung mit, nicht seine Patienten zu heilen, sondern zu belasten.

Seine Therapie besteht darin, seine Patienten in Hypnose zu versetzen und dadurch Verklemmung, Depressionen, Fehlentwicklungen abzubauen.

Th. D. ist überzeugt, daß jeder Mensch mindestens zweimal auf diese Erde kommt. Wer von seinen Patienten sich freiwillig zu einem Experiment bereit erklärt, wird über seine letzte Geburt hinweghypnotisiert. Der Hypnotiseur geht noch weiter zurück bis in das erste Leben seiner Patienten. Die Aussagen des Hypnotisierten nimmt er auf Tonband auf.

Manchmal werden die „vorgeburtlichen" Hypnose-Experimente von dem Münchner Psychologie-Professor Fuchs überwacht. Nun einige Beispiele:

B 21 Der erwähnte Münchner Psychologe Th. D. hat schon viele Experimente mit vorgeburtlichen Hypnosen durchgeführt. Bei einer solchen Hypnose hatte er ein Kamerateam kommen lassen, um alles aufzunehmen. Versuchsperson war eine 26jährige Büroangestellte. In der Hypnose gab sie an, vor 2000 Jahren am Pharaonenhof in Alexandrien gelebt zu haben. Sie war als Kulttänzerin der Göttin Isis geweiht und tanzte in ihrem Tempel. Die Kameramänner nahmen ihren graziösen Tanz auf. Plötzlich schrie die Hypnotisierte auf und gab an, daß sie von einem Priester erstochen werde, weil sie sich mit einem verheirateten Mann eingelassen hatte. Aus der Hypnose zurückgerufen, wußte sie von den ganzen Vorgängen nichts.

B 22 Die 22jährige Margret Näher wurde von D. in tiefe Hypnose versetzt. Dann fängt die Versuchsperson zu reden an: „Ich heiße Anna Schmidt und bin am 3. September 1810 in Eggenburg in Österreich geboren. 1818 brennt unser Bauernhaus. Ein Nachbar holt mich raus. Meine Mutter heißt Josefine, mein Vater Andreas. 1828 ziehe ich nach Berlin, wo ich später den Lokomotivführer Wenzel heirate. Im Jahr 1871 sterbe ich."

Das alles hört sich interessant an. Der Clou der Geschichte ist, daß die Geburt der Anna Schmidt im Jahr 1810 in Eggenburg nicht registriert ist.

Wir sind aber mit dem Problem der Wiederverkörperung noch

nicht fertig. Wie können die Rückhypnotisierungen über die Geburt und Zeugung zurück beurteilt werden?

Wie ich über die Hypnose denke, kann in dem entsprechenden Kapitel nachgelesen werden.

Einige Fragen müssen kurz gestreift werden. Wo kommt das Wissen der hypnotisierten Personen von einem angeblichen früheren Leben her? Es gibt verschiedene Erklärungen:

1. Buddhisten und Anthroposophen sagen, das sei der Beweis einer früheren Existenz der hypnotisierten Person. Für einen Christen ist diese Hypothese nicht annehmbar.
2. Rationalisten, die alles Übersinnliche ablehnen, geben sich mit der Betrugshypothese zufrieden. Eine Bestätigung bekommen sie durch nachgeprüfte Aussagen wie in B 22 im Fall der Margret Näher.
3. Parapsychologen weisen vielleicht auf eine retroskopische Fähigkeit des Hypnotiseurs hin. Darunter versteht man eine hellseherische Fähigkeit im Blick auf die Vergangenheit.
4. Andere orientieren sich bei ihrer Antwort an Eduard von Hartmann und Hans Driesch, die von einem Anzapfen der Weltseele sprechen. In dieser Weltseele seien die Lebensdaten aller Menschen verankert. Auch das ist eine unbeweisbare Hypothese. Für den Christen ist die Weltseele Gott, und der läßt sich nicht von Okkultisten anzapfen.
5. Auf eine briefliche Anfrage antwortete mir Prof. Dr. Köberle, am ehesten könne man bei diesen Hypnoseergebnissen an ein Anzapfen der Jungschen Archetypen denken. Da Köberle ein ernstzunehmender Theologe und gläubiger Christ ist, muß dieser Hinweis geprüft werden.

Ohne Zweifel ist Carl Gustav Jung bisher der bekannteste Tiefenpsychologe des 20. Jahrhunderts. Seine Studien über das individuelle, familiäre und kollektive Unbewußte sind Allgemeingut der Psychologie geworden.

Es mag als taktlos erscheinen, einem so berühmten Mann etwas am Zeug flicken zu wollen. Einige Zitate werden aber rasch die geistige Position Jungs klarlegen. In dem Titel „Über die Psychologie des Unbewußten", Seite 120, steht zu lesen: „Das kollektive Unbewußte enthält die Erfahrungen des Menschengeschlechts und dessen tierischer Ahnen." Unsere tierischen Ahnen?

In „Symbolik des Geistes", Seite 394, sagt Jung, daß ein

geistiger Gott nichts anderes sei als eine personifizierende Projektion von unbewußten Inhalten in den Raum der Metaphysik.

Gott eine Projektion des Menschen?

Wer es immer noch nicht verstanden hat, der soll erfahren, daß Jung den Gott Hiobs einen boshaften Tyrannen genannt hat (Antwort auf Hiob).

Bei aller Achtung vor dem Wissenschaftler Jung, so steht fest, daß er den gläubigen Christen nicht Wegweiser sein kann.

Dennoch muß all denen, die vom Anzapfen der Archetypen sprechen, an dieser Stelle eine kurze Antwort gegeben werden.

Die Archetypen sind nach Jung die Strukturelemente, die formenden Leitbilder des Kollektiv-Unbewußten. Es handelt sich hier nur um Dispositionen, Motive, Tendenzen, dominierende Prinzipien. Niemals kann durch Anzapfen der Archetypen eines gegenwärtigen Menschen das Leben eines früheren Menschen aufgerollt werden. Geburtsdatum, Vorname, Zuname, Wohnort, Beruf, Lebensumstände, Todesdatum sind nicht in den Archetypen verankert, wenn diese viel zitierten Archetypen überhaupt existieren sollten. Die von Prof. Köberle angedeutete Erklärung geht über das hinaus, was Jung selbst gelehrt hat.

6. Wie sollen wir dann aber die „vorgeburtlichen“ Hypnosen verstehen? Eine indirekte Antwort erhalten wir durch die Vorgeschichte des Münchner Psychotherapeuten, der solche Hypnoseexperimente durchführt. Wer magische und hypnotische Experimente vornimmt, wird medial, ohne es zu wissen. Dieser Therapeut zapft nicht Archetypen an, sondern die Mächte, von denen Paulus in Eph. 6,12 schreibt: „Wir haben es nicht mit Fleisch und Blut zu tun, sondern mit den bösen Geistern, die in den Luftregionen herrschen.“ „Vorgeburtliche Hypnosen“ sind – wenn kein Betrug vorliegt – Geisterverkehr, Spiritismus. Sowohl Hypnotiseur wie Versuchsperson geraten bei diesen Experimenten unter einen Bann. – Wir stehen indirekt bei den „vorgeburtlichen“ Hypnosen vor dem Besessenheitsproblem. Dazu ein Beispiel:

B 23 Es war in Frankreich. Ein Pastor brachte mir eine Frau mit den Zeichen der Besessenheit. Betete man mit ihr, fiel sie in Trance. Dabei meldete sich eine andere Stimme, die sich als die Stimme der

Großmutter ausgab. Ja, noch mehr, die zweite Stimme identifizierte sich mit der in Trance liegenden Enkelin. –

Wenn ein Psychiater eine solche Frau zu untersuchen hat, spricht er von Bewußtseinsspaltung und Verselbständigung der dissoziierten Teile des Unbewußten. Wir finden das häufig beim schizophrenen Formenkreis.

Und doch bestehen zwischen dem spiritistischen Trancereden und einer schizophrenen Desintegration (Aufspaltung) gewaltige Unterschiede. Das kann unter dem Stichwort Besessenheit nachgelesen werden.

Es gibt nicht viele Seelsorger, die im Umgang mit Besessenen Erfahrungen sammeln konnten. Die in der Welt am häufigsten genannt werden, sind Motherwell in Australien, Ruark in Kanada, Rosteck in den USA, Kremer in Frankreich. Alle vier haben meine Bücher und stimmen damit überein.

Wenn ein besessener Mensch stirbt, fährt der Dämon aus und versucht, bei einem Familienmitglied Eingang zu finden. Häufig sind Angehörige von Besessenen medial veranlagt und damit offen für das Eindringen böser Geister. Mitunter kommt es vor, daß Besessene nicht sterben können, bis der in ihnen wohnende Dämon eine neue Behausung gefunden hat. Gelingt es einem solchen Geist, von einem Enkel Besitz zu ergreifen, so wird eine gewisse Familientradition fortgeführt.

Der Hypnotiseur, der dann solche Personen über die Geburt zurück hypnotisiert, tritt in Kontakt mit diesen Familiengeistern und erfährt von ihnen das Wissen der Vorfahren.

Das alles hört sich wie eine absurde Konstruktion an und ist selbst Gläubigen, die keine Erfahrung mit Besessenen haben, unfaßbar und unglaubwürdig. Wer jahrelang aber mit okkult Belasteten Seelsorge geübt hat, dem sind solche Erfahrungen vertraut. Daß ungläubige, nicht wiedergeborene Psychiater, Hypnotiseure, Parapsychologen und modernistische Theologen darüber lachen, tut der Wahrheit keinen Abbruch.

Es ist bezeichnend, daß in den englischen Bibeln verschiedener Übersetzung alttestamentliche Stellen über die Zauberei mit „familiar spirits“ wiedergegeben werden. Wörtlich übersetzt heißt das „vertraute, intime Geister“, in übertragenem Sinn kann der englische Ausdruck auch mit „Familiengeister“ übersetzt werden. Es gibt Familien, die Jahrzehnte und Jahrhunderte von solchen Geistern beherrscht sind.

Die bösen Geister haben ihre Freude daran, die Menschen zu belügen und zu betrügen. Die „vorgeburtlichen Hypnotiseure" gehören ausnahmslos zu ihren Opfern.

Antichrist

Viele Auslegungen der Offenbarung und Schriften über den Antichristen sind durch meine Hände gegangen. In der Studienzeit war es die Auslegung des damals bekanntesten Neutestamentlers Prof. Adolf Schlatter. Als Informationsquelle diente mir das Göttinger Bibelwerk. Später im Pfarramt war mir die Wuppertaler Studienbibel ein willkommenes Nachschlagewerk. Irgend jemand schenkte mir die beiden Bände von Pfarrer Pfendsack, dem Pfarrer des Münsters in Basel. Wim Malgo sandte mir als freundschaftlichen Gruß seine Auslegung der Offenbarung und später sein Buch „Was geschah und was bald geschehen wird". Ich liebe diese Erklärungen, weil der Stil gut lesbar ist und gut fundiertes biblisches Wissen dahinter steht.

Natürlich gehen die Auslegungen in manchen Punkten auseinander. Die Auslegung von Dr. Hartenstein erwähnte ich nicht, weil ich seine Allversöhnungsauffassung im Widerspruch zur Heiligen Schrift ansehe.

Es gäbe eine lange Liste, wollte man alle Verschiedenheiten der Ausleger des prophetischen Wortes darstellen. Denken wir an das „Sonnenweib" in Offb 12. Für die Katholiken ist es Maria, die Himmelskönigin. Prof. Brehme sagt im Göttinger Bibelwerk: „Diese Deutung paßt nicht zu dem schlicht menschlichen Bild, das das Neue Testament von Maria zeichnet, und sie paßt erst recht nicht in den Rahmen der apokalyptischen Vision, die die Geburt Jesu ganz und gar aus der Ebene des Menschlich-geschichtlichen heraushebt." Dr. Werner de Boor, mit dem ich befreundet war, schrieb: „... auch die Deutung auf ein bekehrtes jüdisches Volk gegen Schluß der Zeitspanne (vor der Wiederkunft Jesu) scheidet aus. Schlatter, der ohnehin stark mit der Verwerfung Israels und nicht seiner Wiederannahme rechnete, war das Sonnenweib die Gemeinde Jesu. Wim Malgo sieht in dem Weib nicht nur eine Auswahl aus Israel, sondern das ganze Israel. Ähnliche Formulierungen haben ihm schon den Ruf eingebracht, daß er das Israel kata sarka (Israel nach dem Fleisch) und das Israel kata pneuma (Israel nach dem Geist) zu sehr vermengt. Wie weit das berechtigt ist, soll hier nicht diskutiert werden. Ich bekenne mich nur zu Römer 11,26 pasa israel sothesethai = und das ganze Israel errettet werde. Natürlich kommen vorher die Gerichte, von denen Sacharja 12–14 spricht.

Man sieht aus dem einzigen Vergleichspunkt „Das Sonnenweib", wie sehr die Auffassungen auseinandergehen. Noch verwirrender sind die Meinungen um den Antichristen. Offb 13 hat viele Ausleger gefunden. Die Deutungen schwanken von theologischen Orientierungen bis hin zum Naiv-lächerlichen.

Luther sah in dem Papst den Antichristen. Er äußerte sich in seiner Schrift „Von der Wiedertaufe" in folgender Weise: „Der Papst ist der Antichrist, denn er verfolgt uns, verflucht uns, verbannt uns, verjagt uns, verbrennt uns, erwürgt uns und geht mit uns armen Christen um, wie ein rechter Antichrist mit der Christenheit umgehen soll."

In den letzten hundert Jahren wurde bei den kommunistischen Christenverfolgungen der Ruf laut: der Weltkommunismus wird den Antichristen stellen. Jeder Gewaltherrscher hat ein Stück vom Antichristen an sich. Der Ausdruck Antichrist kommt in den Briefen des Johannes und in der Offenbarung fünfmal vor (1. J. 2,18; 2,22; 4,3; 2. J. 7) Der Apostel Johannes bringt auch den Ausdruck: „Nun sind viele Widerchristen geworden." Alle brutalen Verfolger der Christen waren Widerchristen. Dazu gehören auch Stalin und Hitler. Dem russischen Regimekritiker Bukharin wurde der Prozeß gemacht. Von diesem Opfer einer Säuberungsaktion stammt der Ausspruch: „Stalin ist nicht ein Mensch, sondern ein Teufel." Ich erinnere mich noch gut an eine Aussage eines früheren Außenministers Rußlands, der zugab, daß die russische Revolution 51 Millionen Menschen gekostet habe. Eine ähnliche Bilanz hat auch Mao, der große „Kulturrevolutionär", aufzuweisen.

Aus dem „Dritten Reich" sei eine kleine Episode wiedergegeben. Ich gehörte zu einer Liebenzeller Gemeinschaft innerhalb der Landeskirche. Einer unserer Leiter hatte ein geheimnisvolles Buch. Es hieß der „Weiße Herzog". Unter vorgehaltener Hand flüsterte man sich gegenseitig ins Ohr, damit ist Hitler, der prophezeite Antichrist, gemeint. Kurz nach dem Krieg hieß es: Hitler wird auferstehen, weil die Bibel sagt: „Die Todeswunde heilt" (Offb 13,3). Ich antwortete damals unserem Gemeinschaftsleiter Hartmann, dem Besitzer des Buches: „Ich glaube nicht, daß Hitler der Antichrist von Offb 13 ist, bin aber überzeugt, daß er einen Vorläufer des grausamen Machtmenschen der Endzeit darstellt.“

Es gibt noch viele derartige Versionen. Die Baha'i, als ursprünglicher Ausgangspunkt des Antichristen, werden auch genannt, weil die Baha'i ein 12-Punkte-Programm zur Bildung eines Welteinheitsstaates aufgestellt haben.

Auch der erfolgreiche Außenminister Henry Kissinger wurde vor 15 Jahren als möglicher Antichrist angesehen. Einem Freund, Dr. med. F. G., der mir diese Weisheit unterbreitete, antwortete ich: „Dafür ist er zu alt. Es muß in der Weltpolitik noch einiges geschehen, bis der letzte große, furchtbare Übermensch sein Schreckensregiment antreten kann.“

Zur Zeit läuft wieder eine solche Geschichte durch die Reihen der Christen, die auf den Herrn warten. Jeane Dixon, die berüchtigtste Hellseherin und Wahrsagerin von USA, erklärte, 1962 sei ein Kind geboren worden, das nach indischen Quellen ein Welterlöser sein müsse. Er würde 1980 zum ersten Mal öffentlich in Erscheinung treten. Bald würde er die Fäden der Weltpolitik in Händen haben. Von der Erfüllung dieser Prophezeiung von Jeane Dixon wurde noch nichts bekannt. Jeane Dixon hat eine Reihe von Treffern in ihren Prognosen aufzuweisen, aber auch ebensoviele oder noch mehr Falschaussagen.

B 24 Mehr Wahrheitssubstanz liegt in einer anderen Geschichte, die auf einen möglichen Antichristen hinweisen kann. 1958 wurde ein jüdisches Wunderkind geboren. Sein Name ist Adi Avraham. Mit anderthalb Jahren konnte er bereits besser lesen und schreiben als laufen. Als Vierjähriger spielte er die kompliziertesten Klaviersonaten. Mit fünf Jahren las er Bücher über Atomwissenschaft und Medizin. Als Siebenjähriger durfte er in der Anatomie beim Sezieren einer Leiche dabeisein. Mit zehn Jahren machte er sein Abitur. Mit 12 Jahren war bereits sein Mathematikstudium abgeschlossen. Mit 17 promovierte er zum Dr. med. und war damit der jüngste Arzt der Welt. Der italienische Kulturminister holte Dr. Adi Avraham 1982 an die Mailänder Universität. – Adi ist Urenkel von Albert Einstein. Er ist ein Asket, der nicht raucht, trinkt, keine Zeit hat für Mädchen und Unterhaltung. Er arbeitet jetzt am Mailänder Krebsforschungszentrum.

Im Zusammenhang mit diesem Genie ist wieder die Frage laut geworden: „Soll er der Antichrist sein?"

Sie sehen, man kann eine Geschichte über den Antichristen im Stil von Herodot schreiben und ein Histörchen nach dem anderen zitieren. Im Unterricht vor 60 Jahren hat man uns Gymnasiasten schon beigebracht, daß Thukidides ein exakter Historiker sei, Herodot dagegen schmückt seine Geschichtsschreibung mit Anekdoten aus. Wenn die Anekdoten wahr sind, habe ich nichts dagegen. Nur wenn geflunkert wird, „sträubt sich der Pelz".

Über den Antichristen zu schreiben, ist eine schwierige Aufgabe. Man könnte eine neue Auslegung zu Kapitel 13 der Offenbarung verfassen – zu all den vielen, die schon bestehen. Man kann auch zahlreiche Darstellungen lesen und einen Querschnitt der Meinungen versuchen. Beide Methoden empfinde ich zur Zeit nicht als meine Aufgabe. Ich habe anderes im Sinn.

Schon manchmal, so auch in diesem Buch, bezeugte ich, daß mir der Herr bei den Niederschriften der Kapitel oft gerade das Material zuschob, das ich benötigte. So geschah es auch jetzt wieder. Am 3. Januar brach mir ein Bücherregal herunter, und es fiel mir die Broschüre von Solowjew in die Hände. Der Titel ist „Übermensch und Antichrist". Ich hatte keine Ahnung, daß dieses Buch sich überhaupt noch in meinem Besitz befindet. Einen Tag später besuchte ich eine Pfarrertagung in Herrenalb, wo eine Diskussion über das Orwellsche Buch 1984 geführt wurde.

Das Stichwort Orwell ist jetzt im Januar 84 fast in jedermanns Munde. Eine ältere Schwester sagte mir: „Dieses Jahr gibt es den dritten Weltkrieg!" Ich fragte zurück: „Woher wollen Sie das wissen?" Sie meinte: „Orwell hat es prophezeit." Ich redete ihr das aus, obwohl es mir unbehaglich war, daß ich das Orwell-Buch überhaupt nicht kannte. Auf der Pfarrer-Tagung hörte ich dann, daß die „Frankfurter Allgemeine" das Orwell-Buch als Tagesroman bringe. In den Illustrierten erscheinen zur gleichen Zeit Bilder von Orwell, an der Schreibmaschine sitzend, und den „tröstlichen" Hinweis, daß zum Glück nicht alles eingetroffen ist, was er prophezeit hat. Auf jeden Fall machte es mich stutzig, daß die Tagespresse vom Welterfolg dieses Buches spricht, während ich literarisches Greenhorn außer dem Namen Orwell nichts von diesem Buch wußte. „Auf allen Seiten mit der Nase daraufgestoßen", nahm ich mir vor, das Buch schon auf der Heimfahrt vom

Pfarrkonvent zu erstehen. In Ettlingen erhielt ich auf Anhieb das Gewünschte in der Braunschen Buchhandlung.

Ich las das Buch in sieben Stunden durch und wußte, warum ich dieses Literaturprodukt nicht kannte. Ich habe keine Zeit, Romane zu lesen. In diesem Fall mußte ich es als Fügung ansehen, daß mir zur gleichen Zeit die Darstellungen von Solowjew und Orwell in die Hände gegeben wurden, und zwar genau zu dem Zeitpunkt, da ich in diesem Buch das Kapitel über den Antichristen begann. Das sind drei Faktoren, die mir wieder die Regie des gütigen Vaters im Himmel vor Augen führte.

Solowjew und Orwell, zwei Männer, die fast ein Jahrhundert in ihrer Lebenszeit auseinanderliegen. Solowjew gibt eine bibelnahe Darstellung von der Entwicklung und Herrschaft des Antichristen. Orwell weist sich mit seinem Buch als ein Autor aus, der die Zeitgeschichte und politische Entwicklung mit psychologischem Fingerspitzengefühl vorausahnt. Sein Buch ist aber biblisch völlig substanzlos, und zur Lesbarkeit seines Werkes hat er nicht auf die romantechnischen Erfordernisse der Reizszenen verzichtet. Solowjew ist Orwell nicht nur ein Jahrhundert voraus, sondern vor allem auch in der Ethik und Bibelnähe. Wenn Herder, Freiburg mir das Copyright verkauft, bringe ich die „Kurze Erzählung vom Antichrist" in einem Sonderdruck als Rundbrief für meine Freunde.

Ein weiterer Unterschied zwischen Solowjew und Orwell ist die Tatsache, daß Solowjew mehr die Person des Antichristen im Auge hat, während es Orwell mehr auf das System ankommt. Beides ist berechtigt. Wenn man aber besser über das System informiert sein will, dann muß der Christ nach anderen Auslegungen greifen. Für mich ist die beste Borowskys Werk mit dem Titel „Christus und die Welt des Antichristen". Einer solchen Darstellung aus biblischer Sicht geschrieben, ist Orwell niemals gewachsen.

Solowjew

Lassen wir nun aber die beiden Männer zu Wort kommen, zuerst Solowjew. Seine „Kurze Erzählung vom Antichrist" steht auf den Seiten 100 bis 136 in dem schon erwähnten Buch.

Der einleitende Teil der Erzählung ist nicht der Bibel entnommen. Solowjew schrieb: „Das 20. Jahrhundert nach der Geburt Christi ist die Epoche der letzten großen Kriege." In Ostasien übernimmt Japan die Führung, das versucht, alle mongolischen

Völker, Korea, China, Mongolei, Tibet unter seine Führung zu bringen. Es gelingt, und dadurch entsteht der sogenannte „Panmongolismus". Bogdo Khan (= Heiliger Fürst) führt die Millionenhorden westwärts, dringt zuerst in das östliche Rußland ein, dann über den Ural hinweg in das westliche Rußland. Der russische Bär war zu bedächtig, zu langsam, eine wirksame Abwehr zu mobilisieren. So dringen schließlich drei Armeen in Deutschland ein. Hier war man auf den Ansturm vorbereitet. Eine der drei mongolischen Armeen wird geschlagen. Da entsteht den Deutschen ein Gegner im Rücken. Die Franzosen verbünden sich mit den Ostasiaten, werden aber, nachdem Bogdo Khan Herr über Deutschland geworden ist, von den Gelbgesichtern mit mongolischer Gründlichkeit abgeschlachtet. Diese Zeit äußerster Bedrängnis führt zu einer Besinnung der europäischen Völker, die sich verbünden und sich zu den Vereinigten Staaten von Europa zusammenschließen, nachdem ein alleuropäisches Heer der Ostasiaten Herr geworden war.

Diese geschichtliche Entwicklung hat mit der Bibel wenig zu tun, enthält aber doch einige Wahrheitsmomente.

Solowjew denkt bei den mongolischen Horden an die riesigen Heuschreckenschwärme der Offb 9,3. Im gleichen Kapitel wird auf die 200 Millionen Soldaten (dismyriades myriadon) hingewiesen (9,16), die den Euphrat überschreiten. Mao rühmte sich einmal: „Wir sind das einzige Volk der Erde, das 200 Millionen Soldaten auf die Beine stellen kann."

Man wird bei diesem Ansturm der mongolischen Horden auch an das zweibändige Werk des Geschichtsphilosophen Oswald Spengler erinnert „Der Untergang des Abendlandes". Spengler, der 40 Jahre nach Solowjew lebte, griff also diesen Gedanken auch auf. Der deutsche Kaiser Wilhelm II. hat auch von dieser Gefahr gesprochen.

Die Vereinigten Staaten von Europa sind also der geschichtliche Rahmen, in dem der Antichrist auftreten kann. Hier spürt man bereits, daß Solowjew höchstwahrscheinlich Recht behalten wird. In seiner Erzählung stellt er es auch so dar, daß man nach der Bildung des europäischen Völkerbundes (Zehnstaatenreich) auf einen jungen Mann aufmerksam wird, den viele für einen Übermenschen halten.

Außer seiner einzigartigen Genialität wird er als ein enthaltsamer und sozial eingestellter Mann geschätzt. Was die Mitmenschen aber nicht sehen, ist sein heimlich genährter Stolz und seine Vorstellung, zu einem religiösen und politischen Führer berufen zu sein. In seinem Wahn lebt er sich in eine Christusrolle hinein. Er denkt: Christus brachte das Schwert, ich bringe den Frieden. Christus war nur der Vorläufer, ich bin der eigentlich verheißene Messias. Er hat schon die dreißig überschritten, da nichts Umwälzendes in seinem Leben passiert, kommen ihm Zweifel, ob seine Berufung nur Einbildung ist. In seiner Unsicherheit plant er den Freitod. Er stürzt sich in eine Schlucht. Doch da wird er von einer unsichtbaren Macht aufgefangen und gerettet. Er hört dabei die Stimme: „Du bist mein lieber Sohn. Der andere, der Gekreuzigte, mit dem habe ich nichts zu tun. Dich habe ich auserwählt."

Mit diesem Erlebnis am Abgrund beginnt seine Laufbahn als der große Mensch der Zukunft, der Übermensch. Als glänzender Rhetoriker gewinnt er die Massen. Seine Kombinationsgabe auf allen Gebieten erweisen ihn vor aller Welt als den geborenen Führer.

Die nächste Etappe seiner steilen Karriere war seine Berufung zum Präsidenten der Versammlung der Europäischen Staaten. Seine Ernennung verdankt er dem Bruderbund der Freimaurer, die damit erreichen, daß alle leitenden Stellungen im Staatenbund mit Freimaurern besetzt werden. Die Freimaurer hatten seine Wahl geschickt vorbereitet, indem sie die Hochfinanz und die Spitzen des Militärs für ihn einnahmen. Bei dieser Etappe der Erzählung macht Solowjew eine Bemerkung, die mich aufhorchen ließ. Solowjew sagte, die Mutter dieses Übermenschen sei eine lose Frau gewesen. Sein Vater sei unbekannt.

Was ich hier dazwischenschalte, hat nichts mit der Erzählung von Solowjew zu tun. Dr. Wim Malgo schrieb in seiner Erklärung der Offenbarung, der Antichrist sei der große Nachahmer Christi. Ob sich das nicht auch auf die Geburt bezieht? „Jesus, vom Vater in Ewigkeit geboren" – der Antichrist ein Sohn Luzifers! Das hörte ich schon einige Male von Satanisten, zuletzt in Südafrika. Die Satanisten behaupten, sie würden Wesen kennen, die von Satan gezeugt worden seien. Einen ähnlichen Hinweis haben wir in 1. Mos. 6. Ferner steht darüber in meinem Buch „Seelsorge und Okkultismus" in dem Kapitel über die incubi et succubae.

Bedeutsam ist der Hinweis von Solowjew, daß die Freimaurer dem Antichristen zu seiner beherrschenden Position verhelfen. Ähnliche Entwicklungen sind auch bei Borowsky dargestellt.

In einem späteren Kongreß wurde der Übermensch zum lebenslänglichen Präsidenten der VSE (Vereinigten Staaten von Europa) ernannt. Die Völker der Erde, die endlich aus der Kriegsepoche herausgeführt worden waren und durch eine allumfassende Sozialreform einen gesicherten zufriedenstellenden Lebensstandard erhalten hatten, bekundeten ihre Dankbarkeit damit, daß sie ihn beim dritten Kongreß zum römischen Kaiser wählten.

An dieser Stelle wird auf den biblischen Sachverhalt vom Wiedererwachen des römischen Reiches hingewiesen.

Nachdem es nun eine einzige Zentralgewalt auf der ganzen Erde gab, konnte der Übermensch daran gehen, auch die religiöse Frage zu klären und alle kirchlichen Richtungen auf einen Nenner zu bringen.

Eingeleitet wurde diese Epoche durch das Auftauchen eines mysteriösen Bischofs Apollonius, der mit seiner magischen Kraft Feuer vom Himmel fallen ließ und andere Wundertaten vollbrachte. Es war der falsche Prophet, der seine Macht vom Übermenschen und Satan erhalten hatte, und der zur Festigung der totalen Herrschaft des Übermenschen auf dem religiösen Sektor entscheidend beitrug.

Diese beiden Verbündeten erreichten es durch kluge Beredsamkeit und durch soziales Verhalten, daß es in allen Kirchen zu Massenaustritten kam. Die Mehrzahl der Priester und Pastoren wurden gefügige Kreaturen des machtvollen Herrschers.

Noch waren aber nicht alle Pläne des Herrschers erfüllt. Israel stand ihm im Wege. Der Herrscher packte es geschickt an, da er durchblicken ließ, er sei Jude. Jerusalem öffnete ihm dadurch die Tore. Unverzüglich ging der Herrscher daran, einen riesigen Tempel in der Nähe der Al Aksha Moschee zu errichten. Dann lud er die Gläubigen aller Konfessionen zu einer allreligiösen Konferenz nach Jerusalem ein. Etwa 3000 Pilger kamen zu diesem riesigen Fest, auf dem der Herrscher zum Ziel kommen wollte. Mit glänzender Beredsamkeit und durch große Zugeständnisse erreichte er, daß die meisten katholischen wie protestantischen Kirchenführer ihm zujubelten und göttliche Verehrung erwiesen. Eine kleine Gruppe widerstand deren Führer, die aber vom falschen Propheten mit einem Blitzstrahl tot zu Boden gestreckt wurden. Das sind die beiden Zeugen von Offenbarung Kapitel 11, die nach einigen Tagen wieder lebendig wurden. Nach der Weigerung der kleinen Gruppe, dem Herrscher göttliche Huldigung und Anbetung darzubringen, erließ der Antichrist einen Befehl, alle sofort umzubringen, die ihm die göttliche Ehre verweigert hatten. Danach setzte ein furchtbares Gemetzel ein.

Bei dieser Konferenz gingen dem Volk Israel die Augen auf. Irgend jemand verbreitete das Gerücht, der Herrscher ist nicht beschnitten. Er ist gar kein Jude. Er kann nicht der verheißene Messias sein. Es kam zu einer riesigen Rebellion. Die Juden erhoben sich wie ein Mann, umzingelten Jerusalem und schlossen den Antichristen im Haram esch-Scherif ein. Mit Hilfe der Zauberkunst des falschen Propheten konnte der Antichrist entkommen. Bald darauf sammelte er von Syrien aus ein gewaltiges Heer, das herankam und jeden Widerstand zu brechen schien.

Dann kam das Ereignis, auf das die Weltgeschichte zuläuft. Ein gewaltiges Erdbeben erschütterte das Heilige Land. In der Nähe des Toten Meeres öffnete ein unterirdischer Vulkan einen riesigen Krater, der Feuerstürme auf das Heer des Antichristen ergoß. Die geretteten Juden und die kleine Schar der Standhaften sahen den Messias herniederkommen auf den Ölberg. Zugleich standen die um ihres Glaubens und ihrer Treue willen ermordeten Juden und Christen auf und regierten mit Christus tausend Jahre. –

Das ist kurz zusammengefaßt die Erzählung vom Antichristen, die dem biblischen Geschehen weithin echt nacherzählt ist. Ein total anderes Buch als das von Orwell!

Orwell

Hören wir nun, was Orwell zu sagen hat. Ausführlichkeit lohnt sich nicht, da das Buch, wie schon gesagt, keine biblische Substanz hat.

Es sind einige Gemeinsamkeiten mit Solowjew da. Beide ahnen eine große Weltkatastrophe voraus. Solowjew zeigt, wie sich die Gestalt des Antichristen aus dem Völkermeer herauskristallisiert. Orwell konstruiert eine perfekte Staatsmaschinerie nach russischem Muster, wo die Partei alles und der Einzelmensch nichts bedeutet. Sehr vieles, was er darstellt, wird heute von den Russen praktiziert:

Aufhetzung der Kinder gegen die eigenen Eltern. Wer seine Eltern bei der Sicherheitspolizei anzeigt, wird als Kinderheld öffentlich gelobt.

Die heranwachsende Jugend wird in einer Liga gegen Sexualität zusammengefaßt. Eine der Leiterinnen, deren Leben Orwell beschreibt, lebt aber in freier Liebe und wechselt den Partner, so oft es ihr paßt.

Die Arbeiterschaft wird angestachelt, das Plansoll ihrer Leistung zu überbieten. Weil das in Wirklichkeit nicht möglich ist, werden Berichte gefälscht und veröffentlicht.

Trotz zweihundertprozentiger Erfüllung des Plansolls bitterste Armut! Das Kantinenessen eine übelriechende Masse. Durch die dauernde Unterernährung und Fehlernährung verändern sich die Menschen in 3 Jahrzehnten physisch und organisch. Kümmerliche, krumme, hohlwangige Gestalten. Nur dem inneren Kern fehlt es an nichts.

Alle Sektoren der menschlichen Versorgung sind vom Mangel gekennzeichnet. Obwohl die Propagandamaschine hinausposaunt, daß 165 Millionen Paar Schuhe in dem laufenden Jahr produziert worden sind, läuft die Hälfte der Bevölkerung barfuß. Die zugeteilten Textilpunkte reichen für eine vollständige Bekleidung nicht aus. Die meisten Menschen tragen keine Unterwäsche mehr. In bestimmten Berufsgruppen wird eine billige Einheitskleidung getragen. Die Parteigenossen erscheinen in der Öffentlichkeit im blauen Trainingsanzug.

Alle diese Versorgungsprobleme werden vom „Ministerium für Überfluß“ bewältigt.

Alle Staatsgewalt liegt in den Händen des inneren Kerns der Partei, die einem einzigen Mann, dem „Großen Bruder“, untersteht. Er beherrscht die Partei und das Volk durch eine totale Überwachung und Bespitzelung. Eine spezielle Kontrolle ist ermöglicht durch den sogenannten „Televisor“. Er vereinigt Empfang und Sendung. Die übergeordnete Zentrale kann durch den Televisor sehen und hören, wer im Raum ist und was gesprochen wird. Für die Genossen der inneren und äußeren Partei ist es Pflicht, einen Televisor im Raum zu haben. Sie können und dürfen das Gerät nicht abschalten. Nur hohen Funktionären ist es gestattet, bis auf die Dauer einer halben Stunde abzuschalten, falls sie eine wichtige Konferenz haben. Der Televisor regelt den Tageslauf. Morgens 7.15 Uhr ist Wecken mit Frühsport. Wer seine Glieder nicht ordentlich bewegt, wird von der Vorturnerin im Televisor sofort mit Namen genannt und ermahnt, sich besser zu beteiligen.

Überwachungsgeräte sind auch in öffentlichen Lokalen, Bahnhöfen, Parks angebracht, um jeden zu erfassen, der nicht mehr linientreu handelt und redet. Die Kontrollmaßnahmen sind so scharf und raffiniert ausgedacht, daß keiner mehr durch die Maschen schlüpfen kann. Eine besondere Bedeutung kommt der geheimen Gedankenpolizei zu. Sie sind psychologisch geschult und entwickeln auch telepathische Kräfte, um die Gedanken der Mitarbeiter und Außenstehenden zu erkennen. Für Gedankenverbrechen gibt es keine Entschuldigung. Darauf steht der Tod. Die verantwortlichen Richter oder Henker, natürlich Männer des inneren Kerns, praktizieren keinen raschen Tod, sondern sie versuchen durch bestialische Folterungen den „Gedankenverbrecher" zu einer anderen Gesinnung umzuschulen, bis er den „Großen Bruder" liebt und seinen eigenen Tod als Strafe gerecht empfindet. Die Gehirnwäsche und Umfunktionierung des „Gedankenverbrechers" kann ein volles Jahr dauern.

Orwell nennt dabei Methoden, die uns durch die russische Praxis bekannt sind. In einem Fall berichtet Orwell, daß man heißhungrige Ratten auf einen gefesselten Gefangenen losließ. Diese Tiere haben die Gewohnheit, zuerst die Augen zu zerfleischen.

Was der Autor hier erzählt, ist mir schon vor einigen Jahrzehnten von einem gläubigen Christen berichtet worden, der zweimal in einer solchen „Umschulung" in einem russischen Kerker sich befand. Ja, der Gewährsmann berichtete mir sogar Dinge, die selbst Orwell nicht wußte, sonst hätte er es erwähnt. Der höchste Grad der Folterung in einem russischen Gefängnis war, daß man das Opfer in eine Zisterne warf, die mit modrigen Leichen angefüllt war. Die Gefolterten standen dann bis an den Hals in dem verwesenden Leichenmoder und verloren in kurzer Zeit ihren Verstand. Der gläubige Bruder, der mir das mitteilte, sagte, man habe ihn 8 Stunden in diesen ekelerregenden Schmutz und Moder gesteckt. Er habe unaufhörlich zu Christus geschrien und wurde bewahrt, daß er nicht seinen Verstand verlor. Durch die Hilfe des Auslandes kam dieser Bruder nach vier Inhaftierungen frei und wurde in den Westen entlassen. Ich habe von ihm persönlich diese Berichte gehört.

Eine andere Methode, einem Opfer den Verstand zu rauben, sind Injektionen, mit denen man intelligente, selbstdenkende Menschen geisteskrank machen will. Orwell hat das von dem Held seines Buches auch erwähnt.

Die Henker der Geheimen Polizei geben sich aber nicht mit der Auslöschung des Lebens ihrer Opfer zufrieden. Nein, es wird alles vernichtet, was je über ihn oder von ihm geschrieben steht. Alle Eintragungen in den behördlichen Registraturen werden gelöscht. Dieser Mann hat nie existiert. Was Orwell hier schrieb, ist 20 Jahre danach in Kambodscha passiert. Fast die Hälfte der Kambodschaner wurden durch entsetzliche Grausamkeiten vernichtet. Die restlichen mußten einen anderen Namen annehmen. Alle ihre Akten auf den Rathäusern wurden verbrannt, so daß keiner mehr eine Geburtsurkunde oder irgendeine andere Bescheinigung erhalten kann. Nur in den entlegensten Provinzen, in Schluchten und Wäldern konnten Teile der geplagten Bevölkerung diesem Terror entgehen. Zeitungen und Illustrierte haben damals darüber berichtet.

Orwell hat also in vielen Punkten die kommende Katastrophenzeit richtig vorausgesehen. Man muß für diese Erkenntnis auch kein Prophet sein. Die Weltsituation demonstriert uns täglich, was wir zu erwarten haben. Es ist allerdings ein schriftstellerisches Meisterstück, alle Beobachtungen zu einem in sich geschlossenen Buch zusammenzufassen. Es geht in diesem Buch nach der Melodie: Der Mensch wird in allen Lebensbereichen bis in die innerste Gedankenwelt von der allmächtigen Partei programmiert. Wer sich diese Umschulung nicht gefallen läßt, wird ausgelöscht, „vaporisiert", verdampft, in nichts aufgelöst.

Wie enden die beiden Darstellungen von Solowjew und Orwell? Solowjew schildert das Werk des Antichristen bis zu seiner Vernichtung durch den wiederkommenden Herrn.

Orwell hat als Ausgangspunkt das extreme, bestialische Handeln einer Partei und zieht die Linien in die Zukunft aus. Was kommt bei seinem Buch heraus? Pessimismus, Nihilismus, Untergangsstimmung. Orwell wurde gefragt: Was bleibt übrig von der menschlichen Existenz, wenn der Körper und der Geist ausgelöscht und alle Akten seines Lebens vernichtet werden? Der Autor gibt zur Antwort: Der Geist übersteht den Terror und die gnadenlose Tyrannei. Diese Meinung steht im luftleeren Raum. Wo und wie soll sich der Geist manifestieren, wenn der Träger und alle seine Werke dem Nichts verfallen? Hier bleibt Orwell nur, was Ernst Jünger in seinen Werken „Auf den Marmorklippen" und „Das abenteuerliche Herz" darstellte und empfahl: In einer heroischen Haltung dem Untergang entgegengehen. Das war schon die Verlegenheitslösung der Stoiker in dem alten Athen: Nil admirari, nil metuere – nichts bewundern, nichts fürchten. Im Gleichmut sich in das Unvermeidliche schicken, innerlich unbewegt und trotzig über allen Gemütsbewegungen stehen.

Der Orwellsche Mensch ist ein Wesen ohne Hoffnung, ohne eine lichte Zukunft, ohne einen Ausweg. Daher kann ich gläubigen Christen dieses Buch nicht empfehlen.

Die Zahl des Antichristen

Wir lesen über das apokalyptische Geldwirtschaftssystem in Offb 13,16–18 folgendes:

„Und das Tier macht, daß die Kleinen und Großen,
die Reichen und Armen, die Freien und Knechte –
allesamt sich ein Malzeichen gaben an ihre rechte
Hand oder an ihre Stirn,
daß niemand kaufen oder verkaufen kann, er habe
denn das Malzeichen, nämlich den Namen des Tiers
oder die Zahl seines Namens.
Hier ist Weisheit! Wer Verstand hat, der über-
lege die Zahl des Tiers, denn es ist eines Menschen
Zahl, und seine Zahl ist sechshundertsechsundsechzig.

Diese Schriftstelle sagt, daß unter dem Antichristen jeder Mensch auf die Stirn oder den Handrücken ein Malzeichen erhält, das alles Wissenswerte über die Person und seine Finanzen aufweist. Die Entwicklung dieses Systems ist bereits seit mehr als zehn Jahren im Gang.

Es gibt verschiedene Vorstufen und Experimente zu der Kennzeichnung, die unter dem Antichristen vorgenommen wird.

Seit Jahren ist es bei den größeren Firmen üblich, daß die Arbeiter beim Kommen und Gehen ihre Ausweiskarte in die Stechuhr stecken, damit die Arbeitszeit festgehalten wird. Die Ausrechnung des Lohnes wird von einem Computer vorgenommen. Der Lohnbuchhalter alten Stiles ist da überflüssig.

Ein Schritt weiter ist es, daß die Lohnsumme nicht mehr in der Lohntüte ausgehändigt, sondern einfach auf der Bank dem Konto des Arbeiters gutgeschrieben wird. Diese Form wird schon einige Jahre in Kalifornien praktiziert.

Ein Fortschritt war dann die Aufgabe des bargeldlosen Zahlungsverkehrs. Es begann die Zeit der Schecks. Eine ideale Lösung ist das aber auch noch nicht, weil die Banken mit der Bearbeitung der Schecks furchtbar überlastet sind. In USA zum Beispiel müssen die Banken im Jahr fast 40 Milliarden Schecks bearbeiten. So entstand der Plan, auch das Zahlungssystem mit Schecks durch ein besseres System zu ersetzen.

Den Vorreiter macht die Stadt Upper Arlington in Ohio, wo ich vor Jahren einige Vorträge hatte. 31 Kaufleute und eine Bank vereinigten sich zu folgendem Test. 2000 Kunden erhielten nur eine Kreditkarte, mit der sie zahlten. Kauften sie bei einem Supermarkt ein und kamen an die Zahlstelle, steckte der Angestellte die Kreditkarte in den Schlitz eines Telefon-Computers, der mit dem Computer der Bank verbunden ist. Kommt grünes Licht, dann heißt das, das Konto ist nicht überzogen. Gleichzeitig ist das eine Bestätigung, daß der Computer der Bank bereits den Zahlungsbetrag dem Konto des Supermarktes gutgeschrieben hat. In diesem Fall können auch keine Geldboten vom Supermarkt zur Bank überfallen werden. Das Kreditsystem dieser Art ist einfacher als der Scheckverkehr, Scheckbetrügereien gibt es hier auch nicht mehr. Der Test von Upper Arlington wurde so populär, daß Vertreter aus allen amerikanischen Staaten und Bankleute aus Deutschland, der Schweiz, Kanada und Japan anreisten und sich das zeigen ließen.

Das angesagte antichristliche Zahlungssystem wird die Vollendung dieser Technik bringen. Kreditkarten können verlorengehen oder können gestohlen werden. Darum wird der Mensch zu einer „Kreditkarte auf seiner Stirn oder auf dem Handrücken“ imprägniert werden. Das Zeichen besteht aus einer Zahl, die mit 666 beginnt. Laserstrahlen prägen schmerzlos die Zahl ein, die nicht sichtbar ist. Sie kann nur mit einem Rotprüfer gelesen werden. Die Experten in USA verlangen eine achtzehnstellige Zahl. In Europa wäre man mit 12 Stellen ausgekommen. Man wird das aber weltweit einheitlich vornehmen. Die Zahlen geben Auskunft über alle Lebensdaten des Trägers und sind in gewaltigen Computern festgehalten. In Europa steht dieser Computer schon einsatzbereit in Brüssel und hat den bezeichnenden Namen „Het Beest“, das Tier. Das ist genau die Erfüllung von Offb, Kap. 13, das vom Tier aus dem Abgrund spricht.

In USA steht ein solcher Computer in der Nähe von Chicago. Ein dritter ist im Bau und geht seiner Vollendung entgegen.

Eine letzte Weiterentwicklung ist die Kombination von Telefon-Fernsehen-Computer. Auch dieses Projekt geht seiner Verwirklichung entgegen. Das bedeutet, daß ein Geschäftsmann in Johannesburg mit seinem Partner in New York über das Telefon-Vision verhandeln und zugleich alle erforderlichen Unterlagen von einem Computer abrufen kann. Das sind keine Utopien und Hirngespinste, sondern Projekte, die schon einige Zeit in der Erprobung sich befinden. Die Vorbereitungen sind getroffen. Das Imprägnieren von Stirn oder Hand ist Sache von einigen Wochen. Das amerikanische Militär hat nach dem Zweiten Weltkrieg sich von der ganzen deutschen Bevölkerung die Daumenabdrücke geben lassen. Das war eine Aktion, die in kurzer Zeit vollzogen war.

Die Frage ist, wieweit wir mit dieser zahlenmäßigen Erfassung der ganzen Kulturwelt oder gar der ganzen Menschheit vorangeschritten sind.

Dazu gebe ich einen Auszug aus der christlichen Zeitschrift „Die Bibel für die Welt", 1. Hj 1981. Der Artikel lautet „Ist der Antichrist jetzt schon am Werk?" Darin steht folgendes:

1980 machte der Internal Revenue Service einen Fehler, indem er Schecks für soziale Sicherheit ausgab, die erst 1984 in Gebrauch kommen sollten. Auf der Rückseite des Schecks stand, daß der Einlöser nicht nur einen gewöhnlichen Ausweis vorzeigen soll, sondern ein genaues Identifikationszeichen an seiner rechten Hand oder an der Stirn. Diese amerikanischen Regierungsschecks wurden Banken in Kentucky, Indiana, Maryland und Virginia vorgelegt. Die Banken verweigerten die Auszahlung dieser seltsamen Regierungsschecks. Es wurde hin und her telefoniert. Schließlich bequemte sich der Internal Revenue Service (Staatliche Organisation für soziale Aufgaben) zu sagen, daß die Schecks echt seien. Sie seien versehentlich ausgegeben worden und sollten erst 1984 in Umlauf kommen.

Das hört sich an wie ein Märchen und ist doch Wahrheit. Die Zeit ist weiter vorangeschritten, als wir meinen.

Ein weiterer Beweis für die Zahl 666 ist die Beobachtung, daß dieses antichristliche Erkennungszeichen schon als Produktionskennzeichen in China, USA und in Europa benützt wird. Manche Banken verwenden auch die Vorziffer 666 vor der eigentlichen Kontonummer des Kunden. Es liegt mir ein Muster eines derartigen Kreditkartenschecks vor.

Was bedeutet das, wenn wir alle mit dieser Zahl des Antichristen gekennzeichnet werden sollen? Die Bibel sagt: „Niemand kann kaufen oder verkaufen ohne dieses Zeichen." Die Existenz jedes Menschen hängt an diesem Malzeichen des Tieres. Wenn ein Christ sich weigert, das Zeichen anzunehmen, dann kann er seine Familie nicht mehr versorgen. Die Kinder rufen nach Brot, und der Vater, der das Malzeichen nicht nahm, kann ihnen keines kaufen. Der Christ aber, der sich dem antichristlichen System beugt, wird nach dem Wort des Herrn mit Feuer und Schwefel gequält werden. So heißt es in Offb 14,9–10.

Es sieht so aus, als ob sich das alles noch in unserer Generation abspielen wird. Der Herr gebe allen Aufrichtigen Gnade zum Durchhalten und zur Treue dem Herrn Jesus gegenüber.

Astrologie

Die Astronomie ist eine ehrenwerte Wissenschaft, die sich dem Studium der Fixsterne, Planeten und galaktischen Systeme widmet. Unter Astrologie versteht man die Deutung des menschlichen Schicksals und der Zukunft des Menschen aus der Stellung der Sterne im Augenblick der Geburt. Die Astrologie ist also eine Form der Wahrsagerei, die schon 5000 Jahre existiert. Die Sumerer, die Akkader, die Chaldäer, die Babylonier, die Griechen, die Römer haben alle ihre Astrologen gehabt. Aus der römischen Zeit ist uns der Hexameter überliefert:

Sunt aries, taurus, gemini, cancer, leo, virgo, libraque, scorpius, arcitenens, caper, amphora, pisces.

Die Astrologen führen gern die drei Weisen aus dem Morgenland als Rechtfertigung ihrer dunklen Kunst an. Die drei Weisen aus dem Morgenland waren aber gottesfürchtige Männer, die sich durch ihre Kenntnis der Sterne zu Christus haben führen lassen. In der damaligen Zeit war ja Astronomie und Astrologie eine vereinte Wissenschaft. Die Trennung erfolgte erst in der Zeit der Aufklärung etwa um die Mitte des 18. Jahrhunderts. Wir haben also kein Recht, die Weisen aus dem Morgenland als Rechtfertigung dieser astrologischen Wahrsagerei anzuführen. Gehen wir aber in die Gegenwart. Im Oktober 1975 mußte ich mich um vieler Erkrankungen willen einer Kur in Bad Wiessee unterziehen. Beim Besuch der katholischen Kirche fiel mir auf, daß die Zifferblätter der Turmuhr mit den astrologischen Zeichen geschmückt sind. Ich schrieb den katholischen Pfarrer an, daß es unvereinbar wäre mit dem christlichen Glauben, die Tierkreiszeichen an einer christlichen Kirche anzubringen. Der Pfarrer schrieb mir zurück, die Tierkreiszeichen wären ein Symbol für die Verherrlichung der Schöpfung Gottes. Das ist eine groteske Verwirrung des Geistes, Symbole der Wahrsagerei für die Verherrlichung Gottes in Anspruch zu nehmen. Ich schrieb dem Pfarrer einige Bibelstellen zurück, unter anderem Jesaja 47,12–14, wo gesagt wird, daß die Astrologen unter dem Zorn Gottes stehen und dem Gericht nicht entrinnen werden.

Zur Herstellung des konfessionellen Gleichgewichtes folgt das Erlebnis mit einem lutherischen Pfarrer.

B 25 Bei einer Party war, zusammen mit einem lutherischen Pfarrer, unter anderem auch eine 35jährige Dame anwesend. Sie hielt dem Pfarrer ihr Horoskop hin. Dieser Pfarrer ist bekannt für seine astrologischen Beratungen. Der Geistliche gab ihr zur Antwort: „Sie sind Lehrerin in gehobener Stellung. Sie verlangen sehr nach der Ehe und sind doch nicht willig dazu. Schon mehrmals hatten Sie geschlechtliche Freundschaften, zur Zeit eine mit einem Mann, der 20 Jahre älter ist als Sie. Er ist wohl Offizier, vermutlich Stabsoffizier. Ihr Verhältnis hat zur Zeit eine schwere Krise durchzumachen und wird ausgehen." Die Dame bejahte alles und sagte: „Das Verhältnis ist vorgestern schon ausgegangen." Die Lehrerin war dem Pfarrer fremd. Die beiden sind sich zum ersten Mal auf dieser großen Party begegnet. Dieser lutherische Pfarrer selbst ist mein Berichterstatter. Er griff mich wegen meiner ablehnenden Stellung zur Astrologie an. Auch ihm zeigte ich genau wie dem katholischen Pfarrer die Stelle Jesaja 47,12–14. Der Pfarrer antwortete: „Das ist für uns nicht verbindlich. Das Buch Jesaja war damals an die Juden gerichtet." Das ist eine seltsame Bibelauslegung. Dann gelten uns auch nicht die Briefe des Apostels Paulus, denn sie sind an die Römer, an die Korinther, an die Philipper, Galater und andere Gemeinden gerichtet. Hier versucht ein Theologe, sich elegant um die Ansprüche und die Gebote und Verbote der Heiligen Schrift vorbeizumogeln.

Dieses Beispiel zeigt zunächst einmal die verwerfliche Einstellung und Praxis des lutherischen Pfarrers. Das Beispiel offenbart aber auch, daß nicht alle Wahrsagerei Schwindel und Humbug ist. Dieser lutherische Pfarrer konnte mit Hilfe der Astrologie manchmal präzise Aussagen machen. Das finden wir aber genauso auch bei anderen Formen der Wahrsagerei wie der Handlesekunst und

Wahrsagen durch Kartenlegen, Wahrsagen durch Rute und Pendel und durch andere okkulte Künste. Wir finden bei den astrologischen Aussagen vielleicht eine Trefferquote von 5–8 Prozent. Das soll natürlich nicht heißen, daß wir uns der Astrologie bedienen dürfen. Im Alten Testament heißt es: „Die Wahrsager und Wahrsagerinnen sollst du nicht leben lassen." Selbstverständlich können wir im 20. Jahrhundert keine Scheiterhaufen aufrichten und die Astrologen und Wahrsager verbrennen. Wir müssen aber aufklären und warnen und den Opfern der Astrologie den Weg zur Befreiung zeigen. Wahrsagerei ist gefährlich, ganz gleich, ob die Aussagen stimmen oder nicht. Ich gebe dazu ein Beispiel aus der eigenen Seelsorge.

B 26 Ein 20jähriger junger Mann ließ sich von einem Astrologen ein Horoskop geben. Es wurde ihm darin eröffnet, daß er mit seiner ersten Frau nicht glücklich werden würde. Dagegen sollte er erst mit der zweiten Frau eine harmonische Ehe führen. Der junge Mann heiratete früh und äußerte bereits am Hochzeitstag seinem Bruder gegenüber: „Die Frau, die ich heute heirate, ist nicht die Richtige. Erst die zweite Frau wird mich glücklich machen. Damit ich aber zur zweiten Frau komme, muß ich die erste Frau zuerst heiraten." Der Bruder war böse über diese Aussage und wies ihn zurecht. Es zeigte sich, daß die erste Frau ein braves, gediegenes Menschenkind war. Seine Eltern waren mit dieser Wahl sehr zufrieden. Sie bekamen miteinander drei Kinder. Dann ließ der Mann seine Frau und seine drei Kinder und das mütterliche Anwesen im Stich. Die christlich eingestellten Eltern und Geschwister waren darüber sehr traurig. Der Vater enterbte diesen Sohn und vermachte das Haus seinen drei Enkeln. Nicht lange danach heiratete der Mann zum zweiten Mal und war nun der Meinung, das wäre die Frau, mit der er zusammen glücklich werden sollte. Diese zweite Ehe ging aber nur ein Jahr gut. Seine zweite Frau wurde Anhängerin der Bibelforscher und machte fanatische Versuche, ihren Mann dafür zu gewinnen. Ihm war jedoch dieser Sektenkram zuwider. Er ließ auch die zweite Frau im Stich und hofft nun, daß er endlich in der dritten Frau die Person findet, mit der er eine glückliche Ehe führen kann.

Das durch das Horoskop prophezeite Glück der zweiten Ehe war ein glatter Fehlschlag. Die zweite Ehe war von geringerer Dauer als die erste Ehe. Aus dieser astrologischen Beratung geht eindeutig hervor, daß der junge Mann damals vor seiner ersten Heirat durch das Horoskop suggestiv zu seinem eigenen Unglück beeinflußt worden war. Viele Menschen sagen, Astrologie sei Humbug. Aber auch Humbug hat eine suggestive Gewalt. Abergläubische Menschen werden davon in ihrem Handeln und in ihren Entscheidungen zu ihrem eigenen Unglück beeinflußt. Eigentlich sollte es ein Gesetz geben, das diese Wahrsageform genau wie die anderen verbietet. Die Astrologie hat Selbstmorde und Morde auf dem Gewissen.

B 27 Ein anderes Beispiel erlebte ich in einer Gemeinde in Brasilien, in der ich im Laufe der Jahre dreimal evangelisiert habe. Ein junges Mädchen, das verlobt war, suchte einen Astrologen auf und ließ sich ein Horoskop stellen. Der Astrologe gab in seinem schriftlich ausgearbeiteten Horoskop folgenden Bericht: „Ihre Verlobung geht auseinander. Dieser Mann wird Sie nicht heiraten. Sie werden überhaupt nicht heiraten, sondern ledig bleiben." Das Mädchen geriet bei diesem Bericht unter eine Art Schockwirkung. Sie hatte ihren Verlobten sehr lieb und wollte ihn unter keinen Umständen verlieren. Durch diese dauernde Angst, daß die Verlobung in die Brüche gehe und sie überhaupt nicht heiraten werde, kam sie unter die Macht finsterer Gedanken, und sie beschloß, sich das Leben zu nehmen. An dem Tag, an dem sie es ausführen wollte, wurde sie aber von einem Freund ihres Verlobten gehindert. Sie kam dann zu mir zur Seelsorge, beichtete alles, tat Buße und übergab ihr Leben Jesus. Nicht lange danach kam auch ihr Verlobter in die Seelsorge. Auch er war bereit, sein Leben Christus auszuliefern. Sie heirateten, haben heute bereits einige Kinder und führen eine glückliche Ehe. Hier hat also Christus das Unheil, das durch den Astrologen ausgeführt worden wäre, verhindert.

Mein bestes seelsorgerliches Erlebnis auf dem Gebiet der Astrologie finden Sie in einem gesonderten Bericht im letzten Kapitel „Im Triumphzug des Siegers". Wir schließen mit dem Zeugnis des Propheten Jesaja, 47,12–14:

> „So tritt nun auf mit deinen Beschwörern und der Menge deiner Zauberer, unter welchen du dich von deiner Jugend auf bemüht hast; ob du dir könnest raten, ob du dich könnest stärken.
> Denn du bist müde vor der Menge deiner Anschläge. Laß hertreten und dir helfen die Meister des Himmelslaufs und die

Sterngucker, die nach den Monaten rechnen, was über dich kommen werde.
Siehe, sie sind wie Stoppeln, die das Feuer verbrennt, sie können ihr Leben nicht erretten vor der Flamme; denn es wird nicht eine Glut sein, dabei man sich wärme, oder ein Feuer, darum man sitzen möge."

Nachtrag

Am Schluß dieses Kapitels über die Astrologie, das aus der Seelsorge heraus entstanden ist, will ich noch einen Fachmann zu Wort kommen lassen. Es ist ein Beitrag, den Pfarrer Albert Lüscher in seinem Buch „Im Bannkreis des Aberglaubens und der Zauberei" gebracht hat. Lüscher und ich kämpften und kämpfen an der gleichen Front. Ich besuchte ihn einmal in Schaffhausen, wo wir unsere Erfahrungen austauschten. Er ist gleich mir von vielen „Harmlosen" unter den Christen angefeindet worden. Nun ist sein Kampf zu Ende. Meiner geht noch weiter. Der Heinrich Majer-Verlag hat in dankenswerter Weise das erwähnte Buch auch nach dem Tode des Autors noch in 7. Auflage herausgebracht.

Lassen wir nun den Fachmann, den Astronomen Dr. P. Stucker in Zürich zu Wort kommen:

„Der astrologische Unfug macht sich je länger, je mehr in ganz unglaublichem Maße breit. Merkwürdigerweise ist das nicht etwa bloß in den Schichten des einfachen Volkes der Fall, sondern auch zahlreiche ‚Gebildete' wie Ärzte, Pfarrer, Lehrer, machen getreulich mit, so daß man sich nur kopfschüttelnd fragen kann, wie so etwas überhaupt möglich sei. Meiner Ansicht nach handelt es sich hier um eine nicht leichtzunehmende Dekadenzerscheinung. Die Geschichte zeigt nur zu deutlich, daß immer vor dem Niedergang eines Volkes ein unheimliches Anschwellen dieser und ähnlicher Erscheinungen stattfand.

Ich habe mich eingehend mit der Geschichte und Praxis der Astrologie befaßt. Als Antwort auf Ihre Frage könnte man leicht ein dickleibiges Buch schreiben. Ich will Ihnen hier einige Punkte herausheben.

1. Alte und moderne astrologische Werke sind inhaltlich restlos gleich. Höchstens werden heute noch eine Prise indischer Philosophie und eine Handvoll unverstandener moderner Psychologie beigemengt. Eines kennzeichnet die neuzeitlichen Bücher alle: Das moderne Weltbild, wie es die Forschungen

gezeichnet haben, wird völlig außer acht gelassen. Die Geistesarbeit und das gesicherte Wissen ganzer Forschergenerationen wird wissentlich übersehen, oder man sucht es lächerlich zu machen. Der Astrologe arbeitet nicht mit dem wirklichen Sternenhimmel, sondern mit einem rein imaginären Gebilde. Ich habe oft feststellen können, daß Leute, die komplizierte Horoskope bauen, keine Sternbilder kennen und nicht sagen können, daß der helle Stern da oben der Jupiter ist. Karten oder Bleigießen oder Kaffeesatz vermöchten also genau die gleichen Dienste zu leisten.

2. Wenn die Namen von sogenannten Professoren, Doktoren zu Werbezwecken ausgeschlachtet werden, so ist dabei nicht zu vergessen, daß diese Leute immer in astronomischen Dingen ebenso völlig Laien sind wie der einfache Mann.
3. Es ist wahr, daß die Astrologie eine Erfahrungswissenschaft ist, wie das immer wieder von neuem behauptet wird. Die Grundlage einer solchen ist doch das mehrmalige Eintreffen der nämlichen Erscheinung. Eine heute stattfindende Himmelskonstellation kehrt niemals wieder. Vom himmelsmechanischen Standpunkt aus ist das eine wichtige Erkenntnis und der Ausdruck für die Stabilität des Planetensystems.
4. Die Entdeckung neuer, großer Planeten hat das Wahrsagesystem nicht beeinflußt.
5. Zu gleicher Zeit werden die verschiedensten astrologischen Systeme angewendet, die alle angestaunte ‚Resultate‘ ergeben. Nur zwei grundverschiedene seien genannt: Geburtenhoroskop und Empfängnishoroskop.
6. Infolge der Präzession verschiebt sich der Frühlingspunkt als Nullpunkt der astrologischen Zählweise (die Zeichen). Die Sterne, denen man früher die und die Einflüsse zugeschrieben hat, befinden sich demnach längst nicht mehr an dem Ort, mit dem gerechnet wird. Mehrere Systeme arbeiten ohne Berücksichtigung dieser Präzessionsverschiebung.
7. Eine Sternenkonstellation überstreicht ohne merkliche Veränderung infolge der Achsendrehung der Erde gewaltige Länderstrecken. Alle Geburten gleicher Ortszeit erfolgen also unter den nämlichen astrologischen Bedingungen. Diese Geburtenzahl ist übrigens sehr groß. Trotzdem hat es nur einen Michelangelo, Newton, Napoleon, Mozart, Schiller usw. gegeben.
8. Die Sonne beherrscht alles auf der Erde. Astrologisch aber

wird der Sonneneinfluß gleich behandelt wie der irgendwelcher Planeten. Nachgewiesenermaßen hat die Jahreszeit, und vielleicht sogar der Sonnenstand, merklichen Einfluß auf das Neugezeugte oder Neugeborene. Tierzüchter wissen das längst. Der Astrologe teilt die Menschen in zwölf Typen ein mit einem möglichst geheimnisvollen Drum und Dran. Diese Typeneinteilung ist wohl die festeste Stütze der Astrologie. Warum bringt man die tatsächlich vorliegende Erscheinung nicht in einfachen Zusammenhang mit der Sonne? Aber eben, dieses Verfahren würde viel zu einfach und einleuchtend sein, und vor allem würde es sich nicht mehr eignen, Kapital herauszuschlagen. Tatsächlich sind wir mit dem Kosmos verbundene Geschöpfe. Aber diese Allverbundenheit hat mit astrologischen Lehren nicht das geringste zu tun.

9. Psychologische Momente spielen im zähen Glauben an astrologische Dinge die Hauptrolle. Wie bei jedem Aberglauben liest der Gläubige das heraus, was er sucht und herauslesen will. Vor kurzer Zeit zeigte mir jemand sein Horoskop mit der Behauptung, es stimme merkwürdig genau. Ich konnte ihm mit Leichtigkeit zeigen, daß es auch für mich stimmt. Es kommt ja nur auf die Interpretation an. Eine weitere Merkwürdigkeit, wenn man das so nennen will, ist zu gleicher Zeit der Grund der Zählebigkeit aller Wetter- und Bauernregeln: Treffer bleiben im Gedächtnis haften, Fehlschläge dagegen wurden entweder völlig übersehen oder zum mindesten leicht vergessen.

10. Es gibt ernsthafte Astrologen, wirkliche Sucher, die auffällig viel Treffer erzielen. Meiner Ansicht nach handelt es sich hier um Leute mit einer gewissen Intuition. Sie sind überzeugt, ihre Kenntnisse mit Hilfe astrologischer Systeme gewonnen zu haben. Sicher würden solche Personen die genau gleichen Ergebnisse mit Karten oder anderen Hilfsmitteln erzielen. Die Quellen ihres Wissens fließen ganz anderswo und haben mit den rein äußerlichen Hilfsmitteln nicht das geringste zu tun."

Anhang: Die „Rhein-Neckar-Zeitung" brachte am 16. 2. und 17. 2. 84 zwei Nachrichten, daß die Bundespost nunmehr der Astrologenseuche die Tore geöffnet hat. Die beiden Artikel haben folgenden Wortlaut:

Zukunft per Telefon. Wer sein Glück in den Sternen sucht, braucht künftig nicht mehr auf das Tageshoroskop in seiner

Morgenzeitung zu warten: Rund um die Uhr bietet die Deutsche Bundespost vom 1. April an unter der Rufnummer (0) 11608 einen Horoskopservice an. Bei entsprechender Nachfrage soll der zunächst auf ein Jahr begrenzte Versuch zur Dauereinrichtung werden, teilte das Postministerium in Bonn mit. dpa

Erfreulicherweise hat sich die Lutherische Kirche gegen diesen blasphemischen Unfug und Aberglauben zur Wehr gesetzt. Idea schreibt:

Lutherische Kirche kritisiert Bundespostminister. Vor einer staatlichen Förderung des Aberglaubens hat die Vereinigte Evangelisch-Lutherische Kirche Deutschlands (VELKD) gewarnt. Ihr Arbeitskreis „Religiöse Gemeinschaften“ übte schwere Kritik am neuen telefonischen Horoskopdienst der Bundespost. Während sich der Staat – so hieß es dazu – einerseits über das Familienministerium gegen den „verderblichen geistigen und sozialen Einfluß der Jugendreligionen engagiert, geht das Bundespostministerium jetzt durch den Horoskopdienst per Telefon einen bedenklichen Weg in Richtung einer öffentlichen Anerkennung abergläubischer Praktiken“. Die neueste Entscheidung: Der Bundespostminister lehnte die Aufnahme des Horoskopdienstes jetzt ab.

Autogenes Training

Literatur:
Dr. med. U. Senn „Was ist autogenes Training?“
Prof. Dr. med. E. Kretschmer „Medizinische Psychologie“
Prof. Dr. med. J. H. Schultz „Das autogene Training“
Prof. Dr. med. Uwe H. Peters „Wörterbuch der Psychiatrie und medizinischen Psychologie“

Prof. Peters definiert das autogene Training mit folgenden Worten: „Unter ärztlicher Anleitung erlernbare Methode der konzentrativen Selbstentspannung. Durch stufenweise erlernbare Entspannungsübungen gelingt eine zunehmende autosuggestive Beeinflussung der unwillkürlichen Körperfunktionen. Die Methode findet Anwendung zu innerem Spannungsausgleich, Leistungssteigerung, Gedächtnisstärkung, Schmerzbeeinflussung und Selbstbeherrschung.“

Aufschlußreich für die Beurteilung des autogenen Trainings ist eine weitere Definition. Peters nennt das autogene Training eine ausgebaute Selbsthypnose, Hypnose durch Autosuggestion, eine alte Technik der psychischen Selbstbeeinflussung, zum Beispiel im Joga enthalten.

Wer Joga ablehnt, wie es hier in meinem Buch geschehen ist, der wäre jetzt schon am Ende, weil er dann auch nicht das autogene Training akzeptieren kann. Lassen wir diese Entscheidung noch offen.

Das Klinische Wörterbuch von Pschyrembel, das ich seit vielen Jahren dankbar benütze, schreibt über das autogene Training, es sei eine „Konzentrative Selbstentspannung, eine aktivierende Therapie im Rahmen der sogenannten kleinen Psychotherapie, besonders für Gruppentherapie geeignet".

Der Ausdruck autogen kommt aus dem Griechischen und bedeutet selbstwirkendes Training.

Nach der Darstellung von Prof. Kretschmer (Seite 348) ist das autogene Training eine Weiterentwicklung der Hypnose, aber durchaus selbständige Methode. Bei der älteren Hypnosetechnik der Schule „Nancy" meinte der Therapeut, suggestive Impulse auf den Patienten übertragen zu können. Kretschmer nimmt dagegen an, daß der Arzt die heilenden Impulse im Patienten selbst auslösen soll. Prof. Fritz Künkel, dessen Bücher ich vor Jahrzehnten als Student las, erklärte: „Die kranke Psyche heilt sich selbst." Es gehe lediglich um die sachgemäße Anleitung. Eine solche systematisch aufgebaute Instruktion will Kretschmer geben. Er schließt sich dabei an Prof. J. H. Schultz an und beschreibt diese Therapietechnik mit folgenden Erläuterungen: „Schultz hat eine durchaus selbständige Methode entwickelt, die er als autogenes Training bezeichnete und die teilweise an Hypnoseerfahrungen, teilweise an indische Traditionen anknüpft. Sie besteht aus einer Reihe sorgfältig durchdachter und biologisch sinnvoll aufgebauter Übungen, mit dem Ziel, von außen nach innen vordringend schrittweise die Steuerungen des Organismus und die damit zusammenhängende psychische Haltung der Persönlichkeit zu verbessern, zu entspannen und zu vertiefen und diesen heilenden Einfluß bis auf die einzelnen Körperorgane und Funktionen zu differenzieren." (Seite 348)

In der Tat stellt das autogene Training gegenüber der älteren Hypnosetechnik einen gewaltigen Fortschritt dar. Die Hypnose wird dabei von einer passiv empfangenen Suggestivmethode in eine aktive Trainingsmethode umgestellt. Der Patient erarbeitet unter ärztlicher Leitung seine Heilung selbst.

Kretschmer nennt das Aktivhypnose, die einen doppelten Arbeitsgang erfordert. Auf dem Weg der Hypnose soll eine Analyse oder auch Diagnose erfolgen. Die daraus gewonnenen Erkenntnisse sollen „in knappen, rhythmischen Kurzformeln wandspruchartig in die Tiefenperson eingeprägt werden".

Eigentlich ist das ein reziproker (wechselseitiger) Vorgang. Die Konflikte des Patienten werden durch die Hypnose aus dem Unterbewußtsein erhellt (herausgeholt) und dann ein positiver Therapievorschlag als ein Signal wieder in das Unbewußte zurückgegeben. Kretschmer sagt, daß auf diesem Weg alle Funktionen des

„Tiefenich", der Tiefenperson erreicht und gesteuert werden können, also die Bereiche, die sonst nur vom vegetativen Nervensystem und den unbewußten Vorgängen des endokrinen Drüsensystems beherrscht werden.

Dieser Doppelvorgang Erhellung und Steuerung schließt sich an zwei Fakten der psychischen Struktur des Menschen an: dem ideomotorischen Grundsatz und der psychosomatischen Relation. Der Begriff der Ideomotorik kommt aus dem Griechischen und heißt soviel wie: eigen-bewegt, eigen-gesteuert. Das meinte auch Künkel, als er davon sprach, daß die Seele sich selbst heilt. Die psychosomatische Relation ist der Zusammenhang zwischen Geist und Körper oder Seele und Leib und ist ein Ausdruck für die Gleichschaltung zwischen Geist, Seele und Leib.

In meinem englischen Buch „Demonism Past and Present" habe ich auf Seite 119 auf das Schema der psycho-organischen Relation aufmerksam gemacht, weil beim „magischen Besprechen" (= Zaubereiheilungen) von ähnlichen Voraussetzungen ausgegangen wird.

Mit dieser graphischen Darstellung ist gemeint, daß gedankliche oder psychische Impulse durch alle Stufen des Unbewußten bis zum organischen Bereich durchdringen können. Beim magischen Besprechen, das hier nicht behandelt werden kann, gibt es den umgekehrten Vorgang, daß organische Vorgänge, z. B. Erkrankungen, in das Unbewußte hochgeschoben werden. Man kann das im Kapitel Besprechen nachlesen.

Hier beim autogenen Training geht der Weg der Therapie vom Gedanklichen, oder von der Vorstellung über das Gefühl, zum Vollzug im Organischen. Das Paradebeispiel ist der Schwereversuch. Der Prozeß nimmt folgenden Weg:

1. Die geistige Konzentration auf das Experiment.
2. Vorstellung: Der rechte Arm ist schwer, ganz schwer.
3. Der Patient erlebt dann tatsächlich nach längerer Übung das Schweregefühl.

Umgekehrt kann natürlich auch das Wärmegefühl oder Hitzegefühl erzeugt werden. Dr. Senn bringt das Beispiel, daß einem Patienten eine kalte Haarnadel auf den Handrücken gelegt wurde. Dann gab der Arzt das Signal: die Nadel ist glühend heiß. Dabei entsteht auf der Hand eine Brandwunde, obwohl die Nadel ganz kalt blieb. Hinter diesem Vorgang taucht ein anderes Problem auf. Wenn die Psyche des Patienten das Kommando: Nadel glühend ausführt, woher kommen dann diese Wärmeeinheiten? Ohne es zu wissen, führt der Arzt den Patienten in den Bereich der Magie. Darum hat Schultz den Vorgang der Autohypnose als „Fakirismus“ bezeichnet. Die dauernden Hinweise auf das Schamanentum und Joga zeigt doch, daß wir es hier mit einem östlichen Mystizismus und magischem Brauchtum zu tun haben.

Kretschmer schreibt auf Seite 381 folgendes: „Die Trainingsmethoden sind die urältesten nach ihrer Tradition und die jüngsten nach ihrer abendländischen Durchbildung. Es gehören hierher vornehmlich die Jogamethoden, einschließlich des ostasiatischen Zen-Buddhismus, das autogene Training von J. H. Schultz und unsere Aktivhypnose, die dann von uns in Parallelführung zu dem analytischen Arbeitsgang als zweigleisige Standardmethode weiterentwickelt wurde.“

Wichtig bei dieser Therapie, die durch Hypnose zustande kommt, ist, daß der Arzt am Schluß das gegebene Kommando zurücknimmt, das heißt, die Hypnose löst.

B 28 Prof. J. H. Schultz ist auf diesem Sektor einmal eine Panne passiert. Er hatte einem Handwerker eine Münze auf die Hand gelegt und ihm suggeriert, daß die Münze glühend heiß sei und eine Verbrennung hervorrufe. Dieser Handwerker kam nach 14 Tagen wieder und berichtete, jeden Morgen zeige sich auf seinem Handrücken eine schmerzlose Blase, die im Lauf des Tages wieder verschwände. Schultz hatte vergessen, den Mann zu enthypnotisieren. Er versetzte nun den Handwerker erneut in Hypnose und nahm die Suggestion zurück. Damit hörten bei dem Handwerker die Beschwerden auf. (Berichtet von Dr. Senn, Seite 11)

In dem Kapitel „Hypnose“ habe ich einige Beispiele gegeben. Darunter ist der Bericht eines Pastors, dessen Sohn zusammen mit anderen 24 Schülern bei einer Schulfeier hypnotisiert worden ist. Am Schluß des Unterhaltungsabends nahm der Entertainer (Schausteller) die Kommandos zurück. Bei dem gläubigen jungen Mann gelang es ihm nicht. Fünf Tage war er danach in einer Klinik. Die Ärzte versuchten die Hypnose zu beenden. Es gelang ihnen nicht. Der Vater nahm den Sohn aus der Klinik heim und betete zusammen mit seiner Frau viel um die Beendigung der Hypnose. Auch das half seltsamerweise zunächst nicht. Schließlich kam dem Vater der Gedanke, im Namen Jesu diesen Mächten zu gebieten. In diesem Augenblick brach der Bann.

Natürlich werden Hypnoseärzte darauf hinweisen, daß Hypnose, durch einen Laien und Scharlatan geübt, gefährlich sein kann. Die Technik der Ärzte ist besser und ausgewogener, aber die Kraft, in der die Hypnose funktioniert, ist die gleiche. Das sollte uns auch bei Kretschmers Aktivhypnose zu denken geben.

Dr. Senn gibt am Schluß seiner Broschüre auf die Fragen, ob man autogenes Training betreiben soll, die Antwort: nein, weil aut. Training eine okkulte Praktik darstellt. Sie steht in der Parallelität und Verwandtschaft zu den Zauberriten der Schamanen, den Meditationsheilungen der Jogi und den rituellen Heilungszeremonien der afrikanischen Medizinmänner.

Die künstliche Herstellung einer Passivität durch Selbstversenkung ist eine offene Tür, in die unbekannte Mächte einströmen, die mit den viel zitierten Jungschen Archetypen nicht einfach gleichzusetzen sind, es sei denn, diese Archetypen haben selbst magischen Charakter.

Ein Satz von Dr. Senn ist mir besonders wichtig, weil er meiner seelsorgerlichen Erfahrung entspricht: „Die Hauptursache der Umsessenheit gottgeweihter Gläubigen ist die Passivität. Sie ermöglicht den satanischen Mächten den Zutritt."

Über die Frage der Befreiung werden im Teil C dieses Buches seelsorgerliche Ratschläge gegeben.

Baha'i

Die Baha'i-Religion hat islamischen Hintergrund. Um 1800 gründete der Araber Scheich Ahmed die Sekte der Scheichi, die eschatologisch ausgerichtet war. Sie wartete auf die Wiederkunft des letzten Imam (geistiger Führer und Ausleger des Koran). Der Scheich erklärte 1844 sich zum Bab (Tor der Wahrheit). Seine Anhänger nennen sich Babi. Durch Verfolgung des konservativen Islam in die Enge getrieben, lösten sich die Babi 1848 vom Islam. Der Bab wurde 1850 erschossen. Märtyrer geben von jeher ihrer Bewegung einen Auftrieb.

Einen eifrigen und hochbegabten Nachfolger fand der Bab in Mirza Husayn Ali, der 1817 in Teheran als Sohn eines Staatsministers geboren wurde. Auch sein Weg ist durch Verfolgungen, Verhaftungen, sogar Giftmordanschläge gekennzeichnet. Aufgrund von Offenbarungen, die ihm im Gefängnis zuteil wurden, nannte er sich nach seiner Entlassung Baha u'llah, die Herrlichkeit Gottes. Er war ein hochbegabter Mann. Als er 1892 starb, waren seine Werke auf 100 Bände angewachsen.

Durch sein Testament wurde sein Sohn Abdul Baha zu seinem Nachfolger eingesetzt. Er hat von der Begabung seines Vaters einiges mitbekommen. Obwohl er nie eine Schule besucht hatte, sprach er persisch, arabisch, türkisch und besaß große philosophische und theologische Kenntnisse. Sein Verdienst ist es, daß er auf großen Weltreisen dem Westen den Baha'i-Glauben erschloß. Als Missionszentren entstanden Baha'i-Tempel in Ischkabad (1902), in Kampala (Uganda), Sydney (Australien), Wilmette bei Chicago. Außer Ischkabad habe ich alle diese Tempel besucht. Der Wilmette-Tempel ist architektonisch der schönste von allen. Anläßlich einer Vortragsreihe in Chicago hat mich Pastor Plaum zu diesem „luftigen" Bau gefahren. Für uns als Christen drückt dieser Tempel eine Baha'i-Wahrheit aus: Christus hat einen Platz neben Mohammed und Abraham. Er ist ein Religionsführer neben anderen und nicht der Erlöser der Menschheit, der alleinige Grund unseres Heils.

Damit sind wir bei dem religiösen Gehalt dieser Baha'i-Religion, soweit sie für Christen von Interesse sein kann. Alle Religionen sind relativ und drücken nur eine Teilwahrheit aus. Sie finden ihren Zusammenschluß und ihre Erfüllung in der Baha'i-Offenbarung. Die Baha'i-Lehre ist die höchste und drückt die Zusammengehörigkeit aller Religionen aus. Darum steht neben Mohammed, Buddha, Mose, Jesus als Religionsstifter auf gleicher Ebene.

Wir haben hier einen Religionssynkretismus mit Baha'i als Dachorganisation. Für biblisches Denken ist das nicht annehmbar. Jesus sagt in Joh. 14,6:

„Niemand kommt zum Vater, denn durch mich." Weiteren Aufschluß über das Wesen des Baha'i erhalten wir durch den Dodekalog (12 Leitsätze, Gegenstück zum Dekalog = Zehn Gebote der Bibel). Vor dem Tempel in Sydney (Australien) steht eine Tafel mit folgender Aufschrift:

Baha'i
Weltumspannender Glaube

Zwölf grundsätzliche Glaubenslehren des Baha'i. Wir lehren:

1. Die Einheit der ganzen Menschheit.
2. Die Unabhängigkeit der Erforschung der Wahrheit.

3. Alle Religionen haben den gleichen Ursprung.
4. Die Religion muß die Ursache der Einheit sein.
5. Die Religion muß in Übereinstimmung mit der Wissenschaft und der Vernunft sein.
6. Die Gleichheit zwischen Frau und Mann.
7. Vorurteile jeder Art müssen außer acht gelassen werden.
8. Universaler Friede.
9. Universale Erziehung.
10. Eine geistige Lösung der Wirtschaftsprobleme.
11. Eine einheitliche Sprache.
12. Ein internationaler Gerichtshof.

Diese zwölf Richtlinien sind außerordentlich aufschlußreich. Man findet dazu viele Parallelen. Wir denken etwa an Kants „Religion innerhalb der Grenzen der bloßen Vernunft". Die Baha'i-Sätze könnten auch von der modernen Theologie aufgestellt werden und zum Teil auch von der Ökumene. Die Baha'i-Lehre gewinnt also indirekt zusehends an Boden.

Man empfindet das auch schon bei einer einfachen Zeitungswerbung wie die eines Schorndorfer Blattes vom 15. Mai 1975. Es heißt darin:

„Die Baha'i sind Angehörige einer Weltgemeinschaft, die aus allen Völkern, Rassen und Schichten besteht. Sie haben als grundlegendes Ziel die Einigung der Völker dieses Planeten. Baha'i, die Religion der Einheit."

Hinter dieser Marschroute der Baha'i steckt aber noch viel mehr. Sie ist nichts weniger als eine ausgezeichnete Bodenbereitung für den kommenden Antichristen, der alles auf einen Nenner bringen will: einheitliche Amtssprache zumindest im Westen, einheitliche Währung, einheitliche zentral gesteuerte Verwaltung, ein einheitliches politisches System mit einem einzigen Kopf – eben dem Antichristen –, einen Weltgerichtshof, ein einheitliches Steuersystem – jeder Bürger erhält eine Registriernummer, unter der er allein kaufen und verkaufen kann, eine Welteinheitskirche. Wer sich in diese universale Einheitsform nicht eingliedern läßt, ist erledigt und hat keine Existenzberechtigung.

Bei diesem Konzept wundern wir uns nicht, daß es gläubige Christen gibt, die sagen, der Antichrist käme aus der Baha'i-

Religion. Über die Herkunft des Antichristen laufen, wie schon erwähnt, verschiedene Versionen. Luther sagte, er komme aus dem Papsttum, andere nennen den Kommunismus als Ursprung. Die meisten erklären, er müsse aus dem Judentum kommen. Wieder andere meinen, der Antichrist komme aus dem Zehnstaatenbund (EWG), der sich heute schon auf dem Boden des ehemaligen römischen Weltreiches entwickelt. Die Zukunft wird es zeigen, wer recht hat. Da der Antichrist mit einem falschen Propheten auftritt, kann er durchaus einen Anhänger der Baha'i-Lehrer als religiösen Arm gebrauchen, um seinen Plan der Welteinheitskirche zu verwirklichen.

Mit Sicherheit lassen sich diese Entwicklungen nicht voraussagen. Wir sehen nur aus der gegenwärtigen religiösen Weltlage, daß sowohl unter den Baha'i als auch in der Ökumene Tendenzen offen zutage treten, die einmal bei der religiösen Endlösung des Antichristen eine Rolle spielen.

Wer Augen hat zu sehen, der sehe! Mt. 13,13.

Wer Ohren hat zu hören, der höre! Mt. 11,15.

Besessenheit

Es liegt mehr als 20 Jahre zurück. Prof. Bender hatte mich eingeladen, in seinem Institut in Freiburg über das Problem der Besessenheit zu sprechen. Eingeladen waren einige Psychologen, katholische Theologen und ein Professor der psychiatrischen Klinik. Nach dem Vortrag war eine Diskussion über eine Patientin der psychiatrischen Klinik, die Krankheitssymptome zeigte, die dem Psychiater fremd waren. Die Patientin konnte plötzlich aufschreien und erklärte, sie werde von unsichtbaren Mächten geschlagen. Es zeigten sich Schlagspuren auf dem Körper. Ein andermal schien sie von einer großen Schlange erdrückt zu werden. Die Schlangenwindungen wurden von einem Assistenzarzt fotografiert. Der Psychiater erklärte diese Erscheinungen als psychogen bedingte Dermographismen (seelisch bedingte Hautveränderungen). Einmal versuchte eine Schwester, die Patientin zu schützen und legte ihre Arme um sie. Da wurde die Schwester geschlagen. Der Psychiater erklärte das als seelische Induktion (Übertragung). Manchmal sprachen Männerstimmen aus der Patientin, die sich als sieben Teufel ausgaben. Der Psychiater nannte diesen

Vorgang Dissoziation (Aufspaltung) des Unbewußten in sieben selbständige Teile. Gelegentlich kamen auch Hellsehphänomene vor. Der Professor fragte die anwesenden katholischen Theologen nach ihrer Meinung. Sie erklärten: „Das ist Besessenheit." Der Psychiater war etwas erregt und antwortete: „Das hat Ihr Bischof in dem Begleitschreiben schon angedeutet. Ich glaube das nicht. Für mich ist das höchstens ein Fall von Hysterie, allerdings einer Form, die ich bisher nicht kannte." Dann fragte er auch nach meiner Meinung. Ich stellte zunächst eine Gegenfrage: „Wissen Sie, ob diese Frau sich mit Magie oder Spiritismus befaßt hat?" Es wurde bejaht. Dann gab ich meiner Überzeugung Ausdruck, daß wir hier einen Besessenheitsfall vor uns haben. Hinterher erfuhr ich noch, daß diese Frau sich mit ihrem Blut dem Teufel verschrieben hatte.

Es ist durchaus begreiflich, daß Wissenschaftler sich scheuen, einen Besessenheitsfall anzuerkennen. Besessenheit ist kein medizinischer, sondern ein religiöser Begriff. Nicht verständlich ist aber, daß die meisten Theologen sich von den Psychiatern und Psychologen ins Schlepptau nehmen lassen. Damit sind nicht nur die modernen Theologen gemeint, sondern auch solche, die in der Gemeinde Jesu einen guten Namen haben. So hat zum Beispiel Prof. Vicedom in Gegenwart von 2500 Menschen in der Hamburger Michaeliskirche erklärt: „Das Dämonische ist das Untermenschliche und das Übermenschliche in uns." Damals lebte noch Friedrich Heitmüller. In seinem Saal Holstenwall 21 versuchte er, Vicedom zu korrigieren und sagte: „Das Dämonische ist weder das Untermenschliche noch das Übermenschliche, sondern das Außermenschliche."

Die Ächtung durch die „zünftige" Wissenschaft ist auch der Grund, warum kaum ein Theologe es wagt, ein Buch über die Besessenheit zu schreiben. Wenn man nach Büchern über die Dämonen sucht, muß man schon über die Zäune sehen.

In der profanen Literatur wäre der Titel „Die Dämonen – Wesen und Wirkung eines Urphänomens" von Robert Müller-Sternberg zu nennen. Es ist historisch und geistesgeschichtlich, aber nicht aus der Sicht des Neuen Testaments geschrieben. Ein gläubiger Christ kann mit dem Buch nicht viel anfangen.

In biblischer Hinsicht gibt das Buch eines Jesuitenpaters, Adolf Rodewyk, wesentlich mehr. Sein Titel lautet „Dämonische Besessenheit heute". Was Rodewyk hier schildert, kenne ich aus der eigenen Seelsorge. Es ist mir ohnehin schon lange klar, daß die katholische Kirche mehr praktische Erfahrungen mit Besessenen hat als die protestantischen Theologen. Es gibt allerdings in der evangelischen Kirche Laienbrüder, die sich der Besessenen annehmen. Ihre Zahl ist aber klein.

Was ich in dem Buch von Rodewyk nicht akzeptieren kann, ist die teilweise Überbewertung der Taufe. Zum andern ist es für biblisch orientierte Christen unmöglich, die Sünden eines anderen sühnend auf sich zu nehmen. Man findet das in Rodewyks Buch auf Seite 46. Es gibt nur einen Sühnevorgang: das sühnende Sterben Jesu Christi am Kreuz von Golgatha. Außerdem gibt es in diesem Buch typisch katholische Partien, die mit der Bibel nicht in Einklang zu bringen sind. Dennoch haben Rodewyk und ich viele gemeinsame Erfahrungen. Beim Exorzismus zum Beispiel betet er genau wie ich auch: „Im Namen Jesu Christi, des Sohnes Gottes, gebiete ich euch unreine Geister, diesen Menschen zu verlassen." Dieses Gebet darf nicht als Formel verstanden und benützt werden. Es kann auch anders formuliert werden, nur müssen wir den Mut haben, die Autorität in Anspruch zu nehmen, die Jesus seinen Jüngern in Lukas 10,19 gegeben hat: „Sehet, ich habe euch Macht gegeben, zu treten auf Schlangen und Skorpione und über alle Gewalt des Feindes, und nichts wird euch beschädigen."

Im amerikanischen Raum gibt es im Blick auf Besessenheit mehr biblisch ausgerichtete Literatur als im europäischen Raum. Es ist unmöglich, alle bedeutenden Titel zu erwähnen. Die wichtigsten seien genannt:

Biblical Demonology von Dr. Merrill F. Unger;
Demons in the World today von Dr. Merill F. Unger;
Demon Possession von John L. Nevius.

Es gibt ferner viele zweit- und drittrangige Literatur extremer Kreise, die mehr Verwirrung schaffen, als Klarheit zu bringen.

Die Auseinandersetzung mit der Psychiatrie würde zuviel Raum erfordern. Es wäre auch erfolglos. Ein Psychiater, der nicht Christ ist oder nur Namenchrist, ist von der Tatsache der Besessenheit nicht zu überzeugen. Einige Argumente sollen aber trotzdem erwähnt werden.

1. Die Psychiater erklären, Jesus und seine Jünger waren Kinder ihrer Zeit. Sie wußten es nicht besser. Was sie als Besessenheit

ansahen, war in Wirklichkeit eine Geisteskrankheit. Bis zum Überdruß habe ich dieses Argument gehört. Und es ist so einfach, es zu widerlegen. Jesus, seine Jünger und die Schreiber der neutestamentlichen Schriften haben Krankheiten und Dämonie wohl unterschieden. Krankheit und Besessenheit werden in folgenden Bibelstellen klar auseinandergehalten: Mt. 4,24; Mt. 8,16; Mt. 10,1; 10,8, Mk. 1,32; Luk. 9,1–2 und an anderen Stellen.

2. Die Reaktionen der Geisteskranken und Besessenen sind verschieden. Ich will hier nicht wiederholen, was ich in anderen Büchern veröffentlicht habe. In dem Titel „Demonology, Past and Present", ab Seite 136, habe ich acht Zeichen der Besessenheit angeführt. Hier sollen nur einige Hauptmerkmale erwähnt werden:

   a. Die Tobsuchtsanfälle, die nur bei geistlicher Betreuung eintreten.

B 29 Ich wurde zu einer Frau gerufen, die jedesmal, wenn man mit ihr beten wollte, zu toben anfing. Auch bei mir tat sie das. In solchen Fällen pflege ich, im Namen Jesu zu gebieten.

b. Die Trance. Wenn man mit Menschen beten will, die sich durch Spiritismus unter einen Bann gebracht haben, dann fallen sie sofort in Trance.

B 30 In Zürich brachte ein Prediger eine Frau zu mir in die Seelsorge. Als ich mit ihr betete, fiel sie in Trance und streckte die Zunge gegen mich heraus. Als ich Amen sagte, kam sie wieder zu sich. Ich fragte sie, ob sie spiritistische Sitzungen besucht habe. Sie bejahte. Seit neun Jahren gehörte sie einem Zirkel an.

c. Das Sprechen nicht erlernter Sprachen. Im Rituale Romanum wird das auch als Zeichen von Besessenheit angesehen. Eines Tages kam ein junger Mann zu mir in die Seelsorge. Beim Gebet fiel er in Trance, und die Stimmen, die aus ihm redeten, gebrauchten Fremdsprachen, die der junge Mann nicht gelernt hatte. – Das ist das stärkste Argument gegen die Haltung der Psychiater. Ein Geisteskranker spricht nicht plötzlich in Fremdsprachen, die er nicht gelernt hat.

Die Symptome der Geisteskrankheiten und der Besessenheit sind verschieden. Die Zeichen der Besessenheit sind nur für den erkennbar, der eine Wiedergeburt durch den Heiligen Geist erlebt hat. Auf Namenchristen reagieren die Dämonen nicht. Das klingt alles so hart und überheblich und ist doch klar biblisch.

Ein Lichtschimmer am Horizont zeigt sich in einem Buch mit dem Titel „Ergriffenheit und Besessenheit", herausgegeben von Jürg Zutt (A.-Francke-Verlag, Bern/München 1972). Die Beiträge sind der Niederschlag psychiatrischer und anthropologischer Vorträge anläßlich der Konferenz des Weltverbandes für Psychiatrie und der Werner-Reimers-Stiftung für anthropologische Forschung. Bei der Tagung kamen Psychiater, Psychologen, Soziologen, Theologen, Medizinhistoriker und Anthropologen zu Wort. Als Teilergebnis wurde auf diesem Symposion (Tagung) erklärt: „Einstweilen muß man sich bequemen, Ergriffenheit und Besessenheit in ihrem religiösen Aspekt eigenständig zu bewerten und nicht kurzschlüssig als Geisteskrankheit zu etikettieren." – Das ist ein erstaunliches Zugeständnis. Nur wissen das die gläubigen Christen schon lange, ohne Medizin, Psychologie und Anthropologie studiert zu haben. Auf langen Umwegen kommt die Wissenschaft allmählich dahin, wo die Gläubigen schon zwei Jahrtausende die biblische Position halten.

Unter gläubigen Christen wird die Frage heiß diskutiert, ob ein Christ besessen sein kann oder nicht. Langjährige Erfahrung zeigt folgenden Sachverhalt: Wer keine Erfahrung mit Besessenen hat, sagt nein. Wer viel Seelsorge mit Besessenen hat, weiß, daß auch Gläubige von Dämonen kontrolliert oder beherrscht sein können. Diese Tatsachen richten sich nicht nach einer vorgefaßten Meinung. Es sind Gegebenheiten, nach denen wir uns zu richten haben. Besonders im amerikanischen Raum hatte ich viele Diskussionen über dieses Gebiet. Um so mehr gedenke ich dankbar der Männer, die meine eigenen Erfahrungen bestätigen. Zu denen gehören: Dr. Edman, der frühere Präsident des Wheaton College, der schon erwähnte Prof. Unger, der Psychiater Dr. med. Dr. theol. Jackson von Milwaukee, der Psychiater Dr. Reed und andere. Bei meinen Vorträgen am Baptistenseminar in Grand Rapids erklärte Prof. Matthews, er habe mehr besessene Gläubige als besessene Ungläubige gehabt. Auch Pastor G. Birch muß ich nennen. In einem Brief vom 21. September 1973 schrieb er: „Meine Frau und ich hatten auf Borneo Erfahrungen gesammelt, im Namen des Herrn Jesu Christi Dämonen auszutreiben. Aber hier in unserer Heimat (Kanada) erlebten wir es, daß in 18 Monaten 120 Menschen von einer Besessenheit frei wurden. Alle diese Menschen waren Christen." Mein Freund, Bruder Birch, ist kein Extremist. Sie lesen seinen Namen noch einmal in dem Kapitel „Zungenreden".

Meinen ausführlichsten Bericht über einen Besessenen ist in meinem Buch „Unter der Führung Jesu", ab Seite 250, zu finden. Dr. Lechler, der erfahrene Psychiater, der ebenfalls die Tatsache der Besessenheit gelten ließ, nannte diesen Bericht das bestfundierte Beispiel einer Besessenheit.

In England fand ich auch einige Psychiater, die meine Überzeugung teilen. Vor einigen Jahren war ich von Dr. med. Martin Lloyd Jones eingeladen, am Westminster Gate zu Psychiatern über das Problem Besessenheit zu sprechen. Es waren nur christlich eingestellte Psychiater eingeladen. Bei der Diskussion meldete sich ein Psychiater mit dem üblichen Argument, was die Bibel Besessenheit nenne, sei heute nur eine Geisteskrankheit. Es war nicht nötig, daß ich diese Meinung zu korrigieren versuchte. Es meldeten sich zwei weitere Psychiater, die dem ersten widersprachen. Der eine erklärte: „Ich hatte in meiner Praxis sieben Fälle von Besessenheit." Der andere sagte: „Und ich hatte elf Besessenheitsfälle." Der Letztgenannte wurde noch mein Freund. Wir hielten zusammen ein Seminar für 200 anglikanische Priester. Während dieser Woche eröffnete mir dieser gläubige Bruder: „Ihr Buch ‚Seelsorge und Okkultismus' hat mich mit dem Problem der Besessenheit konfrontiert. Ich habe nun jahrelang typische Fälle beobachtet, die sich in der psychiatrischen Nomenklatur nicht unterbringen lassen. Da entdeckte ich die Wahrheit der von Ihnen vertretenen These."

Wenn es keine Dämonen gäbe, hätte Christus sie nicht entmächtigen müssen (Kol. 2,15).

Wenn Gläubige nicht vom Satan zum Sprachrohr mißbraucht werden könnten, hätte Jesus in Mt. 16,23 nicht zu Petrus sagen müssen: „Hebe dich von mir Satan, du bist mir ein Ärgernis."

Wir wissen um die Macht des Feindes. Wir kennen die Versuchlichkeit der Gläubigen, wir wissen aber noch viel mehr vom Sieg Jesu Christi. Der Siegesruf des Apostels läßt die Hölle erbeben: „Gott sei Dank, der uns den Sieg gegeben hat durch unseren Herrn Jesus Christus!"

Das Thema Besessenheit ist in meinem Buch „Besessenheit und Exorzismus" ausführlich behandelt. (Hänssler-Verlag, 310 Seiten, DM 7,–)

Besprechen

Das Besprechen gehört zu dem Kapitel der magischen Heilungen. In Deutschland gibt es dafür verschiedene Ausdrücke: In Süddeutschland sagt man „Brauchen“, in Hamburg „Bepusten oder Beblasen“, in der Lüneburger Heide „Wegversetzen“. Andere Ausdrücke sind: Beschreien, Bespeien. Es gibt dazu furchtbare Beispiele.

B 31 Eine Frau kam zu mir in die Seelsorge und erklärte, daß sie als junges Mädchen von ihrer Mutter wegen einer Erkrankung zu einer Besprecherin gebracht worden ist. Die alte Besprecherin sagte dem jungen Mädchen: „Mache mal den Mund auf.“ Als das Mädchen gehorchte, spie die alte Hexe dem Mädchen eine saftige Ladung in den Mundraum. Das Mädchen schüttelte sich vor Ekel und hatte nicht nur Wochen, sondern Monate und Jahre mit dem Ekel zu tun. Aber sie war tatsächlich durch diese schaurige Roßkur geheilt.

B 32 Eine Mutter wollte es nicht zulassen, daß ihre Tochter heiratete. Sie lehnte den künftigen Schwiegersohn ab. Als das Mädchen sich doch zur Heirat entschloß und dann zusammen mit ihrem Mann das Elternhaus verließ, da stieß die Mutter einen tierähnlichen Laut und Schrei aus. In der Ehe der Tochter gab es viel Nöte und Schwierigkeiten. Selbst die Enkel waren noch von dem Fluch der Großmutter, die ihre Tochter „beschrien“ hatte, verfolgt.

Im Ausland hörte ich zum Gebiet des Besprechens folgende Ausdrücke: In Österreich „Wenden“, in der Schweiz „Mit Worten heilen“, in Polen „Messen gehen“ oder „Messen lassen“, in Frankreich „Sympathie betreiben“. Es gibt im Elsaß auch ein Zauberbuch, das deshalb „Sympathischer“ oder „Sympathetischer Hausschatz“ heißt. Dieses Buch enthält Zaubersprüche, wie man dieses Besprechen durch Sympathie betreiben soll. In den Vereinigten Staaten hörte ich in Pennsylvanien den Ausdruck „Powow“. Vermutlich kommt dieser Ausdruck von den Indianern. In Südamerika hörte ich den Ausdruck „Brucho“. Dieser Ausdruck kommt wahrscheinlich von den deutschen Siedlern, die aus Süddeutschland eingewandert sind. Das süddeutsche Wort für Besprechen heißt „Brauchen“, im alemannischen Dialekt „bruche“. Von diesem Wort „bruche“ hat sich das südamerikanische Wort „Brucho“ entwickelt. Den polnischen Ausdruck „Messen gehen“ oder „Messen lassen“ fand ich wiederum in Argentinien. Wahrscheinlich stammt der argentinische Ausdruck von polnischen Siedlern. Dazu ein Beispiel:

B 33 | Das Reitpferd eines Mannes erkrankte. Der Mann ließ sich von einem Brucho einen Rat geben, den er mit Erfolg anwandte. Er riß aus dem Schwanz des Pferdes drei Haare und maß mit diesen drei Pferdehaaren von seiner Brust zu den Nüstern des Pferdes dreimal. Er sagte dazu einen Spruch aus dem 6. und 7. Buch Moses, das in Südamerika auch zu finden ist, und fügte die drei höchsten Namen dazu. Das Pferd wurde tatsächlich geheilt. Die Familie dieses Mannes litt aber seit dieser Zeit an seelischen und nervlichen Störungen. In diesem Fall wurde das Besprechen in den drei höchsten Namen durchgeführt.

Man unterscheidet der Form nach ein schwarzmagisches und ein weißmagisches Besprechen. In der Weltliteratur wird behauptet, die Schwarze Magie erfolge mit Hilfe des Teufels und Weiße Magie mit der Hilfe Gottes. Diese Definition ist falsch. Die Weiße Magie geschieht genauso mit den Kräften der Unterwelt wie die Schwarze Magie. Der Beweis ist sehr leicht zu führen. Die Auswirkungen der Weißen Magie sind genau wie die der Schwarzen Magie. Bei der Weißen Magie wird Mißbrauch mit den drei höchsten Namen getrieben. Zu den drei höchsten Namen wird gewöhnlich dann ein Zauberspruch hinzugefügt, der dem 6. und 7. Buch Moses oder einem anderen Zauberbuch entnommen wird.

Das magische Besprechen wird in der ganzen Welt praktiziert. Ich konnte auf allen Kontinenten zusammengenommen etwa 1500 Besprechungsbeispiele sammeln.

Durch meine vielen Vortragswochen in der Schweiz hörte ich oft in der Seelsorge Namen von berüchtigten Besprechern. Ich will einige nennen, obwohl mir daraus Gefahr entsteht. Namen, die ich in der Schweiz am häufigsten hörte, waren: Hermano, Schneider, Hugentobler, Gräzer, Grünefelder, Kern und viele andere. In Deutschland war ich überrascht, daß zum Beispiel in Schleswig-Holstein selbst Ärzte Patienten mit Wundrose oder der Gürtelrose zu den Besprechern schicken. Ja, ich entdeckte sogar Kirchenälteste, einmal einen evangelischen Pfarrer und mehrmals katholische Priester, die sich ebenfalls als Besprecher betätigten. Was diese

Männer für Unheil anrichten, ist ihnen selbst wohl nicht bewußt. Familien, in denen das Besprechen aktiv oder passiv betrieben wird, sind von Unglücksfällen geradezu verfolgt. Selbstmorde, Morde, schwere unheilbare Erkrankungen und viel anderes Mißgeschick häuft sich in solchen Familien.

Einer der gefährlichsten und bekanntesten Besprecher der Lüneburger Heide war Schäfer Ast.

B 34 Heinrich Ast wurde am 4. April 1848 in Gronau an der Leine geboren. Er siedelte später nach Radbruch in der Lüneburger Heide um. Seine Heiltätigkeit begann etwa im Jahr 1894. Anfänglich hatte er pro Tag etwa 10 Patienten. Schon nach einigen Monaten wuchs die tägliche Besucherzahl auf 600 und 700 an. Im Jahr 1895 kam ein täglicher Besucherstrom von fast 1000 Menschen nach Radbruch. Diagnose und Therapie dieses Besprechers war äußerst einfach. Er schnitt jedem Patienten drei Nackenhaare ab, hielt sie gegen das Licht, betrachtete sie mit einer Lupe und gab die Diagnose. Die Diagnosen wurden manches Mal von Ärzten nachgeprüft. Seltsamerweise stimmten sie. Nach der Diagnose verabreichte er den Patienten eine Mixtur, die er selbst bereitet hatte. Oft erhielten die Patienten für die verschiedensten Krankheiten die gleiche Mixtur. Dennoch behaupteten Tausende, daß sie durch Schäfer Ast geheilt worden sind.

Die Heilmethode von Schäfer Ast wurde von der Wissenschaft niemals anerkannt, und zwar mit Recht, denn es handelt sich um eine okkulte Heilmethode. Der Technik nach liegt hier eine psychometrische Diagnose vor. Der Heiler benützt einen Gegenstand des Patienten und konzentriert sich ein oder zwei Sekunden auf den heilungsuchenden Menschen. Manche Heiler machen es in einer Art Trance, andere in einer Halbtrance. Bei Schäfer Ast genügte die normale gedankliche Konzentration auf den Patienten. Ich weiß, daß durch Schäfer Ast Tausende geheilt worden sind. Das heißt, diese Menschen haben eine Heilung ihres Leibes erreicht. Sie sind aber damit unter furchtbare Belastungen geraten. Ich werde später noch einiges darüber sagen.

Schäfer Ast, der einmal bettelarm nach Radbruch gekommen war, starb im Jahre 1921 als schwerreicher Mann. Er hinterließ ein Rittergut, fünf Häuser, fünf große Bauernhöfe und enorm viel Geld. Der Biograph von Heinrich Ast erklärt, er hätte Hunderttausende behandelt und geheilt. Die Kehrseite dieser Heilungen habe ich bei meinen vielen Vortragstouren rings um die Lüneburger Heide erlebt.

B 35 Wenn wir schon bei der Lüneburger Heide sind, dann muß gleich ein anderes Problem ausgeräumt werden. Immer wieder stieß ich im Gebiet der Lüneburger Heide auf die sogenannten Pyromanen. Pyromanen sind Menschen, die von Zeit zu Zeit von einem Feuerrausch erfaßt werden. So hat z. B. ein Jugendlicher im Kreis Lüneburg einige historische Gebäude niedergebrannt. Nach seiner Verhaftung erklärte er im Verhör, daß dieser Feuerrausch manchmal über ihn komme, und dann müsse er irgendein Feuer legen. Im Spätsommer 1975 gab es in der Lüneburger Heide ein Großfeuer, dem Zehntausende von Hektar Wald zum Opfer fielen. Auch hier liegt das Problem der Pyromanie vor. Das heißt, Menschen haben Lust und Freude, Feuer zu legen. Die Ursache der Pyromanie habe ich manches Mal in der Seelsorge entdeckt. Es sind normalerweise Menschen, deren Vorfahren, sei es Eltern oder Großeltern, Besprecher waren, oder die selber in der Jugend mehrfach besprochen worden sind. Natürlich wissen das unsere Psychiater und Psychotherapeuten nicht. Wenn man es ihnen sagt, dann messen sie dieser Beobachtung keine Bedeutung bei.

Verlassen wir nun Deutschland und gehen wir zu einer ganz anderen Ecke unseres Globus.

B 36 Vor einigen Jahren hatte ich auf der St.-Lawrence-Insel einige Vorträge in Gambell. Mein Gastgeber war Missionar Shinen. Im Nachbarhaus wohnte Allen Walunga. Sein Vater war einige Jahre zuvor Christ geworden. Es war ein schwerer Umbruch in der ganzen Familie, denn der Vater hatte jahrzehntelang das unheilvolle Werk eines Schamanen betrieben. Schamanen sind die Schwarzmagier, sowohl in Sibirien, unter den Eskimos im Norden von Alaska als auch auf den verschiedenen Inseln in der Beringstraße. Der Sohn Allen wuchs als völlig normaler Junge heran. Nachdem sein Vater Christ geworden war, legte es sich auf den Jungen wie ein dunkler Bann. Er bekam Momente, wo er nicht mehr Herr über sich selbst war. Man konnte fast von einem Besessenheitszustand reden. Es war, als ob sich die dunklen Mächte im Leben des Vaters nunmehr auf den Sohn gelegt hätten. Allen war ein begabter Junge, und er kam nach Fairbanks auf ein

College. Eines Tages kam diese dunkle dämonische Macht wieder über Allen. Er brach in die Schlafräume der Mädchen ein und vergewaltigte ein Mädchen im sexuellen Rausch und tötete es. Danach überfiel er ein zweites Mädchen, das laut um Hilfe rief. Ihre Schreie wurden gehört. Es eilte Personal herbei, und Allen konnte am zweiten Verbrechen gehindert werden. Er wurde verhaftet, und ein langes Verhör und noch eine längere Gerichtsverhandlung folgten. Mehrere Psychiater hatten Gutachten abzugeben. Die einen beurteilten ihn als normal, die andern dagegen erklärten, er sei nur bedingt zurechnungsfähig. Manche hielten ihn sogar für einen schizophrenen Typ. Der Richter war in großer Verlegenheit. Schließlich wurde Allen Walunga des Mordes für schuldig befunden und verurteilt.

Das Gutachten eines Psychiaters war interessant. Er meinte, durch die Hinkehr der Familie vom Schamanismus zum Christentum sei Allen in einen furchtbaren Zwiespalt geraten, durch den die explosiven Äußerungen und der Sadismus von Allen zu erklären seien.

Es ist absurd, den christlichen Glauben für solche Verbrechen verantwortlich zu machen. Von einem ungläubigen Psychiater kann man ja nichts anderes erwarten. Aber ein Körnchen Wahrheit steckt doch in diesem irreführenden Gutachten. Ich habe es manchmal in der Seelsorge erlebt, wenn ein Glied einer Familie von einer Besessenheit oder einer schweren okkulten Belastung frei geworden ist, so kommt es vor, daß andere Familienangehörige von diesem gleichen Geist erfaßt werden. Das passiert nur dann, wenn nicht die ganze Familie sich unter den Schutz Jesu stellt. Weitere Beispiele sollen nun die Folgen des Besprechens zeigen.

B 37 Eine Frau wurde als dreijähriges Kind magisch besprochen. So weit sie zurückdenken kann, hat sie Depressionen, Selbstmordgedanken, selbstquälerische Anfechtungen und viele Unfälle. In einem Jahr hatte sie drei Gehirnerschütterungen. Ihr Bruder, der auch magisch besprochen worden ist, zeigt die gleichen seelischen Störungen. Er ist verwildert, hat Selbstmordgedanken, und schließlich entwickelte sich eine Zwangsneurose mit dem Inhalt, er müßte im Namen Gottes Kinder umbringen. – Selbstverständlich haben nicht alle Zwangsneurosen einen okkulten Hintergrund. Aber bei etwa der Hälfte der Zwangsneurotiker konnte ich eine okkulte Vergangenheit beobachten.

B 38 Ein Mann war bei einem okkulten Besprecher in Herisau (Schweiz). Die Behandlung führte zur Heilung seines organischen Leidens. Seit dieser Zeit leidet der Patient aber unter Depressionen. Nachts hört er Klopfzeichen, Poltern und sieht Fratzen und verstümmelte Menschen.

Manchmal arbeiten Besprecher unter einem frommen Deckmantel. Die beiden folgenden Beispiele sollen das zeigen.

B 39 Ein Evangelist nahm bei einer Erkrankung zwei Heilpraktiker in Anspruch, die in dem Ruf stehen, christliche Männer zu sein. Nach der Behandlung bekam er schwere depressive und sexuelle Anfechtungen, die ihn zu mir in die Seelsorge führten. Es handelte sich also nicht um christliche Heilpraktiker und Besprecher, sondern um okkulte Besprecher, die unter frommer Tarnung arbeiten.

B 40 Während der Niederschrift dieses Buches berichtete mir eine gläubige Frau folgenden Vorfall: Die Missionarin einer deutschen Missionsgesellschaft öffnete ihre Wohnung einem Heilpraktiker, der die Bibelstunden der landeskirchlichen Gemeinschaft besuchte, und der daher in dem Ruf stand, ein gläubiger Mann zu sein. Von nah und fern kamen die Gemeinschaftsleute, um sich von diesem christlichen Heilpraktiker behandeln zu lassen. Meine Berichterstatterin fuhr ebenfalls mit einigen Leuten ihrer Gemeinschaft zu diesem Bruder. Unterwegs betete sie sehr viel, etwa in dem Sinn: „Herr Jesus, wenn dieser Mann nicht mit deinen Kräften arbeitet, dann beschütze du mich vor ihm." Es kamen alle der Reihe nach zur Behandlung in das Sprechzimmer des Mannes. Als meine Berichterstatterin seinen Raum betrat, blickte er sie an und verwies sie sofort wieder aus seinem Sprechzimmer mit dem Hinweis: „Mit Ihnen kann ich nichts anfangen." Damit war ihr Gebet erhört. Sie machte die Missionarin darauf aufmerksam, daß sie einen ungöttlichen Mann im Hause beherberge. Die Missionarin war zuerst sehr erbost, war dann aber doch willig, darüber zu beten. Intensives Gebet hat nun dazu geführt, daß ohne Kündigung dieser Heilpraktiker und Besprecher das Haus verließ, weil er die geistliche Atmosphäre nicht mehr aushielt.

B 41 Ein junger Mann wurde gegen Kinderlähmung besprochen. Der Besprecher gab ihm ein Amulett um den Hals und riet ihm, eine Schere und eine Bibel unter das Kopfkissen zu legen. Zugleich schrieb ihm der Besprecher einen Spruch auf und gab ihm die Anweisung, diesen Spruch in die Bibel zu legen. Die Kinderlähmung wurde auskuriert, der Junge aber erhängte sich nach einigen Jahren.

B 42 Eine Frau war als junges Mädchen beim Hugentobler (Schweiz) und ließ sich von ihm magisch behandeln. Hugentobler schrieb eine Teufelsverschreibung auf. Die Frau hatte das zu unterschreiben und danach den Zettel zu zerreißen und mit Wasser zu verschlucken. Daraufhin wurde sie gesund. Seit dieser Zeit aber litt sie unter Angstzuständen, Nervosität, Depressionen und Selbstmordgedanken.

B 43 In einer Dorfgemeinde übte ein Mann das magische Besprechen aus. Die äußerlichen Heilerfolge wurden sogar vom ortsansässigen Arzt anerkannt. Auch der Ortspfarrer wies Schwerkranke immer wieder an diesen Besprecher, der ein regelmäßiger Kirchenbesucher war. Nach der Pensionierung des Pfarrers kam ein neuer Pfarrer in das Dorf, der sich in seinen Predigten gegen die Magie und alle okkulten Formen wandte. Die ganze Gemeinde war darüber erstaunt, weil diese beiden Pfarrer sich in ihren Aussagen widersprachen. Der neue Pfarrer war ein von Gott gesegneter Mann. Die Gemeinde erlebte in seiner Amtszeit eine Umstellung auf vielen Gebieten. Der magische Besprecher selbst ließ sich von der Verwerflichkeit seines Treibens überzeugen. Er steckte das Besprechen auf. Dem inneren Menschen nach erlebte er eine völlige Erneuerung. Der zweite Pfarrer wurde bald wieder versetzt, weil er besondere Gaben in der Reichgottesarbeit entfaltete, und er dadurch für eine neue Stelle vorgesehen wurde. Ein dritter Pfarrer zog in dem Dorf auf. Dieser neue Geistliche nahm wieder die Stellung des ersten Pfarrers ein. Eines Tages wurde ein Schwerkranker der Gemeinde vom Arzt aufgefordert, den ehemaligen Besprecher zu Rate zu ziehen. Der Arzt erklärte dem Patienten wörtlich: „Meine Kunst ist am Ende, aber sehen Sie zu, ob nicht der alte Schäfer Sie heilt. Der kann mehr als gewöhnliche Menschen." Der Schwerkranke bat den Pfarrer und den Arzt, sie möchten sich für ihn beim Schäfer verwenden. Beide Herren besuchten den alten Schäfer und redeten ihm zu. Der Pfarrer meinte: „Wenn Gott Ihnen diese Heilgabe aber geschenkt hat, dann müssen Sie sie auch für den Dienst am Nächsten einsetzen." Der Angeredete erwiderte: „Herr Pfarrer, ich habe durch die Gnade Gottes erkennen dürfen, daß magisches Besprechen ein Satanswerk ist. Ich würde das nie in meinem Leben wieder tun." Und dabei blieb es. In der Gemeinde entstand eine unheilvolle Verwirrung, weil der erste und der dritte Pfarrer sich für das magische Besprechen einsetzten, während der zweite Pfarrer die entgegengesetzte Haltung einnahm. Der erste und der dritte Pfarrer waren blinde Blindenleiter. Der zweite Pfarrer, der in der Opposition zum Besprechen stand, war ein gottbegnadeter Mann.

B 44 Es ist, als ob mir der Herr bei der Niederschrift dieses Buches immer wieder neues Material zuschieben würde. So kam bei der Abfassung dieser Kapitel ein Rußlanddeutscher zu mir und beichtete. Er sagte, daß seine Eltern fromme Leute gewesen wären. Sie hatten zwar in ihrem Dorf in Rußland keine Kirche, aber der Vater hielt im Haus Hausbibelstunden, zu denen sich viele Volksdeutsche einfanden. Eines Tages wurde er krank. Weit und breit war kein Arzt in ihrer Gegend. So hatte die Mutter ihn aufgefordert niederzuknien. Sie legte ihm die Hände auf den Kopf, sagte einen Spruch und die drei höchsten Namen, und er wurde tatsächlich gesund. Erst viel später erfuhr er, daß es ein Spruch aus dem 6. und 7. Buch Moses gewesen war. Was die Mutter an ihm getan hatte, war kein biblisches Gebet, etwa nach Jakobus 5,14, sondern war Zauberei. Sie hat ihren eigenen Sohn unter Mißbrauch der drei höchsten Namen magisch besprochen. Nun war der Mann in meiner Seelsorge und erzählte mir, daß sein ganzes Leben unter diesem Besprechungsvorgang litt. Obwohl sein Vater ein gläubiger, bibelfester Mann war, konnte er kein Verhältnis zum Wort Gottes und zu Christus finden. Er verwilderte auf jedem Gebiet. Er wurde haltlos dem Alkohol gegenüber und trieb noch andere Dinge, die hier nicht genannt werden können. Erst jetzt erkannte er im Zusammenhang mit meinen Vorträgen und meinen Büchern, daß er durch diese magische Heilung schwer belastet worden war. Er tat Buße, beichtete alles und sagte sich im Namen Jesu von diesem Besprechen seiner eigenen Mutter los.

Es ist oft ein schmaler Grat zwischen Göttlichem und Dämonischem. Der natürliche Mensch hat keine Unterscheidungsgabe. Nur, wenn der Heilige Geist uns die Augen hat öffnen können und wir genügend seelsorgerliche Erfahrungen besitzen, sind wir imstande, diese beiden Gebiete auseinanderzuhalten.

Bhagwan

Ein seelsorgerliches Erlebnis gab mir einen kleinen Einblick in die psycho-religiöse Bewegung des Bhagwan. Bhagwan Rajneesh ist ein Mensch der Gegenwart und verführt Menschen unserer Zeit. Zunächst ein persönliches Erlebnis dazu.

B 45 Ein junges Ehepaar, das ich in der Seelsorge hatte, lebte seinen christlichen Glauben aus. Beide folgten Jesus nach. Die Frau war etwas depressiv veranlagt. Dieser Zustand hatte möglicherweise etwas zu tun mit dem magischen Krankheitsbannen, das in jener Gegend üblich war. Es ist nicht ersichtlich, wer dieser Frau von dem Ashram des Bhagwan in Poona in Indien berichtete, das ein vorweggenommenes Paradies auf Erden sein sollte. Menschen, die einmal als Kind magisch besprochen worden sind, sind unbewußt medial und offen für jegliche verworrene Irrlehre oder Schwarmgeisterei.

Als die Frau ihr väterliches Erbe ausbezahlt bekommen hatte – es war eine große Summe –, beschaffte sie sich einen Reisepaß und verließ kurzerhand ihren Mann. Das gesamte Geld, rund 60000 Mark, nahm sie mit. Der Ehemann hätte nun wegen böswilligem Verlassen eine Scheidungsklage einreichen können. Das tat er nicht, sondern er und seine Freunde beteten um die Ernüchterung und Rückkehr der Frau aus Indien. Sie hat noch einmal etwas von sich hören lassen, daß sie nun glücklich sei. Dann brach die Verbindung ab. Es ging fünf oder sechs Jahre, da traf die Ausreißerin wieder daheim ein und fragte ihren Mann, ob sie wieder bei ihm sein dürfe. Er freute sich, daß die vielen Gebete erhört worden waren. Die Familie war wieder beieinander. Die große Geldsumme war aber weg. Das hat als Grund, daß jeder, der in den Ashram von Bhagwan aufgenommen werden will, sein Vermögen zu Füßen „des Apostels“ zu legen hat. Kann der Paradiesanwärter nicht mehr zahlen, wird er abgeschoben. Bhagwan läßt jeden fallen, der nicht mehr zahlen kann.

Soweit das Erlebnis, das ohne Namensnennung und Ortsbezeichnung berichtet werden darf.

Die Theorien Bhagwans sind geeignet, den Menschen in den Wahnsinn zu führen. Ausgangspunkt ist die theosophische und pantheistische Vorstellung, daß der Mensch mit Gott eine Einheit bildet. Erleuchtung erfolgt auf dem Weg über die nicht eingeschränkte Sexualität. Das wird mit dem Hinweis auf die Lotosblume deutlich gemacht, die aus dem Schlamm und Sumpf hervorwächst. Der Mensch brauche auf diesem Gebiet eine Enthemmung, damit ihm die Tür zum Göttlichen aufgehe. Praktiziert wird diese Therapie zur Erleuchtung in der Gruppentherapie, Gruppensex, Gruppendynamik.

Eine weitere Stufe zur Erleuchtung ist die Meditation. Der Meister lehrt die Passivität, die durch die Meditation erreicht wird. Meditieren heißt für ihn, sich selber völlig aufgeben. Damit werde der Mensch offen für die höhere Wahrheit. Wird diese Passivität erreicht, dann strömen Mächte aus höheren Regionen ein. Hier sind wir beim Okkultismus. In der Tat werden im Ashram alle okkulten Praktiken geübt: Wahrsagen, Mentalsuggestion, Magie und paranormale Heilungen. Kein Wunder, daß Bhagwan sich entschieden gegen das Christentum wendet. Wer als Christ um Aufnahme im Ashram bittet, muß sich von allen christlichen Traditionen lösen lassen. Das Paradies, der Friede, die Freiheit, die im Ashram verkündigt werden, stellen nur eine Enthemmung dar, die in der Selbstzerstörung der Person endet.

Blutsverschreibungen

Die Blutsverschreibungen gehören zu den schwierigsten Problemen der Seelsorge. In meiner Kartei habe ich nun etwa hundert solcher Beispiele gesammelt. Um was geht es bei der Blutsverschreibung? Ein Mensch nimmt ein Blatt Papier, kratzt sich den Finger an, bis er blutet, und dann verschreibt er sich dem Teufel. Von diesem Tag an sind die Menschen geistlich nicht mehr ansprechbar. Sie sind völlig ablehnend gegenüber der Kirche, gegenüber der Bibel, gegenüber dem Gebet und gegenüber jeder geistlichen Betreuung und Beeinflussung. Ich wundere mich nur immer, daß solche Menschen überhaupt noch in die Seelsorge kommen. Das zeigt doch, daß sie bei ihrem Herrn nicht glücklich sind, sondern nach etwas anderem suchen, das sie befriedigt.

B 46 Ich gebe ein Beispiel aus Kanada. Ich war Sprecher bei einer Jugendfreizeit. Es war ein 17jähriges Mädchen in der Gruppe, das tagsüber an der Bibelarbeit und an der Gebetsgemeinschaft teilnahm. Nachts hatte es aber wirre Träume, und seine Zimmergenossinnen konnten hören, wie es sich selbst verfluchte und erklärte: „Ich hasse Jesus. Ich liebe den Teufel. Er ist mein Herr." Dann konnte das gleiche Mädchen, das sich verfluchte und sich dem Teufel verschrieben hatte, wieder in die Seelsorge kommen und um Hilfe bitten.

B 47 Ein junger Lehrer kam in die Seelsorge. Er hatte Depressionen und Selbstmordgedanken und bat um Rat und Hilfe. Bei diesem Gespräch kam folgendes zum Vorschein. Er hatte in einem Anfall von Verzweiflung sich mit seinem Blut dem Teufel verschrieben. Er brachte diesen Vertrag in eine Tropfsteinhöhle, ging in das Innere der Höhle, legte das Blatt auf einen Felsvorsprung und stellte einen Stein darauf. Dann verließ er die Höhle. Aber schon nach einigen Minuten reute ihn diese Verzweiflungstat. Er rannte zurück, betrat erneut die Höhle. Er wollte den Vertrag holen und ihn vernichten. Der Vertrag war aber nicht mehr da, obwohl sich niemand in der Höhle befand. Ein Windstoß konnte das Blatt nicht weggeweht haben, denn er hatte ja einen Stein daraufgelegt. Er bekam es nunmehr mit der Angst zu tun, und diese Angst brachte ihn in die Seelsorge. Natürlich wird ein Psychiater sagen: das ist ein labiler Mensch. Er hat aber trotz seiner Depression und seiner Labilität wahrheitsgemäß berichtet, denn es war sein ernsthafter Wille, den Weg zu Jesus zu suchen. Es dauerte noch geraume Zeit, bis der Lehrer innerlich zur Ruhe kam. Er legte eine Generalbeichte ab und konnte im Glauben die Vergebung durch Christus erfassen. Er tat dann etwas, was ich niemals blutsverschriebenen Menschen anrate. Er ritzte sich wieder den Finger an und schrieb sich mit seinem Blut vom Teufel los. Ich wiederhole, daß ich niemals einen solchen Rat gebe, obwohl ich weiß, daß es Seelsorger gibt, die diesen Rat erteilen.

Die Blutsverschreibungen sind eine furchtbare Blockade. Solche Menschen haben es äußerst schwer, den Weg des Heils zu finden. Das wird an folgendem Erlebnis drastisch deutlich. Eine Frau gehörte einem spiritistischen Zirkel an und hatte sich mit ihrem Blut dem Teufel verschrieben. Anläßlich einer Evangelisation geriet sie in eine Versammlung. Sie wurde vom Geist Gottes erfaßt und legte in der Seelsorge eine Generalbeichte ab. Sie wollte unter allen Umständen Jesus nachfolgen. Von diesem Zeitpunkt an setzten furchtbare Kämpfe ein. Ein Höhepunkt der satanischen Angriffe war eine rote Tätowierung, die eines Nachts auf ihrer Brust entstand. Sie zeigte sie ihrer Schwester. Es war ein Hufeisen mit einem S in der Mitte. Ein Gebetskreis nahm sich dieser geplagten Frau mit Erfolg an.

B 48 Mehr als die Macht Satans interessiert uns die Siegesmacht Jesu. Ein blutsverschriebener Mann suchte einen meiner Freunde auf. Dieser Seelsorger, ein Volltheologe, nahm ihm die Beichte ab und riet ihm, sich auch mit seinem Blut vom Teufel loszuschreiben. Diese gewagte Seelsorge war vom Segen des Herrn begleitet. Der Mann wurde frei.

Buchstabierbrett (= Ouijaboard)

Ouijaboard ist der englische Ausdruck für ein spiritistisches Wahrsagespiel, das in Frankreich Planchette und in Deutschland Psychograph oder Buchstabierbrett genannt wird. In den englisch sprechenden Ländern ist das Ouijaboard zu einer Epidemie geworden. 1967 wurden allein in Nordamerika vier Millionen dieses teuflischen Spieles produziert und verkauft. Es ist ein Meisterstück der Verführungskunst Satans, daß diese Wahrsageform selbst in christlichen Familien Eingang gefunden hat.

Die amerikanischen Psychologen versuchen dieses Spiel zu verharmlosen. Sie behaupten, man könne nur Inhalte unseres Unterbewußtseins damit ans Licht bringen. Diese Behauptung läßt sich schnell widerlegen. Es werden ja auch verborgene Dinge der Vergangenheit und der Zukunft geoffenbart, die nicht in unserem Unterbewußtsein verankert sein können. Dazu einige Beispiele:

B 49 Einer meiner Bekannten ist Mister Ehret in Nappanee, Indiana. Er betrat eines Tages ein öffentliches Gebäude und beobachtete einige Studenten, die mit einem Ouijaboard spielten. Da er dieses Buchstabierbrett nicht kannte, fragte er: „Was ist das?“ Man erklärte ihm, daß man damit verborgene Dinge offenbaren könne. „Gut, ich will es auf die Probe stellen. Wann wurde das Haus gebaut, in dem wir uns befinden?“ Das Ouijaboard gab zur

Antwort: 1894. Mister Ehret suchte den Hausmeister und erhielt die Bestätigung.

B 50 In Nordamerika und in Europa gibt es viele Heilpraktiker, die ihre Diagnosen mit dem Ouijaboard stellen. Die Methode ist dabei verschieden. Manche Heilpraktiker legen ihre linke Hand auf den Arm des Patienten und führen mit der Rechten Pendel oder Gläschen über das Buchstabierbrett und bestimmen dadurch die Krankheit. Bei stark medial veranlagten Heilpraktikern muß der Patient gar nicht anwesend sein. Es genügt, daß der Heilpraktiker sich gedanklich auf den Patienten konzentriert.

B 51 Ich war mehrmals in Kelowna BC und hatte dort Vorträge in vier verschiedenen Kirchen. Einer meiner Freunde gab mir folgenden Bericht. Im Okanagan Valley wurden etwa 70 Pastoren von der Saskatoon Erweckung erfaßt. Zu den Segnungen der Erweckung gehörte auch, daß von Pendikton bis Vernon von den Kanzeln herunter Aufklärung über die Zaubereisünden gegeben wurde. Ein Mennoniten-Pastor warnte auch seine Kinder. Sein elfjähriger Sohn betrat eines Tages in seiner Schule einen Raum, in dem einige Kameraden mit dem Ouijaboard Unfug trieben. Der Elfjährige hörte noch folgendes Fragespiel mit: „Wer steht hinter deiner Kraft?“ Das Ouijaboard antwortete: „Hitler.“ Die Schüler lachten und sagten: „Hör auf, uns hinter das Licht zu führen. Sage uns die Wahrheit.“ Das Buchstabierbrett antwortete: „Luzifer.“ Den jungen Burschen war dieses Wort fremd. (Was mögen sie nur vorher für einen Religionsunterricht gehabt haben?) So forschten sie abermals: „Wer ist Luzifer?“ Dann kam die klare Auskunft: „Satan.“ Jetzt trat der elfjährige Sohn des Mennonitenpredigers vor und rief: „Wenn deine Kraft vom Teufel kommt, dann gebiete ich dir im Namen Jesu zu stoppen.“ Und es geschah. Das Ouijaboard stoppte und gab keine Antwort mehr.

B 52 Ein Lehrer, der zugleich Pastor einer Kirche ist, ging den Korridor einer Schule entlang. Einige Schüler kamen aufgeregt aus einem Zimmer gerannt und schrien: „Wir haben Teufelsfratzen gesehen.“ – „Was habt ihr getrieben?“ fragte der Pastor. „Wir spielten mit dem Ouijaboard.“ – „Laßt mich es sehen.“ Er betrat den Raum, sah das Brett liegen und meinte, vielleicht allzu selbstsicher: „Mit dem werden wir leicht fertig.“ Er kniete in

Gegenwart einiger Schüler nieder und betete. In diesem Augenblick fühlte er, wie sich zwei unsichtbare Hände um seinen Hals legten und ihn würgten. Erst jetzt wurde er sich des Ernstes seiner Lage bewußt. Er befahl sich dem Schutz Jesu und gebot diesen Mächten im Namen des Herrn. Daraufhin lösten sich die Hände von seinem Hals.

Diese Beispiele genügen, um die dämonische Macht zu zeigen, die hinter dem Ouijaboard steht. Das Wort eines gläubigen Mediziners soll den Bericht schließen. Ein New Yorker Psychiater erklärte: „Das Ouijaboard füllt uns die psychiatrischen Kliniken von New York."

Der Teufel aber spielt weiterhin den Harmlosen und flößt den Neunmalklugen ein: „Das ist alles Humbug." Damit gewinnt er die Runden und fängt weiterhin seine Beute.

Anhang: Während der Niederschrift dieses Kapitels erreichte mich ein weiterer Bericht zum Ouijaboard. Der Manager der Firma in Massachusetts, die dieses spiritistische Spielbrett produziert, teilt folgendes mit: „Der Film ‚The Exorcist' ließ den Verkauf des Ouijaboards wieder anschwellen. Es sind vorwiegend Mädchen im Alter von 11–18 Jahren, die damit ihren Wissensdurst befriedigen."

Clay Atkinson, eben der erwähnte Manager, weist auf die vielen Dankesschreiben hin, die die Firma erreichen. Kein Wunder, diese Fabrik des Teufels hat bis 1974 über 6 Millionen dieser Bretter verkauft. Viele bestätigen in ihren Briefen, sie hätten mit dem Ouijaboard Kontakt mit den Verstorbenen bekommen, um sich von ihnen beraten zu lassen.

Sie sind damit einem großen, verhängnisvollen Betrug zum Opfer gefallen. Die Verstorbenen antworten nicht, sondern die Dämonen, die manchmal das Wissen der Verstorbenen sich angeeignet haben, um damit ihre Echtheit zu demonstrieren. Bischof Pike, der auch dieses frivole Spiel mit den Verstorbenen trieb, hat auch nicht von seinem im Selbstmord geendeten Sohn Antwort erhalten, sondern von dessen Dämon.

Wenn die amerikanische Regierung wüßte, was diese eine Firma in Massachusetts für Unheil im amerikanischen Volk angerichtet hat, würde sie sofort die Produktion dieser Teufelsbretter verbieten.

Charismatische Strömungen

In Form einer Skizze werden die Strömungen der Neuzeit genannt, in deren Gefolge das Zungenreden auftrat.

Wir setzen ein mit George Fox (1624–1691). Als Neunzehnjähriger vollzog er einen Bruch mit der Kirche, weil ihn deren Laxheit abstieß. Die geistliche Richtung, die er einschlug, war durch ein Erlebnis bedingt. Er hörte eine Stimme, die ihm sagte: Nicht das äußere Schriftwort, nicht die Lehre der Kirche, nicht der äußere Christus kann dich leiten, sondern das innere Licht, der innere Christus. Fox ist der Gründer der „Kinder des Lichtes" oder der „Gesellschaft der Freunde". Die Feinde nannten sie die Quäker (Zitterer). Der Schimpfname hat sich erhalten bis heute. Im ursprünglichen Ansatz zeigt sich bei den Quäkern eine gefährliche Schwarmgeisterei: das innere Licht, die Stimmen von oben, sind wichtiger als das schriftlich fixierte Wort Gottes. Damit sind allen Irrlehren Tür und Tor geöffnet. Einige Gruppen der Anfangszeit übten auch das Zungenreden. Inzwischen hat sich bei den Quäkern manches geklärt und beruhigt. Ich selbst habe einige Male bei den Quäkern Vorträge gehalten, so z. B. in Kotzebue in der Kirche der „Friends Mission".

Eine weitere Gruppe, die in das Zungenreden und in andere ekstatische Äußerungen hineingezogen wurde, sind die Irvingianer. Sie nennen sich selbst die „Katholisch-apostolische Gemeinde". Gründer ist Edward Irving. In seinem Freundeskreis war es eine Mary Campbell, die seit 1826 das Zungenreden pflegte. Die mancherlei charismatischen Erscheinungen wie Glaubensheilungen, Visionen, Prophetien zogen viele Menschen an, denen das traditionelle Kirchentum nichts mehr bedeutete. Die Irvingianer erlebten eine rasche Ausbreitung in England, Holland, USA und besonders in Deutschland mit einem Zentrum in Augsburg, der stärksten aber in Stuttgart. Bis zum Jahr 1900 schätzte man 50000 Anhänger.

Zu den ekstatischen Bewegungen gehören auch die Mormonen, „die Heiligen der letzten Tage". Ihr Gründer ist Joseph Smith (1805–1844), geboren im Staate Vermont (USA). Die Bewegung ist gekennzeichnet durch Visionen, Offenbarungen, Zungenreden, Heilungen. 1823 hat Smith die Erscheinung des Engels Moroni, der ihm auf dem Berg Cumorah eine Truhe mit goldenen Tafeln zeigt. Smith will diese Tafeln 1827 erhalten haben. Ihr Text steht für die

Mormonen mit gleicher Autorität neben der Bibel. In welche schwarmgeistige Labyrinthe sich Smith begab, zeigt seine Behauptung, er sei durch Johannes den Täufer zum Aaron Priestertum geweiht worden. Petrus, Jakobus, Johannes hätten ihn danach zum Melchisedek Priestertum erhoben und geweiht. 1844 wurde Smith ermordet.

Alles, was den Anspruch erhebt, die gleiche Gültigkeit zu haben wie die Heilige Schrift, ist Irrgeisterei. Bei den Mormonen gilt die Bibel und das Buch Mormon. In der katholischen Kirche gilt die Bibel, aber auch die kirchliche Tradition und die Lehrentscheidungen des Papstes. In den schwarmgeistigen Kreisen gilt die Bibel und die von „Geistbegabten" erhaltenen Offenbarungen und Prophetien.

Es ist ein Geschenk, daß Gott durch Martin Luther es uns neu gesagt hat: sola scriptura = die Heilige Schrift allein.

Auch in dem kalten Klima Rußlands entstand eine Zungenbewegung. In dem armenischen Dorf Kara Kala (= die liebliche Schöne) erwachte in der russisch orthodoxen Kirche eine charismatische Strömung. Da die orthodoxe Kirche gegen alle anders Denkenden Gewalt übte und z. B. die Stundisten und Evangeliumschristen verfolgte, wanderten die Zungenredner von Armenien nach den USA aus und siedelten sich in Los Angeles an. Das geschah 1900. Einige Jahre später (1906) vereinigte sich diese Gruppe mit den Zungenrednern der Azusa Street in Los Angeles. Damit sind wir auf amerikanischem Boden. Die folgenden charismatischen Strömungen setzten vorwiegend in den USA ein. Nur in Stichworten:

1899 kam Rev. Parham an einer kleinen Bibelschule in Topeka (Kansas) zu der Überzeugung, daß das Zungenreden der Erweis der Geistestaufe sei.

1900 kam diese kleine Bewegung nach Los Angeles, das mit seiner spiritistischen Atmosphäre alle ekstatischen Strömungen rasch anwachsen ließ.

1906 fachte ein ehemaliger Schüler von Parham, W. J. Seymour, in der 312 Azusa Street in Los Angeles eine starke Zungenbewegung an.

1908 breitete sich diese enthusiastische Bewegung durch Barrat in Norwegen und durch E. Meyer in Hamburg und in anderen Städten aus. Die entstandenen ungeistlichen Tumulte führten zu der Berliner Erklärung im September 1909.

1959 beginnt wieder eine charismatische Strömung in Los Angeles. Dieses Mal sind nicht nur die Pfingstgemeinden davon erfaßt, sondern alle kirchlichen Richtungen. Los Angeles ist nun einmal seit 1850 die Startbasis für alle okkulten und geistlich extremen Richtungen bis heute.

1967 entsteht dann die „Jesus People Movement" wieder in Kalifornien. Diese Bewegung ist uneinheitlich. Unter den ekstatischen Gruppen sind auch kleine echte Gruppen, die sich aber in der allgemeinen Bewegung nicht halten können.

Parallel zur „Jesus People Movement" läuft die sogenannte charismatische Strömung, die einen viel breiteren Rahmen als die Zungenbewegung hat. Hier geht es nicht nur um die Zungengabe, sondern um Glaubensheilungen, Visionen, Prophetien, kurz um alle Geistesgaben.

Im Ansatzpunkt kann man die Anhänger der charismatischen Bewegung verstehen. Die kalten Kirchengemeinden mit ihrem traditionellen und geistlosen Betrieb können den geistlichen Hunger vieler Christen nicht befriedigen. Wenn dieser Hunger und dieses Suchen in biblischen Bahnen geblieben wäre, hätte die charismatische Bewegung der Christenheit Segen gebracht. So aber mündete diese sogenannte charismatische Strömung in ein breites Becken religiös-suggestiver, hysterischer, hypnotischer und okkulter Krafterweise und Verirrungen ein. Dieser pseudocharismatische Aufbruch ist zu einer weltweiten Bedrohung und Verwirrung der echten Christen geworden. Die Pseudo-Charismatiker sind die Elite, die Avantgarde Satans, der mit ihnen den besten Kern der Gemeinde Jesu angreifen will.

Wer diese harten, aber klärenden Sätze mißbrauchen will, um seine eigene ungeistliche Haltung zu entschuldigen, der muß sich einen Schuß vor den Bug gefallen lassen.

Innerhalb der charismatischen Bewegung sind Zehntausende von treuen Christen, die einmal das Reich Gottes ererben. Es wird aber nicht ein einziger moderner Theologe im Himmel sein, es sei denn, er tue Buße und werfe seine Theologie über Bord, wie es Dr. Dr. Huntemann getan hat.

Warum befinden sich echte Christen auch in den pseudocharismatischen Reihen? Es geht ihnen die Gabe der Geisterunterscheidung ab, sonst würden sie dieses Lager verlassen. Es ist eine allgemeine Erfahrung, daß in den Kreisen, in denen am meisten von den Geistesgaben gesprochen wird, sie am wenigsten zu finden sind.

Nach dieser Einleitung nun einige Beispiele:
B 53 Vor einigen Jahren las ich das Buch von Kevin Ranaghan mit dem Titel „Catholic Pentecostals". Darin heißt es: „Die Taufe mit dem Heiligen Geist führt zu größerer Liebe zur Maria, größerer Verehrung für den Papst, größerer Ergebung gegenüber der katholischen Kirche, zu vermehrten Besuchen der Messe und größerer Vollmacht, für diese Belange ein Zeuge zu sein." Der Heilige Geist führt in alle Wahrheit und nicht in Irrlehren.

B 54 Eine andere Erfahrung liegt auf der gleichen Linie. Vor einigen Jahren hatte ich in einer Kirche in Rock Islands (Illinois, USA) einige Vorträge. Der Pastor berichtete mir, daß er von Jesuiten in New York eingeladen worden sei, über die Geistesgaben zu sprechen. Diese Gruppe der Jesuiten gehörte zu der charismatischen Bewegung. Der Pastor lehnte die Einladung ab mit dem Hinweis, er müßte vor Jesuiten erst einmal über die Wiedergeburt und Bekehrung sprechen, bevor das Thema der Geistesgaben behandelt werden könne. Mir sagte dieser Pastor: „Die Jesuiten sind ohne Wiedergeburt direkt in das Zungenreden gefallen, und das ist unbiblisch.

B 55 Ein weiteres Beispiel entnehme ich Wim Malgos „Mitternachtsruf" (1974/5). Ich habe zwar selbst viele Beispiele, liebe es aber, fremde zu bringen, um zu dokumentieren, daß ich in der Beurteilung der charismatischen Bewegung nicht allein stehe.

„Eine Dame, Glied der römisch-katholischen charismatischen Bewegung, betete längere Zeit um die Taufe mit dem Heiligen Geist. Es geschah offenbar nichts. Sie sprach nicht in Zungen. Schließlich rief sie in ihrer Verzweiflung zum Herrn: ‚Ich habe dich nun so lange gebeten, und du hast mir nicht gegeben, was ich begehre. Wenn du mir nun nicht die Taufe mit dem Heiligen Geist gibst, werde ich mit deiner Mutter darüber sprechen.' Im selben Augenblick begann sie in Zungen zu reden."

Wim Malgo fügt hinzu: „Auch hier ist nicht etwa von einer Geistestaufe, sondern von einer Geistertaufe die Rede." Ich bin dankbar für die klare Sicht, die hier Wim Malgo beweist.

B 56 In der Zeitschrift „New Covenant", Mai 1975, lese ich auf Seite 4 folgende Überschrift: „The Holy Spirit, my Hope" = Der Heilige Geist, meine Hoffnung. Der Artikel ist von Kardinal

Suenens geschrieben. Abgesehen von dem Inhalt des Artikels, ist schon die Überschrift unbiblisch. Das Neue Testament sagt uns: Jesus Christus ist unsere Hoffnung für das ewige Leben. Es ist die Eigenart der charismatischen Bewegung, daß hier die Akzente verschoben werden. Wenn die Aussagen der Heiligen Schrift mit einem kleinen Plus oder Minus versehen werden, entsteht eine Irrlehre.

B 57 In der gleichen Zeitschrift (New Covenant) vom Februar 1975 bekennt auf Seite 22 der Erzbischof George Pearce der Fidschi Inseln: „Ich verdanke dem Heiligen Geist, und ihm allein, die Tatsache, daß mir ein neues Leben gegeben worden ist."

Auch hier ist der Blickpunkt verschoben. Jesus sagt in Joh. 10,28: „Ich gebe ihnen das ewige Leben." Und Paulus bezeugt in Römer 6,23: „Die Gabe Gottes ist das ewige Leben in Christo Jesu, unserem Herrn."

Wir dürfen am Werk des Heiligen Geistes nichts abmarkten, ihn aber auch nicht in das Zentrum des Heilsgeschehens rücken, wie es in der charismatischen Bewegung getan wird.

B 58 An einer Bibelschule in Glasgow kam ein Mädchen in die Seelsorge. Durch einen Charismatiker verwirrt, meinte sie, ihre frühere Bekehrung reiche nicht aus. Sie ließ sich zum Empfang der Geistestaufe die Hände auflegen. Es kam ein heißes Wärmegefühl über sie, das sie für den Heiligen Geist hielt. Die Auswirkung war, daß sie dabei ihren Glauben verlor.

B 59 In dem Buch von H. A. Baker „Visions beyond the Veil" (= Visionen jenseits des Vorhangs) steht auf Seite 18 folgender Satz: „Where is the Holy Spirit who was to come to carry on His (Jesus Christ) uncompleted task?" Die deutsche Übersetzung dieses lästerlichen Satzes lautet: „Wo ist der Heilige Geist, der kommen sollte, das unvollendete Werk Jesu Christi fortzusetzen." Das unvollendete Werk Jesu Christi? Der Apostel Johannes (Joh. 19,30) bezeugt den Ausruf Jesu am Kreuz: „Es ist vollbracht." Um die eigenen Umtriebe und Aktionen zu rechtfertigen, erklärt die charismatische Bewegung das Werk Jesu Christi für unvollständig.

B 60 Ein aufschlußreiches Beispiel meines Freundes Missionar G. A. Birch soll den Abschluß der Beispielreihe bilden. In seinem

Bericht ist es Fall 8. Menschen sind für Seelsorger keine Fälle. Wir haben aber in der deutschen Sprache kein gutes Wort in dieser Richtung.

Mark (nicht sein eigentlicher Name) war Christ und gehörte einer geistlich toten Gemeinde an, wie er meinte. Er wechselte darum über in eine Pfingstgemeinde. Dort betete man mit ihm unter Handauflegung, und er erlebte das, was man in Amerika „Slain in the Spirit“ (erschlagen im Geist) nennt. Er lag in einer Art Trance am Boden. Als er wieder sein Bewußtsein erlangte, pries und lobte er unablässig Jesus. Er betete von dieser Zeit an auch in Zungen.

Nach einer seelsorgerlichen Beratung war Mark zu einer Prüfung der Geister bereit. Der Zungengeist gab sich daraufhin als Domenigaio aus. Auf das Gebieten im Namen des Herrn Jesu Christi hin erklärte Domenigaio, er sei in Mark eingedrungen, als er als „ein Erschlagener im Geist“ am Boden lag. Seine Aufgabe, vom Satan gegeben, sei, Mark zu täuschen, seinen Glauben zu ruinieren und ihn zu einem Nachfolger Satans zu machen. Ich gebot ihm im Namen des Herrn Jesu Christi, Mark zu verlassen und in den Abgrund zu fahren.

Mark kam aber immer noch nicht zur Ruhe, darum fragte ich:

„Ist noch ein Dämon da?“

Die Antwort kam: „Ja, Jesus.“

„Was für ein Jesus?“ forschte ich weiter.

„Jesus des Teufels.“

„Was ist deine Aufgabe?“

„Ihn zu täuschen und Gott die Ehre zu nehmen.“

„Wann bist du in Mark eingedrungen?“

„Als er im Geist erschlagen war.“

Auch dieser Dämon hatte im Namen und der Autorität des Herrn Jesu Christi aufzugeben.

Wir sehen hier erneut, daß Dämonen sich auch als Jesus ausgeben. Ferner wird hier deutlich, daß die angebliche Geistestaufe in der charismatischen Bewegung gewöhnlich das Einfallstor der Dämonen ist.

Die Erfahrungen mit der sogenannten charismatischen Bewegung lehren uns, mehr denn je um die Gabe der Geisterunterscheidung zu bitten und uns im Glauben und Gehorsam vom Worte Gottes und vom Heiligen Geist in alle Wahrheit leiten zu lassen.

Dr. Cho

Es ist für mich immer eine schmerzliche Aufgabe, über Männer Informationen zu geben, die im Rampenlicht christlicher Strömungen und Meinungen stehen. Eine solche Berichterstattung geschieht nicht aus einem Geist des Richtens heraus. Richter ist allein Gott. Wir haben aber in einer Welt voll unbiblischer Strömungen die Pflicht, die Geister zu prüfen. Dieses Wächteramt ist mir schon vor Jahrzehnten gegeben worden, darum muß ich es wahrnehmen, weil es mir befohlen ist.

1969 habe ich Korea besucht und im Zusammenhang mit der koreanischen Erweckung in verschiedenen Kirchen etwa zehn Vorträge gehalten.

Einige Jahre später hörte ich zum ersten Mal von Dr. Cho, der in riesigen Massenversammlungen als einer der Redner eingesetzt wurde. Manche Christen meinten, die Bewegung, die bei der Tätigkeit dieses glänzenden Redners entstand, wäre aus der koreanischen Erweckung heraus entstanden. Das ist ein gefährlicher Irrtum. Wahrheit ist vielmehr, daß diese Bewegung eine vom Erzfeind inszenierte Gegenströmung zur echten Erweckung darstellt.

In der Geschichte der weltweiten Erweckungen macht man oft die gleiche Beobachtung: In der Anfangszeit der geistlichen Aufbrüche verhält sich der Erzfeind ruhig. Er sagt sich: Warten wir, bis das erste Feuer zurückgeht, dann setzen wir den Hebel an. Das ist eine bedauerliche Erscheinung bei den Segensströmen des Heiligen Geistes.

Die Erweckung von Wales zeigt diese Charakteristik, 1905 bis 1908 war die Erweckung gesund. Dann drangen Zungenredner von Los Angeles ein, und die Erweckung ging zurück. Diese erfolgreiche Taktik des Feindes läßt sich bei vielen Erweckungen unseres Jahrhunderts nachweisen. Darum müssen wir uns durch das Wort Gottes und durch den Heiligen Geist die geistlichen Augen schärfen lassen, daß wir „Seele und Geist“, „Psyche kai pneuma“, „Soul Force and Spirit“ unterscheiden lernen.

Dr. Cho im Urteil nüchterner Gottesmänner

Ohne mich darum zu bemühen, wurde mir viel Material aus aller Welt zugeschickt. Ein international bekannter Physiker, Professor einer Universität in Seoul, schrieb mich an und teilte mir mit, daß

Dr. Cho unbiblische Thesen vertrete. Dieser Physiker wollte anläßlich einer europäischen Konferenz mich in Aglasterhausen aufsuchen.

Ein anderer Brief aus Korea wurde mir vom koreanischen christlichen Informations-Center durch Preston J. Ritter zugesandt. Ich gebe eine Partie seines Briefes in seiner Sprache an: „I've been deeply disturbed by the teachings and activities of Dr. Yonggi Cho. I have had the opinion for quite some time now that he is at the best a very bad Christian pastor and Bible theologian and at worst a non-Christian cult ... The title of my book will probably be: Dr. Cho, Christian or Heretic?"

In deutsch heißt diese Briefpartie: „Ich bin tief beunruhigt über die Lehren und Aktivitäten von Dr. Yonggi Cho. Seit langer Zeit ist es meine Meinung, daß er im besten Fall ein sehr schlechter Pastor und Bibellehrer ist und im ungünstigsten Fall ist seine Bewegung ein unchristlicher Kult ... Der Titel meines Buches wird sein: ‚Dr. Yonggi Cho – Christ oder Häretiker?'"

Am 6. Sept. 1983 erreichte mich das „Wall Street Journal" aus USA. Darin heißt es von Dr. Cho: „I do not preach ‚airy' things like salvation but the gospel of success." Übersetzt heißt das: „Ich predige nicht luftige Dinge wie etwa Errettung, sondern das Evangelium des Erfolges." Der Ausdruck „airy" läßt verschiedene Deutungen zu. Im Englischen heißt z. B. „airy-fairy" Luftgespinste, Phantasieprodukte. Selbst wenn Dr. Cho das nicht gemeint hat, so bedeutet doch der einfache Ausdruck „airy" eine Herabsetzung der Erlösung durch Christus.

Die Generallinie von Dr. Chos Verkündigung wurde mir durch eine Kassette mit einem Vortrag dieses Koreaners, den er in Copeland, Hagan, Peale in USA gehalten hat, gezeigt. Die Kassette wurde mir am 6. 12. 82 von Mrs. Georgie Kinyon, wohnhaft in Chico, Kalifornien, zugesandt. In diesem Vortrag heißt es: „The Christian is incubating the good fourth dimension, while the cultic is incubating the evil fourth dimension ... If a person is sick they are to form a mental image of beeing perfectly well ... If a person wants a husband they are to picture within their mind a vision of the husband that they want, his exact size, color, etc."

Zu deutsch: „Der Christ entwickelt die gute vierte Dimension, während der ‚Kultanhänger' die böse vierte Dimension schafft ... Wenn eine Person krank ist, dann hat sie in ihrem Geist das Bild hervorzubringen, vollkommen gesund zu sein ... Wenn jemand sich einen Ehepartner wünscht, dann hat der Betreffende sich in seinem Sinn den Partner exakt mit Größe, Farbe usw. vorzustellen, und seine Vorstellung wird sich erfüllen."

Dave Hunt, der das Buch „The Cult Explosion" (Explosion der Kulte) geschrieben hat, bezeichnet diese Psychologie von Dr. Cho als östlichen Mystizismus. Der Koreaner, der heute eine Gemeinde von rund 170000 Mitgliedern hat, hat das Buch „Die vierte Dimension" auf den Markt gebracht. Als Kernpunkt stellt er folgenden Vorgang dar: Die Christen sollen Visionen, Träume und Vorstellungen hervorbringen, die dann die vierte Dimension entwickeln (incubate = ausbrüten, entwickeln, schaffen). Diese gedachten Formen verändern dann die Situation der dritten Dimension, die unseren natürlichen Lebensraum darstellt. Das heißt also, daß unser Denken und unsere Vorstellungen sich verwirklichen. Das sind Hypothesen, die mich in der Philosophie und Psychologie interessierten. Handeln wir sie kurz ab.

Dr. Chos „Theologie"

Dr. Cho meint, unsere Gebete würden oft nicht erhört werden, weil wir in unseren Bitten nicht exakt seien. Als Beispiel, wer sich ein Fahrrad wünscht, soll Gott die Marke nennen und auch sagen, ob er ein japanisches oder amerikanisches Produkt haben will, dann wird er es erhalten. Wer einen Tisch braucht, der soll im Gebet sagen, welche Größe der Tisch haben muß und von welcher Holzart er gemacht sein soll. Einem Mann, der durch einen Autounfall schwer verletzt wurde, sagte er, er solle sich als gesunden, kräftigen Mann vorstellen, dann würde diese positive Einstellung zu seiner Heilung führen. So geschah es auch.

Das ist keine biblische Heilung, sondern religiöse Suggestion und Autosuggestion. Die suggestive Beeinflussung spielt bei Dr. Cho eine entscheidende Rolle. Wer sich in der Kultur- und Geistesgeschichte auskennt, der findet bei diesem Koreaner Gedanken, die andere vor ihm ausgesprochen haben. In Stichworten seien erwähnt: zuerst Descartes (1596–1650), dessen „Discours de la Méthode" uns als Primaner beschäftigte. Als Ausgangspunkt für unser Denken und der Erfassung unserer Umwelt prägte er den Leitsatz „Cogito ergo sum" = Ich denke, darum bin ich. Nach zwei Umschaltungen kann das ergeben: Wenn mein Denken in Ordnung ist, dann ist auch meine Existenz in Ordnung. Damit haben wir bereits einen Kernpunkt in der Seelsorge und in der

Heiltätigkeit von Dr. Cho. Es gibt aber noch andere Quellen oder Vorläufer auf dieser Linie.

Schopenhauer (1798–1860) erklärte in seinem Hauptwerk „Die Welt als Wille und Vorstellung“, daß die gesamte Erscheinungswelt nur Ausdruck unserer Vorstellung ist. Nach einer Umpolung erhalten wir auch hier das Prinzip: Wenn unsere Vorstellung korrekt ist, dann richtet sich die Umwelt, die Erscheinungswelt, danach. Unsere Vorstellung und Gedanken erleben eine Außenprojektion und eine Verdinglichung. Das Wort Materialisation dürfen wir hier nicht gebrauchen, weil das falsche Assoziationen hervorruft. Nach dem Gesetz von Ursache und Wirkung, also nach der Denkform der Kausalität, assimiliert unsere Außenwelt unsere Vorstellung. Wieder ein Grundstein für die Meinung von Dr. Cho: Wer die rechte Vorstellung hat, kann selbst seinem kranken Leib helfen.

Ein dritter Vorläufer von Dr. Cho ist Coué (1857–1926). Dieser in Nancy lebende Psychotherapeut entwickelte ein Heilverfahren, das sich auf die Autosuggestion gründete. Coué erklärte, daß die Einbildungskraft der Antrieb menschlichen Handelns ist. Diese Einbildungskraft muß so gesteigert werden, daß sich das verwirklicht, was der Mensch sich vorstellt. Von Coué ist das erdacht, von Dr. Cho ist das erfolgreich praktiziert.

Mary Baker Eddy (1821–1910), die Begründerin der Christian Science, schrieb in ihrem Hauptwerk „Science and Health“, daß wir in unserem Geist und Gemüt nur die richtige Einstellung aufbringen müssen, dann würden wir gesund; denn Krankheit und Tod sind unwirklich. Auch hier liegt wieder eine Wurzel von Dr. Chos Auffassung: Heilung und Gesundheit hängt von einem entsprechenden Denken ab.

Zuletzt soll Vincent Peale genannt werden, der in seinem Buch „Die Kraft positiven Denkens“ ähnliche Gedanken entfaltet wie Dr. Cho in seiner Seelsorge und Menschenbetreuung.

Dr. Cho wird nun vielleicht sagen: „Ich habe keines dieser Bücher gelesen.“ Das mag stimmen oder nicht. Es spielt in meiner Beweisführung keine Rolle. Geistige Grundstrukturen wiederholten sich in der Philosophie und in den Denkweisen der Völker immer wieder. Panta rei = alles ist im Fluß oder gar im Kreislauf. Sagen wir es einmal ganz derb und „mittelalterlich“: Der Teufel legt oft die gleiche Platte wieder auf, wenn eine gewisse Zeit verstrichen ist. Damit soll aber keine pauschale Bewertung ausgesprochen sein. Der „Discours de la Méthode" von Descartes weist diesen Philosophen als ersten systematischen Denker der Neuzeit aus. Mit dem biblischen Gedankengut haben allerdings seine Thesen nichts gemeinsam.

Die Grundposition von Dr. Cho ist ebenfalls nicht die Bibel, sondern die Psychologie, die er allerdings mit biblischem Gedankengut frisiert und auffüllt. Durch seine brillante Beredsamkeit überrennt er seine Zuhörer. Das Wort Gottes geht aber keine Ehe ein mit der Psychologie noch mit moralischer Aufrüstung, auch nicht mit der modernen Theologie noch mit vielen anderen religiösen und halbreligiösen Strömungen. Der Geist Gottes führt in alle Wahrheit. Er hat keine Anleihen bei menschlichen Wissenschaften nötig.

Christliche Wissenschaft

Zu meiner Information standen und stehen mir folgende Hilfsmittel zur Verfügung. Die beiden Hauptwerke der Gründerin dieser Bewegung, Mary Baker Eddy. Die Titel lauten „Science and Health = Wissenschaft und Gesundheit", ferner „Vermischte Schriften", die Jahre 1883–1896 umfassend. Dazu hatte ich Gelegenheit, die Zentrale der Bewegung in Boston (USA) zu besuchen. Es ist ein Hochhaus mit 27 Stockwerken. Das meiste Material erhielt ich aus der Seelsorge und durch die Begegnung und Diskussionen mit Anhängern dieser okkulten Heilbewegung.

Das Stichwort „okkult" hat mir schwere Attacken eingebracht.

B 61 1974 hatte ich auf Haiti verschiedene Vorträge auf Missionsstationen und bei einer internationalen Missionskonferenz. Als ich einmal die okkulte Heiltätigkeit der Christian Science erwähnte, sprang ein Teilnehmer wütend auf, unterbrach mich und ließ mich nicht weiterreden. Er erklärte, er und seine Schwester seien durch die Ausüber der Christlichen Wissenschaft geheilt worden. In seiner Gegenwart könne niemand diese Kirche abwerten. Der Chairman (Vorsitzender) griff ein und wies den Zwischenrufer zur Ordnung mit dem Hinweis, er könne ja hinterher mit mir diskutieren. Nach dem Vortrag kam ein Pastor aus Kalifornien auf mich zu und erklärte: „Nehmen Sie das nicht zu tragisch. Dieser Mann ist ein ‚Troublemaker' (= ein Unruhestifter), wo er hinkommt. Dabei ist er Prediger einer Gemeinde." Ich erwiderte: „Mich wundert das nicht. Nach meiner Erfahrung haben alle, die bei der Christlichen Wissenschaft geheilt worden sind, sich irgendeine Belastung oder seelischen Schaden geholt."

B 62 Einen anderen schweren Angriff erlebte ich in Deutschland. In einem meiner Bücher hatte ich die Bemerkung gemacht, daß manchmal die Ausüber – so nennt man die praktizierenden Mitarbeiter der Christlichen Wissenschaft – ihre mentalen Kräfte umkehren und den Menschen schaden, die sie verfolgen wollen. Mary Baker Eddy selbst hat das in ihren Schriften erwähnt. Sie nennt diese Umkehrung der heilenden Kräfte in schädigende Kräfte Malpraxis. Mein Angreifer behauptete nun, er hätte weder diese Gedanken noch dieses Wort in den Büchern von Mary Baker Eddy gefunden. Ich staune heute noch darüber und wiederum nicht. Es gibt Christen, die ihre Bibel nicht lesen. So gibt es auch Scientisten, die die Bücher ihrer Chefin nicht lesen noch kennen. Da ich nach Veröffentlichung dieses Artikels vermutlich wieder angegriffen werde, muß ich dieses Mal die Quellen angeben. Mary Baker Eddy hat in ihren Büchern diesen Vorgang der Malpraxis rund 15mal erwähnt.

B 63 Eines meiner hauptsächlichsten Beispiele sei hier wiedergegeben. Ein Ausüber der Christlichen Wissenschaft erkannte seinen Irrweg und löste sich von der Bewegung. Von der Zentrale in Boston schrieb man ihm darauf, er würde das zu bereuen haben. Kurz danach bekam er eine furchtbare Hautkrankheit, mit der kein Dermatologe (Hautspezialist) fertig wurde. Der Patient häutete sich wie eine Schlange. Dieser Vorgang wiederholte sich mehrmals. Beim dritten Mal starb er. Der Beweis läßt sich nicht erbringen, daß diese schwere Erkrankung die vereinte Malpraxis von sechs oder zwölf stark medialen Ausübern war. Ich kann nur wahrheitsgemäß berichten, daß mir das in der Seelsorge auch bei anderen okkulten Bewegungen gebeichtet wurde. Neuerdings gibt es in USA eine Strömung, die in gleichen Fällen „Soul Force" = Seelenkraft anwendet, um „ein irrendes Schaf" zurückzuholen.

Das Lehrsystem von M. B. Eddy ist reichlich kompliziert. Was auf jeder Seite ihrer Bücher deutlich wird, ist die Tatsache, daß dieses Lehrgebäude dem Gedankengang der Bibel nicht entspricht, obwohl viele Bibelworte zitiert werden. Auf eine einfache Formel gebracht, glaubt M. B. Eddy, daß Krankheit und Tod unwirklich sind. Man muß nur die richtige innere Einstellung haben, um beides zu überwinden. Als alles beherrschende Kraft wird das „Gemüt" angegeben. Eigentlich entspricht diese Übersetzung in der deutschen Fassung nicht ganz dem englischen Ausdruck mind. Mind heißt: Sinn, Gemüt, Geist, Verstand. Da die Bewegung Science = Wissenschaft heißt, wäre Verstand, Denken eine bessere Übersetzung. Mind kommt aus dem lateinischen mens. Für diesen Ausdruck gibt das Langenscheidtsche Wörterbuch die deutschen Wörter: Denkkraft, denkender Geist, Verstand an. Wer die Tätigkeit der Scientisten kennt, gibt zu, daß die Bezeichnungen denkende Kraft, denkender Geist am besten zu ihrer Heilpraxis passen.

Da ich mir äußerste Beschränkung auferlegen muß, werden nur drei Punkte aus dem Lehrgebäude kurz gestreift.

1. Krankheit und Tod können durch die Kraft des „Gemütes" überwunden werden. Eddy meinte tatsächlich, daß man auch den Tod vermeiden könne. So schreibt sie in „Vermischte Schriften" Seite 29: „Im Jahre 1867 unterrichtete ich den ersten Schüler in der Christlichen Wissenschaft. Seitdem sind mir nur 14 Todesfälle aus den Reihen meiner etwa 5000 Schüler bekannt geworden." – Inzwischen sind natürlich alle 5000 gestorben.
   Die Anhänger Eddys glaubten, ihre hochverehrte Gründerin würde den Tod vermeiden. Es wird berichtet, daß nach ihrem Tode eine Puppe mit ihren Kleidern in einer Kutsche herumgefahren wurde, um ihre Anhänger zu täuschen. Als der Schwindel herauskam, fielen Zehntausende ihrer Anhänger ab.
2. Ihre direkten Schüler wurden die sogenannten Ausüber in allen Teilen der Welt. Sie heilen direkt oder auf große Entfernung mit der Kraft ihres „Gemütes", also mit „denkender Kraft", mit „denkendem Geist". Sie nennen das „beten" oder für jemand „arbeiten". Mit dem biblischen Gebet hat diese Form der Heilung nichts zu tun. Diese Praxis fällt in das Gebiet der Suggestion, Autosuggestion, religiöse Suggestion und vor allem der Mental-Suggestion (suggestive Beeinflussung auf Entfernung). Die häufig gebrauchten Bibelworte, das ganze fromme Beiwerk ist nur Tarnung.
   Das ist keine Unterstellung. Wir lesen das aus der Feder von Eddy „V. S." Seite 34: „Wer ist der Begründer der geistigen Heilung?"
   Die Heilungen auf Distanz finden wir in der Aussage Seite 42:

„Das Gemüt ist nicht an Grenzen gebunden", nicht beeinträchtigt durch Entfernungen. Über den Gebrauch der Arzneimittel sagte Eddy Seite 89: „Niemand kann zwei Herren dienen" d. h. entweder mind healing (Heilung durch denkende Kraft) oder durch Arznei. Nicht beides!

Der von Eddy hundertfach gebrauchte Ausdruck Heilung durch das Gemüt (mind-healing) beweist, daß hier keine biblischen Vorgänge sich abspielen. Das Gemüt, die denkende Kraft, der denkende Geist des Menschen ist Ausgangspunkt der Heilung, nicht Christus. Zum anderen steht bei jeder echten christlichen Bewegung die Rettung des Menschen im Vordergrund und nicht die körperliche Heilung.

3. Die Malpraxis. M. B. Eddy meint, daß mind-healing die geistige Konzentration auf einen Kranken die richtige Heilung sei, die Umkehrung dagegen sei die Malpraxis. Sie versteht darunter, daß der Ausüber seine geistigen Kräfte benützt, um einen Menschen krank zu machen oder ihn sonst zu schädigen.

In der ersten Annahme, daß mind-healing biblisch sei, liegt ein Kurzschluß. Wenn ein Christ für einen Kranken betet, so geschieht das in der Haltung: Herr, dein Wille geschehe. Bei der biblischen Heilung geht die heilende Kraft von Christus aus. Bei mind-healing ist die Ursache der „geistig-arbeitende" Ausüber.

So ist also die „gute Form" der mind-healing nach biblischem Denken schon Malpraxis, weil hier eine mediale Kraft, ja sogar eine okkulte Kraft dazwischengeschaltet wird. Ausüber, die nicht medial sind, haben keine Heilerfolge auf Entfernung.

Die von Eddy genannte Malpraxis ist dann in doppelter Weise eine negative Heilform. Es ist Magie. Eddy kennt diese böse Form und erwähnt sie sehr häufig.

Da jener Scientist mich verklagte, den Ausdruck Malpraxis gäbe es nicht in Eddys Schriften, bin ich gezwungen, einige Stellen anzugeben. Da ich nicht weiß, ob alle Ausgaben dieser Bücher die gleiche Seiteneinteilung haben, kann es Verschiebungen geben.

In „Science and Health" (Wissenschaft und Gesundheit) ist die Malpraxis erwähnt auf den Seiten: 105, 375, 410, 419, 451, 459. In „Vermischte Schriften" ist auf die Malpraxis Bezug genommen auf den Seiten 31, 40–41, 55, 222, 284, 368.

Geben wir aus der Fülle der Zitate eines wieder (Seite 40–41): „Wenn ein Mensch, der die Kraft des befreiten, wohltuenden Gedankens erfahren hat, diese in teuflische Tätigkeit umkehrt und zur Erfüllung eines bösen Zwecks mißbraucht, so wird einem Element roher Gewalt, das nur vom Grausamen und Bösen ausgehen kann, freien Lauf gelassen. Das Gemüts-Heilen (mindhealing) würde durch diese mentale Malpraxis geschändet, wenn Gott sie nicht überwältigte..."

Es gibt also nach der Lehre der Christlichen Wissenschaft eine gute mentale Praxis und eine Malpraxis. Beides aber ist mit der Heiligen Schrift nicht in Einklang zu bringen, so sehr sich M. B. Eddy um den Nachweis bemüht.

Wir stehen bei der Christian Science vor einer okkulten Bewegung, vor der die Christen entschieden gewarnt werden müssen, zumal hier tausendfach in mißbräuchlicher Weise das Wort Gottes als Steigbügelhalter benützt wird.

Die schönste Blüte der Christian Science ist das Buch von Agnes Sanford „Heilendes Licht". Dieses Buch ist so geschickt biblisch eingerahmt und die Gedanken der „Science" so sublimiert eingeführt, daß selbst viele Christen, ja sogar ein Bischof dadurch getäuscht wurden.

Edgar Cayce

Aufschluß über diesen Spiritualisten gibt das Buch „Edgar Cayce, the Sleeping Prophet" (der schlafende Prophet). Darüber hinaus hatte ich Seelsorge und Diskussionen im Zusammenhang mit diesem Mann.

Im Blick auf die Verstorbenen gilt normalerweise der alte römische Grundsatz „de mortuis nihil nisi bene" = über Tote soll man nur in guter Weise reden. Daß dieses Sprichwort keine Allgemeingültigkeit haben kann, sehen wir an zwei Beispielen: Wir können nicht über die Massenmörder Stalin und Hitler in guter Weise reden, nur weil sie tot sind.

Natürlich ist Edgar Cayce kein Massenmörder. Er hat aber dennoch viel Unheil über seine Patienten und heute noch über die Leser seiner Lebensgeschichte gebracht.

Kurz einige Angaben zu Cayces Leben. Er war 1877 in Kentukky geboren. Bereits mit sieben Jahren zeigten sich seine Hellsehfähigkeiten. Aufgrund dieser Gaben kam er schon als Schuljunge auf den Gedanken, der Menschheit zu helfen. In der christlichen Gemeinde, zu der er gehörte, entfaltete er eine rege Aktivität und wurde schließlich Sonntagsschullehrer. Seine lobenswerte Gewohnheit war, jedes Jahr die ganze Bibel zu lesen. 46 Jahre lang blieb er dieser Übung treu, bis er 1944 im Alter von 67 Jahren starb.

Parallel zu seiner treuen Bibellese praktizierte er seine okkulten Fähigkeiten. Deshalb wählte ihn die „Association for Research and Enlightenment" (Vereinigung für Forschung und Aufklärung) zu ihrem Präsidenten. Wir stehen hier vor einem seltsamen Gemisch von Bibelstudium und Zauberei. Das ist eine Spezialität Satans, sich fromm zu tarnen.

Die Tatsache, daß Cayce schon mit sieben Jahren seine medialen Fähigkeiten entdeckte, beweist, daß er diese okkulten Kräfte durch Vererbung erhalten hatte. Demnach müssen schon seine Eltern sich mit Zauberei befaßt haben.

Eine der Hauptlehren Cayces war die Reinkarnation. Das ist, wie schon erwähnt, die Ansicht, daß der Mensch mehrmals geboren wird, um sich höher zu entwickeln. Cayce war so „bescheiden" zu behaupten, er hätte schon in der biblischen Zeit vor 1900 Jahren gelebt und wäre der Neffe des Arztes Lukas gewesen, der das Evangelium und die Apostelgeschichte geschrieben hat.

Wie kam Cayce zu dem Beinamen „der schlafende Prophet"? Die Hellsehfähigkeiten, die Cayce schon in früher Kindheit an sich entdeckt hatte, nützte er aus, um alle Krankheiten zu erkennen. Er war in der Lage, verblüffende Diagnosen zu stellen, die der ärztlichen Kontrolle standhielten. Eine okkulte Fähigkeit folgte der anderen. Er entwickelte die Kraft der Mentalsuggestion. Er konnte Kranken heilende Impulse geben. Im Zusammenhang mit spiritistischen Experimenten aktivierte er seine Trancefähigkeit – und das alles als treuer Bibelleser und Sonntagsschullehrer. So kann Satan Menschen verwirren.

Wie nutzte Cayce diese medialen Kräfte aus? Er hielt sie irrtümlich für eine Gabe Gottes, ja sogar für eine Auswirkung des Heiligen Geistes. Eine groteske Verwechslung, Gaben, die aus der Finsternis stammen, für Einwirkungen von oben zu halten.

Viele Amerikaner denken mit Dankbarkeit an Cayce, weil sie ihm eine Heilung verdanken.

Wie erfolgte Krankheitsbestimmung und Heilung? Wenn ein kranker Mensch bei ihm Rat und Hilfe suchte, versetzte sich Cayce für einige Sekunden in Trance. Nach vier oder fünf Sekunden konnte er dem Besucher seine Krankheit angeben. Er verschrieb dann ein Medikament, das der Kranke sich in der Apotheke holte. In manchen Fällen stellte er nicht nur eine Trance-Diagnose, sondern gab, wie schon erwähnt, auch durch Mentalsuggestion einen Heilungsimpuls. In diesem Fall war ein Medikament nicht erforderlich.

Es handelt sich hier also um eine hellfühlende Diagnose – Gegenstück zur Hellseherei. Beides, die hellfühlende Diagnose und die mentale Suggestion, haben okkulten Charakter. Die Heilungen werden nicht bestritten. Der Sohn Cayces behauptet sogar, daß sein Vater in 85 % der Fälle geholfen habe.

Das seelsorgerliche Problem sind die schlimmen Auswirkungen solcher Heilungen. Sie werden mit mancherlei Störungen und Blockierung bezahlt. Das geistliche Leben wird verhindert oder gestoppt. Die Hilfe für den Leib wird mit Belastungen für das Glaubensleben bezahlt.

Cayce betätigte sich nicht nur als okkulter Heiler. Er praktizierte auch die Telepathie, das Wahrsagen, Hellsehen und besaß eine große Suggestionskraft. Nicht zuletzt schwelgte er in Offenbarungen und Visionen, die sich niemals mit der Bibel in Einklang bringen lassen.

Einige der Irrtümer seien genannt:

a. Jesus Christus war nur eine Reinkarnation von Adam, Melchisedek, Josua, Zend (Vater von Zarathustra) und vielen anderen bedeutenden Männern der vorchristlichen Zeit.

b. Gott schließt in einer Person das männliche und weibliche Prinzip ein. Er ist ein Vater-Mutter-Gott.

c. Jesus und seine Mutter Maria waren Zwillingsseelen (die katholische Kirche wird sich über diese Aussage freuen).

d. Maria war nicht von einem Mann, sondern vom Heiligen Geist gezeugt. (Das ist die katholische Lehre von der immaculata conceptio. Sie bedeutet, daß die Mutter der Maria, Anna, ihre Tochter durch den Geist Gottes empfing. Das wird zwar in der katholischen Kirche gelehrt, ist aber dennoch eine unheilvolle Irrlehre. In der Bibel finden wir das nicht.)

e. Gott kennt nicht die Zukunft.

f. Viele menschliche Erfahrungen lassen sich durch Reinkarnation und durch Vibrationen aus anderen Welten erklären.

g. Unser Einswerden mit Gott ist unser eigenes Werk. Wir erlösen uns also selbst.

Im Grunde genommen soll uns diese letzte Lehre von der Selbsterlösung nicht wundern. Das liegt im Wesen der Reinkarnation. Der Mensch wird so oft wieder auf die Erde geschickt, bis er sich von allen Schlacken befreit hat und so geläutert ist, daß er der Vereinigung mit Gott würdig ist.

Für den Erlöser Jesus Christus ist in einer solchen Lehre kein Platz. Wir haben also mit allem Nachdruck vor Cayces Ideen und Büchern zu warnen.

Es bleibt in alle Ewigkeit bestehen, was der Apostel Johannes bezeugt (1. Joh. 5,12):

Wer den Sohn Gottes hat,
der hat das Leben.
Wer den Sohn Gottes nicht hat,
der hat das Leben nicht.

Entspannung durch Tai Chi

Das ostasiatische Heidentum überrennt und überflutet die westliche Welt. Es ist ein Großangriff der Finsternis gegen die immer noch bestehenden kleinen Bastionen des christlichen Glaubens in dem turbulenten Niedergang aller menschlichen Kultur.

Tai Chi ist eine chinesische Tanzform, deren Training und Pflege zur Zeit in den Volkshochschulen betrieben wird. Ihre Vertreter und Lehrer stellen dieses neue Gewächs östlicher Mentalität neben den Joga. Beides, Tai Chi und Joga, soll eine Entspannungstechnik bedeuten. Joga praktiziert nach Absolvierung der ersten Stufe mit Gymnastik und Formen der Körperbeherrschung Ruhe, Versenkung, Meditation, um den Menschen zu höheren Bewußtseinsstufen zu führen. Tai Chi will das gleiche Ziel durch rhythmische Bewegungen erreichen.

Die Tai-Chi-Übungen, die aus 25 Stellungen oder Positionen bestehen, sollen dem Übenden zu einer ganzheitlichen Harmonie von Geist, Seele und Leib verhelfen. Es geht also nicht nur um eine Beherrschung der körperlichen Bewegungen, sondern zugleich um ein synchronisiertes Mitspielen und Mitschwingen der Psyche und des Geistes.

Die Tai-Chi-Lehrer behaupten, daß der Tai-Chi-Trainierende die Biegsamkeit eines Kindes, die Gesundheit eines Holzfällers und die geistige Ruhe eines Weisen erreichen wird. Die Übungen haben originelle Bezeichnungen und sind teilweise Tierbewegungen abgeschaut. Die Kommandos können lauten: „Das Wildpferd schüttelt die Mähne, der Storch steht auf einem Bein, der weiße Kranich schlägt mit seinen Flügeln“ usw. Die Übungen, die ineinander übergehen, sollen ohne Kraftanstrengung, sanft, würdevoll, geschmeidig, fließend ausgeführt werden.

Es ist also eine durchgeistigte Tanzform, wie ich sie mehrmals in der „Tanzsprache“ der Hawaiianer, der Thai- und indischen Tänzerinnen sah und filmte.

Die Frucht, die aus diesem Tai-Chi-Tanz erwartet wird, sei ein Glücksgefühl, eine überlegene Ruhe und Selbstbeherrschung, Vermeidung von Streßsituationen, seelische Ausgeglichenheit, Harmonie des viszeralen Nervensystems, Stärkung des Bewußtseins und Sinnerfüllung des Lebens. Das sind hochgespannte Erwartungen, die „mühelos“ erreicht werden sollen.

Über Wert oder Unwert dieses Systems zu streiten, ist nicht meine Aufgabe. Von der Seelsorge und von der Bibel her ergibt sich die gleiche Problematik wie beim Joga. Die Tai-Chi-Lehrer behaupten zwar, diese chinesische Tanzform sei wie Joga kein Widerspruch zu den verschiedenen Religionen. Andere meinen sogar, jede Glaubensform könne durch Tai Chi und Joga geläutert und vertieft werden. Hier setzt nun die Opposition des bibelgläubigen Christen ein. Man lese dazu das Kapitel über Joga und über die Transzendentale Meditation. Tai Chi und Joga sind monistische Gewächse aus den östlichen Religionsformen mit dem Grundkonzept, daß der Mensch von Natur aus gut ist und durch Übungen Partner Gottes, ja sogar gottebenbildlich werden kann. Wer natürlich nur die Anfangsgründe dieser Systeme der Körperbeherrschung kennt, merkt den Pferdefuß nicht.

Ich frage mich ferner, ob nicht die gottesdienstlichen Tänze einiger charismatischer Gruppen und das „Tanzen einer Bibelarbeit“ auf dem Kirchentag in Hannover 1983 keine verborgene geistige Verwandtschaft zum Tai Chi hat. Funken eines Flugfeuers können überspringen, ohne daß man es merkt.

Nachtrag

Kaum hatte ich das Kapitel über Tai Chi geschrieben, da kam mir 36 Stunden später folgender Bericht ins Haus, der zeigt, daß diese Tai-Chi-Bewegung wie alle Sekten gefährliche Folgen einschließen kann. Der dpa-Bericht in der „Rhein-Neckar-Zeitung“ vom 11.

10. 83 berichtet Mißstände dieses von manchen Fans glorifizierten chinesischen Gewächses.

„Sekten-Kinder" in gerichtlicher Obhut

Die Amsterdamer Jugendbehörde hat am Wochenende 22 Kinder von Angehörigen einer Sekte ihren Eltern fortgenommen und in eigene Obhut genommen. Am Wochenende wurden vorläufig acht der Kinder im Alter von zwei Monaten bis zwei Jahren gerichtlicher Aufsicht unterstellt. Die übrigen durften vorläufig zu ihren Eltern zurückkehren. Anlaß zu der ungewöhnlichen Aktion waren Anzeigen, wonach die Kinder „körperlich und geistig völlig verwahrlost" seien.

Leiter der Sekte, die sich den Namen „Tai Chi" gegeben hat, ist ein 54jähriger arbeitsloser Zimmermann, der nach Berichten niederländischer Zeitungen seine Anhänger psychologisch völlig beherrscht. Sie müssen alles Geld abliefern und in Wohnungen der Sekte wohnen. Kontakt mit der Außenwelt ist verboten. Die Kinder dürfen nur drei oder vier Tage in der Woche bei ihren Eltern sein und müssen „ausgetauscht" werden, damit das Band zwischen Eltern und Kindern nicht zu eng wird. Oft passen ältere Kinder auf die jüngeren auf. Die Mitgliedschaft in der Sekte ist nicht strafbar, betonen die Amsterdamer Behörden, wohl aber sei man zum Eingreifen verpflichtet, wenn Kinder sträflich vernachlässigt würden. dpa

Falsche Christi und unechtes Prophetentum

Jesus hat in Mt. 24,24 für die Endzeit folgende Voraussage gemacht: „Es werden sich erheben falsche Christi und falsche Propheten, die große Zeichen und Wunder tun."

Es gehört mit zum Charakter der Endzeit, daß satanisch inspirierte Menschen sich für Christus oder einen Propheten ausgeben.

In USA lebte bis vor wenigen Jahren „Father Divine" (Göttlicher Vater), der sich für Gott, und seinen Sohn für Christus ausgab.

Gegenwärtig schwirrt wieder ein seltsamer Vogel in den Vereinigten Staaten herum, der sich für den wiedergekommenen Christus ausgibt. Es ist ein 17jähriger Inder, von dem die christlichen Kreise berichten, daß er ein ausgedehntes Nachtleben in Bars und zweifelhaften Nachtklubs führt. Seine Mutter selbst hätte ihren Sohn einen Playboy genannt. Man wundert sich nur, daß alle diese falschen Christi ihre Anhänger finden.

In Frankreich verkündigte ein ehemaliger Postbeamter, George Roux, er sei der wiedergekommene Christus.

In Südschweden gab es einen Fischer und in Holland einen Matrosen, die mit dem gleichen Anspruch auftraten.

Zur Zeit macht ein Koreaner von sich reden. Pastor Ludwig Heinemeyer teilte mir folgendes mit: „Der Führer der ‚Gesellschaft zur Vereinigung des Weltchristentums' ist ein Koreaner namens Mjung Moon. Sein Buch ‚Die göttlichen Prinzipien' zeigt deutlich, daß es sich hier um einen falschen Christus handelt."

Den merkwürdigsten „Messias" finden wir momentan in Südindien, in Manujothi Ashram, einem Wüstenkamp. Die westliche Christenheit verdankt diesen falschen Messias mit Namen Paluser Lawrie Mathukrishna dem schwarmgeistigen amerikanischen Evangelisten William Branham. Branham hat bei seiner Indienreise Bruder Lawrie als Nachfolger eingesetzt, ihn zum Sohn Gottes und den wiedergekommenen Christus ernannt.

Bruder Lawrie hat mit seinen Anhängern in Südindien eine Art Kommune aufgemacht. Wer dieser Gruppe beitritt, gibt alles Privatvermögen an die Gruppe ab. Die christlichen Blätter warnten eindringlich vor dieser durch Gruppensex bekannten Kommune. Trotzdem bekam sie Zuzug aus der ganzen Welt. Besonders Deutsche und Amerikaner sind willkommen, weil sie gewöhnlich große Geldmittel mitbringen. Das Gros derer, die Aufnahme beantragen, sind abenteuerlustige Frauen, die dann nach einigen Jahren bettelarm und mit einem Brandmal im Gewissen zurückkehren.

Zur Hauptlehre Lawries gehörte, daß 1977 die Welt zerstört, vorher aber seine Anhängerschar entrückt werden würde. Die „Bräute Christi" bereiteten sich auf diese Entrückung durch einen Prozeß der Vergeistigung ihres Körpers vor.

Die Kommune umfaßt zur Zeit dieser Niederschrift 700 Mitglieder. Weitere werden nicht angenommen, obwohl 900 Anwärter da sind. Bruder Lawrie sagt, der geistige Reifungsprozeß der 700 sei so weit fortgeschritten, daß die Neuen nicht mehr mitkommen würden. Nur die 700 „Erstlinge" würden entrückt werden.

Interessant ist die Tätigkeit von Lawries Vertreter in Deutschland, einem Herrn Mengel. Er lebte zuerst mit Frau und vier Kindern in der Kommune von Lawrie, kehrte aber dann nach Deutschland zurück, um Lawries Gedanken in Europa bekanntzumachen. Herr Mengel behauptet, er sei einer der beiden Zeugen, die in Offbg. 11 genannt sind. Er würde nach 3½ Jahren ermordet, dann aber wieder auferweckt werden.

Es ist seltsam, daß Menschen von einem solchen Irrgeist erfüllt werden, daß sie das tatsächlich glauben. Inzwischen sind die servierten Lügen offenkundig geworden. Die prophezeite Weltzerstörung trat 1977, wie zu erwarten war, nicht ein.

Parallel zu den falschen Christi läuft die Tätigkeit der falschen Propheten. Lügenhafte Visionen und falsche Prophetien waren und sind stets die Begleitmusik satanischer Verführungen in extremen Kreisen.

Die falschen Prophetinnen Berta Dudde und Schwester Marguerite, durch die angeblich Christus in der Ichform spricht, werden beiläufig erwähnt. Es nimmt zuviel Raum ein, wenn einige Beispiele ihrer Offenbarungen gegeben werden, zumal es sich um unbedeutende und zu vage gehaltene Aussagen handelt. Dagegen sollen drei andere Beispiele mit präzisen, aber falschen Prophezeiungen wiedergegeben werden.

B 64 In den fünfziger Jahren lernte ich eine Predigerfamilie kennen. Ich sprach auch einige Male in der Gemeinschaft dieses Predigers. Seine Ausbildung hatte er auf Chrischona erhalten. Um Mißverständnisse zu vermeiden, erwähne ich, daß ich dieses Missionsseminar sehr schätze. Es hat eine biblisch klare Ausrichtung. Um so verwunderlicher ist folgende Geschichte: Die Frau des Predigers sagte mir eines Tages, Christus würde 1964 kommen. Ich fragte, woher sie das wüßte. Sie erwiderte, eine Frau, die die Gabe echter Visionen hat, hätte vom Herrn folgende Offenbarung erhalten: Gott habe den Propheten Mohammed zu sich gerufen und ihm den Auftrag gegeben, die mohammedanischen Priester zu informieren, daß 1964 Christus wiederkommen würde. Sie sollten sich bereithalten. – Ich erwiderte der Predigersfrau: „Ausgerechnet den religiösen Hochstapler Mohammed soll Gott zu sich gerufen und die echten Männer Gottes aus dem Spiel gelassen haben. Die Lügenhaftigkeit dieser Vision liegt doch auf der Hand. Außerdem weiß niemand Zeit und Stunde."

Ich bringe dieses Beispiel, nicht um Chrischona bloßzustellen, sondern um zu zeigen, daß selbst in guten Werken solche Einbrüche des Lügengeistes möglich sind.

B 65 Das folgende Beispiel ist noch tragischer, weil es einem Menschen einen raschen Tod brachte.

Eine krebskranke Frau lag im Spital. Sowohl die Patientin als auch ihr Gatte gehörten einer extremen Glaubensrichtung an. Während die Fachärzte dringend eine Operation der Krebskranken empfahlen, erklärten die Glaubensfreunde des Ehepaares aufgrund einer Weissagung: „Nein, der Herr wird sie ohne Ärzte gesund machen." Nun der Wortlaut dieser Prophetie:

„Weissagung aus dem Kreis ‚Erweckungsgemeinschaft' in Bonstetten bei Zürich.

16. Jan. 1966. Botschaft für Bruder Albert (den Mann der krebskranken Frau):

‚Der Herr spricht: Mein Sohn, in meine Gnade habe Ich dich gehüllt. Vertraue Mir in allen Stücken, und du wirst die Gewißheit haben, daß Ich es bin, der alles so geführt und so gelenkt hat. Nimm deine Frau jetzt weg. Lasse sie nicht dort als Probekaninchen sein, denn es würde ihr den Tod bringen. Tue sie zu den Kindern Gottes in die Höhe (gemeint ist das Haus Maison Bethel in Orvin), wo sie unter meinem Wort gepflegt und betreut wird. Es ist das Heim für müde und beladene Seelen. Dort wird sie gestärkt werden an Geist, Seele und Leib, und sie wird auch wieder genesen. Bringe sie zur rechten Zeit hinaus (aus dem Spital). Ich, der Herr, bin dein Gott, der da recht führt.'"

Die in Klammern beigefügten Ergänzungen sind von Pastor Bösch. Sie dienen nur zum besseren Verständnis. Dieser Herr, der in Ichform aus dieser modernen Prophetin sprach, war nicht Christus oder Gott, sondern ein Lügengeist Satans. Dieser Lügengeist brachte aber der Patientin ein rasches Ende.

B 66 Eine weltweit bekannte Lügenprophetie findet sich in dem Buch von Fritz Hubmer „Zungenreden, Weissagung" Seite 162. Ich zitiere: „Im Jahre 1952 wurde aus Kreisen der kanadischen Pfingstbewegung folgende ‚Weissagung' eines – wie es heißt – ‚deutschen Reichgottesarbeiters' veröffentlicht. Sie wurde auch dem Gnadauer Verband zugestellt. Der Wortlaut der Weissagung aus Kanada:

‚Sage deinen Brüdern, es handle sich um das Berliner Edikt. Die führenden Männer, die dasselbe aufstellten und unterschrieben haben, erregten mein großes Mißfallen und verhängten dadurch einen Fluch über ihr Land, insofern, als sie mein Wirken mißdeuteten und meinem Geist Vorschriften machten. Es sollen ebensoviel führende Brüder zusammentreten und gleich Daniel bekennen: ‚Wir und unsere Väter haben gesündigt und sind widerspenstig gewesen. Wir bekennen und widerrufen, daß wir unrecht an deinem Volke getan haben, denn wir haben deiner Gnadenheimsuchung einen Damm entgegengesetzt und damit das Feuer der Erweckung ausgelöscht. Bitte, sei uns wieder gnädig nach deiner Barmherzigkeit und vergib uns unser Tun‘ (Dan. 9). Dieses Bekenntnis sollen die Unterzeichneten in derselben Weise öffentlich bekanntmachen, wie einst jene frevelhafte Erklärung bekanntgegeben wurde. Andernfalls wird eine landweite Erweckung erst in der 5. Generation einsetzen. Ich aber weiß, wen ich für den Ausfall verantwortlich machen werde.‘“

Meiner seelsorgerlichen Erfahrung nach sind ausnahmslos alle Weissagungen, bei denen angeblich Christus heute in der Ichform durch einen Gläubigen spricht, Lügenprophetien. Außerdem riecht diese „Anti-Berlin-Erklärung“ äußerst stark nach einer Konstruktion. Es wird aber einfache Gemüter geben, die so etwas glauben.

Die Verführungskunst Satans wird vor der Wiederkunft Jesu immer gefährlicher und bedrohlicher. Um so mehr müssen wir auf das Wort Gottes hören, das alles an Prophetie enthält, was wir zum Leben und Sterben brauchen:

Mt. 24,4 „Lasset euch durch niemand verführen!“
1. Kor. 6,9 „Lasset euch nicht verführen!“
2. Tim. 3,13 „Sie verführen und werden verführt.“

Anhang: Dieses Buch war schon druckreif, als mich eine ergänzende Nachricht zu dem erwähnten Koreaner Moon erreichte. Moon erklärte, daß er mit 16 Jahren eine Christusvision gehabt habe. Inhalt dieser Vision sei der Auftrag, die Christen in aller Welt zu vereinigen.

Eine dritte Information erhielt ich durch eine Fernsehsendung im 3. Programm am Montag, den 15. 12. 75. Moon hat 1954 in Seoul eine Gesellschaft zur Vereinigung des Weltchristentums gegründet. Seit 1972 gibt es diese Bewegung unter dem Namen

„Vereinigungskirche" auch in Deutschland. Diese Kirche ist international, überkonfessionell und nicht an eine Rasse gebunden.

Im Taunus werden Freizeiten abgehalten, um eine internationale Führerschicht auszubilden. Zentren in Deutschland finden sich ferner in Frankfurt, Freiburg und Tübingen. Sie halten unregelmäßige Gottesdienste mit sakraler Musik, Gebeten und Ansprachen ab.

Da Moon aus Südkorea kommt, ist er antikommunistisch eingestellt. Das besondere Merkmal dieses neuen Sektengründers ist ein starkes Messiasbewußtsein. Seine Anhänger mildern das ab, indem sie sagen: Moon ist nur ein Vorläufer des Messias.

In USA ist eine „International Cultural Foundation" Rückhalt dieser Bewegung, die zunehmend Widerstand erfährt.

Diese stark aufflammende Opposition hat zwei Gründe:

a. Die Eltern der entführten Jugendlichen haben sich zu Anti-Moon-Gruppen zusammengeschlossen und sammeln Material für eine Strafanzeige.

b. Die schärfsten Gegner der Moon-Bewegung sind Jugendliche, denen es gelungen ist, sich aus diesem Sog eines religiösen Fanatismus zu befreien. Diese ehemaligen Mitglieder berichten von einer Behandlung, die an eine Gehirnwäsche erinnert. Die ununterbrochenen Schulungen stellten eine physische und psychische Folter dar.

Das Kapitel „Vereinigungskirche" gibt weiteres Material zu der Moon-Bewegung.

Farbendiagnostik und Farbentherapie

Es ist kein Geheimnis, daß Farben auf die Psyche des Menschen einen fördernden oder hemmenden Einfluß haben. So habe ich mich oft gewundert, daß moderne Architekten Hochhäuser oder Serienhäuser in Sichtbeton bauen. Die Farbe Grau wirkt depressiv, zumal die Sichtbeton-Häuser in wenigen Jahren schmutzig, niederdrückend, oft sogar scheußlich aussehen. Warum kalkulieren unsere gescheiten Architekten das psychologische Moment nicht ein? Die Zeitverhältnisse sind grau und belastend genug. Warum diesen Zustand noch auf die Wohnungen übertragen?

Farben beleben oder belasten. Wenn ich von dem Fenster eines Arbeitszimmers in einen grünen Garten sehe oder in eine Steinwüste, so fördert oder beeinträchtigt das die Arbeitsenergie.

Warme Farben wärmen die Stimmung. Kalte Farben härten das Empfinden. Es gibt Menschen, die darauf ihr Augenmerk gerichtet haben. Männer und Strömungen von drei Ländern sollen erwähnt werden:

1. Schweiz. Der Schweizer Psychologe Professor Dr. Max Lüscher hat einen Farbtest entwickelt, mit dessen Hilfe er die Verhaltensweise eines Menschen, seine Neigungen, seine Konflikte und unbewußten Motive erkennbar machen will. Bei diesem Farbtest kommt es darauf an, welchen Farben die Versuchsperson den Vorzug gibt. Bestimmt steckt ein Körnchen Wahrheit in dieser diagnostischen Methode, wenn man sich auch vor jeder Übertreibung hüten muß.
2. Deutschland. Diese Übertreibungen und Überspitzungen liegen bereits bei einem deutschen Farbendiagnostiker B. J. vor. Ich nenne den vollen Namen nicht, weil ich diesem Diagnostiker und Hobby-Astrologen nicht noch Kunden werben will. Psycho-Grafik nennt B. J. seine Methode der Diagnose und therapeutischen Beratung.
   Kann der Schweizer als Wissenschaftler angeredet werden, so ist B. J. eindeutig Okkultist. Zur Diagnosestellung hat er 12 Bildtafeln gemalt, die er den 12 Tierkreiszeichen zugeordnet hat. Der Patient oder die Versuchsperson sucht sich die Farbtafel aus, die ihm am besten oder am wenigsten gefällt. Danach richten sich die Schlußfolgerungen zur Bestimmung des Charakters. Wer noch genauere Angaben haben will, muß sein Geburtsdatum nennen, damit ein Horoskop erstellt werden kann. Damit ist der okkulte Charakter dieser Farbendiagnose bewiesen.
3. Neuseeland. Zweimal bereiste ich ausgiebig Neuseeland und sammelte dort mein Material über die theosophischen, spiritualistischen und okkulten Strömungen. Hier in diesem Kapitel geht es um die „Color-diagnosis“ und „Color-therapy“ = Farbendiagnose und Farbentherapie. Ausführlich kann ich dieses Problem nicht behandeln. Es ist bereits in meinem Buch „Uns, Herr, wirst Du Frieden schaffen“ ab Seite 329 geschehen. Die „Farben-Therapeuten“ Neuseelands behaupten, daß jeder menschliche Körper und jedes Organ einen bestimmten Schwingungskreis hat. Spiritistische Medien können diesen Schwingungskreis als „Aura“ sehen. Bei Erkrankungen und bei starken charakterlichen Veränderungen ändert sich auch der Schwin-

gungskreis. Diese Veränderungen werden mit Rute und Pendel festgestellt. Die Neuseeländer haben auch ein technisches Pendelgerät, das sie „Motor Skopus" nennen. Nach der Feststellung der Diagnose wird der veränderte Schwingungskreis durch farbige Fäden oder Beutel aufgebessert.
Die Wissenschaftler in Neuseeland nennen das einen grenzenlosen Humbug. Der Mensch will aber betrogen sein. Wie diese Aufbesserungen des Schwingungskreises aussehen, wird an einigen Beispielen gezeigt:
Eine Studentin an der Palmerston North Universität berichtete mir folgendes: „Ich war beim Farben-Therapisten. Er bestimmte meine Krankheit mit einem Pendel. Dann gab er mir einen kleinen Beutel mit einem farbigen Faden. Diesen Beutel soll ich auf der kranken Körperstelle mit mir herumtragen, um geheilt zu werden."
Ein anderer Patient erzählte: „Der Color-Therapist gab mir eine Fadenrolle mit einem farbigen Faden. Dazu erhielt ich die Anweisung, diese Fadenrolle in Kreis- und Längsbewegungen um den Körper zu führen, um die erniedrigte Schwingungszahl des erkrankten Organs zu erhöhen."
Ein Farmer, bei dem ich als Gast wohnte, zeigte mir eine Dose mit einem farbigen Faden, die er im Stall unter den Kühen vergraben hatte, damit die Kühe nicht „verkalben" oder erkranken.
Als krebsvorbeugendes Mittel geben solche Farben-Therapeuten ein Amulett, das einen farbigen Faden enthält. Das Amulett muß um den Hals getragen werden, damit der Mensch nicht krebskrank wird. So könnten wir die Reihe fortsetzen.
Wir haben hier bei dieser „Color therapy" allen Humbug, Schwindel, Aberglauben, Rute, Pendel, die spiritistische Aura, kurzum viele Formen des Okkultismus beieinander.
Und der „moderne", aufgeklärte Mensch des 20. Jahrhunderts läßt sich diesen Unfug als große Entdeckung anbieten.
Wer keine Blickausrichtung auf Jesus, das Licht der Welt, hat, verfällt den absurdesten Ideen.

Feminismus

Unter dem Ausdruck feministische Theologie breiten sich gotteslästerliche Vorstellungen in der Theologenwelt aus. Mit Feminismus ist gemeint, daß das Patriarchat (Männervorherrschaft) vom Matriarchat (Mutterherrschaft, Frauenherrschaft) abgelöst werden soll. Eine Feministin meinte, die Frauen dürften nicht hinter den Elefanten, die das Matriarchat haben, zurückstehen. Schon vor 25 Jahren, als diese Bewegung noch in den Anfangsgründen steckte, hörte ich von dem Leiter eines weithin bekannten christlichen Heimes: „In Jesus war das männliche und weibliche Prinzip vereint." Kein Wunder, daß in der feministischen Theologie von einem Messiaspaar gesprochen wird. Zu Jesus gehöre die Jesa Christa. Zu Gott gehöre die Göttin.

In dem Deutschen Pfarrerblatt vom Nov. 1983 wird zum Feminismus Stellung genommen. Die Überschrift des Aufsatzes lautet „Gott Vater? Gott Mutter?" Der Autor des Artikels erläutert: „Seit Bachofens ‚Mutterrecht' wissen wir, daß unserer zu Ende gehenden patriarchalischen Epoche eine matriarchalische voranging. In dieser frühen Epoche stellte man sich, wie eine Fülle von Funden dartut, die Gottheit als ‚Große Mutter' vor. Eines der bekanntesten Beispiele dieser Funde ist die sogenannte ‚Venus von Willendorf', nach ihrem österreichischen Fundort benannt. Es ist nur ein etwa 10 cm großes Fruchtbarkeitsidol von bemerkenswertem Aussehen: ein beinahe faßförmiger Leib, stark betonte Brüste . . . Der massige Leib weist sie als Gebärende aus, die kräftigen Brüste als Ernährende."

Mit diesem frühgeschichtlichen heidnischen Fruchtbarkeitssymbol das Matriarchat als Vorspiel oder Gegenstück zum Patriarchat Gottes operieren zu wollen, ist Blasphemie, Gotteslästerung.

Der gleiche Autor im Deutschen Pfarrerblatt meint, matriarchalische Relikte (Überbleibsel, Restbestand) in der Bibel zu finden. Er erwähnt 1. Mos. 1,27: „Gott schuf den Menschen ihm zum Bilde, zum Bilde Gottes schuf er ihn, und schuf sie einen Mann und ein Weib." Aus diesem Vers soll abgeleitet werden, daß das Gottesbild übergeschlechtlich ist, daß also das männliche und weibliche Prinzip, das Patriarchalische und Matriarchalische in der Gottheit vereint sind.

Für ein solches Überbleibsel des weiblichen Prinzips in der Gottesvorstellung wird auch die Schlangengeschichte herangezogen. Der Autor meint: „Es gibt meines Erachtens gute Gründe dafür, in der Gestalt der Schlange die Vertreterin einer weiblichen Gottheit zu sehen. Die Schlange ist ursprünglich immer ein wichtiges Symboltier weiblicher Gottheiten, da sie mit dem ganzen Leib der Großen Mutter (Erde) nahe ist und daher besser als jedes andere Tier dadurch magische Kräfte in sich aufnehmen kann.

Ein ungeheuerliches Argument löst das andere ab. Eine Aussage soll das zeigen: „Im AT spielt das Salben mit heiligem Öl bekanntlich eine nicht unwesentliche Rolle. Selbst der Messias, der Christus, ist der Gesalbte. Öl ist aber ein altes matriarchalisches Symbol." Wie die moderne Theologie argumentiert, wird weiter im Text deutlich: „Öl ist das Produkt einer Frucht und gehört damit in den Symbolzusammenhang ‚Frucht und Baum' hinein. Und der Baum gehört, gerade in seiner Fruchtbarkeit, ursprünglich immer in den Bereich der weiblichen Gottheit." Man greift sich an den Kopf. Der Zusammenhang Öl – Frucht – Baum – weibliche Gottheit soll ein Hinweis sein, daß das Gottesbild im AT übergeschlechtlich ist.

Eine weitere Lästerung findet sich in diesem Artikel im Pfarrerblatt in der Erläuterung zu dem Wort Jesu: „Es sei denn, daß jemand geboren werde aus Wasser und Geist, so kann er nicht in das Reich Gottes kommen" (Joh. 3,5). Der Autor folgert daraus: „Wasser und Geist sind eine eigenartige Formulierung, in der Matriarchalisches und Patriarchalisches zusammen genommen ist; denn Wasser ist ebenfalls ein Weiblichkeitssymbol ... dabei ist in ganz direkter Weise an das Fruchtwasser zu denken, in dem sich das ungeborene Kind befindet."

Die moderne Theologie hatte sich ursprünglich seit Bultmann und Martin Dibelius zum Ziel gesetzt, das AT und NT von eingedrungenen Mysterien zu reinigen und den eigentlichen Wahrheitskern herauszuschälen. Der im Auszug besprochene Artikel des Deutschen Pfarrerblattes zeigt wieder einmal, daß nicht die heidnischen Mythen von der Bibel her beurteilt werden, sondern die Bibel von den heidnischen Greueln her verständlich gemacht werden soll.

Ein weiterer Greuel der Verwüstung ist die blasphemische Theologie der Monatsblutung. In dem Werkstattbuch „Feministische Theologie Praxis" wird die Frage erörtert, welche erlösende Kraft im Blut der Frau liege, und ob es dem Blut Jesu am Kreuz überlegen sei. Das sind gotteslästerliche, antichristliche Fragen.

Im Grunde genommen ist die feministische Theologie eine Weiterführung der Frauenemanzipation, der totalen Gleichstellung der Frau zum Mann, ja eine Überordnung der Frau über den Mann. Der Höhepunkt der feministischen Revolution ist die Empfehlung, den alten Baals- und Astarte-Kult der Kanaaniter in unseren Glauben wieder einzubeziehen.

Die gleichen lästerlichen Gedanken spielten auch bei der Weltkirchenratskonferenz in Vancouver 1983 eine Rolle. Es wurde eine Muttergottheit gefordert, und man solle nicht mehr vom Gottvater sprechen, sondern von der Schwester Göttin. Als Begründung für diese These sagte Frau Dr. Maria T. Procile Santiso aus Montevideo, so wie Jesus am Kreuz sein Blut gelassen habe, so lassen die Frauen ihr Blut für das Leben. Und Dorothea Sölle forderte auf, eine neue Bibel zu schreiben, in der der Vatergott und Herr vom Kult einer erdhaften Muttergottheit abgelöst werde.

Zum Thema Feminismus schreibt Borowsky in seinem Buch Christus/Antichrist Seite 205 folgendes:

„Der Kampf gegen die Zerstörung unserer Kirche muß in Zukunft sogar ausgeweitet und verschärft werden; denn die Kirche wird nicht nur ‚politisiert', marxistischen Strömungen preisgegeben u. dgl., sondern auch in manchen Bemühungen, die von ‚Christen' sogar unterstützt werden, von Gott auf Götzen bzw. ‚Göttinnen' umgepolt, wie es zielbewußt der Feminismus versucht. Im ‚epd' 21 (26. Mai 1983) wird über folgenden Abfall von Gott mit kirchlicher Unterstützung berichtet: ‚In der ‚Evangelischen Akademie Hofgeismar' wurde der Maibeginn in diesem Jahr auf eine besondere Weise gefeiert: Gehüllt in bunte Kleider, tanzten grellgeschminkte ‚Hexen' ... und zelebrierten die Walpurgisnacht. Doch nicht dem Teufel wurde geopfert – wie es traditioneller Brauch war –, sondern der aus einem 3000jährigen Dornröschen-Schlaf wieder auferstandenen matriarchalischen ‚Göttin'. Als Erlöserin trat die in München dozierende feministische Philosophin Dr. Heide Göttner-Abendroth in Erscheinung. Sie war in die ‚Evangelische Akademie' geladen worden, um der ‚patriarchal deformierten' Christenheit mit heidnischen Riten das Fürchten zu lehren ...' – ‚Wir brauchen keine Ethik', rief sie den Frauen zu, denn die ‚Göttin' wohnt ja in uns selber!' Hexenkult und Götzenkult im Namen der Kirche!"

Wir fragen, welche Früchte aus der Feminisierung der Gesellschaft erwachen würden. Es käme auf eine Abschaffung der

Ordnung der Ehe und Familie hinaus. Größere sexuelle Freiheiten würden die Folgen sein, die zur Entfremdung von Mann und Frau, von Mutter und Kind und damit zur Zerstörung der Familie führten.

Wie diese Theologie in der Praxis aussieht, soll an einem Beispiel gezeigt werden, das ich schon in der ersten Auflage dieses Buches gegeben habe.

B 67 Eine Frau bekannte sich in der Öffentlichkeit offen zu ihrer abartigen geschlechtlichen Veranlagung und sagte: „Ich bin lesbisch veranlagt, und das ist die richtige Sache für mich. Ich bin froh dabei. Letzten Sommer hatten meine Liebesgefährtin und ich ein wundervolles Erlebnis. Wir hatten eine homosexuelle Konferenzstätte aufgesucht und konnten uns zum ersten Mal frei als Liebesleute bewegen. An jenem Abend liebkosten wir uns öffentlich. Sieben Jahre hatten wir zuvor zusammengelebt und niemals den Mut gehabt, unsere Zuneigung in Gegenwart anderer zu zeigen. Das hat sich nun geändert als Ergebnis der homosexuellen Konferenz. Wir leben nun nach unseren eigenen Regeln. Homosexualität ist kein Verbrechen."

Diese Bekenntnisse in der Öffentlichkeit sind nur ein Bruchteil dessen, was wirklich geschieht.

Es ist nicht befriedigend, wenn alle Kapitel dieses Buches negativ enden. Meistens läßt sich das nicht umgehen, weil eben alles, was aus dem Okkultismus und aus der Sünde kommt, negativ sich auswirkt. Es werden aber immer wieder Beispiele aus der Seelsorge eingeschaltet, die zeigen, daß Jesus mit aller Schuld und allen Verirrungen fertig wird.

B 68 Seit Jahrzehnten kannte ich zwei Frauen, die in Schuld und Sünde der gleichgeschlechtlichen Liebe steckten. Manchmal wurden die beiden bei ihren Liebkosungen ertappt. Schließlich wurde es ruchbar, so daß viele Bekannte davon sprachen. So wurde schließlich die ältere der beiden zu ihrem Vorgesetzten gerufen. Um dieses Verhältnis zu beenden, wurde die Frau versetzt. Die jüngere, die nicht der betreffenden Dienststelle unterstand, folgte an den Wohnsitz der Versetzten, und das gleiche Verhältnis nahm seinen Fortgang. Der Brotgeber der Älteren wurde wieder informiert, und es kam zu einer Entlassung. Auch das änderte das sündhafte Verhältnis nicht. Gott aber griff ein, weil manche

Gläubige darum wußten und viel darüber beteten. Die Ältere, die eigentliche Triebfeder des lesbischen Verhältnisses, wurde schwer krank und war mehrmals am Rande des Todes. Das leitete eine heilsame Besinnung ein, die zu einer ernstlichen Buße und zu einem Neuanfang in der Nachfolge Jesu führte. Das widergöttliche Verhältnis wurde beendet. Die Jüngere war mit dieser Lösung einverstanden. Beide folgen nunmehr seit Jahren Jesus nach und wurden nicht mehr rückfällig. Diese Geschichte zeigt, daß Jesus in einer fast aussichtslosen Bindung doch Befreiung bringen kann.

Fernsehen

Es ist bekannt, daß viele ernsthaft gläubige Christen diesseits und jenseits des Ozeans kein Fernsehgerät in ihrer Wohnung dulden und vielfach die Christen geringschätzig beurteilen, die einen Fernseher haben.

Der Fortschritt in Kultur und Technik wurde zu allen Zeiten von konservativen Gläubigen verteufelt. Ich gebe einige Beispiele:

B 69 Als im 19. Jahrhundert die ersten Fahrräder aufkamen, erklärte die bekannte Jungfer Trudel, sie könne es sich nicht vorstellen, daß die Chrischonabrüder einmal auf einem solchen Ding fahren würden. Heute benützen aber die Chrischonaprediger nicht mehr ein Fahrrad, sondern ein Auto.

B 70 In den USA und Kanada gibt es viele Mennoniten. Sie sind dafür bekannt, daß sie alte Traditionen wahren. Als die Autos aufkamen, blieben sie bei ihren Kutschen. Autofahren hat der Teufel erfunden, erklärten sie. Desgleichen lehnten sie auch die Elektrizität ab und beleuchteten ihre Wohnungen wie in alten Zeiten mit Petroleumlampen. Die konservativsten Mennoniten sind die sogenannten Amishpeople. Natürlich gibt es auch unter ihnen solche, die scheel auf die Autofahrer blicken. Sie rangen sich darum zu dem Entschluß durch, auch ein Auto zu kaufen. Damit es aber nicht so sündhaft sei, strichen sie die Chromteile mit schwarzer Farbe an.

B 71 Pastor Modersohn, einer der bekanntesten Evangelisten Deutschlands in der ersten Hälfte dieses Jahrhunderts, erklärte

1912: „Die fleischfarbenen Strümpfe sind vom Teufel." Heute macht man sich darüber keine Gedanken mehr.

Das gleiche Schicksal erlitten alle technischen Erneuerungen, ob es das erste Dampfroß auf den Schienen war oder das Radio. Wer von den alten gläubigen Brüdern, der im D-Zug nach Hamburg fährt, um seinen Sohn zu besuchen, weiß noch, daß die Eisenbahn in ihren ersten Jahrzehnten von den Christen Teufelskutsche oder Teufelswagen genannt wurde?

Es ist kein Zeichen einer besonderen Frömmigkeit, wenn man alle technischen Erneuerungen verteufelt. Im Kulturbefehl sagt Gott: „Füllet die Erde und machet sie euch untertan" (1. Mos. 1,28).

Ich bezeichne nicht das Fernsehen als neutral, weiß aber doch um gute Anwendungen. Als Billy Graham vor einigen Jahren in England evangelisierte, erreichte er über das Fernsehen das ganze Land. Und Gott hat es gefallen, daß dadurch viele den Weg zu Jesus fanden. Auch bei der Eurovision 70 konnten in Deutschland 70 Städte gleichzeitig Billy Graham hören und sehen.

Solche Chancen hatte ich auch schon. Als ich in Pelotas im südlichen Brasilien evangelisierte, wurden die Vorträge in Ton und Bild auf einen anderen Saal übertragen. In Australien wurde sogar einer meiner Vorträge vom Fernsehen über den ganzen Kontinent ausgestrahlt. Auch in verschiedenen Regionalprogrammen in den USA und Kanada geschah das gleiche.

Warum sollen wir technische Möglichkeiten nur dem Teufel überlassen? Satan gebraucht die beste Rüstung. Es ist nicht unsere Aufgabe, ihm wie die Steinzeitmenschen mit Steinbeil oder Holzkeule entgegenzutreten.

Abgesehen von den Möglichkeiten, Millionen von Menschen mit dem Evangelium zu erreichen, hat das Fernsehen noch mehr gute Seiten. Zehntausende erfreuen sich der Expeditionen ins Tierreich durch Sielmann. Viele Dokumentarfilme erfreuen sich der Wertschätzung.

Das alles ist aber nur die eine Seite. Aus christlicher Sicht verhält sich der Mißbrauch des Fernsehens zur positiven Seite schätzungsweise wie 100 zu 10 oder 100 zu 5.

Die Kette der gräßlichen Auswirkungen reißt nicht ab. Dazu Hinweise:

B 72 Im September 1975 berichtete die „Rhein-Neckar-Zeitung", daß zwei Mädchen im Alter von 13 und 14 Jahren einen achtjährigen Jungen getötet haben. Als sie verhört und nach dem Motiv gefragt wurden, erklärten sie: „Wir haben in den Krimis so viele Morde gesehen, daß wir selbst einmal erleben wollten, wie das ist, einen Menschen umzubringen."

B 73 Eine andere Tageszeitung berichtete, daß Jungen einen Indianerfilm gesehen hatten. Hinterher fesselten sie einen ihrer Kameraden „indianer-gerecht" an einen Pfahl. Sie verschwanden und überließen das Opfer seinem Schicksal. Als die Eltern heimkehrten, fanden sie ihren kleinen Sohn tot. Er war durch einen Strick um den Hals erstickt.

Das Fernsehen hat eine verhängnisvolle Suggestivkraft. Bilder dringen ins Unbewußte und steuern den Menschen. Die Psychologen bezeichnen diese Tatsache als Imagokräfte (lateinisch imago = Bild).

Die zweite negative Auswirkung ist der Zeitdiebstahl. Die Krimis rauben den Gläubigen die Zeit zum Bibellesen und Gebet. Alle Evangelisten wissen, daß an einem Krimi-Abend weniger Menschen zu den Vorträgen kommen. Wir sind Gott einmal dafür verantwortlich, was wir mit unserer Zeit angefangen haben.

Die dritte und schlimmste Auswirkung haben die Programme selbst. Dazu einige Hinweise:

B 74 Bei dem ersten Mondlandeunternehmen der amerikanischen Astronauten saß ich in USA vor dem Bildschirm. Ich schaltete einige Minuten vorher ein und war schockiert über das Vorprogramm: eine spiritistische Sitzung. Ich schaute weg, bis das eigentliche Mondlandeunternehmen begann. Die Fernsehintendanten haben schon einige Jahre okkulte Vorgänge in ihr Programm aufgenommen. Das ist nach meiner Erfahrung ein Verbrechen am Volk.

B 75 In Kalifornien war ein Gymnasiallehrer (highschool teacher) in meiner Seelsorge. Er hatte im Fernsehen einem Satanisten zugehört, der etwa folgendes sagte: „Der Gott der Christen hat schon lange abgewirtschaftet. Wer Realitäten und Krafterweise sucht, der komme zu uns. Wir geben sie." Der Lehrer schloß sich daraufhin einer Satansgruppe an und kam unter fürchterliche Belastungen. Er gab mir die Genehmigung, seine Geschichte wiederzugeben. Durch die Kraft Gottes kam er aus den Banden Satans frei.

B 76 In Deutschland fing man auch an, okkulte Programme zu bieten. Ich erinnere an Uri Geller. Er ist kein Lügner noch Scharlatan, wie ausgekochte Rationalisten uns weismachen wollen. Uri hat mediale Kräfte. Bei seinen Experimenten im Fernsehen wurden bei seinen medial veranlagten Zuschauern die gleichen Kräfte frei, die er selbst hat. Es verbogen sich Löffel und andere Gegenstände. Nur die Ignoranten spotten darüber. Wer mit der Materie vertraut ist, der weiß, daß hier satanische Realitäten dahinterstecken.

B 77 Am 30. August 1975 brachte das erste Fernsehprogramm eine Sendung mit dem Titel „Hypnoland". Untertitel: „Eine Reise ins Land der Hypnose." Ich habe die Sendung nicht gesehen. Ich hörte aber von den Auswirkungen der Show mit dem australischen Hypnotiseur Martin St. James. Viele Zuschauer fielen während der Sendung ebenfalls in Hypnose und erlangten erst nach Schluß der Sendung wieder das volle Bewußtsein. Manche allerdings hatten noch Tage und Wochen mit Störungen ihres Bewußtseins zu tun.

Bei der Therapiewoche in Karlsruhe Ende August 1975 nahm ein Experte, Prof. Dr. Dieter Langen von der Universität Mainz, Stellung zu derartigen Shows. Er wies die oberflächliche Kritik ab, es sei der größte Bluff des Jahres gewesen. Er bejahte, daß Hypnosen auch über den Dolmetscher möglich seien. Prof. Langen gab an, er wolle sich dafür einsetzen, daß gesetzliche Mittel geschaffen werden, solche Sendungen zu verhindern. In Schweden sind solche Vorführungen schon lange untersagt.

Hinter den Kulissen weiß man einiges über die Fernsehschäden. So wurde in Flensburg eine Fernsehklinik für fernsehgeschädigte Kinder eröffnet. Schreiten die Gesetzgeber erst dann ein, wenn Abertausende von dem Moloch Fernsehen seelisch oder nervlich ruiniert worden sind?

Ich weise in diesem Zusammenhang auf den Artikel von Gottfried Eisenhut in seinem Missionsblatt „Central" vom Juli 1975 hin. Der Bericht mit viel wissenschaftlichen Details versehen, trägt die Überschrift: „Magie durch Fernsehen." Ein Beispiel aus diesem Artikel:

B 78 „Ein sechsjähriges Kind saß auf dem Schoß des Vaters. Im Fernsehen wurde eine ‚entspannende Sendung‘ gegeben. Ein junges Mädchen wird erstochen. Im gleichen Augenblick schreit das Kind auf: ‚Ich habe das Messer im Bauch.‘ Beim Arzt schrie es alle 30 Sekunden auf. Es wurde in die Fernsehklinik nach Flensburg gebracht. Nach vielen Monaten war die seelische Störung noch nicht behoben.“

Was das Fernsehen gerade bei Kindern und Jugendlichen, die in ihrer nervlichen Kondition noch nicht gefestigt sind, alles anrichtet, wird erst die Zukunft zeigen. Ohne daß die meisten es wissen, fördert das Fernsehen die Schwächung des menschlichen Willens, die Zertrümmerung der seelischen Abwehrkräfte, die Uniformierung unseres Denkens, die Steuerung unserer Entscheidungen und die Trübung unseres Urteilsvermögens.

Vergessen wir nicht das Goethewort: „Den Teufel merkt das Völkchen nie, selbst wenn er es am Kragen hätte.“ Und er hat es am Kragen.

Nachtrag zur zweiten Auflage

Die Diskussion um die Berechtigung des Fernsehens in einem christlichen Haushalt ist in den letzten Jahren noch heftiger geworden. So schrieb mir ein intelligenter Bruder persönlich: „Ein Mann, der einen Fernseher hat, kann kein Jünger Jesu sein.“ Man überdenke einmal in Ruhe diesen Satz und blicke im Geist auf die Tausenden von Gläubigen, die unter dieses Verdikt fallen. Natürlich setzen sich verteufelte Christen zur Wehr und lassen sich nicht einfach von gesetzlichen Brüdern an die Wand drücken. Eine Gegenstimme wurde im „Neues Leben“ Sept. 1983 laut. Gerd Rumler, den ich schon 30 Jahre als aktiven Christen persönlich kenne, schrieb: „Heulen könnt’ ich vor Freud’, denn es passiert, womit wir kaum noch gerechnet haben: die gute Nachricht geht über den Bildschirm.“ Nach dem oben veröffentlichten Richterspruch ist er dann aber kein Christ.

In meiner Sammlung befindet sich ein ganzes Bündel von warnenden Schriften gegen das Fernsehen. Man verzeihe mir, wenn ich einiges über die Autoren dieser Schriften sage. Ich kenne die Brüder, die ohne Namen genannt werden. Ich diffamiere sie nicht. Ich halte sie für ernste Christen. Ihre extremen Neigungen auf anderen Gebieten sind mir durch die Seelsorge bekannt geworden.

Einer dieser warnenden Autoren hat die Eigenart, jeden für satanisch inspiriert und sogar für besessen zu halten, der nicht seine gesetzliche Meinung teilt. So hat dieser Bruder vor einigen Jahren den gesegneten – inzwischen heimgegangenen – Gottesmann Dr. Gerhard Bergmann für besessen erklärt. Und dann soll ich eine Warnung von diesem Bruder, der ein so maßloses Urteil über diesen von Gott autorisierten Evangelisten fällt, annehmen!

Ein anderer Bruder, den ich seit Jahrzehnten kenne, und der die extremste Warnung vor dem Fernsehen verfaßt hat, hält Freizeiten und vertritt dabei noch andere irrige Anschauungen. Mancher Teilnehmer kommt verwirrt nach Hause. Zur Zeit habe ich mit einem solchen Freizeitteilnehmer eine Seelsorge, der nach seiner Rückkehr von der erwähnten Freizeit einen Psychiater in Anspruch nehmen mußte.

Ich kenne eine andere Gruppe von gläubigen Brüdern, die gegen das Fernsehen wettern und zugleich die unsinnige Hohlwelttheorie vertreten. Im Kapitel „Gesetzlichkeit" ist darüber berichtet. Sie stecken auch in der Irrlehre der Allversöhnung.

In einer anderen Warnschrift, die mir vorliegt, stehen folgende Sätze: „Das Fernsehen ist auf jeden Fall das in Offbg. 13,14 f. erwähnte Bild, über das alle Verführungskünste der Endzeit laufen. Allein diese Gefahr sollte Grund genug sein, keinen Fernseher im Hause zu haben, denn nach Offbg. 14,9–11 erwartet solche Menschen ein grauenvolles und erbarmungsloses Urteil." Ich kenne den Verfasser dieser Schrift. Wegen einer Reihe von Verstiegenheiten ist sein Hauskreis geplatzt. Die ihn aber ablehnten, sind treue Jünger Jesu, die zuerst versuchten, diesen irrenden Bruder in Liebe zu korrigieren. Es ist aber eine viel beobachtete Erfahrung, daß fanatisierte Christen von niemand außer von ihren Gefolgsleuten einen Rat annehmen.

Viele werden nun denken, daß ich in eigener Sache spreche. Nein, ich bin nicht an das Fernsehen gebunden. Ich wehre mich aber gegen die fromme Versklavung teilweise pharisäischer Kritiker, die meinen, alles Unheil komme vom Fernsehen. Warum haben so viele gläubige Brüder kein ausgewogenes Urteil und bewegen sich nur in extremen Vorstellungen und starren, gesetzlichen Verengungen? Es gibt auch eine fanatische Superfrömmigkeit, die nicht aus dem Heiligen Geist kommt.

Was wird nicht alles gegen das Fernsehen mit Recht vorgebracht:

ein Sumpf dunkler Leidenschaften, Terror, Mord, Totschlag, nie enden wollende Obszönitäten, große Gefahr für die Kinder, die fernsehsüchtig, seelisch belastet und mit all dem Schmutz vollgepumpt werden.

Ein englischer Freund, der mich stets mit englischen Zeitungen versorgt, sandte mir die „Daily Mail" vom Nov. 79. Darin steht: „Robert Newsome turned killer after watching the Hitchcock Psycho-thriller on television. He strangled his eight month old son Lee though he had loved the baby." = „Robert Newsome wurde zum Mörder, nachdem er den Hitchcock-Psychothriller gesehen hatte. Er erwürgte seinen acht Monate alten Sohn Lee, obwohl er ihn geliebt hatte."

Aus Kalifornien wurde mir berichtet, wie ein Teenager von vier Kameraden langsam zu Tode gefoltert wurde. Derartige Greuelgeschichten nehmen kein Ende. Ohne Frage ist das Fernsehen eine Gefahrenquelle ersten Ranges.

Unsere Kritiker weisen auf viele Dinge hin. Die Sendungen haben vielfach einen suggestiven, hypnotischen oder magischen Effekt. Vor allem sind okkulte Szenen für den Zuschauer gefährlich. Ein guter Bericht über okkulte Fernsehsendungen stand im „Durchblick und Dienst" vom April 1974, von Pfarrer L. Pflaum verfaßt. Die Überschrift des Artikels lautet: „Fernsehzauberei – ein harmloser Spaß oder mehr?" Pfarrer Pflaum sagte zu solchen Übertragungen: „Die Beteiligung an okkulten Fernsehvorführungen bringt den Zuschauer und erst recht den, der dabei mitmacht, in einen unheimlichen Bann dunkler Mächte."

Wir sind mit der Diskussion noch nicht am Ende. Ich höre mir manchmal das Wort zum Sonntag an. Das von Horst Marquardt vom Evangeliumsrundfunk unterscheidet sich positiv von anderen, die nicht zentral, sondern sehr verschwommen sind. Nun hat man mir folgendes Argument schon mehrmals gebracht: „Evangeliumsverkündigung durch Fernsehen ist befleckt und geschwächt durch die Dämonen, die in der Luft herrschen. Die Funkstrahlen kommen schon negativ belastet in das Fernsehgerät." Nach Eph. 6,12 halte ich das für möglich. Die bösen Geister, die nach der Aussage der Bibel im Luftgebiet herrschen, beeinflussen aber nicht nur die Funkstrahlen, die zum Fernsehgerät gehen, sondern alles, was sich auf Erden abspielt. Gute Evangelisten beten, bevor sie die Kanzel betreten, daß der Herr Jesus die Atmosphäre des Raumes reinigt und die finsteren Mächte abhält. Tag und Nacht stehen wir Menschen unter Beschuß, nicht nur durch das Fernsehgerät. Die Luft ist erfüllt von Funkstrahlen, die uns total umgeben, auch ohne Gerät, das sie bündelt und sichtbar macht. Die dämonischen Mächte sind ja gar nicht an das materielle Sichtbarmachen gebunden. In der vierten Dimension spielt unsere dreidimensionale sichtbare Welt keine große Rolle.

B 79 Zur Illustration, wie das Fernsehproblem in das Alltagsleben hineingreift, ein Beispiel, das der Wirklichkeit entspricht. Der Sohn einer gläubigen Familie muß täglich 12 km mit dem Bus zum Gymnasium fahren. Am Halteplatz des Busses hängen Plakate über Rockmusiker und halbbekleidete Frauen. Im Bus obszöne Gespräche der anderen Schüler. In der Klasse fragt der Lehrer: „Habt ihr den Napoleon-Film gestern abend gesehen? Wir wollen darüber diskutieren." Der Sohn der gläubigen Eltern wird danach gefragt. Der Lehrer hatte ihn schon oft wegen seiner Einstellung aufs Korn genommen. Der Schüler antwortet: „Wir haben keinen Fernseher." – „Seid ihr aber rückständig", kommt die rasche Reaktion des Lehrers, der es aber sofort bereut. Er informiert die Schüler: „Nächste Woche um die gleiche Zeit kommt wieder ein historischer Film. Seht ihn euch an. Wir wollen darüber sprechen." Was nun? Der Junge geht zur angegebenen Zeit zu einem Schulkameraden und sieht sich den Film an, damit er überhaupt in der Schule mitdiskutieren kann. Das ist aber noch ein kleines Übel. Im Sexualunterricht der gleichen Schule wird ein Film über die Entstehung des Menschen gezeigt mit einer Deutlichkeit, daß den Eltern der Kinder die Haare zu Berge stehen.

Wie wollen die extremen Fernsehgegner solche Ereignisse abwehren? Eltern und Kinder kommen aus dem Hexenkessel dämonischer, endzeitlicher Zuspitzungen nicht mehr heraus. Da muß der Schutz und die Bewahrung von einer anderen Seite her kommen, daß die gläubigen Eltern ihre Kinder und sich selbst täglich unter den Schutz Jesu stellen. In unserer dämonen-erfüllten Zeit können die Eltern ihre Kinder nicht mehr vor den Umwelteinflüssen bewahren. Das kann nur der Mann vom Kreuz, der den Satan unter seine Füße getreten hat.

Großes Verständnis habe ich dafür, wenn ein Jünger Jesu ein Zeichen aufrichten will, und bewußt auf einen Fernseher verzichtet. Er muß aber wissen, daß seine Kinder oder Enkel trotzdem dieser unvermeidlichen Gefahr ausgesetzt sind.

Ein wichtiges Argument, das noch besprochen werden muß, ist der Hinweis der Fernsehgegner, daß der Antichrist sich einmal des sprechenden Bildes bedienen wird. Ich glaube das auch. Wenn man aber Offenbarung Kapitel 13 liest, dann hat man das Gefühl, daß dort eine andere Situation herrscht. Das Fernsehen ist bis dahin eine alltägliche Sache, über die sich niemand wundert. Unter dem Antichristen scheinen aber doch Ereignisse einzutreten, die etwas Besonderes sind. Ich will nichts in den Text hineingeheimnissen. Das hat das prophetische Wort nicht nötig. Vergleichsweise weise ich auf den sprechenden Esel des Bileam hin. Ob nicht unter dem Antichristen dämonische Wunder passieren, die über das Fernsehen hinausgehen? Man hänge mir nichts an. Ich erwähnte den sprechenden Esel nur als Vergleich für das Außerordentliche.

Der Hinweis auf den Antichristen ist sehr einseitig und einengend gegeben. Wird nicht der Antichrist alles in Anspruch nehmen, was die Technik zu bieten hat, nicht nur den Bildfunk, sondern auch den Sprechfunk, Morsefunk, Peilfunk und alle Bewegungsmittel vom Auto und Schiff bis zu den Satelliten. Wenn wir das Fernsehen ablehnen, weil der Antichrist es gebrauchen wird, dann sollen die Kritiker auch kein Auto fahren, denn es wird vom Antichristen gebraucht werden. In der Tat gibt es solche Christen in Kanada, wie wir schon hörten. Alles, was die Technik und Industrie zu bieten hat, wird von dem kommenden Weltdiktator im Exzeß benützt werden. Also sollen die Fernsehkritiker auf das elektrische Licht, Elektrogeräte, Kühlschränke und viele Gebrauchsgegenstände des Alltags verzichten, weil sie vom kommenden Weltdespoten benützt werden. Warum so naiv sein und nur ein Gebiet verdammen?

B 80 Ein Beispiel zum Morsefunk, der ebenso unter dem Antichristen bis zur Vollendung eingesetzt werden wird. Ein Schiff im Pazifik gerät durch einen Sturm in große Seenot und gibt SOS ab. Schiffe, die den Notruf hören, nehmen Kurs auf den gegebenen Standort. Bis sie ankommen, ist das Schiff gesunken. Schiffbrüchige treiben in Booten, Floßen und Rettungsringen umher und werden gerettet. Die ganze Aktion ist ohne Funk nicht denkbar. Die Durchgabe der Notmeldung, das Peilen des Standortes erfolgt durch Funk. Wenn nun der Kapitän und seine Navigationsoffiziere gläubige Christen sind, die den Funk wegen des kommenden Antichristen ablehnen, dann hätten viele Seeleute und Passagiere das Leben verloren.

Einmal mußte ich selbst während des Krieges als der Navigator eines Flugzeuges Notmeldungen pan pan pan (alles in Gefahr) durchgeben. Wir wurden ganz schwach von einer Bodenstelle gehört. Durch göttliches Eingreifen wurden wir gerettet.

Ich könnte weitere Argumente bringen. Zum Schluß der Bericht eines Filmes vom September 1983. Er hieß „Flug des Condor". Ich war sofort interessiert, weil ich die Wohngebiete des Condor, die Anden in Südamerika, mehrfach bereist, fotografiert und teilweise gefilmt habe. Der Film zeigte Feuerland, die Anden, Tierwelt und Pflanzenreich. Im ganzen Film taucht nicht ein Mensch auf. Man hört nur die Erklärungen eines unsichtbaren Sprechers. Für mich war es ein Stück Schöpferherrlichkeit, die mich an Psalm 8 erinnerte:

Wenn ich sehe die Himmel, deiner Finger Werk,
den Mond und die Sterne, die du bereitet hast,
was ist der Mensch, daß du sein gedenkst
und des Menschen Kind, daß du dich seiner annimmst?

Für mich besteht kein Anlaß, etwa Natur- oder Dokumentarfilme zu verteufeln oder die Sendungen mit biblischen Motiven. Ich nehme die Einwände der überspitzten Kritik dann bereitwillig an, wenn ihre Vertreter auf alles verzichten, was einmal der Antichrist verwenden wird.

Es bleibt aber Wahrheit, daß im Fernsehen mehr Negatives und Gefährliches steckt als Positives. Die meisten Sendungen sind keine Atmosphäre, in der ein christliches Glaubensleben gedeihen kann. Wer nicht weiß, wo der Knopf zum Abschalten ist, und wer an dieses „Glotzophon" gebunden ist, soll schleunigst die Müllabfuhr bereichern.

Fortschrittsleute

Das englische Wort processeans bedeutet Fortschrittsleute. Es ist eine englische Sekte. Da dieses vorliegende Buch in englischer Übersetzung eine größere Verbreitung findet als die deutsche Originalausgabe, müssen die englischen Sekten behandelt werden. Außerdem ist es eine langjährige Erfahrung, daß die amerikanischen und englischen geistigen Strömungen auch auf Europa übergreifen. Darum beginnen wir mit einem deutschen Beispiel:

B 81 Vor einigen Jahren hatte ich bei meinem Freund Pfarrer Wilhelm Brauer in Lübeck zwei Evangelisationen. Ich wohnte in seinem Hause. Eines Abends erzählte er mir folgendes Erlebnis.

Seine Söhne sahen auf dem Lübecker Bahnhof zwei Männer in langen schwarzen Roben. Die jungen Männer meinten, es seien anglikanische Priester oder amerikanische Lutheraner. Sie sprachen sie an: „Sie suchen wohl ein Quartier?“

„Ja, das stimmt.“

„Unser Vater ist Pfarrer. Wir sind ein gastfreies Haus. Kommen Sie mit uns. Wir wohnen ganz in der Nähe.“

Die beiden Schwarzgekleideten nahmen dankbar an. Sie wurden bei Bruder Brauer aufgenommen. Beim Abendessen wurde Pfarrer Brauer jedoch stutzig. Die beiden Ausländer hatten jeder an einer silbernen Kette ein Kreuz hängen, auf dem Oberarm jedoch eine Teufelsfratze tätowiert. Brauer fragte seine Gäste ganz offen: „Was hat das zu bedeuten? Sind Sie nicht Pastoren?“

„We are processeans.“ (Wir sind Fortschrittler.)

„Was ist das?“ forschte Pfarrer Brauer weiter.

„Wir glauben, daß Christus und der Teufel sich aussöhnen werden.“

Bruder Brauer wurde es bei diesem Bekenntnis unheimlich. Und das mit Recht. Er nahm sich vor, nicht mehr unbesehen fremde Gäste aufzunehmen.

Sehen wir uns einmal bei dieser Sekte um. Mein Material stammt von England und von Kanada.

Die Process-Kirche ist 1963 von Robert de Grimston in London gegründet worden. Grimston reist lehrend durch die ganze Welt und gründet überall Gruppen. Seine Lehräußerungen finden sich in den „Brüder-Informationen“ (Brethren Informations = BIs). Die Sekte lebt von Spenden. 1966 landete eine Gruppe Processleute in Mexiko. Sie hatten dort das Land zu verlassen, weil ihnen das Geld ausging.

Die Sekte hat heute Anhängerkreise in der Türkei, in Israel, in Griechenland. Die stärksten Gruppen finden sich in England, den USA und Kanada. In Toronto leben die Processleute in der 99. Gloucester Street in einer Art Kommune mit strengen Regeln zusammen. Ihr Leiter ist Bruder Malachi.

Zur Haus- und Gruppenordnung dieser Kommune gehören folgende Verbote: kein Alkohol, keine Drogen, kein geschlechtliches Leben vor der Ehe, kein Besitz. Das sind Regeln, wie wir sie teilweise aus den alten Mönchsordnungen kennen. Als höchste Lebensordnung gilt die sogenannte goldene Regel aus Mt. 7,12: „Alles, was ihr wollt, daß euch die Leute tun sollen, das tut ihr ihnen auch." Diese von Jesus aufgestellte Ordnung wird aber in verzerrter Weise erweitert. Sie sagen: „Willst du Liebe, so gib Liebe zuerst." Das ist zu akzeptieren. Sie fahren aber fort: „Willst du Haß, so hasse selbst." Das ist für biblisches Denken unmöglich. Jesus sagte: „Segnet, die euch fluchen."

Noch mehr wird der Schleier dieser Bewegung gelüftet, wenn wir die Theologie und die Praktiken dieser Sekte untersuchen.

Die Processeans glauben an drei Götter: Jehova – Luzifer – Satan. Sie schreiben den drei Göttern folgende Eigenschaften zu:

J e h o v a ist ein selbstgerechter Gott, der nach Rache dürstet und nur Gehorsam, Pflichterfüllung und Selbstverleugnung verlangt.

L u z i f e r ist der Gott der Lebensfreude. Er erlaubt, das Leben in vollen Zügen zu genießen. Er verlangt Frieden und Harmonie unter den Menschen.

S a t a n betreibt alles Negative. Orgien von Grausamkeit und Gewalt, Unduldsamkeit und Ausschreitung. Er will zum Wahnsinn führen.

Mit dieser Lehre rubriziert sich die Process-Kirche als eine Satanskirche. Dem entsprechen auch die Insignien und die Praktiken, die sie treiben. Das Silberkreuz auf der Brust wurde erwähnt. Auf dem Oberarm oder am Kragen tragen sie die „Goat of Mendes", das Satanszeichen. Entsprechend stehen auf dem Altar zwei Silberkelche, der eine für Christus, der andere für Satan. Der Prediger hält seine Predigten stets unter dem Satanszeichen. Er benützt eine Ersatzbibel, die vollgepackt ist mit Sprüchen, die Verdrehungen von Bibelworten darstellen, und selbsterdachten Parolen.

In dieser Ersatzbibel heißt es z. B., Christus hat erklärt: Liebet eure Feinde. Satan ist der ärgste Feind Jesu. Als Erfüllung dieses Liebesgebotes hat sich Jesus mit Satan ausgesöhnt. Am Ende der Tage kommen beide zusammen. Christus spricht das Urteil. Satan führt es aus. Das Urteil wird mit Weisheit gefällt. Der Vollzug des Urteils erfolgt mit Liebe. Über die Tätigkeit Jesu werden weitere seltsame Aussagen gemacht: Jesus ist der transzendente Vereiniger der drei Götter. So wird in der Endvollendung der Menschheitsgeschichte die Harmonie alles Geschehens und aller Geschaffenen der Schlußpunkt sein. Dieser letzte Satz findet sich bereits im Mithraskult 300 Jahre vor Christus, und wir finden ihn in der Gnosis, der Irrlehre des ersten Jahrhunderts und ferner bei den Anhängern der Allversöhnungslehre (apokatástasis hapánton). Wahrhaftig keine gute Nachbarschaft!

Ein Körnchen Wahrheit steckt in der Aussage der Processeans: Wir sind eine Kirche der Endzeit. In der Tat ist das Aufkommen der Satanskulte ein Vorspiel für das zweite Kommen unseres Herrn Jesu Christi. Die Process-Kirche erklärt ferner: Unter gewaltigen Katastrophen etwa um das Jahr 2000 kommt das Ende der Welt. Mit einem gewissen Fatalismus schicken sich aber die Processeans in diese Aussicht. Wenn sie sich begegnen, grüßen sie: At it is (Wie es ist). Die Antwort lautet: So be it (So sei es).

Nicht unerwähnt darf bleiben, daß diese Kirche auch okkulte Praktiken wie Telepathie und anderes treibt. – Alles in allem eine Satanskirche, aber nicht mit den Orgien wie die Satanskirche vom schwarzen Papst Anton La Vey in San Francisco.

Freimaurerei

Vor etwa zehn Jahren kam mein Buch heraus „Der Aberglaube“. Es ist in dritter Auflage vergriffen und wird nicht mehr aufgelegt. Das Buch brachte mir viel Opposition ein. Ein Richter in Süddeutschland drohte mir, er wolle mich vor Gericht ziehen, wenn ich nicht meinen Artikel über Freimaurerei ändern würde. Er hat außerdem noch einen Pfarrer gewonnen, der sein Anliegen vertrat und mir schrieb, was ich über Freimaurerei schreibe, entspräche nicht den Tatsachen. Inzwischen habe ich weitere Seelsorge zu dem Thema Freimaurerei gehabt. Ich brauche mein Urteil über die Freimaurerei nicht zu ändern, obwohl man mir vielleicht wiederum Drohbriefe schreiben wird.

Zur Geschichte der Freimaurerei nur einige Angaben. Die Freimaurer selbst führen teilweise den Beginn ihres Geheimbundes auf die Maurerzünfte unter König Salomo zurück. Das ist natürlich historisch nicht haltbar. In Europa wird das Jahr 1717 als das Geburtsjahr der ersten Großloge genannt. In Deutschland beginnen die Logen 1738 mit der Aufnahme von Friedrich dem Großen.

In den USA sagte man mir, es gäbe 5 Millionen Freimaurer. In Deutschland wird ihre Zahl auf 50000–80000 geschätzt.

Organisatorisch und ideenmäßig ist es unmöglich, alle Logen auf einen gemeinsamen Nenner zu bringen. Es gibt Logen mit magischen und spiritistischen Praktiken, aber auch solche, die einen Freundschaftskult und Lichtkult betreiben und sich sogar sozial betätigen.

Was mich in den USA am meisten verwunderte, ist, daß Pfarrer der Methodistenkirche, auch höhere Offiziere der Heilsarmee und Bischöfe Logenbrüder sind. Ich selbst habe einmal in einer Kirche gepredigt, die hinter dem Altarraum die Freimaurersymbole hatte. Ich sagte dem betreffenden Pfarrer: „Wenn ich vorher davon gewußt hätte, daß das eine Freimaurerkirche ist, hätte ich die Einladung nicht angenommen." Erfreulich ist, daß in den USA die Missouri Synode ihren Pfarrern und Ältesten die Zugehörigkeit zu einer Loge verbietet. Eine Beobachtung darf nicht verschwiegen werden. Es ist die Erfahrung vieler geistlich lebendiger Pfarrer in Nord-Amerika, daß die Gemeinden, deren Pastor Freimaurer ist, geistlich tot sind. Es ist auch sehr schwer, solchen Gemeinden das Evangelium zu verkündigen. Man hat den Eindruck, daß irgendwie ein Bann über der ganzen Kirche liegt.

Jetzt folgen einige Beispiele aus meiner eigenen Arbeit.

B 82 Mein zeitlich jüngstes Erlebnis ist die Begegnung mit einem Freimaurer hohen Grades in St. Petersburg, Florida. Anläßlich meiner Vorträge in der Kirche von Dr. Kenneth Moon kam ein Mann in meine Seelsorge, der zum 32. Grad der Freimaurerei gehört. Der letzte Grad ist der 33., der Grad des Großmeisters. Sein Anliegen war, daß ich seiner depressiv veranlagten Frau helfen sollte. Ich bat ihn, seine Frau zu bringen, da man ja nicht Seelsorge über den Kopf eines anderen hinweg treiben kann. Bei dieser Aussprache fragte ich ihn aber selbst nach seiner eigenen Stellung zu Christus. Er gab eine verschwommene Antwort, er würde natürlich auch an Gott glauben. Das Gespräch kam durch meine Fragen zu einem zentralen Punkt, und da stellte ich fest, daß der Mann regelrecht unter einer geistlichen Blockade stand. Er war nicht in der Lage, die Heilstatsachen des Neuen Testamentes zu verstehen, geschweige denn, sie anzunehmen. Ich konnte in diesem Fall nicht helfen.

B 83 Bei einer Evangelisation in der Schweiz hörte ich, daß der Sekretär einer Schweizer Loge Christ geworden war. Von diesem Augenblick an wußte er, daß er aus der Freimaurerei auszutreten hatte. Niemand hat das von ihm verlangt. Bei seiner Entscheidung für Christus war ihm das selbstverständlich.

B 84 Einer meiner Bekannten ist der Sohn eines Schweizer Bauunternehmers, der ursprünglich Freimaurer gewesen war. Aus irgendwelchen Gründen trat er aus der Loge aus. Von dieser Zeit an sperrten ihm die Banken die Kredite. Der Grund war, daß die Bankdirektoren selbst Freimaurer sind. Der Bauunternehmer wurde dadurch geschäftlich ruiniert.

Ich habe noch schwerwiegenderes Material, daß austretende Logenbrüder von den bisherigen Genossen verfolgt werden. Ich habe aber kein Interesse daran, vor Gericht gezogen zu werden. Die Drohung jenes süddeutschen Richters hat sich also auch bei mir ausgewirkt. Zugleich wirft aber diese Drohung ein Licht auf das Gebaren der Logenbrüder.

Lassen wir die Beispiele beiseite und bringen wir das Zitat aus einem Freimaurerbuch, das uns vollends die Augen öffnet. Es handelt sich um den Titel „Das Geheimnis des Freimaurers" von F. C. Endres. In diesem Buch heißt es auf Seite 19: „Ein Mensch begeht eine schlechte Tat. Er beichtet sie dem Priester. Der Priester spricht – anstelle Gottes – den Verbrecher der Sünde ledig. Wie einfach ist das! Wie verführerisch für den Menschen! Wie beseligend, die böse Tat durch eine Handlung Gottes auslöschen zu lassen und ein neues Leben zu beginnen! Die Macht der Sündenvergebung liegt in uns selbst. Die Möglichkeit, ein neues Leben unbelastet von den Lasten der Vergangenheit zu beginnen, liegt in unserer Seele. Oder es wird, was Menschen geschrieben und gesagt haben, nachträglich als Offenbarung Gottes dekretiert (erklärt)."

Was sollen wir als Christen zu solchen Sätzen sagen? Im Sinne der Heiligen Schrift ist das Gotteslästerung. Und dann sollen wir, wenn wir um Rat gefragt werden, die Zugehörigkeit zu solchen Logen gutheißen?

Meine Erfahrung ist, wenn Männer zum Glauben an Jesus kommen, das heißt, eine Bekehrung und Wiedergeburt erleben, und sie treten nicht aus der Loge aus, dann fallen sie in ihrem Glaubensleben zurück. Andererseits erfuhr ich es bei meinen vielen Reisen, daß Männer bei der Hinkehr zu Christus sofort wußten, daß sie mit der Loge zu brechen hatten.

Eine seltsame Loge mit religiösem Charakter ist die sogenannte geistige Loge in Zürich, die Ableger in Basel und in Berlin hat. Ich bin nicht darüber informiert, ob diese geistige Loge der Großloge Alpina der Schweiz angeschlossen ist. Diese geistige Loge führt Gottesdienste durch, bei denen auch die Bibel gelesen und gebetet wird. Die Predigt wird aber nicht von einem Pastor gehalten, sondern von einem Geist Joseph aus dem Jenseits, der durch das Medium Beatrice sich kundtut. Wir haben hier also einen religiösen Spiritismus. Bei meiner Vortragstätigkeit in der Schweiz habe ich es in der Seelsorge oft mit Menschen zu tun, die durch die geistige Loge unter einen Bann geraten waren. Ich muß also trotz des frommen Beiwerkes vor dieser spiritualistischen Loge warnen.

Wir brauchen keine Geister aus dem Totenreich, die uns die Wahrheit verkündigen. Wir haben die Bibel, das vom Heiligen Geist inspirierte Wort Gottes. Wir haben Jesus Christus, der gesagt hat: „Ich bin das Licht der Welt, wer mir nachfolgt, wird nicht in der Finsternis wandeln, sondern wird das Licht des Lebens haben“ (Joh. 8,12).

Nachtrag zur zweiten Auflage

In den letzten Jahren sind viele warnende Schriften und Bücher gegen die Freimaurerei erschienen. Was erschüttert, ist die Tatsache, daß der Inhaber des kirchlichen Amtes für Weltanschauungsfragen in der Lutherischen Kirche in Bayern sich für die Freimaurerei einsetzt. In seiner Broschüre mit dem Titel „Freimaurer“ (Münchner Reihe) fragt er auf Seite 41: „Kann ein Christ Freimaurer sein?“ Er fährt fort: „Diese Frage muß klar mit Ja beantwortet werden.“

Ich habe keine innere Freiheit, mich hier in eine fruchtlose Diskussion einzulassen. Durch viele Vortragstouren auf allen Kontinenten weiß ich, daß es genug Bischöfe und Pfarrer gibt, die Freimaurer sind. Ich habe aber noch keinen freimaurerischen Pfarrer kennengelernt, in dessen Gottesdiensten das Wehen des Heiligen Geistes zu spüren war, und wo Menschen zum lebendigen Glauben an Jesus kamen. Und der Rahmen meiner Lebensarbeit in nunmehr 141 Ländern war sehr weit gespannt.

Die Konsequenz der katholischen Kirche gefällt mir. Der Osservatore Romano vom 2. Dez. 1983 Nr. 48 brachte folgenden Artikel:

„Urteil der Kirche unverändert"

Erklärung der Glaubenskongregation zur Freimaurerei

Es wurde die Frage gestellt, ob sich das Urteil der Kirche über die Freimaurerei durch die Tatsache geändert hat, daß der neue CIC sie nicht ausdrücklich erwähnt wie der frühere.

Diese Kongregation ist in der Lage zu antworten, daß diesem Umstand das gleiche Kriterium der Redaktion zugrunde liegt wie für andere Vereinigungen, die gleichfalls nicht erwähnt wurden, weil sie in breitere Kategorien eingegliedert sind.

Das negative Urteil der Kirche über die freimaurerischen Vereinigungen bleibt also unverändert, weil ihre Prinzipien immer als unvereinbar mit der Lehre der Kirche betrachtet wurden und deshalb der Beitritt zu ihnen verboten bleibt. Die Gläubigen, die freimaurerischen Vereinigungen angehören, befinden sich also im Stand der schweren Sünde und können nicht die heilige Kommunion empfangen.

Autoritäten der Ortskirche steht es nicht zu, sich über das Wesen freimaurerischer Vereinigungen in einem Urteil zu äußern, das das oben Bestimmte außer Kraft setzt, und zwar in Übereinstimmung mit der Erklärung dieser Kongregation vom 17. Februar 1981 (vgl. AAS 73/1981; S. 240–241).

Papst Johannes Paul II. hat diese Erklärung, die in der ordentlichen Sitzung dieser Kongregation beschlossen wurde, bei der dem unterzeichneten Kardinalpräfekten gewährten Audienz bestätigt und ihre Veröffentlichung angeordnet.

Rom, am Sitz der Kongregation für die Glaubenslehre, 26. November 1983

Joseph Kardinal Ratzinger, Präfekt

Auf biblischem Boden befindet sich H. Passarge mit seiner Broschüre „Kurzer Abriß über die Freimaurer". Seine Argumentation kann hier nicht behandelt werden. Man kann sich ja diese Schrift vom Verlag „Bibel und Gemeinde", D-7517 Waldbronn 2, besorgen. Passarge schreibt: „Die Freimaurerei hat einen mystischen, okkulten und spiritistischen Hintergrund. Zweck dieser Schrift ist, daß sich alle Jünger Jesu von der Heiligen Schrift her warnen lassen." Noch einige Sätze aus der Schlußseite dieser

Broschüre: „Über die Logen kann viel gesagt werden. In allen Logen werden strenge Gesetze und Ordnungen befolgt. Alle Tätigkeiten erfolgen unter dem Siegel der Verschwiegenheit und Geheimhaltung. Sie finden hinter verschlossenen Türen statt. Das lateinische Wort für Geheimhaltung bzw. Verheimlichung heißt occultum oder auch occultatio. Die Außenstehenden dürfen nicht wissen, wieviel okkulte und spiritistische Praktiken in den geheimen Bruderschaften betrieben wurden und noch werden... Der eigentliche Ursprung der Freimaurerei ist in den griechischen und östlichen Mysterienkulten und dem daraus resultierenden Okkultismus zu suchen, der mit christlichen Grundsätzen versehen ist, ob es sich um den Templerorden, die Rosenkreuzer, die Freimaurerlogen, die Illuminaten oder um die daraus resultierenden Edelkommunisten handelt. Sofern Menschen aus christlichen Kreisen zu ihnen stießen, haben diese den Urgrund des Wortes Gottes und Jesus Christus als ihren Herrn verlassen und sich löcherige Zisternen gegraben (Jer. 2,13), um von dem faulen, schalen und stehenden Wasser zu schöpfen, anstatt zur wahren Quelle zu gehen."

Der Standort eines Jüngers Jesu ist die Gemeinde des Herrn und nicht in mysteriösen Geheimbünden.

Friedenszeichen

Die sogenannte Friedensbewegung benützt die germanische Todesrune als Symbol. Man sieht in allen Ländern Schwestern, evangelische und katholische Pfarrer, die das Friedenssymbol tragen oder bei christlichen Veranstaltungen benützen. Diesem grausigen Unfug sollte schleunigst ein Ende bereitet werden. Hören wir kurz einiges aus der Geschichte des „Friedenssymbols".

1. In der Zeit der Christenverfolgung im ersten Jahrhundert hieß das heute benützte „Friedenssymbol" das Nerokreuz. Der Überlieferung nach hat der Christenhasser Nero Petrus mit dem Kopf nach unten kreuzigen lassen. Das „Friedenssymbol" stellt daher ein umgekehrtes Kreuz dar und ist ein Zeichen des Christenhasses.
2. Im achten Jahrhundert haben die Sarazenen die katholische Kirche in Spanien bekämpft. Ihre Krieger hatten das Nerokreuz auf ihren Schildern, als sie 711 ihren Eroberungszug auf der

Iberischen Halbinsel begannen. Unter dem gleichen Zeichen des Christushasses bekämpften die Sarazenen 1099 die Kreuzfahrer.

3. Im ganzen Mittelalter diente das Nerokreuz – vielerorts auch Drudenfuß genannt – als Symbol der schwarzen Messe, der Satanskulte und der Gotteslästerung. Bei diesen schauerlichen Zeremonien der Geheimkulte wurde auch eine holzgeschnitzte Teufelsfratze benützt, deren Augen genau dem Nerokreuz nachgebildet waren. Ein solches Holzbild ist heute noch in dem Museum für Zauberei und Satanskulte in Bayonne (Frankreich) zu sehen.
4. Im 20. Jahrhundert hat das „Friedenssymbol" seine vielseitigste Geschichte. Der Erzkommunist Bertrand Russel hat für seinen „Friedensmarsch" linksgerichteter Gruppen im Jahr 1958 ein Symbol entworfen. Er benützte dafür das historische Nerokreuz, weil er selbst ein entschlossener Christenhasser ist. Ein einziger Satz aus seinem Aufsatz „The will to doubt" zeigt diese Einstellung. Er schrieb: „Ich hoffe, daß jede Form eines religiösen Glaubens sterben wird." In einer kommunistischen Zeitung der USA „Daily Worker" legte er mit folgenden Worten sein politisches Glaubensbekenntnis ab: „Außer dem sowjetischen Weg existiert für nichts mehr Hoffnung." Die Einstellung dieses „Friedensapostels" sollte den verblendeten Trägern des „Friedenszeichens" die Augen öffnen.
5. Noch klarer wird die Situation, wenn wir uns unter den Reihen derer umsehen, die das „Friedenszeichen" tragen. Die kommunistischen Führer der kommunistischen Studentenbewegung in den USA tragen dieses „Erkennungszeichen". Rote Radikale haben das „Friedenssymbol" auf ihren Fahnen. Die arabischen Freischärler, die mit russischen Waffen Israel bekämpfen, haben dieses Zeichen auf ihren Armbinden. Der schwarze Papst Anton La Vey in San Francisco zeigt das „Friedenssymbol" auf einer großen Leinwand vor dem Beginn der schwarzen Messe und der Orgien, die er mit seinen Anhängern feiert. Es ist einfach grauenvoll, daß Christen so verblendet sind, daß sie dieses Zeichen, das ein Symbol von Millionen ermordeter Christen darstellt, zu tragen wagen.

„Frieden" wollen die Kommunisten bringen. Was ist das für ein Friede, wenn man politisch oder religiös Andersdenkende in psychiatrische Kliniken steckt und ihnen Injektionen gibt, bis sie verblödet sind?

Echten Frieden gibt es nur an einer Stelle in der Welt: am Fuß des Kreuzes von Golgatha. Dort starb einer, der nicht andere mordete, um der Welt Frieden zu bringen, sondern der sich selbst ohne Gegenwehr ermorden ließ, um das Prinzip der Gewalt und des Menschenmordes zu durchbrechen. Der eine starb für unsere Schuld. Damit kommt unser Gewissen zur Ruhe. Er ist wahrhaftig unser Friede (Eph. 2,14).

Geistestaufe oder Geistertaufe

Zu dem Thema Geistertaufe liegt mir so viel Material vor, daß ich es nicht in einem Kapitel, auch nicht in diesem Buch, unterbringen kann. Ich muß mich nur auf einen Punkt beschränken, „das Rückwärtskippen" bei der sogenannten Geistestaufe. Es gibt eine Reihe von extremen Evangelisten, bei deren Handauflegen die Menschen rückwärts fallen und für einige Sekunden das Bewußtsein verlieren. Manche sprechen dann auch in fremden Sprachen oder sonst mit unverständlichen Lauten. Halten wir ein wenig Umschau in der heidnischen und christlichen Welt.

Trancehaftes Geschehen im Heidentum

In meiner Jugend und später bei meinen Missionsreisen hatte ich freundschaftlichen Kontakt zur China-Inland-Mission, die mir damals sehr zum Segen geworden war. Im Religionsunterricht sprach ich manchmal über den Boxeraufstand und über dessen Massaker an den Christen in China im Jahr 1900. Die jugendlichen Anwärter für diese revolutionären Aufständischen mußten in der Ausbildungszeit ein Trancestudium durchmachen. Sie hatten ununterbrochen eine kurze Formel einige hundert Male zu wiederholen, ähnlich dem tibetischen Koan oder den Übungen der transzendentalen Meditation, bis sich die „Götter" ihrer bemächtigten, rücklings zu Boden fielen und dann einige Minuten in der Trance dalagen. Das sollte eine psychische Aufladung mit seelischen und körperlichen Kräften bewirken, damit sie tüchtig würden zum Kampf.

Dieses Training führte zu einem Erfülltwerden mit bösen Geistern, die dann das Abschlachten der Christen befahlen. Es handelte sich also um eine Geistertaufe.

Vor Jahren freundete ich mich mit einem jungen Häuptling des

Wongaistammes in Westaustralien an. Er berichtete mir, daß sein Stamm sechs Medizinmänner habe, die sich jederzeit in Trance versetzen und dann in unverständlichen Sprachen reden und Stammesentscheidungen vorbereiten können. Als dann dieser Häuptling Puwantjara Christ wurde und zum ersten Mal das Zungenreden von Pfingstlern hörte, verglich er das sofort mit dem Trancereden der Medizinmänner.

In Bangkok berichtete mir Prof. Dr. Heusser von den buddhistischen Jahresfesten, bei denen die Priester in der Trance Heilungen, aber auch telekinetische und Materialisationsphänomene vollbringen. Er gab sich Mühe, hinter das Geheimnis dieser parapsychologischen Praktiken zu kommen. Es ist ihm nicht gelungen.

Tranceerfahrungen und Trancehandlungen gibt es im gesamten Heidentum. In meinen Büchern sind Hunderte von Beispielen. Zu den stärksten Trancemedien gehören die Wuduisten auf Haiti, die Macumba in Brasilien, die Zombis in Zentralafrika, die Alauts in Indonesien, die Hilots auf den Philippinen, die Kahuna auf Hawaii, die Schamanen unter den Eskimos und viele andere.

Der Trancezustand bedeutet totale Passivität, in die finstere Mächte einströmen können.

Die Bibel fordert totale Nüchternheit und Wachsamkeit als Voraussetzung für göttliches Wirken in unserem Leben.

Trancehaftes Geschehen im Christentum

Zu diesem Thema stehen mir mehr Beispiele zur Verfügung, als hier gebracht werden können.

Bei Kathryn Kuhlman erlebte ich in Pittsburg (USA) einen vierstündigen Heilungsgottesdienst mit. Etwa 50 bis 60 Personen sind vor der Plattform rückwärts gekippt, wenn Kathryn Kuhlman mit ihnen betete. Ich verweise auf das entsprechende Kapitel in diesem Buch. Es soll hier nicht wiederholt werden.

B 85 Ein anderes Beispiel erlebte ich in San Diego in Kalifornien. Auch darüber habe ich schon in einem anderen Buch berichtet. Es handelt sich um eine griechische Einwanderin, die erst ein Jahr Christin war. In ihrer Stadt wurden zwei Zelte einer Pfingstlichen Zeltmission aufgestellt. Die Griechin besuchte aus Unkenntnis diese Versammlungen. Nach dem Vortrag kündigte der Evangelist an: „Wer zum Empfang des Heiligen Geistes zurückbleiben will, begebe sich in das kleinere Zelt nebenan.“ Die Griechin folgte dieser Aufforderung. Als sie vom Evangelisten eine Handauflegung erhielt, stürzte sie bewußtlos zu Boden. Nach einiger Zeit kam sie wieder zur Besinnung und war von einer schrecklichen Angst erfüllt. Ihre Lippen bewegten sich in unverständlichen Lauten. Umherstehende jubelten: „Du hast die Geistestaufe empfangen und wunderbar in Zungen gesprochen.“ Die Griechin aber spürte, daß das nicht der Heilige Geist gewesen war, denn sie hatte ihren Frieden und ihre Vergebungsgewißheit bei diesem Vorfall eingebüßt. Einige Zeit später kam ich nach San Diego, wo ich verschiedene Vorträge hatte. Die Griechin kam zu mir und berichtete diesen schrecklichen Vorfall. Sie tat Buße darüber, und wir beteten gemeinsam ein Lossagegebet. Der Herr erbarmte sich ihrer. Ihr geistliches Leben kam wieder in Ordnung.

Wir dürfen nicht übersehen, daß die durch einen medial veranlagten Pfingstprediger bewußtlos gewordene Christin von bösen Geistern erfüllt wurde. Und das nennen diese irregeführten Prediger Geistestaufe.

Von Kalifornien gehen wir nun nach Finnland und hören dort vom gleichen Geschehen.

Niilo Yli Vainio war Rentierhirte und Gemeindepastor. 1976 wurde er krank. Ein schwerer Schlag war für ihn, daß der Arzt bei seiner Frau Krebs im fortgeschrittenen Stadium feststellte. Beide fanden sich mit diesem Weg Gottes schweren Herzens ab. Er achtzigprozentiger Invalide, sie mit Krebs im Endstadium! Sie beschlossen daraufhin, die letzten Dinge ihres Lebens zu regeln. In ihrer Heimatgemeinde kauften sie vorsorglich eine Grabstätte. Danach zogen sie sich in die Einsamkeit zurück, um in Ruhe dort den Tod zu erwarten. Es kam aber anders. Durch ein außerordentliches Ereignis wurden beide geheilt. Ein neuer Lebensabschnitt begann für sie. Er kehrte in seine Gemeinde zurück und predigte in solcher Kraft, daß die Zuhörer ganz verwundert waren. Eine Bewegung entstand, die sich über ganz Finnland und Skandinavien ausbreitete. Bei dem Berliner Pfingstkongreß, von Spitzer organisiert, war er einer der Hauptredner. Vainio gehört zu den Pfingstevangelisten, bei denen die Leute nach Handauflegungen rückwärts kippen und für kurze Zeit bewußtlos werden. Er gehört dadurch auch zu den medialen Evangelisten.

Medialität wird oft von ihren Trägern nicht erkannt. Es ist auch eine Erfahrungstatsache, daß die Medialität bei Bekehrungen nicht immer gleichzeitig verschwindet. Es gibt viele Christen, die unbewußt medial veranlagt sind. Sie nehmen dann manchmal seltsame geistliche Entwicklungen. Das bewußtlose Rückwärtskippen ist ein Zeichen von Medialität.

Bei meinen verschiedenen Vortragsreisen in Skandinavien hatte ich Seelsorge, die mir zeigt, daß nicht nur die Lappen noch alte Zauberei und Besprechen üben, sondern auch die anderen Skandinavier. Darum haben auch extreme Bewegungen so leicht Eingang in Skandinavien gefunden. – Vainio ist jetzt vor einigen Jahren, nicht lange nach seinen Vorträgen in Deutschland, gestorben.

Von Finnland gehen wir nach Israel. Ich bringe zu einer Situationsschilderung einen Brief aus Jerusalem. Den Namen der Schreiberin lasse ich zu ihrem Schutz weg.

B 86

Jerusalem/Israel

Lieber Bruder Dr. Koch!

Herzlich möchte ich Sie im Namen Jesu aus Israel grüßen. Als Zugehörige Ihres Freundeskreises empfange ich regelmäßig Ihre Rundbriefe, über die ich sehr froh bin. In Ihrem Buch „Das okkulte ABC" (1. Auflage) ermutigte mich ein Artikel über die charismatische Bewegung, Ihnen nunmehr zu schreiben und Sie um Aufklärung zu bitten.

Sowohl in diesem Artikel als auch in Ihrem Bericht über Kathryn Kuhlman und andere schreiben Sie über die „Slains in the spirit". Durch intensives betendes Bibelstudium bekam ich bereits seit 1958 vom Herrn gezeigt, daß Überwältigte durch den Heiligen Geist auf ihr Angesicht fielen, sich ihrer Unwürdigkeit bewußt wurden und nur um Gnade und Barmherzigkeit in Jesus bitten konnten oder in Lobpreis und Anbetung ausbrachen. Bei den Überwältigten, die besinnungslos auf die Erde fielen, wurde es mir bei sämtlichen Berichten unheimlich zumute. Der Heilige Geist überwältigt doch niemanden, um ihn bewußtlos zu schlagen, auch wenn hinterher ein seliges Gefühl da war.

Warum ich Ihnen das so Bekannte noch einmal schreibe, ist folgender Tatbestand.

Vor einigen Wochen bekam ich Besuch eines etwas im Charakter weich veranlagten Bruders, Einwanderer aus Rußland, von der Herkunft ein Kohanit. Unter anderem berichtete er mir von seiner tiefen Sehnsucht, mehr und mehr vom Geist Gottes erfüllt zu sein, um dem Herrn würdiger zu dienen. Dann erzählte er uns, daß in

Tel Aviv eine Versammlung abgehalten worden sei von einem in den Staaten wie auch in Europa sehr bekannten englischen Bruder, der jetzt hier in Jerusalem lebt, namens Derek Prince. Der russische Bruder hörte sich die Botschaft an, nach welcher Bruder Prince aufforderte, daß, wer erfüllt sein wolle mit dem Heiligen Geist, nach vorne kommen sollte zur Handauflegung. Die Leute strömten zu ihm und fielen nach der Handauflegung alle rückwärts zu Boden, so daß dieser Bruder wegen der vielen „Erschlagenen im Geiste“ lange Zeit nicht nach vorne gehen konnte. Außerdem mißfiel es ihm, wie alle auf dem Boden lagen. Schließlich überwand er seine Bedenken und ging auch nach vorne, sich fest im Herzen vornehmend, nicht umfallen zu wollen. Seine eigene Kraft reichte aber nur aus, daß er, schwach werdend, sich auf einen Stuhl setzen mußte. Als ich ihn fragte, ob sich dann in bezug auf die Kraftzuwendung durch den Heiligen Geist etwas in seinem Leben verändert hätte, sagte er, nein...

Bitte verstehen Sie mich, ich weiß auch, was Verleumdung heißt. Mir geht es nicht darum, aber gerade Jerusalem ist ein Sammelbekken von so vielen Geistesströmungen, daß wir nicht vorsichtig genug sein können, und der Herr hat mir blinde, gläubige, arabische Mädchen anvertraut, die ich auf jeden Fall bewahrt wissen möchte. Alleinstehend hier draußen fällt es mir wahrlich manchmal sehr schwer, immer die rechten Entscheidungen zu treffen. So wäre ich Ihnen für eine geistliche Hilfe sehr, sehr dankbar.

In der Liebe Jesu bleibe ich Ihnen verbunden, Sie herzlich grüßend, (Unterschrift)

Den Namen Derek Prince habe ich einige Male in unguten religiösen Zusammenhängen vernommen. Das gehört aber nicht hierher. Der Brief aus Jerusalem ist nur ein Hinweis, daß die mediale Welle der Kippvorgänge sich rund um den Globus ausbreitet.

Wir in Deutschland sind nicht davon verschont geblieben. Im Spätsommer 1983 kam ein Alarmzeichen von Königsfeld aus einem Haus, in dem ich selbst schon einige Vorträge und Konferenzen gehalten habe. Ich lasse auch hier alle Namen weg.

B 87 Ein messianischer Jude, den ich als Sohn Israels achte und schätze, hielt drei Vorträge in diesem Kurort des Schwarzwaldes.

Eine Teilnehmerin schrieb mich danach an und teilte folgendes mit: Die Vorträge seien gut und biblisch gewesen. Aber hinterher war ein Heilungsdienst, bei dem den Anwesenden die Hände aufgelegt wurden. Sie sind dann rückwärts gekippt und waren kurze Zeit benommen oder bewußtlos. Also kommt diese mediale Welle auch in unserer engeren Heimat auf uns zu.

Die stärkste Intensität hat die religiös-mediale Welle in Südafrika. Womit hängt das zusammen? Die letzten Hintergründe wissen wir nicht, aber eines beobachtete ich seit Jahren. Wo viel Spiritismus und Satanismus herrscht, finden schwarmgeistige Bewegungen guten Nährboden. Kalifornien ist eine spiritistische Hochburg und zugleich ein Eldorado aller schwarmgeistigen Gruppen. Denselben Charakter hat England. Die okkulte spiritistische Heilerorganisation von Harry Edwards hat 2000 spiritistische Mitarbeiter. England hat ferner mehr als 100 spiritistische Kirchen. Zugleich gibt es auch starke extreme Gruppen. Südafrika hat nach der Aussage eines früheren Hohenpriesters der Satanisten 100000 aktive Satanisten, während Europa mit einer dreißigfachen Bevölkerungsdichte nur 40000 Satanisten aufweist. Kein Wunder, daß die okkulte Welle in Südafrika viel stärker ist als in Europa, wo wir auch schon genug mit okkulten Bewegungen zu tun haben.

Wenn nun wieder einige negative Beispiele über den Kippvorgang berichtet werden, muß ich unbedingt meine Stellung kennzeichnen. Ich lehne zwar den medialen Kippvorgang radikal ab, aber nicht die Haltung treuer Kinder Gottes auch in den charismatischen Bewegungen, obwohl ihnen die Gabe der Geisterunterscheidung meistens abgeht. Hören wir nun einige Kurzberichte:

B 88 Auf Sizabantu kam ein junger Mann indischer Abstammung zu mir und gab mir seine Bekehrungsgeschichte, weil ich ihn darum gebeten hatte. Den ganzen Bericht kann ich hier nicht wiedergeben. Er wird, so Gott will, im nächsten Buch meiner Frau aufgenommen werden. Hier geht es nur um die sogenannte Geistestaufe. Der junge Mann besuchte den Gottesdienst einer Pfingstgemeinde. Gläubig war er nicht. Er setzte sich in die hinterste Bankreihe. Am Schluß des Gottesdienstes kam ein Ältester der Gemeinde auf ihn zu und fragte, ob er mit dem Heiligen Geist getauft werden wolle. Er willigte ein und ging nach vorn. Er beobachtete, wie starke Männer umkippten. Als er an der Reihe war, bekam er von einem Ältesten einen harten Stoß, daß er stürzte. Da er sah, daß andere liegen blieben, verhielt er sich auch so, weil er merkte, daß das den Leitern gefiel. Aus diesem Grunde gab er auch an, daß er die Geistestaufe erhalten hatte. Danach forderte man ihn auf, sein Zeugnis zu geben. In der folgenden Zeit wurde er oft zum Predigen aufgefordert, obwohl er noch tief in einem Sündenleben steckte und keine Bekehrung erlebt hatte.

Lange ertrug dieser junge Mann diesen Zwiespalt nicht. Er empfand sich selbst als Heuchler und Schauspieler. Irgend jemand wies ihn auf Sizabantu hin. Er kam und erkannte sich dort unter der Verkündigung als verlorenen Sünder. Er tat Buße und übergab sein Leben Jesus. Von dem bisherigen Extremismus und der zwielichtigen „Geistestaufe" sagte er sich im Namen Jesu und im Beisein eines Zeugen los.

B 89 Aus Südwestafrika ein Beispiel, das noch beweiskräftiger ist. Ich lernte einen reformierten Pfarrer kennen, der sich zu einer Pfingstgemeinde hatte einladen lassen. Dort erhielt er eine Handauflegung und konnte von diesem Zeitpunkt an in „Zungen" reden. Er trug aber immer noch Unfrieden im Herzen herum und hatte keine Vergebung und keine Heilsgewißheit. Er erhoffte sich das durch die zweite Handauflegung eines bekannten Pfingstpredigers. Bei dieser Handauflegung fiel er rücklings zu Boden und war kurze Zeit bewußtlos. Was dieser Pfarrer Maritz dadurch bekam, war eine mediale Kraft, so wie er es heute ansieht. Wenn er in Zukunft mit Leuten betete, fielen diese auch rücklings auf den Boden. Er war der Meinung, daß das eine Wirkung des Heiligen Geistes sei. Nun will ich aber Bruder Maritz selber sprechen lassen:

„Es war nicht der Heilige Geist, sondern der Teufel hielt uns zum Narren. Es waren nur seelische Reaktionen, in der böse Geister wirkten. Der Teufel war am Werk. Wir haben das zu spät erkannt. Satan kommt gern und inszeniert Nachahmungen. Wir redeten von der Fülle des Heiligen Geistes, tanzten mit Popmusik in den Gottesdiensten, klatschten mit den Händen, beteten und predigten mit überdimensionaler Stärke. Nach solchen Tumulten war hinterher alles beim alten. Das Sündenleben war unverändert."

Pfarrer Maritz kam mehrmals nach Sizabantu, tat Buße, beichtete und nahm Jesus an. All sein Extremismus wurde aus seinem Herzen gefegt.

Es gibt zwei Arten von „Charismatikern", die nach Sizabantu

kommen. Die einen tun Buße und werden frei. Die anderen leisten Widerstand, gehen wieder weg und schimpfen.

B 90 Eines der schrecklichsten Beispiele hörte ich im Sept. 1983. Mein Berichterstatter ist ein wahrheitsliebender und zuverlässiger Christ. Ein „Charismatiker“ versprach in einer Versammlung: „Kommt morgen abend. Da werdet ihr alle mit dem Heiligen Geist getauft werden. Bringt aber Schubkarren mit, um die Geistgetauften heimfahren zu können, denn sie werden nicht mehr gehen können.“ Das hört sich an wie eine gräßliche Verleumdung. Es ist aber die Wahrheit. Es wurde mir noch mehr von diesem Prediger berichtet, aber es gehört nicht zum „Kippvorgang“.

Das meiste Material habe ich zu der Bewegung von R. Bonnke. In der Broschüre „Ein Volk, eine Sprache, ein Ziel“ von K. Becker und W. Bühne stehen auf Seite 17 folgende Sätze: R. Bonnke war als Redner des 2. Charismatischen Kongresses 1980 in Berlin. In einem Vortrag berichtete er dort von einer Evangelisation in einem Stadion: „Am letzten Tag hatten wir unsere sogenannte Heilig-Geist-Nacht, und ich predigte über die Taufe mit Geist und Feuer. Als wir fragten, wer gerade jetzt die Taufe im Heiligen Geist empfangen wollte, da kamen etwa 5000 in den inneren Teil des Stadions. Und in dem Moment, wo sie ihre Hände emporhoben, da begannen sie auch schon in der nächsten Sekunde Jesus zu preisen. Es war, als wenn eine Bombe explodierte. Und in ungefähr drei Sekunden lagen die 5000 flach auf der Erde ... und als ich durch sie hindurchging und sie wieder aufstanden, konnte ich hören, wie Tausende unter ihnen den Herrn in neuen Sprachen priesen. Und der Herr sagte: ‚Der Tag der Sichel ist vorbei, dieser ist der Tag der Mähdrescher!‘

Ich warte jetzt auf mein neues Zelt, das 34000 Menschen Platz geben wird. Gott hat uns schon die Hälfte des Geldes gegeben, ist das nicht phantastisch? Und ich bin sicher, daß der Rest auch bald reinkommen wird. Und dann werden wir in Afrika den Teufel glattrasieren! Hallelujah!“ (CZB-Kassette 1507)

B 91 Zu diesem aufschlußreichen Beispiel ein Bericht aus dem Frühjahr 1983. Ein ehemaliger Freund und Mitarbeiter von R. Bonnke suchte mich in Aglasterhausen auf. Um extremer Vorfälle willen hatte er sich schon vor einigen Jahren von seinem ehemaligen Freund distanziert. Ein solches Beispiel darf mit Genehmigung wiedergegeben werden. – In einer Versammlung stürzte eine Frau zu Boden, nachdem sie von R. B. eine Handauflegung erhalten hatte. Diese Frau schrie, weinte, lachte gräßlich und wälzte sich am Boden. R. B. erklärte dann feierlich: „Der Heilige Geist ist in unserer Mitte." Hinterher ging mein Berichterstatter zu Bonnke und sagte: „Hör mal, das war doch nicht der Heilige Geist." Die beiden konnten sich nicht einigen. Von dieser Zeit an löste sich mein Berichterstatter von Bonnke. 1½ Jahre später kam diese Frau zu dem Bruder, beichtete und erklärte: „Es war nicht der Heilige Geist. Der Teufel hat mich geritten. Ich habe euch getäuscht." Wieder ein Jahr später rief mein Berichterstatter nochmals diese Frau an und fragte: „Bleiben Sie dabei, daß es nicht der Heilige Geist war?" Die Angerufene antwortete: „Ja." Der Bruder und seine Frau haben sich völlig von Bonnke gelöst. Auch sonst kehrten sie jedem Extremismus den Rücken.

B 92 Mit dem Datum vom 2. 8. 83 erhielt ich von einer gläubigen Frau von Königsfeld einen Brief, dem ich folgende Sätze entnehme: „Hier in Königsfeld lief in einem christlichen Heim ein Film über die religiöse Bewegung in Johannesburg, deren Leitung R. Bonnke ist. Schwester I. B. war auch anwesend. Sie hat das Büchlein ‚Weiß zur Ernte' geschrieben. Das alles ist Ihnen ja bekannt. Auch im Film kippte plötzlich eine Menge Menschen um. Sie gingen nicht auf die Knie, sondern fielen rücklings um."

Alle diese Beispiele sprechen für sich selbst. Wenn die Bibel von Menschen redet, die vor Gott Buße tun oder Gott anbeten wollen, dann fallen sie auf ihr Angesicht (3. Mos. 9,24; 1. Kön. 18,39).

Das Rücklingsfallen ist in der Bibel auch erwähnt, und zwar Jes. 28,13 in der Auseinandersetzung mit den falschen Priestern und Propheten und in Jer. 7,24. In der hebräischen Bibel heißt diese Stelle: „Sie gingen rücklings und nicht vor sich."

Ein anderer fundamentaler Unterschied zwischen einer geistgewirkten Buße und der sogenannten „Geistestaufe" ist die Passivität und Aktivität. Der Teufel macht den Menschen bewußtlos, besinnungslos, damit er einziehen kann. Der Heilige Geist führt den Menschen in der Buße zu höchster Aktivität und Wachsamkeit. Die Sünden stehen so erschreckend vor solchen Menschen, daß sie weinend auf ihr Angesicht fallen.

Alle echten Erweckungen zeigten diesen Unterschied. In der

Erweckung von Wales 1905–1908 herrschte zuerst Sündenerkenntnis und Buße, bis die Zwischenträger von der schwarmgeistigen Azusa-Erweckung von Los Angeles (1906) kamen und die Forderung nach „Zungen und Geistestaufe" stellten und damit der Erweckung ein schnelles Ende bereiteten.

Die koreanische Erweckung hat Dr. Cho als Gegenspieler erhalten. In Südafrika ist die Bonnke-Bewegung die Parallel- und Gegenbewegung zur Sizabantu-Erweckung geworden.

Ein Zitat aus „Weiß zur Ernte" Seite 43 zeigt den Unterschied. Die Teilnehmerin einer Heilungsversammlung erlebte eine Geistestaufe in folgender Weise:

„Ich weiß nicht, was mit mir geschah, während ich vorn stand. Alles, an was ich mich erinnern kann, ist, daß eine Welle der Kraft mich von Kopf bis Fuß durchströmte. Ich muß zu Boden gefallen sein, denn dort erwachte ich nach geraumer Zeit. Als erstes bemerkte ich meine beiden hocherhobenen Arme, die ich Gott in Anbetung entgegenstreckte. Der Herr hat mich wohl in eine himmlische Narkose versetzt und meinen Arm geheilt."

Es war keine himmlische Narkose, sondern eine mediale Narkose. Die Heilige Schrift nennt als Gegenstück die Nüchternheit:

1. Kor. 15,34 Werdet doch einmal recht nüchtern!

1. Th. 5,6 Lasset uns wachen und nüchtern sein!

2. Tim. 2,26 Nüchtern aus des Teufels Strick.

1. P. 5,8 Seid nüchtern und wachet!

Es gibt noch mehr Stellen, die zur Nüchternheit und Wachsamkeit aufrufen. Wenn den Männern der Bibel soviel an der Nüchternheit gelegen war, dann hatten sie Grund dazu. Sie kannten das menschliche Herz, das gern in psychischen Reaktionen taumelt.

Die vielfältigen Erfahrungen der sogenannten Geistestaufe zeigt den medialen, ja spiritistischen Hintergrund und ist deshalb keine Erfüllung mit dem Heiligen Geist, sondern eine Gefangennahme durch böse Geister, eine Geistertaufe. Solche Menschen sind hinterher fanatisiert mit extremen religiösen Vorstellungen. Wenn sie in echte Erweckungen einbrechen, schaffen sie schwere Konflikte und Anfechtungen.

Ein weiterer Unterschied, an dem wir unbiblisches Reden vom Heiligen Geist erkennen können, ist die Gewichtsverlagerung vom zweiten zum dritten Glaubensartikel. Das wurde mir einmal erschreckend deutlich gemacht durch eine Predigt von Hugendyk (Vater) aus Holland, der an der Bibelschule Batu in Ostjava sprach.

Er sagte ungefähr folgendes: „Wir brauchen nicht mehr von Buße, Bekehrung, Kreuz, Sündenvergebung und Blut Jesu reden, sondern nur noch vom Heiligen Geist." Die Bibelschüler waren verunsichert. Sie beteten einige Tage, dann sagten sie diesem holländischen Extremisten: „Sie sind ein falscher Prophet, verlassen Sie unser Land." Das war eine heilsame Lektion.

Der zweite Glaubensartikel bleibt die Mitte unseres Glaubensbekenntnisses. Jesu Aufgabe ist nicht, den Heiligen Geist zu verherrlichen, sondern es ist Bestimmung des Heiligen Geistes, Jesus zu verklären. In Joh. 16,14 sagte der Herr: „Der Geist der Wahrheit wird mich verklären." Nahezu alle Irrlehren sind aus Gewichtsverlagerungen einzelner Bibelworte entstanden. Ein wenig Sauerteig versäuert den ganzen Teig. Ein wenig Irrlehre vernichtet die ganze biblische Wahrheit.

Solche Gewichtsverlagerungen und Akzentverschiebungen müssen abgewehrt werden. Das ist keine Lust am Kritisieren, sondern biblischer Auftrag der Prüfung und der Ausrichtung eines Wächterdienstes.

Geistertaufen sind gefährliche Vorgänge. Der Mensch wird geistlich blockiert, immunisiert gegen echtes Geschehen. Ein Freiwerden von solchen Geistertaufen ist nur durch ernsthafte, tiefgehende Buße möglich. Der Betroffene, der von den Mächten der Finsternis vereinnahmt worden ist, muß sich von diesen religiös-medialen Vorgängen lossagen. Wer frei geworden ist, hat solche widerbiblischen Geist-Tauf-Bewegungen zu meiden, die eine religiöse Medialität mit dem Etikett des Heiligen Geistes versehen.

Verkünden wir, die wir die Geistertaufe ablehnen, ein verkürztes Evangelium im Gegensatz zum „vollen Evangelium"? Nein, wir folgen nur den biblischen Richtlinien. Wir wollen in den Schranken der Heiligen Schrift bleiben. Kurz gesagt: Eine echte Bekehrung und Wiedergeburt ist ohne den Heiligen Geist unmöglich. „Niemand kann Jesus einen Herrn heißen ohne den Heiligen Geist. Wer Christi Geist nicht hat, der ist nicht sein." Das sind Aussagen des Apostels Paulus. Wer sein Leben Jesus ausgeliefert hat, dem gilt dann die weitere Anweisung des Apostels (Eph. 5,18): „Werdet voll Geistes." Als Jünger Jesu halten wir an allen Geistesgaben und Geistesfrüchten fest, sie müssen aber vom Heiligen Geist und nicht von medialen Kräften gewirkt sein.

Nun höre ich aus der Ferne die Frage: Wie soll man das Echte vom Falschen unterscheiden? Zunächst einmal dürfen wir um die Gabe der Geisterunterscheidung bitten. Zum anderen gibt es einige Kennzeichen, die uns klar die guten Früchte von den faulen Früchten unterscheiden lehren. Wenn einem Trunkenbold, wie in Beispiel 88, bei seinem ersten Gottesdienstbesuch gesagt wird, er könne sofort die Geistestaufe empfangen, dann sind das faule Früchte. Wenn ein Prediger meint, er könne das Ereignis der Geistestaufe bestimmen und herbeiführen, so sind das Anzeichen von faulen Früchten. Es gibt viele unbiblische Randerscheinungen, die uns die Augen öffnen sollten, daß wir uns von den medialen Vorgängen radikal trennen. In meinem Taschenbuch „Geistesgaben“ sind alle diese Probleme behandelt.

Wir dürfen uns nicht von Irrgeistern verwirren lassen.

Dieses Kapitel war schon geschrieben, da erreichte mich ein Brief meines Freundes John Weldon aus San Diego (Kalifornien). Er ist Autor vieler Bücher und Dozent am Moody Bible Institut. Er ist mein Bundesgenosse in dem Kampf gegen Okkultismus und Schwarmgeisterei.

In diesem Schreiben nimmt er Bezug auf das Buch „Tod eines Guru“ von Rabindranath R. Maharaj. Ich las das Buch und kenne den Autor persönlich von verschiedenen Begegnungen, zuletzt in Dübendorf, als Erlo Stegen in der Reformierten Kirche seine Vorträge hielt.

Der Brief von John Weldon ist mir so wichtig, daß ich ihn unverändert und ungekürzt hier zuerst im englischen Original und dann in deutsch wiedergebe.

Der Inhalt des Briefes betrifft das sich ausbreitende Phänomen „Being Slain in the Spirit“ = erschlagen im Geist. Der bekannte holländische Autor Dr. Van Dam, mit dem ich auch brieflich in Verbindung stehe, schrieb mir, es sei besser zu übersetzen „ruhen im Geist“. Diese Version entspricht aber nicht dem englischen Ausdruck. Slay heißt erschlagen, slain ist die Perfektform. Der englische Ausdruck ist der ursprüngliche, weil das Rückwärtskippen in USA aufkam und sich von dort auf die anderen Kontinente ausgebreitet hat.

Re: Being Slain in the Spirit

The following information came to my hand too late to be

included in the book „Charismatic or Christian?“ Since the information is so vital, I am enclosing it as a supplement. In any future edition of the book this will of course be included in its proper place.

I had just finished reading the book entitled „Death of a Guru“. It is a fascinating story of a Hindu Guru who died to sin and self and became a Christian. At the back of this book there is a glossary of terms. I was going through these and came across the following: I will give it here in full, exactly as it occurs in the book.

Shakti pat – „A term used for the touch of a Guru, USUALLY OF HIS HAND TO THE WORSHIPPER'S FOREHEAD, (capitals mine) that produces supernatural effects. Shakti literally means power; and in administering the Shakti pat the Guru becomes a channel of primal power, the cosmic power underlying the universe, embodied in the goddess Shakti, the consort of Shiva. The supernatural effect of Shakti throughout the Guru's touch may knock the worshipper to the floor, or he may see a bright light and receive an experience of enlightenment or inner illumination, or have some other mystical or psychic experience.“

Please note carefully what this means. The power that comes from the Shakti pat comes from the goddess Shiva. Shiva or Siva is one of the most important deities of Hinduism. It represents the principle of destruction. Please remember that according to the Bible idols are connected with demonism [De. 32:17; Ps. 106:36,37; 1 Cor. 10:19–21]. The writer of the aforementioned book was a Guru himself and tells of his many contacts with demon spirits. There can be no doubt whatever that this „primal power“ comes from demons. It is interesting that the writer of this book does not attempt to link the Shakti pat with being slain in the spirit, but it is so obvious that it hardly needs to be enlarged upon. He may have been and probably was ignorant of this aspect of the charismatic movement.

For some time I had been praying for more light regarding this matter of being slain in the spirit. I felt sure it was not of the Lord and this I made clear in my book. The above information came to me in such a way that I knew it was an answer from the Lord. I let the reader form his own conclusions!!

Deutsch heißt das: Erschlagen im Geist

„Die folgende Information kam zu spät in meine Hände, so daß sie nicht mehr in das Buch ‚Charismatiker oder Christ' aufgenommen werden konnte. Da diese Information so wesentlich ist, füge ich sie als Ergänzung bei. In einer künftigen Auflage des Buches kommt sie natürlich in das entsprechende Kapitel.

Ich war gerade damit fertig geworden, das Buch zu lesen, das den Titel trägt ‚Tod eines Guru' von Rabindranath R. Maharaj. Es ist die faszinierende Geschichte eines Hindu Guru, der sich selbst und der Sünde starb und Christ wurde. Am Ende des Buches befindet sich eine Erklärung der Fachausdrücke. Ich ging diese Begriffe durch und entdeckte folgendes. Ich gebe die Erläuterung exakt so, wie es im Buch steht.

Shakti pat, der leichte Schlag (oder Berührung), ist ein Ausdruck für den Vorgang, daß ein Guru mit seiner Hand die Stirn eines Anbeters berührt. Dadurch werden übernatürliche Wirkungen erzielt. Shakti (ein Sanskrit-Wort) bedeutet Kraft. Wenn ein Guru diesen Shakti pat anwendet, dann wird er ein Kanal für ursprüngliche Kraft. Die kosmische Kraft, die den Urgrund des Universums bildet, ist in der Göttin Kali (nicht Shakti, wie Weldon schreibt. D. Verf.) der Gefährtin des Hindugottes Shiwa verkörpert. Die übernatürliche Kraft Shaktis kann durch des Guru Berührung den Anbeter zu Boden werfen. Der Anbeter kann auch bei dieser Handauflegung durch den Guru ein helles Licht sehen oder eine innere Erleuchtung und Schau erleben, mitunter auch andere mystische oder psychische Erfahrungen haben.

Bitte beachten Sie genau, was das bedeutet. Die Kraft, die durch den Shakti – Klaps kommt, stammt von der Gottheit Shiwa. Shiwa ist einer der wichtigsten Hindugötter. Er repräsentiert das Prinzip der Zerstörung. Bitte beachten Sie, daß nach der Bibel die Götter oder Götzen mit der Dämonenwelt verflochten sind.

5. M. 32,17: ‚Sie haben den Teufeln geopfert und nicht ihrem Gott, den Göttern, die sie nicht kannten.'

Ps 106,36: ‚Sie dienten ihren Götzen... und sie opferten ihre Söhne und Töchter den Teufeln.'

1. Kor. 10,19: ‚Soll ich sagen, daß der Götze etwas sei... Was die Heiden opfern, das opfern sie den Teufeln.'

Der Verfasser des oben erwähnten Buches berichtet, daß er viele Kontakte mit dämonischen Geistern gehabt hat. Hier kann kein Zweifel entstehen, daß diese ursprüngliche (kosmische) Kraft von Dämonen stammt. Es ist interessant, daß der Verfasser des Buches (Tod eines Guru) nicht den Versuch unternimmt, den Shakti-Klaps mit dem Vorgang ‚erschlagen im Geist' zu verbinden. Aber dieser Zusammenhang ist so offensichtlich, daß es nicht erforderlich ist, diese Gedankenverbindung zu vollziehen. Wahrscheinlich kannte der Autor nicht diesen Aspekt der charismatischen Bewegung.

Lange Zeit betete ich um mehr Material im Blick auf den Vorgang ‚erschlagen im Geist'. Rein gefühlsmäßig war ich sicher, daß das nicht vom Herrn Jesus war und machte das auch in meinem Buch deutlich. Die oben erwähnte Information kam zu mir in einer Weise, daß ich wußte, daß es die Antwort des Herrn war. Jeder kann daraus eigene Schlüsse ziehen." –

Das war der Brief von John Weldon. Daß Maharaj nicht seine Guru-Erfahrung auf die Kippvorgänge bei der angeblichen Geistestaufe ausdehnte, hängt wohl damit zusammen, daß dieses Rückwärtskippen erst in den letzten zehn Jahren aufkam. Hier haben wir eindeutig einen Einbruch der östlichen, heidnischen Religionen in das Christentum vor uns.

Eigentlich müßte es noch radikaler gesagt werden: aus religionsgeschichtlicher Sicht ist das medial bedingte Rückwärtskippen religiös verpackter Spiritismus. Es ist das satanische Gegenstück zum Erfülltwerden mit dem Heiligen Geist. Es ist die beste Verführung, die sich Satan ausgedacht und bewerkstelligt hat.

Einige Tage nach dem Empfang des Briefes von John Weldon erhielt ich am 7. Okt. 1983 einen Anruf von Rabindranath R. Maharaj aus der Schweiz. Es bot sich dadurch eine hochwillkommene Gelegenheit, unsere Erfahrungen über die Geistestaufe auszutauschen. Ich fragte Rabi – so nennen ihn seine Freunde –, ob er nicht den Shakti pat mit dem Vorgang „Slain in the Spirit" in Verbindung bringe. Er bejahte diese Frage, daß er nie daran dachte, das Rückwärtskippen für eine Wirkung des Heiligen Geistes zu halten. Er wollte aber nicht seine Freunde, die er gleich mir auch in der charismatischen Bewegung habe, betrüben. Darum erwähnt er diese notvolle Querverbindung nicht. Er gab mir dann über Telefon den Bericht eines Erlebnisses, das er in London hatte.

B 93 In der englischen Metropole besuchte er die Versammlung eines amerikanischen Charismatikers. Es waren etwa 2000 Menschen gegenwärtig. Nach dem Vortrag forderte der Amerikaner auf, vorzukommen, wer den Empfang des Heiligen Geistes wünsche. Es traten etwa 200 Menschen vor, unter ihnen auch Rabi, weil er diesen Vorgang prüfen wollte. Es wurde über diesen Besuchern gebetet. Alle kippten rückwärts, nur Rabi blieb stehen. Damit hatte er die gleiche Erfahrung, die ich auch bei Kathryn Kuhlman in Pittsburg (USA) gemacht hatte. Es ist erfreulich, daß Rabi in der Beurteilung dieser sogenannten Geistestaufe mit John Weldon und mir einer Meinung ist. Für mich war der Brief des amerikanischen Freundes von Kalifornien und der Anruf des Inders Maharaj eine Fügung des Herrn. – Der Heilige Geist ja, aus vollem Herzen, die menschlichen oder gar dämonischen Imitationen radikal nein, mit ganzer Entschlossenheit.

Gesetzlichkeit

läßt erstarren, geistliche Haltung baut auf. So könnte man das Wort erklären: „Der Buchstabe tötet, der Geist macht lebendig." (2. Kor. 3,6)

Dieses Kapitel gehört nicht in eine okkulte Sammlung, offenbart aber doch einen Notstand. Seelsorgerliche Aussprachen in 54 Jahren zeigten mir die unheilvollen Auswirkungen gesetzlicher Christen.

Was wird von den kalten, lieblosen Kritikern unter den Gläubigen nicht alles beanstandet?

B 94 1962 lernte ich anläßlich meiner Vorträge in der First Presbyterian Church von Hollywood Miss Mears kennen. Sie ist eine der ungewöhnlichsten Christinnen, die mir in meinem Leben begegneten. Billy Graham nannte sie einmal seine geistliche Mutter. Miss Mears fing in ihrer Kirche eine Sonntagsschule mit verwahrlosten Mädchen an. Nach zwölf Jahren war diese Sonntagsschule auf 6000 Teilnehmer angewachsen. Einige hundert Sonntagsschullehrer, die von Miss Mears vorbereitet wurden, betreuten diese vielen Gruppen und Klassen. Die Vorbereitungshefte für diese Unterweisungen wurden bald von der ganzen englischen Christenheit benützt. Da ich seit Jahrzehnten alles schriftlich festhalte, veröffentlichte ich auch die Lebensgeschichte von Miss Mears zusammen mit einem Foto. Was geschah? – Als ein Schweizer Bruder diese Biographie gelesen hatte, schrieb er mir, er habe das Foto aus dem Buch herausgeschnitten, weil Miss Mears kurzes Haar habe.

Eine gläubige Frau, die ebenfalls kurzes Haar hat, sagte mir daraufhin: „Ich würde gern langes Haar tragen. Aber durch eine Haarkrankheit brechen sie mir ab. Ich mußte sie kurz schneiden lassen."

Selbst wenn keine Krankheit die Ursache für kurzes Haar ist, so teile ich die gesetzliche Haltung dieses Bruders nicht, obwohl ich 1. Kor. 11,6 auch kenne.

Gesetzliche Brüder, die in ihrem Leben nicht einen einzigen Menschen zu Christus haben führen dürfen, kritisieren eine Frau, durch deren Dienst heute 600 Missionare auf allen Kontinenten arbeiten.

Wie ich über den Dienst der gläubigen Frauen denke, veröffentlichte ich bereits in meinem Buch „Geistesgaben" (Charismatic Gifts). Ich will Wiederholungen vermeiden. Wenn wir schon bei den geistlichen Maßstäben sind, dann ein anderes Beispiel:

B 95 Nachdem in den USA mein Buch „The Wine of God" herausgekommen war, fühlte sich der Herausgeber von „Biblical Evangelist", Robert Sumner, bewogen, seine Kritik anzubringen. Er schließt sich an das Wort 2. Kor. 6,14 an: „Ziehet nicht am fremden Joch mit den Ungläubigen." Dann wirft er seine Steine auf einen vollmächtigen Gottesmann, Vater Daniel in Madras. Der Herr schenkte es Vater Daniel, daß Tausende durch seinen Dienst sich bekehrt haben. Natürlich sind solche geistlichen Erfahrungen stets ein Werk der Gnade Gottes und nicht Menschenwerk. Viele Gläubige stehen aber mit ihrem Hochmut und Ungehorsam dem Herrn im Wege. Vater Daniel war es geschenkt, sowohl Akademiker wie Bettler, hochgestellte Hindus wie Verbrecher für Christus zu gewinnen. Als junger Mann hatte er die Fürbitte und den Segen von Sadhu Sundar Singh erhalten. Eines Tages gab der Herr dem Unverheirateten die Weisung, ein bestimmtes Hindumädchen zu heiraten. Daniel wehrte sich mit dem Hinweis: „Herr, willst du mich versuchen? Ich heirate doch kein heidnisches Mädchen." Der Herr ließ ihm keine Ruhe. Durch einige Zeichen mußte er doch den Willen des Herrn erkennen und ihm folgen. Seine junge Frau wurde schon kurze Zeit nach der Heirat eine überzeugte Christin.

Natürlich ist das ein ungewöhnlicher Weg. Ich selbst gab niemals aufgrund von 2. Kor. 6,14 den Rat, daß ein gläubiger Mann ein ungläubiges Mädchen heiraten sollte. Und dennoch ist die Bibel kein kasuistisches Gesetzbuch. Wenn diese Verbindung der Wille Gottes war, dann kann auch der Herausgeber von „Biblical

Evangelist“ nicht daran rütteln. Gott hat diese Verbindung reich gesegnet, wie in der Lebensgeschichte von Vater Daniel nachzulesen ist. In Deutsch steht es in dem Buch „Jesus auf allen Kontinenten“, in Englisch finden wir es in „The Wine of God“. Das gewaltige Segenswerk eines Gottesmannes mit keinem Wort erwähnen, sondern mit einem einzigen Argument totschlagen wollen, ist ein unerträgliches Maß von Gesetzlichkeit.

Aus diesem Grunde will ich Sie, Bruder Robert Sumner, einmal direkt ansprechen. Sie erhalten ja, so Gott will, dieses Buch in der englischen Übersetzung von mir zugestellt. Nehmen wir einmal an, Bruder Sumner, es gäbe in Ihrem Leben durch Ihre Vorträge, durch Ihre Artikel, durch Ihr Verhalten 99 Prozent Gutes und nur 1 Prozent Unbiblisches. Und nun käme ein Biograph daher, der Ihr Leben schildert, aber Ihr gesamtes Segenswerk verschweigt und das 1 Prozent Unbiblische veröffentlicht und überall breitschlägt – wie würden Sie das empfinden? Das wäre doch eine große Verdrehung der Tatsachen, es wäre ein gewaltiges Unrecht, es wäre Rufmord. Sehen Sie, genau das haben Sie mit Bruder Daniel getan. Gott hat diesen Vater Daniel in gewaltiger Weise gebraucht. Er hat mehr Segen, Bekehrungen und Befreiungen aus dem Bann finsterer Mächte erlebt als Sie und ich zusammengenommen. Und nun verschweigen Sie das gesamte Segenswerk dieses Gottesmannes, fischen einen Punkt heraus, der nicht in den engen Rahmen Ihrer gesetzlichen Theologie paßt und publizieren und verbreiten diese Kritik im amerikanischen Sprachgebiet. Ist das nicht etwa Rufmord, für den Sie sich einmal verantworten müssen?

Ähnlich gelagert ist das Urteil des „Biblical Evangelist“ über die Erweckung auf den Salomoninseln. Muri Thompson, der Evangelist aus Neuseeland, hat in Gegenwart von 3000 Menschen und einigen australischen und amerikanischen Missionaren erlebt, daß der Geist Gottes mit Macht über diese große Menschenmenge hereinbrach und sie zur Buße und Heilsannahme führte. Sie, Bruder Robert Sumner, erklären dazu: „Wir wissen, daß Gott das tun kann, aber er tut es nicht. Wir wissen, daß der Heilige Geist das durchführen kann, aber er tut es nicht.“ Ich frage Sie an dieser Stelle, sitzen Sie, Bruder Robert Sumner, im Komitee Gottes, daß Sie genau wissen, was Gott tut und was er nicht tut? Genügt Ihnen die Zeugenschaft von urteilsfähigen Christen nicht? Haben Sie noch nie ein Erweckungsgebiet besucht, etwa Korea, Indonesien, Uganda, Taiwan, Asbury usw. und gemerkt, daß in Erweckungsgebieten oft Ereignisse eintreten, die an die Apostelgeschichte anklingen? Natürlich kenne ich den Hintergrund der Kritik. Die überspitzte Dispensationstheologie erklärt, daß alle charismatischen Gaben und Kräfte mit der Apostelzeit oder spätestens mit der Bildung des Kanons auf den Synoden Jamnia und Joppe 201 n. Chr. aufgehört haben.

Diese Theologie wurde in Europa seit Luther gelehrt. Im Blick auf die Prophetie hinsichtlich der Endgeschichte stimme ich dieser Theologie auch bei. Gerade bei Erweckungen zeigt es sich aber, daß mitunter charismatische Kräfte lebendig wurden. Das kann man vor allem in den Gebieten der Analphabeten beobachten, die weder lesen noch schreiben und daher die Bibel nicht selbst studieren können. Diesen des Schreibens und Lesens unkundigen Menschen hat Gott sich manches Mal durch Wunder geoffenbart. Die Wunderperiode hört dann gewöhnlich auf, wenn die Analphabeten es gelernt haben, die Bibel zu lesen. Auch eine Reihe charismatischer Kräfte haben nie ganz aufgehört. Ich kenne aus der Kirchengeschichte viele Männer, die die Gabe der Heilung besessen haben. Es ist hier aber nicht der Raum dafür, ihre Namen zu erwähnen.

Es ist wiederum ein Beweis für eine gesetzliche und auch hochmütige Arroganz, wenn nun der „Biblical Evangelist" einfach den Erweckungsbericht von den Salomon-Inseln als eine Unwahrheit darstellt. Man lese doch einfach die Berichte der australischen Südseemission, die biblisch nüchtern ist und zu keinem Extremismus neigt.

Natürlich weiß ich, daß die Ausgießung des Heiligen Geistes am ersten Pfingstfest sich nicht wiederholt. Der Heilige Geist ist ausgegossen, er ist in seiner Gemeinde. Er muß aber zu den heidnischen Gemeinden und zu den geistlich toten Gemeinden kommen. Er muß auch zu uns kommen, sei es, daß wir geistlich noch nicht wiedergeboren sind oder uns seiner Herrschaft noch nicht unterworfen haben. Es gibt viele Gläubige, die den Heiligen Geist dämpfen, betrüben, ihm nicht gehorchen, sondern ihm alle Zeit widerstreben. Jesus hat das den gesetzlichen Pharisäern vorgeworfen. Er hätte es auch heute vielen Christen der Gegenwart vorzuwerfen.

Damals haben die Pharisäer, die Schriftgelehrten und die Priester – also die Herren Theologen – Jesus der Gotteslästerung bezichtigt und ihn durch die römischen Behörden verurteilen lassen. Die

Männer Gottes in der Kirchengeschichte, die in besonderer Weise von Gott gebraucht worden sind, haben ähnliche Verfolgungen erlebt. So wurde zum Beispiel Ludwig Harms, der Gründer der Hermannsburger Mission in Deutschland, 62mal von seinen Amtsbrüdern bei der kirchlichen Behörde verklagt. In allen Fällen konnten sie ihm nichts Böses nachweisen. Im Alten Testament wurden die echten Propheten verfolgt. In der Zeit des Neuen Testamentes wurden die Jünger Jesu und Apostel verfolgt. In der Kirchengeschichte wurden die Männer Gottes stets von den kirchlichen Instanzen und Namenchristen angegriffen. In der Gegenwart ist es ähnlich. Das alles und noch mehr liegt in dem Wort: „Der Buchstabe tötet, der Geist aber macht lebendig."

Heilsgläubigkeit, orthodoxe Linientreue ohne den Heiligen Geist lebt an der Wirklichkeit und der Dynamik der Bibel vorbei. Das Gesetz bringt den Tod. Der Heilige Geist bringt das Leben. Pfuschen wir doch Gott nicht dauernd mit unserer gutgemeinten Theologie ins Handwerk!

Und noch ein Letztes. Ich wende mich noch einmal an Sie, Bruder Robert Sumner. Ihr Blatt nennt sich „Biblical Evangelist". Ich habe mich allezeit bemüht, ein biblischer Evangelist zu sein. Sie wissen um meinen Kampf gegen alles Unbiblische, den Extremismus, die sogenannte Charismatische Bewegung, die gar nicht charismatisch ist, und viele andere verzerrte und extreme Bewegungen unserer Tage. Welchen Eindruck macht es nun vor der Welt, wenn Sie als der Herausgeber eines Blattes, das sich „Biblischer Evangelist" nennt, einen anderen biblischen Evangelisten angreifen? Der Heilige Geist führt zusammen, einigt und bindet die Gläubigen in der Liebe Christi zusammen. Gesetzlichkeit trennt, zerschneidet die Bruderschaft, zerreißt die Bande, die Jesus Christus durch sein Erlösungswerk auf Golgatha geknüpft hat. Und hinter diesem Zerreißen, Zertrennen, hinter dieser Uneinigkeit steht der Feind von unten, der seine Freude daran hat und Kapital daraus schlägt.

Der Heilige Geist baut die Gemeinde Jesu auf. Die Theologie war zu allen Zeiten in der Gefahr, die Gemeinde Jesu zu zerschlagen. Das gilt auch für die Überspitzung der sogenannten Dispensationstheologie, deren berechtigte Seite ich bejahe. Daß ich hier eine Lanze gegen den Mißbrauch der Theologie werfe, geschieht nicht aus dem bekannten Neid der Besitzlosen. Ich habe selbst an der Universität Tübingen den Doktorgrad der Theologie erworben.

Noch ein Schlußwort, Bruder Robert Sumner. Ich schätze es an Ihnen, daß Sie ein biblischer Evangelist sein wollen und ein Blatt mit diesem Titel führen. Aber noblesse oblige, sagen die Franzosen: Adel verpflichtet.

Nachtrag zur zweiten Auflage

Gesetzlichkeit nimmt kein Ende. Oft entstehen gesetzliche Vorstellungen bei Menschen mit einem zarten Gewissen und mit einer Ängstlichkeit, ja nicht irgendeine Anweisung der Bibel zu übertreten. Darum dürfen wir über solche Jünger Jesu nicht lachen oder gar spotten. Ich gebe hier zu einigen Problemen Briefzuschriften wieder, ohne etwas in ihnen zu verändern.

B 96 In 5. Mos. 22,5 heißt es: „Eine Frau soll nicht Mannsgewand tragen." Nach diesem Bibelwort verlangen nun die Gesetzlichen, daß eine Frau keine Männerhosen tragen dürfe. Anstelle von Argumenten gebe ich die Meinung eines alten Bruders wieder. Er schrieb: „... Etwas lachen mußte ich bezüglich der Frauenhosen. Sicherlich, ich bin kein Modenarr, kein Sklave der Mode, doch in diesem Punkte mußte ich doch ein wenig lächeln. Ich habe viele Jahre im Erzgebirge gelebt. Dort sagte mir eines Tages eine liebe Glaubensschwester meines Alters – ich bin 77 Jahre alt –, wie glücklich sie wäre über die Frauenhosen, besonders im Winter, wo man dort viel Fahrrad fährt, auch rodelt. Wie grausam kalt da die Frauenröcke gegenüber den Hosen wären, zumal es dort ganz anders pfeift als hier im Westen. Viele Mädchen und Frauen hätten sich durch die Röcke Unterleibsleiden geholt ..."

Es gibt noch mehr Argumente gegen diese „Hosentheorie". Es hat keinen Sinn: Gesetzliche lassen sich nicht belehren.

B 97 Zum Thema „Kamera-Sünde" erhielt ich einen Brief, der selbst für sich spricht. Der Briefschreiber beruft sich auf das zweite Gebot: „Du sollst dir kein Bild noch irgendein Gleichnis machen ..." Dazu teilte er mir folgendes mit: „Mein Glaube sagt: Wer die Welt liebhat und die liebe Welt auf Negativen der Kamera verewigt oder solche papierene Andenken ‚selbstlos' für andere hamstert, der kann nicht ein Jünger Jesu sein. Ich bin froh, daß ich sogar im Ausland keine Kamera mehr brauche, und daß mich der Geist Gottes von diesem versklavenden Bilderdienst freigemacht hat. Heute kann ich jeden befreiend belächeln, der mit dem

Kamera-Götzen herumläuft und nicht einsieht, daß dieses Bedürfnis des ‚Bilder-vorzeigen-Wollens' ungöttlich ist. Die Schlange im Paradies sagte: ‚Sieh es an!' Und dieser ‚Sieh-es-an-Fluch' liegt heute noch in den Nationen. Der Ton (das Wort) war in der Schöpfung zuerst da, und danach kamen erst die ‚materiellen Bilder'. Nicht zufällig wurde der Ton (Rundfunk) zuerst erfunden, und danach kamen die Bilder (Fernsehen)."

Dieser Brief ist mit Schreibmaschine und in einem guten Deutsch geschrieben. Der Schreiber muß also über ein gutes Maß Intelligenz verfügen. Deshalb ist sein Kurzschluß um so erstaunlicher. Man kommt heute nicht ohne Kamera aus. Wenn dieser Bruder einen komplizierten Knochenbruch hat, der geröntgt werden muß, dann soll er diese Aufnahme folgerichtig ablehnen. Wenn er bei seinen Auslandsreisen für Paß und Visum Paßbilder braucht, dann soll er einen Zettel in den Paß kleben: Foto verweigert. Das ist Bilderdienst.

B 98 Eine Frau, die es gut mit mir meinte, schrieb mir folgendes: „Herr Doktor und krank? Lieber Bruder, Du wirst wieder ganz gesund werden, wenn Du den Sabbat als Ruhetag hältst und kein Schweinefleisch ißt. Laß nur Deinen Bart wachsen! Gott hat es geboten: Wer sein Haar schert, wird hinweggerafft werden. Wir haben das gelesen, und mein Bruder, der weder lesen noch schreiben kann, und deshalb die Bibel hörend in sich aufnimmt, hat das entdeckt und sich einen langen weißen Bart wachsen lassen. Sieht aus wie ein Apostel. Bitte tue es sofort auch, ich bete für Dich."

Ich bin nicht böse, daß ich solche schrulligen Briefe erhalte, das macht das Tagwerk etwas kurzweiliger.

Es gibt aber auch andere Briefe, die einem durch dauernde Wiederholung des gleichen Problems zur Last fallen. Zur Zeit dieser Niederschrift erhielt ich eine kleine Broschüre, in der behauptet wird, Jesus habe auf der Hochzeit in Kana Wasser in Saft verwandelt. Erstaunt war ich, daß der Verfasser eines meiner Bücher als Belegstelle angibt. Damit diese Zeilen nicht wieder falsch ausgelegt werden, muß ich bekennen, daß ich nach dem Befund von Johannes Kapitel 2 überzeugt bin, daß Jesus Wasser in Wein verwandelt hat. Wenn die Bibel berichten würde, daß Jesus Wasser in Saft verwandelt hat, dann würde ich das auch glauben. Die Heilige Schrift ist maßgebend, nicht unsere Meinungen.

Gehen wir noch einmal auf dieses Problem ein. Die griechische Sprache hat viele Wörter für Saft: ygron – chylos – chymos – opos – chylosis. Es gibt auch Ausdrücke für die Verwandlung in Saft: chylizein – chylousthai. Für den gegorenen Wein gebrauchten die Griechen oinos. Johannes gebraucht in seinem Bericht keines der sieben Worte für Saft, sondern fünfmal den Ausdruck Wein (Joh. 2,1–10).

Die Pharisäer haben Jesus auch nicht Safttrinker, sondern Weinsäufer geschimpft. Paulus sagte dazu: „Lasset euch niemand ein Gewissen machen über Speise oder über Trank" (Kol. 2,16). Eine Ergänzung dazu steht in 1. Kor. 6,12: „Ich habe es alles Macht, es frommt aber nicht alles. Ich habe es alles Macht. Es soll mich aber nichts gefangennehmen."

Mehr soll an dieser Stelle nicht gesagt werden, da ich schon in verschiedenen Taschenbüchern zu diesem Problem Stellung genommen habe.

Eine sklavische, höchst seltsame Auslegung der Bibel begegnete mir schon mehrmals. Es handelt sich um die viel zitierte Stelle Josua 10,12: „Sonne stehe still zu Gibeon und Mond im Tal Ajalon! Da stand die Sonne und der Mond still."

Zunächst bekenne ich, daß ich an dieses Wunder glaube. Ich leite daraus aber nicht ein astronomisches Gesetz ab, wie es einige Brüder tun, die sagen: „Also bewegt sich die Sonne um die Erde und nicht umgekehrt."

Vielleicht interessiert es manche, wie ein gläubiger Physiker diese Stelle auslegt. Es ist Prof. Schaaffs von der Freien Universität Berlin. Er ist vor einigen Jahren gestorben. Er erklärte: Es gibt in großen Höhen, etwa 600 km außerhalb der Erde, häufig Wolken aus Eiskristallen, die das Licht der untergehenden Sonne reflektieren und etwa zu einer fernen Eiskristallwolke weiterleiten. Auf diese Weise kann das Sonnenlicht noch stundenlang nach ihrem Untergang gesehen werden. Dieses Sonnenwunder hat sich schon einige Male wiederholt.

Ich will nicht falsch verstanden werden. Ich glaube an dieses Wunder, auch wenn es physikalisch oder astronomisch nicht erklärbar ist. Wenn aber die Wissenschaft uns eine Bestätigung gibt, nehme ich sie an.

Ein ähnliches astronomisches Wunder haben wir in Jes. 38,8. Nach dem Wort des Herrn lief die Sonne zehn Stufen an der

Sonnenuhr des Ahas zurück. Hier versagt jede Erklärung, trotzdem glaube ich es. Ich bin bereit zu einem sacrificium intellectus (Opfer des Verstandes) und stelle meine Vernunft unter und nicht über das Wort Gottes.

Noch andere Probleme wurden an mich herangetragen. Seit Jahren erlebe ich es dankbar, daß der Herr Jesus mir jeweils das Material zuschiebt, das ich gerade für ein Buch brauche. Dieses Mal ging es mir wieder so. Irgend jemand sandte mir eine Broschüre über die „Hohlwelttheorie" zu. Den Verfasser nenne ich nicht, um ihn nicht bloßzustellen. Um was geht es bei dieser Bibelauslegung?

Die Menschheit lebe nicht auf dem Planeten Erde, sondern innerhalb der Schale, also in einer Hohlwelt. Man denke darüber nach, was das heißt. Sonne, Mond und Planeten befinden sich samt den Fixsternen innerhalb dieser Hohlkugel. Der Umfang dieser Hohlkugel ist meßbar. Am Äquator sind es rund 40070 km. Nach der Formel $4/3\ r^3\pi$ kann man den Kubikinhalt der Hohlkugel errechnen. In diesem nach den Maßen des Universums winzigen Raum sollen 28 Trillionen Fixsterne untergebracht werden. Soviel hat die Mount-Palomar-Sternwarte in Kalifornien elektronisch gezählt, und es wird immer weitergezählt. Wenn jeder Fixstern nur eine Ballongröße von rund 10 m Durchmesser hätte, dann würde dieser Raum unserer angeblichen Hohlwelt nicht ausreichen, sie aufzunehmen. An eine Bewegungsfreiheit dieser Himmelskörper wäre überhaupt nicht zu denken.

Ich sprach mit einem überzeugten Vertreter dieser Hohlwelttheorie und fragte: „Unsere Astronauten haben vom Mond aus unsere Erdkugel fotografiert. Wie erklären Sie das?" Die Antwort war: „Sie haben den Horizont fotografiert." Der Horizont des Mondes ergibt eine gekrümmte Linie, aber nicht eine freischwebende Kugel.

Was mich wundert, ist in dieser zugesandten Broschüre der Beitrag eines Mannes mit Universitätsbildung. Im Zeitalter einer hochentwickelten Astronomie und Raumfahrt, da Explorer-Satelliten unser Sonnensystem durchfliegen, das sie 1984 verlassen sollen, hält ein Akademiker an einer solchen absurden Idee fest. Der Grund für diese Hartnäckigkeit des Denkens ist das Festhalten am alten biblischen Weltbild, das gesetzlich verstanden wird.

Ich gehöre auch zu denen, die an die Bibel wörtlich glauben.

Die Bibel ist aber kein physikalisches oder astronomisches Lehrbuch. Die Bibel enthält auch eine Bildsprache. Selbst Jesus hat sich ihrer in seinen Gleichnissen bedient. Es führt zu weit, dafür viele Beispiele zu bringen. Die Pharisäer können keine Kamele verschlucken. Ein Kamel geht auch nicht durch ein Nadelöhr. Angeblich kleine Nebeneingänge an den Toren Jerusalems gibt es nicht, wie einige es erklären wollten. Der Buchstabe tötet, der Geist macht lebendig. Fanatischen, gesetzlichen Menschen ist aber ihre Kurzschlüssigkeit nicht auszutreiben. Tragen wir aber diese Brüder in Geduld und Liebe. Darin sind wir uns ja einig, daß wir nur in Jesus Erlösung durch sein Blut und Vergebung der Sünden haben. Hauptsache muß Hauptsache bleiben!

Gotteslästerliche Filme

Seit 1967 wird die christliche Welt geschockt durch gotteslästerliche Drehbücher und Filme. Ich habe keinen dieser Filme gesehen. Durch die Seelsorge kenne ich die Auswirkungen. Einige dieser teuflischen Machwerke sollen kurz dargestellt werden.

Rosemarys Baby

Dieses Buch des jüdischen Autors Ira Levin kam 1967 heraus. Es hat folgenden Inhalt: Ein junges Paar mietet eine Wohnung in einem Apartmenthaus, das für seine Spukerscheinungen bekannt geworden ist. Der junge Ehemann ist Schauspieler, der um seine Existenz kämpfen muß. Im gleichen Haus wohnt ein älteres Paar, das zu einer Satanskirche gehört. Als diese Satanisten hören, daß sich die jungen Leute ein Kind wünschen, betreiben sie eine erfolgreiche Beschwörung mit dem Ziel, die jungen Menschen für ihren Satanskult zu gewinnen. Der erfolglose Schauspieler, Guy mit Namen, wird bereit, seine Seele dem Teufel zu verschreiben und auch seine Frau zum Vergnügen der Satanisten preiszugeben. Das Geschäft scheint zu klappen. Guy wird schnell zum begehrten Schauspieler und seine Rosemary erwartet ein Kind, das in einer mystisch-okkulten Vereinigung mit Satan gezeugt worden ist. Rosemary leidet schrecklich, als sie die Hintergründe des Satanskultes gewahr wird.

Ihr Kind wird mit gelben, tigerähnlichen Augen geboren. Hände und Füße sind Klauen oder Krallen. Auf der Stirn sind Ansätze zu

Hörnern. Satanisten erscheinen in großer Zahl, um zu dem Kind zu gratulieren und rufen: „Heil Rosemary, Heil Satan!"

Diese Geschichte wurde von Polansky verfilmt. Die Quittung hat er bekommen. Seine hochschwangere Frau Sharon Tate wurde von der Satanisten-Gruppe von Charles Manson überfallen. Manson schlitzte ihr den Leib auf und tötete damit die Mutter und das ungeborene Kind.

Dieser schauerliche Film mit satanischem Hintergrund wird als Start einer magisch-kosmischen Revolution oder einer mystischen Renaissance angesehen. Vergegenwärtigen wir uns die Gegensätzlichkeit zwischen Christus und Satan.

Jesus ist der Sohn Gottes – Rosemarys Baby Sohn Satans. Jesus wurde vom Heiligen Geist empfangen – Rosemarys Baby vom allerunheiligsten Geist. Maria war Jungfrau, Rosemary eine verheiratete Frau. Jesus kam, um sein Volk selig zu machen von ihren Sünden (Mt. 1,21). Das Kind Satans kam, um das Volk zu allen Sünden zu verführen und die Jünger Jesu zu verfolgen. Dem Jesuskind in der Krippe wurden von Königen und Hirten Gaben gebracht. Rosemarys Baby erhielt Gaben von Satanisten, die ihm zujubelten.

Rosemarys Baby ist ein Prototyp für den kommenden Antichristen, der möglicherweise auch Satan zum Vater haben wird; geistig oder körperlich oder beides.

Aus der Seelsorge will ich hinzufügen, daß mir seit einigen Jahren von Geburten aus der Vereinigung von Satan und Mensch berichtet worden ist. Es geht hier um das Problem incubi und succubae, über das ich schon ausgiebig berichtet habe. Diese entsetzlichen Dinge sind in der Bibel 1. Mos. 6 erwähnt. Sie passieren aber auch heute noch, wie mir von den Missionsfeldern schon einige Male gebeichtet worden ist. Mehr soll hier darüber nicht gesagt werden.

Jesus Christus, Superstar

Die Wellen der Empörung hatten sich noch nicht gelegt und beruhigt, so folgte 1971 schon ein neues Ärgernis in Gestalt der Rock-Oper „Jesus Christus Superstar".

„Die Bunte" schrieb am 1. 1. 72: „Zwei Engländer, Komponist Andrew Lloyd Webber und Texter Tim Rice, schufen ein Werk, das als markantestes Beispiel für die „Jesus-Welle" gilt, als Schrittmacher der „Jesus-Revolution".

Die Jugend nahm begeistert diesen neuen Impuls auf. Ein religiöser Rauschzustand löste die Drogenszene ab: „Jesus ist besser als Hasch."

Eine Revolution für Jesus sollte es sein. In Wirklichkeit war es ein Aufstand gegen den geschichtlichen Jesus von Nazareth, den Sohn des lebendigen Gottes. So weiß Satan sich hinter dem Emotionalen, dem psychischen Wirbel zu verstecken.

Das Reine, Heilige an Jesus wird zerbröckelt. Judas kommt besser weg als Jesus. Er wird als der aktivste und intelligenteste Jünger dargestellt. Der Maria Magdalena wird ein Liebesverhältnis zu Jesus angedichtet.

Wie sehr das angeblich intime Verhältnis der Maria Magdalena mit Jesus in den Vorstellungen moderner Theologen spukt, zeigt folgender Vorfall, der mir von Dr. S., einem Katholiken, der mich oft mit Material versorgt, zugesandt wurde. Dr. S. traf in der Schweiz einen evangelischen Missionar, der im Begriff war, sich für die Ausreise nach Indien vorzubereiten. Dieser Missionar erklärte: „Die Heiden müssen überall in der Welt durch die christlichen Missionen ihre fröhlichen Feste mit Sexspielen aufgeben, obgleich diese doch überhaupt mit Sünde nichts zu tun haben. Jesus hat doch auch mit Maria Magdalena Intimverkehr gehabt." Dieser Missionar lebt und arbeitet mit einer satanischen Inspiration. Was will er eigentlich in Indien ausrichten? Man hat mir das Foto dieser Missionarsfamilie zugesandt, Eltern und zwei Kinder. Es fällt mir sehr schwer, für dieses Missionsehepaar zu beten. Eine finanzielle Unterstützung kommt nicht in Frage. – Zurück zur Rock-Oper. Der Text dieser Rock- und Pop-Oper wurde übersetzt und in Deutschland Kirchen und Schulen angeboten. So hat mich auch der gesamte Text erreicht.

Wie wurde diese Schandoper von den Christen aufgenommen? Das Werk, schon als Schallplatte ein Riesenerfolg, wurde als Bühnenstück ein Kassenschlager. Große Gruppen der „Jesus People" sehen diese Oper als genuinen Ausdruck ihrer Bewegung an. Die Parolen, die hier zu hören waren, sind z. B.: „Jesus ist der beste Trip, ein neuer Weg um ‚high' zu werden. Er ist die Einbahnstraße zum Glück. My sweet Lord."

Wie fassen es andere Kritiker auf? Ein sehr bekannter Theologe sagte: „Der Glaube an Jesus vermag, wie die Geschichte zeigt, auch in solchen Formen mächtig zu werden."

In der Tat, das habe ich selbst erlebt. In einem meiner Taschenbücher habe ich vier Formen und Gruppen der Jesus-People-Bewegung dargestellt. Die letzte und kleinste Gruppe sind solche, die in diesen Reihen ekstatischer Jugendlicher eine echte Bekehrung erlebt haben. Ich bin solchen begegnet. Diese echten Jesusjünger verwerfen die Rock-Oper. Sie sind es auch, die von Prof. Dr. Thielicke gut beurteilt werden.

Thielicke wurde daraufhin angesprochen. Er erwiderte: „Die Kirchen sollen sich dieser Bewegung nicht als pharisäische Besserwisser verschließen, sondern eher darauf gefaßt sein, daß Gott einmal von außen her in sie hineinspricht. Vielleicht sollen dieses Mal nicht die Hirten für die verlorenen Schafe, sondern die verlorenen Schafe für die noch verloreneren Hirten sorgen."

Das Gros der Jesus People mündete in den emotionalen Strom der Schwarmgeisterei ein. Sie priesen die Rock-Oper als Produkt und Ausdruck ihrer Bewegung. Diese Schandoper ist nur das Firmenzeichen und das charakteristische Signal dieser religiösen Rauschgiftsüchtigen, die zur Revolution gegen Jesus gehören.

Die vierte, echte Gruppe der Jesus People erlebte in den Bekehrungen der Jugendlichen, daß die Ketten des Rauschgiftes und der Sexverwilderung rasselnd abfielen. Sie gehören zur Jüngerschaft Jesu.

Der Exorzist

Bei meiner 32. Vortragstour in den Vereinigten Staaten im Frühjahr 1974 wurde in den Großstädten der Film „The Exorcist" (Dämonenaustreiber) gespielt. Überall baten mich die Pastoren nicht nur um meine Meinung, sondern organisierten in ihren Kirchen Versammlungen, in denen ich über das Problem der Dämonenaustreibung zu sprechen hatte.

Der Gründer und Leiter der Radiosendungen „Youthtime" (Jugendstunde), Intendant John De-Brine, mietete in Boston eine große Halle mit 2500 Sitzplätzen und lud junge Menschen zu meinem Referat über den „Exorzist" ein. Zu unserer großen Überraschung kauften mehr als 2000 Jugendliche Eintrittskarten.

Was war die Ursache dieses ungewöhnlichen Andrangs?

Zur gleichen Zeit, da ich in Boston meine Vorträge hatte, lief dieser schauerliche Film. Täglich standen Tausende von Menschen oft einige Stunden an, um Eintrittskarten zu bekommen.

Es sei vorweggenommen, daß ich diesen Film nicht ansah, obwohl man mich dazu aufforderte. Christen sollen sich nicht in diese dämonische Atmosphäre begeben. Auch Billy Graham hat öffentlich vor dem Besuch dieses Films gewarnt.

Ich habe meine Kenntnis des Films von einem Psychiater, der dreimal diesen Film besuchte, der ihm so viele neue Patienten zugeführt hatte.

Warum wird bei diesem Film von einer dämonischen Atmosphäre gesprochen?

„The Exorcist" ist die Verfilmung eines gleichnamigen Buches von Peter Blatty. Dieser Autor ist Katholik und wuchs in einer von Jesuiten geleiteten Schule auf. Blatty ist zugleich Spiritist. Zwei der Hauptdarsteller sind wirkliche Jesuiten, ehemalige Schulkameraden von Blatty.

Inhalt des Buches wie des Filmes ist eine mysteriöse Erkrankung der zwölfjährigen Reagan Mac Neil. In Gegenwart des Mädchens bewegen sich schwere Möbel ohne sichtbare Ursache. Das Zimmer des Mädchens wird akustisch belästigt von Tierstimmen und tierischem Heulen. Gewaltsame sexuelle Handlungen, gotteslästerliche Ausbrüche bis hin zu der obszönen Kruzifix-Szene zeigen die tumultuarische Entwicklung und die dämonischen Praktiken des Spukhauses. Das Zimmer ist erfüllt von einem schwefelartigen Gestank. Alle Besucher werden von dem besessenen Mädchen nicht nur beschimpft, sondern mit einem übelriechenden grünen Schleim bespuckt. Reagan fordert die Anwesenden und sogar ihre eigenen Eltern auf, sich mit ihr intim einzulassen. Dieses Wüten führt bis zum schauerlichen Mord an dem Freund der Mutter, der mit herumgedrehtem Hals tot aufgefunden wird.

Es sei eine Zwischenbemerkung angebracht. Parapsychologen, die solche Szenen nur den Energieabspaltungen pubertierender Jugendlicher zuschreiben wollen, werden hier ad absurdum geführt. Die animistische Theorie versagt hier. Was hier im Buch und Film dargestellt wurde, passierte schon mehrmals. Mir sind solche Szenen aus der Seelsorge bekannt. Publizieren kann man diese teuflischen Szenen aber nicht.

Zurück zum „Exorzist". Man schöpfte alle Möglichkeiten aus, dem medial veranlagten und besessenen Mädchen zu helfen. Darum wurde ein Priester gesucht, der im Exorzismus Erfahrungen hatte.

Der Pater nahm sich der zwölfjährigen Reagan an. Er gebot Satan, sich ihm zu stellen. Das Duell ist für den Pater so anstrengend, daß er einen Herzkollaps erfährt. Ein jüngerer Priester übernimmt seine Aufgabe. Er fordert Satan auf, das Mädchen zu verlassen und dafür seine Seele zu nehmen. Satan geht anscheinend auf dieses Tauschgeschäft ein. Der Erfolg ist, daß der Priester aus dem Fenster springt und im Selbstmord endet.

Das geplagte Mädchen ist damit geheilt. Dieser Schluß des furchtbaren geistlichen Manövers ist unbiblisch wie dieser ganze Exorzismus selbst. Kein Christ kann seine Seele als Opfer für ein anderes Leben geben. Dieses Opfer ist nur möglich durch die Tat Jesu am Kreuz. Gegenüber dem unechten, nicht schriftgemäßen Exorzismus, der auch bei dem Fall der Anneliese Michel von Klingenberg zutage trat, gibt es einen vollmächtigen, biblisch ausgerichteten Exorzismus durch Seelsorger, die von Jesus Christus dazu ausgerüstet sind. Sie machen aber keine Sensation daraus. Es geschieht auf diesem Gebiet in der Stille mehr, als die lüsterne Öffentlichkeit erfährt. Dieses Thema ist in meinem Buch „Besessenheit und Exorzismus" behandelt.

Abgesehen von den unbiblischen und skandalösen Vorgängen ist dieser Film vollgepackt mit Gotteslästerungen und Obszönitäten, so daß das bloße Zusehen schon Schuld vor Gott bedeutet.

Über den dämonischen Charakter des Filmes geben vor allem die Auswirkungen Auskunft.

Durchschnittlich wurden bei jeder Vorstellung in USA vier bis sechs Menschen ohnmächtig. Viele erbrachen. Schwangere Frauen bekamen plötzlich Wehen und hatten eine Frühgeburt. Sensible Menschen erlebten einen Nervenzusammenbruch oder bekamen Tobsuchtsanfälle.

Ich verfüge über direkte Augenzeugenberichte. In Minneapolis war ich Gast eines gläubigen Polizisten. Er lud einen Kollegen ein, der bei diesem Film im Einsatz war. Er hatte mit einer Ambulanz tobsüchtige Jugendliche zum Hospital zu bringen. Die Opfer des Filmes waren nicht bei normalem Bewußtsein. Die Ärzte gaben ihnen Beruhigungsspritzen, die nicht halfen.

Wir haben damit ein interessantes Phänomen, das ich schon einige Male in meinen Büchern dargestellt habe. Bei mediumistischen Psychosen, bei starken spiritistischen Medien und bei Dämonisierten helfen Narkotika nicht. Das ist ein Unterscheidungsmerkmal zu den Geisteskrankheiten.

Damit sind noch lange nicht alle Auswirkungen dieses satanischen Filmes erwähnt. Normalerweise kamen alle Beteiligten bei der Herstellung solcher Filme zu Schaden. Bei den Dreharbeiten löste ein Zwischenfall den anderen ab. In zehn Tagen gab es unter den Beteiligten drei Todesfälle. Der Schauspieler, der aus dem Fenster geworfen wird, fällt tatsächlich eine Woche später tot um. Die Tochter eines Darstellers wurde in einer menschenleeren Gegend von einem Motorrad überfahren. Kulissen brannten ab. Eine Schauspielerin bekam mehrere Nervenzusammenbrüche.

„Amerika wird vom Satan persönlich geschockt", schrieb eine Illustrierte.

Diese Aussage trifft ins Schwarze. In USA löst ein Horrorfilm den anderen ab.

Dieser Horrorfilm hatte unheimliche Auswirkungen. Ein englischer Freund sandte mir einen Zeitungsausschnitt über eine Gerichtsverhandlung in Caernavon. Ein 24jähriger Mann wurde wegen sechs Vergewaltigungsversuchen verurteilt. Es kam bei der Verhandlung heraus, daß er mehrmals den Film „Exorzist" gesehen hatte.

Im Gebiet von Kaiserslautern hat ein amerikanischer Soldat sich nach dem Besuch des Filmes das Leben genommen. Daraufhin hat Oberstaatsanwalt Dr. Kirsch vor Gericht ein Verfahren mit dem Ziel eingeleitet, daß dieser Film in Deutschland nicht gezeigt werden darf. Bis das Gericht entschied, war bereits dieser Horrorstreifen in 40 Städten gelaufen und durfte nach dem unverständlichen Gerichtsurteil weiter gezeigt werden.

Ein deutscher Freund sandte mir die „Salzgitter Zeitung" vom 23. 11. 74 zu. Aus den Briefen an den Herausgeber, geschrieben von Pastor Joost und Dr.-Ing. W. Gitt, entnehme ich folgende Sätze: „Die Exorzistenwelle mit okkulten Praktiken und Satanskult rollt. Leider hat dieser Film nun auch unser Gebiet passiert und wirft tiefe Schlagseiten auf die Menschen, die sich den Film angesehen haben. Manche gingen vielleicht arglos dorthin und kamen zurück – verzweifelt, von Schrecken erfaßt, von Ängsten geplagt, so daß in anderen Städten manche in psychiatrische Kliniken eingeliefert werden mußten. Noch schlimmere Fälle sind bekannt geworden. Ein junger Matrose wurde von dem Film so in den Bann genommen, daß er sich noch in der gleichen Nacht das Leben nahm. Ein 17jähriger aus dem Gebiet von Wolfsburg brachte nach dem Besuch des Filmes einen Kameraden um. Er begründete seine Bluttat mit den Worten: ‚Ich habe auch den Teufel im Leib.'"

Dieser Film zeigt wie die anderen Horrorfilme, daß Satan mobilgemacht hat. Seit 1967 erleben wir eine satanische Erwekkung, die zum Charakter der Endzeit gehört.

Jesus-Porno-Film

1975 faßte der Däne Jens Thorsen den teuflisch inspirierten Plan, über das „Sexualleben Jesu" einen Film zu drehen. Als Titel wurde vorgesehen: „Die vielen Gesichter Jesu".

Die Dreharbeiten sollten in England durchgeführt werden, weil zuvor Dänemark, Schweden und Frankreich Thorsen die Produktion des Filmes verboten haben.

In England entstand bei diesem Plan Thorsens schärfster Widerstand. Auch die Königin und der Prime Minister waren gegen die Herstellung des Filmes. Ausgerechnet der anglikanische Bischof Dr. Eric Tracey setzte sich für die Dreharbeiten mit den Worten ein: Wenn einer in unser Land kommt und nicht die Freiheit hat, einen Film zu produzieren, dann sind wir kein freies Land.

In Deutschland wurden die Gläubigen aufgerufen, gegen diesen teuflischen Plan Thorsens zu beten. Auch Unterschriften wurden gesammelt. Die Aktion hatte Erfolg. Im April 1976 berichtete das Rundschreiben der Evangelischen Vereinigung für Bibel und Bekenntnis in Baden folgendes:

„Eine Siegesmeldung unseres Herrn dürfen wir vorausschicken. Der gotteslästerliche Jesus-Pornofilm von Thorsen ist verboten. Der dänische Kultusminister hat nicht nur die staatliche Subventionsgarantie von 900000 Kronen zurückgezogen, sondern auch eine eventuelle Vorführung dieses Filmes für Dänemark verboten. Alle, die darum gebetet und durch ihre Unterschrift gegen diese Lästerung protestiert haben, werden Gott danken, der unseren Kleinglauben beschämt hat. Erfreulich ist, daß allein über Spechbach (Dorf im Kleinen Odenwald) 10953 Unterschriften nach Bonn gingen."

Dieser teuflische sexuelle Abgrundsgeist, der in den Filmen mehr denn je zutage tritt, zeigt sich auch in den Machwerken moderner Bildhauer und Maler. Ein gläubiger Katholik, mit dem ich schon einige Jahrzehnte in Verbindung stehe, sandte mir das Duplikat seines Briefes an einen Professor der theol. Fakultät in Salzburg. Ich will den Namen zum Schutz des Professors nicht nennen. Der Brief hat folgenden Wortlaut:

Sehr geehrter Herr Professor, mit Entrüstung sah ich jüngst in

Salzburg eine nackte Christusplastik, deren Anbringung auf Sie zurückgehen soll. Daß meine spontane Empörung nur allzu berechtigt war, konnte ich bald darauf an einem abscheulichen Erlebnis bestätigt finden. Ein Student ging hinter einer Studentin her, und als diese mit einem süffisanten Seitenblick auf die Christusplastik vor sich hin kicherte, machte der Student eine abscheuliche Bemerkung, die so scheußlich war, daß man sie hier im Buch nicht wiedergeben kann. Der Briefschreiber Dr. S. erwähnte diese Bemerkung in seinem Brief an den Professor.

Ich selbst erlitt auch nahezu einen Schock, als mir eine „christliche" Zeitschrift zugesandt wurde. Christus am Kreuz wurde in einer solch obszönen Weise dargestellt, daß es hier nicht geschildert werden kann. Solche Gotteslästerungen werden heute der christlichen Gemeinde zugemutet.

Das Gespenst

Die Gemeinde Jesu kommt unter dem Ansturm der höllischen Mächte nicht zur Ruhe. Diese scheußlichen Filme weisen auf den Kampf hin, der sich im Welthintergrund abspielt: Luzifer ist zum Nahkampf gegen den Nazarener angetreten. Wir wissen aber seit 2000 Jahren, wie dieser Kampf ausgehen wird. Blumhardt hat es in einem wundervollen Lied so ausgedrückt:

Daß Jesus siegt, bleibt ewig ausgemacht,
sein wird die ganze Welt.
Denn alles ist nach seines Todes Nacht
in seine Hand gestellt.
Nachdem am Kreuz er ausgerungen,
hat er zum Thron sich aufgeschwungen.
Ja, Jesus siegt.

Ohne die Gewißheit des Sieges Jesu wären die finsteren Machenschaften der Hölle kaum noch zu ertragen.

In Stichworten wird kurz der Inhalt des Filmes von Herbert Achternbusch mit dem Titel „Das Gespenst" wiedergegeben.

Eine Oberin tritt in der Kirche vor den gekreuzigten Jesus. Ihm hängt eine Ochsenzunge aus dem Mund. Die Oberin betet: „Für jede Schlange ist in meinem Unterleib ein Nest." Als sie zu Bett geht, findet sie dort eine Schlange, die sich in Jesus verwandelt.

Jesus wird danach als Ober in der Klosterbar beschäftigt. Zwei betrunkene Polizisten verlangen, Jesus solle ihnen Exkremente beschaffen. Mit seiner Dornenkrone läuft er dann durch die Münchener Innenstadt, um das zu beschaffen. Schließlich versuchen die beiden Polizisten, das Gewünschte selbst vor Achternbuschs Kamera zu produzieren. Später beichtete die Oberin dem Bischof ihre Verfehlungen.

Der Teufel hat seine Freude an diesem gräßlichen Machwerk. Eine schrecklichere Verhöhnung der Person Jesu wird es kaum geben. Ein Gipfelpunkt der Gottlosigkeit ist die Tatsache, daß die Regierung in Bonn eine Subvention in Höhe von DM 300000,– für die Herstellung dieses Filmes in Aussicht gestellt und schon teilweise ausbezahlt hat.

Noch schwerwiegender als die Verantwortung Bonns ist die Tatsache, daß dieser Film auf dem Kirchentag 1983 gezeigt worden ist. In den Satanskirchen von Anton Szandor La Vey in USA sind solche Darbietungen üblich. Will der Kirchentag sich auf eine Stufe mit den Satanskirchen stellen?

Des Martyriums noch nicht genug. Die Film-Jury der Evangelischen Kirche Deutschlands deklarierte das wahrhaft gespenstische Produkt gar zum „Film des Monats."

Gotteslästerung auf Staatskosten einerseits – Gotteslästerung mit kirchlicher Billigung und Förderung andererseits.

Es gab aber auch viele Christen, die auf die Barrikaden gingen. Unzählbare Anträge gingen an die Staatsanwaltschaft beim Landgericht München mit dem Ziel, die Beschlagnahmung des Filmes durchzusetzen.

Die Bekenntnisbewegung „Kein anderes Evangelium" richtete einen Brief an den Bundesinnenminister Zimmermann mit der Bitte um Rückforderung der Subvention.

Die Vereinigung Europäischer Bürgerinitiativen zum Schutz der Menschenwürde, Zentrale Österreich, schrieb in einem Aufruf: „Seit Mitte April (1983) wird in München dieses pornographische, gotteslästerliche Machwerk aufgeführt. Wir in Österreich fragen uns, wie es möglich ist, daß solche Sauereien mit 300000 DM aus Steuermitteln gefördert werden dürfen. Wie ist es möglich, daß solche Filme erlaubt werden, ohne daß die Staatsanwaltschaft eingreift... Kein kommunistisches Land würde eine solche Subkultur fördern. Wir fordern namens der österreichischen Bürgerinitiative die sofortige Beschlagnahme des Filmes ‚Das Gespenst' und die strenge Bestrafung aller Schuldigen."

Ein Münchner Katholik soll noch zu Wort kommen. Er schrieb mir einen Brief, aus dem ich einige Sätze wiedergebe:

„Heute lege ich den grotesken Bericht bei, daß beim Evangelischen Kirchentag in Hannover der teuflische Film ‚Das Gespenst' sogar öffentlich aufgeführt wurde – mit Billigung der obersten kirchlichen Verantwortlichen. Haben Sie da noch Worte?

Gestern, am Freitag, 17. 6. 83, war hier in Hl. Kreuz Giesing Firmung durch den jetzigen Erzbischof Dr. Wetter. Nach dem Gottesdienst benützte ich die Gelegenheit, um dem Erzbischof meine Anliegen kurz nahezubringen. Ich sagte ihm, daß das ganze gläubige Volk empört ist, daß die Bischöfe schweigen und zu wenig tun, um solche Schandfilme zu verbieten. Dr. Wetter antwortete – wie erwartet –: ‚Da müssen wir schweigen, sonst machen wir nur erst recht Reklame dafür.' Ich entgegnete: ‚Nein, die kirchlichen und staatlichen Oberen müssen durch solche Proteste ermahnt werden, solche teuflischen Filme zu verbieten. Da ist Schweigen Verrat!'

Viele Städte haben schon diesen Film, dank der Feigheit der Bischöfe. Und mit solchen Verrätern an Christis Ehre sollen wir Ökumene halten? Wenn Christus als verkommener Landstreicher um Sch... bittet und zuletzt mit einer Oberin im Bett liegt, dann ist das reine Lästerung und Schweinerei. Auch frühere Produkte von Achternbusch waren schweinische Filme."

Ein echter Katholik! Evangelische Christen haben Ähnliches geschrieben.

Video-Brutalität

Dem „Mitternachtsruf" August 1983 entnehme ich von Seite 18 einen markanten Kurzbericht, für den ich Dr. Wim Malgo dankbar bin. Er lautet:

Auch in Bolivien schießen die sogenannten „Videotheken" wie Pilze aus dem Boden. Auf dem privaten Bildschirm im Wohnzimmer wird alles gezeigt, ist alles erlaubt, wird nichts kontrolliert. Alles ist Kindern und Jugendlichen zugänglich, ob sie es vertragen oder nicht. In einer deutschen Zeitschrift war zu lesen, daß es eine weltweite Video-Brutalität geben soll, die harte Pornographie, Terror und Action-Filme einschließt. Nur etwa 4 % dieser Filme berichten über Bildung und Musik, alle übrigen zeigen Brutalität, Lüge und Horror. Die verheerende Wirkung dieser Filme steht außer Frage und ist unbestreitbar. Menschen werden zu Objekten degradiert, die man in ekelerregender Weise mißhandeln und umbringen darf. Kinder und Jugendliche werden zweifelsohne schwer gefährdet. Diese Filme haben eine schreckliche Wirkung und können als Reizmittel zur Gewalttätigkeit und zum Verbrechen bezeichnet werden.

Daß diese Video-Brutalität sich in Bolivien ausbreitet, ist kein Ruhekissen für uns. In die dritte Welt ergießt sich nur das, was in den hochzivilisierten Ländern überschäumt.

Dankbar wird es in der Öffentlichkeit vermerkt, daß der baden-württembergische Innenminister Prof. Dr. R. Herzog der Video-Brutalität den Kampf angesagt hat. Er verlangt wirksame und rasche Maßnahmen gegen die Verbreitung jugendgefährdender Videokassetten mit brutalen, gewaltverherrlichenden Darstellungen. Unter anderem schlägt er vor:

a. Schärfere Rechtsbestimmungen
b. Prüfung der angebotenen Programme
c. Notwendigkeit eines Herstellungs- und Handelsverbotes

Gott schenke dieser guten Absicht seinen Segen zur Verwirklichung.

Inzwischen werden immer mehr warnende Stimmen gegen die Videosucht in den christlichen Blättern laut. Der Deutsche Kinderschutzbund wies darauf hin, daß die Kinder nach Videofilmen fast süchtig geworden sind. Er fordert darum von neuem, Videokassetten mit gewaltverherrlichenden Filmen und auch Videospielautomaten an öffentlichen Plätzen unverzüglich zu verbieten. Der Präsident der Organisation sagte dazu, als Folge von Gewaltdarstellungen in den Medien wachse die Bereitschaft der Zuschauer, unter bestimmten Bedingungen selbst Gewalt anzuwenden.

Ein besonderes Problem stellten die Videokassetten dar, die zu etwa einem Viertel der ausgeliehenen Produktion „härteste Brutalität und harte Pornographie" zum Inhalt hätten. Solche Filme lösten bei manchen Kindern regelrechte psychische Schocks aus, bei anderen wiederum fast eine regelrechte Sucht nach diesen Produktionen. Deshalb sollten die Herstellung und Verbreitung von Filmen, in denen extreme Gewalt gezeigt werde, verboten werden.

Negative Folgen seien auch durch die Benutzung von Videospielautomaten zu befürchten; gerade jüngere Kinder gerieten leicht in ein abhängiges Verhältnis zu diesen Spielen.

Ein dpa-Bericht über die Video-Kriminalität gibt diesem Kapitel eine fürchterliche „Abrundung". Die Information stammt vom Oktober 1983 und hat folgenden Wortlaut:

„Video-Kannibale"

Eine fünfjährige Jugendstrafe wegen zweifachen versuchten Mordes hat die Kieler Staatsanwaltschaft gegen einen 17jährigen Lehrling aus Norderstedt bei Hamburg beantragt, der im Dezember 1982 zwei junge Frauen in der Absicht überfallen haben soll, ihr Fleisch zu essen. Der junge Mann hatte seine Opfer nach Ansehen eines Videofilms mit pornographisch-kannibalistischem Inhalt mit einem Messer schwer verletzt. Der Staatsanwalt plädierte dafür, ihn nach Ableistung seiner Strafe in einem psychiatrischen Krankenhaus unterzubringen.

Als der Junge konfirmiert wurde, kaufte er sich von dem geschenkten Geld einen Videorecorder. Von Anfang an faszinierten ihn besonders Kannibalenfilme. Die ersten brachte der Vater ins Haus. Ehemalige Freundinnen des Jungen sagten vor Gericht aus, er habe beim Betrachten solcher Filme Äußerungen getan wie: „Hast du nicht auch mal Lust, das zu tun?" Vor allem zogen ihn Frauenfüße an. Ein Foto von den Füßen seiner letzten Freundin hing über seinem Bett.

Am 22. Dezember 1982 hatte der Lehrling sich in einem Videoclub den Film „Der Fan" ausgeliehen. Darin tötet eine Frau ihr Idol, zerstückelt es und ißt es nach und nach auf. Nach den Worten des Staatsanwalts hat diese Szene in dem Jungen das Verlangen ausgelöst, einer Frau einen Fuß abzuschneiden und ihn zu essen. Mit einem Messer in der Tasche folgte er noch am selben Abend einem 17jährigen Mädchen und stach von hinten zu. Dem schreienden Mädchen wurde ein Ohr fast vollständig abgetrennt, der Täter flüchtete.

Vier Tage später sah er sich erneut den „Fan" an. Wieder überkam ihn der Drang nach Menschenfleisch, und er fiel auf einem dunklen Weg über eine 24 Jahre alte Frau her. Sie erlitt lebensgefährliche Verletzungen und konnte nur gerettet werden, weil ihr sehr schnell Passanten zu Hilfe kamen.

Einige Tage später folgte das Gericht dem Antrag des Staatsanwaltes.

Fünf Jahre für „Video-Kannibale"

Die Jugendkammer am Landgericht Kiel hat einen 17jährigen aus Norderstedt wegen versuchten Totschlags in zwei Fällen zu fünf Jahren Jugendstrafe und Unterbringung in einem psychiatrischen Krankenhaus verurteilt. Nach Vorführungen des kannibalistischen Videofilms „Der Fan" hatte der Jugendliche Ende Dezember 1982 zwei junge Frauen in der Absicht überfallen, ihnen die Füße abzuschneiden und diese aufzuessen. (Die RNZ berichtete darüber.) dpa

Zeigt dieses ganze Kapitel über die gotteslästerlichen Filme und der Video-Porno-Brutalität nicht, daß wir schon längst für den Untergang unserer Kultur und das Gericht Gottes reif sind? Die Schwelle von Sodom und Gomorrha ist schon um ein Vielfaches überschritten.

Gruppendynamik

Seit einigen Jahren werde ich in der Seelsorge mit den Praktiken der Gruppendynamik konfrontiert. Zuerst stieß ich in USA darauf, wo ich die meisten meiner überseeischen Vorträge hatte. Beim Einarbeiten in die amerikanischen psychiatrischen Therapieformen stieß ich auf das sogenannte Psychodrama. Eine Erläuterung dazu.

B 99 Ein junger Mann im Pubertätsalter hatte täglich Streit mit seinem cholerischen Vater, der schließlich den Rat eines Arztes einholte. Der Mediziner wies ihn in das Psychodrama ein und erklärte: „Vertauscht einmal die Rollen. Versetzen Sie sich in die Situation Ihres Sohnes, und Ihr Sohn soll den Vater spielen. Dann räumt eure Probleme und Konflikte im offenen Gespräch aus. Das ist ein Weg, daß ihr euch gegenseitig verstehen und ertragen lernt."

Eigentlich gibt es nichts Neues unter der Sonne. Im Lateinunterricht vor 60 Jahren brachte uns der Lehrer diese Konfliktlösung nahe mit dem Ausdruck „amans in amato", der Liebende versetze sich in die Lage des Geliebten, oder oppugnans in oppugnato = der Angreifer an die Stelle des Angegriffenen.

Mir kam das amerikanische Psychodrama ganz vernünftig vor. Stutzig wurde ich dann, als ich das Schlagwort „selfrealization" und die Erklärung dazu hörte. In England stieß ich auf eine ähnliche Vorstellung der „selfexpression". Beide Audrücke bedeuten etwas Ähnliches: die Selbstverwirklichung des Menschen. Die Psychologie hat dafür verschiedene Vorschläge: der Mensch soll den Weg zu seinem höheren Ich finden, das eigentliche Ego entdecken, den wahren Kern seines Wesens im Unbewußten aufspüren!

Diese Klänge habe ich oft in Ostasien gehört. Anima humana naturaliter bona, die menschliche Seele ist von Natur aus gut. Der Mensch kann sich durch verschiedene Bewußtseinsstufen bis zum Gottesbewußtsein entwickeln. In meinem Taschenbuch „Die dämonische Unterwanderung der Kirche" habe ich dazu Stellung bezogen.

In dieser Vorbesprechung kommen schon Gedankengänge vor, die sich alle bei der Gruppendynamik wiederfinden:

Die Bibel sagt: Der Mensch ist von Natur aus von der Sünde beherrscht.

Die Gruppendynamik behauptet: Der Mensch ist im Wesen gut.

Die Bibel sagt: Gott hat für jeden Menschen einen Plan.

Die Gruppendynamik sagt: Der Mensch spielt eine Rolle und muß bereit sein, jederzeit seine Rolle mit einem anderen zu tauschen.

Die Bibel sagt: Es kommt darauf an, daß der Mensch für seine Sünde Vergebung findet.

Die Gruppendynamik sagt: Der Mensch soll sich frei entfalten, sich selbst verwirklichen.

Die Bibel sagt: Der Heilsweg geht von Gott über Christus zum Menschen.

Die Gruppendynamik sagt: Es gibt eine Höherentwicklung vom Menschen zu Gott.

Zur Technik der Gruppendynamik nur kleine Hinweise. Der ganze Komplex kann aus Raummangel hier nicht behandelt werden.

In den Sitzungen der Gruppendynamik (GD) werden kleine Gruppen von 10 bis 15 Menschen verschiedenen Geschlechtes und verschiedener Berufe zusammengestellt. Die Gruppen treffen sich am Wochenende mit ihrem Trainer für 18 Stunden oder auch in längeren Freizeiten von einigen Tagen. Bei diesen Treffen und Übungen sollen die Teilnehmer alles besprechen und ausräumen, was sie umtreibt. Die Meinungen, auch persönliche Dinge werden von der Gruppe beurteilt, kritisiert. Konflikte sollen auf diese

Weise abgebaut werden. Der Teilnehmer wird durch eine Art Gehirnwäsche umfunktioniert, er wird aus seiner Isolierung herausgeholt und soll dadurch eine Ich-Befreiung erleben. Das Ich wird eingeschmolzen zum Wir der Gruppe.

Haben wir das nicht unter Hitler schon erlebt, daß die meisten zu einem politischen Einheitsdenken umgekrempelt wurden. Wir haben in der GD einen Prozeß der Vermassung vor uns. Das ist die beste Bodenbereitung für den kommenden Antichristen, der das Massendenken bis zur Perfektion entwickeln wird.

Bedenklich ist in den GD-Schulungen, daß nicht nur ein unbiblischer Seelenexhibitionismus betrieben wird, sondern auch die Intimsphäre vor der Gruppe preisgegeben wird. Bei Abdunklung des Raumes betasten sich die Teilnehmer und steigern sich dadurch in eine Erregung hinein. Ein solches Beispiel ist in diesem Buch im Kapitel über Sensitivity Training.

Diese seelische Entblößung vor der Gruppe ist total unbiblisch. Die Bibel sagt: Wir beichten vor Gott oder vor einem gläubigen Seelsorger und haben nicht unser Innerstes vor ungläubigen Menschen preiszugeben. Dieses Treiben ist ein diabolisches Gegenstück zum biblischen Geschehen, daß ein Sünder Buße tut und sein Leben vor Gott in Ordnung bringt. Diese profane Seelsorge ist eine Erfindung des Teufels und auch ein Zeichen der Endzeit.

Die Ausbreitung der Gruppendynamik ist beängstigend. Kirchen, evangelische Tagungszentren, Pfarrer wie z. B. Pfarrer Stollberg, setzen sich intensiv für die GD ein. Bei vielen Berufsgruppen gehört die Teilnahme an der GD zum Ausbildungsprogramm. Ein Beispiel aus dem kirchlichen Raum:

B 100 Eine norddeutsche Kirche veranstaltete eine Seelsorgewoche. Ein gläubige Ärztin, die zugleich Pfarrerin ist, entschloß sich, daran teilzunehmen. Sie gab mir hinterher einen Bericht über ihre Erfahrungen. Der Referent, ein Dr. H., sprach am ersten Abend eine Stunde lang über Freud, Adler, Mitscherlich. Zum Schluß wurden einige Bibelworte ziemlich zusammenhanglos angehängt. Anschließend waren Gruppengespräche. Das Problem unserer Feinde wurde behandelt. Die Ärztin sagte: „Wenn ich merke, daß mir jemand gram ist, dann bete ich für ihn.“ Diese Aussage paßte nicht in das Konzept des Referenten. Eine andere Frau hakte bei der Bemerkung der Ärztin positiv ein und wollte das weiterführen. Sie wurde sofort unterbrochen. Die beiden gläubigen Christinnen paßten nicht in das Konzept der Gruppendynamik.

Nach Beendigung dieser unerquicklichen Sitzung ging die Ärztin auf den Referenten zu und fragte: „Welche Rolle spielt denn das Gebet in der Art Ihrer Seelsorge?" Der Leiter wurde verlegen und gab zu, daß er kein Gebetsleben habe. Die beunruhigte Fragestellerin bohrte weiter: „Woher nehmen Sie Ihre Kraft, wenn Sie nicht beten können?" Darauf die erstaunliche und doch passende Antwort des Gruppendynamikers: „Aus der Gruppe!" Die Ärztin besuchte dann keine weiteren Vorträge. Sie sagte sich: der Leiter einer seelsorgerlichen Woche, der kein christliches Gebet kennt oder übt! Und solche Seelsorgekurse sollen das Gemeindeleben aktivieren! Den Namen der Kirche ließ ich absichtlich weg, um nicht diese Gemeinde bloßzustellen.

B 101 Am gleichen Abend passierte noch etwas Ungeheuerliches. Eine Teilnehmerin hatte kurz zuvor ihren Mann verloren. Nach dem ersten Vortrag ging sie zu Pastor S., weil sie in ihrer Trauer Hilfe und Trost suchte. Der seelsorgerliche Rat des Pastors war: „Seien Sie nett zu sich selbst. Streicheln Sie Ihren Körper!" Es ist doch wohl nicht nötig zu erklären, was damit gesagt worden ist.

Den Brief der Ärztin und Pfarrerin habe ich in meiner Kartei.

Dr. Senn schrieb zur Gruppendynamik: Das Ziel der GD ist eine Weltgemeinschaft unter einem Weltdiktator. One mankind, one world, one leader = eine Massen-Menschheit, eine Welt, ein Führer. Nochmals weise ich hier auf die Bücher von Pfarrer Borowsky hin:

„Die neue Welt – Vorspiel der Hölle"

„Christus und die Welt des Antichristen"

Speziell zur Gruppendynamik weise ich sehr empfehlend auf das Buch von Dr. med. Senn hin: „Was ist Gruppendynamik?" Das Buch gibt einen guten Überblick und ist leicht verständlich.

Theologisch-wissenschaftliche Darstellungen finden sich in der theologischen Zeitschrift „Diakrisis" vom Mai 1983, ferner im Deutschen Pfarrerblatt vom April 1979.

Hare Krishna

Hare Krishna ist eine der indischen Sekten, die in der westlichen Welt kollektieren. Dreimal kam ich in den USA auf ihre Spuren. Ich schlenderte in San Francisco eine Straße entlang. Da fiel mir eine Gruppe junger Menschen auf. In safrangelben Gewändern standen sie zusammen und sangen ein östliches Lied, die Köpfe kahlgeschoren. Nur ein einziger Haarbüschel stand senkrecht in die Höhe. Sie machten einen seltsamen Eindruck. Als genug Menschen sich versammelt hatten, fingen sie an zu kollektieren. Da mir diese Gewänder und ihr Gebaren von Ostasien her bekannt waren, gab ich ihnen nicht einen Cent.

Ein zweites Mal traf ich auf ihre Spuren in Los Angeles. Diese Hare-Krishna-Gruppe ist derartig aktiv, daß sie z. B. in dieser kalifornischen Metropole pro Jahr etwa 1 Million Dollar sammeln. Was mit dem Geld geschieht, weiß niemand.

Der Chef dieser Gruppe ist Tosan Krishna. Er ist 23 Jahre alt. Er ist gleichsam der Verwaltungsdirektor dieser Sekte. Er behauptet, daß das einkommende Geld nicht für die Mitglieder seiner Kirche verwandt würde. Er gab als Verwendungszweck an: „Unsere Aufgabe ist es, das Krishna-Bewußtsein, die Krishna-Botschaft über die ganze Welt auszubreiten.“ Ein drittes Mal hörte ich von dieser Gruppe in Manhattan (New York). Sie waren gerade dabei, ein Clubhaus der Columbia Universität für 2½ Millionen Dollar (7,5 Millionen DM) zu kaufen. Auch diese Aktion zeigt, daß die Sekte finanziell äußerst aktiv und wohlbetucht ist.

In den USA hat diese Sekte etwa 2000 Mitglieder, und ebenso viele Mitglieder soll es auf den anderen Kontinenten geben.

Gehen wir nun über zu Deutschland. Eine deutsche Zeitung brachte im Dezember 1974 einen Artikel mit der Überschrift:

„Hare Krishna – der Gott, der von seinen Mönchen viele Millionen kassiert.“

Diese glatzköpfigen Mönche hätten auch in Deutschland noch länger ihr dunkles Geschäft getrieben, wenn nicht die Staatsanwaltschaft sich mit ihnen befaßt hätte. Zunächst einmal wurden einige der Anführer wegen illegalen Waffenbesitzes hinter Schloß und Riegel gesetzt. Dann wurden 720000 Mark Bettelgelder vom Staatsanwalt von Frankfurt beschlagnahmt. Diese Bettelgelder sind aber nicht das Wesentliche, was uns in Unruhe versetzt, sondern die geistige Verführung durch diese Mönche. Jugendliche laufen begeistert den Mönchen nach. Die Eltern sind hilflos. Ihre Kinder verschwinden gewöhnlich im Ausland, und das mit gefälschten Pässen.

Es ist heute eine Frage aller gläubigen Eltern: Wie schützen wir unsere Kinder vor dem Zeitgeist?

Die jungen Menschen geraten in den Sog des Rauschgiftes und der Rockmusik, in den Sog von Sex und Alkohol und werden Opfer eines religiösen Fanatismus. Nur eines wollen sie nicht: ihr Leben Jesus Christus völlig ausliefern und ihm nachfolgen.

Heiligen- und Reliquienkult

Ein Ärgernis der katholischen Kirche in der Reformationszeit war für Luther der Heiligenkult. Dieser Mißbrauch fand seinen Niederschlag in der Confessio Augustana Art. XXI De Cultu Sanctorum = Vom Heiligenkult.

Eigentlich kann das ganze Problem in zwei Sätzen erledigt werden:

1. Die Heiligen dürfen wir ehren und ihrem Beispiel folgen. Man kann dafür Hebr. 12,1 anführen, wo es heißt: „Weil wir eine solche Wolke von Zeugen um uns haben, lasset uns ablegen die Sünde." Auch Hebr. 13,7 kommt in Frage: „Gedenket an eure Lehrer, die euch das Wort Gottes gesagt haben. Ihr Ende schauet an und folget ihrem Glauben nach."
2. Eine Anrufung der Heiligen und Bitte um ihren Schutz und Beistand läßt sich biblisch nicht begründen, ist also nicht schriftgemäß. Hier gilt vielmehr, was der Apostel Johannes sagt (1.Joh. 2,1): „Ob jemand sündigt, so haben wir einen Fürsprecher bei dem Vater, Jesum Christum, der gerecht ist."

Die Vertreter des Heiligenkultes lassen sich aber von der Heiligen Schrift nicht korrigieren. Als Beispiel erwähne ich zwei Bücher von Pater Bonifatius Günther (Aschaffenburg 1972), die ich besitze. Ihre Titel sind „Satan, der Widersacher Gottes" und „Maria, die Gegenspielerin Satans". In diesen beiden Veröffentlichungen findet sich viel Schriftwidriges und auch Aufreizendes. Es ist unmöglich, all dieses Material auszubreiten. Eine Kostprobe soll gegeben werden.

In dem erstgenannten Buch ist auf Seite 199 Johannes vom Kreuz (Juan de la Cruz) erwähnt. Dieser spanische Mystiker erlebte

Zustände, die an die spiritistische Trance erinnern. Irene Behn berichtete in ihrem Buch über die spanische Mystik, daß Juan mitten im Meßopfer in Ekstase geriet (Seite 502). Nun der Bericht aus dem Buch von Günther.

B 102 „In dem Werk des P. Crisogono De Jesus über den Doktor Mystikus, Johannes vom Kreuz, werden zwei Fälle angeführt, in denen der Heilige sogar die Herausgabe des mit eigenem Blut unterschriebenen Paktes vom Teufel erzwungen hat.

Im ersten Fall handelt es sich um eine viel bestaunte Nonne des Augustinerinnenklosters in Avila. Sie hatte sich im Alter von 6 Jahren dem Teufel übergeben; diese Übergabe ging feierlich vor sich. Das Kind nahm sich Blut aus dem Arm und schrieb damit auf einen Zettel die Tatsache, daß sie sich dem Teufel ganz und gar übergebe. Nach monatelangem Kampf gelang es Johannes vom Kreuz, den Teufel zur Herausgabe dieses Paktes zu zwingen und so die Nonne zu befreien.

Im zweiten Fall war es ein Mann, der nach einer Predigt des Heiligen zutiefst betroffen war und reuevoll in den Beichtstuhl kam. Auch er hatte durch eigene Blutsunterschrift dem Teufel sich formell ausgeliefert. Nun ist er am Verzweifeln, da es ihm unmöglich ist, das Schriftstück zu vernichten. Johannes vom Kreuz tröstet ihn, verspricht, es dem Teufel zu entreißen, und er tat es. Er betete, und der Teufel schleuderte den Zettel wütend zu Boden, indem er schrie, seit dem hl. Basilius habe kein Mensch ihm so viel Gewalt anzutun vermocht."

Seit Jahrzehnten habe ich es in der Seelsorge auch mit Besessenen zu tun. Es ist die schwerste Seelsorge, die es gibt und die gefahrvollste für den Seelsorger. Trotz meiner Erfahrung kann ich diese von Günther geschilderten Vorgänge nicht als biblisch annehmen. Zunächst einmal kenne ich keinen Mystiker, der Vollmacht des Heiligen Geistes hatte. Ich weiß aber von vielen, daß sie mediale, magische, spiritistische, ja dämonische Kräfte besaßen. Die ekstatischen Erlebnisse von Johannes vom Kreuz liegen sehr wahrscheinlich in dieser letztgenannten Richtung. Das hinderte die katholische Kirche aber nicht, ihn zum Heiligen zu erklären. Hier zeigt sich die ganze Fragwürdigkeit des Heiligenkultes.

Aus dem zweiten Buch von Günther soll ebenfalls ein unbiblischer Heiligenkult erwähnt werden. Auf Seite 22 stehen folgende

Sätze: „Wir bekennen unsere Schuld nicht allein vor Gott, sondern auch vor der allerseligsten Jungfrau und dem Heiligen Erzengel Michael. Dann schließt sich an, was der Mensch in solchen Situationen am notwendigsten braucht, die Hilfe um die Fürsprache der Heiligen." Weder Maria noch der Erzengel Michael ist für unsere Sünden am Kreuz gestorben, sondern Jesus, der allein Grund unseres Heils ist.

Die Bücher von Günther sind aber mit einem kirchlichen Imprimatur-Vermerk (= „nichts gegen den Glauben") veröffentlicht worden.

Ein Abschnitt, über den ich mich nicht beruhigen kann, steht ebenfalls auf S. 22:

„Was wäre unser Kalender ohne die Heiligenfeste? Würden wir sie aus dem Missale und dem Brevier herausnehmen, was bliebe dann noch übrig? Manche liturgische Zeloten möchten das. Sie wären aber wahrscheinlich genauso entsetzt wie Luther und Lenin am Ende ihres Lebens über das, was sie mit ihren revolutionären Ideen angestellt haben."

In diesem Abschnitt schrieb Günther ungeheuerliche Dinge. Sind die Heiligen für Günther die eigentliche geistliche Substanz vom Brevier und Meßbuch? Es bliebe nicht viel übrig, wenn man sie herausnehmen würde? Wo ist Christus?

Ungeheuerlich ist der Vergleich Luther und Lenin. Der eine war ein Mann Gottes, der das Evangelium wieder auf den Leuchter stellte, der andere Haupt des Weltkommunismus, der den Mord von Millionen von Menschen auf dem Gewissen hat. Hier übertrifft Günther sogar die Schmähschrift von Professor Bäumer gegen Luther. Noch nicht genug! Günther betreibt sogar Geschichtsfälschung: Luther sei am Ende seines Lebens entsetzt gewesen, was er mit seinen revolutionären Ideen angestellt habe. Wo hat Günther solche Unwahrheiten her? Wie mag dieser Pater zu Jesus stehen, der solche Dinge zu schreiben wagt. Luther wurde in seiner Sterbestunde von einem anwesenden Freund gefragt: „Vater, bleibt ihr bei dem, was Ihr gelehrt habt?" Luther antwortete mit einem vernehmlichen Ja.

Welchen Wahrheitsgehalt haben diese beiden Bücher von Pater Bonifatius Günther? Ich hatte mir schon überlegt, ob ich diese Veröffentlichungen nicht dem Papierkorb oder Feuer übergeben sollte. Denkt dieser Pater nicht daran, daß er einmal für solche Aussagen vor dem Gericht Gottes Rechenschaft geben muß? Ich wünsche ihm aber von Herzen, daß ihm Jesus vorher begegnet, damit ihm dieses Gericht erspart bleibt.

Allerheiligen

Bei dem Heiligenkult muß folgerichtig das wichtigste Heiligenfest erwähnt werden: Allerheiligen. Die katholische Kirche feiert dieses volkstümlich gewordenene Fest alljährlich am 1. November. Die kirchenfrommen Menschen bringen Blumen auf die Gräber ihrer Verstorbenen. In manchen Gegenden stellen sie in der Nacht vom 31. Oktober zum 1. November brennende Kerzen in die Fenster, damit die „irrenden Seelen den Weg finden", wie so schön gesagt wird.

In den USA besteht das gleiche Fest. Nur wird es anders gefeiert. Halloween – all Hallows evening – kommt eher dem europäischen Fasching gleich als dem Friedhoffest. Die Amerikaner feiern mit Kostümen, Masken und viel Alkohol ihre Halloween-Parties. Wie wichtig ihnen das ist, sei an einem kleinen Beispiel gezeigt.

B 103 Ich hatte in einer Kirche in Milwaukee eine evangelistische Vortragswoche. Der Pastor der Kirche hatte seinen Kollegen dazu eingeladen. Der eingeladene Pastor lehnte mit dem Hinweis ab, er sei zu einer Halloween-Party eingeladen. Das Kostümfest war ihm wichtiger als das Evangelium.

Allerheiligen und Halloween kommt aus dem Heidentum. In der vorchristlichen Zeit hatten die Druiden – Priester eines keltischen Stammes – in England die Vorstellung, daß die Menschen nach ihrem Tode sich reinigen müßten. Die Seele des Verstorbenen wird in einen Tierleib gebannt. In der Nacht vom 31. Oktober zum 1. November werden die gebannten Seelen vom Druidengott Samhain befreit und in den Druidenhimmel versammelt.

Dieses Druidenfest war jeweils mit Tieropfern und sogar Menschenopfern verbunden und mit allerlei Zauberei gekoppelt.

Trotz der Christianisierung erhielt sich dieses heidnische Druidenfest in England bis ins sechste Jahrhundert. Gregor der Große (540–604) riet dem Erzbischof von Canterbury, die bisherigen Druidenopfer zu Ehren der Kirchenheiligen beizubehalten.

Das ist einer der katholischen Assimilationsprozesse, wie sie die katholische Kirche auf vielen Missionsfeldern eingeleitet hat. So war ich im Sommer 1975 bei einem Besuch einiger katholischer Kirchen in Bogota (Kolumbien) erstaunt, daß ich an den Wänden die Fratzen indianischer Gottheiten sah. Der Reiseführer erklärte uns, daß die Spanier mit diesen indianischen Göttern die Inkas zur christlichen Kirche lockten. Für biblisches Denken ist es unfaßbar, daß man Menschen mit Hilfe der Dämonen zu dem lebendigen Gott führen will.

Zurück zu dem Druidenfest. Die Siedler aus England brachten diese Bräuche nach Amerika. Dort erfreut sich dieses Fest großer Beliebtheit, weil es dem Menschen Gelegenheit gibt, sich auszutoben.

In Deutschland ist im Zusammenhang mit dem Allerheiligenfest die Erinnerung an das heidnische Druidenfest längst erloschen. Es ist nur der religiöse Brauch geblieben, der im katholischen Kirchenvolk sehr beliebt ist.

Solange das Grabschmücken nur der Ausdruck der Pietät den Verstorbenen gegenüber ist, kann der Brauch bestehen bleiben. Die andere Sitte, mit brennenden Kerzen verirrten Seelen den Weg zu weisen, ist Aberglaube. Unser Leben für Christus oder ohne Christus ist für unsere Ewigkeit entscheidend. Wir können das Los der Verstorbenen, auch wenn sie uns noch so lieb und teuer sind, nicht mehr ändern. Wir haben weder im Alten Testament noch im Neuen Testament eine Stelle, die uns die Fürbitte für die Toten empfiehlt. In diesem Zusammenhang ist auch die Totenmesse, ebenfalls von Gregor dem Großen eingeführt, Irrlehre und Aberglauben.

Reliquien

Der Reliquienkult ist wahrscheinlich noch anfechtbarer als der Heiligenkult. Bei der Vorstellung der kraftgeladenen und kraftspendenden Reliquie befinden wir uns im Bereich der Magie und des Fetischismus, beziehungsweise der Totenanrufung (= Spiritismus). Der Fetisch (fetismun = energiegeladener Gegenstand) gewährt Schutz, verleiht Kraft, Gesundheit und Hilfe in allen Nöten. Das ist ein Vorgang der Schwarzen und Weißen Magie. Ein selbsterlebtes Beispiel dazu:

B 104 Bei einer Vortragswoche in München erkrankte ich an einer Grippe. Ich bat meine Zuhörer um Fürbitte, damit ich die Woche vollständig zu Ende führen könne. Am nächsten Abend brachte mir ein katholischer Ingenieur eine Reliquie und bat mich, ich soll sie auf dem Körper tragen, damit ich gesund würde.

Zunächst war ich erstaunt, daß ein Akademiker – er war Dipl.-Ingenieur – an einen solchen Aberglauben gebunden ist. Ich erwiderte ihm, daß das für mich nicht in Frage komme. Ich vernichtete daheim dieses Zeichen religiösen Aberglaubens.

Die Reliquie war ein Stück Stoff, zu einer Rolle gewickelt und mit einem Papierband umbunden. Darauf stand „Ex veste patris Ruperti Meieri" = aus dem Hemd oder dem Gewand von Pater Rupert Meier. Der Ingenieur informierte mich, daß Pater Rupert ein gottseliger Priester gewesen sei, der schon viele Wunder getan hätte. Nach seinem Tod haben seine Freunde seine Hemden und Kleider zerschnitten und einige hunderttausend Reliquien daraus hergestellt.

Luther wetterte gegen solche Dinge, und im 20. Jahrhundert gibt es das immer noch! Und sogar gebildete Menschen pflegen diesen Aberglauben!

Otto Markmann nennt diese Vorgänge übertünchtes Heidentum. (Irrtümer, S. 30). Dieser Kenner des Katholizismus fügt hinzu: „Der Reliquienverehrung liegen primitivmagische Vorstellungen zugrunde. In den Gebeinen, Kleidungsstücken und Leichentüchern verstorbener Heiliger glaubt man besondere Kräfte zu finden, die auf den, der sie berührt, überströmen. Splitter eines Marterholzes werden als Amulett mitgeführt und sollen den Menschen beschützen." Eine andere, aber ähnliche Version formulierte ein katholischer Freund in folgender Weise: „Durch die Reliquie glaubt man, dem verstorbenen Heiligen, den man bei Gott weiß, besonders nahe zu sein und seine Fürsprache zu erlangen. Das ist aber Totenanrufung!"

Der Reliquienkult drang schon im vierten Jahrhundert in die Kirche ein. Nicht unschuldig an dieser Entwicklung ist Helena, die Mutter von Kaiser Konstantin d. Gr. Diese Frau, durch ihren Sohn für Christus gewonnen, machte eine Wallfahrt nach Jerusalem und soll dort, durch einen Traum oder eine Vision informiert, das Kreuz Jesu aufgefunden haben. Der Balken wurde in viele Stücke und Splitter zerschnitten und als Reliquien an verschiedene Kirchen versandt. Nicht genug, sie soll auch die Kreuzesnägel Jesu aufgespürt haben. Sie wurde daher zur Schutzpatronin der Nagelschmiede. Auch den Rock Jesu habe sie noch ermitteln können. Das brachte ihr die Ehre ein, Schutzpatronin der Färber zu werden. Mit diesen kirchlichen Traditionen, deren Wahrheitsgehalt natürlich nicht festgestellt werden kann, ist ein Hinweis für die Schutzpatronatschaft der Heiligen gegeben und zugleich ein offizieller Start des Reliquiendienstes gegeben. Helena wurde um ihrer Verdienste willen heilig gesprochen. Ihre Gebeine wurden im 9. Jahrhundert nach Frankreich in das Gebiet von Reims überführt. Seit dieser Zeit begann auch in Frankreich und im Westen überhaupt eine Blüte des Reliquienkultes.

Im späten Mittelalter entstand durch unehrliche Mönche ein lebhafter Handel mit angeblichen Reliquien. Es war eine gute Einnahmequelle für diese Männer, die sich der freiwilligen Armut und Keuschheit verschrieben hatten. Die Auswirkung dieses Reliquienhandels ist die Tatsache, daß es heute einige Dutzend Kreuzesnägel, auch einige heilige Röcke Jesu und vieles andere von heilig gesprochenen Menschen nicht nur doppelt und dreifach, sondern vielfältig geben soll.

In meiner Jugend und später in meinem ausgiebigen Reisedienst bin ich oft in katholischen Kirchen auf Reliquien gestoßen. Ich nenne nur einige, die weltweit bekannt sind.

B 105 Es war vor einem halben Jahrhundert. Mein Schulfreund Adolf Leonhard, ein gläubiger junger Mann, der sich früh für Jesus entschieden hatte, fuhr mit dem Fahrrad nach Trier, weil damals der ungenähte Rock Jesu ausgestellt worden war. Adolf kam zurück und hat mir ausführlich berichtet. Sein Besuch hatte nur den Zweck, den Katholizismus praktisch zu erleben. Das meiste blieb ihm fremd. So berichtete er, daß Frauen die Eheringe ihrer Männer brachten. Ein Priester hat dann mit dem Ring kurz das Schutzgitter berührt, damit die Männer die eheliche Treue hielten. Was meinen Freund noch viel mehr schockierte, war der Ablaß, der auf den Besuch der verschiedenen katholischen Kirchen in Trier oder auf bestimmte Exerzitien gewährt wurde. Adolf zeigte mir sein Ablaßbuch und meinte gut gelaunt: Nun habe ich Ablaß für einige hundert Jahre, die ich dann weniger im Fegfeuer zubringen muß, das es gar nicht gibt. Er glaubt so wenig an diese katholische Irrlehre wie ich selbst. Wohlgemerkt, er hat sich dabei nicht über die katholische Kirche lustig gemacht. Für ihn war dieser Besuch des heiligen Rocks nur ein Teil seines Theologiestudiums.

Gehen wir nun von Trier in das nicht allzuweit entfernte Aachen. Im goldenen Marienschrein des Aachener Doms werden vier große Reliquien aufbewahrt: die Windeln Jesu, das Kleid

Marias, das Lendentuch Jesu und das Enthauptungstuch von Johannes dem Täufer. Alle sieben Jahre werden diese „Kostbarkeiten" öffentlich ausgestellt. Und Abertausende von Pilgern finden sich aus ganz Deutschland und dem katholischen Ausland ein und erhoffen sich dadurch große Segnungen. Für den menschlichen Verstand ist es eine große Zumutung, für wahr zu halten, daß sich die Windeln Jesu usw. in Aachen befinden. Wir brauchen Jesus selbst, nicht seine Windeln und Kleider, vollends wenn sie gar nicht echt sind. Selbst, wenn sie echt wären, nützen sie uns nicht, sondern lenken uns nur vom Kreuz und dem Erlösungswerk Jesu ab.

Eine andere Reliquie ist heute in der ganzen westlichen Welt und darüber hinaus bekannt: das Turiner Grabtuch. Es wurden von katholischer Seite aus hunderttausende Fotos dieses angeblichen Grabtuches Jesu versandt. Ich habe es oft zugeschickt bekommen. Auf dem etwa 4 m langen Linnen ist der negative Abdruck einer menschlichen Gestalt mit harmonisch edlen Gesichtszügen zu sehen. Katholische Experten glauben, den Echtheitsbeweis führen zu können. Andere Wissenschaftler bezweifeln die Echtheit. (Siehe „Das Beste" April 1984.)

Mir sind im Zusammenhang mit dem Turiner Grabtuch drei Gesichtspunkte wichtig.

1. Wo war dieses Leichentuch 1300 Jahre lang, bis es gefunden wurde? Man verstehe mich nicht falsch. Wenn es Gottes Wille war, dieses Leichentuch zu erhalten, dann ist das für mich kein Glaubenshindernis. Was soll aber der Sinn dieses späten Auffindens sein? Wozu braucht die Christenheit das Leichentuch? Im Hintergrund steht für mich die Frage, ob hier nicht „kräftige Irrtümer der Lüge" manifest geworden sind. (2. Thess. 2,9–11)
2. Vor einigen Jahren wurde mir eine amerikanische Illustrierte zugesandt, die auf rund 50 Seiten nur vom Turiner Grabtuch handelte. Dieses Magazin war offensichtlich von Juden herausgegeben. Es wurde in diesem Band erklärt, das Turiner Tuch beweise, daß Jesus erst im Grab gestorben ist. Also seien die Juden nicht an seinem Tod schuldig. Es war eine seltsame Rechtfertigung, die mit den Aussagen der Bibel nicht übereinstimmt. Jesus starb am Kreuz, nicht erst im Grab.
3. Der dritte Gesichtspunkt ist nur die Wiederholung, was über die Windeln Jesu gesagt worden ist. Einem evangelischen Pfarrer, der in der Pfarrergebetsbruderschaft der evangelischen Pfarrer

für das Turiner Grabtuch schwärmte, schrieb ich: „Wir brauchen Jesus und nicht sein Grabtuch." Daraufhin hat er mich als groben Kerl bezeichnet. Das nehme ich um der Wahrheit willen gern auf mich.

Man werte es nun als ein Zeichen der Objektivität, daß ich zum Turiner Grabtuch auch eine katholische Stimme zu Wort kommen lasse.

Der Osservatore Romano vom 28. Oktober 1983 brachte einen Artikel mit der Überschrift:

Das Grabtuch von Turin wahrt sein Geheimnis. Es heißt darin:

„Der im Frühjahr verstorbene ehemalige italienische König Umberto II. von Savoyen hatte das Grabtuch von Turin testamentarisch dem Hl. Stuhl vermacht. Die Testamentsvollstrecker, Simeon von Bulgarien und Maurizio d'Assia, und Kardinalstaatssekretär Casaroli haben im Vatikan das Dokument unterzeichnet.

Das Grabtuch von Turin ist ein 4,36 m langes und 1,10 m breites Linnen. Es zeigt den Abdruck eines gegeißelten, mit Dornen gekrönten und am Kreuz hingerichteten Mannes. Es wurde 1578 vom damaligen Herzogshaus Savoyen als Grabtuch Jesu nach Turin gebracht und läßt sich mit historischer Sicherheit bis ins Jahr 1353 zurückverfolgen. Es wird in einer eigens dafür errichteten Seitenkapelle des Doms von Turin aufbewahrt, wo es letztmals 1978 öffentlich ausgestellt wurde."

Nach dem Hinweis auf ein dreidimensionales Abbild des Grabtuches, – es ist eine Statue – berichtet der Osservatore weiter:

„Prof. Jackson war im Jahre 1978 Mitglied der Gruppe von Wissenschaftlern, die erstmals fünf Tage lang Messungen und Untersuchungen an der kostbaren Turiner Reliquie vornehmen durften. Die Forschungsergebnisse der Gruppe des „Sturp" (shroud of Turin research project – Turiner Grabtuch-Forschungsprojekt) haben dazu geführt, daß das Grablinnen von den Naturwissenschaftlern überhaupt erst in Fachveröffentlichungen zur Kenntnis genommen wurde. Ihre Ergebnisse sind von streng auf die Wissenschaftlichkeit bedachten und darin international anerkannten Fachzeitschriften veröffentlicht worden. Sie enthalten viele Hinweise darauf, daß das Grabtuch wirklich ein Grabtuch und keine Malerei ist – z. B. daß es sich bei den Blutspuren um menschliches Blut, ja sogar der Gruppe AB, handelt. Aber sie lassen wesentliche Fragen noch immer unbeantwortet. Prof. Jackson hatte sich vor allem mit den großformatigen, mit modernster

Technik und modernstem Filmmaterial aufgenommenen Photographien des Grabtuchs beschäftigt. Die von ihm benutzten Apparate tasten z. B. auf einem Fernsehbild Zeile für Zeile die Hell-Dunkel-Unterschiede ab und errechnen daraus eine bestimmte Kurve, nach der man dann den Rand einer Scheibe schneidet. Nebeneinandergelegt, ergeben diese Zeilenscheiben ein wirklichkeitsgetreues Modell.

Gestützt auf wissenschaftliche Erkenntnisse der letzten Zeit, hat Papst Johannes Paul II. bei seinem Besuch in Turin im April 1980 das Grabtuch als eine ‚außergewöhnliche und geheimnisvolle Reliquie' bezeichnet, als einen ‚stummen, doch gleichzeitig überraschend beredten Zeugen' des Leidens, des Todes und der Auferstehung Jesu. Die Wissenschaft hat vieles dazu beigetragen, dem Geheimnis näherzukommen und wird noch weiteres leisten können – nicht zuletzt auch für die künftige Bewahrung dieses einzigartigen Tuches."

Soll damit die Echtheit bewiesen sein? In 50 Jahren Seelsorge bei okkulten Belastungen habe ich einen kleinen Einblick in die Inszenierungen und Aktivitäten Satans bekommen. Seine schlagkräftigsten Waffen sind oft fromm verpackt.

Wenn man den Kult mit den Heiligen überblickt, dann wird einem „wind und weh". Das Leben mancher Heiligen glich oft spiritistischen Medien. In deren Leben finden sich viele okkulte Praktiken wie Trancezustände, Ekstasen, Levitationen, Reden in fremden Sprachen, Visionen, Botschaften aus dem Jenseits, Nahrungslosigkeit, Totenverkehr, Verständnis der Tiersprachen und anderes.

Denken wir einmal an das Blutwunder von Neapel. Im Jahr 305 n. Chr. wurde Januarius, Bischof von Benevent unter Diokletian enthauptet. Es ist überflüssig zu erwähnen, daß ich vor diesem Blutzeugen Jesu größte Hochachtung empfinde. Nicht akzeptiere ich aber, was Neapel mit ihm als seinem Schutzheiligen inszeniert. Es sollen von der Hinrichtung einige Blutstropfen gesammelt worden sein, die natürlich vertrocknet sind, aber jedes Jahr an seinem Hinrichtungstag, dem 19. September, flüssig werden sollen. An diesem Tag strömen Tausende nach Neapel, um dieses Wunder zu bestaunen. Mir sind aus dem Gebiet des Spiritismus ähnliche Wandlungs- und Materialisationsphänomene bekannt. Nachträglich las ich in dem Buch von Max Brändle „Ehe, Moral und Volksfrömmigkeit" Seite 125, daß die Verflüssigung des Blutes mehrmals im Jahr – bis zu 18mal – sich einstellt. Seit dem Jahr 1659 werden die Daten der Blutverflüssigung registriert.

Ein anderes Problem, das mir ebenfalls aus der Seelsorge bekannt ist, ist die Nahrungslosigkeit von speziellen spiritistischen Medien. Nikolaus von der Flühe, Therese von Konnersreuth sollen viele Jahre ohne Nahrung, nur von der Hostie gelebt haben. Mir fällt es nicht schwer, an Wunder Gottes zu glauben. Es müssen aber Wunder Gottes sein und nicht spiritistische Nachahmungen. Im Bereich des Spiritismus gibt es ein mediales Energiespenden und ein mediales Energieabzapfen. Es gibt starke spiritistische Medien, die von der Energie ihrer Umwelt und Mitmenschen leben können. Wer diese medialen Vorgänge praktiziert, ist damit noch kein Heiliger. Damit soll aber nicht gesagt sein, daß das bei Nikolaus von der Flühe und der Therese von Konnersreuth zutrifft. Es sollte nur der mögliche Sachverhalt angedeutet werden. Die Heiligen und die Dämonischen sind oft nahe beieinander und schwer zu unterscheiden. Les extremes se touchent, sagt der Franzose.

Der Kult mit den Reliquien ist eindeutig. Hier stehen wir im Gebiet der Weißen Magie. Und Magie, ob weiß oder schwarz, ist Dämonenverkehr.

Wenn man diesen Sumpf unter religiösem Deckmantel überschaut, dann weiß man, was man an Jesus hat. Dieser Jesus, das Licht der Welt, erhellt unseren Weg. Der Sohn Gottes, der für uns ans Kreuz ging, der unsere Sünde auf sich genommen hat, ist der Grund unserer ewigen Hoffnung. Er ist auferstanden, gen Himmel gefahren und sitzet zur Rechten des Vaters und vertritt uns. Er ist unser Retter, Heiland, der Garant unseres ewigen Lebens.

Was bedeuten ihm gegenüber alle Heiligen und zweifelhaften Reliquien?

Heilig ist nicht der, der mediale oder mystische Kräfte zur Schau stellen kann, allein heilig ist der, der gewaschen ist im Blute des Lammes und treu in der Nachfolge Jesu steht.

Die katholische Kirche hat einen falschen Heiligkeitsbegriff. Das wird nicht in geistlicher Überheblichkeit gesagt. Es könnte nun ein gläubiger katholischer Theologe aufstehen und an Hand der Bibel die Mißstände in der evangelischen Kirche aufzeigen, die es auch in großer Zahl gibt. Das Richtscheit ist aber die Heilige Schrift, nicht zusätzlich die kirchliche Tradition, wie die katholische Kirche sie praktiziert.

Heilungsfanatismus

In den letzten Jahrzehnten ist viel über Wunderheilung diskutiert worden. Es gibt einen Extremismus nach beiden Seiten. Ich bin überzeugt, daß Gott mit und ohne Arzt helfen und heilen kann. Es stehen mir viele Beispiele zur Verfügung. Ich praktiziere auch schon einige Jahrzehnte, was uns in Jakobus 5,14 berichtet ist: „Ist jemand krank, der rufe zu sich die Ältesten der Gemeinde und lasse über sich beten ..." Bei aller positiven Bewertung der Glaubensheilung lehne ich aber radikal den Heilungsfanatismus ab. Stichwortartig sollen einige Beispiele aus meinem Erlebniskreis berichtet werden.

B 106 An einer Autobahneinfahrt stand eine Anhalterin, die ich mitfahren ließ. Wir befanden uns rasch in einem religiösen Gespräch. Die Frau erklärte, sie habe Zahnweh. Das sei die Auswirkung, daß ihr Verhältnis zu Jesus getrübt worden sei. Sie brauche seit Jahren keinen Zahnarzt. Zahnweh bekomme sie nur, wenn sie gesündigt habe. Ist die Sache bereinigt, dann sei auch das Zahnweh wieder verschwunden.

Ich antwortete der Berichterstatterin, daß ich eine solche Kurzschlüssigkeit nicht teile. Ich gehe zum Zahnarzt, wenn es nötig ist. In allen Fällen habe ich aber dabei gebetet, denn eine Zahnarztbehandlung kann ein halbes Jahr dauern und viel Schmerzen bereiten.

B 107 Noch verrücktere Geschichten hörte ich zweimal in den USA. Vertreter einer extremen Kirche erklärten, daß auf das Gebet hin nicht nur der Zahnarzt unnötig war, sondern daß sogar auf den Glauben hin die defekten Zähne mit Goldplomben versehen wurden.

Für mich gibt es dazu folgende Antwort: Ich traue dem Herrn alles zu, bin aber überzeugt, daß diese Berichte nicht der Wahrheit entsprechen. Es gäbe nur eine Möglichkeit, daß spiritistische Apporte dabei im Spiel gewesen sein könnten.

Es gibt eine schlichte Regel: Was wir selbst tun können, nimmt uns Gott nicht ab. Ich kann mich nicht in einen bequemen Sessel setzen und Gott bitten: Grab mir mal meine Gartenbeete um.

B 108 Eine genauso extreme Heilungsgeschichte wurde mir von einem Anhänger Osborns erzählt. Der Bericht ist auch in einem Artikel veröffentlicht worden. Die Schwester von Osborn soll mit einem Jungen, dem durch einen Unfall ein Auge zerstört worden ist, unter Handauflegen gebetet haben. Daraufhin könnte der Junge sogar mit seinem Plastikauge sehen. Nimmt er das künstliche Auge heraus, dann soll er imstande sein, mit der leeren Augenhöhle zu sehen. – Was liegt hier vor? Entweder ein Lügenbericht oder das Beispiel eines medialen Sehens, wie wir es von den tibetischen Magiern kennen.

B 109 1963 hatte ich in der Kirche eines kanadischen Pfarrers mehrere Vorträge. Einige Jahre später wurde dieser leicht beeinflußbare Bote Jesu Opfer von Extremisten, die das Zungenreden, Visionen und Glaubensheilungen überbetonen. Für eine Korrektur war dieser Pfarrer nicht mehr zugänglich.

Wir verloren uns aus den Augen. Acht Jahre später hörte ich anläßlich eines anderen Kanadabesuches eine böse Geschichte. Die Schwiegertochter des Pfarrers war sehr erkrankt. Der Pfarrer verweigerte ärztliche Hilfe. Seine extremen Freunde versammelten sich im Pfarrhaus und beteten für die Heilung der jungen Frau. Die Schwerkranke wurde nicht gesund, sondern starb. Nunmehr verhinderte der Pfarrer die Verbringung der Toten in die Leichenhalle. Die extreme Gruppe betete im Pfarrhaus um die Auferwekkung der Verstorbenen. Das zog sich drei Tage hin, bis die Verstorbene unter Polizeigewalt geholt und bestattet wurde. Die Kirchenleitung hat daraufhin den Pfarrer seines Amtes enthoben. Später wurde der Entlassene für den Missionsdienst wieder aufgenommen und nach Jamaika geschickt. Bei meiner Vortragstour auf Jamaika trafen wir uns wieder. Der gute Bruder ist in Glaubensfragen wieder ernüchtert.

B 110 Ein deutsches Kirchenblatt berichtete im Sommer 1975 einen ähnlichen Fall unter der Überschrift „Fragwürdiger Insulinersatz". Es heißt darin:

„Einen nicht alltäglichen Fall von Totschlag verhandelte jetzt ein amerikanisches Gericht: Die Eltern eines 11jährigen Jungen mußten sich dafür verantworten, daß sie dem seit Jahren an Diabetes leidenden Kind nicht mehr das lebensnotwendige Insulin verabreichten. Das Kind starb. Die Eltern gehören der Gruppe einer sich in den Vereinigten Staaten immer mehr ausbreitenden extremen Bewegung an, deren Anhänger so fest an die Heilung durch Gebet glauben, daß sie die Anwendung von Medikamenten ablehnen. Vater und Mutter des gestorbenen Kindes waren dem Vernehmen nach noch nicht einmal zu dessen Begräbnis erschienen, da sie des festen Glaubens waren, ihr Sohn werde zur Verherrlichung Gottes sofort aus dem Grab auferstehen."

B 111 Bei meiner Vortragstour durch Kalifornien im März 1975 war ich Gast bei einem gläubigen Bruder W. T. in Santa Barbara. Er berichtete mir einen sensationellen Fall. Ein in den USA weitberühmter Sektenführer gab der Mutter eines kranken Kindes den Rat, keinen Arzt zu Rate zu ziehen, sondern Gott die Heilung zuzutrauen. Die Frau folgte der Anweisung. Das Kind starb. Die enttäuschte Mutter war nun so wütend, daß sie ihren Ratgeber vor Gericht zog. Da dieser Sektenführer ein Multimillionär ist, verurteilte ihn das Gericht zur Zahlung von 11 Millionen an die irregeführte Mutter. Die kalifornische Presse brachte das in großer Aufmachung. Vermutlich wird dieser Sektenführer das Urteil anfechten; denn ein solches Urteil ist so wenig gerechtfertigt wie jener unbiblische Rat.

Diese Reihe unbiblischer Vorgänge könnte um viele Beispiele diesseits und jenseits des Ozeans fortgesetzt werden.

Das Neue Testament ist nüchterner und vertritt nicht einen solchen Extremismus. Paulus sagt in Röm. 13,14:

„Wartet des Leibes!"

Unser Leib ist uns von Gott anvertraut. Wir haben ihn nach der Anweisung Gottes zu gebrauchen und ihm die Hilfe und Fürsorge angedeihen zu lassen, die er nötig hat. In 1. Kor. 6,20 sagt Paulus sogar, wir sollen mit unserem Leib und unserem Geist Gott dienen und ihn preisen.

Heilungsfanatismus und Extremismus kommen nicht aus dem Geist des Evangeliums.

Heimholungswerk Jesu Christi

Diese spiritualistische oder spiritistische Bewegung existiert erst einige Jahre (seit 1975), ist aber eifrig in der Mitglieder- oder Anhängerwerbung. In den Tageszeitungen erscheinen häufig Einladungen zu diesem „esoterischen" Kreis. Da ich in der Seelsorge immer wieder von gläubigen Christen um Auskunft gebeten werde, soll einiges über diesen Kreis gesagt werden, der wie viele andere Gruppen in das Mosaik der Endzeit paßt.

Eine übersichtliche Information gibt der Beauftragte für Weltanschauungsfragen der Ev. Kirche Württembergs, Pfarrer Walter Schmidt, dessen aufklärende Schriftenreihe sehr empfohlen wird.

Das Heimholungswerk hat als Ausgangsbasis „neue Offenbarungen" der „Prophetin" Gabriele Wittek. Der intellektuelle spiritus rector scheint Prof. Dr. W. Hofmann, Dozent an der Würzburger Universität, zu sein. Er verbürgt sich dafür, daß die Offenbarungen der neuen Prophetin von Gott, Christus und einem Cherub ausgehen.

Wer die Biographie dieser nunmehr fünfzigjährigen Frau liest, erhält die story eines spiritistischen Mediums. Ihre erste Offenbarung erhielt die Prophetin in einem spiritistischen Kreis, von dem sie sich bald löste. Die Kette der Offenbarungen riß aber nicht mehr ab. Ein Kontrollgeist oder Schutzgeist meldete sich als Bruder Immanuel. Angeblich trat auch Jesus Christus selbst in Aktion, ferner drei weitere Engel. Auch Verstorbene meldeten sich gelegentlich.

Was bedeutet nun der Ausdruck „Heimholungswerk"? Gemeint ist, was Jesus durch sein Wort und Leben nicht ganz zu Ende führte, wird nun in den Offenbarungen seiner angeblichen Prophetin weitergeführt und vollendet. Der Weg dazu sind Meditationen, intensive Exerzitien und asketische Übungen. Auf diesem Läuterungsweg soll der Durchbruch zum höchsten Bewußtsein und das Einswerden mit Gott erreicht werden.

Zu dem Thema stufenweise Höherentwicklung des Bewußtseins bis zur unio mystica oder Gottgleichheit kann auch nachgelesen werden, was über den hochentwickelten Krija Joga (Kapitel Joga) geschrieben ist.

Diesen östlichen Vorstellungen entspricht der Glaube an die Reinkarnation: der Mensch erlebt mehrere Wiederverkörperungen, die seiner Reinigung, Läuterung und Höherentwicklung dienen sollen. In dieser Nachbarschaft befindet sich dann auch die Allversöhnungslehre in ihrer letzten Überspitzung, daß zuletzt auch der Teufel noch selig wird.

Dieses Heimholungswerk, das sich als innere „Geist-Christus-Kirche der Einheit" versteht, ist an der Bibel gemessen massive Irrlehre. Dazu drei Hinweise.

Die Prophetin beruft sich auf die innere Stimme und das innere

Licht. In der fast zweitausendjährigen Sektengeschichte spielte dieses lumen internum stets die offene Tür zu allen Schwarmgeistereien und Verstiegenheiten.

Der Mensch sei nicht unter die Sünde verkauft und brauche daher nicht die Erlösung durch Christus, sondern sei im Kern gut und muß nur in verschiedenen Läuterungsstufen entschlackt und aufpoliert werden. Diese Höherentwicklung des Menschen ist monistische Selbsterlösung, wie sie von den östlichen Religionen gelehrt und vertreten wird.

Die Stimmen und Schutzgeister (Geistlehrer) aus der anderen Welt stellen nicht Jesus und die Engel dar, sondern sind spiritistische Lügengeister, Dämonen in Lichtgestalt. Das Heimholungswerk ist eine religiös frisierte spiritistische Sekte, die etwa der Anhängerschaft Jakob Lorbers oder der geistigen Loge in Zürich entspricht.

Wie ernst müssen wir gerade im Lutherjahr (1983) die Mahnung des Reformators nehmen: sola scriptura – Die Heilige Schrift allein ist die einzig legitime Offenbarungsquelle.

„Kirche und Welt“ brachte im Dez. 1983 eine Ergänzung zu dem Thema „Heimholungswerk“, die hier als weiteres Material gebracht werden soll.

Christus offenbart sich – Eintritt und Heilung kostenlos

Es nennt sich „Heimholungswerk Jesu Christi – Die innere Geist-Christus-Kirche der Einheit, in der alle Menschen Brüder sind, getragen durch das innere Wort von Jesus Christus“. Es existiert seit fast zehn Jahren und scheint genug Geld zu besitzen. Die Ruhrmetropole Essen war jetzt das Ziel einer Großoffensive mit Schlagworten wie „Die Welt horcht auf, Christus offenbart sich wieder“. Lautsprecherwagen und Plakate an Litfaßsäulen und Plakatwänden luden zu einem Treffen am 11. Dezember im großen Blumenhof des Grugaparks ein. Auf den Einladungszetteln, die von Haus zu Haus verteilt wurden, hieß es: „Die Prophetin des Herrn spricht: Christus offenbart sich.“ Der Auferstandene biete „erneut sein unmittelbares Wort durch den Mund einer Prophetin“. Auch sollten Krankheiten geheilt werden, kostenlos wie der Eintritt. Es kamen etwa 500 Zuhörer, um die Prophetin zu hören, deren Name in keiner Publikation des Heimholungswerkes auftaucht. Sie sprach langsam und meditativ: „Ich verkünde die wahre Religion, und ich bringe den wahren Weltfrieden!“ Der „Ich“ in diesen Worten sei Jesus Christus, der sich „unmittelbar" offenbare. Wie aus den anschließenden Gesprächen deutlich wurde, sei die Bibel für die damalige Zeit gewesen und beinhalte zudem noch viele menschliche Fehler. Dagegen sei, was durch den Mund der Prophetin komme, reines Christuswort.

Auch gegen Weihnachtsbraten und Christbaum

Sie wandte sich übrigens auch gegen den Weihnachtsbraten und den Weihnachtsbaum: kannibalisches Verhalten und heidnische Religion sei das alles. Sie wünschte „Frieden auch den Tieren, die von einem kannibalischen Christentum brutal zur Schlachtbank geführt wurden". Dies und auch der Wunsch „Friede in den Astralwelten" verstärkte den Eindruck, daß hier hinduistisches und buddhistisches Gedankengut eingeflossen ist. Was die Prophetin bestätigte: „Haben diese Religionen keine Wahrheiten? In jeder Religion ist ein Funke der ewigen Wahrheit. Ich fasse die Funken zu einer Flamme der Wahrheit zusammen und diese Wahrheit, dieses allumfassende Licht lehre ich." In den Schriften des Heimholungswerkes, die auslagen, ist von Reinkarnation die Rede, das „Karmagesetz" taucht auf: Die guten und bösen Taten bestimmen das Schicksal in diesem und im nächsten Leben. Da ist der Gottesfunke in jedem Menschen: „Möget ihr zu dem werden, was jeder von euch im Inneren ist: Der Christ." Die Erde ist die „Schule aller gefallenen und belasteten Kinder Gottes." Hier könne jeder Geist (= Mensch) in immer neuen Erdenleben zu Vollkommenheit gelangen. Es wird behauptet: „Gott, unser Vater, straft und züchtigt nicht", und es kommt die Aufforderung: „Eure Seele und euren Leib: übergebt alles dem Licht in euch." Schließlich werden Kurse angeboten, in denen man „spürbar den Fortschritt zur nächsthöheren Stufe erleben" kann. Wer jener Geist sein mag, der da spricht und den die Prophetin „Bruder Immanuel" nennt? Und wer heilt Krankheiten in dem nach dem Vortrag angebotenen Heilungsgottesdienst? Jesus Christus jedenfalls nicht.

Hans-Georg Wunch

Hellsehen

Hellsehen ist ein Gebiet, auf dem Biblisches und Dämonisches dauernd verwechselt wird. Die biblische Prophetie hat göttlichen Charakter. Die Hellseherei hat okkulte Wurzeln.

Wenn man den Werdegang der Hellseher betrachtet, so wird stets der mediale, der okkulte Charakter ihrer Tätigkeit offenbar.

B 112 Nehmen wir als Beispiel den Pastor Delbert Larkin. Er lebt in Joliet (USA) und leitet dort eine mediale Forschungsstation. Eine internationale Vereinigung der Spiritualisten hat ihn zum Pastor ordiniert.

Seine Hellsehfähigkeit hat Larkin schon als 15jähriger entdeckt, als er den Tod eines Schulkameraden voraussah. Auf die Frage, woher seine Fähigkeiten stammen, gibt Larkin drei Antworten:

1. Vererbung von den Vorfahren. Seine Mutter, alle ihre Geschwister und die Großmutter waren Medien.
2. Eine Gabe Gottes, um Menschen zu helfen.
3. Führung durch 205 Geister, die ihm alles offenbaren.

Mit diesen drei Hinweisen ist der Sachverhalt klar. Eine Gabe Gottes ist diese Hellsehfähigkeit nicht. Larkin ist religiöser Spiritist. Die Menschen, die sich von ihm beraten lassen, geraten unter einen Bann.

Wie steht es mit der Trefferzahl der Voraussagen? Die katholische Loyola Universität in Chicago hat die Prophezeiungen von Larkin überprüft und erklärt, er habe eine Treffsicherheit von 87%. Von diesen Erfolgen konnte ich mich nicht überzeugen. Gehen wir einmal seine bedeutendsten Voraussagen von Juli 1973 durch:

a) Viele Senatoren werden sich im Zusammenhang mit der Watergate-Affäre das Leben nehmen. Nicht einer hat es getan.

b) Noch im Jahr 1973 werden sich die amerikanischen und russischen Streitkräfte vereinigen und gemeinsam Kambodscha, Vietnam und Rotchina bekämpfen. Blanke Phantastereien.

c) Vor Ende November 1973 wird Chicago von einem Erdbeben heimgesucht werden.
Fehlanzeige!

d) Vor Mai 1974 wird eine der größten Feuersbrünste der Geschichte den Nordteil von Chicago vernichten.
Auch hier glücklicherweise ein Hirngespinst!

Alle vier Voraussagen enthielten nicht einen Funken Wahrheit.

Wenn alle Hellseher mit einem so faustdicken Bluff aufwarten würden, würde man sie mit Schimpf und Schande davonjagen.

Nach dieser Kostprobe gehen wir ins Detail. Unberücksichtigt bleiben die Kartenexperimente von Prof. Rhine von der Duke Universität. In diesem ganzen Buch geht es nur um Spontanfälle, die sporadisch auftreten.

Der zeitlichen Bezogenheit nach sind drei Gebiete zu unterscheiden:

Retroskopie – Teleästhesie – Präkognition.

Der außersinnliche Blick in die Vergangenheit, Erkenntnis von Verborgenem in der Gegenwart, Voraussagen von künftigen Ereignissen.

Die Retroskopie – die Rückwärtsschau wird zur Zeit viel diskutiert. Im Kapitel über die Anthroposophie wurde bereits darüber berichtet.

B 113 In dem Buch „Erscheinungen" von Erich von Däniken werden auch solche Experimente erwähnt. Eine Amerikanerin, Ruth Simmons, wurde hypnotisiert und über ihre Geburt zurück befragt. Sie gab an, schon einmal unter dem Namen Bridey Murphy gelebt zu haben. Ihre Lebensdaten wurden nachgeprüft und sollen nach der Aussage von Däniken gestimmt haben.

Ich habe gegen solche Experimente ein klares Nein. Von der Heiligen Schrift her gesehen, haben wir nur ein Leben. Wer solche Experimente unternimmt, wird das Opfer betrügerischer Geister (Eph. 6,12). Däniken glaubt ja auch, daß Verstorbene mit uns Kontakt aufnehmen können. Auf 1. Sam. 28 (die Erscheinung Samuels) und Matth. 17 (die Erscheinung von Mose und Elia) können wir uns nicht berufen. Wenn Gott handelt, so ist das etwas anderes als die Tatsache, daß der Mensch mit frevelnder Hand den Schleier der Unsichtbarkeit wegziehen will.

Manchmal geben Hellseher eine bedingte Hilfe. Holland hat einen berühmten Hellseher mit Namen Croiset. Sowohl Prof. Tenhaeff von Utrecht als auch Prof. Bender von der Freiburger Universität haben mit diesem Hellseher Experimente durchgeführt. Ich selbst hatte in der Seelsorge einige Male mit Opfern dieses Hellsehers zu tun. Ein Beispiel für die „Rückwärtsschau":

B 114 Ein Lastwagenfahrer überfuhr einen Jungen. Beim Polizeiverhör gab der Fahrer an, der Junge habe schon auf der Straße gelegen. Er konnte allerdings seine Unschuld nicht beweisen. Die Angehörigen des Angeklagten scheuten nicht die Kosten und ließen Croiset rufen. Der Hellseher meditierte über den Unfall oder versetzte sich in Halbtrance und machte folgende Angaben: „Ich sehe einen grünen Volkswagen. Von der Nummer kann ich nur zwei Buchstaben erkennen." Diese Aussage reichte aber aus. Die Polizei konnte den Volkswagen ermitteln. Nach langem Verhör gab dessen Fahrer zu, den Jungen überfahren zu haben. Der Lastwagenfahrer war damit entlastet. Das ist nur die eine Seite. Die Kehrseite sind die seelischen Folgen der Menschen, die Croisets Hilfe in Anspruch nehmen. Ich habe oft darüber berichtet, predige aber bei den Parapsychologen tauben Ohren. Niemand nimmt okkulte Kräfte ungestraft in Anspruch.

Theleästhesie = die „Fernsicht" auf außersinnlichem Wege.

B 115 Auf einem Bauernhof kehrt am Abend die Tochter nicht von der Feldarbeit heim. Die Eltern sind beunruhigt und starten eine Suchaktion. Am nächsten Tag beteiligen sich viele Menschen, um das verschwundene Mädchen aufzuspüren. Schließlich macht ein Dorfbewohner auf einen Mann in der Nachbargemeinde aufmerksam, „der mehr könne" als andere Menschen. Der Mann mit dem „sechsten Sinn" wurde gerufen. Im Wohnzimmer des Bauernhofes berührt er ein Kleidungsstück des Mädchens. Eine gewisse Starre überzieht sein Gesicht. Dann sagt er: „Geht zum Bach hinter dem Wald. Dort steht ein einsamer Weidenbusch am Wasser. An dessen Wurzeln hat sich das Mädchen verfangen." Die Angaben stimmten. Das Mädchen hatte sich das Leben genommen.

Die Präkognition, die Voraussage zukünftiger Dinge wirft ernsthafte Probleme auf. Eine Voraussage ist praktisch nur dann möglich, wenn alles Geschehen determiniert, das heißt, vorherbestimmt ist. Es gibt theologische Richtungen, vor allem innerhalb des Calvinismus, die mit einer Prädestination (Vorherbestimmung) rechnen. Dieses Buch ist für eine Klärung dieser Frage nicht geeignet.

Eine philosophische Erklärung für die Präkognition wäre die Synchronizität, die Gleichzeitigkeit.

Wenn Vergangenheit, Gegenwart und Zukunft alle auf einer Ebene liegen, gibt es kein Vorher und Nachher. In der Ewigkeit hört unser Zeitbegriff auf. In Offbg. 10,6 heißt es: „Es wird hinfort keine Zeit mehr sein."

Für den logisch denkenden Intellekt ist es sehr schwer, sich die Synchronizität vorzustellen. Ein einfaches Beispiel erhielt ich einmal auf dem Südpol. Rund um den Südpol sind viele wissenschaftliche Stationen. Jede Station hält die Zeit des Heimatlandes ein. Wenn die Amerikaner nach der amerikanischen Zeit zu Bett gehen, stehen die Neuseeländer auf. Am Südpol – natürlich genauso am Nordpol – gilt keine Zeit und gelten alle Zeiten. Wer das nicht fassen kann, der sehe sich einen Globus an, dann wird er festellen, daß an den Polen alle Zeitlinien zusammenlaufen.

Das Problem ist, wie sich manche Hellseher in die Synchronzität einschalten können. Im Bereich des menschlichen Denkens liegt diese Fähigkeit nicht. Ich kenne sie nur in Hunderten von Fällen bei den Okkultisten, die Kräfte von unten in Anspruch nehmen.

Unter dem Wust vieler Phantastereien gibt es auch echte Voraussagen. Wie hoch der Prozentsatz ist, läßt sich nur schätzen. Auf keinen Fall sind es 90%, die bei Jeane Dixon angegeben wurden, auch keine 87% wie im Fall Larkin. Möglicherweise sind es nur 2% eindeutig echte Aussagen. Mir stehen solche durch eine ausgiebige Seelsorge zur Verfügung. Ein Beispiel dazu:

B 116 Eine Frau berichtete mir, daß sie als Mädchen ein Verhältnis mit einem Professor hatte. Sie zog einen Hellseher zu Rate. Es wurde ihr die Auskunft erteilt: „Sie heiraten diesen Mann nicht. Er wird verschüttet werden. Eines Tages bekommen Sie ein hübsches Kind." Das Mädchen antwortete: „Das glaube ich nicht, daß ich ein Kind bekomme. Ich bin nicht so veranlagt." Der Hellseher erwiderte: „Es wird nicht Ihr eigenes Kind sein."

Bei dieser Beratung kam dem Mädchen zum Bewußtsein, daß es ja dann Krieg geben müsse, wenn ihr Freund verschüttet werden würde. Zwei Jahre später brach der Zweite Weltkrieg aus. Bei einem Fliegerangriff auf Würzburg wurde der Professor tatsächlich verschüttet. Auch das Kind bekam sie. Eine amerikanische Familie, Mitglieder der Besatzung übergaben ihr zur Pflege ein herziges Kind.

Wenn Gott uns die Zukunft verhüllt hat, so ist das eine Barmherzigkeit. Wir hätten keine ruhige Stunde mehr, wenn wir wüßten, was in der Zukunft alles auf uns zukommt.

Wir sollen uns mit dem begnügen, was Jesus in Joh. 10,28 sagt: „Niemand wird sie aus meiner Hand reißen." Die Frage ist nur, ob wir unser Leben schon Jesus ausgeliefert haben.

Homöopathie und Phytologie

Beide paramedizinischen Richtungen sind in den letzten Jahrzehnten stark im Anwachsen begriffen. Da beide Therapieformen sich in der Nachbarschaft befinden, werden sie in einem Kapitel behandelt. Die Phytologie ist der kleinere Bereich und wird deshalb zuerst beschrieben.

Der Ausdruck kommt aus dem griechischen phyton = die Pflanze und logos = die Kenntnis. Die Pflanzenheilkunde bejahe ich völlig, solange sie ohne abergläubische oder gar magische Beimengungen praktiziert wird. Mir sind viele Heilkräuter bekannt, mit denen mich schon meine Großmutter vertraut machte, und die ich in meiner Jugend gegen mancherlei Krankheiten anwandte.

Die erste Pflanze, die ich von ihr kennenlernte, war Huflattich. Der lateinische Name zeigt, für was er gut ist: Tussilago heißt hustenvertreibend (tussis = Husten, agere = vertreiben). Ein anderes Kräutlein lernte ich besonders im Alter schätzen. Es ist die Melisse (Melissa officinalis). Der Name kommt aus dem griechischen melissa = die Biene, oder auch meli = der Honig. Die Pflanze zählt zu den besten Futterpflanzen für die Bienen. Den Menschen dient sie bei Schlafstörungen.

Zwei Formen der Phytologie lehne ich aber ab:

a. **Die okkulten Beimengungen bei den Anwendungen der Kräuter.**

Ein Schulbeispiel ist das Johanniskraut (Hypericum perforatum). Die Pflanze wurde schon vor zweitausend Jahren von dem Griechen Dioskurides beschrieben. In einem meiner Taschenbücher bin ich auf die alten griechischen Ärzte Asklepios, Hippokrates und Dioskurides eingegangen.

Im Mittelalter priesen die Kräuterbücher das Johanniskraut als Mittel zur Blutstillung oder als Medikament für Leber und Nieren. Im gleichen Atemzug wurde auch die magische Wirkung dieser Pflanze behauptet. Es wurde daher auch Hexenkraut genannt, weil es ein Schutz gegen den Teufel darstellen sollte. Einer alten Sage nach soll das Johanniskraut aus dem Blut von Johannes dem Täufer nach seiner Hinrichtung gewachsen sein. Daher auch der Beiname „Blutkraut".

Zum Kapitel der okkulten Beimengungen gehört auch die Bestimmung der Heilwirkung durch das Pendel – Pfarrer Künzli und Pfarrer Emmenegger sind dafür bekannt geworden. Auf diesem Gebiet bin ich von ängstlichen Naturen gefragt worden, ob sie nicht Kräuter benützen dürften, die von Pfarrer Künzli herausgependelt worden sind. In der Tat übergab ich ein Kräuterbuch von Pfarrer Künzli dem Feuer. Deshalb dürfen wir trotzdem Kräuter aus der Apotheke holen. Die Heilwirkungen der Kräuter sind ja auch von anderen Fachleuten, die nicht mit dem Pendel arbeiten, erkannt worden.

Massive Zauberei, zusammen mit Kräutern, ist mir durch die Seelsorge bekannt geworden. In einer Gegend in der Schweiz werden 7 verschiedene Gräser von verschiedenen Äckern genommen. Sie werden mit heißem Wasser übergossen. Der Sud wird einem Kranken ins Badewasser gegeben und dabei ein Spruch aus dem sogenannten 6./7. Buch Moses gesagt. Es handelt sich hier um das magische Besprechen, das fast immer hilft. Der so behandelte Patient steht dann aber unter einer okkulten Belastung. Damit kein Mißverständnis entsteht, wird darauf hingewiesen, daß es sich nicht um spezielle Kräuter handelt. Es gibt ja Kräuterextrakte, die heute noch dem Badewasser beigegeben werden. Nur die Zahl 7 spielt eine Rolle. In manchen Gegenden müssen sie bei abnehmendem Mond und vor Sonnenaufgang geholt werden.

Dieser Kräuterzauber findet sich in verschiedenen Formen. In einigen Gebieten Deutschlands müssen es 3 mal 3 verschiedene Kräuter sein. Die Zahlensymbolik scheint eine Rolle zu spielen. In der Bibel gilt die Zahl 7 als heilige Zahl. Und die Drei soll auf die Trinität hinweisen.

Ein katholischer Pfarrer, mit dem ich befreundet bin, sandte mir den Umschlag eines Kräuterbuches zu, in dem die Kräuteranwendung mit Schwarzer und Weißer Magie kombiniert wird. Der Titel lautet:

> Gegen alle Kränk und Sorg in Haus und Hof das „Arzney-Büchl" des Benediktiners Odilo Schreger aus dem Jahre 1753, die „Haußmittel" der Bauernfamilie Fritz aus Zwieselberg vom Jahre 1822 und das geheimnisvolle Schwarzbuch aus Philippshütte.

b. Die Vermischung mit religiösem Aberglauben.

Alljährlich an „Mariä Himmelfahrt" (15. 8.) erscheinen in den Tageszeitungen, besonders in katholischen Gegenden, Berichte über die Kräuterweihe.

In meinem Zettelkatalog befinden sich zwei Berichte der „Rhein-Neckar-Zeitung“ vom 15. 8. 1981 und 1983. Es heißt darin:

„Würzbüschel und Mariä Himmelfahrt. Auf dem Lande ist Mariä Himmelfahrt weit mehr ein Fest als in der nüchternen Stadt. Die Auffassung, daß Gott alles in die Pflanzen gelegt habe, was zur Gesundung und Heilung dient, hat die Menschen veranlaßt, an diesem Tag einen Würzbüschel zur Weihe in die Kirche zu tragen.“ In dem zweiten Bericht heißt es dann:

„Die Anzahl der für den Strauß zu sammelnden Pflanzen ist nicht mehr geläufig. Nach einer Mitteilung aus dem Odenwald sollen es 72 sein. Hohe Wahrscheinlichkeit hätte eher die Angabe von Kräutersammlern, es müßten 99 Kräuter von 33 Arten sein. Andere sagen, es müßten 9 sein. 99 verbürge doppelte geheimnisvolle Stärke.

Früher war das Abpflücken eine regelrechte Beschwörung, wie das vom Braunen Dost überliefert ist. Wer die Pflanze brechen will, der beschwöre sie.“ Die Zeitung bringt hier eine Beschwörungsformel, die im 6./7. Buch Moses, diesem gefährlichen Zauberbuch, steht. Diese Formel wiederhole ich nicht. In allen meinen Büchern habe ich es vermieden, Zauberformeln zu veröffentlichen, die mir in der Seelsorge bekannt wurden. Der Zeitungsbericht geht dann weiter:

„Die Kräuterweihe findet vor der Messe an Mariä Himmelfahrt statt. Der Tag ist darum unter dem Namen Mariä Würzweihe bekannt. Die Weiheformeln haben sich im Lauf der Zeit leicht verändert. Der geweihte Strauß wird zum Schutz des Hauses, besonders gegen Blitzschlag unter die Dachsparren gesteckt. Gelegentlich wird ein Strauß auch in den Stall gehängt, damit das Vieh, vor allem die Ziegen, gesunde Nachkommen bringe. Einer Kuh, die gekalbt hat, gibt man den Sud eines überbrühten Würzbüschels in die erste Tränke. Der Würzbüschel fand und findet auch Verwendung bei Krankheit von Mensch und Vieh, indem die Kräuter rein äußerlich am kranken Körperteil angewendet werden. Man kann die Kräuter auch auf einer Kehrschaufel mit Bienenwachs vermischen und dann anzünden. Der Rauch soll dann heilen.“

Das ist in gekürzter Form der Inhalt der beiden Berichte. Hier liegt eindeutig nicht nur religiöser Aberglaube, sondern auch Weiße Magie vor. Und alles spielt sich ab unter der Billigung oder gar dem Segen der Kirche.

Zur Homöopathie einige Vorbemerkungen. Auf der Titelseite

ist vermerkt, daß dieser Band nur ergänzendes Material zu dem Hauptwerk „Seelsorge und Okkultismus“ bringen will. In der „Seelsorge“ (25. Aufl.) ist die Homöopathie auf den Seiten 591 bis 607 schon behandelt. Was dort gesagt ist, wird hier nicht wiederholt.

Zur Information über die Homöopathie wird sehr das Buch von Dr. med. Samuel Pfeifer empfohlen „Gesundheit um jeden Preis“. Auch die Broschüre von Otto Markmann „Die okkulte Heilweise der Homöopathie“ gibt eine gute Übersicht. Dankbar erwähne ich, daß Dr. Wim Malgo in seinem „Mitternachtsruf“ Januar 1981 der Behandlung dieses umstrittenen Gebietes breiten Raum gewährt hat. Eine kurze gute Information gibt Bernd Mayer, 6411 Künzell. Er war ursprünglich Homöopath, kam zum Glauben und sagte sich dann völlig von dieser Therapie los. Seine Schrift wird am besten direkt bei ihm bestellt. Unter den Homöopathen gilt das Buch von Herbert Fritsche über Samuel Hahnemann als die beste Darstellung. Diese Biographie ist nicht aus christlicher Sicht geschrieben, sondern eben von einem Homöopathen, der sogar die Hochpotenz-Homöopathie vertritt. Die Sachfragen sind aber verständlich behandelt. Zugleich wird in dem Buch von Fritsche der unheimliche Hintergrund der Homöopathie deutlich.

Hören wir einige Sätze Fritsches (Seite 6): »Du bist ein Spezialist des Segnens wie ich Spezialist für Teufelspakte bin. Eine sachgemäße Kombination, denn die Homöopathie, was ist sie anders als ein Segens- und Teufelspakt-Inzest, Inzest insofern, als nach meinem besten Wissen und Gewissen die Instanzen, die Segen und Satanismen spenden, Geschwister sind!“ So schrieb Fritsche in seinem Brief an den Freund Dr. med. Buchinger. Natürlich können diese Sätze umgedeutet werden, aber sie zeigen das geistige und geistliche Milieu, in dem die Hahnemann-Biographie von Fritsche geschrieben worden ist.

Untersuchen wir nun die Homöopathie vor einem dreifachen Forum. Erst sollen die Vertreter dieser Außenseitermedizin zu Wort kommen. In der Allopathie galt oder gilt der Grundsatz: contraria contrariis curentur = Gegensätzliches soll durch Gegensätzliches geheilt werden. In der Homöopathie gilt der Grundsatz, den Hahnemann von Hippokrates und Paracelsus übernommen hat: similia similibus curentur. Ähnliches soll mit Ähnlichem geheilt werden. Curentur ist der Konjunktiv oder Optativus Präsens, ein Wunsch wird damit bezeichnet. Curantur, der Indikativ – wird von einigen Hyperhomöopathen betont: Ähnliches wird mit Ähnlichem geheilt. Das nur zur Erläuterung.

Prinzip der Heilbehandlung ist das Verabreichen einer Medizin, die im Versuch am Gesunden ähnliche Symptome auslöst, wie sie beim Patienten vorliegen.

Dieses Ziel will Hahnemann durch hohe Verdünnungen der Grundsubstanzen und anschließender Verschüttelung erreichen.

Für die Verdünnungen gibt es drei Systeme: Die Dezimalpotenzen, die Centesimalpotenzen und die LM Potenzen. Was versteht man darunter?

Die Verdünnung der Ursubstanz D l beträgt 1 zu 10. D 2 ist 1 zu 100, D 6 ist 1 zu 1 Million. Gauß rechnet bis zu D 5000, das bedeutet eine Zahl mit 5000 Nullen. In der Mathematik gibt es dafür keinen Vergleich. Alle Weltmeere zusammengenommen enthalten nicht so viele Wassertropfen.

Die Verdünnungen der Centesimalpotenzen bedeuten 1 zu 100, C 30 ist dann eine Zahl mit 60 Nullen. C 100 umfaßt 200 Nullen usw.

Noch phantastischer sind die LM Potenzen. L ist die römische Zahl für 50, M die Zahl für 1000 LM 1 bedeutet dann 1 zu 50000.

Das ist ein Rausch der Zahlen, dem die Wirklichkeit abgeht. Unsere Physiker haben errechnet, daß in einer Verdünnung von D 24 kein Molekül der Ursubstanz enthalten ist. D 24 wäre nur chemisch reines Wasser.

Und doch behaupten die Homöopathen, daß solche Mittel wirksam wären. Auf was gründen sie ihre Meinung?

Sie sagen, das Wesentliche sei die Krafterfüllung, die kosmische Aufladung, die beim Verschütteln eintritt. Wie man sich das vorstellen kann, las ich in einem Lehrbuch der Weleda Heilmittelwerke mit dem Titel „Die Grundlagen der Potenzierungsforschung“. Darin wird gesagt, daß die Verdünnung in einer Vollmondnacht um 24 Uhr in 12 mal 12 Schwingungen in der Richtung zum Mond oder zu den 12 Tierkreiszeichen versetzt wird.

Was sagen unsere Mediziner zu diesen Vorstellungen? Eine Antwort erhalten wir in zwei Artikeln der Zeitschrift „Die Medizinische“ vom 3. 9. 55. Der Ärztliche Direktor des Robert-Bosch-Krankenhauses in Stuttgart, Dr. med. et phil. N. N., versuchte in diesem Artikel, die Berechtigung der Homöopathie nachzuweisen. Ihm entgegnete Prof. Dr. Lendle von der Universität Göttingen mit einem Referat „Theoretische Betrachtungen zur homöopathischen Lehre".

Lendle berichtete, daß die sogenannte naturwissenschaftliche Richtung der Homöopathie (Wapler, Schoeler) die Hochpotenzen der Verdünnungen als unmöglich ablehnen. Diese Meinung vertreten heute viele Homöopathen, die nur bis D 6 verschreiben. Damit wurde selbst unter den Vertretern der Homöopathie ein Graben aufgerissen, der sich sogar zu einer Feindseligkeit ausweitete. So hat z. B. Fritsche, dessen Buch in diesem Kapitel erwähnt ist, als Hochpotenzler die Tiefpotenzler ironisch kritisiert, sie würden nur Kurpromenadenmischungen verschreiben.

Trotz der Ablehnung der substanzlosen Verdünnungen bleibt aber die Tatsache bestehen, daß sie eine Wirkung haben. Die Schulmediziner erklären sich das als eine Placebowirkung aufgrund einer Suggestion, sei es als Fremdsuggestion durch die Arztpersönlichkeit, sei es als Autosuggestion oder durch beides bedingt. Diese Erklärung reicht aber nicht aus, wie wir noch vor dem dritten Forum zu untersuchen haben.

Das schwerste Geschütz gegen die Homöopathie fährt Prof. Lendle mit folgenden Sätzen auf: Nach ihrem Wesen ist die Homöopathie eine medikamentöse Therapie. So ist es verständlich, daß sie schon im Bereich der operativen Fächer (Chirurgie, Gynäkologie, Geburtshilfe, aber auch Narkose usw.) keine Aufgabe findet. Es entfällt ferner das Gebiet der Chemotherapie, der spezifischen Serumtherapie usw." Lendle erwähnt noch viele andere Bereiche, in denen die Homöopathie kein Betätigungsfeld hat. Dem Nichtmediziner fällt auch auf, daß die Homöopathie häufig mit allen Outsider Richtungen der Heilberufe wie Irisdiagnostik, Akupunktur, Pendelpraxis und anderen gekoppelt wird. Diese Querverbindung wird zum Beispiel in einem Artikel der Pharmazeutischen Zeitung vom 12. 2. 81 deutlich. Dieser Bericht ist überschrieben „Homöopathie und Akupunktur an der Wiener Universität".

Vor dem dritten Forum wird nun die Frage untersucht, warum die Homöopathie häufig doch eine verblüffende Wirkung hat. Mit dem chemischen und physikalischen Verständnis läßt sich die Wirkung der homöopathischen Mittel nicht erklären. Der Placebo-Effekt stellt sich nur bei 30 bis 40 % der Patienten ein. Wo liegt also das Geheimnis? Darauf bleiben die meisten Mediziner die Antwort schuldig.

Es ist ein Verdienst von Fritsche, daß er uns in die „Hexenküche“ Hahnemanns hineinschauen läßt. An vielen Stellen macht die Biographie Hahnemanns deutlich, daß dieser Begründer der neueren Homöopathie unter einer besonderen negativen Inspiration stand. Auf Seite 31 steht zu lesen: „Das Erstlingswerk Hahnemanns fällt nicht aus dem Rahmen des schulmedizinischen Denkens. Eine lange Liste krampflösender Mittel ist darin zusammengestellt. Aber wieder weht der Hauch aus dem Abyssus (Unterwelt) ganz leise in die kühle Luft hinein.“ Hahnemanns Inspirationen sind ein Zufluß aus der Finsterniswelt. Das wird in Fritsches Buch an vielen Stellen offenbar. „Hahnemann hat ein Fenster zur kosmischen Allflut. Ein wenig Schwarze Kunst gehört zum Erfolg. Aus dem Abyssus ist ihm seine Intuition gekommen, in den Abyssus muß er selbst hinein – er selbst, seine Frau, seine Kinder und sein als Werdeziel vor ihm aufschimmerndes Lebenswerk. Ein Abgrund ruft den anderen an“ (Seite 57). Die Arznei habe metaphysische Tugend, eine ungreifbare Dynamik. „Nicht der Stoff heilt, sondern die in ihm waltenden Kräfte, Richtkräfte, Wirkpotenzen. Die Quantität des Stoffes bleibt unwesentlich, die Qualität der Richtkräfte entscheidet über die wahre Wirksamkeit der Arznei (Seite 70). Nicht chemisch wirken die Arzneien, sondern dynamisch. Dynamis ist die geistartige, über den Stoff herrschende Macht (S. 96). Das Arzttum der Macht ist im Typus des dämonisch Handelnden begründet (S. 119). Hahnemann, der Zauberer, der jeden Geplagten mit seinen hochpotenzierten Arzneien geistartig gesund machte.“ Hahnemann ist damit Vorläufer der geistigen Heiler, die nach ihm ihr Metier ausübten. Dazu gehört Dr. Trampler mit seinem Buch „Geistige Heilung“, auch Harry Edwards, der Präsident von 2000 spiritistischen Heilern in England. Sein Buch „Spiritual Healing“ (Geistige Heilung) ist in viele Sprachen übersetzt.

Religiös gesehen steht Hahnemann in der engen Geistesnachbarschaft zum Osten. Konfuzius ist sein Vorbild. Sein Lebensziel ist, nach dem Eingang in die andere Welt Konfuzius zu umarmen. Für Jesus von Nazareth hat Hahnemann nur ein mitleidiges Lächeln. Er nennt ihn Erzschwärmer, der dem Liebhaber der ätherischen Wahrheit anstößig ist.

Diese Einstellung entspricht der spiritistischen Haltung des alten Zauberers, wie ihn Fritsche gelegentlich nennt. Diese geistige Ausrichtung geht auch konform mit der selbsterlöserischen Höherentwicklung der östlichen Religionen.

Von drei Seiten her wurde die Homöopathie angegangen. Zuerst erhielt diese dubiose Wissenschaft das Wort. Dann ließen wir den Schulmediziner dazu ein klärendes Wort sagen. Zuletzt mußte vom christlichen Glaubensgut her Stellung bezogen werden.

Das Potenzieren, die Kraftanreicherung, Kraftspeicherung, die kosmische Aufladung der Verdünnungen ist ein medialer, okkulter Vorgang. Natürlich wissen die meisten Patienten, die nach der Methode Hahnemanns Arznei einnehmen, kaum etwas von ihrer medial behandelten Herkunft. Christen sollten sich aber überlegen, ob sie weiterhin solche Medikamente nehmen wollen.

Ein Mann, der homöopathische Medikamente radikal ablehnt, ist der schon erwähnte ehemalige Heilpraktiker Bernd Mayer. Er gab mir einen Bericht, wie er sich von der Homöopathie lossagte. Hören wir sein Zeugnis:

Mein Weg zu Jesus Christus

Vor einigen Jahren lebte ich in einer süddeutschen Großstadt und hatte eine gutgehende Praxis als Heilpraktiker. Ursprünglich war ich Masseur gewesen. Diesen Beruf hatte ich wegen eines Wirbelsäulen-Leidens und einer mißgebildeten linken Brustkorbseite aufgeben müssen. Zu allem hatte ich noch ein zu kurzes Bein. Die Umschulung zum Heilpraktiker war mir willkommen gewesen, weil ich das Ideal hatte, den Menschen zu helfen. Sensationelle Heilerfolge mit Hilfe von verschiedenen Naturheilverfahren bestärkten mich in meinem Glauben, daß ich auf dem rechten Weg sei.

Gottes Führung in meinem Leben begann damit, daß ich eine gläubige Frau bekam, die sich schon in jungen Jahren bei einer Evangelisation bekehrt hatte. Da sie ebenfalls in der Ausbildung als Heilpraktikerin war, half sie mir in der Praxis. Sie übte intensive Fürbitte für mich, weil ihr Wunsch war, daß ich mit ihr den gleichen Weg der Nachfolge Jesu gehen möchte.

Gottes Stunde kam für mich, als ein gläubiges Ehepaar uns eines Abends zum Essen einlud. Er war Pastor einer freikirchlichen Gemeinde. Diese lieben Menschen erzählten uns, wie sie den Weg zu Christus gefunden hatten. Sie zeigten mir auch den Weg des

Heils. An diesem Abend rührte Gott mein Herz an. Ich erkannte und bekannte meine Sünden, bat um Vergebung und nahm Jesus als meinen Herrn an. Damit zogen Friede, Freude, Hoffnung und Heilsgewißheit in mein Leben ein.

In unserer Ehe gab es dann sofort eine segensreiche Erneuerung. Wir lasen gemeinsam die Bibel und beteten zusammen. Nach Gottes Wort ließ ich mich aus dem geschenkten Glauben heraus taufen.

Etwa drei Wochen nach meiner Bekehrung erlebte ich eine wunderbare Tat der göttlichen Hilfe, eine plötzliche Heilung. In einer Nacht befreite mich Gott von meinen langjährigen Wirbelsäule-Leiden. Meine linke Brustkorbseite ragte jetzt nicht mehr heraus. Meine beiden Beine waren gleich lang.

Nach dieser Heilung griff Gott noch deutlicher in mein Leben ein. Durch den Dienst des befreundeten Ehepaares wurde meiner Frau und mir klar, daß die Homöopathie, die Akupunktur und vor allem das Pendeln ins Reich des Teufels gehörten. Für mich war das ein furchtbarer Schock, weil ich alle diese Dinge praktizierte und auch an mir selbst mit gutem Erfolg ausprobierte.

Da ich zunächst die erhaltenen Informationen bezweifelte, fing meine Frau und ich an, diese Aussagen am Wort Gottes zu prüfen. Gott schenkte uns dann Hilfe durch das Buch „Die Offenbarung des Johannes, erklärt durch die Heilige Schrift“ von Carla Lindross. (Dieses Buch kann von uns bezogen werden.)

Wir erkannten durch das Buch – das uns zum großen Segen wurde –, daß es zwei Reiche gibt: das Reich Gottes und das Reich Satans. Wir verstanden, daß das Reich Gottes eine wunderbare Einheit darstellt und mit dem Reich Satans nichts zu tun hat. Es wurde uns auch deutlich, daß Satan durch die erwähnten okkulten Heilmethoden die Menschen betrügt. Er gibt Heilungen, die mit den biblischen Heilungen nichts zu tun haben und fordert dafür einen furchtbaren Preis: das Heil der Seele. Wer den Hintergrund dieser satanischen Heilungen nicht kennt, meint, es sei doch etwas Gutes, wenn dem kranken Menschen auf diese Weise geholfen wird.

Mit diesen Erkenntnissen standen wir am Scheideweg. Meine ganze Existenz hing an den okkulten Praktiken. Sollte das nun alles aufgegeben und zerschlagen werden? Der innere Widerstreit war so stark, daß ich darüber körperliche Schmerzen empfand. Der

Herr Jesus aber schenkte den Sieg. Ich entfernte alles okkulte Arbeitsmaterial aus der Praxis: die Akupunkturnadeln und Akupunkturbücher, die Elektro-Akupunkturgeräte, alle homöopathischen Hilfsmittel wie Bücher und Medikamente und das Pendel.

Damit setzten aber furchtbare Angriffe Satans ein, der unsere Entscheidung verhindern wollte. Wir erlebten eine massive Opposition der Finsternismächte, die sich bis zu seltsamen Spukerscheinungen steigerte. In der Küche sprang der Brotlaib im Speiseschrank von einer Seite zur anderen. Nachts hörten wir heulende Stimmen in unserem Zimmer. Es schlug laut an die Fenster wie mit Steinen oder Fäusten. Türen öffneten sich oder schlugen zu, ohne daß ein Windzug das verursacht hätte. Einmal hörte ich deutlich meinen Namen rufen. Ich antwortete, weil ich meinte, meine Frau hätte mich gerufen. Es war aber zu diesem Zeitpunkt niemand im Haus außer mir.

Auch andere Schwierigkeiten häuften sich. Die eigenen Verwandten hielten uns für Spinner, die leichtfertig ihre Existenz aufs Spiel setzten. Dazu ging die Praxis stark zurück, weil wir keine okkulten Methoden mehr anwandten. Auch nach der Umsiedlung nach Fulda änderte sich diese notvolle Situation nicht. Es kamen nur sehr wenig Patienten.

In dieser Zeit schwerster Bedrängnis beteten wir viel, auch unter Fasten, und baten den Herrn, uns zu zeigen, ob noch etwas zwischen ihm und uns stand. Da erhielten wir neues Licht und Anweisungen. Nachdem wir alle Hilfsmittel für die Homöopathie, Akupunktur und das Pendel, wie erwähnt, schon vernichtet hatten, hielten wir doch noch an einigen diagnostischen und therapeutischen Systemen fest, die wir nun auszuräumen hatten. Es waren: die Irisdiagnose, chinesische Pulsdiagnose, Moxa- und Nosodenbehandlung, die Spagyrik und anderes.

Über alle okkulten Behandlungsmethoden taten wir Buße und empfingen im Glauben die Vergebung durch Jesus Christus. Danach kehrte tiefer Friede in unser Herz ein. Verfolgungsängste meiner Frau und die störenden Spukerscheinungen im Haus hörten mehr und mehr auf.

Nachdem ich alle okkulten Heilmethoden ablegen konnte, hatte ich keine Möglichkeit mehr, den Heilpraktiker-Beruf weiter auszuüben. Was hinter diesen Behandlungsmethoden steht, erkennt man erst, wenn man sich davon lösen will. In eigener Kraft wäre ich nicht davon frei geworden. Es gilt aber: „Wen der Sohn Gottes frei macht, der ist recht frei."

Nachdem ich selbst durch die Gnade Gottes frei geworden bin, ist es mir ein Anliegen und Auftrag, auch andern den Weg der Befreiung zu zeigen.

Dazu soll auch eine Ausarbeitung – die alle diese erwähnten, okkulten Heilmethoden genau belegen – und meine Erfahrung darüber, dienen.

Die okkulten Heilmethoden sind durch das Wort Gottes widerlegt.

Es ist eine vervielfältigte kleine Broschüre, die von mir bezogen werden kann.

Alle Ehre sei unserem Herrn Jesus Christus!

Nach diesem Zeugnis entsteht die Frage, ob alle Heilpraktiker okkult arbeiten. Als Antwort sei eine „idea" Pressenotiz vom Juli 1983 wiedergegeben, die folgendermaßen lautet:

„Nicht alle Heilpraktiker sind okkult. Der Präses des Evangelischen Gemeinschaftsverbandes Siegerland, Adolf Müßener, hat sich kürzlich für eine differenzierte Beurteilung von Heilpraktikern und ihren Methoden ausgesprochen. Es sei weithin der Eindruck entstanden, daß Heilpraktiker und ihre Methoden dem Bereich des Okkulten zuzuordnen seien. Man setze dadurch Heilpraktiker ins falsche Licht, die als entschiedene Christen okkulte Praktiken, wie besprochene und durch Pendel ausgewählte Heilmittel, ablehnten."

Homosexualität

In den sechziger Jahren gab es in den christlichen Kreisen Europas einen nicht geringen Sturm der Entrüstung, als der berühmte Schweizer Arzt Dr. Th. Bovet auf einer kirchlichen Konferenz sich zugunsten der Homosexualität aussprach.

Noch mehr wirbelte ein Bericht aus Holland Staub auf. Ein homosexueller Pfarrer hat in seiner Kirche zwei homosexuelle Männer getraut. Mir war dabei nur nicht die juristische Seite klar. Die staatlichen Standesämter trauen doch keine gleichgeschlechtlichen Paare.

In USA wurde ich mit noch mehr solch extremer Fälle konfrontiert. Ich will aber nicht meine eigenen Erfahrungen bringen, sondern einen bekannten amerikanischen Pfarrer zu Wort kommen lassen. Es ist Rev. W. W. Ayer, der viele Jahre an der berühmten Calvary Baptistenkirche in New York Pastor war. Wir begegneten uns in der Kirche von Dr. Kenneth Moon in St. Petersburg, Florida, wo ich einige Vorträge hatte. Der Artikel von Ayer ist überschrieben „Homosexualität in Amerika" „Werden die Sodomiter das Gericht Gottes über uns herbeiführen?" Natürlich kann der Bericht nur in starker Kürzung gebracht werden.

B 117 In der Vorlesungsreihe einer Universität ging es am ersten Abend um die Homosexualität. Der Redner wurde als Pastor einer homosexuellen Kirche eingeführt. Er sprach es offen aus: „Ich bin Homosexueller und bin darüber froh. Wir sind eine Minderheit, und fast jedermann verdammt uns. 45 Staaten unseres Landes halten Homosexualität für illegal, und die Polizei hat ihren Profit davon. Die bürgerliche Gesellschaft hält uns für Kriminelle, weil im 3. Buch Mose steht, daß wir ein Greuel sind (3. Mos. 18,22). Wir werden von den Hütern der Ordnung gejagt. Erwischen sie uns an einem unserer Treffpunkte, dann schlagen sie uns und schleppen uns ins Gefängnis.

Die gleiche Verachtung erleben wir in den Kirchen, die unser Verhalten als Sünde brandmarken. Wenn wir uns mit einem Partner des eigenen Geschlechtes vereinigen, dann wird das nicht vor dem Altar gesegnet, wie es bei einem Paar verschiedenen Geschlechtes der Fall ist.

Wir haben keine andere Wahl, als uns selbst zu helfen. Nur ein Beispiel: Als die Polizei in New York eine Bar der Homosexuellen stürmte, entkamen die Gays (Homosexuellen) durch die Hintertür. Sie verschlossen die Türen und steckten die Bar in Brand. Die Polizei mußte sich einen raschen Rückzug erkämpfen."

Das waren Sätze aus der Ansprache des Pastors. Ihm folgte eine lesbische Frau, die ihre Erlebnisse preisgab.

Vor einigen Jahren wurde an der Evangelischen Akademie Arnodshain ein Semiar über Homosexualität gehalten. Dr. Hartmut Krüger, Fachreferent des Weißen Kreuzes in Kassel, nahm als Beobachter daran teil. Einer der Referenten war ein Dr. v. d. G. Hartmut Krüger berichtete über diesen Vortrag folgendes:

„Ich habe schon sehr viele Versuche miterlebt, sexuelle Abartigkeiten theologisch zu rechtfertigen. Was ich hier vernahm, stellte alles bisherige weit in den Schatten. Nur einige Kostproben: Unsere Gesellschaft sei nicht auf Liebe eingerichtet, weil ein um fünf Uhr morgens nach Hause kommender Liebhaber bereits um sechs Uhr wieder zur Arbeit müsse. Erziehung heißt doch nur: die Körperfreude auspeitschen! In unserer Kultur sei es eine Schande, daß sich die Männer in erster Linie als Rivalen sähen und nicht als Liebesobjekte. Der Papst sei sexuell völlig verklemmt, weil er seinen Mund nicht auftun könne, ohne von Sex zu reden.

Heilige Pornographie?

Nun wurde er streng theologisch und formulierte weiter: ‚Ich möchte Christus gehorsam sein, nicht der Bibel. Ich kann mir keinen besseren Treffpunkt mit dem Göttlichen vorstellen als die sexuelle Ekstase. Das Hohelied der Liebe ist heilige Pornographie. Gott erlaubt und verbietet nicht, Gott macht frei! Letztendlich empfiehlt er aus ‚evangelischer Freiheit‘ den sexuellen Verkehr mit allen und jeden, mit Männern – wenn möglich mit Frauen, mit Knaben und Alten, allein und in der Gruppe.‘ Herr G. zeigt sich überaus beeindruckt von der Hingabe der Sado-Masochisten und fragte herausfordernd: ‚Warum eigentlich nicht mit Tieren?‘ Schließlich band er den Sack zu und stellte fest: ‚Bei dem Gott der Liebe ist alles drin!‘

Neuer Himmel und neue Erde frei nach G.!

Theologen, Doktoranden und ein Oberkirchenrat schmatzten noch vor Andacht, als ein junger, in Verzückung geratener Homosexueller spontan erklärte: ‚Herr Dr. G., was Sie uns heute sagen, ist für mich wie der neue Himmel und die neue Erde!‘

Ich traute meinen Ohren nicht und war von der Wucht der diabolischen Gedankenführung noch ein bißchen benommen, als ich meinte, nun müsse das Schweigen ein Ende haben, nun sei die Stunde des Ackergauls gekommen.

So meldete ich mich zu Wort und exegesierte in gottgeschenkter Ruhe und Sachlichkeit den Schöpfungsbericht in seinen besonderen Bezügen der geschlechtlichen Zuordnung, sprach über die Heiligkeitsgesetze des dritten Mose-Buches und schwenkte schließlich zu den paulinischen Aussagen des Römerbriefes, des 1. Korintherbriefes und des 1. Timotheusbriefes über. Schon nach den ersten Sätzen wurde es merkwürdig ruhig, die ersten drehten sich um und starrten mich völlig unverständig an. Als ich schließlich an Hand des 1. Korintherbriefes von der rettenden und erlösenden Gnade – auch und gerade für den homosexuellen Menschen – sprach (solche sind euer etliche gewesen), schien man sich wieder allmählich zu fangen und rüstete sich zur Gegenrede.

Nun war die Harmonie doch gründlich geplatzt und ein makabrer Seelentrost empfindlich lädiert. Der homosexuelle Himmel war ins Wanken geraten, und doch waren die Tore zur Wahrheit aufgestoßen."

Noch einige Beispiele, die ich bei den Vortragstouren in USA aufgenommen habe.

B 118 Im Sept. 1962 gab die Distriktverwaltung von Columbien der „Mattachine Society" das Recht, im Staat Washington einen Fonds zu sammeln. Das Geld sollte dazu benützt werden, die Homosexuellen vor jeder Diskriminierung und Verletzung ihrer Zivilrechte zu schützen.

B 119 Am 9. August 1963 machte der Präsident der Internationalen Homosexuellen Vereinigung in Washington unter Eid die Aussage, daß zwischen 200000 und 250000 Sodomiten (Homosexuelle) in der Regierung angestellt seien (Dan Smoot Report – 10/26/64).

B 120 „Homosexualität darf kein Gesichtspunkt sein, wenn ein Pastor ordiniert werden soll." Diese Empfehlung gab die Leitung einer „United Church of Christ" (Vereinigte Kirche Christi) dem zuständigen Exekutivkomitee (New York RNS).

B 121 Der Rat der Vereinigten Methodisten für Jugendarbeit (United Methodist Council of Youth Ministry) kündigte 1974 an, daß er der im Jahre 1976 stattfindenden Generalkonferenz vortragen wolle, die Grundordnung (Book of Discipline) zu ändern. Der Text soll wie folgt geändert werden: „Geschlecht, Rasse, Familienstand oder sexuelle Orientierung sollen für die Ordination eines Pastors in der Vereinigten Methodistenkirche kein Hindernis sein."

B 122 Gotteslästerlich drückte es ein anglikanischer Priester in England aus. In der Öffentlichkeit sagte er: „Jesus war ein H...., denn er hatte ja nur Männer als Jünger."

Wir verlassen nun den Bericht von Rev. Ayer. Ein eigenes Erlebnis soll den Abschluß bilden.

B 123 Ich war eingeladen worden, vor zwei evangelischen Jugendkreisen in Westdeutschland zu sprechen. Es waren Theologiestudenten darunter. Nach meinem Vortrag gab es eine Diskussion. Wortführerin auf der Gegenseite war eine Theologiestudentin, die bereits das erste theologische Examen hinter sich hatte. Es ging um die Gottessohnschaft Jesu, die ja von den modernen Theologen abgestritten wird. Diese erwähnte Studentin brachte als Haupttrumpf: „Jesus war ein Mensch wie wir, er war ein H..." Ich sprang auf und rief: „Das ist eine Gotteslästerung. Hier kann ich nicht länger bleiben." Ich ging zur Tür. Dann rief ein anderer Jugendlicher mir noch nach: „Und Maria, seine Mutter, war eine Hure." Im Raum der Kirche solche Erlebnisse!

Bei der Beurteilung der Homosexualität kommt es nicht darauf an, was ein Psychologe, ein moderner Theologe, ein Arzt oder ein wohlwollender Philanthrop sagt, sondern was die Heilige Schrift darüber aussagt.

Die „Vertraulichen Nachrichten" brachten im Sommer 1983 folgenden Kurzbericht:

Schreck in der Evangelischen Kirche der Bundesrepublik: Homosexuelle Vikare und Theologiestudenten wollen sich jetzt öffentlich formieren. Die „hemmungslosesten" unter ihnen haben zu diesem Zweck eine Tagung für den Herbst nach Wuppertal einberufen. Dazu eingeladen sind auch lesbische Pfarrerinnen und bereits im Amt befindliche homosexuelle Pfarrer. Die Organisatoren wollen, daß durch die neue Gruppierung die homosexuellen Pfarrer und Vikare von dem „Zwang zur Lebenslüge" befreit werden. Die Evangelische Kirche und ihre Gläubigen sollen dazu gebracht werden, ihren Pfarrer und Vikar, der mit einem gleichgeschlechtlichen Partner das Pfarrhaus teilt, genauso zu achten und zu akzeptieren wie den heterosexuellen Pfarrer und Vikar, so daß diejenigen, die homoerotisch veranlagt sind, nicht wie „Aussätzige im Untergrund" leben müssen. Wieviele es sind, wagt man nicht zu sagen. Die Landeskirchenämter geben jetzt die Devise aus: Möglichst nicht daran rühren. Aus ihrer Hilflosigkeit hört man den mittelalterlichen Spruch über die Sexualität des Klerus heraus: „Si non caste, saltem caute!" (Wenn du schon nicht keusch sein kannst, dann tu es wenigstens heimlich!)

Das Problem der homosexuellen Pfarrer im kirchlichen Dienst ist so akut geworden, daß die Kirchenleitungen und das Deutsche Evang. Pfarrerblatt zur Stellungnahme aufgerufen sind. So brachte das Pfarrerblatt im Dezember 1980 einen Artikel unter der Überschrift: „Darf eine Gemeinde wissen, daß sie einen homosexuellen Pfarrer hat?“ Es werden einige Sätze aus diesem Beitrag gegeben.

Auf dem Nürnberger Kirchentag hat die hier zu erörternde Frage, ob nämlich eine Gemeinde die homosexuelle Partnerschaft ihres Pfarrers ertragen könne und solle eine erhebliche Rolle gespielt. Als Resolution Nr. 551 wurde auf dem „Markt der Möglichkeiten“ folgender Text von 4709 Kirchentagsbesuchern unterschrieben:

Das Landeskirchenamt Hannover hat Pastor Klaus Brinker gegen den Willen eines großen Teiles der Kirchengemeinde... versetzt und ihm untersagt, als Pfarrer in einer Gemeinde zu wirken.

Dieser Schritt wurde damit begründet, daß Pastor Brinker seine Homosexualität offen bekannt hat und auch in einer Partnerschaft lebt.

Wir fordern, daß die sexuelle Orientierung von Pfarrern und anderen kirchlichen Mitarbeitern keine Rolle mehr spielt.

Wir fordern, daß Pastor Brinker in gleichberechtigter Weise wieder die Möglichkeit gegeben wird, in einer Gemeinde als Pfarrer zu wirken.

Der Fall Pastor Brinker ist zu einem exemplarischen Fall für die gesamte EKD geworden, zumal ihm die eigene Kirchenleitung bescheinigen mußte, „daß er sich bei einem erheblichen Teil der Kirchengemeinde ein Vertrauen erworben hat, welches durch die gegebenen besonderen Umstände bislang nicht ernsthaft erschüttert worden ist.“ Landesbischof und Ratsvorsitzender Lohse hierzu in einem Rundfunkinterview: „Klaus Brinker, der uns vor eine neue Problematik stellt und viel Kopfzerbrechen macht.“

Für den „Fall Brinker“ hat das Landeskirchenamt bislang nur eine Zwischenlösung gefunden. Seit 1. September 1979 ist Pastor Brinker aushilfsweise an der Klinik der Medizinischen Hochschule Hannover in der Krankenseelsorge beschäftigt.

Wie stark aber das öffentliche Interesse an diesem durch mehrere Massenmedien aufgegriffenen Fall zwangsläufig sein muß, geht aus den natürlich auch den Massenmedien bekannten Zahlen hervor, die über den Anteil, den allein die männlichen Homosexuellen an der Bevölkerung haben, Aufschluß geben. Nach den neuesten Untersuchungen sind etwa 4 Prozent der Männer ausschließlich an homosexuellen Beziehungen interessiert. Insgesamt haben etwa 46 Prozent aller Männer nach der Pubertät auch physische und psychische homosexuelle Erfahrungen gemacht. Unter diesen haben wiederum 13,95 Prozent extensive und mehr als beiläufige homosexuelle Erlebnisse gehabt und werden darum von den Forschern als überwiegend homosexuell interessiert bezeichnet. Der Prozentsatz der Frauen liegt erheblich niedriger, nämlich bei 4,25 Prozent.

Die Dringlichkeit der Frage, ob Mitarbeiter der Kirche offen homosexuell sein dürfen oder nicht, geht aber auch aus den Diskussionen hervor, die überall in der Ökumene mit Leidenschaft geführt werden.

Bislang hat sich nur die kleine Lutherische Kirche in den Niederlanden dafür entschieden, daß die Homosexualität „kein Hindernis für den Eintritt in das Pfarramt" sei. – Bei einer Meinungsumfrage „unter Gläubigen" gaben 50 Prozent der befragten Holländer an, daß sie „mit einem homosexuellen Pfarrer oder Kaplan keine Probleme hätten."

In den presbyterianischen und methodistischen Kirchen der USA, in der anglikanischen Kirche Englands, in Norwegen und Schweden fand die Ordination homosexueller Pfarrer trotz entschiedener Befürwortung durch einzelne Gruppen oder Bischöfe bislang keine Mehrheit.

In der römisch-katholischen Kirche hingegen wird jede offene Diskussion über diese Frage im Keime erstickt. Besonders, nachdem Papst Johannes Paul II. den Bischöfen der USA am 5. Oktober vorigen Jahres in Chicago noch einmal eingeschärft hat, daß die Ehe unauflöslich, die Empfängnisverhütung, die Selbstbefriedigung, sowie jeder Geschlechtsverkehr außerhalb der Ehe verwerflich und die „homosexuelle Praxis im Unterschied zur homosexuellen Neigung unmoralisch" sei. Aber der „Katholikentag von unten" in Berlin 1980 hat bewiesen, daß die Frage nach dem Umgang mit der Homosexualität auch in der römisch-katholischen Kirche nicht zur Ruhe kommt.

Zunächst noch zwei Urteile die zustimmend sind, danach die biblische Stellungnahme.

B 124 Bei der Podiumsdiskussion auf dem Nürnberger Kirchentag hat der mit der Seelsorge an Homosexuellen beauftragte Münchner Pfarrer Philippi bekanntgegeben, daß in München ein Pfarrer in eine Gemeinde gewählt wurde, obschon seine Homosexualität bekannt war. Er wurde aber unter 3 Bewerbern gewählt, weil er „der Qualifiziertere war". Die Möglichkeit, daß eine Gemeinde sich in voller Kenntnis des Sachverhalts einen homosexuellen Pfarrer wählt, sollte von den Kirchenleitungen auch für den exemplarischen Fall Klaus Brinker geschaffen werden. Wozu erheben wir sonst die Forderungen nach einer „mündigen Gemeinde"?

B 125 In einer Rundfunkansprache am 27. 10. 74 unter dem Thema „Liebe Christi – auch für Homosexuelle" sagte Pfarrer Dr. Egon Franz:

Niemand hat das Recht, den Homosexuellen eine sexuelle Enthaltsamkeit aufzuerlegen, an die er sich selbst, als heterosexuell Veranlagter, nicht zu halten gedenkt. Was der großen Mehrheit der heterosexuell Veranlagten erlaubt ist, muß auch der homosexuellen Minderheit erlaubt sein.

Zum biblischen Standpunkt lassen wir nun Ulrich Parzany zu Wort kommen. Unter der Überschrift „Hoffnung für Homosexuelle" schreibt er: 1. Homosexuelle Christen und Nichtchristen sollen eine Hoffnungsperspektive bekommen. 2. Viel mehr Christen sollen begreifen, wie notvoll die Lage der Homosexuellen ist, und wie dringend den Betroffenen die Jesus-Alternative angeboten werden muß.

Im Text der Stellungnahme von Parzany heißt es dann: „Die Aussagen der Bibel sind in der Beurteilung homosexuellen Verhaltens eindeutig und klar. Sie sieht es weder als unabwendbares Schicksal noch als Krankheit an, sondern nennt es schlicht Sünde. Die Bibel setzt die Betonung da, wo sie hingehört, auf die Tat und nicht auf die Konstitution."

Einen klaren Hinweis zur Frage Homosexualität erhalten wir im Alten Testament. Gott hat die Bewohner Kanaans der Vernichtung anheimgegeben, weil sie Homosexuelle waren. Woher wissen wir das? In 1. Mos. 19 wird berichtet, wie die Bewohner Sodoms das Haus von Lot umstellten. Sie verlangten von Lot: „Gib die Männer heraus, die bei dir sind, daß wir sie erkennen." Das Verbum erkennen = jadah bedeutet im Hebräischen geschlechtliche Vereinigung. Seit diesem Vorgang nennt man die Homosexuellen auch Sodomiter.

Einige fromme Könige Israels wurden von Gott gesegnet, weil sie die Hurenhäuser abreißen ließen. Das können wir nachlesen in 1. Kön. 14,24; 15,12; 22,47; 2. Kön. 23,7. Der letztgenannte Text lautet in der Luther-Übersetzung: „Josia brach ab die Häuser der Hurer."

Die englische Bibel übersetzt male prostitutes = die männlichen Prostituierten.

Am deutlichsten ist die Sprache des Neuen Testamentes. Paulus schreibt in Röm. 1,27: „Sie haben Mann mit Mann Schande getrieben. Darum hat sie Gott dahingegeben.

Die Homosexuellen verteidigen ihre Stellung mit der Freundschaft zwischen David und Jonathan. Dieser Hinweis ist völlig aus der Luft gegriffen.

Zum Schluß gebe ich auszugsweise die Stellungnahme des Informationsbriefes Nr. 86 der Bekenntnisbewegung:

Aus dem Irrweg der Homosexualität wird nur zu leicht eine Sackgasse, aus der der Irregeleitete aus eigener Kraft nicht mehr herausfindet. Gott aber will, daß auch einem Homosexuellen geholfen wird. Seelsorgerliche Beispiele von Befreiungen zeigen dieses.

Oft haben Fürsprecher der Homosexuellen um Verständnis und Nachsicht für die „unglücklich zu gleichgeschlechtlicher Liebe Veranlagten" gebeten. Neuere Forschungen haben es wahrscheinlich gemacht, daß es überhaupt keine gleichgeschlechtliche Veranlagung gibt. Zahlreiche Biologen und Mediziner bezeichnen mit guten Argumenten jede homosexuelle Neigung und Praxis als Irrweg. Sogar eine Homophilen-Zeitschrift gesteht: „Bei unserer Geburt ist die Sexualität noch nicht auf eine bestimmte Form oder Richtung festgelegt" (Pressespiegel Düsseldorfer Arbeitskreis „Homosexualität und Gesellschaft"). Das heißt also: Die homosexuelle Neigung entsteht erst während des weiteren Lebensweges, sei es durch heterosexuelle Enttäuschungserlebnisse (Liebeskummer), psychische Defekte, Verführung oder ungute Beeinflussung. Positiv bedeutet das, daß durch rechte Erziehung, Leitung, Seelsorge oder unter Umständen auch durch ärztliche Hilfe die natürliche von Gott gewollte Liebe zum anderen Geschlecht geweckt bzw. wieder geweckt werden kann.

Sollte es aber – entgegen der eben zitierten eigenen Meinung der

Homophilen selbst und entgegen aller Wahrscheinlichkeit – doch eine angeborene und daher menschlich gesehen nicht veränderbare homosexuelle Festlegung in Ausnahmefällen geben, kann daraus dennoch in keinem Fall die Erlaubnis zu homosexuellen Handlungen hergeleitet werden. Selbst dort, wo – auf anderem Gebiet – zweifellos zuweilen eine von Geburt her bestehende Konstitution vorliegt, z. B. für Drogen- oder Alkoholsüchtigkeit, gestattet weder die Gesellschaft noch der Gesetzgeber, daß der Kranke Leib und Leben anderer gefährdet. Wir haben in keinem Fall ein Recht, gegen Gottes eindeutigen Willen zu verstoßen, mögen wir's drehen, wie wir wollen, sei unsere Schwäche angeboren oder erworben. Denn Sünde bleibt Sünde. Nachfolge Jesu und homosexuelle Praxis schließen sich gegenseitig aus. Diese Regel gilt gleicherweise für Männer und Frauen, Jungen und Mädchen. Diese Regel ist auch unabhängig davon, wie das staatliche Gesetzbuch dieses Problem handhabt.

Beachtenswert ist, was dieser Artikel über die Haltung des Seelsorgers schreibt.

In ihren Zeitschriften beklagen sich die Homosexuellen, daß sie von den Heterosexuellen verachtet, benachteiligt, ausgestoßen und unterdrückt werden. Erste Voraussetzung für jeden Seelsorger ist daher, auf alle Selbstgerechtigkeit zu verzichten. Er muß offen erklären, daß er selbst als Sünder in gleichem Maße auf den Sühnetod Christi angewiesen ist wie der Homosexuelle. Es darf nie der Eindruck entstehen, als ob der normal Empfindende den Homosexuellen verachte. Eigentlich eine Selbstverständlichkeit: Dünkel vergiftet alle Seelsorge. Wie könnte man überzeugend zu Christus führen, ohne zuzugeben, daß man selbst von der Vergebung lebt?

Eine weitere unerläßliche Voraussetzung für das Vertrauen zum Seelsorger ist die uneingeschränkte Wahrung des Beichtgeheimnisses. In der korinthischen Gemeinde waren vermutlich viele ehemalige Homosexuelle, denen man aber ihr früheres Verhalten nicht mehr vorwarf (1. Kor. 6,11). – Unsere Liebe sei nicht herablassend und unsere Achtung nicht gekünstelt!

Zwar ist das Ziel, dem bisherigen Homosexuellen Mut für den zukünftigen Weg ehelicher Liebe zu machen, eindeutig. Dennoch aber gibt es im einzelnen keine Einheitsrezepte zur Seelsorge an Homosexuellen. Wir sind auch in diesem Dienst auf die Führung durch den Heiligen Geist für uns selbst und für die, denen wir helfen möchten, angewiesen.

Wie könnte ein Seelsorger ohne Gottes Beistand beispielsweise das rechte Wort finden, wenn ein Homosexueller nach der bewußten Annahme der Vergebung Jesu doch wieder in sein früheres Fehlverhalten abgleitet! Nur unter der Leitung des Heiligen Geistes kann Gottes Gnade erneut als Trost für ein verzweifeltes Gewissen angeboten werden, ohne daß sie als Freibrief zur Sünde mißverstanden wird.

Gebet und Fürbitte behalten auch hier ihre Verheißung, und der auferstandene, lebendige Herr Jesus Christus rettet auch heute: „Ist jemand in Christus, so ist er eine neue Kreatur. Das Alte ist vergangen. Siehe, es ist alles neu geworden.“ (2. Kor. 5,17)

B 126 Aus meiner eigenen Seelsorge will ich noch ein positives Beispiel hinzufügen. Ich kenne einen Reichgottesarbeiter, der als kleiner Junge von einem Mann verführt worden ist. In der Folgezeit entwickelte sich bei dem Verführten eine homosexuelle Neigung. Er kam zum Glauben an Jesus, beichtete alles und bekam Vergebung. Er litt aber noch eine Zeitlang unter seiner verkehrten Veranlagung, ohne sich jedoch abermals Männern zuzuwenden. Später heiratete er. Dem Ehepaar wurden einige Kinder geschenkt. Die Ehe wurde harmonisch. Über die Befreiung von einer ererbten homosexuellen Veranlagung habe ich kein Beispiel. Ich kannte aber Männer dieser Art, die durch die Kraft Gottes ihrer unguten Veranlagung nicht nachgaben. Es gibt also auch Überwinderkraft. Solche Menschen sind in ihrem Leben und Dienst reich gesegnet.

Nachtrag:

Dieses Kapitel war schon geschrieben, da traf neues Material ein. Pfarrer Hans van der Geest wurde auf 1. 4. 83 vom Diakoniewerk Neumünster (Schweiz) entlassen. Das erregte in der Öffentlichkeit Sturm. In kurzer Zeit gingen bei der Redaktion des Kirchenboten Stellungnahmen ein. Die überwiegende Mehrheit der Schreibenden war über diese Entscheidung empört oder enttäuscht. Eine kleine Auswahl der Briefe soll hier folgen.

„Was hilft das Entsetzen über die unglaubliche Maßnahme? Was verändert es an der Tatsache der Entlassung von Hans van der Geest? Und doch soll sie ausgesprochen werden, die Bestürzung darüber, daß solches auch in der Kirche Platz hat; daß mit dem

Schlimmsten rechnen muß, wer sich zu exponieren wagt, daß innerhalb der Kirche jene Gesetze herrschen, gegen die sich ebendiese zur Wehr setzt und setzen muß: Ausstoßung statt Verständnis, Zwang auf Gleichschaltung statt Wirkung aus Verschiedenartigkeit, Entlassung Unbequemer.

Es bleibt wirklich nichts zu sagen. Die Sprache erstickt in Enttäuschung und Wut. Und in der Erbitterung darüber, daß die Empörung jene wohl gar nicht erreicht, die dafür verantwortlich sind. Diese sind schützend eingebettet in ihr besseres Wissen, ihr theologisches und christliches Wohlverhalten oder eher: in ihre Position der Macht, von der aus sie uns alle vor abweichender Meinung zu bewahren trachten. Was trotzdem noch zu sagen wäre, bleibt besser unausgesprochen; es geriete allzu leicht in eine Form, die jener der Entlassung Pfarrer van der Geests gliche und trotz dieser nicht angemessen ist.“ Markus Brühwiler, Rümlang

„Die Entlassung von Pfarrer van der Geest aus seinem Dienst als Leiter des klinischen Seelsorgezentrums am Neumünster hat mich als Ärztin und ehemalige Kirchenpflegerin tief betroffen. Wer jemals in seiner ärztlichen oder seelsorgerlichen Tätigkeit mit dem Problem der Homosexualität wirklich konfrontiert war, versteht die Intoleranz jener Kreise, die den wertvollen Artikel von Pfarrer van der Geest auf solche Weise und mit derart unverhältnismäßigen Konsequenzen rügen, nicht; ich meine Intoleranz gegenüber dem homosexuell veranlagten Mitmenschen und Intoleranz gegenüber dem Kollegen Pfarrer van der Geest.

Ich habe Pfarrer van der Geest kennengelernt als Berater bei der Schaffung eines Spitalpfarramtes und als Leiter eines seiner CPT-Kurse. Sein tiefes Verständnis für die Belange des kranken Mitmenschen und desjenigen, der versucht, Leiden und Sorgen zu lindern, und seine Begabung und Fähigkeit, dem Seelsorger für seine schwierige Aufgabe wertvolles Rüstzeug in die Hand zu geben, haben mich beeindruckt.

Ich hoffe sehr, daß für diese Aufgabe bald eine neue Trägerschaft gefunden wird; das Seelsorge-Ausbildungszentrum unter der Leitung von Pfarrer van der Geest muß der Zürcher Landeskirche erhalten bleiben.“ Dr. Esther Meili-Gerber, Wetzikon

„Pfarrer H. van der Geests Aussagen über Homosexualität stehen im Widerspruch zu biblischen Aussagen. Er meinte jedoch die

Autorität zu haben, sich solch widersprüchliche Interpretationen leisten zu können. Das Neumünster kann sich dieser Haltung nicht anschließen und entläßt ihn. Diese Freiheit muß das Werk doch haben!

Die Stellungnahme des Neumünsters spricht sich zugunsten der biblischen Aussage aus und nimmt damit klar Stellung. Die Redaktion hingegen stellt sich hinter den Freund, seine Veröffentlichungen, den guten Ausbilder und weist auf die Informationsfreiheit hin – aber damit wird die Frage doch nicht gelöst. Es kann nie entscheidend sein, ob möglichst viele Menschen mit meiner Ansicht übereinstimmen, sondern einzig und allein, ob sie vor Gott Bestand hat. Das zu prüfen hilft uns ja gerade das Wort Gottes. Deshalb finde ich Ihre Aussagen über das Neumünster ungerecht. Zur Klärung der Frage tragen Sie nichts bei." Berty Bosshard

Diese Zuschriften zeigen, daß unser Kirchenvolk sich vielfach nicht mehr am Wort Gottes informieren kann. Unter den 150 Zuschriften sind ganz wenige, die den biblischen Standpunkt vertreten.

Hypnose

Das Fremdwort Hypnose kommt von dem griechischen Wort hypnos, der Schlaf. Der Laie spricht davon, daß man durch Hypnose einen künstlichen Schlafzustand bewirken kann. Sachlich gesehen ist es treffender, von einem Zustand des eingeengten Bewußtseins zu sprechen.

Die Beurteilung der Hypnose ist selbst in Fachkreisen sehr unterschiedlich. Der bekannte Genfer Arzt Dr. Paul Tournier lehnte Hypnose als einen Eingriff in die menschliche Psyche ab. Andere Ärzte, z. B. Dr. Lechler, der zu meinem Freundeskreis gehörte, erklärte, er hätte die Freiheit, die Hypnose zur Diagnose, aber nicht zur Therapie zu verwenden. Dann traf ich wiederum eine Menge Ärzte, die die Hypnose sowohl zur Diagnose als auch zur Therapie verwenden. In Winnipeg in Kanada hatte ich ein Streitgespräch mit einem Missionsarzt der Baptisten, der erklärte, er hätte die Freiheit, die Hypnose in allen Formen anzuwenden. In dieser hitzig geführten Diskussion merkte ich, daß dieser Missionsarzt selbst ein belasteter Mann war.

Wenn man nach meiner Meinung fragt, dann muß ich zugeben, daß ich so viele negative Erfahrungen mit der Hypnose gemacht habe, daß ich sie ablehne.

Mein Haupterfahrungsgebiet zum Problem Hypnose war für mich Ostasien, das ich achtmal bereist habe. Während die Hypnose im Westen erst etwa seit Anton Mesmer (1778, Mesmerismus, animalischer Magnetismus) sich entwickelte, wurde die Hypnose in Ostasien schon seit Jahrtausenden praktiziert. Ich habe durch meine Freunde in Ostasien Beispiele über Autohypnose und Fremdhypnose gehört, die man im Westen als unwahrscheinlich oder gar als Unwahrheit bezeichnen würde.

Zur Autohypnose habe ich eigene Beobachtungen machen können. Ich sah Pilger in religiösen Umzügen, die durch eine Autohypnose, die der Trance ähnlich ist, gegen jeden Schmerz unempfänglich geworden sind. Sie steckten sich Messer oder Bambusstäbchen durch die Arme oder durch einzelne Gesichtspartien, ohne einen Schmerz zu empfinden. In einigen Fällen konnte ich Aufnahmen machen. Ich habe in einem anderen Kapitel, auch in anderen Büchern darüber berichtet.

Das stärkste Beispiel zur Autohypnose ist die Herabsetzung der Herztätigkeit bei den Jogi und Fakiren. Sie lassen sich drei bis zehn Wochen einsargen und in einer Steingruft verschließen. Ihre Freunde sind genau informiert, wann sie sie wieder herausholen müssen. Dann setzt ihre herabgesetzte Herztätigkeit wieder normal ein. Es gibt dazu Beispiele in der Natur. In der Schweiz las ich einen Artikel über den Winterschlaf der Murmeltiere. In dem Artikel hieß es, daß die Murmeltiere ihre Herztätigkeit soweit heruntersetzen, daß sie in einer Minute nur einen Herzschlag haben. Das wäre also ein ähnliches Beispiel wie die Autohypnose der fernöstlichen Magier, Jogi und Fakire.

Die Tatsache, daß ich die Hypnose im Osten stets im Zusammenhang mit der Magie, mit Spiritismus und ähnlichen zwielichtigen Strömungen fand, bestärkte mich in meiner Abwehrhaltung gegenüber der Hypnose.

Hauptsächlich in der westlichen Welt hatte ich oft Diskussionen mit gläubigen Ärzten über die Bedeutung der Hypnose.

B 127 Ein Arzt in Westdeutschland behauptet zum Beispiel, er könne manchmal innerhalb eines einzigen Tages Migräne durch eine Hypnosebehandlung heilen. Ich will die Adresse des Arztes nicht angeben, sonst würde dieses Buch ihm noch weitere Patienten zuführen.

Ein sehr fruchtbares Gespräch über die Hypnose hatte ich mit dem Chefarzt des Sanatorio Cruz Blanca, Esquel im Süden von Argentinien. Esquel war mir in mehrfacher Hinsicht zu einem großen Erlebnis geworden. Ich hatte dort Gelegenheit, mehrere Vorträge bei den Indianern zu halten, ferner in dem Sanatorium. Ein ausführlicher Bericht ist in dem schon erwähnten Buch „Jesus auf allen Kontinenten".

B 128 Nun ein Hypnoseerlebnis von Dr. Winther, diesem erwähnten Chefarzt. Man brachte eine Frau zu ihm, die unter einem Spinnenkomplex litt. Diese gequälte Frau sah Tag und Nacht in ihrer Wohnung überall Spinnen. Auf dem Fußboden, an den Wänden, an den Decken. Und sie litt schrecklich darunter. Alles gute Zureden hatte keinen Sinn und keinen Wert. Dr. Winther hypnotisierte sie. In der Hypnose redete er auf sie ein: „Wenn Sie wieder erwachen, sehen Sie keine Spinnen mehr." Diese Therapie war erfolgreich. Als die Frau wieder aufwachte, atmete sie auf. Alle Spinnen waren weg. Soweit war nun das Experiment gelungen. Nun aber die Kehrseite. Dr. Winther sagte mir, von diesem Tag an wurde die Frau zu einer ganz starken, extremen Alkoholikerin. Die Spinnen ist sie los, nun ist sie aber dem Alkohol total verfallen. Dieses Erlebnis und noch ein anderes bewogen Dr. Winther, in Zukunft auf die Hypnose zu verzichten. Er sagte, es hätte sich in beiden Fällen nur um eine Verlagerung und nicht um eine Befreiung gehandelt.

Entschieden abzulehnen sind die Schaustellungen, bei denen magische Tricks und Hypnoseversuche gezeigt werden. Selbst die Fachleute auf dem Gebiet Hypnose nennen diese Schaustellungen einen Unfug, der verboten gehört. Und trotzdem gibt es immer wieder Rektoren, die solche Schulveranstaltungen anberaumen und ihren Schulkindern schwere Schäden zufügen. Einige Beispiele zu dem Thema Schulveranstaltung.

B 129 Ein Mädchen in Tokio wurde auf einem Schulfest von einem Scharlatan hypnotisiert. Er war nicht in der Lage, es aus der Hypnose wieder zu erwecken. Das Mädchen stieß tierische Laute aus, entwickelte hohes Fieber und konnte erst nach einigen Tagen durch Spezialärzte wieder zum Bewußtsein gebracht werden.

B 130 Eine Frau kam zu mir in die Seelsorge und berichtete mir folgendes. Der Rektor der Schule hatte einen Unterhaltungsabend angesetzt. Dabei wurden verschiedene Tricks gezeigt. Der Schausteller versuchte sich auch mit der Hypnose. Bei dem dreizehnjährigen Sohn meiner Berichterstatterin ist ihm die Hypnose gelungen. Der Junge hatte aber von diesem Tag an schwere Angstträume. Im Schlaf stieß er oft aus: „Der schwarze Kerl kommt, der schwarze Kerl kommt. Schafft mir doch den schwarzen Kerl vom Hals." Diese Angstträume des Jungen dauerten Jahre an. Die Mutter war furchtbar zornig auf diesen Schausteller. Sie hätte ihn mit ihren eigenen Händen erwürgen können. Der Rektor der Schule ist mit schuld an dieser negativen Auswirkung. Man soll nie Schausteller für einen Unterhaltungsabend einladen, die auch eine Hypnose praktizieren.

B 131 Das nächste Beispiel zeigt noch deutlicher den Zusammenhang zwischen Hypnose und okkulten Mächten. Ich hatte in dem Staate Maine in einer Baptistenkirche einige Vorträge. Der Pastor der Kirche erzählte mir die Geschichte seines Sohnes und gab mir die Erlaubnis, auch seine Adresse weiterzugeben, wenn das erforderlich sein sollte. Aber hier in dem Buch ist das nicht nötig. Sein Sohn hatte mit sechzehn Jahren eine Bekehrung erlebt, wurde getauft und war seither ein Glied seiner Gemeinde. Der Junge besuchte ein College, das etwa hundert Kilometer vom Wohnort des Vaters entfernt war. Der Rektor des College hatte zum Schluß des Schuljahres auch einen Schausteller eingeladen, der die Schüler und die Lehrer mit allerhand Tricks und Kunststücken unterhielt. Unter anderem suchte er sich 25 Schüler aus, die er auf die Plattform rief, um sie zu hypnotisieren. Einem Jungen gab er eine rohe Kartoffel und suggerierte ihm – das ist ein wunderbarer Apfel, den du jetzt essen darfst. Und der Junge aß mit großem Vergnügen die rohe Kartoffel. Einem anderen Jungen suggerierte er – du bist ein Baby, und hier ist die Milchflasche, die du jetzt trinkst. Der Junge trank diese Milchflasche aus. Einem dritten sagte er, daß es sehr heiß ist, und er befinde sich an einem See und dürfe jetzt baden. Der Junge zog sich tatsächlich aus und zog eine Badehose an. All diese Kunststücke wurden von dem Gelächter und dem Beifall der Zuschauer begleitet. Dem Sohn des Pastors sagte er – du bist auf einem Pferderennen, und dein Pferd hat die Chance zu gewinnen. Der Junge fing an, rücklings auf einem Stuhl zu reiten, als würde er auf einem Pferd sitzen. Als der Unterhaltungsabend zu Ende war, löste der Schausteller die Hypnose auf. Bei dem Sohn des Pastors gelang es ihm nicht. Der Rektor war ärgerlich. Aber der Schausteller bemühte sich umsonst, den Jungen aus der Hypnose zurückzurufen. Es bestand keine andere Wahl, als ein Hospital anzurufen. Eine Ambulanz brachte den Jungen in das Hospital. Dort versuchten fünf Fachärzte, mit dem hypnotisierten Jungen fertigzuwerden. Es gelang ihnen nicht. Der Vater wurde erst nach fünf oder sechs Tagen verständigt. Der Pastor fuhr sofort mit seinem Wagen in das Hospital und brachte seinen Sohn zurück in sein Haus. Dann rief er den Hausarzt an, der sofort herbeikam. Der Arzt war ärgerlich und sagte, wenn es sein Junge wäre, würde er den Rektor der Schule und den Schausteller vor Gericht bringen. Der Pastor und seine Frau beteten für den Jungen, der sich immer noch in der Hypnose befand. Auch tagelange Fürbitte half nichts. Plötzlich kam der Pastor auf die Idee, im Namen Jesu zu gebieten. Er blickte im Geist auf das Kreuz Jesu auf Golgatha und rief aus: „Im Namen Jesu Christi, des Sohnes Gottes, gebiete ich euch Finsternismächten zu weichen." In diesem Augenblick brach der hypnotische Bann. Der Junge kam wieder zu sich. Und das Pferderennen war jetzt endlich vorbei. Dieser Vorgang zeigt, daß dieser Schausteller ein okkulter Bursche war, und daß es sich um eine magisch unterbaute Hypnose handelte. Im Grunde genommen ist das ein Verbrechen. Ich wiederhole noch einmal ausdrücklich, daß dieser Pastor mir die Erlaubnis gab, seine volle Adresse preiszugeben, wenn das erforderlich sein sollte. Natürlich weiß ich, daß die Fachärzte diese Form der Hypnose radikal ablehnen. Auch das habe ich bereits zum Ausdruck gebracht. Wir unterscheiden also eine Hypnose, die von Fachärzten zur Diagnose und zur Therapie benützt wird, und eine magisch unterbaute Hypnose, die eindeutig einen okkulten Charakter hat. Ich darf es aber nicht unterlassen zu sagen, daß ich selbst die von Fachärzten geübte Hypnose ablehne. Ich habe wie Prof. Tournier keine Freiheit, die Hypnose zu bejahen.

B 132 Ein gläubiger Arzt berichtete mir folgendes Erlebnis. Ein Appenzeller Heilpraktiker zeigte in der Ostschweiz Hypnoseexperimente. Er konnte Personen hypnotisieren, daß sie steif wie ein Brett wurden. Der Arzt sah es als seine Aufgabe an, diesem Unfug zu steuern. Er bat drei gläubige Brüder mitzukommen. Sie setzten sich betend in den Raum, in dem der Hypnotiseur seine Vorführungen zeigte. An diesem Abend gelang nicht ein Experiment. Schließlich sagte der Appenzeller: „Es sind Gegenströmungen da. Ich breche die Vorführung ab. Lassen Sie sich das Eintrittsgeld zurückgeben."

Damit war dem Arzt und seinen Freunden klar, mit welchen Mächten sie es zu tun hatten.

B 133 Das sensationellste Beispiel zum Thema Hypnose stammt aus Zürich. Es liegt mehr als 15 Jahre zurück, da hatte ich in Zürich einige Vortragswochen. Während dieser Zeit trat ein holländischer Hypnotiseur mit seiner Versuchsperson auf. Die Versuchsperson hieß Mirindajo. Mirindajo ist Esperanto und heißt: etwas Wunderbares. Beide Männer gehörten auch in Holland spiritistischen Zirkeln an. Die Schaustellungen waren in Zürich sehr stark besucht. Es handelte sich um eine einmalige Sensation, die man bisher in der Schweiz noch nie erlebt hatte. Der Hypnotiseur stieß auf der Plattform des Vortragssaales seinem Opfer ein Florett durch die Brust. Natürlich dachte zunächst jedermann an einen Trick. In einem Zirkus werden ja manchmal auch Tricks gezeigt, daß ein Mensch zersägt wird, oder ein Mensch wird in eine Kiste gesteckt, und dann wird von allen Seiten ein Säbel durch freigelassene Öffnungen gestoßen. Es handelt sich hier um Säbel, die einfach zusammenklappen. Der Mensch in der Kiste wird nicht verletzt. Bei Mirindajo handelte es sich aber nicht um einen Trick. Der Beweis wurde durch Professor Dr. med. Brunner, damals Ordinarius an der Züricher Universität, erbracht. Die beiden Holländer haben dieses Florettstechen in verschiedenen Ländern etwa 500mal gezeigt. Als sie in Zürich auftraten und dieses Experiment Abend für Abend wiederholten, wurde es den Gläubigen in Zürich unheimlich. Ich weiß, daß sich kleine Gebetszirkel zusammenfanden, die Gott darum baten, diesem gräßlichen Schauspiel ein Ende zu bereiten, weil sie hinter diesem Vorgang dämonische Mächte vermuteten. Was geschah? Bei dem fünfhundertersten Versuch starb Mirindajo. Das war das Ende dieses gräßlichen Schauspiels. Man könnte ja nun den Gläubigen in Zürich den Vorwurf machen, daß sie am Tod dieses Mannes schuld seien. Diese Meinung vertrete ich nicht. Die Gläubigen haben das getan, was sie für richtig hielten. Sie wehrten sich dagegen, daß in ihrer Stadt öffentlich solche okkulten oder gar dämonischen Experimente gezeigt wurden.

Zur Ergänzung darf hinzugefügt werden, daß Mirindajo bei diesem Florettstechen keine Schmerzen empfand. Wenn das Florett herausgezogen wurde, bluteten die beiden Wunden nicht. In zwei Stunden waren sie verheilt. Das entspricht genau den Beobachtungen, die ich in Ostasien machen konnte. Alle diese Verletzungen, die diese ostasiatischen Pilger an sich selber vornehmen, bluten nicht, und die Wunden heilen sehr rasch. Auch haben sie dabei eine Schmerzunempfindlichkeit. Das zeigt, daß dieses Experiment von Mirindajo genau den ostasiatischen Experimenten entsprach. Um Schwindel oder Betrug handelte es sich nicht, denn es wurde ja durch die Röntgenaufnahme der Wahrheitsbeweis erbracht.

Aus der seelsorgerlichen Erfahrung heraus muß noch ein kleiner Nachtrag gegeben werden. Ich wurde oft befragt, ob ein Mensch gegen seinen Willen hypnotisiert werden kann. Die Erfahrung zeigt, daß Menschen mit einem starken Willen nicht gegen ihren Willen hypnotisiert werden können. Vor allem trifft das zu, wenn der gläubige Mensch im Gebet sich gegen die Hypnose stellt, dann ist der Hypnotiseur machtlos. Ist aber ein Mensch ein- oder zweimal hypnotisiert worden, dann ist eine Wiederhypnose viel leichter. Ein Fachmann auf diesem Gebiet (Brennmann) formulierte folgende Aussage: „Niemand gelangt ohne seinen Willen in den Zustand der Hypnose. Es kann aber sein, daß er sich dieser Absicht nicht bewußt ist."

Für den Christen ist maßgebend, daß er sich keiner zweifelhaften Hilfsmittel bedient. Vielleicht erinnern wir uns wieder einmal an das Wort aus Psalm 3,9: „Bei dem Herrn findet man Hilfe."

Hypnose über die Geburt zurück

Seit rund 2 Jahrzehnten kommen in den Illustrierten Berichte über vorgeburtliche Hypnosen. Gemeint ist, daß der Hypnotiseur die Versuchsperson im hypnotischen Tiefschlaf ausfragt bis zur Geburt und darüber hinaus, um ein vorgeburtliches Leben nachweisen zu können und damit die Reinkarnationslehre (Wiederverkörperungslehre) zu stützen. Zuerst ein Beispiel:

B 134 Die „Saarbrücker Zeitung" brachte unter dem Datum vom 22. 2. (Jahreszahl nicht angegeben) folgenden Bericht:

In Hypnose sprach der Saarbrücker Rundfunkredakteur Charly Baum drei Stunden lang über sein erstes Leben. Der Münchner

Hypnotiseur und Psychologe Thorwald Dethlefsen hatte Baum in Tiefschlaf versetzt. Einige Auszüge aus dem Tonbandprotokoll:

Dethlefsen: „Wann bist du geboren?"

Baum: „1732, 14. August, ein furchtbares Jahr! Schlechte Ernte! Ich wuchs im schwäbischen Dorf Tirbenberg auf. Ich heiße Karl Moritz Tebben ... verkaufe schwarzes Tuch."

Dethl.: „Wer regiert das Land?"

Baum: „Ein fetter Typ ... ein Fürst ... Leute müssen viel Steuern zahlen ... viele wandern aus nach Amerika."

Dethl.: „Wann bist du gestorben?"

Baum: „23. Sept. 1769 ... Fieber ... Arme und Beine schwarz ... Arzt gab mir etwas zu trinken ... Ich merkte nur noch, wie Holz übereinanderschlägt, und wie es dunkel wurde."

Das Gespräch wurde von dem Münchner Psychologieprofessor Fuchs überwacht und wurde tags darauf von der „Europawelle Saar" gesendet.

Charly Baum, geboren am 26. 6. 45 in Hesselbach bei Köln, sagt: „Ich bin sicher, ich habe schon einmal gelebt."

Noch beweiskräftiger scheint ein solcher Hypnoseversuch über die Geburt zurück zu sein, wenn der Hypnotisierte eine Fremdsprache benützt, die er nicht gelernt hat. Dazu ein Beispiel:

B 135 In der „Freizeit Revue" im Sommer 1976 kam eine aktuelle Serie über Hypnoseversuche über die Geburt zurück. Eine Engländerin, 35 Jahre alt, verheiratet und Mutter von drei Kindern, schrie fast jede Nacht auf und zeigte alle Zeichen des Entsetzens. Der Ehemann konnte das nicht mehr ertragen und suchte einen Psychiater auf. Ein Arztkollege des Psychiaters versetzte die Ehefrau in Hypnose und setzte die Befragung über die Geburt zurück fort. Er erhielt erstaunliche Auskünfte. Die Hypnotisierte gab an, in der Zeit der Französischen Revolution gelebt zu haben. Sie konnte exakte Detailschilderungen geben, die historisch bestätigt sind wie die Hinrichtung von Ludwig XVI. und seiner Gemahlin Marie Antoinette. Der Hypnotiseur Dr. Lewis kam dann auf den Gedanken und redete die Hypnotisierte französisch an. Er erhielt Antwort in fließendem Französisch im Pariser Dialekt und nicht etwa mit englischem Akzent. Dem Ehemann wurden die plötzlichen Fähigkeiten seiner Frau unheimlich. Außerhalb der Hypnose kann die Frau kein Französisch sprechen.

Ein Kritiker mag einwenden, daß diese Frau die Geschichte der

Französischen Revolution gelesen hat, und daß durch die Hypnose dieses Wissen aus dem Unbewußten hochgeholt worden ist. Dieser Einwand kann durch den Hinweis entkräftet werden, daß die Frau auch spezielle Ereignisse berichtete, die nicht in den Geschichtsbüchern stehen. Zum andern ist das fließende Sprechen der französischen Sprache mit diesem Einwand nicht erklärt. Der parapsychologische Hinweis auf das Abzapfen der Fremdsprache zündet auch nicht, weil Dr. Lewis nur ein gebrochenes Französisch mit englischem Tonfall spricht. Außerdem ist das Abzapfen einer Fremdsprache in der Parapsychologie nur eine unbewiesene Hypothese.

Die Vertreter der Reinkarnation kommen bei den Hypnosen über die Geburt zurück auf ihre Rechnung. Diese Vorfälle sind das beste Pferd im Stall. Sie meinen, damit den Beweis für die mehrfache Wiederverkörperung gefunden zu haben.

Ich fragte Professor Köberle, der sich in der Parapsychologie auskennt, nach seiner Beurteilung dieser vorgeburtlichen Hypnoseergebnisse. Er schrieb mir zurück: „Vorgeburtliche Erinnerungen lassen sich wohl am ehesten erklären als ein medial begabtes Anzapfen des kollektiven Unbewußten. Der Karmagedanke wird beherrscht von dem erbarmungslosen Prinzip der Vergeltung, das Evangelium dagegen von dem Wundergeschenk der Vergebung. Das sind unaufhebbare Gegensätze... Ich kann die Wiederverkörperungslehre in der Heiligen Schrift nicht bestätigt finden.“

Ich teile die Meinung Köberles, daß wir in der Bibel nicht die Wiederverkörperungslehre finden. Nach der Bibel hat das menschliche Leben den Charakter der Einmaligkeit. „Es ist dem Menschen gesetzt zu sterben – einmal –, danach aber das Gericht (Hebr. 9,27) „Christus hat für uns einmal gelitten“ (1. P. 3,18) „Wir sind geheiligt auf einmal durch das Opfer des Leidens Jesu“ (Heb. 10,10).

Der Hinweis auf die Jungschen Archetypen, wie Köberle es tut, ist mir nicht annehmbar. Die Jungschen Archetypen sind mit so konfusen, weitschweifigen Vorstellungen verknüpft, daß daraus keine Jahreszahlen und exakte Details eines „früheren Lebens“ entnommen werden können. Das kollektiv Unbewußte, mit dem Jung operierte, ist ein Ozean, der nicht die exakte Vorgeschichte aller menschlichen Existenzen enthält. Es ist auch dem „Entdekker“ des kollektiv Unbewußten und der darin enthaltenen Archetypen nicht gelungen, diese Urtendenzen der ganzen Menschheitsgeschichte so zu präzisieren, daß daraus exakte Ergebnisse erzielt werden können.

Gibt es dann noch eine Möglichkeit, die Aussagen über das vorgeburtliche Leben zu erklären? Es gibt Trickkünstler wie z. B. der amerikanische Trickexperte Dany Korem, der behauptet, es sei ein geschickter Schwindel. Die Hypnotiseure würden durch raffinierte Tricks getäuscht werden. –

Diese Betrugshypothese lehne ich aber ab, weil schon zuviel überprüfte Fälle der Hypnosen über die Geburt zurück vorliegen.

Es gibt noch eine echte Möglichkeit, solche Hypnosen zu verstehen. Es liegen hier Besessenheitsfälle vor. In der englischen Bibel heißen die Wahrsagegeister familiar spirits = Familiengeister. Ein Beispiel soll deutlich machen, was ich meine.

B 136 Im Elsaß sprach aus einer besessenen Frau eine Stimme, die sich als Geist der Großmutter ausgab. Wer sich auf diesem Gebiet nicht auskennt, könnte auf den Gedanken kommen, daß der Geist der Großmutter in der Besessenen lebt. Nein und ja! Wenn die Großmutter besessen war, und sie stirbt, dann geht der Dämon aus ihr heraus und sucht in ein anderes Familienglied einzudringen. Dämonen leben nicht in Leichnamen. Sie suchen stets eine lebende Behausung, einen Menschen oder auch ein Tier (Mk. 5, Schweine). Familien, in denen Zauberei getrieben wird, sind normalerweise medial, ebenso die Nachkommen bis ins 3. und 4. Glied. Beim Tod der Großmutter ging in unserem Fall der Dämon in eine mediale Enkelin. In der Seelsorge identifizierte sich der Dämon mit der Großmutter und sagte: „Ich bin Ihre Großmutter." Richtig wäre gewesen: „Ich bin der Dämon, der in der Großmutter war." Dämonen versuchen aber stets sich zu verbergen. Sie lassen sich nicht schnell entlarven.

Wer einen Besessenheitsfall als Geisteskrankheit, als Epilepsie, als Hysterie oder als eine Athetose ansieht, kommt nicht hinter das Geheimnis. Selbstverständlich gibt es diese erwähnten Krankheiten, aber eine Besessenheit liegt auf einer höheren Ebene und stellt kein medizinisches, sondern ein religiöses Problem dar, das nur von einem erfahrenen Seelsorger behandelt werden kann.

Ein ungläubiger oder unerfahrener Seelsorger wird möglicherweise den von mir geschilderten Vorgang als Phantasterei ansehen. Ich kann nur darauf hinweisen, daß ich nicht mit meiner Meinung allein stehe. Ich kenne viele Seelsorger, die ähnliche Erfahrungen gemacht haben. Ich verweise auf Luther, der in seiner Schrift vom Jahr 1528 „Wider den Mißbrauch der römischen Messe“ erklärte, daß die sogenannten Verstorbenen, die gelegentlich erscheinen, nicht die Verstorbenen sind, sondern Dämonen, die das Wissen, Aussehen und Sprechweise der Verstorbenen annehmen, um die Lebenden damit zu täuschen. Philipp Jakob Spener vertrat in seinen Pia desideria die gleiche Meinung.

Die Hypnotiseure, die über die Geburt zurück hypnotisieren, bekommen nicht Kontakt mit einer früheren Existenz des betreffenden Menschen, sondern mit den „familiar spirits“, den Familiengeistern, Dämonen, die früher von den Vorfahren in direkter Linie oder im Verwandtenkreis Besitz ergriffen hatten. Die Dämonen haben im allgemeinen eine vorzügliche Intelligenz und können dann die gewünschten Auskünfte geben, mit denen der Hypnotiseur genarrt wird. (S. auch B 23 mit Erklärungen.)

Illuminaten

Die Tätigkeit des Illuminatenordens seit seiner Gründung am 1. 5. 1776 durch Adam Weishaupt ist ein so dunkles und verworrenes Kapitel der menschlichen Geschichte, daß diese kurze Information, die hier gegeben wird, nicht ausreicht, der ganzen Problematik gerecht zu werden. Ich verweise daher auf das Buch von Pfarrer Wolfgang Borowsky „Christus und die Welt des Antichristen“. Es ist in meiner Schriftenmission erschienen und kann von M. Rahner Knüllweg 4, 6420 Lauterbach, oder vom Hänssler-Verlag Neuhausen a. F., bezogen werden. Durch eine Subvention ist der Preis bei 256 Seiten mit DM 6,80 sehr niedrig.

Ferner seien vom gleichen Autor empfohlen „Die neue Welt – Vorspiel der Hölle“ (Saterland-Verlag). Auch sei erwähnt „The Fourth Reich of the Rich“ (das vierte Reich der Reichen), das mit dem deutschen Namen „Die Herrscher – Luzifers 5. Kolonne“ herauskam. Vom gleichen Autor, Des Griffin, stammt auch der Titel „Die Absteiger – Planet der Sklaven“. Unter den informatorischen Blättern seien besonders empfohlen die „Memopress“ von Emil Rahn in Hallau und „Diagnosen“ von Dr. R. Kugler, Oberwil. Beide zeitkritischen Blätter erscheinen in der Schweiz. Ein Journal, das viermal im Jahr über die luziferischen Bewegungen des Welthintergrundes berichtet, ist der „Durchblick“, der in

Vaduz in Liechtenstein herauskommt. Ein tapferer Rufer in dem endzeitlichen Chaos ist Arthur Miessbach, der in Büsingen die „Vertraulichen Mitteilungen“ herausgibt.

Das Entstehungsjahr der Illuminaten, 1776, ist zugleich das Gründungsjahr der Vereinigten Staaten von Amerika, die einmal von den Illuminaten und ihren abhängigen Bewegungen den Todesstoß erhalten werden. Adam Weishaupt war ursprünglich Jude, der dann zum Katholizismus konvertierte. Von den Jesuiten erzogen, bekam er einen Abscheu vor deren pädagogischen Regeln, darum kam es zu einem Bruch. Er blieb aber der katholischen Kirche treu. Nach dem Studium wurde er Professor für katholisches Kirchenrecht an der Universität Ingolstadt.

Der Name illuminati kommt aus dem lateinischen illuminare = erleuchten. Das Adverb illuminate bedeutet lichtvoll, erleuchtet. Man wird bei diesem Wort an einen anderen Lichtträger erinnert, den Luzifer, der vom Himmel gefallen ist (Jes. 14,12) und auf Erden sein zerstörendes Werk betreibt.

Christus hat verkündigt: „Mir ist gegeben alle Gewalt im Himmel und auf Erden.“ (Mt. 28,18) Satan macht nun den rebellischen Versuch, Christus diese Macht zu entreißen. Der Fürst der Finsternis bietet alles auf, um ein Gegenreich zu gründen und zu entfalten. Er will alles, die Erde und ihre Bewohner, unter sein Kommando bringen. Das heißt in USA „The One-World-Movement“, die „Eine-Welt-Bewegung“. Um die Verwirklichung dieser „Einen Welt“ geht es in allen okkulten Bewegungen, die im Verborgenen, in einer riesigen Verschwörung, auf dieses Ziel hinarbeiten. Diese Machenschaften zu entlarven, ist eine gefährliche Aufgabe, der sich Pfarrer Borowsky unterzogen hat. Warum gefährlich? Weil der Feind der Finsternis sich mit allen Mitteln wehrt, wenn ihm die Maske vom Gesicht gerissen werden soll. Borowsky und ich selbst sind die „Targets of the Archenemy“, die Zielscheiben des Erzfeindes, wobei die „Frommen“ oft viel gefährlicher als die Weltleute sind.

Wie sieht die Durchführung der „Einen Welt“ in der Praxis aus?

Eine einheitliche Weltregierung
Eine einheitliche Amtssprache
Eine einheitliche Weltwirtschaft und Weltbank
Ein einheitliches Zahlungsmittel
Eine einheitliche Datenzentrale für alle Menschen

Ein gemeinsames Militär
Ein einheitlicher Rechtskodex und Weltschiedsgerichtshof
Eine einheitliche Religion und Kirche
Eine einheitliche Bibel, die sich aus Dokumenten aller Religionen zusammensetzt.

Diese Vereinheitlichung soll auf allen Gebieten vollzogen werden. Es handelt sich hier also um Bodenbereitung für den Antichristen und den falschen Propheten.

Die Eine-Welt-Konstruktion wird nicht nur organisatorisch vollzogen, sondern auch psychisch-mental-suggestiv-medial entwickelt. Die ganze Menschheit soll nur in einer Richtung denken und handeln. Das CPD (Komitee für die gegenwärtige Gefahr) erklärte: „Wir werden eine Weltregierung bekommen, ob Sie es wollen oder nicht, mit Gewalt oder mit Zustimmung."

Der Aufbau des Illuminatenordens, der dieses Ziel der Weltvereinheitlichung verfolgt, ist hierarchisch gegliedert und in drei Hauptklassen eingeteilt. Die unterste Stufe sind die Novizen, die nächste höhere Stufe sind die Freimaurer, die höchste Stufe sind die eigentlichen Leiter, die Erleuchteten, in deren Hände alle Fäden zusammenlaufen. Sie nennen sich Regenten (weltliche Herrscher) und Magier (die okkulten Herrscher). An der Spitze steht der König, Adam Weishaupt.

Der geistige Hintergrund – nennen wir es gleich richtig das diabolische Gepräge des Illuminatenordens, wird an einigen Mitarbeitern und Führern ersichtlich.

Nach Weishaupts Tod (1748–1830) kamen unheimliche Gestalten an die Spitze des Ordens. Dazu gehört der Italiener Mazzini, ein revolutionärer Feuerschürer, und der Amerikaner Albert Pike. Des Griffin, der Autor des Buches „Die Herrscher", schreibt zu diesem Mann: „Albert Pike war ein Genie des Bösen. Er hatte viele Talente, die er ausschließlich destruktiv einsetzte. Er bekannte sich öffentlich zur Satansverehrung und praktizierte schwarze Kunst und alle Formen der Zauberei." (Seite 77) Pike gründete auch eine ultrageheime, okkulte Organisation mit einem freimaurerischen, luziferischen, spiritistischen Charakter.

Wenn etwas eingeschoben werden darf, dann muß ich bekennen, daß ich mich wundere, daß Herder, Pestalozzi, Goethe und andere bekannte Männer dem Illuminatenorden angehörten. Vielleicht hatten sie keinen Durchblick, da dieser Orden sich so geheim gibt, daß die unteren Grade nicht wissen, was die Regenten und Magier der oberen Stufe treiben. Aus Gründen der Geheimhaltung ließ Weishaupt auch die protestantischen Fürsten Europas nur für die unteren Grade zu. So wußten also nicht einmal regierende Häupter, was eigentlich gespielt wurde.

Wie die Tarnung funktionierte, soll an einem Beispiel genannt werden, das historisch weiter zurückliegt und nicht in die Zeit Mazzinis und Pikes gehört. 1785 sollte ein Kurier jüdisch verfaßte Geheimdokumte von Frankfurt an den Großmeister der Großloge von Frankreich bringen. Der Bote geriet unterwegs in ein schweres Gewitter und wurde vom Blitz erschlagen. Die Dokumente fielen der Polizei in die Hände, die sie an die bayerische Regierung weiterleitete. Bayern entdeckte durch diese Geheimpapiere, daß die Illuminaten eine weltweite Verschwörung geplant hatten. Sie ließen daher den Regierungen von England, Deutschland, Österreich, Frankreich, Polen und Rußland diese Pläne mitteilen. Die Warnungen wurden ignoriert, und vier Jahre später kam es dann zu der Französischen Revolution.

Die politische Linie der Illuminaten wird nicht nur an der Französischen Revolution deutlich, sondern auch an ihren Vertretern. Karl Marx schloß sich mit 19 Jahren der Satanskirche der Illuminaten an. Material zur Tätigkeit dieses Revolutionärs bietet Dr. Edman „Karl Marx und Christus“ und Richard Wurmbrand mit einer Broschüre gleichen Titels. Karl Marx verdiente sich mit dem „Kommunistischen Manifest“ die ersten Sporen. Er erhielt die höhere Weihe als Magier innerhalb der Illuminaten, in dem er sich mit seinem Blut dem Teufel weihte. Marx hielt seinem Chef, dem Fürsten der Finsternis, die Treue. Auf dem Sterbebett ließ er viele Kerzen um sein Bett aufstellen. Er betete dann zu Luzifer, in dessen Reich er einzog.

Die Illuminaten hängen mit ihren Zielen und ihren weltweiten Umsturzversuchen und Weltherrschaftsgelüsten nicht als zusammenhanglose geistige und politische Bewegung in der Luft. Sie haben ihre Vorgeschichte und ihre nachfolgenden Tochterorganisationen.

Bei der Vorgeschichte greifen bekannte Magier, die innerhalb der Illuminatenbewegung stehen, wie Albert Pike, großzügig bis auf König Salomo zurück, dem sie okkulte Bücher und den sechseckigen Stern, das Symbol Israels, zuschreiben. Die okkulten Meister weisen darauf hin, daß Salomo seinen heidnischen Frauen zuliebe deren Gottheiten Altäre errichten ließ. Im Zusammenhang mit dem heidnischen Priestertum entwickelte sich wieder die kananäische Zauberei. Wenn die Magier schon das alte Israel als Herkunft des Hexagramms in Anspruch nehmen, so müßten sie historisch genauer forschen. Das Sternsymbol erscheint schon unter dem Zauberer Bileam, etwa 300 Jahre vor Salomo. Bei Bileam ist es aber kein Zeichen der Zauberei, sondern eine prophetische Weissagung. Bileam wurde gezwungen, Israel zu segnen. Bekannt ist die Aussage in 4. Mos. 24,17: „Es wird ein Stern aus Jakob aufgehen ..."

Ich spreche nun nicht historisch und religionsgeschichtlich, sondern auf geistlicher Ebene. Der Teufel versucht stets, positive Zeichen in negative zu wandeln. Ein beweiskräftiges Zeichen, wiederum aus der Generation von Bileam, ist die eherne Schlange, die Mose als Zeichen der Rettung im Auftrag Gottes aufrichten ließ. Das abtrünnige Volk wandelte aber dieses Zeichen der Hilfe zum Götzendienst (Nehustan). Dieser Prozeß der Assimilation Satans und Umkehrung ins Negative zeigt sich oft in der teuflischen Strategie.

Die Illuminaten haben ihre Vorgeschichte nicht nur in der bileamschen Zauberei, sondern auch in der Bewegung von Simon Magus. Emil Rahm, Hallau, schreibt:

„Apostelgeschichte 8 erwähnt, daß Simon Magus sich in Samaria ein beachtliches religiöses ‚Imperium' errichtet hatte. Er ‚trieb Zauberei und setzte das Volk Samaria in Erstaunen; er sagte, er sei ein Großer'. Alle, groß und klein, hingen an ihm und sagten: ‚Dieser ist die Kraft Gottes – also Gott selbst' ...

Es wäre sowohl naiv als auch töricht zu glauben, daß die große religiöse Renegatenbewegung, die unter Satans Leitung von Simon Magus 33 nach Christus ins Leben gerufen wurde, sich irgendwie in Luft aufgelöst hätte. Wir sollten im Gegenteil davon ausgehen, daß Simons Bewegung in unserer heutigen Gesellschaft, die so offensichtlich irregeleitet und so eindeutig von Satan beeinflußt wird, sehr rührig ist. Natürlich verkauft die moderne Ausprägung von Satans Simonischer Kirche ihre falschen Waren nicht unter dem Banner der ‚geistlichen Verführungsgesellschaft Simons', der ‚Unerschütterlichen Kirche der babylonischen Mysterien' oder der ‚Satanskirche des babylonischen Taufheidentums' ...

Es gibt Beweise dafür, daß simonische Kräfte sich mit den Illuminaten auf höchster Ebene vereinigt haben, um gemeinsam beider nächster Ziel zu erreichen – die restlose Eroberung der Welt.“ (Memopress Febr. 83)

Wie sehr die Illuminaten ihr magisches Erbe der vorchristlichen und nachchristlichen Ära verwaltet und zu verwirklichen suchten, zeigt das Buch von Weishaupt „Über die geheime Welt- und Regierungskunst“. Im dritten Abschnitt mit der Überschrift „Von den Absichten der ersten Stifter geheimer Verbindungen“ schreibt er, die Freimaurerei sei die Stammutter der meisten heutigen, geheimen Gesellschaften. Die Stifter solcher Orden seien Apostaten, ausgeschlossene, mißhandelte oder nichtbefriedigte Mitglieder dieser Gesellschaft. Spätestens wurde die Öffentlichkeit auf die Existenz der Illuminaten und ihres teuflichen Plans zur Welteroberung durch den Unfall aufmerksam, als 1875 die Geheimdokumente aufgefunden wurden. Es ist in diesem Kapitel schon darüber berichtet worden.

Bei der Darstellung der Auswirkungen und der „Tochtergesellschaften“ der Illuminaten folge ich der Einfachheit halber den Berichten von Pfarrer Wolfgang Borowsky, dessen Bücher schon mehrmals empfohlen worden sind.

Zu den geistig verwandten und abhängigen Strömungen der Illuminaten gehören: Colonel House, die Fabians, die UNO, die Bilderberg-Vereinigung, die Trilaterale Kommission, die Rothschilds, die Pugwash Conference. Die zuletzt genannte Pugwash Conference ist bei Borowsky nicht erwähnt.

Alle diese Gruppen ausführlich darzustellen, erübrigt sich, da ja die ausgezeichneten Bücher darüber vorliegen.

Colonel House (1858–1938) war Mitglied der „Illuminierten und Synarchischen Freimaurer der Masters of Wisdom“. Als Berater von Präsident Wilson verstand er es, auf eine Charta für eine Weltregierung hinzuarbeiten. Er verstand es auch, die amerikanische Regierung zum Eintritt in den Ersten Weltkrieg zu bewegen. Roosevelt gewann er noch als hochbetagten Mann für seine Idee einer Welteinheitsregierung. Nach außen sichtbar wurde diese Tendenz durch die Ein-Dollar-Note, die das Illuminatenzeichen „die Pyramide“ aufgedruckt erhielt.

Das Symbol war von Weishaupt bei der Gründung seines Ordens übernommen worden. Eine weltweite Bedeutung als Verschwörersymbol erhielt dieses Zeichen erst durch die Vereinigung der Illuminaten mit den Freimaurern auf dem Wilhelmsbader

Kongreß 1782. Dieses Symbol wurde das Große Siegel der Vereinigten Staaten von Amerika. Wie es zu dieser Wappenführung kam, kann kein Historiker mit Exaktheit angeben.

Dieses Symbol wird hier abgebildet. Wer eine Dollarnote in die Hand nimmt, besehe sich dort dieses Zeichen einer satanischen Weltrevolution, die sich natürlich nicht auf die USA beschränkt, sondern alle Staaten der Welt umfaßt.

Das Illuminatensiegel wird verschieden gedeutet. Die Pyramide unten symbolisiert die 500 reichsten Männer der Erde, einflußreiche Weltbankiers. Die abgebrochene Spitze bezeichnet die 13 Hochgrade der Illuminaten und zugleich Freimaurer. Die Spitze sei die Rothschilddynastie, die sich mit ihrem Blut dem Teufel verschrieben habe. So erläutert es z. B. John Todd, dessen Tonbandansprache zu Tausenden an Interessierte versandt wurde.

Ich habe unaufgefordert dieses Band dreimal erhalten. Danach erhielt ich auch das Buch über das „Todd Phenomenon" zugesandt. Wer mich damit aufklären wollte, weiß ich nicht. Auf jeden Fall danke ich für all diese Zusendungen.

Das Buch „Todd Phenomenon" ist geschrieben von einem christlichen Autor, Darryl E. Hicks, und einem gläubigen Pastor Dr. David A. Lewis. In diesem Buch wird John Todd als okkulter Hochstapler dargestellt, einen zweiten Jim Johns, der die Leichtgläubigen mit seinen Phantasieprodukten verführen wolle.

Zu dem Buch, das Todd als einen krankhaften Lügner darstellt (pseudologica phantastica), hörte ich dann wieder kritische Stimmen, das Buch sei von Illuminaten und Freimaurern finanziert. Unmöglich wäre das nicht. Aber in den Aussagen von Todd sind solche, die sich tatsächlich als Phantasterei nachweisen lassen. Er sagte z. B., 1980 würden die Illuminati die Weltregierung übernehmen. Das ist nun offensichtlich nicht passiert. Auch die Version, Todd sei auf Betreiben der Illuminati ermordet worden, weil er ihre Geheimnisse offenbart hätte, stimmt nicht. Das Buch sagt, Todd lebe in Montana und verkaufe dort als Händler Tiefkühlkost. Das ist nun immerhin eine nachprüfbare Angabe. Selbst, wenn die beiden Autoren in fremdem Auftrag geschrieben hätten, sind die mitgeteilten Tatsachen über das merkwürdige Leben und die noch merkwürdigeren Ideen von Todd beweiskräftig.

Bleiben wir aber bei dem Symbol selbst. Da kommt noch genug Diabolisches heraus. Die Überschrift lautet:

annuit coeptis

annuo, annuere, annui heißt zustimmen. Coeptis kommt von coeptum das Unternehmen. Der Spruch läßt sich also übersetzen: er stimmt den Unternehmungen zu, oder auch: man stimmt dem Beginnen zu. Gemeint ist, vulgär ausgedrückt: Die Sache klappt!

An der Spitze ist das wachsame Auge, „the big watching brother" – ein weltweites Spionagenetz, um alles unter Kontrolle zu haben.

Auch das Ziel dieser weltweiten Beobachtung ist auf diesem Symbol angegeben: novus ordo seclorum (= saeculorum) Die neue Weltordnung = The New Deal, the One World.

Die angegebene Jahreszahl ist zugleich die Gründung des Illuminatenordens wie die Staatengründung der USA.

Nach Colonel House werden die Fabians genannt. Der Name

kommt von dem bedächtigen General Fabius in Rom, der für seine „Langzeitpolitik“ bekannt wurde. Um die Jahrhundertwende betraten die Fabier und die Bolschewiken Lenins die Weltbühne. Beide Gruppen, die Fabier und die Lenin-Anhänger, setzten sich für eine neue Weltordnung ein. Bekannt wurde Lenins Satz: „Friede wird erst, wenn die Welt unter kommunistischer Kontrolle ist.“

Ein Markstein auf dem Weg zu einer Weltregierung ist die UNO. Ein Rockefeller betrieb diese Entwicklung und stiftete auch den Bauplatz für das UNO-Gebäude. Interessant ist das UNO-Emblem: Globus und Weizenähre. Beide Symbole finden sich bei den Freimaurern und bei dem sowjetischen Hoheitszeichen. Borowsky schreibt dazu: „Von ihren Wurzeln und Symbolen her steht die UNO gegen Christus und gegen den Menschen.“

In der Reihe derer, die eine neue Weltordnung planen, sind auch die Bilderberger zu nennen. Am Ende des Zweiten Weltkrieges beschlossen einige international bekannte Männer, die sowohl die Wirtschaft als auch die Politik ihres Landes weithin bestimmen, eine neue Weltordnung, die nach ihrer Meinung unter der Leitung der USA und der UNO zustande kommen sollte. Diese „Weltplaner“ kamen vor allem aus den Reihen der CFR (= Council of Foreign Relations). Ihr Kreis wurde aber erheblich erweitert. Das erste Treffen fand im Jahre 1954 im Hotel Bilderberg in Osterbeck, Holland, statt. Diese Konferenz findet seither jedes Jahr in einem anderen Lande statt. Es treffen sich jeweils 100 einflußreiche Männer aus der Hochfinanz, Industrie, Politik, Militär, Universitäten und Presse. Der Vorsitzende war zuerst Prinz Bernhard der Niederlande, der aber 1976 wegen der Lockheed-Affäre zurücktrat. Die Themen und Beratungen sind streng geheim. Auf jeden Fall ist bekannt, daß diese Konferenz einen Idealzustand der Weltgemeinschaft anstrebt. Das ist aber nur möglich, wenn alle Machtpositionen in einer Hand liegen oder einem Gremium unterstellt sind.

Die Trilaterale Kommission setzt die Zielsetzungen der Bilderberger und der CFR fort. Das Wort bedeutet aus dem Lateinischen latus, tres tria = dreiseitig. Es ist ein Zusammenschluß von 200 einflußreichen Männern, die Kommissare genannt werden. Die Kommissare sind Bankiers, Industriemagnaten, Journalisten, Politiker aus den drei großen Industriegebieten USA, Westeuropa, Japan. Diese Organisation, 1972 gegründet, legt das gleiche Gebaren an den Tag wie die anderen Einheitswelt-Bewegungen. Die Sitzungen sind streng geheim. Nichts darf an die Öffentlichkeit gelangen. Was sind das für Bewegungen, die so das Licht scheuen? Hinter einem Aushängeschild von sozialen, humanen, philanthropischen Zielen betreiben sie Planungen, die suspekt sind.

Dieses Kapitel über die „Welterneuerer" und „Weltverschwörer" kann nicht abgeschlossen werden, ohne die Rothschilddynastie zu erwähnen. Es wäre besser, die Leser dieses Kapitels würden sich bei Borowsky „Christus/Antichrist" Seite 52–58 informieren. In den engbegrenzten Rahmen dieses Kapitels passen nicht all die dunklen Dinge, die zu erwähnen wären. Seit 1743 gibt es die Rothschilds, die ein weltbeherrschendes Finanzimperium entwikkelt haben. Was wird alles behauptet und nachgewiesen. Rothschild half Napoleon finanzieren und zugleich seinen englischen Gegner. Als Lincoln sich weigerte, die hohen Zinsen des Rothschild-Darlehens zu zahlen, wurde er 2 Jahre später ermordet. Die Finanzen von USA gerieten mehr und mehr in die Hände dieser Geldmonopolisten. In den Händen der Rothschilds befinden sich die mächtigsten Finanz- und Wirtschaftsinstitutionen. Auch die Bank von England ist von Rothschild kontrolliert. Die Rothschilds zettelten auch den Opiumkrieg an. Der Autor des Buches „Die Absteiger", Des Griffin, will auch nachweisen, daß die Rothschilds hinter dem Krieg gegen Japan standen. Die „Aufräumebomber" hatten Japan zu zerschlagen, um Platz für neue Industrien zu schaffen. Japan ist heute der asiatische Gigant. In den Schlüsselpositionen sitzen zwar überall die Japaner, aber die Geldleute stammen vom Rothschild-Imperium. Die Rothschilds haben im Fernen Osten und auch im Nahen Osten und anderswo ihre Hände im Spiel.

Eine Bewegung, über die ich am wenigsten schreiben kann, ist die Pugwash Conference. Zu dieser Konferenz gehören die bekanntesten Milliardäre. Einen davon, Eaton, kenne ich. Ihm gehören Konzerne, Schiffswerften, Fabriken, die Kaufhauskette EATON und anderes mehr. Er ist in Moskau, Peking, aber auch in Tokio und seltsamerweise auch in Washington ein gerngesehener Gast, der in diesen politischen Metropolen ein und aus geht. Mich wundert, daß die amerikanische Regierung das Treiben dieses Mannes duldet, der in den großen Waffengeschäften und in Aufrüstungsfragen ein entscheidendes Wort hat. Wie muß die geheime Macht dieses Mannes so groß sein, daß die USA-Regierung nicht dagegen angeht. Das zeigt, daß diese Geheimorganisation einen „Überstaat“ im Staate darstellt. In diesem Würfelspiel um die höchste Macht und um den Weltstaat spielen Kommunismus und Demokratie eine untergeordnete Rolle. Was die Pugwash-Konferenz auf deutschem Boden ausrichten will, ist mir nicht bekannt. Vor einigen Jahren tagte sie in München. Außer dem friedliebenden pazifistischen Aushängeschild weiß niemand, was hinter den Kulissen sich ereignet.

Wir beenden unseren Streifzug, der die geistigen Entwicklungen vor, während und nach den Illuminaten zeigen oder wenigstens andeuten soll. Wir schließen diesen circulus vitiosus, indem wir noch einmal einige Positionen ihrer Tätigkeit und Pläne herausstellen. Die Illuminaten und ihre Tochterorganisationen sind Meister der Täuschung. Unter gutklingenden Parolen wie „Gleichberechtigung aller – Friede – Freiheit“ betreiben sie eine Unterminierung dieser Säulen eines gesunden Gemeinwesens. Vergegenwärtigen wir uns einmal drei wichtige Positionen, die von diesen Welteinheitsidealisten abgeschafft werden sollen: Abschaffung des Privateigentums. Das bedeutet die Kolchosewirtschaft, die nach jeder Hinsicht in einem Fiasko endete. Abschaffung aller Religionen. Das bedeutet die Entwicklung eines aggressiven Atheismus. Die Gemeinde Jesu geht dann wieder in die Katakomben. Abschaffung der Familie. Das bedeutet freie Liebe, Gruppensex, Kinderelend, Verwahrlosung, Kernzertrümmerung des Staates, wenn wir an den Grundsatz denken, daß die intakte Familie die Basis für einen gutfunktionierenden Staat darstellt.

Diese Zielsetzungen der Weltverschwörer sind die extremste Überspitzung des Grundsatzes der Römer: divide et impera = teile und herrsche. Übertragen heißt das: Schaffe ein Chaos, und dann nimm die Zügel in deine Hand. Mach die Völker arm, dann sind sie für alle Glücksparolen offen.

Zum Schluß seien bemerkenswerte Aussagen von Kennern der allgemeinen Situation gebracht.

Der eine, Herausgeber der Memopress, Emil Rahm, nahm in 4/83 Stellung zu den Begriffen Gleichberechtigung und Freiheit für alle. Er deckt diese Heuchelei auf mit seinem Hinweis „Totale Freiheit ohne angemessenen Schutz der Schwächeren und erhaltungswürdiger Strukturen führt überall zur Dominanz der Stärkeren, zur nackten Brutalität, auch auf wirtschaftlichem Gebiet, ins Ausgeliefertsein ... Gewinner sind die mit Steuerprivilegien sich ausbreitenden ‚Internationalen', welche die kleinen und mittelgroßen Betriebe an die Wand drücken, aufkaufen oder abhängig machen. Die multinationalen Firmen können sich nicht nur durch entsprechende Verrechnung vor Steuern drücken, sondern auch auf andere Weise die nationalen Regierungen überspielen." Zum Schluß fragt dieser Herausgeber: „Sind unsere Politiker blinde Blindenleiter? Oder gibt es Sehende, die zwar wissen, was international gespielt wird, aber aus finanziellen und Karrieregründen zu Diensten stehen?" Man könnte das alles auch überspitzt und doch berechtigt sagen: Die Multis bestimmen und nicht die Gesetzgebung und das breite Volk. Wohin führt das? Die Antwort lasse ich einen Amerikaner geben.

Es ist die Stimme eines christlichen amerikanischen Publizisten, William Ward Ayer, der vor Jahrzehnten Pastor der berühmten Calvary Baptist Church in New York gewesen war. Ich hatte die Freude, dort einmal eingeladen zu sein. Er schrieb in seinem Blatt „Marching Truth" (Fall 83): „The so called Second World Revolution is believed will finally create a one-world, warless civilisation. It calls for a unified faith and world peace and plenty of all. We believe it to be Satans's plan to substitute this for the promised kingdom of God upon earth to be established at Christ's Second Coming." Zu deutsch:

„Man glaubt, daß die sogenannte zweite Weltrevolution zuletzt eine Welt schaffen wird, eine krieglose Zivilisation. Diese Revolution ruft nach einem einheitlichen Glauben, nach einem Weltfrieden und Wohlstand für alle. Wir glauben, daß das Satans Plan ist, einen Ersatz zu schaffen für das prophezeite Königtum Gottes auf Erden, das bei dem zweiten Kommen Christi errichtet wird."

Das heißt: Satan weiß um das kommende Friedensreich und Königtum Christi. Er will dem zuvorkommen, was ihm aber nicht gelingen wird.

Eine Posaune mit gleicher Tonlage und Tonstärke ist die Aussage von Pfarrer Werner Pfendsack in seinem Buch „Dem Ziel entgegen" auf Seite 34: „Ist dieser ‚Er' (Antichrist) vielleicht die höchste Spitze eines kommenden Welteinheitsstaates?... Möglich ist es gewiß, scheint es doch, daß unsere gegenwärtige Weltlage trotz allen Koexistenzgeflunkers solch einer letzten Vereinheitlichung entgegenstrebt... Sicher ist jedenfalls nur dies, daß in einer menschlichen Hand eine nie dagewesene Machtfülle vereinigt ist, eine Macht, die so imponierend ist, die solche Anziehungskraft ausübt, daß sie die Bevölkerung der ganzen Erde hinter sich hat.“

Wir sind gewarnt. Das prophetische Wort in dem letzten Buch der Bibel zeigt die Weltverschwörung des Antichristen unter Satans Regie. Es wird aber ein Stein ohne Menschenhände vom Himmel herabgerissen (Dan. 2,34), der diesen neuen babylonischen Turm zerschmettern wird. Jesus Christus ist es vorbehalten, den Schlußstrich unter das Weltgeschehen zu ziehen. Dessen sind wir froh. Sein ist das Reich, die Kraft, die Herrlichkeit, in alle Ewigkeit.

Irisdiagnose

Dieser Ausdruck setzt sich aus den beiden griechischen Wörtern iris = Regenbogen und diagnosis = Unterscheidung zusammen. Man versteht unter Irisdiagnose das Erkennen, Ersehen von Krankheiten aus den Veränderungen der Regenbogenhaut des Auges.

Prinzip dieser Krankheitsbestimmung ist die Einteilung der Iris in Organfelder, die im Uhrzeigersinn angeordnet sind. Sektor 12 soll dem Gehirn (cerebrum) entsprechen, Sektor 6 dem Fuß, dem Knie, dem Bein. Jede Erkrankung soll nun eine Veränderung in dem betreffenden Organfeld der Iris hervorrufen.

„Es gibt nichts Neues unter der Sonne.“ Dieses geflügelte Wort hat auch im Blick auf die Irisdiagnostik seine Berechtigung. Geschichtlich geht die Irisdiagnostik genau wie die Akupunktur auf die alte chinesische Heilkunst zurück. Beide Heilmethoden haben auch Querverbindungen zur Astrologie.

Bei der Irisdiagnostik wurde ursprünglich im alten China vor etwa 3000 Jahren das Auge in fünf konzentrische Zonen eingeteilt, deren Veränderungen diagnostisch ausgewertet wurden. Die später erfolgte Einteilung in 12 Felder entspricht den astrologischen Tierkreiszeichen.

Diese atavistischen (primitiven, abergläubischen) Wurzeln der Irisdiagnostik trieben im letzten Jahrhundert neue Schößlinge.

1836 konnte sich ein elfjähriger Junge, Ignatz v. Pézely, aus den Fängen einer Eule nur dadurch befreien, daß er der Eule ein Bein brach. Im gleichen Augenblick entdeckte der Junge einen schwarzen Strich in der Iris der Eule. Es ist fast nicht zu fassen, daß diese Entdeckung eines durch den Kampf erregten Elfjährigen die

Grundlage, der Ausgangspunkt zum Wiederaufleben der Irisdiagnose wurde.

Es würde den Rahmen dieses Buches weit überschreiten, wenn ich nun alle Pro und Contra (Für und Wider) hinsichtlich der Irisdiagnose ausbreiten würde. Wer sich gründlich einarbeiten will, dem stehen Hunderte von Veröffentlichungen zur Verfügung. Viele davon sind in dem Buch „Irisdiagnostik" von Professor Dr. P. A. Jaensch erwähnt.

In meiner Darstellung geht es nur um die Erfahrungen meiner Seelsorge oder um Begegnungen bei meiner Vortragstätigkeit.

B 137 Im Frühjahr 1975 hatte ich in einer mitteldeutschen Stadt eine Vortragsreihe. Auf Wunsch der Organisatoren hatte ich auch über Akupunktur und Irisdiagnose zu sprechen. Vor dem Vortrag stellten sich mir fünf Irisdiagnostiker vor, die meinen Vortrag besuchten. Es sah aus, als wollten sie sagen: „Sieh dich vor, was du sagen willst. Wir sind da." Ich vermied in der Tat jede aggressive Äußerung. Dennoch haben mich zwei von diesen Diagnostikern hinterher scharf angegriffen. Immerhin hatte diese Begegnung einige Folgen. Ich beschäftigte mich erneut mit der Literatur der Irisdiagnostiker und erklärte auch meinem schärfsten Gegner: „Ich bin bereit, Sie aufzusuchen und mich informieren zu lassen." Die Begegnung kam zustande. Zusammen mit einigen gläubigen Brüdern fuhr ich zu diesem bekannten Irisdiagnostiker. Ich schätzte zwei Dinge: Er nahm sich die Zeit, uns fünf Besucher zu empfangen. Ferner zeigte er uns die Projektion ausgezeichneter Irisaufnahmen. Diese private Information war für mich aufschlußreich und bestätigte meine langjährige Erfahrung.

1. Er zeigte uns die Projektion der rechten und linken Iris mit den Sektoreneinteilungen. Meine Frage war: „Es sind in der wissenschaftlichen Medizin mehr als 10000 verschiedene Krankheiten bekannt. Ihr ‚Irisschlüssel' (Sektoren, Segmente) zeigt etwa 30 ‚Fächer'. Danach müßten in jedem Sektor rund 300 bis 400 Krankheiten zu erkennen sein. Das ist doch nicht möglich." Der Irisdiagnostiker antwortete: „Im Krankheitsfall gibt die Irisveränderung nur das Gebiet an, z. B. Lunge, Herz, Magen usw." Meine Erwiderung: „Dann gibt es bei der Irisdiagnose keine gezielte Diagnose, denn im Bereich dieser Organe gibt es eine Unzahl von Erkrankungen."
2. Die zweite Beobachtung entstand, als sich einige der Besucher

anboten, sich einer Iriskontrolle zu unterziehen. Der Diagnostiker nannte bei jedem verschiedene Erkrankungen. Das ist natürlich Wasser auf die Mühle der medizinischen Wissenschaftler, die seit langem beobachtet haben, daß die Irisdiagnostiker oft eine Menge Diagnosen geben. Irgendeine wird dann stimmen. Mir ist ein Fall bekannt geworden, daß ein Irisdiagnostiker bei einem Patienten 19 verschiedene Krankheitsherde nannte. Natürlich waren dann einige Treffer dabei.

3. Einer von uns fünf Besuchern war ein junger Pfarrer, der wegen eines schweren Leberleidens frühzeitig pensioniert worden ist. Er nannte seine Krankheit nicht. Der Irisdiagnostiker sah sich seine Augen an und entdeckte den schweren Leberschaden nicht.
   Ich will nicht ungerecht sein. Es gibt auch Vollmediziner, die sich genug falsche Diagnosen leisten.
4. Eine weitere Frage, die bei diesem Besuch am Rande gestreift wurde, ist die Verschiedenheit der Systeme. In meinem Buch „Aberglauben“ erwähnte ich sechs Formen von „Irisschlüsseln“. Der Fachmann, in dessen Haus wir uns befanden, erklärte: „Es gibt nicht sechs Formen, sondern nur eine.“ Diese Aussage entspricht nicht der Wahrheit. Ein sehr bekannter Irisdiagnostiker, Karl Schulte, erwähnt in seiner Enzyklopädie der Irisdiagnostik 16 Systeme der Irisaufteilung. Ein anderer Fachmann spricht von 19 Irisschlüsseln. Die verschiedenen Systeme sind nicht in Einklang zu bringen. Es fehlt der Raum, um die Abweichungen zu besprechen. Zur Zeit wird der Versuch unternommen, die verschiedenen Systeme zu harmonisieren.

Der Besuch bei diesem Irisdiagnostiker hat mich nicht von der Wissenschaftlichkeit dieser Diagnoseform überzeugt. Trotzdem bin ich diesem Mann dankbar, daß ich die Möglichkeit hatte, „in seine Werkstatt“ zu sehen. Daß Irisdiagnostiker mit aller Leidenschaftlichkeit und Heftigkeit ihre Sache verteidigen, hängt mit der Existenzfrage zusammen. Die Irisdiagnostiker leben von ihren Diagnosen.

Mit diesen Ausführungen ist das Problem der Irisdiagnose keineswegs exakt charakterisiert. Die Auseinandersetzung zwischen der wissenschaftlichen Ophthalmologie (Augenheilkunde, gr. Ophthalmos = Auge) und der Irisdiagnose ist nicht meine Aufgabe. Das überlasse ich den Fachleuten.

Mir geht es um den Charakter und die Auswirkungen der Irisdiagnose, wie es in der Seelsorge zutage tritt. Es liegt hier also ein religiös seelsorgerliches und nicht mehr ein medizinisches Problem vor.

Überrascht war ich, in dem Buch von Prof. Jaensch „Irisdiagnostik“ ab Seite 30 ein Kapitel zu finden, das die Überschrift trägt: „Augendiagnose und Okkultismus.“ Von einem Universitätslehrer habe ich kaum eine solche Abhandlung erwartet. Er schreibt Sätze, die ich seit Jahren den Lesern meiner Bücher einhämmere.

Zunächst einmal nennt er auf Seite 28 die Irisdiagnostik eine „Afterwissenschaft“ (Pseudowissenschaft, wissenschaftlich getarnte Phantastereien). Ich zitiere nun wörtlich: „Neben der Chiromantie, der Wahrsagekunst aus den Linien der Hand, der Metroskopie, der Lehre von den Linien der Stirn, und der Physiognomik, der Auslegekunst aus den Zügen, den Warzen und Flecken des Gesichtes, steht die Ophthalmoskopie des Mittelalters, die Prophezeiung der Charaktereigenschaften aus dem Auge.“

Was Prof. Jaensch über die okkulten Diagnosen schreibt, steht auch in meinem Buch „Seelsorge und Okkultismus“. Zum Glück ist mein Buch drei Jahre vor dem Buch von Prof. Jaensch erschienen, sonst würden meine Feinde mich der Abschreiberei bezichtigen.

Es gibt mediale, okkulte Diagnosestellungen. Damit es keine Mißverständnisse gibt, will ich erklären, daß es wenig okkulte Irisdiagnostiker gibt.

Viele der Irisdiagnostiker haben nichts mit Okkultismus zu tun. Der medizinische Wert ihrer Diagnosen ist aber außerordentlich dürftig. In vielen Fällen sogar bedeutungslos.

Anders steht es mit den okkult arbeitenden Irisdiagnostikern. Sie haben gewöhnlich treffsichere, hundertprozentige Diagnosen, wie ich oft feststellen konnte.

Wie kommen ihre Diagnosen zustande? Es sind Diagnostiker, die medial veranlagt sind und mit verschiedenen Spielformen der Medialität arbeiten. Die Iris ist nur eine „Kontaktbrücke“, die für ein telepathisches oder hellfühlendes oder trancehaftes Anzapfen des Bewußtseins oder Unterbewußtseins benützt wird. Es kommt auf diesem Wege eine psychometrische Diagnose zustande. Man lese den Abschnitt über Psychometrie.

Mediale Diagnosen gelingen nicht immer. Medialität läßt sich nicht bei jedem Patienten, der das Sprechzimmer betritt, kommandieren. Zum anderen versagt die mediale Diagnose bei gläubigen Christen, die mit Christus eine starke Verbindung haben.

Weil es auf diesem Gebiet so viele Unklarheiten und Verwechslungen gibt, sei erwähnt, daß es nicht nur Irisdiagnostiker gibt, die okkult arbeiten, sondern auch Vollmediziner. Ich hatte Vollmediziner in der Seelsorge, die ihre okkulten Praktiken beichteten und danach aufsteckten. Man schiebe also nicht in einer akademischen Überheblichkeit alle Schuld den Nichtakademikern in die Schuhe.

Einige Beispiele sollen den Sachverhalt noch deutlicher machen.

B 138 Ein Familienvater suchte bei einer Erkrankung einen Irisdiagnostiker auf. Seine Familie hatte von dieser Art der Therapie (Behandlung von Krankheiten) keine Ahnung. Nach einigen Betreuungen durch den Augendiagnostiker veränderte sich der Charakter dieses Mannes. Seine Frau erklärte: „Er wurde zum Teufel für seine Angehörigen. Er ergab sich dem Alkohol, plagte Frau und Kinder, obwohl er vorher ein verträglicher, friedliebender Mensch gewesen war."

Ich habe in 45 Jahren Tausende von Beispielen gesammelt, die den gleichen Sachverhalt zeigen. Wer sich in okkulte Dinge einläßt, verändert sich charakterlich, seelisch und glaubensmäßig.

B 139 Bei einer Vortragswoche in Gebweiler im Elsaß kam eine ältere Dame zu mir, die mir erklärte, ihre Tochter müsse nun sterben. Ich fragte nach den näheren Umständen. Die Berichterstatterin erläuterte, der Augendiagnostiker E. aus Straßburg hätte ihrer Tochter prophezeit, sie müsse im fünften Kindbett sterben. Nun stünde die fünfte Entbindung bevor. Die ganze Familie lebe in großer Angst wegen dieser düsteren Prophezeiung.

Hier ist die Verbindung von Irisdiagnose und Wahrsagerei eindeutig. Solchen Burschen gehört das Handwerk gelegt.

B 140 Ein junger Mann suchte einen Irisdiagnostiker auf. Dem Patienten wurde nicht nur die Krankheit angegeben, sondern auch zugleich die Zukunft vorausgesagt. Der junge Mann genas, zeigte aber auf dem Gebiet des Glaubens merkwürdige Veränderungen. Wenn er zur Kirche ging oder daheim die Bibel lesen wollte, empfand er körperliche Schmerzen. Er verlor die Kraft und die Freude am Beten und christliche Lieder zu singen. Gleichzeitig stellten sich charakterliche Anomalitäten ein. Er wurde süchtig, Kettenraucher; Depressionen stellten sich ein, die zu einem totalen seelischen Bankrott führten. Die organische Heilung wurde also mit seelischen Komplikationen teuer bezahlt. Dieser Augendiagnostiker arbeitet in einem Gebiet, das durch seine vielen okkulten Heiler berüchtigt ist.

Man hat mich natürlich schon mehr als einmal gefragt, ob ich nur negative Beispiele über die Behandlung von Augendiagnostikern habe. Nein, ich habe auch solche, die anscheinend ohne negative Auswirkungen sind. Um der Wahrhaftigkeit willen muß ich das sagen, wenn es auch radikalen Kritikern unter gläubigen Christen nicht gefällt.

Meine Erfahrung sei am Schluß in zwei Feststellungen zusammengefaßt:

1. Nichtokkulte Augendiagnostiker bringen über ihre Patienten keine Belastungen. Der medizinische Wert ihrer Behandlung ist aber sehr gering.
2. Okkult arbeitende Augendiagnostiker belasten ihre Patienten. Ihre Diagnosen sind aber häufig sehr treffsicher.

Natürlich wird nun jeder Augendiagnostiker erklären, daß er zu der guten Sorte gehört. Auf keinen Fall kann aber das Bibelwort Matth. 6,22 „Das Auge ist des Leibes Licht“ für die Augendiagnose mißbraucht werden, wie es manchmal geschieht.

Irreführungen durch „Charismatiker“

Seit Jahren stehe ich vor der Tatsache, daß Anhänger der „charismatischen“ Bewegung Männer der anderen Richtungen als Vorspann oder Aushängeschild benützen. Liegt es an der fehlenden Unterscheidungsgabe, oder ist das Absicht? Einige Beispiele:

B 141 1955 organisierte ich den Vortrag von Billy Graham im Mannheimer Stadion. Kurz vor der Veranstaltung tauchte Albert Götze, der das Pfingstblatt „Mehr Licht“ herausgab, auf und wollte am Eingang zum Stadion 10000 Blätter verteilen. Auf der Vorderseite war ein Foto von Billy Graham und eine Werbung für ihn. Auf der Rückseite befand sich ein Foto von William Branham, dem extremen Evangelisten, und eine Werbung für ihn. Da wir im Stadion Hausrecht hatten, ließ ich durch die Polizei diese 10000

Werbeblätter beschlagnahmen, denn wir hatten kein Interesse daran, für William Branham, dessen Dienst spiritistische Züge aufwies, Reklame zu machen.

B 142 1982 sandte mir H. J. Schultz einen Ausschnitt aus der „Allgemeinen Zeitung" aus Windhoek. Darin war folgendes Inserat:

Media für Christus
Videokassetten
von Reinhard Bonnke und
Erlo Stegen
Telefon 61616

Dazu schrieb H. J. Schultz einen Brief mit dem Wortlaut:

„Lieber Bruder Koch, in Ihrem Taschenbuch ‚Kraft Gottes' schälen Sie den Unterschied zwischen Erlo Stegens Theologie und Reinhard Bonnkes Theologie (Umfallen, Tanzen) heraus. Und nun sehe ich in der Windhoeker Zeitung das oben genannte Inserat. Wird hier bewußt vermischt? Streicht man die beiden Einsen in der Telefonnummer, behält man 666, das Zeichen Satans, übrig. Sehr seltsam. Wer steckt dahinter? Geht das alles mit Erlos Zustimmung?"

Nach dieser Information fragte ich Erlo Stegen. Er wußte nichts von dieser Gleichstellung. Ich schrieb die Windhoeker Zeitung an. Keine Antwort. Es kann auch einfach ein Geschäftemacher dahinterstecken, der weiß, daß in Südafrika Kassetten von Erlo und von Bonnke gut verkauft werden.

B 143 1983 erhielt ich von Studienrat Hoene einen Brief mit einem beigelegten Prospekt. Darauf war ein Klischee meines Taschenbuches „Heilung und Befreiung". Daneben waren einige unbiblische Heilungen berichtet. Erstens hat der Autor dieses zwielichtigen Blattes mich nicht um Veröffentlichungsrecht gefragt, zum anderen war es eine Irreführung, als ob ich mit seinen seltsamen Heilungen einverstanden sei und auf seiner Linie arbeiten würde. Hoene schrieb, daß dieser Mann Glied der Pfingstgemeinde sei.

B 144 Im März 1983 bekam ich von Yola Entz einen Anruf. Sie ist seit Jahrzehnten eine treue Christin, die meine erste Tour in Kalifornien vorbereitet hatte. Sie wies mich auf das christliche Blatt „Charisma" hin und fragte, ob hier Erlo Stegen als Vorspann benützt worden war. Nach dieser Information bestellte ich mir die betreffende Nummer „Charisma“ (Januar–März 1983)

Die Bestellung wäre nicht nötig gewesen, denn das Blatt wurde mir noch zweimal von Freunden zugesandt mit der Frage: „Wie kam das zustande?“ Ich sah diese Veröffentlichung durch. Die ersten zwei Seiten handeln von dem Geschehen in Sizabantu. Auch zwei Fotos von Erlo Stegen und seinem Bruder, ferner von einer Mitarbeiterin Theresa sind aufgenommen. Zweimal erscheint auch mein Name in der Quellenangabe.

Ab Seite 3 folgen dann Berichte aus der charismatischen Bewegung, die dem üblichen Dreiklang folgen: Zungenreden, Geistestaufe, Heilungen. Ich kann es nicht glauben, daß das nur Zufall ist. Diese Aufmachung sieht aus wie ein kräftiger Köder oder Lockvogel. Will der Herausgeber wirklich nicht den Unterschied zwischen der Erweckung von Sizabantu und den Pseudoerwekkungen sehen?

Der Objektivität wegen sei auch dankbar vermerkt, daß in diesem Blatt Seite 10 ein guter, biblisch ausgerichteter Artikel „Über das Leid“ steht.

Auf Seite 12 dann wieder die Pseudocharismatiker: Oral Roberts, Kathryn Kuhlman und andere.

Angesichts dieser Vermischung und Verwirrung ist eine Prüfung der Geister dringend gefordert.

B 145 Ein schwerer Schock für Kwa Sizabantu war folgender Vorfall. Eine Frau aus der Sympathisantengruppe des „Jesus-Hauses“ in Düsseldorf schrieb ein Buch über Sizabantu, „Eiserne Türen zerbrechen“. Zwei Jahre danach verfaßte die gleiche Autorin ein Buch zugunsten von Reinhard Bonnke „Weiß zur Ernte“, in dem die Bewegung dieses extremen Pfingstevangelisten verherrlicht wird. Wie ist eine solche Zwiespältigkeit möglich? Seit Jahren merkte ich, daß Glieder der extremen Bewegung, die eine sogenannte Geistestaufe erhalten haben, verwirrt sind und die verschiedenen Geister nicht unterscheiden können.

In einer Broschüre „Ein Volk, eine Sprache, ein Ziel“ von Wolfgang Bühne und Kurt Becker wurde einmal berichtet, daß die Autorin dieser beiden erwähnten Taschenbücher 1976 im Jesus-Haus in Düsseldorf eine „Geistestaufe“ erhalten hat. Das ist der Hintergrund zu der Vermischung der zwei südafrikanischen Bewegungen Stegen und Bonnke.

Das Buch „Weiß zur Ernte“ enthält an vielen Stellen Hinweise zum Emotionalen, zum Psychischen, zum religiösen Überschwang, das alles mit dem Wirken des Heiligen Geistes erklärt wird. Ohne Zweifel sind auch biblische Passagen in dem Buch, die auch von nüchternen Christen mit Segen angenommen werden können.

Es führt zu weit, alles Pseudocharismatische in dem Buch auszubreiten. Einige „Kleinigkeiten“ sollen aber erwähnt werden.

Über Ostern 1983 weilte ich auf Sizabantu und traf dort die Autorin mit ihrem Mann. Sie reisten dann weiter nach Pietermaritzburg, wo damals Bonnke evangelisierte. Auf Seite 24 des Buches „Weiß zur Ernte“ wird der 19. 4. 82 genannt. An diesem Abend war auch der jüngste Bruder von Erlo Stegen, Manfred, mit seiner Frau in der Versammlung. Er wollte diese Art von Versammlungen prüfen. Nach dem Vortrag kam die „Geistestaufe“. Viele fielen rückwärts zu Boden. Manche redeten in fremden Sprachen. Manfred hielt die Augen offen und sah, wie ein schwarzer Helfer mit sanfter Gewalt einige zu Boden drückte, wenn sie nicht gleich kippen wollten. Kann man dem Heiligen Geist nachhelfen?

Dieser Bericht soll nicht mißverstanden werden. Tausende fallen rückwärts, ohne daß nachgeholfen werden muß.

Auf Seite 24 steht der Ausspruch von Bonnke: „Ich bitte nie um Geld, ich bete darum.“ Dazu ein Situationsbericht, der von zwei Seiten bestätigt ist. Bonnke kommt häufig nach Deutschland, weil sein Riesenzelt etwa 6 Millionen kostet. Er nimmt große Kollektenbeträge mit nach Südafrika. Ein Beispiel aus Stuttgart. 1982 im Herbst oder 1983 im Frühjahr war Bonnke in Stuttgart. Es waren etwa 400 Leute im Raum. Vor Beginn seines Vortrages hielt sein Mitarbeiter eine halbstündige Kollektenrede, in der er folgendes sagte: „Es sind etwa 400 Besucher hier. Wenn jeder 1000 DM geben würde, dann bedeutet das für unser neues Zelt 400000 DM. Natürlich habt ihr nicht soviel Bargeld mit euch. Nehmt ein Blatt Papier und schreibt eure Anschrift drauf und die Summe, die ihr geben wollt. Wer kein Blatt hat, reiße aus dem Liederbuch eine Seite heraus und schreibe darauf Adresse und Summe.“ Das ist nur dem Sinn nach wiedergegeben. In 30 Minuten kann man viel mehr sagen. Am Schluß dieser gewaltsamen Kollekte hatte er 180000 aus den 400 Leuten herausgepreßt. Einige Tage danach meldete sich bei mir ein Besucher jenes Abends und erstattete ganz entrüstet Bericht.

Ich notierte das für meine Sammlung. Einige Monate später traf ich diesen erfolgreichen Kollektenredner in Südafrika. Ich fragte ihn danach, und er gab diesen Vorfall zu. Ich wies darauf hin, daß im Buch „Weiß zur Ernte" steht, daß nie um Geld gebeten wird. Er antwortete: „Natürlich bitten wir um Kollekten."

Dazu ein kleines Zwischenspiel. Erlo Stegen war im Herbst 83 wieder zu Vorträgen in Deutschland. Eine Frau, die ich gut kenne, brachte einen großen Geldbetrag für Sizabantu und erklärte: „Ich habe mir lange überlegt, ob ich Bonnke oder Stegen diesen Betrag geben soll. Ich merkte, daß Bonnke bettelt, Stegen bettelt nicht, darum soll es Sizabantu bekommen." Erlo war vorsichtig und war nicht bereit, diesen großen Betrag anzunehmen. Er sagte: „Ich muß erst darüber beten." Am nächsten Tag sagte er mir: „Ich kann das Geld nur als Darlehen nehmen mit Darlehensurkunde und jährliche Zinsen zahlen." Sizabantu jagt nicht hinter dem Geld her. Auf dieser Missionsstation gibt es keine Kollektenbüchsen, und es erfolgen keine Aufforderungen zu Spenden.

Die beiden Bücher von der gleichen Autorin haben viel Unheil angerichtet. Die Feinde von Sizabantu triumphieren nun: „Da seht ihr es ja. Beide Männer, Stegen und Bonnke, sind Pfingstler, Extremisten, Schwarmgeister. Beide ziehen am gleichen Strang." Die Autorin von Solingen weiß nicht, welche Verwirrung sie hervorgerufen hat. Ich sagte mir: Vermutlich hat der Erzfeind diese heimtückische Attacke von langer Hand vorbereitet und eingefädelt.

Wolfgang Bühne, der Herausgeber von „Fest und Treu", schrieb mir im März 1983: „Für mich ist es sehr eigenartig, daß die Bücher über Bonnke und Erlo Stegen in einem Verlag erschienen sind, und daß beide unter den Charismatikern und Pfingstlern in Deutschland einen guten Namen haben. Ich wünsche Ihnen viel Weisheit und Entschiedenheit, die Lehren und Praktiken von R. Bonnke im Licht der Bibel zu beurteilen."

Wer das vorliegende Kapitel gelesen hat, kommt vielleicht zu der Überzeugung, daß ich gegen die Geistesgaben eingestellt bin. Dazu sage ich radikal nein. Ich glaube an alle Geistesgaben, aber sie müssen vom Heiligen Geist gewirkt sein. Gegen menschliche oder gar dämonische Nachahmungen wehre ich mich mit aller Entschiedenheit.

Ich bestreite auch nicht, daß es in der charismatischen Bewegung treue Kinder Gottes gibt. Ich kenne solche und habe unter den nüchternen Anhängern dieser Bewegung Freunde, die ich achte und schätze. Nur fehlt ihnen gewöhnlich die Gabe der Geisterunterscheidung und Entschlossenheit, dieser Bewegung den Rücken zu kehren.

Die Vermischung der beiden Bewegungen Sizabantu und Bonnke hängt damit zusammen, weil die Geistesgabe der Geisterunterscheidung der Pfingstbewegung fast total abgeht. Wer vollends einmal die sogenannte „Geistestaufe" erhalten hat, ist geistlich blind geworden. Sie merken es nur nicht.

Zur Bonnke-Bewegung, speziell der „Geistestaufe", kann auch das Kapitel „Geistertaufe oder Geistestaufe" nachgelesen werden.

Oft wird von Weltleuten oder Angehörigen anderer Religionen den Christen der Vorwurf gemacht: Ihr Christen streitet euch zuviel. Zum großen Teil stimmt das. Nicht alles Streiten kommt aber aus der Rechthaberei und Kritisierlust. Wer die sieben Sendschreiben liest, der wird gewahr, daß der erhöhte Herr viele Gemeinden tadelt, weil sie Irrlehrer in ihrer Mitte dulden.

Es gibt eine Intoleranz der Liebe den Brüdern gegenüber, wenn falsche Verkündigung abgelehnt wird. Dazu sagt Paulus in Galater 1,8: „So ein Engel vom Himmel euch würde das Evangelium predigen anders, denn das wir euch gepredigt haben, der sei verflucht." Das war keine Lieblosigkeit des Apostels, sondern heilige Konsequenz des richtigen Evangeliums.

Es gibt aber auch eine Toleranz der Liebe. Das kann man in Philipper 1 wieder bei Paulus nachlesen. „Etliche predigen Christum auch um Neides und Haders willen oder aus Zank... Was tut's aber, daß nur Christus verkündigt werde!" Warum läßt Paulus hier die Verkündigung zu? Hier wird Christus gepredigt, darum sieht Paulus über die falschen Motive hinweg.

Die Pseudocharismatiker haben aber im Blick auf Christus und den Heiligen Geist eine falsche Verkündigung. Darum gilt hier nicht die Toleranz, sondern die Intoleranz der Liebe – und ich liebe diese irrenden Brüder, auch wenn ich sie ablehnen muß.

Islam

1683 standen die Türken vor Wien, der damaligen Metropole der Christenheit. Welch ein Gemetzel hätten die Christen erwartet, wenn man der alten Moslemregel gedenkt, mit Feuer und Schwert den Glauben an Allah zu verbreiten. Die Stadt wurde aber erfolgreich verteidigt durch den Grafen Rüdiger Starhemberg und den tapferen Bürgermeister Andreas Liebenberg. Diese Männer hielten die Belagerer ab, bis die Ersatzheere von Herzog Karl von Lothringen und dem Polenkönig Sobieski herangerückt waren und in der Schlacht am Kahlenberg gewannen und Wien befreiten. Bei diesen Türkenkriegen machte sich auch der badische Markgraf Ludwig Wilhelm einen Namen, der seither den Ehrennamen erhielt: Prinz Eugen, der edle Ritter. In großen Schlachten bei Nisch, Sinnkamen und Senta zwang er die Türken in die Knie, die dann ganz Ungarn an Österreich abtreten mußten. Man verzeihe mir das geschichtliche Abschweifen. Heimatgeschichte und Weltgeschichte fielen von Kind an in mein spezielles Interessengebiet.

300 Jahre später stehen die Türken nicht nur in Wien, sondern genauso in München, Frankfurt, Paris, London und vielen anderen Städten des Westens. Diese stille Eroberung, gleichsam durch die Hintertüre, erfolgte ohne Blutvergießen. Wie war das nur möglich? Die geistlich immer schwächer werdende Christenheit erlaubte es dem Islam, Missionszentren in der westlichen Welt zu errichten. So hat z. B. Zürich den Bauplatz für die Errichtung einer Moschee den Moslems geschenkt, obwohl viele Bürger dagegen protestierten. In Rom haben Libyen und Saudi-Arabien hoch oben auf dem Monte Mario eine Moschee gebaut. Gaddafi gab dazu 25 Millionen und die Saudis 50 Millionen. Der Papst konnte dieses Missionsprojekt im Herzen der katholischen Kirche nicht verhindern. England hat heute mehr als 200 Moscheen. In England und Frankreich sind die Moslems die zweitgrößte Religionsgemeinschaft.

Umgekehrt lassen die Länder mit vorwiegend islamischer Bevölkerung den Bau von christlichen Kirchen nicht zu. So habe ich in Djakarta eine neuerbaute christliche Kirche fotografiert, obwohl das gefährlich war. Zwei Monate nach der Einweihung wurde die Kirche von den Moslems zerstört, obwohl die Regierung Religionsfreiheit proklamierte. Der moslemische Polizeipräfekt, der neben der Kirche sein Wohnhaus hat, und dem die Nachbarschaft der Christen zuwider war, hat bei der Zerstörungsaktion nichts gehört, obwohl das ein riesiger Tumult war. Ein anderer Vorfall war noch viel schlimmer. Auf einer entlegenen indonesischen Insel wurden in einer Nacht 29 Gebäude der evangelischen Mission, darunter die Kirche, das Schulhaus, Krankenstation und andere Räumlichkeiten, zerstört.

In Afghanistan gab es in Kabul eine einzige christliche Kirche, die während eines Besuches von General Eisenhower im Jahr 1959 gebaut werden durfte. Als Eisenhower nicht mehr Präsident war, wurde diese einzige christliche Kirche niedergerissen. Und das alles, während im Westen eine Moschee nach der anderen gebaut wird.

In islamischen Ländern mußte weithin die christliche Missionsarbeit aufgegeben werden. Ich hörte von einem Missionar, der in 27jähriger Tätigkeit nicht einen einzigen Moslem zu Christus führen konnte. Im Gegensatz dazu macht die islamische Missionsarbeit im Westen große Fortschritte. Darum sprechen die Moslems von einer Islamisierung des Abendlandes. Und Khomeini, der Führer Irans, spricht von einer Weltherrschaft des Islam als Fernziel.

In der Weltbevölkerung gibt es heute schon fast 700 Millionen Moslems gegenüber 900 Millionen Christen. Jeder sechste der Menschheit ist heute ein Moslem. Marius Baar spricht in seinem ausgezeichneten Buch „Das Abendland am Scheideweg“ davon, daß die missionarische Stoßkraft von den Christen auf die Moslems übergegangen ist. Auf Seite 103 schreibt er: „Heute ist die Christenheit geistlich tot. So beginnt der Islam seinen Siegeszug über das Abendland und die ganze Welt.“ An dieser rückläufigen Bewegung der christlichen Mission ist vorwiegend der Neurationalismus in der modernen Theologie schuld. So hat vor einigen Jahren ein deutscher Theologe in Tokio erklärt: „Die Zeit der christlichen Mission ist vorbei. Wir haben nur die Koexistenz zu pflegen.“ Diese Schwäche, aus dem Unglauben geboren, ist die große Chance für die anderen Weltreligionen.

In der Bundesrepublik leben rund 1,5 Millionen Moslems. In Frankfurt hat der Leiter der Moslemgemeinde die Anerkennung des Islam als gleichberechtigte Religion neben der christlichen Religion gefordert. In einer Zeit, da durch den beängstigenden Geburtenrückgang durch den Mord an den Ungeborenen die Bevölkerung in Deutschland abnimmt, wachsen die Gastarbeiterfamilien durch ihre große Kinderzahl. Hier wird eine biologisch-genetische Schlacht verloren, die sich auch auf dem religiösen Sektor auswirkt.

Nach der Einleitung über die Gesamtsituation gehen wir nun in einzelne Details. Auszugsweise bringe ich einen Artikel, den der Ismaeldienst der Bibelschule Adelshofen 1980 brachte. Er lautet: Islam im Vormarsch.

Im vergangenen Jahr sagte Ayatollah Khomeini, der Führer des Islam: „Der Endsieg wird kommen, wenn unser ganzes Land den Islam angenommen hat! Doch darüber hinaus muß noch ein anderer Sieg errungen werden: Der internationale Sieg des Islam und die Errichtung seines Reiches über die ganze Welt." Und Tausende iranischer Frauen riefen während einer Demonstration: „Wir werden die Welt zum Islam bekehren!"

Die Moslems glauben mit außerordentlicher Leidenschaft Dinge, die das genaue Gegenteil von dem sind, was Christen glauben. Die meisten christlichen Glaubensaussagen halten die Moslems für Irrtümer und Gotteslästerungen. Einige Beispiele:

1. Der Christ glaubt an die Erbsünde. Der Koran lehnt die Erbsünde grundlegend ab. Deshalb hält der Moslem die Erbsünde für einen Unsinn. Er sieht nicht ein, wie hoffnungslos der Zustand des Menschen durch die Sünde wurde. Im Islam kann der Glaube an Allah und gute Werke vor der Sünde retten.
2. Der Christ glaubt an die Menschwerdung Gottes in Jesus Christus. Der Moslem lehnt die Fleischwerdung Jesu völlig ab; er findet diesen Glauben als einen Unsinn. Gott würde sich nie so demütigen.
3. Der Christ glaubt, daß Jesus Gottes Sohn ist. Für den Moslem ist das eine Gotteslästerung. Im Koran liest er: „Nicht steht es Allah an, einen Sohn zu zeugen." (Sure 19,36) „Wahrlich, das sind Ungläubige, welche sagen: ‚Allah ist doch Christus, der Sohn Marias.'" (Sure 5,18)
4. Der Christ glaubt an die Dreieinigkeit Gottes. Im Koran steht: „Glaubt an Allah und seinen Gesandten, sagt aber nichts von einer Dreiheit. Vermeidet das." (Sure 4,172)
5. Der Christ glaubt fest an Jesu Kreuzigung und Auferstehung und an die Erlösung durch Jesus Christus. Im Koran liest der Moslem: „Sie haben ihn aber nicht getötet und nicht gekreuzigt, sondern einen anderen, der ihm ähnlich war... Sie haben ihn

aber nicht wirklich getötet, sondern Allah hat ihn zu sich erhoben ..." (Sure 4, 158,159). So erfährt man, daß man im Islam die Erlösung durch Christi Blut völlig ablehnt. Für den Moslem gibt es keinen Heiland, keinen Erlöser.

Eine noch etwas umfangreichere Darstellung ist im Informationsbrief Nr. 96 der Bekenntnisbewegung gegeben. Es heißt darin:

„Um die Auseinandersetzung um das Wesentliche zu ermöglichen, sollen einige wichtige Informationen über den Islam zusammengestellt werden.

Das Einmaleins über den Islam
Wußten Sie

- daß ‚Islam' soviel wie Hingabe (an Gott), Unterordnung bedeutet?
- daß die Anhänger des Islam ‚Moslem' oder ‚Muslim' genannt werden wollen und ‚Mohammedaner' ein Schimpfname ist?
- daß Mohammed von 570 bis 632 lebte, seit 622 in Medina (= Hedschra)?
- daß der Koran etwa so lang ist wie das Neue Testament?
- daß der Koran 114 Suren hat, die der Länge nach geordnet sind?
- daß Sure 1 und Sure 112 die wichtigsten sind?
- daß der Koran in Arabisch geschrieben ist und als unübersetzbar gilt?
- daß neben dem göttlichen Koran auch die schriftlich festgehaltenen überlieferten Äußerungen und Handlungen des Propheten Mohammed, genannt ‚Hadith', und die Gewohnheiten der ersten Moslims, genannt ‚Sunna', sowie viele weitere Schriften eine entscheidende Rolle spielen?
- daß der Islam keine religiösen Bilder und keine religiöse Musik kennt?
- daß der Islam in zwei große Parteien, die ‚Sunniten' und die ‚Schiiten', gespalten ist und es im Islam ebenso ‚fundamentalistische', ‚liberale' und ‚konservative' Strömungen gibt wie im Christentum?
- daß die religiöse Praxis folgende fünf Säulen umfaßt?:

1. Das Glaubensbekenntnis ‚Es gibt keinen Gott außer Allah, und Mohammed ist sein Prophet!
2. Fünf tägliche Gebete in Richtung auf die Kaaba in Mekka
3. Die Almosensteuer und Armenhilfe

4. Das Fasten, besonders im 9. Monat ‚Ramadan' (Fastenmonat)
5. Die Pilgerfahrt nach Mekka, einmal im Leben
6. Oft angefügt: Der Heilige Krieg ‚Jihad'

- daß der Koran sehr viele Anspielungen auf das Alte und Neue Testament enthält?
- daß der Islam 104 Heilige Bücher kennt?: 10 von Adam, 50 von Seth, 30 von Enoch, 10 von Abraham, 1 Pentateuch = 5 Bücher Mose (= Bibel), 1 von David/Die Psalmen (= Bibel), 1 von Jesus/Das Evanglium (= Bibel), 1 von Mohammed/Der Koran
- daß die Juden und Christen beschuldigt werden, die drei genannten Bücher verfälscht zu haben und den Rest unberechtigterweise als Gottes Wort zu bezeichnen?
- daß Jesus im Islam ein wichtiger Prophet ist, aber nicht Gottes Sohn?
- daß die Frage um Jesus und die Dreieinigkeit der größte Streitpunkt zwischen Islam und Christentum ist?
- daß Jesus als Gottes Sohn zu bezeichnen, Gott als dreieinig und zu glauben, daß Jesus am Kreuz starb, als Gotteslästerung gilt?
- daß im Koran viel gegen das Christentum steht?
- daß trotzdem Juden und Christen als ‚Religionen des Buches' eine Sonderstellung zwischen Heiden/Ungläubigen und Moslems haben?
- daß man Christen dulden kann, solange sie nicht missionieren?
- daß Mission unter Moslems als die schwierigste überhaupt gilt?
- daß Moslems durch den Koran und andere Bücher sowie durch die politische Geschichte und die Tatsache, daß sie – wie Mohammed – nur ein pervertiertes Christentum kennenlernten, meist gegen das Christentum und das Evangelium geimpft sind?

Diese stichwortartigen Merksätze zeigen, daß das Christentum und der Islam sich nicht auf einen gemeinsamen Nenner bringen lassen. An der Heiligen Schrift gemessen, ist der Islam eine antichristliche, ja sogar gefährliche Religion.

Wir müssen uns nun der Mühe unterziehen und den Gegensatz zwischen Isaak und Ismael herausstellen. Zuerst aber zwei Beispiele:

B 146 Bei einem Besuch in Jerusalem ging ich am Sonntagmorgen in den Gottesdienst der Erlöserkirche. Ein Kirchenältester, dem ich als Tourist auffiel, fragte mich nach meiner Heimat. Als er erfuhr, daß ich evangelischer Pfarrer bin, nahm er mich zur Kirchenbank der Gemeindeältesten. Es war in der Zeit nach dem Sechstagekrieg. Ich fragte ihn: „Wie sehen Sie die ganze Auseinandersetzung zwischen Israel und den Arabern an? Er antwortete: „Die Israelis haben unser Land geraubt. Ismael ist der erstgeborene Sohn Abrahams und damit der Erbe. Uns gehört das Land, nicht den Juden." Ich war überrascht. Dieser Kirchenälteste war der Rasse nach Araber, dem Glauben nach Christ. In der Zeit, da Ludwig Schneller das syrische Waisenhaus baute und betreute, sind viele der jugendlichen Araber zum christlichen Glauben übergetreten. Der Übertritt kam aber manchmal nicht einer Lebenserneuerung durch Christus gleich. Dieser arabische Christ dachte ismaelitisch und nicht biblisch.

B 147 Ein anderes Beispiel hörte ich auf der gleichen Israeltour auf dem Ölberg. Ich besuchte das Haus der Marienschwestern. Eine Schwester erzählte mir folgendes. Ein arabischer Klempner wurde gerufen, um die defekte Wasserleitung zu reparieren. In den Essenspausen zog der Handwerker eine Taschenbibel heraus und las darin. Die Schwester freute sich, in ihm einen gläubigen Bruder zu entdecken. Sie fragte ihn nach seiner Meinung im Blick auf die Besetzung des Heiligen Landes. Der arabische Christ hob die Bibel hoch und sagte: „Die Schrift muß erfüllt werden. Dieses Land ist den Juden verheißen. Daran können wir Araber nichts ändern."

Damit haben wir zwei arabische Christen vor uns. Der erste nennt sich Christ, denkt aber islamisch. Der zweite ist ein biblisch ausgerichteter Mann. Ist dieser Unterschied nicht auch tausendfach unter den westlichen Christen zu finden, die Mehrzahl sind Christen dem Schein nach, wenige sind es auch dem Wesen nach. Das aber nur nebenbei.

Wie erobert der Islam die Welt? Wer steht hinter ihnen?

Der Ausgangspunkt des Islam ist eine falsche Schriftauslegung. Die Moslems sind die Nachkommen Ismaels, eines Sohnes Abrahams mit der Magd. In 1. Mos. 21,12 steht: „In Isaak soll dir der Same genannt werden." (Röm. 9,7) Ismael ist der Ausdruck der Ungeduld Abrahams, der nicht auf die Verheißung Gottes warten wollte. Ismael ist der Sohn nach dem Fleisch. Isaak ist der Sohn der Verheißung.

Der Zwiespalt zwischen den Söhnen Abrahams besteht nun

schon 4000 Jahre. Gott hat eine Linie des Segens und der Rettung aufgebaut von Abraham, über Isaak, Mose, David, Jesus und die Gemeinde des Sohnes Gottes. Da Satan sich zum Gegenspieler der Gemeinde Jesu entwickelt hat, benützt er die Linie Ismaels und seiner Nachkommen, um gegen Jesus und seine Jüngerschar einen entscheidenden Vernichtungsfeldzug zu inszenieren. Er pflanzte in die Herzen der Ismaeliten einen fanatischen Haß gegen alles, was von Jesus kommt und zu Jesus gehört. Dieser Haß ist die Triebfeder aller Aktionen der Moslems. Man merkt es auch dem Koran an, daß da kein Platz ist für die Liebe zu Gott und zum Nächsten.

Eine zweite Wurzel des Islam ist die Herkunft Allahs, der von kurzsichtigen Christen in eins gesetzt wird mit dem Gott der Bibel. Hören wir kurz die Entstehung des Islam, aus der auch die Existenz und Bedeutung Allahs sichtbar wird.

Mohammed wurde 570 in Mekka geboren. Zu seiner Zeit bestand schon der schwarze Stein, wahrscheinlich ein Meteor. Dieses schwarze Heiligtum war das Zentrum von 365 Göttern. Ursprünglich wurden diesem Heiligtum Menschen geopfert, später nur noch Kamele. Durch seine Reisen kam der junge Mohammed mit den beiden monotheistischen Religionen, dem Christentum und Judentum, in Berührung. Dadurch entstand bei ihm der Vorsatz, in seiner Heimat alle Götter außer dem einen vom schwarzen Stein auszufegen.

Der schwarze Stein ist die Sühnestelle des Islam. Jeder Moslem muß einmal im Leben nach Mekka, um den schwarzen Stein zu küssen. Dann sind alle seine Sünden vergeben.

Die Berührung mit den beiden monotheistischen Religionen vermittelten Mohammed zahlreiche Kenntnisse, die er dann im Koran verwertete und dabei umdeutete. Um diesem Koran Autorität zu verleihen, wurde behauptet, er sei ihm vom Engel Gabriel diktiert worden. Allah ist nach allem nicht unser Gott der Bibel, sondern der höchste Götze unter 365 „Nebenbuhlern". „Die Menschen, die sich diesem Geist hingeben, werden Gebundene Satans." (Baar S. 62)

Durch seine Kontakte mit dem Monotheismus hat Mohammed viele Vorstellungen aus dem Alten und Neuen Testament in den Koran hineingetragen. Die Mohammedaner sind das auserwählte Volk, dem sich alle Völker und Religionen zu unterstellen haben. Atheisten und Christen, Juden und abgefallene Moslems müssen sich dem Islam beugen, oder es droht ihnen die Vernichtung. Vom

Felsendom aus, wo einst der Tempel Salomos stand, wurden die islamischen Völker zur Endlösung aufgerufen. Die Moslems sind also die Gegenspieler der Christen und Juden. Sie vertreten auch die christliche Vorstellung vom Propheten und Antichristen der Endzeit. Ein islamischer Prophet wird erwartet, der aus den arabischen Staaten von Marokko bis Pakistan ein großarabisches Reich aufbauen soll.

Um dieses Ziel der islamischen Weltherrschaft zu erreichen, hätte Allah ihnen das Öl geschenkt. In der Tat hat der Ölsegen die Welt verändert. Viele Scheichs legten ihre Milliarden in der Schweiz an. Vor einigen Jahren erklärten die Schweizer Großbanken, die jede etwa 50 Milliarden zu bewirtschaften hat, daß sie nicht mehr imstande sind, die Zinsen aufzubringen, weil diese vielen Milliarden nicht angelegt werden können. Dem großartigen Buch von Marius Baar „Das Abendland am Scheideweg“ Seite 38 entnehme ich den Artikel „Das irdische Paradies“.

Was hier gesagt wird, klingt wie ein „Märchen aus Tausendundeiner Nacht“, aber es ist kein Märchen, sondern rauhe Wirklichkeit. In Abu Dabi kommt auf einen Einwohner ein Jahreseinkommen von 170000 Mark. Wo finden wir so etwas in unserer Welt? Vielleicht im Arbeiterparadies oder im Land der unbegrenzten Möglichkeiten? Für jeden Bürger dieses Staates stellt das Regierungsoberhaupt eine mietfreie Wohnung zur Verfügung, auch Strom, Wasser usw. werden kostenlos abgegeben. Alles geht auf Rechnung der Regierung. Durch das Telefon ist der Bürger dieses Landes mit der ganzen Welt verbunden, und das dank der Satelliten, die speziell für ihn durch das Weltall schweben. So kann man in einigen Augenblicken an allen Börsen der Welt seine Geschäfte abwickeln. Aber der Traum ist damit nicht zu Ende, er fängt gerade erst an.

Der Bürger dieses Staates, der sich als Familienmitglied des Herrschers betrachten kann, wird nicht nur freigehalten, sondern braucht auch keine Steuern zu zahlen. Auf die eingeführten Waren wird kein Zoll erhoben. Die Geschäftsleute der Industrieländer warten Tage und Wochen, um bei den Scheichen eine Audienz zu erhalten, damit sie ihre Fabriken und Betriebe in Europa über Wasser halten können. Darum sind die Hotels in diesen Ländern auf Wochen, Monate, ja auf Jahre hinaus ausgebucht.

Die Arbeit in diesen Ländern wird von Fremdarbeitern geleistet: Schwarze, Pakistani, Inder, Japaner, Deutsche und Amerikaner.

Ist ein Bürger von Abu Dabi krank, wird er in einem supermodernen Krankenhaus kostenlos gepflegt. Ist der Fall zu kompliziert, um im Land selbst behandelt zu werden, wird dem Patienten die Reise und der Aufenthalt im Ausland, oft zusammen mit einem Familienmitglied, vom Staat bezahlt. Die Schulkinder bekommen vom Scheich ein monatliches Taschengeld von 50 Dollar.

Wie aus Aladins Wunderlampe fließen dem wohltätigen Herrscher dieses Landes täglich 10 Millionen Dollar zu.

Die Weltreserve an Öl wird auf 90 Milliarden Tonnen geschätzt. Mehr als die Hälfte ist in den Händen der Araber. Durch den Verkauf in die ganze Welt hat sich bei den Arabern ein Kapital von 1,2 Billionen angesammelt. Schon diese Zahlen beweisen, wo heute das Schwergewicht der Weltpolitik liegt.

Die Moslems haben ihr Übergewicht in der Weltwirtschaft erkannt. Sie wissen, daß sie im Westen alles zum Erliegen bringen, wenn sie den Ölhahn zudrehen. Kein Jet kann mehr im Westen fliegen, kein Panzer, kein Auto mehr fahren, wenn sie den Ölstrom stoppen.

Sie nützen diese wirtschaftliche Vorherrschaft aus, indem sie auch idealistische Pläne zu verwirklichen suchen. Es soll die Basis für ein einheitliches großarabisches Reich geschaffen werden. Darum ist ihr Ziel, daß in allen islamischen Staaten nur die Koransprache gesprochen wird. Gaddafi in Libyen hat als erster die Koransprache als Amtssprache eingeführt. Der zweite Plan ist, eine einheitliche Währung einzuführen. Man denkt auch daran, den Dollar beim Ölgeschäft auszuschalten. Zur Werbung für das großarabische Reich soll in der ganzen Welt eine umfangreiche Werbung gestartet werden. Die Moslems sind auch bei den Gideons in die Schule gegangen. Sie versorgen jeden japanischen Haushalt kostenlos mit einem Koran. Außerdem sollen 200000 Exemplare des Korans in Hotelzimmern ausgelegt werden. In einem asiatischen Hotel habe ich das schon erlebt, daß eine Gideonbibel und ein Koran im Nachtschränkchen lagen. Ferner wird der Bau von vielen Moschcen mitfinanziert und der Bau von islamischen Universitäten in Angriff genommen. Alle Möglichkeiten und der Einsatz aller Medien werden ausgeschöpft. In Mekka ist ein mächtiger Sender gebaut worden, der sich „Die Stimme des Islam“ nennt. Die Weltmoslemliga und mehrere islamische Weltmissionswerke sollen für die Verbreitung des geistigen Ideengutes des Islam intensiv sich einsetzen.

Man fragt sich zum Schluß: „Woher kommt nun der Antichrist? Aus dem wiedererstandenen römischen Weltreich oder aus dem Islam?“ Hat nicht der Islam mehr wirtschaftliche Trümpfe in seiner Hand?

Vergleichen wir ruhig einmal, was Borowsky in seinem Buch „Christus und die Welt des Antichristen“ schreibt (Kapitel Illuminaten), mit dem, was Marius Baar über den Islam berichtet hat.

Ich bin ein neutraler Beobachter oder Kritiker beider Bücher. Ich bin mit beiden Autoren befreundet. Marius Baar ist nicht nur ein versierter Schreiber, sondern auch ein begabter Künstler. Seine Bilder waren bei berühmten Ausstellungen in Paris und München und in anderen Städten. Eines seiner Bilder hängt in meinem Wohnzimmer.

Borowsky setzte seine Karten auf die „One-World-Bewegung“ und auf die Multimilliardäre der Geheimbünde. Marius Baar zeigt als Gegengewicht die Multimilliarden der Ölscheichs. Wo liegt das größere finanzielle Gewicht?

In dem monatlichen Magazin eines amerikanischen Wirtschaftswissenschaftlers (The Reaper von McMaster) vom Januar 1984 las ich folgende Zahlenangaben: USA hat gegenwärtig 5 Billionen Dollar Schulden, davon entfallen 1,3 Billionen auf den Staatshaushalt, der Rest auf private Schulden amerikanischer Bürger und Unternehmungen. Zu den 1,3 Billionen kommen noch 850000 Dollar als Darlehen an die dritte Welt, die natürlich auch verloren sind. Dem Staatssäckel fehlen demnach 2,15 Billionen Dollar. Dem amerikanischen Volk wachsen die Schulden, den Scheichs wachsen täglich die Ölmilliarden. Die westlichen Länder pumpen nahezu alle die Ölmilliardäre an.

Fragen wir nochmals: Wer hat die größeren Chancen? Wirtschaftlich liegen die Ölmilliardäre vorne. Intelligenzmäßig immer noch der Westen. Der Westen baut die Kernkraftwerke und die Satelliten. Die Ölscheichs müssen sich die Experten aus dem Westen holen, wenn sie auf speziellen Gebieten Schritt halten wollen.

Das Problem um den Vorrang ist trotzdem noch nicht gelöst. Es geht im Reich Gottes ja gar nicht darum, wer mehr Milliarden hat, sondern was Gott geplant hat.

Borowsky und Marius Baar sind sich einig, daß der Antichrist ein Jude sein muß, sonst würde er in Jerusalem nicht angenommen werden. Die Erzählung von Solowjew ist kein Beweismittel, weil es eben eine erdachte Erzählung ist, die sich aber weitgehend an die Bibel anschließt.

Der Unterschied zwischen den beiden Autoren Borowsky und Baar liegt darin, daß Borowsky mehr an die Elite und geheimen Führer des wiedererwachten römischen Reiches denkt. Baar dagegen hat den Islam im Auge.

Ich streite mich in dieser Frage nicht, sondern bin für beide Möglichkeiten offen. Dazu gibt es ferner noch eine übergeordnete Möglichkeit, daß die Multimilliardäre der „One-World"-Bewegung auch ihre Hintermänner unter den Ölmilliardären haben. Dann haben nämlich beide Autoren recht. Der Teufel ist ein schlauer Fuchs. Er handelt manchmal nach dem militärischen Grundsatz: getrennt marschieren, vereint schlagen. Die Multis in West und Ost können eines Tages unter einem Hut vereinigt werden und gemeinsame Sache gegen Christus machen, an dem sie dann zerschellen werden. Der Herr Jesus gibt seine Macht keinem anderen.

In den folgenden Abschnitten werden Beispiele aus meinem Bekanntenkreis gebracht, die zeigen, daß Jesus auch Moslems trotz ihres Fanatismus retten kann. Es wäre für den Leser belastend, wenn er nur negative Berichte vorgesetzt bekommt. Natürlich weist der Buchtitel darauf hin, daß die okkulten Praktiken entlarvt werden sollen. Es muß aber als Gegengewicht der Sieg Jesu auf der anderen Seite sichtbar werden. Das ist der Sinn der folgenden Beispiele.

B 148 „Mohammed oder Christus" ist eine Geschichte aus Sizabantu überschrieben, wo immer wieder auch Moslems zum Glauben an Christus kommen. Es handelt sich um eine Iranerin. Die ganze Geschichte dieser ehemaligen Moslemfrau steht in dem Buch meiner Frau „Ströme lebendigen Wassers". (Hänssler-Verlag, Neuhausen a. F.)

Die in Teheran als Mohammedanerin geborene 36jährige Mirah siedelte sich in Südafrika mit ihren Kindern an. Durch besondere Lebensumstände geriet sie in eine schwere innere Krise. Da ihr körperlich nichts fehlte, konnten ihr die Ärzte, bei denen sie Hilfe suchte, nicht helfen. Mirah war seelisch krank. Sie sah im Leben keinen Sinn mehr und hatte kein Ziel vor Augen. Eine Zentnerlast schien sie erdrücken zu wollen. Auch in ihrer Religion fand Mirah keinen Trost, keine Rettung, obwohl sie eine treue Anhängerin Mohammeds war und alle vorgeschriebenen Gebote und Rituale einhielt. Ihre Gedanken kreisten schließlich nur noch um einen Punkt: „Wie kann ich mich und meine Kinder umbringen? Wo bekomme ich eine Waffe her?"

Eines Abends saß Mirah wie üblich mit ihren Kindern vor dem Fernseher. Sie tat dies nur, damit die Kinder beschäftigt waren, während sie selbst über ihre Probleme nachdachte. An diesem Abend hörte sie plötzlich eine laute Stimme: „Hast du es schon einmal mit Jesus versucht und in seinem Namen gebetet?" Mirah war so erschrocken und durcheinander, daß sie nicht antworten konnte. Sie wußte nur, daß sie diese Stimme noch nie in ihrem Leben gehört hatte. Wieder forderte die Stimme sie auf: „Bete im Namen Jesu!" – „Gut", sagte sie sich, „ich werde es mit Jesus versuchen. Doch wenn er mir nicht hilft, werde ich niemandem mehr glauben." Mirah konnte kaum abwarten, bis die Kinder im Bett waren. Dann warf sie sich auf ihre Knie. Zum ersten Mal in ihrem Leben betete sie zu Jesus und schüttete ihm weinend ihr Herz aus.

Als sie am nächsten Morgen erwachte, wußte sie nicht mehr, ob sie eine Mohammedanerin oder eine Christin war. Sie erinnerte sich nur noch an ihr Versprechen, das Christentum auszuprobieren und zu prüfen. Ein tiefer Frieden zog in Mirahs Herz ein.

Einige Tage nach diesem Ereignis bekam sie Besuch von einer Freundin. Ihr erklärte Mirah, daß sie nun eine Christin werden wollte. Nur wüßte sie nicht, wie man das macht. Die Freundin hatte eigenartigerweise noch nie mit Mirah über das Christentum geredet, obwohl sie sich als eine Christin bezeichnete. Auch jetzt war die Freundin ziemlich ratlos und erklärte unsicher: „Du mußt dich als Sünderin erkennen. Ich werde mit dir beten. Du brauchst mir nur alles nachzusprechen." Mirah konnte mit der Bezeichnung Sünderin nichts anfangen. Wie sollte sie auch? Hatte sie doch noch nie eine Bibel in der Hand gehabt. Verständnislos blickte sie die Freundin an. Diese drückte Mirah, ehe sie ging, ein Stück Papier in die Hand, auf dem ein Bibelvers stand, der mit Sünde zu tun hatte. Da stand sie nun ratlos. Wer sollte ihr erklären, was Sünde bedeutet? Nach einigem Überlegen nahm Mirah ein Wörterbuch zur Hand und schlug unter „Sünde" nach. Anscheinend hatte Sünde etwas mit Mord zu tun, ging es ihr durch den Kopf. Doch sie hatte ja niemand ermordet, obwohl es beinahe dazu gekommen wäre. Wie konnte sie dann Sünde begangen haben?

Trotz aller mangelnder biblischer Unterweisung fühlte sich Mirah jetzt als Christin. Kurz darauf traf sie die Freundin wieder. Mirah wollte mehr vom christlichen Glauben wissen. Die Freundin beschränkte sich auf die Aussage, daß der Herr Jesus für die Sünden der Menschen gestorben sei. Mirah konnte das nicht verstehen. Wie kann ein Mensch für die ganze Menschheit sterben? Die Freundin konnte darauf keine Antwort geben und erwiderte lediglich: „Nimm den Herrn Jesus an, dann wirst du auch nicht wieder sündigen." Mit dieser Aufforderung war Mirah nun wiederum in eine Sackgasse geraten. Was für eine Vorstellung hatte die Freundin wohl vom christlichen Glauben und von Jesus, dessen Namen sie trug, wenn sie nicht einmal in der Lage war, die einfachsten biblischen Wahrheiten weiterzugeben? Fromme Redewendungen genügen nicht, um einem Menschen die Heilstat Gottes klarzumachen.

Mirah versuchte nun, in den Besitz einer Bibel zu kommen. Zunächst erhielt sie von ihrer Freundin eine englische Ausgabe. Bald merkte sie, daß sie fast jedes Wort im Wörterbuch nachschlagen mußte, um die Bibel lesen zu können. Auf die Dauer war ihr das zu mühsam, und sie kaufte sich eine persische Bibel. Täglich nahm sie das Buch zur Hand, doch wußte sie nicht, wo sie beginnen sollte. Die beste Methode erschien ihr, einfach die Augen zu schließen, die Bibel zu öffnen und an der aufgeschlagenen Stelle zu lesen. Vom Inhalt verstand Mirah so gut wie nichts, doch gab sie nicht auf. Es erfüllte sie immer wieder mit tiefer Freude, wenn sie daran dachte, daß Jesus für ihre Sünden gestorben war, obwohl ihr das geistliche Verständnis für diese Tatsache noch fehlte. Und hatte Jesus nicht einen Neuanfang ihres Lebens geschenkt? Auch das veranlaßte Mirah, es weiter mit dem Christentum zu versuchen.

Zunächst machte sie sich auf, eine christliche Gemeinde zu finden. Die in ihrer Nähe befindliche Gemeinde befriedigte sie nicht, ohne daß sie eine Begründung dafür angeben konnte. Nach längerem Suchen konnte sie sich schließlich einer anderen Gemeinde anschließen. Nur schätzte Mirah die Christen nach ihren eigenen Erfahrungen ein. Ihr war der Unterschied zwischen einem Namenchristen und einem wiedergeborenen Christen noch fremd. Aus diesem Grund sah sie in jedem Christen eine Art Engel. Mirah brachte ihre Meinung auf diesen Nenner: „Wenn Jesus bei mir schon soviel ausgerichtet hat, obwohl ich ihn gar nicht kannte, wieviel mehr muß er im Leben derer wirken, die ihm schon jahrelang folgen." Sie sollte eines Besseren belehrt werden. Auf ihre vielen Fragen, die sie stellte, erhielt sie nur unbefriedigende Antworten. Mirah erinnerte sich auch an die ursprüngliche Stimme, die sie damals gehört hatte. Ob Gott wohl auch zu den anderen Christen in dieser Weise sprach? War es überhaupt Gott gewesen? Ihre diesbezügliche Frage wurde so beantwortet: „Gott redet durch die Bibel zu uns." Auch diese Antwort verwirrte Mirah noch mehr, als daß es ihr eine Hilfe gewesen wäre. Sie kannte ja die Bibel nicht einmal. Eines war ihr inzwischen klar geworden, daß sie dem Herrn Jesus nachfolgen wollte, auch wenn sie den richtigen Weg noch nicht kannte.

Oft hatte sie den Wunsch, Gemeindeglieder zu sich einzuladen, um sie über die Bibel zu befragen. Jedesmal lehnte man aus irgendeinem Grund ab, und Mirah fühlte sich einsamer denn je. Die Kirche und ihre Mitglieder kamen ihr kalt und lieblos vor. Doch resignieren oder gar aufgeben wollte sie auf keinen Fall.

Obwohl sie sich unverstanden, einsam und enttäuscht fühlte, besuchte Mirah treu die Gebetsversammlungen, die Bibelstunden und die sonntäglichen Gottesdienste mit Abendmahl – eigentlich nur, weil sie den Eindruck hatte, dies gehöre zu einem christlichen Leben. Das hatten ihr die Gemeindeglieder immer wieder gesagt, und sie hatte sie als Maßstab genommen. Nach jedem Besuch dieser Versammlungen ging Mirah jedoch mit einer ungeheuren Leere im Herzen wieder hinaus, und instinktiv erkannte sie, daß hier nicht die wahre Gemeinde Gottes zusammenkam. Ihr größtes Gebetsanliegen war künftig die Bitte, daß Gott ihr doch erlauben möchte, dieses Land Südafrika zu verlassen, um irgendwo eine echte Gemeinde Jesu zu finden. Um für diesen Schritt jederzeit bereit zu sein, bot sie schließlich ihr Haus zum Verkauf an.

Der Gemeinde blieb dies natürlich nicht verborgen, und sie fragten Mirah nach dem Grund. Offen und ehrlich erklärte sie, was sie im Verhalten dieser Christen bisher vermißt hatte. Mirah wies darauf hin, daß sie bisher insbesondere die Liebe entbehrt hatte, die doch das oberste Gebot Jesu ist. Erbost und voller Empörung wiesen die Gemeindeältesten, darunter eine predigende Frau, alle Einwände in verletzender Weise zurück. Mirah hätte am liebsten mit ihnen diskutiert, doch sie erinnerte sich in diesem Augenblick an die Worte Jesu in Matthäus 5,9: „Selig sind die Friedfertigen, denn sie werden Gottes Kinder heißen." Das gab ihr die Kraft, in dieser Situation stillzuschweigen. Mirah ging noch einen Schritt weiter und bat die Gemeinde um Vergebung für ihre Offenheit. Ihr Verlangen nach der vollständigen biblischen Wahrheit und der Sehnsucht, Menschen zu treffen, die würdig des Evangeliums lebten, wuchs von Tag zu Tag. Mirah blieb jedoch zunächst nichts anderes übrig, als sich nach den Ratschlägen der sie umgebenden Christen zu richten. So ließ sie sich zunächst taufen und nach einiger Zeit auch zu einer Geistestaufe überreden. Man übermittelte ihr außerdem noch die Gabe eines unechten Zungenredens mit der Begründung, daß sie dies nötig hätte, um ein vollwertiger Christ zu sein.

Den wahren Frieden und echte Freude im Herzen fand Mirah allerdings nicht, was sie in eine tiefe Verzweiflung stürzte. In diesem Zustand begegnete ihr eine Frau, die ihr von Sizabantu berichtete. Gern würde sie Mirah schon am nächsten Tag im Auto mitnehmen. Mirah nahm die Einladung an. Der Gottesdienst in Sizabantu war schon in vollem Gange. Sie mischte sich unter die Zuhörer. Als sie die Stimme des Predigers hörte, horchte sie erstaunt auf. Es war die gleiche Stimme, die sie damals aufgefordert hatte, es doch mit Jesus zu versuchen. Wie kann so etwas möglich sein, fragte sie sich! Schlagartig wurde ihr bewußt, daß sie den Platz gefunden hatte, nach dem sie so lange auf der Suche gewesen war. Sie spürte den Frieden, der auf diesem Ort lag.

Mirah nahm sich vor, öfter nach Sizabantu zu kommen. Inzwischen lernte sie auch Erlo und Friedel Stegen kennen, dem sie sich seelsorgerlich anvertraute. Nach und nach lernte sie die biblischen Wahrheiten und Aussagen kennen. Das Geheimnis von Jesu stellvertretendem Leiden und Sterben wurde ihr erschlossen. Immer klarer konnte sie nun den Unterschied der biblischen Lehre gegenüber der des Mohammed erkennen. Die Nachfolge Jesu erschien Mirah leicht, wenn sie daran dachte, was für Anstrengungen ein strenger Moslem auf sich nehmen mußte, um Allah wohlgefällig zu sein. Früh am Morgen mußte er aufstehen und seine Gebete in einer anstrengenden, nach vorn gebeugten Haltung verrichten. Und das siebzehnmal täglich mit vorangegangener Reinigung des Gesichtes und der Hände.

Mirah war es bewußter denn je, daß sie mit ihrem Glaubensleben ganz von vorn anfangen mußte. Alles, was man ihr zuvor eingetrichtert hatte – Zungenreden und Geistestaufe –, legte sie nun beiseite und öffnete ihr Herz der klaren nüchternen biblischen Botschaft. Bei diesen Menschen hier auf Sizabantu konnte sie sehen, daß das, was sie sagten, auch im täglichen Leben ausgelebt wurde. Das überzeugte sie. Mirah begriff nun auch, daß Zorn, Reizbarkeit und Lieblosigkeit, Eigensucht und Unreinheit abgelegt werden müssen, um den Fußtapfen Jesu zu folgen. Man wird sich mit seinem Reden und Handeln nicht mehr der Welt gleichstellen, sondern wird bestrebt sein, von Jesus zu lernen und sich von ihm umgestalten lassen.

Vieles, was die Bibel lehrt, verstand Mirah nun besser. Im Gegensatz zu den europäischen Frauen sah sie keine Schwierigkeit darin, wenn die Bibel die Frauen auffordert, den Männern untertänig zu sein (Eph. 5,22; Kol. 3,18; 1. Petr. 3,1). In ihrem Heimatland ist es ein Gesetz, daß die Frauen ihren Männern gehorchen müssen, ganz gleich, ob der Mann der Frau geistig ebenbürtig ist oder nicht.

Mehr und mehr durfte Mirah im Glauben Fuß fassen. Ein großes Anliegen war es für sie, auch ihre Kinder auf diesen Weg zu lenken. Der Sohn lehnte es entschieden ab, Jesus zu folgen. Mutig stellte ihn die Mutter vor die Entscheidung, daß er zwischen zwei Alternativen wählen könne. Entweder er würde Jesus folgen und bei ihr bleiben, oder er würde dem Teufel folgen und zu seinem Vater in den Iran zurückkehren. Im letzteren Fall könnte er sofort seine Koffer packen. Der Sohn entschied sich für den ersten Weg und hatte es nicht zu bereuen. Jesus bekannte sich zum Glaubensmut der Mutter und zu dem Entschluß des Sohnes. In der Schule war er stets der schlechteste gewesen. Nach einiger Zeit war er Klassenprimus.

Mirah betet viel für ihre Landsleute, daß Gott sich ihnen offenbart und sie erkennen, daß nicht Mohammed, sondern Christus der einzige Weg zum ewigen Heil ist. Ihre Fürbitte gilt darüber hinaus auch den vielen Namenchristen, die so viele suchende Menschen mit ihrer unbiblischen Lebensart abweisen und ihnen nicht den Weg zu Jesus zeigen.

B 149 Die Geschichte eines Moslemlehrers hörte ich in Madras. Dort lernte ich auch Iqbal kennen, als er bereits Christ war.

Iqbal stammt aus einer fanatischen mohammedanischen Familie. Die Eltern geben sich Mühe, ihre Kinder vor jedem christlichen Einfluß zu bewahren.

Leider war an ihrem Ort nur eine christliche Schule. Lesen und Schreiben konnte er dort lernen. Gegenüber dem christlichen Einfluß sollte er sein Herz verschließen. Das war aber nicht so einfach; denn an der Schule gab es einige gläubige Lehrer, die für alle Schüler beteten.

Immerhin schaffte es Iqbal, als überzeugter Moslem die Grundschule zu beenden und eine höhere Schule in Madras zu besuchen.

Sehr viele Schulen in Indien haben die Koedukation. Hindus, Moslems und Christen werden zusammen unterrichtet. Dieses System ist gar nicht so übel. Junge Leute sollen sich ruhig mit anderen Religionen auseinandersetzen.

Im College in Madras, auf das Iqbal übergesiedelt war, gab es lebhafte und oft hitzige Rededuelle und Auseinandersetzungen. Es blieb nicht bei geistigen Kämpfen. Die jungen Burschen trugen ihre Meinungsverschiedenheiten auch mit ihren Fäusten aus. Iqbal war einer der hauptsächlichsten Rädelsführer bei diesen Streitereien.

Um seine Kameraden zu ärgern, spielte er sonntags in der Gottesdienstzeit der Christen Fußball oder Kricket. Die regulären Andachten vermied er. Er sagte sich oft tagsüber Koranverse vor, um sich der christlichen Umklammerung zu erwehren.

Nach Abschluß der Collegezeit besuchte Iqbal die Universität. Dort lernte er einen echten Christen kennen, der sich auf keine Rededuelle einließ, sondern sein Christsein vorlebte.

Für den feurigen Moslem war das der erste echte Anstoß zum Nachdenken. Er merkte, daß es auch Christen gibt, die nicht nur über Lehren streiten, sondern ihren Glauben ausleben.

Aus Sympathie zu dem Kommilitonen ließ er sich eines Sonntags bewegen, eine Versammlung von Vater Daniel zu besuchen, der als christlicher Führer in Madras und in ganz Südindien einen Namen hatte. Der alte Bruder ist vor einigen Jahren heimgegangen. Ich war mit ihm befreundet.

In der christlichen, geistgewirkten Atmosphäre der Daniel-Bruderschaft geriet Iqbal in große Anfechtung. Er erlebte eine geistliche Kraft, die ihn verwirrte, bedrängte und an seinem bisherigen Glauben irre werden ließ.

Es war eine Entdeckung, die ihn geistig geradezu niederschmetterte, daß Mohammed kein Prophet war, sondern ein religiöser Hochstapler, ein Verführer der Menschheit. Er fühlte den Boden unter sich wanken. Bei dieser Revolution trat dann der in sein

Leben, der in dem Zerbruch des Alten einen festen Boden unter die Füße gab: Jesus.

Damit trat Kampfesruhe, Waffenstillstand ein. Schritt für Schritt ging es weiter. Er ging zu Vater Daniel in die Beichte und Seelsorge. Im Glauben erlebte er Vergebung seiner Schuld. Er suchte nunmehr die Gemeinschaft der Gläubigen. Sein Leben hatte einen neuen Kurs bekommen.

Eine Sorge erfüllte ihn noch. Wie würden seine Eltern seine Entscheidung aufnehmen? Oft werden ja Neubekehrte von ihren Angehörigen verstoßen. Viele beteten für ihn. Der Herr gab Gnade. Seine Eltern machten ihm keine Vorwürfe. Sie ließen ihn gewähren.

Noch eine andere Freude wartete auf ihn. Er fand an seiner früheren Schule, wo er so hart für den Islam gekämpft hatte, als christlicher Lehrer eine Anstellung.

Dabei blieb es aber nicht. Der Herr hatte einen anderen Plan. Eines Tages las Iqbal in der Tageslese das Wort Jes. 61,6: „Ihr aber sollt Priester des Herrn heißen, und man wird euch Diener unseres Gottes nennen."

In diesem Augenblick spürte er die Unmittelbarkeit des Heiligen Geistes: „Du bist gemeint. Du bist berufen. Willst du folgen?"

Iqbal gehorchte. Er gab seinen Lehrerberuf auf. Bei Vater Daniel ging er noch einmal ins Bibelstudium und wurde als Evangelist abgeordnet.

Der Verkündigungsdienst von Iqbal ist vom Segen des Herrn begleitet.

B 150 Vom Sieg Jesu über den Koran zeugt der nächste Bericht über die Bekehrung eines Moslemführers. Der junge Mann studierte an der Universität in Djakarta und wollte Lehrer werden. Ein ungeheurer Fanatismus beseelte diesen jungen Mann. Er übernahm daher die Leitung einer mohammedanischen Jugendgruppe, mit der er allerlei Terrorakte gegen die Christen durchführte. Einmal warf er mit seinen Freunden die Scheiben der christlichen Kirche und des evangelischen Pfarrhauses ein.

Der evangelische Pastor reagierte nicht auf diese Angriffe. Das reizte den jungen Studenten. Er suchte den Pastor auf und fragte ihn, warum er sich nicht wehre. Der Pastor erklärte ihm: „Christen wehren nicht Gewalt mit Gewalt ab."

Dem jungen Moslemführer ließ das keine Ruhe. Er kaufte sich

eine christliche Bibel, um die Grundlagen des Christentums zu studieren. Er wollte in der Lage sein, die Bibel und den christlichen Glauben zu widerlegen.

Es kam ein anderes Resultat heraus. Der Moslem bekehrte sich. Er legte seinen mohammedanischen Namen ab und nahm den christlichen Namen Timotheus an. Das gab in seinem Freundeskreis eine ungeheure Revolution. Die Moslems ertragen eher ein Verbrechen ihrer Leute als eine Bekehrung zum christlichen Glauben.

Alle Versuche, ihn umzustimmen, schlugen fehl. Er gab sein Studium auf und beschloß, Theologie zu studieren. In Djakarta ist ein theologisches Seminar, bei dem er sich anmeldete.

Das gab die erste Enttäuschung. Dieses Seminar ist mit der modernen Theologie verseucht. Der jung bekehrte Moslem geriet in große Nöte. Dafür hatte er doch nicht sein Lebensziel geopfert und die Verachtung seiner Eltern und Freunde auf sich genommen, um sich den hart erkämpften Glauben wieder nehmen zu lassen! Er fragte sich: „Was ist das für ein Christsein? Dafür habe ich nicht meinen bisherigen Glauben eingetauscht." Er suchte dann nach Christen, die an das glauben, was in der Bibel steht. Und er fand sie.

Timotheus bekam Verbindung mit der Bibelschule in Batu und trat dort ein. Nach seiner Ausbildung empfand er genau wie seine Lehrer, daß er unter den Moslems in Sumatra arbeiten müßte. Seither steht er dort und tut einen gesegneten Dienst. Ich traf ihn mehrmals. Wir sind gute Freunde geworden. Auf meiner Gebetsliste für Sumatra steht er obenan.

Aus der Arbeit dieses tapferen Streiters Jesu seien einige Beispiele erwähnt. Timotheus traf eines Tages einen 90 Jahre alten Diener der Moschee. Der junge Pastor sagte ihm: „Wenn du stirbst, fährst du zur Hölle." Der 90jährige antwortete: „Ja, ich weiß es. Wenn du aber den Weg zum Himmel weißt, dann zeige ihn mir." Timotheus zeigte dem Alten den Weg zu Jesus. Der hochbetagte Greis nahm den Herrn Jesus als seinen Heiland an und war damit gerettet.

Ein andermal kam Timotheus ins Gespräch mit einem Moslempriester. Als guter Korankenner zeigte ihm der ehemalige Moslem und Koranstudent die Unterschiede zwischen dem christlichen Glauben und dem Allah-Glauben. Er sagte dem Priester: „Es gibt im Koran keine Gotteskindschaft. Die Bibel aber verheißt uns: „Seht, welch eine Liebe hat uns der Vater erzeigt, daß wir Gottes

Kinder sollen heißen' (1. Joh. 3,1). Ferner kennt der Koran keine Gewißheit der Vergebung, keine Gewißheit des ewigen Lebens. Die Bibel sagt uns aber: ,Wer an den Sohn Gottes glaubt, der hat das ewige Leben' (Joh. 3,36). Ferner sagt uns Paulus (Eph. 1,7): ,An Jesum haben wir die Erlösung durch sein Blut, die Vergebung der Sünden nach dem Reichtum seiner Gnade.'" Der Priester wurde nachdenklich. Und was überhaupt kein Missionar fertigbringt, einen Moslempriester zu überzeugen, das tat der Heilige Geist. Der Priester zerriß sein Moslemgewand und warf es vor den Eingang der Moschee. Seither folgt er Jesus nach und wurde sogar von der christlichen Gemeinde als Ältester gewählt.

Jesus ist kommen, der starke Erlöser,
Bricht dem gewappneten Starken ins Haus,
Sprenget des Feindes befestigte Schlösser,
Führt die Gefangenen siegend heraus.
Fühlst du den Stärkeren, Satan, du Böser?
Jesus ist kommen, der starke Erlöser.

B 151 Christophorus

Die Moslemgeschichten stehen in meinem Buch „Uns, Herr, wirst du Frieden schaffen". Dieses Buch ist nach mehreren Besuchen der indonesischen Erweckungsgebiete entstanden.

Bei einer Konferenz in Java lernte ich Christophorus kennen. Kaum war er am Tagungsort angelangt, da rief ihn ein Telegramm nach Sumatra zurück. Die Moslems hatten wieder einen Mordanschlag gegen die Christen geplant. Wo die Moslems die Herrschaft haben, sind sie brutal und grausam. Wo sie in großer Minderheit sind, benehmen sie sich freundlich und täuschen damit ihre Mitmenschen.

Christophorus ist jüngerer Mitarbeiter von Timotheus bei den Serawai. Er ist ebenfalls in Batu ausgebildet. Unter den Serawai hat er sich bereits in besonderer Weise bewährt.

Eines Tages hatte er eine Einladung zum Essen erhalten. Ahnungslos nahm er die Einladung an. Nach dem Essen befielen ihn schreckliche Schmerzen. Seine freundlichen Gastgeber hatten ihm Gift in das Essen gemischt, das sonst stets tödlich wirkte.

Christophorus legte sich ins Bett. Drei Tage war er einem furchtbaren Brennen im Magen und in der Lunge ausgesetzt. Unablässig schrie er zu seinem Herrn. Nach drei Tagen war die Krise überwunden. Die Moslems staunten, daß das Gift ihn nicht getötet hatte. Sie sagen seither: „Bei den Christen muß man aufpassen. Ihr Gott hilft ihnen immer."

Die Frucht dieses mißlungenen Giftanschlages war, daß einige Moslemfamilien sich bekehrten, aber nicht die betreffenden Giftmischer.

Wer unter den Moslems sich bekehrt, muß täglich auf seinen Tod gefaßt sein. Es ist ein Leben in ständiger Todesbereitschaft. Das ist eine heilsame Lektion und Situation für die, die dort Christen werden.

Und doch kommt Gott auch mit den Giftmischern zum Ziel. Er gebraucht viele Mittel und Wege, um diese Moslems zu finden.

So betete ein Christ mit einem Moslempriester, der geisteskrank war. Auf Grund des Gebetes wurde er gesund. Er folgte dann Jesus nach. Den mohammedanischen Gouverneur ärgerte es, daß der Mann, der schon 38 Jahre Priester gewesen war, Christ geworden ist. Die Soldaten holten ihn. Unter drohenden Waffen wurde er verhört: „Warum bist du Christ geworden?" Er antwortete: „Ich war geisteskrank, und der Herr Jesus hat mich gesund gemacht, darum bleibe ich bei ihm." Es war ein Wunder, daß sie ihm nichts taten, sondern ihn unbehelligt heimgehen ließen. Die Moslems, die Christen geworden waren, wurden ja manchmal von den Soldaten geprügelt oder auch kurzerhand ins Gefängnis gesteckt.

Auch die Moslemkinder hat Gott sich als Werkzeuge zugerüstet. Pastor Christophorus hatte einmal den Kindern den Vers beigebracht „Das Blut des Lammes reinigt uns und machet alles neu". Als dann am nächsten Freitag, dem Sonntag der Moslems, in der Moschee Gottesdienst war, zogen die Kinder an der Moschee vorbei und sangen dieses Lied. Pastor Christophorus erschrak, ging hinaus und wollte die Kinder beschwichtigen. Da sah er, daß der Sohn des Moslempriesters mitsang. Dann ließ er es geschehen. Vielfach werden die Eltern durch ihre eigenen Kinder auf den Herrn Jesus hingewiesen.

Bei einem Gottesdienst der Moslems wurde heftig gegen die Christen gehetzt. Die Christen hatten sich in der gleichen Zeit zum Gebet versammelt, weil sie einen Angriff fürchteten. Es kam anders. Als der Moslempriester um 10 Uhr morgens die Moslems zu einem Angriff gegen die Christen anstachelte, lief ein Moslem aus der Moschee heraus und gerade auf das Haus von Pastor Christophorus zu. Er sagte dem Pastor: „Ich will Christ werden." Christophorus fürchtete eine Falle und zögerte. Der Moslem sagte:

„Du zweifelst. Ich sehe, du hast hier Schweinefleisch. Gib mir davon zu essen, damit du überzeugt bist." Den Moslems ist ja Schweinefleisch ein Greuel. Er aß davon und sagte: „Gib mir auch für meine Familie. Wir machen Schluß mit der Moschee und kommen alle zum Herrn Jesus." So geschah es auch. Die ganze Familie bekehrte sich. Das war die Antwort Gottes auf die Hetzerei des Priesters und das Gebet der Christen.

Ein Moslem mit Namen W. bekehrte sich. Er brachte auch seine ganze Familie und seine Nachbarn zu Jesus. Nicht lange danach brachten ihn die Moslems ins Gefängnis. Eines Nachts kam seine Frau angerannt: „Mein Reisfeld brennt – vermutlich auch ein Racheakt der Verfolger –, kommt und helft mir löschen!" Die Christen eilten zu Hilfe, denn der Reis war reif zur Ernte. Sie konnten allerdings nicht löschen, weil es die regenlose, trockene Zeit war. Es war kein Wasser da. Da knieten die Christen am Reisfeld nieder und baten den Herrn um Hilfe. Das Wunder geschah. In kurzer Zeit, unmittelbar nach ihrem Gebet, sandte der Herr Regen, obwohl es nicht Regenzeit war. Der Brand wurde rasch gelöscht. Die Ernte war gerettet. Durch dieses Wunder bekehrten sich wieder zwei andere Familien. So muß auch die Verfolgung dazu dienen, daß das Reich des Herrn gebaut wird.

In der Nähe von Pastor Christophorus wohnte eine Moslemfamilie. Christophorus betete und weinte viel für sie. Eines Morgens kam die Frau und sagte: „Wir wollen alle Christen werden." Christophorus fragte: „Warum kommen Sie heute mit diesem Entschluß?" Sie antwortete: „Heute nacht hatte ich einen Traum. Mir wurde gesagt, ich soll mit meiner ganzen Familie Christ werden."

Bei den Moslems gibt es viele Zauberer. Selbst die meisten der Priester üben nicht ihre Macht durch den Koran aus, sondern durch Magie. Bei seiner Verkündigung stieß Christophorus eines Tages auf drei Zauberer. Er kam mit ihnen ins Gespräch und wies sie auf Jesus hin. Zwei von ihnen bekehrten sich. Der dritte war reich und hing an seinen Gütern. Christophorus besuchte ihn und wies ihn auf das Wort hin: „Was hülfe es dem Menschen, wenn er die ganze Welt gewönne und nähme doch Schaden an seiner Seele." Der Zauberer wehrte sich und lehnte Jesus ab. Neun Tage später starb er ganz unerwartet, ohne jegliche Erkrankung gehabt zu haben.

Das Evangelium läuft. Weder Gift noch Drohungen, noch

Mordanschläge können den Geist Gottes an seinem Werk hindern. Was ist das für ein wunderbares Geschehen in Indonesien! Und das alles ohne die übliche Schwärmerei, mit der man so oft eine Erweckung vortäuschen will.

In den letzten Jahren waren auf Sumatra viele Christen im Gefängnis. Auch das war des Herrn Wille. Die Christen sind dadurch oft den üblichen Mordanschlägen entkommen. Dazu haben sich andere Gefangene und Aufseher durch ihr Zeugnis im Gefängnis bekehrt.

Einer der bekanntesten Gefangenen war der Leiter der Moslemmission. Er war wegen politischer Dinge verurteilt worden. Auch er fand im Gefängnis durch den Dienst der Christen den Herrn Jesus. Als er entlassen wurde, marschierte er 75 Kilometer zu Fuß, um sich in der nächsten christlichen Kirche taufen zu lassen. Er hat also das außerhalb des Gefängnisses bewährt, was er innerhalb gehört und gelernt hatte.

Die Erweckungszeit unter den Moslems ist eine neue Apostelgeschichte. Der Geist Gottes wirkt. Der Herr Jesus verherrlicht seinen Namen. Es ist aber auch zugleich eine Zeit der Verfolgung, eine Epoche dämonischer Angriffe. Und das gehört notgedrungen dazu.

Die Moslems arbeiten mit allen Mitteln. Sie schleichen sich in geschlossene christliche Versammlungen ein, um die Christen auszukundschaften. Sie fälschen Ausweise. Sie schicken Polizei und Soldaten vor. Sie bringen Christen in die Gefängnisse. Gift und Brandstiftung – alles paßt in ihr Konzept. Sie isolieren die Christen. Sie entlassen sie aus den bisherigen Ämtern. Alle Regierungsstellen werden „sauber“ gehalten. Wenn ein Moslem sich bekehrt, verliert er sofort seinen Posten.

Und doch behält der Herr Jesus das letzte Wort. „Das Reich muß uns doch bleiben.“

Trotz aller Bedrängnis festigt sich die Gemeinde der bekehrten Moslems. Es sind jetzt schon 1400 Christen, alle ehemalige Moslems und Feinde des Kreuzes Christi. Seit 1965 haben sie eine eigene Bibelschule in Tendjung Enim, die von 30 jungen Serawai besucht wird. Ehemalige Giftmischer verkündigen nun das Evangelium. Es sind von Südsumatra aus auch andere Moslem-Inseln, Lombok und Sumbaja, besucht worden. Auch dort festigt sich die Arbeit für den Herrn Jesus.

B 152 Den Seinen gibt es der Herr im Schlaf

In Ostjava lernte ich einen Bruder kennen, der eine erstaunliche Karriere hatte. Er ist ein Zeugnis dafür, wie der Herr sein Wort einlöst: „Was schwach ist vor der Welt, das hat Gott erwählt, und was nichts ist, auf daß er zunichte mache, was etwas ist“ (1. Kor. 1,27 f.).

Er bewarb sich um Aufnahme in die Bibelschule in Batu und erhielt als Bescheid: Ein Jahr warten! Da er nicht ein Jahr herumsitzen konnte, bewarb er sich bei der Post. Er wurde genommen, weil er lesen und schreiben konnte.

Nach einem Jahr stellte er den zweiten Antrag um die Aufnahme in die Bibelschule. Er bekam die Antwort, er könnte als Gärtner eingestellt werden. Der Bruder nahm das an. Er betete aber weiter. Nach vier Monaten stellte er den dritten Antrag und wurde schließlich zugelassen.

Beim Unterricht stellte sich aber heraus, daß der neue Schüler sehr schwach begabt war. Er arbeitete sehr fleißig. Es ging aber nichts in seinen Kopf hinein. Eines Tages rief ihn der verantwortliche Lehrer und fragte: „Was sollen wir mit dir machen? Du erreichst ja nicht das Ziel des Unterrichtes.“ Der Bruder antwortete bescheiden: „Wenn Sie meinen, daß ich nicht für den Unterricht tauge, dann muß ich es eben aufgeben.“ In seinem Zimmer angekommen, warf er sich auf die Knie und sagte dem Herrn: „Herr Jesus, du hast mich gerufen. Nun bringe mich ans Ziel.“ Am nächsten Tag rief ihn sein Lehrer noch einmal, und statt ihn zu entlassen, machte er ihm Mut, weiterzulernen. Auch hierin zeigte sich wieder die einheitliche Führung des Heiligen Geistes. Denn auch der schlichte Bruder hatte die Überzeugung, daß er durchhalten müßte.

Die Zeit des Examens kam. Der schwachbegabte Schüler arbeitete Tag und Nacht. Aber nichts blieb haften. In der Nacht vor dem Examen sagte ihm der Herr: „Nun lies einmal folgende Abschnitte durch.“ Er tat es. Und genau nach diesen Stücken wurde er gefragt und bestand damit die Prüfung. Es ist doch wunderbar, daß der Herr Jesus in seiner eigenen Bibelschule mogelt. Er darf es. Wir dürfen es nicht.

Der Bruder war aber so ehrlich, daß er hinterher seinen Lehrern bekannte: „Der Herr Jesus hat mir vorher in der Nacht die Stücke gezeigt, die ihr mich prüfen würdet. Darum habe ich bestanden.“ Die Lehrer nahmen das an.

Die Praxis des schwachbegabten Bruders sah aber völlig anders aus. Ich hörte vor einigen Jahren einen Missionar das Zeugnis ablegen, daß er in seinem Dienst keine einzige Bekehrung eines Moslems sehen durfte. Hören wir, wie es unserem Freund erging.

Die Schule sandte ihn in ein Moslem-Dorf in Ostjava. In dem Dorf war eine einzige christliche Familie, die aber nur der Form nach christlich war. Er besuchte sie, erlebte aber eine glatte Abfuhr. Sie nahm ihn nicht auf.

Der junge Missionar ließ sich aber nicht entmutigen. Er schlief im Freien unter einem Baum. Die Straße war seine Kanzel. Sein tägliches Brot erbat er sich vom Herrn. Und er wurde nicht zuschanden. Es dauerte nicht lange, da erhielt er bereits Einladungen von Moslems, bei ihnen zu essen und zu schlafen. Was die Christen nicht taten, das übten die Moslems an dem treuen Mann.

Am Ende des ersten Jahres waren bereits 100 Moslems bekehrt. Der junge Bruder hatte damit seine Gemeinde. Inzwischen waren auch die Christen der einen Familie aufgewacht, und sie öffneten ihm ihr Haus. Von da an hatte er täglich Gebetsgemeinschaft mit diesen Leuten.

Die Moslems waren über die missionarischen Erfolge des Christen erbost. Im zweiten Jahr rotteten sie sich zusammen. Etwa 60 Männer kamen mit langen Messern bewaffnet auf das Haus der Christen zu. Die bedrohten Menschen hatten keine andere Möglichkeit, als niederzuknien und sich dem Schutz des Herrn anzubefehlen. In diesem Augenblick hörten sie eine Sirene. Ein Polizeiauto kam angebraust, um Kontrollen vorzunehmen. Die Moslems ließen schnell ihre Messer verschwinden und suchten eiligst das Weite. So hatte der Herr zur rechten Zeit Hilfe gesandt.

Einige Wochen später kamen 60 Moslems zum Glauben an den Herrn Jesus. Es war, als ob die Verfolgungswelle damit ihre Frucht gebracht hätte. Am Ende des zweiten Jahres bestand die Gemeinde des schlichten Bruders bereits aus 200 bekehrten Moslems. Und das alles war die Frucht eines schwachbegabten Bruders! „Was töricht ist vor der Welt, das hat Gott erwählt, damit er zuschanden mache, was sich dünkt, etwas zu sein."

Diese letzte Geschichte von dem schwachbegabten Bruder braucht ein Nachwort. Sie ist kein Ruhekissen für Faulenzer. Wer nicht arbeitet, soll nicht essen, sagt Paulus. Das muß ergänzt werden: Wer nicht arbeitet, soll sich nicht auf die Hilfe des Herrn verlassen. In der Zeit der großen Arbeitslosigkeit ist aber auch dieser letzte Satz nicht von allgemeiner Gültigkeit. Viele würden gern arbeiten, wenn sie eine Möglichkeit dazu hätten. Denen gilt eine andere Regel: Wer in einer ausweglosen Situation steht, muß in doppelter Weise mit der Hilfe des Herrn rechnen.

Jeane Dixon

Vor einigen Jahren brachte die Autorin Ruth Montgomery ein Buch heraus „Jeane Dixon, a prophetess" = Jeane Dixon, eine Prophetin.

Prophetin kann sie nur der nennen, dem ein großes Maß geistiger Verwirrung zu eigen ist.

Auf jeden Fall wird die Frau und ihre wahrsagerischen Aussagen in aller Welt diskutiert.

Einige Beispiele, die dokumentarisch festliegen, haben großes Aufsehen erregt. Nennen wir einige politische Ereignisse, die sie voraussah und voraussagte.

1944 erklärte sie, daß China kommunistisch würde. 1949 erfüllte sich diese Vorschau.

1947 prophezeite sie die Ermordung Mahatma Gandhis. Sechs Monate später wurde er tatsächlich von einem Fanatiker erschossen.

1961 sagte diese Wahrsagerin den Selbstmord der Schauspielerin Marylin Monroe voraus. Ein Jahr später verübte diese bekannte Schauspielerin Selbstmord durch Schlaftabletten.

Jeane Dixon sagte die Ermordung von John Kennedy voraus. Sie prophezeite die Abtrennung Pakistans von Indien und nannte einige Monate zuvor auch den Namen des ersten Präsidenten von Pakistan. Auch den Sturz und die Wiederwahl von Churchill sagte sie voraus, ebenso den Sturz von Chruschtschow.

So ließen sich noch viele Ereignisse nennen, die Jeane Dixon mit großer Treffsicherheit im voraus kannte und nannte.

Diese Berichterstattung muß kritisch untersucht werden.

Zunächst fällt auf, daß nur große Treffer erwähnt werden. Das gibt ein unwirkliches Bild. Wieviele Fehlprognosen stehen neben den Treffern? Niemand weiß es. Jeane Dixon antwortet: Zehn Prozent ihrer Voraussagen seien falsch. Ich bin bei dieser Angabe skeptisch. Ich vermute, es sind viel mehr. „Ehrliche" Wahrsager erklären, es gäbe nur 50% Treffer.

Einige Versager sollen erwähnt werden. Nach der Voraussage von Jeane Dixon sollte der dritte Weltkrieg im Jahre 1954 ausbrechen.

Rotchina sollte 1958 in die UNO aufgenommen werden. Sie erfolgte aber erst 1971.

Der Vietnamkrieg sollte 1966 zu Ende gehen, aber er dauerte noch einige Jahre und ging erst 1975 zu Ende.

Am 19. Oktober 1968 prophezeite sie, daß Jacqueline Kennedy nicht an eine Heirat denke. Am Tage darauf ging sie aber mit Onassis die Ehe ein.

Soll dieser kritische Einwand nun bedeuten, daß Jeane Dixon eine Schwindlerin ist? Nein. Sie hat in der Tat große wahrsagerische Fähigkeiten entwickelt. Das wurde in der Welt bekannt, als sie damals John Kennedy mit allen Mitteln an der Dallas-Reise hindern wollte.

Welchen Charakter haben die „Prophezeiungen" der Jeane Dixon?

Zuerst fällt, wie bei allen „echten Wahrsagern", auf, daß sie nur tragische Ereignisse wie Mord, Brand, Fluten, Katastrophen voraussagt und nichts Gutes. Schon diese Tatsache läßt auf eine Verbindung mit der Unterwelt schließen und nicht mit der Sphäre Gottes.

Ein alter, auf dem Gebiet des Okkulten erfahrener Seelsorger, Emil Kremer von Colmar, hat folgende Meinung: Die dämonische Welt informiert die okkulten Wahrsager über ihre Planungen. Da die Dämonen nur Mord, Brand, Verbrechen organisieren, können die okkulten Medien, die mit dieser Unterwelt Verbindung haben, solche Inhalte voraussagen. Diese Theorie hat auf jeden Fall mehr für sich als die überspannten Hypothesen vom Anzapfen des Weltbewußtseins oder des Kontaktes mit der Zeitlosigkeit, wie sie von Erich von Däniken vertreten werden.

Okkulte Medien haben ihre Fähigkeit von unten und sind auch nach unten orientiert. Angeblich kommt man bei einer solchen Darstellung mit der religiösen Haltung von Jeane Dixon in Konflikt. Jeane Dixon sieht ihre Fähigkeit als Gabe Gottes. Sie selbst ist treue Katholikin und soll jeden Morgen die Messe besuchen und den Psalm 23 beten.

Von dieser religiösen Haltung brauchen wir uns nicht irreführen lassen. Nehmen wir als Vergleich die Wahrsagerin von Philippi in Apostelgeschichte 16,16–18. Beim Missionsfeldzug des Apostels

Paulus tritt sie unter das Volk und ruft ihm zu: „Das sind Boten des Allerhöchsten, auf sie müßt ihr hören." Sie machte also für die Missionsarbeit von Paulus eine gute Reklame. Sie würde bestimmt heute als Gemeindehelferin oder Mitarbeiterin einer frommen Sekte angestellt werden. Paulus besaß aber die Gabe der Geisterunterscheidung. Er wandte sich der Frau zu und rief: „Ich gebiete dir, du unreiner Geist, fahre aus von ihr." Und die Wahrsagerin wurde augenblicklich frei.

Man muß sich daran gewöhnen, daß Wahrsager oft unter frommem Deckmantel auftreten.

Trotz ihres Kirchenbesuches ist Jeane Dixon keine Prophetin, sondern eine Wahrsagerin – und eine gefährliche dazu. Es liegen mir seelsorgerliche Erfahrungen aus den USA vor. Eine Frau z. B. berichtete mir, daß sie sich von Jeane Dixon beraten ließ. Seit dieser Zeit ist ihr Seelenleben und Glaubensleben gestört. Sie erlebt außerdem merkwürdige Spukerscheinungen, die sie nie zuvor hatte.

Es mag uns auch zu denken geben, daß selbst katholische Priester diese „treue Katholikin" in ihren Schriften und Predigten angreifen, weil sie die Unheimlichkeit dieser Frau erkannt haben.

Gläubige Christen sollten das Buch über Jeane Dixon nicht zu Hause haben.

Das Beste, was von biblischer Sicht aus über diese Wahrsagerin geschrieben wurde, steht in dem Buch „Satan kämpft um diese Welt" von Lindsey/Carlson (Schulte-Verlag, Wetzlar) Seite 142 bis 159.

Jehovas Zeugen

Eine ausführliche Auseinandersetzung mit der Sekte der Zeugen Jehovas würde den Rahmen dieses Buches sprengen. Dr. Kurt Hutten hat in seinem Buch „Seher, Grübler, Enthusiasten" 55 Seiten dieser Bewegung gewidmet. Hier in diesem Kapitel soll in Form einer Skizze diese hartnäckige Irrlehre angeleuchtet werden.

1. Historisches

Im 19. Jahrhundert wurde in USA William Miller durch die Vorausberechnungen der Wiederkunft Jesu bekannt. Er gab das Jahr 1843 als das Datum des Weltendes an. Miller war wahrhaftig nicht der einzige, der solche Berechnungen anstellte. Der in Deutschland bekannte und geschätzte Theologe Bengel gab das Jahr 1846 als den Zeitpunkt der Wiederkunft Jesu an. Unter den Gläubigen Deutschlands empfand man es als äußerst peinlich, daß ein so bibelfester und christozentrischer Theologe wie Bengel einen solchen Reinfall erlebte.

Der Adventismus in USA, der durch die Spekulationen des Baptistenpredigers Miller Nahrung erhalten hatte, wurde zum geistigen Vater der Zeugen Jehovas, die wohl die am straffsten organisierte Sekte unserer Zeit geworden ist.

Gründer der Bewegung ist Charles Taze Russel, 1852 in Pittsburg in Pennsylvania (USA) geboren. Als junger Kaufmann erwarb er sich durch seine Geschäftstüchtigkeit ein für damalige Zeit Riesenvermögen. Dennoch bedeuteten ihm seine 300000 Dollar weniger als seine ungelösten religiösen Fragen. Kein schlechtes Zeichen für einen jungen Geschäftsmann. Vor allem war er durch die schroffe Gesetzlichkeit des Calvinismus abgestoßen. Die Androhung der ewigen Höllenstrafen der Verdammten ließen ihn nicht zur Ruhe kommen. Darum widmete er sich fünf Jahre einem ausgedehnten Schriftstudium. Das Ergebnis faßte er 1874 in der Schrift zusammen „Der Zweck und die Art der Wiederkunft unseres Herrn". Sein Hauptwerk wurde „Der Schlüssel zur Bibel" in sechs Bänden. (Rutherford fügte noch einen siebten Band hinzu.) Der Verbreitung seiner Ideen dient auch die Zeitschrift „Zions Watchtower" = Zions Wachtturm, die heute in alle Weltsprachen mit Millionenauflagen übersetzt ist.

1884 gründete Russel die „Wachtturm-Bibel- und Traktatgesellschaft". 1916 starb Russel. Sein Nachfolger wurde der Jurist Joseph F. Rutherford. Die Bewegung wurde unter verschiedenen Namen bekannt: Internationale Vereinigung Ernster Bibelforscher. Andere nannten sie Milleniums-Tagesanbruchsleute oder einfach Russellianer. Mit dem Tod von Rutherford wurde 1942 Nathan Homer Knorr Nachfolger.

Welche weltweite Verbreitung das Schrifttum der Zeugen Jehovas hat, geht aus folgenden Zahlen hervor: Die Schriften Rutherfords waren 1932 bereits in 120 Millionen Exemplaren verbreitet. Das Wachtturmschrifttum wird in 165 Sprachen publiziert. Die Zeugen Jehovas haben große Druckereien in der ganzen Welt. – Was wäre das ein Segen, wenn sie der biblischen Wahrheit statt der Irrgeisterei dienen würden!

2. Eschatologisches

Einer der vielen Gegenbeweise für den Wahrheitsanspruch der Zeugen Jehovas ist die phantastisch verzerrte und verworrene Eschatologie (Lehre von den letzten Dingen).

Russel war der Meinung, daß Adam und Eva 4126 v. Chr. geschaffen worden sind. Da die Weltjahrwoche 6000 Jahre umfassen soll, hätte demnach 1874 Christus wiederkommen müssen. Als er und seine Anhänger vergeblich auf dieses Ereignis warteten, schob Russel 40 Jahre Prüfungszeit des Gottesvolkes dazwischen und kam dann auf das Jahr 1914. Zum Glück erlebte er noch diesen zweiten Reinfall, denn er starb 1916. Zeugen Jehovas sind aber „unblamierbar". Viele von ihnen glauben heute noch, Christus sei 1914 unsichtbar auf Erden erschienen.

Rutherford sorgte für neue Spannungen und Erwartungen. In einer Schrift im Jahr 1920 kündigte er die Wiederkunft Jesu auf 1925 an. An dieses Datum erinnere ich mich gut. In dem Dorf, in dem ich aufwuchs, hatten die Zeugen Jehovas Anhänger, die uns diese Nachricht weitergaben. Als kleiner Junge hatte ich im Jahre 1925 jedesmal Angst, wenn dunkle Wolken am Himmel standen. Ich fragte mich dann immer: Kommt jetzt Jesus? Ich wußte schon als 12jähriger, daß ich vor Jesus nicht bestehen konnte. Auch das neue Datum stimmte nicht. Der Bewegung tat es keinen großen Abbruch. Es wurden immer neue Erklärungen gefunden.

Die Führer der Sekte nahmen eine Korrektur der Zeitrechnung vor. Sie machten Adam und Eva rund 100 Jahre jünger und erklärten, sie wären erst 4025 v. Chr. erschaffen worden. Demnach wäre der Zeitpunkt der Wiederkunft Jesu 1975 gewesen. Abermals ein Rechenfehler! Und doch wollen sie bei ihren lästigen Hausbesuchen mit ihrer hartnäckigen Propaganda ernst genommen werden.

Die Zukunft ist für die Zeugen Jehovas durch zwei große Ereignisse bestimmt: die Weltuntergangsschlacht und die Rettung der theokratischen Organisation.

Harmagedon ist die große Abrechnung mit allen Gegnern der Zeugen Jehovas. Christus wird als der Scharfrichter Jehovas alle vernichten, die nicht die Wahrheit der Zeugen Jehovas angenommen haben.

Sie selbst sind in zwei Klassen geteilt: die 144000 „die Himmelreichsklasse", „die Geweihten", die mit Christus regieren. Die zweite Klasse wird die Erde zu einem wunderbaren Paradies mit jeder Form von Glückseligkeit ausgestalten. Man gibt dabei an, daß Beth-Sarim in Kalifornien der Dienstsitz der alttestamentlichen Gottesmänner sein wird.

Eine Aufteilung war notwendig, weil die Zahl der 144000 Auserwählten im letzten Jahrhundert schon voll war. Die Verheißungen mußten aber auf die sechs oder sieben Millionen Anhänger in aller Welt ausgedehnt werden.

Die Zeugen Jehovas operieren also mit zwei Motiven: der Angst vor der Vernichtung in Harmagedon, die Hoffnung auf die unaussprechlichen Freuden des Paradieses.

Mit der Peitsche Angst und dem übervollen Becher Glückseligkeit, gepaart mit einer unerhörten Werbetechnik, lassen sich Menschen fangen, die nicht durch klare Schrifterkenntnis gewappnet sind.

3. Christologisches

Wie stehen die Zeugen zu Jesus Christus?

Jesus ist nicht der Scharfrichter Gottes, sondern der Erlöser und Heiland der Welt. „Also hat Gott die Welt geliebt, daß er seinen eingeborenen Sohn gab, auf daß alle, die an ihn glauben, nicht verlorengehen, sondern das ewige Leben haben“ (Joh. 3,16).

Die Zeugen Jehovas bestreiten die Trinität. Das sei eine heidnische Dreigötterlehre. Christus wurde entmachtet. Er ist nach ihrer Meinung nicht der Sohn Gottes, sondern nur der vollkommenste Mensch, den Gott geschaffen hat. Die Heilige Schrift sagt dagegen: „Wer den Sohn Gottes hat, der hat das Leben. Wer den Sohn Gottes nicht hat, der hat das Leben nicht“ (1. Joh. 5,12).

In dem Buch „Die Wahrheit wird euch freimachen“, Seite 252, wird behauptet: „Die Bestimmung Jesu zum Messias oder Christus beweist, daß der Hauptzweck seines Kommens nicht darin bestand, die Menschheit zu erlösen und zu erretten.“ Die Bibel sagt aber in Matth. 1,21: „Er (Jesus) wird sein Volk erretten von ihren Sünden.“ 1. Kor. 15,22: „Wie sie in Adam alle sterben, so werden sie in Christus alle lebendig gemacht.“

Die Zeugen Jehovas behaupten, daß Menschenaugen Jesus bei seinem Kommen nicht sehen, (Wahrheit S. 296). Die Heilige Schrift sagt aber: „Siehe, er kommt in den Wolken, und es werden ihn sehen alle Augen und die ihn zerstochen haben“ (Offbg. 1,7).

Christus ist der Schlüssel, mit dem wir die Heilige Schrift aufschließen können. Wer ihn ausschalten will, dringt nicht zum

Kern der Bibel vor. Wer Christus die Gottheit nimmt, schließt sich selbst von der Heilsgemeinde aus. Die Zeugen Jehovas, die sich selbst die „Himmelreichsklasse", die Bevorrechtigten nennen, sitzen „nicht drin", sondern „daneben".

4. Konsequenzen

Welche Konsequenzen ergeben sich aus der Irrlehre der Zeugen Jehovas? Sie nennen die Kirchenleitungen und die politischen Regierungen Organisationen Satans, denen zu widerstehen ist. Daher beschimpfen sie die bestehenden Kirchen und verweigern dem Staat gegenüber den Gehorsam. Sie lehnen die Wehrpflicht und den Eid ab. Darum sind Tausende von ihnen in verschiedenen Ländern in die Gefängnisse gewandert. Unter Hitler kamen sie in die KZ. Viele bezahlten ihre Haltung mit dem Tode.

Hier sind wir aber an einem Punkt, der vielen Achtung abgenötigt hat. In den Gefängnissen und KZ bewiesen sie eine Hilfsbereitschaft und Mitmenschlichkeit, die man unter den übrigen Gefangenen kaum beobachtete. Die Blocks mit den Zeugen Jehovas waren die Musterblocks. Sie waren ehrlich, zuverlässig, fleißig und unternahmen nie Fluchtversuche. Himmler hat sie sogar gelegentlich seinen SS-Männern als Muster hingestellt. Diese menschliche Seite anerkennen wir dankbar. Allerdings kann man sich damit nicht den Himmel verdienen. Es gibt nur ein Tor in das Reich Gottes: die Wiedergeburt durch den Heiligen Geist, die Annahme Jesu Christi als unseren persönlichen Herrn und Heiland.

Gelegentlich werden Menschen von der Sklavenschaft der „Theokratischen Organisation" frei. Sie schildern die Zeit ihrer Zugehörigkeit als eine Gehirnwäsche, als einen geistigen oder religiösen Bann, aus dem keiner in eigener Kraft sich befreien kann. Darin offenbart sich ein diabolisches Verhaftetsein, das nur durch Christus gebrochen werden kann. Eine empfehlenswerte Schrift zu diesem Punkt ist: H. J. Twisselmann „Vom Zeugen Jehovas zum Zeugen Jesu Christi".

Joga (Yoga)

Das Wort kommt aus dem Sanskrit und ist möglicherweise die sprachliche Wurzel für das griechische Wort iogé (Schutz, Schirm) und das lateinische jugum, das Joch. Joga praktizieren heißt nach diesen sprachlichen Wurzeln: sich unter ein Joch stellen, unter einer beschirmenden Macht Schutz suchen.

Den Joga in einem Kurzartikel darzustellen, ist eine Unmöglichkeit. Erstens gibt es viele Formen des indischen und tibetanischen Joga, so daß schon die Aufzählung der Formen mehr als ein dickes Buch geben würde. Zweitens nähme die Beschreibung einer einzigen Form zuviel Raum in Anspruch.

Wer eine gute Einführung in den Joga sucht, dem wird das Buch von Maurice Ray „Joga, ja oder nein?" (Bibellesebund) dringend empfohlen. Dieses Buch beschreibt den Hatha Joga und Raja Joga (königlicher Joga) aus der Sicht des christlichen Glaubens. Es ist die beste Auseinandersetzung mit dem Joga, die mir im christlichen Raum bekannt ist.

Hier in dieser Kurzdarstellung kann nur ein stark begrenzter Ausschnitt des Joga gebracht werden. Ich habe folgende Quellen benützt:

1. Seelsorgerliche Gespräche in West und Ost, vorwiegend in Ostasien, das ich achtmal ausgiebig bereist habe.
2. Informationen des indischen Professors de Roy, der als Christ den Joga seiner Umwelt studieren konnte.
3. Das umfassende Werk von Mishra über den Patanjali Joga „The Textbook of Yoga Psychology" (The Julian Press, New York).

Einige Kernsätze aus dem Werk Mishras erschließen uns die geistige Atmosphäre des Joga:

a) Das höhere Ich des Menschen ist transzendent und immanent, es ist ohne Anfang und ohne Ende, hat keine Geburt noch den Tod.
b) Joga bedeutet die Synthese des physischen und metaphysischen Universums.
c) Himmel und Hölle sind nur Produkte des menschlichen Geistes.
d) Auch hinter der Magie, Mystik und hinter dem Okkultismus ist das Jogasystem gegenwärtig.

Schon diese vier Sätze zeigen, daß Joga und Bibel nicht im entferntesten zusammenzubringen sind. Die fernöstlichen Systeme und der christliche Glaube sind unvereinbare Gegensätze.

Bei einem Querschnitt durch die bekanntesten Jogaformen lassen sich etwa vier Stufen erkennen.

1. Die erste Stufe hat als Ziel, dem Jogaschüler die Herrschaft über sein Bewußtsein und seinen Körper zu vermitteln. Der Verwirklichung dieses Zieles dienen geistige und körperliche Übungen.
Zu den geistigen Übungen gehören Meditation, autogenes Training, Konzentration, Koan = Litanei mit der dauernden Wiederholung eines Mantra (Geheimwort).
Die körperlichen Übungen umfassen Atemgymnastik, verschiedene Körperstellungen wie Lotossitz, Kobrastellung, Kopfstand usw.
Diese erste Stufe hat also psychosomatischen Charakter, die Herstellung der Einheit von Körper und Geist.
Es gibt viele Christen, die meinen, man könne ohne Schaden diese erste Stufe des Joga mitmachen. Es handle sich ja doch nur um Entspannungsübungen.
Ja, wenn das wahr wäre! Die Seelsorge zeigt einen anderen Sachverhalt. Diese von den Jogi vielgerühmte Entspannungstechnik und „Entleerungsübungen" führen nur dazu, daß ein anderer Geist – andere Geister – einströmen. Und der Jogajünger merkt es nicht. Einige Beispiele dazu:

B 153 Eine gläubige Lehrerin, G. C., berichtete mir, daß ein Tierarzt und seine Tochter anläßlich einer Evangelisation ihr Leben Christus übergeben wollten. Sie waren aber blockiert. Erst, als sie sich von ihren Jogaübungen losgesagt und Buße darüber getan hatten, gelang ihnen der Durchbruch zu Christus.

B 154 In Johannesburg, Südafrika, war ein Theologiestudent in meiner Seelsorge. Er war ein junger Mann, der einige Jahre zuvor eine Hinkehr zu Jesus erlebt hatte. Aufgrund einer kirchlichen Empfehlung meldete er sich zu einem Jogakurs an. Nach einigen Monaten empfand er selbst eine Änderung in seinem Glaubensleben. Sein Verlangen, die Bibel zu lesen, verschwand. Er wurde auch gebetsmüde. Ich riet ihm mit starkem Nachdruck, sofort seine Jogaübungen aufzustecken und sich völlig davon loszusagen.

2. Die zweite Stufe des Joga umfaßt die Beherrschung des Unbewußten. Der Meister der zweiten Stufe kontrolliert und lenkt

z. B. das viscerale Nervensystem. Ich traf Meister der zweiten Stufe, die erstaunliche Experimente zeigten. Einige Beispiele:

B 155 In einer Universitätsstadt des Westens begegnete ich einem Theologiestudenten, der die zweite Stufe des Joga praktizierte. Er war in der Lage, seine Blutzirkulation zu erhöhen oder zu vermindern. Da er zu Späßen aufgelegt war, unterhielt er mit seinen Fähigkeiten seine Kommilitonen. Er konnte das eine Ohrläppchen rot, das andere blaß werden lassen. Er vermochte sich rote Flecken auf die Haut zu suggerieren.

Ich fragte mich nur, mit welchem Evangelium er einmal seine Gemeinde betreuen will.

B 156 In einer Weltstadt hörte ich von einem Polizeibeamten, der ebenfalls die zweite Stufe beherrschte. Er konnte sich Stigmata (Wundmale) auf die Handflächen suggerieren. Er ist keineswegs ein Heiliger, sondern ein Atheist. – Nebenbei stellen wir hier fest, daß die Wundmale in den Handflächen durchaus kein religiöses Phänomen zu sein brauchen. Es gibt unbewußte und bewußte, religiöse und areligiöse Stigmata, also vier Formen von Wundmalen, die mit Christus absolut nichts zu tun haben. Daß es auch durch eine mystische Betrachtung der Wundmale Jesu Imitations-Stigmata gibt, halte ich für möglich. Glaubensnotwendig und heilsnotwendig ist das nicht. Wir haben Jesus und brauchen keine stigmatisierte Heilige oder Unheilige zu unserer Erlösung.

B 157 In Südostasien traf ich mehrmals auf Jogi, die Atmung, Herztätigkeit und Blutzirkulation auf ein Minimum reduzieren konnten. Sie verfielen dabei in einen tranceähnlichen Schlaf, der zehn Wochen anhalten konnte. Während dieser Zeit nahmen sie weder Nahrung noch Flüssigkeit zu sich (siehe S. 236).

B 158 Mein aufschlußreichstes Erlebnis dieser Art hatte ich in Kalifornien. Eine junge Frau kam in meine Seelsorge. Sie berichtete, daß sie Meisterin der zweiten Jogastufe gewesen sei. Bei ihren Jogaübungen hatte sie sogar Jesus als Guru gewählt. Wohlgemerkt, nicht Jesus als Heiland und Erlöser, sondern nur als Vorbild, als großen Meister. Bei ihren Jogaübungen entwickelte sie okkulte Fähigkeiten. Es wurde ihr unheimlich, und sie versuchte, sich selbst zu befreien. Da merkte sie erst, welche Bindung Joga war. Sie fing an, Christus zu suchen. Einige Freunde beteten für sie. Unter fürchterlichen Kämpfen kam sie los. Sie schrieb einen Bericht unter der Überschrift „Vom Joga zu Christus“ und gab mir Veröffentlichungsrecht. Leider kam ich noch nicht dazu, ihre ganze Geschichte zu veröffentlichen.

Joga befreit nicht, sondern knechtet. Joga löst nicht, sondern bindet. Joga erleuchtet nicht, sondern vernebelt. Joga bereitet nicht den Boden für Christus, wie Pater J. M. Dèchanet (Cahier du Val) behauptet, sondern macht für die Erlösung durch Christus immun. Joga öffnet nicht die Pforte für den Heiligen Geist, sondern die Türen für die spiritistischen Geister.

Das wird noch deutlicher, wenn wir die Stufen drei und vier kurz beschreiben.

3. Die dritte Stufe des Joga betreibt die Beherrschung der Naturkräfte. Im Westen habe ich das äußerst selten gefunden, im Osten dagegen sehr häufig. Es ist eine Spezialität der tibetanischen Jogi, Magie und Joga zu kombinieren. Nach einer dreijährigen Lehrzeit bei einem Lama, der Meister dieser Kunst ist, muß der Adept (Lehrling) in der Lage sein, in der Natur Wärmeenergien auszulösen und etwa durch Gedankenkonzentration Eis zu schmelzen. Mir stehen Beispiele zur Verfügung. Ich wage es aber nicht, sie dem Leser vorzusetzen, weil ich sonst in Gefahr komme, für nicht zurechnungsfähig gehalten zu werden.
Die Umkehrung traf ich noch häufiger an, daß Jogi Hitze, ja sogar Feuerflammen erzeugen können. Wir finden das bei den Feueranbetern, die zugleich Feuermagie betreiben.

B 159 In Port Elizabeth kam ein solcher „Feuermeister“, der aus Indien nach Südafrika eingewandert war, zu mir in die Seelsorge. Er beichtete und bat um meine Hilfe. Er wollte frei werden, schaffte es aber nicht aus eigener Kraft. Ich zeigte ihm den Weg zu Jesus. Er war bereit, Jesus als seinen Herrn anzunehmen. Ich weiß natürlich nicht, ob er durchgehalten hat. Okkultisten haben häufig Rückfälle.

Wer auf Stufe eins oder zwei es noch bezweifeln wollte, daß aus dem Joga sich okkulte Vorgänge entwickeln, der muß es auf Stufe drei zugeben, daß Joga zu den Mächten des Abgrundes führt.

Maurice Ray schreibt in dem erwähnten Buch Seite 68: „Jeder, der Hatha Joga ernsthaft betreibt, gewinnt neue Fähigkeiten. Zu ihnen gehören Telepathie, Ahnungsvermögen, das zweite Gesicht und alle Kräfte eines übersinnlichen Zustandes, wie sie für okkulte Handlungen unerläßlich sind." Vielleicht lesen wir unter diesem Gesichtspunkt das Beispiel des Pfarrers, der durch Meditation verborgene Dinge aufdecken konnte. (B 211)

4. Auf der vierten Stufe erringt der Jogi die Meisterschaft der schwarzen Künste. Dafür sind vor allem die tibetischen Lamas bekannt. Ich habe sehr viele Beispiele zu Joga Stufe vier gesammelt. In Kalimpong an der tibetischen Grenze bekam ich ja Kontakt mit vielen Tibetern. Außerdem erhielt ich Berichte von ehemaligen Tibetmissionaren. Am meisten bekam ich Einblick durch die Beichte eines Mannes, dessen Beispiel ich bringen darf.

B 160 Zehn Jahre lang hatte mein Berichterstatter bei den Lamas Joga, Magie und Spiritismus studiert. Er hatte von meinen Vorträgen in Sydney gehört und reiste mir bis Newcastle (Australien) nach. Er legte eine Generalbeichte ab und nannte die Dinge beim Namen. Er sagte: „Was die Lamas vermitteln, ist Geisterkult, Dämonenkult. Auch ich kam dadurch in die Gewalt der Dämonen. Bitte helfen Sie mir, daß ich frei werde."

Wir hatten eine lange Aussprache. Bei so starken Bindungen sollte ich jedesmal einen einsatzbereiten Gebetskreis dabei haben. Wie wenig treue, glaubensstarke Beter gibt es aber selbst unter den Gläubigen. Von diesem Beichtenden erfuhr ich auch, daß die tibetischen Jogi die Trance beherrschen, die Materialisationen, die Exkursion der Seele, die Telekinese, die Levitation, vollkommene Meisterschaft in der Telepathie und alle spiritistischen Künste. Auf der Stufe vier, die ich in dieser Intensität nur bei den Tibetanern, Zombis, Alauts, Macumbas, Wuduisten fand, kann sich der Joga beim besten Willen nicht mehr tarnen. Hier ist Joga bei seinem Chef angelangt – Satan, der mit seinen Versprechungen und Künsten die Menschen in den Abgrund reißen will.

Wenden wir uns dem hochentwickelten Krija Joga zu. Jogananda, der diese Form vertritt, erklärt: „Krija Joga ist die wissenschaftliche Technik der Gottverwirklichung." Die Gottebenbildlichkeit wird durch ein sich höher entwickelndes Bewußtsein erreicht. Jogananda unterscheidet: ein transzendentales Bewußtsein – ein astrales und ein kausales Bewußtsein – ein kosmisches Bewußtsein und zuletzt das Christusbewußtsein.

Nebenbei gesagt, ist es aufschlußreich, daß mit dem Ausdruck Christusbewußtsein moderne Theologie, Joga und Hinduismus sich einig werden. Der moderne Theologe Prof. Fuchs sagte einmal: „Jesus von Nazareth war nicht Christus, er hatte nur ein Christusbewußtsein."

Bei der Differenzierung der Bewußtseinsformen wird das Grundkonzept des Joga deutlich. Der Mensch klettert die Leiter hoch, bis er Gott erreicht hat. Eine eindeutige Selbsterlösung! Der Verführungsplan der Schlange im Paradies – „sein wie Gott" – ist damit erfüllt.

Jogananda, der Meister des Krija Joga, zieht aus der vermeintlichen Gottgleichheit des Menschen erstaunliche Folgerungen. Er sagt in seinem Buch: „Wer seine Gottgleichheit erkannt hat, steht außerhalb der physikalischen Kausalität. Er ist fähig, jedes Wunder zu vollbringen." Zu diesen Wundern gehören die verschiedenen Formen der Materialisation. Der Krija Jogi kann sich dematerialisieren, mit Lichtgeschwindigkeit reisen und sich rematerialisieren. Man kann das als Phantasterei eines Geisteskranken abtun. Ich habe aber vorwiegend in Ostasien viele Beispiele von Materialisationen gesammelt. Es liegen mir auch einige Beispiele vom „Windreiten" vor, das heißt: an einem Ort verschwinden und in kurzer Frist viele Kilometer entfernt wiederauftauchen.

Zur Zeit geistern in den Zeitungen mysteriöse Geschichten herum. Insgesamt 12 Autofahrer berichteten, sie hätten einen Anhalter mitgenommen, der dem Fahrer erklärte, er sei der Erzengel Gabriel und sei gesandt, die Wiederkunft Jesu im Jahr 1984 anzukündigen. Dann sei der geheimnisvolle Beifahrer bei einer Geschwindigkeit von etwa 150 km/h plötzlich verschwunden. (Siehe auch das Kapitel über UFOs.)

Was fangen wir mit solchen Geschichten an?

1. Es können Zeitungsenten sein, von einem findigen Journalisten erfunden.
2. Es kann ein spiritistisches Materialisationsphänomen sein, also ein okkulter, dämonischer Vorgang.
3. Ein biblischer Vorgang ist es jedenfalls nicht. Zeit und Stunde der Wiederkunft Jesu weiß niemand. Das hat der Vater im Himmel sich vorbehalten. 1964 kursierten schon einmal solche Wiederkunftsankündigungen. Damals war es ein Moslempriester, der im Auftrag Gottes diese Prophezeiung verbreitete. Ich nahm das seinerzeit in meine Kartei auf.

In einem Punkt war ich überrascht. Jogananda berichtete, wie der Jogi der höchsten Stufe den Tod überlisten kann. Wenn der Jogi sein Ende nahen fühlt, entmaterialisiert er sich und geht so in die Unsichtbarkeit. Der Todeskampf ist damit umgangen. Im Himalajagebiet hörte ich erstaunliche Beispiele, deren Wahrhaftigkeit ich nicht nachprüfen konnte. Man wird dabei wieder an die Aussage der Schlange im Paradies erinnert: „Ihr werdet mitnichten sterben."

Jogananda, der von Indien nach Kalifornien übersiedelte, hat zur Werbung zugkräftige Köder ausgelegt. Für die gehetzten Großstädter ließ er einen wundervollen Park einrichten. Am Eingang steht, daß man die Anlagen schweigend, meditierend und ohne Hetze durchwandern soll. Alle 50 m sind auf den Bäumen Lautsprecher installiert, die eine sanfte Musik ausstrahlen. Es herrscht eine Atmosphäre der Ruhe, die geeignet ist, der Mystik des Ostens den Weg zu bahnen. Ich hatte den Eindruck, daß der Teufel in Filzpantoffeln mehr Erfolg hat als mit groben Holzschuhen.

Nach diesen Enthüllungen muß die religiöse Seite des Joga nicht mehr beleuchtet werden. Joga endet nicht nur in der Selbsterlösung und im Atheismus, sondern im Dämonenkult. Wer sich anschickt, an Jogaübungen teilzunehmen, der begibt sich in ein Kraftfeld, von dem er unbewußt auf den Kraftliniensender ausgerichtet wird. Das sind die Mächte, von denen Paulus in seinen Briefen, z. B. Kol. 2,15 spricht. Christus hat uns von den Geistern, Dämonen und Mächten befreit. Der Boß dieser Mächte ist Luzifer, der mit seinem trügerischen, irreführenden Licht das Verlorene zurückerobern will. Und wieviel Erfolg ist ihm beschert, denn Joga ist die Mode des Westens geworden!

Ein Zitat aus der Weltliteratur soll meine eigene Meinung bestätigen. In dem Buch „Satan kämpft um diese Welt" von Lindsey/Carlson heißt es auf Seite 33: „Chris Pike (der Sohn des Bischofs Pike) sagte mir in einem persönlichen Interview, er habe früher einmal Joga und Meditation geübt. Da sei er von Geistwesen beherrscht worden, die nahezu sein Leben zerstörten. Er hat sich dann im Namen Jesu von diesen Mächten losgesagt und ist heute Zeuge für die verwandelnde Kraft Jesu Christi. Sein Leben änderte sich dadurch völlig."

Allen Christen, die sich ahnungslos zu Joga verführen lassen, gilt das Wort Gal. 5,1: „Bestehet in der Freiheit, zu der uns

Christus befreit hat, und lasset euch nicht wiederum in das knechtische Joch fangen."

Jugendsekten

Vor rund 30 Jahren war ich sechs Jahre Jugendpfarrer in Mannheim. Seit dieser Zeit mußte ich mich beruflich, vor allem auf dem Gebiet der Seelsorge, mit den Jugendsekten auseinandersetzen. Diese spezielle Arbeit weitete sich stark aus, als ich danach fünf Jahre das Evangelisationspfarramt der Badischen Landeskirche innehatte. Noch eine größere Horizonterweiterung und Berufserfahrung gab es dann bei meinen missionarischen Reisen in mehr als 140 Länder.

Ein Eldorado verworrener religiöser Gruppierungen war und ist Kalifornien mit seinem spiritistischen Hintergrund. Bei sieben Besuchen in Los Angeles und anderer Städte der pazifischen Küste konnte ich allein vier Richtungen der Jesus People in ihrer Entwicklung studieren. In einem meiner Taschenbücher habe ich darüber berichtet.

Die Jesus-People-Bewegung, in der es aber auch echte Jünger Jesu gab, hat schon längst ihren Kulminationspunkt überschritten. Ihre Zahl ging rapide zurück.

Der Teufel hat aber eine neue Platte aufgelegt in Form vieler Psychogruppen, die zu einer großen Gefahr, nicht nur der Jugend, sondern aller Bevölkerungsschichten wurde.

Das Material, das sich bei mir in den vergangenen Jahrzehnten angesammelt hat, ist so umfangreich, daß ich es nicht mehr übersehen kann.

Aus meinem Zettelkatalog gebe ich zuerst einen Artikel der „Rhein-Neckar-Zeitung" vom 30. 7. 83, der die Überschrift hat: Polizei und Jugendsekten.

Was hat die Polizei mit Jugendsekten oder Jugendreligionen zu tun, werden Sie sich fragen. Gegen einige Jugendsekten sind strafrechtliche Ermittlungsverfahren anhängig, darunter z. B. wegen Verdachts der Freiheitsberaubung, des Betruges, der Körperverletzung, der Förderung der Prostitution usw.

Seit den siebziger Jahren betätigen sich Jugendreligionen (Jugendsekten) in der Bundesrepublik Deutschland. Unter dem Deckmantel „Kirche", „Weltanschauung" oder „Religion" machen ca. 40 Gruppierungen nicht nur gute Geschäfte, sondern sind zunehmend auch zu einer Gefahr für die jungen Menschen in unserem Lande geworden. Die Zahl ihrer Mitglieder wird auf etwa 150000 geschätzt.

In einem ähneln sie sich alle, in ihrem organisatorischen Aufbau, in ihrer destruktiven Grundausrichtung und in ihren Forderungen an die Anhänger. Fast alle Gruppen werden von einem „Messias“, Gründer oder gottähnlichen Führer geleitet. Sie fordern von ihren Anhängern bedingungslose Hingabe an die Gemeinschaft und totale Disziplin. Nicht selten wird gefordert, daß sich die Anhänger bei ihrem Eintritt in die Gemeinschaft von allen irdischen Gütern lossagen und ihr gesamtes Hab und Gut der jeweiligen Gruppe überlassen und die familiären Bindungen rigoros abbrechen. Geworben werden besonders junge, in der Persönlichkeit ungefestigte Menschen, die durch ausgeklügelte Psychopraktiken in einen suchtähnlichen Zustand totaler psychischer Abhängigkeit, Desorientierung und Realitätsferne versetzt werden.

Die Gruppen erreichen dieses Ziel durch die Anwendung verschiedenster Techniken wie Suggestion, Einhämmern der „Lehre“ mit modernsten Schulungsmethoden, Schaffen von Übermüdungszuständen usw. Kritik- und Denkfähigkeit werden ausgeschaltet, was zu einer totalitären Inanspruchnahme und oft zur Ausbeutung des einzelnen führt.

Die Folgen solcher Werbemachenschaften sind häufig, daß junge Menschen von heute auf morgen die Schule, das Lehrverhältnis oder das Studium aufgeben, um in der neuen Gruppe zu leben.

Mit Großveranstaltungen, Hausbesuchen und mit gezielten Werbekampagnen machen die Gruppen auf sich aufmerksam. Sie sprechen insbesondere unzufriedene, mit Problemen behaftete, vereinsamte junge Menschen an und fragen nach Gott, Erde, Welt und nach dem Sinn des Lebens. Sie geben vor, all das bieten zu können, wonach der Betreffende bisher vergeblich gesucht hat. Sie bieten dabei angeblich Geborgenheit in der Gruppe, persönliche Aufmerksamkeit und das Bewußtsein, zu den Geretteten oder zu den Erleuchteten zu gehören.

Die Polizei rät:

1. Jugendliche sollten mit ihren Eltern, Lehrern oder Geistlichen über neue Ideen, Religionen, Jugendsekten sprechen, von denen sie hören.

2. Scheinreligiöse Bewegungen holen sich ihren „Nachwuchs“ bei allen Gelegenheiten. Oft wird man bei scheinbar harmlosen Veranstaltungen „weichgekocht“, also: gesundes Mißtrauen gegenüber solchen Gruppierungen ist angebracht.
3. Falls Jugendliche doch Kontakt mit einer Jugendsekte hatten, sollten sie sich unbedingt ihren Eltern, Lehrern oder Geistlichen anvertrauen.
4. Eltern und Erzieher sollten sich intensiv mit diesen Fragen befassen. Mehr Informationen und Ratschläge können Sie bei folgenden Einrichtungen erhalten: Aktion für geistige und psychische Freiheit – Arbeitsgemeinschaft der Elterninitiativen e. V., Graurheindorfer Str. 15, 5300 Bonn 1; Evangelische Zentralstelle für Weltanschauungsfragen, Hölderlinplatz 2A, 7000 Stuttgart 1; Aktion Bildungsinformation, Alte Poststraße 5, 7000 Stuttgart; Elterninitiative zur Hilfe gegen seelische Abhängigkeit und religiösen Extremismus e. V., Postfach 874, 8000 München 1.

Das geistige Milieu der Psychogruppen wird sichtbar in ihren harten Auseinandersetzungen innerhalb der menschlichen Gesellschaft. Diese Sekten haben viele Prozesse heraufbeschworen, weil sie Eltern ihre Kinder abspenstig gemacht haben. Ein Anstoß ist auch das unsaubere Finanzgebaren. Einige Hinweise dazu:

Lichtkreis Christi e. V. Harald Stößel

Mir liegen die Prozeßakten des Traunsteiner Gerichtes vor, das Anklagen gegen den Sektenführer Stößel zu behandeln hatte. Der Lichtkreisführer gibt sich als wiedergekommenen Petrus aus. Ein Doppelwunder ist ferner die Reinkarnation von Jesus und seiner Mutter in einer Frau aus Salzburg, die zu den Anhängern Stößels zählt. Zu den Anklagepunkten gehört auch eine unzulässige Spendenforderung. Der Staatsanwalt legte auch eine „Neue Bibel“ vor, die durch Offenbarungen des „wiedergekommenen Petrus“ entstanden ist.

Der Prozeß in Traunstein ging zuungunsten Stößels aus.

Children of God, heute family of love

Kinder Gottes – heute unter dem Namen „Familie der Liebe“

Bei meinen Vorträgen in Montreal hörte ich erschütternde Berichte über verzweifelte Eltern, die nach ihren verschwundenen Kindern suchten. Sie entdeckten sie schließlich in der Gruppe „Kinder Gottes“. Die Eltern strengten Prozesse an, um ihre Kinder freizubekommen. Es gelang ihnen nicht. Manche versuchten dann, ihren Sohn oder die Tochter zu entführen, um sie wieder der eigenen Familie einzugliedern.

Ein großes Ärgernis haben die „Kinder Gottes“ durch eine spezielle Werbemethode, das „Flirty Fishing“, erregt. Pfarrer Haack schreibt dazu in seiner Aufklärungsschrift „Die neuen Jugendreligionen, Dokumente und Erläuterungen“ Seite 118 folgendes: „Mit dem Begriff ‚Flirty Fishing‘ bezeichnet die ‚Familie der Liebe‘ den Missionsdienst mit Hilfe des Einsatzes auch körperlicher Art, vor allem bei den jungen Mädchen der Gruppe. Gerade diese Werbe- und Missionsmethode hat der Gruppe starke Kritik eingetragen. Sie selbst sehen in diesem Körper-Dienst den Liebesdienst für Jesus.“

In einem Informationsbrief des Gründers David Berg vom 21. 3. 74 steht unter anderem folgendes: „Fleisch kann das Fleisch befriedigen, aber der Geist kann den Geist befriedigen, und wir fanden bald heraus, daß wir ihnen beides geben mußten, damit wir ‚all ihren Mangel nach Seinem Reichtum ausfüllen‘“ (Phil. 4, 19).

Dieser „Körperdienst“ hat dem Sektengründer den Vorwurf der Anleitung zur Prostitution eingebracht.

Scientology

Bei meiner Vortragstour in Nova Scotia (Kanada) war ich Gast bei dem sehr aktiven Rev. Nickersen. Dort hörte ich zuerst die Geschichten von den Prozessen Ron Hubbards, dem Gründer der Scientology. In diesem Buch ist ein Kapitel über diese Bewegung. Nickersen hat in seinem Monatsblatt „The Path of Life“ (Der Weg des Lebens) vom 5. 6. 78 folgenden Bericht gegeben: „Ron Hubbard wurde zu vier Jahren Gefängnis und 7000 Dollar verurteilt, weil er in betrügerischer Weise Spenden eintrieb. Hubbard wurde in Abwesenheit verurteilt. Der Richter verlangte eine Kaution. Hubbard befand sich zu dieser Zeit auf seiner Luxusjacht im Atlantischen Ozean.“

Dieser Prozeß blieb nicht der einzige. Die „Aktion Bildungsinformation“ mit dem Sitz in Stuttgart hat sich mit der Scientology-Kirche befaßt und hat insgesamt 7 Prozesse mit einem Streitwert von DM 310000,– gegen die Scientology-Vereine in München und Stuttgart geführt. Die Kosten für sämtliche Prozesse wurden den Scientology-Vereinen auferlegt. Der Aktion Bildungsinformation wurde durch ein Urteil des Landgerichtes Stuttgart gestattet, die folgende Feststellung einer australischen Untersuchungskommission zu verbreiten: „...die Scientology-Kirche ist in Wahrheit nicht der Welt größte Organisation für seelische Gesundheit, sondern der Welt größte Organisation aus unqualifizierten Leuten. Ihre Praxis ist eine ernste Bedrohung der Gesellschaft, medizinisch, moralisch und sozial. Ihre Anhänger sind bedauernswerte Verführte und vielfach seelisch krank." (Zitiert bei Pfarrer Haack Dokumente und Erläuterungen S. 112–113)

Zu der Vermögenslage der Scientology-Kirche kam in der „Neuen Zürcher Zeitung" am 31. 7. 81 die Information, daß diese Kirche 1980 weltweit Immobilien im Wert von 40 Millionen Franken gekauft habe.

Jean Michel et son équipe
(Jean Michel und sein Team)

Ich erhielt Zeitschriften, in denen vom Prozeß gegen diese Kleinsekte berichtet wurde. Jean Michel verlor den Prozeß in allen Instanzen einschließlich des Schweizer Bundesgerichtes. Der Verurteilte tauchte dann in Frankreich unter.

Witness Lee

Lee war ein Schüler von Watchman Nee, dessen Bücher auch der westlichen Welt großen Segen gebracht haben. Anders steht es mit Witness Lee, der nicht mehr in den Fußstapfen seines Lehrers geht. In der amerikanischen Zeitschrift „Christianity Today" (Christenheit heute) vom März 1981 steht ein Bericht über Prozesse Lees. Die Anhänger Lees haben in USA drei Prozesse gegen ihre Kritiker angestrengt, gegen den Verlag des Buches „Mindbenders" (Willenbrecher, Meinungsbeuger), ferner gegen das monatliche Blatt des Moody-Bible-Institutes „Moody Monthly" und gegen die christliche Zeitschrift „Eternity". Lees Anhänger und „Local churches" = „Örtliche Kirchen" haben alle Prozesse verloren.

Ein bekannter Verleger berichtet mir, daß Witness Lee auch in der Schweiz und in Deutschland Prozesse gegen Verlage angestrengt und sie in beiden Ländern verloren hat.

Zur Charakterisierung soll ein einziger Satz aus dem erwähnten Artikel von „Christianity Today" gebracht werden. Es heißt darin: „Die örtliche Kirche heißt die Autorität der Heiligen Schrift gut, in Wirklichkeit aber wird nur die Auslegung Lees gebraucht, und er betrachtet sich selbst als einen Mann, der die Autorität der 12 Apostel hat."

Diese Haltung hat die christlichen Werke und Autoren veranlaßt, gegen diese Sekte aufklärend vorzugehen. Der Bericht von Christianity ist überschrieben „Witness Lee's Local Churches Fail to Silence Their Assailants" = Lees örtliche Kirchen konnten nicht ihre Angreifer zum Schweigen bringen.

Divine Light Center
(Göttliches Licht-Zentrum)

Einem Schweizer Berichterstatter, P. Amstutz (Bern AP), verdanke ich folgende Einzelheiten.

1965 siedelte sich ein Inder Swami Omkarananda in Winterthur an. Er richtete in dieser Stadt sein Divine Light Center ein, predigte und sammelte Kollekten ein, die reichlich flossen. Der Inder erwies sich als geschäftstüchtig. Er kaufte eine Villa nach der andern. Das Geschäftsgebaren, das er dabei an den Tag legte, führte dazu, daß eine Flut von Prozessen entstand. Im Januar 1974 verweigerte die Schweizer Fremdenpolizei die Verlängerung der Aufenthaltsbewilligung. Endeffekt war, daß gegen den Polizeidirektor des Kantons ein Bombenanschlag verübt wurde. Die Spur der Fahnder führte zum Divine Light Center. Bei der folgenden Hausdurchsuchung kamen Gifte, Chemikalien, 14 Pistolen, 2 Sturmgewehre, eine MP und Munition zum Vorschein. Der Schießkeller für Übungen mit diesen Waffen lag direkt unter dem Andachtstempel der „Jünger vom göttlichen Licht". Die Anklage lautete auf Mord und Tötungsversuch, Giftattentate und Versuche, den Feinden Pocken und Cholera anzuhängen.

Was juristisch nicht faßbar war, sind die Rituale der versuchten Todesmagie. Auf jeden Fall wurde dieses unter religiösem Deckmantel laufende Verbrechernest ausgeräumt.

Hare Krishna

1975 ging durch die Zeitungen die Nachricht von der Verhaftung der Anführer dieser Sekte in Frankfurt. In der Kutte des Obermönches war eine Pistole gefunden worden und im Altar zwei Flinten und ein Colt. Die Anklage lautete: unerlaubter Waffenbesitz, zweifacher Kindesraub und Bettelbetrug. Das Konto wurde von der Staatsanwaltschaft beschlagnahmt. Das Oberhaupt dieser Sekte ist ein hochbetagter Inder, der „Seine Heiligkeit“ oder einfach „Gott“ genannt wird.

Jugendliche laufen diesen kahlen Mönchen nach. Die Eltern sind hilflos. Denn ihre Kinder verschwinden oft mit gefälschten Pässen ins Ausland.

Der Tagesablauf beginnt morgens um 3.30 Uhr. Jeder Mönch muß am Tag 1728 mal den göttlichen Namen laut aufsagen: Hare Krishna, Hare Krishna ... Das Tagwerk besteht aus Betteln. Das Tagessoll liegt bei 400 DM oder mehr. Der Ertrag wird dann laufend an den Krishna-Gott nach USA überwiesen, der Millionen kassiert (siehe auch das spezielle Kapitel über Hare Krishna).

Sun Myung Mun

In die Reihe der Psychosekten gehört auch die Vereinigungskirche von Sun Myung Mun. Dieser Koreaner ist der bedeutendste und einflußreichste, darum wird ihm ein eigenes Kapitel gewidmet, das unter V in diesem Buch erscheint.

In diesem Kapitel über Jugendsekten wird im allgemeinen nur von der Geldhamsterei und der Prozeßfreudigkeit der Psychoterrorgruppen gesprochen. Eine ausführliche Darstellung übersteigt den Rahmen dieses Buches. Es gibt aber ausgezeichnete Berichterstattungen, die im Buchhandel zu haben sind. Einige seien genannt:

„Die neuen Jugendreligionen“ von Pfarrer F. W. Haack, 19. Aufl. 1979

„Die neuen Jugendreligionen, Dokumente und Erläuterungen.“ F. W. Haack 1979

„Die sogenannten neuen Jugendreligionen.“ JU-Landesverband Stuttgart

„Jugendreligionen – Weg ins Glück.“ Im Auftrag der Jungen Union Mainz

„Die Kinder Gottes“ von Rüdiger Hauth, Münchener Reihe

Wenn bei der empfohlenen Literatur der Name Haack auftaucht, dann muß ergänzt werden, daß ich seine unbiblischen Thesen in seiner Broschüre „Satan – Teufel – Luzifer“ ablehne, ebenso sein Ja zur Freimaurerei.

Karate

Schon einige Male war ich Zeuge für erstaunliche körperliche Leistungen der Karatekämpfer. Auf dem Flug nach Abu Simbel in Oberägypten blockierte eine überproportionierte Griechin beim Einsteigen in die Maschine die Gangway. Die Stewardeß ließ sie nicht passieren, weil die Griechin keine Bordkarte hatte. So faßte die resolute Dame die beiden Geländer und ließ niemand an Bord gehen. Ein neben mir stehender schmächtiger Mann kam der Stewardeß zu Hilfe. Er drückte der schwergewichtigen Dame auf bestimmte Muskelpartien, so daß diese den Weg freigab. Die inzwischen eingetroffene Polizei führte dann die Dame ab. Ich fragte den kleinen Fluggast: „Wo haben Sie diese Geschicklichkeit her?“ Er antwortete: „Karate.“

B 161 Ein andermal sah ich dem Vizeweltmeister in Karate zu. Er ließ sich ein Brett von etwa 4 cm Stärke geben, konzentrierte sich eine Sekunde auf dieses Material und hieb es dann mit einem Kantenschlag seiner rechten Hand auseinander. Er fügte gleich noch ein zweites Experiment hinzu. Auf einen massiven Schemel wurden drei Mauersteine der Maße $7 \times 12 \times 24$ übereinander gelegt. Ein einziger Kantenschlag der Hand, und die Steine brachen alle drei auseinander. Eine erstaunliche Leistung des menschlichen Körpers. Die Arme und Beine der Karatekämpfer sind mörderische Waffen. Ein flacher Kantenschlag auf die Nasenwurzel eines Gegners, und er ist tot.

Kenner der asiatischen Kampfarten erklären, daß Karate schon 3000 Jahre geübt wird und in Indien entstanden ist.

In Europa gab es im alten Griechenland bei den olympischen Festspielen ähnliche Sportarten, nur in einer einfacheren Form. Bei den Wettkämpfen war nach dem Stil, Pankratium genannt, alles außer Beißen und Würgen erlaubt. Krateo, griechisch, heißt stark sein. Die Vorsilbe pan bedeutet alles. Pankratium kann also „alles beherrschend“ übersetzt werden. Das Pankratium ist die Vorstufe des heutigen Freistilringens.

Karate nahm dann im ersten Jahrhundert vor Christus eine Wendung ins Metaphysische durch seine Verschmelzung mit dem Zen-Buddhismus. Die Vereinigung zwischen dem Körpertraining Karate und dem mystischen Hintergrund des Zen war so intensiv, daß in den Beschreibungen die Gleichsetzung auftaucht: Karate ist Zen, Zen ist Karate.

Welche Vorstellungen hat Karate vom Zen-Buddhismus übernommen? Zunächst einmal das Grundprinzip der Einheit von Geist und Körper, sogar mit der Überordnung des Geistes über das Materielle. Hier klingen Begriffe an, die sich in der modernen Medizin in der Psychosomatik wiederfinden. Die totale Vereinigung und Verschmelzung von Geist und Körper wird durch Meditation erreicht.

Aus diesem Grunde spielen die Meditationsübungen in den Karate-Trainingszentren eine große Rolle. Die Ausbildung wird an jedem Tag mit einer vollen Stunde Zen-Meditation eingeleitet. Ob wir Christen dazu fähig sind, jeden Tag zu Beginn eine ganze Stunde der Bibel und dem Gebet zu widmen?

In dem Karate-Unterricht werden dann z. B. 1000 Punkte des menschlichen Körpers gelehrt, wo ein kleiner Druck schmerzliche oder sogar schwerwiegende Reaktionen auslösen kann. Erinnern wir uns nochmals an den Vorfall in Ägypten. Mit der vollkommenen Kenntnis der Anatomie des Körpers erschöpft sich der Unterricht noch lange nicht.

Das Wesentliche und Unheimliche am Karate ist der Kontakt des Kämpfers mit dem Metaphysischen. Der Zen-Buddhismus lehrt, daß das menschliche Bewußtsein mit dem universalen Weltbewußtsein eine Einheit bildet. Der menschliche Geist ist ein Teil des großen kosmischen Geistes. Der Hauptteil des Karate-Trainings besteht in der Stärkung des Kontaktes zur übersinnlichen Welt. In einem Zen-Lehrbuch heißt es: „Zen also creates the conditions in which man can surpass the limitations of the flesh and enter a realm that is more nearly divine." Das heißt: Zen schafft eine Kondition, in der der Mensch die Grenzen des Leibes überschreitet und einen Bereich betritt, der beinahe als göttlich bezeichnet werden kann.

Wir befinden uns hier im Zentrum der Karateschulung. Der Kämpfer muß in seiner langjährigen Ausbildung, die 20 Jahre oder länger dauern kann, psychische, metaphysische, mediale Kräfte entwickeln.

Fast alle asiatischen Kampfstilarten haben außer dem Körpertraining eine mediale Seite. Erwähnt seien: das chinesische Kung Fu oder Kempo, das japanische Jiu-Jitsu oder Aikedo. In „Readers Digest" kam im Juni 1983 der Bericht eines australischen Journalisten über den japanischen Ringkampf Sumo. Er schrieb: „Erst später ging mir auf, daß die alten religiösen Riten, die dem Sport zugrunde liegen und ihn mit einer Aura des Geheimnisvollen umgeben, nicht minder interessant sind als der Kampf selbst." Hier hat also ein Zeitungsmann, nicht ein Theologe oder Missionar, gemerkt, daß es Sportarten mit religiösem Faktor gibt.

Aufgrund der Tatsache, daß hinter Karate mediale Zusammenhänge und damit okkulte Kräfte stehen, wurde ich schon manchmal gefragt, ob ein Christ sich in Karate ausbilden lassen darf. Manche denken ähnlich wie die zivilisierten Jogi des Westens, man könne ja die Körperschulung mitmachen, ohne sich auf den metaphysischen Hintergrund einzulassen. Das Einströmen supranaturaler Mächte ist aber das Wesentliche, wenn Karate Erfolg haben soll. Allerdings muß zugestanden werden, daß Karateschulungen im Westen und im Osten verschieden sind. Dennoch brauchen Christen eine Antwort auf die gestellte Frage.

Ich fand eine solche Antwort in dem Buch des amerikanischen Pfarrers Win Worley mit dem Titel „Battling the Hosts of Hell" = Kampf den Heerscharen der Hölle. Ich gebe seine Meinung auf den Seiten 228–229 in Kurzform wieder: „Heute wird Karate oft in Verbindung mit der Transzendentalen Meditation und Joga gelehrt, um bei den Anwärtern psychische, mediale Kräfte zu entwickeln. Die Meditation ist das Wesentliche und reiht diese Übungen in die Gruppe der okkulten Religionen ein. Auf Wegen, die wir nicht völlig verstehen, öffnet das Training den Weg für das Eindringen dämonischer Geister, die dann den Trainierenden belasten." Ferner sagt Worley: „Da Karate stark mit dem Okkulten vermischt ist, geraten die Trainierenden unter einen Fluch, der bis ins dritte und vierte Glied weiterwirken kann." Das ist eine unmißverständliche Sprache.

Bei meinen vielen Ostasienreisen kam ich manchmal okkult unterbauten Sportarten oder körperlichen Hochleistungen auf die Spur. Auf Bali kämpfen junge Männer nach langer Meditation mit Dolchen gegeneinander. Die Dolche dringen aber nicht in die Haut ein, sondern verbiegen sich. Die Kämpfer bleiben unverletzt. Das ist nicht Karate, aber ein Kampfstil, der meditativ und okkult entwickelt ist. Interessant ist folgender Bericht.

B 162 In Australien war ich mehrmals mit Puwantjara, einem Häuptling der Wongai, zusammen. Er berichtete mir Dinge, die er zuvor keinem Weißen anvertraut hatte, wie er mir sagte. Im Wongaistamm wird massive Magie betrieben. Durch magische Kräfte werden manche Männer zu unglaublichen Leistungen befähigt. Ein Läufer kann an einem einzigen Tag die Strecke von Kalgorlie nach Kandoorlie, 160 km, zurücklegen. Den Speer oder Bumerang werfen solche okkult befähigten Männer bis zu 200 m, das ist die doppelte Weltbestleistung. Ich fragte den Häuptling: „Warum schickt ihr nicht solche Männer auf die Olympiade?" Er antwortete: „Wenn man diese Stammesglieder aus dem Verband des Stammes herausnimmt, werden diese ungeheuren Fähigkeiten gestoppt." Mancher mag nun denken, daß der Häuptling hier einem Weißen einen „Bären" aufgebunden hat. Puwantjara ist Christ geworden und ging dann als Missionar nach Neuseeland zu den Maori. Er hat mir wahrheitsgemäß berichtet.

B 163 Im zivilisierten Westen sind solche Weltbestleistungen äußerst selten, aber doch nicht ganz unbekannt. Dr. Dr. S. aus Konstanz gab mir einen Bericht, daß ein Mädchen, Chr. O. aus Altenmoor, den Beinamen „Sprunggespenst" habe. Im Weitsprung leistete sie einmal 11 m und dann einmal 14 m. Auch die Hochsprünge gehen weit über das Weltbestmaß hinaus. Es heißt in dem Brief: „Zur Olympia-Vorauslese in den Landessportverbänden wird sie nicht zugelassen, da ihre Leistungen nach Urteil der Experten nicht natürlich erklärbar sind, sondern auf dem Faktor Psi beruhen. Warum nicht gleich im Klartext ‚auf diabolisch-satanischer Einwirkung?' Aber der zuständige Mitwirker ist ja heute verabschiedet. Daher der Faktor Psi."

Über das „Sprunggespenst" ist noch einmal in dem Kapitel „Unsichtbarkeit" berichtet. Jede Sportart kann durch Medialität gesteigert werden. Wer sportliche Wettkämpfe im Fernsehen mitverfolgt hat, beobachtete vielleicht schon, daß manche Sportler, bevor sie zum Hochsprung oder sonst einer Leistung ansetzen, für eine Sekunde die Augen schließen und den Kopf senken. Die Haltung kann ein Doppeltes bedeuten. Ich kenne drei amerikanische Sportler, Teilnehmer der Olympiade, die Christen sind und vorher beten – nicht damit sie gewinnen, wie manche denken mögen –, sondern daß keiner der Kameraden und sie selbst verletzt werden. Es gibt aber auch Sportler, darunter die Karatekämpfer, die sich mit diesem „Weihegebet" an die Macht wenden, der sie ihre Fähigkeiten verdanken. Ein Sportler in Ostasien bekannte mir ganz offen, daß er vorher zum Teufel betet, bevor er seine Kunst zeigt. Diese „Weihe an den Teufel" kann bewußt und unbewußt vollzogen werden.

Bei dem „Sprunggespenst von Altenmoor" ist es aber beides nicht, sondern nur eine ihm selbst unbekannte mediale Kraft.

Katholizismus

Eine theologische Behandlung dieses schwierigen Themas ist hier nicht geplant. Ausgangspunkt ist die biblische Orientierung, die Seelsorge und die persönliche Lebenserfahrung. Ein Konfessionalismus ist nicht die Basis für die Diskussion, obwohl ich von der Evangelischen Kirche und Theologie herkomme.

Positive Erfahrungen mit Katholiken

Meine großväterliche Linie auf Vaters Seite waren Katholiken. Diese Linie hat sogar einen bekannten Theologen in ihrer Reihe.

Mein erster Beichtvater war der katholische Schuldirektor, weil ich zu den evangelischen Pfarrern meiner Umgebung kein Vertrauen hatte. Diesem gottesfürchtigen Mann habe ich alle meine Sünden bekannt, die mir vom Wort Gottes und vom Heiligen Geist aufgedeckt worden waren. Manchmal habe ich auch die Maiandachten der katholischen Kirche in Ettlingen besucht, weil dort eine ansprechende Verkündigung geboten wurde.

Während des Krieges freundete ich mich mit dem katholischen Priester Dr. Ubbelohde an. Wir kamen täglich zusammen, lasen das Neue Testament nach dem griechischen Grundtext und hatten dann kniend Gebetsgemeinschaft. Er war mir ein Bruder in Christo. Die durch eine Bekehrung und Wiedergeburt entstandene Zugehörigkeit zu Jesus Christus überspringt die konfessionellen Zäune.

Bei meinen Evangelisationen in der Nachkriegszeit hatte ich es oft mit gläubigen Katholiken zu tun. Zu meinen Vorträgen in der Heilandskirche in Graz kamen viele Katholiken. Eine Begegnung ist mir in lebendiger Erinnerung. Eine ältere Katholikin kam nach dem Vortrag mit mir ins Gespräch. Sie berichtete: „Jahrelang hatte ich viel Ärger mit einer aufsässigen Mieterin. Alle Hausgenossen litten unter ihrem frechen Mundwerk. Nach dem Mieterschutzgesetz konnte ich ihr nicht kündigen. So machte ich ein Gebetsanliegen daraus und lernte eine gute Lektion. Ich sagte dem Herrn Jesus: ‚Es muß alles erst an dir vorbei, bevor es mich trifft. Dann ist dem Angriff schon die Härte abgenommen.'" Diese Katholikin gab mit diesem Bekenntnis auch mir eine Lektion, der ich oft weltweite Angriffe, vor allem von boshaften Psychopathen und Querulanten zu ertragen habe.

Während der Niederschrift dieses Buches erlebte ich abermals eine gläubige Katholikin. Am Sonntag, dem 9. Oktober 1983, gestaltete Inge Brück einen Konzertabend in der Marienkirche in Neckarelz. Diese Veranstaltung in der überfüllten Kirche brachte großen Erfolg. Die Künstlerin gewann im Fluge die Herzen der großen Zuhörerschaft. Zum Thema „Leben helfen" sagte Inge Brück: „Wir können erst anderen helfen, wenn wir uns selbst von Gott haben helfen lassen." Zwischen den einzelnen Chansons machte sie treffsichere Bemerkungen, z. B.: „Die Umweltverschmutzung ist nur ein Ausdruck von dem, was in uns selbst vorgegangen ist." Am meisten imponierte mir ihr Zeugnis, daß sie mit 36 Jahren erst den Weg zu Gott gefunden hat und nun seit zehn Jahren auf diesem Weg geht. Ihre gesamte Arbeit, das Showbusiness, hat dadurch eine grundlegende Wandlung erfahren. Als Bestätigung sang sie uns als ihr persönliches Bekenntnis: „Sage es Jesus, sage es ihm!" Mein Freund Friedrich Hänssler hat dieses Lied auf einer Schallplatte herausgebracht.

Eine positive Erfahrung mit einem gottesfürchtigen Katholiken ist der folgende Artikel eines Mannes, der um des Glaubens willen Front macht gegen tausendfachen Kindermord durch gesetzlich erlaubte Abtreibung. Er hat folgenden Wortlaut:

Nachdem sich die CDU-Führung vor und nach der Wahl geweigert hat, den Massenmord an Ungeborenen zu beenden, treten nun verstärkt glaubenstreue Katholiken aus Gewissensgründen aus der CDU aus. Einer von ihnen, Hans-Jürgen Abeler aus Trittau, der seit Jahren leidenschaftlich gegen die Abtreibung kämpft, begründete Bundeskanzler Kohl öffentlich seinen Austritt.

Das Schreiben von Abeler an Helmut Kohl hat folgenden Wortlaut:

„Sehr geehrter Herr Kohl! Als aufrichtiger Katholik, Vater von 8 Kindern, seit über 20 Jahren aktives Mitglied der CDU, erkläre ich hiermit öffentlich meinen Austritt aus der CDU. Sicher interessieren Sie die Gründe. Ich nannte sie Ihnen früher bereits. Ich kann es mit meinem Gewissen vor Gott nicht weiter verantworten, in und für eine Partei tätig zu sein, die es geschehen läßt, daß Arbeitgeber, Arbeitnehmer und jetzt auch Rentner gezwungen werden, durch den § 200 f RVO den Massenmord am ungeborenen Kinde im Mutterleib, täglich 500 Kinder, durch ihre Pflichtbeiträge zu finanzieren.

Ich kann es als aktiver Katholik mit meinem Gewissen vor Gott, dem alleinigen Herrn über Leben und Tod, der geboten hat ‚Du sollst nicht töten', nicht verantworten, in einer Partei zu sein, die sich christlich nennt und diesen Massenmord am ungeborenen Kind legal nennt und nichts dagegen unternimmt.

Ich kann mit meinem Gewissen vor Gott nicht weiter in einer Partei sein, die vor der Wahl die Familie entdeckt, und die nach der Wahl alles tut, die Familien, ja das Wesentliche einer Familie, das Kind, zu zerstören. Eine Partei, die einen Familienminister hat, der gegen das Leben auftritt und somit gegen die Familie ist. Hiermit trete ich aus der CDU aus und hoffe, daß alle ehrlichen Christen, besonders die Katholiken, sich von einer Partei trennen, die sich zum Fang von Wählerstimmen christlich nennt, es aber zu verantworten hat, daß täglich 500 Kinder im eigenen Vaterland ermordet werden, und der Familienminister weigert sich, etwas zu ändern.

Möge Gott unserem christlichen Vaterland barmherzig sein."

(aus „Der schwarze Brief" Nr. 21/83)

Alle diese erwähnten kleinen und großen Erlebnisse zeigen, daß gläubig gewordene Katholiken und gläubige Evangelische den Weg zueinander finden, ohne daß konfessionelle Schranken dabei sichtbar werden.

Viele Menschen haben über das „Gläubigwerden" unklare Vorstellungen. Mitgliedschaft einer Kirche heißt noch lange nicht, daß der Betreffende ein gläubiger Christ ist. Selbst treuer Kirchenbesuch – so empfehlenswert er ist – ist kein Ersatz für das Ereignis, das im Neuen Testament (Joh. 3,3) Wiedergeburt genannt wird. Aktiver, sozialer Einsatz und bürgerliche Ehrbarkeit sind ebenfalls kein Ersatz für die Wiedergeburt. Justitia civilis ist die Rechtschaffenheit vor Menschen, justitia coram deo ist das Gerechtwerden vor Gott, das nur durch das gnädige Eingreifen Gottes geschenkt wird.

Nehmen wir nochmals das Erleben von Inge Brück. Vor ihrem 36. Lebensjahr war sie auch Katholikin, aber keine Christin. Nach ihrer Umkehr blieb sie Katholikin, war aber nunmehr eine Christin. Es ist äußerst schwer, einem kirchentreuen Katholiken eine solch grundlegende Wandlung klarzumachen.

B 164 Es soll dieser Vorgang an einem ganz neuen Beispiel angedeutet werden. Eine Nonne schrieb einen Brief und suchte geistlichen Rat. Sie berichtete, daß sie keinen inneren Frieden habe. Nach der Regel ihres Ordens beichtet sie jeden Monat und kommuniziert. Das „absolvo te in nomine patris et filii eius" gebe ihr keine Gewißheit der Vergebung. Sie suche daher einen gläubigen evangelischen Seelsorger, dem sie sich anvertrauen könne. Sie sei auch innerlich so geführt worden, daß sie nicht mehr zu Maria, der Mutter Gottes, bete, sondern nur zu Jesus und seinem Vater. Sie habe starkes Verlangen, an einem Ort zu sein, wo biblisches Christentum praktiziert werde. Sie fühle sich an ihr Ordensgelübde gebunden und warte nun darauf, daß der Herr selbst ihre Sache in seine Hände nehme.

Wir stehen hier vor der Tatsache, daß der Heilige Geist eine katholische Nonne geistlich aufgeweckt und suchend gemacht hat. Um das Problem des Austritts aus der katholischen Kirche und des Eintritts in die evangelische Kirche geht es hier wahrhaftig nicht. In 54 Jahren meiner seelsorgerlichen Arbeit habe ich noch keinem Menschen geraten, in unsere Kirche einzutreten, ich gebe aber jedem Ratsuchenden den Hinweis auf die Auslieferung des Lebens an Jesus. Wer sich Jesus als seinem Führer anvertraut, wird von ihm den rechten Weg geführt werden, was er zu tun und zu lassen hat.

Negative Erfahrungen mit Katholiken

Ungute Erfahrungen mit Katholiken liegen in meiner Kartei in großer Zahl vor. Der Titel dieses Buches heißt Okkultes ABC. Ich traf in katholischen Kreisen viele an, die Zauberei treiben. Ich erinnere an das Buch von Dr. theol. Dr. phil. Rudolph, der das Buch schrieb „Die geheimnisvollen Ärzte". Darin berichtet er, daß er 300 magische Besprecher interviewt hat. Die Mehrzahl waren Katholiken. Ich selbst kann solche Beispiele in großer Zahl liefern.

B 165 Viermal weilte ich auf der Insel Sizilien und hörte von Priestern, die Schwarze und Weiße Magie trieben. Das gleiche erlebte ich in der Schweiz. Eine Frau hatte von einem Kapuziner ein Amulett erhalten. In der Seelsorge öffnete sie es. Darin befand sich ein Zettel mit der Verschreibung ihrer Seele an den Teufel. Auch von Mönchen des Kantons Solothurn hörte ich Ähnliches.

Um das Gleichgewicht herzustellen, sei erwähnt, daß ich auch protestantische Pfarrer durch die Seelsorge entdeckte, die Zauberei trieben.

Ein anderes Gebiet religiösen Unfugs ist der Versuch der Abwerbung. Dazu gibt es auf den Missionsfeldern bitterböse Beispiele.

B 166 Bei einer Evangelisation in Ijui (Brasilien) hatte ich in einer großen Halle zu sprechen. An jedem Abend, wenn ich um 8 Uhr zu sprechen begann, setzte ein überdimensionaler Lautsprecher ein, der über das ganze Städtchen hinwegdröhnte. In unserer Halle konnten die Hörer mich fast nicht verstehen. Ich bat öffentlich, daß Angestellte der Stadtverwaltung sich dieser Sache annehmen sollten. Was kam heraus? Dieser Lautsprecher war katholischerseits installiert worden, um unsere Evangelisation zu stören.

Im gleichen Land kam ein Missionar zu mir und berichtete. In der Nähe der evangelischen Missionsstation zog ein neuer katholischer Missionar auf. Ihn störte die evangelische Nachbarschaft. So ließ er in der Nähe der evangelischen Mission einen Lautsprecher aufstellen, der Tag und Nacht plärrte und tobte. Der evangelische Missionar bat den katholischen Kollegen, doch diesen Unfug einzustellen. Es war alles umsonst. Von den Behörden bekam er keine Hilfe, weil es sich hier um katholisch eingestellte Beamte handelte.

Auch auf einem anderen Sektor habe ich Beispiele, die nicht in Details ausgebreitet werden können.

B 167 Eine ehemalige Nonne kam zu mir zur Aussprache. Es war nicht in Deutschland, und es war kein Beichtgespräch. Sie berichtete, daß sie als reines, unberührtes Mädchen in ein Kloster eingetreten war. In diesem „frommen Haus“ ging es sehr unheilig zu. Die Schwestern trieben unsaubere Dinge mit den Arbeitern, die die Klostergüter bewirtschafteten. Die Oberin machte keine Ausnahme. Sie hatte ihren speziellen Freund. Die junge Novizin wurde in dieses Treiben mit hineingezogen. Es wurde ihr zuviel, und sie trat aus dem Kloster aus. Sie hat alles noch deutlicher berichtet, was hier nicht wiedergegeben wird.

B 168 Einen Skandal ersten Ranges löste ein Buch von Prof. R. Bäumer im Jahr 1981 aus. Diese Schmähschrift gegen den evangelischen Glauben trägt den Titel „Kleine deutsche Kirchengeschichte“ und stellt ein gehässiges Pamphlet gegen Martin Luther dar, und das exakt im Vorstadium des Papstbesuches in Deutschland. In dieser, aus dem Ungeist der Gegenreformation geborenen Veröffentlichung heißt es z. B., daß Luthers Heirat mit Katharina von Bora durch Unzucht und Gelübdebruch und durch das Blut so viel tausend Ermordeter besudelt worden sei.

Wir fragen nun ganz vorsichtig, auf wessen Konto die vielen tausend ermordeter Blutzeugen zu buchen sind.

Ich sehe es weiter als Schande für die katholischen Bischöfe Deutschlands an, daß sie 40000 Exemplare dieser Schmähschrift vor dem Papstbesuch in Deutschland verteilen ließen, statt diese Unwahrheit und Verunglimpfung zu stoppen.

Der Maßstab

Böse oder gute Erfahrungen sind noch kein Hinweis auf den Unwert oder Wert einer Glaubensrichtung. Man kann auch nicht z. B. die Slums von London, New York oder Kalkutta verallgemeinern und damit der ganzen Stadt den Stempel aufdrücken. Der Maßstab für die Beurteilung einer Konfession ist allein die Heilige Schrift. Zu diesem Gesichtspunkt ein Beispiel.

B 169 Ich kenne einen aufrichtig suchenden katholischen Priester. Er prüfte die katholische Glaubenslehre und danach die protestantische Dogmatik.

Er tat ein übriges und besuchte ein evangelisch-theologisches Seminar, um durch den Vergleich die letzte Wahrheit zu finden. Danach lebte er noch eine Zeitlang in einer bewußt evangelischen Familie. Er wurde enttäuscht und ging zurück in das katholische Pfarramt. Ich schrieb ihm, er dürfe nicht Menschen zum Maßstab nehmen, sondern nur die Heilige Schrift. Jesus sagt (Joh. 5,39): „Suchet in der Schrift … sie ist es, die von mir zeuget.“ Natürlich wird uns bei der Enttäuschung des Wahrheitssuchers deutlich, was Paulus in 2. Kor. 3,3 schreibt: „Ihr seid ein Brief Christi.“ Wenn wir Christen nicht ein Brief Christi sind, enttäuschen wir unsere Mitmenschen. Das ist unsere Schuld. Die Schuld des Wahrheitssuchenden ist aber, daß er Menschen – dazu gehört auch die priesterliche Hierarchie und die Tradition – und nicht die Heilige Schrift allein als Maßstab nimmt.

Biblisches in der katholischen Kirche

Wenn wir nach der biblischen Substanz in der katholischen Dogmatik fragen, können wir den Reformator Luther zitieren. Wenn er von den positiven Werten der von ihm angegriffenen „gegnerischen" Kirche spricht, ist er bestimmt ein zuverlässiger Zeuge. Luther schrieb in den von ihm 1537 verfaßten Schmalkaldischen Artikeln folgendes:

Das erste Theil

ist von den hohen Artikeln der göttlichen Majestät, als:

1. Daß Vater, Sohn und Heiliger Geist, in einem göttlichen Wesen und Natur, drei unterschiedliche Personen, ein einiger Gott ist, der Himmel und Erden geschaffen hat.
2. Daß der Vater von niemand, der Sohn vom Vater geboren, der Heilige Geist vom Vater und Sohn ausgehend;
3. Daß nicht der Vater noch Heiliger Geist, sondern der Sohn sei Mensch worden;
4. Daß der Sohn sei also Mensch worden, daß er vom Heiligen Geist ohn männlich Zuthun empfangen, und von der reinen, heiligen Jungfrauen Maria geboren sei. Danach gelitten, gestorben, begraben, zur Hölle gefahren, auferstanden von den Todten, aufgefahren gen Himmel, sitzend zur Rechten Gottes, künftig zu richten die Lebendigen und die Todten. Wie der Aposteln, item S. Athanasii Symbolum und der gemeine Kinderkatechismus lehret. – Diese Artikel sind in keinem Zank noch Streit, weil wir zu beiden Theilen dieselbigen bekennen. Darum nicht vonnöthen jetzt davon weiter zu handeln.

Luther hat also die gemeinsame Basis des katholischen und evangelischen Glaubens anerkannt. Im 20. Jahrhundert müßte das noch differenzierter gesagt werden, da inzwischen katholische und protestantische Modernisten viele Positionen des gemeinsamen Glaubensbekenntnisses aufgegeben haben, vor allem die Jungfrauengeburt der Maria. Selbst Emil Brunner, den man nicht als Modernisten bezeichnen kann, hat sich von diesem Glaubenssatz distanziert. Die offizielle kirchliche Linie ist es aber noch nicht.

In meiner Studentenzeit entdeckte ich selbst viel Gemeinsames in den beiden Schwesterkirchen. Ein Semester lang hörte ich scholastische Theologie und wurde vor allem von der Gnadenlehre beeindruckt. Die gratia praeveniens und die gratia gratis data – die zuvorkommende Gnade und die geschenkweise Gnade – sind doch auch Positionen in Luthers Theologie.

Unbiblisches in der katholischen Kirche

Wer sich intensiv mit der katholischen Lehre befaßt, entdeckt schwerwiegende Irrtümer. Man lese dazu das Buch von Otto Markmann „Irrtümer der katholischen Kirche". Bei der Lektüre dieses Buches packt einen das Entsetzen: Spiritisten als Heilige erklärt, magische Erlebnisse als Wirkungen des Heiligen Geistes deklariert, echte Christen um ihres Glaubens willen gefoltert und umgebracht. Mit meinem Freund Dr. Helmut Pfandl zusammen stand ich im April 1983 in Schärding, gegenüber der Inn-Insel Gries, vor der Gedenktafel von Leonhard Kaiser, der auf dieser Insel um seines evangelischen Glaubens willen auf dem Scheiterhaufen sein Leben beendete. Als das Feuer entfacht worden war, rief er dem zuschauenden Volk zu, sie sollen das Lied singen „Komm, heilger Geist". Als die Flammen ihn einhüllten, hörte man ihn mit fast erstickter Stimme singen: „Jesus, ich bin dein, mach mich selig." Das Blut der wirklichen Heiligen schreit zum Himmel. Hat die katholische Kirche eigentlich nie Buße getan für die Folterungen und Morde in der Zeit der Gegenreformation und Inquisition?

Bei einem Besuch und Dienst in der kleinen evangelischen Kirche in Madrid suchte ich unter anderem das Denkmal auf, das Zeugnis von der letzten Ketzerverbrennung im Jahr 1869 gibt.

Es soll und darf kein Haß gepredigt werden. Das düstere Kapitel katholischer Irrtümer muß aber wenigstens angedeutet werden. Es werden dabei nur einige Hauptpunkte genannt.

Die Mariologie

Dieser Abschnitt ist keine Abwertung der Maria. Gott hat sich die beste, reinste Mutter für seinen Sohn ausgesucht. Dieser Frau gehört unsere Hochachtung. Ihre Gestalt und Bedeutung darf aber nicht zu einem Götzendienst ausgeweitet werden, wie es in der katholischen Kirche geschehen ist. Wer einem Geschöpf vertraut statt dem Schöpfer, ist ein Götzendiener. Mir liegt durch meine vielen Missionsreisen schier unermeßliches Material vor, das gar nicht in seinem Umfang dargestellt werden kann. Es würde den Rahmen dieses Buches überschreiten.

Wer viele Missionsfelder besucht, dem fällt zuerst auf, daß es Marienstatuen mit allen Hautfarben gibt. Dem schwarzen Afrikaner erscheint sie mit schwarzer Haut. Dem Indianer in Südamerika offenbart sie sich in seiner Hautfarbe, etwa als Maria Guadalupe.

Das nächste, was dem Beobachter sich zeigt, ist die Tatsache, daß Maria neben anderen heidnischen einheimischen Gottheiten steht. Die Indios in Kolumbien oder Peru feiern ihre alten angestammten Götzenfeste weiter und fügen nur ein neues Marienfest hinzu. Das entspricht der katholischen Assimilation, ein Angleichsverfahren an das Heidentum, um das Volk zu gewinnen.

Diese Angleichung an das Heidentum kennzeichnet auch die katholische Kirche auf den Philippinen. 1565 kam der erste katholische Missionar unter dem Schutz der spanischen Soldaten auf die Philippinen. Die Missionierung machte große Fortschritte, weil die Patres den Animismus und Ahnenkult der Heiden duldeten. Neben den Marienfesten existierten die alten heidnischen Kulte. Der Erfolg war, daß 80 % des Volkes für den katholischen Glauben gewonnen wurde. Bis heute existiert aber noch die alte heidnische Zauberei, wie vor allem an der obskuren Praxis der spiritistischen Heiler erkannt werden kann. Sie treiben Zauberei, haben aber Marienbilder oder sogar einen kleinen Marienaltar in ihrem Behandlungsraum.

Religionsgeschichtlich bedeutet der Marienkult das Eindringen orientalischer Vorstellungen einer Muttergottheit. Das Ave Maria im Rosenkranzgebet ist eine Übernahme der Gebetsperlen, die bei allen Mönchen ostasiatischer Religionen seit Jahrtausenden üblich waren.

Dem psychisch-emotionalen Hang eines andächtigen Frommen kommt die Legendenbildung und das entstehende mythische Rankenwerk entgegen. So wird von Maria behauptet, sie sei von Geburt an ohne Erbsünde gewesen (immaculata conceptio). Es wurde ihr auch lebenslange Jungfrauschaft angedichtet, um ihren Nimbus zu erhöhen, obwohl in Mt. 13,55 von den leiblichen Geschwistern Jesu gesprochen wird. Die katholischen Christen sollen die Bibel nur mit den authentischen Erklärungen der Kirche lesen und verstehen. An dieser Stelle liegt eine Fälschung der katholischen Kirche vor.

Der gleiche Vorgang einer Umdeutung des biblischen Textes liegt bei der Erklärung von 1. Mos. 3,15. Es heißt dort „... derselbe wird dir den Kopf zertreten." Daraus machte die katholische Kirche „... dieselbe wird dir den Kopf zertreten" und bezieht das auf Maria. Daher wird Maria auch „Schlangenzertreterin" genannt und als Gegenspielerin Satans angesehen. Ein katholischer Priester, der das Manuskript las, machte mich darauf aufmerksam, daß nur in der alten Vulgata der Ausdruck „dieselbe" steht. In der neuen Vulgata heißt es „derselbe". Das wird dankbar zur Kenntnis genommen.

Unter meiner katholischen Literatur befindet sich das Buch von Pater Bonifatius Günther mit dem Titel „Maria, die Gegenspielerin Satans". In diesem Buch stehen merkwürdige Dinge.

Auf Seite 9 heißt es: „Die Schlangenzertreterin ist stärker als Satan und die ganze Hölle. Wo sie auftritt, muß er weichen ... Nur ihren Kindern kann er nachstellen. Aber auch nur da, soweit sie es zuläßt."

Hier werden also Maria Kräfte und eine Machtfülle angedichtet, die nur Gott und Christus haben.

Auch die Vorstellung, daß Maria Miterlöserin (corredemptrix) ist, findet sich in diesem Buch auf Seite 449, und auf S. 454 erhält Maria das Ehrenprädikat, sie sei „Pforte des Himmels". Das Buch endet auf Seite 456 mit dem Hinweis: „Maria und die Hingabe an ihr unbeflecktes Herz ist der einfachste, schnellste und sicherste Weg zu Gott."

Was hier Pater Bonifatius aussagte, steht in noch schärferer Form in dem Buch „Die Jesuiten" von H. Boehmer-Romundt. Darin heißt es auf Seite 136: „Die Jesuiten priesen Maria als die Adoptivtochter Gottes. Sie lehrten, daß es schwer sei, durch Christus, leicht aber durch Maria die Seligkeit zu erlangen."

Das bedeutet, daß Christus in seiner einzigartigen Bedeutung entthront, Maria aber an seiner Stelle inthronisiert wird. Das ist Lästerung und Götzendienst.

Es bleibt, was Jesus sagt: „Ich bin der Weg" (Joh. 14,6). Es hat in alle Ewigkeit Gültigkeit, was Paulus bezeugt: „Es ist ein Mittler zwischen Gott und den Menschen, nämlich der Mensch Christus Jesus" (1. Ti. 2,5).

Im Marienkult nehmen die unbiblischen Greuel kein Ende. Vor Jahrzehnten stand ich in Venedig vor einem gewaltigen Altargemälde von Tizian, das die assumptio Mariae (Himmelfahrt Marias) darstellt. Was dieses Bild aussagt, wurde am 1. Nov. 1950 von Papst Pius XII. feierlich ex cathedra als Glaubenssatz verkündigt, daß Maria eine leibliche Himmelfahrt zu Gott erlebt habe.

Ein weiteres höchst bedenkliches Zeichen der übersteigerten Marienverehrung sind die Marienvisionen und Marienerscheinungen. Wir können nur die beiden wichtigsten kurz skizzieren.

Die Erscheinungen der Maria

In der Gegenwart sind es zwei Wallfahrtsorte, die am meisten fromme Katholiken anziehen, Lourdes und Fatima.

Lourdes hat bis jetzt 18 Erscheinungen der Maria aufzuweisen. Begonnen hat diese Serie im Februar 1858. Empfängerin oder Seherin war ein 14jähriges Mädchen mit dem Namen Bernadette. Diese „himmlische“ Erscheinung betonte den fleißigen Gebrauch des Rosenkranzes und forderte Prozessionen und den Bau einer Kapelle zu ihren Ehren.

Seither strömen die Wallfahrer nach Lourdes und erwarten dort Heilung und Hilfe für ihre Nöte. In der Tat kommen Heilungen vor. Die katholische Kirche ist vorsichtig. Eine Ärztekommission ist eingesetzt, die Heilungen zu überprüfen haben. Ich las einen Artikel, wonach unter 2000 Pilgern im Schnitt drei Heilungen geschenkt werden. Wenn diese wenigen Heilungen biblisch echt wären, könnte man tatsächlich von Wundern reden.

Manche Heilungen lassen sich als Placebo-Wirkungen oder Suggestivwunder erklären. Die vielen Krücken, die ausgestellt sind, haben eine suggestive Wirkung. Zum anderen gibt es auch dämonische Wunder, wie ich sie oft in meinen Büchern dargestellt habe. Trotz höchster Bedenken halte ich es auch für möglich, daß echtes Geschehen passiert. Ich will einen Fall konstruieren. Eine gottesfürchtige Katholikin mit einem gläubigen Herzen, aber bescheidenen Geistes kommt nach Lourdes. Sie betet auf dem Weg: „Du Gott und barmherziger Vater, wenn es dein Wille ist, lasse mich in Lourdes gesund werden.“ Gott, der nicht so engstirnig ist wie die meisten Kritiker, sieht das Gebet und den Glauben der Frau an und erhört ihr Gebet. Damit ist die Heilung nicht wegen Lourdes, sondern trotz Lourdes erfolgt.

Solche positiven Beispiele können sich ereignen. Das ändert aber nichts an der Tatsache, daß diese Marienerscheinungen in Lourdes spiritistischen Charakter haben. Gott kann aber auch in einer solchen Situation Menschen retten.

Zu dem Wallfahrtsort Fatima wird ein Bericht von Otto Markmann wiedergegeben, dessen Buch ich schon empfohlen habe. Auf Seite 54 heißt es:

„Von weltweiter Bedeutung sind auch die sechs Erscheinungen in Fatima/Portugal des Jahres 1917. Hier sprach Maria zur Welt. Drei Kindern des portugiesischen Dorfes erschien sie: in einem weißen Nebel schwebend, einen wundervollen Wohlgeruch verbreitend, als ‚Rosenkranz-Königin'; himmlischer Lichtschnee (der auch fotografiert wurde) rieselte vom blauen Himmel herab. In der Hand hielt sie einen Rosenkranz. Bei der sechsten Erscheinung folgte das Sonnenwunder, das von mehr als 70000 Menschen gesehen wurde. Etwa 10 Minuten lang vollführte die Sonne einen Regenbogen-Rundtanz am Himmel. Die Kinder hatten nicht nur Marienerscheinungen, sondern auch Engelserscheinungen und eine Höllenvision mit Teufeln. Als 1921 unweit der Kapelle der Erscheinung aus dem felsigen Boden eine Quelle entsprang, wurde das als wunderbarer Erweis der Güte Marias gedeutet, und unzählige Pilger strömen nun jährlich nach Fatima. In diesem Jahr waren es rd. 700000 irregeleitete Menschen."

Vor einigen Jahren sprach ich mit dem inzwischen verstorbenen Professor Gebhardt Frei vom Missionsseminar Beckenried über Lourdes und Fatima. Frei war ein exzellenter Kenner der parapsychologischen Phänomene und hatte bei vielen Problemen die gleiche Meinung wie ich. Als ich aber diese beiden Wallfahrtsorte erwähnte, wehrte er sofort ab und sagte: „Das hat mit Spiritismus nichts zu tun. Das sind wirklich himmlische Erscheinungen der Gottesmutter."

In dem erwähnten Buch von Pater Bonifatius „Maria, die Gegenspielerin Satans" steht auf Seite 179, daß Lourdes und Fatima von der Kirche anerkannte Erscheinungsorte sind.

Ein Mitarbeiter der Evangelischen Kirche, Hans Schröder aus Essen, schrieb mir zu diesem Thema beachtenswerte Feststellungen. Ich gebe sie verkürzt wieder:

„Was mir zur Zeit große Sorge bereitet, ist die Tatsache, daß sich die radikale protestantische Bibelkritik auch in der katholischen Kirche voll durchgesetzt hat. Der Verlag Katholisches Bibelwerk in Stuttgart veröffentlicht jetzt eine Anzahl bibelkritischer Werke von katholischen Theologen, die sich in nichts von protestantischen Bibelkritikern unterscheiden. So z. B. leugnet Prof. Erich Zenger in seinem Buch ‚Der Gott der Bibel' die Gesetzgebung Gottes am Sinai und andere Lehren. Prof. Gerhard Lohfink behauptet in seinem Werk ‚Jetzt verstehe ich die Bibel', daß viele Aussagen im Neuen Testament unhistorisch sind. Er meint auch, daß die Geschichte von Mariae Verkündigung in Lukas 1 so nicht geschehen ist. Prof. Alfons Weiser erklärt in ‚Was die Bibel Wunder nennt', daß die Auferweckung des Lazarus durch Jesus wohl nicht geschehen sei. Es habe überhaupt nie Totenerweckungen gegeben. Alle diese bibelkritischen Bücher sind mit katholicher Druckerlaubnis veröffentlicht worden.

Dadurch ergibt sich folgende widersinnige und paradoxe Lage in der katholischen Kirche: Die erwähnten biblischen Tatsachen und viele Wunder Jesu sind unhistorisch und nie geschehen, aber es muß von den Katholiken geglaubt werden, daß Maria in Lourdes der Bernadette und in Fatima den Hirtenkindern erschienen ist. Ich habe noch keinen katholischen Theologen gehört oder gelesen, der heute an den Erscheinungen der Maria in Lourdes und in Fatima zweifelt. Auch Papst Johannes Paul II. wallfahrtete ja nach Lourdes und Fatima, während er die Bibelkritik in der katholischen Kirche sich ausbreiten läßt. Die Bibel wird also von vielen katholischen Theologen kritisch zersetzt, aber ganz neue Privatoffenbarungen der Maria in Lourdes und Fatima sollen von Katholiken geglaubt werden. Es ist paradox, das Wort Gottes in der Bibel zu entkräften, während unbiblische Offenbarungen verbindlich sind."

Zum Thema Marienverehrung und Marienkult hat J. H. Rottmann aus Niedernhausen ein gutdokumentiertes Flugblatt herausgegeben. Darin werden aufschlußreiche Zusammenhänge aufgedeckt. Das Stichwort lautet: Maria und Europa.

Die sehr zu empfehlende Warnschrift hat folgenden Wortlaut:

„Überraschende Zusammenhänge

Vielleicht denken Sie jetzt: ‚Was hat Europa mit Maria zu tun?' – Lassen Sie sich überraschen!

Am 12. September 1958 wurde auf dem norditalienischen Berge Seranissima von dem Mailänder Erzbischof Montini, dem verstorbenen Papst Paul VI., eine 20 m hohe Europa-Madonna eingeweiht, die den Namen trägt: ‚Unsere Liebe Frau und Herrin Europas'. Die katholische Kirche sieht in Maria die biblische Gestalt des ‚Sonnenweibes' (Offbg. 12,1: Es erschien ein großes Zeichen am Himmel: ein Weib, mit der Sonne bekleidet, und der Mond unter ihren Füßen, und auf ihrem Haupt eine Krone von zwölf Sternen), das einen Kranz von 12 Sternen auf dem Kopfe trägt. Papst Johannes Paul II. sagte: ‚Wenden wir daher von neuem unseren Blick der Mutter des Erlösers der Welt zu, der Frau der Geheimen Offenbarung des Johannes, der Frau, mit der Sonne bekleidet.'

Für Marienverehrer ist Blau die Farbe Mariens.

Die Europa-Flagge bringt zum Ausdruck: Maria ist die Herrin Europas.

Die Symbolik dieser Flagge richtet sich gegen die Herrschaft Jesu Christi und Gottes und ist deshalb antichristlich.

Katholische Zielvorstellungen

Papst Pius XII. forderte am 24. 12. 1941 dazu auf, ‚ein neues Europa und eine neue Welt aufzubauen'. Eine angebliche Marienerscheinung, die sich ‚Frau aller Völker' nannte, forderte am 20. 3. 1953: ‚Völker Europas, schließt euch zusammen.' Am 25. 3. 1957 wurde die Europäische Wirtschaftsgemeinschaft gegründet. Bischof Dr. Graber sagte am 16. 9. 1978:

‚Ich habe eine marianische europäische Internationale gefordert... Wir beten und bitten in der Stille, daß das Abendland wieder zu dem werde, was es einstmals war, ein IMPERIUM MARIANUM.'"

Wer nach der Dokumentation und nach den Belegstellen fragt, der bestelle sich das Flugblatt bei J. H. Rottmann, Idsteiner Straße 3, D-6272 Niedernhausen.

Damit schließen wir den Abschnitt Mariologie ab, obwohl viele Probleme nicht erörtert werden konnten. Zum Beispiel ist die gefährliche Unterwanderung der katholischen Kirche durch die Mystik mit ihren ekstatischen, visionären, medialen und okkulten Elementen in diesem Kapitel nicht behandelt. Ähnliche Probleme klingen beim Joga und der Transzendentalen Meditation an und können dort nachgelesen werden.

Da diese Darstellung der Mariologie manche Leser auf verkehrte Vorstellungen leiten könnte, muß ich zur Klärung zusammenfassen:

Ich sage radikal nein zu dem Götzendienst, der mit Maria getrieben wird.

Ich sage ein volles Ja zur Maria, die von Gott so hoch geehrt wurde und die zu den Jüngerinnen Jesu gehört hat. Sie lebt nun in der Herrlichkeit, die Gott den Seinen bereitet hat. Ihr Friede ist unangefochten, denn Gott informiert sie nicht über den lästerlichen Kult, der mit ihr auf Erden getrieben wird. Das nehme ich an, sonst wäre ihre Seligkeit furchtbar gestört.

Während der Niederschrift dieses Kapitels brachte der Postbote eine Flugschrift, von P. Benno Mikocki verfaßt, die mit kirchlicher

Druckerlaubnis vom 27. 6. 1983 in 130000 Exemplaren veröffentlicht worden ist. Diese Broschüre hat den Titel

TOTUS TUUS Maria = Ganz dein, o Maria

In dem Weihegebet auf der ersten Seite steht:

„Lassen wir uns doch von Maria führen, damit wir durch sie Jesus ähnlicher werden. Das ist der sicherste und vollkommenste Weg."

Der Weg des Gläubigen geht direkt zu Jesus und nicht über Maria.

Am Schluß dieser Broschüre steht ein Weihegebet, das Papst Johannes Paul II. am 13. Mai 1982 in Fatima an die Gottesmutter gerichtet hat. Es kann nicht das vier Seiten lange Gebet abgedruckt werden. Wichtig ist darin, daß der Papst die ganze Menschheit der Maria weiht. Diese Stelle lautet:

„Darum, o Mutter der Menschen und Völker ... umfange mit deiner mütterlichen und dienenden Liebe diese unsere Welt, die wir dir anvertrauen und weihen, erfüllt von Sorge um das irdische und ewige Heil der Menschen und Völker ..." (Seite 28).

Jesus sagt (Mt. 28,18): „Mir ist gegeben alle Gewalt im Himmel und auf Erden." Nicht Maria ist die Beauftragte Gottes.

Paulus bezeugt (Phil. 2,9): „Darum hat Gott ihn (Jesus) erhöht und hat ihm einen Namen gegeben, der über alle Namen ist."

Die Gewichtsverlagerung auf Maria, die von der katholischen Kirche vollzogen worden ist, bedeutet Götzendienst und Abirrung vom Schöpfer zum Geschöpf.

Ergänzungen zum Thema Katholizismus finden sich in folgenden Kapiteln:

Purgatorium = Fegfeuer und die armen Seelen

Reliquien- und Heiligenverehrung

Kathryn Kuhlman

In unserer chaotischen Zeit haben wir nicht nur das Recht, sondern die Pflicht, alle Bewegungen anhand der Heiligen Schrift zu prüfen. Vor allem muß der Weg von herausragenden Persönlichkeiten, die wie Kometen am geistigen Horizont auftauchen, mit biblischen Kontrollampen erhellt werden.

Wir haben kein Recht zu richten:

Matth. 7,1: „Richtet nicht, auf daß ihr nicht gerichtet werdet."
Röm. 14,4: „Wer bist du, der du einen fremden Knecht richtest?"
Jak. 4,12: „Wer bist du, der du einen andern richtest?"

Wir haben aber die Pflicht zu prüfen:
1. Thes. 5,21: „Prüfet alles, und das Gute behaltet!"
1. Joh. 4,1: „Glaubet nicht einem jeglichen Geist, sondern prüfet die Geister, ob sie von Gott sind."

Kathryn Kuhlman ist die Heilerin, die in der ganzen Welt die größte Zuhörermenge und Millionen von Hilfesuchenden angezogen hat. Sie brachte Versammlungen bis zu 10000 Menschen zusammen.

Kurz einiges aus ihrer Biographie: Geboren ist Kathryn in Concordia, 60 Meilen von Kansas City entfernt; die Mutter Methodistin, der Vater Baptist. Als heranwachsendes Mädchen besuchte Kathryn ein Baptistenseminar und wurde als Baptistenpredigerin ordiniert. Ihre erste Gemeinde hatte sie in Franklin in Pennsylvania. Eines Tages erklärten Gemeindeglieder, daß sie während ihrer Predigt geheilt worden waren. Kathryn war darüber erstaunt. Als die gleichen Erfahrungen sich mehrten, fing sie an, über Glaubensheilungen zu predigen, ohne den Hauptakzent der Seelenrettung zu verlagern. Von Franklin siedelte sie bald in die Millionenstadt Pittsburg um, wo immer größere Massen zu ihren Gottesdiensten strömten. Seit 1946 hielt sie im Schnitt 125 Heilungsversammlungen im Jahr. Da sie in den größten Hallen in den USA sprach, wurden ihre Heilungsversammlungen jährlich von rund 1½ Millionen Menschen besucht. Diese Zahlenangabe stammt von dem Arzt William Nolen.

Außer den Versammlungen hatte sie viele Radio- und Fernsehprogramme. Die riesigen Opfergelder, die eingingen, wurden zum Bau von 25 Kirchen, vielen Schulen, Heimen und für vielseitige soziale Leistungen verwendet.

Es ist ein undankbares, aber notwendiges Geschäft, die Heiltätigkeit dieser Frau einer biblischen Prüfung zu unterziehen. Ich will es in einer Weise tun, daß ich möglichst andere Beobachter zu Wort kommen lasse.

Der Hintergrund meiner eigenen Meinung ist die Materialsammlung auf meinen vielen Vortragstouren in den USA. Bei der

Niederschrift dieses Kapitels sind es schon 34 solcher Reisen in die Vereinigten Staaten. Ich las natürlich die Bücher von Frau Kuhlman, besuchte eine vierstündige Heilungsversammlung in der First Presbyterian Church in Pittsburgh und hatte auch eine persönliche Unterredung mit ihr. Dazu kommen viele mündliche und schriftliche Berichte, die mir Teilnehmer ihrer Versammlungen zukommen ließen.

An dieser Stelle habe ich zwei Hauptberichterstattern herzlichst zu danken.

Frau H. Maynard Johnson, Gattin des technischen Direktors des „Eitel Hospitals" in Minneapolis, unterzog sich der großen Mühe und sammelte mir 28 Heilungsfälle mit voller Anschrift aus Minneapolis und Umgebung. Einen ausgezeichneten, wissenschaftlich fundierten Artikel erhielt ich von Dr. H. H. Ehrenstein von „Songtime Boston". Die Namen weiterer „Lieferanten" werden aus diesem Kapitel ersichtlich.

Zunächst muß der Stil dieser Heilungsversammlungen skizziert werden. Nach einem phantastischen Orgelpräludium betrat Kathryn in langem blauem oder weißem Gewand das Podium. Alle erhoben sich. Sie erklärte: „Wie freue ich mich, Sie alle hier zu haben. Der Heilige Geist will ein großes Werk unter Ihnen ausrichten." Ein Eingangslied, von Tausenden erwartungsvoller Menschen gesungen, ließ die Stimmung ansteigen. Gebet und eine Kurzpredigt folgten. Dann erklärte Kathryn plötzlich: „Dort oben auf dem Balkon in der zweiten Reihe ist soeben ein Mann vom Krebs geheilt worden, bitte kommen Sie zur Plattform. Und ein Mädchen in der 17. Reihe wurde gerade von einem Lungenleiden geheilt." In dieser Art ging es einige Stunden. Die Geheilten kamen vor zur Plattform. Sie hielt jedem die Hände etwa 15 cm über den Kopf und betete. Dabei fielen die Geheilten rückwärts zu Boden. Zwei Saaldiener fingen die Stürzenden auf, damit sie sich nicht verletzten. Für 10 bis 30 Sekunden lagen die Geheilten bewußtlos am Boden. Als sie sich wieder erhoben, gaben sie an, ein wundervolles Gefühl gehabt zu haben. In meiner Gegenwart sind auch Pastoren bewußtlos zu Boden gesunken, ebenso ein katholischer Priester.

Kathryn stellte an die Geheilten einige Fragen, die jedesmal verschieden waren. So fragte sie eine Frau in den Fünfzigern: „Glauben Sie an Jesus?" – „Nein, ich bin Buddhistin." Ein etwa 20jähriger Mann erhielt die Frage: „Sind Sie Christ?" – „Nein, ich bin Atheist." – „Wollen Sie nicht an Jesus glauben, nachdem er Ihre Frau geheilt hat?" Langes Schweigen. Nach eindringlichem Zureden von seiten Kathryns sagte er schließlich: „Ich will es versuchen."

Man rätselte viel daran herum, wie Kathryn feststellen konnte, wer von welcher Krankheit geheilt war. Viele Ärzte haben das Problem mit verschiedenen Ergebnissen untersucht. Ist es Clairvoyance (Hellsehen) oder medialer Kontakt?

Das nächste Problem ist, ob die Heilungen tatsächlich stattgefunden haben und ob sie anhalten.

Eine weitere Frage ist die geistliche Seite dieser Heilungen. Finden die Geheilten den Weg zu Jesus, und werden Gläubige nicht in ihrer Glaubenshaltung beeinträchtigt?

Aufsehenerregend ist das rückwärtige Umkippen der Geheilten. Welche Kräfte sind da wirksam? Ist es Hypnose? Die Freunde von Kathryn nennen solche fallenden Menschen „Die Erschlagenen des Herrn".

Lassen wir nun die Zeugen aufmarschieren. Da ich auch zu ihnen gehöre, will ich drei Erlebnisse berichten.

B 170 Bei der Heilungsversammlung in Pittsburgh trat eine Ärztin mit einer Frau auf das Podium. Die Ärztin berichtete: „Diese Frau hier hatte eine multiple Sklerose in fortgeschrittenem Stadium. Sie trug zwei Beinschienen, war fast erblindet. Der Unterleib war teilweise gelähmt. Die Kranke hatte drei Jahre einen Dauerkatheter getragen. Vor drei Monaten war ich mit der Patientin in der Versammlung von Kathryn Kuhlman. Die Patientin wurde geheilt. Sie braucht seither keine Beinschienen und keinen Katheter mehr. Die Lähmung ist verschwunden. Sie ist jetzt Schwester in dem Krankenhaus, in dem sie vorher Patientin war."

An der Wahrhaftigkeit dieses Berichtes ist nicht zu zweifeln. Wir wissen natürlich, daß eine Heilung noch keinen Aufschluß gibt, in welcher Kraft sie geschehen ist.

B 171 Mein zweites Beispiel zeigt eine geistliche Situation. Ich traf einen Mann in der Versammlung, den ich befragen konnte. Willig beantwortete er mir die Fragen:

„Haben Sie eine Heilung erlebt?"

„Ja, vor 13 Jahren wurde ich in der Versammlung von Kathryn geheilt."

„Sind Sie ein Eigentum Jesu? Beten Sie, und lesen Sie die Bibel?"

„Ja, ich folge Jesus nach und kenne ihn als meinen Herrn und Heiland."

„Hat Ihre Heilung angehalten?"

„Ja, seit 13 Jahren."

Auch dieses Erlebnis kann ich nicht einfach umstoßen.

B 172 Ein drittes Erlebnis war der Beginn meiner Zweifel. Bei einer persönlichen Unterredung mit Kathryn – nicht in der öffentlichen Versammlung – betete sie plötzlich mit mir. Sie hielt ihre Hände dabei etwa 15 cm über meinem Kopf. Sofort betete ich in meinem Herzen: „Herr Jesus, wenn diese Frau ihre Kräfte von dir hat, dann segne sie und mich. Hat sie die Gaben und Kräfte nicht von dir, dann schütze mich davor. Ich will nicht unter fremden Einfluß kommen." Während Kathryn betete, stellten sich bereits zwei Usher (Gemeindehelfer) hinter mir auf, um mich abzufangen. Ich spürte aber nichts und stand wie ein Fels, ohne im geringsten das Bewußtsein zu verlieren. Dann kam noch eine zweite Überraschung. Kathryn stupste mich sanft an, vermutlich um mich zum Fallen zu bringen. Es gelang ihr nicht. Dann fragte sie mich: „Haben Sie selbst Heilungen?" Ich antwortete: „In meinem seelsorgerlichen Dienst kam das gelegentlich vor, aber das ist nicht mein Auftrag, sondern die Verkündigung des Evangeliums und die Rettung des Menschen."

Seit diesem Erlebnis hielt ich Jahre hindurch meine Augen und Ohren offen, um die Wahrheit dieser riesigen Heilungsdemonstrationen zu ergründen.

In dem Erlebnis des Mannes, der schon 13 Jahre geheilt ist und keine Beeinträchtigung seines geistlichen Lebens erlitten hat, liegt ein Problem. Angenommen, Kathryn heilt nicht mit göttlicher Kraft, wie Tausende von Zeugen annehmen, läßt sich dann dennoch erklären, daß Menschen bei einer solchen Heilung geistlich nicht geschädigt werden? Ja, es liegen mir genug seelsorgerliche Beispiele auf diesem Gebiet vor.

B 173 Ein deutscher Architekt berichtete mir, daß er durch die Verkündigung eines Pastors, der ein Trunkenbold war, den Weg zu Jesus fand. Der Pastor war oft betrunken. Wenn er aber nüchtern war, predigte er zentral. Gott kann auch durch unwürdige Zeugen sich Kinder erwecken.

B 174 Es sind mir mehrfach Gläubige begegnet, die durch den Dienst eines Scharlatans, der unbiblische Lehren vertrat, den Weg zum Heil gefunden haben. Den Namen des Scharlatans will ich nicht nennen, obwohl er viel Unheil angerichtet hat.

Die nächste Zeugin, die wir hören wollen, ist die erwähnte Frau H. M. Johnson von Minneapolis, die mir in dankenswerter Weise viel wertvolles Material zuleitete. Die 28 Beispiele, die sie mir berichtete, sind deshalb beweiskräftig, weil sie die Situation ein Jahr nach der Heilung darstellen. Zunächst das persönliche Erlebnis von Frau Johnson. Ich gebe es mit ihren eigenen Worten wieder:

B 175 In dem Brief von Frau Johnson heißt es: „Mein Gatte, meine Tochter und ich besuchten die Veranstaltung von Kathryn Kuhlman. Ich hatte eine Arthritis, und ich betete um Heilung. Meine Krankheit war so weit fortgeschritten, daß ich stets Schmerzen in den Fingern und Handgelenken verspürte. Gewisse Tätigkeiten wie Nähen, Briefschreiben und vor allem das Orgelspielen konnte ich nicht mehr ausüben. Im Gottesdienst sagte Kathryn plötzlich: „Da ist jemand, der soeben von Arthritis geheilt worden ist.“ Sie zeigte dabei auf meine Reihe. Ich hielt sofort meine Arme in die Höhe und bewegte meine Finger. Meine Schmerzen waren weg. Einer der Helfer kam auf mich zu und bat mich, zur Plattform zu kommen. Dort berührte Kathryn meine Stirn und betete dabei, daß Gott mir die Arthritis völlig nehmen solle. In diesem Augenblick traf mich die Kraft Gottes (I was slain in the spirit). Ich fühlte mich von meiner Umgebung getrennt und isoliert. Ein wundervoller Friede durchströmte mich. Als ich nach Beendigung der Versammlung mit meinen Angehörigen heimkehrte, sagte ich: ‚Selbst wenn ich nicht körperlich geheilt wäre, so kann mir niemals die geistige Heilung genommen werden.‘ Am nächsten Tag war ich in die Klinik bestellt, um verschiedene Untersuchungen und Bluttests über mich ergehen zu lassen. Das Ergebnis war mehr als gut. Ich habe seither vielen Menschen meine körperliche und geistige Heilung bezeugt. Seit einem Jahr hat nun die Heilung angehalten. Darüber hinaus hat mein ganzes Leben eine neue Richtung bekommen. Mein Gebetsleben und mein Hunger nach dem Wort Gottes haben sich vermehrt. Ich fahre fort, das Wort Gottes meiner Umwelt zu bezeugen.“

In dieser Heilung von Frau Johnson liegen wieder verschiedene Fragen.

1. Bei Arthritis spielt die Psyche – die leibseelischen Zusammenhänge – eine Rolle. Arthritis-Heilungen stehen bei allen Suggestionsheilungen obenan.
2. Ich kann es nicht akzeptieren, daß dieser Kippvorgang (slain in the spirit = erschlagen im Geist) vom Heiligen Geist bewirkt ist. Wenn Menschen bei Erweckungen in Reue und Buße zu Boden fallen, über ihre Sünden weinen und Gott um Vergebung bitten, so ist das ein völlig anderer Vorgang.
3. Was soll es bedeuten, daß Frau Johnson auch von einer geistigen Heilung spricht, die bestehen würde, auch wenn die körperliche Heilung nachließe. Der Ausdruck „geistige Heilung" wird von vielen spiritistischen Heilern gebraucht. In biblischem Sinn ist eine geistige Heilung die Bekehrung und Wiedergeburt. Frau Johnson war aber schon vor dem Besuch der Versammlung von Kathryn eine gläubige Christin. Eine zweimalige Wiedergeburt gibt es nicht. Diese sogenannte „geistige Heilung" ist unverständlich und könnte mit der sogenannten Geistestaufe in extremen Kreisen verglichen werden.

Leider können aus Raummangel nicht alle 28 Heilungen durchgesprochen werden, so aufschlußreich es auch wäre. Nur das Gesamtergebnis muß angedeutet werden:

Ein Jahr nach dem Auftreten von Kathryn waren von den 28 Menschen, denen die Heilungen zugesprochen worden waren, 10 nicht geheilt. Sieben hatten eine Besserung ihres Befindens erlebt. Elf hatten Krankheiten, die psychisch (seelisch) beeinflußt werden können. Es fehlt in dem ausführlichen Bericht ein einziger klarer organischer Fall, der geheilt worden wäre. So ist mit viel Aufwand und Mühe nichts bewiesen.

Eine weitere Zeugin ist eine Frau, die zwei Jahre als Sekretärin für Kathryn Kuhlman gearbeitet hat. Sie reiste mir nach und holte mich auf dem Flugplatz einer amerikanischen Millionenstadt ein. Im persönlichen Gespräch berichtete sie mir, daß sie zwei Jahre lang die Adressen der Geheilten notiert und sich später nach ihrem Befinden erkundigt habe. Von den Registrierten seien 75 % geheilt geblieben.

Welchen Wert hat diese Statistik?

1. Als Sekretärin ist sie von vornherein für ihre Chefin eingestellt. Ob das nicht die Objektivität trübt?
2. Das Nachreisen diente doch offenkundig dem Zweck, mir einen guten Eindruck der Heilungen zu vermitteln.

3. Es liegt auf der Hand, daß diese Frau nicht die medizinischen und psychologischen Voraussetzungen besitzt, um den Charakter der Heilungen feststellen zu können.
4. Heilungen sind ein schwer überschaubarer Komplex. Sie können einen suggestiven, hypnotischen, medialen, okkulten aber auch medizinischen und biblischen Hintergrund haben.

Diese Differenzierung der Statistik ist keine Beeinträchtigung der Lauterkeit der Berichterstatterin. Ich hatte sowohl von ihr als auch von Frau Johnson den besten Eindruck.

Im Frühjahr 1974 war in Jerusalem ein sogenannter charismatischer Kongreß mit dem Thema „Der Heilige Geist". Kathryn Kuhlman und auch Corrie ten Boom wirkten mit. Ein halbes Jahr nach dieser Weltkonferenz der Pfingstgemeinden erhielt ich aus Jerusalem den Brief einer Mitarbeiterin der Finnischen Mission. Dieser Brief, der sich mit Kathryn Kuhlman befaßt, wird in deutscher Übersetzung wiedergegeben:

B 176 Jerusalem, 17. 9. 1974. Lieber Dr. Koch, ich schreibe Ihnen, weil ich niemand anders kenne, der meine Fragen beantworten kann. Ich habe das Buch von Kathryn Kuhlman „Gott kann es wieder tun" gelesen. Es beeindruckte mich. Als Kathryn Kuhlman im Frühjahr 1974 nach Jerusalem kam, besuchte ich mit großer Erwartung ihre Heilungsversammlung. Zuerst war ich glücklich darüber. Dann setzten aber die Zweifel ein, und ich begann zu fragen:
1. Wie konnte sie feststellen, daß eine Person geheilt war?
2. Welche Kraft steht hinter den Heilungen?
3. Warum fallen die Menschen rückwärts um, wenn sie über ihnen betet?

Ich besuchte dann eine zweite Versammlung und betete die ganze Zeit. Zugleich beobachtete ich sorgfältig die Vorgänge. Nach der Heilungsversammlung verließ Kathryn die Plattform und ging durch die Reihen. Plötzlich verspürte ich einen inneren Druck, und ich fürchtete, sie könnte mich anrühren. Ich schloß meine Augen, erhob meine Arme und betete in Jesu Namen, daß Gott mir helfen würde. Kathryn kam vorbei, wo ich stand. Für einen kurzen Augenblick erfaßte sie stark meinen rechten Arm. Nichts passierte. Nach einiger Zeit spürte ich eine starke Kraft wie Elektrizität über mir, und ich bekam das Gefühl, ich müßte sterben. Meine Arme waren gelähmt, und ich konnte sie nicht sofort herunternehmen. Seit dieser Zeit habe ich Schwierigkeiten zu glauben, daß ihre Kraft von Gott ist. Dennoch las ich das andere Buch von Kuhlman „Ich glaube an Wunder". Es scheint mir gut zu sein. Ich kann nur nicht verstehen, warum ihre Person einen anderen Eindruck vermittelt als ihre Bücher. Ich werde mit meinen Zweifeln nicht fertig, und sie haben nicht aufgehört, mich geistlich zu verwirren. Wenn Sie das begreifen und mir trotz ihrer vielen Arbeit antworten können, bin ich Ihnen äußerst dankbar. Ihre ..."

Diese finnische Missionarin steht mit ihrer Erfahrung nicht allein da. Andere und ich selbst sahen den Unterschied zwischen den Büchern und der Person. Sehr oft wurde mir auch bezeugt, daß ununterbrochen betende Menschen eine unbiblische Atmosphäre empfinden. Natürlich kann sich auch da Subjektives mit Objektivem vermischen.

Eine Berichterstattung über den Kongreß in Jerusalem liegt mir auch durch Wim Malgo vor. Im „Mitternachtsruf" vom August 1974 geht Wim Malgo auf Seite 10 auf den Weltkongreß für den Heiligen Geist in Jerusalem ein. In dem Bericht werden vier unbiblische Punkte herausgestellt.

1. „Der Heilige Geist" war das Zentralthema. Der Heilige Geist läßt sich nicht zentral stellen, sondern der Heilige Geist stellt Jesus zentral (Joh. 16,13).
2. Die Geistestaufe ist identisch mit der Wiedergeburt. Erfüllt wird das Kind Gottes (Eph. 5,18) immer tiefer mit dem Heiligen Geist nach dem Maß seines Glaubensgehorsams.
3. Der Heilige Geist läßt sich nicht zur Hauptperson machen. Jesus sagt in Joh. 16,14: „Derselbe wird mich verklären."
4. Schließlich war es ein ökumenischer Kongreß, wo alle Richtungen vertreten waren.

Abschließend sagt Wim Malgo, es war nicht der Heilige Geist, sondern andere Geister am Werk. Die sogenannte Geistestaufe ist gewöhnlich eine Geistertaufe.

Malgo sagt: „Die Geister finden einander." Die Engländer haben das Sprichwort: Birds of a feather flock together – Vögel mit gleichen Federn fliegen zusammen. Es ist darum typisch, daß Kathryn Kuhlman dort eine Hauptreferentin war, die die meisten Zuhörer anzog. Das ist der Punkt, den ich im Laufe der Jahre immer mehr beanstandete: Kathryn läßt sich von wilden Extremisten einladen und steht mit ihnen zusammen auf der gleichen Plattform.

Ein langer Bericht liegt mir über das Auftreten von Kathryn Kuhlman in Vancouver und Seattle vor. Er kann aus Raummangel nur mit wenigen Stichworten angedeutet werden. Dieser Beobachter schrieb: „Kathryn Kuhlman nennt sich ein Instrument des Herrn. In Wirklichkeit ist sie ein Medium des Herrn dieser Welt. Ein Mensch kann doch nicht die Wiedergeburt durch den Heiligen Geist bekommen, wenn ihm ein anderer ins Gesicht faßt und einige Worte dazu redet. Ich bekenne mich zu den Charismata (Geistesgaben). Was aber Kathryn Kuhlman zur Schau stellt, ist nicht eine Begabung mit dem Heiligen Geist von Gott, sondern der Geister, die in der Luft herrschen. Diese Geister bedienen sich ihrer, selbst irregeführt und wieder irreführend ... Sie ist ein Medium Satans."

Auf der gleichen Linie liegt die Zuschrift eines bekannten Professors der Theologie der Universität Tübingen, der unter den Gläubigen den Ruf hat, ein wiedergeborener Christ zu sein. Ich will wiederum seinen Namen weglassen, weil ich nicht weiß, ob er genannt sein will. Dieser Professor, ein Duzfreund von mir, schrieb mir: „Kathryn Kuhlman ist eine Spiritistin. Vor 20 Jahren hättest Du das selbst gesagt."

Ohne Frage würde ich nie ohne sorgfältige Prüfung so schroffe Urteile abgeben. Wir müssen so lange von einem Menschen gut denken und reden, solange er nicht das Böse bewiesen hat.

Das wissenschaftlich bestfundierte Urteil ist der Bericht, den mir Dr. Ehrenstein aus USA vermittelt hat. Der Artikel, in einem christlichen Blatt veröffentlicht, trägt den Titel „Auf der Suche nach einem Wunder". Geschrieben ist er von einem Arzt und Chirurgen Dr. Nolen aus Minneapolis, der auch als Christ einen guten Namen hat.

Dr. Nolen ließ sich in Minneapolis die Adressen und Telefonnummern von 82 Besuchern der Kuhlman-Versammlung geben, denen die Heilung zugesprochen worden war. Darunter befanden sich Leute mit Krebs, multipler Sklerose und anderen Krankheiten. Dr. Nolen ging den einzelnen „Geheilten" nach, um ihre Geschichte genau zu ergründen.

B 177 Die Heilung des Rollstuhlpatienten. Vor Beginn der

Versammlung befand sich der Arzt in der Nähe des Aufzuges, der schubweise rund 100 Rollstühle mit Patienten brachte. Unter ihnen befand sich aber ein Mann ohne Rollstuhl, der aber schwer hinkte. Der Arzt redete ihn an:

„Sie gehen unter Schmerzen?"

„Ja, ich bin vor zwei Jahren operiert worden. Die Heilung blieb aber aus. So hoffe ich nun, daß Miß Kuhlman mich heilt."

„Soll ich Ihnen einen Rollstuhl besorgen?"

„Ja, das wäre nett von Ihnen."

Der Arzt besorgte dem hinkenden Mann einen Rollstuhl, mit dem er in das Auditorium gefahren wurde. Während der Versammlung rief Kathryn in den Saal: „Da ist ein Mann mit Krebs in der Hüfte. Er ist soeben geheilt worden. Bitte kommen Sie vor.« Dem Mann im Rollstuhl war es peinlich, sich im Rollstuhl zur Plattform fahren zu lassen. So stand er auf und bemühte sich, möglichst ohne Aufsehen nach vorn zu gehen. Ein Helfer schob den geliehenen Rollstuhl hinter ihm her. Der Arzt beobachtete genau diese Vorgänge, da er ja dem Mann den Rollstuhl besorgt hatte. Kathryn fragte den Patienten: „Ist das Ihr Rollstuhl?" Der Mann nickte. Er wollte keine langen Erklärungen geben. Kathryn fuhr fort: „Sie saßen im Rollstuhl und brauchen ihn nun nicht mehr. Der Heilige Geist hat Sie geheilt." Ein ungeheurer Jubel erhob sich. Der Arzt mühte sich hinterher um diesen Mann. Nichts hatte sich an seinem Zustand geändert. Die Kunde erfüllte aber die christlichen Kreise: „Ein Patient aus dem Rollstuhl wurde geheilt."

B 178 Unter großem Jubel von fast zehntausend Menschen vollzog sich die Heilung einer Frau, die an Lungenkrebs litt. Dr. Nolen nahm hinterher Verbindung mit der Geheilten auf. Ich gebe nun den genauen Wortlaut des Arztes: „Als ich Leona Flores interviewte, erklärte sie mir, daß sie überhaupt keinen Lungenkrebs habe.

‚Ich leide unter der Hodgkinschen Krankheit. Einige Drüsen in meiner Brust sind davon betroffen.'

‚Wie kommt es, daß Kathryn Sie vom Lungenkrebs heilte?'

‚Als Miß Kuhlman auf unsere Sitzreihen deutete und erklärte: da ist jemand vom Lungenkrebs geheilt worden, schaute ich in die Runde, ob sich jemand meldete. Als niemand sich erhob, dachte ich, sie müsse wohl mich meinen, und ich gab mich zu erkennen. Nachdem ich gesundgesprochen worden war, suchte ich meinen

Arzt auf. Der Facharzt erklärte: ‚Die Röntgenaufnahme zeigt überhaupt keine Veränderung. Es ist alles, wie es vorher war.'"

Dr. Nolen ließ sich auch von Kathryn Kuhlman die Liste von acht Personen geben, die angeblich vom Krebs geheilt worden waren. Auch hier ein niederschmetterndes Ergebnis.

Dr. Nolen erklärte: „Ich habe das Vertrauen in die Wunderheilungen von Kathryn Kuhlman verloren. Dennoch glaube ich, daß sie keine Lügnerin, kein Scharlatan ist. Sie ist wirklich der Meinung, daß sie Tausenden geholfen hat. Ihr Problem ist – und es tut mir leid, das sagen zu müssen – Unwissenheit. Miß Kuhlman kennt keinen Unterschied zwischen den psychogen bedingten Erkrankungen und den organischen Krankheiten. Obwohl sie hypnotische Techniken benützt, versteht sie nichts von Hypnose und der Gewalt der Suggestion. Sie weiß auch nichts von dem autogenen Nervensystem. Und wenn sie es weiß, dann versteht sie es, dieses Wissen zu verbergen. Je mehr ich die Ergebnisse ihrer Arbeit sehe, desto mehr zweifle ich, ob das Gute, das sie tut, das Elend aufwiegt, das sie anrichtet."

Der Bericht von Dr. Nolen, der hier mit größten Kürzungen wiedergegeben ist, beantwortet nicht alle Fragen im Zusammenhang mit diesen seltsamen Heilungen. Vor allem läßt er den Kippvorgang aus oder nennt das einfach Hypnose. Eine solche Erklärung trifft aber für den Kippvorgang nicht zu. Ärzte, Pfarrer, willensstarke Personen können nicht von einer Frau durch Hypnose wie in einem Knockout zu Boden geschickt werden. Hier sind noch andere Kräfte im Spiel. Auch die manchmal treffsicheren Angaben über den Sitzplatz von Patienten und ihren Erkrankungen riechen sehr stark nach einem medialen Kontakt.

Man wird mir entgegenhalten: „Warum hast du sie nach der ersten Begegnung positiv beurteilt?" Eine Antwort ist bereits gegeben. Wir haben so lange einen Menschen positiv zu beurteilen, bis er uns das Gegenteil bewiesen hat. In den vier Jahren seit der ersten Begegnung ist mir viel Material zugestellt worden. Das ergab ein anderes Bild, als ich es anfänglich sah.

Im übrigen steht und fällt Kathryn Kuhlman ihrem Herrn. Jesus hat das letzte Wort über sie und ihr Werk und nicht wir kurzsichtigen Menschen. Wir haben die Aufgabe der Prüfung und Information der Gemeinde Jesu. Sorgen wir aber dafür, daß unser Werk vor den Augen des Herrn bestehen kann. Als König David seine eigene Schuld im Lichte Gottes sah, seufzte er: „Meine Sünden gehen über mein Haupt. Wie eine schwere Last sind sie mir zu schwer geworden“ (Ps. 38,5). In der Erkenntnis unserer eigenen Schuld vergeht uns das Steinewerfen. Dennoch bleibt uns die notvolle Aufgabe nicht erspart, der Gemeinde Jesu Wegweiserdienste zu tun, wenn es auch noch soviel Herzweh bereitet. Und das sollte man mir in diesem Kapitel abspüren, daß ich keine Freude daran habe, über Kathryn Kuhlman schreiben zu müssen.

Kettenbriefe, Glücksbriefe

Von Zeit zu Zeit werden mir Kettenbriefe zugesandt oder Himmelsbriefe ausgehändigt. Es gibt viele Formen solcher Briefe, die alle in das Gebiet des Aberglaubens oder des magischen Schutzzaubers gehören. Es gibt Kettenbriefe, Glücksbriefe, Brandbriefe, Feuersegen, Kugelsegen, Himmelsbriefe. Sie sollen dem Träger Glück bringen und ihn vor Schaden bewahren.

Einen solchen Kettenbrief gebe ich hier wieder. Er hat folgenden Wortlaut:

„Dieser Brief soll Ihnen Glück bringen. Das Original liegt in den Niederlanden. Er ist neunmal um die Welt gegangen. Jetzt ist das Glück zu Ihnen gekommen. Neun Tage nach Erhalt dieses Briefes werden Sie Glück haben, vorausgesetzt, Sie senden diesen Brief weiter. Das ist kein Witz.

Das Glück ist per Post zu Ihnen gekommen. Senden Sie Kopien dieses Briefes an Leute, von denen Sie glauben, daß sie Glück brauchen können. Senden Sie kein Geld, denn Glück kann man nicht kaufen. Behalten Sie diesen Brief nicht. Sie müssen ihn innerhalb von 96 Stunden nach Erhalt weitergeben.

Was passiert ist: Ein RAF-Offizier erhielt 20000 Dollar, Joe Elliot erhielt 450000 Dollar und verlor alles wieder, weil er die Kette unterbrochen hat. Auf den Philippinen starb General Welch sechs Tage, nachdem er so einen Brief erhalten hatte. Er hat es versäumt, das Gebet weiterzuschicken. Aber vor seinem Tod erhielt er 775000 Dollar. Bitte, machen Sie 20 Kopien und warten Sie ab, was am 4. Tag passiert. Diese Kette hat Saul Anthoni de Capif, ein Missionar von Venezuela, ausgeschrieben.

Ich schicke es Ihnen. Und da die Kette um die Welt gehen muß, müssen Sie 20 Kopien anfertigen, die diesem Brief gleichen. Schicken Sie diese Kopien an Freunde, Eltern und Verwandte.

Schon nach ein paar Tagen werden Sie die Überraschung erleben. Das ist wahr, auch wenn Sie nicht abergläubisch sind.

Beispiel: Constantine Dias erhielt diesen Brief 1953. Er bat seine Sekretärin, 20 Kopien anzufertigen und sie zu versenden. Ein paar Tage später gewann er in der Lotterie seines Landes zwei Millionen Dollar. Carlo Dogitt, ein Büroangestellter, erhielt den Kettenbrief, vergaß ihn und verlor ein paar Tage später seine Stelle. Er verschickte den Brief an 20 Leute, schloß damit die Kette und bekam fünf Tage später einen viel besseren Job. Salon Faichild erhielt den Kettenbrief und warf ihn weg, weil er nicht daran glaubte. Neun Tage später starb er.

Für keinen Grund, egal welchen auch immer, sollte die Kette unterbrochen werden.

Ignorieren Sie das nicht. Es funktioniert."

Wer einen solchen Brief erhält, soll ihn sofort vernichten. Wer aus Angst den Brief vervielfältigt und an Bekannte weitersendet, verfällt dem Bann des Aberglaubens und wird mitschuldig an dem abergläubischen Hang des anderen. Diese angeblichen Glücksbriefe sind Unheilsbriefe. Oft sind solche Schreiben noch mit Bibelworten durchsetzt, so daß naive Gläubige verführt werden und den Brief für etwas Gutes ansehen.

In Bauerndörfern gibt es eine alte abergläubische Sitte, einen Feuersegen in den obersten Balken des Daches zu legen. Dieser Schutzbrief soll bewahren vor Blitzschlag, Brand und Sturm. Ein solcher Feuersegen wurde mir einmal im Wortlaut bekannt. Er hatte folgenden Text: „Anno 1645, 24. August. Im Namen des Vaters, des Sohnes und des Heiligen Geistes schütze ich, Satan, dieses Haus vor Blitz und Feuergefahr." Die rötliche Unterschrift war unleserlich. Solche Feuersegen bringen die Bewohner des Hauses unter einen Bann. Es ist Irrsinn, im Namen Satans den Schutz Gottes zu erbitten. Bei diesem sogenannten Würzburger Feuersegen ist Weiße Magie und Schwarze Magie gekoppelt. Diese diabolische Vermischung findet sich auch bei fast allen magischen Sprüchen aus dem sogenannten 6./7. Buch Moses, das mit Mose nichts zu tun hat.

B 179 Auf der gleichen Linie liegen die Himmelsbriefe. Bei dem Besuch einer alten Bauersfrau sah ich einen solchen Himmelsbrief in der Bibel liegen. Ich klärte die Frau auf. Sie war aber überzeugt, daß Gott durch den Engel Gabriel diesen Brief auf die Erde gebracht hat. Und es sei ein gottwohlgefälliges Werk, diesen Brief abzuschreiben, damit auch andere seines Segens teilhaftig würden.

Im Krieg hatten manche Soldaten einen Kugelsegen bei sich, einen Schutzbrief der Ehefrau oder der Verlobten. Sie sollten dadurch von keiner feindlichen Kugel niedergestreckt werden.

Hier gilt auch das mahnende Wort: „Was hülfe es dem Menschen, so er die ganze Welt gewönne und nähme Schaden an seiner Seele" (Mt. 16,26). Es ist ein verhängnisvolles Geschäft, den Leib um den Preis der Seligkeit zu beschützen.

Menschen, die noch derartige Schutzverschreibungen im Hause haben, sollten dieses unheilvolle Zeug sofort verbrennen.

Klub der Siebenhundert

„700 Club" nennt sich eine Bewegung in den USA, die sich die Verkündigung des Evangeliums durch Fernsehen und Radio zum Ziel gesetzt hat. Eine derartige Zielsetzung ist anerkennenswert. Die Menschen der Gegenwart werden mehr durch die Ätherwellen erreicht als durch das gedruckte Wort.

Gründer und Präsident dieser neuen Missionarsarbeit ist Pat Robertson, ein Geschäftsmann, der eine totale Wendung zu Christus erlebt hat und sich für diese Aufgabe berufen fühlt.

Meine ersten Eindrücke vom „700 Club" erhielt ich in Buffalo (N.Y.) im Hause eines Baptistenpastors, der mein Gastgeber war. Über das Fernsehen kam gerade eine Botschaft, die in der Linienführung zwar biblisch, doch etwas seelisch angeheizt war.

Mir fielen dabei zwei Bibelworte ein. In Phil. 1,15–18 schreibt Paulus, daß es für die Verkündigung verschiedene Motive gibt wie: Neid, Zank, Unlauterkeit, aber auch Verkündigung aus guter Meinung und in Liebe. Paulus schließt seine Aufzählung mit dem Hinweis: „Was tut's aber? Wenn nur Christus verkündigt wird, sei es zum Vorwand, sei es in Wahrheit."

Die andere Bibelstelle, die angesichts der Botschaft vom „700 Club" in meinen Gesichtskreis trat, steht in 1. Kor. 5,6: „Ein wenig Sauerteig versäuert den ganzen Teig." Satan hat eine raffinierte Methode. Er läßt manchmal eine fast biblische Botschaft zu, mengt aber nur kleine Verdrehungen bei. Damit werden dann die Hörer von der lauteren Wahrheit abgelenkt.

Was mit diesen beiden Bibelstellen gesagt werden soll, ist die

Tatsache, daß in den Botschaften vom „700 Club" biblische Substanz ist, für die wir dankbar sein dürfen. Es ist aber noch manchmal der Sauerteig pseudocharismatischer Strömungen mit hineingemengt. Dazu ein Beispiel:

B 180 Am 7. Dezember 1975 war ich zusammen mit einem Freund Gast im Hause von Pastor H. Meyer in Toronto. Eine Marburger Missionsschwester erzählte uns, wie eine Frau während der Botschaft eines Redners vom „700 Club" geheilt worden ist. Der Vorgang dieser Heilung zeigt, daß hier nicht nur ein wenig, sondern viel Sauerteig mit am Werk war.

Der Redner, es war Pat Robertson, erklärte, er habe für einen Zuhörer ein Wort der Weisheit. Diesen Ausdruck finden wir als Geistesgabe in 1. Kor. 12,8. Pat verkündigte, daß eine Frau eine Operation nötig habe, die sich jetzt vollziehen würde.

Unter den Zuhörern dieser Sendung befand sich ein Ehepaar, das vor dem Fernseher kniete. Die Frau hatte einen Gebärmutterknick. Als Pat sein „Wort der Weisheit" proklamierte, fiel die kniende Frau halbgelähmt zu Boden. Sie hatte ein Gefühl, als wäre sie narkotisiert worden. Sie nannte diesen Zustand „slain in the spirit" = erschlagen im Geist.

In diesem Zustand erlebte die Frau ein kribbelndes Gefühl am ganzen Körper. Beide, sowohl der Ehemann als auch seine Frau, standen unter dem Eindruck, daß etwas an ihr geschehen war.

Ihre Vermutung bestätigte sich. Einige Tage später stellte ein Gynäkologe fest, daß der Gebärmutterknick verschwunden war. Der Uterus war normal.

Diese Geschichte gibt uns einigen Einblick in das Wesen des „700 Club". Es mag wohl sein, daß eine Heilung erfolgt ist. Es kann natürlich auch nur eine vorübergehende Besserung gewesen sein. Wesentlich sind aber andere Dinge. Was Pat Robertson und seine Mitarbeiter „Wort der Weisheit" nennen, kann genauso ein medialer Kontakt unter frommem Deckmantel sein. Auf der gleichen Ebene liegt der Vorgang in der Wohnung der geheilten Frau, die „im Geist erschlagen" war. Menschen, die unbewußt medial sind, nehmen auch mediale Impulse über Radio, Fernsehen oder in einer öffentlichen Versammlung auf. Das ist auch die unbewußte „Technik" von Uri Geller. In der Zungenbewegung und charismatischen Strömung gibt es viel religiös überlagerte Medialität, die von nichtreligiösen Medien ohne frommes Beiwerk praktiziert wird.

Wer sich in diesem Labyrinth nicht auskennt, wird rasch das Opfer der frommen Verpackung. Ich bin nicht in der Lage, die Heilung des geknickten Uterus als göttliches Wunder anzusehen. Um Mißverständnissen vorzubeugen, bekenne ich, daß ich an die Wunder in der Gegenwart glaube. Ich wehre mich nur gegen mediale Ersatzwunder.

Inzwischen sind mir noch einige Botschaften des „700 Club" bekannt geworden. Es fallen hier bei den Ansprachen und Berichten die gleichen typischen Ausdrücke, wie wir sie von den charismatischen Strömungen her kennen. Es muß sich also um eine ähnlich gelagerte Bewegung handeln.

Kobolde und Feldteufel

Auf meinen Vortragstouren erhielt ich oft gute Einblicke in das Leben und Treiben der primitiven Völker und Stämme. Vor einigen Jahren hatte ich an der Bibelschule der Schweizerischen Indianermission in Pucallpa (Peru) 29 Vorträge. Die Missionare brachten mich zu den verschiedenen Stämmen.

Ein gläubiger Christ unter den Piro-Indianern erzählte mir über den Dolmetscher von seiner Begegnung mit einem kleinen Zwergmenschen, der nur etwa 50–60 cm groß war. Er befand sich auf der Jagd und war gerade dabei, ein Wildschwein zu erlegen. Da trat ihm dieses kleine Männchen entgegen. Er dachte zunächst, das könnte ja ein Zwergmensch sein ähnlich wie die Pygmäen in Südafrika. Es gibt aber am Amazonas keine solchen Zwergmenschen. Dieses kleine Kerlchen verwehrte ihm, das Wildschwein zu schießen. Der Jäger schob ihn mit dem Arm weg. Da entfaltete aber der kleine Bursche eine unerhörte Kraft und warf den Jäger zu Boden, daß er drei Tage bewußtlos liegenblieb. Männer aus seinem Dorf suchten nach ihm und entdeckten ihn dann nach drei Tagen. Solche Erlebnisse haben bei den Piro den Glauben hervorgerufen, daß es sich bei diesen kleinen Wesen um eine Art Feldteufel handeln würde. Missionare sehen das als einen Teil ihres heidnischen Glaubens an. Aber in diesem Fall war der Mann, der das erlebte, ja ein gläubiger Christ. Natürlich können auch Christen bei den primitiven Stämmen noch in ihren alten heidnischen Anschauungen befangen sein. Dennoch darf man ein solches Erlebnis nicht einfach als ein Märchenmotiv ablehnen.

In Afrika brachte mich ein Missionar zu dem Stamm der Xhosa. Bei diesem afrikanischen Stamm herrscht ebenfalls die Meinung, daß es kleine Kobolde und Feldgeister gibt. Diese Kobolde zeigen sich oft den Kindern und spielen sogar mit ihnen. In dem Augenblick, wenn ein Erwachsener dazukommt, verschwinden die Kobolde. Natürlich könnte man dieses Erlebnis der Kinder als die Auswirkung einer eidetischen Veranlagung ansehen. Unter Eidetik versteht man die Außenprojektion unserer Vorstellungen oder unserer Phantasie nach außen, so daß man das Produkt unserer eigenen Phantasie optisch sehen kann. Kinder unter 14, vor allem die der primitiven Stämme, haben allgemein diese eidetische Veranlagung.

Mir sind also solche Geschichten und Erlebnisse auf den Missionsfeldern häufig begegnet. Ganz anders ist die Situation, wenn man etwa nun auch unter hochzivilisierten Völkern derartige Dinge vorgesetzt bekommt. Ich bereiste mehrmals Skandinavien, und zwar alle skandinavischen Länder bis zum Nordkap. Vor allem in Nordschweden gibt es viele Geschichten von Heinzelmännchen, Wichteln, Kobolden, Feldgeistern und anderen merkwürdigen Fabelwesen. Aus Nordschweden sind mir einige Namen solcher Zwergfiguren bekannt. Da gibt es Heinzelmännchen, die etwa einen halben Meter hoch sind, Gnome, Noecks, dann vor allem Tomter, an die allgemein in Schweden geglaubt wird. Manche Kobolde sind zu Schabernack bereit. Heinzelmännchen gelten als dienstbare Geister. Wenn man ihre Hilfe haben will, muß man sich aber an den Obersten wenden, den Teufel selbst. Aber das würde einem die Seligkeit kosten. Diese Vorstellung entspricht der Vorstellung der Bibel, daß diese Feldgeister dämonischen Ursprungs sind. Eine andere Beobachtung konnte ich machen, daß diese Heinzelmännchen, Kobolde und all diese kleinen Wesen besonders Menschen erscheinen, die medial veranlagt sind. Auch das ist eine indirekte Bestätigung, daß diese kleinen Fabelwesen nicht ethisch neutral sind, sondern eben Feldgeister oder Feldteufel darstellen, von denen auch die Bibel spricht. Vielleicht gebe ich ein Beispiel, das zwei Probleme aufzeigt.

B 181 Die Schriftstellerin Helga Braconnier sah oft Unglücksfälle voraus. Sie war medial veranlagt. Auf einer Lotsenstation in der nördlichen Ostsee sah sie einen Schiffbruch voraus. Sie warnte den Lotsen, der sie aber auslachte. Am nächsten Tag kam eine alte

Schwedin zu der Schriftstellerin und erklärte, es stehe Unwetter bevor, die Tomter, die auf den Klippen hausen, würden landeinwärts fliehen. Das bedeute immer Sturmflut. Am Abend brach das Unwetter los. Ein Schiff sandte Notsignale. Der Lotse, der die Warnerin ausgelacht hatte, mußte mit dem Lotsenboot auslaufen. Das Schiff lief auf Klippen und hatte mehrere Tote. Die Ahnung und die Aussage der alten Frau waren richtig. Man könnte über diese kleinen Zwergwesen ein eigenes Buch schreiben. Dazu habe ich aber keinen Auftrag.

Wir finden dann allerdings auch in der Schweiz Menschen, die sich mit diesem Problem der Naturgeister abgegeben haben. So hat Georg Sulzer, der frühere Präsident des schweizerischen Kassationsgerichtes in Zürich, über die Naturgeister geschrieben und vier Arten unterschieden: die Gnomen, die Nymphen, die Sylphen oder Elfen und die Nixen oder Undinen. Auch dieser Autor schreibt davon, daß diese kleinen Zwergwesen 60 bis 80 cm groß seien. Für Dienstleistungen seien sie sehr dankbar, für Beleidigungen reagierten sie mit Schabernack und Racheakten.

Arthur Conan Doyle, Autor des Sherlock Holmes, war Spiritist. Er gab Berichte heraus über Naturgeister und Personen, die sie gesehen haben. Conan Doyle besaß auch Fotonegative mit Aufnahmen von Naturgeistern. Aufschlußreich ist das Bekenntnis eines Feldgeistes oder Felddämons. Er sagte: „Wir Dämonen sind der mit Gott in Widerstreit gekommene Abfall aus einer früheren Schöpfung. Wir haben keinerlei Hoffnungen. Unsere Tätigkeit den Menschen gegenüber besteht darin, sie zu belügen und irrezuführen. Ursprünglich waren wir geistig hochstehend, sind aber jetzt durch unsere Schuld und unseren Abfall beträchtlich zurück verdummt."

Was sagt die Bibel zum Thema Kobolde, Naturgeister, Feldgeister, Feldteufel? In Jesaja 13,21 werden die Feldgeister erwähnt, und zwar in der Gemeinschaft mit den Wüstentieren, die die Aufgabe haben, die Gegend, die Landschaft zu zerstören und unsicher zu machen. Noch deutlicher spricht es Jes. 34,14 aus, das wir zitieren: „Da werden untereinander laufen Wüstentiere und wilde Hunde, und ein Feldteufel wird dem andern begegnen; der Kobold wird auch daselbst herbergen und seine Ruhe daselbst finden." Wir haben hier also die Kombination: Wüstentiere, Feldteufel und Kobolde. Im Hebräischen sind das die Zihim und Ohim. In 2. Chron. 11,15 werden wiederum die Feldteufel erwähnt. König Rehabeam stellte Priester an, um den Feldteufeln zu opfern.

Nach der Bibel werfen wir noch einen kurzen Blick in die Kirchengeschichte. Fragen wir einmal Martin Luther, den Reformator der Deutschen, was er über die Kobolde dachte. In seinen Tischreden berichtete er einmal: „Der Kobold rumpelte mir am Bett. Aber ich kümmerte mich nicht darum. Als ich ein wenig eingeschlafen war, da hob an der Treppe ein solches Poltern an, als würfe man ein Schock Weinfässer hinunter. Ich stand also auf, ging an die Treppe und rief: ‚Bist du es, so sei es.' Dann befahl ich mich darauf dem Herrn, von dem geschrieben steht: Alles hast du unter seine Füße getan und legte mich wieder ins Bett. Das ist die beste Kunst, ihn zu vertreiben, wenn man ihn verachtet und Christum anruft. Das kann er nicht leiden." Ein andermal soll Luther sogar sein Tintenfaß dem Teufel nachgeworfen haben. Gegenüber all diesen Finsternismächten gilt uns die Botschaft von Apostel Paulus. Denken wir etwa an Kol. 2,15. In freier Übersetzung heißt es: Christus hat die Finsternismächte entlarvt, er hat die Dämonen entmächtigt, und er zieht die Gewaltigen im Triumphzug hinter sich her.

Königin der Finsternis

(Queen of Darkness – Queen of the black Witches)

Auf meinen Missionsreisen bin ich mehrmals durch Beichten mit ehemaligen Zauberern und gar mit deren Chefs in Kontakt gekommen. Ihre Geschichte habe ich in verschiedenen Missionsbänden berichtet. Für solche, die das nachlesen wollen, gebe ich die Bezugsstellen an.

Den Bericht über den Saugumakult auf Neuguinea finden Sie im Buch „Unter der Führung Jesu" ab Seite 224. Die Chefs dieses Kultes treiben bis heute noch Kinderopfer und gelegentlich das Opfer von Erwachsenen im Zusammenhang mit Kannibalismus. Das letzte schreckliche Beispiel, das mir bekannt wurde, ist die Ermordung von 14 Menschen in Westirian in der Nähe von Djajapura im Herbst 1974. Gewährsleute sind: der Psychiater und Theologe Dr. Jackson von Milwaukee und Dr. Kenneth Moon von St. Petersbourg, Florida.

Die Begegnung mit einem Oberzauberer, dem sogenannten

Countrydevil (Landesteufel) in Liberia wurde mir zu einem Erlebnis des Sieges Jesu über alle dunklen Mächte. Dieser Oberzauberer beichtete seine schrecklichen Sünden und nahm Christus an. Die Missionare des betreffenden Missionsfeldes hatten eine gute Vorarbeit getan. Die Berichte über die Kulte in Liberia sind in dem Buch „Name über alle Namen Jesus" ab Seite 60 zu finden.

Die Geschichte einer Kultmutter des spiritistischen Macumba-Kultes hörte ich in Rio de Janeiro. Sie heißt Ottilia de Pontes. Sie gab mir Veröffentlichungsrecht. Ihre Geschichte steht in „World without Chance" ab Seite 56. Frau Pontes ist heute eine vom Herrn gesegnete Evangelistin in Brasilien. Ihr Foto ist in meinem Missionsband „Jesus auf allen Kontinenten" auf Seite 465. Ihre wunderbare Errettung ist im gleichen Buch ab Seite 544 berichtet.

1973 hielt ich auf Haiti Vortragsreihen. Diese ehemalige französische Kolonie ist Sitz des Wuduismus, einer Mischung aus Schwarzer Magie und verbrecherischem Spiritismus. Auch hier wird alljährlich eine Königin der Finsternis gewählt, zu deren Obliegenheiten auch das 14tägige Kinderopfer gehört. Die Missionare informierten mich über schauerliche Einzelheiten.

Nun soll aber eine Detailschilderung aus England folgen. Ich will voraussenden, daß ich alle Einzelheiten dieses schrecklichen Berichtes auch in anderen Ländern Ostasiens, Afrikas und Südamerikas mehrfach hörte, sonst würde ich diesem englischen Bericht keinen Glauben schenken. Die Berichterstatterin ist Doreen Irvine, die ihre Lebensgeschichte unter dem Titel herausgab „From Witchcraft to Christ" (Concordia Press, London). Was wir hier zu hören und zu lesen bekommen, ist so unfaßbar und unglaublich und entspricht doch der Wahrheit.

Was hier gebracht wird, ist eine verkürzte Wiedergabe des Bekenntnisses von Frau Irvine. Es steht im 12. Kapitel, das die Überschrift trägt „Queen of Black Witches" = Königin der Schwarzen Hexen. Sie schreibt:

„Die Praxis der Satansanbetung und meine Rolle als Hohepriesterin der Zauberei war in meinem früheren Leben das Wichtigste.

Wer Schwarze Magie ausübt, hat große Gewalt. Die Macht der Hölle steht ihm zur Verfügung.

Solche Hexen oder Zauberer brechen nachts in Kirchen ein. Sie verbrennen Bibeln und Gebetsbücher und verunreinigen den Altarraum oder reißen das Kruzifix herunter und bespeien es. Stets lassen sie ein Zeichen ihrer Zauberei an dem heiligen Ort zurück.

Noch schauerlicher ist die Tatsache, daß sie auch nachts Gräber aufgraben und Leichname Satan opfern.

Satanisten und Schwarzmagier glauben, daß Satan eines Tages Christus besiegen wird. Bei dieser Geistesverwirrung ist es kein Wunder, daß viele Satanisten nach jahrelanger Praxis ihren Verstand verlieren.

Die Hexen und Zauberer unter sich treiben unsinnige Dinge. Sie haben Nackttänze, Sexorgien, lesbische, homosexuelle, sadistische und masochistische Exzesse.

Je mehr sich ein Glied des Hexenzirkels dem Teufel hingibt, desto mehr wachsen seine okkulten Kräfte."

Doreen Irvine fährt fort: „Ich entwickelte die Fähigkeit der Levitation. Ich konnte mich etwa 1,50 m horizontal in die Luft erheben. Die Dämonen halfen mir dabei. Durch die Kraft der Magie konnte ich Vögel in der Luft töten. Ich beherrschte auch die Praxis der Apporte, das heißt, ich ließ Gegenstände in geschlossenen Räumen erscheinen oder verschwinden. Meine Kräfte wurden so stark, daß der leitende Satanist erklärte, ich würde eines Tages die Königin der Schwarzen Hexen werden. Das war die höchste Position, die eine Hexe erreichen konnte. Der Satanist, der zugleich mein Freund war, äußerte: ‚Ich schlage dich vor. Praktiziere nur deine Kräfte, damit du alle Aufgaben erfüllen kannst!'"

Für Doreen Irvine kam nach dieser Abmachung mit dem Hexenchef eine Zeit schwerster Proben. Zusammen mit sechs anderen Hexen mußte sie ihre okkulten Kräfte beweisen. Wer am besten von den sieben Bewerbern abschloß, sollte die „Queen of Darkness" sein. Alle sieben Hexen waren für ihre großen magischen Kräfte bekannt.

Der Wettstreit begann mit den üblichen Zeremonien, unter denen die Dämonen und Luzifer selbst angerufen wurden.

Die erste Übung bestand darin, daß ein Vogel aus seinem Käfig freigelassen wurde. Doreen war die einzige, die den Vogel in der Luft töten konnte. Die anderen versagten bei diesem Experiment.

So folgte ein Test nach dem anderen. Zuletzt kam die schwerste Probe: fire walking – der Gang durchs Feuer. Ich gebe den Bericht wieder mit den eigenen Worten Doreens:

„Der Test bestand darin, durch ein großes Feuer zu gehen. Die erfolgreiche Kandidatin würde in der Mitte des Feuers Luzifer treffen. Die ganze Versammlung sollte ebenfalls Luzifer beobachten, wie er die Hand der Hexe ergreift. Luzifer führt dann die Hexe durch das Feuer, so daß sie völlig unbeschädigt wieder herauskommt." Doreen berichtet nun:

„Zuversichtlich trat ich in ein zwei Meter hohes Feuer, unablässig meinen Herrn Diabolos anrufend. Plötzlich sah ich ihn materialisiert vor mir als große schwarze Figur. Ich nahm seine Hand und ging mit ihm in das Zentrum des Feuers. Hier hielt ich eine Zeitlang inne, dann trat ich auf der anderen Seite wieder aus dem Feuer. In diesem Augenblick verschwand Luzifer. Jetzt brachte man mir eine große Huldigung dar. Die ganze Versammlung lag flach auf dem Boden und rief: ‚Heil, Diana – das war mein Hexenname – du Königin der Schwarzen Hexen!'

Eine Krone von reinem Gold wurde mir aufs Haupt gesetzt. Um meine Schultern legten sie ein reichbesticktes Brokatgewand. In meine linke Hand gaben sie mir einen Goldreif. So geschmückt, nahm ich auf dem Thron der Hexenkönigin Platz.

Man kann über derartige Berichte lachen, wenn keine Zeugen dafür da sind. Wer aber einmal darinsteckte, dem vergeht das Lachen."

Der Bericht wäre unvollständig, wenn wir nur die dunkle Seite im Leben von Doreen darstellen würden. Uns interessiert ja mehr, was Christus tun kann und nicht, wie Satan das Leben der Menschen zerstört.

Der Herr hatte sein Auge auf dieser magisch verstrickten Frau.

Es war im Frühjahr 1964. Doreen ging abends die berüchtigten Straßen von Bristol entlang. Sie betrieb das älteste Gewerbe der Menschheit und wartete auf Kunden. Da las sie an einer Plakatsäule das Bibelwort: „Selig sind, die reines Herzens sind, denn sie werden Gott schauen." Ein reines Herz? Gott schauen? Sie versuchte diesen Eindruck loszuwerden. Es gelang nicht. Da riß sie wütend das Plakat herunter. Sie zog eine Straße weiter. Das gelesene Wort bohrte immer noch in ihr. Gott gibt es doch gar nicht – versuchte sie sich klarzumachen. Ein paar Tage später hatte sie den Schock überwunden.

Drei Monate später wiederholte sich das Erlebnis. Wieder hingen fromme Plakate an den Säulen, die zu den Versammlungen von Eric Hutchings einluden. – Ich schalte dazwischen, daß Eric Hutchings einer meiner Freunde war, auf dessen Einladung hin ich in London sprach.

Doreen fragte einen Passanten: „Wer ist dieser Eric Hutchings?" Keine Auskunft. Da sah sie Menschen, mit einer Bibel in der Hand einem großen Saal zustreben. Doreen schloß daraus, daß Hutchings irgend so ein religiöser Heuchler sein müßte. Eine Wut packte sie. „Ich gehe hin und haue ihm eine auf die Nase“, jagte es ihr durch den Sinn. „Gehe nicht hin. Du gehörst mir“, hörte sie eine Stimme in ihr.

Es zog sie doch mächtig in die Halle, die schon vollbesetzt war. Die Platzanweiser fanden noch einen Sitz für sie in der Mitte der hintersten Reihe. Es war ihr peinlich, denn die Leute mußten ihretwegen alle aufstehen.

Die Versammlung begann mit einem wunderbaren Solo, das Doreen packte. Ihre Kindheit wachte auf, die Zeit, da sie noch Kindergebete betete. Sie kam sich so schmutzig vor.

Eric Hutchings begann dann seinen Vortrag mit dem Satz: „Wenn du nicht den Herrn Jesus Christus als deinen persönlichen Heiland kennst, bist du verloren. Du bist dann tot in Sünden und Übertretungen. Die Bibel sagt: du bist gebunden.“ Doreen sprang auf ihre Füße, vergaß alles um sich her und rief: „Er hat recht. Ich bin gebunden.“ Die Menge drehte sich der Ruferin zu. Selbst Hutchings hielt einen Augenblick inne. Dann fuhr er fort: „Wenn du Sonntag für Sonntag in die Kirche gehst, und du kennst nicht Jesus als deinen persönlichen Heiland, dann bist du verloren.“ Wieder wollte Doreen dazwischenrufen. Sie scheute aber die vielen Menschen um sich her. Hutchings schloß seine Predigt mit der Aufforderung: „Wer heute abend Jesus als seinen Herrn annehmen will, der komme vor.“ Gleichzeitig sang ein Chor:

Just as I am, without one plea...
So wie ich bin, ohne jede Ausrede...

Doreen zitterte am ganzen Körper. Sie war entschlossen vorzugehen, konnte aber nicht. Es war, als hätte eine andere Macht sie an den Sitz gefesselt. Wieder hörte sie die Stimme: „Du gehörst mir. Du kannst nicht vorgehen. Es ist zu spät für dich. Du gehörst mir.“

Ein furchtbarer Kampf entstand, ein Kampf mit Satan.

Er versuchte sein Opfer zu hindern. In diesem Kampf spürte sie plötzlich, daß eine andere Macht ihr zu Hilfe kam. Eine Macht, die stärker war als Satans Bande. Sie sprang auf und ging nach vorn. Satan verlor die Schlacht. Doreen betete: „Herr Jesus, ich komme. Bitte nimm die Finsternis von mir.“ Mehr konnte sie nicht sagen. Das Beten war ihr ja so fremd.

Verschiedene Seelsorgehelfer, darunter auch Frau Hutchings,

kümmerten sich um sie. Nach der seelsorgerlichen Aussprache verließ sie die Halle mit dem Johannes-Evangelium und einem Büchlein über den Heilsweg.

An der nächsten Straßenecke traf sie ihre „Kolleginnen".

„Hallo, Doreen, wo hast du gesteckt?"

„Ich habe gerade in der Colston-Halle bei Eric Hutchings Jesus angenommen."

Schallendes Gelächter.

„Das ist dein bester Witz."

„Nein, ich scherze nicht, ich habe Jesus mein Leben übergeben."

Sie starrten Doreen entgeistert an.

„Komm, Doreen, hör nun auf mit diesem Unsinn. Wir sind's, deine Freunde."

„Ich bin nicht von Sinnen. Ich weiß, wer ihr seid. Ich gehe jetzt aber heim und lese meine Bibel."

Dabei blieb es!

Es war außerordentlich heilsam, daß Doreen ihren alten Freunden sofort ihre Entscheidung für Jesus bekannte. Es ist äußerst wichtig, daß wir sofort nach unserer Bekehrung klare Fronten schaffen. Wer feige ist, verfehlt den Start.

Das ist kurz zusammengefaßt Doreens Bekehrung. Aus einer mit tausend Banden an Satan gebundenen Frau wurde eine Zeugin Jesu.

Keiner braucht mutlos zu werden. Doreen war Königin der Schwarzmagier, Prostituierte und wurde durch Jesus Christus, dem Sohn Gottes, aus dieser Hölle befreit.

1. Joh. 3,8: „Dazu ist erschienen der Sohn Gottes, daß er die Werke des Teufels zerstöre."

Konstruktionen und Überspitzungen

Unter den Gläubigen ist viel gewaltsame Exegese (Erklärung) der biblischen Schriften zu finden. Damit werden oft Sperren und Barrikaden aufgerichtet, die für die Gemeinde Jesu große Hindernisse darstellen. Einige solcher Textentstellungen oder Textvergewaltigungen sollen skizziert werden.

1. Eternal Security = ewige Sicherheit, ist ein solcher Begriff, der im Übermaß in der englischen Christenheit diskutiert wird. Um kein Mißverständnis aufkommen zu lassen, will ich von

vornherein bekennen, daß ich auch daran glaube, daß Jesus niemand von denen verliert, die ihm vom Vater gegeben sind (Joh. 6,39).

Die von den englischen und amerikanischen Christen vielfach überbetonte Eternal Security hat ungute Auswirkungen wie Oberflächlichkeit, Lauheit, Trägheit im Glaubensleben. Ferner führt sie auch zur Gesetzlichkeit. Ich kenne einen Missionar, der von seinem Vorstand vom Missionsfeld heimgeschickt und entlassen wurde, weil er sich gegen die übertriebene Betonung der Eternal Security stellte. In Europa, vor allem in Deutschland, fürchtet man ohnehin etwas den Ausdruck „Sicherheit". Wir gebrauchen dafür gern das Wort Gewißheit.

Die Überbetonung der „Eternal Security" führt auch zu entstellten Schriftauslegungen. So habe ich oft in den USA gehört, daß König Saul nicht verworfen wurde, obwohl die Schrift das eindeutig aussagt. Mose bezeugt, daß diejenigen, die Totenverkehr betreiben, Gott ein Greuel sind und ausgerottet werden (5. M. 18,10–12). Saul suchte die Spiritistin in Endor auf und wurde von Gott verworfen.

Eine groteske Schriftauslegung leistete sich da ein weit bekannter Baptistenprediger in Kanada, den ich sehr gut kenne. Er erklärte: „Judas, der Verräter des Herrn, war nicht verloren, er hat nur seine Belohnung und seine Krone eingebüßt." Die Schrift sagt aber, daß Judas das verlorene Kind ist (Joh. 17,12).

2. Eine andere englische Spezialität ist die Behauptung, Jesus habe bei der Hochzeit zu Kana (Joh. 2) nicht Wasser in Wein, sondern in Saft verwandelt.

Auch hier muß ein Mißverständnis abgewehrt werden. Selbstverständlich müssen wir gegen den Mißbrauch des Alkohols mit allen Mitteln vorgehen. Das heißt aber nicht, daß wir dazu die Bibel umdeuten müssen. Untersuchen wir das Problem im Neuen Testament inhaltlich nach den vorliegenden „Weintexten" und dann philologisch.

a. Einen ersten Hinweis erhalten wir durch die Reaktion des Küchenmeisters (Joh. 2,10). Er sagte verwundert: „Jedermann gibt zuerst guten Wein, und wenn sie trunken geworden sind, den geringeren." Soll ein Speisemeister nicht wissen, was Saft und Wein ist? Und seit wann kann man vom Genuß eines Saftes betrunken werden?

Nach dieser Safttheorie hätte dann Paulus Timotheus geraten:

„Trinke ein wenig Saft um deines kranken Magens willen" (1. Tim. 5,23).

Der barmherzige Samariter hätte dann dem Verletzten Öl und Saft in die Wunde gegossen (Luk. 10,34). Dieser Saft wäre in dem warmen Klima bei einer einzigen Tagesreise schon längst in Gärung übergegangen. Welche Infektion hätte außerdem der hilfsbereite Mann mit dem Saft in den Wunden angerichtet!

Nicht ohne Grund haben die Pharisäer Jesus einen Weinsäufer geschimpft (Matth. 11,19). Jesus war kein Weinsäufer. Ein Mensch ist noch kein Weinsäufer, wenn er gelegentlich ein Glas Wein trinkt.

b. Die philologische (sprachwissenschaftliche) Ausbeute ist ebenso klar. Die griechische Sprache hat für Wein nur ein Wort: oinos. Für Saft weist sie aber vier Worte aus: to hygrón = Extrakt aus Früchten und auch Körpersäfte, o chymós, o chylós, o opós Fruchtsäfte und Pflanzensäfte.

Nun ist das Gegenargument zur Safttheorie von der Inspiration der Bibel zu holen. Um nicht sofort verketzert zu werden, will ich von vornherein bekennen, daß ich an die Inspiration der ganzen Heiligen Schrift glaube. Die Bibel ist für mich Gottes Wort.

Die Bibelschulen, die die Safttheorie vertreten, glauben mit vielen anderen theologischen Ausbildungsstätten an die Verbalinspiration, also an ein wörtliches Diktat des Heiligen Geistes. Das umkämpfte Problem der Personalinspiration und Verbalinspiration kann hier nicht erörtert werden. Bei der Verbalinspiration kommt man angesichts von mehr als 600 Handschriften (sowohl Majuskel- wie Minuskelhandschriften) in Schwierigkeiten, weil die verschiedenen Handschriften, die dem biblischen Text zugrunde liegen, Tausende von Abweichungen enthalten. Bei der Verbalinspiration hilft man sich damit, daß man annimmt, daß es eine Urhandschrift gibt, die wörtlich diktiert ist. Diese Urhandschrift ist bis heute nicht gefunden worden. Die Vertreter der Safttheorie sollen nun erklären, warum keine der bisher bekannten Handschriften den Ausdruck Saft gebraucht. Warum wurde unter der Inspiration des Heiligen Geistes keines der vier Worte für Saft gewählt, sondern nur das eine Wort für Wein genommen?

Alle Argumente nützen aber nichts. Die „Saftverbohrten" sprechen den anderen Christen den tiefen sittlichen Ernst ab. Es gibt Bibelschulen – ich kenne solche –, die so gesetzlich sind, daß sie von ihren Schülern das Saftbekenntnis abverlangen. In meiner

Sammlung befindet sich die 96. Lektion einer solchen Bibelschule, die ihren Seminaristen es zur Pflicht macht, daß sie die Verwandlung von Wasser in Saft glauben und verkündigen. Dieser Zwang hat dazu geführt, daß ein Mutiger sich abmeldete und zu einer anderen Bibelschule ging.

Bei meinen vielen Vortragsreisen durch alle Kontinente war zu beobachten, daß die Kirchen mit einer calvinistischen Tradition häufig eine starre oder gar gesetzliche Schriftauslegung üben. Die Kirchen lutherischer Überlieferung sind manchmal mehr vom Evangelium her geprägt. Gefahren liegen in beiden Richtungen. Enge führt zur Gesetzlichkeit und Tyrannei. Weite neigt zur Lauheit und Trägheit.

3. Bei keiner Bewegung in der Gegenwart gibt es so viele Konstruktionen und Überspitzungen wie bei der Zungenbewegung und der Neuen Charismatischen Bewegung. Man lese dazu die diesbezüglichen Kapitel in diesem Buch.

   Jeder Schriftausleger hat sich an folgenden Bibelworten zu orientieren:

   5. M. 4,2: „Ihr sollt nichts dazutun zu dem, was ich euch gebiete und sollt auch nichts davontun."

   Offenb. 22,18–19: „So jemand dazusetzt, so wird Gott zusetzen auf ihn die Plagen, die in diesem Buch geschrieben stehen. Und so jemand davontut von den Worten des Buchs dieser Weissagung, so wird Gott abtun sein Teil vom Holz des Lebens..."

   Nichts dazutun – nichts davontun! Welcher Theologe ist so vermessen zu sagen, daß er in jedem Punkt der Heiligen Schrift weder der einen noch der anderen Gefahr erlegen ist?

Bei dem folgenden Abschnitt ist wohl kaum zu erwähnen, in welchem Lager ich stehe. Hunderte von Erlebnissen und Beispielen haben mir demonstriert, daß die schwarmgeistigen Bewegungen der Gegenwart nicht aus dem Heiligen Geist stammen. Das heißt aber nicht, daß im eigenen Lager keine Fehler in der Schriftauslegung passieren.

Fangen wir bei der äußersten Rechten an, bei den Vertretern des Dispensationalismus. Sie erklären, daß alle Gaben des Heiligen Geistes mit der apostolischen Ära aufgehört hätten. Nachzulesen ist das z. B. bei Bullinger „The Foundations of Dispensational Truth", Seite 249. Dort heißt es:

Those who claim that these signs might continue or ought to have continued... are deceived by the great enemy of the Word of God.

Diejenigen, die behaupten, daß diese Zeichen fortdauern oder fortdauern sollten ... sind vom großen Feind des Wortes Gottes getäuscht.

Bullinger setzt das Ende der apostolischen Wundertaten auf den Abschluß von Apostelgeschichte 28. Dieses Kapitel ist ja älter als die Kapitel über das Zungenreden 1. Kor. 12–14.

Diese Theologie enthält viele Wahrheitsmomente. Nur weise ich ihre Überspitzungen zurück.

Auf dem halbrechten Flügel der Gegner der sogenannten „Charismatischen Bewegung" gibt es fast ebenso viele Probleme. Hier geht es theologisch um die Auslegung von 1. Kor. 13,8. Über diesen einen Vers ließe sich eine Doktorarbeit schreiben. Es ist völlig unmöglich, den ganzen Fragenkreis dieses einen Verses hier anzuschneiden.

Zunächst zitieren wir den Vers:

„Die Liebe hört nimmer auf, so doch die Weissagungen weggetan werden (katargethesontai) und die Zungen aufhören (pausontai) und die Erkenntnis weggetan werden wird (katargethesetai).

Die griechischen Ausdrücke wurden in Klammern gesetzt, weil sich daran langwierige Diskussionen knüpften. Wir können in deren Problematik nicht einsteigen. Es geht ja hier nur um Konstruktionen. Und denen bin ich reichlich begegnet.

Bei zwei Vortragsreisen auf Neuseeland fielen mir mehrere Veröffentlichungen gegen die Zungenbewegung in die Hände, zum Beispiel:

„The Modern Tongues and Healing Movement" (Carrol Stegall).
Die moderne Zungen- und Heilungsbewegung.
„The doctrins of Tongues« (W. G. Broadbent).
Die Lehren der Zungengabe.

Was mich mit diesen Autoren verbindet, ist der Abwehrkampf gegen die Zungenbewegung. Was mich abstößt, ist das starre

System der Schriftauslegung, eine Methode, die einem mathematischen Beweis gleichkommt. Wer mit menschlicher Logik und mathematischer Beweisführung an der Bibel arbeiten will, ist immer in der Gefahr schiefzuliegen.

Inzwischen ist die Schrift von Broadbent mit einem Zusatz von Fritz Hubmer in Deutsch erschienen. Der Titel lautet „Heute noch in Zungen reden?" und ist im Verlag der Liebenzeller Mission erschienen.

En passant will ich einen verhängnisvollen Fehler auf Seite 171 nennen. Fritz Hubmer, dessen Bücher von der Gemeinde Jesu sehr geschätzt werden, schreibt hier folgendes: „Ja, selbst das Austreiben der Dämonen sind nach der Schrift – so seltsam es klingen mag – Kraftmanifestationen Satans."

Mit diesem Satz fällt Hubmer dem geistesvollmächtigen Pfarrer Blumhardt und vielen anderen Gottesmännern in den Rücken. Blumhardt hat aus der Gottliebin Dittus Dämonen ausgetrieben, und das war nicht eine Kraftmanifestation Satans, sondern Gottes. Ich habe Hubmers Aussage wohl zehnmal gelesen und bin fassungslos, daß dieser bilbisch gegründete Autor so etwas schreiben kann.

Um diese verhängnisvolle Feststellung geht es aber nicht, sondern um die Auslegung von 1. Kor. 13,8. Sowohl Broadbent wie Hubmer sind der Meinung, daß Prophetie, Zungen und Erkenntnisse mit der Sammlung der neutestamentlichen Schriften – dem Kanon – aufgehört haben. Die Kanonbildung kam, wie schon an anderer Stelle erwähnt, auf den Synoden Jamnia und Joppe 201 n. Chr. zum Abschluß. Beide Autoren lassen aber die anderen sechs Geistesgaben, die in 1. Kor. 12,7–11 erwähnt sind, weiterbestehen.

Bullinger macht mit allen Geistesgaben im Jahr 60 Schluß. Broadbent und Hubmer machen mit drei Gaben im Jahr 200 Schluß und lassen die anderen noch offen.

Zur äußersten Linken gehören dann die Zungenredner und die Vertreter der charismatischen Bewegung, die alle Geistesgaben bis zur gegenwärtigen Stunde übertreiben. Die Auswirkung dieser unbiblischen Theologie haben wir in aller Welt mit schrecklichen Bildern vor Augen.

Um eine Diskussion der Geistesgaben geht es hier nicht. Das ist bereits geschehen in meinem Taschenbuch:
„Die Geistesgaben" (Brunnenverlag, Basel).

„Charismatic Gifts“ (Kregel, Grand Rapids Mi.).

Hier will ich nur vor Konstruktionen warnen, so gut sie auch gemeint sein mögen.

1. Kor. 13,8 wird auch von Männern Gottes verschieden ausgelegt. Das beweist, daß auch hier unser Wissen Stückwerk ist.

Prof. Dr. Karl Heim, ein führender Theologe seiner Ära und ein gottesfürchtiger, wiedergeborener Christ, bezog diese Stelle auf die Wiederkunft des Herrn. Und er kannte den griechischen Text besser als Broadbent und Hubmer. Er wies uns in seinen Vorlesungen unter anderem auf die verschiedene Bedeutung der griechischen Konjunktion „eite – eite“ hin. Dieser Vers läßt sich auch übersetzen: „Selbst wenn Prophetie, Zungen und Erkenntnis aufhören werden, bleibt die Liebe immer noch bestehen.“ Das heißt, der Zeitpunkt des Aufhörens ist offengelassen.

Ein junger Theologe, Helge Stadelmann, schrieb mir vom theologischen Seminar in Dallas, USA, folgendes: „Hinsichtlich der Glossolalie (Zungenreden) scheint mir die Wortwahl des Paulus in 1. Kor. 13,8–11 aufschlußreich zu sein: Propheteiai und Gnosis werden hinweggenommen werden (katargethesontai). Beide werden als Stückwerk bezeichnet (ek merous). Dieses Stückwerk (propheteia + gnosis) wird hinweggenommen werden (katargethesetai), wenn das telos (offenbar die zukünftige Vollendung – nicht der Kanon, wie man hier in Amerika oft hört) kommt. Inmitten dieses konstanten Wortgebrauchs finden wir die kurze Aussage „eite glossai pausontai“. Paulus verwendet hier ein ganz anderes Wort (pauomai) und erwähnt auch nicht, daß diese Gabe ‚hinweggenommen‘ werden wird, wenn das ‚telos‘ kommt. Ob da wohl der exegetische Schluß erlaubt ist, anzunehmen, daß die Glossolalie schon vor dem kommenden telos gewissermaßen von selbst (mediale Form des Verbs!) aufgehört hat? Diese Deutung ließe es offen, wann biblisches ‚Zungenreden‘ aufhören wird, weil die Bibel darüber keine Auskunft gibt, es würde aber doch eine gewisse Tendenz und das Schwinden der Glossolalie konstatiert.“

Diese Sätze sind frei von der üblichen Verkrampfung. Wenn die Bibel eine letzte Frage offenläßt, sollen wir sie nicht mit unseren Konstruktionen schließen. Wir haben Exegese (Herauserklärung) und nicht Eisegese (Hineinerklärung) zu treiben.

Wir brauchen keine spitzfindigen Konstruktionen, um den unbiblischen, vielfach dämonischen Charakter der „Charismatischen Bewegung" aufzuzeigen. Es gibt genug biblische, geistliche Kriterien für diesen Beweis.

Kontrolle der Gehirnenergie und Gehirnwellen

(Biological Feedback and Mind Control)

1929 hat der deutsche Physiologe Hans Berger entdeckt, daß das Gehirn schwache elektrische Impulse aussendet, die einem verschiedenen Zustand des Bewußtseins entsprechen. In der medizinischen Wissenschaft nahm man kaum Notiz von dieser Entdekkung. Erst 25 Jahre später, als man anfing, durch die Methode der Elektroenzephalographie die Aktionsstromtätigkeit des Gehirns zu registrieren, kam man auf Bergers Entdeckung zurück. Man unterscheidet folgende Frequenzen (Häufigkeit der Zyklen, Schwingungszahl.

Beta = 30–14	Schwingungen per Sekunde. Der Bewußtseinszustand, der diesem Wellenbereich entspricht, ist der Wachzustand mit angespannter Konzentration.
Alpha = 13–8	Schwingungen per Sekunde. Der Mensch im Ruhezustand, Augen geschlossen, meditierend, alle Spannungen gelockert, Tagträumerei und auch in Hypnose.
Theta = 7–4	Schwingungen per Sekunde. Der Zustand kurz vor dem Einschlafen.
Delta = 3,5–0,5	Schwingungen per Sekunde. Im Tiefschlaf. Neugeborene Kinder sind häufig in diesem Zustand.

Aufgrund dieser Messungen und ihrer Relation auf den Bewußtseinszustand haben sich in den USA verschiedene Bewegungen entwickelt.

Eine von ihnen ist die Bio-Feedback-Forschung. Ihr Direktor ist Dr. J. W. Hahn in Los Angeles. Der Ausdruck Biological Feedback heißt soviel wie biologische Rückkoppelung, biologische Lebenserneuerung. Intensivierung der Lebenskraft, Energieverstärkung.

Im Zusammenhang mit diesem Plan und Ziel haben mehr als 60 Firmen Kaliforniens Maschinen entwickelt, mit denen man die Aktionsströme des Gehirns regulieren will. Vor allem soll die Überspannung der Beta-Strahlung gelockert werden. Der Mensch soll mehr mit der Alpha-Strahlung leben. Daher heißen diese technischen Geräte „Alpha-Kontrollgeräte". Ihr Programm wird definiert: der Abstieg ins Alpha.

Es handelt sich bei der Bio-Feedback also um eine neue Therapie. Man will nicht nur die Gehirnwellen unter die Kontrolle bekommen, sondern auch andere unbewußte Körperreaktionen.

Auf den ersten Blick scheint das eine wissenschaftliche Methode zu sein. Wenn man aber die Literatur dieser Bewegung liest, dann wird man skeptisch, weil laufend Jogi, Magier, Hypnotiseure und andere Okkultisten zitiert werden. Ein kleines Beispiel aus einem Artikel von Dr. Hahn:

B 182 „Dr. E. Green zeigte, daß der Mensch durch Bio-Feedback es lernen kann, die Temperatur seiner Hände zu differenzieren, so daß die eine Hand heiß und die andere Hand kalt wird." Genau das praktizieren die Jogi der zweiten Stufe auch.

Noch viel deutlicher wird der okkulte Charakter bei der zweiten Bewegung dieser Art: Silva Mind Control. Gründer ist Josè Silva, ein Elektriker aus Texas, nur mit Volksschulbildung, der aber auf der Plattform der Universitäten diskutiert wird. Mind Control bedeutet Gedanken-Kontrolle.

Die Informationsblätter „Mind Control" offenbaren das gezielte okkulte Programm der Bewegung. Wie die Bio-Feedback-Vertreter geht auch sie von den verschiedenen Gehirnströmungen aus. Technische Apparaturen brauchen die Silva-Leute nicht. Sie machen alles mit Konzentration.

Wer sich dieser Methode anschließt, muß sich einem viertägigen Einführungskurs von je zwölf Stunden unterziehen. Die Praxis des Kurses erinnert an die Transzendentale Meditation oder an Joga. Stille wechselt mit monoton wiederholten Sätzen oder einem „Mantra". Atemübungen folgen. Zuletzt wird eine leichte Form von Gruppenhypnose angestrebt.

Hören wir, was Experten und Glieder der Silva-Bewegung für Erklärungen geben.

B 183 Catharine Bigwood schreibt: „Mind Control ist weder eine Religion noch eine Philosophie. Die Jogi kontrollieren ihre Gedanken und nennen das Joga. Die Zen-Buddhisten nennen es Zen. Die Hypnotiseure nennen es Hypnose. Das sind alles verschiedene Techniken, um in die Alphazone abzusteigen. Mind Control ist ein Weg, mit dem Bewußtsein das Unterbewußtsein zu beherrschen ... Das hauptsächlichste Ziel von Mind Control ist die Entwicklung von ESP (Extrasensory Perception = außersinnliche Wahrnehmung, eine okkulte Sparte)."

Wir brauchen also den Beweis für den okkulten Charakter dieser Silva-Methode nicht zu bringen. Ihre Anhänger sprechen das ja offen aus. Silva meint zwar, ESP sei harmlos. Das ist die Irreführung aller okkulten Bewegungen.

In den Informationsblättern wird alles erdenkliche Material gegeben. Silva, der Gründer, ist ein Medium (Sensitiver, Kontaktperson). Seine Anhänger praktizieren Psi, Kommunikation, z. B. Telepathie, sie üben sich im Hellsehen. Die Anhängerschaft ist so lawinenartig angewachsen, daß heute die „Silva Mind Control" die größte Gesellschaft auf dem Gebiet der Parapsychologie darstellt.

Wie die Berichte sich widersprechen, soll an folgendem Beispiel gezeigt werden. C. Bigwood schrieb: „Mind Control ist keine Religion." Ein anderer Anhänger, R. Taylor, schrieb: „Die Kontrolle des Bewußtseins über das Unterbewußtsein – das ist der Friede, der höher ist als alle Vernunft (Phil. 4,7), praktiziert von christlichen und hebräischen Mystikern, von den Muslim Sufis, von den indischen Jogi und den Zen-Meistern –, und das ist heute in der westlichen Welt zu verwirklichen."

Ein grauenvoller Mischmasch! Der Friede höher als alle Vernunft kommt also von dem Elektriker und Okkultisten Silva aus Texas. Christen sollen Mystiker sein, die mit den Jogi, Sufi und Zen-Buddhisten das gleiche Ziel verfolgen. – Nein, wir haben Jesus Christus, den Sohn Gottes, den Erlöser und Richter der Menschheit, der einmal all diesen dunklen okkulten und dämonischen Machenschaften jeglicher Schattierung ein Ende setzt.

Was so entsetzlich traurig stimmt, ist die Tatsache, daß bereits einige hundert Pastoren sich dieser okkulten Methode unterworfen haben. Das ist der Erfolg der Theologie ohne die persönliche Heilserfahrung. Und diese Pastoren tragen diesen sublimierten Okkultismus in ihre Gemeinden hinein.

Hier hilft nichts mehr als Hebr. 4,12: „Das Wort Gottes ist lebendig und kräftig und schärfer denn kein zweischneidig Schwert, und dringt durch, bis daß es scheidet Seele und Geist, Mark und Bein und ist ein Richter der Gedanken und Sinne des Herzens."

Hier der lebendige Gott – dort Satan mit all seinen Schlichen. Entscheide jeder, wo er hingehören will.

Levitation

Levitation gehört zu den Praktiken der spiritistischen Medien. Man versteht darunter das freie Schweben des menschlichen Leibes. Es ist wohl eine dämonische Nachäffung der biblischen Entrückung. Wir lesen zum Beispiel in Apg. 8,39: „Der Geist des Herrn rückte Philippus hinweg."

In zivilisierten Ländern sind Levitationsbeispiele sehr selten, in heidnischen oder spiritistisch verseuchten Ländern dagegen häufig. Einige Beispiele klären den Sachverhalt:

B 184 Zwei lutherische Pfarrer nahmen aus Neugierde und aus Studiengründen an einer Levitationssitzung in Wels in Österreich teil. Beide beobachteten, daß das spiritistische Medium eine solche Levitation zustande brachte. Es schwebte horizontal liegend bis zur Decke des Raumes. Ich warne vor der Teilnahme an solchen Experimenten. Der Teufel vergreift sich nicht nur an Neugierigen, sondern auch an denen, die meinen, aus Studiengründen an spiritistischen Experimenten teilnehmen zu können.

Ich schreibe diese Kapitel über Levitation auf meiner 33. Vortragstour durch die USA und Kanada nieder. Auf dieser Tour sind mir durch seelsorgerliche Aussprachen zwei neue Fälle von Levitation bekannt geworden.

B 185 Ein siebzehnjähriges Mädchen, das entschieden gläubig ist, betrat in einer Schule einen Raum. Ohne es zu ahnen, platzte es mitten in eine spiritistische Sitzung hinein. Ein Medium schwebte gerade zur Decke. Das Mädchen konnte nur einen Gebetsseufzer ausstoßen. Da fiel das Medium nieder auf den Boden und schlug hart auf. Die Gegenwart des gläubigen Mädchens störte das finstere Handwerk der Geister.

B 186 Ein Missionar der Sudan-Interior-Mission arbeitete in Afrika und begegnete zum ersten Mal einer Levitation, die sich im Freien abspielte. Er hielt es für seine Pflicht, dieses spiritistische Phänomen zu stoppen. Er legte die Hand auf die Schwebende und wollte beten. In diesem Augenblick wurde er von einem elektrischen Schlag niedergestreckt. Das war für ihn die erste Lektion, daß man praktizierenden Medien nicht die Hände auflegen darf. Jesus hat nur Kranken die Hände aufgelegt. Bei den Besessenen hat er nur geboten. – Die Afrikaner, die diesem öffentlichen Schauspiel beiwohnten, lachten über den Missionar. In okkulten Dingen sind die Heiden gewöhnlich besser informiert als die Missionare.

B 187 Bei dem jährlichen Umbandafest (religiöser Spiritismus) in der Nähe von Bahia in Brasilien werden fast immer auch Levitationen gezeigt. Auch hier passierte einem Missionar das gleiche wie dem Missionar der SIM in Afrika. Er legte einem schwebenden Mädchen die Hand auf den Kopf, um sie von dem dämonischen Bann zu lösen. Auch er erhielt einen Schlag, daß er zu Boden fiel.

Es bleibt den nicht zu überzeugenden Rationalisten vorbehalten, über Dinge zu lachen, die sie nicht verstehen. Wir haben Satan ernst zu nehmen – noch mehr aber den, der am Kreuz von Golgatha den Sieg über die Finsternismacht errungen hat.

Zum Kapitel „Levitation“ muß auch der Abschnitt „Translokation“ gelesen werden.

Magie

Die Beurteilung der Magie hängt vom geistigen und geistlichen Standort des Beurteilers ab. Der süchtige Okkultist denkt anders über die Magie als der arrogante Rationalist. Wir müssen deshalb zunächst einige Vorfragen erläutern.

1. Der Begriff der Magie ist sehr vielschichtig. Steigen wir in die Probleme ein.

a) Es gibt eine Magie im weitesten Sinne des Wortes. Man kann alles, was den Menschen fasziniert, auch alles Unerklärliche, das Numinose, das Fluidum magisch nennen.

Das „magische Leder“ zieht Millionen zum Fußballplatz. Man kann also von einer Magie des Sportes reden.

Ein Kenner der griechischen Kunst sagte einmal: „Eine einzige Statue von Phidias wiegt das Elend von Millionen von Menschen auf.“ Hier haben wir eine Magie der Kunst, die ihre Jünger in den Bann zieht.

Ein Philosoph der positivistischen Richtung erklärte: „Die höchste Form der Glückseligkeit hier auf Erden ist die Vereinigung von Mann und Frau. Dafür verzichte ich gern auf den Himmel.“ Das ist die Vergötzung und die Magie der Erotik.

Es gibt auch eine Magie der Religion, wenn dem Menschen die kirchlichen Zeremonien, die Kerzen, der Weihrauch, die schönen Heiligenbilder, sie sakrale Kunst wichtiger sind als die persönliche Verbindung mit Gott. Stimmungsvolle Andacht kann uns vom Wesentlichen wegziehen.

b) Es gibt ferner eine Magie, die nur eine Unterhaltungsform darstellt. Es gibt in einzelnen Ländern sogar einen magischen Ring, eine Vereinigung von Männern oder Gruppen, die Unterhaltungsprogramme durchführen. Tricks sind keine Magie. Allerdings habe ich oft beobachtet, daß solche Unterhaltungskünstler manchmal auch echte Magie mit einflechten. Dieses Buch enthält einige Beispiele dazu.

c) Eine dritte Form der Magie ist die Quacksalberei. Auch hier liegt keine echte Magie vor, sondern Täuschung der Menschen und Betrug. Hin und wieder werden solche Quacksalber von einem geprellten Opfer vor Gericht gezogen. So wurden vor einigen Jahren die Bauerschen Zelemente als betrügerische Manipulation verboten. Ein Stück Kupferdraht im Wert von einer Mark wurde zu hohen Summen verkauft. Die Kranken mußten den Draht um den Leib tragen und sollten dadurch gesund werden. Zur Zeit der Niederschrift dieses Buches läuft wieder ein solcher Heilpraktikerprozeß. Ein pfiffiger Heilpraktiker wollte seine Patienten mit einer Glaskugel und einer kleinen Kapsel Salz kurieren. Nun ja, die Dummen werden nicht alle. Und manchmal treten durch Suggestion und Autosuggestion tatsächlich Heilungen oder Besserung des Leidens ein.

Quacksalberei gibt es auch in den USA in weiter Verbreitung. Ich habe viele Beispiele dafür gesammelt.

Eine chemische Firma in Chikago produziert nicht weniger als 1600 Entzauberungsmittel. Eine Zeitung aus Kansas berichtete, daß eine Quacksalberin sich 100 bis 800 Dollar für jede Behandlung geben ließ. In Washington D.C. zog ein anderer Quacksalber täglich seinen Kunden 500 Dollar aus der Tasche. Als ein Quacksalber in New York angezeigt wurde, konnte er viele Dankesschreiben von reichen, hochgestellten Persönlichkeiten zu seiner Entschuldigung vorweisen. Selbst Intelligenz und Bildung schützt nicht gegenüber den Werbetricks dieser „Rattenfänger". Diese Art von Magie ist ein Geschäft mit dem Aberglauben und der Dummheit der Zeitgenossen. Es muß aber auch hier gesagt werden, daß es auch Quacksalber gibt, die zugleich okkulte Dinge betreiben.

Ein wichtiger Punkt ist ferner, daß man mitunter ehrliche Heilpraktiker findet, die weder Quacksalber noch Betrüger, noch Okkultisten sind. Ich kenne sogar einige Heilpraktiker, die in dem Ruf stehen, gläubige Christen zu sein.

d) Wir kennen noch eine andere Form von Magie. Die Ethnologen, die Folklore, das magische Brauchtum der Urstämme, Rassenmerkmale und tausend andere Dinge studieren, sprechen von einem magischen Weltbild der Primitiven im Gegensatz zu dem rationalen und wissenschaftlichen Weltbild der zivilisierten Völker.

e) Wenn wir alle diese Unterformen und Nebenformen der Magie abgeschritten haben, kommen wir zu der echten, in der Bibel verworfenen Form der Magie, der Beschwörungskunst, der Zauberei, der Teufelskunst. Hören wir einige Warnungen der Heiligen Schrift:

Micha 5,11: Der Herr spricht: ich will die Zauberer bei dir ausrotten.
2. Mos. 22,17: Die Zauberinnen sollst du nicht leben lassen.
Jer. 27,9: Gehorcht nicht euren Zauberern.
Mal. 3,5: Gott spricht: Ich will euch strafen und ein Zeuge sein gegen die Zauberer.

Ich lernte die unheimlichen Vorgänge der echten Magie durch die Seelsorge und durch den Besuch von über 400 Missionsfeldern kennen.

2. Die Formen der Magie. Aus der Seelsorge mit Menschen auf allen Kontinenten wurden mir folgende Hauptformen der Magie bekannt:

Magisches Heilen und Krankmachen
Magisches Bannen und Lösen
Magische Verfluchungen und magische Verfolgungen
Liebes- und Haßzauber
Abwehr- und Todeszauber.

Nun einige Beispiele von meinen Missionsreisen:

B 188 Verfluchungen. Ein Magier lebte mit seinem Schwiegersohn im Streit. Die Auseinandersetzungen hatten bei der Erbteilung eingesetzt. Seine Tochter und sein Schwiegersohn haben es verstanden, den väterlichen Hof sich anzueignen. Eines Tages ging der alte Bauer in die Kirche. Sein Schwiegersohn kam mit einem Pferdefuhrwerk die gleiche Straße. Der alte Bauer bat ihn, ihn mit dem Wagen mitzunehmen. Statt einer Antwort holte der Schwiegersohn mit der Peitsche aus und schlug den alten Schwiegervater. Der Bauer wurde furchtbar wütend und schrie ihm nach: „Der Blitz soll bei dir einschlagen." Als der alte Bauer im Gottesdienst saß und der Predigt zuhörte, da zog ein Gewitter auf. Ein einziger Blitz fährt nieder. Kurze Zeit später hört man die Feuerglocke. Der Gottesdienst wird abgebrochen. Die Menschen strömen nach Hause. Ein Hof war vom Blitzschlag angezündet worden. Es war der Hof des Schwiegersohnes, der von seinem Schwiegervater verflucht worden war. Der Hof brannte bis auf die Grundmauern ab.

Ein solches Beispiel enthält viele Probleme. War es nur ein reiner Zufall, oder hatte der Fluch gewirkt? Die Erfahrung zeigt, daß Verfluchungen gewöhnlich nur dann funktionieren, wenn der Verfluchende stark medial veranlagt ist. Eine zweite Erfahrung ist die, daß echte wiedergeborene Christen von einer derartigen Verfluchung nicht erreicht werden, wenn die betreffenden Christen sich unter den Schutz Jesu gestellt haben.

B 189 Gehen wir zu einem anderen Kontinent. Dreimal besuchte ich Mexiko und hatte in der deutschen Gemeinde in Mexico City einige Vorträge. Anläßlich dieses Besuches hörte ich von einer seltsamen Verfolgungsmagie. Wenn ein Schwarzmagier einen Menschen verletzen oder krankmachen will, dann legt er dem Verfolgten eine mit Blut bestrichene Figur oder Puppe vor die Tür. Die Puppe hat er vorher mit Dornen oder mit einer Nadel angestochen. Zu diesem Symbolzauber oder Analogiezauber werden dann magische Formeln gebraucht. Seltsam ist, daß der Verfolgte an der Stelle erkrankt, wo die Figur durchstochen worden ist. Solche Praktiken werden sowohl beim Wudu auf Haiti als auch beim Macumbakult in Brasilien praktiziert.

B 190 Bei meinen Vortragsreisen in Indien hörte ich über die Praktiken der Hindumagier. Wenn sie einen Menschen verfolgen wollen, dann beschaffen sie sich einige Haare des Feindes und nageln sie unter Verwendung von Zaubersprüchen an einen Baum. Der Verfolgte wird dann entweder krank oder von irgendeinem Unglück getroffen.

B 191 Es war für mich ein seltsames Erlebnis, daß ich in der Schweiz im Gebiet von Gstaad und Saanen etwas Ähnliches hörte. Anläßlich von zwei Evangelisationen in diesem Gebiet informierte mich ein Prediger über einen seltsamen Brauch der dortigen Bauern. Wenn sie einem Mann Schaden zufügen wollen, dann versuchen sie sich einige Kopfhaare zu beschaffen. Das geschieht etwa bei einem Friseur, dem sie ein Trinkgeld geben und zum Schweigen verpflichten. Sie nehmen dann die Haare des Feindes, bohren in einen Balken ihres Hauses ein Loch, stecken die Haare hinein, klopfen einen Pflock hinein, sprechen einen Spruch dazu, den sie dem 6./7. Buch Moses entnommen haben, und verwünschen ihren Feind. Überraschenderweise gehen diese Verwünschungen in Erfüllung. Also kennt man derartige magische Verfluchungen nicht nur in Indien und in Mexiko, sondern auch in der Schweiz.

B 192 Weitere Beispiele der Haarmagie hörte ich in Argentinien sowohl von einheimischen Pastoren als auch von dem Arzt Dr. Winther. Wenn ein „Todesmagier“ einen Feind töten will, beschafft er sich einige Haare des Opfers und konzentriert sich bei abnehmendem Mond auf seinen Gegner. Er benützt magische Formeln und seine medialen Kräfte und tötet den Feind.

B 193 Dr. Winther erzählte mir ein Beispiel aus seinem Bekanntenkreis. Ein junger Mann wollte ein Mädchen heiraten. Sie waren bereits verlobt. Seine Schwester mochte die Braut nicht und brachte es fertig, die jungen Menschen auseinanderzubringen. Der junge Mann hatte aber seiner Verlobten eine Locke aus seiner Jugendzeit geschenkt. Nach der Entlobung heiratete er später ein anderes Mädchen. Ein Jahr nach der Hochzeit starb er. Seine ehemalige Verlobte hatte sich an einen starken Magier gewandt und ihn mit einem Todeszauber beauftragt. Nach der Beerdigung des Opfers kam dann die enttäuschte Verlobte und brachte dieser gehässigen Schwester die Locke und sagte: „Willst du sie haben, sie ist von deinem verstorbenen Bruder." Die trauernde Schwester nahm die Locke ihres Bruders. Danach wurde sie schwer krank. Sie suchte viele Ärzte auf, die ihr nicht helfen konnten. Die Erkrankte wurde von einer Zigeunerin aufmerksam gemacht, daß sie unter dem Bann der Todesmagie stehen würde. Diese Zigeunerin bot der angefochtenen Patientin gleichzeitig ihre Hilfe an. Es wurde ein Abwehrzauber betrieben. Daraufhin wurde die Kranke wieder gesund. Seit dieser Zeit entwickelte sich aber eine schwere Neurose. Sie bekam eine Krankheit nach der anderen. Als sie heiratete und Kinder bekam, waren auch ihre Kinder seelisch und nervlich belastet.

B 194 Nun noch zwei Beispiele zum Thema magisches Bannen. Eine Frau berichtete mir die Geschichte ihrer Familie. Ihre Mutter hütete als siebenjähriges Mädchen die Gänse. Ein Mann, der wegen seiner Schwarzen Magie bekannt war, kam vorbei und fragte: „Mariechen, wieviel Gänse hast du?" Das Kind nannte die Zahl. Der Mann ging weiter. Da kippte plötzlich eine Gans nach der anderen um und verendete. Das Mädchen lief heim und erzählte den Vorfall. Sofort eilte der Vater ans Wasser und murmelte einen Spruch, den er aus dem 6./7. Buch Moses gelernt hatte. Das Gänsesterben hörte sofort auf.

Wie sieht es nun in dieser Familie aus? Die Gänseliesel war zeit ihres Lebens mit Depressionen behaftet. Sie wollte glauben, versuchte zu Christus zu kommen und konnte nicht. Die Berichterstatterin, die Enkelin jenes magischen Banners, sieht Gesichte und hat starke Glaubenshemmungen. Ihr Sohn, der Urenkel, ist geisteskrank, hat Wahnvorstellungen und ist schon zum dritten Mal im Irrenhaus. Die Magie fordert stets ihre Opfer. Magische Kräfte werden immer teuer bezahlt.

B 195 Die Frau eines Lehrers in Holstein erzählte mir folgenden Vorfall. Seit sieben Generationen waren die Männer dieser Sippe

Religionslehrer. Sie hatten den abergläubischen Brauch, jedes Jahr in der Osternacht Osterwasser zu holen und damit ihre Kinder zu besprengen.

Als den Eltern einmal ein Pferd gestohlen worden war, bannten sie das Pferd. Sie nahmen aus dem Lederzeug des Geschirrs einen Lederzipfel und nagelten ihn unter Anwendung eines Zauberspruches an einen Pfosten. Dadurch sollte das Pferd stehen bleiben und gebannt sein. Tatsächlich fanden sie auf diese Weise das Pferd. Die ganze Familie bis runter zu den Enkeln und Urenkeln ist gottlos und abweisend, obwohl die Vorväter alle Religionsunterricht gegeben haben. In der Familie ist dann dauernd Streit, Unfrieden und Heimsuchungen jeder Art.

Für gläubige Christen entsteht die Frage: Sind wir den magischen Angriffen solcher Okkultisten wehrlos preisgegeben? Namenchristen und achtlose Christen können in der Tat gefährdet werden. Ein Beispiel aus Japan. Mein Berichterstatter ist Missionar Carroll, in dessen Haus in Tokio ich wohnte. Joe Carroll ist wieder in den USA.

B 196 Ein junger amerikanischer Missionar, der noch nicht lange in Japan arbeitete, sah es als seine Aufgabe an, in einem buddhistischen Tempel zu beten und im Namen Jesu den Mächten der Finsternis zu gebieten. Er wollte also gleichsam eine geistliche Front gegen diesen buddhistischen Tempel bilden. Er meinte in seiner Harmlosigkeit, das wäre ein Teil seiner missionarischen Aufgabe. Es kam anders. Dieser Missionar verlor bei diesem Beten in dem buddhistischen Tempel seinen Verstand. Er mußte in einer Zwangsjacke in die USA zurückbefördert werden. Es ist nicht damit getan, daß wir einfach sagen: „Der in uns ist, ist stärker als der, der in der Welt ist." Ich glaube voll und ganz an diese Worte, würde dann aber trotzdem nicht leichtsinnig sein. Wer sich unnötig in Gefahr begibt, kommt darin um. Ich habe es oft auf Missionsfeldern erlebt, daß auch gute Missionare durch Angriffe der Zauberer Schaden erlitten.

Anfechtung lehrt aber beten. Wenn wir uns in diese feurige Mauer begeben, von der in Sacharja 2,9 die Rede ist, dann kann uns kein Okkultist, kein Magier und kein Dämon etwas anhaben.

B 197 Eine Engländerin reiste nach Südafrika und arbeitete dort für ein Jahr. Dabei verliebte sie sich in einen Bantu, also einen

Schwarzen. Sie verlobten sich. Nach einem Jahr ging die Engländerin zurück in ihre Heimat. Sie planten eine Heirat. Die Engländerin selbst war keine Christin. Sie hatte aber eine treubetende Mutter. Nun prallten im Elternhaus die geistigen Mächte aufeinander. Die Mutter betete um die Rettung ihrer Tochter. Die Tochter war aber durch den Bantu unter einen magischen Bann geraten. Der Bantu war ein Magier. In dem Haus rumorte es. Es zeigten sich Poltergeister. In den Räumen, vor allem im Zimmer des Mädchens, war ein Gestank wie von verwesenden Leichen. Sie rochen Schwefel. Die Tochter konnte sich das nicht erklären und suchte einen anglikanischen Priester auf, um sich beraten zu lassen. Nachdem sie ihre ganze Geschichte erzählt hatte, riet ihr der anglikanische Priester, sie solle alle Gegenstände, die sie von ihrem Verlobten in Südafrika bekommen hatte, vernichten, damit dieser magisch arbeitende Afrikaner kein Kontaktmitel und keinen Einfluß mehr auf sie hätte. Die Geplagte folgte dem Rat. Der entscheidende Punkt war aber, daß die Mutter treu betete und auch andere Christen um Fürbitte bat. Das Haus wurde von diesen Spukerscheinungen frei.

Bei dieser magischen Schwarzkunst könnte einem Angst werden. Und dennoch besteht dazu kein Anlaß, wenn wir ein Eigentum Jesu geworden sind und ihm treu nachfolgen. Ich bringe nun einige Beispiele, die zeigen, daß treue Christen von ihrem Herrn beschützt werden.

B 198 Einer meiner Freunde ist Werner Ambühl in St. Gallen. Er war Leiter der dortigen Telefonseelsorge. Eines Tages erhielt er einen Anruf von einem Zahnarzt, der ihm sagte: „Sie sind stärker als ich. Ich muß die Konsequenzen ziehen.“ Ambühl fragte ihn: „Was soll denn das heißen?“ Der Zahnarzt antwortete: „Ich habe mich über Sie und Ihren christlichen Kram geärgert, und darum versuchte ich, Sie magisch anzugreifen und magisch zu töten. Es gelang mir nicht. Sie sind stärker als ich. Und deshalb muß ich nun die Konsequenzen tragen.“ Ambühl versuchte, ihn auf Christus hinzuweisen. Es war aber umsonst. Einige Tage später erfuhr er aus der Tageszeitung, daß dieser Zahnarzt sich das Leben genommen hatte. Solche Beispiele gibt es auch auf den Missionsfeldern.

B 199 Vor Jahren hatte ich an der Bibelschule Chungchou an der chinesischen Grenze einige Vorträge. Ich lernte einen Missionar Griebenow kennen. Als junger Mann war er Missionar in Tibet gewesen. Ein tibetanischer Lama brachte ihm die tibetischen Sprachkenntnisse bei. Eines Tages erklärte der Tibetaner: „Mister Griebenow, nun weiß ich, was der christliche Glaube bedeutet. Ihr Gott ist stärker als mein Gott." Griebenow antwortete: „Ihr Gott ist der Teufel, wissen Sie das?" – „Ja, das weiß ich", antwortete der Lama. Der Missionar fuhr fort: „Warum wissen Sie nun, daß mein Gott stärker ist?" Da antwortete er: „Als ich merkte, daß Sie Missionar sind, versuchte ich, Sie mit Hilfe meiner Magie krank zu machen. Es gelang mir nicht. Dann wollte ich Ihnen den Feuerteufel schicken, um Ihr Haus anzuzünden. Er gehorchte nicht. Dann gebrauchte ich die stärkste tibetanische Todesmagie, die wir haben, und wollte sie töten. Wieder ohne Erfolg. Sie haben eine Mauer um sich herum, da komme ich nicht durch." Griebenow antwortete ihm: „Wenn Sie schon entdeckt haben, daß mein Gott stärker ist als Ihre Dämonen, warum nehmen Sie dann nicht meinen Gott an?" Der Lama erwiderte: „Die Dämonen würden mich am gleichen Tag töten. Wer sich dem Teufel verschrieben hat und ihn abschütteln will, der wird von ihm umgebracht." Es gelang dem Missionar nicht, den Lama für Christus zu gewinnen. Der Missionar hat später noch einmal von dem Lama gehört, daß er in der Verzweiflung gestorben ist.

Es ist eine wundervolle Botschaft, die wir als Christen haben. Das Alte Testament sagt uns in Sach. 2,9: „Ich will eine feurige Mauer umher sein und will mich herrlich darin erweisen." Und im Neuen Testament sagt Jesus (Joh. 10,28): „Niemand wird sie aus meiner Hand reißen." Entscheidend ist aber, ob wir unser Leben restlos Jesus anvertraut haben, und ob wir nicht zu den Laodizeachristen gehören, die weder kalt noch warm sind.

Magische Tricks

Magische Tricks haben mit der echten Magie nichts zu tun. Tricks sind nur eine Handfertigkeit, die jahrelang eingeübt werden muß. Allerdings hat es sich gezeigt, daß Männer, die magische Tricks in ihren Vorführungen zeigen, oft auch mit der echten Magie zu tun haben. Die Gebiete sind nicht immer klar getrennt.

Dieses kleine Kapitel über magische Tricks wurde notwendig, weil in den USA und in anderen englischsprechenden Ländern ein Mann viel von sich reden macht, der in den USA als der erste

Meister der magischen Tricks gilt. Es ist André Kole. Bei all meinen Vortragstouren in Nordamerika wurde ich nach diesem Mann gefragt. Ich habe ihn selbst noch nicht gehört. Es liegen mir nur verschiedene Artikel von ihm und über ihn vor. Der beste Artikel ist von ihm selbst geschrieben mit der Überschrift „Magie und die Bibel“ (Magic and the Bible). Ich bin mit diesem Artikel einverstanden. André Kole versucht, zwischen der biblich verworfenen Magie und seinen Tricks klar zu trennen. Ein zweiter Bericht, der mir zur Verfügung stand, hat die Überschrift „Mister Magic“ (Herr Magier). Der Untertitel heißt „André Kole hat seine Frau 20 Jahre lang mit einer Säge halbiert“. Das entsprechende Bild ist auf der Titelseite. Ein dritter Artikel vom September 1973 trägt die Bezeichnung „Counselor“ (Seelsorger). Der Bericht über André Kole ist überschrieben „Der größte Magier der Welt“ (The world greatest magician). Außer diesen drei Blättern liegen mir Briefe von amerikanischen Freunden vor, die mich nun seit Jahren bestürmen, ich solle mich zu André Kole äußern.

Es ist nicht mein Auftrag, der Kritiker über andere Reichgottesarbeiter zu sein. Wir haben aber generell von der Bibel her den Auftrag, alles zu prüfen. Und das habe ich jetzt auch schon einige Jahre mit dieser neuartigen und merkwürdigen Verkündigung von André Kole getan.

Grundsätzlich sage ich, wenn Gott André Kole mit seinen besonderen Gaben im Dienst des Evangeliums benützt, dann haben wir nichts dagegen zu sagen. Gott hat viele Sonderlinge in seinem Dienst. Denken wir nur einmal an das englische Sprichwort „God has his deares and his queeres“ (Gott hat seine teuren und seine wunderlichen Nachfolger).

Gehen wir aber jetzt einfach die verschiedenen Artikel durch. In dem Bericht „Der größte Magier der Welt“ wird berichtet, daß André Kole schon als Schuljunge Schlösser aufgemacht hat, Vögel, Schlangen und Menschen hypnotisiert hat. Ich weiß aus vielfältiger Erfahrung, daß Menschen, die in der Jugend eine Laienhypnose praktizierten, okkult belastet sind. Wenn sie zum Glauben an Jesus kommen, und sie werden von ihren okkulten Belastungen frei, dann können sie ungehindert im Reich Gottes arbeiten. Es gibt leider auch Bekehrungen, bei denen die alten okkulten Belastungen nicht ausgeräumt werden. Das geschieht deshalb so oft, weil die okkulten Belastungen gewöhnlich unbewußt sind, obwohl sie gewisse Auswirkungen haben. André Kole müßte sich also fragen, ob er völlig gelöst ist von seinen hypnotischen Kräften, mit denen er früher gearbeitet hat.

Ein zweiter Punkt, der mir viel zu denken gibt, ist die Aussage von André Kole: „Most of the tricks and illusions are produced by natural means“ (Die meisten meiner Tricks und Täuschungen werden durch natürliche Mittel hervorgebracht). Ich frage mich nun, wenn die meisten Tricks auf natürlicher Basis sich ereignen, dann gibt es doch auch Tricks, die nicht mehr in die Gruppe der natürlichen Handfertigkeiten gehören. Diese Aussage stammt aus der Zeit, da André Kole bereits seine Tricks in den Dienst der Evangeliumsverkündigung stellte. Das dritte, was mich etwas stört, ist seine Aussage in dem Zeugnis „Magie und die Bibel“. Er schreibt darin, daß seit einigen Jahren wöchentlich etwa tausend Studenten bei seinem Dienst den Weg zu Christus finden. Ich habe oft amerikanische Großveranstaltungen miterlebt und habe gesehen, wie die Menschen im Rausch einer enthusiastischen Ansprache bei dem Aufruf zur Entscheidung entweder aufstanden oder die Hände erhoben. Wenn man sie dann später besucht und nach ihrer Stellung zu Christus fragt, dann geben sie eine verworrene Antwort. Sie weisen sich oft dann auch einige Wochen oder Monate nach dieser Entscheidung nicht als Jünger Jesu aus. Das ist selbst bei den großen Massenversammlungen von Billy Graham teilweise so gewesen. Und Graham hat ja eine klare biblische Verkündigung ohne jegliches Beiwerk. Die Jugend ist begeisterungsfähig. Dazu stecken Massenentscheidungen an. Ich habe also Zweifel, ob diese tausend Jugendlichen, die pro Woche gewonnen werden, wirklich eine Wiedergeburt durch den Heiligen Geist erlebt haben.

Ein vierter Punkt, unter dem ich Bedenken anmelde, ist die Frage, ob man das Evangelium mit magischen Tricks verkündigen kann. Das Gebiet der Magie ist heute so anrüchig, daß selbst harmlose magische Tricks in ein zweifelhaftes Licht geraten. André Kole empfindet das vielleicht selbst; denn er sagt manchmal am Schluß seiner Ansprachen: „Die Entscheidung für Jesus Christus ist natürlich kein Trick, sondern eine Realität.“ Seinem Empfinden nach sind Tricks keine evangeliumsgemäße Art der Verkündigung.

Ich habe hier nur meine Bedenken geäußert, muß aber den Satz wiederholen: „Wenn Gott André Kole gebraucht, dann haben wir konservativen Menschen zu schweigen und ihn mit unserer Fürbitte zu unterstützen.“

Maoismus

Dieser Ausdruck bedeutet die weltanschauliche Ausrichtung nach Mao, dem Gründer und einstigen Diktator des gegenwärtigen Rotchina.

In den USA und in Deutschland (vor allem in Heidelberg) bin ich Studenten und anderen Jugendlichen begegnet, die mit roten Fahnen und der roten Maobibel in der Hand demonstrierend durch die Straßen zogen.

Mao hat eine ideologische Bewegung entfacht, deren Wellenschlag den Globus umspült. Was viele Gläubige bedrückt, ist das Eindringen der Mao-Bewegung in die Kirchen.

B 200 Hören wir zunächst, was Dr. Bennet, ein Vorstandsmitglied des Weltkirchenrates, zu Rotchina schrieb:

„Wir können mit unseren gewöhnlichen moralischen Maßstäben Rotchina nicht beurteilen. Es verdient mehr Ehrfurcht als unser Verdammungsurteil. Der Kommunismus ist als Instrument der Modernisierung, der nationalen Einheit und des größer werdenden sozialen Wohlstandes anzusehen. Rotchina ist der neue Heiland für die armen Nationen der Erde."

Mao, der neue Heiland des Ostens! Ein Mann, an dessen Händen das Blut von Millionen Menschen klebt. Ein Revolutionär, der nach Ansicht guter Kenner der Kulturrevolution mehr als eine Million Christen beider Konfessionen umbringen ließ!

Dann eine andere Situation. Die Weltkirchenkonferenz hatte eine Zweigkonferenz in Bangkok (Thailand). Durch Einladung des Bischofs der Thaikirche Charoon Waichudist nahm ich an der zehntägigen Konferenz teil. Verschiedene Redner verurteilten die damalige Anwesenheit der Amerikaner in Vietnam. Niemand sprach davon, daß die chinesischen Truppen in Nordkorea eingedrungen waren, sich an keine Demarkationslinie und an keine Abmachungen hielten. Bis heute schwieg die Welt, daß die Vietkong dauernd neue Angriffe vortrieben und ganz Vietnam unterjochten. Würde der Amerikaner einen Hilferuf aus dem Osten annehmen, dann würden alle Völker und die kirchlichen Gremien in Genf und Washington protestieren. Ein Zeichen, wie weit die kommunistische Unterwanderung selbst in den Kirchenleitungen Fortschritte erzielt hat.

Ein ausgezeichnetes Zeugnis zum Thema Maoismus befindet

sich in den Mitteilungen der Pfarrer-Gebets-Bruderschaft vom Dezember 1974.

Ein Beitrag ist überschrieben: „Erlösung durch Mao." Bei einem ökumenischen China-Kolloquium, zu dem der Lutherische Weltbund eingeladen hatte, kam eine der fünf Arbeitsgruppen zu der Feststellung, daß „die chinesische Revolution als Teil des Erlösungswerkes Gottes" anzusehen sei. Heinz Beckmann schrieb zu dieser völlig absurden These: „Bisher ist es im Raum der Kirche noch nicht bekannt geworden, daß Gott sein Erlösungswerk auf eine Revolution mit Millionen Todesopfern zu gründen gedachte."

Maos „Erlösungswerk" mordete nach sehr gemäßigten Schätzungen 22 Millionen Menschen. Andere sprechen von 50 Millionen Opfern. Die Kulturrevolution wütete in einem Blutrausch. Christus mordete nicht, sondern starb für andere. Diese Theologen, die solche Thesen vertreten, sind nicht nur stocktaub für das Evangelium, sondern sie sind vom Satan inspiriert.

Inzwischen werden immer mehr Vorfälle bekannt, wie Pfarrer den roten Terror schüren.

B 200a Die Pastorin Edda Groth, Hamburg-Bramfeld, die inzwischen vom Amt suspendiert wurde, erklärte: „Mao steht Gott näher als alle Päpste und Bischöfe der letzten 1000 Jahre. Maos Reich ist ein Stück Verwirklichung des Reiches Gottes." Inzwischen ist Mao gestorben. Der Maoismus ging damit zu Ende.

B 201 Der Vikar Cornelius Burghardt, der inzwischen verhaftet wurde, verkündete: „Freiräume haben wir uns mit allen Mitteln zu erkämpfen – bis hin zum Bombenlegen." Burghardt ist der Mann, der Ulrike Meinhof versteckte, ihr falsche Ausweise besorgte und sie sogar mit seinem Wagen zu ihren Zielorten fuhr.

Es ist unheimlich, daß die Kirche den roten Ideologen die Kanzeln überläßt. Ist es ein Wunder, daß z. B. in Berlin jeden Monat Tausende aus der evangelischen Kirche austreten?

Im Hamburger Raum haben sich 30 kommunistische Pfarrer zu einer roten Zelle zusammengeschlossen. Hessen hat 12 Pfarrer mit dem kommunistischen Parteibuch. In ganz Westdeutschland sind es fast 80 Pfarrer, die die Mitgliedschaft der DKP besitzen. In Berlin wurde das kirchliche Predigerseminar als rote Zentrale entlarvt. Der Berliner Amtsgerichtspräsident Lothar Münn schrieb an Bischof Scharf: „Von 16 Pfarrern sind 15 Atheisten. Gebe Gott, daß unsere Kirche nicht an diesem Übel zugrunde geht."

Wir leben in der unheimlichen Zeit, von der Paulus in 1. Tim. 4,1 sagt: „Der Geist sagt deutlich, daß in den letzten Zeiten werden etliche vom Glauben abtreten und anhangen den verführerischen Geistern und Lehren der Teufel."

Theologen, die Kanzelrecht haben und Verkündiger der Frohbotschaft von Jesus Christus sein sollten, sind nicht nur vom Zeitgeist, sondern vom Teufel beherrscht.

Unsere Volkskirche ist machtlos gegen diesen Zustand. Sie ist Wegbereiterin der kommenden Lügenkirche des Antichristen. Die Ökumene steuert ebenfalls – von rühmlichen Ausnahmen abgesehen – in diesem Fahrwasser.

Massensuggestion

Bei meinen Ostasientouren kam ich oft mit diesem Problem der Massensuggestion in Berührung. Ich will es mit verschiedenen Beispielen darstellen:

B 201a Ein deutscher Arzt, der mir sehr gut bekannt ist, berichtete mir folgendes Erlebnis. Vor einigen Jahrzehnten war er Schiffsarzt und kam mit seinem Schiff eines Tages nach Hongkong. Bei einem kleinen Landausflug, zusammen mit einem Juristen und einem Seeoffizier, gerieten sie an einen großen Menschenauflauf. Sie blieben stehen und beobachteten, daß ein Fakir seine Künste zeigte. Unter anderem wurde der übliche Trick mit dem Mangobaum gezeigt. Der Fakir legte in eine Schale einen Mangokern. Innerhalb von wenigen Minuten wuchs ein kleines Bäumchen empor. Der Baum blühte, brachte Früchte, und dann bot der Fakir den drei ausländischen Beobachtern eine Mangofrucht dieses Baumes zum Essen an. Mein Berichterstatter und seine zwei Begleiter aßen die Frucht. Sie konnten sich den ganzen Vorgang nicht erklären. Nachdem die Show beendet war, haben sie dieses „Wunder" diskutiert. Der eine fragte den andern: „Haben wir wirklich eine Mangofrucht gegessen?" Unsere Hände sind ja völlig trocken. Die Mangofrucht ist ja sehr saftig und klebrig. Wir müßten doch Spuren dieses Mangosaftes an den Händen haben. Außerdem kann man ja eine Mangofrucht ohne Messer fast nicht essen. Wer von uns hat ein Messer?" Der Seeoffizier besaß ein Taschenmesser. Sie öffneten es. Auch das Messer war trocken. Nach der Rückkehr zum Schiff machten sie sogar den Nylander-Test, um festzustellen, ob an dem Messer und an ihren Händen Spuren der Mangofrucht sich befanden. Der Test war negativ. Die drei Männer kamen zu der Überzeugung, daß sie einer Massensuggestion zum Opfer gefallen waren. Denn es ist ja unmöglich, daß aus einem Mangokern innerhalb von einer Viertelstunde ein Bäumchen wachsen kann, das blüht und in so kurzer Zeit eßbare Früchte bringt. – Ich hörte in Ostasien Berichte ähnlicher Art und weiß auch aus Erfahrung, daß Fakire die Kraft zu einer Massensuggestion besitzen. In der westlichen Welt bin ich einer solchen Kraft der Massensuggestion nicht begegnet.

Das Problem ist aber vielgestaltiger, als es hier den Anschein hat. Darum ein neues Beispiel.

B 202 Ein Schweizer Pfarrer bereiste ebenfalls Ostasien und geriet auch an einen Fakir, der dieses Mangobaumwunder praktizierte. Der Schweizer nahm seine Kamera und fotografierte die einzelnen Phasen. Er hat mir selbst die Bilder gezeigt. Man sieht, wie der Fakir einen Kern in die Schale legt. Nach einigen Minuten sieht man auf der zweiten Aufnahme eine kleine Pflanze, nach weiteren Minuten ein kleines Bäumchen. Dann wiederum auch das Bäumchen mit Blüten und Früchten. Der Schweizer war auch ursprünglich der Meinung gewesen, daß es sich um eine Suggestion handelt und konnte sich nun seine Aufnahmen nicht erklären. Denn der Fotoapparat unterliegt ja nicht einer Suggestion.

Nach diesem zweiten Beispiel müßte man also annehmen, daß es dem Fakir gelang, tatsächlich in kurzer Zeit aus einem Kern ein Bäumchen entstehen zu lassen. Aber auch dieses zweite Beispiel läßt noch Fragen offen. Deshalb weitere Einzelheiten.

B 203 Nahezu auf allen Kontinenten begegnete ich Magiern, die eine Art magnetische Kraft besitzen, mit der sie das Wachstum der Pflanzen beeinflussen und beschleunigen können. Selbst Watchman Nee, dieser chinesische Christ und Autor, erwähnt das in seinem Buch „The Latent Power of the Soul". Ich habe es auch in deutschen parapsychologischen Büchern gelesen, daß es Menschen gibt, die Pflanzen magnetisieren und sie zu einem rascheren Wachstum anspornen. Mir ist allerdings die Tatsache unbekannt, daß man mit Hilfe einer magnetischen Kraft aus einem Samenkern in kürzester Zeit ein Bäumchen wachsen lassen kann.

B 204 Zu den Beispielen der fotografischen Aufnahmen des Schweizer Pfarrers habe ich einige Berichte sowohl in Ostasien als auch auf Haiti gehört. Man erzählte mir von Spiritisten, die in der Lage seien, eine fotografische Platte oder auch einen Röntgenschirm durch eine mentale Kraft zu belichten. Der Organisator meiner Vorträge auf Haiti hat mir das Haus eines Zauberers gezeigt, der imstande ist, Filme, die in einer verschlossenen Kamera waren, zu belichten. Dieses Problem wird in spiritistischen Büchern gelegentlich diskutiert. Ein letztes Beispiel soll zeigen, daß wir es auf diesem Gebiet mit okkulten oder dämonischen Mächten zu tun haben. Ich bringe das Beispiel eines Schweizer Missionars, der in Ostasien arbeitete.

B 205 Dieser Missionar sah einem Fakir zu, der das berühmte Seilwunder zeigte. Der Fakir warf ein Seil in die Höhe. Das Seil blieb stehen, und ein junger Bursche kletterte an dem Seil hoch. Es wurden noch andere Kunststücke gezeigt. Der Missionar war überrascht, daß auch er mit eigenen Augen diesen Trick beobachten konnte. Er nahm dann seine Kamera und machte eine Aufnahme. In diesem Fall hatte das Erlebnis einen anderen Ausgang als bei dem erstgenannten Kameraerlebnis. Als der Film entwickelt war, sah er nur den Fakir am Boden sitzen. Auf der Aufnahme war weder etwas von dem hochgestellten Seil noch von dem Jungen zu sehen. Dem Missionar war klar, daß es sich hier um dämonische Kräfte handelte. Als er wieder einmal einem Fakir zusah, gebot er im Namen Jesu diesem Unwesen. Es war ihm dann eine Gebetserhörung, daß er dieses magische Kunststück des Fakirs nicht mehr sah, während die anderen Zuschauer nach wie vor verblüfft und erstaunt diesem Wunder zusahen.

Diese wenigen Beispiele zeigen die Vielgestaltigkeit dieses Problems. Auf jeden Fall wird klar, daß die natürlichen Kräfte eines Menschen für solche „Kunststücke“ nicht ausreichen. Wir haben es hier mit Mächten aus dem Abgrund zu tun. Ich rate Christen nicht, daß sie solchen Fakirkunststücken zusehen. Wenn man unvermutet in eine solche Menschenmenge gerät, wo derartige Dinge praktiziert werden, muß man sich unter den Schutz Gottes stellen. Im Notfall müssen wir auch im Namen Jesu gebieten. Ich habe das mehrmals in Ostasien erlebt und habe in solchen Situationen den Namen Jesu angerufen und mich unter seinen Schutz gestellt.

Meditation

Ein aufschlußreiches Werk über die Meditation liegt von Dr. Dr. Friso Melzer vor: „Konzentration–Meditation–Kontemplation". Der erste Teil führt über die innerliche Sammlung zum „zentrierten Menschen". Der zweite bringt eine große Auswahl meditativer Übungen. Der dritte Teil ist eine „Meditation des Todes" (meditatio mortis).

Es führt zu weit, das Werk von Melzer hier zu besprechen. Es ist in der Gegenwart eine sogenannte „Meditationswelle" zu beobachten. Vergleichen Sie auch das Kapitel über die Transzendentale Meditation hier in diesem Buch.

Bezeichnend für diesen Trend unserer Zeit ist z. B. die Tatsache, daß in Bad Boll die Tagungen über Meditation sehr besucht und meistens überbelegt sind.

Wir bekommen hier in Bad Boll auch gleich Aufschluß über die Quellen, aus denen die Meditation fließt oder mindestens Impulse erhält.

Hans Heinz Pollack schrieb über die Bad-Boll-Tagung folgendes: „Studentenpfarrer Albrecht Strebel will nicht auf der gegenwärtigen Jogawelle mitschwimmen. Das schließt jedoch nicht aus, daß der Theologe, selbst ein Kenner des fernöstlichen Zen, Elemente des Joga in der von ihm veranstalteten Meditation verwendet."

Manche Schüler der Meditation sagen: „Wir wollen nur aus der Technik des Joga, nicht aus seinem Inhalt etwas lernen."

Eine neuartige Form der Meditation tritt uns in der Graphotherapie von Frau Dr. Hippius (Free Clinic, Todtmoos) entgegen. Als besondere meditative Übung wird das meditative Zeichnen praktiziert. Die Zeichnungen oder Malereien sollen nicht bewußt intellektuell erarbeitet werden, sondern sollen das Unbewußte aufschließen und damit den ganzen Menschen auflockern. Die Kunstwerke, die entstehen, „erinnern immer wieder an die Malerei des Zen". So schreibt wiederum H. Pollack.

Da nun schon mehrmals das Wort „Zen" auftauchte, muß mit einem Satz gesagt werden, was das ist. Zen ist eine japanische Form des Buddhismus, die auf dem Weg der geistigen Konzentration und Meditation zu einer Selbstbefreiung führen soll.

Es geht also um Selbsthilfe. Niemand kann verwehren, daß der Mensch versucht, mit seinen Problemen fertig zu werden. Das gehört zur Selbsterhaltung. Nirgends aber hat in den fernöstlichen Systemen die Meditation der Versuchung widerstanden, auf dem religiösen Sektor die Selbsterlösung praktizieren zu wollen.

Dieser Geruch der Selbsterlösung dringt oft auch durch die Ritzen westlicher Meditationspraxis.

Gehen wir in die Praxis. Durch seelsorgerliche Tätigkeit in Ost und West sind mir Einblicke in das Wesen und in die Praxis der Meditation ermöglicht worden.

B 206 1969 wohnte ich zwei Wochen bei Pastor Tharchin in Kalimpong an der tibetanischen Grenze. Tharchin ist der einzige Tibeter, der Pfarrer ist. Die wundervollste Taufe, die Pfarrer Tharchin in seinem Leben vollziehen durfte, war 1963 die Taufe von David Tenzing. David war Oberpriester von insgesamt 22 Klöstern im östlichen Tibet. Tharchin gab ihm 1962 ein Neues Testament und zeigte ihm den Weg zu Jesus. Tenzing traf eine radikale Entscheidung. Als intellektueller Buddhist hatte er Philosophie und Logik studiert und betrieb regelmäßig verschiedene Formen der Meditation. Als ihn die Missionarin Margarete Urban einmal fragte: „Meditieren Sie heute noch?" antwortete Tenzing: „Nein." Wer in Ostasien zu Jesus kommt und damit eine Lebenserneuerung erfährt, gibt die buddhistische Meditation auf.

Aber im Westen wird sie von vielen kritiklos übernommen. Ich gebe Ausschnitte aus zwei Zuschriften.

B 207 Ein gläubiger Bruder aus Stockholm, Valter Öhman, schrieb mir: „Zur Zeit gewinnt die fernöstliche Meditation in Schweden Boden. Viele meinen, es sei reizvoll und aufbauend zu meditieren, und doch zeigt sich der verführerische Charakter der Meditation. Wenn die Meditation nicht mit christlichem Inhalt gefüllt ist, leitet sie zu heidnischer Geistesgemeinschaft. Meditation, auf falschen Ideologien aufgebaut, führt mit falschen Geistern und einer falschen Gottheit zusammen. Sie bringt dann keine Befreiung, sondern Belastung und Besessenheit.

B 208 Das Informationsblatt des Blauen Kreuzes ‚Bla Korset'

brachte in diesem Zusammenhang ein packendes Zeugnis. Der Schwede Kjell Wallgren kam in seinem Suchen nach Wahrheit bis zum Himalaja. Dort führte ihn ein buddhistischer Mönch, ein Meister der Meditation, in die Kunst des Meditierens ein. Der Schwede erreichte durch seine Übungen einen solchen Grad der Selbstbeherrschung, daß er seine Seele vom Körper trennen und aussenden konnte. – Seine Meditation hatte also im Spiritismus geendet. – Bei seiner Exkursion der Seele durchwanderte er die unsichtbare Welt. Er begegnete dabei Seelen, die gleich ihm selbst durch Meditation in diesen Zustand geraten waren. Das Streben nach Erlösung durch Meditation hatte sie mit der verlorenen Geisterwelt in Verbindung gebracht. In dieser Hoffnungslosigkeit fühlte der Schwede plötzlich eine Kraft, die er später als die Macht Jesu erkannte. Diese Kraft zog ihn zurück zu seinem Körper.

Der geängstigte Mann brach damit seine Meditation ab und versuchte, nach Schweden zurückzukommen. Da er keine Geldmittel mehr besaß, gelang es ihm nur unter größten Schwierigkeiten, die Heimat wieder zu erreichen. Völlig vom Buddhismus enttäuscht, war er nun bereit, christliche Botschaften anzuhören. Er besuchte die Evangelisation eines afrikanischen Christen, der in Schweden arbeitete. Unter dessen Verkündigung lernte er die Hauptbotschaft gegen alle Meditation, Joh. 14,6:

‚Ich bin der Weg, die Wahrheit und das Leben. Niemand kommt zum Vater, denn durch mich.‘

Es gibt nur einen Weg zum Vater, nur einen Weg zum Himmel, nur einen Weg zur Erlösung – Jesus Christus. Der enttäuschte Asienwanderer nahm diese Wahrheit in sein Leben auf, und alles verwandelte sich.“

Das ist ein Stück des schwedischen Briefes. Aus Stuttgart nun ein anderer Briefausschnitt:

B 209 Eine Frau R. G., Mitglied meines Rundbriefkreises, schrieb mir unter anderem: „Neulich kam im Radio ein über Stunden sich hinziehender Vortrag mit Übungen in Meditation. Der Redner sagte, Joga sei nicht nur als körperliche Übung zu verstehen, sondern geistig-geistlich. Dieser Geist würde Besitz vom Menschen ergreifen. Es bestünde eine weltweite Einheit, von den westlichen Mystikern angefangen bis zu den östlichen Religionen. Der ganze Vortrag war gewürzt mit biblischen Zitaten, davor und dahinter praktische Übungen. Eine dämonische Sache! Man muß doch die Gläubigen warnen!" Das ist hiermit geschehen.

An einem folgenden Erlebnis will ich zeigen, daß selbst Gläubige manchmal den Zeitströmungen verfallen.

B 210 Ein Beamter mit Universitätsbildung bekam Depressionen. Da er ein kirchlich orientierter Mann ist, suchte er einen Seelsorger auf, den ich kenne. Dieser Pfarrer gilt auch in den Kreisen der Gemeinschaften und Freikirchen als gläubig, und er ist es auch. Er empfahl dem depressiven Mann Jogaübungen. Zum Beispiel sollte er auf eine brennende Kerze blicken und meditieren. Der so beratene Mann folgte diesem Rat, wurde aber seine Depressionen nicht los. Dann machte er sich die Mühe und reiste zu mir. Er wunderte sich, als ich ihm den Rat gab, sofort mit seinen Jogaübungen aufzuhören, ja sogar, sich völlig vom Joga loszusagen und sein Leben Christus anzuvertrauen. Ich wundere mich, daß ein gläubiger Pfarrer einen solchen Rat geben und einem bedrängten Menschen Meditation plus Joga als Heilmittel anpreisen konnte.

Ein weiteres negatives Meditationsbeispiel im Kreis gläubiger Pfarrer und Evangelisten schockierte mich.

B 211 Ein sehr guter Bekannter von mir war Pfarrer und Evangelist. Er ist inzwischen gestorben. Eines Tages besuchten wir beide eine Konferenz, auf der auch das Thema „Meditation" behandelt wurde. Nach dem Vortrag kamen wir beide mit einem Zuhörer ins Gespräch. Da erzählte mir dieser Konferenzteilnehmer, daß er auch schon viele Jahre die Meditation praktiziere. Er hatte sogar eine Spezialität entwickelt. Er meditierte über Menschen. Er berichtete, wenn er drei Tage sich in der Meditation auf einen Menschen konzentriere, dann wüßte er alle Geheimnisse dieses Menschen, seine Pläne und Absichten, seine Vergangenheit, seine Sünden, seine gegenwärtigen Schwierigkeiten und anderes mehr. Mir wurde es bei diesem Bekenntnis unheimlich. Genau wie der Schwede, von dem oben berichtet worden ist, ist dieser Pfarrer mit seiner Meditation im Okkultismus und dämonischen Hellsehen angelangt. Vielleicht hängt es damit zusammen, daß Gott diesen Pfarrer und Evangelisten ganz rasch aus seinem Dienst wegnahm, obwohl er erst die 50 überschritten hatte.

Man mag mir nun entgegenhalten, daß ich nur negative Beispiele gebracht habe. Das ist richtig. Ich lehne auch die Meditation nach fernöstlichem Muster radikal ab. Vergleichen Sie auch das Kapitel über Joga in diesem Buch.

Gibt es keine positive Meditation? Doch, es gibt eine christlich legitime Meditation, für die wir offen sein müssen:

Treues Bibellesen unter gläubigem Gebet –
Nachdenken über das Wort der Wahrheit –
Erforschen des Heilsplans Gottes –
Gewissensprüfung im Lichte Gottes –
Alles und noch mehr unter der Leitung des Heiligen Geistes, der in alle Wahrheit leitet.

Wir brauchen kein Versenken in uns selbst, sondern ein Versenken in den, der am Kreuz für uns starb. Wir benötigen keine Entdeckung des Tiefen-Ichs, sondern die Entdeckung unseres Herrn und Heilandes. Wir können uns durch keine Technik und „Kunstgriffe" „entleeren" – da strömen nur andere Mächte ein –, sondern wir müssen gefüllt werden mit dem Geist des Vaters und des Sohnes, die zu uns kommen wollen, um Wohnung bei uns zu machen (Joh. 14,23).

Mormonen

Eine ausführliche Darstellung des Mormonentums findet sich bei Dr. Hutten „Seher, Grübler, Enthusiasten" auf den Seiten 586–630. Kurzes Informationsmaterial gab auch das Amt für Missionarische Dienste, Blumenstraße 5 in Karlsruhe heraus. Eine ausführliche Darstellung ist aus Raummangel hier nicht möglich.

Die „Kirche der Heiligen der letzten Tage" ist eine sehr schnell wachsende Kirche. Auf den pazifischen Inseln stieß ich immer wieder auf die schmucken Kirchlein mit den spitzen Türmchen. Seltsamerweise wird auch unter den nichtweißen Rassen stark geworben, obwohl ursprünglich behauptet wurde, daß die farbigen Rassen sich im biologischen und kulturellen Abstieg befinden würden, weil sie sich in Präexistenz nicht bewährt hätten. Hier klingt aus der Ferne eine Art Reinkarnation an.

Die Mormonen sind heute in 90 Ländern zu finden und haben etwa 5 Millionen Mitglieder. In Deutschland sollen 170 Gemeinden mit 26000 Mitgliedern bestehen.

Der Gründer dieser Kirche ist Joseph Smith, 1805 in Vermont geboren. Mit 15 Jahren erlebte er eine „Anti-Bekehrung“. Eine unheimliche Macht kam über ihn. Dichte Finsternis umschloß ihn, die allmählich einer Lichtsäule weichen mußte. Mit 18 Jahren erlebte er seine zweite Vision. Ein Engel Moroni erschien ihm, der ihm von einem Buch berichtete, das auf goldenen Platten geschrieben in einem Hügel Cumorah verborgen sei. Er forschte nach und fand in einer steinernen Truhe das erwähnte Buch, ferner eine „Prophetenbrille“, mit der das Buch zu entziffern sei. Die Schriftzeichen seien altägyptischer Art gewesen. Smith übersetzte das Buch und brachte es als das Buch Mormon im Jahr 1830 heraus.

Viele Forscher machten sich daran, das Rätsel um das Buch Mormon zu entdecken. Dabei stellte sich heraus, daß es kaum Zeugen für die Existenz gab. Der Zeugenkreis umfaßt etwa acht Männer mit zweifelhaftem Ruf. Das Buch soll dem revidierten Roman eines presbyterianischen Geistlichen Salomon Spaulding gleichen, der nachweisen wollte, daß die Indianer Amerikas israelitischen Ursprungs seien. Smith und ein Mitarbeiter Rigdon arbeiteten den Roman zu dem Buch Mormon um.

Die Lehre der Mormonen entspricht einer Offenbarungsreligion. Die Kirche der Mormonen sei eine Gründung von Christus, der in Amerika ein zweites Mal erschienen sein soll. Inhaltlich deckt sich das Mormonentum teilweise mit der Theosophie. Der Mensch ist keimhaft Gott. „Wie der Mensch ist, war Gott einst. Wie Gott ist, kann der Mensch einst werden.“ Es geht also um eine Höherentwicklung, die zu einer Apotheose (Vergöttlichung) des Menschen führt. In dieser Vorstellung ist dann die Erlösung aller Menschen eingeschlossen. Die nicht erlöst werden, kann man an den Fingern einer Hand aufzählen.

Die Anfangsjahre der Mormonen-Kirche waren erfüllt von Kämpfen und Streitigkeiten, in deren Gefolge Joseph Smith 1844 ermordet worden ist. Der Aufbau der Kirche ist hierarchisch mit Priestern, Hohepriestern und Apostel.

Die Lehre ist in 13 Glaubensartikel, die von Joseph Smith stammen, zusammengefaßt. Diese Glaubensgrundsätze klingen sprachlich und vorstellungsmäßig etwa an die Bibel an. Am meisten gilt das für Satz 1: Wir glauben an Gott, den Ewigen Vater und an seinen Sohn Jesus Christus und an den Heiligen Geist. Auch Satz 4 entspricht biblischem Denken von Buße,

Glaube, Taufe. Der Schluß von Satz 4 geht aber schon über in den kritischen Vorgang vom Empfang des Heiligen Geistes.

Artikel 8 zeigt dann die volle Häresie: „Wir glauben an die Bibel als an das Wort Gottes, soweit sie richtig übersetzt ist. Wir glauben auch an das Buch Mormon als das Wort Gottes." Hier stehen wir in der vollen Ketzerei. Auch Artikel 10 ist eine willkürliche Fiktion. Die Mormonen glauben an die Wiederherstellung der zehn Stämme Israels auf amerikanischem Boden. Zion müsse auf dem amerikanischen Kontinent aufgebaut werden.

Die 13 Artikel sind also eine Mischung von Wahrheit und Unwahrheit.

Viel Unruhe verursachte die bei vielen Mormonen geübte Vielehe. Angeblich habe Joseph Smith 1843 von Gott eine Offenbarung erhalten, daß die Vielehe erlaubt sei. Der eigentliche Verfechter der Mehrehe war Brigham Young, der die Polygamie seit 1852 als eine Lehre Christi verkündigte. Er selbst hatte 28 Frauen und 56 Kinder. Apostel Orson Hyde vertrat bis zu seinem Tode 1878 die lästerliche These, Jesus sei gleichzeitig mit drei Frauen verheiratet gewesen: Maria und Martha und die andere Maria. Die Hochzeit zu Kana sei Jesu eigene Hochzeit gewesen. Jesus habe auch Kinder von diesen Frauen gehabt. Die amerikanische Regierung verbot 1862 die Vielehe. Zur Ruhe kamen die Mormonen nicht. 34 Jahre dauerten die Kämpfe, bis 1896 der Staat Utah als neues Gemeinwesen mit eigenen Gesetzen zugelassen wurde, aber erst nach einem offiziellen Verzicht auf die Mehrehe.

Es gäbe aber ein falsches Bild, wollte man nur die Negativposten des Mormonentums herausstellen. Durch die Verpflichtung zum Zehntengeben entstand ein großes Kapital für die Ausbreitung der Kirche. Die Parolen: Jeder Mormone ein Missionar, stachelt den Werbeeifer der jungen Männer an. Viele Mädchen wollen nur einen Mann heiraten, der mindestens 1 oder 2 Jahre Missionar auf einem Reisedistrikt, die es heute auf allen Kontinenten gibt, absolviert hat. Durch den Verzicht auf Alkohol, Tabak, Kaffee und Tee wurden die Mormonenfamilien begütert, was durch den Zehnten ihrer ganzen Kirche zugute kommt. Durch den Bau von Schulen und sogar eigenen Universitäten wird das Bildungswesen gefördert. Auf der Verbrechensstatistik stehen sie weit unter dem Durchschnitt. In ihrer Wohltätigkeit sind sie den anderen kirchlichen Gruppen ein Vorbild.

Dennoch ist der Maßstab in Gottes Augen nicht das moralische Verhalten, sondern die Beachtung des unverfälschten Wortes Gottes.

Die Zeitschrift „Neues Leben“ gab für die Diskussion mit mormonischen Werbern folgende Ratschläge:

Wie soll sich der Christ in einem Gespräch mit Mormonen verhalten?

Im Gespräch sollte man immer versuchen, sich auf Bibelworte zu stützen und mit ihnen zu argumentieren.

- Bestehen Sie darauf, daß Ihr Gesprächspartner genau erklärt, was er unter Begriffen wie Erlösung und Sünde versteht, damit Sie bestimmte Argumente in der Diskussion sachlich widerlegen können.
- Erkennen Sie die Autorität der Mormonenschriften nicht an.
- Lehnen Sie eine Gebetsgemeinschaft strikt ab.
- Sprechen Sie von Ihrer persönlichen Erfahrung mit Christus.
- Bleiben Sie trotz grundsätzlicher Meinungsverschiedenheiten höflich und freundlich.

Musik unter der Lupe

Myriaden von Jugendlichen stehen heute unter dem Bann einer Musik, deren Grundcharakter eine zunehmende Verweltlichung, Sexualisierung und Dämonisierung des Denkens, Fühlens und Handelns darstellt. Die entartete Musik zieht in einen Sog zum Abgrund. Darum wird dieses Thema in Breite anschaulich gemacht. Aus Gründen der Objektivität werden auch auf Gefahren der klassischen Musik hingewiesen. Ferner sollen auch – wie im Vorwort schon angekündigt – positive, biblisch ausgerichtete Erlebnisse dazwischengeschaltet werden, damit das negative, schier erdrückende Material aufgelockert wird. In einem Buch mit dem Titel „Okkultes ABC“ wäre es zwar berechtigt, nur negatives Material zu bringen. Das kann aber zu dem Kurzschluß führen, daß Satan das Hauptwort in unserer Zeit hat und Christus auf ein totes Gleis geschoben ist. Die biblisch orientierten Geschichten dienen zum Aufatmen und haben den Zweck, daß unser Blick klar und entschlossen auf Christus gerichtet bleibt. Ob Satan noch so tobt, so gibt Jesus die Zügel der Weltregierung nicht aus der Hand.

Betreten wir zuerst das Gebiet der klassischen Musik, die ohnehin der modernen Radaumusik turmhoch überlegen ist.

Begegnung nach Gottes Willen

Im November 1980 besuchte mich das Ehepaar Schmidt aus Berlin. Der gegenseitige Austausch veranlaßte mich, Bücher über unsere großen Musiker zu lesen. Insgesamt 17 Titel „ackerte“ ich in kurzer Zeit durch und machte dabei überraschende Entdeckungen, die ich in einem speziellen Kapitel beschreiben will.

Hier in diesem Abschnitt will ich nur das Künstlerehepaar Ingrid und Wolfgang Schmidt vorstellen. Ingrid, geborene Schirmer, ist die Tochter von Professor Karl-August Schirmer, Dozent an der Freiburger Hochschule für Musik. Schirmer war Schüler des bedeutenden Bach-Beethoven-Interpreten Edwin Fischer. Die Tochter Ingrid übernahm das pianistische Erbe ihres Vaters. Es soll nicht vorweggenommen werden, was sie selbst in ihrem Bericht schreibt.

Ich bat lediglich das Künstlerehepaar um Musikkritiken aus ihrer früheren Zeit. Frau Schmidt sandte dann viele Ablichtungen, die ich gar nicht alle bringen kann. Sie zeigen aber, daß die überdurchschnittliche musikalische Begabung nicht nur vom Publikum, sondern auch von berufenen Musikern und Musikkritikern anerkannt wurde.

Der weltberühmte Pianist Claudio Arrau schrieb über die Pianistin:

„Ich hatte Gelegenheit, Ingrid Schirmer (mit dem Künstlernamen Sylvia Petri) zu hören und bin von ihrer großen musikalischen und technischen Begabung überzeugt. Meine innigsten Wünsche begleiten sie auf ihrer pianistischen Laufbahn. Claudio Arrau.“

Nach einem Konzert von Vater und Tochter Schirmer über „Neun Variationen über ein Thema von Julius Weismann“ schrieb ein Musikkritiker in der „Badischen Zeitung“ vom 21. Dezember 1960 folgendes: „Karl-August Schirmer und Sylvia Petri, Berlin, brachten das schwierige Werk in faszinierender Wiedergabe zum Tönen.“

Viele gute Kritiken liegen von Berliner Musikexperten vor. Es führt zu weit, sie alle zu zitieren. Eine wird wiedergegeben: „Im British Centre begeisterte das neugegründete Trio Sylvia Petri, Irmgard Plack und Gudrun Eckle sein Publikum mit dem Dumky-Trio von Dvořák ... Sylvia Petri blieb das Rückgrat des Trios ...“

Ein bemerkenswertes Zeugnis liegt in einem Brief von Frau Henny Anda aus Zürich vor, die Sylvia Petri als Nachfolgerin von Elly Ney ansah.

Der Lebensgefährte Wolfgang Schmidt wirkte als Solist in vielen Konzerten mit. Bei der Aufführung der Johannes-Passion von J. S. Bach in Berlin sang Wolfgang Schmidt die Partie von Christus.

Nun aber hat sich das Blatt gewendet. Beide haben sich Jesus ausgeliefert und sind nun mit ihrem Leben nach ihm ausgerichtet.

Die Überschrift über das Zeugnis von Frau Schmidt „Alle Menschen sind Narren mit ihrer Kunst" regte mich zu der Frage an, wie sie heute zur Musik stehe. Sie erzählte mir, daß sie geradezu musikbesessen gewesen sei. Wenn sie in Urlaub fuhr und hatte kein Klavier zur Verfügung, hielt sie es nicht aus. Nach drei Tagen brach sie den Urlaub ab, um daheim wieder zu ihrem Klavier zu kommen. Wer aus der Musikbesessenheit kommt, hat natürlich zur Musik eine andere Stellung als die musikalisch Unbegabten.

Ein zweites Argument nannte Frau Schmidt und wies darauf hin, daß unsere großen Künstler und Komponisten aus den Quellen des ägyptischen oder griechischen Heidentums schöpfen. Auch geistig und geistlich würden sie im heidnischen Milieu leben, auch wenn sie für ihre Werke biblische Texte verwenden. Für diese Tatsache wird in den folgenden Kapiteln weiteres Material geboten.

Der Besuch des Ehepaares Schmidt war ein Segen für mich und gab mir Anregung, einmal in der Welt der Künstler Umschau zu halten. Bisher hatte ich das noch nie getan.

Alle Menschen sind Narren mit ihrer Kunst Jeremia 10,14a

So war ich mindestens achtunddreißig Jahre ein Narr in meiner Kunst, denn die Musik war mein Weg, war das, was ich für eine himmlische Wahrheit ansah und war mein Leben, bevor ich dem Leben, Jesus Christus, begegnete, der allein der Weg, die Wahrheit und das Leben ist (Joh. 14,6).

Bevor Gott mich durch seine Gnade durch Buße zur Umkehr leitete, bevor ich mein ganzes Leben ihm auslieferte, preisgab und ihm weihte, war ich von der Musik besessen und hin und her getrieben.

Aus musikalischem sowie religiösem Elternhaus stammend, begann ich früh Klavier zu spielen und zu komponieren. Wenn meine Eltern Besuch hatten, sollte ich mich stets produzieren. Einmal, als ich so gar keine Lust dazu hatte, sagte man mir, die eine ältere Dame hätte starke Schmerzen, und wenn ich spielen würde, hätte es eine Linderung der Schmerzen zur Folge. Dies war ein Appell an mich, der wirkte. Sofort spielte ich – und es hieß dann, es sei besser mit der Dame geworden. Es ist nicht uninteressant zu wissen, daß im Griechentum Apollo als Gott der Weisheit galt und als solcher an seiner berühmtesten Verehrungsstätte in Delphi allen, die ihn nur um Rat fragten, durch seine Priesterin Pythia Orakel gab. Seher erhielten von ihm die Gabe der Weissagung. Andere empfingen das Gnadengeschenk des Gesanges und der Musik, eine Kunst, deren Meister er selbst war. Später wurde er neben den neun Musen als ihr Führer (Musagetes) zum Gott des Gesanges, der Dichtkunst und des Reigentanzes. Er galt dann auch als Heilgott, sein Sohn Asklepios war der Gott der Ärzte (Zitat aus: Die schönsten Sagen des klassischen Altertums von Gustav Schwab, Verlag Karl Überreuter). Wir ersehen hieraus, daß dies alles in einem starken Kontrast zu dem Gott Israels steht, der Himmel und Erde gemacht hat. In der ganzen Bibel finden wir nicht das Wort Musik, was übersetzt heißt: Kunst der Musen! In Psalm 96,5 steht: „Alle Götter der Heiden sind Götzen."

Von Kindheit her glaubte ich an Gott. Niemand und nichts konnte mir diesen Glauben nehmen. Allerdings mußte und durfte ich 1974 feststellen, daß dies nicht der Glaube war, wie die Schrift es sagt. Während meiner Konfirmationszeit fesselte mich das Wort Gottes mehr als das Klavier. Ich hatte regelrecht Schwierigkeiten beim Interpretieren. Ich empfand nicht mehr das Gefühl, im Mittelpunkt der Musik, eines gewissen Rausches, aufzugehen, sondern ich „stand daneben". Zu dieser Zeit hatte ich die Vorstellung, Nonne bzw. Diakonisse werden zu müssen. Doch zog mich der Gedanke an, etwas Besonderes und Großes im Rahmen der Kunst zu werden.

Die schärfste Waffe des Feindes, der ja oft mit der aufgeschlagenen Bibel kommt, war: „Du mußt die dir von Gott anvertrauten Pfunde ausschöpfen und vervielfachen." Das gab mir einen Feuereifer zum Üben und zum Lernen. Mein Vater, ein bedeutender Pianist, konzertierte ab meinem zwölften Lebensjahr mit mir vierhändige Klaviermusik.

Nach der Schulausbildung in der Freien Waldorfschule in Freiburg im Breisgau, wo ich auch mit der Lehre der Eurythmie der Anthroposophen konfrontiert wurde, die mir innerliche Unruhe und Zerrissenheit brachte, kam ich zum Studium der Musik nach

Berlin. Dort hatte ich Klavier und nebenbei Gesangsunterricht bei zwei Meisterinnen, in deren Hause der Spiritismus an der Tagesordnung war, wie ich später erfuhr. Zum Beispiel praktizierte man das Tischrücken, durch das man mit Verstorbenen in Verbindung treten wollte. Meine Meisterinnen und auch ihre Geschwister, die zumeist Künstler waren, nahmen oft an solchen spiritistischen Sitzungen teil. Sie hatten auch Erscheinungen von Verstorbenen, Erscheinungen von „Maria" und sogar auch von „Jesus". Nach dem Tode ihres in der Musikwelt hochberühmten Vaters sahen sie, als er aufgebahrt dalag, seinen Kopf von Licht umglänzt. War das die spiritistische Aura? Der Vater hatte den Töchtern aufgetragen, für ihn in Walhall zu beten. (Ein Ehrengebäude für die im Kampf gefallenen germanischen Götter, in dem Büsten berühmter Deutscher stehen, die sich auf die Inspiration der „Götter" beriefen.) Auch wurde meinen Meisterinnen oft vorzeitig der Tod eines Verwandten oder Bekannten angezeigt. Das ist die spiritistische Nekroskopie. Als ich mit dem Studium bei ihnen begann, hatte ich doch ein wenig Schrecken vor dem Wesen dieser beiden Frauen, was sich aber bald in eine geradezu abgöttische Verehrung umwandelte. Das Studium ging mit Erfolg vorwärts, so daß ich bald unter dem Künstlernamen Sylvia Petri Rundfunkaufnahmen machte und ein Klaviertrio hatte, das laut Presse sehr erfolgreich war.

Innerhalb der Klavier-Solo-Laufbahn sollte ich, laut berufener Seite der Musikwelt, das musikalische Erbe von Elly Ney antreten, die von sich behauptete, die geistige Witwe Beethovens zu sein. So eng fühlte sie sich mit dem Geist Beethovens verbunden, was auch an ihrer Interpretation zu spüren war.

Dann trat ich in das Leben eines der bedeutendsten Meister der Kunst. Prof. Gerhard Taschner (Geiger), der mich Höheres lehrte und mich durch diese Arbeit interpretatorisch in Stufen des geistig-seelisch Musikalischen hineinführte, bis ich eines Tages den echten „Höhenflug" erreichte und in einer Sphäre des Musikgeschehens weilen konnte, wo sich alles ganz leicht tut – nicht ich spielte, wiewohl ich das Handwerk des Spielens konnte, sondern *es* spielte. Es war, als ob ein berauschender Geist über mich gekommen sei. Dieses Erlebnis ist so etwas wie eine geistige (nicht zu verwechseln mit „geistlicher") Wiedergeburt – eine Wiedergeburt im Geiste der Musik. Ein Musikmachen auf dieser Ebene ist berauschend (dionysisch) und ekstatisch einerseits, wie auch in sich gekehrt, lieblich und abgeschlossen (apollinisch) andererseits. Nach solchem Musizieren war man außer „Rand und Band", wild, oft auch böse, ohne einen Grund dafür zu haben oder nennen zu können. Sank diese Hochstimmung dann ab, war nichts mehr da. Man war ausgepreßt, erschöpft, gelangweilt und zornig. Ich mußte mich unbedingt ablenken. So ging ich oft ins Kino und sah mir gleich mehrere Filme hintereinander an und fand selbst danach oft noch nicht zum Frieden wieder zurück.

Das war überhaupt das Tragische in der Welt, daß alles immer ein Ende hatte, vor dem ich mich stets fürchtete. Oft hatte ich vor den „Höhenflügen" im Musizieren schon die Angst vor dem Ende, dem bitteren Nachgeschmack. – Heute bin ich allerdings ein glücklicher Mensch, da ich Jesus Christus in mein Leben aufgenommen habe. Seitdem ist mir das, was mir früher zum Götzen geworden war, wie ein Nichts – entwertet – verblaßt. Erst nach meiner Umkehr zu Jesus Christus konnte ich begreifen, was ich in meinem Künstlerleben vor und hinter der Kulisse gesehen und getan hatte. Da war gottloses Wesen, dunkle Leidenschaften, Alkohol, Rauschgift, Verkehrtgeschlechtlichkeit, Hurerei, Schizophrenie und grenzenloser Hochmut an der Tagesordnung. Diese verschiedenen Unglücklichkeiten habe ich gesehen und auch erfahren. Auch, daß ich schöpferisch die besten Momente hatte, wenn ich entweder in einer starken Depression oder in einer ekstatischen Hochstimmung war. Die Depression ist eine Gefangennahme der Seele in die Nacht, die offenbar der Widersacher Gottes benutzt und Inspiration gibt. Die Hochstimmung, von der ich oben sprach, dient auch zur Inspiration, ist aber nicht identisch mit der Freude in Gott, sondern ist das, was St. B. Stanton in einem seiner Werke zum Ausdruck bringt: „Wecke die Freude, und du weckst den Olymp und die schöpferischen Götter." Früher konnte ich nur komponieren, wenn ich entweder in Tief- oder Hochstimmung war. Heute wird es mir durch Gottes Gnade offenbar, wenn ich ein Lied zu seiner Ehre komponieren darf. Ich hole mir einen Liedtext hervor, Notenpapier etc., und dann fließt der angefangene Einfall bis zum Ende durch.

Als ich meinem letzten Meister, Gerhard Taschner, von meinen Depressionen erzählte, gebot er mir, eine Zeitlang keine Musikstücke von Robert Schumann zu spielen, der ja ein hochgradiger Spiritist war und seine Kompositionen durch den direkten Verkehr mit sechs Geistern empfing. Dieses Geheimnis war Professor Taschner bekannt. Ich befolgte seinen Rat und stellte eine Besserung in meinem Gemütsleben fest. Es war für mich ein gewaltsames Wegreißen, da ich mich sehr stark zu Robert Schumanns Kompositionen hingezogen fühlte. Wie man mir auch von berufener Seite der Musikwelt nachsagte, daß ich gerade Schumann interpretieren könne wie manch anderer nicht. Also eine besondere Empfänglichkeit für den Geist dieser Kompositionen! Einmal hatte ich sogar in einer einsamen Stunde den Geist Schumanns angerufen, was sicher auch eine Beziehung zu meinen okkult belasteten Vorfahren hat. Doch dieses Anrufen hatte keinen sichtbaren oder hörbaren Erfolg, und ich wiederholte es auch nicht mehr.

Vor meinen Konzertauftritten betete ich nebst speziellen persönlichen Bitten immer das „Vaterunser". Das religiös getarnte Treiben der Kunst inmitten der Sünde ist eben das Arge und die List der Schlange. Der gesegnete Erweckungsprediger Erlo Stegen wurde von einem Theologiestudenten gefragt, ob es in Europa noch Dämonen und andere böse Geister gäbe, worauf er antwortete: „In Südafrika kommt der Teufel in Häßlichkeit, mit Pferdefuß, aber in Europa kommt er verstellt als ein ‚Engel des Lichts'."

Unter dem sogenannten Lampenfieber hatte ich wenig zu leiden, was ich vor denen, die sich darüber wunderten, immer so begründete: Ich bete zu Gott! – Aber mein sündhaftes Leben verleugnete ihn. Auch mein Privatlehrer-Examen machte ich unter Anrufung Gottes und nahm es als Erhörung, daß ich die passenden Fragen zu meinen Antworten bekam. Natürlich hat jeder Künstler etwas anderes, mit dem er sich für die Auftritte vorbereitet. Der Pianist Alfred Cortot nahm immer Rauschgift, andere brauchten Alkohol. Einer der bedeutendsten Dirigenten brauchte zum Stimulans für den Auftritt Frauen im Künstlerzimmer. Der große Komponist, der seine letzte Sinfonie „Gott" gewidmet hat, Anton Bruckner, hatte die beste Inspiration, wenn er miterlebte, wie Menschen auf dem Schafott endeten.

Mit zunehmender Identifikation mit dem Geist der Musik geschieht ein Wachstum der Sinnlichkeit, die im Maßstab der Bibel als unkeusch, unzüchtig etc. verzeichnet ist. Dies kann man allerdings auch umgekehrt feststellen: Je sinnlicher der Mensch veranlagt ist (auch durch okkulte Belastungen), desto durchschlagender ist die Interpretation. Das sogenannte Wunderkind hat eine geschlechtliche Frühreife, ohne die es die Dinge in der Musik gar nicht wahrnehmen, noch viel weniger zum Ausdruck bringen kann.

Die Menschen der Kunst – gleich, ob es sich um Musik, Dichtkunst, Malerei oder Bildhauerei handelt – sprechen von ihrem Genius, lat. Schutzgeist. Sie sprechen vom Erbe griechisch-römischer Kunst und preisen sie hoch. Der Gott Israels kommt dort nicht zu Wort.

Nach dem Musiklehrerexamen an der Hochschule für Musik in Berlin studierte ich weiter Gesang in der Opernchorschule, wobei ich bald in vielen Opernaufführungen mitwirkte und ersatzweise im Opernchor der Deutschen Oper Berlin mitsang. Im Bereich der Opernbühne ist der Aberglaube stark vertreten. Aus privaten Gründen hörte ich dort bald wieder auf, und ich ging als Korrepetitorin von zwei Gesangsklassen an die Hochschule für Musik, die die Sängerinnen Elisabeth Grümmer und Gunthild Weber leiteten. Ich assistierte auch in der Violinklasse von Prof. G. Taschner. In einer der Gesangsklassen lernte ich meinen jetzigen Mann, Wolfgang Schmidt, kennen, dessen außergewöhnlich schön timbrierte Baritonstimme mich aufhorchen ließ. Unterdessen hatte ich mich in einem Selbststudium mit Gesangspädagogik auseinandergesetzt – und so wurde W. Schmidt bald mein Schüler. Mein Ehrgeiz war es, aus ihm etwas Großes zu machen, d. h. ich erkannte seine große künstlerische Begabung und Sensibilität, die sicher – aus meinem heutigen Verständnis – auch auf die okkulte Belastung durch seine Vorfahren zurückzuführen ist. Es war mir durch meine obengenannte „Wiedergeburt im Geist der Musik“ möglich, besondere Begabungen zu entdecken, auch wenn der Begabte sie selbst nicht kannte. Darum war es mein Ehrgeiz, auch solche Begabungen herauszustellen. Mein Betätigungsfeld war neben der pianistischen Karriere das Unterrichten vieler Gesangsschüler. Nach Jahren des Studiums änderten sich meine privaten Verhältnisse, und es kam zu einer näheren Beziehung zu meinem jetzigen Mann, mit dem ich gemeinsam konzertierte. Es waren zumeist gemischte Musikabende von Lied- und Klavierinterpretationen. Auch Oratoriumsgesang übte mein Mann aus. Ferner durften wir zu einer gemeinsamen Schallplattenaufnahme kommen. Das Gesangsstudium meines Mannes sollte allerdings nicht mein letztes Ziel sein, sondern der Weg sollte zur Oper führen, wofür ich ihn neben dem Konzertieren trainierte. So führten wir einige Jahre gemeinsam unser Leben unter dem Motto „Mein Leben der Musik“.

Anfang des Jahres 1973 gab uns der Herr jedoch den Impuls, in seinem Wort, der Bibel, zu lesen, obwohl wir in keine Kirche oder

Gemeinde gingen. Wir gaben diesem Impuls nach und lasen gemeinsam mit wachsender Begierde die Bibel vom 1. Buch Mose bis zum letzten Kapitel der Offenbarung. Wir versuchten auch, während diesem einen Jahr des Bibellesens, den Gott der Bibel in einfältiger Weise anzubeten und bekamen immer mehr Freudigkeit, dieses zu tun. Im April 1974 kam die entscheidende Wende. Obwohl wir immer noch keine Kontakte zu Gläubigen hatten, zeigte uns zu dieser Zeit Gott durch sein Wort unsere ewige Verlorenheit und die Alternative, durch die Übereignung unseres Lebens an ihn, ewig zu leben. So übergaben wir, vom Geist Gottes überführt, unter Tränen in unserer Wohnung unser ganzes Leben Jesus Christus. Obwohl wir in den folgenden zwei Jahren noch manches Konzert zu geben hatten, sahen wir seit dieser Stunde die Musik in zunehmendem Maße mit anderen Augen an. Wir erkannten immer bewußter die okkulten Hintergründe und antigöttlichen Tendenzen der Erschaffung der Musik. So wurden wir Stück für Stück von den verschiedensten Formen der klassischen Musik gelöst. Die Worte der Heiligen Schrift aus Lukas 11,23: „Wer nicht mit mir ist, der ist wider mich; und wer nicht mit mir sammelt, der zerstreut", und Kolosser 3,17 standen uns vor Augen: „Und alles, was ihr tut mit Worten oder mit Werken, das tut alles in dem Namen des Herrn Jesu." Auf der Suche, Gottes Willen für unser Leben zu erfahren, begegneten uns unter anderem die Bücher von Dr. Kurt Koch, durch die uns Gott, der Herr, reich segnete.

Zuerst erkannten wir deutlich, daß die Opernliteratur nur auf den Mythen der „Götter" aufgebaut ist, zum Beispiel Richard Wagner auf den germanischen Göttern, Wolfgang A. Mozart auf den ägyptischen und griechischen Gottheiten, Richard Strauss auf griechischen Göttern, etc.

Wenn die Götterszenen nicht im Vordergrund standen, dann war es der Humanismus mit seiner Selbsterlösung. So sahen wir uns ganz auf die Interpretation von Liederzyklen beschränkt. Doch auch hier sahen wir Stück für Stück die Inhalte der Lieder mit neuen Augen und merkten bald, daß die meisten Texte auch nur den Humanismus mit einer Sehnsucht nach Selbsterlösung meinten. Das Feld unserer künstlerischen Betätigung wurde somit immer enger, bis es uns völlig klar war, daß, wenn wir nach Lukas 11,23 sammeln wollen und nicht zerstreuen, ausschließlich nur noch solche Lieder singen können, die Jesus Christus meinen. Diese völlige Erkenntnis, im Frühjahr 1976, ließ uns das vor uns liegende Konzert im Mai desselben Jahres als letztes erkennen. Wir baten den Herrn, da wir keine Möglichkeit hatten, das Konzert rückgängig zu machen, uns Gnade zu geben, daß wir wirklich damit einen Schlußpunkt unter die Laufbahn in der klassischen Musik setzen dürfen. Dieses Gebet hat der Herr erhört und hat uns allerdings mit einer liebevollen Mahnung während dieses letzten Konzerts an unsere Bitte erinnert. Als wir nämlich mitten in den Darbietungen waren und wir noch einmal unsere ganze künstlerische Erfahrung in die Gestaltung hineinlegten, kam der Veranstalter des Konzertes aufgeregt zu uns und teilte uns mit, daß soeben in diesem Hause eine Bombenwarnung ausgegeben worden sei. Irgend jemand sollte eine Bombe gelegt haben, die jeden Moment zur Explosion kommen könnte. Mit besorgtem Gesicht fragte er uns, ob wir nicht besser das Konzert abbrechen sollten. Doch wir verstanden diese Bombenwarnung als einen Wink Gottes, nicht wieder ein Wohlgefallen an den künstlerischen Darbietungen der Musik zu bekommen und vielleicht den Gedanken an das „letzte Konzert“ zurückzunehmen. Beruhigend sagten wir dem Veranstalter, daß das nur ein Hinweis für uns wäre und wir das Konzert ruhig zu Ende führen könnten. Obwohl er dies nicht verstehen konnte, willigte er nach einigem Zögern ein. Die Bombe explodierte nicht. So konnte das letzte Konzert auf dem Podium der Welt zu Ende geführt werden.

Seit dieser Zeit durften wir in steigendem Maße für unseren Herrn und Heiland, Jesus Christus, tätig sein.

Auf der Suche nach Gemeinschaft mit Gläubigen kamen wir 1975 durch eine Bibeltagung in Berlin, die vom Missionswerk „Mitternachtsruf“ ausgerichtet worden war, in Kontakt mit einer landeskirchlichen Gemeinschaft für EC, die mit diesem Missionswerk eng verbunden ist, da der Leiter dieser Gemeinschaft der 1. Vorsitzende des deutschen Zweiges des „Mitternachtsrufes“ ist.

Nachdem meine letzten weltlichen Gesangs- und Klavierschüler den Unterricht verlassen hatten, standen wir vor dem Nichts. Denn ich sah mich genötigt, meine Schüler vor die Alternative zu stellen, entweder ein Studium auf dem Podium geistlicher Literatur durchzuführen oder sich nach einem anderen Pädagogen umzusehen. Wir glaubten dem Wort Gottes in Mt. 6,24–25: „Niemand kann zwei Herren dienen. Sorget nicht für euer Leben, was ihr essen und trinken werdet, auch nicht für euren Leib, was ihr anziehen werdet. Ist nicht das Leben mehr denn die Speise und der

Leib mehr denn die Kleidung?“ So durften wir durch Gottes Gnade Mt. 6,33 praktizieren. Da heißt es: „Trachtet am ersten nach dem Reich Gottes und nach seiner Gerechtigkeit, so wird euch solches alles zufallen.“ Bis auf den heutigen Tag haben wir nie Mangel gelitten, sondern eher Überfluß gehabt.

In diesem Trachten nach dem Reich Gottes zeichneten sich auch in der Stille durch Gottes Wirken die Gaben ab, die der Herr meinem Mann verliehen hat. Er predigt das Reich Gottes, hat Jugendarbeit und Seelsorge. Außerdem dürfen wir in steigendem Maße von und für unseren Herrn und Heiland Jesus Christus singen und spielen. Nach unserer Abkehr von den Abgöttern zu dem lebendigen Gott durften wir es sehr bald erleben, daß der Herr Heilung, Zeichen und Wunder geschehen ließ durch den Namen Jesu Christi. „Denn das Reich Gottes steht nicht in Worten, sondern in Kraft“ (1. Kor. 4,20).

Diesem Herrn, dem Gott Israels, wollen wir weiter je länger desto besser dienen, bis daß er wiederkommt. Ingrid Schmidt, Berlin

Zieh mich dir nach...

Nach dem Zeugnis der Pianistin Ingrid Schmidt lassen wir auch den Ehemann Wolfgang zu Wort kommen. Er wählte als Leitwort Hoheslied 1,4a: „Zieh mich dir nach, so laufen wir.“ Hören wir nun seinen Bericht:

Am 7. November 1946 wurde ich aus Gottes Gnaden in Altenburg/Thüringen als zweites von fünf Kindern geboren. Ich wuchs in einem gläubigen Elternhaus auf und hörte viel von Jesus. Doch es blieb stets beim Hören. Der Drang zum Singen machte sich früh bemerkbar. Als zehnjähriger Junge wurde ich in den Staats- und Domchor Berlin aufgenommen, wo ich nach Herzenslust meine Kinderstimme entfalten konnte. Bald setzte der Stimmbruch ein, und es war zunächst mit dem Gesang zu Ende. Natürlich hoffte ich, ihn später wieder fortzuführen. Meine Eltern waren der Ansicht, daß ich einen anständigen Beruf erlernen müßte. Die Wahl fiel schwer. Für mich kam nur ein Beruf in Frage, der mit der Elektrotechnik zusammenhängt. Deshalb absolvierte ich ein Praktikum für die Ingenieur-Fachhochschule. Während der Ausbildung steigerten sich die Spannungen zwischen meinen Eltern und mir bis hin zur Explosion, trotz der Vermahnung durch das Wort Gottes. Schließlich verließ ich nach dem Praktikum das Elternhaus, um auf eigenen Füßen zu stehen.

Heute ist es mir herzlich leid, meine Eltern und vor allen Dingen den Herrn so betrübt zu haben. Um so mehr danke ich ihm heute täglich für sein Erbarmen.

Nach dem Verlassen des Elternhauses nahm ich die Gelegenheit wahr, den Beruf zu ändern, um Sänger zu werden. Ich studierte zunächst in Berlin an der Hochschule für Musik im Chorfach und wechselte später in die Solistenklasse über. In all den Jahren schien es äußerlich bergauf zu gehen, doch in Wirklichkeit führte mich Satan in die tiefsten Tiefen. Mehrere Male versuchte mich der Herr durch irgendwelche Menschen an sich zu ziehen. Aber ich war noch nicht bereit. Deshalb mußte Gott es zulassen, daß es noch tiefer ging. Dabei wurde unter anderem meine Verlobung zerstört, die damit endete, daß meine Verlobte durch einen Autounfall in ihrem neunzehnten Lebensjahr mir entrissen wurde. Dieses erschütternde Erlebnis ließ mich weiter sinken, doch in tiefer Not rief ich zu Gott, stellte dies aber bald wieder ein, weil mich meine Sünde so sehr anklagte, daß ich mich nicht vor Gottes Angesicht wagte. Nicht lange danach kam mir der Herr in unerwarteter Weise zu Hilfe. Meine Frau, die ich bis dahin schon einige Jahre kannte, weil sie mich im Gesang unterrichtete, befand sich in einer ebenso schwierigen Lebenssituation. Sie war sich dessen bewußt, daß eine entscheidende Umwälzung stattfinden müsse. Gott benutzte mich trotz unklarer Haltung zu ihm, ihr unbewußt mit Worten und Taten zu helfen, diese Richtungsänderung vorzunehmen. Dadurch kamen wir einander nahe und erkannten unsere Zuneigung. Es drängte sich uns immer mehr die Gewißheit auf, daß wir uns brauchten und zusammengehörten. Gemeinsam erinnerten wir uns unserer Kindheit, von der wir zu sagen wußten, daß Jesus uns nahe gewesen war. Der Wunsch, uns ihm ganz hinzuwenden, wuchs immer mehr. Auf wunderbare Weise schenkte uns der Herr in aussichtsloser Lage eine billige Wohnung. Auch das Mobiliar bekamen wir von verschiedenen Seiten, und zwar so passend, daß wir überzeugt waren, daß hier Gott am Werke war. Auch die beruflichen Wege wurden geebnet. Wir fragten uns erneut nach unserer Stellung zu Gott, denn wir fühlten uns beschämt durch seine Hilfe und Gaben. Wir versuchten, dem Herrn zu danken und fingen an zu beten und die Bibel vom 1. Buch Mose an zu lesen. Dies praktizierten wir ein Jahr hindurch, bis wir bei der Offenbarung des Johannes angelangt waren. Es war am 18. April 1974, als der große Umbruch in unserem Leben geschah. Uns wurde in erschreckender Weise deutlich, wie wir in Gottes Augen aussahen, und welche Gnade er hat walten lassen, daß er uns noch nicht von dieser Erde vertilgt hatte. Wir sanken auf die Knie, bekannten unsere Sünden, dankten für das Versöhnungsblut des Herrn Jesu Christi und waren überglücklich, daß uns der Herr angenommen hat als seine Kinder, die nun rufen dürfen: Abba, lieber Vater!

Die Auslieferung unseres Lebens an Christus hatte für unser tägliches Leben entscheidende Auswirkungen, zum Beispiel im Blick auf das Fernsehen, hinsichtlich unseres Lebensstils, der Freizeitgestaltung, der Verwendung unseres Geldes. Auch kontrollierten wir ganz bewußt unser Reden. Vom Tage unserer Umkehr an war der Segen des Herrn Jesu Christi in allen Situationen deutlich spürbar. Auch unseren Familien, Freunden und Bekannten fiel diese Wandlung auf.

Ich erinnerte mich einiger Botschaften von Evangelist Wim Malgo auf Schallplatten, die wir dann tief ergriffen hörten und im Herzen aufnahmen. Eine persönliche Begegnung mit ihm hatten wir jedoch erst im darauffolgenden Jahr in Berlin bei einer Bibeltagung. Während dieser Konferenz wurden wir sehr gesegnet. Der Herr beschenkte uns mit der Zusage in Psalm 37,4, wo es heißt: „Habe deine Lust am Herrn, der wird dir geben, was dein Herz wünscht." Damals hegten wir den sehnlichen Wunsch, einmal nach Israel reisen zu dürfen. Wie waren wir überrascht und beschämt, als uns eine fast unbekannte Frau in einem Briefumschlag 2000 Mark mit dem Vermerk übergab: „Grundstock für eine Israelreise." Der Herr sei dafür gepriesen!

Meiner Frau und mir war es nun auch ein Anliegen, unsere Gaben in den Dienst des Herrn zu stellen. Meine Frau ist Pianistin, Komponistin und Pädagogin. Bisher hatten wir Liederabende, Kirchenkonzerte und andere Konzerte gegeben. Auch hatten wir eine Schallplatte besungen und bespielt. Ferner spielte meine Frau in Funk und Fernsehen.

Auf der Israelreise lenkte der Herr es so, daß ich zum Singen aufgefordert wurde und dankbare Hörer bekam. An dieser Stelle möchte ich diejenigen, die den Herrn Jesus von ganzem Herzen liebhaben, bitten, wenn es möglich ist, nach Israel zu reisen, um sich mit dem auserwählten Volk solidarisch zu erklären.

Unsere weitere Führung ergab, daß ich im folgenden Jahr während der Bibeltagung mit Wim Malgo in Berlin für den Herrn singen durfte. Danach wurde ich für die Osterkonferenz in Zürich mit anschließenden Aufnahmen im Studio des „Mitternachtsrufes" eingeladen. Inzwischen sind von uns einige Kassetten mit Evangeliumsliedern zur Ehre des Herrn herausgekommen. Meine Frau und ich waren sehr froh darüber und zugleich beschämt über die große Güte des Herrn.

Wir wollen uns weiter dem Herrn Jesus anvertrauen und ihm allein dienen. Wolfgang Schmidt, Berlin

Karl Barth und Mozart

Ich war noch Pennäler, als Karl Barth in mein Gesichtsfeld trat. Es war in den zwanziger Jahren. Vikar Kehrberger, der schnell das Vertrauen der Schüler gewann, war unser Religionslehrer. Er hatte den Römerbriefkommentar von Karl Barth in die Klasse gebracht und begeistert darüber gesprochen. Mein erster Eindruck von diesem Theologen, den viele Pfarrer den bedeutendsten Dogmatiker des 20. Jahrhunderts nennen, war durchaus positiv. Das war mit ein Grund, warum ich in der täglichen Bibellese den Römerbrief mit neuen Augen las. Unerwartet fragte mich Kehrberger eines Tages: „Verstehst du den Römerbrief?" Aus ehrlichem Herzen bejahte ich, weil ich damals den Schwierigkeitsgrad dieses Paulusbriefes noch nicht kannte. Ich war so von diesem Brief in meinem Denken erfüllt, daß ich einen Aufsatz über den Römerbrief schrieb, als unser Deutschlehrer uns ein freies Thema zur Bearbeitung überließ. Als der Aufsatz zurückkam, hatte ich zwar eine gute Note, aber auch eine Bemerkung mit Rotstift an den Rand geschrieben: schwärmerisch.

Die zweite Auseinandersetzung mit Karl Barth war schon viel problematischer. Als Theologiestudent saß ich unter seinem Katheder. Ich erinnere mich gut an seine Vorlesung über die Inspiration der Heiligen Schrift. Mit gemischten Gefühlen hörte ich seinen Erklärungen zu. Was diese theologische Koryphäe in den Vorlesungen sagte, fand den Weg in seine Dogmatik. In Band I,2 Seite 563 steht zu lesen: „Die Propheten und Apostel waren als solche in ihrem gesprochenen und geschriebenen Wort des Irrtums fähig. Sie waren tatsächlich fehlbare Menschen wie wir alle." Auf Seite 565 des gleichen Bandes sagt Professor Barth: „Die Anfechtbarkeit bzw. Irrtumsfähigkeit der Bibel erstreckt sich auch auf ihren religiösen und theologischen Gehalt. Da ergeben sich offenkundige Überschneidungen und Widersprüche." Es ist schmerzlich, daß dieser große Theologe die Lehre der Inspiration, wie sie von Kirchenvater Augustinus und auch von dem Reformator Calvin formuliert wurde, mit Entschiedenheit ablehnt. Wenn Theologen und Nichttheologen in diesem Lehrstück Karl Barth folgen wollen, so ist das ihre Sache. Ich selbst kann diese Lehrmeinung nicht übernehmen.

Geradezu weh tut mir, was auf Seite 595 dieses Bandes zu lesen ist: „Hat Gott sich der Fehlbarkeit all der menschlichen Worte der Bibel, ihrer geschichtlichen und naturwissenschaftlichen Irrtümer, ihrer theologischen Widersprüche nicht geschämt, dann wäre es Eigenwilligkeit und Ungehorsam, in der Bibel auf die Suche nach irgendwelchen unfehlbaren Elementen ausgehen zu wollen" (gekürzt).

Wir brauchen nicht nach unfehlbaren Elementen zu suchen, sie sind in der Heiligen Schrift in Fülle da. Paulus schreibt in 1. Tim. 3,16: „Kündlich groß ist das gottselige Geheimnis; Gott ist offenbart im Fleisch, gerechtfertigt im Geist, erschienen den Engeln, gepredigt den Heiden, geglaubt von der Welt, aufgenommen in die Herrlichkeit." Ist das etwa kein unfehlbares Element? Natürlich kann ich nicht gegen einen Karl Barth antreten. Theologisch bin ich ihm gegenüber wie eine kleine Maus gegen einen riesigen Elefanten.

Es bleibt dabei. Mir gilt „pasa graphe theopneustos" = alle Schrift ist von Gott eingegeben (2. Tim. 3,16). Diese Inspiration ist nicht als automatisches Diktat mit mechanischer Aufnahme zu verstehen, sondern bedeutet, daß die Verfasser der biblischen Schriften Männer voll Heiligen Geistes waren.

Die kurze Erörterung der Inspirationsfrage erfolgte nur, weil wir uns in einigen Kapiteln mit der genialen Begabung großer Musiker auseinandersetzen.

René Pache unterscheidet in seinem Buch über die Inspiration zwischen Erleuchtung und Inspiration (Seite 200). In unserem Zusammenhang geht es um andere Abgrenzungen, wie noch deutlich werden wird.

Zunächst steht die Frage zur Diskussion, ob Karl Barth mit seiner Glorifizierung Mozarts auf der richtigen Fährte war. Stand dieses Musikgenie Mozart bei seinen Werken unter der Inspiration des Heiligen Geistes? Hören wir einmal, was Karl Barth über ihn sagte. Wir finden seine Äußerungen in der kirchlichen Dogmatik, aber kurz zusammengefaßt in seiner Schrift „Wolfgang Amadeus Mozart".

Barth schreibt: „Ich habe zu bekennen, daß ich seit Jahren und

Jahren jeden Morgen zunächst Mozart höre und mich dann erst der Dogmatik zuwende. Ich habe sogar zu bekennen, daß ich, wenn ich je in den Himmel kommen sollte (!), mich dort zunächst nach Mozart und dann erst nach Augustin und Thomas, nach Luther, Calvin und Schleiermacher erkundigen würde." Die Aussage über die eigene Ungewißheit des Heils kann wahrscheinlich als ein Akt der Bescheidenheit gelten. Barth hat ja oft die Pietisten wegen eines „grölenden Redens vom Heiligen Geist" – wie er sich ausdrückte – getadelt und angegriffen. Daß er aber Mozart, seinen erwählten Lieblingsmusiker, einfach in den Himmel versetzt, ist fragwürdig.

Wir stehen hier vor einer Untugend der westlichen Bildung. Die menschliche Ratio und das schöpferische Schaffen großer Männer wird so hoch bewertet, daß die Volksmeinung sie automatisch in den Himmel versetzt. So finden wir in dem Buch von Dompropst Martensen Larsen „Am Gestade der Ewigkeit" (Seite 166) folgende Aussage: „Es wäre doch ein wunderlicher Himmel, in dem man nicht Plato, Cäsar, Goethe, Schiller und Beethoven finden würde!"

Eine Somnambule (spiritistisches Medium, das in Trance das Astralwandern praktiziert) erklärte, sie sei auf dem Jupiter gewesen und hätte dort Goethe als himmlischen Lehrer angetroffen, der die Verstorbenen auf den Stufen der Seligkeit weiterführe. Eine Kette von Ungeheuerlichkeiten! Auf der gleichen Linie liegt ein Erlebnis in Windhuk, Südwestafrika. Auf Einladung von Landespropst Kirschnereit hatte ich in der deutschen Gemeinde einige Vorträge. Ich erfuhr dabei von einem Aufruhr anläßlich eines Vortragsabends des Deutschen Clubs. Der Redner hielt ein Referat über Goethe. Hinterher war eine Diskussion. Es meldete sich ein Christ, der nicht den allgemeinen Lobeshymnen folgte. Er warf ein böses Wort in die Diskussion hinein: „Die Verherrlichung Goethes ist nicht angebracht, er ist doch im Grund genommen ein Hurenbock gewesen." Das war ein Funke ins Pulverfaß. Die Deutschen in Südwest, die ihr Deutschtum sehr hochhalten, hätten diesen Mann beinahe gelyncht.

Haben Goethe und Mozart automatisch den Himmel verdient, weil sie große Männer waren? Das Wort Gottes ist maßgeblich und nicht das intellektuelle Niveau.

Mein verehrter Lehrer Karl Heim äußerte einmal: Wenn schon Kollege Barth sich einen Musiker zum Leitstern nimmt, warum dann nicht Johann Sebastian Bach, der doch zu Christus ein ausgeprägteres Verhältnis hatte als Mozart. Ich habe dieses Zitat nur dem Sinn nach wiedergeben können. Ich besitze nicht mehr alle Kolleghefte von Professor Heim.

Von dem Mozart-Fan Barth hören wir noch mehr erstaunliche Dinge. Auf Seite 13 der angegebenen Schrift sagt er: „Ich bin nicht schlechthin sicher, ob die Engel, wenn sie im Lobe Gottes begriffen sind, gerade Bach spielen – ich bin aber sicher, daß sie, wenn sie unter sich sind, Mozart spielen, und daß ihnen dann doch auch der liebe Gott besonders gerne zuhört."

Karl Barth ist wegen seiner Mozart-Verfallenheit öfter angegriffen worden. Er antwortete darauf (Seite 45): „Ich stelle eine Frage unbeantwortet zurück, die nämlich: wie ich als evangelischer Christ und Theologe dazukomme, gerade zu Mozart das Ja zu sagen, das hier gewiß nicht verborgen geblieben ist – da er doch so katholisch und auch noch Freimaurer und im übrigen ganz und gar nur Musikant gewesen ist?"

Es ist keine pietistische Engstirnigkeit, wenn ich die Tendenz ablehne, geniale Männer eo ipso in den Himmel zu verfrachten ungeachtet ihrer Stellung zu Christus und zur Bibel. Man wird bei Mozart auf seine kirchlichen Werke, besonders sein Requiem hinweisen und sagen wollen, er habe doch Gott mit seiner Gabe gedient. Mit der gleichen Freiheit hat er auch Freimaurergesänge komponiert. Ein persönliches Christuszeugnis fehlt bei diesem großen Meister. Karl Barth bescheinigt ihm: „Das Subjektive wird bei ihm nie ein Thema. Er hat die Musik nicht dazu benützt, sich über sich selbst auszusprechen" (Seite 39).

Es gibt große Meister der Musikwelt, die in ihrer religiösen Einstellung nicht nur indifferent, sondern sogar ablehnend sind.

Künstler und Atheist

Ein Nestor unter den Musikern ist Arthur Rubinstein. 1886 im polnischen Lodz geboren, geht er zur Zeit dieser Niederschrift ins fünfundneunzigste Lebensjahr. Sein Geist und seine Lebenskraft sind noch nicht gebrochen, so daß er hofft, den hundertsten Geburtstag noch zu erleben. Zu wünschen wäre es ihm, am meisten aus dem Grunde, daß er seine noch offene Rechnung mit Gott ins reine bringen kann.

Ob die Nähe der Ewigkeit nicht seine Gedanken in diese Richtung gelenkt hat? Ich erhielt vor einigen Jahren einen Brief von ihm, daß er mein Buch „Between Christ and Satan" gelesen hat und dazu einige Fragen habe. Ich werte das als positives Zeichen.

Dieser Mann hat einen ungeheuren Aufstieg und Ruhm als Pianist erlebt. Sein Weg begann als Wunderkind. Ähnlich wie Mozart spielte er schon als Vierjähriger im kleinen Kreis. Mit sechs Jahren stellte er seine virtuose Begabung in den Dienst von Wohltätigkeitsveranstaltungen. Mit elf Jahren war er in einem Mozart-Konzert von den Berliner Symphonikern als Pianist engagiert.

Nach seiner Ausbildung in Berlin wagte er 1906 seinen ersten Sprung über den großen Teich. Fast hätte dieser erste Besuch in dem Land unbegrenzter Möglichkeiten mit einer Katastrophe geendet. Sein Talent war in der Neuen Welt noch nicht bekannt. So bekam er kein Engagement und stand mittellos in einer mitleidlosen Welt. Diesem trostlosen Dasein wollte er durch einen Freitod ein Ende bereiten. Aber die Schnur des Bademantels, mit der er sich aufhängen wollte, riß. Sein Leben blieb erhalten. Wie dankbar war er später für die Vereitelung seines unheilvollen Planes. Die Misere in USA veranlaßte ihn, wieder nach Europa zurückzukehren. Seine vielen Tourneen in England und Frankreich darzustellen, ist nicht der Sinn dieses Berichtes.

Ein glückliches Ereignis darf aber nicht unerwähnt bleiben. Als Vierzigjähriger lernte er Aniela, die siebzehnjährige hübsche Tochter des polnischen Dirigenten Mlynarski kennen. Einige Jahre später heirateten sie. Vier Kinder wurden dem Ehepaar geschenkt. Es war eine große Liebe, die sich als tragfähig erwies. Sie verwandelte auch den genußfreudigen und lebenslustigen Mann in einen hart arbeitenden Pianisten, der acht bis zehn Stunden am Tag arbeitete und damit den Grundstein für seinen weiteren Aufstieg legte.

In der Zeit, als in Europa die braune Ära begann und ihre Schatten über den alten Kontinent warf, siedelten die Rubinsteins wie viele andere Emigranten nach Kalifornien um.

Dieses warme Land an der pazifischen Küste wurde zu einer Ausgangsbasis für den weltweiten Ruhm des hochbegabten Pianisten. Überall empfingen ihn Beifallsstürme. Sechs Millionen seiner Schallplatten wurden verkauft. Rubinstein wußte mit dem Geld umzugehen, das heißt nicht zu horten, sondern damit Freude zu bereiten. Er und seine Frau als charmante Gastgeberin gaben Partys, bei denen es hoch herging.

Ein Charakterzug im Leben dieses Mannes ist mir sehr sympathisch. Er empfand eine große Liebe für Israel. Dreißig Jahre konzertierte er immer wieder in diesem Land, ohne auf Gagen zu achten. Er hat fast nichts aus Israel mit herausgenommen als seine Liebe wiederzukommen. Als Neunzigjähriger wurde er hoch geehrt. Die Jury ernannte ihn zum Musiker des Jahres. Von allen Seiten flossen ihm Ehrenzeichen und Orden zu. Unbekannte Menschen ehren ihn und überschütten ihn mit Blumen. Wahrlich, er hat das Leben außer seiner ersten Epoche mit zwanzig Jahren von der Sonnenseite erlebt. Genügt das nicht? Rubinstein sagt ja. Er will das Leben bis zum letzten Tag genießen. Ob das alles ist?

Von der offenen Rechnung vor Gott war die Rede. Wer das Thema Gott anschneidet, erlebt einen leidenschaftlich reagierenden Rubinstein. Er zweifelt an den alttestamentlichen Geschichten. Er meint, Mose hätte es nie gegeben. Einer Reporterin erzählte er: „Schon als kleiner Junge wollte ich Gott sehen, aber niemand konnte ihn mir zeigen. Heute kann mich niemand überzeugen, daß ein liebender Gott uns lenkt und seine Gnade schenkt. Das mag für andere Menschen gelten, für mich aber nicht. Das sind alles Lügen!“ Er weist als Argument auf die Religionskriege hin. In der Gegenwart sieht er seinen Atheismus bestätigt in den blutigen Auseinandersetzungen zwischen Katholiken und Protestanten in Irland. Er erwähnt auch die dauernden Kämpfe zwischen Arabern und Israel und sagt: „Die einen verehren Allah und Mohammed, die anderen Jehovah. Und im Namen ihrer Götter bringen sie sich gegenseitig um.“

So einfach ist das Problem nicht. Gott ist nicht für unsere Blindheit verantwortlich. Der Herr sagt (Jer. 29,13 f.): „So ihr mich von ganzem Herzen suchen werdet, so will ich mich von euch finden lassen.“ Perlen und kostbare Schätze liegen nicht an der Straße. Die Perlenfischer in der Südsee müssen oft tief tauchen und suchen, bis sie eine Muschel mit einer Perle finden. Jesus erzählt auch in seinen Gleichnissen (Mt. 13) von einem Kaufmann, der gute Perlen suchte. Gott mutet es uns zu, daß wir suchen – dann dürfen wir auch finden.

Rubinstein ist geistig noch frisch. Er hat noch eine Chance zum Finden, wenn er sucht.

Das schrieb ich 1981. Inzwischen erhielt ich Nachricht, daß Rubinstein in sehr hohem Alter und in völlig geistiger Klarheit Christus als seinen Herrn angenommen hat. Preis dem Herrn, der auch die Starken zum Raube hat! Es erging ihm also ähnlich wie Heinrich Heine, der zuerst Gottesleugner, sogar Spötter war, und dann im Alter noch Jesus als seinen Messias anerkannte. Man schiebe diese Entscheidung der beiden Männer im hohen Alter nicht auf eine etwaige Altersschwäche. Man bekehrt sich in der Jugend leichter als im Alter. In der Jugend ist der Mensch beweglich und elastisch, im Alter erstarren alle körperlichen und geistigen Funktionen. Alte Leute können „frömmlerisch" werden, aber echte tiefgreifende Bekehrungen sind selten. Und doch haben das Heine und Rubinstein erlebt.

Komponist und Spiritist

Robert Schumann (1810–1856) wird Gründer der deutschen romantischen Musik genannt. Mit vierundzwanzig Jahren wurde er Dozent am Leipziger Konservatorium. Seine Ehe mit Clara Wieck, der Tochter seines Lehrers, war eine ideale Lebensgemeinschaft. Als Klaviervirtuosin erreichte Clara Schumann Weltruhm. Sie wird häufig mit Arthur Rubinstein verglichen.

Die musikalische Bedeutung Robert Schumanns darzustellen, ist nicht meine Aufgabe. Das haben Musikkritiker und Musikhistoriker getan. Mir geht es um die Wurzeln der geistigen Umnachtung dieses bedeutenden Komponisten, der sein Leben in der Nervenheilanstalt beschloß.

Die geistige Entwicklung dieses Mannes ist geradezu ein Schulbeispiel dafür, was der Spiritismus anrichtet.

Die spiritistische Bewegung begann in der Neuzeit mit den beiden Schwestern Margaret und Kate Fox, die in einer Ortschaft des Staates New York auf einer Farm wohnten. 1848 wurden in dem Elternhaus der beiden Mädchen Klopfgeräusche gehört, die sinnvoll gesteuert schienen. Da hinter den Klopftönen Geister vermutet wurden, vereinbarte man mit ihnen ein Klopfalphabet, das Raps genannt wurde. Es handelt sich um ein englisches Wort mit der Bedeutung: klopfen, schlagen. Die Töchter des Spukhauses entwickelten sich seit 1848 zu fähigen Medien. Der Geisterverkehr wurde mit Holztischen praktiziert, die keine Nägel enthalten durften. Das war die Geburtsstunde des sogenannten Tischrükkens, das sich wie eine Epidemie in allen Ländern ausbreitete. Nicht nur das einfache Volk betrieb dieses Spiel zum Zeitvertreib, auch Akademiker, unter ihnen Physiker, wollten diesem Phänomen auf die Spur kommen. Schwindel und Tricks sagten die einen, Steigrohre des Unbewußten nannten es die anderen. Zu der spiritistischen Hypothese (Geisterverkehr) kam die animistische

Theorie, ein Aktiverwerden verborgener Seelenkräfte des Menschen. Diese beiden hauptsächlichsten Erklärungen haben sich bis heute erhalten.

Von dieser okkulten Seuche des Tischrückens wurde Robert Schumann erfaßt. Er richtete sich damit langsam zugrunde. Absichtlich stelle ich den Vorgang nicht mit eigenen Worten dar, weil es Akademiker gibt, die meinen, ich würde übertreiben. Ich lasse seinen Biographen Wasielewski berichten. Diese ausgezeichnete Darstellung findet sich in dem Buch von Otto Zoff „Die großen Komponisten" ab Seite 187. Es heißt dort:

„Die krankhaften, im Jahre 1852 mehrfach hervorgetretenen Symptome zeigten sich nicht allein im Jahre 1853, sondern es kamen auch neue hinzu. Zunächst war es das sogenannte ‚Tischrücken', welches Schumann in vollständige Ekstase versetzte und seine Sinne in der vollen Bedeutung des Wortes berückte. Das Tischrücken hat zu jener Zeit, wo es die Runde durch die Boudoirs und Teegesellschaften nervöser Damen, ja, durch die Studierzimmer sonsthin ernster Männer machte, allerdings auch manchen besonnenen Kopf irritiert; doch unterscheiden sich diese Vorkommnisse durchaus von der krankhaften Exaltation, welche Schumann damals ergriffen hatte. Als ich im Mai 1853 mich besuchsweise in Düsseldorf aufhielt und eines Nachmittags in Schumanns Zimmer eintrat, lag er auf dem Sofa und las in einem Buche. Auf mein Befragen, was der Inhalt des letzteren sei, erwiderte er mit gehobener, feierlicher Stimme: ‚Oh! Wissen Sie noch nichts vom Tischrücken?' ‚Wohl', sagte ich in scherzendem Tone. Hierauf öffneten sich weit seine für gewöhnlich halb geschlossenen in sich hineinblickenden Augen, die Pupille dehnte sich krampfhaft auseinander und mit eigentümlich geisterhaftem Ausdrucke sagte er unheimlich und langsam: ‚Die Tische wissen alles.' Als ich diesen drohenden Ernst sah, ging ich, um ihn nicht zu reizen, auf seine Meinung ein, in Folge dessen er sich wieder beruhigte. Dann holte er seine zweite Tochter herbei und fing an, mit ihr und einem kleinen Tische zu experimentieren, wobei er den letzteren auch den Anfang der c-Moll-Symphonie von Beethoven markieren ließ. Die ganze Szene hatte mich aber aufs äußerste erschreckt, und ich erinnere mich genau, daß ich meine Besorgnisse damals sogleich gegen Bekannte äußerte. An Ferd. Hiller schrieb er über seine Experimente am 25. April 1853: ‚Wir haben gestern zum ersten Male Tisch gerückt. Eine wunderbare Kraft! Denke Dir, ich fragte ihn, wie der Rhythmus der zwei ersten Takte der c-Moll-Symphonie wäre! Er zauderte mit der Antwort länger als gewöhnlich – endlich fing er an, aber erst etwas langsam. Wie ich ihm aber sagte: ‚Aber das Tempo ist schneller, lieber Tisch', beeilte er sich, das richtige Tempo anzuschlagen. Auch fragte ich ihn, ob er mir die Zahl geben könnte, die ich mir dächte, er gab richtig drei an. Wir waren alle wie von Wundern umgeben.' Und desgleichen unter dem 29. April: ‚Unsere magnetischen Experimente haben wir wiederholt. Es ist, als wäre man von Wundern umgeben.'

Dann auch stellten sich zeitweilig Gehörstäuschungen ein, derart, daß Schumann einen Ton unausgesetzt zu hören glaubte, und auch in nervöser Erregung wirklich hörte, obschon in der ganzen Umgebung nichts, was einem Ton hätte ähnlich sein können, wahrzunehmen war. Der Violinist Ruppert Becker in Frankfurt am Main, welcher damals in Düsseldorf lebte, berichtete mir, daß er eines Abends mit Schumann zusammen in einem Bierlokale gewesen sei. Plötzlich habe Schumann die Zeitung weggelegt und gesagt: ‚Ich kann nicht mehr. Ich höre fortwährend A.'"

Die Gehörstäuschungen verstärkten sich. Es meldeten sich Geisterstimmen, denen Schumann gehorchte. Eines Nachts verließ er das Bett und begab sich ins Wohnzimmer, um zu komponieren. Seiner Frau, die ihn zurückhalten wollte, erklärte er, er habe von Schubert und Mendelssohn ein Thema erhalten, das er sofort ausarbeiten müsse.

Zu den akustischen Halluzinationen traten dann noch visuelle Halluzinationen. Schumann wurde nicht Herr über diese wahnhaften Trugbilder. Manchmal bekannte er sich als Sünder, der die Liebe seiner Frau nicht verdiene. Die Gespräche mit den Geistern mehrten sich. Er wurde ihr Sklave. Sie gaben ihm Aufträge, die er ausführen mußte. So erhielt er im Februar 1854 den Auftrag, sich das Leben zu nehmen. Er verließ wortlos sein Haus und eilte zur Rheinbrücke. Dort stürzte er sich in die Fluten des Stromes. Er wurde aber von Rheinschiffern beobachtet, die ihm mit einem Kahn nachfuhren und ihn aus dem Wasser zogen. Er war damit gerettet. Einige Wochen später wurde er von seinem Arzt in eine Heilanstalt gebracht. Nach 2½ Jahren endete sein Leben in dieser Anstalt in Endenich.

Natürlich ist mir klar, was die Psychiater zu dieser Krankengeschichte zu sagen haben. Sie erklären, man dürfe Ursache und Wirkung nicht verwechseln. Die Geisteskrankheit sei das Erste und danach der Hang zu dem mysteriösen Tischrücken. Im Leben Schumanns war es aber so, daß seine Geisterhörigkeit erst zwei bis drei Jahre nach dem Beginn des Tischrückens einsetzte.

Musiker haben allgemein ein sensibleres Nervensystem als Menschen anderer Berufsgruppen. Sie zerstören mit dem Spiritismus viel schneller ihr seelisches Gefüge als die massiv oder grobstrukturierten Menschen.

Kunst und Dämonie

Johannes Brahms (1833–1897) gilt als der größte deutsche Musiker der nachklassischen Zeit. Sein Leben und künstlerischer Spielraum liegt in dem Dreieck Hamburg, Zürich, Wien. Sein Vater war in Hamburg ein Berufsmusiker, der mehrere Instrumente spielte. Johannes erregte schon als Zehnjähriger durch sein frühreifes musikalisches Talent Aufmerksamkeit. Sein Musiklehrer Gossel kam, als sein Schüler erst elf Jahre alt war, händeringend zu Eduard Marxsen, einem Pianisten von Rang, und erklärte: „Ich kann dem Jungen nichts mehr beibringen. Bitte übernehmen Sie ihn." Seiner Bitte wurde entsprochen, als sich Marxsen das Spiel des jungen Talents angehört hatte.

Mit vierzehn Jahren fiel Johannes bei einem Konzert auf und erhielt von einem Musikkritiker eine wohlwollende Kritik. Mit fünfzehn Jahren wagte der junge Pianist sein erstes eigenes Konzert. Auf seinem Programm standen unter anderem Bach und Beethoven.

Sein musikalischer Aufstieg begann nach seiner Begegnung mit Schumann, der alles daransetzte, für die Frühwerke von Brahms einen Verleger zu finden.

Nach dem Tode seines Freundes und Gönners bahnte sich zwischen der Gattin des Verstorbenen, Clara geb. Wieck, und Brahms eine herzliche Freundschaft an, die Jahrzehnte hindurch bestand. Sie unternahmen viele gemeinsame Konzertreisen.

In den Jahren 1865 bis 1874 wurde Brahms häufig zu den Musikfesten nach Zürich eingeladen. Dort lernte er bedeutende Männer kennen und schätzen. Dazu gehörten der berühmte Chirurg Prof. Billroth, der feinsinnige Schriftsteller Josef V. Widmann und Ernst von Wildenbruch, dessen Dramen Brahms sehr zusagten.

Seit 1863 gab Brahms auch in Wien Konzerte, für die er von einigen Wagner-Fans starke Opposition erhielt. Dennoch konnte er sich durchsetzen. Er entscheidet sich schließlich für Wien als seinen Wohnsitz und Wirkungsstätte, obwohl er oft vom Heimweh nach seiner Vaterstadt Hamburg geplagt war.

Über die musikalische Bedeutung von Johannes Brahms zu schreiben, steht mir nicht zu. Ich bin kein Musikkenner. Mein musikalisches Bedürfnis ist mit den Bach-Chorälen gestillt. Meine Aufgabe liegt auf einer ganz anderen Ebene: die Frage nach der Inspiration dieser großen Komponisten.

Auf diesem Sektor ist Brahms der ergiebigste Musikschöpfer, weil wir von ihm am meisten wissen. Das Buch von A. M. Abell „Gespräche mit berühmten Komponisten" ist eine reiche Fundgrube für das Problem der Inspiration.

Das meiste Material liefert uns Max Kalbeck (1850–1921), dessen Brahms-Biographie in acht Bänden erschienen ist. Hören wir einmal eine typische Partie Kalbecks aus dem Buch „Die großen Komponisten", Seite 280 f.:

„In Ischl hatte ich später ein paarmal unverhoffte Gelegenheit, Brahms bei der Arbeit zu belauschen. Als Frühaufsteher und Naturfreund wie er, war ich an einem warmen Julimorgen sehr zeitig ins Freie hinausgegangen. Da sah ich plötzlich vom Walde her einen Mann auf mich über die Wiese zugelaufen kommen, den ich für einen Bauern hielt. Ich fürchtete, verbotene Wege betreten zu haben, und rechnete schon mit allerlei unangenehmen Eventualitäten, als ich in dem vermeintlichen Bauern zu meiner Freude Brahms erkannte. Aber in welchem Zustande befand er sich, und wie sah er aus! Barhäuptig und in Hemdärmeln, ohne Weste und Halskragen, schwenkte er den Hut in der einen Hand, schleppte mit der anderen den ausgezogenen Rock im Grase nach und rannte so schnell vorwärts, als würde er von einem unsichtbaren Verfolger gejagt. Schon von weitem hörte ich ihn schnaufen und ächzen. Beim Näherkommen sah ich, wie ihm von den Haaren, die ihm ins Gesicht hingen, der Schweiß stromweise über die erhitzten Wangen herunterfloß. Seine Augen starrten geradeaus ins Leere und leuchteten wie die eines Raubtieres – er machte den Eindruck eines Besessenen. Ehe ich mich von meinem Schrecken erholte, war er an mir vorbeigeschossen, so dicht, daß wir einander beinahe streiften; ich begriff sofort, daß es ungeschickt von mir wäre, ihn anzurufen; er glühte vom Feuer des Schaffens. Nie werde ich den beängstigenden Eindruck der elementaren Gewalt vergessen, den der Anblick der Erscheinung in mir zurückließ.

Und ebenso unvergeßlich bleibt mir die einzige Stunde, in der ich als heimlicher Ohrenzeuge seinen Eingebungen lauschen durfte, die er, aller Wahrscheinlichkeit nach vor der ersten Niederschrift, seinen verschwiegenen Wänden anvertraute. Auch da berührte sich das Dämonische mit dem Künstlerischen in eigentümlicher Weise."

Die Ausdrücke Besessenheit und Dämonie tauchen hier auf. Sie wollen hier nicht im biblischen Sinne als der Innewohnung böser Geister verstanden werden, sondern einfach als die völlige Beschlagnahmung durch eine Aufgabe. Wir haben im Deutschen die Redewendung: von einer Idee besessen, von der Kunst, von der Arbeit besessen, ohne daß wir gleich an Dämonen denken. Allerdings kann man sich hier auch einer Verharmlosung schuldig machen. Wir müssen daher Brahms' Inspiration noch bei Arthur Abell untersuchen, der diesem Problem nachgegangen ist. Als Quelle dient sein Buch „Gespräche mit berühmten Komponisten". Dieses Buch ist eine Schatzkammer der künstlerischen Inspiration, ohne jedoch zu dem Urgrund verschiedener Inspirationen vorzustoßen.

Die Liebhaber der Brahmsschen Werke werden sich über die folgenden Abschnitte ärgern. Ich konstruiere aber nichts. Die Quellen sind völlig eindeutig. Untersuchen wir Schritt für Schritt den Hintergrund der Brahmsschen Musik.

Eine erste Etappe ist Brahms' Stellung zur Heiligen Schrift. Es war im Spätherbst 1896, ein Jahr vor seinem Tod. Der berühmte Violinist Joseph Joachim, Brahms' Freund, und Arthur Abell saßen im Wiener Heim des Komponisten zusammen. Das Gespräch ging um die letzten Fragen des Lebens.

Die drei Gesprächspartner mühten sich zunächst um die Frage, woher einem Komponisten die Kräfte zu seinem Schaffen zuströmen. Begriffe wie Unterbewußtsein und Überbewußtsein wurden genannt. Brahms gab folgende Erklärung und zitierte Joh. 14,10 f.: „Der Vater, der in mir wohnt, der tut die Werke. Wer an mich glaubt, der wird die Werke auch tun, die ich tue, und wird größere denn diese tun." Brahms meinte nun, sein eigenes Schaffen würde diesem Wort entsprechen. War er dazu berechtigt? Nein, er glaubte nicht an den Sohn Gottes, wie die Schrift sagt (Joh. 7,38). Den Beweis gibt er selbst. In diesem Gespräch behauptet er folgendes: „Diese Stelle steht im glatten Widerspruch zu Joh. 3,16 (Also hat Gott die Welt geliebt, daß er seinen einzigen Sohn dahingab, auf daß alle, die an ihn glauben, nicht verlorengehen, sondern das ewige Leben haben). Als Beweis für diesen Widerspruch oder Gegensatz führte er an: „Joh. 14,12 sind die eigenen Worte Jesu, während Joh. 3,16 die Worte des Evangelisten darstellen. Das ist ein gewaltiger Unterschied." Brahms behauptete, seine eigene Inspiration käme von Gott, während er die totale, echte Inspiration der Bibel ablehnte. Damit gibt dieser Schöpfer großer Musikwerke, ohne es selbst zu wissen, zu, daß seine Inspiration aus anderen Quellen kommt.

Für diese Behauptung gibt er in diesem Gespräch laufend neue Beweise.

Arthur Abell fragte den großen Meister: „Glauben Sie, daß Jesus der Sohn Gottes ist?" Brahms erwiderte: „Sicher glaube ich das; wir sind alle Söhne Gottes, denn wir können aus keiner anderen Quelle stammen. Der riesige Unterschied zwischen ihm und uns gewöhnlichen Sterblichen liegt aber darin, daß er sich mehr Göttlichkeit angeeignet hat." Das heißt also, daß Jesus nur einige Sprossen höher auf der Leiter steht als wir. Diesen Gedanken hat Brahms dann noch mit anderen Worten untermauert. Er erklärte in dem Gespräch: „Jesus war das größte geistige Genie der Welt. Er war sich bewußt, die einzige wahre Quelle der Kraft zu gebrauchen, obgleich Beethoven und Milton ebenfalls wußten, daß sie die gleiche Quelle in geringerem Umfang erschlossen. Es ist alles nur eine Frage des Ausmaßes."

Diese Einstellung zeigt doch eindeutig, daß Brahms die klare biblische Einstellung abgeht. Er gibt Jesus alle Ehrenprädikate, läßt ihn aber nicht den Sohn Gottes sein, der für unsere Sünden starb. Die großen Männer sind gleicher Qualität, stehen aber nur einige Stufen tiefer in der Skala der großen Werke. Jesus ist nicht der Erlöser, sondern nur das große Vorbild, dem wir nacheifern. Der Mensch ist von Natur aus gleicher Art wie Jesus und muß sich nur nach gleicher Vervollkommnung ausstrecken. Wir haben hier die Theologie des Humanismus und des Spiritismus.

Man wird mir sagen wollen: „Einen großen Musiker darf man nicht mit biblischen Begriffen oder gar mit Dogmen messen. Genies haben ihre eigene Gesetzlichkeit." Um die Kernwahrheiten der Bibel kommt aber kein noch so begabter Mensch herum. Vor dem Heiligen Gott schwindet alle menschliche Größe, und das Wort Gottes ist der Maßstab, mit dem wir in der Ewigkeit gemessen werden.

Zu diesem Wort Gottes hatte Brahms aber eine gebrochene und gegensätzliche Einstellung. So erklärte er zum Beispiel bei diesem Wiener Gespräch, daß die Stelle Lukas 23,39–43, die Geschichte von dem bußfertigen Schächer, eine Fälschung sei. Nun, Hunderte von modernen Theologen denken genauso. Das ist keine Entschuldigung für Brahms, denn die Inspiration und Überzeugung dieser Theologen ist ja nicht göttlichen Ursprungs.

Wenn man die Biographie von Brahms liest, drängt sich einem der Verdacht auf, daß er von seinem Freund Robert Schumann, der ein ausgesprochener Spiritist war, einiges übernommen hat. Schumann nannte ja Brahms den neuen musikalischen Messias. Beide Männer hielten viel von den kosmischen Schwingungen, die den Künstler mit Gott verbinden sollen. Das sind Vorstellungen, wie wir sie im Spiritismus und überhaupt im ganzen Bereich des Okkultismus vorfinden. Hellseher, Radiästheten, Magier, Magnetiseure reden davon, daß sie sich in die Schwingungen ihres irdischen Objektes oder des Kosmos einpendeln, einschalten würden. Dieser Vorgang ist zu einer weitverzweigten okkulten Wissenschaft geworden.

Der Verdacht auf spiritistische Vorgänge wird durch das Bekenntnis Brahms' verstärkt, daß er seine Anregungen und Inspirationen in der Halbtrance erhielt. Vielleicht ist es aufschlußreich, wenn wir die betreffenden Sätze zitieren (Seite 64): „Ich befinde mich in einer tranceähnlichen Situation, wenn ich in diesen traumähnlichen Zustand falle... in solchen Augenblicken strömen die inspirierten Ideen ein."

Es nimmt uns ferner dann nicht mehr wunder, daß Brahms in höchsten Tönen von Daniel Home spricht, der als das größte, erfolgreichste spiritistische Medium gilt. Auch hier sollen einige Sätze (Seite 73) die Aussage erhärten: „Jesus wußte, daß er kraft dieses höheren Gesetzes wirkte, und daß andere eines Tages das gleiche tun würden. Und nun ist dieses höhere Gesetz, die Überwindung der Schwerkraft, tatsächlich von einem Mann namens Daniel Home verwirklicht worden."

Bei den Berichten Abells war Brahms fasziniert. Der Spiritist Home war Levitationsmedium und hat sich einmal freischwebend 7 m hoch in die Luft erhoben. In seiner Gegenwart haben sich schwere Tische im Zimmer fortbewegt, ohne daß jemand sie berührte. Er brachte durch Fernwirkung ein Klavier zum Spielen, ließ Glocken läuten und vollbrachte viele andere telekinetische

Kunststücke. Betrug konnte nie entdeckt werden. Physiker und Mathematiker haben ihm ohne Erfolg vergeblich Tricks nachweisen wollen.

Brahms sah in den spiritistischen Phänomenen eine Erfüllung des Jesuswortes Joh. 14,12. Den Wandel Jesu auf dem See Genezareth verglich er mit den Schwebezuständen von Daniel Home. Er sah aber einen wichtigen Unterschied, wie folgende Stelle (Seite 105) zeigt: „Das Unterbewußtsein hat allmächtige Kräfte. Wer sie sich aneignen kann, kann Wunder tun wie zum Beispiel Daniel Home, der sie freilich im Gegensatz zum Nazarener nicht bewußt vollbringen kann." Die Leistungen Homes erfolgten in der Trance. Wenn Home aus der Trance erwachte, wußte er nicht, was geschehen war.

Es ist genug Beweismaterial ausgebreitet worden. Wem es nicht genügt, der kaufe sich das Buch im Schroeder-Verlag, Eschwege.

Die Inspiration von Brahms stammt aus ähnlichen Quellen wie die von Robert Schumann. Eine genuine biblische Inspiration aus dem Zentrum des Heiligen Geistes läßt sich absolut nicht nachweisen. Daran ändern auch die religiösen Partien einiger Musikstücke nichts. Mir tut das leid bei dieser gewaltigen Begabung und Leistung dieses Künstlers.

Durch das Heidentum inspiriert

Das Künstlerehepaar Schmidt gab mir wertvolle Aufschlüsse über die Inspirationsquellen der großen Komponisten. Ich zog dazu folgende Bücher zu Rate:

1. Abell, Arthur: Gespräche mit berühmten Komponisten
2. Barth, Karl: Wolfgang Amadeus Mozart
3. Debussy, Claude: Musik und Musiker
4. Flessa, Ernst: Die Händel-Chronik
5. Gerlach-Herrmann: Goethe erzählt aus seinem Leben
6. Harich-Schneider: Zärtliche Welt
7. Insel-Bücherei: Goethes schönste Briefe
8. Köhler, L.: Allgemeine Musiklehre
9. Kraus, Egon: Musik als Lebenshilfe
10. Müller-Blattau, J. M.: Johannes Brahms
11. Myers, B. L.: Musikorchester Komponisten
12. Pache, René: Inspiration und Autorität der Bibel
13. Pfennigsdorf, E.: Christus im deutschen Geistesleben
14. Rößler, Hellmuth: Deutsche Geschichte

15. Söhngen, Oskar: Theologie der Musik
16. Strube, Adolf: Deutsche Musikkunde
17. Zoff, Otto: Die großen Komponisten
18. Das zehnbändige Kittelsche Wörterbuch zum Neuen Testament

Wenn man die hier erwähnten Bücher liest, dann fällt sofort die Terminologie auf. Es wird gesprochen von den Musen und Dämonen. Engel und Schutzgeister spielen eine Rolle. Ekstase, Trance und Rauschzustände werden genannt. Die ganze Begriffswelt ist von dem Stil und Sprachgebrauch des Neuen Testamentes völlig verschieden.

Geben wir zunächst eine Kostprobe aus den beiden erwähnten Goethe-Büchern. Goethe gehört zwar nicht zu den Komponisten, schöpft aber aus den gleichen Quellen. Bei allen in diesem Kapitel gegebenen Zitaten wiederhole ich nicht die Buchtitel, sondern lediglich die oben angegebenen Ziffern. Es handelt sich also um die Ziffern 5 und 7.

5,76: „Umschwebt mich, ihr Musen, ihr Charitinnen."

7,14: „Doch was können die heiligen Götter nicht wenden, wenn's ihnen beliebt?"

5,44: „Das Dämonische ist dasjenige, was durch Verstand und Vernunft nicht aufzulösen ist. In meiner Natur liegt es nicht, aber ich bin ihm unterworfen."

5,254: „Fromm sind wir Liebende, still verehren wir alle Dämonen, wünschen uns jeglichen Gott, jegliche Göttin geneigt."

7,87: „Wirken wir fort, bis wir, vor- oder nacheinander, vom Weltgeist berufen, in den Äther zurückkehren."

Damit haben wir schon eine typische Palette heidnischer, vorchristlicher Vorstellungen: die Musen, die heiligen Götter, die Dämonen, der Weltgeist.

Nun mag man mir entgegenhalten: Die großen Geister, die Heroen eines Volkes darf man nicht mit theologisch-dogmatischen Maßstäben messen. Sie haben in ihrem Dichten und Denken eigengesetzliche Strukturen. Bei Goethe wäre das außerdem eine poetische Ausdrucksform. Gehen wir kurz darauf ein.

In der Tat liegen bei Goethe keine neutestamentlichen Ausdrucksformen vor, wenn er von Dämonen redet. Bei diesen Äußerungen steht die griechische, vorchristliche Welt Pate.

Wir müssen daher den Begriff des Dämonischen im Hellenismus in kürzester Form skizzieren. Einige Kapitel über den Begriff

Dämon liegen bereits in meinen Büchern „Demonism, Past and Present“ und „Besessenheit und Exorzismus“ vor. Was dort nicht ausgeführt ist, muß hier angeschnitten werden.

Bei Homer und dem noch älteren Hesiod bedeutet Dämon eine übermenschliche Macht. Plato bezeichnete die Dämonen als Götter oder als Söhne der Götter. Wichtig für die Beurteilung Goethes und der großen Komponisten ist die Ambivalenz, die Doppelwertigkeit des Begriffes Dämon in der frühgriechischen Epoche. Er schließt Gutes und Böses in sich. Der Dämon kann Unheil stiften, aber auch ein freundliches Schicksal bereiten. Von hier aus war es nur noch ein Schritt zu der Bedeutung einer Schutzgottheit. Die griechische Vorstellungswelt ist der große Topf, aus dem unsere Künstler ihre Ideen geholt haben. Die ganze Musikwelt lebt, von wenigen Ausnahmen abgesehen, von diesen griechisch-heidnischen Inspirationen. Frau Schmidt, deren Geschichte wir gehört haben, sagt, außer Bach hätten alle großen Komponisten den griechischen Nektar getrunken, der im klaren Gegensatz zu dem Angebot des Heiligen Geistes steht. Das Beweismaterial zu dieser Behauptung ist geradezu erdrückend.

Bringen wir zunächst einige Hinweise zur Frage der Inspiration.

Pfennigsdorf untersucht als christlicher Autor die Quellen künstlerischen Schaffens und richtet doch durch die mangelnde Unterscheidung Verwirrung an. Er schreibt (13,112): „Jeder große Künstler weiß, daß er nichts schaffen kann, wenn es ihm nicht gegeben wird. Wie wahr das ist, das wußten schon die Griechen, die alles höhere Denken und Wirken auf eine Begeisterung durch den Eros, die Musen oder Apoll zurückführten.“ Schöpfen christusorientierte Männer und die alten Griechen etwa aus den gleichen Quellen?

Diese Verwirrung des Denkens geht aber durch die meisten Bücher über die großen Komponisten. Die Aussagen über die künstlerische Inspiration erhellen die heidnischen Wurzeln.

Richard Strauss bekennt (1,25): „Wenn ich mich in inspirierter Stimmung befinde, habe ich bestimmte Zwangsvisionen unter dem Einfluß einer höheren Macht. In solchen Augenblicken spüre ich, daß ich die Quelle der unendlichen Kraft, aus der alle Dinge hervorgehen, erschließe.“

Auf dieser Ebene befinden sich nahezu alle Äußerungen der Komponisten zur Frage der Inspiration. Brahms nannte kosmische

Schwingungen als seine Inspirationsquelle (1,60 und 1,127). Er erklärt, daß er sich in solchen Augenblicken in der Halbtrance befinde. Über Toscanini heißt es (1,155): „Toscaninis Interpretationen sind Wunder, und sein unvergleichliches Gedächtnis ist eine kosmische Offenbarung. Toscanini ist Gott nahe, wenn er dirigiert." Wagner bekannte, daß er im Zustand des Halbschlafes das Vorspiel zu „Rheingold" erhalten habe (1,175). Beethoven herrschte einen Geiger, der sich der schweren Griffe wegen beklagte, an: „Glaubt er, ich denke an seine elende Geige, wenn der Geist über mich kommt und ich komponiere?" (16,224).

Der Biograph von Verdi berichtet (17,250 f.) folgendes: „Schon als kleiner Knabe konnte Verdi vor den Wundertaten eines alten Violinisten in Ekstase stehen." Ein andermal mußte ein Priester den jungen Verdi durch einen Stoß aus der Trance wecken.

Ein Beispiel für teuflische Inspiration ist Paganini. Es wird erzählt, daß er als Bettelmusikant in Spelunken aufspielte und sich kümmerlich damit durchs Leben schlug. In seiner Verzweiflung habe er sich mit seinem Blut dem Teufel verschrieben. Daraufhin machte er als Geiger Karriere. Myers berichtet (11,41): „Paganinis Spiel war so brillant, daß ein Mann schwor, gesehen zu haben, wie der Teufel den Bogen führte. Paganini erfand neue virtuose Kunstgriffe im Violinspiel und entwickelte eine ungeheure Technik." Sein Spiel wurde Hexenmeisterei genannt.

An Hexerei erinnert auch die Teufelstrillersonate. „Nach einer Legende ist dem italienischen Geiger und Komponisten Giuseppe Tartini der Teufel im Traum erschienen und spielte ihm ein virtuoses, mit schwierigen Trillern versehenes Stück auf der Violine vor. Der Musiker schrieb es nach dem Erwachen aus der Erinnerung auf und nannte es ‚Teufelstrillersonate'." So berichtete Myers (11,49). Es ist wiederum typisch, daß Brahms diese Sonate für das beste Werk Tartinis hält.

Weiteren Aufschluß über die Quellen künstlerischen Schaffens unserer großen Komponisten geben uns die vielgebrauchten Ausdrücke wie: Engel, Geister, Schutzgeister, Schutzgötter, Dämonen.

Solche Hinweise auf jenseitige Helfer sind nicht immer eindeutig. Das zeigt sich besonders bei Händel, dessen „Messias" ich sehr schätze. Einige Zitate aus der Händel-Chronik sollen das zeigen.

4,357: „Vermessen wollte ich nichts Geringeres, als Gebirge aufrichten. Nun stürzten sie über mir zusammen. Ich muß daran verzweifeln, das letzte Lichtgeheimnis der Engel in meiner Musik zu offenbaren. Das aber ist die Hölle."

4,380: „Ich habe mit dem Engel ringen müssen wie Jakob."

Aufschlußreich ist ein weiteres Zitat, in dem sich Händel auch zur Antike bekennt im Gegensatz zur Bibel.

4,384: „Ehe ich wieder zu den strengen, hohen Bibelstoffen zurückkehre, habe ich mich ins helle Griechenland begeben... Ein liebliches Menschenkind entbrennt in tragischer Liebe zu Jupiter, ihrem Erretter und nimmt im Übermaß ihres herrlichen Gefühls Tod und Untergang auf sich."

Die Engelvorstellung Händels verlagert sich eindeutig zu der Annahme, daß die Engel seine Schutzgeister sind.

4,392: „Mit dem Engel brauche ich nicht mehr ringen um meine Musik. Sie ist geborgen unter seiner Obhut.

4,430: „Nur, wenn heißer Flügelwind und brausender Engelatem hinter einer Musik her sind, dann taugt sie was. Gebe Gott, daß sie mich niemals verlassen."

4,433: „Unter dem Schutzgeist, der mich dabei beriet, habe ich's, so hoffe ich, mit innigem Leben erfüllen dürfen."

Diese Engelzitate aus dem Händelbuch sind nicht einfach zu deuten. Man kann sich an Hebr. 1,14 erinnern, wo Engel eine Schutzfunktion haben. Auch die katholisch volkstümlichen Vorstellungen von Heiligen und Engeln können hier hereinspielen. Zuletzt kann man an die spiritistische Annahme von Schutzgeistern, Kontrollgeistern denken, eine Vorstellung, die bei Schumann bewußt und bei Brahms unbewußt vorliegt. Bei Händel zeigt sich die Tendenz aller großen Musiker – außer Bach –, die Motive im Griechentum zu holen. Händel empfindet „das helle Griechenland" als Erholung gegenüber dem schweren biblischen Text. Wenn hier nochmals der Name Brahms auftaucht, soll das entsprechende Zitat erwähnt werden.

1,127: „Jene Heimsuchungen meiner himmlischen Schutzgöttin sind meine kostbarsten Erinnerungen."

Der Begriff des Dämonischen taucht in den Biographien der Musiker noch mehr auf als der Hinweis auf die Schutzengel.

Im Titel „Zärtliche Welt" heißt es (Seite 41), die Künstler hätten einen Zug zum Abgründigen, zum Dämonischen. Dieser Trend wird in allen ihren Biographien sichtbar. Einige Zitate sollen das zeigen.

16,234: „Was aber ein solcher vom Dämon Besessener ausspricht, davor muß ein Laie Ehrfurcht haben. Denn hier walten die Götter und streuen Samen zu künftiger Einsicht."

16,257: „Schumann schrieb nächtens ein ihm von Engeln eingegebenenes Thema auf. Und während ihn furchtbare Dämonen bedrohten, schrieb er gleichwohl Variationen über jenes Engelthema."

Bei diesem Schumannzitat werden Engel und Dämonen in einem Atemzug genannt. Da Schumann hochgradiger Spiritist war, ist die Frage, ob es Engel Gottes oder Satans waren. Bei Brahms, der von seinem Freund Schumann spiritistisch beeinflußt war, finden sich ähnliche Vorstellungen.

16,292: „Es waren einzelne Klavierstücke, teilweise dämonischer Natur... Es stehen uns noch wunderbare Blicke in die Geheimnisse der Geisterwelt bevor. Möchte ihn der höchste Genius dazu stärken."

Dieses Zitat ist verkürzt wiedergegeben. Zu beachten sind die drei Ausdrücke: dämonisch – Geisterwelt – Genius (Schutzgeist). Wir sind damit eindeutig im spiritistischen Bereich.

Ergänzen wir diese dämonische Reihe mit einem Zitat von Wagner.

17,235: „Was reden Sie von der Zukunft, wenn meine Manuskripte im Schrein verschlossen liegen! Wer soll das Kunstwerk aufführen, das ich, nur ich unter Mitwirkung glücklicher Dämonen zur Erscheinung bringen kann, daß alle Welt wisse, so ist es, so hat der Meister sein Werk geschaut und gewollt."

Die irregeleitete geistige Verfassung der großen Komponisten – wiederum sage ich außer J. S. Bach und einigen Ausnahmen – wird deutlich an ihrer Haltung Gott und Christus gegenüber. Dazu einige Hinweise.

16,251: „Wahrlich, in dem Schubert wohnt ein göttlicher Funke."

Wir stehen hier vor der Grundeinstellung der Mystiker, daß in jedem Menschen ein Stück Gottheit, ein göttlicher Funken verborgen liege, der zur Flamme angefacht werden muß. Es liegt hier der Gedanke der Höherentwicklung, der Selbsterlösung vor. Christus, der Erlöser und Mittler ist hier überflüssig. Der Mensch „wurschtelt sich aus seiner Misere in eigener Kraft heraus."

1,156: „Für Jesus von Nazareth wie für Beethoven muß es sehr leicht gewesen sein, mit der Allmacht in Verbindung zu treten.“

Hier steht also Beethoven neben Jesus. Jesus steht nur einige Sprossen höher auf der Leiter, wie Brahms einmal angedeutet hat. Nach dieser Meinung hätten also die Künstler eine unmittelbare Stellung zu Gott. Kein Wunder, daß daher die Künstler automatisch nach ihrem Tode in den Himmel versetzt werden. Diese Vorstellung finden wir auch bei dem christlichen Autor Pfennigsdorf. Es heißt in seinem Buch:

13,156: „Was werden Phidias und Raffael, Sophokles und Shakespeare, Händel und Mozart im Himmel für Werke geschaffen haben und noch immer herrlichere schaffen!“

Auch hier tritt das Griechentum mit seinem künstlerischen Schaffen in den Vordergrund. Weil Phidias klassische Statuen meißelte und Sophokles großartige Tragödien und Dramen schrieb, steht ihnen als Belohnung der Himmel offen.

Hier spricht das Heidentum und nicht die Bibel als allein vom Heiligen Geist autorisierte Quelle der Inspiration.

Wie steht es bei unseren Musikern heute? Von dem Geiger Yehudi Menuhin war in einem Artikel im „Readers Digest“ zu lesen, daß er als Vorbereitung zur Inspiration ein konstantes Jogatraining absolviere. Wenn er beim Spielen auf der Geige einen schwarzen Engel über dem Griffbrett sehe, dann spiele nicht mehr er, sondern „es spiele“.

In einer vor einigen Jahren ausgestrahlten Fernsehsendung, in der dieser Geiger mit seinem Klavierbegleiter auftrat, erklärte der Kommentator vor Beginn des Konzertes, daß Menuhin spielen würde, wenn er in der linken oberen Ecke, also über dem Griffbrett seiner Geige, einen schwarzen Engel sähe, der ihn inspiriere.

Der Dirigent Herbert von Karajan praktiziert die gleiche Vorbereitung zur Inspiration wie Menuhin. Jeden Morgen von sechs bis acht Uhr betreibt er Jogaübungen, um für seine Arbeit fit zu sein. Er wird auch Magier des Taktstockes genannt. Seine virtuose Kunst zu dirigieren, wird auch als Charisma bezeichnet. Charismata sind Gaben des Heiligen Geistes, die man nicht durch Jogaexerzitien erlangen kann.

Als letztes Beispiel dieser Art ein Bericht aus dem Blatt „Die Zeit“ vom 2. Januar 1981. Ein Zitat von Leonard Bernstein lautet: „Der Künstler kann Einfälle und Vorstellungen über ein Stück in der Trance empfangen. Der schöpferische Akt nimmt einen in die Klauen. Nichts hat mit dieser beglückenden Sensation des darin Gefangenseins etwas gemeinsam." Die Trance ist mit ihrer Passivität die Empfangsstation und Situation für das Einwirken der Geister, die im Luftgebiet, in der uns umgebenden Atmosphäre ihr Unwesen treiben (Eph. 6,12). Das Erfülltwerden, das Inspiriertwerden durch den Heiligen Geist Gottes hat eine völlig andere Charakteristik. Ich verweise auf mein Taschenbuch „Die Geistesgaben".

Wir schließen das Musikkapitel mit einigen historischen Hinweisen.

Pythagoras (geb. 497 v. Chr.), Entdecker des pythagoräischen Lehrsatzes und der Gesetzlichkeit schwingender Saiten, beobachtete eines Abends die Sterne. Der nächtliche Lärm junger Männer störte ihn dabei. Er bemerkte, daß sie, durch die Musik eines Schalmeienspielers rasend gemacht, in das Haus einer jungen Schauspielerin einzudringen versuchten. Da befahl Pythagoras dem Bläser, den Halbton zu ändern. Darauf gingen die jungen Männer beruhigt nach Hause (15,122).

Es gibt also nichts Neues unter der Sonne. Heute sind es die Rockfans, die rasend gemacht werden und im Rauschzustand zu allen Gewalttätigkeiten bereit sind.

Die geheimnisvolle Macht der Musik kannte auch Plato. In seinen Nomoi (nomos = Brauch, Sitte, Ordnung, Recht) erklärte der Philosoph, daß die sogenannten Lieder in Wahrheit Zauberlieder, Zaubersprüche für die Seele sind. Je nach den Tonarten haben sie eine verschiedene ethische Wirkung auf die Menschen. Das sind Erkenntnisse, die bis heute ihre Gültigkeit haben.

Zu den Gedanken von Pythagoras und Plato ein Zeugnis gleichen Charakters von heute. Professor Gerhard Taschner, Lehrer von Frau Schmidt, erklärte: „Musik ist Rauschgift, und wenn es nicht so ist, dann ist es keine Musik, sondern Handwerksarbeit auf dem Instrument."

Rauschzustände, Vernebelung des Denkens gehören zum Instrument Satans. In der Bibel geht es um Nüchternheit und Wachsamkeit.

1. Petr. 5,8: „Seid nüchtern und wachet!"

1. Thess. 5,6: „Lasset uns wachen und nüchtern sein!"

Luk. 21,36: „So seid nun wach allezeit und betet!"

Der kleine Rundgang durch die heidnischen Inspirationen wird hier abgeschlossen. Ein noch wichtigeres Kapitel wäre nun die Darstellung des gottgeschenkten Musizierens und Singens. Das geht über die Tendenz der ursprünglichen Veröffentlichung in einem Taschenbuch und dieses Buches hinaus. Einige Randbemerkungen sollen aber gemacht werden. Paulus mahnt die Kolosser:

„Lehret und vermahnet euch selbst mit Psalmen und Lobgesängen und geistlichen, lieblichen Liedern und singet dem Herrn in euren Herzen" (Kol. 3,16).

Das „Singen im Herzen" hat Zwingli dazu geführt, den gottesdienstlichen Gesang abzuschaffen. Dieser Vorgang beruht auf einer falschen Auslegung. In der Urgemeinde wie bei allen großen Erweckungen gibt es Charismatiker, denen der Heilige Geist ein Lied auf die Lippen legte. Das kenne ich zum Beispiel aus der indonesischen Erweckung. Die Gemeinde kann solche „pneumatischen Oden" nicht mitsingen, weil ihnen der Text unbekannt ist. Sie singen daher nur im Herzen mit. Beim Psalmensingen war das schweigende Mitsingen der Gemeinde nicht erforderlich, weil ihnen die Texte bekannt waren.

Luther hat diese seltsame Auslegung nicht mitgemacht. Er war ein fröhlicher Sänger und pflegte Gesang und Musik, sowohl in der Hausgemeinde als auch im Gottesdienst. Hören wir ein Stück seiner Vorrede zum Babstschen Gesangbuch.

15,23: „Gott hat unser Herz und Mut fröhlich gemacht durch seinen lieben Sohn, welchen er für uns gegeben hat zur Erlösung von Sünden, Tod und Teufel. Wer solches mit Ernst gläubet, der kann's nicht lassen, er muß fröhlich und mit Lust davon singen und sagen, daß es andere auch hören und herzukommen. Wer aber nicht davon singen und sagen kann, das ist ein Zeichen, daß er's nicht gläubet."

Wenn Christen keinen Grund zum Singen und Musizieren haben, wer soll dann noch das Recht dazu haben?

Nach dem Rundgang durch die klassische Musik sind noch viele Fragen offen. Ich gebe ja mit meinen Büchern keine Rezepte für jede Situation, sondern oft nur Richtlinien, bei denen jeder selbst seine Entscheidung treffen muß. Für den folgenden Abschnitt weise ich empfehlend auf das Buch von W. Kohli hin „Rockmusik und christliche Lebenshaltung". Auf Seite 145 steht folgendes:

„Wolfgang Amadeus Mozart war Freimaurer:

Muß der Christ darum seine rein instrumentale Musik ablehnen?

Da stellt sich sofort eine zweite Frage: Stimmt Mozarts rein instrumentale Musik mit der Schöpfungsordnung überein? Bei dieser Problemstellung darf nicht vergessen werden, daß Musik nur einen Bereich der schöpferischen Tätigkeit des Menschen ausmacht. Der Automobilbauer ist schöpferisch tätig, wenn er einen neuen Wagen konstruiert. Der Architekt, der Gärtner, der Koch, der Chirurg – sie alle sind schöpferisch tätig, wenn sie in ihrem Fachgebiet etwas Neues hervorbringen. Fragen wir aber vor einer Operation – oder beim Kauf eines Autos, eines Möbelstückes, eines Kleides, eines Hauses, einer neuen Sorte Brot – ob der Mann dahinter Christ sei oder nicht? Nein, sondern wir interessieren uns zuerst einmal für die Qualität der Sache und fragen somit, ob der Gegenstand an sich mit der Schöpfungsordnung übereinstimme. Was nützt uns das Auto eines gläubigen Ingenieurs, wenn es viel schlechter läuft als der Wagen des agnostischen Planers, der die Naturgesetze der Mechanik besser anzuwenden wußte als der Christ? Als bibelgläubiger Mensch soll man nur dann die Produkte von Nichtchristen ablehnen, wenn ihre unbiblische Weltanschauung das geschaffene Werk verdirbt. Beim Anhören von Mozarts instrumentaler Musik ist kein schlechter Einfluß des freimaurerischen Denkens erkennbar. Mozarts Instrumentalwerke zerstören die Schöpfungsordnung nicht, sondern stimmen mit ihr überein und sind darum für den Christen annehmbar. Im Gegensatz dazu gehört es zur Eigenart der Rock-Musik, daß die unbiblische Lebenseinstellung vieler Rock-Komponisten auch im rein musikalischen Teil ihrer Stücke und in der Bühnenshow zum Ausdruck kommt (siehe typische Elemente der Rock-Musik, Seite 434).

Man darf also nicht in oberflächlicher Weise von der Weltanschauung eines Komponisten auf seine Werke schließen, sondern muß zuerst die Musik anhand der Schöpfungsordnung prüfen."

Hier endet der Artikel von W. Kohli, der ein ernstes Problem enthält. Kann man eine Person von ihrem Werk völlig trennen?

In vielen Fällen ja, in manchen Fällen nein. Dazu zwei Beispiele:

B 212 In Südafrika fragte Erlo Stegen einen Geschäftsmann, ob er in seinem Betrieb auch Christen beschäftige. Der Unternehmer antwortete: „Nein, nur Moslems und Inder, die arbeiten exakter und zuverlässiger."

Man mag einwenden, daß dieser Geschäftsmann selbst nicht Christ ist und darum ein Vorurteil gegen Christen hat. In manchen Fällen stimmt aber diese Aussage.

B 213 Der gläubige Besitzer eines Bungalows mußte einen Dachdecker rufen, weil durch das Flachdach Wasser eindrang. Als Christ rief er einen gläubigen Handwerker, der den Schaden nur mangelhaft beseitigen konnte. Darauf rief der Hausbesitzer einen ungläubigen Dachdecker, der den Schaden vollständig behob.

Die Moral von der Geschichte: Lieber einen ungläubigen fähigen Handwerker als einen frommen Murkser. Diese einfache Regel gilt nicht in jedem Fall. Es gibt auch gottlose Murkser und gediegene, fähige christliche Handwerker. Mit Pauschalurteilen ist niemandem gedient.

Komplizierter ist es, wenn es sich um Werke handelt, die den Geist und das Gemüt des Menschen ansprechen. Dazu gehört das musikalische Schaffen und auch die Malerei. Da der Autor W. Kohli Mozart als Beispiel nimmt, bleiben wir bei diesem Komponisten. Es ist durchaus möglich, daß man bei der Mozartschen Musik keinen freimaurerischen Einschlag feststellen kann. Ist dann aber der Geist Mozarts, seine Inspiration frei von dem Geist der Bewegung, der er angehört?

Diese Frage muß sich jeder selbst beantworten und danach seine Entscheidung treffen. Ich möchte persönlich an dieser Stelle nicht falsch verstanden werden. Ich richte keine Grenzpfähle auf. Es wird Gläubige geben, die sich weiterhin der Mozartschen Musik erfreuen und auch solche, denen es verwehrt ist.

Zur Abrundung der Klassischen Musik soll das Zeugnis von Franz Knies folgen. Es ist ein Originalbeitrag, den ich vor vielen Jahren von ihm bekam. An dieser Stelle weise ich auch sehr empfehlend auf sein Buch hin, das wieder neu aufgelegt worden ist „Beruf wurde zur Berufung" (Hänssler-Verlag, Neuhausen und Rahner, Knüllweg 4, 6420 Lauterbach)

Vom Opernsänger zum Evangeliumssänger

Einst war ich von Jesu geschieden
Und keiner so ferne wie ich;
Und ich fragte mich, gibt es wohl Frieden
Für solch einen Sünder wie mich?

Ich wanderte weiter im Dunkeln,
Das mich tiefer und tiefer umschlich;
Keinen freundlichen Stern sah ich funkeln
Für solch einen Sünder wie mich.

Und während vom Dunkeln umgeben
Die Stunde der Gnade verstrich,
Da empfand ich, in Jesu ist Leben.
Er rettet auch Sünder wie mich.

Das durft' ich im Glauben erfassen.
Wer war wohl so glücklich wie ich?
Und nun kann ihn mein Herze nicht lassen,
Der Sünder errettet wie mich.

Nun kann ich im Sonnenschein wandern;
Denn das Dunkel der Sünde entwich.
Und mit Freuden verkünde ich andern:
Er rettet auch Sünder wie mich.

Ich war noch ein kleiner Bub von zehn Jahren, als in mir schon der Gedanke Fuß faßte, Sänger zu werden. Hatte mich doch damals mein Klassenlehrer schon „Nachtigall der Sexta" genannt. Auch alle meine Verwandten wie der Freundeskreis meiner Eltern, unsere Nachbarn und meine Mitschüler freuten sich über mein Singen mit meiner hellen, so klaren Sopranstimme, die mir als Knabe eigen war.

Ich war Kind gläubiger Eltern, und meine Mutter hatte großen Kummer über meinen Wunsch, ans Theater zu gehen. Aber ich bat meine Eltern jahraus, jahrein: „Laßt doch meine Stimme ausbilden, laßt mich doch Sänger werden." Nun endlich bekam ich meinen Willen. Stimme ausbilden, ja, aber niemals ans Theater! Meine Mutter betete stets: „Herr Jesus, laß doch meinen Jungen nicht zur Bühne. Ich bitte dich, mache ihn zu einem Evangeliumssänger."

Ich studierte in München und verlebte meine Ferien zu Hause. Es waren die ersten Sommerferien. Da rief mich meine Mutter eines Morgens an ihr Bett und sprach: „Ich habe heute nacht einen Traum gehabt. Das war schon mehr eine Vision. Ich sah dich vor vielen tausend Menschen stehen und hörte dich das Lied singen:

Sieh, das ist Gottes Lamm,
Es trägt voll Huld,
Dort an dem Kreuzesstamm
Aller Welt Schuld.

Ich kannte das Lied; denn Mutter hatte das Lied mit ihrer schönen Stimme sehr oft zur Ehre Gottes gesungen. Und ich selber hatte als dreizehnjähriger Schüler damit das Herz eines meiner Lehrer erreicht.

Aber jetzt als angehender Opernsänger war ich über diese Lieder erhaben. Ich lachte: „Mein liebes Muttilein, du spinnst. Ich, solche Lieder singen? Das kommt gar nicht in Frage! Du weißt, daß ich zur Oper will. Wenn schon fromm singen, dann Bach, Händel, Schütz, Haydn usw. Aber doch nicht so etwas, das kommt nicht in Frage! Nie, niemals!“ Mutter antwortete darauf: „Und ich werde tagtäglich beten, daß Jesus dich zum Evangeliumssänger macht.“ Da wurde mir angst und ich flehte: „Mutter, tu' das nur nicht. Das hat gar keinen Zweck. Du wirst es nicht erleben. Lasse das! Du hemmst mir meine Karriere. Hörst du, du magst noch so alt werden! Es passiert nicht. Und wenn du nach deinem Tode droben noch weiter beten würdest, will ich doch zum Theater.“ Mutter betete. Ich aber ging meinen Weg und lebte mein Leben. Dabei fiel ich in Sünde und Schuld.

Bei allen meinen Irrwegen unterschätzte ich die Glaubensmacht und Gebetskraft meiner Mutter, obwohl ich manchmal Zeuge wunderbarer Gebetserhörungen war. Ein solches Erlebnis soll kurz angedeutet werden.

Es war in den dreißiger Jahren. Meine Schwester und ich befanden uns auf einer Konzerttournee durch Holland. In Arnheim oder Nymwegen war es. Ich weiß es nicht mehr genau. Meine Schwester hatte in Amsterdam zu tun gehabt und kam zurück. Gleich nach der Begrüßung sagte sie zu mir: „Du, wir fahren morgen nach Hause.“ Ich machte wohl ein sehr geistreiches Gesicht; denn sie fuhr sogleich fort, weiter zu erzählen. „Ja, stell dir vor: im selben Abteil des Zuges, mit dem ich fuhr, saß der Direktor des Theaters aus Rotterdam. Da wir allein in dem Abteil saßen, glaubte der Kerl, mir gegenüber aufdringlich werden zu können. Als er sich mir näherte, versetzte ich ihm eine Ohrfeige. Da war es aus. Solch prüde Gans könnte er in seinem Etablissement nicht gebrauchen, schrie er mich an. Ohne weiteres war der Vertrag gelöst." – „Ein Glück, daß wir dort nicht auftreten müssen", erwiderte ich. „Wollen wir den Eltern ein Telegramm schicken?" – „Nein, wir wollen sie überraschen." So fuhren wir heim. In unserer Heimatstadt angekommen, öffneten wir die Tür des Zuges und stiegen aus. Auf dem Bahnsteig, direkt vor uns, stand unsere Mutter und schaute uns strahlend an. „Du hast ja doch telegrafiert", schmollte meine Schwester. „Ich? Nein du!" – „Bestimmt nicht!" Wir sahen uns gegenseitig an, weil wir das nicht begriffen. Tatsächlich hatte keiner von uns telegrafiert. Ich umarmte mein Mütterlein, gab ihr einen Kuß und fragte sie: „Muttilein, wie kommst du denn hierher? Wen willst du abholen?" – „Euch", war ihre kurze Antwort. „Das ist ja ganz ausgeschlossen. Normalerweise wären wir doch jetzt in Rotterdam. Woher wußtest du, daß wir kommen?" – „Ach Kinder", sagte Mutter mit Tränen in den Augen, „ich konnte es nicht mehr ertragen. Ich habe euch da herausgebetet. Und dann bin ich eben hierher gegangen, um euch abzuholen." – „Das ist ja Spökenkiekerei", so meinte ich in meiner Unkenntnis. Ich war ja damals noch blind für das wunderbare Wirken Gottes, sonst wäre mir die göttliche Führung meiner Mutter nicht so absonderlich vorgekommen.

Nach Kriegsbeginn wurde ich eingezogen und kam an die Ostfront. Beim Zusammenbruch wurden wir eingeschlossen, und ich flehte zu Gott um Rettung. Meine Mutter hatte mir ja eine Bibel mitgegeben, in der ich täglich las. Auch meine Andacht und das Gebet hatte ich nie versäumt. Allerdings machte ich große Abstriche am Wort Gottes. Vor allem das Alte Testament lag mir nicht. Ich war zu sehr politisch beeinflußt. Meine Haltung stand in folgender Spannung. Ich war viel zu nationalsozialistisch, um ein guter Christ zu sein, und war viel zu christlich, um ein guter Nationalsozialist zu sein. Aus diesem Grunde sah ich das Alte Testament nie an. Als wir nun eingeschlossen waren, flehte ich: „Herr Jesus, gib du mir eine klare Antwort. Komme ich nach Hause? Gib mir einmal in meinem Leben eine Antwort, wie du meine Mutter oft buchstäblich erhört hast." Wie ich so im Gebet vor dem Herrn stand, hieß es plötzlich in mir: Jeremia 39, Vers 17 und 18. Du liebe Zeit, wie kam ich bloß an den Jeremia? Was sollte ich mit dem alten Judenpropheten anfangen? Der ging mich doch nichts an. „Herr, komme ich nach Hause, gib mir eine Antwort!" Ich wurde Jeremia 39,17–18 nicht los. Und endlich suchte ich diese Stelle im Alten Testament. Ich wußte absolut nicht, was da stand, und wo das zu finden war. Ich kannte ja nicht einmal die Reihenfolge der alttestamentlichen Bücher. Endlich fand ich diese Stelle und schlug sie auf. Zu meiner Überraschung las ich folgenden Text: „Aber dich will ich erretten zur selben Zeit, spricht der Herr, und sollst den Leuten nicht zuteil werden, vor welchen du dich fürchtest. Denn ich will dir davonhelfen, daß du nicht durchs Schwert fallest, sondern sollst dein Leben wie eine Beute davonbringen, darum, daß du mir vertraut hast, spricht der Herr."

Ich las diese Stelle mehrmals hintereinander. Das war doch eine klare Antwort, wie ich sie mir erbetet hatte. Ich konnte das gar nicht fassen, daß Gott so deutlich geantwortet haben sollte. Allmählich wurde ich über diesem Wort zuversichtlich und nahm diese Verheißung für mich in Anspruch. Ich fiel nun ins andere Extrem und wurde geistlich übermütig. Jeden Durchbruchsversuch machte ich verwegen mit. Durch diese Gebetserhörung wurde mir das Alte Testament neu erschlossen. Es fielen mir Psalmworte ein, die mir ja ohnehin vom künstlerischen Standpunkt aus geläufig waren. So betete ich beim letzten Durchbruchsversuch, den ich mitmachte: „Ob tausend fallen zu deiner Seite und zehntausend zu deiner Rechten, so wird es doch dich nicht treffen." Ich komme heim, so stand es in mir fest, und ich schloß das Gebet mit dem Satz: „Ich danke dir Gott." Bei dem Wort „danke" – peng – da hatte ich einen Oberarmdurchschuß auf der linken Seite weg. Zu allem Übel war es ein Explosivgeschoß, das mir den ganzen Oberarm aufriß. Jeder Arzt sagte mir später: „Das ist ein Wunderschuß." In diesem Augenblick verlor ich den Glauben an die Verheißung. Ich schrie über das Schlachtfeld: „Gott – also doch nicht!" Bei uns Landsern hieß es: „Verwundet in die Hände der Russen bedeutet, mit einem Genickschuß aus dem Leben." Das Blut strömte. Ich wurde schwach und schwächer. In meiner großen Angst betete ich: „Herr Jesus, vergib, dein Wille geschehe! Und wenn du die obere Heimat gemeint hast, dann nimm mich doch in Gnaden auf." Und dann sackte ich zusammen und wurde bewußtlos. Ich erwachte, als ein Russe mir die Stiefel von den Beinen riß. Er hatte mich gänzlich ausgeraubt. Als er sah, daß ich noch lebte, forderte er mich auf: „Iddi siuda! Komm mit!" Ich antwortete auf russisch, ich wäre zu schwach. Von meinen russischen Kriegsgefangenen hatte ich soviel Russisch gelernt, daß ich mich verständigen konnte. Im Umgang mit diesen russischen Gefangenen hatte ich schon 1943 russisch sprechen und singen gelernt. Sie sagten mir damals: „Herr Soldat, Deutschland kann nicht den Krieg gewinnen. Und wenn Sie in Gefangenschaft kommen, wir Sorge haben, daß Sie seien zu sensibel, Sie überleben das nicht. Aber wenn Sie gefangen werden, dann singen Sie, singen Sie, singen Sie!"

Nun war diese Situation eingetreten. Ich stand vor dem russischen Kommissar und wurde verhört. „Was ist der Beruf?" wurde ich gefragt. „Opera bewjez, Opernsänger." – „Künstler an der Front gibt es ja nicht. Goebbels sagte: ‚Kein deutscher Künstler hat es nötig, an der Front zu kämpfen.'" Da war es mir plötzlich, als wenn ich jenen russischen Gefangenen neben mir hörte: „Singen Sie, singen Sie!" Ich sang sofort ein kleines russisches Lied von Rubinstein. Es ist eine Nachdichtung von Goethes „Wanderers Nachtlied". Die Russen hörten sprachlos zu. Sie konnten es nicht fassen, daß ein ganz gewöhnlicher deutscher Landser ihnen ein Lied in ihrer Sprache sang. „Karascho! Gut! Aber keine Oper." Glücklicherweise konnte ich auf russisch eine Opernarie singen. Ich sang sie sofort. Die Russen klatschten in die Hände: „Otlischna! Ausgezeichnet! Wir glauben es. Du sein guter Artist!" Von diesem Augenblick an wurde ich mit Glacéhandschuhen angefaßt. Ich wurde dann in meiner ganzen russischen Gefangenschaft wie ein rohes Ei behandelt.

Ich sah wohl das Elend, das um mich herum geschah. Ich kann den Russen wahrhaftig nicht das Zeugnis ausstellen, daß die Gefangenen gut behandelt wurden. Aber Gott war mir gnädig. „Welchem ich gnädig bin, dem bin ich gnädig", spricht der Herr. Ich konnte es nicht fassen und hatte es absolut nicht verdient. Wie oft bin ich ihm aus der Schule gelaufen! Aber die Gebete meiner Mutter ließen mich nicht los und standen stets dahinter. Durch meine Verwundung kam ich mit dem ersten Transport, der von Sibirien nach Deutschland ging, nach Hause. Ich war schon am 18. September 1945 in Wilhelmshaven bei meinen Eltern. Fast dreiviertel Stunden schritt ich durch Trümmerfelder und fand mein Elternhaus unversehrt vor.

Am nächsten Tag ging ich zur Behörde, um mich anzumelden. Ich fuhr mit dem Fahrrad und stürzte unterwegs auf dem Fahrdamm. Lang ausgestreckt lag ich auf der Straße. In diesem Augenblick rollte ein schwer beladener Lastwagen mit zwei Anhängern an meinem Kopf vorbei. Der Abstand war höchstens 15 Zentimeter. Die Leute hatten aufgeschrien. Ich kam kreidebleich nach Hause. Mutter fragte bestürzt: „Was ist bloß mit dir?" — „Mutter, ich soll wohl noch leben. Es ging eben hart am Tode vorbei." Sie antwortete: „Der Herr weiß, warum." An mir ging diese Lektion noch ohne ernste Besinnung vorbei. Ich gab wieder Konzerte und sang in Hamburg, München, Frankfurt, Bremen usw. weltliche Lieder. In Wilhelmshaven gab ich Hochschulkonzerte und Hauskonzerte. Eines Tages fragte mich ein Professor: „Erzählen Sie doch einmal, wie ist es gekommen, daß Sie so früh aus russischer Gefangenschaft zurückkamen?" Da mußte ich zum ersten Mal vor einer größeren Menschenmenge bekennen. Ich erzählte, was Gott an mir getan hatte. Der Professor erwiderte: „Dann haben Sie aber auch noch eine Aufgabe." Und diese Aufgabe wurde mir in einer Evangelisation klar. Ich wurde aufgefordert, dort zu singen. Schließlich war ich Kind gläubiger Eltern. Aber, wenn wir auch Kinder von Gotteskindern sind, Gott hat keine Enkelkinder. Wir müssen selber von neuem geboren werden. Das wurde mir deutlich. Und als ich das Lied gesungen hatte „Ich bin durch die Welt gegangen", da sprach Gott zu mir: „Was hinkst du noch auf beiden Seiten?" Ich tat Buße und bekannte meine Sünden. Von Stund an weihte ich mein Leben und meine Stimme dem Herrn Jesus. Jetzt reiste ich als Evangeliumssänger und kam mit dem Rundfunkevangelisten Anton Schulte zusammen. Ich sang im Rundfunk. Und eine der ersten Sendungen hörte ich zu Hause am 78. Geburtstag meiner Mutter. Das heißt, am Vorabend saß ich mit meiner Mutter Hand in Hand am Radio und hörte den Sender Monte Carlo. Da kam die Stimme durch den Äther: „Jetzt hören Sie den Evangeliumssänger Franz Knies." Können Sie sich das Gesicht meiner Mutter vorstellen? Über ein Vierteljahrhundert hat die Mutter tagtäglich gebetet: „Herr Jesus, mache meinen Jungen zu einem Evangeliumssänger." Und jetzt endlich war es soweit. Mein und unser Erstaunen ging noch weiter. Es waren beim Sender etwa zehn Beiträge eingesandt. Und als erstes kam mein Lied „Sieh, das ist Gottes Lamm". Es war das Lied, das meine Mutter schon vor über 25 Jahren im Traum und in der Vision gesehen und gehört hatte. Das alles war keine abgemachte Sache. Meine Mutter faltete die Hände und schloß die Augen. Tränen rannen ihr über die Wangen. Ihre Lippen bebten, und dann, unter verhaltenem Schluchzen, hob sie die Lider. Ihre Augen begannen zu leuchten, als sie mich anschaute. Mit beiden Händen ergriff sie meine Rechte und flüsterte: „Der Nazarener und ich haben gesiegt." Beglückt und beschämt sah ich sie an. Ich gedachte verlorener Jahre. Dennoch, Gott hat alles wohl gemacht. Über ein Vierteljahrhundert hatte Mutter darum gebetet. Nun war ihr Erhörung zuteil geworden. Buchstäblich hat sie die Erfüllung ihres Traumgesichtes erlebt. Nicht nur, daß Tausende durch den Rundfunk dieses Lied hörten, sondern auch, daß ich es vor Tausenden auf einer Freilichtbühne in Wuppertal sang. Außerdem durfte ich es in vielen anderen Veranstaltungen bringen. Weiterhin erklingen ebensoviele Schallplatten in Häusern hin und her, sowohl dieses als auch andere Lieder zur Freude der Kinder Gottes und zum Rufen und Mahnen von Menschen, die noch ferne sind von Jesus.

Franz Knies

Rockmusik

Wir wenden uns nun der anderen Musik zu, bei der uns die Flammen der Hölle entgegenschlagen. Es sei das Stichwort „Rockmusik" genannt, obwohl es andere Musikformen gibt, die den gleichen Charakter haben. Es gibt gute wegweisende Veröffentlichungen zu diesem Thema. Einige werden erwähnt:

„Satans Kult mit Rockmusik", im Oktoberheft 1983 der „Diagnosen"

„Jesus-Bewegung und moderne Musik". O. Markmann im L. Keip Verlag Berlin

„Rockmusik und christliche Lebenshaltung". W. Kohli im Haus der Bibel Zürich

„Die Rolling Stones". Flugblatt von W. Weiler, Bielefeld

Warum wurde von den Flammen der Hölle geschrieben? Otto Markmann gibt einen drastischen Hinweis in dem erwähnten Buch Seite 16. Er schreibt: „Die moderne Musik – Rock, Pop, Beat, Jazz-Musik – ist eng mit der neuen Bewegung (religiöser Schwarmgeisterei) verbunden. Die böse Wirkung dieser Musik zeigt sich z. B. auch daran, daß es Beat-Bands gibt, die mit schwarzen Messen, musikalischen Teufelsbeschwörungen, dämonischen Phantasien und mittelalterlichen Hexenritualen ihr Geschäft machen. Solche Musikgruppen nennen sich z. B. ‚Schwarzer Sabbath', ‚Schwarze Witwe', ‚Luzifer im Untergrund' usw."

„Der Tagesspiegel" Nr. 7787 vom April 1971 berichtete: „‚Black

Widow‘ (Schwarze Witwe) spielte unlängst für das Fernsehen eine schwarze Messe mit Teufelsbeschwörung und Menschenopfer. Vom zweifelhaften Gag (witziger Einfall) bis zur brutalen Realität ist nur ein kleiner Schritt. Als die ‚Rolling Stones‘ in Altamont ihren Song ‚Sympathy for the Devil‘ (Sympathie für den Teufel) zelebrierten, ermordeten Angehörige der ‚Hell's Angels‘ (Höllenengel) einen jungen Schwarzen (M. Hunter) direkt vor der Bühne.“

Die Berliner Zeitung „Der Abend“ vom 30. 11. 61 berichtet unter der Überschrift „Kleinholz im Pariser Sportpalast“ folgendes: „3500 Rock 'n' Roll Fanatiker zerschlugen in einer Massenhysterie 2000 Zuschauersessel und richteten einen Sachschaden von über DM 20000 an. Die wild gewordenen Jugendlichen zerschlugen alle erreichbaren Fensterscheiben. Sie öffneten die Feuerlöschhydranten und bespritzten die noch sitzengebliebenen Zuschauer. Zuletzt rissen sie sich gegenseitig die Kleider vom Leibe. Die rasch herbeigerufene Polizeiverstärkung verhütete noch Schlimmeres.“

Eine solche Musik ist auf höchste sexuelle Erregung, Ekstase und Besessenheit, überhaupt auf jegliche Enthemmung aller Triebe gerichtet.

Wo kommt dieser Musikstil her, der die Welt, vorwiegend die Jugend, überschwemmt und mitreißt? Die Antwort auf diese Frage erhielt ich bei meinen Missionsreisen in Afrika und in Südamerika. Bei den heidnischen Kult- und Opferfesten tanzen sich die Heiden in die Raserei hinein. Normal enden dann diese von entsprechender Musik begleiteten Tänze in sexuellen Orgien. Diese als Sklaven nach Südamerika verschleppten Neger haben dorthin ihr heidnisches Brauchtum mitgebracht. Ich war oft in Südamerika und staunte, daß in Rio und noch mehr in Santos die Tänzer ohne Nahrung und Schlaf drei Tage lang durchtanzen können. Ihre körperliche Kraft würde gar nicht ausreichen. Das sind mediale, okkulte, dämonische Tänze, begleitet von einer extrem lauten aufpeitschenden Musik.

Ich bin schon oft gefragt worden, was ich vom Rock halte und vor allem, ob ich meine, daß man diese Musik auch zur Evangeliumsverkündigung verwenden könne. Eine Antwort gebe ich hier schon: „Mir ist diese Musik ein Brechmittel. Ich fliehe, wenn ich aus Versehen sie einmal zu hören bekomme.“ Es gibt eine Musik, die nach oben zieht, denken wir an die von Johann

Sebastian Bach. Es gibt auch Musik, die alles Gute zerstört und nach unten zieht, weil sie da herkommt. Es gibt Musik unter göttlicher und unter dämonischer Inspiration.

Ich möchte einmal einen Fachmann in dieser umstrittenen Frage zu Wort kommen lassen.

Im Herbst 1971 wurden in den Staaten Massachusetts, Maine und New Hampshire, USA, Vortragswochen durchgeführt. Die Redner wurden ausgewechselt. Begehrte Sprecher standen auf dem Podium. Jack Wyrtzen, unter dessen Kanzel sich manchmal fünftausend Menschen drängten, war unter ihnen. Meine eigenen Vorträge in dreiundzwanzig Kirchen wurden diesen Verkündigungswochen vorausgeschickt oder angehängt.

Bei diesem Dienst kreuzte Bob Larsen meinen Weg. Er war auch einer der Redner, wahrscheinlich der Jüngste von allen und zugleich einer der Begehrtesten. Verfolgen wir seinen Weg:

B 214 Bob machte seine Karriere vom Rockmusiker zum Evangelisten. Er ist der Fachmann, der über Rockmusik sprechen kann.

Mit dreizehn Jahren hatte Bob schon seine eigene Kapelle. Er wurde zu einem jugendlichen Star der Rockmusiker. Die Radiostationen, die Rockmusik senden, luden ihn laufend ein. Gunst und Geld flossen dem gefeierten jungen Musiker zu.

Da gab es einen plötzlichen Stop. An einem musikfreien Abend, die ohnehin sehr selten waren, wußte der junge Mann nichts mit seiner Zeit anzufangen.

Eine wehmütige Stimmung, eine Art moralischer Katzenjammer kam über ihn. In dieser Einsamkeit zog es den Unbefriedigten in eine kleine Kirche.

Ein Psychologe würde sagen: typische Pubertätsstimmung, die fast jeder einmal durchmacht.

Es war mehr. Bob hat gläubige Eltern, die viel für den „verlorenen“ Sohn beteten.

Während des Gottesdienstes griff der Heilige Geist nach diesem jungen Menschen. Der ganze Jammer seines jungen Lebens stand ihm vor Augen. Schuld, Sünde, Unfrieden bedrängten ihn.

In dieser Stunde übergab er sein Leben Jesus. Er traf radikale Entscheidungen. Seine Kapelle löste er auf. Das Instrument seiner Erfolge, die elektrische Gitarre, bekam einen Ruheplatz. Er mochte dieses Instrument nicht einmal zu geistlichen Liedern verwenden. Es kam ihm stilwidrig vor. Er wollte zunächst einmal Abstand gewinnen.

Bob fragte im Gebet den Herrn: „Was soll ich nun tun?“ Sein Weg wurde klar. Die nächste Station war ein Bibelstudium. Damit kristallisierte sich sein nächster Auftrag heraus. Er wurde Zeuge Jesu, Verkündiger des Evangeliums.

Da er von der Rockmusik her den Weg zu Jesus gefunden hatte, spürte er einen Auftrag an den jugendlichen Rock-Fans. Die Radiostationen standen ihm immer noch offen, und er nutzte die offenen Türen. Über das ganze Land hinweg sprach Bob Larsen an allen Stationen über seine Wende von der Rockmusik zu Jesus.

Er machte dabei eine hochinteressante Entdeckung, die geradezu ein Symptom unserer Zeit ist.

Sprach Bob Larsen in Kirchen, da wurde er angegriffen. Man sagte ihm: „Du übertreibst. Man kann Rockmusik auch für das Evangelium einsetzen.“

Bob Larsen erklärte: „Nein, diese Musik hat einen Geist, der aus trüben und dunklen Quellen kommt. Sie läßt sich nicht reinigen und für den Heiligen Geist verwerten.“

Sprach Bob Larsen zu den Rock-Fans, dann fand er Zustimmung. Sie sagten ihm: „Du bist auf der richtigen Linie. Fahre so fort. Wir alle spüren etwas von der Dämonie dieser Musik.“

Um welche Entdeckung geht es hier? Wo die Wahrheit sein sollte, wird sie abgelehnt. Wo sie nicht erwartet wird, nimmt man sie an.

Das heißt nichts Geringeres, als daß ein Rock-Fan dem Reiche Gottes näher ist als mancher Kirchenältester. Das ist in Abwandlung die Wahrheit des Jesuswortes: „Die Zöllner und Huren kommen eher ins Reich Gottes als die heuchlerischen Pharisäer.“

So hat ein ehemaliger Rock-Musiker ein Zeugnis aufgerichtet für die verlorenen Söhne und Töchter. Keiner ist für Jesus zu schlecht. Für keinen ist es zu spät. Jesu Erbarmen gilt allen, die nach ihm fragen.

Bei der Materialsammlung für meine Bücher habe ich es sehr oft erlebt, daß mir zur rechten Zeit die genau passende Information in die Hände gespielt wurde. So erlebte ich es auch bei der Niederschrift dieses Kapitels. Ein mir unbekannter Bruder aus Kalifornien gab mir in einem Brief ausgezeichnete Informationen über die Rockmusik und bat mich, seine Beobachtungen schriftlich zu verwerten. Die wichtigsten Partien des Briefes werden hier wiedergegeben.

B 215 Die Bibel sagt uns, daß in den letzten Tagen Menschen den verführerischen Geistern und Lehren der Dämonen anhangen werden. Viele Rockmusiker haben zugestimmt, als Sprachrohr der Dämonen gebraucht zu werden.

In der volkstümlichen Musik ist der satanische Einfluß sehr groß. Geisterfüllte, christliche Lehrer sollten auf die Texte der Rockmusiker achten. Das sind keine harmlosen Liebeslieder. Sie haben raffinierte Verdrehungen und Tarnungen, die den Hörer in die Irre führen. Diese Musik hat eine ganze Generation von Teenagern zur Rauschgiftsucht und zu Sexmißbrauch verführt.

1. Man muß nur einmal auf den Wortlaut der Lieder achten, um deren Charakter zu erkennen. Ich gebe nur Überschriften solcher Hits:

   Wir fallen in einen Ring von Feuer
   Wir machen einen Pakt mit dem Teufel
   Menschen mit lachendem Gesicht verbergen das Böse, das in ihnen wohnt
   1968 verlor ich meine Seele
   Rufe mich an, und ich werde da sein und deinen Wunsch erfüllen
   Wir praktizieren Zauberei und verkaufen unsere Seele
   Jesus wird uns quälen, wenn seine Zeit da ist
   Die Beatles sind volkstümlicher als Jesus
   Die Christenheit wird im Dunkeln enden
   Wir arbeiten für eine Welt, in der es keine Religion gibt
   Die schwarze Schlange lebt in der dunklen Höhle
   Wir sind unsere eigenen Retter
   Hexen im Wald
   Wir kommen von unten
   Der Himmel ist ein Ort, wo niemand hingehen will
   Die Kinder treiben sich nachts herum, während ihre Eltern schlafen.

   Das sind Titel und Themen von Rocksongs, deren Charakter offenkundig ist. Die Inspiration, die dahintersteht, bedarf keiner Erläuterung.

2. Eine weitere Eigenart der Rockmusik ist der Gebrauch von Kodewörtern, die den Nichteingeweihten unverständlich sind.

Ein solches tausendfach wiederholtes Kodewort ist Regen. In ihren Liedern fürchten sie ihn. Sie haben Angst, darin zu ertrinken. Sie wollen ihn stoppen. Nur die Rockmusiker verstehen, was damit gemeint ist.

Ein anderer Kodeschlüssel ist der Ausdruck Regenbogen. Sie singen: Wer aushält bis ans Ende, erlebt den Regenbogen. Sie singen nicht nur darüber, die Hippies malen auf Tausenden von Anklebeplakaten den Regenbogen oder gestalten alle ihre Malereien mit den Regenbogenfarben. Einige große Kommunen von Rauschgiftsüchtigen und Satanisten nennen sich „Regenbogen-Familie". Ja, auch eine kommunistische Kommune in Wisconsin nennt sich „Regenbogen-Stamm".

Hinter diesen Kodewörtern steckt eine Rock-Philosophie. Sie singen auch über die Sonne. Sie rufen: Hüte dich vor ihr. Sie brennt dir die Augen aus. Sie deckt dein Wesen auf.

3. Eine dritte Charakteristik der Rockmusik ist die Kenntnis biblischer Tatsachen und deren Anerkennung oder Verdrehung ins Gegenteil.

So singen sie über die große Kluft, den Ozean, den Cañon zwischen Himmel und Hölle. (Luk. 16,25) Viele ihrer Lieder sprechen von der Hoffnung, einmal die große Kluft zu überbrücken.

Manche Lieder sprechen auch von der Furcht, einmal in die Qual der Hölle zu kommen und dort zu brennen (Mt. 13,40), wenn der „Regen" nicht stoppt.

Dem Vater der Lüge folgen sie, wenn sie in ihren Hits die Göttlichkeit Jesu leugnen. Sie fragen: Jesus Christus, Superstar, bist du wirklich der, für den sie dich ausgeben? Das Ergebnis dieser schweren Attacke ist die Zerstörung des Glaubens in Millionen von jungen Menschen.

Bob Dylan, der als Rockmusiker viele Millionen verdient hat, schrieb ein Buch mit dem Titel „Trantula". Darin wird die Vernichtung der Hölle beschrieben (Offb. 20,10). Der Autor macht seine Aussagen in der Ichform als Satan selbst. Auch in diesem Buch tauchen wieder die vielen Kodewörter der Rocksongs auf: Regen, Sonne, Berge usw.

Die Dämonen bringen ihren Vertretern viel Geld ein (Apg. 16,16). Milliarden sind bei diesem Geschäft verdient worden – ein Milliardengeschäft, um Menschenseelen zu vernichten. Soweit der Brief, der mir Dinge berichtete, die ich im Detail nicht kannte. Ich danke an dieser Stelle dem Bruder in Kalifornien.

Inzwischen hat die Rockmusik ihren Kulminationspunkt überschritten. Der Teufel legt ja stets neue Platten auf, um immer im Geschäft zu bleiben.

Die „Popfestivals" haben die Rocker teilweise in den Hintergrund gedrängt. So berichtete eine englische Zeitung, daß in England ein Popfestival rund 270000 junge Menschen angezogen hätte. Die Polizei wurde mit dem Andrang und den Ausschreitungen nicht mehr fertig. Etwas ruhiger ging es in Ludwigsburg zu. Ich gebe den Bericht der RNZ vom 16. 8. 75 wieder:

B 216 25000 Popmusik-Fans kamen. Das große Open-Air-Festival lief relativ ruhig ab. 160 Ordner waren aufgeboten. Ohne Gewalt und Exzesse ging am Wochenende das Ludwigsburger Open-Air-Festival über die Bühne. 25000 jugendliche Popmusik-Fans waren aus allen Teilen der Bundesrepublik in die Barockstadt gekommen. Der Ansturm der Jugendlichen war von der Stadtverwaltung „mit gemischten Gefühlen" erwartet worden. Erfahrungen mit ähnlichen Spektakeln rechtfertigten die Skepsis. Schlägerei zwischen Ordnern und Zuschauern, Drogen- und Alkoholorgien – das alles ließ schon manches Festival im Fiasko enden. Die Konzertagentur hat Ordner aufgeboten, die von den Ludwigsburger Behörden polizeilich überprüft wurden. „Rocker wurden nicht akzeptiert", erklärte ein Stadtsprecher.

Welche Ergebnisse der „ruhige" Ablauf der Veranstaltung zeitigte, berichtet die gleiche Zeitung: 174 Personen mußte geholfen werden, weil sie zuviel Alkohol oder Drogen zu sich genommen hatten. 13 Jugendliche mußten ins Krankenhaus eingeliefert werden. 25 Festival-Besucher wurden vorläufig festgenommen, weil sie sich gegen das Betäubungsmittelgesetz vergingen.

Wie muß bei anderen Veranstaltungen dieser Art die Hölle los sein, wenn das ein ruhiger Verlauf ist?

Wicca

Wicca ist der Sammelbegriff für „A Union of Witchdoctors and Conjurers", eine Vereinigung für Zauberer und Beschwörer. Die zahlreichen Mitglieder besitzen drei Schallplattenkonzerne. Jede Schallplatte hat die Aufgabe, an der moralischen Zerstörung und der inneren Zerrüttung der jungen Menschen von heute mitzuwirken. Im Grunde praktizieren sie auf den Platten eine Art Teufelskult und weihen sich der Person des Teufels.

Wicca hat viele Künstler hochgebracht und populär gemacht. Die Schallplatten, die von Künstlern dieser Vereinigung herausgebracht werden, beschreiben genau den Seelenzustand, der den Teufelsanhängern entspricht und lädt die Leute ein, den Ruhm, die Ehre und das Lob des Teufels zu feiern.

Unterschwellige Signale

Die „Rolling Stones" gehören zum Beispiel einer Teufelssekte der Gegend von San Diego an. Sie verbreiten zwar nicht in allen Titeln, aber in mehreren ihrer Aufnahmen Grundsätze, die zu denen gehören, die sich dem Teufelskult geweiht haben.

Eine andere bekannte Gruppe, „Garry Funkell", produziert ebenfalls dieselbe Art von Musik. Diese Vereinigung hat sich zum Ziel gesetzt, besonders solche Schallplatten zu verbreiten, die sich an der Ideologie orientieren, die Jugend in den Satanismus zu führen.

Alle dem Teufel geweihten Schallplatten sind auf den gleichen Grundsätzen aufgebaut. Dazu gehört der Rhythmus, auch Beat genannt, der sich der Bewegung der sexuellen Beziehung entsprechend entwickelt. Man hat plötzlich das Gefühl, in Raserei geraten zu sein. Daher gibt es auch so oft daraus hervorgehende Fälle von Hysterie, da man durch den Beat den sexuellen Instinkt auf einen höheren Grad bringt.

Dazu wird eine Lautstärke bewußt sieben Dezibel oberhalb der Toleranzgrenze des Nervensystems gewählt. Das ist genau berechnet: Wenn die jungen Menschen dieser Musik eine gewisse Zeit ausgesetzt sind, entsteht eine Art von Depression, Empörung und Angriffslust. Sie wissen nicht warum, sie meinen, im Grunde nichts anderes getan zu haben, als Musik zu hören. Durch Erregung des Nervensystems ist es zu diesem Ergebnis gekommen, das heißt eine Verwirrung, die die Leute drängt, den Beat, den sie den ganzen Abend gehört haben, zu verwirklichen.

Hinzu kommen unterschwellige Signale. Es handelt sich um sehr hohe Signale oberhalb der Hörgrenze. Es ist eine Harmonie der Ordnung von 30000 Schwingungen pro Sekunde. Die Zuhörer können es mit ihren Ohren nicht vernehmen, weil es im Obertonbereich liegt. Es löst in ihrem Gehirn den Ausfluß einer Substanz aus, die dieselbe Wirkung wie Rauschgift hat. Es handelt sich um eine natürliche Droge, die vom menschlichen Gehirn erzeugt wird. Sie fühlen sich fremdartig, und das ist auch die Absicht, um in ihnen das Bedürfnis nach Rauschgift zu wecken oder die daran sich anschließenden Gefühle fortzusetzen.

Errichtung der Universalherrschaft

Solche Schallplatten haben die Merkmale einer rituellen Weihe im Rahmen einer schwarzen Messe. Bevor diese Art von Schallplatten auf den Markt gebracht wird, wird jede von ihnen innerhalb eines besonderen Ritus, den man auch „schwarze Messe" nennt, dem Teufel geweiht.

Wer sich die Mühe macht, die Texte der verschiedenen Gesänge zu entschlüsseln, wird erkennen, daß die Themen im allgemeinen immer dieselben sind: Widerstand gegen die Eltern, gegen die Gesellschaft, gegen alles, was besteht. Die Entfesselung aller sexuellen Triebe gehört zur Voraussetzung der Schaffung eines Zustandes der Anarchie, der zur Errichtung der Universalherrschaft Satans führt.

Wer kann den gefährlichen Einfluß des Bösen leugnen, der so viele Mittäter auf dem Weg der Verschwörung und des Hasses zählt. „Da geriet der Drache über das Weib in Zorn, und er ging hin, Krieg zu führen mit ihren anderen Kindern, die die Gebote Gottes halten und das Zeugnis Jesu haben." (Offb. 12,17)

Im Frühjahr 1982 wurde die amerikanische Rockgruppe Led Zeppelin von einem kalifornischen Gericht wegen Beeinflussung mit satanischen, unterschwelligen Botschaften auf der Schallplatte „Stairway to Heaven" verurteilt. Der Text in „Stairway to Heaven" der Gruppe Led Zeppelin:

„It's a feeling, I get, when I look to the west and my spirit is crying for leaving." Dieser Text heißt in der Version rückwärts abgespielt: „I have got to live for satan." – „Ich muß für Satan leben." – „Ja, zum Teufel, habe keine Angst vorm Teufel, sei kein Idiot. Ich will, daß der Herr vor dem Teufel auf die Knie fällt."

Vergewaltigung des Bewußtseins

Nachforschungen haben ergeben, daß 18 Prozent der Jugendselbstmorde und viele Gewalttaten auf den Rock 'n' Roll zurückzuführen sind. Es gibt zweifelsohne eine Verbindung von Rock und Rauschgift, wie die Beispiele der Beatles mit „Yellow submarine“ und der Rolling Stones mit „Brown Sugar“ (Kokain) zeigen. Und es besteht auch ein Zusammenhang zwischen Rock und Okkultismus, der zum Teufelskult führt; Beispiel der Beatles-Song aus dem Jahr 1968 „The Devils White Album“.

Auf dieser Platte wurden das erste Mal unterschwellige Botschaften über das Unterbewußtsein mitgeteilt, um das „Evangelium Satans“ zu übermitteln. Damit nimmt der Rock den Weg der teuflischen Perversion. Sie wird weiter gefördert durch die Rolling Stones, The Who, Black Sabbath, Led Zeppelin, Kiss (Abkürzung für Knights in Satan's Service – Knechte in Satans Dienst) und andere Gruppen.

Durch einen Prozeß der Verbraucherschutzorganisationen in Kalifornien sind diese unterschwelligen Steuerbotschaften an das Unterbewußtsein in die Öffentlichkeit gekommen. Sie können mit den äußeren Sinnen nicht wahrgenommen werden, und somit besteht überhaupt keine Verteidigungsmöglichkeit gegen diese Art von Aggression. Das Unterbewußtsein ist jedoch in der Lage, diese Botschaften zu entschlüsseln und über den Weg des Gedächtnisses das Bewußtsein zu beeinflussen.

Diese im Rock übermittelten Botschaften sind sehr verschieden: sexuelle Perversion, Revolte gegen die bestehende Ordnung, Einflüsterung des Selbstmordes, Anregung zu Gewalt und Mord und schließlich die Weihe an den Teufel. Diese Wortbotschaft wird im „Reversmaking-prozess“ übertragen, das heißt rückwärts. Sie wird dem Bewußtsein sofort verständlich – wenn man die Schallplatte rückwärts abspielt.

Ein wortloses unterschwelliges Steuersignal auf die biologisch-psychologischen Körperorgane wird durch den synkopischen Beatrhythmus übertragen, der sich wie gesagt besonders auf die Sexualität auswirkt. Ein weiteres Mittel zur Steuerung ist das mit der Musik gekoppelte Stroboskop (Blitzlichteffekt), das das Orientierungs-, Urteils- und Reflexionsvermögen beträchtlich vermindert. Besonders das moralische Urteilsvermögen wird aufgehoben und so der Eingang der unterschwelligen Wortbotschaften wesentlich erleichtert.

Der Mensch steht diesen Techniken hilflos gegenüber. Einige Beispiele: „Fire on High“ von Electric Light rückwärts gespielt: „Music is reversible, but time is not. Turn back“ (Musik ist umkehrbar, Zeit aber nicht. Kehr um!).

Die Beatles-Platte „Number Nine“ rückwärts abgespielt: „Turn me on, dead man!“ (Ein obszöner Ausdruck gegen Christus gerichtet.)

Bewußt im Dienste Satans

Um die Gedanken der Beatles zu verdeutlichen, folgen hier drei Erklärungen aus dem Jahr 1966. John Lennon: „Das Christentum wird vergehen. – Wir sind heute populärer als Jesus.“

Paul McCartney: „... keiner von uns glaubt an Gott.“

Ringo: „In jedem Fall, ob sie es glauben oder nicht, wir sind nicht der Antichrist, sondern nur Antipapst und Antichristen.“

Weitere Rückwärtstexte der Gruppe Kiss: „Vereinige dich, verschmilz! Wenn du mich liebst, schneide dich! Der Teufel selbst ist dein Gott!“

Black Sabbath: „Jesus, du bist der Abscheuliche!“ und „Nimm deine Marke und lebe!“ Es handelt sich um die auf der Plattenhülle mit einem Teufelsblitz eingeprägte Zahl 666, das Zeichen des Antichristen.

Allerdings gibt es auch genug direkte teuflische Botschaften. Ein Rockautor berichtet: „Ich habe die Hardrockgruppe ‚ACDC‘ gewählt, weil diese Abkürzung ‚Antichrist, death to Christ‘ (Antichrist, Tod für Christus) bedeutet. Und diese Gruppe singt den Ruhm der Höllenglocken: ‚Hells Bells.‘“

Die großen Rockstars haben sich alle freiwillig und bewußt in den Dienst Satans gestellt. Alice Cooper: „In einer spiritistischen Sitzung versprach mir der Geist den Ruhm und die Weltherrschaft durch die Rockmusik und Reichtum im Überfluß. Das einzige, was er von mir verlangte, war mein Körper, um ihn zu besitzen, und so bin ich weltberühmt geworden unter dem Namen, den er mir als den seinen gab, als Alice Cooper.“

Lautstärken von bis zu 120 Phon und Laserstrahlen, die in einigen Diskotheken verwendet werden und die, wenn sie ins Auge treffen, zu blinden Flecken führen, tragen zu unwiederherstellbaren Schäden bei. Gemäß einer amerikanischen Untersuchung aus dem Jahr 1981 hören 87 Prozent aller Jugendlichen 3 bis 5 Stunden täglich Rockmusik.

Seit Einführung der „Walkman“-Abspielgeräte hat sich der Durchschnitt auf 7 bis 8 Stunden täglich erhöht. 90 Prozent der weltweit verkauften Schallplatten waren Rockmusikplatten: 130 Millionen pro Jahr, nicht eingeschlossen die 100 Millionen Alben, die von der Rockmusik jährlich verkauft werden.

Die Rockmusik aber, deren Rhythmus die Sinne überreizt und die fast immer unmoralische oder selbst gotteslästerliche Texte begleitet, wird und ist sehr oft nächste Gelegenheit zur Sünde. Wer sie häufig hört, läuft Gefahr, Gott zu verlieren.

Satans Trommelfeuer

Dieses Kapitel war schon geschrieben, da erschien in „Diagnosen" vom Febr. 84 ein aufschlußreicher Artikel, der stark gekürzt hier wiedergegeben wird. Die Überschrift des Berichtes lautet: Satans Trommelfeuer.

US-General Dozier berichtete nach seiner Entführung durch Rote-Armee-Terroristen während einer ersten Pressekonferenz am 2. Februar 1982 über folgendes Erlebnis: „Während der ersten Tage zwangen mich die Terroristen dazu, eine Art Ohrstopfen zu tragen. Dann ließen sie mich über Kopfhörer Hardrock hören, jeden Tag schätzungsweise neun Stunden." General Dozier gab nicht an, man habe den Versuch unternommen, ihn einer Gehirnwäsche zu unterziehen. Nur der Einfluß, dem er durch die Musik ausgesetzt war, könnte als der einzige Versuch einer Gehirnwäsche gedeutet werden.

Seit man weiß, daß es „unterschwellige Botschaften" gibt, die man nicht bewußt wahrnehmen kann, es sei denn, man richtet die Aufmerksamkeit besonders auf sie, ist es notwendig geworden, zusätzliche Unterscheidungsmerkmale im Bereich der unbewußten Aufnahme von Botschaften zu finden. Das psychologische Potential unterschwelliger Texte, das gewaltige Medium Musik, die Vielfalt der im Text verarbeiteten Themen, das Auftreten von Superstars und die Skrupellosigkeit der profithungrigen Industriellen sind die Faktoren, die zu dem geistigen Erdrutsch führen.

Durch die gewaltige Schallplatten- und Medienmaschinerie wurden Wünsche nach Anarchie, Sex, Gewalt und Tod in die Gedanken der heranwachsenden Käufer eingepflanzt, genährt, gepflegt und beherrscht. Was heute sichtbar wird, ist eine voll ausgereifte Ernte. Die Weitergabe unterschwelliger Botschaften von Superstars an Konsumenten ist die Erklärung dafür...

Kinder und Heranwachsende übernehmen und verwirklichen immer mehr Homo-, Bi- und Gruppensexualität, Sado- und Masochismus, Sex mit Tieren, Sex mit Toten, Sex und Gewalt, Vergewaltigungen, Brutalität und Tod.

Kinder und Heranwachsende akzeptieren und praktizieren immer mehr Satansanbetung, Hexerei, Zauberkulte, Zauberformeln, phantastische kultische Handlungen, Astrologie und unterwerfen sich Satanspriestern, Hexen und Wahrsagern.

Und letztendlich akzeptieren Kinder und Jugendliche immer mehr den Nihilismus, Gotteslästerungen, Terrorismus, Revolten, Pluralismus, Drogenmißbrauch, Gewalt sogar mit Todesfolgen.

Rockmusik und Kirche

Bob Larsen, dessen Bekehrungsgeschichte in diesem Buch schon erzählt worden ist, zeigt in seinem Buch „Rock and the Church" die Unvereinbarkeit von Rock und Gospelmusik im kirchlichen Dienst. Wer den Fesseln der Rockmusik entkommen ist, muß seiner Meinung nach sämtliche in seinem Besitz befindlichen Platten zerbrechen und die Kassetten zerstören.

Es wird hier dem Verleger der „Diagnosen" in Leonberg, Untere Burghalde 51, herzlich für die Abdruckgenehmigung gedankt.

An der letzten Aussage „Rock und Gospelmusik" muß ich anknüpfen und zwei eigene Erfahrungen berichten.

B 217 In einer badischen Gemeinde war eine Evangelisation angesagt. Der Gemeindepfarrer wollte die Abende zugkräftig gestalten und rief eine Musikband, die Evangelisationslieder spielen sollte. Ich besuchte gleich den ersten Abend. Fünf Minuten hörte ich mir den Superlärm an. Moderne, unverständliche Texte, elektronisch verstärkt. Jungen, die mit den Füßen den Takt klopften. Mädchen, die mit wippender Hüfte vor dem Altar standen. Mich hat das so angewidert, daß ich aufstand und den Gottesdienst verließ. Zwei andere Besucher taten das gleiche. Ich rief am nächsten Morgen den Gemeindepfarrer an und sprach mit ihm. Er gab meine Bedenken an den Leiter der Band – ebenfalls ein Pfarrer – weiter, der dann die Verstärkung etwas zurücknahm, Stil der Musik ging aber weiter.

B 218 Der gleiche Vorgang hat sich in einer anderen Gemeinde wiederholt. Mein Berichterstatter ist ein gläubiger Kirchengemeinderat, der noch zu der jüngeren Generation gehört. Uns Älteren kann man ja nachsagen, daß wir verkalkt sind. Dieser gläubige Bruder hörte sich den greulichen Lärm und die discoartigen Melodien an, daß er empört seinem Gemeindepfarrer sagte: „Wenn Sie so weitermachen, ziehe ich mich aus der kirchlichen Arbeit zurück." Der Gemeindepfarrer versprach, diese Gruppe nicht mehr zu holen. Der Kirchenälteste erzählte mir: „Die älteren Leute der Gemeinde hatten einen Abscheu vor diesem Lärm, der Jugend hat es aber Spaß gemacht, so daß sie von der ganzen Gegend zusammenkam."

Für was halten wir Evangelisationen? Um das Evangelium zu verkündigen und Menschen für Jesus zu gewinnen oder nur die Jugend mit Discolärm anzulocken?

Eine Musik, deren Geist aus dem Abgrund geboren ist, kann nicht für den Dienst am Evangelium eingesetzt werden.

Damit schließen wir das Kapitel „Musik unter der Lupe" ab. Genausogut hätten wir im Blick auf die Rockmusik sagen können „Musik aus dem Abgrund". Warum so radikal? Die Texte handeln von Terror, Sex, Rauschgift und von Luzifer. Die Musik ist ein nervenzertrümmerndes Getöse. Dieser Musikstil ist das raffinierteste Seelen-Fang-Netz Satans, um vor allem junge Menschen in den Abgrund zu reißen.

Neuapostolische Kirche

Kurt Hutten widmete dieser Kirche in seinem Buch „Seher, Grübler, Enthusiasten" 60 Seiten. Diese schnell wachsende Kirche erhielt in Baden-Württemberg und in Rheinland-Pfalz Körperschaftsrechte. Die Geschichte der Kirche ist durch viel Streitereien und Abspaltungen gekennzeichnet, die im Rahmen dieses Kapitels nicht dargestellt werden können. Hutten hat sich in einer gewaltigen Sisyphusarbeit diese Mühe gemacht.

Hier werden nur die vier letzten Stammapostel genannt und die Lehre untersucht. Entstanden ist die Neuapostolische Kirche durch den Bruch mit der katholisch-apostolischen Vergangenheit 1897, als Stammapostel Krebs, der als gewalttätig geschildert wird, sich an die Führungsspitze hochgearbeitet hatte. Krebs verstand es, dem Stammapostelamt eine Mittlerstellung zwischen den Gemeinden und Gott zu erkämpfen. Zuletzt genoß Krebs eine abgöttische Verehrung, und bei seinem Tode wurde er in einem Nachruf zum Rang eines Erlösers erhoben. Sein Sterben wurde als Sühnopfer gedeutet, schreibt Hutten.

Bereits sieben Jahre vor Krebs' Tod wurde Hermann Niehaus zum Nachfolger des Stammapostels bestimmt. Niehaus führte sein

Amt im Geist und Sinn von Krebs weiter. In den 25 Jahren seines Amtes stieg die Zahl der Gemeinden von 488 auf etwa 1800, die Übersee mit eingeschlossen. Das war ein gewaltiger Siegeszug, den ich am Rand miterlebte. Ich wohnte in den zwanziger Jahren in einem Dorf, in dem eine neuapostolische Gemeinde existierte, die eifrig warb. Nach dem Muster der Zeugen Jehovas und der Mormonen zogen die Gemeindeglieder in Gruppen zu zweit von Haus zu Haus und plagten die Bewohner. Ich kam mehrmals in eine lebhafte Diskussion mit solchen Gruppen. Eine fanatische Frau sagte mir: „Ihr könnt auch in den Himmel kommen. Ihr werdet aber nur selig. Wir werden auch herrlich."

Hutten hat aus zuverlässiger Quelle die Information, daß Niehaus bei seinem 25jährigen Dienstjubiläum verunglückte. Es soll ein Bühnenstück aufgeführt worden sein, bei der eine Himmelstreppe zu sehen war. Niehaus spielte in diesem Stück den wiederkommenden Christus. Bei einem Fehltritt zog er sich eine Verletzung zu. Er konnte sein Amt nicht mehr weiterführen und starb.

Sein Nachfolger wurde Johann Chr. Bischoff, ein Katholik aus dem Odenwald. Seine Amtszeit erlebte ich teilweise durch die vielen Auseinandersetzungen mit seinen Anhängern. Bischoff war ein kluger Taktiker, der das Kirchenschiff geschickt durch die Wirren des „Dritten Reiches" hindurchsteuerte. Hitler anerkannte er als den von Gott gesandten Führer. Als Gemeindeglieder wurden nur Leute aufgenommen, die nicht im Widerspruch zur Staatsführung standen. Sie mußten sogar bei ihren Bewerbungen Unbedenklichkeitsbescheinigungen der NSDAP vorlegen, ohne die keine Aufnahme erfolgen konnte.

Das war nicht der einzige Makel. Viele seiner Anhänger nahmen es ihm übel, daß er 1950 seinen beiden Söhnen die alleinigen Verlagsrechte für die Veröffentlichungen der Neuapostolischen Kirche übereignete. Manche warfen ihm daher vor, er habe der Kirche dadurch ein Millionenvermögen entwendet.

Bischoff bot noch mehr Angriffsflächen. 1951 verkündigte er bei einem Gottesdienst in Gießen, der Herr habe ihm geoffenbart, er sei der letzte Stammapostel. Der Herr Jesus komme zu seiner Zeit wieder. Diese Botschaft, daß die Gemeinde unter der Führung des Stammapostels der Entrückung und dem Beginn des Tausendjährigen Reiches entgegengehe, wurde zu einem Dogma erhoben. In den Diskussionen mit seinen Anhängern bestritt ich die Wahrheit dieses Dogmas aus zwei Gründen. In den schwarmgeistigen Bewegungen standen immer wieder Menschen auf, die behaupteten, der Herr habe ihnen geoffenbart, daß sie seine Wiederkunft erleben würden. Ich erinnere nur an eine fromme Schwester in Basel, die das auch schriftlich verbreiten ließ. Der zweite Grund meiner Ablehnung dieses Dogmas ist das Wort Jesu, daß niemand Tag noch Stunde seiner Wiederkunft wisse (Mt. 24,36). Ich sagte zu den eifrigen Neuapostolischen: „Warten wir es ab." So geschah es. Bischoff starb 1960. Ich erinnere mich gut an den Schock, der durch seinen Tod in den Gemeinden entstand. Kritiker und Spötter sagten nach diesem Ereignis: „Jetzt werden sie eine andere Lüge finden." Auch das kam.

Der rasch gewählte Nachfolger, Stammapostel Walter Schmidt, ließ Bischoff in aller Stille heimlich begraben und gab als Parole aus: Gott hat seine Meinung geändert und damit den Gottlosen noch eine Zeit der Buße und Besinnung gewährt. Im Volksmund sagte man: „Wirf eine Katze vom Dach. Sie fällt immer auf die Füße." Und ein gläubiger Evangelist erklärte im Blick auf die unselige Tätigkeit der Astrologen: „Astrologen sind unblamierbar. Sie haben immer eine Ausrede zur Hand, wenn ihre Voraussagen nicht eintreffen."

Nach dieser kurzen Berichterstattung über die vier Stammapostel wenden wir uns kurz dem Aufbau und den Lehren der Neuapostolischen Kirche zu.

Das höchste Amt ist das des Stammapostels. Er ist der Repräsentant des Herrn auf der Erde. Ihm gebührt eine absolute Glaubensautorität. Er ist der redende Mund Gottes, der in alle Wahrheit führt. Wer sich dem Stammapostel widersetzt, der begeht einen Frevel gegen den Heiligen Geist. Der Stammapostel ist Inhaber der Schlüsselgewalt und Vergegenwärtigung Gottes auf Erden. Seine Macht ist so übersteigert, daß Christus neben ihm in den Hintergrund tritt. Ein Beispiel ist die Aussage von Apostel Schall, der in einem Gottesdienst in Nürnberg am 15. 4. 56 erklärte: „Das ist meine Speise, daß ich tue nach dem Willen des Stammapostels." Der Stammapostel ist der Vollender des Erlösungswerkes Gottes. Das sind alles Aussagen aus der „Wächterstimme" oder aus dem Lehrbuch von 1952.

Dem Stammapostel unterstellt sind die Apostel. 1963 hatte die Neuapostolische Kirche rund 700000 Mitglieder in 5000 Gemeinden. Sie verteilten sich auf 27 Apostelbezirke. In den Gemeinden amtierten 47 Apostel. Die Untergliederungen der Apostelbezirke sind die Distrikt- oder Bezirksapostel. Ihnen unterstellt sind die Bischöfe, die dann den Ältesten übergeordnet sind. Die einzelne Gemeinde untersteht einem Priester oder Hirten oder Evangelisten. Zusätzlich gibt es dann noch die Propheten, die als „Charismatiker“ in die Wahlen eingreifen können. Wir stehen bei der Neuapostolischen Kirche demnach vor einer straff gegliederten Hierarchie.

Das Glaubensbekenntnis umfaßt zehn Artikel, die nicht alle besprochen werden können. Die drei ersten Artikel schließen sich an unser trinitarisches Bekenntnis an. Artikel 4 bis 10 haben als Schwergewicht das Amt und die Stellung der Apostel. Gesagt wird, daß Christus die Apostel wählt, die Träger aller geistlichen Gaben und Kräfte sind, die zum Aufbau der Gemeinde erforderlich sind. Die Frage ist nur: wo waren die Apostel die 1800 Jahre, bis sie wieder im 19. Jahrhundert in Erscheinung getreten sind? Die successio apostolorum ist nicht gewährleistet. An Ausreden hat es dieser Kirche aber nie gefehlt.

Zu den beiden Sakramenten Taufe und Abendmahl wurde die Versieglung hinzugefügt. Damit stehen wir am kritischsten Punkt, wenn man an diesen Buchtitel denkt. Zunächst wird erklärt, daß die Versieglung den Aposteln vorbehalten ist. Darum ist wiederum betont, daß das Heil der Gläubigen mit dem Amt und Werk der Apostel verbunden ist, denn unter Versieglung verstehen die Neuapostolischen die Heilsaneignung durch den Heiligen Geist. Die Vollmacht der Apostel reicht bis in den Hades, dem Bereich der Toten. Die Lebenden können nach dieser Lehre für die Toten eintreten, ja stellvertretend die Sakramente für die Toten empfangen, das heißt Taufe, Abendmahl und Versieglung. Als Belegstelle aus der Bibel nehmen sie die nicht kanonisierten Apokryphen 2. Makk. 12,39f in Anspruch und aus dem Neuen Testament 1. Kor. 15,29. Diese Bezugsstelle aus dem Korintherbrief ist an den Haaren herbeigezogen. Paulus hat weder die Vikariatstaufe (stellvertretende Taufe für die Toten) empfohlen noch verboten. Er erwähnt sie nur, weil zu seiner Zeit in den Gruppen der Essener und anderer sektiererischer Gruppen ein solcher Vorgang üblich war. Ein Beweis für die Berechtigung ist das nicht, auch nicht der Hinweis, daß Jesus den „Geistern im Gefängnis“ (1. P. 3,19) gepredigt hat. Die neuapostolische Versieglung der Verstorbenen gehört viel eher zum Gebiet des Spiritismus. Dazu ein Beispiel aus meiner Arbeit.

B 219 Ein gläubiger Mann starb und hinterließ eine tief gläubige Frau. Beide waren nie für die Sektiererei offen gewesen. Einige Zeit nach dem Tod des Mannes kamen zwei Boten der Neuapostolischen Kirche, der Verstorbene wäre ihnen erschienen und hätte ihnen einen Auftrag erteilt. Sie sollten der Witwe mitteilen, daß sie sich der Neuapostolischen Kirche anschließen solle. Die tapfere Frau antwortete: „Mein Mann hat die Neuapostolische Kirche abgelehnt. Das war nicht mein Mann, der Ihnen erschienen ist, sondern ein Lügengeist. Betretet mein Haus nicht mehr." Wohl dem, der einen klaren Durchblick hat.

B 220 Interessant ist auch eine ähnliche Aussage im Lehrbuch 1952, Art. 253, wo es heißt: Martin Luther sei aus dem Totenreich erschienen und hätte im Totenreich die Salbung mit dem Heiligen Geist (durch die Versieglung) erbeten. – Das ist eine Trickwerbung, mit der Mitglieder gewonnen werden sollen.

Das Wenige, das in diesem kurzen Kapitel berichtet worden ist, zeigt den unbiblischen Charakter der Neuapostolischen Kirche.

Neurationalismus

Deutschland ist durch Martin Luther zum führenden Land der Reformation geworden. Deutschland hat diese führende theologische Stellung durch Bultmann und seine Nachfolger wieder verloren.

Ähnlich sagte es mir Prof. Dr. Hermann Sasse in Australien. Er fügte hinzu: „Die theologische Führung ist auf die USA übergegangen."

Was wollen die Neurationalisten? Die Bibel und ihre Aussagen soll auf die Schablone der menschlichen Vernunft zugeschnitten werden. Mit diesem Versuch sind sie nicht die ersten. Marcion hat das im 2. Jahrhundert schon versucht. Die liberalen Theologen im 19. Jahrhundert begaben sich ebenfalls in dieses seichte Fahrwasser. Die Neurationalisten des 20. Jahrhunderts haben diesen verkappten Atheismus auf die Spitze getrieben.

Eine theologische Auseinandersetzung wird hier nicht gegeben. Das betrieben ehrenwerte Brüder wie Bergmann, Beyerhaus, Deitenbeck, Künneth, Rodenberg und viele andere seit Jahren.

Nur eine gemeinverständliche Broschüre soll genannt werden,

Dr. Bergmanns Taschenbuch „Alarm um die Bibel“, das eine Auflage von über 100 000 Exemplaren erlebt hat.

Dieses Buch bringt keine wissenschaftliche Auseinandersetzung. Es kommt aus der seelsorgerlichen Praxis und ist für den Alltag geschrieben. Dazu einige Erfahrungen:

B 221 Einer meiner Freunde war Kirchenältester in einer Frankfurter Vorortsgemeinde. Der junge Pastor servierte jeden Sonntag seiner Gemeinde konfuses Zeug nach dem Rezept: Man mische ein wenig Moralin mit zwei Prisen sozialer Aktivität, garniere mit einigem Nervenkitzel aus dem Zeitgeschehen – und die Gemeinde wird davon satt werden. Sie wurde aber nicht satt. Der Kirchenälteste hörte sich diesen „frommen Salat“ einige Sonntage an, dann meldete er sich in der Sakristei und führte mit dem jungen Pastor ein geistliches Gespräch. Natürlich fruchtete es nichts. Ein zweites Gespräch folgte, an dessen Ende der Kirchenälteste sein Amt niederlegte. Er erklärte: „Ich kann eine solche unbiblische Verkündigung vor der Gemeinde nicht verantworten.“ Der nächste Schritt – alles unter viel Gebet und mit innerem Herzweh – war der Austritt aus dieser Gemeinde.

B 222 Bei einer Vortragsreise in Norddeutschland war ich Gast im Hause eines gläubigen Pfarrers. Er berichtete mir aus seinem Distrikt folgenden Vorfall: „Ein junger Pastor hatte in seiner Weihnachtspredigt erklärt, daß das Kind in der Krippe zu Bethlehem nicht der Sohn Gottes war. Nach dem Gottesdienst traten die Ältesten ohne den Pastor zu einer Beratung zusammen. Danach begaben sie sich ins Pfarrhaus und erklärten dem verdutzten Pastor: ‚Sie haben zum letzten Mal auf unserer Kanzel gestanden.‘ Gleichzeitig verständigten sie den Superintendenten und die Kirchenleitung, die erfreulicherweise nachgab. Der Pastor wurde sofort versetzt – und war dann in der nächsten Gemeinde etwas vorsichtiger, ohne seine Meinung zu ändern.“

Wir sollten mehr solche handfesten, biblisch orientierten Kirchenälteste haben. Eine derartige Kirchenzucht von unten nach oben ist heilsam.

B 223 In Chicago erzählte mir mein Freund Heinz Plaum folgendes Erlebnis: Er hatte mit einem lutherischen Pfarrer ein Gespräch und erklärte: „Luther würde sich im Grabe umdrehen, wenn er solche Pastoren hören würde." Der lutherische Pfarrer antwortete Plaum: „Glauben Sie denn im Ernst, daß man heute Luther noch auf eine Kanzel ließe?"

Geradezu katastrophal sind die Auswirkungen der neurationalistischen Religionslehrer und Pastoren bei den Jugendlichen, die sie unterrichten.

B 224 Einer meiner Freunde, Pfarrer in einer sehr großen Münstergemeinde, hatte einen hoffnungsvollen Sohn. In jungen Jahren hatte dieser Sohn eine Bekehrung erlebt und wollte Theologie studieren. In der Unter- und Oberprima erhielt die Klasse einen Modernisten als Religionslehrer, der alles zerstörte, was das gläubige Elternhaus im Herzen der Kinder gepflanzt hatte. Der Junge fing an zu zweifeln. Nach einem glänzenden Abitur entschloß er sich doch zur Theologie. Die Professoren hieben in die gleiche Kerbe wie der Religionslehrer. Das Elternhaus war nicht mehr fähig, die Abwärtsentwicklung aufzuhalten. Der Sohn blieb zwar bei der Theologie, ging aber nicht in den Kirchendienst.

Es ist die Sorge und das Leid aller gläubigen Eltern, daß ihr Einfluß nicht ausreicht, um dem Geist dieser satanisch inspirierten Theologie einen Damm entgegenzusetzen.

B 225 Prof. Dr. Braun, der einige Jahre Dozent an der theologischen Hochschule in Berlin und dann an der Universität in Mainz war, hat ja die gleiche Entwicklung durchgemacht. Es wird berichtet, er hätte als 16jähriger im EC (Jugendbund für entschiedenes Christentum) eine Bekehrung erlebt. Später warf er alles über Bord und wurde einer der führenden modernistischen Theologen. Er wurde besonders dadurch bekannt, daß er erklärte, er könne nicht an einen persönlichen Gott glauben.

B 226 Ein gläubiger Bruder schrieb mir und berichtete die Tragödie seines ältesten Sohnes. Der Junge hatte bei einer Evangelisation den Anstoß zur Bekehrung erhalten. Seit dieser Zeit las er treu seine Bibel und führte ein Gebetsleben. In der Schule machte er gute Fortschritte. Er war sieben Jahre Klassenbester. Dann kam ein neuer Pfarrer in das Städtchen. Es war ein Doktor der Theologie, der den Religionsunterricht in der Prima übernahm. Mit großer Sorge hörten die Eltern, was der Sohn von diesem Unterricht berichtete: Die Bibel sei nicht Gottes Wort, sondern

Menschenwerk. Es käme nicht auf die Bethlehem- und Kreuzgeschichte an, sondern auf den geistigen Kern, der darin stecke. Beten sei sinnlos, denn es fehle das Du, an das wir uns wenden. Es sei nur Selbstberuhigung. Dieses Vernichtungswerk brachte seine Früchte. Der junge Mann gab den Gedanken an das Theologiestudium auf. Die Bibel wurde nicht mehr gelesen. Beten war überflüssig geworden.

Angesichts dieser Erfahrung fragte mich der gläubige Vater: „Müssen wir unsere Kinder dem Einfluß solcher Pfarrer aussetzen, die alles zerschlagen, was das gläubige Elternhaus und Evangelisten gepflanzt haben?"

Ich antwortete dem Vater, er solle ein Zeichen aufrichten und seinen Sohn vom Religionsunterricht abmelden. Heute wäre ich noch radikaler. Ich würde einer Kirche, die den Glauben zerstört und die Bibel verachtet, nicht mehr als Glied angehören wollen.

Mein Freund John Ballantyne von Farnham (Surrey, England) berichtete mir im Januar 1976, daß eine englische Lehrerin eine vielbeachtete Botschaft über das Radio durchgegeben hat. Sie protestierte gegen den Religionsunterricht von ungläubigen Religionslehrern. Sie erklärte, sie habe ihre vier Kinder vom Religionsunterricht abgemeldet, weil der Religionslehrer ein Modernist und Atheist sei, der den Kindern den Glauben an die Bibel aus dem Herzen reiße. Ich wünschte, daß Tausende von gläubigen Eltern in aller Welt dem Beispiel dieser englischen Lehrerin folgen würden. Ein modernistischer und atheistischer Religionsunterricht ist ein Verbrechen an den Kindern.

Interessant wäre es auch, die Haltung der Bischöfe zum Neurationalismus zu studieren. Es sind mir viele Einzelbeispiele bekannt, die aber nicht alle berichtet werden können. Nur zwei sollen genannt werden:

B 227 Bischof Lilje hat in Deutschland den Ruf, ein gläubiger Christ gewesen zu sein. Um so unverständlicher war es, daß er jahrelang einen Modernisten, Heinz Zahrnt, als Schriftleiter seines Sonntagsblattes hatte. Bekannte Männer haben sich bemüht, um Lilje die Unmöglichkeit dieses Verhaltens zu zeigen. Es war umsonst. Lilje hielt an Zahrnt fest. Zahrnt wurde dann auch zum Präsidenten des Kirchentages gewählt, der unter seiner Regie immer mehr in modernistisches Fahrwasser geriet. Für viele gläubige Männer wurde es dann zu einer ernsten Frage, ob sie noch ihre Gemeinden zu einem solchen Kirchentag einladen könnten. Die Bekenntnisbewegung entschloß sich dann, einen eigenen Gemeindetag zu halten, der in Stuttgart zu einer reich gesegneten Konferenz wurde.

An mich selbst trat auch die Frage heran, ob ich beim Kirchentag mitmachen wollte. Wilhelm Horkel schrieb mich an, ob ich beim Kirchentag eine Diskussionsgruppe über „Seelsorge und Okkultismus" leiten wolle. Ich schrieb ab mit dem Hinweis, daß ich unter modernistischer Regie nicht mitarbeite.

B 228 Es gibt auch andere Bischöfe. Der ehemalige Hauptpastor der Michaeliskirche in Hamburg, H. H. Harms, wurde Bischof von Oldenburg. Er ist nicht weltweit bekannt wie Lilje, hält aber einen klaren Kurs. Bei einer Kirchenvisitation sagte er dem Gemeindepastor als Schlußwort: „Herr Pastor, Sie haben Ihrer Gemeinde das Evangelium vorenthalten." Wir sollten mehr solcher Bischöfe haben, die sich von dem Blendwerk der modernen Theologie nicht ihr Urteil vernebeln lassen.

Der Neurationalismus ist der Tod der christlichen Kirche. Im Neuen Testament ist allen „Vernünfteleien" der Entmythologisierer ein Ende gesetzt.

1. Kor. 1,20: „Gott hat die Weisheit dieser Welt zur Torheit gemacht."
1. Kor. 3,19: „Die Weisen erhascht er in ihrer Klugheit."

Die Antwort der Heiligen Schrift auf den neuen Rationalismus in der Theologie heißt: „In Christus liegen verborgen alle Schätze der Weisheit und Erkenntnis" (Kol. 2,3).

Ökumene

Der Ausdruck Ökumene kommt aus dem griechischen oikoumene und bedeutet: der ganze Erdkreis. Sinn der Ökumene ist die Überwindung der Zersplitterung innerhalb der christlichen Kirchen. Man nimmt dafür gern das Wort Jesu Joh. 17,21 in Anspruch: „Auf daß sie alle eins seien."

Ein Ansatzpunkt für die Vereinigung aller Christen findet sich schon in den Briefen von Apostel Paulus. In seinem Brief an die Kolosser (4,16) schreibt er: „Wenn der Brief bei euch gelesen ist, so schaffet, daß er auch in der Gemeinde von Laodizea gelesen werde, und daß ihr den von Laodizea leset." Der Apostel wünschte also einen gegenseitigen Austausch, um eine gleichgerichtete Glaubensbasis zu schaffen.

Aus diesem Uranfang der Ökumene entwickelten sich dann in den ersten drei Jahrhunderten die altkirchlichen Synoden, die von den Bischöfen und von Presbytern oder sonstigen hochstehenden Laien besucht wurden. Das Wort Synode kommt aus dem griechischen synodos = Zusammenkunft, Vereinigung. Auf diesen altkirchlichen Synoden wurden z. B. aufkommende Irrlehren und zunehmende Verweltlichung der Kirche behandelt. Erwähnt sei der Montanismus (156), dem es um eine Erneuerung der Sittenstrenge der Kirche ging. Geschlichtet wurden auch die Passahstreitigkeiten, bei denen es sich nur um den Termin des Passahfestes handelte.

Vom 4. Jahrhundert an weiteten sich die Synoden zu Konzilien der Gesamtkirche aus. Lateinisch bedeutet concilium = Zusammenkunft, das gleiche wie das griechische synodos. Von 325 bis 880 wurden 13 Konzilien abgehalten, von denen nur 7 den Beinamen ökumenisch erhielten, weil die anderen teilweise nicht von der Gesamtkirche anerkannt wurden. Hier bahnte sich also schon eine Uneinigkeit an, auf die in der Reformationszeit hingewiesen wurde.

Die weströmische Kirche war mit der Entwicklung von den Synoden zu den Konzilien etwas langsamer. Die großen päpstlichen Synoden des 12.–14. Jahrhunderts hießen noch ökumenische Synoden. Dann aber verstärkte sich die konziliare Idee. Mit dem Konzil von Konstanz 1415 kam die Bezeichnung ökumenisches Konzil auf.

Luthers Stellung zu den Konzilien ist verschieden. Er lobt Nicaea (325) und stellte es fast dem Evangelium gleich und nannte es sacerrimum concilium (= das heiligste Konzil). Wir haben heute an Festtagen noch das in Nicaea formulierte Glaubensbekenntnis. Luther verwarf aber das Konzil von Konstanz 1415, das Johannes Huß das Leben kostete und nur dazu diente, die Macht des Papstes zu stärken. In seiner Verteidigungsrede in Worms im April 1521 erklärte Luther: „Es ist erwiesen, daß Päpste und Konzilien sich irren können." Das könnte Luther im Blick auf die heutigen Entscheidungen der Ökumene auch sagen.

In der Neuzeit fehlt es nicht an Vereinigungsbestrebungen, um die Zerrissenheit der verschiedenen kirchlichen Richtungen zu überwinden. Vor allem wurde das zu einem dringenden Problem beim Entstehen der Missionen. Soll etwa jede Kirche ihre eigene Liturgie und Ausprägung ihres Glaubens auf die Missionsfelder übertragen, oder gibt es einen vereinfachten Modus. So hat z. B. Zinzendorf im 18. Jahrhundert in Pennsylvania versucht, die deutschen Einwanderer kirchlich zu vereinigen. Auch andere Missionen haben das gleiche angestrebt.

Es waren daher die Missionsgesellschaften die ersten, die solche Konferenzen zur Herstellung einer einheitlichen Basis und Form der Missionsarbeit abhielten. Diese Konferenzen – in Liverpool 1860, in London 1878 und 1888 – waren die Vorreiter für die Ökumenische Missionskonferenz in New York im Jahr 1900. Damit war die ökumenische Idee des 20. Jahrhunderts entstanden, die nun laufend zu Konferenzen führte. Die erste war 1910 in Edinburgh, die von dem weltbekannten Missionsmann John Mott geleitet wurde. Nach dem Ersten Weltkrieg, fand die nächste nach der Vorbereitung in Genf 1925 in Stockholm statt. Hier trat vor allem der schwedische Erzbischof Nathan Söderblom in Aktion. Er blieb um seiner teilweise unbiblischen Theologie willen nicht unangefochten.

Alle nun folgenden Weltmissionskonferenzen mit den dazu gehörenden Tagungen der Kommissionen aufzuzählen, übersteigt den Rahmen dieses Berichtes. Nicht unerwähnt darf die Arbeitsgemeinschaft christlicher Kirchen (ACK) in Deutschland bleiben, die sich nach dem Zweiten Weltkrieg gebildet hat.

An einer Konferenz durfte ich selbst teilnehmen. Der Thai-Bischof Charoon Waichudist hatte mich dazu eingeladen. 1968 war in Uppsala die 4. Vollversammlung des Ökumenischen Rates. Parallel dazu lief in Bangkok die ostasiatische Kirchenkonferenz, bei der der bisherige Generalsekretär des ORK, Dr. W. Visser't Hooft, teilnahm und sein Nachfolger Dr. E. C. Blake. Ich war überrascht über die kommunistischen Tendenzen dieser Kirchenkonferenz. Blake ist Amerikaner. Trotz seiner Leitung wurde die Anwesenheit der Amerikaner in Vietnam verurteilt, aber kein Wort über die kommunistischen Aggressionen in Nord- und Südkorea verloren. Blake hat gar nicht gewagt, etwas dazu zu sagen. Aber ein südkoreanischer Pastor stand auf und beschwerte sich über diese Einseitigkeit. Dieser rote oder halbrote Kurs der Ökumene hat sich seither immer mehr verstärkt. Als weiteres Beispiel eine Nachricht aus „Durchblick und Dienst“ 9/74

Ökumene

Die vor Wochen in Lusaka abgehaltene Generalversammlung der „allafrikanischen Kirchenkonferenz“ wählte Rev. Richard Andriamanjato, Bürgermeister von Tananarive, zu ihrem Vorsitzenden. Damit ist ein Kommunist Vorsitzender jener afrikanischen Kirchenorganisation geworden, in der die anglikanischen, calvinistischen, lutheranischen und orthodoxen Christen sowie Baptisten, Methodisten, Heilsarmisten und Quäker zusammengefaßt sind. Andriamanjato ist nämlich der Gründer und Präsident der malgasischen kommunistischen Partei (AKFM). Er ist gleichzeitig auch Mitglied des Präsidiums des kommunistischen Weltfriedensrates und Vizepräsident der als kommunistische Frontorganisation bekannten „christlichen Friedenskonferenz“ in Prag. Die allafrikanische Kirchenkonferenz arbeitet eng mit dem Weltkirchenrat in Genf zusammen (ii24/74).

Zur Ökumene sind im Lauf der Jahre zunehmend kritische Stimmen laut geworden. Vor allem sind es überzeugte, schriftgebundene Christen, die sich zu Wort melden. Sie weisen daraufhin, daß Nathan Söderblom, einer der Väter der Ökumene, nicht auf dem Boden der biblischen Offenbarung steht. Dieser Erzbischof von Uppsala behauptet, daß es eine fortsetzende Offenbarung gäbe. Christus sei nicht der Schlußstrich der göttlichen Offenbarung. Gott sei ein werdender Gott, der sich in den einzelnen Epochen ja sogar auch in anderen Kirchen laufend offenbare. Alle Religionen entwickeln sich gleichsam auf das Christentum zu. Die Offenbarung Gottes ist demnach nicht auf die Heilige Schrift beschränkt. Es gebe eine revelatio extra ecclesiam, „eine Offenbarung außerhalb der Kirche“.

Solche Stimmen sind nicht mehr verstummt, sondern sogar weiterentwickelt worden. 1961 sprach in Neu Delhi ein Konferenzredner J. Sittler über den kosmischen Christus. In den außerchristlichen Religionen gäbe es einen verborgenen Christus, einen schlafenden Christus, der im Lauf der Jahrhunderte wach und aktiv werde. Mit dieser Aussage vom kosmischen Christus weist Sittler auf seine geistige Herkunft. Vom kosmischen Christus wird in der Gnosis, bei den Anthroposophen und anderen gesprochen.

Bei dem Ausdruck „Gottes Offenbarung in der Geschichte" wundert es uns dann nicht, daß z. B. Mao, der Millionen von Menschen auf dem Gewissen hat, als ein Offenbarungsgedanke Gottes hingestellt worden ist.

Der falsche Offenbarungsbegriff, der bei der Entstehung der ökumenischen Bewegung Pate gestanden hat, führte zu mancherlei Verwässerungen des biblischen Bekenntnisses. Schon bei der Vollversammlung in Neu Delhi wurde darauf hingewiesen, daß in den leitenden Grundsätzen der Ökumene der Bezug auf den Heiligen Geist fehlt. Darum wurde die Basisformel neu gefaßt und in folgender Weise formuliert:

„Der Ökumenische Rat der Kirchen ist eine Gemeinschaft von Kirchen, die den Herrn Jesus Christus gemäß der Heiligen Schrift als Gott und Heiland bekennen und darum gemeinsam zu erfüllen trachten, wozu sie berufen sind zur Ehre Gottes des Vaters, des Sohnes und des Heiligen Geistes."

Hier wurde eine Marschrichtung angegeben, die allerdings weithin nicht beachtet wird. Zum Vergleich hören wir, was Beatus Brenner im deutschen Pfarrerblatt vom Mai 83 berichtet. Sein Artikel ist überschrieben: Der Ablaß und die Ökumene. „Mit Verwunderung haben evangelische Christen zur Kenntnis genommen, daß in letzter Zeit anläßlich des Heiligen Jahres die römisch-katholische Lehre vom Ablaß verstärkt wieder in den Vordergrund gerückt ist. ... Der Ablaß bildet kein gemeinsames Glaubensgut der Christenheit. Es ist eine Sonderlehre der römisch-katholischen Kirche... Weder die orthodoxen Kirchen noch die protestantischen noch die anglikanische Kirche anerkennen ihn. Darum überraschte es, als Papst Johannes Paul II. beim Besuch der bayerischen Bischöfe den Ablaß in einen ökumenischen Kontext hineinstellte. ... Wenn der Ablaß in den Vordergrund ökumenischer Verständigung gerückt wird, so muß bestritten werden, daß er die christliche Gnadenerkenntnis und Bußgesinnung angemessen zum Ausdruck bringt. ... Wenn es das Ziel des ökumenischen Dialogs ist, die eigene Tradition auf die größere gemeinsame Tradition der Christenheit hin zu interpretieren, so wird dieses Ziel durch die Ablaßlehre erschwert."

Vollends werden bei der ökumenischen Bewegung die Grundpositionen des christlichen Glaubens, z. B. Apg. 4,12 aufgegeben, wenn erwogen wird, ob man nicht den Islam, den Hinduismus und andere Religionen in die Ökumene aufnehmen soll. Aus dem Mund eines deutschen Theologen hörte ich bei seinem Vortrag über den Islam sagen: Allah der Moslems ist zugleich Gott der Christen. Kein Wunder, daß bei dem Ökumenischen Kongreß 1970 in Beirut Katholiken, Orthodoxe, Evangelische, Moslems, Hindus und Buddhisten sich zu gemeinsamen Beratungen zusammenfanden.

Die ökumenische Vereinigung geht auf Kosten der Wahrheit. Jesus sagte zu Pilatus (Joh. 18,37): „Ich bin ein König. Ich bin dazu geboren und in die Welt gekommen, daß ich für die Wahrheit zeugen soll. Wer aus der Wahrheit ist, hört meine Stimme." Soll diese Wahrheit aufgegeben werden, damit eine Welteinheitskirche – die Kirche des falschen Propheten der Endzeit – zustande kommt?

„Der feste Grund" brachte im Juli 74 folgende Information unter der Überschrift „Konferenz der Weltreligionen": Als ein „historisches" Ereignis hat der Leiter der Abteilung „Dialog mit Vertretern der Religionen und Ideologien unserer Zeit" im Weltkirchenrat, Dr. Stanley Samartha, eine Tagung bezeichnet, an der rund 50 Angehörige der fünf größten Weltreligionen aus 22 Ländern Afrikas, Asiens, Europas und Nordamerikas teilgenommen hatten. Wie aus einem in Genf veröffentlichten Bericht hervorgeht, berieten Hindus, Buddhisten, Moslems, Juden und Christen vom 17. bis 26. April in Colombo (Sri Lanka) das Thema: „Auf dem Weg zu einer Weltgemeinschaft: Möglichkeiten und Verpflichtung für ein Zusammenleben." – Der Weg der Genfer Ökumene wird immer deutlicher.

Über den Linkstrend der Ökumene wurde schon berichtet. Es soll hier nur ein Hauptärgernis erwähnt werden: die Unterstützung der Befreiungsbewegungen. Das heißt: Geld für den Terror und Massaker. Natürlich werden die Gelder nur für humanitäre und soziale Bedürfnisse gegeben. Wie die Wirklichkeit aussieht, weiß jeder, der hinter die Kulissen schaut.

Einem Artikel von Prof. D. Dr. Kohls von der Marburger Universität entnehme ich folgende Einzelheiten. „Der Weltkirchenrat erhält jährlich 30 Millionen, das heißt 40 % seines gesamten Budgets vom Fonds der evangelischen Kirche in Deutschland. (Jetzt nach 8 Jahren wird es wohl mehr sein). Aus diesen Mitteln wird der Antirassismusfonds gespeist. Das heißt, der Kampf der kommunistischen Befreiungsbewegungen wird damit gefördert. Der Antirassismusfonds erhält jährlich mehr als 1 Million."

Dazu das Wort von Altlandesbischof Prof. Dr. Heidland, der ein abgewogenes Urteil hat. Er schrieb wörtlich: „Der Ökumenische Rat der Kirchen in Genf hat insbesondere durch den Sonderfonds seines Programms zur Bekämpfung des Rassismus, aus dem auch Befreiungsbewegungen für ihre humanitäre Arbeit Pauschalzuwendungen erhalten, einen Weg beschritten, den wir insgesamt nicht billigen."

Nach der kurzen und nur bruchstückhaften Darstellung der Ökumene soll nun auf die deutschen Verhältnisse eingegangen werden. In Deutschland besteht die schon erwähnte Arbeitsgemeinschaft christlicher Kirchen (ACK). Da sich im Jahr 1983 über die Stellung des ACK zum Ökumenischen Rat der Kirchen ein Streit erhob, gebe ich zur Einleitung einen Auszug aus dem Brief von Prof. Dr. Beyerhaus vom 22. 9. 82. Den Namen des Empfängers lasse ich weg, um ihn vor möglichen Angriffen zu schützen. Der Brief lautet:

„Sehr geehrter Herr ..., haben Sie freundlichen Dank für Ihre Zuschrift vom 8. Sept. Ich gebe Ihnen darin völlig recht, daß die Arbeitsgemeinschaft Christlicher Kirchen in Deutschland die vollständige Entsprechung zu dem darstellt, was auf Weltebene der Ökumenische Rat der Kirchen ist. Entsprechend muß dann auch unser Urteil lauten. Für die mir gegebenen Informationen sage ich Ihnen herzlichen Dank ...

Mit allen guten Wünschen grüßt Sie freundlich Ihr

(gez.) P. Beyerhaus"

Prof. Dr. Beyerhaus spricht also von einer vollständigen Entsprechung der ACK zu dem, was in Genf auf Weltebene der Ökumenische Rat der Kirchen ist. Die Mitgliedskirchen der Arbeitsgemeinschaft der christlichen Kirchen in Deutschland sind:

Römisch-katholische Kirche
Evangelische Kirche in Deutschland
Griechisch-Orthodoxe Metropolie von Deutschland
Bund Evangelisch-Freikirchlicher Gemeinden in Deutschland
Evangelisch-methodistische Kirche
Selbständige Evangelisch-Lutherische Kirche
Katholisches Bistum der Alt-Katholiken in Deutschland

Bund freier evangelischer Gemeinden in Deutschland
Bund Freikirchlicher Pfingstgemeinden
Europäisch-Festländische Brüder-Unität
Christlicher Gemeinschaftsverband Mühlheim a. d. Ruhr
Die Heilsarmee in Deutschland
Vereinigung der Deutschen Mennonitengemeinden
Evangelisch-altreformierte Kirche in Niedersachsen
Religiöse Gesellschaft der Freunde (Quäker)

Zehn dieser Kirchen sind Vollmitglieder und fünf sind Gastmitglieder.

Die Einheit, die hier demonstriert wird, ist nicht die Einheit, von der Jesus in Joh. 17 spricht. Die Einigkeit nach biblischer Richtlinie kann nur zwischen denen aufkommen und bestehen, die ein Eigentum Jesu geworden sind. In Eph. 4,3 sagt Paulus: „Seid fleißig zu halten die Einigkeit im Geist." Im Heiligen Geist eins sein kann nur der, der den Heiligen Geist empfangen hat und sich von ihm durchrichten und durchläutern läßt. Vor der Einigkeit im Heiligen Geist steht die Bekehrung und Wiedergeburt. Das soll nicht zu einem Mißverständnis führen. Bekehrung, Wiedergeburt, Erfüllung mit dem Geist Gottes sind keine drei Vorgänge, sondern ein großes Ereignis. Es gilt immer noch, was Jesus dem Nikodemus sagte: „Es sei denn, daß jemand von neuem geboren werde, so kann er nicht das Reich Gottes sehen." (Joh. 3,3) Wen das Wort Wiedergeburt ärgert, der lasse es sich von Paulus sagen: „Ist jemand in Christo, so ist er eine neue Kreatur." Die kaine ktisis, die neue Kreatur, ist das gleiche wie die Wiedergeburt, eine Wirkung des Heiligen Geistes. Wer diesen Maßstab an die Mitglieder der Ökumene legt, der könnte verzweifeln. Es liegt mir noch mehr auf dem Herzen. Aber ich will mich beschränken. Die Gefahr der Pietisten ist der geistliche Hochmut, Richtgeist und Pharisäismus.

Wie sieht die Einheit der Ökumene aus? Dazu ein Beispiel.

B 229 „Die Pforzheimer Zeitung" vom 26. 5. 81 brachte folgende Nachricht: „Am ersten ökumenischen Gottesdienst für Freimaurer, der in der evangelischen Stiftskirche in Lahr stattfand, nahmen katholische und evangelische Christen sowie Juden aus den USA, Kanada, der Schweiz, aus dem Elsaß und aus Baden-Württemberg teil." Und wo war Jesus Christus? Drinnen oder draußen?

Wir fragen nun, welche Bedeutung die ACK (Arbeitsgemeinschaft der Kirchen) in Deutschland hat. Die Leitung dieser Arbeitsgemeinschaft ist die Ökumenische Zentrale in Frankfurt. Sie wurde 1948 gegründet mit dem Auftrag der gegenseitigen Informationen und zur Bearbeitung theologischer Fragen im Bereich der angeschlossenen kirchlichen Gruppen.

Seit dem Anschluß der Röm.-Katholischen und der Griech.-Orthodoxen Kirche im Jahr 1974 sind nahezu alle Kirchen und Freikirchen der Bundesrepublik und West-Berlin als Voll- oder Gastmitglieder in dieser Arbeitsgemeinschaft zusammengeschlossen. Leiter der Ökumenischen Zentrale ist ein Katholik, der Abt Dr. Laurentius Klein.

Die ACK steht seit 1955 in offizieller Verbindung mit dem Ökumenischen Rat der Kirchen in Genf. Nach dem Ökumenischen Katechismus S. 82 f versteht sie sich als „sichtbarer Ausdruck der Ökumene im eigenen Land". Nach der Information in Heft 2 der „Arbeitshilfen" (S. 11) wird ausdrücklich festgestellt, daß die Ökumenische Zentrale den Forderungen von seiten des Weltkirchenrates und den Empfehlungen des römischen Sekretariats für die Einheit der Christen nachkomme.

Es muß darauf hingewiesen werden, daß die Arbeitsgemeinschaft der chr. Kirchen und die deutsche Evangelische Allianz bereits seit geraumer Zeit zusammenarbeiten. Da fast alle Verantwortlichen der Allianz über ihre Kirchen der ACK angehören, ist das so gut wie selbstverständlich. Ein Beweisstück dafür ist das Dokument „Evangelisation heute" aus dem Jahre 1966, das die ACK und die Allianz gemeinsam ausgearbeitet haben.

(gekürzt aus „Wegweisung" Mai 83 übernommen)

Die „Vertraulichen Mitteilungen" August 83 bringen einen Bericht über die Konferenz des Weltkirchenrates in Vancouver. Diese Information zeigt unmißverständlich, welchen Kurs die Ökumene steuert. Diese Veröffentlichung wird ohne jede Änderung wiedergegeben. Ich muß aber objektiv sein und sagen, daß nicht alle Mitglieder der Ökumene vorwiegend aus Deutschland sich mit der Aussage von Frau Dr. phil. Sölle identifizieren. Manche wandten sich entrüstet ab. Der Bericht hat folgenden Wortlaut:

„Die Bundesregierung in Bonn ist bestürzt über den Weltkirchenrat, der auf seiner internationalen Konferenz in Vancouver

(Kanada) die Bundesrepublik ohne Korrektur auf die Anklagebank setzen ließ. Und zwar hauptsächlich von der einzigen eingeladenen deutschen Referentin, der Hamburger linken Theologin Dr. Dorothee Sölle.

Frau Sölle erklärte vor 900 Delegierten aus rd. 300 Mitgliedskirchen unter großem Beifall, die militaristische Bundesrepublik sei auf Geld und Gewalt aufgebaut. In Westdeutschland herrsche die Angst. Sie spreche über dieses Land ‚mit einer blutigen, nach Gas stinkenden Geschichte' aus ‚Zorn, in Kritik und mit Trauer'. Die Menschen in der Bundesrepublik, einem der ‚reichsten Länder der Erde', gingen ‚kaputt am Reichtum des Besitzes, an Ausbeutung und Ungerechtigkeit'. Den Kapitalismus, der gekommen sei, ‚um alles zu Geld zu machen', bezeichnete sie als den ‚gestreckten Tod'. Der Reichtum sei eine Mauer, die ‚viel unüberwindbarer ist als die berühmte Berliner Mauer'. Die Schreie der Unterdrückten und Armen würden nicht mehr gehört. Es gebe eine Art Apartheidsdenken, das die wirtschaftlich Ausgebeuteten unberücksichtigt lasse. Die Westdeutschen lebten unter der Herrschaft der NATO. Frau Sölle dazu wörtlich: ‚In ihren Planungsbüros wird über unser Leben und das anderer Völker entschieden. Dort werden die falschen Götzen angebetet, und dorthin gehört der Kampf.'

Hintergrund: Frau Sölle ist die berüchtigte ‚Gott ist tot'-Theologin, die viele Gläubige in der Evangelischen Kirche zur Weißglut und zum Kirchen-Austritt bringt. Zum Ökumenischen Rat der Kirche (ÖRK) in Genf, der ihr zum Auftritt in Vancouver verhalf, paßt sie hervorragend: Der ÖRF ist nachweislich und eindeutig auf sozialistischem und marxistischem Kurs! Er finanziert mit hohen Geldbeträgen terroristische und kommunistisch gelenkte Organisationen in aller Welt. Die politische Entwicklung z. B. in Vietnam, Kambodscha, Angola, Mozambique, Nicaragua wird als ‚Sieg des Volkes über fremde Terrorherrschaft' gefeiert. Kein Wort darüber, daß es sich in all diesen Ländern um eine Machtergreifung des Kommunismus handelt, kein Wort auch über schreckliche Christenverfolgungen in all diesen Ländern. Keine Anklage in Richtung Sowjetunion, China, Albanien oder zu den islamischen Staaten wegen ihrer fortgesetzten Diskriminierung der Christen. Beobachter in Vancouver: Der Weltkirchenrat marschiert weiter mit festem Schritt in den Marxismus."

Wer besitzt so viel Seelengröße und christliche Liebe, daß er für Frau Dr. Sölle beten kann? Sie ist ja auch ein Mensch, für den Jesus am Kreuz gehangen hat. Kein Mensch ist je so tief gesunken, daß ihn nicht die Gnade Gottes retten kann.

Für gläubige Christen ist es von der Offenbarung her ersichtlich, wohin die Ökumene steuert. Die „One-World“ (Eine Welt) Bewegung auf dem Gebiet der Weltpolitik hat ihr Gegenstück in der Herausgestaltung der einen Weltkirche, Überkirche, dem späteren Machtinstrument des falschen Propheten. Satan will dem Reich Christi ein Gegenreich aufbauen, weil er die civitas dei mit seiner civitas diaboli überrunden will. Um das begreifen zu können, müssen wir das prophetische Wort der Bibel kennen und selbst vom Heiligen Geist erleuchtet sein. Verwechseln wir aber nicht unsere Phantasieprodukte mit der Erleuchtung durch den Heiligen Geist.

Die Schatten des Antichristen und seiner Inszenierungen legen sich zunehmend über die Menschheit. Für die Gläubigen heißt das erhöhte Alarmbereitschaft und Hoffnung. „Erhebet eure Häupter, darum daß sich eure Erlösung naht.“

Wir sind aber mit dem Problem der Ökumene noch nicht am Ende. Die echte Ökumene, die Jesus am Kreuz und am Ostermorgen begründet hat, besteht nun schon fast 2000 Jahre. Alle Jünger, und die durch ihr Wort an Jesus glauben (Joh. 17,20) gehören zu der Schar der Herausgeretteten, sind Glieder an seinem Leib, gehören zur Ökumene, die von Christus begründet ist. Die Ungläubigen, die Halbgläubigen, die Scheingläubigen und die Heiden, die nicht ihr Leben dem Herrn Jesus ausgeliefert haben, können zu der von Menschen organisierten Ökumene gehören, aber nicht zum Leib und der Ökumene Jesu Christi.

Die Ökumene Jesu Christi wird oft in der Drangsal und Verfolgungen der Gläubigen sichtbar. In den Kerkerzellen von Rußland und anderen gottfeindlichen Staaten, fragt kein Christ nach der Konfession des Mitgefangenen. Wer ein Jünger Jesu ist, findet sich zur Gebetsgemeinschaft mit anderen zusammen. Aber nicht nur in der Zeit der Verfolgung finden sich die Gläubigen. Es ist mir selbst oft passiert, daß ich mit Katholiken, auch Adventisten und vielen anderen Gebetsgemeinschaft hatte, obwohl ich nicht in jedem Fall ihre Theologie akzeptiere. Die Liebe und die Gemeinschaft des Heiligen Geistes geht über konfessionelle Schranken. Zu dieser heiligen, von Christus gestifteten Ökumene sollten wir alle gehören. Der Herr schenke es in Gnaden.

Okkultismus im Vormarsch

Was in diesem kleinen Kapitel berichtet wird, ist nur „ein Tropfen auf einen heißen Stein". Viele Bände wären zu schreiben, und dann wäre das Gebiet immer noch zu einem kleinen Teil erfaßt.

Berichten müßte ich von den Hexenkonventen in Los Angeles und San Francisco, in Blomfontein und Johannesburg. Der ganze Globus ist durchsetzt mit magischem Brauchtum. Billy Graham sagte, daß 80000 englische Kinder nach dem Okkultismus befragt worden sind. Das Ergebnis war, daß 80% der Befragten über okkulte Dinge, besonders über das spiritistische Buchstabierbrett (Ouijaboard) Bescheid wußten. Nur 2% hatten irgendein religiöses Interesse.

In dem Maße wie die Säkularisierung der christlichen Kirchen um sich griff, wuchsen die Sumpfblüten des Okkultismus. Prof. Köberle sagte einmal: „Wir steuern in ein magisches Zeitalter." Und diese Entwicklung wird immer stärker, obwohl Männer wie Gubisch, Prokop in Europa, Dr. Paul Meier und sein Schützling Danny Korem in USA sich dagegen stemmen, weil sie über ihre rational festliegenden Grenzen nicht hinauskommen.

Diese Negativisten haben ihre Bedeutung, wenn es darum geht, eine okkulte Süchtigkeit bloßzulegen, aber sie sind fehl am Platz bei der echten Magie und den echten medialen Kräften.

Was ist der Grund, daß so viele Rationalisten das gesamte okkulte Gebiet als Schwindel, Betrug, Gaunerei und Tricks bezeichnen? Das hat zwei Ursachen: Erstens gehen die paranormalen Erscheinungen über das rationale Verstehen hinaus, und zweitens fehlen solchen Negativisten die Voraussetzungen, diese transpsychischen Fakten zu erkennen.

Die okkulten Phänomene greifen in biblische Sachverhalte hinein. Der Bereich des Dämonischen bricht hier auf. Zu seiner Erkenntnis muß der Forschende ein Jünger Jesu sein, der mit charismatischen Kräften ausgestattet ist. Da das Wort „charismatisch" heute schillernd ist, muß zur Definition gesagt werden: Es muß eine echte geistliche Kraft, die vom Heiligen Geist stammt, einen solchen Forscher beseelen und erfüllen, sonst kommt er nie hinter das Geheimnis. Parapsychologen, Psychologen, Psychotherapeuten, Psychiater, Theologen, die keine klare Stellung zu Jesus haben und nicht mit dem Heiligen Geist erfüllt sind, geraten in der Deutung paranormaler Fähigkeiten auf Nebengleise.

Dem Teufel kann nichts Besseres passieren, als daß er wegpsychologisiert oder wegtheologisiert wird. Und die okkulte Sturmflut schwillt dabei weiter an.

In den Veröffentlichungen gläubiger Christen der Gegenwart taucht in großer Häufigkeit der Ausdruck „okkulte Invasion" auf. „Neues Leben" vom Okt. 82 brachte den Artikel „Kommt die okkulte Invasion?" Die „Rhein-Neckar-Zeitung" vom März 82 veröffentlichte einen Artikel mit der Überschrift „Teufelsaustreiber und Hexen wieder auf dem Vormarsch".

Der amerikanische Autor Dave Hunt überschrieb sein Buch „The Cult Explosion" = die okkulte Explosion. Und John Weldon aus Kalifornien nannte sein Buch „Occult Shock" = der okkulte Schock. Richard Kriese nannte sein Buch „Okkultismus im Angriff". Und dieser Angriff wird auf breiter Front auch in Deutschland vorgetragen. Die „Kieler Nachrichten" brachten am 3. 2. 84 den Hinweis auf einen siebenwöchigen okkulten Kongreß in Kiel. Dieser Artikel läuft unter der Überschrift „Zauber, Mystik, Aberglaube, Phantasie" und hat folgenden Wortlaut:

„Aufsteigende Rauchwolken umhüllen die Anwesenden im Rotlicht des engen Raumes, aus dem Abflußrohr ruft die Stimme eines Geistes, Hellseher und Wahrsager blicken in die Zukunft, Gürtelrosen verschwinden, nachdem sie besprochen wurden, die Hypnose versetzt jemanden in einen langen Schlaf... – Zwei Monate lang ist die Pumpe ‚okkultisches Zentrum' der Bundesrepublik, Heimat von Hexen und Hexern, Treffpunkt für Astrologen, Phantasten und Magieren.

‚Zeit für Magie' – heißt das Thema eines Projektes, das über zwei Monate angesetzt ist. Genau 50 Einzelveranstaltungen haben die Mitarbeiter des Kommunikations-, nein Hexenzentrums, vorbereitet. Alle Bereiche und Themen rund um die Magie werden angesprochen. So etwas gab es in der Bundesrepublik noch nie.

‚Magisches, Mystisches, Phantastisches hat zur Zeit Hochkonjunktur', meint Axel Steude, pädagogischer Leiter in der Pumpe. Er gibt mit diesem Projekt gleichzeitig den Startschuß für die ‚Veränderung in der Programm-Struktur' der Pumpe, die künftig regelmäßig aktuelle Themen aufgreifen und umfassend und abgerundet aufarbeiten will. Auch das Kommunale Kino ist in diese jeweils zwei Monate dauernden Projekte einbezogen.

Das Magie-Spektakel beginnt am Donnerstag, 9. Februar, um 20 Uhr mit einer ‚mysteriösen' Talk-Show unter Leitung des Lübekker Magiers und Journalisten Hans Peter Juling: ein Astrologe, ein Zigeuner- und Hexenforscher, Heilpraktiker, Zauberer, Physiker und Philosoph und der Sohn eines asiatischen Zauberpriesters werden auf der Bühne sitzen. Ein Pastor wird noch gesucht.

Die Veranstaltungen sollen informieren, herausfordern, unterhalten, anregen. Ihre Vielzahl und Unterschiedlichkeit läßt sich kaum aufzählen. Da gibt es eine ‚Magische Show' (Zauber-Gala mit dem Magischen Zirkel Kiel), eine dreitägige rauschende Karnevalsparty (Steude: ‚So etwas hat es noch nie in Kiel gegeben'), an deren Ausstattung die Fachhochschule für Gestaltung beteiligt ist. Aber es gibt auch Meditationsveranstaltungen, literarische Zirkel, einen Tarok-Abend (Einführung in die Kunst des Kartenlegens), Vorträge, Diskussionsrunden, Experimente mit dem Übersinnlichen und Theater-Workshops.

Umfangreiches Informationsmaterial liegt in der Pumpe kostenlos aus."

Nach Erscheinen dieses Zeitungsartikels hat ein Kieler Pastor viele Christen um Fürbitte und Hilfe gegen diese okkulten Veranstaltungen gebeten. Sein Brief hat folgenden Wortlaut:

EV. LUTH. KIRCHENGEMEINDE PETRUS-SÜD

23 KIEL-WIK, den 7. Februar 1984

Betr.: 2monatiges Programm eines Okkulten Zentrums in Kiel

Liebe Geschwister!

In der Zeit vom 9. Febr. bis 29. März 1984 soll in einem großen Kommunikationszentrum in Kiel eine Veranstaltungsreihe mit ca. 50 Einzelveranstaltungen über Zauber, Mystik, Aberglaube und Magie durchgeführt werden.

Die Art und Weise der Ankündigung, die aus dem beigefügten Artikel aus den „Kieler Nachrichten" vom 3. 2. 1984 ersehen werden kann, muß als eine offene Kriegserklärung an die Christen unserer Stadt und als ein Schlag ins Gesicht der Gemeinde Jesu verstanden werden. Die Dreistigkeit und Frechheit dieser offensiven Attacke ist kaum zu überbieten.

Wie aus der Presseankündigung hervorgeht, handelt es sich keineswegs allein um eine Veranstaltung von nur örtlicher oder regionaler Bedeutung. Es handelt sich vielmehr darum, daß die Kieler „Pumpe" ganz offensichtlich zwei Monate lang Okkultistisches Zentrum der Bundesrepublik werden soll.

Diese Veranstaltungsreihe kann in ihrer Tragweite und Stoßrichtung nur als eine Generalmobilmachung der satanischen Kräfte gegen uns verstanden werden. Die Gemeinde Jesu ist bereits von verschiedenen Seiten zum geschlossenen Gebet und Fasten aufgerufen worden. Es ist daran gedacht, daß vor jeder Veranstaltung Christen Handzettel und gegebenenfalls geeignete Traktate vor dem Zentrum verteilen und betend um das Gebäude einen Ring schließen. Über weitere Planungen wird gesprochen.

Wir bitten alle bewußten Christen, sich mit uns im Gebet gegen diese Generaloffensive des Feindes zusammenzuschließen. Für von Gott gewiesene Wege zur Abwehr, die dem einen oder anderen von Gott gezeigt werden, wären wir sehr dankbar.

In herzlicher Dankbarkeit für alle Unterstützung und in Jesu Liebe verbunden Euer

gez. E. B. Klemm

Wir sollten in Deutschland mehr solcher aktiven Pastoren haben. Amtsbruder Klemm wird hier an dieser Stelle herzlich gedankt.

Paragraph 218

Zur Frage der gesetzlich geregelten und teilweise erlaubten Schwangerschaftsabbrüche haben viele Christen warnend ihre Stimme erhoben. Hören wir einen Artikel aus „Durchblick und Dienst“ 6/74.

Stimme Gnadaus zur Reform des § 218. Am 19. April veröffentlichten die beiden Vorsitzenden der Deutschen Gemeinschaftsbewegung (Gnadauer Verband) Pfarrer Kurt Heimbucher, 85 Nürnberg, und Pfarrer und Missionsdirektor Lienhard Pflaum, 7263 Bad Liebenzell, folgende Erklärung, die wir wörtlich an dieser Stelle wiedergeben:

„Als Vorsitzende der deutschen Gemeinschaftsbewegung (Gnadauer Verband), zu der Hunderttausende evangelischer Christen gehören und die den größten Zusammenschluß innerhalb der evangelischen Landeskirchen in der BRD bildet, erklären wir zur Reform des § 218:

Wir lehnen die Fristenregelung entschieden ab, weil dadurch das ungeborene Leben jeglichen Schutzes beraubt und der willkürlichen Tötung Tür und Tor geöffnet wird. Das widerspricht eindeutig dem Gebot Gottes.

Ebenso sind die weitergehenden Indikationslösungen für uns unannehmbar, weil auch dadurch die Entscheidung über Leben und Tod dem göttlichen Gebot und Willen entzogen und dem menschlichen Ermessen anheimgestellt wird. Nur dort, wo Leben gegen Leben steht, kann eine Entscheidung des Menschen ethisch verantwortet werden.

Weil Christen der Mund der Stummen sein müssen, darum schweigen wir nicht, wenn hilfloses Leben in eklatanter Weise gefährdet ist.

Wir kommen in Deutschland aus einer Zeit, in der leichtfertig getötet worden ist. Das darf sich mit staatlicher Genehmigung auf anderer Ebene in unserem Volk nicht wiederholen.

Die Stunde ist ernst.

Wir sind dankbar für die klaren Stellungnahmen, die Julius Kardinal Döpfner, der Vorsitzende der deutschen katholischen Bischofskonferenz, abgegeben hat.

Als Vorsitzende der deutschen Gemeinschaftsbewegung stellen wir an die Mitglieder und Freunde unserer Verbände und Werke die Frage, ob es möglich ist, noch einmal einem Abgeordneten die Stimme zu geben, der in einer Situation, als es um die Frage nach dem Leben ging, in einer Weise entschied, wie wir es als evangelische Christen vor Gott und unserem Gewissen nicht verantworten können."

Zum gleichen Thema äußerte sich L. Gassmann in Pforzheim in einem Flugblatt. Er schreibt: „Nach Ansicht des Vorsitzenden der Europäischen Ärzteaktion, Dr. Siegfried Ernst, wütet durch die Freigabe des Schwangerschaftsabbruches der schlimmste aller Kriege in unserem Land. Er schätzt die Zahl der Kinder, die jährlich einer Abtreibung zum Opfer fallen auf 250000. (Zum Vergleich dazu: Die Stadt Karlsruhe hat etwa 280000 Einwohner.)"

Prof. Dr. R. Slenczka vertrat in einer Vortragsreihe der juristischen Fakultät Erlangen über „Arzt und Recht" folgende Meinung: „Sowohl medizinisch wie juristisch und auch theologisch muß jeder Abbruch einer Schwangerschaft in aller Eindeutigkeit als Tötung von Menschenleben bezeichnet werden.

Nur, wenn es sich dann um die Entscheidung zwischen dem Leben der Mutter oder des Kindes handelt, ist ein Abwägen für oder gegen eine Abtreibung möglich. Sämtliche anderen Indikationen betreffen nicht die Lebenserhaltung, sondern die Bewahrung oder Verbesserung der Lebensqualität." Im Blick auf die theologische Situation erklärte Prof. Slenczka: „Bei den Frauen, die abgetrieben haben, wird das Gewissen oft erst nach vollbrachter Tat wach, wenn es unter dem Druck der Schuld das Wort der Vergebung nicht zugesprochen bekommt."

Einen äußerst eindrucksvollen und wirksamen Appell zur Abtreibungsproblematik richtete Mutter Theresa bei einer Großkundgebung 1983 in Madrid an das spanische Volk. Sie rief 30000 Menschen zu:

„Erlaubt nicht die Abtreibung in eurem Lande, denn die Kinder sind geschaffen, damit sie geliebt werden. Die Kinder sind als Abbild Gottes geschaffen. Ein Kind ist das größte Geschenk, das Gott einer Familie und der Welt gibt.

Jesus sagt, was ihr einem meiner geringsten Brüder getan habt, das habt ihr mir getan. Wer ein ungeborenes Kind tötet, der tötet Jesus. Die Abtreibung ist ein Mord, den Spanien nicht legalisieren darf. Wenn eine Frau abtreibt, tötet sie nicht nur ihr Kind, sondern auch ihr Gewissen.

Wenn ihr ein Kind zerstört, zerstört ihr die Liebe und den Frieden. Wenn schon eine Mutter ihr ungeborenes Kind mordet, was steht dann noch einem allgemeinen Mord aller Menschen untereinander im Wege? Tötet die Kinder doch nicht, gebt sie mir. Ich will sie umsorgen."

B 230 Der Zeitschrift „Medizin und Ideologie" Juli 83 entnehme ich folgenden furchtbaren Artikel zur Frage der Abtreibung – er ist überschrieben „Das Amerikanische Holocaust" und hat folgenden Wortlaut:

„Was hat Reagan so erschüttert?
Ein gewisser Martin Weisberg hatte im Bezirk von Los Angeles in Kalifornien ein pathologisches Laboratorium, in dem auch Befunde für Abtreibungen ausgegeben wurden und die zerstückelten Kinder in Behälter verschlossen und auf einem Container verladen wurden. Als Weisberg der Firma für den Container keine Zahlung

leistete, wurde vom Besitzer dieser Anhängerwagen zurückgeholt und entladen. Dabei zerbrach ein Behälter, und zum Entsetzen der Arbeiter lagen vor ihnen zerstückelte Kinderleichen, die einen schrecklichen Gestank verbreiteten. Sie verständigten die Polizei. Das zuständige Amt hat sich eingeschaltet und genaue Untersuchungen veranlaßt. Es wurde festgestellt, daß ungefähr 17000 tote Kinder in den Behältern waren, darunter solche, die schon sieben Monate alt gewesen sind. Die Aufdeckung dieses Skandals geschah am 6. Februar 1982. Die Kinder sollten ein würdiges Begräbnis erhalten.

Die offizielle Zahl der Abtreibungen beträgt in Amerika 1½ Millionen. Die schrecklichen Vorgänge in Kalifornien haben die Nation aufgeschreckt und Reagan zu seinem Eingreifen veranlaßt."

An dieser Stelle empfehle ich dringend die oben erwähnte Zeitschrift „Medizin und Ideologie" und bitte um Fürbitte und Hilfe für Dr. med. Siegfried Ernst, dem 1. Vorsitzenden der Europäischen Ärzteaktion.

Dieser Zeitschrift ist auch folgender Brief von Dr. Basler an den Herrn Bundeskanzler Dr. H. Kohl entnommen. Der Brief hat folgenden Wortlaut:

Herrn
Bundeskanzler Dr. Helmut Kohl
Adenauer Allee 139–141
5300 Bonn 1

Sehr geehrter Herr Bundeskanzler,

im letzten Jahr (1982) wurden in der Bundesrepublik 91000 Abtreibungen gemeldet.

1977	waren	es	54000
1978			73500
1979			82800
1980			87700

Für 1981 liegen mir keine exakten Zahlen vor. Man wird jedoch nicht fehl gehen, eine Zahl von 88–89000 anzunehmen.

Das sind innerhalb von 6 Jahren ca. 480000 gemeldete Kindestötungen. Die Meldehäufigkeit, die niemand überwacht, liegt bei 40–60%.

Die Zahl der getöteten Ungeborenen ist also etwa doppelt so hoch wie gemeldet, ungefähr eine Million, – davon 750000 wegen sozialer Gründe.

Kürzlich kam ich 20 Minuten zu spät zur Parkuhr. Strafe: DM 20,–. Aber wenn ein ärztlicher Abtreiber ein gesundes Kind einer gesunden Mutter vor der Geburt umbringt, wird das honoriert.

Honorieren kommt von honor = die Ehre. Der Abtreiber erhält für sein verbrecherisches Tun einen Ehrensold! Die Mutter, die ihr Kind töten läßt, bekommt den Eingriff, den Krankenhausaufenthalt, das Krankengeld, die Nachbehandlung bei Komplikationen von Krankenkasse und Arbeitgeber bezahlt!

So die gesetzliche Regelung, obwohl die Abtreibung grundsätzlich unter Strafe steht, lt. Urteil des BVG vom 25. 2. 75 ein Unrecht und ein Verstoß gegen das Grundgesetz ist.

Wir haben viel von „Wende" gehört im letzten halben Jahr, leider nicht hinsichtlich des § 218.

Herr Dr. Geißler, Bundesfamilienminister, hat mehrfach erklärt, daß der § 218 nicht geändert werde. Das 1000000fache Morden soll also auch unter der Regierung einer sog. christlichen Partei weitergehen.

Sehr geehrter Herr Bundeskanzler, Sie können davon ausgehen, daß während Ihrer bisherigen Regierungszeit in unserer Bundesrepublik mehr als 100000 Ungeborene gemordet wurden, gemordet mit Wissen der Regierung; davon 75000 zur Behebung einer sozialen Notlage. Als ob man durch Mord eine soziale Notlage beheben könnte!

Jedes Jahr steigt die Zahl der abgetriebenen Kinder, siehe die Zahlen zu Anfang des Briefes. Die derzeitige Regelung des § 218, die unter bestimmten Voraussetzungen bei Abtreibung Straffreiheit für Mutter und Abtreiber vorsieht, ist, wie die Zahlen beweisen, keineswegs in der Lage, den tatsächlichen Schutz des Ungeborenen zu gewährleisten. In diesem Falle ist der Gesetzgeber verpflichtet, zum Schutz des sich entwickelnden Lebens das Mittel des Strafrechts einzusetzen, da offenbar andere wirksame Möglichkeiten nicht zur Verfügung stehen.

Sehr geehrter Herr Bundeskanzler, wenn in unserer Bundesrepublik schon die Entscheidung über Leben und Tod ins Belieben schwangerer Frauen, zahlungsunwilliger Erzeuger, in das Belieben von Teenagern und Schulkindern gestellt ist – welche Werte sind dann überhaupt noch schutzwürdig? – etwa die vorgeschriebene Parkzeit?

Die Tatsache, daß jede – aus welchen Gründen immer – abtreibungswillige Frau auf Kosten der Kassenmitglieder abtreiben lassen kann – das ist heute leider eine Tatsache! – daß der Abtreiber von der Krankenkasse bezahlt werden muß!, ist ein unglaublicher Skandal und eines Kulturvolkes unwürdig. Solange dies bei uns möglich ist, ist die Bundesrepublik kein Rechtsstaat.

Wir wissen, daß diese barbarischen Zustände Erbe einer sozialistisch-liberalen Regierung sind. Aber nachdem die jetzige Regierung über ½ Jahr am Ruder ist, ist es an der Zeit, sich von den unseligen Machenschaften der Vorgänger zu lösen, trotz Herrn Dr. Geißler; ist es an der Zeit, gemäß dem Amtseid zu Gesetz und Rechtlichkeit zurückzukehren; ist es an der Zeit, das menschliche Leben während seiner gesamten Dauer unter den Schutz des Staates, seine Bedrohung und Vernichtung unter Strafe zu stellen.

Dieses, Herr Bundeskanzler, ist meine und vieler Gleichgesinnter Bitte und Forderung. Sorgen Sie bitte dafür, daß das ungeborene Kind nicht zur Wegwerfware wird.

Zur Zeit nimmt die Bevölkerung der Bundesrepublik jährlich um 100000 Menschen ab trotz der Ausländer, trotz des gestiegenen Durchschnittsalters. Sollte das nicht Anlaß zur Sorge für die Zukunft unseres Volkes sein?

Haben Sie, Herr Bundeskanzler, nicht folgenden Eid geschworen:

„Ich schwöre, daß ich meine Kraft dem Wohl des deutschen Volkes widmen …, Schaden von ihm wenden, das Grundgesetz und die Gesetze des Bundes wahren und verteidigen … und Gerechtigkeit gegen jedermann üben werde …"?

Meine Freunde und ich bitten Sie, diesen Schwur in die Tat umzusetzen, d. h. unter anderem das im Grundgesetz garantierte Lebensrecht zu verteidigen, Gerechtigkeit gegen jedermann, also auch gegen das wehrlose Ungeborene zu üben, um so Schaden von unserem Volke abzuwenden.

Mit freundlichem Gruß
Dr. med. E. Basler
Freiburg i. Br.

Dieser Bitte, die Herr Dr. Basler an den Herrn Bundeskanzler gerichtet hat, schließe ich mich in voller Zustimmung an.
Dr. theol. Kurt Koch
Aglasterhausen

Am 31. 1. 84 gab Reagan im Fernsehen durch, daß er ein Abtreibungsverbot begrüßen würde, weil seit 1973 in USA 15 Millionen Kinder umgebracht worden seien.

Parapsychologie

Parapsychologie ist die Wissenschaft von den okkulten Erscheinungen. So hat der Leipziger Philosoph Hans Driesch 1932 in seinem Buch „Methodenlehre" definiert.

Prof. Dr. Hans Bender von der Freiburger Universität, der in der Welt als der führende Parapsychologe gilt, sagt dazu: „Die Parapsychologie erstrebt eine vorurteilsfreie Tatsachenforschung auf dem umstrittenen Gebiet, auf dem sich Okkultgläubige und Antiokkultgläubige unversöhnlich gegenüberstehen." (Aufsätze zur Parapsychologie, Seite 10) Die Okkultgläubigen, das sind die Spiritisten, die Magier und alle, die okkulte Praktiken betreiben. Die Antiokkultgläubigen, das sind die Rationalisten, die alles als Humbug und Scharlatanerie ablehnen, was nicht in den Rahmen ihres engbegrenzten Horizontes hineinpaßt. Ich gehöre weder zu der einen noch der anderen Gruppe, sondern untersuche diese Probleme aufgrund einer umfangreichen Seelsorge. Ich habe seit Jahrzehnten beobachtet, wie Menschen durch den Okkultismus zu Schaden gekommen sind. Meine Aufgabe ist deshalb aufzuklären, zu warnen und seelsorgerlich zu helfen, soweit es möglich ist.

1. Historisches

Die Parapsychologie als Wissenschaft hat etwa eine Geschichte von rund 100 Jahren, obwohl seit Jahrtausenden okkulte Dinge betrieben wurden. Etwa um 1850 machten die Spiritisten in USA von sich reden. Es breitete sich die Bewegung der spiritistischen Zirkel über die ganze Welt hin aus. Dem Wunsch nach einer eingehenden Erforschung der Phänomene kam die englische Society for Psychical Research (1882) nach. Von Anfang an bemühten sich die Parapsychologen, an den Universitäten Eingang zu finden.

Ihr Bemühen hatte erst rund 50 Jahre später Erfolg. 1934 wurde an der Duke Universität in USA unter der Leitung von Prof. J. B. Rhine (The reach of the mind) ein Labor für parapsychologische Forschungen eröffnet. Im gleichen Jahr erhielt der Holländer W. H. C. Tenhaeff einen Lehrauftrag für Parapsychologie an der Universität Utrecht. 1954 wurde an der Universität Freiburg ein Lehrstuhl für die Grenzgebiete der Psychologie unter Prof. Dr. Hans Bender errichtet. 1960 folgte die Leningrader Universität mit der Gründung eines Institutes für Forschung der paranormalen Fernwirkungen unter Prof. L. L. Wassiliew. 1964 erhielt Prof. Onetto einen Lehrauftrag für Parapsychologie an der Universität Santiago. 1975 wurde Dr. M. Johnson Professor für Parapsychologie an der Utrechter Universität.

2. Hypothesen

Seit die paranormalen Phänomene von Fachleuten untersucht werden, teilen sich die Meinungen über ihre Beurteilung. Man unterscheidet drei grundsätzliche Stellungnahmen:

a) Die Animisten erklären, daß die Seelenkräfte des Menschen ausreichen, um parapsychologische Wirkungen auszulösen. Nahezu alle Professoren, die an einer Universität dozieren, teilen diese Anschauung. Sonst könnten sie sich ja an einer Universität nicht halten. Ich erinnere mich an ein Gespräch im Anschluß an eine große Konferenz in der Schweiz. Als Redner waren anwesend der berühmte Tiefenpsychologe Prof. Carl Gustav Jung, auch Prof. Dr. Fritz Blanke, der Kirchenhistoriker von der Universität Zürich. Nach einem Vortrag kam ein privates Gespräch in kleinem Kreis zustande. Mein Freund Pfarrer Fritz Eichin gehörte zu dieser kleinen Gruppe. Prof. Jung äußerte sich sehr positiv zu der sogenannten spiritistischen Hypothese. Dann wurde er aus der Gruppe heraus gefragt: „Herr Professor, warum vertreten Sie das nicht öffentlich in Ihren Vorträgen oder in Ihren Büchern.“ Prof. Jung antwortete: „Meine Kollegen würden mich ja für geisteskrank halten.“ Wer einen Lehrstuhl an einer Universität hat, muß notgedrungen die Einwirkungen von außermenschlichen Wirkungszentren ablehnen, sonst ist er wissenschaftlich nicht mehr hoffähig.

Ich habe in meinen Büchern und Vorträgen die Vertreter der animistischen Theorie oft darauf aufmerksam gemacht, sie sollen doch einmal die Vorgeschichte der Okkultisten studieren. Sie würden dann entdecken, daß die Okkultisten, die Magier, die Spiritisten, die Medien meistens Vorfahren haben, die selbst schon Zauberei betrieben haben. Die Zauberei der Vorfahren löst mediale Kräfte aus, die in den Erbgang gehen. Das wurde z. B. von Prof. Dr. Siebeck, dem früheren Leiter der Medizinischen Klinik der Universität Heidelberg anerkannt, als ich ihm eine ganze Reihe von solchen Fällen vorgelegt hatte. Ich wunderte mich oft darüber, daß Prof. Bender dieser sehr gut dokumentierten Beobachtung keine Beachtung schenkt.

b) Spiritisten behaupten, daß die paranormalen Erscheinungen mit Hilfe der jenseitigen Freunde, der sogenannten Operatoren, zustande kommen. Das heißt, jenseitige Mächte oder Geister würden hereingreifen in unser Leben und diese okkulten Erscheinungen zustande bringen. Diese These wird natürlich von allen Spiritisten vertreten.

c) Die dritte These findet sich nicht in der parapsychologischen Literatur, weil sie aus dem Raum des christlichen Glaubens kommt. In diesem Zusammenhang erwähne ich zwei englische Titel „Soul and Spirit" von Jessie Penn Lewis und „The latent power of the soul" von Watchman Nee. Beide Autoren behaupten, daß Adam im Paradies bedeutend größere Fähigkeiten gehabt hat als nach dem Sündenfall. Beim Sündenfall seien gleichsam seine ursprünglichen Kräfte in den Bereich der Seele eingeschlossen worden. Bei den okkulten Erscheinungen würde Satan diese verschlossenen und verborgenen Kräfte des gefallenen Menschen entbinden, lösen und für seine Zwecke nutzen. Ohne den religiösen Akzent zu beachten, würde diese These etwa der animistischen These gleichkommen. Und dennoch ist sie völlig verschieden. Bei der animistischen Theorie ist der auslösende Faktor der paranormalen Kräfte das Unterbewußtsein. Sowohl Prof. Driesch als auch Prof. Bender sprechen oft von den Steigrohren des Unbewußten. Bei der Auffassung von Lewis und Watchman Nee ist der auslösende Faktor Satan und die Dänomen, also außermenschliche Wesenheiten. Mit dieser Auffassung nähern sich Lewis und Nee den Spiritisten, allerdings mit dem Unterschied, daß die Spiritisten diese Dämonen ihre guten Helfer nennen, während Lewis und Nee diese Vorgänge als teuflisch bezeichnen.

3. Stellungnahme

Gegen die animistischen Erklärungen habe ich folgendes einzuwenden.

a) Prof. Bender berichtet in seinen Aufsätzen zur Parapsychologie Seite 27–29 von dem Spuk in Rosenheim. In Gegenwart eines 19jährigen Mädchens zeigen sich viele Spukphänomene. Unter anderem bewegte sich ein 3½ Zentner schwerer Aktenschrank zweimal 30 cm von der Stelle. Zeugen waren der Physiker Prof. Büchels und andere Beobachter. Prof. Bender vertritt die animistische These, wie schon gesagt. Er nennt diese Spukphänomene Psychokinese. Das heißt, daß die auslösenden Kräfte aus der Psyche des Menschen stammen. Das würde dann bedeuten, daß in dem Fall des schweren Aktenschrankes die psychischen Kräfte des Mädchens um ein Vielfaches höher waren als ihre natürlichen körperlichen Kräfte. Ich besprach derartige Fälle mit einem theoretischen Physiker der Universität Mainz. Er sagte: „Um solche Phänomene zustande zu bringen, würden die psychischen Kräfte von Tausenden von Menschen nicht ausreichen." Woher soll nun ein 19jähriges Mädchen diese psychischen Kräfte von Abertausenden von Menschen haben? Prof. Bender gibt auf Seite 29 des erwähnten Buches den Hinweis, daß solche medial veranlagten Menschen auch von anderen Energie organisieren können. Das ist übrigens ein Gedanke, den ich schon mehrfach in meinen Büchern zum Ausdruck gebracht habe. Ein spiritistisches Medium verwendet nicht nur die eigene mediale Kraft, sondern sie löst auch die mediale Kraft anwesender Personen aus. Das ist auch das Problem des Uri-Geller-Effektes, der über das Fernsehen die medialen Kräfte seiner Zuschauer mobilisierte. In den Häusern der medial veranlagten Fernsehzuschauer verbogen sich ebenfalls die Messer und die Gabeln, so wie es Uri Geller in der Fernsehshow zeigte. Beim Spuk Rosenheim waren aber nicht Tausende von Menschen gegenwärtig, deren psychische Kraft von dem Mädchen organisiert werden konnte. Die animistische Erklärung läßt uns nicht nur beim Spuk Rosenheim, sondern bei fast allen Spukfällen einfach im Stich. Bender muß aber an der animistischen Erklärung festhalten, eben aus dem erwähnten Grund, um sich nicht vor den Kollegen der Universität lächerlich zu machen, wie es Prof. Jung auch geäußert hat.

b) Die Spiritisten haben es einfach. Sie erklären die Psychokinese mit dem Hinweis auf die jenseitigen Operatoren, ihre Helfer, die aus der jenseitigen Welt in unsere materielle Welt hineinwirken. Diese guten jenseitigen Freunde der Spiritisten sind für mich Dämonen, denn ich habe jahrzehntelang Tausende von Beispielen über die furchtbaren Auswirkungen des Spiritismus gesammelt. Die Auswirkungen werden natürlich meistens erst dann offensichtlich, wenn ein Spiritist versucht, sich aus dem Netz des Spiritismus zu lösen und sich Christus anzuvertrauen. Solange der Spiritist dem Teufel dient, wird er in Ruhe gelassen.

Natürlich sind diese religiösen Aussagen unseren Wissenschaftlern lächerlich. Ich bin mir dessen bewußt, fürchte mich aber nicht davor. Wir haben in 1. Mos. 19 auch den Hinweis, daß es den Bewohnern von Sodom lächerlich war, als sie von Lot gewarnt wurden. Ihr Ende ist in 1. Mos. 19 berichtet.

Zur spiritistischen Theorie haben wir gegenwärtig die Aussagen von zwei sehr guten Medien. Der erste ist Uri Geller, der erklärte, daß bei seinen Experimenten Kräfte von außerhalb auf ihn einwirken.

Das vielleicht noch stärkere Medium ist Matthew Manning. 1967 zeigten sich im Haus Manning in England Spukphänomene. Gegenstände bewegten sich auf unerklärliche Weise von selbst. Ein Professor Owen untersuchte die Spukfälle und erklärte, es würde sich nicht um Tricks handeln. Am Anfang glaubte Matthew Manning, daß diese Spukphänomene aus der eigenen Psyche entstanden seien. Später gab er diese Meinung auf. Anlaß dazu war folgendes Erlebnis. Matthew verfaßte eine Arbeit über einen Architekten aus dem 18. Jahrhundert, der sein elterliches Haus gebaut hatte. Bei der Niederschrift dieses Artikels erschienen plötzlich an der Wand des Zimmers altertümliche Unterschriften und Jahreszahlen. Sie hatten alle Bezug zu dem Architekten. Das Kirchenregister wies diese Daten und Namen aus. Parapsychologische Fachleute wurden zu Rate gezogen. Niemand sah die Entstehung der Schriftzüge, aber die Schreibgeräusche wurden gehört. Anschließend fand man abgeschriebene Bleistifte im Zimmer. Es ereigneten sich auch Apporte von Gegenständen aus dem 18. Jahrhundert. Die Kenntnisse und Wissensinhalte, die dem jungen Mann durch diese Schriften an der Wand vermittelt wurden, konnten nicht aus seiner Psyche stammen. Sie waren ihm völlig unbekannt. Seit dieser Zeit gab Matthew die animistische Theorie auf und glaubt nun ebenfalls an das Einwirken von außerhalb durch Geister von Verstorbenen. Manning hat noch viele andere Phänomene erlebt. Sie können aber hier nicht alle im Detail berichtet werden. Prof. Bender hat auch in seinem Institut drei Tage lang dieses neue berühmte Medium überprüft, bleibt aber nach wie vor bei seiner animistischen Hypothese.

c) Zu dieser These von Lewis und Nee brauche ich mich nicht zu äußern. Diese Frage ist im Teil II von „Seelsorge und Okkultismus", 25. Aufl., S. 425–683, behandelt. Für die Seelsorge spielt es keine Rolle, ob die Dämonen, die in der Seele des Menschen verschlossenen Kräfte lösen und benützen, oder ob die Dämonen Kräfte übertragen. Die Auswirkung ist seelsorgerlich die gleiche.

4. Fazit

In der Seelsorge geht es nicht um die animistische und spiritistische Theorie. Die Probleme der Seelsorge liegen auf einer höheren Ebene. Abertausende von Fällen zeigen, daß der Okkultismus in jeder Form, auch in der wissenschaftlichen Form, den Menschen Schaden bringt. Das gilt auch für die wissenschaftlichen Parapsychologen, die etwa in spiritistische Sitzungen gehen, um die Tätigkeit der Medien zu studieren. Das Verbot, sich mit Spiritisten einzulassen, das in der Bibel oft ausgesprochen ist, gilt nicht nur für den einfachen Menschen, den Laien, sondern auch für den wissenschaftlich arbeitenden Parapsychologen. In der Tat kennen wir keinen Parapsychologen, der ein überzeugter Christ ist. Natürlich wird nun hier Einspruch erhoben mit dem Hinweis, daß etwa Prof. Rhine ein Kirchgänger war. Christ sein und Kirchgänger sein, sind normalerweise zweierlei Dinge. Es kann zusammenfallen, gewöhnlich ist es aber nicht so. Das Wort Gottes sagt: „Es sei denn, daß jemand von neuem geboren werde, so kann er das Reich Gottes nicht sehen" (Joh. 3,3). „Wer Christi Geist nicht hat, der ist nicht sein" (Röm. 8,9b). „Niemand kann Jesus einen Herrn heißen ohne durch den Heiligen Geist" (1. Kor. 12,3b). Christsein aus Tradition ist Namenchristentum ohne eine persönliche Entscheidung für Christus. Ich kann es mir deshalb nicht vorstellen, daß ein Christ, der wirklich sein Leben Christus ausgeliefert hat, in der Lage ist, sich an parapsychologischen Experimenten zu beteiligen, wenn diese Experimente mit Medien durchgeführt werden.

Diese Sätze werden vielleicht als hart und überheblich empfunden. Ich halte dagegen, daß es an der Zeit ist, daß diese Tatbestände einmal ganz klar ausgesprochen werden. Wir haben auch im christlichen Raum Bücher über die okkulten Erscheinungen, die das ganze Problem verharmlosen. So ist z. B. das Buch von Oberkirchenrat Dr. Kurt Hutten „Seher, Grübler, Enthusiasten“ ein ausgezeichnetes Buch zur Information. Es fehlt aber in diesem Buch die Warnung vor vielen okkulten Bewegungen. Das war natürlich nicht die Absicht von Dr. Hutten. Der Leser aber beruft sich auf dieses Buch und sagt, das alles sei ja halb so schlimm, wie es nun von Evangelisten ausgesprochen wird.

Peditherapie

Man könnte die Peditherapie fast eine technische Parallele zur Irisdiagnose nennen. Der Begriff setzt sich aus dem lateinischen pes = Fuß und dem griechischen therapeuo = heilen zusammen. Wir haben es hier mit einer „Fußheilkunst“ zu tun. Der Fuß wird in 38 Zonen eingeteilt, die bestimmten Körperpartien entsprechen sollen. Man wird dabei an die sogenannten Headschen Zonen erinnert, obwohl die Fußsohlen-Reflexzonen nichts damit zu tun haben.

Die Vertreter dieser neuen Heilkunst glauben, bestimmte Organe durch Massage der Reflexzonen beeinflussen zu können. Über den Wert oder Unwert dieser Massage sollen sich die Mediziner streiten. Das ist nicht meine Aufgabe.

Hier in diesem Abschnitt geht es um eine okkulte Anwendung der Reflexzonen, wie sie mir in der Seelsorge begegnet ist. Die okkulten Fußsohlen-Therapeuten sind der Meinung, daß sie auch Diagnosen durch Betasten der Reflexzonen stellen können. Wenn beim Berühren einer bestimmten Zone ein leichtes Schmerzgefühl entsteht, dann soll das entsprechende Organ erkrankt sein.

Die Mediziner nennen dies Quacksalberei. Ganz so einfach ist aber das Problem nicht. Der okkulte Therapeut kann die Reflexzonen als Kontaktbrücke benützen und damit exakte Diagnosen erzielen, die der wissenchaftlichen Nachprüfung tatsächlich standhalten. Es handelt sich dabei um eine Form der hellfühlenden Diagnose, die über die Patienten Belastung bringt.

Pornographie

Der Ausdruck ist aus zwei griechischen Wörtern zusammengesetzt: porneia = Unzucht, Hurerei, und grapho = aufzeichnen. Unter dem geläufigen Wort Pornographie versteht man also die Verbreitung von unzüchtigem Schrifttum und obszöner Abbildungen. Es sollen nur drei Seiten dieses scheußlichen Kapitels zur Sprache kommen.

1. Die Profitgier. Eine deutsche Zeitung berichtete, daß in einem Jahr von Dänemark nach Deutschland für 1,6 Milliarden Mark pornographisches Schrifttum eingeschleust worden ist. Wie teuer diese „ausgefallenen" Produkte oft sind, zeigt folgender sich zugetragener Vorfall. Ein Pfarrer Norddeutschlands sah es als seine Aufgabe an, Verkäufer pornographischer Bilderbücher ausfindig zu machen. Er ging auf der sogenannten Reeperbahn – dem Lasterviertel von Hamburg – in eine schmuddelige Bude und verlangte etwas „Delikates". Der Verkäufer zog unter dem Ladentisch ein Buch hervor, das alle sexuellen Vorgänge in Bildern zeigte. Der „Kunde" fragte nach dem Preis. 600,– Mark war die Antwort. Der „Pfarrer-Kunde" bedankte sich und verschwand. Eine halbe Stunde später rückte er mit einem Polizeibeamten an und erstattete Anzeige gegen diesen Sexshop. Ein anderes Beispiel hörte ich bei meinen USA-Touren. Ein Verleger, der kommunistisch orientiert war, bekannte am Ende seines Lebens, daß er für einige Milliarden Dollar pornographische Literatur in seinem Leben in den USA verbreitet habe, um das Volk zu ruinieren.
2. Verseuchung der Jugend. Seit einigen Jahren verfolgen gläubige Eltern mit größter Besorgnis den sogenannten Aufklärungsunterricht in den Schulen. Alle Proteste bei den Lehrern und Schulbehörden fruchteten nichts. Aufklärung – oft in widerlichster Art – ist Pflichtfach, sogar in den unteren Schulklassen. Ein Vater sagte mir: „Mein achtjähriger Sohn weiß über diese Dinge mehr als ich in der Zeit meiner Eheschließung."

   Wie sich dieser von der Regierung angeordnete Unterricht auswirkt, zeigt etwa folgendes Beispiel, das für hunderte steht. Ein achtjähriger Junge kommt heim und sagt seiner jüngeren Schwester: „Zieh dich mal aus. Ich will etwas ausprobieren. Der Lehrer hat uns heute interessante Dinge erzählt." Die Eltern des Jungen setzten sich beim Lehrer energisch zur Wehr. Natürlich ohne Erfolg.

B 231 Ende 1975 gab es in Hessen einen derartigen Skandal. Ein Verbrecher hatte im Gefängnis ein pornographisches Buch über die sexuellen Gebräuche im Knast geschrieben. Früher wäre ein solches Buch verboten und der Autor bestraft worden. Wie geht es heute zu? Das Buch wurde einem Sachbearbeiter des hessischen Kultusministeriums vorgelegt, der es dem Kultusminister zu einer probeweisen Einführung in den Höheren Schulen empfahl. Die meisten Schulen lehnten es ab, weil es zu schmutzig, zu dreckig ist. Der Rektor eines Gymnasiums führte es in den oberen Klassen als Klassenlektüre ein. Damit begann ein Wirbel. Eine Lehrerin protestierte energisch beim Rektor. Dieser „Pädagoge" parierte den Angriff mit dem Hinweis: „Die Bibel enthält auch solche Schmutzgeschichten. Was wollen Sie eigentlich?" Die Lehrerin war zornig: „Die Bibel verurteilt diese Schweinereien, aber dieses Schmutzbuch empfiehlt sie. Außerdem wühlt die Bibel nicht mit Wohlgefallen in allen perversen Abartigkeiten, sondern verkündigt das Gericht Gottes darüber."

Nicht nur die gläubige Lehrerin, auch die Eltern wehrten sich gegen das Dreckbuch. Dies wurde wieder nur mit einem Achselzucken der zuständigen Schulstellen quittiert! Zuletzt konnten sich einige Schüler nur damit helfen, daß sie in Streik traten und sich weigerten, das Buch weiterzulesen. Sie steckten lieber eine schlechte Zensur in Deutsch ein, als diesen Dreckkübel über sich ausleeren zu lassen.

Was für ein Gericht wird einmal über diese Kultusministerien, Schulbehörden und Lehrer ergehen, die unsere Jugend vergiften und alle Dämme des Anstandes und der guten Sitte niederreißen.

3. Endzeitliche Entwicklung. Man kann häufig eine Parole Lenins hören: „Interessiert die Jugend am Sex, und ihr bekommt sie in die Gewalt." Die Kommunisten praktizieren diesen Vorschlag als wirksame Waffe, um den Westen zu unterhöhlen. Sie haben es auf die Schüler, Studenten und ihre Lehrer abgesehen.

In den USA las ich einen Bericht, daß man die Namen von 6000 Lehrern habe, die Kommunisten sind. Im Westen Europas beobachtet man auch eine beängstigende Entwicklung. Es mögen auch Tausende von Lehrern sein, die in Italien, Frankreich, England, Westdeutschland die rote Ideologie in ihre Klassen hineintragen. Mir liegen viele Einzelbeispiele vor.

Die Sex-Unterspülung und Sex-Überflutung ist aber nicht nur

ein kommunistisches Problem. Im letzten Hintergrund steht der diabolische Drahtzieher, Satan, der sicher alles auf eine moralische, physische und geistige Weltrevolution zutreibt.

Er wird aber nicht das letzte Wort haben! Dessen sind wir gewiß!

Purgatorium = Das Fegefeuer und die Armen Seelen

Dieses Kapitel ist der Beitrag eines katholischen Priesters, mit dem ich schon jahrelang befreundet bin. Er ist mir eine große Hilfe gewesen, Material zu diesem Buch zu sammeln. Zugleich ist dieser Bericht ein Beweis dafür, daß es auch in der katholischen Kirche Menschen gibt, die biblisch denken können. Seine Ausführungen sind wie folgt:

Können wir den Toten helfen? Dürfen wir Tote um Hilfe anrufen? Oder sind damit Gefahren verbunden, ähnlich wie mit Spiritismus und Okkultismus?

Die katholische Kirche lehrt über die Inspiration der Bibel: „Das von Gott Geoffenbarte, das in der Heiligen Schrift enthalten ist und vorliegt, ist unter Anhauch des Heiligen Geistes aufgezeichnet worden" und hat Gott zum Urheber (2. Vat. Konzil (1965): Dei Verbum, cap. 3). Somit ist in den Hl. Schriften des Alten und Neuen Testamentes das irrtumslose Wort Gottes aufgezeichnet. Wenn wir die Lehre von der Inspiration der Hl. Schrift durch Gott ernst nehmen, dann müssen wir der Bibel mehr Beachtung schenken, als es bis jetzt geschieht. Was finden wir dort?

Die Bibel kennt keine Reinigung durch Strafen oder durch Plagen, Läuterungsstufen durch Feuer oder ähnliches. Sie kennt nur eine Reinigung durch das Blut des Lammes! Römer 5,9 (vgl. 1. Joh. 1,7; 1. Petr. 1,19; Hebr. 9,14; Offb. 1,5; 7,14; 12,11). Andere Vorstellungen über Reinigung von Sündenschuld als durch die Erlösungstat Jesu Christi drangen aus dem Heidentum in das Christentum und in die kath. Kirche ein! Plato und Neuplatoniker kennen solche Läuterungsstufen durch ein ignis purgatorius (reinigendes Feuer usw.), ebenso Parsismus und Orphismus, von wo diese Vorstellungen über die Gnosis in das Christentum eindrangen, die wir schon bei Vergil finden (vor Chr.). Die alten Heidenvölker China, Ägypten, Römer (Lichter- und Totenopfer) versuchten, ihren Toten durch Gaben zu helfen und sie zu besänftigen. Sie hatten einen ausgeprägten Ahnenkult (von der Bibel verboten!) und spendeten den Manen (Totengeister) Trankopfer. Das Volk liebt immer den Aberglauben und ist schwer von seinen Göttern loszubringen. So drang (spiritistisches) Gedankengut der Heiden allmählich in die Kirche ein. Man wollte den lieben Verstorbenen helfen. Christus lehrte, eine Umkehr und Rechtfertigung sei nur zu Lebzeiten möglich, jetzt wurde diese Möglichkeit auch über den Tod hinaus geboten und dem Tod der Ernst genommen. Man kommt ja ohnehin nur in das Fegfeuer. Die Gefahr der Hölle wird so vom Durchschnittschristen nicht mehr wahrgenommen, und er lebt ohne rechte Umkehr und Bekehrung in den Tag hinein!

Um 600 nach Chr. finden wir bei Papst Gregor d. Gr. erstmals die volle Ausprägung dieser Volksfrömmigkeit in der römischen Kirche, während die griechisch-orthodoxe Kirche bis heute ein Fegfeuer im römischen Sinne ablehnt, weil dabei reinigende Bußungen der Seele auf das Jenseits übertragen werden, während doch die Frist hierzu in diesem Leben endet. Im Westen führt die Entwicklung von Gregor über Cluny (993), Dante (La divina Commedia, 1310), Thomas von Aquino (†1274), direkt zum blühenden Ablaßhandel des Tetzel, der die Reformation 1517 und Rückbesinnung auf die Heilige Schrift auslöste.

Die Lehre von einem Purgatorium im Jenseits (= Fegfeuer) ist in den ersten Jahrhunderten in der katholischen Kirche nicht vorhanden gewesen. Erst im zweiten Jhdt. tauchen bei den allgemeinen Fürbitten (für weltl. Obrigkeit etc.) auch einzelne Bitten für zweifelhaft Verstorbene auf. Gott möge ihnen gnädig sein. Also der Versuch, nach dem Tode noch etwas zu ändern. In der Eucharistie (Opfergang mit Naturalien, Wein, Öl, Brot) wurden mit der Zeit auch Gaben (später Geld, Stipendien) dem Priester gegeben, daß er eine Fürbitte für den Verstorbenen spreche. Daraus wurden „Meßstipenden“ für eine zum Besten des Gebers zu haltende Messe. Daraus wurden im Mittelalter Stiftungen (für Tote) und Stifte, das sind Klöster, die besonders für den toten Stifter zu beten verpflichtet waren. So wurde im Lauf der Jahrhunderte das Herrenmahl, die Eucharistie („Messe“), ein Sakrament käuflich, um Geld „erwerbbar“ für einen Toten. Solche Verkehrtheit glaubt das kath. Volk heute noch, wenn es Meß-Stipenden zahlt. Ablässe wurden verkauft und brachten Geld nach Rom zum Kirchenbau. Das Fegfeuer und die Messe wurden zum Geschäft und zur Pfründe für den Klerus. Die so entstandene Hoffnung auf eine Reinigungsmöglichkeit nach dem Tode ist eine gefährliche Irreführung (Leben ohne Buße) und auch eine Verführung zum Spiritismus, zum Umgang mit Totengeistern. Hat Jesus das gepredigt?

Im ganzen Neuen Testament findet sich keine Stelle, wo für Verstorbene noch etwas geopfert, gebetet oder getan wird, um im Jenseits zu helfen. Es gibt in der ganzen Bibel keinen einzigen Hinweis auf eine Evolution im Jenseits oder einen Reinigungsweg nach dem Tode. Im Gegenteil: Wir finden nur die Warnung, daß es nach dem Tode kein Hin und kein Her mehr gibt (Lukas 16,19 bis 31). Im Prediger lesen wir 11,3: „Wie der Baum fällt, so liegt er" und Joh. 9,4: „Es kommt die Nacht, in der niemand wirken kann." Hebr. 9,27: „Es ist dem Menschen bestimmt, ein einziges Mal zu sterben, darauf folgt das Gericht."

Gnosis und Spiritismus leugnen das und behaupten aufgrund von Visionen gegen die Aussagen der Bibel, jeder Mensch komme mehrmals auf die Erde und ins Fleisch (Reincarnation). Das ist eine gewaltige Irreführung. Wir sehen hier den verderblichen Einfluß von Mystik und sogenannten „Erscheinungen", die des Teufels Affenspiel sind (Otto Markmann).

Nach der Heiligen Schrift, dem Wort Gottes, folgt auf den Tod nach dem Weltgericht vor dem weißen Thron Offbg. 20,11–15 nur Himmel oder Hölle, der Lohn für die Guten und die ewige Strafe für die Bösen (Mt. 25,31–46; Joh. 5,29). „Es ist furchtbar, in die Hände des lebendigen Gottes zu fallen" (Hebr. 10,31). Von den Gläubigen aber heißt es: „Selig die Toten von nun an, die im Herrn sterben, sie ruhen aus von ihren Mühen" (Offb. 14,13), sie kommen nicht erst noch in Plagen und Fegfeuer. Offb. 7,14: „Sie haben ihre Gewänder gewaschen und im Blut des Lammes weiß gemacht... Sie werden keinen Hunger und keinen Durst mehr leiden, weder Sonnenglut noch irgendeine Hitze!" Offb. 7, 17: „Gott wird alle Tränen von ihren Augen abwischen", sie also nicht noch braten! Über das Ergehen der Menschen nach dem Tode wird an den Schluß dieses Kapitels ein kleiner Auszug aus der Broschüre von K. Koch „Unser Leben nach dem Tode" gegeben.

Wenn eine Reinigung nach dem Tode noch nötig wäre, so hätte sie der Verbrecher, der am Kreuze neben Jesus hing, als Sünder sicher noch nötig gehabt, aber der Erlöser sagt zu ihm: „Heute noch wirst du mit mir im Paradies sein" (Lk. 23,43). Jesu einmaliges Opfer am Kreuz genügt, die Reinigung durch sein Blut macht vollkommen sauber vor Gott, oder ist sein Opfer nicht so mächtig? Ist seine Erlösungstat nicht genügend für alle Schuld? Sonst hätten wir einen armseligen Erlöser! Nichts anders kann den Sünder rechtfertigen oder reinigen. „Loskaufen kann doch keiner den anderen, noch an Gott für ihn ein Sühnegeld zahlen" (Ps. 49,8). Gott muß es tun, aus Gnade. Der Vater verhängte über den heimgekehrten Sohn keine Besserungsstrafe (Lk. 15). Nur Umkehr zum Vater ist nötig, wie wir auch beim gerechtfertigten Zöllner sehen (Lk. 18,13 f.; vgl. 7,47 f.).

Ein Hinübergehen in die Anschauung Gottes ohne Durchgang durch ein „Fegfeuer" ist für katholisches Denken völlig unvorstellbar. Es gehe doch nichts Unreines zu Gott ein! Ja, das stimmt, aber wer „in Christus" ist, ist durch ihn gerecht gemacht aus Gnade. „Wenn also jemand in Christus ist, dann ist er eine neue Schöpfung: Das Alte ist vergangen, Neues ist geworden. Das alles kommt von Gott, der uns durch Christus mit sich versöhnt" (2. Kor. 5, 17 f.) „Das Blut Jesu reinigt uns von aller Sünde" (1. Joh. 1, 7). „Wir sind durch die Opfergabe des Leibes Jesu Christi ein für allemal geheiligt" (Hebr. 10, 10; 9, 25 f.). „Jetzt gibt es keine Verurteilung mehr für die, welche in Christus Jesus sind" (Röm. 8, 1; 3, 28; 5, 1 ff.). Kolosser 1, 14–23: Durch Jesus haben wir die Erlösung, die Vergebung der Sünden... er hat euch durch den Tod seines sterblichen Leibes versöhnt, um euch heilig, untadelig und schuldlos vor sich treten zu lassen. Doch müßt ihr unentwegt am Glauben festhalten und dürft euch nicht von der Hoffnung abbringen lassen, die euch das Evangelium schenkt!

Folgende Schriften des Alten Testamentes in den katholischen Bibeln sind in den hebräischen Bibeln der Juden nicht enthalten: Tobit, Judit, Makkabäer, Weisheit, Sirach, Baruch, Zusätze zu Esther und Daniel (13. und 14. Kapitel). Diese sogenannten „übrigen Schriften" oder „Hagiographen" sind großteils nur griechisch verfaßt und überliefert worden. Die Entstehungszeit ist sehr spät, in den letzten Jahrhunderten vor Christi Geburt, und sie werden auch bezeichnet als: Weisheitsliteratur, Apocryphen und Pseudepigraphen. In diesen Büchern stehen sonderbare Dinge: daß durch geröstete Fischleber Dämonen vertrieben werden (Tobias); daß der Besitz von Weisheit Erlösung bewirke (doch nur Jesu

Blut!); daß ein eifriger Jude für Verstorbene eine Geldsammlung und Gebete aufgeopfert hat, damit diese Gefallenen beim Jüngsten Gericht Erbarmen vor Gott finden sollten: 2. Makk. 12, 40–45. Dieser fragwürdige Brauch geschah aber vor Jesu Auferstehung, als es auch nach katholischer Lehre noch gar kein Fegfeuer geben konnte! Die Juden lehnen diese Bücher als unbiblisch ab (Deuterocanonisch = nicht im Kanon enthalten).

Manche versuchen, im Neuen Testament in folgenden Stellen einen Hinweis auf ein Fegfeuer zu finden: Lk. 12, 58 (= Mt. 5, 26); Mt. 12, 32; 1. Kor. 3, 15; Phil. 2, 10; Lk. 16, 9–31. Aber bei genauerer Exegese (was diese Stellen im Zusammenhang aussagen wollen) und gewissenhafter Prüfung, kann keine einzige dieser Stellen auf ein Fegfeuer oder dergleichen gedeutet werden. Auf den Tod folgt nach dem Endgericht Himmel oder Hölle! Das sofortige „Sein beim Herrn" (Phil. 1, 23), oder die ewige Wegwendung von Gott (Gottferne = Hölle).

Die katholische Kirche behauptet, sie könne den Toten im Jenseits helfen. Warum hilft sie dann nicht besser und schneller, denen die da angeblich so schrecklich leiden? Sie behauptet, den Schlüssel zum Schatz zu haben, der helfen kann: Warum hilft sie nicht sofort und gründlich, sondern nur so tropfenweise? Und warum nur um Geld (bezahlte Messen)? Jesus sagte doch: „Umsonst habt ihr empfangen, umsonst sollt ihr geben" (Mt. 10, 8). Sind Sakramente kaufbar (Messe!) oder anderen zuwendbar? Geht es da um eine stete Einnahmequelle? Wenn es mit Geld himmelwärts geht durch das Bezahlen von Messen und Fürbitten, dann sind die Reichen wieder einmal eindeutig im Vorteil, und nur die Armen müssen im Feuer schmachten. Das paßt nicht zur Botschaft Jesu! (Lk. 18, 24; 1. Tim. 6, 5–10; 2. Kor. 2, 17). Messen zahlen für Verstorbene ist ein Unding. Geben Sie das Geld lieber einem Armen!, einem lebenden Leidenden! So kam es dazu, daß sich viele Katholiken ohne Bekehrung für gerettet halten und die anderen sich zuviel den Toten zuwenden in der Meinung, dort helfen zu müssen, anstatt den lebenden Menschen in der Welt. Der Teufel lenkt so die Menschen vom Heilsweg ab und beschäftigt sie mit nutzlosen Dingen für Tote, wobei sie die einmalige und wertvolle Zeit vergeuden. Jesus sagt: „Laß die (geistlich) Toten ihre Toten begraben, du aber folge mir und verkünde das Reich Gottes!" (Lk. 9, 60; Mt. 8, 22). Nütze die Zeit! Nicht für Tote!

Jesus gab den Jüngern nie Vollmacht über das Jenseits! „Was ihr löst auf Erden“, nicht im Totenreich! (Mt. 16, 19; 18, 18). Der Ablaß war in der frühen Kirche eine Aufhebung einer von der Kirche an Sündern verhängten Strafe zu ihren Lebzeiten. Der Sünder mußte öffentlich Buße tun (Fasten, Wallfahrt, Spende für Kirchenbauten usw.) und diese von der Kirche verhängte Strafe konnte die Kirche durch „Ablaß“ natürlich wieder nachlassen, umwandeln oder aufheben. Erst unter Papst Kalixt III. (1457) und Sixtus IV. (1476) wurden Ablässe auch für Tote üblich und für solche käuflich! So wandeln sich die Gebräuche der Kirche, und die Scholastiker (mehr Philosophen als Theologen) waren immer eifrig dabei, das ganze als heilig und fromm zu erklären. So kam in die Kirche viel Aberglaube wie Anrufung von Toten (Heilige) um Hilfe und Beten vor Bildern und Statuen (Offb. 9, 20). Erst, als der Ablaßhandel zum Ärgernis wurde und die unselige Spaltung der Christenheit erfolgte, drehte sich die kirchliche Lehre, und heute wird offiziell erklärt: Ablässe können den Toten nicht direkt durch Absolution, sondern nur mit unsicherer Wirkung (!) auf dem Wege der Fürbitte (per modum suffragii) zugewendet werden (L. Ott: Grundriß der Dogmatik. Herder 8/1970. 528).

Grabpflege? Der Leib eines wiedergeborenen Christen (Joh. 3, 3 f.) ist ein Tempel des Heiligen Geistes (1. Kor. 6, 19) und wird einmal auferweckt und verklärt wie Jesu Leib! Deshalb wurden die Gräber der Christen immer in Ehren gehalten und geschmückt, denn wir glauben an die Auferstehung des ganzen Menschen. Beim Begräbnis trauert nicht, wie die, die keine Hoffnung haben (1. Thess. 4, 13 f.). Wir können uns auf das Heimgehen zu Gott freuen!

Exkurs:

Die Zustandsformen nach dem Tode.

Kleiner Auszug aus der Broschüre „Unser Leben nach dem Tode“ von K. Koch.

In welchen jenseitigen Behausungen oder Daseinsformen lebt der Mensch nach seinem Tod weiter? Das Neue Testament unterscheidet im wesentlichen vier Räume: Himmel, Paradies, Totenreich, Hölle.

Vorweg sei gesagt, daß es sich hier nicht um Räumlichkeiten irdischer oder kosmischer Art handelt, sondern um Zustandsformen. Bildlich gesprochen, wir haben Totenreich und Hölle also nicht etwa im Kern der Erde zu suchen und Himmel und Paradies vielleicht auf irgendwelchen Planeten oder Fixsternen, sondern es geht hier um die unsichtbare Welt, die mit der sichtbaren Welt eng verschlungen ist. Gottesmänner, die einen prophetischen Blick hatten, sagten manchesmal, das Totenreich mit all seinen Toten ist um uns. Nur können wir es nicht sehen.

Was ist über diese vier jenseitigen, unsichtbaren Zustandsformen zu sagen?

a) Der Himmel. Das menschliche Raumdenken läßt uns hier im Stich. Paulus spricht in 2. Kor. 12, 2 vom dritten Himmel, in den er entrückt war. Der Lufthimmel der Erde und der kosmische Himmel des Universums sind mit dem biblischen Himmel, dem Gotteshimmel nicht gleichzusetzen. Bei der Tempelweihe (1. Kön. 8, 27) sagt Salomo: „Siehe, alle Himmel und aller Himmel Himmel können dich nicht fassen." Der biblische Himmel ist der Raum der göttlichen Majestät und Herrlichkeit. In diesen Gotteshimmel werden einst nach dem großen Weltgericht die vollendeten Gerechten aufgenommen werden. Dieser Himmel ist der zukünftige Raum der Seligen, wenn alle Gerichte zu Ende geführt sind.

b) Die Hölle. Dem Ort der Seligen entsprechend gibt es einen Ort der Unseligen, der Verlorenen, der Verdammten und der finsteren Geister. Wir Menschen der Gegenwart sind in unseren Anschauungen so verwässert, daß wir gar nicht mehr den Mut aufbringen, von der Hölle zu reden. Das hängt damit zusammen, daß wir vor dem heiligen Geist nicht mehr erschrecken. Lernen wir einmal hinhören, was das Neue Testament von der Hölle sagt:

Matth. 5, 22: „Wer zu seinem Bruder sagt: Du Narr! der ist des höllischen Feuers schuldig."

Matth. 25, 41: „Gehet hin, ihr Verfluchten, in das ewige Feuer."

Mark. 9, 44: „Da ihr Wurm nicht stirbt und ihr Feuer nicht verlöscht."

2. Petr. 2, 4: „Gott hat sie mit Ketten der Finsternis zur Hölle verstoßen."

Offb. 19, 20: „Und das Tier und der falsche Prophet wurden in den feurigen Pfuhl geworfen, der mit Schwefel brannte."

Offb. 21, 8: „Der Feiglinge, Ungläubigen, Greulichen, Totschläger, Hurer, Zauberer, Abgöttischen und Lügner Teil wird sein in dem Pfuhl, der mit Feuer und Schwefel brennt."

Sind das nicht Worte, die uns mit Schrecken erfüllen können? Wenn wir nur das zuletzt zitierte Bibelwort beachten, müssen wir uns da nicht fragen, wer noch durchkommt? Wir haben es verlernt, was der Hebräerbrief (10, 31) sagt: „Schrecklich ist's, in die Hände des lebendigen Gottes zu fallen."

Die Christenheit ist in doppelter Weise schuldig geworden. Wir haben den Himmel und die Hölle entleert. Der protestantische Himmel ist seiner Herrlichkeit beraubt, so daß es niemand mehr hinzieht. Die Hölle ist ihrer Furchtbarkeit entkleidet und bagatellisiert oder wegtheologisiert worden, so daß sich niemand mehr fürchtet. Manchmal ahnen die Seelsorger an Sterbebetten etwas von der Herrlichkeit des Himmels oder von der Furchtbarkeit der Hölle.

Ich möchte auf das Sterben eines gläubigen Mannes in der Gefangenschaft hinweisen. An seinem Todestag sagte er morgens zu seinen Kameraden: „Heute mittag um 3 Uhr werde ich bei dem Herrn sein." Seine Kameraden hielten abwechslungsweise Wache an seinem Lager. Mittags zur angegebenen Stunde richtete sich der Sterbende auf und sah mit überirdischen, strahlenden Augen aufwärts. Mit dem Ruf: „Er kommt", sank er zurück und war bei seinem Herrn.

Ein zweites Sterben soll uns den anderen Hinweis geben. Seit Jahren verfolge ich in der Seelsorge in der Schweiz die dämonische Auswirkung eines berüchtigten Besprechers aus dem Toggenburg. Sein Sterben war entsetzlich. Wochenlang kämpfte, tobte und schrie er. Zuletzt lag er unter dem Bett und brüllte, daß die Nachbarn es hörten: „So helft mir doch! Die schwarzen Kerle kommen und binden mich mit Ketten. Sie reißen mich in den Abgrund. So helft mir doch!" Er verkrampfte sich um die Füße seines Bettes und war nicht mehr unter dem Bett hervorzubringen. In dieser Verzweiflung ging er in die Ewigkeit.

Wir müssen uns jedoch darüber klar sein, daß der Mensch bei seinem Tode nicht sofort in den Himmel oder in die Hölle kommt, sondern erst in das Zwischenreich, die Warteräume, und zwar entweder in das Paradies oder Totenreich. Das Paradies ist der Warteraum der Gläubigen, das Totenreich ist der Warteraum der ungläubig Verstorbenen.

Wenn hier in diesem Abschnitt der Ausdruck „Zwischenreich" erscheint, dann muß eine Abgrenzung vorgenommen werden. 1957 kam ein dicker „Wälzer" heraus, der diesen vorbelasteten oder mehrdeutigen Titel trägt „Das Zwischenreich". Der Herausgeber, Professor Dr. G. F. Hartlaub, hat mir seinerzeit dieses Buch mit persönlicher Widmung zugesandt.

Die Veröffentlichung befaßt sich ausgiebig mit okkulten und parapsychologischen Problemen, die zu einem von der Wissenschaft abgelehnten „Zwischenreich“ gehören. Die Frage, die dabei angeschnitten wird, ist unter anderem, ob das Zwischenreich zum „Natürlichen“ oder „Außernatürlichen“, zur Transzendenz oder Immannenz oder – denken wir an C. G. Jung – zum Bewußten oder Unbewußten gehört.

Wenn hier in einer biblischen Abhandlung dieser Ausdruck „Zwischenreich“ fällt, so ist damit kein parapsychologisches Phänomen bezeichnet. Es handelt sich um die Zeitspanne oder um den Aufenthalt des Menschen von seinem Tod bis zum letzten großen Weltgericht (Offb. 20). Aber auch diese Formulierung ist wieder anfechtbar. Wenn der Mensch bei seinem Sterben aus dem irdischen Zeitbegriff herausgenommen und in das Zeitmaß der Ewigkeit gesetzt wird, gibt es keine Vergangenheit, Gegenwart und Zukunft mehr, sondern nur eine Gleichzeitigkeit (Synchronizität) (Offb. 10, 6). Das sind aber Zusammenhänge, die äußerst schwer darzustellen sind. Anläßlich einer Südpoltour erhielt ich dafür eine verstehbare Illustration. Direkt auf dem Pol gibt es „keine Zeit“ und zugleich „alle Zeiten“ (Siehe Seite 212).

Da dieser Exkurs in dem Gesamtkapitel „Fegfeuer“ steht, muß hier mit allem Nachdruck gesagt werden, daß das Zwischenreich kein Reinigungsort mit Läuterungsstufen darstellt.

c) Das Paradies. Im Neuen Testament kommt das Wort Paradies dreimal vor: beim Schächer am Kreuz (Luk. 23, 43) dann in 2. Kor. 12, 4 – dort sagt Paulus, daß er entrückt war bis ins Paradies – und in Offb. 2, 7, wo berichtet wird, daß die Überwinder vom Baum des Lebens im Paradies essen.

In Luk. 16 wird berichtet, daß Lazarus in Abrahams Schoß kam. Dieser Ausdruck bedeutet wohl das gleiche wie Paradies. Alle, die auf Erden in echter Weise gottesfürchtig waren und Jesus nachfolgten, kommen nach dem Sterben in das Paradies.

d) Das Totenreich. Der Warteraum der ungläubig Verstorbenen ist das Totenreich. Vom reichen Mann (Luk. 16) wird ausgesagt, er war im Totenreich und in der Qual und litt große Pein.

Die lutherische Bibelübersetzung ist an dieser Stelle (Luk. 16, 23) nicht ganz genau. Was der Reformator hier mit Hölle übersetzt, heißt im griechischen Grundtext Hades = Totenreich. Für Hölle gebraucht das Neue Testament Gehenna.

Das Gleichnis vom reichen Mann gibt uns eine großartige

Illustration zum Paradies und zum Totenreich. Für Lazarus in Abrahams Schoß war die Zeit der Angst, der Schmerzen, des Darbens vorbei. Vergangen all die tausend Nöte und Sorgen seines beschwerlichen Lebens! Eingebettet in den Frieden Gottes! Alles überwunden! Warum kam dieser arme Kerl ins Paradies? Weil er arm war und es auf Erden so schwer hatte? Nein! Er war mit seinem Namen Gott bekannt. Lazarus heißt Gotthilf. Er war ein Mann, der seine Hilfe in Gott suchte. Und darum gehörte er zu denen, die bei ihrem Namen gerufen waren. Wir erinnern uns an Jesaja 43, 1: „Ich habe dich bei deinem Namen gerufen, du bist mein." Er gehörte zu denen, deren Name im Himmel angeschrieben war (Luk. 10, 20).

Warum kam der reiche Mann in das Totenreich? Weil er reich gewesen war? Nein! Weil er ein Verächter des Wortes Gottes war und sich dagegen auflehnte. Woher wissen wir das? Zunächst aus seiner Namenlosigkeit. Niemand weiß, wie er geheißen hat. Der Prophet Jeremia sagt (17, 13): „Der Abtrünnigen Name müsse in den Sand geschrieben sein." Der Name im Sand bedeutet: vom Wind verweht. Wir wissen von der Gottlosigkeit des reichen Mannes auch durch seine Verachtung der Heiligen Schrift. Als Abraham ihn auf Mose und die Propheten hinwies, machte er eine schnoddrige, abweisende Bemerkung: „Ach was, die Propheten, die sind doch nicht up to date – gegenwartsnah!" Es war also kein Wunder, daß dieser Verächter im Totenreich landete, wo er nun auch noch Zeit bekam, über sein Leben nachzudenken.

Zur Frage des Fegfeuers erhalten wir in diesem Gleichnis den entscheidenden Hinweis Luk. 16, 26: „Zwischen uns und euch – zwischen Paradies und Hades – ist eine große Kluft befestigt. Keiner kommt hinüber oder herüber.

Dieses Gleichnis ist von Jesus erzählt. Er kennt die Situation des Hades besser als alle Spekulanten des Fegfeuers.

Helfen uns die Armen Seelen?

In katholischen Gegenden ist es häufig, daß Menschen in ihren Nöten von den „Armen Seelen" Hilfe erbitten. Das sind die Geister verstorbener Menschen, die angeblich noch in einem sogenannten „Reinigungsort" (dem sogenannten Fegfeuer) die „Sündenstrafen und -folgen" abbüßen, die auch nach Umkehr zu Jesus und Vergebung der Schuld (angeblich) noch bleiben. Man glaubt, diesen Verstorbenen könne geholfen werden (ihre Leidenszeit abzukürzen), indem man Messen für sie zahlt (!) und Gebete und gute Werke für diese (leibfreien) Seelen verrichtet. Visionen und Geistererscheinungen (Mediumismus) bestätigen diese Ansichten durch „Erfahrung". Es werden also den Totengeistern Heilige Messen (die Feier des Abendmahles) versprochen, um ihre Hilfe und „Fürsprache" zu erlangen! Und es zeigt sich oft auffallende Hilfe nach solchen Anrufungen und Versprechungen. Ja, die Geister (!) helfen wirklich, aber die Menschen haben keine Ahnung, welche Lügengeister sie da um Hilfe rufen. So werden sie unmerklich in dämonische Bindungen verstrickt, weil sie zu Totengeistern, statt zu Gott ihre Zuflucht nehmen.

Das erste Gebot Gottes heißt: „Du sollst keine anderen Götter (Helfer) neben mir haben!" (2. Mos. 20, 3 f.; 5. Mos. 5, 7 f.) Und in 5. Mos. 18, 9–13 hören wir die ernste Warnung: „Es soll bei dir keinen geben, der Losorakel befragt, Wolken deutet, aus dem Becher weissagt, zaubert (Sympathieheilen, Brauchen, Wenden), Gebetsbeschwörungen hersagt oder Totengeister befragt, keinen Hellseher, keinen, der Verstorbene um Rat (und Hilfe) fragt. Denn jeder, der solches tut, ist dem Herrn ein Greuel. Wegen dieser Greuel vertreibt sie der Herr, dein Gott, vor dir. Du aber sollst ganz und gar bei deinem Gott bleiben" (und keine anderen Nothelfer haben)!

Gott verbietet, daß wir die Geschöpfe um Hilfe anrufen. Engel und verstorbene Menschen (auch heiliggesprochene Geister) sind Geschöpfe. Wir aber sollen im Namen Jesu, durch den Heiligen Geist, zu Gott unserem Vater rufen. Jesus lehrt uns, zu ihm und zum Vater zu beten! Er sagt: „Kommet zu mir!" (Nicht: Geht zu Antonius, ...) und: „Alles, was ihr den Vater in meinem Namen bitten werdet, wird er euch geben!" (Joh.16, 23; Mt. 11, 28; 18, 19). Wir dürfen direkt zu Jesus beten (ohne Mittler und Zwischeninstanzen!), denn Er ist unser Mittler und Fürsprecher vor dem Vater (1. Tim. 2, 5; 1. Joh. 2, 1; Hebr. 7, 25). Jesus ist unser Mittler, und es ist kein anderer nötig: Er ist allwissend und allgegenwärtig und bedarf nicht, daß man ihn durch Mittelspersonen anruft. „Ich bin der Weg und die Wahrheit und das Leben; niemand kommt zum Vater außer durch mich" (Joh. 14, 6). Alle offiziellen liturgischen Gebete der Kirche (Missale und Psalmen) sind deshalb direkt an Gott gerichtet (nie an Heilige).

Die Bibel sagt nirgends, daß man Geister (Arme Seelen), Heilige oder gar Statuen um Hilfe anrufen soll! Sie gibt nirgends einen solchen Rat, sondern sie verbietet solches! Auch die Hl. Engel dürfen wir nicht direkt anrufen um Hilfe (Kolosser 2, 18: Falsche Demut, Engeldienst). „Ich bin der Herr, dein Gott!“ – nur zu Ihm!

Bilderverehrung ist auch ein Gefahrenpunkt: „Du sollst dir kein Bildnis machen“ steht in den 10 Geboten (2. Mos. 20, 4 und 5. Mos. 5, 8). „Du sollst dich nicht vor ihnen (Bildern, Heiligenstatuen, Ikonen) verbeugen und ihnen nicht dienen.“ Gott straft solche Abgötterei. Wir dürfen Bilder haben und zur Illustration benützen, aber bei der Verehrung solcher beginnt die Gefahr, und wenn wir von ihnen gar Hilfe und Schutz erwarten, so beginnt die Sünde des Götzendienstes, der Magie und des Vertrauens auf Lebloses, statt auf den Schöpfer! Statuen haben Augen und sehen nicht, Ohren und hören nicht (Psalm 135, 16). Lesen Sie in Ruhe die folgenden Bibelstellen und Sie werden sehen, daß Bilderdienst nicht nur im Alten, sondern auch im Neuen Testament gerügt wird: 5. Mos. 4, 16–28; 2. Mos. 20, 4; Jes. 44, 9–20 und 46, 6; Jer. 7, 18/Jer. 10, 1–15/Jer. 44, 17 f.; Hes. 7. u. 8. Kap.; Dan. 5, 4 + 23; Ps. 115, 4–8; Römer 1, 23 f.; Apg. 17, 29; 2. Kor. 6, 16; Offb. 9, 20!

Wegen der oben genannten Sünden: Anrufen von Totengeistern um Hilfe, Beten zu Verstorbenen und Engeln, Gehen zum Hellseher und Zauberer (manche Heilpraktiker!), Vertrauen auf Bilder und Statuen, liegt über mancher katholischen Familie okkulte Bindung, Unglück und Bann! Wegen solcher Sünden kommt es, besonders auf dem Lande, wo die Volksfrömmigkeit gepflegt wird, zu Hellsichtigkeit, zu Geistererscheinungen (Visionen und Spukfälle), weil (oft unbewußt) den falschen Geistern Tür und Tor geöffnet werden. Wenn Arme Seelen angerufen werden, so helfen dämonische Geister. Das gibt dämonische Bindungen (Süchte, Streit, Abneigung gegen das Bibellesen), denn der Teufel hilft nicht umsonst, er verlangt auch seinen Preis! Der Teufel zeigt sich (in Visionen) oft in Gestalt verstorbener Menschen, ja sogar als Maria und „Engel des Lichtes“ (2. Kor. 11, 14). Gott sendet nicht Verstorbene zu uns (Luk. 16, 31). Wir dürfen als Christen nicht auf fromme Erscheinungen und auf die falsche Theologie der Mystiker hören (Mt. 24, 11 f.; 1. Tim. 4, 1.), sondern nur auf Jesus.

Religionsgeschichtlich muß darauf hingewiesen werden, daß das Anrufen der Armen Seelen dem spiritistischen Ahnenkult gleicht, der in den ostasiatischen Religionen seit Jahrtausenden praktiziert wird. Wir haben also hier das gleiche Phänomen der Vermischung mit dem Heidentum, wie es bei der Übernahme der Gebetsperlen (Rosenkranz) und dem Eindringen der Muttergottheit schon erwähnt worden ist.

Zur Vermeidung eines Mißverständnisses sei noch einmal klargestellt: Die beiden Berichte über das Fegfeuer und die Armen Seelen stammen außer dem Exkurs, dem Mittelstück, von einem katholischen Priester, der nicht mit Namen genannt sein will. Mir ist das in einer mehr als fünfzigjährigen Tätigkeit für Jesus noch nie begegnet, daß ein katholischer Priester mit einer solch biblischen Klarheit und zugleich einer so guten Erfahrung im Blick auf die okkulten Gefahren eine derartige Darstellung zu geben imstande ist. Ich danke ihm herzlich an dieser Stelle.

Rauschgift

Fast täglich berichtet irgendeine Tageszeitung Rauschgiftaffären. So weltweit ist das Drogenproblem geworden.

Als ich diesen Bericht niederschrieb, brachte unsere Hauszeitung (RNZ 12. 8. 75) gleich zwei Geschichten, die wir kurz zur Illustration des Problems hören dürfen.

B 232 Die Pakistanpille auf dem Rauschgiftmarkt. Morphiumpillen, die während einer großen Überschwemmungskatastrophe als medizinische Hilfe Deutschlands nach Bangladesch gebracht wurden, werden seit längerer Zeit auf dem schwarzen Rauschgiftmarkt in Kopenhagen angeboten. Die Pillen, die etwa 0,2 Gramm wiegen und ca. 84 % Morphium enthalten, kosten 60 bis 70 Kronen (26–31 DM) das Stück. Diesen Mißbrauch deutscher Hilfstätigkeit enthüllte jetzt der Chef der Narkotika-Polizei in Kopenhagen, Kriminalkommissar Svend Thorsted. In der Wohnung eines 22jährigen Amerikaners und seiner 18jährigen dänischen Freundin hatte die Polizei 330 „Pakistanpillen", wie sie in Händlerkreisen genannt werden, beschlagnahmt.

B 233 Im Drogenrausch. Fünf Jugendliche, darunter ein 14jähriger Junge und ein 18jähriges Mädchen, wurden in der Nacht zum Montag (10./11. 8. 75) in St. Louis im US-Staat Missouri festgenommen, nachdem sie im Drogenrausch zwei Jungen im Alter von 14 und 12 Jahren sexuell mißbraucht, grausam verstümmelt und dann ermordet hatten. Die beiden Leichen wurden in einem Abflußrohr gefunden.

Im deutschsprachigen Raum wird auf das Buch von Fritz Mai „Die Drogengesellschaft“ empfehlend hingewiesen. (Telos Paperback Nr. 1015)

Die Drogensklaverei ist ein vielschichtiges Problem. Nennen wir einige:

1. Die epidemische Ausbreitung in der ganzen westlichen Welt wäre als erstes zu nennen. 1970 konnte ich noch in einem meiner Taschenbücher schreiben, daß New York etwa 200000 Rauschgiftsüchtige hat, ganz Deutschland dagegen nur 10000. Heute, nach fünf Jahren, ergibt sich ein viel düstereres Bild. Die Rauschgiftgrenze, die einmal bei 18 Jahren lag, hat sich bis zu den Zehnjährigen gesenkt. Die verantwortungsbewußten Eltern wissen sich keinen Rat. Beängstigend ist ferner, daß die Zahl der drogenabhängigen Mädchen gegenwärtig am stärksten zunimmt. In einer mir bekannten Kreisstadt rauchen viele Schüler des Gymnasiums Haschisch. Fragt man die Lehrer, so wissen sie nichts davon. Läßt man durch einen Jugendlichen einen Schüler fragen, dann wird einem die Bezugsquelle und der Preis angegeben. Beobachten läßt sich ferner, daß die Rauschgiftwelle sich nicht auf die Städte beschränkt, sondern bis ins kleinste Dorf reicht.
2. Rauschgift provoziert ein jugendliches Siechtum. Da die jugendlichen Drogenkonsumenten von Haschisch auf harte Drogen wie Heroin, Morphium, Kokain, Opium umsteigen, ruinieren sie in 8 bis 12 Jahren ihre Gesundheit. Die Gesundheit, der Körper wird systematisch zerstört. Diese Entwicklung führt zu einem Frührentnertum. Junge Menschen im Alter von 25–27 werden durch Drogen arbeitsunfähig und fallen dem Staat, das heißt dem Steuerzahler, zur Last. Eine Zeitung berichtete vor kurzem, daß seit 1980 jeder Deutsche einen Invaliden zu ernähren habe. Wir sind also alle mitbeteiligt, mitbetroffen, mitbelastet.

Die Drogensucht mehrt Unfälle und Kriminalität. Einige Beispiele:

B 234 Ein 20jähriger bereitet sich eine Dosis vor. Sein fünfjähriges Brüderchen sieht den auf den Tisch gelegten, präparierten Zucker, nimmt ihn rasch in den Mund und stirbt einige Stunden später an der Vergiftung.

B 235 War es Lebensmüdigkeit oder Unvorsichtigkeit? Die Tageszeitung berichtete, daß der Gerichtsmediziner einer westdeutschen Stadt festgestellt hatte, daß zwei Jugendliche an einer Überdosis Rauschgift gestorben waren.

B 236 Ein junger Mann, der früher an Rauschgift gebunden war und durch Christus frei geworden ist, berichtete mir, daß er 90mal in Apotheken eingebrochen war, um sich Opiate zu beschaffen. Mit welchem Geschick er vorging, wird durch die Tatsache bewiesen, daß er nicht ein einziges Mal erwischt worden war.

Schlimmer als die Einbrüche sind die vielen Raubüberfälle, durch die sich Süchtige die finanziellen Mittel für die Drogen beschaffen.

3. Der Drogenkonsum ist scheinbar auch mit einem religiösen Problem verknüpft. Es gibt tatsächlich Drogensklaven, die behaupten, durch die Drogen ein religiöses Gefühl erzeugen zu können. Sie erklären, auf diese Weise Gott näherzukommen. Damit haben wir also den „Gott aus der chemischen Retorte“. So weiß sich der Teufel zu tarnen, daß er mit den Rauschgiften noch ein religiöses Geschäft betreibt.
4. Mit den Rauschgiften wird auch ein politisches und ein militärisches Geschäft betrieben. Was ist damit gemeint? Ich bringe nur als Beispiel folgende Möglichkeit. Die Schweiz ist nicht nur ein neutrales, sondern auch ein friedliebendes Volk. Angenommen, irgendein Land würde die Schweiz angreifen und damit zur Verteidigung zwingen. Wenn die Hälfte der Soldaten Rauschgift-Abhängige wären, wäre ihre Wehrfähigkeit um die Hälfte geschwächt. Es wäre ein Plus für den Angreifer. Dieses Beispiel ist nicht an den Haaren herbeigezogen. Ich war 1969 in der Zeit des ersten großen Angriffs der Vietkong in Vietnam. Ein amerikanischer Missionar berichtete mir, daß etwa 60 % der amerikanischen Soldaten rauschgiftsüchtig seien. Manche Soldaten erkannten in ihrer Benommenheit nicht den Feind. Andere hatten Halluzinationen und schossen auf ein Phantom, einen Gegner, der gar nicht da war.

   Kommunistische Länder betreiben diese Art von Schwächung

der Wehrfähigkeit anderer Länder. So behauptet der westliche Fahndungsdienst, daß Rotchina bis 1975 mehr als 15 Millionen kg Rauschgift in den Westen geschmuggelt hat, um den Westen physisch und psychisch zu unterminieren und für den Kommunismus reif zu machen. Die USA haben Mühe, die Rauschgiftkanäle von Kuba aus zu verstopfen.

5. Die Drogensucht ist nicht nur ein Symptom der Degeneration der westlichen Welt – Rotchina hat innerhalb seiner Jugend dieses Problem nicht – sondern die Rauschgiftepidemie ist ein eschatologisches, ein endgeschichtliches Problem. Satan ist zum Endkampf angetreten. Er nützt sein vielseitiges Waffenarsenal aus, um die Menschheit ihrem Ruin und Bankrott entgegenzuführen.
   Die Zeit ist angebrochen, von der Paulus in 1. Tim. 6,5 sagt, daß es Menschen mit zerrütteten Sinnen gibt.

Die wichtigste Frage für uns ist, ob es in diesem Abwärtstrend der Drogenepidemie ein Stoppschild gibt. Die medizinische Wissenschaft hat vieles ausprobiert, dieser Sucht wirksam zu begegnen. So haben die Pharmazeuten die Droge Methadon entwickelt. Diese Droge nimmt dem Süchtigen den Appetit auf andere Drogen. Der Süchtige bleibt dennoch süchtig, nur mit dem Unterschied, daß der Methadonsüchtige arbeitsfähig bleibt. Es ist also keine Hilfe, sondern nur eine Verlagerung.

Es gibt auch eine Verlagerung auf religiöser Ebene. So las ich in dem Buch eines Pfingstpredigers, daß in seiner Seelsorge junge Menschen durch die Gabe des Zungenredens frei geworden sind.

Ein solcher Fall ist mir in der Seelsorge begegnet. Ein junger Mann geriet ins Zungenreden und löste sich dabei vom Rauschgift. Nach vier Monaten fiel er in die Rauschgiftsucht zurück. Ein echtes Freiwerden gibt es nicht durch das Zungenreden, sondern allein durch Christus. Wen der Sohn frei macht, der ist recht frei (Joh. 8,36). Dazu ein Beispiel aus den USA.

B 237 In Grand Rapids hatte ich mehrmals die Gelegenheit, in der Kirche von Rev. John White zu sprechen. John ist ein gesegneter Jugendevangelist. Er begnügt sich nicht damit, Jugendliche in seine Gottesdienste einzuladen. Er sagt: „Die jungen Menschen kommen nicht zu uns, so gehen wir zu ihnen." Er geht mit einem Team auf die Straßen und spricht mit denen, die er findet. Er praktiziert damit das Wort: „Gehet hinaus an die Hecken und Zäune“ (Luk. 14,23). Bei diesen Fischzügen durfte er viel erleben. So saß an einem Abend ein junger Mann vor mir, der aus einem Leben des Rauschgiftmilieus gekommen war. Er hatte in der Seelsorge von John White Christus erlebt, seine Befreiung erfahren und den Ruf zur Reichgottesarbeit vernommen. Er besuchte ein Baptistenseminar und ist heute Pastor.

Das gibt echte Befreiungen, wenn die Hand des Herrn einen Menschen herausreißt und ihm einen Neuanfang schenkt.

Für die zweite Auflage erweitertes Stoffgebiet

Die Drogenszene hat sich in den vergangenen Jahren zwischen der 1. und 2. Auflage ungemein verschärft. Stellen wir zunächst einige der gebräuchlichsten Drogen vor:

LSD verursacht einen Rausch von acht bis zwölf Stunden. Es gibt allerdings noch stärkere Drogen, wie wir noch hören werden.

Morphium vermittelt zunächst eine Beruhigung, darum wird es vom Arzt auch gegen starke Schmerzen eingesetzt. Als Rauschgift regelmäßig genommen, führt es in eine starke Abhängigkeit und zuletzt in den Ruin.

Haschisch schafft Heiterkeit und Harmonie oder auch Übelkeit und Verzweiflung. In jedem Fall ist das Ende eine unüberwindbare Apathie.

Opium versetzt in eine wunderbare Traumwelt und bewirkt zuletzt einen Verfall der körperlichen und geistigen Kräfte.

Kokain regt an und steigert die Leistungen, führt aber später zu Gedächtnisstörungen und Wahnideen bis zu völliger Verblödung.

Heroin gaukelt lichtvolle Träume vor und führt dann zu einer geistig-körperlichen Zerrüttung und zu einem frühen Tod (Aus „Das Wichtigste für unsere Zeit“).

Steigen wir zunächst in die Situation des LSD (Lysergsäurediäthylamid) ein. Es ist ein Mittel, das auf die Psyche des Menschen wirkt und manchmal der Schizophrenie ähnliche Veränderungen hervorruft. Das mußte auch der Schweizer Chemiker Dr. Albert Hoffmann erfahren, der dieses Mittel an sich selbst ausprobiert hat. Hoffmann führte eine Testreihe mit der Lysergsäure, einem Bestandteil des Mutterkorns, durch. Beim 25. Versuch entstand das, was wir heute als LSD kennen. Zur Überprüfung der Wirkung nahm er es selbst ein. Er schilderte hinterher den Zustand, den er dabei empfand: „Ich habe jegliches Gefühl für Zeit und Raum verloren und büßte meine innere Kontrolle ein. Ich wurde von Furcht überwältigt und war im Begriff, wahnsinnig zu werden. Das Schlimmste war, daß ich meinen Zustand erkannte und doch nicht beenden konnte. Gelegentlich meinte ich, mich außerhalb meines Körpers zu befinden. Ich dachte, ich sei gestorben." Dieses „Out of body experience" – außerhalb des eigenen Körpers zu sein, gibt es auch als spiritistisches Phänomen: als Exkursion der Seele. Dieses Erlebnis zeigt, daß Drogensucht und Okkultismus Hand in Hand gehen. Dr. Hoffmann hatte nicht ganz unrecht mit seinen Beobachtungen. Zeitweise wurde er geisteskrank. Er wurde also das Opfer seiner eigenen Entdeckung.

Verbreitung und Wirkung von LSD

LSD hat einen schrecklichen Siegeszug um die Welt angetreten. Ein amerikanischer Fachmann für Abwehr der Drogensucht entdeckte in den USA eine große Universität, an der 40% der Studenten dem LSD verfallen sind oder wenigstens der Anwendung dieser Droge zustimmen. An einer anderen Universität in Kalifornien sind 20% der Studenten drogenabhängig. Die Weitergabe von LSD ist sehr einfach. Da 100 Milligramm genügen, um einen Menschen ins Traumland zu schicken, kann man in einem einfachen Briefumschlag Tausende von Dosen dieses Rauschgiftes transportieren. 1 Gramm einem Freund als „Geburtstagsgruß" mit der Post zugeschickt, reichen ihm aus für 10 Trips.

Die Universitäten und Colleges in den USA sind so mit Rauschgift verseucht, daß diese Sucht eine nationale Gefahr darstellt, mit der sich die Regierung auseinandersetzen muß.

Die Wirkung von LSD wird von seinen Abhängigen verschieden dargestellt. Die einen sagen, sie finden darin Gott, Friede, Freude, Schönheit, Glück, neue Offenbarungen und Erweiterung ihrer Sinne. Die anderen empfinden den Trip als Hölle, Terror, Ekstase, Furcht und Grauen. Anscheinend hat diese Droge eine verschiedene Wirkung. Nur das Endresultat bleibt sich gleich: wenn dieser chemische Vorgang zwischen sich selbst und der Wirklichkeit ausklingt, kommt eine erbärmliche Ernüchterung, noch stärker als beim Alkohol-Kater. Bis dieser Zustand aber erreicht ist, kann vieles passiert sein. Es soll an einigen Beispielen gezeigt werden:

B 238 Ein LSD-Tripper nahm die Droge und meinte dann, er könne fliegen. Er sprang von einem Hochhaus herunter und konnte schwerverletzt nicht mehr gerettet werden.

B 239 Ein anderer Süchtiger fuhr unter LSD-Wirkung noch seinen Wagen. Er sah all die roten Ampeln als schön an, die er jedesmal durchfuhr. Er fuhr einem anderen Auto quer in die Seite und tötete dessen Fahrer.

B 240 Ein 17 Jahre altes Mädchen meinte im Hochgefühl und LSD-Rausch, es würde sein Augenlicht verlieren. Es versuchte seine Augen auszureißen und sagte danach: „So, jetzt können meine Augen sehen."

Die Psychiater erheben warnend ihre Stimmen. Dr. Goddard, ein staatlicher Rauschgiftexperte, erklärte: „Die Berichte der Kliniken zeigen viele Fälle von Jugendlichen, die durch LSD ihren Verstand verloren haben. Diese Unglücklichen haben ihr Gedächtnis und ihre Willenskraft eingebüßt und sind völlig apathisch und interesselos geworden, irgendeine Arbeit aufzunehmen oder sich für irgend etwas Nützliches zu entscheiden. Manche Hospitäler weigern sich, weitere LSD-Süchtige aufzunehmen, weil sie den Platz für die anderen Patienten wegnehmen."

Die Fachärzte, die sich speziell mit den Rauschgiftsüchtigen abgeben, weisen auf gefährliche Folgen hin, unter denen sich epileptische Anfälle, Gehirnschädigungen, psychische Erkrankungen und genetische Veränderungen befinden. Der Erbbiologe Dr. Cohen stellte fest, daß LSD auf die Chromosomen die gleichen verheerenden Wirkungen hervorruft wie intensive Röntgenstrahlen.

B 241 Als Beispiel auf diesem letztgenannten Gebiet die Geschichte einer jungen Mutter in Portland/Oregon. Diese werdende Mutter hatte im ersten Monat ihrer Schwangerschaft eine einzige Dosis LSD genommen. Das Kind, das sie zur Welt brachte, war mit einer Hirschsprungschen Krankheit (Megacolon congenitum) belastet. Außerdem war das Gesicht des Kindes mißgestaltet, und die rechte Kopfhälfte war mehr entwickelt als die linke Seite. Dr. Cohen stellte auch durch viele Fälle fest, daß LSD für das werdende Kind genauso gefährlich ist wie die Einnahme von Thalidomid.

In einer speziellen LSD-Abteilung eines Spitals lagen 114 LSD-

Süchtige. Das Durchschnittsalter war 23 Jahre. 13% lebten in einer Angstneurose, 12% waren gewalttätig, 9% hatten Mord oder Selbstmord versucht.

Dr. W. Frosch vom Medizinischen Center in New York bestätigte, daß LSD Paranoia (Wahnvorstellungen) und Schizophrenie (endogene Psychose) entwickelt. Von ihm stammen die Beispiele über Wahnvorstellungen.

B 242 Ein Mann schlief auf dem Boden, weil er meinte, sein Bett sei nur 6 cm lang. Ein anderer hatte die Vorstellung, er müsse ein Menschenopfer darbringen und versuchte seine Freundin von einem Hochhaus hinunterzustürzen. Ein Mädchen krümmte sich am Boden wie eine Schlange und war der Überzeugung, daß sie sich nun häuten müsse. Eine Frau lief nackt durch die Straßen in dem Wahn, sie müsse auf diese Weise ihre Sünden abbüßen. Ein Mann, der LSD nahm, glaubte, er sei Christus. Ein junger Mann fühlte sich nach Einnahme von LSD allmächtig. Er rannte auf eine Straßenkreuzung, um mit dem Auto zu spielen, und wurde dabei überfahren. Eine Patientin gab offen zu: „Dr., ich habe LSD genommen, das letzte Mal vor acht Wochen. Aber ich werde furchtbar von schwarzen Würmern belästigt, sie kriechen aus den Fingernägeln. Ich werfe sie auf den Boden. Aber sie kriechen den Körper hoch und schlüpfen in dieselben Höhlen, aus denen sie gekommen sind. Nicht genug mit dieser Plage. Die Würmer kommen auch aus den Ohren, Augen, Nase und sogar aus den Zähnen. Können Sie mir nicht helfen?“ Ein anderer Patient hielt sich für eine Orange. Er gab acht, daß ihn niemand anstieß, sonst würde er – wie er meinte – in Orangensaft verwandelt werden. Das ist eine kuriose Sammlung aus dem Patientenbuch des erwähnten medizinischen Direktors.

Bisher wurde in diesem Anhang zur zweiten Auflage nur LSD und die Folgen dargestellt. Es ist ein uferloses Gebiet. Vielen Süchtigen genügt nicht mehr die Kraft von LSD. Sie sind deshalb auf das stärkere Methedrin umgestiegen. Im Volksjargon heißt es Speed. Auf den Abwehrplakaten steht der Slogan: Speed kills = Speed tötet. Das ist keine Übertreibung. Speed ist ein Amphetamin, ein starkes Weckamin, zentralerregend und suchtgefährlich. Die Auswirkungen übertreffen noch die durch LSD hervorgerufenen. Die Ärzte zählen auf: Blackout (Funktionsausfall des Gehirns), hoher Blutdruck, Lungenentzündungen, Herzattacken, Gehirnschäden, unbeherrschte Anfälle zur Gewalttätigkeit. Ein Speed-Süchtiger bekannte: „Es kommt ein Zustand über mich, daß ich in einer Minute jemanden töten kann." Die Ärzte sagen: Wer auf Speed umsteigt, ist in fünf Jahren tot.

Das stärkste Rauschgift heißt STP. Der Name ist in der Öffentlichkeit nicht bekannt, denn es zählt zu den chemischen Geheimwaffen der USA und ist ein militärisches Nervengas. Es dauert drei bis vier Tage, bis die Wirkung zu Ende geht. Dieser Trip dauert acht bis zwölfmal so lang wie der LSD-Trip. Die Amerikaner sagen: STP ist der Kaviar auf dem Brot der Psychodrogen. Dieses Teufelsgift ist jetzt schon sehr in Kalifornien verbreitet. Wenn die Amerikaner so leichtsinnig mit ihren militärischen Geheimnissen in der chemischen Abwehr umgehen, hat der Russe schon längst den Gegenstoff.

Die Drogenszene ist ein teuflisches Gebiet. Hier feiert Satan die größten Triumphe – und dennoch ist er ein besiegter Feind. Luzifer jagt mit seiner Quadriga – Sex – Okkultismus – Rockmusik – Rauschgift – durch die Menschheit. Er tobt von Jahrzehnt zu Jahrzehnt immer stärker, weil er weiß, daß er wenig Zeit hat. Die Jünger Jesu aber wissen mehr: Erhebet eure Häupter, darum daß sich eure Erlösung naht (Luk. 21,28).

Der Endsieg gehört dem Mann von Golgatha!

Religiös getarnter Spiritismus

Zur Zeit breitet sich die schwarmgeistige pseudocharismatische Bewegung in Südafrika stark aus. Das Rückwärtskippen ist „in".

Die pseudocharismatische Bewegung sieht diesen medialen und teilweise spiritistischen Vorgang als Geistestaufe an. Wer sich gegen dieses unheimliche Etikett wehrt, dem wird eine Lästerung des Heiligen Geistes bescheinigt, wie es von jeher bei extremen Gruppen üblich war.

Bei meinem zwanzigsten Besuch in Südafrika hörte ich durch einen gläubigen Bruder, einem der Piloten der Mission Sizabantu, folgenden Bericht.

Kenneth H., der den Ruf hat, ein religiöser Extremist zu sein, hat bei einer Veranstaltung in Pretoria in der Öffentlichkeit gesagt, sein Geist hätte den Körper verlassen und sei bis zum Thron Gottes entrückt worden. Jesus sei aufgestanden und habe ihm gesagt: „Ich nehme hier eine Kohle vom Altar und berühre deine Hände. Du wirst dadurch Menschen heilen können. Ferner kannst du die Heilgabe auf andere übertragen. Außerdem wirst du dann mit diesen Händen die Geistesgaben austeilen können."

Nach dieser Geschichte rief dann H. in die Menge hinein: „Wer will die heilenden Hände haben? Meldet euch!" Viele standen auf. Dann erhob er seine Rechte und fuhr damit in der Luft über die Menge und erklärte: „Hiermit habt ihr diese Gabe." Die meisten kippten dann rückwärts nach hinten, aber nicht alle. Die rücklings kippten, konnten dann auch andere zum Kippen bringen und heilen.

In der Kirchengemeinde von Hattfield spielte sich folgendes ab. Dort amtieren 16 Pfarrer. Diese Männer standen alle in einer Reihe vor dem Podium von H. Als der Evangelist mit ihnen betete, fielen elf nach hinten zurück. Die fünf, die stehen blieben, verließen später diese Gemeinde. Es ist nicht bekannt geworden, ob sie es freiwillig taten, oder ob man sie weggeschickt hat, weil sie nicht zu der Gruppe der Geistgetauften gehörten.

Bei den Vertretern des Kippens spielt das Kraftproblem eine Rolle. Dazu zwei Beispiele. Eine Frau kam zu H. und wollte geheilt werden. Auf das Gebet des Heilers hin geschah nichts. Dann sagte ihr H.: „Ich habe einen Kraftzirkel um mich. Sie sind von mir zu weit weg. Kommen Sie näher!" Die Kranke trat näher, erhielt dann eine Handauflegung, kippte nach hinten und wurde geheilt.

Ähnliche Vorgänge wurden auch von Kathryn Kuhlman berichtet, über die ein Kapitel in diesem Buch steht. Ein Mann, der geheilt werden wollte, trat auf Kathryn Kuhlman zu. Schon in einer gewissen Entfernung fing er zu taumeln an, bis er in der Gegenwart Kathryns ganz rückwärts fiel. Ein solches Beispiel ist von dem katholischen Pater Francis Mac Nutt in seinem Buch „Beauftragt zum Heilen" in Kapitel 15 wiedergegeben. Kathryn Kuhlman nennt diesen Vorgang „Going under the power" = in das Kraftfeld eintreten. So steht es in ihrem Buch „A glimpse into Glory" S. 88.

Ein typisches Beispiel dazu wird in dem genannten Buch erwähnt. Ein Theologieprofessor, der an dem Kippvorgang zweifelte, suchte bei der Durchfahrt durch Pittsburgh Miß Kuhlman auf.

Er äußerte seine Bedenken über diesen Vorgang „Slain in the Lord“ (erschlagen im Geist). Bei diesem Gespräch befand sich der Professor im Büro von Miß Kuhlman. Bevor er ging, bat er sie: „Können Sie nicht noch kurz mit mir beten?“ Miß Kuhlman trat einen Schritt auf den Professor zu und legte ihm die Hände auf die Schulter. Bevor sie beten konnte, fing der Professor zu taumeln an und stürzte zu Boden. Miß Kuhlman sagte: „Der ganze Raum war erfüllt mit der Herrlichkeit Gottes.“ Die beiden begleitenden Pfarrer gingen auf ihre Knie neben dem daliegenden Professor. Ihre Gesichter glänzten in Tränen. Sie halfen dem Professor auf die Füße, der nur einige Worte stammelte und dann wieder rücklings zu Boden fiel.

Kathryn Kuhlman will dieses Rückwärtskippen mit dem biblischen Vorgang auf dem Berg der Verklärung Mt. 17 erläutern. „Als die Jünger die Stimme hörten, erschraken sie und fielen auf ihr Angesicht.« Wer von dem Geist Gottes getroffen wird, der fällt in Angst und Buße auf das Angesicht. Ich habe etwa 50 bis 60 Leute bei Kathryn Kuhlman in Pittsburgh kippen sehen. Alle fielen rückwärts, und bei keinem erkannte ich ein Zeichen der Buße.

Was sich bei H. und bei Miß Kuhlman abspielte, sind keine biblischen Vorgänge. H. schildert seine Entrückung zum Altar Gottes. Das gleicht der spiritistischen Exkursion der Seele. Das angebliche Austeilen der Geistesgaben durch die krafterfüllten Hände H.'s sind mediale Praktiken und dämonische Nachäffungen. Paulus sagt im Blick auf die Geistesgaben 1. Kor 12,11: „Dies alles wirkt derselbe eine Geist und teilt einem jeglichen zu, nach dem er will.« Der Geist Gottes teilt aus und nicht der Wille und die Hände von H.

Über das mediale und parapsychologische Problem der heißen Hände habe ich in meinen Büchern schon mehrfach geschrieben. Ich erinnere an den Chief Datu auf den Philippinen, der in seinen bloßen Händen Eier kochen konnte. Als er gläubig geworden war, hatte er die heißen Hände nicht mehr. Er hatte sie als dämonische Gabe erkannt. – Ich erinnere auch an einen magischen Besprecher in Schleswig-Holstein, der die heißen, heilenden Hände hatte. Dabei war er Ältester einer lutherischen Gemeinde.

Das ist die entsetzliche Verblendung in der sogenannten charismatischen Bewegung, daß mediale, okkulte und magische Krafterweisungen als Gaben des Heiligen Geistes angesehen werden. – Man lese dazu das Kapitel „Ruhen im Geist“.

Rosenkreuzer

Die Rosenkreuzer nennen sich einen Bruderschaftorden. Der vollständige Name des Ordens lautet: Antiquus Mysticus Ordo Rosae Crucis. Diese lateinische Bezeichnung heißt übersetzt: Alter mystischer Orden vom Rosenkreuz. Sitz der Internationalen Körperschaft ist in San Jose in Kalifornien.

Die Selbstdarstellungen der Rosenkreuzer ergeben ein farbenprächtiges, schillerndes Bild. Seine Wurzeln will dieser Orden in den mystischen Schulen Ägyptens zur Zeit von Pharao Amenophis IV. (1350 v. Chr.) haben. Auch in Israel sollen sie schon in der Zeit Moses wirksam geworden sein. Beim Bau des salomonischen Tempels wollen sie mitgewirkt haben.

Als Symbol haben die Rosenkreuzer das Kreuz mit der Rose. Ihre Bedeutung wird in dem Aufsatz 17 – herausgegeben von der deutschen Großloge, Sitz in Baden-Baden – in folgender Weise erklärt:

Das Kreuz symbolisiert den menschlichen Körper mit ausgestreckten Armen als ein Gruß an die aufgehende Sonne. Die Rose in der Mitte des Kreuzes bedeutet die Seele des Menschen. Diesem Symbol geben die Rosenkreuzer das Leitmotiv: Ad rosam per crucem, ad crucem per rosam = Zur Rose über das Kreuz, zum Kreuz über die Rose.

In der Lehre wollen sich die Rosenkreuzer freihalten von jeglicher rassischen, politischen, religiösen Festlegung.

Was lehrt der Orden? Ein von Baden-Baden herausgegebenes Merkblatt antwortet: „Der Orden lehrt ein System metaphysischer und naturwissenschaftlicher Philosophie zur Erweckung der im Menschen ruhenden Fähigkeiten, wodurch der Mensch seine naturgegebenen Talente besser verwerten kann, um ein glücklicheres und nützlicheres Leben zu führen.“

Eine aufschlußreiche Anleitung, den Orden kennenzulernen, wird in der Broschüre „Meisterung des Lebens“ gegeben. Diese Schrift ist von der Großloge herausgegeben und gibt natürlich kein objektives Bild.

Was sagen unvoreingenommene Historiker zum Orden der Rosenkreuzer? Der Zusammenhang mit den ägyptischen Geheimbünden und gar mit Mose und Salomo ist noch nicht bewiesen.

Der Orden tritt mit zwei Veröffentlichungen Anfang des 17. Jahrhunderts ins Blickfeld. Es handelt sich um die Schriften: fama fraternitatis (1604) = die Überlieferung der Bruderschaft, und Confessio fraternitatis (1614) = das Bekenntnis der Bruderschaft. Diese Veröffentlichungen werden von den Rosenkreuzern Francis Bacon zugeschrieben. Es fehlt aber auch hier der Nachweis. Die Historiker nennen andere Namen.

Das Reader's Digest Lexikon nennt kurzerhand die Rosenkreuzer „eine theosophische Geheimgesellschaft aus dem 16. Jahrhundert."

Der Kleine Brockhaus nennt die Rosenkreuzer „Mitglieder geheimer Gesellschaften des 17.–18. Jahrhunderts. Der Orden der deutschen Gold- und Rosenkreuzer, um 1760 in Süddeutschland gegründet, war freimaurerisch."

Die RGG (Religion in Geschichte und Gegenwart) sagt in Band IV, Seite 2108, folgendes: „Die Gold- und Rosenkreuzer sind als Mysterienbund auf magisch-kabbalistischer und alchimistischer Grundlage seit 1757 nachweisbar. 1767 und 1777 neu organisiert, entfalteten sie eine wirkungsvolle Propaganda in der Freimaurerei."

Für den Christen, der sein Leben nach der Bibel richten will, sprechen alle diese Hinweise für sich selbst. Wir erhalten aber aus der Broschüre „Meisterung des Lebens" weitere Aufschlüsse. Auf Seite 19 wird folgendes Zitat von Albert Magnus wiedergegeben: „Suche nicht zu eifrig nach der Gnade der Hingabe oder dem tränenvollen Ertragen. Lasse es vielmehr deine erste Pflicht sein, innerlich mit Gott vereint zu bleiben durch guten Willen im denkenden Teil deiner Seele."

Bevor wir mit Gott vereint bleiben können, muß erst das Vereintwerden vollzogen werden. Und das geschah durch Jesus Christus am Kreuz. Wir erleben es, wenn wir Jesus Christus als unseren Erlöser und Herrn annehmen. Durch unseren guten Willen können wir weder mit Gott vereint werden noch vereint bleiben.

Noch deutlichere Hinweise erhalten wir auf Seite 15 der Broschüre. Die Seite ist überschrieben:

„Die geheimnisvolle Welt in uns."

„Fähigkeiten, die wir kennen und nutzen sollten." Von welchen Fähigkeiten wird gesprochen?

1. „Das Berühren von Briefen oder anderen Gegenständen kann schmerzliche Botschaften vermitteln."
   Das ist psychometrisches Hellfühlen.
2. „Gedanken oder Sinneseindrücke können in die Ferne übertragen werden."
   Das ist eine okkult bedingte Mentalsuggestion.
3. „Unser Bewußtsein kann blitzartig weitentfernte Orte oder Vorgänge wahrnehmen."
   Das ist Hellsehen aufgrund medialer Fähigkeiten.
4. „Manche Menschen offenbaren durch magnetische Ausstrahlung ihren wahren Charakter."
   Das ist das spiritistische Erfassen der sogenannten Aura.

Der Orden der Rosenkreuzer gibt also in dieser Broschüre „Meisterung des Lebens" den Anstoß, den Impuls, mediale oder okkulte Praktiken zu betreiben. Damit ist die Situation klar.

Ein Christ, der eine Wiedergeburt durch den Heiligen Geist erlebt hat, kommt durch eine Mitgliedschaft in diesem Orden geistlich zu Schaden. Einem Namenchristen schadet es nicht. Er merkt die Bindungen erst dann, wenn er sich Christus ausliefern will.

Ruhen im Geist

Diese Kapitelüberschrift steht auch als Überschrift zum Kapitel 15 in dem Buch von Mac Nutt „Beauftragt zu Heilen" (Verlag Ernst Franz).

Dr. W. van Dam, den ich schätze, teilte mir mit, daß diese Ausdruckweise allmählich in der neocharismatischen Bewegung geläufiger würde als „Slain in the Lord".

In der sogenannten charismatischen Bewegung gibt es Vertreter von der äußersten Linken bis zur äußersten Rechten. Links am Rande stehen Menschen mit einem offensichtlichen Abgrundsgeist und einer schwarmgeistigen Besessenheit. Rechts am Rande befinden sich echte Gläubige, die durch Buße und Glaube ihr Leben Jesus übereignet haben. Es fehlt ihnen lediglich die Gabe der

Geisterunterscheidung, sonst könnten sie nicht in dieser Bewegung bleiben. Ich habe einige persönliche Freunde der äußersten Rechten, deren Zugehörigkeit zu der charismatischen Bewegung ich bedauere.

Sehen wir uns nun das Kapitel „Ruhen im Geist" an. Es wäre ein Unrecht, nun sofort daranzugehen, das Unbiblische und Negative in dieser Veröffentlichung herauszufischen. Das ist eines christlichen und objektiven Autors unwürdig.

Es gibt positive Sachverhalte in dieser Veröffentlichung des Dominikaners Mac Nutt. Zuerst erfreut es mich, daß nur Jesus und der Heilige Geist in diesem Kapitel erwähnt werden, und nichts Maria in die Schuhe geschoben wird. Zum andern kommt an einigen Stellen ein ausgewogenes Urteil des Dominikaners zum Vorschein. Er schrieb zum Beispiel: „Ich habe Dokumentarfilme von verschiedenen Pfingstkirchen gesehen, wo Menschen zu Boden fallen und sich wälzen und zucken. Ich weiß nicht, was bei diesen Treffen vor sich geht, mir war durchaus nicht wohl dabei." (Seite 142) „Ich fühle mich nicht wohl bei Treffen, wo Menschen automatisch umfallen wie die Kegel und genauso prompt wieder aufstehen, damit der nächste darankommen kann. Man spielt Äußerlichkeiten hoch, ohne den Sinn zu verstehen." (Seite 137) Auch eine Passage findet sich, die an biblisches Geschehen erinnert. So bekennt auf Seite 147 eine Ordensfrau: „Wenn ich nur daran denke, wieviel Dreck und Chaos in mir war. Meine Sünden erdrückten mich und schienen mich um den Verstand zu bringen. Ich zweifelte sogar an meinem Verstand. Die Heuchelei meines Lebens überwältigte mich fast, nach außen lächelte ich und sagte, alles ist in Ordnung – und tief innen bestand ich nur noch aus Schmerz." Das ist ein biblischer Luftzug, der in die viele Spreu dieses Kapitels hineinbläst.

Die Spreu überwiegt. Wir müssen uns nun mit ihr befassen.

Wenn Mac Nutt mit Kranken um äußere oder innere Heilung betet, sinken sie rückwärts zu Boden. Manche sind bewußtlos, andere noch bei Bewußtsein, sind aber gelähmt. Es kommt auch vor, daß dieser Zustand dann eintritt, wenn der Pater mit einem Kranken betet, der auf einem Stuhl sitzt. Der Geheilte ist dann auf dem Stuhl gelähmt und kann sich nicht erheben. Diesen Zustand, den der Pater „Ruhen im Geist" nennt, dauert einige Sekunden bis zu sechs Stunden.

Diese Fähigkeit, andere zum „Ruhen im Geist" zu bringen,

besitzt Mac Nutt erst, seitdem er selbst bei dem Gebet eines Redners rücklings zu Boden gefallen war. So ist es ja auch bei den „Geistgetauften" von dem erwähnten Evangelisten H. Wer von dieser Kraft erfaßt worden ist, kann sie an andere weitergeben.

Um was für eine Kraft handelt es sich? Mac Nutt nennt als Zeugen die Mystiker Tauler und Suso, die auch ähnliche Zustände erlebt haben. Die Mystik ist aber kein biblisches Gewächs. Die Mystik ist eine artverwandte Tochter der Theosophie. Die Theosophie fußt auf einer monistischen Weltanschauung, der Monismus ist wiederum die Mutter der Selbsterlösung. Das „Ruhen im Geist" hat also keine biblisch fundierten Ahnen. Zu erwähnen ist, daß aus der Theosophie auch spiritistische Strömungen entstanden sind.

Wenn man die Vorgänge und die Terminologie des Kapitels „Ruhen im Geist" unter die Lupe nimmt, dann entdeckt man Querverbindungen zur Mystik und zum Spiritismus.

Untersuchen wir einmal kurz die Ausdrucksweise zu diesem Thema.

„Während des Fallens fühlten sie sich federleicht und ganz im Frieden Gottes."

„Die Funktionen des Körpers sind einfach ausgeschaltet."

„Die Seele fühlt, wie sie in übergroßer Wonne fast ganz dahinschmachtet und in eine Art Ohnmacht versinkt."

„Das Gebet nimmt dem Körper unter großem Wonnegenuß die Kräfte..."

„Tauler wußte nicht, wie oder wo er hingezogen wurde... Es scheint, daß Tauler im Geist ruhte."

„Sie ruhte 15 Minuten im Geist, stand dann strahlend auf. Sie hatte ein großes Licht gesehen."

„Als ich für ihn in Sprachen (Zungen) betete, wurde er vom Geist überwältigt und ruhte etwa zwei Stunden."

„Weißt du, daß den Menschen, denen du vergibst, auch ich vergeben werde? Du kannst deine Feinde wirklich befreien."

„Ich erwachte in einem mir bis dahin unbekannten Frieden. Ich roch den Duft von Rosen."

„Gewöhnlich fallen die Leute sanft und wie schwerelos um." Eine Patientin bekennt: „Als Sie Ihre Hand ganz leicht auf meine Stirn legten, überkam mich ein Gefühl der Schwerelosigkeit, als schwebte ich auf einer Wolke, und ich sank um. Ein tiefes Gefühl des Friedens war da."

„Ich war mir bewußt, daß ich getragen wurde, konnte aber selbst nichts tun. Nachdem ich etwa 45 Minuten außerhalb des Körpers war, setzte ich mich auf."

„Der Leib kann viele Stunden lang gebunden sein, während Verstand und Gedächtnis dabei öfter zerstreut sind."

„Ein Geistlicher wäre geisterfüllter, durch dessen Hände Menschen vom Geist überwältigt werden."

„Der Mittler der Heilung kann innerlich eine Art psychischer Kraft dazu einsetzen, daß jemand fällt."

„Manch einer mag im Heilungsdienst mehr mit psychologischen Kräften arbeiten als mit der Kraft des Heiligen Geistes."

Diese beiden letzten Aussagen zeigen, daß der Dominikaner auch negative Formen des „Ruhens im Geiste" kennt. Vollends deutlich wird die Kenntnis des Negativen in seiner Aussage: „Es ist nicht immer ein Zeichen des Geistes. Es gibt parapsychologische und natürliche Parallelerscheinungen zum ‚Ruhen im Geist'."

Die bei diesen Aussagen zutage tretende Begriffswelt findet sich sowohl bei der Mystik als auch im Spiritismus.

Halluzinationen wie die Beobachtung von hellem Licht, Empfinden großen Friedens und großer Wonne, Wahrnehmung von Rosenduft, Gefühl der Schwerelosigkeit (Levitationen), Austritt der Seele aus dem Körper (Exkursion), sind alles Begleiterscheinungen, wie sie in spiritistischen Vorgängen auftreten.

Dieses „Ruhen im Geist" ist oft mit einer Lähmung und fast stets mit einer Passivität gekoppelt. Das ist das Gegenteil von dem, was im Bereich der Bibel und ihrer Auswirkungen geschieht. Der Heilige Geist macht wach und aktiviert den Menschen. Der Teufel dagegen raubt die Besinnung und das klare Denken. Daß dieses „Ruhen im Geist" mit wunderbaren Gefühlen verbunden ist, ist kein positiver Beweis. Der Teufel versteht sich meisterhaft auf die gesamte Tastatur in allen Sinnesbereichen.

Ich erinnere an die Kasseler Vorgänge 1909. Die anwesenden Gottesmänner wurden von einem wunderbaren Gefühl des Friedens erfaßt, bis der Teufelsfuß der neuen Zungenbewegung zum Vorschein kam.

Wer an der Bibel und an der Religionsgeschichte orientiert ist, kann von diesem „Ruhen im Geist" nicht überzeugt werden. Hier liegen andere, im wesentlichen mediale und okkulte Sachverhalte vor.

Bei aller Kritik darf aber nicht unerwähnt bleiben, daß es auch überwältigende Erfahrungen des Herrn und des Heiligen Geistes gibt, die demütigen Christen geschenkt werden können. Mir sind solche positiven, geistgewirkten Erfahrungen aus den Biographien vieler Männer Gottes bekannt. Dazu sage ich dankbar ja, aber nicht zu den psychischen Parallelerscheinungen oder gar dämonischen Ersatzleistungen des Erzfeindes.

Rute und Pendel

Das Material, das ich in 54 Jahren gesammelt habe, ist so umfangreich, daß ich allein über dieses Gebiet Rute und Pendel einen dicken Schmöker schreiben könnte. Ich kann daher nur in Stichworten einige Probleme andeuten.

1. Das Handwerkszeug

Die Rutengänger benützen normalerweise eine gegabelte Weidenrute, manche gebrauchen eine Rute aus Fischbein oder auch aus Stahl. Es gibt auch Rutengänger, die überhaupt kein Werkzeug brauchen, sondern einfach die Finger spreizen und die sogenannten Erdstrahlen spüren. Der Pendler benützt ein Pendel, das heißt ein Metallgewicht, das an einem Faden aufgehängt ist. Da Rute und Pendel zum gleichen Gebiet gehören, wurden die Fachschaften der Rutengänger und Pendler zur sogenannten Fachschaft der Radiästhesie zusammengefaßt. Vor Jahren lernte ich den Präsidenten dieser Fachschaft kennen. Er ist ein Hamburger, der aber nicht nur mit Rute und Pendel arbeitet, sondern zugleich auch das magische Besprechen gutheißt und in Anspruch nimmt. Er hat mir das selber berichtet, als wir uns bei einer Tagung trafen.

2. Die Verwirrung der Geister

Selbst unter gläubigen Christen herrscht eine Uneinigkeit in der Beurteilung von Rute und Pendel. Ich begegnete Ärzten, Pfarrern, Missionaren, selbst Evangelisten, die mit Rute und Pendel arbeiteten und der Meinung waren, sie hätten diese Gabe von Gott empfangen. Hier wird die Verführungskunst Satans offenbar, der es verstanden hat, selbst gläubige Christen zu täuschen. Ich gebe das Beispiel eines Pfarrers.

B 243 Anläßlich einer Evangelisation in Frankreich wurde ich von dem Ortspfarrer gebeten, auch einen Vortrag über Rute und Pendel zu halten, weil viele Gemeindeglieder diese okkulten Künste pflegten. Nach meinem Vortrag bat ein Zuhörer, den ich nicht kannte, um das Wort. Ich fragte erst den Ortspfarrer, ob er damit einverstanden sei, weil ich es schon erlebt habe, daß Okkultisten auf die Plattform kommen und genau das Gegenteil sagen. Der Ortspfarrer flüsterte mir zu: „Du mußt ihn sprechen lassen. Er ist ja unser Dekan, unser Vorgesetzter.“ Dann drehte sich dieser Dekan zur Gemeinde um und erklärte: „Ihr kennt mich ja alle. Ich muß bekennen, daß ich 25 Jahre lang das Pendel benützt habe, um verborgene Dinge aufzuspüren. Ich habe bei allen ungeklärten Fragen das Pendel zu Rate gezogen und damit auch meiner Gemeinde gedient. Ich habe erkennen müssen, daß das Pendeln keine Gabe Gottes, sondern eine Gabe von unten ist. Und ich muß darüber Buße tun und Sie alle um Vergebung bitten.“ Nach diesem Bekenntnis fragte ich den Dekan, ob er mir die Erlaubnis gebe, seine Geschichte zu veröffentlichen. Er sagte zu unter der Bedingung, daß ich nicht seinen Namen verwende. Ich habe also hiermit die Warnung des Dekans an seine Gemeinde weitergegeben.

Dieses Beispiel zeigt, daß ein Pfarrer, der in der ganzen Umgebung als ein gläubiger Mann galt, 25 Jahre lang Zauberei trieb und damit seine Gemeinde belastete. Er hat in seinem eigenen Leben noch schwerwiegende Folgen erlebt, die ich aber hier nicht veröffentliche.

3. Historisches

Nach der kurzen Einleitung nun einen ebenso knappen Überblick über die Verwendung von Rute und Pendel in der menschlichen Geschichte. Zu den ältesten Funden dieser Art gehören wohl die Höhlenzeichnungen im Oranjestaat in Südafrika. Die Archäologen beziffern diese Höhlenzeichnungen, auf denen auch die sogenannte Wünschelrute zu sehen ist, auf mehr als 6000 Jahre.

Wir finden die Rute auch bei den Chinesen schon vor 4000 Jahren. Damals wurde mit der Rute Wasser gesucht und auch die Bauplätze überprüft, ob sie nicht durch Wasseradern unterstrahlt sind. Wir finden die Rute dann wieder bei den Griechen. Der Dichter Homer hat sie erwähnt. Ebenso haben die Römer Rute und Pendel benützt. Auch die gesamte europäische Geschichte in den letzten 2000 Jahren weist eine vielfältige Verwendung von Rute und Pendel auf. Es ist für mich ein bedrückendes Erlebnis, daß ein

Theologe, der den Ruf hat, ein gläubiger Christ zu sein, die Anwendung von Rute und Pendel gutheißt und der Meinung ist, daß das zu den Schöpfergaben Gottes gehöre. Zu einer solchen Meinung kann man nur aufgrund mangelnder Seelsorge und mangelnder Erfahrung im Blick auf die schlimmen Folgen kommen.

4. Geophysikalisches

Die Rutengänger und Pendler behaupten, daß die Reaktion von Rute und Pendel durch sogenannte Erdstrahlen bedingt sei. Die Wissenschaft kennt keine Erdstrahlen im Sinne der Rutengänger. Es gibt aber andere physikalische Gegebenheiten, die man zur Erklärung der sogenannten Erdstrahlen heranziehen könnte. Unsere Erde besitzt ein erdmagnetisches Feld, in dem sich die Kompaßnadeln nach dem magnetischen Südpol (auf der Insel Boothia felix) ausrichten. Das erdmagnetische Feld ist nicht homogen, das heißt nicht überall gleich stark, sondern hat Störfelder. Die Störfelder sind durch die Bodenbeschaffenheit, durch Verwerfungsspalten, Höhlen, Grundwasserströme, Mineralien, Salzvorkommen, Ölvorkommen, Eisen usw. bedingt. Diese Störfelder können gemessen werden. Es gibt eine ganze Reihe von Geräten, mit denen diese erdmagnetischen Störfelder erfaßt werden können; z. B. das Magnetometer, den Doppelkompaß, die Askaniafeldwaage, den UKW-Feldmesser, das Gerameter. Das beste Gerät ist das Protonenresonanzmagnetometer. Es sind schon mit fähigen Rutengängern Versuche unternommen worden, ob sie mit der Rute oder mit dem Pendel diese Störfelder erfassen können. Bei einem Teil der Rutengänger ist dieses Experiment geglückt. Diese Erfahrung bedeutet aber nicht, daß man vom christlichen Standpunkt aus die Tätigkeit der Rutengänger und Pendler akzeptieren kann. Das wird im nächsten Abschnitt noch deutlicher werden.

5. Der mediale Faktor

Die Rutengänger behaupten, daß die Menschen gefährdet sind, die etwa ihren Arbeitsplatz oder ihr Bett im Bereich von Erdstrahlen haben. Sie geben daher gewöhnlich den Rat, den Schreibtisch oder das Bett an eine andere Stelle zu rücken, oder durch sogenannte Entstrahlungskästchen die Gefahr bannen zu lassen. Ich habe eine ganze Reihe solcher Entstrahlungskästchen untersuchen können. Es handelt sich um einen grenzenlosen Humbug. Ich habe nicht die Zeit, auf diese Entstrahlungsgeräte einzugehen.

Wenn die Störzentren des erdmagnetischen Feldes einen ungünstigen Einfluß auf Menschen haben können, dann ist die Anwendung exakter Meßgeräte nicht abzulehnen. Auf jeden Fall sollen wir aber keine medialen Kräfte zum Abtasten von Störzentren verwenden.

Es entsteht hier die Frage, ob die Störzentren einen Einfluß auf die Menschen haben. Tierversuche haben gezeigt, daß Ameisen, Katzen und Bienen Störzentren suchen und lieben. Pferde, Rinder, Hunde, Schweine weichen nach Möglichkeit den Störzentren aus. Bei Menschen ist es so, daß nur der medial Veranlagte oder der Mensch mit einem schwachen, sensiblen Nervensystem auf die Störzentren reagiert. Wenn bei einem Menschen eine solche Anfälligkeit für die Störzentren erkannt wird, dann darf eines der oben genannten wissenschaftlichen Geräte eingesetzt werden, um die Stärke des Störzentrums zu messen. Die Verwendung von Rute und Pendel lehne ich in diesem Zusammenhang radikal ab.

Man mag mir entgegenhalten, daß ich vor 30 Jahren nicht so radikal gewesen bin wie heute. Das hat seinen Grund. 1952 wurde mein erstes Buch „Seelsorge und Okkultismus“ veröffentlicht. Für die damalige Veröffentlichung standen mir nur etwa 600 okkulte Beispiele zur Verfügung. Im Laufe der Jahre kamen immer mehr meiner Bücher gegen den Okkultismus heraus. Die Folge war, daß eine sehr starke Seelsorge in aller Welt einsetzte. In den folgenden 30 Jahren habe ich rund 20000 Menschen mündlich oder brieflich beraten müssen. Unter diesen 20000 Beratungen befanden sich vielleicht 10000 bis 11000 Menschen, die mit okkulten Problemen zu tun hatten.

Nun wissen wir aber immer noch nicht, was wir uns unter dem medialen Faktor vorzustellen haben. Zu einer ausführlichen Darstellung fehlt hier der Raum. Dieses Thema ist im zweiten Teil des Buches „Seelsorge und Okkultismus (S. 425–683) unter der Überschrift „Medialität aus der Sicht der Seelsorge“ dargestellt worden. Hier nur einige Randbemerkungen. Die Medialität findet sich meistens in der Nachbarschaft der Zaubereisünden. Wenn die Vorfahren im dritten oder gar vierten Glied Spiritisten waren oder Magie und andere Formen der okkulten Künste betrieben haben, dann sind die Nachkommen gewöhnlich medial veranlagt. Die Medialität kann bewußt oder unbewußt sein. Manche Menschen sind medial, wissen es aber nicht. Bei anderen kann die Medialität durch ein bestimmtes Erlebnis erkannt werden. Die Rutenfühligkeit und die Pendelreaktion ist eine mediale Veranlagung. Ich habe die Geschichte vieler Familien untersucht, bei denen Nachkommen medial veranlagt waren. Die Gabe, mit der Rute zu gehen oder durch das Pendel Verborgenes aufzuspüren, kann auf dreifache Weise erworben werden: entweder durch Vererbung von den Vorfahren, zweitens durch Übertragung durch einen starken Okkultisten und drittens durch Experimentieren mit magischen Formeln, wie sie in okkulten Büchern veröffentlicht sind. Die Frage, ob es auch eine neutrale Medialität gibt, ist oft diskutiert worden. Wenn ein Christ eine mediale Veranlagung in seinem Leben entdeckt, soll er Gott darum bitten, daß er ihm diese Veranlagung wegnimmt. Die Vorstellung mancher Theologen, daß Medialität gereinigt und dann für den Dienst im Reiche Gottes gebraucht werden könne, ist unbiblisch. Das zeigt uns die Geschichte von der Wahrsagerin von Philippi, Apg. 16,16–18. Wenn ein Christ mediale Kräfte gebraucht, dann wird das zur Schuld, für die er Vergebung braucht.

6. Seelsorgerliches

Ich gebe zwei Arztbeispiele, die Ihnen zeigen, daß man mit Medialität nicht spielen kann.

B 242 Ein Arzt kam zu mir in die Seelsorge und berichtete, daß er zwei Jahre lang mit dem Pendel arbeitete. Er konnte viele verborgene Dinge mit dem Pendel erkennen. Wenn man ihm das Foto eines Menschen vorlegte, dann war er in der Lage, mit dem Pendel den Namen, die Adresse, Beruf und alle anderen Lebensdaten exakt anzugeben. Er konnte sogar zukünftige Ereignisse mit dem Pendel exakt erraten. Dem Arzt selbst wurden diese Fähigkeiten unheimlich. Er beobachtete auch an sich selbst eine negative charakterliche Veränderung. Er wurde starker Alkoholiker, Kettenraucher, der am Tag bis zu 80 Zigaretten rauchte. Auch auf anderen Gebieten entgleiste er und verwilderte total. Er fürchtete, daß er eines Tages in einer Nervenheilanstalt enden könnte. So kam er zu mir in die Seelsorge, legte eine Lebensbeichte ab, und ich zeigte ihm den Weg zu Jesus. Es war sehr schwer für ihn, von seiner medialen Begabung frei zu werden. Insgesamt hatten wir vier Unterredungen. Ein Gebetskreis wurde eingesetzt, der etwa vier

Monate für ihn betete, bis er restlos frei war. Eine so starke Medialität ist natürlich selten. Aber hier ist diese okkulte Begabung ausgereift, so daß man die Folgen klar studieren und sehen konnte.

B 245 Bei einer Vortragsreihe in einer Stadt erkrankte ich. Ich fragte nach einem christlichen Arzt. Es wurde mir ein Mann genannt, den ich aufsuchte. Als ich sein Sprechzimmer betrat, sah ich ein Pendel an der Wand hängen. Ich fragte ihn, ob er denn mit dem Pendel arbeite. Er antwortete, Pendeln sei eine zusätzliche Diagnose. Ich muß erwähnen, daß es sich nicht um einen Heilpraktiker handelte, sondern um einen Dr. med. Nach seiner Erläuterung erklärte ich: „Sie kommen als Arzt für mich nicht in Frage, ich lehne das Pendeln ab." Er war über meine Einstellung erstaunt. Da er immerhin viele Menschen zu betreuen hatte, nahm ich mir Zeit, ihn aufzuklären. Zugleich betete ich in meinem Herzen, Gott möge ihm die Augen öffnen. Schließlich kam mir folgender Gedanke, ein Gottesurteil zu erbitten. Ich erwähne, daß ich das nur ein einziges Mal in meinem Leben tat. Ich sagte zu ihm: „Sie dürfen mit mir pendeln." Er nahm sein Gerät, es funktionierte nicht. Er blickte mich erstaunt an und erklärte: „Sie sind der erste Mensch, bei dem das Pendel nicht funktioniert." Ich betete weiter und freute mich, daß Gott bereits am Werk war. Er stellte mich noch an zwei andere Plätze seines Sprechzimmers. Aber das Pendel rührte sich nicht. Dann fragte mich der Arzt: „Was haben Sie getan? Was sind Sie für ein Mensch?" Ich antwortete ihm: „Ich glaube an Jesus Christus und bin überzeugt, daß mediale Kräfte von unten sind, die wir nicht in Anspruch nehmen dürfen." Ich gab ihm auch offen zu, daß ich um ein Gottesurteil betete, damit Gott ihm die Augen öffne. Der Arzt antwortete: „Ich akzeptiere das. Wenn Sie durch Gebet das Pendel stoppen können, dann steht hinter der Funktion des Pendelns keine natürliche Kraft, sondern es muß eine antigöttliche Kraft sein." Der Arzt hielt sein Versprechen. Er hat seither das Pendel nie mehr benützt.

Ich gebe den Rat, das nicht nachzuahmen. Ich habe das in meinem Leben nur ein einziges Mal getan, weil mir der Herr die innere Freiheit gab, um diesem Arzt die Augen zu öffnen.

Kräfte, die sich durch das Gebet stören lassen, sind keine physikalischen Kräfte. Vielleicht darf das noch durch ein anderes Beispiel unterstrichen werden.

B 246 Es ist das Erlebnis eines Freundes in Frankreich, mit dem ich schon seit Jahrzehnten verbunden bin. Er kam zufällig in das Haus eines Freundes, in dem gerade ein Rutengänger nach Wasser suchte. Meinem Freund war das nicht geheuer, und er warf sich in diesem Haus in einem Raum auf die Knie und schrie zu Gott. Herr, wenn diese Kräfte nicht von dir sind, dann stoppe du sie. Plötzlich hörte er draußen im Hof den Rutengänger fluchen und schimpfen: „Nun habe ich doch gerade vorhin hier eine starke Wasserader entdeckt, warum finde ich sie jetzt nicht mehr?" Dem Beter in der Kammer war das die Antwort Gottes.

An dieser Stelle wird in dieser 2. Auflage ein weiteres Beispiel angehängt, weil eine gläubige Lehrerin dringend darum bat. Sie hat mir folgendes geschrieben: „Füge das Beispiel von der Missionarin, die von der Gabe des Rutengehens frei wurde, an dieser Stelle unbedingt ein, auch wenn Du es schon in einem anderen Taschenbuch gebracht hast. Dieses Beispiel ist am beweiskräftigsten, denn viele Christen, auch ‚Stundenleute', praktizieren das Rutengehen. Ich höre das immer wieder im Religionsunterricht." Ich komme diesem Wunsch also nach.

B 247 In North Platte (Nebraska, USA) hatte ich bei dem gesegneten Missionar McElheran einen Pfarrkonvent. Es war eine zweitägige Konferenz, die von Pastoren vieler Staaten besucht war.

Das Generalthema dieses Seminars war eine Einführung in die Seelsorge an okkult belasteten Menschen.

Die Pfarrer hatten ausdrücklich dieses Thema gewünscht, weil überall in den Vereinigten Staaten die okkulten Probleme in den Gemeinden aufbrechen. Und es ist kaum jemand da, der die seelsorgerlichen Instruktionen zu geben vermag. Die theologische Ausbildung an den Universitäten und an den meisten Seminaren und Bibelschulen weist auf diesem Gebiet nur Lücken auf.

Die beiden Tage waren bis zum Bersten mit Diskussionen und Aussprachen gefüllt. Sie brachten nebenbei die Frucht, daß ich aus dem ganzen Land eine Fülle neuer Einladungen erhielt, mehr als ich je annehmen konnte.

Die Fragen des Dämonischen, des Medialen und des Charismatischen berühren den empfindlichsten Nerv unserer Zeit.

In diesem Bericht soll ein kleines Teilgebiet des Medialen beleuchtet werden. Es geschieht nicht durch Erörterung des Problems, sondern durch das Erlebnis einer Missionarin.

Clifton McElheran und seine Frau sind Missionare der Sudan Interior Mission. Sie arbeiteten in Nigeria. Auf dem Missionsfeld gebrach es oft an Wasser. Frau McElheran wußte, daß in ihrer Hand die Rute nach Wasser ausschlägt. Sie machte einen Versuch in Nigeria. Es wurde ein voller Erfolg. Sie konnte den Missionaren auf den Außenstationen Wasser ausfindig machen. Viele erfreuten sich ihrer Hilfe. Wasser bedeutet in der Wüste und Einöde das Leben.

Das Wassersuchen blieb bei der Missionarin nicht ohne Auswirkungen. Sie spürte nach dieser Arbeit mit der Rute gelegentlich eine Blockierung ihres Gebetes. Auch auf die Bibel konnte sie sich schlecht konzentrieren.

Sie entschuldigte das Wassersuchen aber stets mit dem Einwand: „Ich tue Gutes damit. Ich lasse mich nicht bezahlen. Gott hat mir doch gewiß diese Gabe gegeben, um anderen zu helfen." Damit beruhigte sie sich.

Ihre Nervosität nahm aber zu, zumal sie immer mehr von den Missionaren zum Wassersuchen herangezogen wurde.

Ihr nervlicher, seelischer und körperlicher Zustand verschlechterte sich so, daß die Missionsleitung sich genötigt sah, sie ein halbes Jahr früher als geplant in Heimaturlaub zu schicken.

Daheim angekommen, war sie so erschöpft, daß sie zu keiner Arbeit mehr fähig war. Sie lag wochenlang im Bett. Der Arzt konnte keine spezielle Krankheit erkennen, sondern sprach nur von einer totalen Erschöpfung aufgrund der Missionsarbeit in den Tropen.

Es kam anders. Ein befreundeter Missionar besuchte die Patientin und gab ihr mein Buch „Between Christ and Satan" zum Lesen. Es fiel ihr bei dem Kapitel über das Rutengehen wie Schuppen von den Augen.

Sie stand auf, nahm ihre Rute und ging in den Garten. Nach einem Platz suchend, über dem die Rute nach Wasser ausschlug, fand sie eine „stark ziehende" Stelle. Dann stand sie still und faltete die Hände.

Sie betete: „Herr, wenn diese Gabe nicht von dir ist, nimm sie mir sofort weg. Ich will nicht mit medialen Kräften arbeiten."

Abermals nahm sie die Rute in die Hand, die nicht mehr reagierte. Die Gabe der Rutenfühligkeit war weggenommen. Dann verbrannte sie dieses mediale Werkzeug und tat Buße über ihre Irrwege.

Von diesem Tag an ging es mit ihrer Gesundheit aufwärts. Sie genas vollständig und warnt seither davor, daß gläubige Christen mit der Rute arbeiten. Sie gab mir die Erlaubnis, diesen Bericht zu veröffentlichen.

7. Geöffnetes Visier

Der okkulte Charakter der Rutengängerei und des Pendelns wird am folgenden Erlebnis völlig deutlich. Ich war Beobachter und kritischer Teilnehmer einer Konferenz von etwa 60 Rutengängern aus verschiedenen Ländern. Ein Schweizer Pendler erklärte, er brauche mit der Rute oder mit dem Pendel überhaupt nicht über das Feld zu gehen, um Wasser oder Bodenschätze zu finden. Es genüge ihm, wenn er eine Landkarte vor sich ausbreite und dann auf der Landkarte nach Bodenschätzen forsche. Er brachte sogar folgendes Beispiel, er könne z. B. auf einer Landkarte von Japan nach Wasser, nach Erdöl, nach Salzvorkommen und anderen Bodenschätzen pendeln. Dieser Atlas von Japan ist vielleicht in der Schweiz gedruckt mit Papier und Druckerschwärze, die auch in der Schweiz hergestellt sind. Dieser Atlas von Japan kann niemals Bodenimpulse von Japan wiedergeben. Hier ist diese Karte von Japan nur eine Art Kontaktbrücke, die der Pendler benützt, um sich in die japanischen Bodenverhältnisse einzufühlen. Es handelt sich hier also eindeutig um einen okkulten Vorgang. Die Pendler nennen es Teleästhesie, eine Wahrnehmung aus Distanz. Sie unterscheiden das physikalische Rutengehen, bei dem der Rutengänger über das Gelände schreiten muß, und das mentale Rutengehen, bei dem der Rutengänger oder Pendler nur eine Skizze oder Landkarte des betreffenden Gebietes haben muß, das er absuchen will. Es ist geradezu grotesk, daß der Theologe, der diese Konferenz leitete, alle diese Fähigkeiten für natürliche Gaben Gottes hielt. Er war sich des Beifalls der Rutengänger gewiß, nur zwei Teilnehmer haben protestiert, der französische Arzt Dr. Arthur Bach aus Nancy und ich selbst. Wir wurden dann unter dem großen Hallo der Rutengänger und Pendler mit zornigen Worten von dem leitenden Professor der Theologie abgewiesen.

Zum Abschluß des ganzen Kapitels einen ausgezeichneten Bericht, den ich in der „San Francisco Chronicle" vom 6. Januar 1976 fand. Der Artikel, der eine Art Beichte oder Bekenntnis darstellt, ist von einem gläubigen Mann mit Namen John Price unterschrieben. Ich danke an dieser Stelle für sein klares und mutiges Zeugnis. Nun der Wortlaut:

„Ich war ein Rutengänger. Diese Gabe vererbt sich in Familien nach den Regeln der Genetik (Vererbungslehre). Edgar Cayce' Großvater war ein alter Zauberer, der die Kraft besaß, einen Besen in seinem Zimmer tanzen zu lassen. Häufig war er auf Reisen, um mit seiner Rute Wasser zu suchen.

Die Fähigkeit, mit Rute oder Pendel zu arbeiten, kann auch sehr leicht übertragen werden. Ein alter Rutengänger, der die Hand eines jungen, medial veranlagten Menschen führt, kann diese Gabe übertragen. Das Ergebnis zeigt sich sofort, und ein neuer Zauberer ist geboren. Das ist der Weg, wie ich selbst in dieses Gebiet hineingeriet. Mein eigener Vater übertrug mir diese Fähigkeit. Seit dieser Zeit reiste ich viel umher, suchte mit Erfolg Wasser und übertrug vielen anderen meine Fähigkeit.

Die Stabwahrsagung ist auch in der Bibel erwähnt, und zwar in Hosea 4,12. Das hebräische Wort für Stab bedeutet in der King-James-Übersetzung einen ‚wandernden Stock', aus einem Gabelzweig geschnitten. Der Prophet Hosea warnte das Volk Israel vor dieser Zauberpraxis.

Es liegt fünf Jahre zurück, da begann ich mit meiner gläubigen Frau die Bibel zu lesen. Die Auswirkung war, daß ich eine Umkehr erlebte und zu Christus fand. Ich unterzog mich der Glaubenstaufe durch Untertauchen. Von diesem Tag an blieben meine verschiedenen Wünschelruten stumm. Sie arbeiteten nicht mehr."

Ich bin für diesen Bericht außerordentlich dankbar, weil er meine eigenen Beobachtungen bestätigt: Rutenfühligkeit durch Vererbung und Übertragung. Befreiung durch die Hinkehr zu Christus. Auch Cayce' Großvater, der Zauberer war, wirft ein Licht auf Cayce, dessen Geschichte auch in diesem Buch enthalten ist.

Satanskulte

Der liberale Theologe Röhr (1777–1848) bezeichnete den Teufelsglauben als bemitleidenswerten Wahn einer unerleuchteten Zeit. Der schriftgemäße Theologe Adolf Schlatter, den ich selbst in Tübingen noch hören konnte, erklärte, daß die biblische Verkündigung den Teufelsglauben einschließe. Wir haben damit eine unbiblische und eine biblische Linie.

Gehen wir noch zu einem anderen Ausgangspunkt, zum Thema Satansglauben und Satanskulte.

Im Oktober 1975 las ich in einer katholischen Zeitung Bayerns eine Aussage von Papst Paul VI., die mich in Harnisch brachte. Nach der Aussage dieser Zeitung hat der Papst erklärt, an der Misere Europas sei das Luthertum schuld. Der Gegenbeweis ist schnell erbracht. Blicken wir nur nach Italien, wo das Luthertum nicht Fuß fassen konnte. Danach müßte also Italien das bestentwickelte Land Europas sein. In Wirklichkeit ist es das wirtschaftlich schwächste Land Europas, von vielen Streiks und politischen Kämpfen zerrissen. Dagegen sind die Länder, die sich seit der Reformation dem Protestantismus zugewandt haben wie etwa Schweden, Deutschland, Schweiz, teilweise England in wirtschaftlich viel geordneteren Verhältnissen. Ein Teil der Steuern der Lutheraner fließen als Zuschüsse der EG nach Italien und nicht umgekehrt. Ich hätte gerne in einem offenen Brief dem Vatikan noch mehr solcher Tatsachen unterbreitet. Ein anderer Bericht aus dem Vatikan hat mich dann wenigstens zu einem kleinen Prozentsatz mit dem Papst wieder ausgesöhnt. Es liegt mir von der Vatikanstadt vom 15. November 1972 ein Bericht vor. Papst Paul hat zum ersten Mal eine ganze Ansprache dem Problem der Satanskulte gewidmet. Er erwähnte, daß auch in Italien Satanisten die schwarze Messe feierten und auch Kircheneinbrüche vornehmen würden. So haben sie auch wie die Vandalen in der Kathedrale in Turin gehaust, wo das sogenannte Leichentuch Jesu aufbewahrt wird. Der Papst sagte dann wörtlich: „Wir stehen alle unter einer dunklen Herrschaft, der Herrschaft des Teufels, der der Fürst dieser Welt ist.“ Er führte in der gleichen Ansprache das Problem weiter und erklärte: „Ich bedaure, daß die anderen christlichen Theologen wenig Interesse für das Studium der satanischen Aktionen zeigen. Viele suchen Ersatz dafür in psychoanalytischen und psychiatrischen oder gar spiritistischen Studien, die bedauerlicherweise heute weithin in allen Ländern verbreitet sind.“ Im gleichen Vortrag rief der Papst aus: „Der Teufel lebt.“

Der Satanskult in der Bibel und in der Religionsgeschichte ist oft das gleiche wie der Schlangenkult. Das geht zurück auf die Urversuchung im Paradies, wo der Teufel dem ersten Menschenpaar in Gestalt einer Schlange erschien. Die Bewohner des Landes

Kanaan verehrten Satan in Gestalt der Schlange. Das gleiche finden wir in Ägypten. Die Zauberer, die Mose widerstanden, gehörten zum Schlangenkult. Sie waren in der Lage, Schlangen zu hypnotisieren, so daß sie steif wurden wie ein Stock. Wir haben bei diesen Zauberern das umgekehrte Wunder wie bei Mose. Mose konnte in der Kraft Gottes den Stab zur Schlange verwandeln. Die Zauberer konnten in der Kraft Satans Schlangen zu einem Stab verwandeln und sie dann wieder aus der Hypnose zurückrufen.

Einige Jahrhunderte vor Christus entstand in Syrien der Kult der Ophiten. Die Ophiten sind ebenfalls Schlangenanbeter und Satansanbeter gewesen. Sie selbst nannten sich Gnostiker, Träger einer höheren Weisheit. In einigen Punkten haben die Gnostiker die gleichen Lehren, wie sie heute von den Anhängern der Allversöhnungslehre geglaubt werden. Die Ophiten waren der Meinung, daß der Mensch nach seinem Tode die Chance hat, über lange Zeiträume hinweg sich höher zu entwickeln bis zur völligen Erlösung. Mit dieser Überzeugung sind sie der Prophezeiung Satans gefolgt: Ihr werdet mitnichten des Todes sterben, sondern es werden nur eure Augen aufgetan werden.

Einen weiteren Schlangenkult finden wir im Alten Testament in Gestalt der ehernen Schlange. In 4. Mos. 21 hat Mose im Auftrag Gottes eine eherne Schlange aufgerichtet. Die Israeliten, die von den giftigen Schlangen gebissen worden waren, hatten im Glauben auf die eherne Schlange zu blicken und blieben dann am Leben. Diese eherne Schlange wurde also von Gott zu einem Zeichen des Heils gegeben. Vergleichen wir dazu Joh. 3, wo die Kreuzigung Jesu ebenfalls ein erhöhtes Heilszeichen darstellt. Was nun Gott als Zeichen der Errettung dem Volk Israel damals gegeben hat, wurde in späteren Jahrhunderten zu einem Götzendienst. Die Schlange hieß Nehusthan, und damit trieben die Israeliten noch 400 oder 500 Jahre nach Mose Zauberei und Götzendienst.

Die Geschichte der christlichen Kirche ist voll von Satanskulten und Schlangenkulten. Es würde zu weit führen, wenn alles dargestellt werden sollte. Ich verweise auf ein aufschlußreiches englisches Buch von Tatford mit dem Titel „Satan, the prince of darkness“. Das Buch ist zu empfehlen, denn es ist aus einer biblischen Haltung und einer guten Kenntnis der Religionsgeschichte geschrieben.

Es sollen einige Beispiele angeführt werden.

B 248 Den Templerrittern wird nachgesagt, daß sie die Gründer einer regelrechten Satanskirche sind. Wer in diesen Orden eintreten wollte, mußte auf ein am Boden liegendes Kreuz mit Füßen treten und es anspeien. Ferner hatte sich der Bewerber mit seinem Blut dem Teufel zu verschreiben. Der französische König hat im Jahr 1307 bis 1311 die Templer verfolgen und verhaften lassen. Bei den Folterungen wurden natürlich auch Geständnisse erpreßt, die niemals der Wahrheit entsprachen. Die französischen Historiker, z. B. Abbé Barnuel, berichteten, daß die Französische Revolution sorgfältig und methodisch durch diese Templerritter vorbereitet worden sei. In den Zirkeln der Templerritter wurde die schwarze Messe gefeiert. Alles, was uns von der Bibel her heilig ist, haben sie in den Schmutz gezogen. Auf dem Altar lag eine unbekleidete Frau. Den Wein des Abendmahls haben sie mit dem Blut eines getöteten Kindes vermischt. Die Gebete haben sie dadurch abgeändert, daß sie den Gottesnamen durch Satans Namen ersetzten, also alles Dinge, die wir auch heute in den Satanskirchen finden. Der Ritus der Satansanbeter wurde dann von Anhängern von Paris nach den USA gebracht und von dort wieder nach Rom und in andere Länder.

Wir haben nicht nur eine französische Linie der Teufelskulte. Es gibt auch eine deutsche Linie.

B 249 Im 13. Jahrhundert wurde ein friesischer Stamm mit Namen Stedinger für seine Satanszeremonien bekannt. Die Stedinger waren bekannt für alle Formen der Zauberei und Gottlosigkeit: Ausplünderung von Kirchen, Entweihung der Sakramente und Kruzifixe, Blutvergießen unter Kindern und Frauen. Sie töteten und trieben alle möglichen Arten von Orgien. Sie erhoben sich auch gegen die Behörden, so daß der Herzog von Brabant im Jahre 1234 gegen sie zu Felde zog und 8000 von ihnen tötete. Der Rest hat sich dann zerstreut. Diese Anhänger, die das Massaker überlebten, haben dann überall die okkulten Dinge hingetragen und damit das Unheil noch vergrößert.

Eine dritte Linie der Satanskulte hat sich in Großbritannien gehalten. Die Druiden, die Priester eines alten keltischen Stammes, waren hochberühmt für ihre astronomischen Kenntnisse. Andererseits betrieben sie das Menschen- und das Tieropfer, um den sündigen Menschen mit Gott zu versöhnen. Ich habe das in dem Abschnitt über Allerheiligen erwähnt. Die Geschichte der Druiden wird zeitlich von 1900 vor Christus bis etwa 500 oder 600 nach Christus angesetzt. Manche Forscher bringen das großartige Ruinendenkmal in Stonehenge mit den Druiden in Verbindung. Stonehenge liegt in Südengland nördlich von Salisbury. Auf dem Weg nach Cornwall passierte ich zusammen mit einem Freund dieses Gebiet. Interessant war mir, daß dieser englische Freund mir berichtete, daß sich die Teufelszirkel in Cornwall bis heute erhalten haben.

Auf den Missionsfeldern traf ich wieder auf Schlangenkulte verschiedener Art. Einige Beispiele dazu:

B 250 In Nigeria gibt es einen sogenannten Kobrakult. Mein Berichterstatter ist ein Missionar. Menschen, die dem Kobrakult beitreten, müssen ihre Seele dem Teufel verschreiben. Als Belohnung dafür bekommen sie Macht über die Kobras. Die Kobras müssen den Kultmitgliedern in jedem Fall gehorchen. Bei einer Gelegenheit hat ein Zauberer, der erbittertste Feind meines Berichterstatters, diesem Missionar eine Kobra geschickt mit dem Auftrag, den Missionar zu töten. Der Missionar erkannte die Gefahr, stellte sich unter den Schutz Jesu und gebot im Namen des Herrn, und die Schlange konnte ihm nichts anhaben. Auch hier ein Zeichen, daß Gott seine Kinder zu bewahren weiß.

B 251 Ein anderes Beispiel erlebte ich in Liberia. Ich war Gast eines gläubigen Distriktgouverneurs mit europäischer Bildung. Dieser Mann berichtete mir ebenso von einem Schlangenkult in Liberia. Die Mitglieder müssen sich dem Teufel verschreiben und bekommen dann die Macht über alle Schlangen, nicht nur über eine Art. Wenn ein Kultmitglied einen Feind töten will, dann schickt er ihm eine gefährliche Giftschlange mit dem Auftrag, den Gegner zu beißen. Ein junger Mann, der ebenfalls zu dem Schlangenkult gehörte, fand durch den Dienst der Missionare den Weg zu Jesus. Es waren Missionare der Sudan Interior Mission. Der junge Mann sagte sich im Namen Jesu von dem Kult los und wurde tatsächlich von dieser satanischen Bindung frei. Eines Tages betrat er ein Haus, und im gleichen Augenblick erkannte er in dem Raum eine große schwarze Schlange. Er schrie auf, denn er wußte ja, daß er durch seine Bekehrung die Macht über die Schlangen verloren hatte. Er erinnerte sich aber an den Schluß von Mk. 16 und gebot im Namen Jesu. Die Schlange konnte ihm nichts anhaben. Natürlich ließ er sich auf kein Experiment ein. Auch hier zeigt sich, daß die Macht Satans am Glauben der Jünger Jesu und an dem erhöhten Herrn seine Grenze hat.

Einem Schlangenkult ganz anderer Art begegnete ich mehrmals in den USA. Bei meiner Vortragstour im Staate Colorado hörte ich von einem tragischen Zwischenfall in einer Pfingstgemeinde. Zwei junge Prediger brachten Giftschlangen mit in den Gottesdienst. Sie lasen Markus 16 am Schluß, wo es heißt, im Glauben werden sie Schlangen vertreiben, so sie etwas Tödliches trinken, so wird's ihnen nicht schaden. Sie legten sich die Giftschlangen um den Hals, spielten mit ihnen und wurden dann gebissen. Entgegen ihres gutgemeinten Glaubens starben beide Pastoren. Die Polizei hatte von dem Vorfall gehört und die Giftschlangen aus der Kirche herausgeholt.

B 252 Ein zweites Mal hörte ich das gleiche bei meiner Tour durch die sogenannten Staaten von Neuengland im Nordosten der USA. Auch hier hatte ein Pastor mit Berufung auf Markus 16,18 sich eine Giftschlange um den Hals gelegt. Auch er starb an dem giftigen Biß.

Ein drittes Mal hörte ich es im Staate Illinois. Diese drei letzten Beispiele haben natürlich mit dem Schlangenkult und dem Satanskult nichts zu tun. Sie sind nur der Ausdruck eines religiösen Fanatismus und einer falschen Bibelauslegung. Jesus sagte in einer ähnlichen Situation: „Du sollst Gott, deinen Herrn, nicht versuchen" (Matth. 4,7).

Ich komme noch einmal zurück zu dem eigentlichen Satanskult. Die Menschen- und Tieropfer, die von den alten heidnischen Völkern betrieben worden sind, werden heute wieder von den Satansanbetern praktiziert.

B 253 Ich habe bereits in anderem Zusammenhang die Geschichte des 17jährigen Ross Cochran berichtet. Er war ursprünglich das Glied einer Satanskirche. Er fand den Weg zu Christus und trat aus der Kirche aus. Dann wurde er von seinen früheren Kameraden zu Tode gefoltert. Der Hauptanstifter zu seiner Ermordung war ebenfalls ein 17jähriger, Otis Hester. Als er verhaftet wurde, zeigte er dem Polizeibeamten auf seiner linken Hand eine Tätowierung, die ein umgekehrtes Kreuz darstellt, und darunter die Unterschrift: His majesty the devil (Seine Majestät, der Teufel).

B 254 Ein anderes Beispiel ist noch schrecklicher. Zwei junge Menschen, ein Pärchen, wurden von einer amerikanischen Familie als Babysitter eingeladen. Als das Ehepaar nach Hause kam, hatte inzwischen das junge Pärchen, das zu einem Satanskult gehört, das kleine Kind auf einem Rost geröstet. Die schockierten Eltern haben also zwei „junge Teufel“ als Aufpasser für ihr Kind bestellt und haben des Teufels Lohn erhalten.

Amerika hat eine furchtbare Entwicklung genommen. Vor etwa zwölf Jahren wurde die Bibel und das Gebet aus den Schulen verbannt. Dafür aber zog der Unterricht über Spiritismus, Okkultismus und Satanskulte in die Schulen ein. Neuerdings wird in einzelnen Staaten eine weitere Regelung diskutiert, ob man sich mit dem Unterricht über die satanischen Dinge begnügen soll und nicht vielmehr auch das Praktizieren anordnen sollte.

Eine solche Diskussion habe ich im Staate New Hampshire im Staatshause miterlebt. Ich wurde von einem Senator eingeladen, meine Erfahrungen in den USA darzulegen. Die Senatoren hatten darüber zu befinden, ob zu dem bereits bestehenden Unterricht über die satanischen Dinge nicht auch Spiritismus, Magie praktisch in der Schule geübt werden sollten. Ich gab aus meiner Erfahrung den Senatoren so schreckliche Beispiele aus den amerikanischen Colleges und Seminaren, daß in diesem Gremium der Antrag auf die Einführung der praktischen Übungen neu diskutiert wurde. Es mutete mich etwas seltsam an, daß ein Deutscher den Amerikanern zu sagen hatte, was in ihren Colleges alles getrieben wird.

Auf zwei weitere Satanskulte stieß ich in Großbritannien. Zwei davon sollen kurz beschrieben werden:

Der Tanatkult

Bei meinen Englandbesuchen hatte ich auch Vorträge in Cornwall, Devon und auch in der Grafschaft Dorset und Somerset. Bei diesen Diensten hin und her im Lande hörte ich von dem Tanatkult. Er hat seinen Ursprung in einem vorchristlichen Fruchtbarkeitskult. Die Sonne galt als männlich, der Mond als weiblich. Ihre Symbole sind dementsprechend für die Sonne das männliche Glied (Penis), für den Mond das weibliche Geschlechtsorgan (Vagina). Die Zeichen sind Brot und Salz. Bei den Zeremonien des Tanatkults werden Brot und Salz auf dem Leib einer Frau dargebracht. Die Frau liegt auf dem Tisch in rotem Gewand. Sie ist nur teilweise bekleidet. Hinter dem Altar sind wiederum die

Symbole, das männliche und das weibliche Prinzip. Als die ersten christlichen Missionare nach England kamen und die Bevölkerung teilweise missioniert wurde, entwickelte sich aus dem Tanatkult die sogenannte schwarze Messe, die bis heute nicht nur in England, sondern in aller Welt zelebriert wird. Auch heute noch wird die schwarze Messe in ähnlicher Weise gefeiert wie in dem vorchristlichen Tanatkult. Das Abendmahl wird in einer Weise gereicht, daß es hier nicht beschrieben werden kann. Es ist zu schauerlich. Zu der Feier der schwarzen Messe gehören natürlich die Sexorgien. Es gibt heute noch in diesen genannten vier Grafschaften Tanatisten. Das bedeutet, daß die christliche Mission niemals das ganze Volk erreicht hat.

Der Horned-God-Cult (Gehörnter-Gott-Kult)

Der Kult sitzt in London und ist eine Abzweigung der Satanskulte. Jedes Mitglied hat einen horned God (einen gehörnten Gott) zu Hause. Dieser gehörnte Gott streckt die Arme aus wie Jesus am Kreuz. Die Füße sind aber einer Schlange nachgebildet. Wir hörten ja im anderen Kapitel von „the goat of mendes" (der Ziegenbock von Mendes). Dieser Ziegenbockskopf ist das Symbol Satans. The Horned-God-Cult ist also auch eine Form der Satansverehrung.

In Burton on the Water gibt es ein Museum für Zaubereigegenstände. In diesem Museum sind sowohl die Symbole vom Horned-God-Cult als auch der nachgebildete Altar des Tanatkultes.

Zur Frage der Befreiung aus dem Satanskult verweise ich auf das Zeugnis von David Hansen im Schlußkapitel. Ferner kann ich ein Buch empfehlen, „Satans Seller" von Mike Warnke. Der Verfasser war selbst ein Hoherpriester in der Satanskirche, wurde durch Christus befreit und gab dann sein Zeugnis in diesem erwähnten Buch.

Ein wundervolles Beispiel der Befreiung aus dem Bann Satans gab Ernest H. Nickerson in seinem empfehlenswerten Blatt „The Path of Life" auf Seite 10. Sein Artikel ist überschrieben: Ein früherer Satanist ist jetzt Prediger des Evangeliums.

Hershel Smith wandte sich schon als Schuljunge den Satanisten zu. Mit 13 Jahren enthäutete er einen kleinen Hund lebend und trank dessen Blut. Später entwickelte er einen sadistischen Hang, abgeschabte Haut von Fingern und Fußsohlen fremder Menschen zu essen, die es erlaubten. Er bekam dadurch den Namen „Skin eater" = Hautesser. Noch viele andere absurde Dinge trieb er aus

Liebe zu Satan. Man wurde deshalb in den Kreisen der Satanisten auf ihn aufmerksam, und Hershel machte unter ihnen Karriere. Er wurde schließlich Hoherpriester und praktizierte alles, was zur Satansanbetung und Verehrung gehört.

Und diesen mit tausend Ketten Satans gebundenen Mann holte der Sieger von Golgatha aus diesem Teufelskreis heraus. Hershel Smith wurde ein Jünger Jesu und fühlt sich heute besonders für Jugendliche verantwortlich, die gleich ihm auf Abwege geraten sind. Er unterhält und leitet ein Jugendzentrum in Kalifornien, wo er junge Menschen den Weg zu Jesus, dem Befreier, zeigt.

Schwarze Messe

Alle Satanskulte der Geschichte und der Gegenwart zelebrieren die schwarze Messe. Es gibt nur wenige Ausnahmen wie zum Beispiel die Progreßleute.

Der Sinn der schwarzen Messe ist die Verhöhnung Gottes, die Verlästerung der Trinität.

B 255 Vor einigen Jahren erregten einige Theologiestudenten in Münster (Deutschland) großes Aufsehen. In einer Kirche feierten sie die schwarze Messe. Auf dem Altar standen Schnapsflaschen. In den Gebeten ersetzten sie den Gottesnamen mit dem Namen Satans. Man fragte sie, warum sie eigentlich Theologie studierten. Ihre Antwort war: um die Kirche zu zerstören.

B 256 Bei einer Vortragsreise im südlichen England hörte ich von den schwarzen Messen dieses Gebietes. Als Altar wird eine unbekleidete Frau benützt, die von den Angehörigen auf dem Altar zu Perversitäten mißbraucht wird. – Man kann die Scheußlichkeiten gar nicht in einem Buch wiedergeben. Es liegt mir die Beichte eines Akademikers vor, der seit der Praxis dieser Scheußlichkeiten innerlich nicht mehr zur Ruhe gekommen ist. – Manchmal brechen die Satanisten in Kirchen ein und stehlen für die schwarze Messe die Monstranz oder nehmen ein Kruzifix zu ihren Feiern und versehen den Christuskörper mit ihrem Kot.

B 257 In den USA feiern die Satanisten die schwarze Messe mit Tierblut. Ganz exklusive Zirkel der Satanisten vermischen Wein und Brot mit einer Substanz der Frau und des Mannes. Auf Haiti trinkt die Highpriestess (die Hohepriesterin) beim Jahresfestival Kinderblut. Bei den Macumbagruppen in Brasilien ereignet sich das gleiche bei der Weihe einer Mae de Santo (Kultmutter).

Die Praktikanten der schwarzen Messe sind Satans Elitetruppen.

Den Sympathisanten des Friedenszeichens sei nochmals mitgeteilt, daß der schwarze Papst, Anton LaVey, in San Francisco vor Beginn seiner Satansfeiern auf großer Leinwand das Friedenszeichen aufziehen läßt. Und die harmlosen Christen Europas tragen das Friedenszeichen an einer Halskette oder am Ärmel der Jacke.

Scientology

Scientology ist eine Bewegung amerikanischen Ursprungs, die sich in englischen Sprachgebieten auf allen Kontinenten ausgebreitet hat. Es ist sehr schwer, für diesen englischen Ausdruck ein deutsches Äquivalent zu finden. Science heißt Wissenschaft. Scientist = Wissenschaftler. Scientology wäre dann etwa die Kenntnis der Wissenschaften. Im Lexikon ist dieses Wort nicht zu finden.

Gründer dieser mehr als seltsamen Bewegung ist Dr. Sc. Lafayette Ronald Hubbard, 1911 in Tidden/Nebraska (USA) geboren. Eine dubiose Lehranstalt, die von keinem College anerkannt wird, hat ihm den philosophischen Doktor verliehen. Als Literat ist er sehr fruchtbar. Er behauptet, rund 10 Millionen Worte geschrieben zu haben. Das gäbe 100 Bücher mit je 300 Seiten.

Hubbard ist zum dritten Mal verheiratet, hat sieben Kinder und wohnt jetzt rund 50 km südlich von London, in Saint Hill Manor.

Seine Bewegung hat sich rasch ausgebreitet. In Europa findet sie sich in den Millionenstädten. Die Wissenschaftler nehmen keine Notiz von ihm.

Hubbard trat zweimal ins Rampenlicht. 1950 gab er ein Buch mit dem Titel heraus: „Dianetics: The Modern Science of Mental Health“ (Das moderne System geistiger Gesundheit). Das System von Hubbard klingt an die Psychoanalyse an, obwohl die Fachpsychotherapeuten sich noch nicht einmal die Mühe machen, seine Methoden zu prüfen. Das Stichwort, das Hubbard bei seinen Heilbehandlungen gibt, heißt „bewußtes Erleben“ – „Reliving“. Die Therapie nimmt folgenden Verlauf: Der Patient nimmt zwei Elektroden in die Hände. Ein Meßgerät ist dazwischengeschaltet

(Hubbard nennt es E-Meter). Nun setzt ein Frage-und-Antwort-Spiel ein. Stößt der Therapeut auf ein Problem, das der Patient noch nicht bewältigt hat, dann schlägt das Meßgerät infolge der höheren psychischen Spannung aus. Der Therapeut spricht dann so lange über das heikle Thema, bis das Gerät keinen Ausschlag mehr zeigt. Dann gilt der Patient als geheilt. Das ist teilweise eine Methode, wie sie bei der Elektro-Akupunktur angewendet wird.

Das Buch „Dianetics“ wurde 1950/51 zu einem Bestseller und brachte Hubbard viel Geld ein. Ein goldener Boden bedeuten auch seine Kurzbehandlungen. Ein Kurs von 25 Stunden bringt 800 Dollar ein. Ein Millionär von Florida zahlte allerdings für seine Behandlung 28000 Dollar. So lautet ein Polizeibericht.

Nicht nur in der Öffentlichkeit, sondern auch bei den Behörden wurde man mehr und mehr auf ihn aufmerksam. 1963 machte auf richterlichen Befehl die Polizei in seinem Hauptquartier in Washington Hausdurchsuchung. Es wurden 100 E-Meter und verschiedene seiner Bücher beschlagnahmt. Die Untersuchung ergab, daß Hubbard alle Arten von Krankheiten behandelte: Geisteskrankheiten, Neurosen, Krebs, Polio und vieles andere. Ein zweites Ergebnis war, daß auch die Diagnosen nicht stimmten. Diese peinlichen Untersuchungen waren wohl der Anlaß, daß Hubbard die USA verließ und sich in England ansiedelte. Inzwischen hatte Hubbard seine Bewegung umgruppiert. Er gab den Namen Dianetics auf und nannte „seine Wissenschaft“ Scientology. Um eine größere Stoßkraft zu entfalten und offene Türen zu finden, erklärte er, Scientology sei eine Religion. Damit erhielten seine Reverends (Pastoren) Zutritt zu den Krankenhäusern, Gefängnissen und öffentlichen Einrichtungen.

Welch Geistes Kinder die Scientologen sind, geht aus einem Brief hervor, der veröffentlicht worden ist, und der mir vorliegt. Der Brief hat folgende Vorgeschichte. Ein junger Mann war in New York in der Behandlung eines Scientologen. Die Rechnung belief sich auf 350 Dollar. Der junge Mann weigerte sich zu zahlen, da die Behandlung wertlos und erfolglos gewesen war. Daraufhin erhielt er einen Brief mit dem Briefkopf

THE FOUNDING CHURCH OF
SCIENTOLOGY

Unterschrieben ist der Brief von Pastor Andrew Bagley, Sekretär der Organisation. Der Brief hat folgenden Wortlaut:

„Wenn Du eine Lawine loslösen willst, Kamerad, dann jammere

weiter. Um den Jargon der Straße aufzunehmen, will ich Dir verraten, daß meine Leute gegen Dich arbeiten werden. Es dauert nicht lange, bis Du ohne Arbeit bist und zusammenbrichst. Deine Gesundheit wird dann ruiniert sein, und ich werde über dich lachen können. Es wird vielleicht nur drei Wochen dauern, bis Du erledigt bist. Denke daran, daß ich kein duckmäuserischer, psalmsingender Prediger bin. Ich bin ein Diener der scientologischen Kirche. Ich bin imstande, Kranke zu heilen und tue es auch. Ich habe aber auch andere Fähigkeiten, die eine genaue Kenntnis des menschlichen Geistes einschließen und die es mir ermöglichen, Dich auf die Knie zu zwingen."

Nach diesem Brief zahlte der junge Mann sofort seine Rechnung. Man wird bei diesem Brief unwillkürlich an die von Mary Baker Eddy erwähnte „Malpraxis" erinnert. Okkulte Kräfte werden eingesetzt, um Menschen zu schaden.

Ich bin mir bewußt, daß diese Bewegung einen Prozeß gegen mich anstrengen kann, deshalb verwahre ich sorgsam diesen Brief.

Was hat diese Brutalität mit dem Geist Jesu Christi zu tun?

Ist es nicht eine List des Erzfeindes, daß Menschen lieber betrogen sein wollen, anstatt durch Christus einen Frieden zu bekommen, der höher ist als alle Vernunft?

Anhang: Am 15. 12. 75 gab das Dritte Fernsehen eine Reportage über die Scientologisten. Es wurde folgendes gesagt: Diese Bewegung hat 10 Millionen Anhänger in der Welt. In Deutschland sind es 10000. Die Scientologisten glauben an die Seelenwanderung. Ihr Ziel hier auf Erden ist ein Leben ohne Geisteskrankheiten und ohne Kriege. Alle Konfessionen können bei gutem Willen vereinigt werden. Ein vorlaufendes Stadium für den Reinigungsprozeß der Seelenwanderung ist das irdische Ziel, ein komplexfreier Mensch zu werden.

Dieses Programm kann in Kommunikationskursen durchgeführt werden. Alle Kurse zusammen kosten DM 15000,–.

Im Fernsehen trat ein junger Mann auf, der zu den Scientologisten gehörte und wieder austrat. Als Grund gab er an: „Sie haben ihre Versprechen nicht gehalten, darum löste ich mich von ihnen." Er bekam nach dem Austritt einen Brief mit dem Hinweis, wenn er wieder eintrete, müsse er alle Kurse noch einmal durchlaufen und dafür DM 10000,– zahlen. Wenn er nicht mehr zurückkomme, dann habe er DM 4800,– für die erhaltenen Dienstleistungen zu entrichten. Nach ihm sprach ein „Priester" der Scientologen, der erklärte: „Wir erhalten keine Kirchensteuern, darum müssen wir für unsere Dienstleistungen Honorare nehmen."

Beachtlich ist, daß die Jugend stark von dieser Bewegung angezogen wird. Der Reiz des Neuen lockt sie. Der Fernsehansager warnte noch davor, daß die Leitung der Scientologen Prozesse gegen Privatpersonen führt, die etwas Negatives über die Bewegung sagen.

Ich schrieb in diesem Buch, daß die amerikanischen Bewegungen gewöhnlich zehn Jahre später in Europa oder Deutschland auftreten. Dieses Mal ging es schneller.

Sechstes und Siebtes Buch Moses

Das 6. und 7. Buch Moses hat mit dem Gottesmann Mose der Bibel nichts zu tun. Die Zauberer des Mittelalters haben lediglich Mose zu ihrem Schutzherrn erkoren, weil er damals die ägyptischen Zauberer in der Kraft Gottes besiegt hat.

In der Seelsorge wurden mir manches Mal solche Bücher abgeliefert. Ich habe sie jedesmal verbrannt. Das älteste Exemplar stammte aus dem Jahr 1503. Im Vorwort stand, daß das Original im Vatikan in Rom liege und daß der Druck des Buches unter dem Protektorat des Papstes erfolgt sei. Natürlich müssen die zweifelhaften Angaben erst auf ihren Wahrheitsgehalt überprüft werden. Eine andere Auflage enthielt im Vorwort die Notiz, daß ein Erfurter Mönch diese magischen Sprüche gesammelt habe. Die einzelnen Auflagen der letzten 400 Jahre weichen im Inhalt stark voneinander ab.

Im 19. Jahrhundert wurde das 6. und 7. Buch Moses mit Teilen eines französischen Zauberbuches, „Der feurige Drache", vermischt. „Der feurige Drache" soll nach einer Handschrift aus dem Jahr 1522 gedruckt worden sein. In Deutschland entdeckte ich drei Verlage, die dieses schauerliche Buch wieder veröffentlicht haben. Ich erwähne sie nicht, damit nicht ein Leser auf die Idee kommt, sich ein solches Buch zu bestellen. In einer deutschen Stadt hat ein Oberstaatsanwalt gegen einen Verlag dieses Buches Anklage erhoben. Ich habe für diese Anklage das Gutachten geschrieben, weil ich einige hundert Fälle über die furchtbaren Auswirkungen dieses Zauberbuches in meiner Kartei habe.

Es scheint, als ob Deutschland das Ursprungsland dieses

schrecklichen Buches sei. Man findet es aber auch in anderen Ländern in verschiedenen Übersetzungen. Auch die Titel sind verschieden. In Deutschland wird es das 6. und 7. Buch Moses genannt. In anderen Ländern wird einfach der Titel „Teufelsbibel" gebraucht. Inzwischen gibt es 15 Bücher Moses, die alle nichts mit Mose zu tun haben.

Wer ein solches Buch besitzt, soll es bitte sofort verbrennen. Ich behaupte nicht, daß schon der Besitz des Buches den Besitzer dem Teufel ausliefert, ich habe aber Beweise dafür, daß solche Häuser, in denen dieses Buch aufbewahrt wird, Unglückshäuser sind. Am besten einige Beispiele:

B 258 Eine Pfarrfrau berichtete mir folgendes: Ihr Mann ist zugleich Religionslehrer an einem Gymnasium. Die Schüler baten den Pfarrer, ihnen einen Vortrag über den Okkultismus und das 6. und 7. Buch Moses zu halten. Der Pfarrer hatte wenig Ahnung und besorgte sich deshalb von einem deutschen Verlag dieses Zauberbuch. Er studierte es, um sich zu informieren. Die Pfarrfrau sagte mir: „Seit wir dieses Buch im Hause haben, ist der Teufel los. Wir haben dauernd Krankheitsfälle, Unglücksfälle, dauernden Streit und Unfrieden." Die Pfarrfrau hat mehrmals ihren Mann gebeten, dieses schreckliche Buch aus dem Haus zu schaffen.

B 259 Ich kenne ein gläubiges Ehepaar. Sie haben drei Söhne. Zwei Söhne sind in der Reichgottesarbeit und tun einen gesegneten Dienst. Der dritte hat ebenfalls einen starken Zug zum Wort Gottes und zur christlichen Gemeinde. Er besucht die Gottesdienste, kann aber nicht zum Frieden durchdringen. In einer Aussprache berichtete er, daß er vor Jahren einmal das 6. und 7. Buch Moses eifrig studiert habe. Man mag das für einen komischen Aberglauben halten, ich weiß aber aus langjähriger Erfahrung, daß das Studium dieses schrecklichen Buches den Leser unter einen Bann bringt. So ist es auch mit diesem jungen Mann aus dem gläubigen Haus. Er kann einfach nicht zum Glauben durchdringen, obwohl es sein Wunsch ist, mit Gott ins reine zu kommen. Das 6. und 7. Buch Moses bringt über die Besitzer, über die Häuser, über die Familien einen Bann.

B 260 Ein Eigentümer des 6. und 7. Buches Moses erlernte aus diesem Buch die Praxis der Schwarzen Magie. Er lernte die Sprüche über die Verfolgungen von Feinden auswendig, probierte sie aus und war erstaunt, daß sie funktionierten. Er konzentrierte sich um Mitternacht auf einen Gegner. Dazu nahm er eine Stoffpuppe, stach einige Nadeln in die Stoffpuppe, nannte den Namen seines Feindes und fügte den magischen Spruch aus dem 6. und 7. Buch Moses hinzu. Er war überrascht, als sein Gegner tatsächlich schwer erkrankte. Im Lauf der Jahre entwickelte er eine starke magische Fähigkeit. Seine Mitmenschen fürchteten ihn.

B 261 Der Prediger einer Gemeinschaft arbeitet mit großer Mühe. Er ist dafür bekannt, daß er eine ganz lahme und geistlich tote Gemeinschaft betreut. Nach einem Aufklärungsvortrag über das okkulte Gebiet bekannte dieser Prediger, daß er sich seit Jahren mit der okkulten Literatur beschäftigte und alle Zauberbücher, auch das 6. und 7. Buch Moses, aufbewahrte.

B 262 Im Zusammenhang mit dem 6. und 7. Buch Moses sind mir auch Fälle bekannt geworden, daß Leser dieses Buches es gelernt haben, kleine Tiere durch magische Kraft zu töten. Andere spezialisierten sich sogar auf größere Haustiere wie Schweine, Kälber, Kühe und Pferde, die sie auf eine übernatürliche Weise töten konnten. Ich will hier darauf verzichten, Beispiele zu bringen, weil ich es schon mehrfach erlebt habe, daß man sich über mich lustig macht.

Wer Beispiele haben will, den verweise ich auf meine kleine Schrift: „Wider das 6. und 7. Buch Moses", das vom Brunnen-Verlag Basel herausgegeben ist.

Wenn der Teufel nur eine lächerliche, kraftlose, harmlose Figur wäre, dann hätte Christus nicht sterben brauchen, um uns von seiner Macht zu befreien. Für die, die sich Jesus ausliefern, gilt das Wort 1. Joh. 3,8: „Dazu ist erschienen der Sohn Gottes, daß er die Werke des Teufels zerstöre."

Seelenkraft

Der Leser kann sich unter dieser Überschrift nichts vorstellen. Im Englischen heißt Seelenkraft Soul Force. Es gibt zwei ausgezeichnete Bücher, die diesen Begriff erläutern. Das bedeutendste Werk ist das Buch von Jessie Penn-Lewis, „Soul and Spirit" (Seele und Geist). Der andere Titel ist das Buch von Watchman Nee, „The Latent Power of the Soul“ (Die verborgene Kraft der Seele). Damit ist aber noch immer nicht gesagt, was wir unter Seelenkraft verstehen.

Ich bin in den USA mehrfach innerhalb der christlichen Kirchen auf eine Bewegung gestoßen, die sich diesen Namen „Soul Force“ zugelegt hat. Als ich fragte, was das zu bedeuten habe, wurde mir folgende Erklärung gegeben: Wenn Mitglieder einer Kirche lau und träge werden und nicht mehr zu den Gottesdiensten kommen, dann setzen sich andere treugebliebene Mitglieder in einer Gruppe zusammen und versuchen durch seelische Kräfte, die auf Entfernung eingesetzt werden, die Abtrünnigen wieder zur Kirche zurückzubringen.

Als ich diese Erklärung hörte, bin ich erschrocken. Hier handelt es sich nämlich um nichts anderes als um den Einsatz einer sogenannten Mentalsuggestion auf Entfernung, die im Grunde genommen ein Teilgebiet der Magie ist. Hier treiben also christliche Kirchen Magie, Zauberei, um laue Christen zur Gemeinde zurückzubringen. Ganz radikal gesagt heißt das, man will mit Hilfe des Teufels diese Christen zu Christus zurückbringen. Daß diese Soul Force betreibenden Kirchenmitglieder unter einen Bann der Finsternis geraten, wissen sie nicht.

Bei dieser Praxis einer seltsamen Missionsarbeit bin ich an ähnliche Vorgänge erinnert worden. Es wurde mir mehrfach schon in der Beichte berichtet, daß Mitglieder, die die Christian Science verlassen haben, von den Ausübern der Christian Science durch Mentalsuggestion geplagt und krank gemacht wurden. Ich habe bereits in dem Kapitel über die Christian Science über die sogenannte Malpraxis berichtet.

Ferner erinnerte ich mich an die Verwendung von Soul Force auch im deutschen und schweizerischen Raum. Wiederum war es in der Beichte, als ich davon hörte, daß Vertreter von Firmen bei ihren Hausbesuchen oder Geschäftsbesuchen Soul Force anwenden, um den besuchten Kunden zu einem Kauf oder zu einer Bestellung zu überreden. Wir haben hier also eine unlautere, magisch unterbaute Werbetechnik, die heute schon überhandnimmt.

Das Kapitel der Anwendung von Soul Force (magisch angewandte Seelenkräfte) ist vielgestaltiger, als es hier beschrieben wird. In 1. Kor. 2,14–15 heißt es: „Der natürliche Mensch vernimmt nichts vom Geist Gottes, nur der geistliche Mensch begreift alles." Wir können dieses Wort auf dieses kleine Kapitel anwenden. Der seelische Mensch hat nichts mit dem Geist Gottes zu tun. Nur der geistliche, der pneumatische Mensch hat ein Verständnis für die göttlichen Dinge.

Sensitivity Training

Sensitivity Training ist eine in den USA praktizierte Methode, ungelöste Probleme zu lösen. Es ist eine Art Gruppentherapie. Die Partner sitzen zusammen und besprechen die Fragen ihres Lebens, des Berufes, der Ehe und all der Dinge, die sie nicht bewältigen können. Es bleibt nicht beim Gespräch. Die Lichter werden ausgeschaltet, und die Partner betasten gegenseitig den ganzen Körper. Ich selbst habe keine Schrift über Sensitivity Training gelesen. Ich hatte nur ein seelsorgerliches Gespräch und Diskussionen über dieses Problem. Der Mann, der mir über eine derartige Gruppentherapie berichtete, informierte mich darüber, daß sie beim Betasten des Partners auch die Genitalien nicht ausschließen. Es kommt also auch zu sexuellen Erregungen. Der gleiche Informator erzählte mir auch, daß diese Form der Gruppentherapie besonders geeignet sei, schwierige Eheprobleme zu lösen. Psychologisch gesehen ist das nicht verwunderlich, da ja ein Mann oder eine Frau, die in der Ehe nicht zufriedengestellt werden können, eine solche Erfüllung in dieser Gruppentherapie durch das Betasten erleben.

Spiritismus

Der Begriff Spiritismus ist von dem lateinischen Wort spiritus, der Geist, abgeleitet. Er kann daher mit dem deutschen Wort Geisterlehre oder Geisterkult wiedergegeben werden.

Bevor wir in dieses Chaos des Geisterkultes eintreten, muß ich zwei Dinge vorwegnehmen:

1. Ich habe nie an einer spiritistischen Sitzung teilgenommen und werde es auch nie tun. Diese Aussage ist erforderlich, weil gewisse Verleumder schon das Gerücht verbreitet haben, ich wäre in spiritistische Zirkel hineingegangen.

2. Man kann dieses Kapitel über den Spiritismus nur lesen, wenn man sich bewußt im Glauben unter den Schutz Jesu stellt. Seit dem Sieg Jesu am Kreuz haben wir diese dämonischen Mächte nicht zu fürchten, wir dürfen es aber nicht auf die leichte Schulter nehmen, sich mit einem solchen Stoff zu befassen.

Der Spiritismus ist eine weltweite Bewegung geworden und wächst in allen Ländern. Bei meinen acht Besuchen in Brasilien wurde es mir von Missionaren bestätigt, daß der Spiritismus in Brasilien rapide wächst. Vor etwa 20 Jahren rechnete man noch mit 10 Millionen Spiritisten. Heute ist es schon das Vierfache oder gar Fünffache. In Brasilien finden wir den verbrecherischen Spiritismus, den Macumba, den mehr oder weniger religiös geprägten Spiritismus Umbanda und den sogenannten Kardecschen Spiritismus mit einer sozialen Einstellung. Vor allem sind die Großstädte die Zentren der spiritistischen Kulte. Eine Stadt wie Rio soll 7000 spiritistische Zirkel haben.

Wir finden natürlich den Spiritismus nicht nur in Brasilien, sondern in allen Ländern. Haiti ist ein zweites großes Zentrum des Spiritismus. Der Wudu ist eine Mischung aus Magie und Spiritismus. In den USA ist Kalifornien ein Hexenkessel spiritistischer Umtriebe. Los Angeles soll 6000 spiritistische Zirkel haben und 40 spiritistische Kirchen. In Europa ist England an der Spitze der spiritistischen Bewegung. England hat etwa 102 spiritistische Kirchen. Wir finden in England auch die spiritistische Heilungsorganisation von Harry Edwards mit etwa 2000 spiritistischen Heilern. Andere dämonische Tummelplätze in Europa sind Paris und Lyon, wo nicht nur der Spiritismus blüht, sondern auch viele schwarze Messen gefeiert werden. In Deutschland haben wir in Hamburg etwa 200 Zirkel, ebenso in Frankfurt. Nach Aussagen des verstorbenen Professors Blanke soll Basel schon etwa 400 Zirkel haben und Zürich 500 bis 600.

Das Heidentum Afrikas ist ebenfalls spiritistisch geprägt. Eine Großmacht ist der Spiritismus dann in Ostasien, wo über 1 Milliarde Menschen leben, die direkt oder indirekt dem Ahnenkult verfallen sind. Der Ahnenkult ist nicht nur eine Form der Pietät, der Verehrung der verstorbenen Angehörigen, sondern ist zugleich Dämonenkult. Die Glieder des Ahnenkults beten zu den Ahnen, sie fragen sie um Rat, und sie bringen ihnen Opfer. In Rotchina hat zwar Mao versucht, nicht nur das Christentum, sondern auch den Ahnenkult auszurotten. Das ist ihm aber nicht gelungen. Wenn man also den Ahnenkult zur spiritistischen Bewegung hinzunimmt, dann kann man sagen, daß ein Drittel der Menschheit heute im Spiritismus steckt.

Meine Kenntnis des Spiritismus ist nicht durch Bücher entstanden. Ich lese keine spiritistischen Bücher, sondern die Seelsorge ist der alleinige Ausgangspunkt meiner Erfahrungen. Bei der Niederschrift dieses Buches sind es nunmehr 54 Jahre, daß ich durch die Seelsorge auf diese Probleme gestoßen worden bin. Natürlich gibt es bei den spiritistischen Medien auch Betrugserscheinungen. Manche Medien helfen durch betrügerische Manipulationen nach, wenn ihre mediale Kraft für das Experiment nicht ausreicht. Um den betrügerischen Spiritismus geht es mir nicht, ich bin nur daran interessiert, echte Phänomene darzustellen.

Da der Stoff so gewaltig ist, daß man darüber ein großes Buch schreiben könnte, bin ich gezwungen, mich hier nur mit einer ausführlichen Disposition zu begnügen. Um den Stoff besser ordnen zu können, teilen wir die spiritistischen Phänomene in vier große Kapitel ein: die außersinnliche Wahrnehmung, die außersinnliche Beeinflussung, die außersinnliche Erscheinung und spiritistische Kulte.

Außersinnliche Wahrnehmung

1. Die spiritistischen Visionen

Die spiritistischen Visionen sind manches Mal den biblischen Visionen ähnlich und haben doch eine total verschiedene Wurzel. Biblische Visionen kommen aus der Sphäre Gottes, aus der Sphäre des Heiligen Geistes. Spiritistische Visionen stehen unter einer satanischen Inspiration. Dazu ein Beispiel.

B 263 In Porto Alegre (Brasilien) kam ein 17jähriges Mädchen zu mir in die Seelsorge. Beim Brand eines großen Waffenarsenals erlebte es den ganzen Vorgang im Traum mit. Es sah, wie das mächtige Gebäude herunterbrannte bis auf die Grundmauern. Am gleichen Tag brachte die Tageszeitung die Bilder, so wie es sie gesehen hatte.

Der Parapsychologe wird sagen, das Mädchen hat den Brandvorgang telepathisch aufgenommen. Ich habe gegen diese Erklärung nichts einzuwenden; nur sind damit die Wurzeln dieser

Fähigkeit noch nicht klargelegt. Beide Großväter des Mädchens waren in Brasilien aktive Spiritisten. Wo bei den Vorfahren Spiritismus getrieben worden ist, sind die Nachkommen bis ins vierte Glied mit medialen Kräften ausgerüstet. Von medialen Kräften wird man frei, wenn man sein Leben Christus ausliefert und sich von diesen Mächten, auch von den Sünden der Vorfahren lossagt.

2. Die spiritistische Prophetie

Bei meinen Evangelisationen in Los Angeles habe ich fast hundert Beispiele in meine Kartei aufgenommen. Zur spiritistischen Prophetie folgendes Erlebnis, das mir von einem ehemaligen Spiritisten berichtet worden ist.

B 264 Ein Mann, der einer extremen Pfingstrichtung angehört hatte, wandte sich ab und bildete eine eigene Gruppe. In ihren Versammlungen wird von den Geistern diktiert, was die Mitglieder zu tun haben. So verlangte ein solcher Geistführer, daß die Männer und die Frauen in der Versammlung intimen Verkehr haben sollen, damit weitere Geister gezeugt und geboren werden. Nach neun Monaten bringen diese Frauen die jungen Geister in der Versammlung zur Welt. Sie erhalten von unsichtbaren Mächten einen furchtbaren Schlag auf den Kopf, dann ist der neue Geist geboren. Sichtbar werden diese neuen Geister nicht. Wir haben hier eine völlige Auflösung der menschlichen Denkfähigkeit und des menschlichen Geistes. Ein Psychiater würde die Teilnehmer eines solchen spiritistischen Zirkels alle für geisteskrank halten. In der Tat enden auch viele dieser Mitglieder in einer Geisteskrankheit oder in einer ähnlichen Form der Erkrankung, der sogenannten mediumistischen Psychose.

3. Das Tischrücken

B 265 In einem technischen College in London wurde von Lehrern und Schülern das Tischrücken praktiziert. Die Teilnehmer sitzen um einen runden Tisch, bilden mit den Händen eine Kette. Das Medium versucht mit dem Totenreich Verbindung aufzunehmen. Sie stellen Fragen, die durch Klopfzeichen des Tisches beantwortet werden. Einmal gab dieser Tisch folgende Information. In den nächsten Stunden wird ein junger Mann hier in der

Stadt einen Autounfall haben. Es wurde der Name und das Alter und die Beschreibung des jungen Mannes gegeben. Die Studenten wollten das nicht glauben. Am nächsten Tag lasen sie tatsächlich diesen Vorfall mit dem gleichen Namen in der Zeitung. Dieser Vorfall gab natürlich dem Spiritismus in dieser Schule großen Auftrieb. Es ist ein Verbrechen, daß in vielen Colleges in den USA, Kanada und in England Lehrer und Schüler während der Schulstunden oder der Pausen das Tischrücken betreiben. Ähnlich ist das Glasrücken. Ein Beispiel dazu.

B 266 Ein lutherischer Pfarrer erhielt von einem befreundeten Arzt die Einladung zum Abendessen. Nach dem Essen lud der Arzt den Gast zu einem sogenannten Gesellschaftsspiel ein. Sie setzten sich an einen Tisch. Auf dem Tisch befand sich in Kreisform angeordnet das Alphabet, darüber eine Glasplatte, darauf ein kleines Likörgläschen. Der Arzt erklärte: „Ich rufe nun den Geist eines Toten, der soll unsere Fragen beantworten.“ Die Beantwortung der Fragen erfolgte durch das Gläschen, das auf dem Alphabet herumrutschte. Der Pfarrer hielt das für einen geschickten Trick und versuchte alles, die Energiequelle zu entdecken. Es gelang ihm nicht. Er wurde mehrmals zu dem Arzt eingeladen. In der Folgezeit veränderte sich der Pfarrer in seiner geistlichen Haltung. Er konnte nicht mehr beten, nicht mehr die Bibel lesen. Wenn er auf der Kanzel stand, bekam er unerträgliche Schmerzen. Die Schmerzanfälle kamen nur im Zusammenhang mit der Ausübung seines Amtes oder der privaten Bibellese. Es kam soweit mit ihm, daß er bei der Kirchenbehörde seine Entlassung einreichen mußte. Ich hatte sowohl den Pfarrer als auch den Arzt in der Seelsorge. Der Arzt legte eine Lebensbeichte ab und sagte sich vom Spiritismus los. Er wurde gläubig. Der Pfarrer dagegen ist am Spiritismus zerbrochen.

4. Das Ouijaboard (Buchstabierbrett)

Die Praxis des Ouijaboard ist in Nordamerika und in England weit verbreitet. Es handelt sich um ein Holzbrett mit dem Alphabet auf dem äußeren Ring und dem Zahlensystem auf dem inneren Ring. Das Ouijaboard wird betrieben wie das Glasrücken, entweder mit einem Glas oder mit einem Pendel. Naive Menschen halten das für ein Gesellschaftsspiel. Die amerikanischen Psychologen meinen, mit dem Ouijaboard könnte man Inhalte des Unterbewußtseins zutage fördern. Das stimmt einerseits, andererseits reicht diese Erklärung nicht aus, denn mit dem Ouijaboard können auch zukünftige Ereignisse erforscht werden.

B 267 Ein Beispiel, das den Hintergrund des Ouijaboards zeigt, hörte ich in Singapore. Ich hatte dort an einer Bibelschule einige Vorträge. Bei einer Diskussion meldete sich eine Schülerin und berichtete folgendes: „Ich bin erst seit einigen Monaten Christin. Kurz nach meiner Hinkehr zu Christus wurde ich von drei Freundinnen zu einem Gesellschaftsspiel eingeladen. Ich nahm die Einladung an und sah ein rundes Brett mit Buchstaben und Zahlen. Eine der Freundinnen erklärte, sie wolle nun den Geist eines Toten beschwören, der ihnen Fragen beantworten solle. Mir wurde es unheimlich, und ich fing in meinem Herzen zu beten an. Die Leiterin des Spieles legte zwei Finger auf ein Gläschen, das in der Mitte des Brettes stand. Auf alle Fragen reagierte es aber nicht. Dann fragte die Leiterin: ‚Stört dich jemand?‘ Prompt kam die Antwort: ‚Ja.‘ Ich hielt die innere Unruhe nicht mehr aus und verließ den Raum. Hinterher berichteten mir die Freundinnen den Schluß der Geschichte. Als ich weggegangen war, fragte die Leiterin: ‚Wer stört dich?‘ Die Antwort wurde herausbuchstabiert: ‚Das Mädchen, das den Raum verließ.‘ – ‚Warum hat es dich gestört?‘ wurde weitergeforscht. Antwort: ‚Weil Gott mit ihm ist.‘“

Das ist das Zeugnis dieser Bibelschülerin von Singapore, das ich selbst hörte. Das Mädchen gab mir Veröffentlichungsrecht. Wir sehen aus diesem Erlebnis, daß der Glaube an Jesus Christus und das spiritistische Spiel mit dem Ouijaboard totale Gegensätze sind. Hier prallt die Macht Gottes gegen die Macht Satans.

5. Das Trance-Reden

ist ein medialer Vorgang. Es funktioniert nur, wenn ein Medium anwesend ist, das diese Form des Spiritismus beherrscht. Das Medium versetzt sich in Trance, eine Art Tiefschlaf, und die Geister sollen dann durch das Medium mit den anwesenden Personen sprechen können.

B 268 In einer lutherischen Kirche in Südafrika hatte ich zu predigen. Der Vorvorgänger des jetzigen Pfarrers ließ sich von den

Spiritisten verführen. Man hatte dem zögernden Pastor erklärt, in ihren Sitzungen würde Luther sprechen. Welcher lutherische Pfarrer wollte nicht gerne einmal Martin Luther hören? So besuchte der lutherische Pfarrer die spiritistischen Sitzungen. Seine Frau und seine Tochter begleiteten ihn. Der Pfarrer hatte rasch gemerkt, daß es sich hier um einen schamlosen Betrug der Dämonen handelte; denn Martin Luther hat niemals so primitiv und geistlos gepredigt wie dieses spiritistische Medium. Unter fürchterlichen Kämpfen sagte er sich von den Spiritisten los. Er ist aber kurze Zeit später gestorben. Seine Frau und Tochter konnten sich nicht mehr lösen. Sie blieben in den Fängen dieser Spiritisten.

6. Automatisches Schreiben

Bei diesem spiritistischen Vorgang muß das Schreibmedium innerlich völlig ruhig werden, darf sich auf nichts konzentrieren, dann kommt plötzlich der Schreibzwang über das Medium. Eines der vielseitigsten und fähigsten Medien unserer Tage ist der im anderen Zusammenhang erwähnte Matthew Manning. Eine Reihe von Parapsychologen hat sich schon mit Manning befaßt. Hier in diesem Zusammenhang ein Beispiel über automatisches Schreiben.

B 269 Ein Parapsychologe besuchte Manning, um einige seiner Experimente zu kontrollieren. Manning bot sich an, eine Diagnose seiner Gesundheit zu stellen. Er nahm ein Blatt Papier und schrieb das Geburtstagsdatum des Parapsychologen oben an die Spitze. Dann wartete er. Etwa nach einer Minute begann seine Hand in einer völlig anderen Handschrift zu schreiben. Was niedergeschrieben wurde, wurde unterzeichnet mit Thomas Pann. Interessanter war die Diagnose, die dieser Thomas Pann aus dem Jenseits gab. Sie lautete: „A malfunction in the epigastric region" (Eine Überfunktion im epigastrischen Bereich).

Der Parapsychologe fragte Manning: „Wissen Sie, was das ist ‚im epigastrischen Bereich'?" Manning antwortete: „Nein, ich weiß es nicht." Der Parapsychologe sagte: „Mir ist das auch nicht ganz klar." Die Nachprüfung durch einen Arzt ergab aber die Richtigkeit dieser Diagnose. Diese Erkenntnisse können also nicht aus dem Unterbewußtsein von Manning kommen. Hier liegen außermenschliche Einflüsse vor. Das automatische Zeichnen liegt auf der gleichen Ebene. Manning nimmt einen Zeichenstift in die Hand, wartet, und dann fängt er plötzlich an, rasch zu zeichnen.

Nach einigen Minuten wechselt sein Stil. Er zeichnet in der Art bekannter Künstler. So z. B. gab er eine Reproduktion des Rhinozeros, das 1515 von Albrecht Dürer gezeichnet worden ist und im Britischen Museum in London hängt. Nach wenigen Minuten zeichnete Manning in der Gegenwart des Parapsychologen das Bild von der Salome, die den Kopf von Johannes dem Täufer vor sich auf einem Tisch liegen hat. Dieses Gemälde stammt von Aubrey Beardsley. Ich selbst habe die beiden Zeichnungen gesehen und weiß auch, daß Manning niemals das zeichnerische Talent hat, etwa aus dem Gedächtnis die Zeichnung Dürers oder das Gemälde von Beardsley zu kopieren.

Manning glaubte ursprünglich, das Unterbewußtsein sei für alle diese Fähigkeiten haftbar zu machen. Diese Meinung hat er schon lange aufgegeben. Er glaubt nun daran, daß er seine Impulse und Fähigkeiten aus der unsichtbaren Welt bekommt.

7. Spiritistisches Wahrsagen

1962 und 1964 hatte ich für längere Zeit Vortragstouren in Australien und sammelte viele Beispiele zum Spiritismus in Brisbane, in Sydney, in Wollongong, in Newcastle, Melbourne und in anderen Städten. Ein Beispiel aus Sydney.

B 270 Eine Frau erzählte mir im evangelischen Frauenverein ganz offen, daß sie an einer spiritistischen Sitzung teilgenommen habe. Während der Sitzung fragte eine Frau, ob ihr Mann, der seit Jahren verschollen war, noch lebe. Die Fragestellerin mußte ein Kleidungsstück des Mannes abgeben. Das Medium schloß einige Sekunden die Augen und sagte: „Ihr Mann lebt in Italien." Wie sich später herausstellte, stimmte es. Wir haben hier also eine Kombination der psychometrischen und spiritistischen Wahrsagerei. Die Menschen, die solche Hilfe in Anspruch nehmen, kommen unter einen Bann.

8. Konversation mit Geistern

Starke Medien mit gutentwickelten Fähigkeiten brauchen kein Kontaktmittel, um mit den Geistern zu verkehren. Sie können die Geister direkt sehen und mit ihnen sprechen und Antworten erhalten. Dazu ein Beispiel aus Lismore in Australien, das ich ebenfalls auf der Australientour aufnahm.

B 271 Eine Frau berichtete mir in der Seelsorge von ihren schweren Anfechtungen. Ihr Onkel war Spiritist. Bevor er starb, übergab er seiner Nichte seine medialen Kräfte. Wir finden diesen Tatbestand oft bei den Besprechern, die erst dann sterben können, wenn sie ihre magischen Kräfte einem andern übertragen haben. Seitdem nun diese junge Frau von ihrem sterbenden Onkel die medialen Kräfte übernommen hatte, erlebte sie furchtbare Angstzustände. Sie sah Dämonen, hörte Klopfzeichen, Poltergeräusche und andere Störaktionen. Sie ging in ihrer Not zu einem Arzt statt zu einem erfahrenen Seelsorger. Der Arzt meinte natürlich, sie würde an einer Form der Schizophrenie leiden und wies sie in eine Klinik ein. Auch dort erhielt sie eine psychiatrische Behandlung, die keinen Erfolg hatte. Sie wurde wieder entlassen und hatte nach wie vor die Erscheinungen. Sie konnte nicht nur die Geister sehen, sondern auch mit ihnen sprechen, ihnen Fragen stellen und erhielt Antworten. Dabei zerrüttete sich ihr Nervensystem immer mehr.

B 272 Bei einem Vortrag in Frankfurt kam hinterher eine junge Spiritistin zu mir, die mir offen gestand, daß sie seit Jahren Geisterverkehr pflege. Es habe mit Tischrücken und Glasrücken angefangen. Später aber habe sie das nicht mehr notwendig gehabt, sondern habe die Geister direkt fragen können. Sie hätten ihr geantwortet. Als ich darauf aufmerksam machte, daß diese Geister ihr Leben zerstören würden, gab sie das unumwunden zu.

9. Exkursion der Seele

Es gibt spiritistische Medien, die die Fähigkeit besitzen, ihre Seele aus dem Körper herauszusenden, um verborgene Dinge zu erforschen. Es ist also eine spiritistische Form des Hellsehens. Dazu ein Beispiel.

B 273 In London hatte ich in der „All Saints Hall" einen Vortrag. Es waren viele anglikanische Priester zugegen. Nach dem Vortrag gab es eine Diskussion. Ein anglikanischer Pfarrer erklärte, er hätte die Fähigkeit, seine Seele aus dem Körper zu lösen und wegzuschicken, um verborgene Dinge zu erkunden. Dieser Zustand der Trennung würde ohne seinen Willen zustande kommen. Er meinte, es wäre das gleiche wie bei dem Apostel Paulus, der in 2. Kor. 12,3 sagte: „Ich weiß nicht, ob ich innerhalb oder außerhalb des Leibes war." Der Pfarrer fuhr fort, er könnte diesen Vorgang nur stoppen, wenn er sich das Kreuz Jesu Christi vorstellte. Er halte diese Fähigkeit für eine Gabe Gottes. Er hätte auch die Gabe des zweiten Gesichtes. Ich machte den Pfarrer darauf aufmerksam, daß ich die Exkursion der Seele in spiritistischen Familien beobachtet hätte. Normalerweise waren Eltern oder Großeltern Spiritisten gewesen, wenn bei Enkeln solche Fähigkeiten auftauchen. Der Pfarrer bestritt das. Plötzlich bekam ich einen Bundesgenossen. In der letzten Reihe stand ein Mann auf, den ich nicht kannte. Er sagte: „Ich hatte die gleiche Fähigkeit, bin aber durch Christus frei geworden. Rufen Sie einfach Jesus Christus an, denn wer den Namen des Herrn Jesus anruft, wird errettet werden." Ein oder zwei Tage später bekam ich von diesem anglikanischen Priester einen Anruf, ob ich nicht für ihn Zeit hätte. Ich antwortete ihm: „Für eine Diskussion habe ich keine Zeit, aber für eine seelsorgerliche Aussprache." Er antwortete: „Genau das ist es, was ich brauche." Mit seiner Erlaubnis darf ich das Beichtgespräch ohne Namensnennung veröffentlichen. Er beichtete, daß er tatsächlich mit Spiritisten zu tun gehabt habe. Er sagte sich los, nahm Jesus an und lud mich daraufhin zu Vorträgen in seine Gemeinde ein. Seine Kirche war überfüllt.

10. Astralwandern (Astraltravelling – Astroprojection)
Die Spiritisten, die die Exkursion der Seele beherrschen, lassen ihre Seele nur auf unserer Erde umherschweifen. Die starken Medien, die das Astralwandern beherrschen, behaupten, sie könnten ihre Seele auch auf den Mond oder auf die Planeten senden, um dort Forschungen anzustellen. Manche sind sogar so kühn zu behaupten, daß sie schon in die Sphäre Gottes vorgedrungen seien. Natürlich ist das völlig absurd. Gott läßt sich nicht von Spiritisten ins Handwerk pfuschen.

Außersinnliche Beeinflussung

In dem ersten Unterkapitel ging es um das spiritistische Wahrnehmen oder Erkennen, und in diesem zweiten Unterkapitel geht es um spiritistische Kraftäußerungen.

11. Materialisationen

Man versteht unter diesem Begriff die Phantombildungen der Medien. Es werden angeblich Verstorbene sichtbar. Das Problem habe ich bereits in meinem Buch „Between Christ and Satan“ behandelt, ebenfalls in dem wissenschaftlichen Buch „Seelsorge und Okkultismus“. Ich kann es hier nicht wiederholen. Ich will aber ein Beispiel bringen.

B 274 Einer meiner Freunde ist lutherischer Pfarrer. Eines Tages ging er in Begleitung eines jungen Theologieprofessors in Berlin in eine sogenannte Materialisationssitzung. Der Leiter dieses Zirkels versprach, er könne jeden Toten aus dem Totenreich rufen. Darum verlangte der Theologieprofessor, er möchte gern den Freund von Martin Luther, Philipp Melanchthon, sehen. Sofort erschien ein weißes Phantom, das tatsächlich Philipp Melanchthon ähnlich sah. Der Theologieprofessor machte eine Aufnahme und war erstaunt, daß er tatsächlich auf dem Film eine schlechte Aufnahme von Philipp Melanchthon hatte. Es können also solche Phantombildungen fotografisch festgehalten werden. Derartige Experimente sind auch bereits Schrenck-Notzing gelungen. Um Mißverständnisse zu vermeiden, will ich hier sagen, daß dieses Phantom in der Berliner Sitzung natürlich nicht Philipp Melanchthon war. Es ist unmöglich, daß ein Medium einen Mann Gottes aus dem Jenseits rufen kann.

Man wird mir entgegenhalten, daß in 1. Sam. 28 berichtet ist, wie die Spiritistin von Endor den Propheten Samuel aus dem Totenreich gerufen hat. Aber im Blick auf dieses schwer zu verstehende Kapitel muß ich wiederholen, daß auch diese Hexe von Endor nicht die Macht hatte, Samuel zu rufen. Man spürt dem biblischen Text deutlich einen Einschnitt ab. Die Spiritistin hätte den vermummten König Saul wahrscheinlich getäuscht, wie sie es seit Jahren mit anderen getan hatte. Sie schreit aber plötzlich auf. Gott hat ihr dieses Geschäft aus der Hand genommen, und Samuel erschien im Auftrag Gottes, um König Saul das Todesurteil zu verkündigen. Leider kann ich diese Geschichte nicht in Einzelheiten erklären, weil dafür der Raum fehlt. Ich habe das bereits auch in anderen Büchern getan.

Materialisationsmedien sind stark belastete Menschen. In Bern, der schönen schweizerischen Hauptstadt, kam ein Materialisationsmedium zu mir in die Seelsorge. Die Frau rief aus: „Dr. Koch, ich bin in den Klauen des Teufels, bitte helfen Sie mir." Ich zeigte ihr den Weg zu Jesus, und sie sprach zusammen mit mir ein Lossagegebet. Ich weiß allerdings nicht, was aus ihr geworden ist.

12. Transfiguration

Man versteht darunter, daß ein spiritistisches Medium sich mit dem Gesichtsausdruck in eine andere Person verwandelt. Dazu ein Beispiel.

B 275 In London lernte ich Mister Millen kennen. Er war jahrelang ein hochqualifiziertes Medium. Seine Frau und ein Gebetskreis setzten sich für ihn ein. Nach harten Kämpfen durfte er durch Christus frei werden. Dieser ehemalige Spiritist hat mir einiges über seine medialen Künste berichtet. Er beherrschte zum Beispiel auch die Transfiguration. Wenn er in der Trance saß, wurde er gleichsam von einer unsichtbaren Masse überkleidet. Vermutlich war das das spiritistische Teleplasma. Sein Gesicht nahm dann das Aussehen irgendeines Verstorbenen an, den man zu sehen wünschte. So hat z. B. eine Frau ihre Großmutter verlangt und hat sie auch nach der Transfiguration erkannt. Sie umarmte ihre Großmutter und weinte.

13. Translokation

Es gibt spiritistische Medien, die sich dematerialisieren können. Das heißt, sie werden plötzlich unsichtbar und tauchen dann an einem anderen Ort wieder auf. Auf den verschiedenen Kontinenten wird dieser Vorgang verschieden bezeichnet. In Japan und auch in Südamerika nennt man es Windreiten. Ich habe über die Translokation ein eigenes Kapitel geschrieben, darum brauche ich hier keine Beispiele zu bringen.

14. Apporte

Der Begriff kommt vom lateinischen apportare (herbeibringen). Man versteht darunter das plötzliche Auftauchen von Gegenständen in geschlossenen Räumen. Es gibt zwei Formen. Die Gegenstände verschwinden wieder, genau wie sie gekommen sind, oder die Gegenstände bleiben erhalten. Dazu zwei Beispiele:

B 276 Ein Pfarrer schrieb mir, daß er von drei Spiritisten Besuch erhalten habe. Einer der Spiritisten hielt dem Pfarrer seine offene

Hand entgegen und sagte ihm: „Nun schauen Sie einmal genau hin.“ In diesem Augenblick bildeten sich in der offenen Hand des Spiritisten mehrere rote Edelsteine. Es war keine Trickvorstellung. Die Steine kamen also nicht aus dem Ärmel. Der Spiritist erklärte: „Das sind Gaben unserer jenseitigen Freunde. Sie werden aber in einigen Minuten wieder verschwinden.“ Der Pfarrer sah genau hin. In drei oder vier Minuten lösten sich die Steine wieder auf.

B 277 Beim zweiten Beispiel blieb der Apport bestehen. Einem Bauern, den ich persönlich kenne, brannte das Haus ab. Er stellte deshalb seinen Traktor in die Scheune des Nachbarn, in dessen Haus Spiritismus getrieben wurde. Als er den Traktor wieder abholte, funktionierte der Motor nicht mehr. Der Traktor wurde zur Reparaturwerkstätte abgeschleppt. Der Motorblock wurde aufgemacht. Es befand sich ein eiserner Gegenstand im Zylinder. Die Reparaturwerkstatt schrieb an das Werk, es läge ein Werkfehler vor, weil der Motorblock des neuen Traktors noch nie geöffnet worden war. Ein Werksmonteur kam und erklärte, das sei kein Fehler des Werkes. Solche Gegenstände gäbe es im Werk nicht. Es entstand ein Streit um diesen Gegenstand. Der Motorblock war weder von dem Besitzer noch von seinem Nachbarn geöffnet worden. Das hätten die Bauern gar nicht fertiggebracht. Auch die Reparaturwerkstatt hatte ihn noch nicht geöffnet, da der Traktor erst kurz zuvor gekauft worden war. Wo kam der Gegenstand her, der den Motor blockierte? Der Eigentümer informierte mich und suchte mehrmals meinen Rat. Es stellte sich heraus, daß in dem Haus, in dem dieser merkwürdige Apport geschehen war, seit Generationen Spiritismus getrieben worden war.

Es könnten jetzt wiederum auch Beispiele von Matthew Manning gebracht werden, der ebenfalls Apporte erlebte.

15. Deporte

Deporte sind das Gegenstück der Apporte. Das Wort Deport kommt vom lateinischen deportare (wegbringen, verschwinden lassen).

B 278 Ein Franzose war Jahre hindurch mehrmals bei mir zur Seelsorge. Er war ursprünglich ein Magier und Spiritist und hatte starke mediale Fähigkeiten. Stückweise löste er sich aus dem Spiritismus. Er beichtete alle seine Sünden, lieferte sein Leben Jesus aus, und in meiner Gegenwart sagte er sich von den Mächten der Finsternis los. Dennoch wurde er bei seiner Bekehrung nicht ganz frei. Und zwar zeigten sich merkwürdige Deporte. Aus der verschlossenen Kassette, zu der niemand einen Zweitschlüssel hatte, verschwand das Geld.

Dieses Beispiel gehört zu den mediumistischen Diebstählen. Es ist mir umgekehrt auch schon berichtet worden, daß starke Spiritisten das gelegentlich bekannt haben, daß sie in der Lage sind, Geld zu stehlen. Ein solches Beispiel habe ich auch aus der Schweiz und aus England.

16. Levitationen

werden von den Spiritisten auf allen Kontinenten praktiziert. Das Wort kommt von dem lateinischen levitas (leichtes Gewicht, Beweglichkeit) und dem Verb levare (leichter machen, erheben, aufrichten).

Bei den spiritistischen Levitationen scheint die Schwerkraft der Erde aufgehoben zu sein. Personen schweben zur Decke. Zu diesem Teufelskram gehört auch das sogenannte Schlittenphänomen. Es soll kurz erläutert werden.

B 279 In einem Bauernhaus in den Alpen zeigten sich Spukerscheinungen, die nur dann auftraten, wenn der 14jährige Sohn des Hauses anwesend war. Legte sich der Junge ins Bett, wurde es von unsichtbarer Macht hochgehoben und wie ein Schlitten fortgeschoben. Ein Professor, ein Elektroingenieur und ein Parapsychologe untersuchten mehrmals den Vorgang, ohne die Ursache finden zu können. Was später in der seelsorgerlichen Befragung herauskam, war nur die Tatsache, daß in dem Haus Jahrzehnte Spiritismus getrieben worden war.

17. Telekinese

Der Begriff ist aus zwei griechischen Wurzeln zusammengesetzt. Der erste Teil teleo = zu Ende bringen oder auch to telos = das Ende, Entfernung, Grenze. Das zweite Wort ist das Verbum kineo = fortbewegen. Man kann dieses Wort auf deutsch übersetzen „Fernbewegung“. Professor Bender nennt Telekinese Psychokinese. Das ist bereits eine Erklärung, daß diese Fernbewegung durch die Kräfte der Psyche zustande kommen soll. Ich habe darauf hingewiesen, wenn etwa ein eichener Schrank von 3½ Zentner durch die Kräfte der Psyche bewegt werden soll, dann muß die Energie von 80000 oder 100000 Menschen zur Verfügung stehen. Es wäre gut, wir würden uns hier von einem Physiker beraten lassen. Was unser Körper als Kraftleistung nicht zustande bringt, kann auch nicht von der Psyche (Seele) überboten werden. Ein Beispiel wieder von Manning:

B 280 Man legte Matthew Manning eine Handschelle von Stahl an. Er unterhielt sich dann ruhig mit dem kontrollierenden Parapsychologen, ohne daß er die Hände bewegte. Plötzlich war diese Handschelle von Stahl völlig verbogen. Die Handschelle wurde von den zuständigen Fachleuten untersucht. Man kann sich diese Wirkung nicht erklären. Matthew Manning ist also noch ein stärkeres Medium als Uri Geller.

18. Spiritistische Angriffsmagie

Mir steht dazu ein ausgezeichnetes Beispiel zur Verfügung.

B 281 Ich wurde eines Tages von einem Pfarrer und seiner Frau aufgesucht. Eine 20jährige Spiritistin bombardierte eine Kollegin mit ihrer Zauberei. Sie hat ihrer Kollegin schon zweimal das 6. und 7. Buch Moses geschenkt. Das Mädchen warf aber die Bücher sofort in den Rhein. Die Spiritistin drohte: „Ich werde dafür sorgen, daß du dich auch in den Rhein stürzest." Die Spiritistin, Iris mit Namen, ist wegen ihrer Rauschgiftsucht in einer staatlichen Entwöhnungsanstalt. Das Opfer dieser Spiritistin suchte Schutz bei dem erwähnten Pfarrer. Der Pfarrer wandte sich sowohl an die Ärztin der Spiritistin in der Anstalt als auch an mich. Die Ärztin hielt diese Geschichte für unwahr, daß man mit Hilfe des 6. und 7. Buch Moses andere belästigen könne. Sie erklärte das für Aberglauben. Da erhielten aber alle Beteiligten einen Beweis.

Die Ärztin benützte die Abhörvorrichtung der Anstalt, überwachte und belauschte ein Gespräch der Spiritistin mit einer anderen Anstaltsinsassin. Demnach plante die Spiritistin, ihr Opfer zu vernichten. Der Angriff war auf Montagabend acht Uhr festgesetzt. Die Ärztin verständigte den Pfarrer. Der Pfarrer und seine Frau suchten das gefährdete Mädchen am Montagabend auf, ohne ihr etwas von dem geplanten Angriff zu sagen. Sie wollten sehen, ob der Angriff objektiv wirksam wäre. Um acht Uhr wurde das angegriffene Mädchen bleich, fing an zu zittern. Als der Pfarrer mit ihr beten wollte, konnte das Mädchen die Hände nicht zusammenlegen. Die Knie zitterten. Es kam eine Todesangst über das Opfer. Der Pfarrer berichtete der Ärztin, daß der Angriff offensichtlich zu spüren war, obwohl das Opfer von dem Plan nichts wußte. Es lag also keine Suggestion vor. Die Ärztin ihrerseits hatte die Spiritistin in der Angriffszeit beobachtet. Die Spiritistin lag in Trance und reagierte nicht auf die Anrede der Ärztin. Auch auf ein Kneifen hin oder ein Stechen mit einer Nadel gab diese Spiritistin keine Reaktion. Wir haben hier also ein Beispiel, das von allen vier Beteiligten einwandfrei bezeugt und bestätigt ist. Als die Spiritistin wieder aus der Trance zurückkam, tobte sie. Sie war wütend, weil ihr Angriff abgeschlagen worden war. Sie plante dann für acht Tage später einen neuen Angriff. Darum suchte mich der Pfarrer zum zweiten Mal auf und ließ sich von mir beraten, wie man einen solchen Angriff abwehre. Ich riet ihm, zunächst mit dem Opfer seelsorgerlich zu sprechen, daß sie ihr Leben Jesus ganz und gar anvertrauen sollte. Ferner muß das Opfer es lernen, im Glauben sich unter den Schutz Jesu zu stellen. Ich bat darum, daß der Pfarrer für die angegebene Zeit einen Gebetskreis bilde, damit das Opfer vor den Angriffen der Finsternis bewahrt bliebe. So geschah es auch.

19. Spiritistische Abwehrmagie

Es gibt nicht nur eine biblische Abwehr durch die Kraft Jesu Christi, es gibt auch eine satanische Abwehr. Über die satanischen Abwehrformen mit gespreizter Schere oder Messern, zusammen mit einem magischen Spruch, will ich hier keine Auskunft geben, damit nicht ein Leser auf die Idee kommt, das selbst auszuprobieren.

20. Spiritistische Eingriffe

Darüber folgt in diesem Buch noch ein gesonderter Bericht. Ich gebe nur ein interessantes Beispiel.

B 282 Bei einer Vortragstour in Afrika berichtete mir ein Missionar folgendes. Wegen einer Erkrankung geriet er an einen spiritistischen Geisterheiler, weil er den Charakter dieser Heilungen nicht kannte. Dieser Spiritist führte am sogenannten Astralleib Operationen durch, die Rückwirkungen auf den natürlichen Leib haben sollten. Gallensteine heilte er z. B. damit, daß er ein Glas umgekehrt auf den Nabel des Patienten stellte. Im Glas befindet sich ein kleines Kerzenlicht. Das Licht verbraucht den Sauerstoff und geht dann langsam aus. Während dieses Vorganges liegt der Geisterheiler in Trance. Wenn das Licht ausgegangen ist, sind auch die Gallensteine verschwunden. Eine Röntgenaufnahme zeigte, daß die Steine tatsächlich weg waren.

21. Spiritistische Wunder

Der Teufel versucht stets die biblischen Wunder nachzuahmen. Zweimal hörte ich auf meinen Reisen von einer Totenerweckung durch die Macht der Zauberei. Selbstverständlich bin ich nicht in der Lage, diese beiden Fälle nachzuprüfen, weil ich nicht weiß, ob die beiden tatsächlich tot waren oder sich nur in einer kataleptischen Starre befanden.

B 283 In Vorderasien hörte ich von einem Moslemzauberer, der einen Mann, der erst einige Tage tot war, wieder zum Leben erweckte. Der Erweckte fiel dem Zauberer zu Füßen und bat ihn händeringend, ihn nicht wieder dahin zurückzuschicken, wo er bereits gewesen war.

B 284 Das zweite Beispiel hörte ich in Barrow an der nördlichsten Spitze des amerikanischen Kontinentes. In Barrow hatte ich im Gottesdienst eine Eskimogemeinde von 1900 Besuchern. Es war ein wundervolles geistliches Erlebnis. Zugleich hörte ich aber auch unter den Eskimos von der Wirksamkeit der Schamanen, die es immer noch gibt und trotz der Missionierung ihr teuflisches Handwerk noch nicht aufgesteckt haben. Der Schamane Alualuk war starker Spiritist und praktizierte Geisterverkehr. Als eines Tages ein anderer heidnischer Eskimo gestorben war – sein Name war Taiakpama –, wurde er von den Angehörigen des Verstorbenen gebeten, ihn aufzuwecken. Es gelang dem Schamanen, den Verstorbenen zum Leben zurückzurufen. Taiakpama lebte nach dieser Auferweckung noch zehn Jahre. Dann kam die Zeit, daß Alualuk den teuflischen Charakter seiner Zauberei erkannte. Er nahm die Botschaft des Missionars an und lieferte sein Leben Christus aus. Von diesem Zeitpunkt an hatte er seine Kraft als Schamane verloren.

Totenerweckungen wurden hin und wieder auf den Missionsfeldern berichtet, aber nur in der Kraft des christlichen Glaubens.

Wenn man solche Dinge berichtet, setzt man sich natürlich dem

Angriff der gläubigen Christen aus. Es gibt Theologen, Dozenten an Bibelschulen, die die biblischen Wunder zwar theoretisch anerkennen. Wenn aber Gott heute noch so etwas tut, dann wird das einfach angezweifelt und wegkritisiert.

22. Dematerialisation

Wir verstehen darunter, daß Menschen ihren Leib unsichtbar machen können. Wir hören das wieder bei der Translokation im Zusammenhang mit dem Windreiten. Bekannt ist das auch als ein Märchenmotiv. Denken wir etwa an die Tarnkappe von Siegfried in der Nibelungensage. Es wurde auch in dem Kapitel „Königin der Finsternis“ das Beispiel von der englischen Spiritistin erzählt, die das Buch geschrieben hat „From Witchcraft to Christ“.

Hier folgt noch ein Beispiel vom Missionsfeld. Auf einer Insel, die für die Schwarze Magie und Spiritismus berüchtigt ist, lernte ich einen jungen Mann kennen, der sehr starke mediale Kräfte besaß. Bei einer Missionskonferenz kam er zum Glauben an Jesus Christus. Er beichtete, daß er einige Morde auf dem Gewissen habe. Die Polizei sei jahrelang hinter ihm her gewesen. Sie hätte ihn aber nicht finden können, weil er bei ihrer Verfolgung sich unsichtbar machen konnte. Natürlich kann man solche Berichte anzweifeln. Es sind aber zwei Momente zugunsten der Wahrhaftigkeit der Aussage zu erwähnen. Wenn Menschen vom Geist Gottes der Sünde überführt sind und Jesus als ihren Herrn annehmen, sagen sie im allgemeinen die Wahrheit. Der zweite Wahrheitsbeweis ist die Gleichartigkeit der Fälle auf den verschiedenen Missionsfeldern aller Kontinente. (Siehe auch das Kapitel „Unsichtbarkeit“)

23. Teleplasma

Der Begriff ist abermals aus zwei griechischen Wurzeln zusammengesetzt. Die erste Wurzel ist wieder teleo und telos, die zweite Wurzel ist to plasma, die Nachbildung. Wörtlich übersetzt heißt Teleplasma also Nachbildung auf Entfernung. Auch dieser Vorgang ist mir in der Seelsorge oft berichtet worden.

B 285 Das erste Teleplasmagebilde wurde mir von einer Missionarin, Margrit Häusner, in Frankreich gezeigt. Es handelt sich um einen sogenannten Federwisch, der aus den Federn eines Kopfkissens herausgezogen worden ist. Federwische gelten in Frankreich als das Produkt einer spiritistischen Verfolgung.

B 286 Ein zweites Beispiel hörte ich an der Elfenbeinküste, und zwar in Man. Meine Berichterstatterin ist eine Missionarin. Sie war als kleines Kind von einer Spiritistin weggeholt und besprochen worden. Hinterher schrie das Kind in der Nacht und wurde schwer krank. Es kamen fünf Knochen aus dem Knie, die hinterher aber anatomisch in dem Knochengerüst des Knies gar nicht fehlten. Die Mutter fragte die Spiritistin: „Warum haben Sie uns das angetan?" Die Spiritistin antwortete: „Ich muß es einer gewissen Anzahl von Menschen antun, dann bin ich selbst frei." Wir hören hier also einen Parallelvorgang zu den Apporten.

B 287 In Paris hatte ich einige Vorträge an verschiedenen Seminaren. In Vaux, dann an der Bibelschule Nogent Sur Marne und im Tabernacle (der Kirche von Pastor Blocher). Während dieser Zeit kam ein Jude zu mir in die Seelsorge. Von Beruf ist er Maler. Er hat einige Jahre in Italien gearbeitet. Dort begann er nach der Wahrheit zu suchen, weil ihn sein Leben nicht befriedigte. Er geriet zuerst an die falschen Bewegungen. Er durchlief der Reihe nach die jüdische Kabbala, dann Joga, dann Spiritismus und viele andere okkulten Strömungen. Die Wahrheit fand er nicht, dafür holte er sich aber eine schwere Belastung nach der anderen.

Sein Wahrheitssuchen wurde noch stärker. Er kam mit Christen in Verbindung, zuerst mit Katholiken, die ihm zum ersten Wegweiser wurden. Allerdings konnten sie ihn nicht zu Jesus, sondern nur zu Maria, der Mutter Jesu, führen.

Schließlich fand er Menschen, evangelische Christen, die Jesus nachfolgten, die ihm den Weg des Heils zeigen konnten.

Heute ist er Bibelschüler in Paris und will Missionar werden. Die Belastungen sind noch nicht restlos überwunden. Er hat Anfechtungen, die vom Spiritismus herrühren. Er spürt nachts, wie ihm ein Schleier, ähnlich des Teleplasma, über den Kopf gezogen wird. Dann kann er nicht beten, und es steigen zweifelnde Gedanken in ihm auf. Eine Stimme sagt ihm: „Du bist ja gar nicht frei, mit dir nimmt es noch ein schlimmes Ende."

Er beichtete mir alle seine Schuld, und ich zeigte ihm erneut den Weg hin zu Jesus. Wir sprachen ein Lossagegebet zusammen. Er war bereit, sein Leben restlos Jesus auszuliefern und auch ein Verkündiger des Evangeliums zu werden.

Außersinnliche Erscheinungen

24. Spiritistische Erscheinungen

Das große Gebiet der sogenannten spiritistischen Spukerscheinungen würde ein dickes Buch abgeben.

B 288 Bei einer Evangelisation in Edmonton (Kanada) kam eine 21jährige Frau zur Seelsorge. Sie erzählte, daß nachts die Türen aufgingen. Das Radio stelle sich alleine an. Sie höre Schritte, Kratzgeräusche, Poltern, sehe Lichtschimmer und Fratzen, höre Stimmen, Hin- und Hergehen von unsichtbaren Menschen, obwohl alle Türen verschlossen seien. Eine Geisteskrankheit lag nicht vor. Ich sagte ihr, sie hätte entweder Spiritisten im Haus oder bei den Vorfahren, was sie zugab. Ihre Großmutter war Besprecherin und Spiritistin und starb unter fürchterlichen Umständen.

B 289 Ein Beispiel, das mich sehr erschüttert hat, erlebte ich aus allernächster Nähe mit. Ein Gemeinschaftsmann, den ich Jahrzehnte hindurch sehr gut kannte, lag auf dem Sterbebett. Während der Mann im Todeskampf lag, wurden im ganzen Haus Spukerscheinungen gehört. Man vernahm ein Klirren der Fenster, obwohl draußen Windstille herrschte. Die Familie hörte Kratzgeräusche an den Wänden, Kettengerassel und schwere Schritte. Die Ehefrau, die am Bett des Sterbenden saß, hielt es im Zimmer nicht mehr aus. Sie rief ein Diakonissenhaus an und bat um eine Pflegeschwester. Ausnahmsweise wurde eine Schwester zur Nachtwache bewilligt, weil der Mann ja jahrzehntelang als Gemeinschaftsmann bekannt war. Die Schwester war nur einige Stunden in dem Sterbezimmer und erlebte den gleichen Rumor. Sie war auch nicht in der Lage, mit dem Sterbenden zu beten. Es schnürte ihr jemand die Kehle zu. Sie eilte in das Diakonissenhaus zurück und berichtete der Oberin: „In dem Sterbehaus ist der Teufel los, ich kann dort nicht wachen. Das ist unmöglich. Die Atmosphäre erdrückt mich."

Zuletzt wurde der Ortspfarrer geholt. Er war ein gläubiger

Mann und ein Freund von mir. Er ist inzwischen gestorben. Der Pfarrer wollte dem Sterbenden das Abendmahl reichen, und er erlebte genau wie die Nachtschwester und die Ehefrau des Sterbenden die verrückten Spukerscheinungen. Auch er hielt es in dieser dämonischen Atmosphäre nicht aus. Ihm erging es genauso wie der Schwester. Er konnte kaum ein Gebet über die Lippen bringen.

Nach qualvollen Kämpfen starb endlich dieser Mann. Nach der Beerdigung sagte der Pfarrer zu mir: „Da kann man sehen, daß es dem Teufel gestattet wird, selbst Männer Gottes in ihrem Todeskampf noch anzugreifen." Ich antwortete ihm: „Nun will ich dir reinen Wein einschenken. Ich wußte, daß dieser Gemeinschaftsmann jahrzehntelang nicht nur einen spiritistischen Zirkel besuchte, sondern sogar leitete. Samstagabends hatte er in seinem Haus einige Studienräte, Lehrer und andere Akademiker und trieb mit ihnen das Tischrücken. Und am Sonntag hielt er seine Bibelstunde. Seine Gemeinschaft war aber geistlich kalt und tot. Er fuhr also auf zwei Gleisen. Das war der Grund, warum der Teufel bei seinem Sterben deutlich zu machen versuchte: Ich habe hier bei diesem Mann und in diesem Haus ein gewisses Recht."

25. Spiritistische Kulte

sind auf der ganzen Welt verbreitet. Der Hintergrund nahezu aller heidnischen Religionen ist spiritistisch geprägt. Der ostasiatische Ahnenkult wäre als erster zu nennen, weil er rund eine Milliarde Menschen umfaßt. Es ist schon in einem anderen Kapitel darauf hingewiesen worden.

Spezielle spiritistische Kulte fand ich bei meinen beiden Besuchen auf Neuguinea. Es gibt dort hauptsächlich vier Kulte: der Saugumma-Kult, der Tambaram-Kult, der Cargo-Kult, der Bembe-Kult. Alle vier haben es mit den Verstorbenen und den Geistern zu tun.

Ein gräßlicher Kult ist der Alaut-Kult auf Timor, auf den auch schon hingewiesen wurde.

26. Spiritistische Logen

sind vorwiegend in der westlichen Welt zu finden. Sie sind das Gegenstück der Intellektuellen für die niveauschwachen Kulte der Primitiven.

Zu erwähnen ist, daß in manchen Freimaurerlogen der 18. Grad spiritistisch ist.

Logen mit religiösem Charakter sind in den letzten Jahren in großer Zahl entstanden. Die geistige Loge in Zürich mit verschiedenen Tochtergründungen ist bereits erwähnt worden. Religiöse Logen gibt es in großer Zahl in Brasilien, Kalifornien und in England. London soll allein rund 30 religiöse Logen haben. Wenn man Anhänger auf dieses teuflische Treiben aufmerksam macht, dann antworten sie: „Wir rufen nur gute Geister. Die bösen wehren wir ab." Als ob das in der Macht des Menschen läge!

27. Spiritistische Kirchen
finden sich vorwiegend in der englisch sprechenden Welt. England hat mehr als 100 solcher Kirchen, Los Angeles (Kalifornien) etwa 40. Es überraschte mich, als ich vor einigen Jahren in Glasgow entdeckte, daß in der Nähe des BTI (Bible Training Institute) eine Spiritistenkirche steht.

B 290 Eine ergötzliche Geschichte erlebte ich in diesem Bereich in Kitchener (Kanada). Vor vielen Jahren hatte ich verschiedene Evangelisationen in Kitchener. Ich lernte dabei Dr. Jantzen kennen, den ich außerordentlich schätzte. Nach Kitchener siedelte er um nach Clearbrook/Abbotsford, 60 Meilen von Vancouver entfernt. Dort traf ich ihn zum zweiten Mal, als ich in der Bibelschule der Mennoniten einige Vorträge hatte.

Dr. Jantzen hatte in Kitchener noch keine eigene Kirche. Er hat deshalb für die entstehende Gemeinde einen Saal gemietet. Der Raum war durch eine Schiebewand halbiert. Nach einem Sonntagsgottesdienst kamen die Ältesten bestürzt zu Dr. Jantzen und berichteten: „Bruder Jantzen, ausgerechnet die Spiritisten haben die andere Hälfte des Saales gemietet. Wir müssen umsiedeln und uns einen anderen Versammlungsraum suchen."

Dr. Jantzen lachte und sagte betont: „Wir müssen umziehen? Nein, die müssen raus! Wir beten sie raus!"

So geschah es. Die Spiritisten, die anfänglich jeden Sonntag ihre Versammlung in der anderen Saalhälfte hatten, kamen nach einigen Wochen nur noch alle 14 Tage.

Dr. Jantzen betete mit seinen Ältesten weiter. Nach einigen Monaten kamen die Spiritisten nur noch einmal im Monat. Aber auch dabei blieb es nicht. Sie hörten schließlich ganz auf. Die Christen hatten sie rausgebetet.

Namenchristen mit einem getrübten Urteilsvermögen werden

mich nun schelten wollen und sagen: „Das war unchristlich gehandelt!" Wissen solche kurzsichtigen Kritiker, was Spiritismus eigentlich ist und bewirkt?

Spiritismus ist Geister- und Dämonenkult und bringt alle unter einen furchtbaren Bann, die daran teilnehmen. In der lau und träge gewordenen Christenheit ist viel zuwenig Aufklärung über diese teuflische Bewegung.

B 291 Ein anderes Beispiel soll uns in den Bereich der griechisch-orthodoxen Kirche führen. Vor 25 Jahren hatte ich internationale Jugendfreizeiten in Saloniki, Athen und Korinth. In Saloniki suchte ein junger Mann, der heilsverlangend war, einen Popen auf und fragte: „Wie komme ich Gott näher? Die Liturgie unserer orthodoxen Kirche stillt nicht mein geistlich hungriges Herz." Der Pope antwortete: „Ich führe Sie in einen esoterischen Kreis ein. Dort finden Sie mehr, als unsere Kirche zu geben hat."

In der Folgezeit besuchte der junge Grieche in Begleitung des Popen eine kleine Versammlung, in der man mit den Toten Verbindung aufnahm. Es war ein spiritistischer Zirkel. Die Auswirkungen blieben nicht aus. Zum geistlichen Hunger kamen die Depressionen und Angstträume. Der Grieche blieb wieder weg und suchte weiter. Er begegnete mir anläßlich einer Evangelisation. Wir hatten eine seelsorgerliche Aussprache. Das Entscheidende durfte ihm aber ein anderer Bruder vermitteln, der sich in der Fürbitte gewaltig für ihn einsetzte. Es erfolgte keine rasche Bekehrung. Der Grieche war zu sehr mit der orthodoxen Kirche verbunden und zu stark mit dem Spiritismus belastet. Es dauerte einige Monate, bis der junge Mann durch Christus aus allen Banden frei wurde.

28. Spiritismus unter gläubigen Christen

ist die gräßlichste Form dieses Geisterkultes. Zunächst ein Beispiel aus Zürich.

B 292 Eine gläubige Familie, die sich nach außen hin nicht zu den Spiritisten, sondern zu den gläubigen Kreisen hält, hat eine seltsame Form der täglichen Hausandacht. Eine Tante vermittelt jeweils den Kontakt mit einem verstorbenen Gottesmann, der ihnen die Andacht hält. Es werden Stockmaier, Hauser, Blumhardt, Spurgeon, Wesley und andere Gottesmänner zitiert.

Mein Hinweis, daß das frommer Spiritismus ist, wurde mit Empörung vermerkt.

Es ist eine schmerzliche und erschütternde Tatsache, daß in schwarmgeistigen Kreisen mehr die Geister von unten als der Heilige Geist am Werk sind. Durch die fromme Tarnung werden Hunderttausende verführt und in die Irre geleitet.

Der Prophet Jeremia würde heute wieder klagen: „Ach, daß ich Wasser genug hätte in meinem Haupte und meine Augen Tränenquellen wären, daß ich Tag und Nacht beweinen möchte die Erschlagenen in meinem Volk!" (Jer. 9,1). Die „Erschlagenen des Herrn" (Slains of the Lord), wie die „Charismatiker" sich ausdrücken, sind Erschlagene, aber nicht vom Heiligen Geist, sondern von Abgrundsgeistern.

Damit ist der Rundgang durch das satanische Labyrinth des Spiritismus beendet. Im Alten Testament mußten die Spiritisten im Auftrag Gottes ausgerottet werden. Heute werden keine Scheiterhaufen mehr errichtet. Aber warnen müssen wir mit so lauter Stimme, daß der hinterste Winkel der Erde erreicht wird. Wer beten kann, bete mit. Dieses Buch wird zugleich in deutsch, englisch und französisch veröffentlicht. Es soll eine weltweite Warnung abgeben.

Spiritistische Heilungen

Es ist vorwiegend der religiös getarnte Spiritismus, der sich auf dem Gebiet der Heilungen betätigt. Es gibt auch sogenannte Faithhealers (Glaubensheiler), die nicht in der Kraft des Heiligen Geistes, sondern mit religiösem Spiritismus oder mit Weißer Magie arbeiten.

USA hatte einen bekannten spiritistischen Heiler in Edgar Cayce, der in der Trance seine Diagnosen stellte und Heilungsimpulse gab (siehe S. 115).

England hat zur Zeit eine weitverbreitete spiritistische Heilungsorganisation. Der Präsident war Harry Edwards, der etwa 2000 spiritistische Heiler in seiner Organisation vereinigte. Er brüstete sich damit, daß er 120–200 anglikanische Priester als Kunden hatte. Sein Buch „Spiritual Healing" = Geistige Heilung ist in mehrere Sprachen übersetzt.

Es wäre verfehlt, diese Heilmethoden einfach als Schwindel zu bezeichnen. Es werden tatsächlich Heilerfolge erzielt. Aber um welchen Preis? Seit einigen Jahrzehnten beobachte ich die schwerwiegenden negativen Auswirkungen solcher Heilungen auf das Seelenleben und das Glaubensleben.

Der spiritistische Charakter der Tätigkeit Edwards' wird durch seine Aussage deutlich: „Wenn meine Engel nicht da sind, kann ich nicht heilen." Hier wird auch eine interessante Parallele zu der Heiltätigkeit von William Branham sichtbar. Er sagte einmal vor Jahren zu seinem Dolmetscher Pastor Ruff: „Wenn mein Engel nicht das Zeichen gibt, kann ich nicht heilen." Da Ruff mehrfach spiritistische Dinge im Dienst von Branham beobachtete, verließ er ihn. Diese sogenannten „Engel" von Edwards und Branham sind böse Geister in Lichtgestalt. Wir stehen hier wie auf vielen anderen okkulten Gebieten vor der Tatsache, daß der Teufel in Lichtgestalt erscheint (2. Kor. 11,14).

Eine umgekehrte Beweisführung ist die Tatsache, daß sowohl Edwards als auch Branham nicht heilen konnten, wenn wiedergeborene Menschen vor ihnen standen, die sich dem Schutz Jesu anbefohlen hatten. Bei Branham erlebte ich es selbst mit. Als er in Karlsruhe und in Lausanne sprach, befanden sich unter seinen Zuhörern gläubige Christen – ich gehörte auch zu ihnen –, die in folgender Weise beteten: „Herr, wenn dieser Mann die Kräfte von dir hat, dann segne und gebrauche ihn, wenn die Heilgaben nicht von dir sind, dann hindere ihn." Was geschah? In beiden Fällen erklärte Branham auf der Rednertribüne: „Es sind störende Kräfte da. Ich kann nichts tun."

Dieser Vorgang wurde mir auch in Beichtgesprächen oft bekannt. Dr. Trampler in München war auch ein spiritistischer Heiler. Zwei gläubige Frauen saßen betend in seiner Sprechstunde. Beide erhielten den Hinweis: „Mit Ihnen kann ich nichts anfangen. Gehen Sie wieder heim."

Ein noch drastischeres Beispiel gab einmal der spiritistische Heiler Seiler von Ottenheim bei Lahr. Als eine gläubige Frau aus Freiburg betend im Wartezimmer saß, kam plötzlich der Heiler zornig aus dem Sprechzimmer und schrie sie an: „Mach, daß du heimkommst, du alte Kuh, dir kann ich nicht helfen."

Natürlich sollen Christen, die schon vorher den spiritistischen Charakter dieser Dunkelmänner kennen, unter keinen Umständen ihre Praxis aufsuchen. In solchen Fällen hilft der Herr nicht.

Ein noch unheimlicheres Heilungsgebiet wird in dem folgenden Kapitel beschrieben.

Spiritistische Operationen

Noch verheerender als die spiritistischen Heilungen unter frommem Deckmantel wirken sich die spiritistischen Operationen aus.

Seit einigen Jahren macht ein Filipino viel von sich reden. Er führt Scheinoperationen durch, aber alles ohne chirurgische Instrumente. Er versetzt sich in Halbtrance und macht über dem Patienten Handgriffe, als würde er regulär operieren. Die geheilten Patienten behaupten, er könne auf diese Weise einen Blinddarm oder eine Gallenblase entfernen, ohne daß die Bauchdecke aufgeschnitten wird. Natürlich möchte ich das erst einmal röntgenologisch sehen, ob das stimmt. Tatsache ist aber, daß selbst aus Europa und Amerika Leute zu diesem spiritistischen Heiler reisen. Worüber ich erstaunt war, ist die Tatsache, daß in Europa selbst ein Arzt solche Reisen organisierte.

Wenn dieser Filipino tatsächlich erkrankte Organe operieren oder entfernen kann, dann wäre das eine Dematerialisation, die mir durch die Seelsorge schon oft bekannt geworden ist.

Zur Tätigkeit dieses Filipino habe ich zwei Beichtgespräche gehabt. Ein Student, der sich einer solchen „Geisteroperation" unterzogen hat, kam mit schwersten Depressionen zurück. Er litt unter Selbstmordgedanken, war völlig apathisch, konnte sein Studium nicht mehr fortsetzen. Er suchte zuerst einen Psychotherapeuten auf, der nicht mit ihm klar kam. Der Therapeut schickte den Studenten zu mir. Ich versuchte, ihm den Weg zu Jesus und zur Befreiung zu zeigen. Es gelang nicht. Seine Seele war wie versteinert.

Die zweite Patientin dieses Filipino, die zu mir kam, war eine gläubige Schweizerin. Sie war seit Jahren krank und ließ sich durch die wunderbaren Heilberichte dazu verleiten, auf die Philippinen zu reisen. Sowohl sie als auch ihre Angehörigen beteten viel für diese Reise und die Behandlung. Der Filipinoheiler konnte nichts an ihr ausrichten. Das Gebet hatte ihn blockiert.

Der erfolgreichste unter den spiritistischen Chirurgen ist der Brasilianer Arigo. Was er alles vollbracht hat, ist eine Kette von Wundern – allerdings dämonischen Wundern. Die katholische Kirche bezeichnete ihn als spiritistischen Heiler.

Bei meinen acht verschiedenen Touren in Brasilien kam ich auch durch Belo Horizonte. In diesem Städtchen ereignete sich ein unglaubliches Operationswunder Arigos. Der Senator Lucio Bittencourt hatte eine Wahlversammlung gehalten, zu der auch Arigo und seine Freunde von Cogonhas angereist waren. Bittencourt hatte Lungenkrebs und plante, nach der Wahlkampagne sich in USA operieren zu lassen.

Der Senator und Arigo übernachteten im gleichen Hotel. In der Nacht sieht Bittencourt plötzlich Arigo mit einem Rasiermesser in der Hand in seinem Zimmer. Er hört noch die Worte Arigos: „Sie befinden sich in großer Gefahr." Dann verliert er das Bewußtsein. Als er wieder zu sich kommt, fühlt er seinen Zustand verändert. Er macht Licht und entdeckt Blutgerinnsel an seiner Pyjamajacke. Er zieht die Jacke aus und betrachtet den Oberkörper im Spiegel. Am Brustkorb beobachtet er einen feinen Schnitt. Da er um Arigos Heilkunst weiß, eilt er in das Zimmmer Arigos und fragt ihn: „Hast du mich operiert?" – „Nein, Sie haben wohl zuviel getrunken." Der Senator antwortet: „Das muß ich genau wissen. Ich nehme das nächste Flugzeug und gehe zu meinem Arzt in Rio." Bittencourt erklärt dem Arzt nur, daß er operiert worden sei. Der Spezialist macht Röntgenaufnahmen und bestätigt: „Ja, Sie sind nach den Regeln der amerikanischen Chirurgie operiert worden. So weit sind wir hier in Brasilien noch nicht." Erst dann erläutert der Senator, was geschehen war. Diese Geschichte ging als große Sensation durch die Zeitungen und löste eine Flut von Besuchen in Arigos „Klinik" aus.

Amerikanische Ärzte kamen, Journalisten, Kameramänner, die alle möglichen Tests durchführten, ohne je einen Betrug zu entdecken. Arigo war zu jeder Prüfung bereit. Er operierte auch unter der laufenden Filmkamera. Ein jüdischer Arzt, Dr. Puharich, ließ sich sogar ein Lipoma entfernen. Die Operation wurde mit einem rostigen Messer ohne Lokalanästhesie, ohne Desinfektionsmittel durchgeführt. Dr. Puharich empfand keine Schmerzen. Auch dieser Eingriff erfolgte unter laufender Filmkamera.

Welchen Charakter haben diese merkwürdigen operativen Eingriffe? Zunächst zur Person Arigos. Er durchlief nur vier Jahre Grundschule und keine medizinische Ausbildung. Von Beruf ist er Minenarbeiter, später stellte ihn die Behörde an. Die Operationen führt er in Trance aus. Er behauptet, der Geist eines deutschen Arztes, Dr. Adolph Fritz, würde ihn „besessen" machen. Dieser

Hinweis ist deshalb irreführend, weil kein deutscher Arzt solche Operationen ohne Narkose, ohne Desinfektion mit einem rostigen Messer durchführen würde und etwa damit eine Lungenoperation vornehmen könnte. Die Operationsschnitte von Arigo heilen auch ohne Naht mit großer Schnelligkeit zu. Zum andern kann kein Arzt der Welt auf Entfernungen ohne jede Untersuchung exakte Diagnosen stellen. Wenn Arigo in Trance ist, gibt er bei jedem Besucher sofort die exakte Diagnose an. Es handelt sich hier also um die sogenannte hellfühlende Diagnose, wie wir sie nur bei den stärksten spiritistischen Medien finden.

Es handelt sich bei Arigo um nichts anderes als um eine Besessenheit. Dabei kann uns auch nicht die Frommtuerei hinweghelfen. Arigo hat über seiner Haustür ein Schild: „Hier in diesem Haus sind wir alle Katholiken." Bei der Operation in seinem Haus stellt er die Patienten unter ein Jesusbild und den Spruch „Pense em Jesus" = Denke an Jesus. Bevor er morgens seine Arbeit beginnt, betet er auch ein Vaterunser.

Diese fromme Umrahmung täuscht die Besucher. Der Teufel hat in seinem Repertoire auch fromme Platten, mit denen er Seelen fangen kann. Und um Seelenfängerei handelt es sich. Diese „Wunderheilungen" werden an den Teufel mit dem Verlust des Seelenheils bezahlt.

Das alles klingt hart, boshaft, borniert, bigott, fanatisch oder wie es die Arglosen und Harmlosen nennen mögen. Ich bin mir dessen bewußt. Wer aber 54 Jahre die Auswirkungen des Spiritismus hat sehen müssen, der kann nur mit aller zur Verfügung stehenden Macht warnen.

Halten wir fest: Arigos Heilungen sind kein Bluff, kein Schwindel. Es sind echte Operationen. Darum kamen heimlich, bis in die höchsten Regierungskreise hinein, Menschen zu ihm und ließen sich behandeln. Die Gerichte verurteilten ihn wegen unerlaubter Heiltätigkeit zu 16 Monaten Gefängnis. Der Präsident, der selbst seine Tochter von Arigo hat behandeln lassen, verringerte die Strafe auf zwei Monate.

Es sind die verheerenden Nebenwirkungen, die mich zur stärksten Warnung veranlassen. Heilung des Leibes um den Preis des Seelenheils ist die Sache nicht wert.

Übrigens wurde der Senator später durch ein Flugzeugunglück getötet und Arigo durch einen Autounfall. Auch das ist eine Häufigkeitserscheinung, daß okkult Belastete oder gar dämonisierte Menschen oft in einem tödlichen Unfall enden. In meiner Kartei habe ich viele solcher Beispiele. William Branham, der auch ein religiöser Spiritist war, starb ebenso an den Folgen eines Autounfalles.

Auch ein deutscher „Wunderheiler" erlitt dieses Schicksal und viele andere. Wollen wir uns nicht endlich warnen lassen?

Spuk- und Poltergeister

In dem Sumpf von Millionen von Spukgeschichten schälen sich vier spezielle Gebiete heraus.

1. Spukphänomene als Halluzinationen

Geisteskranke können Täuschungen in dem Bereich aller fünf Sinne erleben, also visuelle, akustische, haptische, Geruchs- und Geschmackshalluzinationen. Diese Sinnestäuschungen finden wir besonders im schizophrenen Formenkreis. Oft sind auch ältere Menschen, die sich in einem Zustand des senilen Irreseins befinden, von solchen Halluzinationen geplagt, die sie für eine Wirklichkeit halten. Die Kranken, die damit behaftet sind, lassen sich von ihrer Vorstellung nicht abbringen, daß es sich bei ihren Erlebnissen um Tatsachen handelt. Die schizophrenen Formen sind oft mit der Paranoia, Wahnvorstellungen, gekoppelt. Solche Kranke lassen sich in ihrer Meinung nicht korrigieren.

2. Der personengebundene Spuk

In diesem Zusammenhang erinnere ich an das Buch von Fanni Moser, „Spuk", mit einem Vorwort von Professor Carl Gustav Jung. Ich verfüge in meiner eigenen Kartei über viele Fälle von Personen, in deren Umgebung sich laufend Spukphänomene ereignen. Oft sind es Jugendliche, die in der Pubertätszeit unbewußt Spukfälle inszenieren. Dazu Beispiele.

B 293 Der Sohn eines Pfarrers kam zu mir in die Seelsorge. Sein Vater war Religionslehrer an einem Gymnasium und besaß für den Unterricht auch das sogenannte 6./7. Buch Moses. Er verschloß es sorgfältig in seinem Bücherschrank. Der 12jährige Junge beobachtete das, und seine Neugierde wurde deshalb stark gereizt, weil der Vater das Buch stets sorgfältig wegschloß. In Abwesenheit des

Vaters verschaffte sich der Junge den Schlüssel, machte sich an das Buch heran, las es und schrieb Formeln daraus ab. Er probierte dann die Formeln aus und wunderte sich, daß sie tatsächlich funktionierten. Damit begann das Unheil im Leben dieses Burschen. Wenn er manches Mal in einem verschlossenen Zimmer saß, öffnete sich die Türe, ging wieder zu und schloß sich von selbst. Oder er beobachtete, wie ein Stuhl über den ganzen Zimmerboden rutschte, von unsichtbaren Händen geschoben. Auch in seinem psychischen Leben gab es eine große Störung und triebhafte Verirrungen. Der junge Mann wuchs heran, er heiratete, aber seine Spukerscheinungen verfolgten ihn. Wenn er mit seiner jungen Frau in Urlaub ging, dann zeigten sich am Urlaubsort die gleichen Phänomene wie zu Hause. Zuletzt kam er in einen Zustand, daß er fürchtete, wahnsinnig zu werden und in eine Nervenheilanstalt zu kommen. Er suchte mich zu einem seelsorgerlichen Gespräch auf. Ich zeigte ihm die Zusammenhänge und versuchte, ihm auch den Weg zur Befreiung durch Christus zu zeigen. Der junge Mann war aufrichtig. Er bekannte alle seine Schuld, sagte sich von der Macht der Zauberei los und übergab sein Leben Christus. Damit fand der Spuk in seinem Leben ein Ende.

Dieser persongebundene Spuk war durch das Lesen des 6./7. Buches Moses entstanden und vor allem durch die praktische Anwendung der magischen Formeln, die in diesem Satansbuch enthalten sind.

Prof. Hans Bender wies oft auf den Zusammenhang zwischen Spukerscheinungen und Jugendlichen in der Pubertätszeit hin. Ich erinnere noch einmal an den Rosenheimer Spuk, der nur dann funktionierte, wenn die 19jährige Sekretärin anwesend war. Ich wiederhole einen Spukfall, der sowohl von Prof. Bender als auch von mir untersucht worden ist.

B 294 In dem Haus eines Bürgermeisters in Westdeutschland ereigneten sich Spukphänomene. Die Zeitung berichtete darüber. Prof. Bender reiste zu dem Dorf und ließ sich von dem Bürgermeister alle Einzelheiten berichten. In dem Spukhaus des Bürgermeisters gab es z. B. Apporte, das heißt, Gegenstände erschienen und verschwanden in geschlossenen Räumen. Manchmal waren die Gegenstände heiß. Einmal flog eine Glaskugel in die geschlossene Küche herein. Als man die Glaskugel aufhob, war sie heiß. Prof. Bender nahm Temperaturmessungen vor. Er stellte fest, daß die

Temperaturabnahme der Küche und die Temperaturzunahme der Glaskugel sich ausglichen. Die Energiebilanz war also in Ordnung. Damit war aber das Problem der Ursache dieser Spukereignisse noch nicht gelöst. Prof. Bender stellte ebenfalls fest, daß die Spukphänomene nur dann sich zeigten, wenn sich der 14jährige Sohn des Bürgermeisters im Hause oder im Hof des elterlichen Anwesens befand. Die Betrugshypothese war völlig ausgeschlossen. Im Verlauf von sechs Wochen hatte der Bürgermeister 136 fliegende Gegenstände registriert. Die Lösung des Rätsels wurde durch den Professor nicht entdeckt. Bei meinem Gespräch mit dem Bürgermeister fragte ich zuerst, ob bei den Vorfahren oder in der eigenen Familie Spiritismus oder Magie getrieben worden ist. Der Bürgermeister gab zu, daß in seinem Anwesen von alters her die Kühe und die Pferde bei Erkrankungen magisch besprochen worden sind. Er selbst hat das auch vornehmen lassen. Der Junge war fast jedesmal bei diesem Besprechungsvorgang dabei. Ich habe nun solche Beispiele zu Tausenden gesammelt. Wenn sich jedesmal ein solcher Zusammenhang findet, dann kann man daraus schließen, daß der Spuk mit der Zauberei der Vorfahren oder im Leben der gegenwärtigen Bewohner etwas zu tun hat. Eine Befreiung des Hauses bedeutet, daß die Personen, die die Ursache dieser Spukerscheinungen sind, zu Christus kommen und von ihren Belastungen frei werden.

Es liegen mir viele Berichte über fliegende Gegenstände in geschlossenen Räumen vor. Einige Beispiele:

B 295 Auf den Philippinen kam ein Evangelist zu mir zur Aussprache. Er hatte meine Vorträge an dem Theologischen Seminar und an der Universität in Manila gehört und vermutete nun, daß ich ihm helfen könne. Er berichtete mir, daß jedesmal, wenn seine leibliche Schwester im Hause anwesend war, heiße Steine von der Decke der Wohnung flogen. Manchmal hoben seine kleinen Kinder die Steine auf und verbrannten sich dabei die Finger. Die Steine fielen auch selbstverständlich bei geschlossenen Türen und Fenstern. Wenn die Schwester abwesend war, ereignete sich ein solcher Steinregen nicht. Er wollte nun von mir wissen, was da zu tun sei. Ich bat ihn, daß er seine Schwester selbst zur Seelsorge schicken sollte und gab ihm den Rat, wenn dieser Steinregen einsetzt, soll er sich und seine Familie unter den Schutz Jesu stellen und diesem Vorgang im Namen Jesu gebieten. Der

Evangelist tat es. Schon nach einiger Zeit berichtete er mir, daß es mit dem Steinregen besser geworden sei. Seine Schwester kam allerdings nicht zur Seelsorge.

B 296 Ein anderes Beispiel entnehme ich der Tageszeitung, obwohl meine eigene Kartei viele solcher Vorfälle registriert hat. Ein parapsychologisches Phänomen oder ein schlechter Scherz? Vor dieser Frage stehen die Einwohner der kleinen belgischen Gemeinde Wilsele bei Leuven. Auf vier Häuser der Ortschaft ging täglich ein Steinregen nieder, ohne daß der Urheber ausfindig gemacht werden konnte. Die Steine schienen aus dem Nichts zu kommen, meinte einer der Betroffenen, der, wie mehrere andere Familien, inzwischen ein Drahtnetz vor die Fenster seiner Wohnung spannen mußte.

Die Polizei hatte zunächst Lausbubenstreiche vermutet, ist aber nun am Ende ihres Lateins. Weder andauernde Patrouillengänge noch die Aussetzung einer Belohnung für die Identifizierung der mutmaßlichen Täter führten bisher zur Klärung des Rätsels. Mehrere Parapsychologen, darunter Wissenschaftler der Universität Utrecht, studieren zur Zeit das Phänomen. Die mysteriösen Vorfälle ereignen sich immer in Gegenwart des 14jährigen Sohnes der Familie Corda.

Vater Alfons Corda hat bereits mehrere Säcke mit Steinen gesammelt, darunter solche mit einem Durchmesser von 20 cm. Sein Sohn wurde mehrfach durch fliegende Steine im Gesicht und an anderen Stellen des Kopfes verletzt. „Das Leben ist hier für uns unmöglich geworden“, erklärte Alfons Corda. Nach seinen Angaben geht der Steinregen nur nachmittags, zumeist bei schönem Wetter, auf sein Haus und die Nachbargebäude nieder.

Die stets zu besonderer Vorsicht und Skepsis neigenden Parapsychologen verweisen darauf, daß derartige Phänomene bekannt sind, und daß besonders häufig pubertierende Kinder über die noch nicht erforschte Kraft der Telekinese (Fernbewegung) verfügen, ohne sie allerdings steuern zu können. Soweit der Bericht.

Dr. Dr. Friso Melzer berichtete in einem seiner Bücher auch einen solchen Vorfall von seiner Missionstätigkeit in Indien. Ich selbst bin schon telefonisch von Eigentümern solcher Spukhäuser um Hilfe gebeten worden. Wenn ich aber in Deutschland alle Spukhäuser besuchen wollte, dann müßte ich jeden Tag zu einem anderen Spukhaus reisen, und das ist zeitlich nicht möglich.

B 297 So wurde ich eines Tages von einem Dorf in der Nähe von Pirmasens angerufen, ich möchte sofort kommen und dem Besitzer eines Bauernhofes helfen. Es fielen heiße Steine sowohl in das Wohnhaus als auch in die Scheune. Ich erklärte am Telefon, daß mir dazu die Zeit fehle. Einige Tage später berichtete die Tageszeitung, daß diese heißen Steine diesen Hof in Brand gesteckt hatten.

Die sogenannten Geistersteine sind Spukphänomene, die nur im Zusammenhang mit einer medial belasteten Person sich ereignen. Es kommt aber auch vor, daß ein stark medialer Magier einen solchen Steinregen bei einem Feind inszeniert. Das von Friso Melzer berichtete Beispiel liegt auf dieser Linie. Wir werden bei Punkt 4 der Spukereignisse noch darauf zu sprechen kommen.

Der Unterschied zwischen dem Parapsychologen und dem christlichen Seelsorger ist der, daß der Parapsychologe nur die Phänomene studieren, aber nicht helfen kann. Wenn der Seelsorger ein vollmächtiger Jünger Jesu ist, dann kann er den gefährdeten Menschen den Weg zur Befreiung zeigen. Zauberei, Belastungen und Spuk können mit geistlicher Vollmacht beendet werden. Diese Vollmacht kommt aber nicht aus der Person des Seelsorgers, sondern allein durch Jesus Christus.

3. Der ortsgebundene Spuk

Es gibt in Europa alte Schlösser und alte Wohnhäuser, in denen es seit Jahrhunderten spukt. Manchmal ist der Spuk für die Bewohner so belästigend, daß die Wohnung polizeilich geschlossen werden muß. Das ereignete sich bei einem Haus in der Jungferngasse in Bern. Ich las es auch von einem Haus in Bayern. Besonders auf alten Schlössern soll eine sogenannte weiße Ahnfrau umgehen. Manchmal bringt die Volksmeinung diese Spukerscheinungen oder Wiedergänger mit Verbrechen in Zusammenhang, die auf den betreffenden Schlössern oder in diesen Wohnhäusern verübt worden sind. Natürlich versuchen manche Psychologen und vor allem die Rationalisten unter ihnen, diese Spukerscheinungen psychologisch wegzuerklären. Es gibt aber einen ortsgebundenen Spuk, bei dem die Bewohner nicht informiert worden sind. Ich weiß von einem Pfarrhaus, in dem sich solche Spukerscheinungen über Generationen hinweg zeigten. Die Pfarrer blieben alle nicht lange in der betreffenden Gemeinde. Sie meldeten sich weg. Die wegziehende Pfarrfamilie hat aber die Nachfolger nicht informiert, um sie nicht zu beunruhigen. Und doch haben die wieder einziehenden Pfarrersleute jedesmal auch den Spuk beobachtet und genauso darüber geschwiegen.

B 298 Ein in Deutschland sehr bekannter Reichgottesarbeiter berichtete mir folgendes: Er wohnte vor Jahren in einem Haus, in dem nachts ein furchtbarer Spektakel war. Es hörte sich an, als ob das ganze Geschirr und Glas zusammengeschlagen würde. Man hörte schwere Schritte, Kratzgeräusche an den Wänden, ein Pfeifen, als ob ein starker Sturm herrschen würde, doch war es Windstille. Der Krach und Lärm wurde von allen Hausbewohnern gehört. Im Nachbarhaus wurde das gleiche Spukphänomen beobachtet. Auch diese Hausbewohner hörten den furchtbaren Spektakel um die mitternächtliche Stunde. Der gläubige Mann, mein Berichterstatter, betete daraufhin mit seiner ganzen Familie. Sie stellten sich im Glauben bewußt unter den Schutz des Blutes Jesu. Von diesem Tag an herrschte in beiden Häusern völlige Ruhe. Hier wurde also die Ursache der Spukerscheinungen nicht geklärt, aber dieser Reichgottesarbeiter hat das Richtige getan, er hat den Sieg Jesu über diese dunklen Mächte in Anspruch genommen. Das ist ein Vorgang, der in der Parapsychologie nicht bekannt ist und auch nicht akzeptiert wird. Mein väterlicher Freund Dr. Alfred Lechler, der vor einigen Jahren gestorben ist, sagte einmal: „Es gibt nicht nur eine Besessenheit der Menschen, es gibt auch eine Besessenheit der Häuser, und es ist viel leichter, ein belastetes heimgesuchtes Haus zu reinigen und zu befreien als einen etwa besessenen Menschen." Ich weise darauf hin, daß Dr. Lechler ein in Deutschland bekannter Psychiater war und zugleich ein klarstehender Christ.

Noch ein Beispiel aus England:

B 299 Bei einer Vortragstour in England kam ein junges Ehepaar zu mir zur Seelsorge. Sie hatten das ehemalige Wohnhaus von dem bekanntesten englischen Spiritisten Harry Edwards gekauft. Schon gleich nach dem Einzug merkte das Ehepaar, daß es in dem Haus nicht geheuer war. Sie hörten nachts allerlei Rumoren, Poltern, Kettengerassel, schwere Schritte und dergleichen. Sie entschlossen sich deshalb schweren Herzens, dieses Haus wieder zu verkaufen. Sie schrieben es aus. Daraufhin kam ein Einwanderer aus Südafrika, sah sich das Haus an und rief begeistert aus: „Dieses Haus will ich kaufen, hier wohnen ja die Himmlischen, die Jenseitigen." Das

Ehepaar merkte, daß sie bei dem Südafrikaner wiederum an einen Spiritisten geraten waren und verweigerten ihm den Hauskauf. Sie traten es dann einem anderen Interessenten ab. Harry Edwards hat jahrelang in diesem Haus seinen Spiritismus getrieben, und das war die Ursache für die folgenden Spukerscheinungen. Natürlich hätte es eine andere Möglichkeit gegeben. Wenn das junge Ehepaar in diesem Haus einen Gebetskreis gebildet hätte, der womöglich jeden Abend für eine halbe Stunde zusammengekommen wäre, dann hätten sie das Haus reinigen können. Leider ist es aber so, daß es unter den sogenannten Christen wenig glaubensstarke Beter gibt. Es gibt viele christliche Gemeinden, die überhaupt keinen richtigen Gebetskreis besitzen. Freilich pflegen solche Gemeindeleiter zu sagen: „Wir kommen einmal in der Woche oder einmal im Monat zu einer Gebetsstunde zusammen." Ich habe gelegentlich solchen Gebetsstunden beigewohnt und war entsetzt über die Schläfrigkeit und die Gebetslauheit dieses sogenannten Gebetskreises. Beten ist nicht immer eine ruhige Angelegenheit. Beten kann auch Kampf bedeuten. Damit ist nicht gemeint, daß wir wie in extremen Kreisen schreien, toben und lärmen und Hände klatschen, sondern daß wir in aller Nüchternheit unter der Zucht des Heiligen Geistes im Gebet die Verheißungen der Bibel in Anspruch nehmen und diesen Mächten der Finsternis gebieten.

4. Spuk als Fernwirkungen stark medialer Magier

Wir begeben uns hier auf das umstrittenste Gebiet der Spukerscheinungen. Zunächst ein Beispiel, das in jeder Hinsicht gesichert ist.

B 300 Ich erhielt eines Tages den Brief eines Stadtpfarrers einer norddeutschen Stadt. Er bat mich um meinen Besuch mit folgendem Grund: In seiner Pfarrgemeinde entstand plötzlich ein sogenanntes Spukhaus. Es war ein hübsches Wohnhaus mit wundervollem Garten. Die Besitzerin hatte eines Tages von einer Nachbarin einen Brief erhalten mit der Bitte, ihr doch dieses schöne Haus zu verkaufen. Die Besitzerin lehnte ab. Daraufhin warnte diese Nachbarin die Besitzerin, sie werde schon zum Ziel kommen. Seit dieser Zeit zeigten sich in dem schönen Wohnhaus Spukerscheinungen. Es wurden vier starke Schläge wie Donnerschläge im Haus gehört. Die Besitzerin konnte sich die Schläge nicht erklären, auch nicht herausfinden, woher sie kamen. Sie wandte sich an ihren

Seelsorger. Der Seelsorger besuchte zusammen mit seinem Vikar das Haus, und auch in Gegenwart der beiden Männer waren diese starken Schläge zu hören, ohne daß sie im Haus irgendeine Ursache dafür fanden. Es war also nicht etwa eine Dampfheizung oder eine Wasserleitung mit Luft, sondern die Schläge wurden jeweils an den Türen gehört. Der Stadtpfarrer, der nicht helfen konnte, informierte die Polizei. Es kam zuerst ein Polizeibeamter, der wiederum Zeuge der Vorgänge wurde. Da auch ihm das alles rätselhaft erschien, erstattete er seinem Polizeipräsidenten Bericht, der daraufhin eine ganze Einsatzmannschaft schickte. Es waren mehr als zehn Polizeibeamte. Die Polizeibeamten stellten sich jeweils an die Tür, einer innen, einer außen. Nach den furchtbaren Schlägen rissen beide die Tür auf. Jeder sagte zum andern: „Es war auf deiner Seite." Diese vielen Polizeibeamten konnten also auch nicht die Ursache der Schläge entdecken. Daraufhin erstattete die Besitzerin des Hauses Anzeige beim zuständigen Amtsgericht. Der Fall kam vor Gericht. Der Richter, der die Akten studiert hatte, erklärte bei der Sitzung: „Wir leben nicht im Mittelalter. Einen solchen Prozeß führe ich nicht." Er lehnte also die Behandlung ab. Da ich selbst nicht in diese Stadt reisen wollte, gab mir der Stadtpfarrer Bericht über den Ausgang der Affäre. Die Besitzerin des Hauses wurde durch diese Spukerscheinungen Tag und Nacht so gequält, daß sie schließlich keine andere Möglichkeit sah, als das Haus an den Meistbietenden zu verkaufen. Und das war die Nachbarin, die ihr gedroht hatte, sie werde schon zu dem Haus kommen. In dem Augenblick, als diese Nachbarin, die tatsächlich sehr starke mediale Kräfte besaß, das Haus bewohnte, hörten die Schläge auch sofort auf.

Unsere Parapsychologen werden vielleicht sagen, das ist starker Tobak, den man nicht ernst nehmen muß. Ich weise darauf hin, daß hier zwei Pfarrer und mehr als zehn Polizeibeamte Zeugen dieser Vorgänge geworden waren. Wenn ein Parapsychologe ein solches Beispiel als echt annimmt, dann wird er von Psychokinese sprechen, das heißt von Auswirkungen der Psyche. Ich kann dieses dauernde Berufen auf einen pubertierenden Jugendlichen oder auch Psychokinese aus dem Mund der Parapsychologen fast nicht mehr hören, weil das in allen ihren Berichten zum Vorschein kommt. Keiner macht sich aber die Mühe, die Zusammenhänge zu klären.

In diesem Spukfall durch mediale Fernwirkungen hätte es eine geistliche Lösung gegeben. Die Stadt, in der es passiert ist, ist aber bekannt für ihre Unkirchlichkeit und für den Mangel an gläubigen Christen. Wenn in diesem Haus ein Gebetskreis eingesetzt worden wäre, aber nicht von Namenchristen und Traditionschristen, sondern von glaubensstarken, treuen Betern, dann wäre er über diese Belästigung durch einen Magier im Namen Jesu Herr geworden.

Ein anderes Beispiel konnte nicht aufgeklärt werden.

B 301 Mein Berichterstatter ist ein Jurist, der sich selbst als Rationalist bezeichnet und alles Übersinnliche ablehnt. Dieser Jurist baute sich in einer schönen Gegend einen Bungalow. Am Tage des Einzuges in das neue Haus hatte er eine merkwürdige Erscheinung. Auf dem Boden der Diele war ein Sarg aufgestellt, der für zwei oder drei Minuten zu beobachten war. Dann verschwand der Sarg. Auf dem Boden befand sich aber in der Größe des Sarges ein Wasserfleck. Der Rationalist war außer Fassung. Er griff sich an den Kopf und fragte sich, ob wohl die Anstrengungen der letzten Tage ihn zu einer Sinnestäuschung verführt hätten. Es war aber doch der rechteckige Wasserfleck am Boden, der sich mit der Hand feucht anfühlte. Es kam also keine Sinnestäuschung in Frage. In den ersten Tagen war dieser Jurist ganz außer sich. Es war das erste Erlebnis dieser Art in seinem Leben. Sein Rationalismus hatte damit einen entscheidenden Stoß bekommen. Dieses Erlebnis trieb ihn dazu, um Rat zu fragen. Die Herkunft dieses Spukereignisses konnte nicht aufgeklärt werden. Manchmal lassen sich solche Vorgänge auf folgende Weise erklären: Möglicherweise lebt in der Nachbarschaft ein stark medial veranlagter Mensch, der dem Juristen das schöne Anwesen neidet und es ihm deshalb vergällen will. Oder der Bungalow stellt vielleicht für einen Nachbarn eine Sichtbehinderung dar, und das kann ebenfalls zu einem Racheakt führen.

Dieser Abschnitt über ferngesteuerte Spukphänomene soll natürlich nicht dazu führen, daß wir nun in einen Verfolgungswahn geraten. Ich rate jedem Menschen, der mit solchen Dingen zu tun hat, daß er sein ganzes Leben revidiert und sich Christus ausliefert und sich unter seinen Schutz stellt. Ich selbst mache das auch bei der Niederschrift solcher Bücher. Ich bitte täglich um den Schutz des Herrn, etwa nach Hebräer 1,14: „Die Engel sind dienstbare Geister, ausgesandt zum Dienst derer, die ererben sollen die ewige

Seligkeit.“ Ich bete täglich für meine Familie und für mich um den Schutz des Herrn gegen alle Macht der Finsternis. Wer unter dem Schutz Jesu steht, hat derartige Dinge nicht zu fürchten, sondern wird schnell damit fertig, wenn er in geistlicher Weise und unter Zuhilfenahme von anderen Gläubigen diese Dinge angeht. Lesen wir doch einmal den Psalm 91 in Ruhe durch. Mir ist dieser Psalm oft zu einer wundervollen Stärkung geworden:

> „Wer unter dem Schirm des Höchsten sitzt und unter dem Schatten des Allmächtigen bleibt, der spricht zu dem Herrn: Meine Zuversicht und meine Burg, mein Gott, auf den ich hoffe. Er wird dich mit seinen Fittichen decken, und deine Zuversicht wird sein unter seinen Flügeln. Daß du nicht erschrecken müßtest vor dem Grauen der Nacht, vor den Pfeilen, die des Tages fliegen, vor der Pestilenz, die im Finstern schleicht, vor der Seuche, die im Mittag verderbt. Ob tausend fallen zu deiner Seite und zehntausend zu deiner Rechten, so wird es doch dich nicht treffen.“

Sterbensillusionen

Seit etwa 1960 hat sich ein neues Forschungsgebiet entwickelt, die Thanatologie. In diesem Begriff stecken zwei griechische Wörter: thanatos = Tod, logos = Kenntnis. Diese Wissenschaft beobachtet Sterbeerlebnisse und forscht nach dem Ergehen und den Erfahrungen von solchen, die klinisch tot waren und dann reanimiert (wiederbelebt) wurden. Da die Frage nach Tod und dem Leben danach die ganze Menschheit beschäftigt, hat sich dieser neue Zweig der Forschung lawinenartig entfaltet. Eine Flut von Publikationen kam auf den Markt. Einige davon sollen genannt und stichwortartig deutlich gemacht werden.

Genannt werden zuerst Bücher oder Broschüren, die einen biblischen Standpunkt vertreten:

Das „Faktum Buch“, Sterbeerlebnisse, UFO, Anthroposophie, von B. Schwengeler herausgegeben, ist sehr zu empfehlen. Es hat eine klare biblische Linienführung.

Danach nenne ich das Buch eines Freundes. Es ist John Weldon aus San Diego, mit dem ich eines Geistes bin. Der Titel heißt „Is there Life after Death?“ Zu deutsch: Gibt es ein Leben nach dem Tode?

Auf medizinischer Seite ist der Kardiologe Dr. med. Maurice Rawlings zu nennen. Das Buch ist eine biblisch gesunde, abweisende Antwort gegen Dr. Moody, der spiritistische Ideen vertritt. Das Buch von Rawlings heißt „Beyond Death Door". Ich las es zweimal im Original. Es soll von Schulte-Gerth in deutscher Übersetzung herausgekommen sein. Eine erfreuliche, bejahende Besprechung von Rawlings Buch erschien von Hildegund Zehmke in ihrer Zeitschrift für Parapsychologie, Juni 1983.

Erwähnt wird auch das Buch des verstorbenen Evangelisten Dr. Gerhard Bergmann mit dem Titel „Leben nach dem Tode". Ich bin lediglich nicht damit einverstanden, daß Bergmann einem gefallenen deutschen Soldaten eine zweite Chance einräumt.

Eine Auseinandersetzung mit Dr. Moody und Dr. Rawlings findet sich auch in meinem Taschenbuch „Im Paradies".

Eine kleine Verteilschrift ist auch meine Broschüre „Unser Leben nach dem Tode". Aufgrund von Angriffen muß ich in einem nachfolgenden Exkurs Ergänzendes sagen. Christus ist genau wie der Vater allgegenwärtig. Er sitzt zur Rechten Gottes, und in seiner Allgegenwart ist er auch für die gläubig Verstorbenen im Paradies.

Zum Thema der nachtodlichen Existenz des Menschen äußert sich auch Dr. W. C. van Dam. Ich wünschte mir nur, daß der Autor eine bessere Unterscheidung geübt hätte. Man darf nicht Spiritisten oder Anhänger der Christian Science kritiklos neben biblisch gegründete Gläubige stellen.

Bedrückt nahm ich zur Kenntnis, daß der Kreuz Verlag, den ich bisher für einen evangelischen Verlag gehalten habe, das Buch von Dr. Kübler-Ross „Reif werden zum Tode" herausgebracht hat. Auf Seite 175 bekennt Frau Kübler-Ross, heute eine weltbekannte Sterbensforscherin, folgendes:

„Die Arbeit mit Sterbenden hat mir auch dazu verholfen, meine eigene religiöse Identität zu finden, zu wissen, daß es ein Leben nach dem Tode gibt, und zu wissen, daß wir eines Tages wiedergeboren werden, damit wir die Aufgaben erfüllen können, die wir in diesem Leben unfähig oder nicht willens waren, zu erfüllen."

Mit dem Ausdruck „wiedergeboren" meint Dr. Kübler-Ross die Reinkarnation, die Wiederverkörperung. Das ist ein Motiv und der Glaube der östlichen Religionen, das vorherrschende Symptom der Höherentwicklung, der Selbsterlösung. Das wird auch vom Spiritismus vertreten.

Ein Freund und Mitarbeiter von Dr. Kübler-Ross ist Dr.

Raymond A. Moody, von dem zwei Bücher auf dem Markt erschienen: „Life after Life" und „Reflections on Life after Life".

Die Bücher, Artikel und Vorträge von Dr. Moody und Kübler-Ross haben eine verheerende Auswirkung. Den Menschen werden Beruhigungspillen verpaßt, und das im Gegensatz zur Heiligen Schrift.

Das war nur die Vorstellung einiger Titel zur Thanatologie.

Nun wenden wir uns der Person von Frau Dr. Elisabeth Kübler-Ross zu.

1926 wurde sie in Meilen in der Schweiz geboren. Ich kenne dieses malerische Dorf am Ufer des Zürichsees schon viele Jahre. Vor rund 20 Jahren hatte ich in der Reformierten Kirche dieses Ortes eine Vortragswoche. Die Kontakte rissen nicht mehr ab. Das ist aber eine Abschweifung, weil ich diesen Ort und die Gläubigen dort liebe.

Elisabeth hatte zunächst nicht die Absicht, Ärztin zu werden. Nach der Schulentlassung absolvierte sie eine Laborantinnenlehre und bereitete sich in Abendkursen auf das Abitur vor mit dem Ziel, doch in die Medizin einzusteigen. Nach Kriegsende fuhr sie nach Polen, um dort bei den Aufräumungs- und Aufbauarbeiten zu helfen. In dem ehemaligen Konzentrationslager in Maidanek sah sie mit Entsetzen ganze Wagenladungen voll mit Schuhen getöteter Kinder und mit Haaren ermordeter Frauen. In den Baracken, in denen die Kinder vor ihrer Vergasung untergebracht waren, entdeckte Elisabeth Kübler kleine Schmetterlinge, die die Kinder mit den Fingernägeln in die Wände geritzt hatten. Seither ist der Schmetterling für sie das Sinnbild der menschlichen Seele. Diese Vorstellung ist nicht neu. In den ostasiatischen Religionen wird die Seele als Totenvogel dargestellt, der im Augenblick des Sterbens den Menschen aus dem Munde verläßt. Bei uns im Westen gelten z. B. der Steinkauz und der graue Steinschmätzer als Totenvögel. Im Bereich der Völkerfamilien gibt es allgemeine Symbole, die in Abwandlung immer wiederkehren.

Zum Symbol Schmetterlinge sagte Elisabeth Kübler folgendes: „Im Augenblick des Todes schlüpft der Sommervogel aus dem Kokon, dem Körper, wird frei und glücklich" (Aus ihrem Vortrag in Zürich im Juni 83). Man wird dabei unwillkürlich an

Platons Theorie erinnert, daß der Körper das Gefängnis der Seele ist. Beim Tod wird die Seele frei aus ihrem Kerker und geht zurück in ihren Urgrund aller Seelen.

Man gewinnt den Eindruck, daß das Maidanek-Erlebnis für die Medizinstudentin eine Weichenstellung für ihr ganzes Leben wurde. Es bahnte sich eine philanthropische Entwicklung an, aber ohne Kontakt zum echten, biblisch gesunden Christentum.

Ihre Arbeit mit den Sterbenden begann Frau Dr. Kübler-Ross nach ihrer Heirat mit einem Arzt, mit dem sie zusammen nach den USA auswanderte.

In den ersten Jahren psychiatrischer Tätigkeit in New York sammelte die junge Ärztin an den Sterbebetten viele Erfahrungen, die eine Basis für ihre spätere Karriere als Sterbensforscherin darstellen. Mit dem Bekanntwerden ihrer Erfahrungen durch Vorträge und in ihren Schriften wurde sie zu immer größer werdenden Veranstaltungen eingeladen. Kalifornien, Stockholm, Amsterdam, Berlin, Sydney, Zürich sind nur einige Stationen ihrer weltweiten Arbeit. Die Zeitungen feiern sie als Weltstar der Sterbensforschung, andere sogar als Hohepriesterin des Totenkultes.

Dieser letzte Ausdruck leuchtet eine verhängnisvolle Entwicklung im Leben dieser Ärztin an. Sie kam in Verbindung mit spiritistischen Kreisen und traf in deren Abhängigkeit schwerwiegende Entscheidungen. Sie arbeitet mit einem spiritistischen Sektenführer, Jay Barnham, zusammen, der eine „Kirche vom Antlitz der Gottheit" gegründet hatte. Unter dessen Einfluß verließ die Ärztin 1978 ihren Mann und den Wohnsitz in der Nähe von Chicago und siedelte sich in Kalifornien, nördlich von San Diego, an. Da einer meiner Freunde, der erwähnte John Weldon, in San Diego wohnt, erhielt ich einen direkten Bericht.

Frau Dr. Kübler-Ross gründete am neuen Wohnsitz ein Pflegezentrum für Sterbende und ihre Pfleger. Sie nennt es „Shanti Nilaya", ein Sanskritwort, das Heimstatt des Friedens bedeutet. In diesem Therapiezentrum führt Frau Kübler für den Spiritisten Barnham viertägige Therapiekurse durch. Zum Einüben in die Problematik des Sterbens werden auch spiritistische Exkursionen durchgeführt. Die Ärztin selbst bezeugte, daß sie diese medialen Praktiken selbst auch durchgeführt habe. Mein Freund aus San Diego teilte mir mit, daß Frau Dr. Kübler drei Kontrollgeister oder Leitgeister habe. Das ist keine üble Nachrede. Einmal bekannte sie vor 2300 Zuhörern, ihr Leitgeist Salem mit seinen zwei Begleitern Anka und Willie seien ihr erschienen und hätten ihr eine tiefe mystische Erfahrung vermittelt.

Das Forscherteam, zu dem Frau Dr. Kübler-Ross gehört, sind hochqualifizierte Spiritisten. Als erster wäre Robert Monroe zu nennen, ein Spezialist für Außer-Körper-Erfahrungen (AKE). Er ist Autor des Buches „Reisen außerhalb des Körpers" und ist Gründer der Organisation M 5000 in Virginia. Ziel seiner Arbeit ist, den Teilnehmern seiner Kurse durch die sogenannte Exkursion der Seele außerleibliche Erfahrungen zu ermöglichen. Die Teilnehmer versichern hinterher, daß sie in direktem spiritistischem Kontakt mit übernatürlichen Wesen gestanden hätten.

In diesen esoterischen spiritistischen Kreis von Monroe wurde Frau Kübler und der heute sehr mit ihr befreundete Dr. Moody hineingezogen. Moody behauptete einem Kommilitonen Brooke gegenüber, daß er regelmäßig mit einem Geistwesen Gespräche führe.

Nach der Darstellung der persönlichen Entwicklung von Frau Kübler-Ross muß skizziert werden, welches die Hauptthese ihrer Vorträge ist. Sie hat an einigen hundert oder gar an mehreren tausend Sterbebetten als Ärztin gestanden. Bei den Reanimierten schälen sich in großer Häufigkeit gewisse Erlebnisse wie Schablonen heraus.

B 302 Ein Schwerverletzter, durch einen Autounfall verursacht, liegt bewußtlos auf der Straße. Sein zweites Ich beobachtet aber sich selbst. Er sieht den zerbeulten Wagen, sieht den blutenden Körper, beobachtet die Hilfsmaßnahmen des Notarztes, hört alles, was die Umherstehenden reden. Gefühlsmäßig empfindet er keine Schmerzen, sondern einen großen Frieden. Sein euphorisches Glücksgefühl ist sogar so groß, daß er sich wehrt, in seinen verletzten Körper zurückzukehren. Irgendeine Kraft vollzieht aber die Wiedervereinigung mit dem verletzten Körper, bis er stöhnend die Augen aufschlägt. Da sich solche Erfahrungen bei Wiederbelebten in großer Zahl häuften, formte sich bei Dr. Kübler-Ross die Vorstellung: Sterben ist viel leichter, als wir es uns vorstellen. Sterben ist eine Befreiung von allen körperlichen Leiden.

Eine andere Schablone ist das sogenannte Tunnelerlebnis. Reanimierte berichten in großer Übereinstimmung, daß sie nach ihrem Sterben durch einen dunklen Tunnel, Röhre oder Höhle geschwebt sind. Am Ende des dunklen Ganges hätten sie ein helles Licht erblickt. Danach erlebten sie ein schönes Tal mit Blumen, bunten Vögeln, alles in einer friedvollen Harmonie. Aller irdischer Ballast, alle Konflikte, alle Schmerzen seien wie weggeblasen gewesen. Manche erlebten eine helle Gestalt, von der sie begleitet wurden, bis sie in der Ferne eine Lichtstadt erblickt hätten, in die sie aber nicht eintreten durften. Da sich sowohl bei Frau Dr. Kübler-Ross als auch bei Dr. R. Moody diese Tunnelerlebnisse häuften, gründeten sie darauf ihre Meinung, daß die Kirchen mit ihrer Bangemacherei auf falschem Weg seien. Sterben ist schön, verkündigt Frau Dr. Kübler in ihren Vorträgen. Ihre Aufgabe sieht sie darin, den Menschen die Angst vor dem Sterben überwinden zu helfen. Ihre Parole in Zürich vor 2000 Menschen hieß: „Fürchtet euch nicht, denn Sterben ist schön." Für diese Beruhigungspille erhält diese Ärztin natürlich überall stürmischen Applaus, ein Zeichen dafür, wie die Menschen insgeheim doch von der Todesfurcht beherrscht sind.

Was sagen nun Ärzte und bibelgläubige Menschen zu dieser „Beschwichtigungstherapie" von Dr. Kübler-Ross?

Ein medizinischer Hinweis gegen die Fälle von Kübler-Ross und Moody wird von Dr. Rawlings gegeben. Rawlings ist Kardiologe und ein Spezialist für Reanimierungstechnik. Er erklärte, daß zwischen der Reanimierung der Fälle von Kübler-Ross und der schriftlichen Fixierung zuviel Zeit verstrichen ist. Das menschliche Bewußtsein entfaltet bei den Reanimierten eine Art Selbstschutz und drängt unliebsame Erlebnisse in das Unterbewußtsein ab. Bei Reanimierungen müssen in den ersten Sekunden die Reaktionen und Aussagen des Patienten festgehalten werden. Kübler und Moody haben Fälle, die erst einige Stunden später oder mit noch größerer Zwischenpause registriert worden sind.

Rawlings gibt ferner einen noch stichhaltigeren medizinischen Einwand. Wenn das menschliche Gehirn nur 3 bis 5 Minuten ohne Sauerstoffzufuhr ist, entsteht ein Gehirnschaden. Daher sind die Fragen berechtigt: „Bis zu welchem Stadium war der klinisch Tote wirklich tot? Wie sind dann dessen Aussagen nach der Reanimierung zu verwerten?" Nicht zuletzt ist auch die biblische Aussage von Dr. med. Rawlings zu beachten. Er ist gläubiger Christ, der auch den Hinweis gibt, daß Satan sich zum Engel des Lichtes verstellt und den klinisch Toten etwas vorgaukelt oder nach ihrer Reanimierung dafür sorgt, daß die unliebsamen Erlebnisse bei ihrem „Trip ins Jenseits" schnellstens vergessen werden.

B 303 Zum Ausgleich für die Kübler-Moody-Erlebnisse ein Beispiel von Rawlings. Er hatte einen gerade Verstorbenen unter der Kur. Jedesmal, wenn er unter der Herzmassage wieder zu sich kam, stöhnte der Mann: „Ich bin in der Hölle. Höre nicht auf. Mache weiter!" Der Arzt fuhr mit seinem Bemühen fort. Jedesmal, wenn er vor Erschöpfung aufhörte, rief der Patient wieder: „Begreifst du nicht, ich bin in der Hölle. Jedesmal, wenn du aufhörst, fahre ich wieder in die Hölle. Mach weiter!" Schließlich bat ihn der Reanimierte: „Bete, ich brauche Hilfe!" Dem Arzt war diese Bitte peinlich. Er war damals noch kein Christ. Unter den nötigenden Bitten wagte er schließlich ein Gebet aus der Zeit seiner Kindheit. Dr. Rawlings sagte, dieses Erlebnis hätte ihn zum christlichen Glauben zurückgebracht und ihn veranlaßt, sein Buch zu schreiben.

Ein Hinweis darf nicht vergessen werden. Zwischen einer echten Totenerweckung und einer Reanimierung klinisch Toter ist ein Unterschied. Lazarus in Joh. 11 war wirklich tot, denn er stank schon, als Jesus kam. John Weldon sagte (S. 35): Death must be defined as that state in which physical resuscitation is impossible. Der Tod ist der Zustand, bei dem eine Reanimierung unmöglich ist.

B 304 Bei dem Stichwort Reanimierung muß ich etwas anfügen, was in keinem der erwähnten Bücher steht. Ich kenne die Reanimierung auch durch Schwarze Magie, die aber nur dann funktioniert, wenn der Verstorbene kein gläubiger Christ war. In Alaska nahm ich Beispiele aus der Tätigkeit eines Schamanen auf. In noch stärkerem Maße hörte ich von Totenerweckungen bei den Zombis in Afrika. Da ich das schon einmal veröffentlicht habe, bleibt es hier unerwähnt. Ein typisches Beispiel hörte ich dann in Vorderasien, das im Beispiel 283 schon berichtet ist.

Wir sind mit einer biblischen Stellungnahme noch nicht zu Ende. In den Büchern von Kübler und Moody wird der Mensch auf ein besseres Jenseits vertröstet. Gericht Gottes, Vergeltung für Sünde wird wegmanipuliert. Sünde ist für diese spiritistischen Todesforscher etwas Unwirkliches, von den Kirchen konstruiert. Sühneleiden Jesu, sein stellvertretender Tod und seine Auferstehung sind nicht heilsnotwendig.

Was Kübler-Ross und Moody als ihre Erfahrungen mitteilen, kann Folge einer diabolischen Irreführung sein. Das „Faktum Buch", das ich nochmals sehr empfehle, sagt unmißverständlich (S. 83): „Manipulationen durch Dämonen sind möglich. Der Erfindungsreichtum betrügerischer Geister ist fast unbegrenzt." Sie beherrschen die Technik bis zur Meisterschaft, sich als gute, hilfreiche Engel zu verkleiden.

Kübler-Ross und Moody füttern ihre Hörer und Leser mit schillernden Illusionen, auf denen die Sterbenden ihre Ewigkeit nicht aufbauen können.

Ich will schließen mit der ersten Frage im Heidelberger Katechismus: Was ist dein einziger Trost im Leben und im Sterben? Antwort:

Daß ich mit Leib und Seele, beides im Leben und im Sterben, nicht mein, sondern meines getreuen Heilandes Jesu Christi eigen bin, der mit seinem teuern Blut für alle meine Sünden vollkommen bezahlt und mich aus aller Gewalt des Teufels erlöst hat und also bewahrt, daß ohne den Willen meines Vaters im Himmel kein Haar von meinem Haupte fallen kann, ja auch mir alles zu meiner Seligkeit dienen muß, darum er mich auch durch seinen Heiligen Geist des ewigen Lebens versichert und ihm forthin zu leben willig und bereit macht.

1. Joh. 5,4. Unser Glaube ist der Sieg, der die Welt überwunden hat.

Hebr. 13,8. Jesus Christus gestern und heute und derselbe auch in Ewigkeit.

Dazu gehört auch Luthers Erklärung zum zweiten Glaubensartikel:

Ich glaube, daß Jesus Christus,
wahrhaftiger Gott vom Vater in Ewigkeit geboren
und auch wahrhaftiger Mensch von der Jungfrau Maria geboren,
sei mein Herr,
der mich verlornen und verdammten Menschen erlöset hat, erworben, gewonnen von allen Sünden, vom Tode und von der Gewalt des Teufels;
nicht mit Gold oder Silber,
sondern mit seinem heiligen, teuren Blut

und mit seinem unschuldigen Leiden und Sterben;
auf daß ich sein eigen sei
und in seinem Reich unter ihm lebe und ihm diene in ewiger Gerechtigkeit, Unschuld und Seligkeit;
gleichwie er ist auferstanden vom Tode,
lebet und regiert in Ewigkeit.
Das ist gewißlich wahr.

Exkurs

Paradies und Auferstehung

Im Kapiteleingang „Sterbensillusionen" ist auch mein Buch „Im Paradies" angeführt. Dieses Buch brachte mir viele Angriffe ein, auf die ich nicht alle eingehen kann, weil sie durch mangelhafte Informierung an Lydias Geschichte verständnislos vorbeigehen. Zwei Dinge seien erwähnt: Der Herr, der sie wieder zum Leben zurückbrachte – ohne ärztliche Reanimierungstechnik –, redete zu den Zulus in einer Bildsprache, die anders geprägt ist als etwa die Sprache, die für westliche Menschen rationalistisch gefügt ist.

Noch schwerwiegender ist der Vorwurf eines sehr gebildeten Evangelisten, der Lydias Erleben Spiritismus nannte. Nun bitte ich diesen Bruder und seine Gesinnungsgenossen, einmal die Bücher von Dr. Kübler-Ross und Dr. R. Moody zu lesen und mit Lydias Geschichte zu vergleichen. Da besteht ein fundamentaler Unterschied. Kübler und Moody verharmlosen die Sünde, Lydias Geschichte ist ein großangelegter eindringlicher Bußruf vom Anfang bis zum Ende ihres Erlebens. Wer das nicht sehen kann, dem geht die Unterscheidungsgabe ab.

Auch zu meiner kleinen Broschüre „Unser Leben nach dem Tode" gingen Kritiken ein, und zwar von entgegengesetzter Seite.

Ein Pfarrer beanstandete, daß von einer ersten und zweiten Auferstehung gesprochen wird. In den symbolischen Büchern wird das stillschweigend übergangen. Erste Auferstehung und tausendjähriges Reich ist bei Luther nicht oder negativ erwähnt. Die Bibel geht aber in diesem Stück über Luther hinaus. (1. Th. 4,15 f.; 1. Kor. 15,23; Offbg. 20,4 f.) Wir verachten deshalb aber nicht den Reformator. Er hatte einen umfassenden Auftrag Gottes zu erfüllen. Er hatte nach rechts gegen die abartige, tote Orthodoxie der katholischen Kirche zu kämpfen und nach links die

Schwärmer abzuwehren. Daraus erklärt sich, daß einiges bei ihm zu kurz gekommen ist. Unser Maßstab ist aber die Heilige Schrift und nicht der Reformator.

Von der entgegengesetzten Seite zur Volkskirche kamen auch Beanstandungen einiger führender Männer der Freikirchen, ich hätte die Ausauferstehung vergessen. Dem Pfarrer war eine erste Auferstehung zuviel, dem Freikirchlichen waren erste und zweite Auferstehung zuwenig. Der eine will nur eine, der andere drei Auferstehungen.

Auch hier gilt: Was sagt die Bibel? Der Ausdruck „Ausauferstehung" entspricht dem griechischen Wort exanastesis, das nur einmal in der Bibel in Phil. 3,11 vorkommt.

Untersuchen wir kurz diese Behauptung von der Ausauferstehung. Im griechischen Originaltext kommen für Auferstehung drei Begriffe vor: egersis (Mk. 12,26; Lk. 20,37), anastesis, exanastesis. Egersis kommt auch in der Profansprache vor und wird z. B. beim Aufstehen vom Schlaf benützt. Das Kittelsche Wörterbuch, ein zehnbändiges Werk, in dem 162 Fachgelehrte ihr philologisches und theologisches Wissen zusammengetragen haben, sagt klar und bündig: Beide Wörter, anastesis und exanastesis, sind gleichbedeutend (Bd. I, 372). Es ist eine Unart mancher Schriftausleger, daß sie etwas in die Bibel hineingeheimnissen. Wir dürfen nur Exegese und nicht Eisegese betreiben. Aus der winzigen Präposition ex wurde nun gleich eine dritte Auferstehung konstruiert.

Wie wird diese Theorie begründet? Ein Glaubensbruder Schuler schrieb eine Schrift darüber und erklärte, daß in Zürich beim Ausheben von Baugruben Särge eines alten Friedhofes gefunden wurden, die leer waren. Die Särge sollen aus der Zeit Lavaters stammen, unter dessen Wirksamkeit viele Menschen zum Glauben an Christus gekommen waren. Noch viele andere derartige Geschichten werden serviert. Bei einer Beerdigung sollen die Sargträger plötzlich gemerkt haben, daß dem Gewicht nach der Sarg leer war. Auch das wurde als Beweisstück angeführt. Unter Ausauferstehung verstehen ihre Vertreter eine sofortige Auferstehung und Entrückung der besonders geheiligten Christen.

Schriftbeweise lasse ich gelten, aber nicht Legenden und Anekdoten, so fromm sie erscheinen. Werner de Boor, den ich unter den Autoren der Wuppertaler Studienbibel am meisten schätze, lehnt diese Ausauferstehung in dem erwähnten Sinn ab.

Eine andere Auslegung des Begriffes exanastesis ist aber möglich. De Boor weist darauf hin, daß damit vielleicht die erste Auferstehung gemeint sein kann. Diese Auffassung haben sowohl Menge wie Bruns in ihren Bibelübersetzungen. Mir macht es theologisch keine Mühe, mich dieser Auslegung anzuschließen. Ein anderer Gesichtspunkt, den ich bei Karl Heim in Tübingen in meiner Studentenzeit hörte und jetzt wieder bei Werner de Boor las, ist folgende Beobachtung: Wenn Paulus von dem Glauben der ganzen Gemeinde spricht, dann tritt er mit voller Gewißheit auf: Ich bin gewiß! Wenn er nur sich im Auge hat, dann beschreitet er viam modestiae = den Weg der Bescheidenheit. In diesem Sinn schreibt de Boor zum Philipperbrief Seite 120: „Wenn Paulus von der Gemeinde spricht und sich einfach mit der Gemeinde zusammenschließt, dann schreibt er die ruhigen bestimmten Aussagesätze: Wir werden... Aber, wenn er für sich persönlich vorwärts blickt – und Phil. 3,1–11 ist vom Anfang bis zum Ende persönliches Zeugnis –, dann kann und will er in dieser staunenden und ehrfürchtigen Haltung nur sagen: ‚Ob ich wohl gelange...'"

Man darf nicht aus mangelnder Kenntnis des griechischen Grundtextes sich theologische Abirrungen leisten. Nun kann ich aber Öl in die vielleicht hochgehenden Wogen gießen. Die Geschichten von Henoch (1. Mos. 5) und Elia (2. Kö. 2) lassen doch die Möglichkeit eines direkten Zugangs in die Sphäre Gottes offen. Die Stephanusgeschichte gehört nicht dazu. Denn er starb unter dem Steinhagel. Sein Geist ging aber direkt zum Herrn, der zu seinem Empfang von seinem Thronsessel aufgestanden ist.

Tanz im Gottesdienst

In der Hitlerzeit machte ein Professor Hauer viel von sich reden. Er war ursprünglich Basler Missionar, der auf das Missionsfeld nach Indien ausgesandt worden war. Er hat aber nicht Inder zu Jesus Christus geführt, sondern die Inder haben ihn zu ihren hinduistischen und buddhistischen Göttern bekehrt. Hauer kam zurück nach Deutschland und vertrat die östlichen Religionen und ihren Mythos von der Selbsterlösung, der arteigenen Religion. Er war einer Assimilation gegenüber dem Heidentum erlegen.

Ein ähnliches Gefühl – nur nicht so stark – bekam ich, als ich von der Tanzgruppe des Missionars Georg Proksch las. Dieser Schweizer lebte nach seiner Aussendung in Bombay mit einer Tanzgruppe in der „Ashramgemeinschaft für indisch-christliche Verkündigung“ zusammen. Nach Art der hinduistischen Kulttänze versuchte nun der Pater das Evangelium in einer Tanzsprache auszudrücken.

Diese Tanzsprache ist in ganz Ostasien bekannt. Die Thais beherrschen sie meisterhaft. Auf Hawaii sah ich selbst solchen Tanzgruppen zu, ohne diese nur für Eingeweihte verständliche Mimik und Gesten zu begreifen.

Ein Befürworter der „Tanz-Verkündigung“ schrieb dazu: „Anders als bei uns sind in der Hindukultur Musik, Poesie, Gesang, Tanz und Drama die einzig gültige und würdige Sprache, in welcher Gott in seinem höheren Element verkündet, angesprochen und verehrt werden darf. Der Tanz ist dabei die höchste Ausdruckskunst, im Innersten Erfahrenes wird durch den Tanz nach außen hin sichtbar.“ (Christoph Stottele)

„Tanz, die einzig gültige Sprache?“ – Biblisch ist das nicht. Paulus sagt dazu in Römer 10,17: „Der Glaube kommt aus der Predigt.“ Die Tanzgruppen höre ich nun sagen: „Unser Tanz ist Verkündigung.“ Nun, ich sah mehrmals solche Tanzgruppen, ihre Sprache habe ich aber nicht verstanden. Paulus spricht von Posaunen, die einen undeutlichen Ton geben (1. Kor. 14,8).

Es würde die meisten nicht stören, wenn Missionar Proksch seine Tanzgruppen in Indien auftreten läßt. Der Hindu und die Buddhisten verstehen wahrscheinlich mehr davon als wir Europäer. Proksch brachte aber seine Tänzer zu uns und führte einige biblische Stücke auf, den Psalm 23, das Vaterunser und anderes. Wenn man die Tänzer nach einem biblischen Beleg für ihre Tanzverkündigung fragt, weisen sie auf König David hin, der vor der Bundeslade tanzte.

Forschen wir einmal in der Heiligen Schrift, was sie über das Tanzen aussagt. Die Bibel kennt drei Formen von Tänzen:

1. Der göttliche Tanz (2. Sam. 6,14). David tanzte vor der Bundeslade.
2. Der seelische oder sinnliche Tanz (Mt. 14,6). Die Tochter der Herodias tanzte in aufreizender Weise vor Herodes, was die Enthauptung Johannes des Täufers zur Folge hatte.
3. Der kultische, dämonische Tanz der Baalspriester (1. Kön. 18).

Pater Proksch ist nicht der einzige, der durch Tänzer christliche Verkündigung betreiben will. In Deutschland hat sich in ähnlicher Weise eine Arbeitsgemeinschaft „Biblischer Tanz“ gebildet, die verkündigen und die „Gute Nachricht weitertanzen“ will. Aus einem idea-Bericht 19/83 entnehme ich einige Sätze:

„Manfred Büsing, der Leiter dieser Gruppe in Hannover, teilte der idea mit, daß die Arbeitsgemeinschaft die überwiegend sprachlich-intellektuelle Dimension der kirchlichen Veranstaltungen durch eine körperlich-gefühlsmäßige ergänzen will... Biblische Themen werden von den Mitgliedern der Gruppe in tänzerischer Bewegung dargestellt. Daneben widmet sich diese Gruppe der Einstudierung und Aufführung getanzter Lieder und Kanons, meditativem Tanz, Pantomime, Liturgie und Volkstänzen... Am Kirchentag im Juni 1983 beteiligte sich die Gruppe mit einer getanzten Bibelarbeit.“

Körper und Gefühl sind nicht Empfangsstationen des Wortes Gottes, sondern das Gewissen und der Wille des Menschen. In zweiter Instanz – nicht in erster – werden auch Körper und Gefühl vom Wort Gottes bewegt, wenn es in geistlicher Vollmacht – nicht durch Tanz – verkündet worden ist.

Es sollen nun einige Situationsschilderungen gegeben werden. Seit einigen Jahren versuchen Gruppen der Bonnke-Bewegung in Südafrika, in Sizabantu Fuß zu fassen. Mehrmals war ich selbst Zeuge dieser Besuche:

B 305 Einmal, als Erlo gerade in Deutschland weilte, traf eine Bonnke-Gruppe auf Sizabantu ein. Diese jungen Menschen wollten auf der Missionsstation das Tanzen einführen. Die Mitarbeiter fragten die Gruppe nach der biblischen Rechtfertigung der Tanzerei im Gottesdienst. Die Besucher wiesen auf König David hin. Ein Vergleich, der in allen Punkten hinkt. Die Zulus antworteten: „Wir wissen von dem Tanz der Herodias-Tochter (Mk. 6,22), und der hat Johannes den Täufer den Kopf gekostet. Enttäuscht zog die Gruppe wieder ab. Sie war nicht zum Ziel gekommen.

B 306 Ein andermal ging es viel turbulenter zu. Ich hatte an der Ngoie-Universität im Zululand drei Vorträge. Die Versammlungen fanden in der geräumigen Kapelle statt. Einige hundert Menschen fanden darin Platz. Schon zu Beginn merkte ich einen unreinen Geist in dieser Versammlung. Ich sagte das Erlo, der neben mir saß. Ein junges Mädchen hatte die Leitung, obwohl außer den Mädchen ca. 100 Männer anwesend waren, auch ein

Professor und einige Pastoren. Mein Vortrag behandelte das Gebiet des Dämonischen und Charismatischen. Hinterher wurden Fragen gestellt, die ich beantwortete. Ich spürte die Spannung, die über den Studenten lag. Ein Prediger stand auf und erklärte, die Zuhörer seien verwirrt worden. Ich antwortete ihm rundheraus, daß zwei verschiedene Geister im Raum seien. Der Chor der Studenten sang in einem völlig anderen Geist als der Sizabantu-Chor.

Um den vielen privaten Fragen aus dem Weg zu gehen, fuhr ich in mein Quartier. Hinterher sagten mir die Brüder Stegen, daß es eine Klärung gegeben hatte. Ein Student war nach meiner Abfahrt aufgestanden und hatte sich öffentlich von der „charismatisch" eingestellten Studentengruppe losgesagt. Er hatte erklärt: „Diese Gruppe geht einen Irrweg."

Am nächsten Morgen hatte ich den zweiten Vortrag. Durch die Anwesenheit einiger Professoren konnten keine Tumulte aufkommen.

Um so verrückter ging es dann abends beim dritten Vortrag zu. Meine europäischen Besucher waren nicht dabei. Erlos Team hatte aber die weite Fahrt zum zweiten Mal gemacht. Ich war für seine Anwesenheit sehr dankbar, weil diese Mitarbeiter Erlos mir Gebetshilfe gaben. An diesem Abend wurde uns das „fremde Feuer" deutlich demonstriert. Die junge Studentin hatte wieder die Leitung. Eine volle Stunde machte sie das Vorprogramm. Es wurde erst gesungen, dann erklärte sie: „Ihr könnt nun alle tanzen, aber nicht auf die Bänke springen." Ich flüsterte Erlo ins Ohr: „Wenn du nicht hier wärest, würde ich den Raum verlassen."

Es begann nun das Tanzen in der Kapelle, zuerst nur einzelne, dann immer mehr. Nach dieser Tanzszene wieder ein Lied. Dann forderte das Mädchen erneut zum Tanzen auf. Wer nicht tanzte, schlug den Takt mit den Füßen oder Händen und bewegte im Rhythmus den Oberkörper. Dieser Tumult folgte noch ein drittes Mal.

Mir war es wind und weh ums Herz. Ich betete: „Herr, ich bin diesem Kampf nicht gewachsen, aber du bist es." In mir stand fest, daß ich meinen vorbereiteten Vortrag nicht halten sollte. Es standen zwei biblische Geschichten vor mir: die tanzenden Baalspriester (1. Kön. 18) und die Wahrsagerin von Philippi (Apg. 16). So trat ich zum Podium und erklärte: „Ich kann jetzt nach diesem Tumult meinen geplanten Vortrag nicht halten. Hier im Raum tobt ein anderer Geist." Dann sprach ich über die tanzenden, schreienden Baalspriester, die den ganzen Tag um ihren Altar rannten und sich zuletzt mit Messern ritzten, daß ihr Blut floß. Ihr Gott Baal aber antwortete nicht, denn er existierte nicht, höchstens als dämonischer Geist. Danach betete der eine, der auf der Seite Gottes stand, der Prophet Elia, und der Herr erhörte ihn.

In der zweiten Geschichte sagte ich ungefähr folgendes: „Die Wahrsagerin von Philippi war eine religiöse Frau. Sie wußte um Gott und die göttliche Wahrheit. Sie machte Propaganda für die Apostel und rief ins Volk hinein: ‚Diese Männer sind Knechte Gottes, auf die ihr hören müßt. Sie bringen die Wahrheit.' Man kann Propaganda für Gott und seine Boten machen und doch außerhalb der Wahrheit stehen. Es war nicht der Heilige Geist, sondern ein Abgrundsgeist, der durch die Frau wirkte."

Ich sprach 30 bis 40 Minuten in dieser Weise und sagte schließlich: „Ich bin überzeugt, daß wir heute abend eine Stunde der Entscheidung erleben. Wer soll uns regieren, der Heilige Geist oder ein Geist von unten?" Es herrschte eine feierliche Stille im Raum. Obwohl ich angekündigt hatte, daß ich bereit wäre, mich nach dem Vortrag steinigen zu lassen, war keine feindselige, sondern eine offene Situation im Raum. Es wurden gute Fragen gestellt, wie man den falschen Geist erkennen und von ihm loskommen könne. Einige baten auch um Seelsorge.

Nachdem ich abgefahren war, erlebten die Brüder Stegen noch, wie ein zweiter Student sich von der „charismatischen" Gruppe lossagte. Ferner kam zwei Tage später ein dringender Anruf, ich möchte noch einmal kommen und die suchenden Studenten weiterführen. Leider konnte ich diesem Wunsch nicht nachkommen. Ich lud sie aber nach Sizabantu ein und versprach, den Bus zu finanzieren und englische Bücher über das Gebiet des Charismatischen kostenlos zu senden. Einige nahmen die Einladung an. Ich war noch auf Sizabantu, da kamen Studenten zum Wochenende auf die Missionsstation.

Die Irreführung der Studenten von Ngoie ist das Werk der extremen Bonnke-Bewegung. Das Gebot der Stunde heißt: „Prüfet die Geister, ob sie von Gott sind."

Terrorismus und Vandalentum

Der Apostel Paulus schreibt in 2. Tim. 3,1: „Es werden greuliche Zeiten kommen.“ In dieser angekündigten Epoche leben wir. Wir dürfen nur in die Tageszeitungen hineinschauen, dann bekommen wir täglich Anschauungsmaterial für den zunehmenden Terror. Ich greife willkürlich alltägliche Beispiele heraus.

B 307 Die „Rhein-Neckar-Zeitung“ berichtete am 12. 8. 83 folgendes: Fernsprechhäuschen von Rowdys heimgesucht. Was tun im Notfall? Im Jahr 1983 weist die Schadensstatistik in den ersten fünf Monaten 86 Zerstörungen an Fernsprechhäuschen aus, davon 53 in Heidelberg, 16 in Mosbach, 17 in Tauberbischofsheim. In ganz Deutschland wurden in dem gleichen Jahr beinahe 100000 Telefonhäuschen ganz oder teilweise zerstört. Die Täter sind meist Kinder oder Jugendliche. Der Sachschaden belief sich auf rund 15 Millionen DM.

Die „Hör zu“ brachte eine Serie über die Gewaltkriminalität und schrieb: „Jeden Tag werden in unserem Land fast 40 Menschen von Jugendlichen überfallen und beraubt. Für ein paar Mark werden Kinder zu Mördern ...“ Einige Beispiele dazu:

B 308 In einem Berliner Park überfiel eine Gruppe von acht Schulkindern zwischen 13 und 15 Jahren K. Z. Weil die 94jährige Frau nicht genug Geld bei sich hatte, mißhandelte die Gruppe die Frau so schwer, daß sie starb.

B 309 Klingelgangster, drei Jugendliche im Alter von 13 und 15 Jahren, läuteten in Köln einen alleinstehenden Mann, P. R., heraus. Die Jungen sagen: „Opa, wir wollen dich mal besuchen. Erzähl uns ein bißchen von früher.“ Der Rentner freut sich und läßt die drei in seine Wohnung. Der 13jährige schlägt dem alten Mann eine Axt über den Kopf, daß die Schneide im Schädel steckenbleibt. Die beiden anderen stechen mit ihren Messern auf den sterbenden Mann ein. 800 DM war die Beute. Dafür mußte der Mann sterben.

Außer den Raubüberfällen mit Körperverletzung und Todesfolge gibt es noch andere Formen der Jugendkriminalität nach dem Motto: Einbruch, Raub, sinnlose Zerstörung. Dazu einige Beispiele:

B 310 Eine Vandalengruppe bricht in ein Einfamilienhaus ein. Sie suchen Geld und Wertsachen. Danach zertrümmern sie die Einrichtung, zertreten alle Lebensmittel auf dem Boden, leeren das Speiseöl auf die Teppiche, schlitzen mit ihren Messern die Polstermöbel auf, zerschlagen Spiegel, Wasserbecken, Glasscheiben und machen zuletzt mit den Akten und Papieren ein Feuer auf dem Parkettboden. Als der Besitzer mit seiner Frau um 23 Uhr zurückkehrt, findet er die Einrichtung, für die sie jahrelang gespart hatten, zertrümmert.

B 311 In Schweinfurt legten zwei Jugendliche Feuer in einem Kinderheim. Sie verriegelten alle Türen, gossen Benzin in die Gänge und zündeten es an. Die eingeschlossenen Kinder kämpften um ihr Leben. Die meisten sprangen aus den Fenstern. Zwei Jungen verbrannten. Die Brandstifter wurden gefaßt. Als Motiv gaben sie an: „Der Erzieher hat uns angemeckert."

In Hamburg besteht eine jugendliche 50köpfige Bande, die sich Destroyer = Zerstörer nennt. Der Anführer erklärte: „Wer sich mit uns anlegt, der ist dran."

Der Gesamtschaden, der durch diese Chaoten im Jahr angerichtet wird, beträgt 402 Millionen DM – über 1 Million jeden Tag. Das alles geht zu Lasten des Steuerzahlers.

Man könnte viele Bücher mit den laufend sich ereignenden Untaten füllen. Damit ist das Problem zur Überwindung nicht gelöst.

Welche Ursachen können für diesen sich vergrößernden Terror genannt werden? Wer hat versagt? Es wird doch für alles ein Sündenbock gesucht. Eine einfache Antwort gibt es nicht. Es sind viele Faktoren, die zu nennen sind.

Fangen wir mit dem Elternhaus an. Wenn die Eltern keine gläubigen Christen sind, vermissen die Kleinkinder die christliche Nestwärme. Es falten sich nicht die Hände der Mutter oder des Vaters über dem Kinderbett. Die Bibel gehört nicht zum täglichen Brot. Eine biblisch gegründete Familie ist der beste Schutzwall für das heranwachsende Kind.

Ein Problem, das Elternhaus und Schule in gleicher Weise angeht, ist das Züchtigungsrecht oder die Züchtigungspflicht der Eltern und der Lehrer. Unsere ins Apokalyptische abgleitende Zeit zeigt auf diesem Gebiet zwei Extreme. Auf der einen Seite steigt die Zahl der Kindesmißhandlungen. Mütter, die ihre Kinder verwahrlosen und hungern lassen. Väter, die im Zorn die Kinder extrem bestrafen. So hat ein Vater, den ich kenne, seinen schreienden Säugling mit einem Besenstiel zur Ruhe gebracht, das heißt totgeschlagen. Er erhielt dafür sechs Jahre Zuchthaus. (Es war zur Zeit, da es diesen Ausdruck noch gab.) Auf der anderen Seite lassen Eltern ihre Kinder treiben, was sie wollen, ohne sie zur Rechenschaft zu ziehen. Es erhebt sich sofort ein Geschrei unter Nachbarn und Bekannten, wenn ein Kind berechtigterweise mit Maßen gezüchtigt wird. Es heißt dann: „Man sollte diese Rabeneltern anzeigen, damit ihnen das Handwerk gelegt wird." Ich kenne einen Lehrer, der einem frechen Lümmel in der Schule einige Ohrfeigen gab. Er wurde angezeigt und mußte sich vor den Behörden verantworten.

Die laxe, seichte Humanduselei trägt zur Verwilderung der Jugend bei. Und unsere Schulpsychologen haben einen Anteil Schuld dabei. Als in den USA die Unbotmäßigkeit der Kinder nicht mehr in Schranken zu halten war, haben die Psychologen umgeschwenkt und erklärt: „Es ist von Zeit zu Zeit gut, wenn die Kinder den Schock einer körperlichen Züchtigung ertragen müssen, um ihrem Treiben Grenzen zu setzen."

Die Bibel ist in der Frage der Kindererziehung gesünder als die zu weichen Pädagogen. In Sprüche 13,24 heißt es: „Wer seine Rute schont, der haßt seinen Sohn. Wer ihn aber liebhat, der züchtigt ihn bald." Auch Hebr. 12,6–7 kann uns leiten:

„Welchen der Herr liebhat, den züchtigt er.
Er stäupt einen jeglichen Sohn, den er aufnimmt...
Wo ist ein Sohn, den der Vater nicht züchtigt?"

Unsere Pädagogen meinten, sie könnten barmherziger als Gott sein und haben dabei die Früchte dieses Fehlverhaltens geerntet. Ein Rektor sagte einmal: „Man steht mit einem Fuß im Gefängnis und mit dem andern vor einer Entlassung oder einer Strafversetzung, wenn man einen frechen Bengel züchtigt."

Das Elternhaus und die Schule sind aber nicht nur in der Frage der körperlichen Züchtigung eng gekoppelt, sondern noch mehr gefordert in der Frage der geistigen Mißhandlung und Fehlleitung der Kinder. Gemeint ist hier nicht etwa die Frage, daß oft Lehrer sich von Sympathie und Antipathie leiten lassen oder gar den Sadisten spielen und ihre Klassen reinlegen wollen. Sondern es steht die Auswahl und Darbietung des Lehrstoffs zur Diskussion.

Darin können die Lehrer oft nicht selbständig entscheiden, sondern sind an die Lehrpläne der vorgesetzten Behörden gebunden. Das gibt nun manchmal Spannungen zwischen den Planern und ihren „Opfern". Dazu soll hier ein geradezu klassisches Beispiel gegeben werden.

B 312 „Die Welt" vom 26. 11. 74 brachte einen Bericht, wie sich Eltern geschlossen gegen ein Schulbuch wehrten. In dem niedersächsischen Landkreis Ammerland wurde ein Schullesebuch eingeführt, das in dem Düsseldorfer Pro-Schule-Verlag erschienen war. Zu den Autoren gehörte neben anderen Linkslastigen die Anarchistin Ulrike Meinhof. Das Buch trug den Titel „Drucksachen", der bald von den empörten Eltern in „Drecksachen" umbenannt wurde.

Dieses Buch, für die Schulkinder bestimmt, diffamierte Eltern, Lehrer und politische (nicht rote) Gegner. Konfliktsituationen wurden überbetont, und sexuelle Fragen wurden in einer Art behandelt, die an Perversität kaum zu überbieten war... Wie sollten die Eltern und die Lehrer das Vertrauen der Kinder gewinnen, wenn in dem Lesebuch für den Deutschunterricht die Lehrer Arschgeiger, Arschgucker, Bildungsschuster, geistige Hebamme, Knüppelstratege, Reichsferienmeister genannt werden? Das waren nicht die schlimmsten Beschimpfungen. Die Schuldirektoren werden in diesem „Musterbuch" Boß, Gefängniswärter, Oberbonze und Leithammel bezeichnet.

In einer geschlossenen Aktion nahmen die Eltern ihren Kindern diese Lesebücher weg und hielten sie unter Verschluß, so daß der Deutschlehrer damit seinen Unterricht nicht durchführen konnte.

Ist ein solches Schulbuch nicht die beste Einführung in den Terrorismus? Die Hauptschuld liegt hier nicht bei den Lehrern, sondern den Behörden, die ein solch dreckiges Machwerk in den Schulen einführen. Die Eltern haben richtig gehandelt. Ich hätte mich ihnen angeschlossen.

Wir fragten nach den Verantwortlichen für die Zunahme des Terrorismus. Ist die Kirche nicht auch daran beteiligt? Sind unsere Volkskirche und auch die Freikirchen nicht weithin vollmachtslos geworden? Es ist kaum noch etwas da, was die Jugend unter das Wort Gottes bringt. Daß religiös getarnte Rockmusik, die tatsächlich die Jugend noch anlockt, nicht die geistlich richtige Antwort ist, wissen die Christen, die geistliches Leben haben. Die Kirchen haben weithin nur noch theoretisch die biblischen Fundamente (evangelium recte docetur), aber nicht die Kraft, nur den Schein, nicht das Wesen. Zur Kirche gehören aber nicht nur die anderen, sondern auch wir.

Schwere Schuld im Blick auf die Zunahme der Terrorakte hat unsere Justiz. Oft schütteln die Vernünftigen des Volkes über die laxe Bestrafung der Missetäter den Kopf. Wie viele Skandale gibt es an unseren Gerichten, wenn Richter weder nach den Paragraphen fragen und sich auch nicht nach ihrem Gewissen richten. Vor 30 Jahren schon sagte mir ein gläubiger Richter in hoher Position: „Wir steuern in Deutschland in ein Rechtschaos." Lange Zeit hatte ich die Absicht, eine Reihe von Fehlurteilen zum Anlaß zu nehmen, ein Taschenbuch mit dem Titel „Rechtschaos" zu schreiben. Ein Beispiel zu dieser Sorte:

B 313 Der 14jährige Junge, der an dem Tod der 94jährigen Rentnerin K. Z. mitschuldig war, wurde vom Richter dazu verurteilt, in seiner Freizeit in einem Altersheim mitzuhelfen. Dort bestahl er die alten Leute weiter.

Ein wesentlicher Faktor für die Zunahme des Terrorismus ist die Jugendarbeitslosigkeit, die zur Zeit rund 300000 jugendliche Arbeitslose umfaßt. Müßiggang, leerer Geldbeutel und Hoffnungslosigkeit sind ein Stachel, sich gewaltsam zu nehmen, was der „fette Bourgeois" ihnen vorenthält, wie sie meinen.

Auch ein psychologisches Moment spielt eine Rolle. Diese herumlungernden Jugendlichen, die keinen Sinn im Leben mehr sehen und keine Zukunft haben, verlieren auch die Selbstachtung. Diese Achtung gewinnen sie in der Gruppe, im gemeinsamen Planen und Handeln. Da sind sie jemand, sind gefürchtet. Man rechnet mit ihnen, wenn auch nur in der Angst. Dieser Terror ist eine Stütze für ihr Selbstvertrauen.

Aber immer noch nicht genug. Der Hauptgrund für die Zunahme der Zerstörungswut liegt auf einer anderen Ebene. Der erste Satz des Kapitels gibt Aufschluß. Paulus sagt: „Es werden greuliche Zeiten kommen." Der Apostel gibt uns keine Rezepte, wie die greulichen Zeiten vermieden werden können. Er behauptet auch nicht, daß sie abgewehrt werden können. Sie werden kommen, weil der Fürst der Finsternis alles auf die Spitze treibt. Der Terrorismus heute ist nur ein Teil seiner weltweiten Revolution gegen den wiederkommenden Herrn, der ihn all seiner satanischen Macht entkleiden wird.

Heißt das aber, daß wir uns fatalistisch in das Unvermeidliche ergeben sollen? Nein! Es nützt auch nichts, wenn wir uns mit Energie gegen die furchtbare Entwicklung stemmen. Der Schlüssel steckt woanders: an unserer ungeteilten Hingabe an Jesus, an unserer Buße, an unserer Reinigung. Es geht um die Bildung von geistlichen Oasen, von kleinen geistlich lebendigen Hauskreisen, von echten charismatischen – nicht pseudocharismatischen – Zellen, an denen sich neues Feuer entzünden kann zur Erweckung unserer toten Gemeinden, zur Belebung unserer festgefahrenen freikirchlichen Gruppen und pharisäisch gewordenen Gemeinschaften. Wer heute zu Jesus gehört, muß sich zurüsten lassen für das zweite Kommen des Herrn.

Dieses Geschehen des Heiligen Geistes an den Gläubigen bedeutet auf dem Sektor des Terrorismus nicht Resignation. Umfassende äußere Maßnahmen sind dringend erforderlich. Dazu gehört bewußte Elternschaft, Verantwortung der Lehrer, oberste Planer, die keine blinden Blindenleiter und vom Atheismus geprägt sind, Hirten der Herde Christi, die nicht selbst außerhalb der Nachfolge Jesu stehen, Richter, die nicht nach ihren verklemmten Grundsätzen und Launen urteilen, sondern sich wirklich bewußt sind, daß sie selbst einmal vor Gott Rechenschaft geben müssen. Alle diese Leitbilder, deren Verwirklichung nicht das Werk moralischer Anstrengung sondern Geschenk und Gnade Gottes sind, bilden das Gegenstück zu dem Generalangriff des Fürsten dieser Welt gegen alle göttlichen Ordnungen, ein Angriff, wie er im Terrorismus sichtbar und akut wird.

Das Wesentliche in der Bekämpfung und Eindämmung des Terrorismus sind nicht Strukturänderungen und neue Grundordnungen und disziplinarische Maßnahmen – so dringend notwendig sie sind –, sondern das Zentrale ist eine weit um sich greifende geistliche Erweckung unseres Volkes. Leider hat Gott es sehr schwer, das zu schenken. Wenn er irgendwo ein Feuer anzünden will, dann kommt die „fromme Feuerwehr“ und beginnt zu löschen. Das erlebe ich jetzt schon viele Jahre bei der Sizabantu-Erweckung.

Tierverwandlungen

Dieser Ausdruck ist mißverständlich. Gemeint ist, ob Menschen sich in Tiere verwandeln können.

Jedenfalls können sie es im Märchen. Der Prinz verwandelt sich in einen Frosch. Eine schöne Königstochter wird von einer bösen Hexe in ein Reh verwandelt. Um Märchenmotive und mythologischen Stoff geht es hier aber nicht. Mir sind in vielen Ländern solche Dinge berichtet worden. Gelegentlich tauchte dieses Problem auch in der Seelsorge auf.

Tierverwandlungen sind mir in drei Formen begegnet.

1. Es gibt hysterische Menschen, die einer Besessenheitsepidemie zum Opfer fallen können und sich einbilden, ein Tier zu sein. Das geschah zum Beispiel im letzten Jahrhundert in einem südfranzösischen Kloster. Die Nonnen bildeten sich ein, sie seien Katzen, liefen auf allen vieren und miauten wie die Katzen. Ein anderes Beispiel hörte ich in den USA. Hippies ahmten ebenfalls Vierbeiner nach und bellten wie die Hunde. Man nannte sie deshalb die Yippies (yip = bellen).
   Das sind natürlich keine Tierverwandlungen. Das sind krankhafte Wahnvorstellungen.
2. Die nächste Form ist die Energieabspaltung starker spiritistischer Medien. Diese Energie wird dann zu einer Tierform materialisiert. Solche Beispiele gibt es in der Literatur, in der Missionsgeschichte und in der Seelsorge.
   Ich erinnere an die Werwolfgeschichten. Ein Beispiel dazu:

B 314 Arnold Diestel, deutschstämmig, aber in Schweden lebend, versorgte mich einige Jahre mit schwedischen paranormalen Erlebnissen. Von ihm stammt auch folgender Bericht:

„Ein Förster auf einem Gutshof fand immer zerrissene Rehe und Hirschkälber. Man suchte lange nach dem wilden Tier und dachte dabei an einen Wolf. Viele Jäger legten sich auf die Lauer. Sie beobachteten eines Nachts ein Reh, das von einem wilden Tier gejagt wurde. Ein Jäger schoß und meinte das wildernde Tier getroffen zu haben. Einige Tage später holte ein Junge einen Arzt zu seiner Großmutter, die als Zauberin einen sehr schlechten Ruf hatte. Sie hatte einen Oberschenkeldurchschuß. Die Wunde war schon brandig und eitrig. Die Frau starb. Der Junge kam in ein Waisenhaus und wurde später nach den USA abgeschoben. Anlaß zu dieser zwangsweisen Auswanderung waren die entsetzten Berichte von anderen Heiminsassen, dieser Enkel der Zauberin habe die gleichen Fähigkeiten wie seine Großmutter. Er könnte sich ebenfalls in einen Wolf verwandeln. Dieser junge Zauberer zeigte seinen Kameraden einen Gürtel, den er von seiner Großmutter erhalten hatte, und der mit Zaubersprüchen versehen war.

Rund 30 Katzengeschichten, die ich in der Schweiz hörte und sammelte, liegen auf der gleichen Ebene. Was ist damit gemeint? Es gibt starke Materialisationsmedien, die in der Trance Energie abspalten, diese Energie in eine Katze verwandeln und dann das Tier aussenden, um irgendeinem Nachbarn Ärger zu bereiten. Auf diese Weise kann Milch und Butter verschwinden. Kühe werden ausgemolken und dergleichen mehr. Wird eine solche Katze erwischt und geschlagen, so fallen die Schläge auf das Medium zurück. Ich wurde vor Jahren gebeten, die Schweizer Katzengeschichten zu veröffentlichen. Ich wagte es nicht. Warum nicht? Aus zweierlei Gründen.

Es kommt nichts dabei heraus, solche Sensationen aufzutischen. Mir geht es um seelsorgerliche Fragen.

Zum anderen macht man sich dabei zum Gespött. Ich erinnere abermals an den großen Konvent in Männedorf mit dem privaten Gespräch mit Prof. Dr. Carl Gustav Jung. Jung berichtete spiritistische Erlebnisse aus seinem Elternhaus. Er wagte sich aber mit seinen spiritistischen Theorien nicht an die Öffentlichkeit.

Soviel darf ich zu diesem zweiten Gebiet sagen, daß mir drei Bekenntnisse von Materialisationsmedien vorliegen, deren Transfigurationen möglich waren. Diese drei Bekenntnisse sind deshalb ehrlich, weil die betreffenden Medien Hilfe suchten, um frei zu werden. In einem Fall ist ein solches Medium, ein Mann, frei geworden. Seine Frau hatte einen Gebetskreis gebildet, der jahrelang für ihn betete, bis der Herr Jesus diesen schwer gebundenen Mann frei machte.

3. Das dritte Gebiet, die Umwandlung eines ganzen Mediums in ein Tier, ist die unheimlichste Form der Tierverwandlungen. Mir sind diese Formen aus Tibet und Afrika bekannt.

B 315 Ich gebe zuerst ein Beispiel zum Hyänenmenschen. In der Nähe einer Missionsstation lebte ein Heide, dem die Nachbarn nachsagten, er würde sich nachts in eine Hyäne verwandeln und sich auf diese Weise ernähren. Tagsüber braucht er dann keine übliche, menschliche Kost.

Eine noch seltsamere Geschichte mit einiger Beweiskraft hörte ich in Liberia. Ich war Gast bei einem Distriktgouverneur, der europäische Schulbildung besaß. Er ist gläubiger Christ.

Nach der Mahlzeit erzählte er mir einiges aus seinem Distrikt. Eine Jägergeschichte interessierte mich besonders, weil ich aus anderen Ländern Afrikas Ähnliches gehört hatte.

B 316 Ein Jäger war auf der Jagd. Sein Boy trug ihm die Flinte. Im Dschungel beobachteten sie beide einen Leoparden. Der Jäger ließ sich lautlos das Gewehr reichen, legte an, zielte und schoß. Er hörte unmittelbar danach den Schrei einer Frau: „Du bist ein Mörder. Du hast mich getroffen." Beide eilten zu der verletzten Frau. Der Jäger fragte den Boy: „Hast du nicht einen Leoparden gesehen?" – „Doch, ganz sicher." – „Ich wahrhaftig auch. Wie soll ich mir das erklären?"

Sie leisteten der jammernden Frau Erste Hilfe und brachten sie zum Dorf zurück. Die Angehörigen der verletzten Frau brachten den Jäger vor Gericht. Der Richter hörte sich alles an und sprach dann zu aller Erstaunen den Jäger frei. Er begründete seine Entscheidung mit folgenden Worten: „Ich weiß, daß die Aussage des Jägers wahr ist. Diese Frau war meine erste Frau. Ich habe mich scheiden lassen, als ich entdeckte, daß sie sich in einen Leoparden verwandeln kann."

Das ist Rechtsprechung auf afrikanisch. Der Gouverneur schloß seinen Bericht mit dem Hinweis: „Man weiß das bei unserer Regierung, daß es Leopardenmenschen gibt. Darum haben wir ein Gesetz, das für solche Delikte die Todesstrafe vorsieht."

Als Mensch westlicher Bildung erscheint uns das alles fremdartig und dem Verstande unzumutbar. Wer aber Jahrzehnte von einem Missionsfeld zum anderen reist, muß in vielen Dingen umdenken. Vor allem wird die Macht Satans radikal sichtbar. Um so mehr weiß man den Sieg Jesu über die Finsternismacht zu schätzen.

Todesmagie

Die Formen der Magie sind in meinen Büchern gegen den Okkultismus dargestellt worden.

Im allgemeinen ist in den zivilisierten Ländern die Todesmagie nicht häufig anzutreffen, obwohl sie auch da praktiziert wird. In heidnischen Gebieten jedoch treibt sie ihr finsteres, teuflisches Unwesen.

In meinem Buch „Unter der Führung Jesu“ ist die Todesmagie gegenüber Verbrechen und dem Tod durch Autosuggestion abgegrenzt.

Mir ist die Todesmagie durch die Seelsorge auf den Missionsgebieten bekannt geworden. Ehemalige Zauberer kommen manchmal zur Seelsorge und übergeben ihr Leben Jesus. Bei dieser Gelegenheit beichten sie ihre schauerlichen Sünden.

Diese teuflischste aller Magieformen wird gegen Tiere und gegen Menschen praktiziert. So hatte z. B. die Bibelschule in Batu auf der Insel Java drei Monate einen Chauffeur mit Namen Brown, der kleine Tiere durch Magie töten konnte. Dieser Chauffeur, der seine Schwarzkunst in Mekka gelernt hat, mußte natürlich entlassen werden.

Verheerender ist natürlich die Todesmagie, die sich gegen Mitmenschen richtet. Mir liegen in großer Zahl Beispiele vor. Ich fand solche Vorgänge bei den Schamanen in Alaska und auf der St.-Lawrence-Insel, bei den Wuduisten auf Haiti, bei den Macumba-Spiritisten in Brasilien. Todesmagie findet sich im Zusammenhang mit dem Zombismus in Afrika, in Verbindung mit der schwarzen Moslemzauberei überall in Ostasien, ferner im Saugumma-Kult auf Neuguinea, bei den Hilots auf den Philippinen, bei den Kahunas auf Hawaii. Es gibt kein heidnisches Land ohne diese Teufelspraktiken. Eine Form, die sich noch nicht in meinen Büchern findet, ist die verbrecherische Tätigkeit der Alauts auf der Insel Timor, wo Gott seit 1965 eine wunderbare Erweckung geschenkt hat. Im Zusammenhang mit dieser Erweckung kamen einige hundert solcher Todesmagier zum Glauben, die dann ihre Verbrechen gebeichtet haben.

B 317 Die Alauts verbinden die spiritistische Exkursion der Seele und die Materialisation mit der Todesmagie. Ihre Kräfte gewinnen sie durch verschiedene Zeremonien und einer Blutsverschreibung an den Teufel. In der Nacht versetzen sie sich in Trance und spalten dabei einen Teil ihrer Energie ab. Ihr Opfer, das sie verletzen oder töten wollen, finden sie auf zweierlei Weise. Die abgespaltene Energie verwendet als kleines Geistwesen eine Nachteule als Reittier und fliegt so zum Haus des Opfers. Die andere Form ist, daß die abgespaltene Energie sich selbst in eine Nachteule verwandelt. Dieser mysteriöse Vogel setzt sich dann auf das Haus des Opfers und wirft einen Bann auf den Menschen, der angegriffen werden soll. Dann vollzieht sich eine Art von spiritistischer Operation. Mit einem kleinen Messer wird ein Schnitt in die Bauchdecke gemacht und danach ein Stück der Leber abgeschnitten. Die Lücke wird manchmal mit Blättern aufgefüllt. Der Alaut ißt dann diese Leber zum Frühstück.

Vor der Erweckungszeit waren diese Alauts auf Timor sehr gefürchtet. Es gab keinen Schutz gegen sie. Die Polizei unternahm nichts, weil sie sonst selbst Opfer der Alauts geworden wäre. Es kam vor, daß selbst Pastoren zu Alauts wurden, um sich und ihre Familie zu schützen. Den Rationalisten ist natürlich ein solcher Bericht ein Ärgernis. Aber diese Besserwisser lehnen ja auch die biblischen Berichte ab. Ich erinnere an 2. Mos. 7. Mose verwandelte im Auftrag und in der Kraft Gottes den Stab zur Schlange. Die ägyptischen Zauberer machten es ihm in der Kraft Satans nach.

Wer die Reue und die echten Bußtränen von Zauberern miterlebt hat – und ich habe es miterlebt –, der weiß, daß solche Menschen vor dem Angesicht Gottes in der Beichte die Wahrheit sagen.

Es darf der Hinweis nicht vergessen werden, daß wiedergeborene Christen von den Alauts nicht verletzt oder getötet werden können. Das ist mir auch unter den Wuduisten auf Haiti und unter den Macumba-Leuten in Brasilien so groß geworden. An der Großmacht Jesu zerbricht die Finsternismacht Satans.

Nun mag jemand einwenden, warum sich dann aber Pastoren auf Timor selbst den Alauts angeschlossen haben? Sehr einfach, weil sie nur Namenchristen waren, die nicht unter dem Schutz Jesu standen.

Im Zusammenhang mit diesem Bericht weise ich auf die Artikel „Tierverwandlungen“ und „Geisteroperationen“ hin.

Translokation

Translokation ist ein noch merkwürdigeres Phänomen als Levitation. Man versteht unter Translokation eine Ortsveränderung durch dämonische Kräfte. Wir haben in den Märchen und Mythen der Völker derartige Motive. Unter den Moslems kursieren die Geschichten vom fliegenden Teppich. In Deutschland kennen wir die Gruselgeschichten von den Hexen, die am Hexensabbat auf einem Besen zum Brocken reiten, oder das Märchen von den Siebenmeilenstiefeln.

Auf den Missionsfeldern sind mir aber durch Missionare Berichte gegeben worden, die nichts mit Phantasieprodukten zu tun haben. Einige Beispiele:

B 318 In Japan wurde mir berichtet, daß es einzelne Shintopriester gibt, die über dämonische Kräfte verfügen. Sie haben durch Satan die Kraft, sich etwa auf der Spitze eines Berges zu dematerialisieren und dann einige Minuten später sich auf der Höhe eines anderen Berges zu rematerialisieren. Wer das zum ersten Mal hört, lehnt es als Phantasterei ab. Mir sind diese Dinge aber auf allen Kontinenten begegnet mit Ausnahme Europas und Nordamerikas. Die Zivilisation drängt tatsächlich solche Dinge zurück. Noch mehr aber zerschlägt die Verkündigung des Evangeliums die Machenschaften Satans.

B 319 In Indien erhielt ich solche Berichte von glaubwürdigen und urteilsfähigen Zeugen. Indische Zauberer können durch solche spiritistische Translokationen Flüsse überqueren.

Das ist eine dämonische Nachäffung des Wunders, als Jesus auf dem See Genezareth wandelte. Es gibt ja kein Wunder der Bibel, das der Teufel nicht nachzuahmen versucht.

B 320 Von Ecuador erhielt ich den Bericht eines Missionars, daß sein Koch über solche Kräfte der Translokation verfügt. Eines Tages stellte der Missionar fest, daß für das geplante Mittagsmahl das Mehl fehlte. Der Koch erklärte: „Das ist doch kein Problem. Ich will es schnell besorgen!" Der Missionar fragte erstaunt: „Wie willst du das bewältigen? Zur Stadt sind es rund zehn Meilen." „Das laß nur meine Sorge sein. Ich verstehe dieses Handwerk." In wenigen Minuten war der Koch mit dem erforderlichen Mehl zurück. Auf langes Drängen hin erklärte er dem Missionar das Phänomen des Windreitens, wie auch die Translokation genannt wird.

B 321 Das stärkste und zuverlässigste Beispiel habe ich von Haiti. Diese Insel ist ja durch den Wuduismus als Hochburg Satans bekannt. Anläßlich meiner Vorträge auf Haiti hörte ich die merkwürdigsten Dinge. Ein amerikanischer Missionar, der 14 Jahre auf Haiti gearbeitet hat, informierte mich über seine Erfahrungen. Ein einziges Beispiel zum Windreiten.

Ein Wudu-Zauberer wollte einem Kollegen, der rund 150 Meilen entfernt wohnte, einen Brief senden. Er schickte seinen Boy los. Etwa 100 m vom Haus entfernt wurde der Boy unsichtbar. In rund einer halben Stunde erreichte er das Haus des Kollegen. Der Zauberer schrieb den Antwortbrief. In etwa zwei Stunden war der Boy mit der Antwort zurück und hatte dabei ohne jegliches Verkehrsmittel rund 300 Meilen zurückgelegt. Der Antwortbrief ist der Beweis, daß der Junge dort gewesen war.

Die Missionare, die mit solchen Zauberern zu tun haben, wissen um die Wahrheit solcher Vorgänge. Man darf allerdings keine Kurzschlüsse ziehen. So fähige Zauberer sind auch in heidnischen Gebieten sehr selten.

Wir werden hier genau wie bei der Levitation wieder an Philippus in Apostelgeschichte 8 erinnert, der vom Geist des Herrn hinweggerückt wurde.

Zum Problem des Unsichtbarwerdens gehört auch der Abschnitt über „dämonische Tarnung“ und das Kapitel „Unsichtbarkeit“.

Transzendentale Meditation

Genau wie der Joga kommt auch TM aus den Religionen des Ostens. Bücher, die darüber informieren, sind: „TM und Siddhi-Programm“ von Michael Antes. Der Autor ist Diplompsychologe. Er sagte richtig: „Innerhalb der naturwissenschaftlich orientierten Psychologie gibt es keine Vergleichsmöglichkeiten für TM und Siddhi.“ Das schon erwähnte Buch von Maharaj „Tod eines Guru“ sei noch einmal erwähnt. Der Verfasser hat Joga und TM durchlaufen und die verderblichen Folgen an sich erlebt. Er wurde durch Christus befreit. In USA gibt es bedeutende Veröffentlichungen:

Dave Hunt „The Cult Explosion“ und das Buch meines kalifornischen Freundes John Weldon „Occult Shock“.

TM und Joga sind eineiige Zwillinge. Die Mutter ist der Hinduismus mit seinem Programm der Selbsterlösung. Der Prophet des Krija Joga ist Jogananda. Der Prophet der TM ist Maharishi Mahesch Jogi. Es paßt nicht in das Bild der fernöstlichen Apostel, daß sie einen großen Luxus in ihrem Lebensstil entfalten. Mahesch Jogi besitzt sein eigenes Flugzeug. Zur Zeit dieser Niederschrift brachte die Zeitung einen Bericht, daß ein fernöstlicher Prophet der Entsagung 23 Rolls-Royce fahre, die einen Gesamtwert von 1,2 Millionen besitzen würden.

TM und Siddhi sind auf dem Vormarsch. In USA sollen monatlich 30000 bis 50000 neue Mitglieder hinzukommen. Grund für dieses Anwachsen ist das Versprechen dieser neuen Propheten, daß sie den gehetzten, gejagten Menschen Entspannung, seelischen Ausgleich und Frieden geben können.

Vom christlichen Standpunkt aus ist zu erkennen, daß bei diesen Systemen der TM und Siddhi eine Passivität erreicht werden soll, in die dann fremde, unbekannte Mächte einströmen.

Ausgangspunkt vom Joga und der TM ist der philosophische oder heidnisch religiöse Monismus. Das bedeutet, es gibt nur eine Realität, und die ist eine geschlossene Einheit. Gott ist alles, und alles ist Gott. Das sind pantheistische Anschauungsformen, die auch auf den Menschen übertragen werden. Der Mensch ist Gott. Christus ist ein Wesen wie wir, nur einige Stufen höher auf der Leiter, wie schon gesagt wurde.

Methode der TM ist, durch selfrealisation (Selbstverwirklichung) die Gottgleichheit zu erkennen. Dieses Ziel wird erreicht durch die Meditation mit einem Mantra. In USA erfuhr ich 16 Mantras wie zum Beispiel: em eng enga, shirim, kirim shama usw. Für Fortgeschrittene gibt es eine weitere Reihe. Es sind Namen von Hindugöttern. Als Beispiel sei genannt: Shri Aaing namah = herrlicher Aaing, ich bete dich an. Der TM-Praktikant nimmt seine Zuflucht zu den heidnischen Götzen, zu Dämonen. Das soll ihm Ruhe und Frieden bringen, endet aber in einer totalen Versklavung.

Die monistische Selbstverwirklichung wird auch im Buch von Maharaj deutlich. Er setzte sich vor den Spiegel und betete sich an.

Wie der Krija Joga die höchste Stufe der Jogaformen ist, so ist Siddhi die höchste Vollkommenheit der TM. Siddhi ist Sanskrit und heißt Vollkommenheit, Perfektion. Bei den Siddhi-Übungen werden die gleichen Fähigkeiten erreicht wie beim Krija Joga: Hellsehen, Levitation (Freischweben des menschlichen Körpers), Fliegen, Materialisationen, Verständnis der Sprache der Tiere, ein Leben ohne Schlaf und ohne Essen usw. Alle diese Phänomene sind mir auf den Missionsfeldern begegnet mit einer Ausnahme. Mir fehlt in meiner Kartei ein Beispiel für das Verständnis der Tiersprachen.

Mir kam dabei in den Sinn, daß von dem heiligen Franz von Assisi berichtet wird, er habe den Tieren gepredigt. Soll das ein positives Gegenstück zu den Siddhi-Fähigkeiten sein?

Interessant war mir, daß Jogananda bei seiner Deutschlandreise Therese von Konnersreuth besuchte. Er vermutete in ihr eine verwandte Seele.

Siddhi verspricht den TM-Jüngern die Beherrschung der Schöpfung. Sein wie Gott, versprach die Schlange im Paradies. Allumfassendes Wissen und weltbeherrschende Macht – von Satans Gnaden! Und diese alte Schlange, dieser raffinierte Verführer hat in unseren Kirchen der westlichen Welt Eingang gefunden.

Was zahlen Joga, TM und Siddhi ihren Anhängern aus? Da man mir schon manchmal vorgeworfen hat, ich sei okkulten Phänomenen gegenüber zu negativ, lasse ich andere dazu antworten. In dem Buch von John Weldon „Occult Shock" (482 Seiten) steht folgendes: Maharishi hat seinen Anhängern für ihre Meditationen keine zeitliche Begrenzung gegeben. So kamen einige seiner Schüler in die psychiatrischen Kliniken. Unter den Folgen von lang geübter TM finden sich dämonische Besessenheit, schwere Geisteskrankheiten, epileptoide und krampfartige Anfälle, Blackouts bis zu 20 Stunden und geistige Verwirrung, sexuelle Verwilderung, Schlaflosigkeit, Organneurosen, blutende Geschwüre usw. (Seite 42)

Maharaj sagt in seinem Buch, das mehrfach erwähnt worden ist: „Die TM-Meditation öffnet den Verstand für die Dämonen. Die Dämonen waren die eigentliche Macht, die Wesen, denen ich in der Trance des Joga und TM begegnet bin." (S. 179)

John Weldon, mit dem mich seit einigen Jahren eine herzliche Freundschaft verbindet, gab in seinem Buch ein kurzes Zeugnis (Seite 33). Er schrieb: „Ich wurde im Jahr 1970 in die TM-Jüngerschaft aufgenommen und erhielt das Mantra ‚ieng'. Darüber habe ich dann täglich meditiert. Rasch entdeckte ich aber den täuschenden und betrügerischen Charakter des TM-Systems. Es dauerte nicht lange, bis ich Christ wurde und TM entschlossen aufgab. Immerhin kann ich durch meine Erfahrung verstehen, warum die Menschen sich einem solchen System hingeben. Es besteht aber keine Vergleichsmöglichkeit zwischen dem christlichen Glauben und TM. Christus gab mir in wirklicher Substanz, was TM nur als Wunschtraum anbot. Ich bin heute überzeugt, daß TM ein soziales und geistiges Übel darstellt."

Einen Einblick in die Gefährlichkeit der TM-Meditationen erhalten wir durch den Brief eines ehemaligen TM-Lehrers. Die Information ist in dankenswerter Weise vom Institut „Jugend und Gesellschaft" in Bensheim veröffentlicht worden. Dieser frühere TM-Lehrer, der Chemiker Dr. Elmar Krumbholz, hat 15 Jahre lang TM ausgeübt, davon fünf Jahre als TM-Lehrer, zuletzt in dieser Bewegung in hoher Position. Diesem Brief entnehme ich folgende Sätze:

Daß durch TM relativ viele Leute nervenkrank (geistesgestört) werden, kümmert Maharishi offenbar nicht weiter. Ihm kommt's nur auf die Erlösung der ganzen Welt an, der individuelle Mensch ist ihm demgegenüber nicht so wichtig. Ein Bekannter von mir, der nach dem Besuch von TM-Kursen schizophrene Anfälle hatte (ärztlich festgestellt), versuchte verzweifelt, sich schriftlich und auch direkt persönlich mit Maharishi in Verbindung zu setzen, weil er glaubte, der große Meister könne ihm helfen. Aber er wurde immer nur abgewiesen. Seitdem er nicht mehr TM macht, geht es ihm bedeutend besser. Nach dem Besuch eines Siddhi-Flugkurses behauptete eine Meditierende, sie würde in jeder Meditation über den Bodensee fliegen. Unter ihr würde gleichzeitig ein Floß übers Wasser schwimmen, aber das brauchte sie gar nicht, da sie frei durch die Luft fliegen könne. Es soll ja auch bei anderen Meditationsbewegungen vorkommen, daß Leute in dieser Weise durchdrehen. Als skandalös sehe ich es aber auf jeden Fall an, daß sich Maharishi um diese bedauernswerten Meditationsopfer in keiner Weise kümmert und sie einfach ihrem Frührentnerschicksal überläßt. Das Gesundheitsministerium sollte einmal eine Umfrage bei Irrenhausärzten durchführen und ermitteln, wie hoch der Prozentsatz an ehemaligen Meditierenden unter den Insassen ist. Neuerdings versucht Maharishi die Bürgermeister für sich zu gewinnen, indem er sie zwecks Verleihung des Titels „Erster Bürgermeister des Zeitalters der Erleuchtung" (goldgedruckte Urkunde) nach

Seelisberg einlädt. An alle Regierungen erließ er neulich einen Aufruf, in dem u. a. geschrieben wurde: „Die Weltregierung nimmt die Herausforderung an, die durch das Scheitern der UNO-Abrüstungskonferenz entstanden ist“ (Größenwahn!).

Neulich lud er Generäle nach Seelisberg ein, um ihnen zu versprechen, mit TM würde jede Nation unbesiegbar werden.

Den Titel „Maharishi“, dessen Bedeutung „Großer Meister“ ist, hat er sich praktisch selbst gegeben. Bescheidenheit ist wirklich nicht seine Stärke!

Von denjenigen, die bis zum Gottesbewußtsein aufsteigen möchten, verlangt er völlige Unterordnung unter seine Persönlichkeit, die angeblich mit dem göttlichen Selbst identisch ist. Dazu gehört auch die Aufgabe des selbständigen Denkens.

Das abschließende Urteil entnehmen wir der „Münchner Medizinischen Wochenzeitschrift“ vom März 1979: „Die TM kann endogene Psychosen und schizoaffektive Syndrome auslösen. Da sie die Meditierenden von einer Ideologie abhängig macht, ist sie eine gesellschaftspolitische Gefahr.“

UFOs

Zum Thema UFOs liegt eine Fülle von Veröffentlichungen vor. Das Material ist so umfangreich, daß es in einem kurzen Artikel nicht einzufangen ist.

Nicht von ungefähr gibt es mehr amerikanische Bücher auf diesem Sektor als europäische. Das hängt damit zusammen, daß in USA mehr UFOs gesichtet wurden und werden als auf unserem Kontinent.

Von den amerikanischen Büchern empfehle ich die Veröffentlichungen meines Freundes John Weldon: „Encounters with UFOs“ (Begegnungen mit UFOs) und „Close Encounters“ (Enge Kontakte mit UFOs). Ein sehr vielseitiges Material bietet J. Allen Hynek, Direktor für UFO-Studien. Eine kurze Einführung in dieses umstrittene Gebiet steht in meinem Taschenbuch „Du nahtest dich zu mir“ auf den Seiten 66–92. Sehr empfehlenswert ist das „Faktum-Buch“, Auslieferung: Schwengeler Verlag, CH-9442 Berneck.

Die UFOs sind da

„Diese Tatsache ist unleugbar. Alle Spekulationen jedoch, woher sie stammen, was für Wesen es sind, die diese nicht identifizierbaren Flugkörper lenken, entspringen der Phantasie des Menschen. Wir müssen aber zur Kenntnis nehmen, daß es tatsächlich solche UFOs gibt." So schrieb Dr. Wim Malgo im „Mitternachtsruf" Februar 1979.

Hören wir einige Beispiele aus den letzten Jahren.

B 322 Zwei Franzosen haben der Polizei am Montag die Beobachtung eines UFOs und das anschließende rätselhafte Verschwinden ihres 19 Jahre alten Freundes angezeigt. Die Polizei leitete nach dem Anhören der unglaublichen Geschichte eine Untersuchung ein. Die beiden jungen Männer berichteten, sie hätten am Morgen gegen 4 Uhr in Pontoise bei Paris ihren Wagen zu dritt mit Kleidungsstücken für einen Wochenmarkt beladen, als sich plötzlich eine Lichterscheinung genähert habe. Sie seien daraufhin in ihre Wohnung gelaufen, um eine Kamera zu holen, während der 19jährige Franck Fontaine auf das Licht habe zufahren wollen. Als sie mit der Kamera, die keinen Film enthielt, zurückgekehrt seien, habe das Auto 200 Meter weiter entfernt gestanden. Es sei von einem leuchtenden Ring und drei oder vier nebligen Leuchtpunkten umgeben gewesen. Als der Lichtschein sich dann aufgelöst habe, hätten sie das Verschwinden ihres Freundes festgestellt. Die Polizei fand keine Spur von dem Vermißten. dpa

Soweit der Bericht der Presseagentur. Ein Auslandskorrespondent, Hans Klein in Paris, gab dann den Rest der Geschichte. Er berichtete folgendes:

„Genau eine Woche nach seinem Verschwinden tauchte der entführte junge Mann plötzlich und zur gleichen Stunde an der gleichen Stelle auf. Er ging zu einem der Freunde und war erstaunt, ihn im Pyjama anzutreffen. Es ist doch Zeit, unseren Wagen zu beladen und abzufahren, sagte er. Er ahnte nicht, daß eine Woche verstrichen war. Seit er den feurigen Ball gewahrte, der auf ihn zukam und ihn in einen Nebel hüllte, hatte er, so erzählte er, nicht mehr gewußt, was geschehen war.

Die Leute, die lange geglaubt hatten, es läge hier nur ein schlechter Scherz von drei jungen Leuten vor, triumphierten. Ebenso die Gendarmen. Aber, als dann Franck und seine Freunde einvernommen wurden, erst von der Polizei, dann vom Staatsanwalt, wurden offensichtlich Zweifel wach. Man rief einen Physiker herbei, einen Biologen, einen Psychiater. Sie sagten, es sei unmöglich, über diese Angelegenheit ein Urteil zu fällen. Tatsächlich geschah nichts, was jedermann erwartet hatte, und darum ist die Sache auch so interessant: Franck und seine Freunde wurden nicht wegen Irreführung der Behörden unter Anklage gestellt.

B 323 UFO-Fieber in Bayern. Die bayerische Landespolizei hat in der Nacht zum Montag im Gebiet zwischen Ingolstadt, Eichstätt und Weißenburg (Mittelbayern) Jagd auf „UFOs" gemacht, die von zahlreichen Personen gesichtet wurden. Wie ein Sprecher der Polizei in Ingolstadt gestern mitteilte, haben – unabhängig voneinander – mindestens zehn Polizisten an den jeweils etwa 50 Kilometer auseinander liegenden Orten die Flugobjekte gesehen und in Berichten klar beschrieben.

„Sie waren sehr groß und helleuchtend. Sie flogen sehr schnell ohne Motorengeräusch, dabei blinkten sie gelb und rot", lauteten die Angaben. Die unbekannten Flugobjekte waren fünfeckig und wurden zuerst in Dreier-Formation über dem Werksgelände von Audi/NSU bei Ingolstadt gesichtet. Ein Gastarbeiter alarmierte von dort die Polizei. Die drei UFOs tauchten einige Zeit später über Eichstätt auf. Von dort flogen zwei Objekte nach Weißenburg-Pleinfeld weiter, wo sie von Beamten einer Funkstreife gesehen wurden. Ein Objekt dagegen flog nach Ingolstadt zurück. Von dort kam die letzte Sichtmeldung. Die UFO-Aktivitäten dauerten etwa eineinhalb Stunden.

Die Luftwaffe der Bundeswehr und die Flugsicherungsbehörden in Bayern haben keine Erklärung für die mysteriösen Vorgänge. Die Polizei hatte sofort den NATO-Flugplatz Zell bei Neuburg/Donau und die Flugsicherung verständigt. Wie ein Polizeisprecher sagte, „hat sich auf den Radarschirmen kein Objekt gezeigt. Die UFOs seien offenbar durch Radar nicht erfaßbar gewesen." (ap)

Dieser Bericht kam in der „Rhein-Neckar-Zeitung" vom 20. 9. 79. Dazu noch ein Polizeibericht aus neuerer Zeit.

B 324 Unbekanntes Flugobjekt gesichtet (RNZ 25. 11. 81). Mit einem unbekannten Flugobjekt mußte sich gestern die Heidelberger Polizeidirektion intensiv befassen, nachdem morgens gegen 7 Uhr aus „allen Himmelsrichtungen" Beobachtungen über einen „ballförmigen Körper mit grün-blau-weißer Farbe" und über einen

„grellweiß glühenden Körper mit Feuerschweif" gemeldet wurden. Ein Autofahrer sah um 6.52 Uhr auf der Fahrt zwischen St. Ilgen und Sandhausen ein Objekt, das in Richtung Rheinebene in großer Geschwindigkeit dahinschoß, groß wie eine Mondscheibe, dazu hell leuchtend mit einem Feuerschweif. Von der Außenseite des Objekts seien Teile weggeplatzt und verglüht. Der Beobachter spekulierte: „Es sah aus wie ein Satellit, der in die Erdatmosphäre eintaucht und verglüht." Auch Polizeibeamte haben das unbekannte Flugobjekt gesichtet. Die erste Meldung darüber kam aus dem Bereich Meckesheim. Dort soll der ballförmige Körper mit grünblauweißer Farbe sich in einer Höhe von etwa 300 bis 500 Meter geräuschlos über der Erdoberfläche bewegt haben.

Von der Schutzpolizei der Polizeidirektion Heidelberg wurden die gemeldeten Örtlichkeiten, an denen das unbekannte Flugobjekt abgestürzt sein soll, abgesucht, „es konnten jedoch keinerlei Gegenstände vorgefunden werden, die auf einen Flugkörper hinweisen könnten", teilte die Polizeipressestelle mit. Auch anderweitige Versuche der Klärung, um welche Objekte es sich gehandelt habe, seien erfolglos geblieben.

Beurteilung der UFO-Erscheinungen

Die Meinungen gehen vom fanatischen Anti-Ufoismus bis zur extremen Bejahung auseinander. Lassen wir die einzelnen Gruppen zu Wort kommen.

Kontra UFOs

Das schon empfohlene „Faktum Buch" bringt auf Seite 43 eine Stellungnahme des Schweizer Psychoanalytikers Prof. C. G. Jung unter der Überschrift „Fliegende Untertassen: Ein moderner Mythos von Beobachtungen am Himmel." Die darin vertretene These war, daß UFOs keinesfalls physische Fahrzeuge seien, sondern visionäre Gerüchte von psychologisch-religiöser, nicht aber von interplanetarischer Bedeutung. Jung ist nicht der einzige Kritiker von Rang. Eine ähnliche, noch radikalere Einstellung zeigt der Amerikaner Prof. Condon, Physiker und ehemaliger Leiter einer Kommission der amerikanischen Luftwaffe. Er sagte: „Die Wissenschaft von den fliegenden Untertassen und die Astrologie sind nicht die einzigen Pseudowissenschaften, die unter uns eine beträchtliche Gefolgschaft haben. Nach meiner Ansicht sollten Verleger, die solche Pseudowissenschaften als anerkannte Wahrheit veröffentlichen, oder Lehrer, die sie als solche lehren, für schuldig befunden, öffentlich ausgepeitscht werden, und man sollte ihnen lebenslänglich untersagen, einen anständigen Beruf zu ergreifen."

Worauf gründet dieser Physiker sein Urteil? Sind es die phantastischen Berichte von Menschen, die sich wichtig machen wollen? Sind es kuriose Wolkenbildungen, die falsch gedeutet werden? Solche Wolkenphänomene sind zum Beispiel über Sao Paulo gesichtet worden. Man nennt sie Lentikulariswolken. Oder handelt es sich um die bei vielen Wissenschaftlern beobachtete apriorische Festlegung: Was nicht sein darf, hat nicht zu sein! Ein enges rationales Denkschema kann mit noch so vielen Argumenten nicht korrigiert werden. Es gibt einen Skeptizismus der Ignoranz.

Pro UFOs

Mir liegen viele Berichte von gläubigen Freunden vor, die UFOs gesichtet haben. Pfarrer H. J. H., mit dem ich seit vielen Jahren Kontakt habe, sichtete ein UFO, das in der Pfalz über den amerikanischen Depots schwebte. Die Flugbewegungen waren so, daß kein irdischer Flugkörper dazu in der Lage gewesen wäre.

Ein anderer Freund, Leiter einer landeskirchlichen Gemeinschaft, war in Itajai, einem Badestrand in der Nähe von Blumenau (Brasilien). Mittags um 3 Uhr zeigte sich eine Formation von 9 Flugkörpern, die in Pfeilform geordnet waren. Tausende von Badegästen sahen dieses Schauspiel. Einige fotografierten diese Flugobjekte.

Meine bedeutendsten Berichte stammen aus der Seelsorge. Ich hatte mehrmals eine Frau in der seelsorgerlichen Betreuung, die telepathischen Kontakt mit UFOs hatte, die auch von den eingeborenen Schwarzen gesichtet worden waren.

Die eindrucksvollste Geschichte ist der Bericht einer beichtenden Frau, die in ein UFO verschleppt und dort untersucht worden war. Dieser Bericht steht in „Du nahtest dich zu mir", Seite 68.

B 325 Das beste bezeugte Beispiel einer UFO-Erscheinung wird in „Faszination des Unfaßbaren", Seite 305 gebracht. Es sei ganz kurz angedeutet. Ende 1978 wurden über Neuseeland häufig UFOs gesichtet. So versuchte ein Fernsehteam aus Melbourne der Sache auf den Grund zu gehen, zumal ein junger Pilot mit seiner Maschine spurlos nach einem Kontakt mit einem UFO verschwunden war. Das Fernsehteam flog in einem Frachtflugzeug die Strecke zwischen Christchurch und Wellington ab. Die Suchaktion sollte schon abgebrochen werden, als die Besatzung sonderbare Lichter beobachten konnte, die fast 2 Stunden ihr Flugzeug begleiteten. Diese seltsamen Lichtquellen zeigten sich im Radarschirm, ferner hat der Kameramann 23000 Einzelbilder auf einen 16-mm-Film aufgenommen. (Um den Kritikern den Wind aus den Segeln zu nehmen, sei vermerkt, daß es auch UFOs gibt, die nicht auf Radarschirmen erscheinen.)

Der Film wurde vielen Fachleuten zur Kontrolle übergeben. Die errechneten, daß das begleitende Lichtobjekt einen Durchmesser von 18 bis 30 m gehabt habe. Das ausgestrahlte Licht entsprach einer Helligkeit einer 100000-Watt-Glühbirne. Außerdem müßte eines der UFOs rund 5000 Stundenkilometer geflogen sein.

Für einen blockierten Rationalisten reichen aber 23000 Aufnahmen als Beweis nicht aus.

Die Außerirdischen

Extraterrestrier werden sie genannt, aus dem lateinischen extra terram = außerhalb der Erde, abgeleitet. Es lief sogar ein stark besuchter Film „ET, der Außerirdische".

Manche Wissenschaftler halten die UFOs für interplanetarische Raumschiffe, die von intelligenten Wesen anderer Welten geschickt wurden. Hierher gehören die phantasievollen Darstellungen von Erich von Däniken, der meint, nachweisen zu können, daß UFOs schon seit mehr als 10000 Jahren in Abständen unsere Erde besuchen und jedesmal zu einer Weiterentwicklung der menschlichen Kultur beigetragen hätten. Wir brauchen uns als Christen nicht damit zu befassen, weil seine Hypothesen sich nicht mit der Bibel in Einklang bringen lassen.

Aufschlußreich ist die Beobachtung, daß die Spiritisten aller Richtungen sich intensiv der UFO-Erscheinungen bemächtigt haben. Angebliche Botschaften der Außerirdischen zum Wohl oder zur Warnung der Menschen wurden veröffentlicht. Die sensationellen Enthüllungen haben nicht nachgelassen, obwohl die moderne Raumforschung die Behauptungen mancher führender UFO-Gläubigen als leere Illusionen erwiesen hat.

So hat Adamsky vor dem ersten Mondflug der Astronauten behauptet, die Rückseite des Mondes zeige Wälder, Seen und angenehme Lebensbedingungen für eine Besiedlung. Diese Phantastereien haben sich durch die Mondflüge als Hirngespinste herausgestellt. So haben auch die exakte Forschung und die Raumsonden die Hypothesen von den Marsmännchen und den

Venusiern als inhaltloses Geschwätz entpuppt. Vor vielen Jahren las ich in einem spiritistischen Artikel, Jesus sei ein Venusier gewesen, der seinen Auftrag nicht ganz erfüllt habe, darum müßten jetzt weitere Venusier kommen, um das unvollendete Werk Jesu zu vollenden. Die UFO-Gläubigen haben aufgrund der Forschungsergebnisse den Wohnsitz oder Ausgangsort der UFO-Fahrer immer weiter in den Weltraum hinausgeschoben. Dabei entstand als neues Problem: die riesige Entfernung. Der nächste Fixstern Alpha Centauri ist 4 ½ Lichtjahre von der Erde entfernt, das sind umgerechnet ca. 44 Billionen Kilometer. Zur Bewältigung solcher Entfernungen sind neue Theorien entwickelt worden, die aus Raummangel hier nicht besprochen werden können.

Zusammengefaßt wird von den UFO-Gläubigen behauptet, die Außerirdischen würden uns zur Hilfe kommen und uns in den kommenden Weltkatastrophen zur Seite stehen. Sie hätten also eine friedliche Aufgabe. Diese Botschaft steht im Widerspruch zum prophetischen Wort der Bibel, vor allem der Offenbarung, die uns sagt, daß die Menschheit in Katastrophen ausreift zum Weltgericht.

Ein Schock für viele Gläubige und auch für mich ist die Aussage eines weltbekannten Evangelisten, der meinte, die UFOs seien von Gott gesandte Engel, die uns helfen sollen. Die bekannte Autorin Dee Channel schrieb mir und erklärte: „This statement makes me boil" = Diese Aussage macht mich rasend.

UFOismus und Okkultismus

Es wurde erwähnt, daß vor allem die Spiritisten das UFO-Phänomen bevorzugt in ihre Diskussion aufgenommen haben. Es soll nun ein Beispiel gebracht werden, das in der gleichen Richtung liegt.

B 326 Einer der bekanntesten UFO-Forscher ist J. Allen Hynek, ursprünglich Astronom der Universität von Ohio und erkorener Skeptiker der UFO-Erscheinungen. Als die amerikanische Luftwaffe ihn in dieser Sache als Berater engagierte, änderte sich allmählich die Einstellung Hyneks, der von Amts wegen tausende von UFO-Erscheinungen zu überprüfen hatte. Aus dem Skeptiker und Kritiker wurde ein Befürworter der Existenz der UFOs. Unter seiner Leitung entstand das Center für UFO-Studien, das Berichte über seine Forschungen herausgibt, die mir auch zugeschickt worden sind. Aus einem solchen Bericht vom Juni 1976 (S. 68) ist das folgende Beispiel entnommen.

B 327 Eine Frau Swan in Elliot im Staat Maine hatte telepathischen Kontakt mit einer UFO-Besatzung. Sie erzählte das ihrem Nachbarn, einem Admiral Knowles, der die höchste Dienststelle der Marine informierte. Auf Grund des hohen Ranges des Informanten sandte die Navy zwei Offiziere, die noch von zwei Angehörigen des CIA begleitet wurden. Es darf nicht unerwähnt bleiben, daß der CIA auf höchsten Befehl aus Gründen der nationalen Sicherheit die UFO-Meldungen nicht veröffentlicht. In der Wohnung von Frau Swan wurden exakte Recherchen vorgenommen. Einer der Offiziere hatte die Fähigkeit, sich in spiritistische Trance zu versetzen. In der Trance versuchte er mit dem nächst operierenden UFO Kontakt zu bekommen, was ihm gelang. Er bat die UFO-Besatzung, als Beweis ihrer Existenz sich sichtbar zu zeigen. Das Unglaubliche geschah. Als die beiden CIA-Beamte und der andere Marineoffizier aus dem Fenster schauten, beobachteten sie ein herankommendes UFO. Die zuständige Untersuchungsbehörde erhielt darüber einen detaillierten Bericht, der auf Betreiben des CIA wieder unterschlagen wurde.

Dieses Beispiel zeigt erstens die reale Existenz der UFOs und ferner die Möglichkeit, durch Telepathie oder spiritistische Trance Kontakt mit ihnen aufzunehmen.

Biblische Beurteilung

Bei manchen entsteht die Frage: „Sind alle okkult belastet, die UFOs sehen?“ Nein! Es gibt Hunderttausende, nach Aussagen von amerikanischen UFO-Experten sogar Millionen, die UFOs beobachtet haben, und die nichts mit Medialität oder Spiritismus zu tun haben.

Einschränkend muß ich aber bezeugen, daß in meinen geprüften Beispielen nur medial Veranlagte oder trancefähige Personen mit UFOs direkten Kontakt aufnehmen oder gar von UFOs verschleppt werden können. Das trifft auch bei den beiden Frauen zu, die ich in der Seelsorge hatte und deren Geschichte in dem Abschnitt „Pro UFOs“ erwähnt ist.

Die Tatsache, daß wir es bei den UFOs mit massivem Okkultismus zu tun haben, wird dadurch erhärtet, daß die UFO-

Praktiken exakt mit den spiritistischen Praktiken parallel laufen. Dazu einige Hinweise:

B 328 In dem Buch von John Weldon mit dem Titel „Close Encounters“ (nahe Begegnungen mit UFOs) wird auf Seite 203 berichtet, daß Uri Geller seine medialen Kräfte von den UFO-Wesen erhielt. Das wurde von Uri Geller bestätigt, als er von Dr. Puharich in Trance versetzt worden war.

Dr. Puharich ist ein Sohn Israels, ein berühmter Arzt, geachteter Neurologe, der 56 Patente hält, dazu ein weltweit bekannter Parapsychologe. Bei manchen Berichten über ihn wird man jedoch den Eindruck nicht los, daß er dem Spiritismus nahe steht.

B 329 Die These, die UFOs seien von anderen Planeten, erinnert an das spiritistische Astralwandern. So hat z. B. der bekannte Spiritist Adamsky behauptet, er sei in der Trance von UFOs auf andere Planeten gebracht worden. Auch Uri Geller erlebte in der Trance das Astralwandern. Astroprojection nennen es die Amerikaner. („Close Encounters“, Seite 214)

B 330 Die Nachrichtenübermittlung von den UFOs zu den ausgewählten Menschen erfolgt entweder über Telepathie, wie wir schon hörten, oder durch das Buchstabenbrett (Ouijaboard) oder durch ein automatisches Schreiben in der Halbtrance.

B 331 Ein Bericht über Top-Spiritismus steht in Weldons Buch (Cl. Enc. Seite 208 f.). Dr. Puharich hat Uri Geller hypnotisiert. Dann meldete sich eine Stimme, die erklärte, sie sei Vertreter einer außerirdischen Macht. Dr. Puharich fragte nach dieser Behauptung, von welchem Planet oder Stern er komme. Die Antwort lautete: „Von einem Planet Hoova, außerhalb der Milchstraße.“ Die Konversation brachte immer neues Material ans Licht. Die Hoova-Leute behaupten, schon 20000 Jahre die Erdenbewohner zu beobachten. Puharich war wißbegierig und bat um Auskunft über die Tätigkeit der Hoova-Bewohner. Er wurde unterrichtet, daß diese Extraterrestrier schon alle Probleme der Erdenbewohner gelöst hätten, und zwar mit Hilfe von drei „unbekannten Wissenschaften“. Auf weitere Fragen Puharichs wurde ein entscheidender Aufschluß gegeben, der in der ganzen UFO-Situation volle Klarheit gibt. Die drei „unbekannten Wissenschaften" wurden von dem Hoova-Vertreter in folgender Weise beschrieben:

1. Die Fähigkeit, Gegenstände verschwinden zu lassen, sie an eine andere Stelle zu bringen und dort wieder sichtbar werden zu lassen.
2. Vollkommene Kontrolle über biologische Systeme, z. B. metaphysische Heilungen, auch das Einpflanzen von Gefühlen und Vorstellungen in den menschlichen Geist.
3. Die Fähigkeit, quer durch die Zeit zu reisen, wie der Erdenbewohner durch den Raum reist.

Hier wird uns eine vielseitige Palette okkulter oder spiritistischer Praktiken geboten. Zum Thema Spiritismus ist in diesem Buch noch mehr zu lesen.

Diese sogenannten Hoova-Extraterrestrier sind eine Teufelsbrut. Sie nennen das unbekannte Wissenschaften, was die Bibel Zauberei, Dämonenkult nennt. Hier wird eigentlich der Beweis erbracht, daß die Hoova-Wesen selber Dämonen sind, die sich den Medien in der Trance mitteilen.

Es gibt noch viel Beweismaterial, das nicht alles ausgebreitet werden kann. Auch die Theologie der UFOisten ist antibiblisch. Sie lästern vielfach Gott und Christus, können sich aber auch mit frommen, verführerischen Worten zu Engeln des Lichts verwandeln. Das Zukunftsbild der UFO-Wesen ist total anders, als es die Offenbarung der Bibel zeigt. Es liegt erdrückendes Material vor, das zeigt, daß die Erscheinungen von UFOs Materialisationen böser Geister sind. Zwei Bibelworte kennzeichnen diese Situation:

Offbg. 16,14 ... „Es sind Geister der Teufel, die tun Zeichen!"

Eph. 6,12 ... „Die bösen Geister unter dem Himmel herrschen in der Finsternis dieser Welt."

Angesichts dieser Sachlage brauchen wir uns nicht wundern über das plötzliche Auftauchen und Verschwinden dieser Objekte, noch verursachen die großen Geschwindigkeiten und die unerklärliche Wendefähigkeit weiteres Kopfzerbrechen. Diese dämonischen Materialisationen kommen aus der vierten Dimension und können dorthin verschwinden. Ein Physiker, der nicht mit Dämonen rechnet, meinte, vielleicht benutzen diese Objekte ein System von „schwarzen Löchern", in denen das Raumzeitsystem aufgehoben ist. Das wirft aber unlösbare Probleme auf, deren Erörterung den Rahmen dieses Buches sprengen würde.

Die Tatsache, daß Geister sich zu Leibern materialisieren können, zeigt uns die Offenbarung 16,13, wo es heißt: „Drei unreine Geister gleich Fröschen." Auch die Inkarnation Satans zur Schlange ist ein geläufiges Bild der Bibel und der endzeitlichen Prophetie.

Die Existenz der UFOs ist nicht abzustreiten. Über ihre Bedeutung und Herkunft herrscht noch weithin Dunkel. Der gläubige Christ ahnt, was er davon zu halten hat. Eines ist sicher, UFOs sind keine positiven Zeichen am Himmel, sondern negative Erscheinungen. Zum anderen brauchen wir nicht ihre Warnungen oder Hilfe. Wir haben Jesus, den Weltvollender und wiederkommenden Herrn.

Die spiritistische Materialisation von Geistern zu körperlichen Wesen kann nicht nur bei UFO-Besatzungen beobachtet werden, sondern auch durch die mysteriösen Erscheinungen des angeblichen Erzengels Gabriel. Eine bayerische Zeitung berichtete vor einigen Jahren folgendes:

„Geheimnis um Anhalter. Er verschwindet bei der Fahrt.

Die Polizei in Rosenheim sucht einen geheimisvollen Anhalter, der sich als ‚Erzengel Gabriel' ausgibt.

Am vergangenen Sonntag hatte sich eine Frau, 30 Jahre alt, auf der Wache gemeldet. Sie gab zu Protokoll, daß sie an der Autobahnausfahrt bei Frasdorf einen etwa 30jährigen schlanken Mann mit Kinnbart, Jeans und Rucksack als Anhalter mitgenommen habe.

Während der Fahrt habe er gesagt: ‚Ich bin der Erzengel Gabriel. 1984 wird die Welt bei einer Atom-Katastrophe untergehen. Sie sind auserwählt, diese Botschaft weiterzugeben.'

Die junge Angestellte schilderte voller Entsetzen: ‚Als ich ihn daraufhin ansehen wollte, war er aus meinem fahrenden Opel Kadett verschwunden. Der Gurt, mit dem er sich angeschnallt hatte, war noch geschlossen.'

Kripo-Hauptkommissar Robel: ‚Wir untersuchen diesen Fall. Inzwischen haben sich etwa zwölf andere Autofahrer gemeldet. Alle erzählten, daß der Geister-Anhalter auch aus ihrem Auto verschwunden sei.'"

Was sollen wir mit einer solchen Geschichte anfangen? Viele Rationalisten lächeln überheblich und nennen den Vorfall Spinnerei. Daß zwölf andere Autofahrer das gleiche Erlebnis hatten, kann von den Psychologen als eidetische Visionen angesehen werden. (Ein Kapitel über die Eidetik steht in der „Seelsorge".) Eine spiritistische Erklärung wäre, daß ein sehr starkes Materialisationsmedium das inszeniert. Auf die Spur eines so starken Mediums bin ich allerdings noch in keinem Land gekommen. Wenn die von der Polizei erwähnten Berichterstatter die Wahrheit gesagt haben, dann bleibt nur die Theorie übrig, daß böse Geister sich materialisiert haben.

Welchen Sinn haben aber solche Erscheinungen? Eine warnende Aktion dieses angeblichen Erzengels war es nicht. Denn der Inhalt dieser Prophezeiung widerspricht der Bibel. Gabriel war es nicht, sondern ein Lügengeist. Bedauerlich ist, daß es sogar gläubige Christen gibt, die diesen Unsinn glauben. Ich bin solchen begegnet. Dieser Erzengel weiß anscheinend nichts von dem Bibelwort: „Zeit und Stunde weiß niemand." Die Zukunft ist des Herrn. Er bestimmt den Lauf der Geschichte und das Schicksal der Menschheit.

Unsichtbarkeit

Können sich Zauberer unsichtbar machen? Jeder gebildete Europäer, überhaupt jeder Rationalist der ganzen Welt sagt nein. Das sei nur ein Märchenmotiv.

In der Tat kommen solche Vorgänge in den Sagen und Märchen nahezu aller alten Völker vor. Als Schuljunge las ich gern die Nibelungensage. Vor allem war Siegfried mit seiner Tarnkappe mein Lieblingsheld, der meine Phantasie beflügelte. In meinem Lausbubenhirn dachte ich manchmal im Scherz, ich möchte eine Tarnkappe haben, damit ich dem Lehrer ein paar kräftige Ohrfeigen runterhauen oder mich ungestraft und unbeobachtet in einem Süßwarenladen selbst bedienen könnte. Natürlich wußte ich, daß die Siegfriedsage ein Märchen darstellt. Es wäre mir nie in den Sinn gekommen, daß es solche Dinge in Wirklichkeit bei heidnischen Völkern heute noch gibt. Um nicht für geistesgestört gehalten zu werden, habe ich viele meiner Erfahrungen auf den Missionsfeldern für mich behalten. Nun las ich aber einen Missionsbericht in der Zeitschrift „Weltweit" vom Okt. 1983, in dem ein solcher Fall berichtet wird. Der Berichterstatter ist der junge Missionar Traugott Böker, der Sohn eines meiner Freunde, Pfarrer Georg Böker. Vater und Sohn waren oder sind Missionare, die mit der Zauberei der primitiven Völker auf ihren Missionsfeldern vertraut wurden. Sie sind nicht Hirngespinsten zum Opfer gefallen, wie Rationalisten es meinen.

B 332 Traugott Böker berichtete: Es kamen Teilnehmer zu unserer Missionskonferenz nach Batu, die ihre bisher praktizierte Magie noch nicht abgelegt hatten. In Ost-Timor übten sie zum Beispiel Schwarze Magie, um sich unsichtbar zu machen. Sie nehmen ein Blatt, halten es vor sich hin, gebrauchen eine Anrufung Luzifers und machen sich vor ihren Feinden unsichtbar. Mit dem Verstand ist so etwas nicht zu begreifen. Und doch ist es Wahrheit. Die solche Zauberei trieben, waren keine Heiden, sondern Christen – sogar Evangelisten. Warum taten sie es? Sie lagen in einer kriegerischen Stammesfehde und wollten sich auf diese Art schützen.

Eines Tages entstand während des Bibelkurses auf Batu ein Streit unter den Teilnehmern. Sie fingen an, ihre magischen Kräfte anzuwenden. Nun waren einige von ihnen keine praktizierenden Magier, so daß sie diese schwarze Kunst nicht völlig beherrschten. Die liefen nun in den Stall und holten sich Sicheln und gingen aufeinander los. Was sollten wir in einer solchen Lage tun? Wir unterbrachen den Kurs und legten Gebetsgemeinschaften ein. Dann verkündigten wir schlicht und einfach das Evangelium, bis die Mauer der Finsternis durchbrochen war.

B 333 Das ist ein Erlebnis mit Ost-Timoresen. Ich füge ein eigenes Erlebnis aus West-Timor hinzu. Es war mir Gelegenheit geboten worden, in der Erweckungskirche von Soe 10 Vorträge zu halten. Nach einem solchen Gottesdienst kam ein junger Mann zu mir, der in schwerster Magie steckte und mit diesen Kräften andere töten konnte. Ich füge hinzu, es war kein junger Mann aus dem Dorf Soe, sondern er war gekommen, um zu sehen und zu hören, was in Soe geboten würde. Die Verkündigung erreichte sein Gewissen, und er entschloß sich zu beichten und sein Leben Christus anzuvertrauen. Er bekannte, daß er drei Menschen auf dem Gewissen habe. Es wurde ruchbar, und er mußte sich vor der Polizei in acht nehmen. Die Polizisten waren einige Jahre hinter ihm her, er konnte sich aber durch seine magischen Kräfte unsichtbar machen, so daß sie ihn nie greifen konnten.

Natürlich kann man solche Berichte anzweifeln. Mir sind aber derartige Fälle einige Male begegnet. In Stichworten gesagt, gibt es folgende Möglichkeiten: Dematerialisationen, Verwirrung der Verfolger durch eine ferngesteuerte Suggestion, plötzliche Translokation und eine temporäre Erblindung sowohl im religiösen wie profanen Bereich.

Traugott Böker und ich haben zwei gleichlaufende Geschichten von der gleichen Insel, er von Ost-Timor, ich von West-Timor. Aus Deutschland und der Schweiz kenne ich keinen Zauberer, dessen magische Kraft ausreicht, sich unsichtbar zu machen.

Aus England kenne ich zwei solcher Fälle. Die eine Geschichte entnehme ich dem Buch „From Witchcraft to Christ". Es handelt sich um den Bericht von Doreen Irvine, die einmal unter den englischen Hexen den Rang und Titel „Queen of Darkness" hatte. Sie war in der Seelsorge von Dr. Eric Hutchings, der mich zu Vorträgen in seine Gemeinde eingeladen hatte. Durch seine eigene Seelsorge war er oft auf Zauberei und Magie gestoßen. Das war der Grund, warum er mich aus Deutschland holte, um seine Gemeinde zu informieren.

Doreen Irvine beschrieb nach ihrer Bekehrung und ihrer Befreiung, was sie im Dienst Satans alles erlebt hatte. Sie hatte ursprünglich mehrere Hexenzirkel geleitet und traf sich mit den Hexen in Dartmoor in der Nähe von Devon. Ihre Geschichte ist im Kapitel „Königin der Finsternis" S. 351 festgehalten. Hier folgt nur der Detailbericht über das Unsichtbarwerden.

B 334 It was midnight, a bright, cloudless night, excellent for witching. The naked members of the coven were pursuing their rituals. I was among them. Suddenly we saw three men approaching over the brow of the hill. Although the intruders had not yet seen us witches, in a few minutes they would come upon the whole lot of us. There were no rocks or trees to hide behind.

„What shall we do?" asked the witches anxiously. „There's no place to hide!"

„Dont't worry", I said. „I can make myself invisible!"

„What about us?"

„If you put yourself in my hands, I'll make you invisible too."

There was no time to lose. Hastily the others did as I told them. Standing perfectly still in a circle, we raised our hands so that they touched.

I called up powers of darkness from demons and Satan himself. Within seconds a green swirling mist enveloped us. We could scarcely see each other as the three men passed us. I could easily have reached out my hand and touched them, one of whom had walked under our raised hands into the centre of our circle. My magic had worked.

What I have related is perfectly true. The other witches and I were invisible to the three men, who were not even aware of the thick swirling mist. They had not seen a single thing.

„Let's go home", we heard one of the men say. „There are no witches here. We're wasting our time."

When the three intruders were gone, the mist slowly disappeared.

The reason for the three men's appearance was explained when I read the local newspaper the day after. An article in the centre pages was headlined: NO WITCHES ON DARTMOOR. It related that a local preacher had taken two reporters onto Dartmoor the previous evening to investigate a rumour that witches would be present there.

The search had been fruitless, by all accounts. However, the local preacher was not convinced that witches had not been on the moor. He was right, of course. He had unawares been within inches of them.

We were all highly amused.

Nun auf deutsch:

Es war Mitternacht, eine helle, wolkenlose Nacht, für Hexerei wohl geeignet. Die nackten Glieder des Hexenzirkels vollführten ihre rituellen Tänze. Ich war unter ihnen. Plötzlich sahen wir drei Männer über den Kamm des Hügels sich uns nähern. Obwohl die Eindringlinge uns Hexen noch nicht gesehen hatten, würden sie in wenigen Minuten uns alle wahrnehmen. Da waren keine Felsen oder Bäume, um uns zu verstecken.

»Was sollen wir tun?" fragten die Hexen besorgt.

„Da ist kein Versteck für uns."

„Seid unbekümmert", sagte ich. „Ich kann mich unsichtbar machen."

„Was wird aber aus uns?"

„Vertraut euch mir an. Ich mache euch ebenfalls unsichtbar."

Es war keine Zeit mehr zu verlieren. Hastig taten die anderen, was ich ihnen sagte. Wir standen völlig still in einem Kreis. Wir hoben unsere Hände, so daß sie sich berührten.

Ich rief nach der Macht der Dämonen und Satans selbst. Innerhalb von Sekunden wirbelte ein grüner Nebel hoch und hüllte uns ein. Wir konnten kaum uns selbst sehen, als die drei Männer an uns vorbeigingen. Ich hätte meine Hand ausstrecken und sie berühren können. Einer von ihnen ging unter unseren erhobenen

Händen hindurch und trat in die Mitte unseres Kreises. Meine Magie hatte funktioniert.

Was ich berichtet habe, ist völlig wahr. Die anderen Hexen und ich waren für die drei Männer unsichtbar. Sie waren nicht einmal imstande, den dicken wirbelnden Nebel wahrzunehmen. Sie hatten nicht das geringste gesehen.

„Laßt uns heimgehen!“ hörten wir einen von ihnen sagen.

„Hier sind keine Hexen. Wir verschwenden nur unsere Zeit.“

Als die drei Eindringlinge gegangen waren, verschwand allmählich der Nebel.

Der Grund für die Ankunft der drei Männer wurde mir am nächsten Tag klar, als ich die örtliche Zeitung las. Ein Artikel auf der Frontseite trug die große Überschrift: KEINE HEXEN IN DARTMOOR. Es wurde berichtet, daß der Ortsprediger am Abend zuvor zwei Journalisten nach Dartmoor genommen hatte, um dem Gerücht nachzugehen, daß da Hexen sein sollten.

Die Nachforschung war auf alle Fälle ohne Ergebnis. Der Ortspfarrer jedoch war nicht überzeugt, daß keine Hexen in Dartmoor sein sollten. Er hatte natürlich recht. Er hatte uns nur um wenige Zoll verfehlt. Wir aber waren im höchsten Grad belustigt.

Der Vorgang, sich unsichtbar zu machen, wurde in den Märchen, im Gebiet des Aberglaubens und im Bereich der Zauberei manchmal berichtet. So hat man den Ordensmitgliedern der Rosenkreuzer die Fähigkeit zugeschrieben, sie könnten sich unsichtbar machen.

Das Unsichtbarmachen von Objekten wurde auch manchen Praktikern des animalischen Magnetismus nachgesagt. So hat ein französischer Magnetiseur einer Versuchsperson drei Früchte gegeben, von denen eine mit einer dicken Schicht magnetischen Fluidums umgeben war. Die Versuchsperson konnte daraufhin nur zwei Früchte sehen. Dieser Vorgang ließ sich auch durch Hypnose erklären.

Eine andere Form des Unsichtbarwerdens ist die spiritistische Dematerialisation. Im Zusammenhang mit den schwersten spiritistischen Experimenten der Dematerialisation und Rematerialisation ist das Verschwinden und Auftauchen von Gegenständen und Personen schon oft berichtet worden. In den Kapiteln über den Spiritismus werden diese Probleme behandelt. Mir sind viele Beispiele dafür bekannt.

Neuerdings bringen auch die Science-fiction-Filme solche Darstellungen. Ich warne davor.

Bei meinem Beispiel aus West-Timor, wie der dreifache Mörder seinen Verfolgern entkam, vermute ich, daß der Geist der Polizisten durch die von dem Magier praktizierte Mentalsuggestion verwirrt war.

Mir ist das in der Beichte und außerhalb oft berichtet worden, daß Schwarzmagier durch Mentalsuggestion auf Entfernung Menschen in ihrem Denken beeinflussen können. Diese Vorgänge gehören nicht in das Gebiet der Geisteskrankheiten, sondern in die Praxis der Zauberei, der Teufelskunst. Auf den Missionsfeldern begegnen einem oft solche Praktiken.

Der Missionar und Seelsorger, der auf diesem Gebiet zu arbeiten hat, muß sich dauernd unter den Schutz Jesu stellen, sonst kommt er selbst in Gefahr.

Leider wird eine derartige Seelsorge weder an den Universitäten, noch an den theologischen Seminaren und vielen Bibelschulen behandelt. Die wenigen, die für eine solche Seelsorge offen und gerüstet sind, werden dann mit Briefen verzweifelter Menschen überschüttet, weil kurzsichtige Seelsorger dieses Gebiet von sich weisen und die Hilfesuchenden einem Psychiater zuweisen wollen, der dann gewöhnlich eine falsche Diagnose stellt, die dann eine Fehlbehandlung einleitet.

Man verstehe mich nicht falsch. Wenn eine Geisteskrankheit oder ein Gemütsleiden vorliegt, dann rate ich neben einer seelsorgerlichen Betreuung auch, einen Psychiater oder Psychotherapeuten aufzusuchen. Suum cuique = Jedem das Seine. Zaubereifälle gehören aber in die Hand eines erfahrenen Seelsorgers.

Dieses Kapitel war schon geschrieben, da erreichte mich das Buch von Alexander Wolf „Der Jahrhunderthüpfer“. Es handelt sich um die Geschichte der Ch. O. vom A., die auch in dem Kapitel über Karate erwähnt ist. Ch. hat den Übernamen Grille. Sie wird auch das Sprunggespenst genannt. Hier in dem Zusammenhang dieses Kapitels geht es aber um eine andere Fähigkeit dieses medial veranlagten Mädchens.

Zuerst muß aber das Buch, das mir ein Freund zugesandt hat, kurz skizziert werden. Der Verfasser ist ein guter Erzähler. Das Buch ist humorvoll geschrieben und gehört zu der leicht lesbaren Unterhaltungslektüre. Es spricht auch stark die heranwachsende Jugend an. Das Buch hat aber einen echten Kern, die Psi-Fähigkeiten der Ch. Prof. Bender hat schon oft in seinen Büchern und Vorträgen darauf hingewiesen, daß pubertierende Jugendliche in seltenen Fällen paranormale Fähigkeiten entfalten, die zu rational unverständlichen Vorgängen führen. Wer aber ein Denkschema mit einer rationalen Sperre besitzt, dem kommen die Geschichten um Ch. O. als Phantasieprodukte vor. Natürlich wird der Autor manche Ereignisse um der Lesbarkeit willen überbetont haben. Das tut aber dem Kern seiner Darstellungen keinen Abbruch. In dem Buch klingt es einige Male an, daß Ch. gelegentlich unsichtbar wurde, also in normaler Situation nicht mehr gesehen werden konnte. Diese Seite der ganzen oder teilweisen Tarnung wird als Schlußeffekt gebracht. Das ist auch tatsächlich der Höhepunkt der Psi-Fähigkeiten des Mädchens. Hören wir zuerst den Bericht, dann besprechen wir ihn. Das Mädchen schrieb:

„Das alles fiel mir ein, als ich in der Falle saß und mein linkes Bein nicht mehr bewegen konnte. Ich spürte aber noch unheimlich viel Energie in mir und hatte eine große Wut auf die Leute. Immer fangen die mich, dachte ich, warum nicht mal ich sie? Warum sollte Ch. O. nicht mal die Leute in den Griff bekommen statt umgekehrt? Die Vibrationen in meinem Kopf wurden plötzlich unheimlich stark, das Herz rumste im Brustkasten bis zum Platzen, ich hielt mich am Felsen fest und konzentrierte mich auf die Menschen. Ich wünschte, sie wären blind!

Dann passierte etwas Irres.

Alle Menschen guckten plötzlich an mir vorbei.

‚Wo ist sie denn geblieben?' riefen sie verdattert. Dabei saß ich da. Ich schlich mich durch den Eingang, durch den die Wärter hereingekommen waren, nach draußen, und tatsächlich, die Leute liefen an mir vorüber. Ich probierte es immer wieder aus. ‚Eben war sie hier', sagten sie und guckten mit leerem Blick durch mich hindurch. Ich war halb verrückt vor Freude, hinkte und hüpfte auf meinem gesunden Bein, mit dem ich noch ziemlich große Sätze machen konnte, mal zu diesem, mal zu jenem Tier und zum Schluß zu den Löwen und merkte, daß die Tiere mich sahen. Ab und zu konnten mich auch die Menschen wieder sehen. Es ist nicht wahr, daß ich mich unsichtbar machen kann, vielmehr konnte ich die Leute blind machen. Nur mir gegenüber.

So war das. Es war fantastisch!

Aber am Schluß war ich ganz geschlaucht. Als ich meinen Vater und Kulle am Ausgang entdeckte, war ich erleichtert. Sie fragten nicht viel und fuhren mich sofort nach Killenbach, wo ich noch zwei Stunden lang gezittert habe.

Die neue Eigenschaft, das muß ich zugeben, hab' ich noch nicht wieder ausprobiert. Sie ist mir auch unheimlich. Mir wird ganz schwindelig, wenn ich an die tollen Möglichkeiten denke, die ich noch erproben muß. Doch wie gesagt, die Menschen sprechen mich auf das Thema nicht an. Ich muß ihnen wohl über den Horizont gesprungen sein, und nun verdrängen sie es. Ich aber nicht! Ich werde es mit Euch besprechen, wenn ich Euch in den nächsten Ferien besuche.

Wer weiß, was Ihr alles könnt, wenn Ihr in mein Alter kommt."

Das ist ein Ausschnitt eines Briefes von Ch. an ihre Freunde. Bevor wir zur Erklärung übergehen, zuerst eine persönliche Beobachtung, die sich auf Tausende von Seelsorgebeispielen stützt, die ich in einem halben Jahrhundert gesammelt habe. So starke mediale Fähigkeiten, wie sie bei Ch. auftreten, kommen in Familien vor, wo beide Vorfahrenlinien des Vaters und der Mutter sich medial betätigt haben. Ich kenne auch das Dorf und weiß, daß in diesem Gebiet viel Viehbesprecherei, Krankheitsbannen, „Wegversetzen" und andere Magieformen praktiziert worden sind. Medialität ist häufig unbewußt und stellt auch keine persönliche Schuld dar, wenn der Träger diese Fähigkeit nicht zur Zauberei mißbraucht.

Als Vergleichsbeispiel sei erwähnt, daß die doppelten medialen Ahnenreihen zu dem starken Medium Uri Geller und Manning geführt haben.

Das ganze oder teilweise Nichtgesehenwerden der Ch. war keine spiritistische Dematerialisation, auch keine Schwarze Magie im Teufelskult wie bei der erwähnten Doreen Irving, sondern eine unbewußte, durch Mentalsuggestion übertragene psi-psychogene partielle Teilerblindung der Menschen, die plötzlich durch Ch. hindurchsahen. Man könnte diesen Vorgang auch kürzer eine medial bedingte Sehstörung der Zuschauer nennen. Die Beobachter sahen alles wie zuvor, nur Ch. war ihnen plötzlich unsichtbar. Mediale Vorgänge sind in großer Zahl in meinem Buch „Seelsorge und Medialität" (688 Seiten, beim Hänssler-Verlag oder bei M. Rahner, 6420 Lauterbach, erhältlich). Hier seien nur Stichworte angegeben. Es gibt bewußte und unbewußte mediale Vorgänge. Es gibt eine direkte Beeinflussung in der Suggestion oder Hypnose (der Schule Nancy), und es gibt eine Fernbeeinflussung in der

Mentalsuggestion. Wir kennen psychogen (seelisch) ausgelöste Vorgänge und auch psi-psychogene Praktiken, das heißt: Mediumität gekoppelt mit psychischen Kräften. Das alles sind Randphänomene der menschlichen Psyche, den Parapsychologen reizvoll, den Nur-Rationalisten ein Greuel.

Angenommen, der Autor Alexander Wolf hätte diese Ch.-Geschichten erfunden, dann wäre es aber richtig erfunden worden. Aus der weltweiten Missionsarbeit sind mir solche Vorgänge bekannt. In Tibet und in anderen Himalajaländern gibt es „Priester-Magier", die erstaunliche Dinge vollbringen. Ich habe in anderen Büchern darüber berichtet.

Wir kennen das plötzliche Erblinden auch durch Ereignisse in der Bibel. In 2. Kön. 6,18 wird berichtet, daß der Herr auf das Gebet von Elisa hin die Syrer mit Blindheit schlug. Ein ähnliches Beispiel steht in Apg. 13,11. Paulus betete, und Gott schlug den Zauberer Elymas mit Blindheit. In beiden Fällen war die Erblindung vorübergehend. Bei der Befreiung des Petrus aus dem Gefängnis haben die römischen Wachen den Apostel und seinen Befreier, den Engel, auch nicht gesehen, sonst wäre der Gefangene nicht unbehelligt aus dem mehrfach verwahrten Gefängnis entkommen.

Es liegen in der Schöpfung Gottes solche Möglichkeiten, sonst wären die Erlebnisse Elisas und der Apostel Märchen, wie die rational blockierten modernen Theologen meinen.

Diese Möglichkeiten sind dem Teufel bekannt, und er rüstet manchmal seine Diener, die Lamas, Jogis u. a. damit aus. Bei Ch. ist es eine unbewußte Medialität, die sie nicht verschuldet hat, von der sie aber durch die Macht Jesu loskommen könnte.

Da mir die Geschichte von dem medialen Sprunggespenst teilweise unwirklich erschien, schrieb ich einen Freund an, der die Vorgänge um das sensationelle Mädchen kennt. Er antwortete mir mit einem Brief, den ich in vollem Wortlaut wiedergebe. Den Namen des Schreibers gebe ich nur mit den Anfangsbuchstaben an.

Dr. Dr. E. S. 31. 1. 84

Lieber Herr Koch,

in Beantwortung Ihres Briefes vom 27. d. M. informiere ich Sie dahingehend, daß das Mädchen Ch. real existent ist! Schon bevor das Ihnen vorliegende Buch darüber erschien, war die Presse voll mit allerhand Sensationsberichten von ihr. Das Dorf war anfangs sogar stolz auf sie, weil es so schien, als ob ihr „olympisches Gold" winkte. Aber die anfängliche Begeisterung verrauchte, als das Sportkomitee entschied, daß die „tolle Springerin", die bald den Beinamen „das Sprunggespenst" bekam, nicht zu den Ausscheidungskämpfen zugelassen werde, weil sie nicht auf „normale" Weise durch Training und hervorragende Konstitution, sondern wie es in der Presse hieß, durch den „Faktor Psi" ihre absolut unheimlichen Leistungen vollbrachte! Ich füge hinzu: „Denn eben, wo Begriffe fehlen, da stellt ein Wort zur rechten Zeit sich ein" (Goethe).

Den unzweifelhaften Höhepunkt erreichte die Angelegenheit im Tierpark Hagenbeck in Hamburg-Stellingen, wo Ch. an einem Sommersonntagnachmittag vor der andrängenden Menschenmasse im hohen Bogen über den breiten Trenngraben eines Freigeheges dicht vor eine Herde gefährlicher Tiere (ich weiß heute nicht mehr, ob es sich um Paviane oder Eisbären handelte) aufsetzte, und als die entsetzten Wärter herbeieilten, plötzlich mit einem ungeheuerlichen Riesensatz auf einen Baum schnellte und dort eine Weile lächelnd sitzen blieb. Einige Fotos davon erschienen in der Presse. In völlig unerklärbarer Weise verschwand das Mädchen mehrmals plötzlich bei ärztlichen Untersuchungen, und ebenso urplötzlich saß sie dann daheim am Eßtisch.

Ob die medialen Belastungen (nicht Begabungen!) des Mädchens heute nach fast zwei Jahren abgeklungen sind oder weiter bestehen, entzieht sich meiner Kenntnis. – Im Buchdeckel, wo ich die Buchbesprechung eingeklebt hatte, steht u. a. sinngemäß der Satz: „Selbst wenn etwas über das Mädchen übertrieben geschildert würde, so wäre es dennoch von der Wahrheit gar nicht so weit entfernt!"

Mit freundlichen Grüßen
semper tuus

gez. Unterschrift

Uri Geller

Dieser junge Israeli hat in der Welt mit seinen Experimenten viel Staub aufgewirbelt. Auf allen Kontinenten ist ein Streit der Meinungen entstanden, angefangen von gläubiger Zustimmung bis zur extremen Ablehnung.

Um welches Problem geht es? Wenn Uri im Fernsehen auftritt oder in einem öffentlichen Versammlungsraum seine unerklärlichen Künste zeigt, verbiegen sich Gabeln und Löffel. Alte, stehengebliebene Uhren fangen wieder zu ticken an.

Geben wir ein gutdokumentiertes Einzelbeispiel. Am Sonntag, 19. Januar 1975, brachte das Zweite Fernsehprogramm eine Unterhaltungssendung.

In dieser Show wurde Uri Geller gezeigt, der seinen Finger auf eine Gabel legte. Ohne, daß die Gabel heiß wurde, verbog sie sich langsam. Teilnehmer untersuchten die Gabel. Sie war weich geworden wie Plastik. Man fragte Uri nach der Kraft, die das bewirke. Er antwortete: „Power from outside" = Kraft von außerhalb.

Bemerkenswert war die Äußerung von Uri: „Es soll mich nicht wundern, wenn während dieser Show sich bei Tausenden von Familien ebenfalls Besteck verbiegt."

Und genau das trat ein. Prof. Dr. Bender, der in dieser Show als Sachverständiger hinzugezogen worden war, berichtet, daß nach dieser Show 19000 Anrufe eingingen. Die Bild-Zeitung erhielt 1450 Briefe von „Opfern". Prof. Bender erhielt in seinem Institut 900 Briefe aus Deutschland und 300 aus der Schweiz.

Beweiskräftig ist ein Beispiel, das in der Show gegeben wurde. Eine Frau S. erlebte es, daß sich 56 Besteckteile während und nach der Show von Uri Geller verbogen. Sie rief ihre Hausgenossin und schließlich die Polizei. Zwei Beamte untersuchten in der Wohnung das Besteck. In Gegenwart des einen Beamten verbog sich ein Löffel. In dem offenen Besteckkasten verbogen sich laufend Besteckteile, ohne daß jemand sich dem Kasten näherte. Ein Trick oder eine heimliche Gewaltanwendung lag nicht vor. Der eine Polizeibeamte erklärte, er würde den Vorfall auf einen Eid nehmen.

Nach dieser Reportage mit den beteiligten Personen wurde die Jury befragt. Es handelte sich um den schon erwähnten Prof. Bender, einen Juristen und einen Zeitungsmann.

Der Jurist erklärte, er hätte in einem solchen Fall Prof. Bender als Sachverständigen hinzugezogen.

Der Zeitungsmann, ein hundertzehnprozentiger Rationalist, zog alles in Zweifel.

Prof. Bender parierte diesen von seiner Kritik und Skepsis eingenommenen Zeitungsmann mit einem guten Zitat von Prof. Freud: „Wer sich als Skeptiker fühlt, soll doch ehrlicherweise damit beginnen, an seiner eigenen Skepsis zu zweifeln." Ich hätte noch heftiger als Prof. Bender auf diesen Zeitungsmann reagiert und hätte erklärt: Arroganz der Ignoranz = Überheblichkeit der Unwissenheit.

An der ganzen Sendung war mir das Urteil von Prof. Bender wichtig. Er sprach möglicherweise von Psychokinese. Dieser Ausdruck wurde von Prof. Rhine von der Duke-Universität in den USA geprägt. Andere Parapsychologen sprechen auch von Telekinese. Psychokinese stellt bereits eine Erklärung dar. Ihre Vertreter sind der Meinung, daß diese unerklärlichen Phänomene Kraftäußerungen der Psyche darstellen. Das steht im Widerspruch zu anderen Hypothesen, die besagen, es sei der Geist, der eine direkte Einwirkung auf die Materie haben könne.

Vertreter beider Richtungen sind sich aber darin einig, daß diese Kraftwirkungen vom Menschen ausgehen, daß also eine Immanenz und nicht eine Transzendenz vorliege. Innermenschlichkeit und nicht Außermenschlichkeit.

Uri Geller ist mit Tausenden von Medien darin anderer Meinung. Sie erklären ihre Gabe als Kraft von außen. Es stehen sich hier animistische und spiritistische Erklärungen gegenüber.

In der christlichen Seelsorge spielen diese Gegensätze keine große Rolle. Der Seelsorger beobachtet nur die Auswirkung und sucht nach Heilungsmöglichkeiten. Diese Frage wird in Schlußabschnitten dieses Buches noch behandelt werden.

Wir sind mit dem Uri-Geller-Effekt aber noch nicht zu Ende. Seit mein erstes Buch gegen den Okkultismus 1952 erschien, hatte ich rund 20000 Einzelaussprachen und briefliche Berichte, darunter über 10000 okkulte Erlebnisse mit negativen Auswirkungen. Diese vielen Spontanfälle ermöglichen einen besseren Überblick als Experimente.

Worin liegt das Geheimnis, daß bei der Uri-Geller-Show Tausende von Zuschauern ähnliche Kraftwirkungen erlebten? Nach einer Seite hin ist das Problem einfacher, als die Parapsychologen meinen. Es gibt Hunderttausende von medial veranlagten Menschen, die von ihrer Medialität nichts wissen. Uri ist hochmedial. Eine solch starke Medialität entsteht, wenn beide Linien der Eltern und Großeltern ebenfalls medial sind und ihre Medialität dominant auf den Sohn und Enkel Uri vererbt haben. Es gibt auch andere Entstehungsweisen. Die doppelt oder vierfach vererbte Medialität ist sehr stark. Sie ermöglicht Kontakte zu anwesenden Personen, die ebenfalls medial sind oder sogar zu medial veranlagten Menschen in großer Entfernung.

Alle die Menschen, die bei der Uri-Geller-Show die Verbiegung von Besteck erlebt haben, sind unbewußt oder auch bewußt medial. Uri kann nicht auf 500 km eine Gabel verbiegen, es sei denn, es ist dort in dem entfernten Raum eine mediale Person, deren Medialität benützt wird.

Uri ist nur auslösendes Moment. Eine ethische und biblische Frage ist, welchen Charakter diese medialen Kräfte haben. Es handelt sich hier nicht um eine Gottesgabe, auch nicht um eine neutrale Naturgabe. Eine so starke Medialität, wie sie Uri Geller hat, stammt aus den Zaubereisünden der Vorfahren. Es wäre besser, er würde sie nicht benützen, sondern Gott um Befreiung bitten.

Im Blick auf die Herkunft gilt nicht das Urteil der Parapsychologen: psychogen, sondern heterogen, d. h. nicht aus Seelenkräften, sondern durch Mächte von außerhalb. Uris Erklärung liegt der Wahrheit näher als die Meinung der Jury.

Vampire

Zwei Erlebnisse führen in die Bedeutung dieses Wortes ein.

B 335 Bei meinen Missionsreisen in Südamerika kam ich auch in Peru zu sechs verschiedenen Indianerstämmen. Dort hatte ich z. B. an der indianischen Bibelschule der Schweizer Indianermission 29 Vorträge. Die Missionare brachten mich dann von der Schule auf die verschiedenen Missionsfelder.

Missionar Sachtler begleitete mich zu den Aguaruna, Missionar Zehnder zu den Shipibo und Conibo.

Eine Übernachtung wird mir bis an mein Lebensende unvergeßlich bleiben. Zum Schlafen wurde uns eine Hütte angewiesen, die aus acht Pfählen und einem Palmblätterdach bestand. Alle Seiten waren offen, der Boden nur gestampfter Lehm.

Als ich zum Firstbalken hochsah, entdeckte ich viele Tiere, Körper an Körper, mit dem Kopf nach unten hängend. Ich fragte den Missionar: „Sind das fliegende Hunde?“ Er belehrte mich: „Nein, das sind Vampire, die die Eigenart haben, nachts Tieren und Menschen Blut abzusaugen. Hühner und kleine Säuglinge sterben dabei. Rinder und Menschen überleben es.“

„Das sind ja schöne Aussichten für einen guten Schlaf! Können wir nichts dagegen tun?“ – „Doch“, erwiderte der Missionar. „Wir suchen uns ein anderes Quartier ohne Vampire.“ – „Ob das hilft? Urwaldtiere haben einen guten Spürsinn. Die finden uns.“

Mir war inzwischen schon eine echte Lösung eingefallen. Nicht umsonst war ich in meiner Jugend ein Lausbub, der in allen Bubenstreichen Bescheid wußte.

Ich machte in der Hütte auf dem Lehmboden ein Feuer und holte viele große Blätter von der Bananenstaude. In wenigen Minuten stieg ein gelbgrüner Qualm zum Firstbalken. Und ebenso rasch suchten die Vampire das Weite. Jetzt erst sah ich, wie groß die Tiere waren. Sie hatten eine Flügelspannweite von 50 cm und mehr. Der Missionar ergänzte mein Wissen. „Sie haben messerscharfe Zähne. Man spürt ihren Biß kaum.“

Die Vampire war ich los. Ich holte einen genügenden Vorrat an grünen Blättern, um das Feuer über Nacht als Vampirabwehr wachzuhalten.

Missionar Sachtler war ich aber auch los. Er sagte: „Wenn ich hier schlafe, bin ich morgen früh ein geräucherter Rollschinken!“ Er suchte sich also ein anderes Quartier. Die Vampire hatten die Lust verloren, mich zu belästigen.

Vampirismus gibt es aber auch in anderer Hinsicht. Man bezeichnet damit den Aberglauben, daß Verstorbene nachts ihren Gräbern entsteigen können, um Lebenden Blut abzuzapfen. Wir finden aber echte Vorgänge dieser Art bei Satanisten und bei blutsverschriebenen Menschen, bei den Macumba-Leuten und Wuduisten, daß sie Menschen foltern, vorwiegend sogar Kinder, ihr Blut absaugen und zu rituellen Zwecken trinken oder etwa die schwarze Messe damit feiern. In meiner Kartei finden sich schreckliche Beispiele dafür. Zwei Berichte sollen wiedergegeben werden. Es sind aber nicht die schlimmsten Beispiele, die ich habe:

B 336 Im Sommer 1974 war in Nürnberg ein schauerlicher Prozeß. Angeklagt war ein 41jähriger Mann mit Namen K. Hofmann, der vor Gericht zugab, daß er in 35 Leichenhallen eingebrochen sei, um frisch Verstorbenen Blut abzusaugen. Während der Verhandlung gestand der Angeklagte weitere Untaten. Im Mai 1972 hat er ein Liebespaar in seinem Wagen bei seinen Liebkosungen überrascht. Er erschoß das junge Paar und saugte danach ihr Blut ab.

Als drittes Verbrechen gab Hofmann zu, daß er den Wächter einer Leichenhalle niedergeschossen hatte. Der Wachmann war nicht tot, sondern nur schwer verletzt.

Der psychiatrische Gutachter hielt Hofmann für geisteskrank und empfahl seine Einweisung in eine Nervenheilanstalt.

Es ist nicht verwunderlich, daß sowohl Richter als auch Psychiater zwar diese Taten verabscheuen, aber nicht die Voraussetzungen zu solchen Verbrechen kennen.

Wenn in der Vergangenheit dieses Mannes oder in der Geschichte seiner Vorfahren nachgeforscht werden würde, würden die Wurzeln eines solch unnormalen Verhaltens entdeckt.

B 337 Noch ein Beispiel vom Missionsfeld. Einer 25jährigen attraktiven Frau in Sumatra starben hintereinander ihre fünf Männer, die sie jeweils kurz nacheinander geheiratet hatte. Alle fünf Ehemänner starben an der gleichen Krankheit, einer akuten Anämie (Blutarmut).

Nach dieser Tragödie suchten die Eltern der jungen Frau einen Medizinmann (Zauberer) auf, der folgende Erklärung abgab: „Die junge Frau ist von einem Nagesjatingarong (Vampir) besessen, der jedem Ehemann der schönen Frau das Blut absaugte, weil er allein Besitzer dieser Frau sein wollte."

Nach der Aussage dieses Zauberers hätten die fünf Männer einen jenseitigen Konkurrenten gehabt. Also Spiritismus, Dämonenkult, Incubus, Succuba (Dämonenehe).

Die raffinierten Schliche des Erzfeindes wollen kein Ende nehmen. Um so mehr wissen wir das Triumphlied des Psalmes 118 zu schätzen: „Man singt mit Freuden vom Sieg in den Hütten der Gerechten. Die Rechte des Herrn ist erhöht. Die Rechte des Herrn behält den Sieg." Hätten wir nicht diese Gewißheit, dann würde uns die Macht der Finsternis erdrücken.

Vegetarismus und Askese

Dieser Ausdruck kommt aus dem Lateinischen vegetare = lebhaft erregen, ermuntern. Mit dem Ausdruck Vegetarismus wird eine Bewegung innerhalb der Naturheilkunde bezeichnet, die total oder zum großen Teil auf Fleischnahrung verzichten will und als Ideal die Rohkosternährung propagiert.

Als biblischen Ansatzpunkt nehmen die Vertreter dieser asketischen Bewegung 1. Mos. 1,29 zu Hilfe, wo es heißt: „Und Gott sprach: Siehe ich habe euch gegeben alles samenbringende Kraut und jeden Baum, an welchem samenbringende Frucht ist. Es soll eure Speise sein." Das ist sozusagen die Urkost, die im Paradies von Gott verordnet wurde. Durch die Sünde des Menschen hat sich der paradiesische Urzustand nicht gehalten. Als Gott dem ersten Menschenpaar Felle zur Bekleidung gab, mußten doch Tiere dafür ihr Leben lassen. (1. Mos. 3,21) Als Abel, 1. Mos. 4,4, Gott ein Opfer aus seiner Herde brachte, mußte ein Lamm sein Leben dafür hergeben. Die ganzen Opfergesetze im AT sind ohne Tieropfer nicht denkbar.

Ein übereifriger Verfechter des Vegetarismus wies darauf hin, daß wahrscheinlich Jesus und seine Jünger vegetarisch gelebt hätten. Das wollten sie aus Joh. 19,19 nachweisen, wo die Überschrift auf dem Kreuz Jesu heißt: Jesous o Nazoraios o Basileus Joudaion = Jesus, der Nazoräer, König der Juden. Der Ausdruck Nazoraios, im Lateinischen Nazarenus, soll heißen: von Nazareth stammend. Die Elberfelder Bibel sah darin aber einen Hinweis, daß Jesus zur Sekte der Nazoräer oder auch Nasiräer gehört habe. Das kommt aus dem Hebräischen Nazir = Gottgeweihter, Gelübdeträger.

Einen Hinweis auf die Nasiräer haben wir in 4. Mos. 6,1–12. Die Vegetarier, die Fleischgenuß ablehnen, können sich nicht auf diese Bibelstelle beziehen, weil der Nasiräer nach der Ablaufzeit seines Gelübdes ein Lamm als Schuldopfer darbringen muß. Danach ist er wieder frei, Fleischnahrung zu sich zu nehmen.

Jesus und seine Jünger Vegetarier zu nennen, kann biblisch nicht begründet werden, denn es wird in den Evangelien achtmal davon gesprochen, daß Jesus mit seinen Jüngern zusammen das Osterlamm gegessen hat.

In dem Kapitel über Gesetzlichkeit wurde schon auf zwei Bibelstellen hingewiesen, die überspitzte und extreme Einstellungen zu Speise und Trank abwehren. Es heißt in

Kol. 2,16 f.: „So lasset nun niemand euch Gewissen machen über Speise und Trank... Was lasset ihr euch denn fangen mit Satzungen... Du sollst – sagen sie – das nicht kosten, du sollst das nicht anrühren, was sich doch alles unter den Händen verzehrt, es sind der Menschen Gebote und Lehren."

1. Tim. 4,1–4: „...Verführerische Geister, die da gebieten, nicht ehelich zu werden und zu meiden die Speisen, die Gott geschaffen hat zu nehmen mit Danksagung... Nichts ist verwerflich, das mit Danksagung empfangen wird." (Es wird gut sein, die ganzen Texte zu lesen.)

Der Apostel Paulus hat diese richtungweisenden Worte über Speiseregeln geschrieben. Er war es auch, der sogar Götzenopferfleisch zum Essen freigegeben hat. Nur, wenn ein „Schwacher" es beanstandete, sollte man um des Bruders willen auf das Fleisch verzichten (1. Kor. 10,25 f.). Man kann also nicht den Vegetarismus aus der Bibel herauslesen.

Welche Gründe und Motive werden heute von den Vegetaristen genannt?

Mir wurde von einer ängstlichen Christin ein Flugblatt zugesandt: „Warum sind Sie Vegetarier?" Es werden darin merkwürdige Dinge gesagt.

Der englische Dichter Shelley, ein Vegetarier, erklärte: „Ich bin für ein Leben im Bewußtsein der menschlichen Würde." Er verkündet Barmherzigkeit mit der hilflosen Kreatur.

Wie sieht dieses Mitleid mit der hilflosen Kreatur z. B. in Indien aus? Neunmal bereiste ich dieses Land. Es „vegetieren" dort rund 200 Millionen Kühe, die kaum zu fressen finden. Am schlimmsten sind die Zustände in den Großstädten. In Kalkutta gibt es Zehntausende dieser Kühe, die noch nie eine Wiese gesehen haben, sich nie sattfressen können, deren neugeborene Kälbchen aus Milchmangel wegsterben.

Ein Ernährungswissenschaftler erklärte: „Schlachtet 100 Millionen Kühe weg, dann hat das hungernde Indien zu essen, die andere Hälfte Kühe genug zu fressen, die dann für die Kleinkinder genügend Milch produzieren würden." In Wirklichkeit ist die Barmherzigkeit mit der hilflosen Kreatur in Indien eine grauenvolle Unbarmherzigkeit mit den hungernden, verelendeten Tieren selbst und eine Unbarmherzigkeit den hungernden Menschen gegenüber. Kein soziales Elend in der Welt hat mich so erschüttert wie das Tier- und Menschenelend in Kalkutta. Ich habe in anderen Büchern darüber berichtet.

Das indische Beispiel zeigt entwicklungsgeschichtlich eine Wurzel des Vegetarismus. Der Seelenwanderungsglaube führte dazu, die Tiere nicht zu töten, weil sie Inkarnationen (Wiederverkörperungen verstorbener Menschen) sein könnten. Daraus entstand die Sitte der vegetarischen Lebensweise. Dieser religiöse Wahnglaube hat mit seinen Folgeerscheinungen unermeßliches Leid und Elend über die ostasiatische Bevölkerung gebracht.

Im Westen spielt die Reinkarnation als Begründung für den Vegetarismus nur in kleinen Sektengruppen eine Rolle. Der westliche Mensch hat vor allem hygienische, ästhetische, auch ethische, soziale und politische Gründe für das Festhalten an dieser einseitigen Ernährungsweise.

Wir kehren nochmals zu dem zugesandten Flugblatt vom Club „Die interessante Frau" zurück. Darin stehen einige Verstiegenheiten. Es heißt darin z. B.: „Der Vegetarismus ist die einzige Garantie für ewigen Frieden ... und die drängenden Probleme unserer Zeit einschließlich der Friedensfrage sind nur durch den Vegetarismus zu lösen."

Ich hätte es nicht für wichtig angesehen, in diesem Buch auf den Vegetarismus einzugehen. Ich glaubte nicht, daß ein denkender Mensch sich durch solch eine Beweisführung überzeugen ließe. Doch ein seelsorgerlicher Brief hat mich eines Besseren belehrt. In dem zugesandten Brief heißt es: „Ich kam mit einer aktiven Christin in Kontakt. Durch sie kam ich nach kurzer Zeit zum Glauben an unseren Herrn Jesus Christus. Bis zu diesem Zeitpunkt hatte ich Gott in vielen Religionen gesucht, aber nicht gefunden. Nun weiß ich, was der wahre Sinn des Lebens ist und bin sehr froh darüber ... Ich selbst nehme seit vier Jahren nichts mehr vom toten Tier zu mir. Überzeugt haben mich die Ihnen zugesandten Schriften." – Die Argumentation der zugesandten Traktate hat mich aber genau vom Gegenteil überzeugt.

Es ist auf der anderen Seite aber unbestreitbar, daß bei manchen Erkrankungen die Umstellung auf Rohkost vom Arzt verlangt wird. Wir wissen das vor allem bei der multiplen Sklerose. Solche Diäternährungen gibt es auch bei Stoffwechselerkrankungen, Darmerkrankungen, gewissen Allergien usw. Selbstverständlich wird eine ärztlich verordnete Rohkost gutgeheißen.

Es gibt auch außer der medizinischen Indikation noch andere Motive für eine vorübergehende Rohkosternährung. Es können auch geistliche Gesichtspunkte maßgebend sein. Paulus schreibt in 1. Kor. 9,25–27: „Ein jeder, der da kämpft, enthält sich alles Dinges, jene, daß sie eine vergängliche Krone erlangen, wir aber eine unvergängliche."

Der Apostel bringt hier zum Ausdruck, daß in der Nachfolge Jesu Verzicht, Enthaltsamkeit, Entsagung eine geistliche Übung sein kann. Es soll nun ein drastisches Beispiel genommen werden. Wenn eine Hausfrau eine reichhaltige Mahlzeit zubereitet, dann kostet das viel Zeit. Bei einem einfachen Essen bleibt mehr Zeit für die Bibel und das Gebet übrig. Die Zubereitung einer Rohkostmahlzeit ist allerdings sehr zeitraubend. Diese Aussage fußt auf praktischer Erfahrung.

Meine private Meinung ist, daß man sich vor allem Extremismus hüten soll. Von Krankheitsfällen und ihren Erfordernissen abgesehen, ist doch als gesunder Mittelweg eine ausgewogene Mischkost zu empfehlen. Als Diabetiker bin ich stets dankbar, wenn ich in eine Familie komme, bei der zu den Mahlzeiten reichlich frische Salate und Gemüse auch in rohem Zustand gereicht werden. Ich bin also kein Rohkostgegner, sondern nur gegen den Rohkostfanatismus.

Da der Vegetarismus in dem größeren Zusammenhang zur Askese steht, muß das Problem auch von dieser Seite her beleuchtet werden.

Die Askese

Der Ausdruck Askese kommt aus dem Griechischen askesis und bedeutet Training, Übung, Maßnahme, um ein gestecktes Ziel zu erreichen. Asketische Gruppen und Richtungen gibt es nahezu in allen Religionen und haben jeweils eine besondere Prägung. Zu den Formen der Askese gehören:

Die körperliche Ertüchtigung, das Training des Athleten. Die Olympiakämpfer der griechischen Zeit trainierten jahrelang, um die Höchstleistung zu erzielen. Das gleiche gilt heute noch.

Eine geistige Form der Askese zur Erlangung höheren Wissens wurde von den griechischen Philosophenschulen geübt. Unter ihnen predigten die Kyniker die Bedürfnislosigkeit und die Stoiker die Selbstbeherrschung, um höherer Weisheit und Tugend teilhaftig zu werden.

Eine religiöse Form der Askese wurde in Griechenland seit Pythagoras (ca. 460 v. Chr.) bekannt. In dieser asketischen Richtung wurde auch das Fasten als eine „Einübung der Frömmigkeit“ geübt. Es wurde von der Nachfolge Gottes gesprochen (akolouthein to theo), obwohl Pythagoras den Gott des AT nicht kannte. Es war also ein akolouthein to agnosto theo = eine Nachfolge des unbekannten Gottes, dem später in Athen ein Altar errichtet wurde. Paulus hat ihn erwähnt (Apg. 17,23).

Eine religiös gefährliche und irreführende Form ist die Sühne-Askese. Man versteht darunter Bußübungen, die als Sühneleistung für begangene Sünden gelten sollen. Hier tritt also der Opfer- und Verdienstgedanke auf, der zwar dem Buddhismus und Hinduismus entspricht, aber im christlichen Raum die gefährliche Praxis einer Selbsterlösung anbahnt.

Die beschauliche und weltabgewandte Askese kann unter den vielen Formen noch genannt werden. „Los von der Welt und allem, was sie bietet“, heißt hier die Devise. Wir finden diese Einstellung bei den indischen Eremiten im Himalaja, aber auch bei den Jogi, bei den mohammedanischen Sufi und vielen anderen Gruppen. Daraus hat sich auch das christliche Mönchtum entwickelt. Den christlichen Asketen dieser Richtung schwebte als Leitbild vor Augen: „Habt nicht lieb die Welt noch was in der Welt ist“ (1. Joh. 2,15). Dabei wurde oft übersehen, daß es leichter ist, sich von der Welt zurückzuziehen, als die Welt im eigenen Herzen zu überwinden.

Mit diesen fünf Hauptformen der Askese wollen wir uns begnügen. Noch ein kurzer Hinweis auf die Mittel und Begleiterscheinungen der Askese.

Als erstes sei genannt die Nahrungsaskese, zu der auch der Vegetarismus gehört. Es geht hier um bestimmte Arten der Enthaltsamkeit: Verzicht auf Alkohol, Verzicht auf Fleisch, Verzicht auf alle Arten von Genußmitteln. In Indien erlebte ich es, daß die Priester der syrisch-orthodoxen Kirche und der Mar-Thomas-Kirche kein Fleisch essen und keinen Alkohol trinken. Ob es alle so halten, weiß ich nicht. In dem Kreis meines Freundes Mathews Mar Coorilos, Metropolit des Quilon Districtes, wurde es so gehalten. Auch kann kein verheirateter Priester Bischof werden. Bei den Bischöfen herrscht der Zölibat. Damit sind wir bei der nächsten Art der Askese: der geschlechtlichen Enthaltsamkeit.

Nach der vorchristlichen allgemeinen Ansicht verunreinigt der

Beischlaf. Im AT hat Gott das zu gewissen Zeiten von Israel verlangt, wenn es um eine besondere Aktion ging. Die geschlechtliche Enthaltsamkeit hat zu mancherlei Auswüchsen oder Irrwegen geführt. So hat Origines sich selbst entmannen lassen, um keusch zu bleiben. Die katholische Kirche hat den Zölibat eingeführt, obwohl Paulus eindeutig in 1. Tim. 3,2 sagt: „Ein Bischof soll sein eines Weibes Mann." Ich kenne auch Sektenführer, die eine völlige geschlechtliche Enthaltsamkeit bei Verheirateten als einen höheren Weg der Heiligkeit anpreisen.

Die Abhärtungsaskese geht den Weg der Selbstpeinigung. So haben Mönche in Klöstern sich manchmal selbst ausgepeitscht. Ähnlich machten es auch die sogenannten Geißler. Bei den Jogi sind grausame Formen der Abhärtung bekannt. Ich habe es selbst in Ostasien beobachtet, wie sie sich auf Nagelbretter legen oder sich Bambussplitter durch die Wangen, Augenbrauen oder Arme stecken. Die höchste Qual war, daß einige Jogi Holzpfähle in den Boden rammten, die 60 cm aus dem Boden herausragten. Dann haben sie die Pfähle angespitzt und mit Feuer gehärtet. Danach setzten sie sich in die Spitzen und bohrten sich den Pfahl langsam in den Leib. Im christlichen Raum beobachtete ich auch gelegentlich merkwürdige Dinge. So marschierte 1983 ein Kreuzträger durch die Schweiz, der ein 60 Pfund schweres Kreuz zu Fuß nach Jerusalem tragen wollte. In Rom kann man Büßer mit selbstauferlegten Qualen beobachten.

Es gibt auch eine geistige Askese, die sich in Meditation, Beschaulichkeit, langen Gebetszeiten übt. Auch diese Askese kann gefährlich sein, wenn damit eine selbsterlöserische Tendenz im Hintergrund mitschwingt.

Schließen wir die beiden Probleme ab. Vegetarismus und Askese müssen sich vor einem extremen Fanatismus hüten und vor Maßnahmen, die sich biblisch nicht begründen lassen. Es gibt kein extremes Nein zu Askese und Vegetarismus, wenn sie in gesunden nüchternen Bahnen bleiben. Wenn aber Vegetarismus und Askese sich zu einem verdienstlichen Werk entwickeln, dann wird das Erlösungswerk Jesu Christi verdunkelt. Dazu gibt es nur ein radikales Nein.

Wenn Jesus die Mitte unseres Lebens ist und für uns unerschütterlich feststeht, daß alles Heil von ihm kommt, dann gibt es eine biblisch begründete und „verwertbare Askese". Dann gilt:

1. Tim. 4,7: „Übe dich in der Gottseligkeit!"

1. Tim. 6,11: „Jage nach der Gerechtigkeit und der Gottseligkeit."
1. Tim. 6,12: „Kämpfe den guten Kampf des Glaubens."
Phil. 2,12: „Schaffet, daß ihr selig werdet!"
2. Kor. 2,14: „Allezeit Sieg!"
Offbg. 2,11: „Wer überwindet", so enden jeweils die sieben Sendschreiben.

Die Imperative der Bibel haben nur ihren Sinn und sind nur erfüllbar, wenn der Indikativ, die vollbrachte Erlösung und die vollbringenden Werke in der Nachfolge Jesu unerschütterlich feststehen. Kämpfen – Nachjagen – Überwinden – Siegen nicht in eigener asketischer Anstrengung, sondern durch ein Bleiben in IHM, allein durch seine Gnade und Kraft.

Vereinigungskirche

Im „idea Spektrum" heißt es in der Nummer Dez. 79: „Zu den gefährlichsten, weil einflußreichsten Jugendsekten zählt in Deutschland die sogenannte Vereinigungskirche (VK), die von dem 59jährigen Koreaner Sun Myung Mun (andere Schreibweise Sun Myung Moon) gegründet und hierzulande 1969 aktiv wurde... Wer die Schicksale junger Menschen kennt, die in diese Gruppen eintreten, von der Verzweiflung ihrer Eltern weiß, der wird sich mit Verharmlosungen nicht zufriedengeben. Denn zum Wesen Muns – inzwischen vielfacher Dollarmillionär – gehört es, von seinen Anhängern (in Wirklichkeit psychische Sklaven) absoluten Gehorsam zu verlangen."

Dieses Zitat stammt ursprünglich aus dem Buch „Herr über tausend Puppen" von J. I. Yamamoto (Oncken-Verlag).

Der Koreaner Mun ist in vielfältiger Weise in meinen Gesichtskreis getreten. Ein Arzt rief mich an und fragte, wie er seinen Sohn von dieser Gruppe lösen könne. Eine Mutter schrieb mich an, ihr Sohn sei bei den Munies (so nennen sich die Anhänger Muns) gelandet und verkaufe auf den Straßen mein Taschenbuch „Koreas Beter". Ich wunderte mich, daß mein Koreabuch in großen Mengen bestellt wurde, so daß ich eine weitere Auflage wagte. Vollends hellhörig wurde ich, als ein gläubiger Bruder aus Zürich mir ebenfalls mitteilte, daß die Munies mein Koreabuch empfohlen haben. In deren Magazin „Die neue Hoffnung" vom Dez. 78

stehen noch mehr alarmierende Nachrichten. Dr. Han in Seoul, in dessen Kirche ich einige Vorträge hatte, soll Mitglied der VK geworden sein, nachdem er die göttlichen Prinzipien geprüft habe. Diese Aussage ist nicht mehr nachprüfbar, weil Dr. Han wahrscheinlich schon gestorben ist oder so hochbetagt ist, daß er nicht mehr antworten kann. Ich werde ihn nochmals anschreiben.

Ich kam nicht zur Ruhe. Leser der 1. Aufl. dieses Buches schrieben mich an, es fehle ein Beitrag über die VK. Es wird also Zeit, daß ich für meinen Freundeskreis einiges von dem gesammelten Material weitergebe.

Biographisches

Mun wurde 1920 in Nordkorea geboren. Als er zehnjährig war, traten seine Eltern der presbyterianischen Kirche bei. Als kleiner Junge war Mun schon sehr willensstark und selbstbewußt. An Ostern 1936 soll der Sechzehnjährige eine Offenbarung gehabt haben, in der Jesus ihm auftrug, an seiner Stelle die vor 2000 Jahren begonnene Mission zu vollenden.

Mit 26 Jahren wurde Mun von den Kommunisten wegen „Zerrüttung der sozialen Ordnung" verhaftet. Seine zweite Verhaftung sei wegen Bigamie erfolgt. Koreaner berichteten, daß die gegenwärtige Frau die vierte sei.

Drei Jahre befand sich Mun in einem Arbeitslager. Dort lernte er die kommunistischen Methoden der Gehirnwäsche kennen, eine Methode, die er später erfolgreich beherrschte und anwandte. 1950 wurde er von den UNO-Truppen befreit. Vier Jahre danach gründete er in Seoul die Unification Church (Vereinigungskirche).

Nach seiner ersten Tätigkeit in Seoul und Pusan fing er an, Missionare auszubilden, die zunächst nach Japan, dann nach Amerika ausgesandt wurden. Heute wird gesagt, diese Sendboten würden in 120 Ländern arbeiten.

Die Finanzen

Mun ist hochintelligent und ein Organisationsgenie. Er hat durch vielseitige Aktionen ein beträchliches Vermögen angesammelt, das 1980 schon auf 75 Millionen Dollar geschätzt wurde. Angelegt ist das Geld in Aktien, Grundstücken, Gebäuden, Restaurants, Zeitungen. Die Sekte kaufte in New York ein 42stöckiges Hotel, das zum Weltmissionszentrum werden sollte. Ein Teil des Geldes kommt aus Korea, wo Mun eine Waffenfabrik, ein Titanwerk und andere Liegenschaften und Unternehmen besitzt.

Beachtliche Einnahmen hat die VK durch „Fund-raising“, dem Straßenverkauf von Schriften, Kerzen, Blumen, Schokolade usw. Diesen Weg ist auch mein Koreabuch gegangen. Natürlich wird es von Mun umgedeutet. Ein Vorgang, den ich auch bei Dr. Cho erlebt habe. Anhänger dieses Extremisten waren oder sind der Meinung, daß die Arbeit und Riesengemeinde von Dr. Cho aus der Korea-Erweckung gewachsen sei. Das ist so wenig wahr wie die Meinung der Munies, daß ihre Kirche etwas mit der koreanischen Erweckung zu tun hat.

Eine lästerliche Bibelauslegung

Gottes Plan mit der Menschheit zerbrach nach Muns Meinung an der Unzucht Evas mit dem Satan. Kain sei die Frucht aus dieser Verbindung. Mun ist nicht der erste, der solche Ungeheuerlichkeiten aussprach. Bei den sogenannten Ophiten, einer gnostischen Irrlehre im 2. Jahrhundert, wurde das schon angenommen. Dann hat auch William Branham, ein Extremist der letzten Jahrzehnte, das ebenfalls behauptet. Ich besitze eine gedruckte Predigt von Branham, in der diese lästerliche Phantasterei steht.

Biblische Tatsachen werden so umgedeutet, daß eine Glorifizierung Muns dabei herauskommt. So sagt er: „Adam hat versagt. Auch Christus konnte seinen Auftrag nicht erfüllen.“ Er habe zwei Fehler gemacht, er hätte sich nicht kreuzigen lassen dürfen, sondern hätte heiraten und sündlose Kinder zeugen müssen.

Mun behauptet nun, Christus habe ihn an seiner Stelle eingesetzt, eine göttliche Familie zu gründen, sündlose Kinder zu zeugen und damit die Erbsünde von der Menschheit zu nehmen. Als Mun 1960 seine jetzige Frau heiratete, wurde dieses Ereignis als die „Hochzeit des Lammes“ proklamiert.

Der Herrscherwahn

Die „Göttlichen Prinzipien“, die Mun durch Offenbarungen erhalten haben will, zeigen den Anspruch Muns auf seine religiöse und politische Führerrolle. Pfarrer Haack erwähnt in „Jugendreligionen“ Seite 22 und 28 entscheidende Punkte:

„An diesem Tag (Geburt Muns) wurde einem Menschen das Leben geschenkt, dem der göttliche Auftrag bestimmt war, die Welt zu erneuern.“

Der geistliche Größenwahn dieses Sektenführers wird in einer anderen Passage noch deutlicher:

„Mun wurde zum unumschränkten Sieger von Himmel und Erde. Die gesamte geistige Welt beugte sich am Tag des Sieges vor ihm ... Satan ergab sich ihm an jenem Tag völlig, denn Sun Myung Mun hatte sich zu einem reinen und vollkommenen Sohn Gottes emporgekämpft."

Mun hat nicht nur ein Messiasbewußtsein, sondern auch die Vorstellung, daß er außer den Weltreligionen auch die Weltwirtschaft und die Weltpolitik einheitlich gestalten und umformen soll. In diesem Sinn sagte Mun: „Wir können die Welt der Religionen in einem Arm halten und die Welt der Politik im anderen." Die letzte Hybris ist dann der Satz: „Die ganze Welt ist in meiner Hand, und ich werde sie erobern und unterwerfen."

Übrigens sind diese Sätze ein Hinweis auf den kommenden Antichristen, der einmal alle Weltmacht in seiner Hand vereinigt und alle Religionen durch seinen falschen Propheten zu einer Einheit verschmelzen will.

Diese Planungen und Ansprüche finden ihren Ausdruck in den „One World Crusades", Eine-Welt-Kreuzzüge. Die Veranstaltungen bei den Großeinsätzen werden musikalisch umrahmt von einer „Ohne World Band".

Der okkulte Hintergrund

Wer den Weg Muns verfolgt, kommt aus dem Staunen nicht heraus. Wenn man von all seinen Irrlehren und seiner Gefährlichkeit absieht, so hat dieser Mann Übermenschliches geleistet. Er hat viele Tochterorganisationen gegründet. Eine geballte Ladung Energie, ein Koordinierungstalent, die verschiedensten Strömungen und Kräftefelder zu erfassen und in seine Ziele einzubauen, ein Unmaß Arbeit zu bewältigen kennzeichnen die Aktionen dieses Sektenführers. Es wird berichtet, daß er zu Beginn seiner Laufbahn mit zwei Stunden Schlaf auskam. Die Machtfülle dieses Demagogen kann kaum noch als menschliche Begabung und Leistung angesehen werden.

Wo liegt der Schlüssel zu dem Verständnis dieser Arbeitskraft und der großen Erfolge?

Es ist ein Problem, das sich durch fast alle Psychosekten und Psychogruppen hindurchzieht, und das von den Berichterstattern zu wenig erkannt und dargestellt wird. Mun lebt anscheinend aus der Machtfülle dessen, den er unter seinen Füßen zu haben glaubt.

Leisten wir uns einen kurzen Seitenblick auf die „kleinen Muns". Bei dem „wiedergekommenen Petrus" Stößel, dem Gründer des „Lichtkreises Christi", sprach Pfarrer Haack von einer Seitenlinie des Spiritismus. Bei der Ausräumung des okkulten Nestes „Divine Light" in Winterthur berichtete die Polizei, daß die Anhänger des Swami Omkarananda Magie, Gift und Bomben zur Bekämpfung der Gegner einsetzten. Die Polizei meldete: „Die Sektenanhänger haben versucht, mit Zauberei gegen ihre Feinde vorzugehen. Sie ließen dazu Magier aus Indien, England und der Bundesrepublik in die Schweiz kommen."

Es wurde nach dem Schlüssel oder dem Geheimnis der übernatürlich anmutenden Kraft Muns gefragt. Es ist eine Inspiration nicht von oben, sondern von unten. Sein Erlebnis, das er mit 16 Jahren hatte, war keine Offenbarung Christi, sondern Satans. Ein Hinweis dazu ist die mehrfache Andeutung, daß er mit kosmischen Kräften gerungen und den Sieg davongetragen habe. Wer in diesem Zustrom von unten steht, wird zu großen Aktionen befähigt.

Wie gewinnt nun Mun bei dieser Ausrüstung die Jugend, die nach dem Sinn ihres Daseins fragt? Zunächst einmal ist es Muns starke Führernatur, die schnell zu einem Leitbild für Jugendliche wird, die in den seelischen Schwankungen der Pubertätszeit mit ihren Problemen nicht fertig werden.

Zum anderen hat Mun einen hervorragenden Köder: die Frühehe seiner Anhänger. Es besteht unter den Jugendlichen aber keine Partnerwahl. „Die göttlichen Eltern" suchen aus, wer zusammenpaßt. Manchmal wissen die Brautpaare nicht, wer der oder die Auserkorene ist. Die Mun-Regie holt die jungen Leute aus verschiedenen Städten oder gar Ländern zusammen. Dann gibt es eine Massenhochzeit, die einen starken Werbeeffekt hat. Im Jahr 1979 sollen es 1800 Paare gewesen sein. Im Jahr 1983 war eine Fernsehübertragung aus Seoul mit 6000 Brautpaaren. Es war für Außenstehende ein faszinierendes Bild. Alle komplett gleich gekleidet. Auf dem Podium Mun im pomphaften Ornat wie ein Bischof, neben ihm die Gemahlin. Ich fragte mich nur, wie lange Mun brauchte, um 6000 Paare zusammenzustellen.

Ein solches Ereignis bewirkt natürlich eine Hochstimmung, die das harte Training in den Schulungszentren oder Wohngemeinschaften für kurze Zeit vergessen läßt.

Im Grunde genommen ist diese Partnerwahl schon charakteristisch für die Unfreiheit, ja sogar Versklavung der jugendlichen

Anhänger. Sie können nicht mehr selber ihre Entscheidungen treffen. Es wird über sie verfügt.

Dieser Verlust der ureigensten Persönlichkeitsrechte ist das Ergebnis der Umfunktionierung nach den Methoden des „allgütigen Vaters". Im Trainingslager herrscht eine suggestive Atmosphäre. Die Teilnehmer werden pausenlos bis zu 18 Stunden am Tage körperlich und geistig in Anspruch genommen. Der Wille wird geschwächt, das kritische Denken wird zerschlagen. Schmale Kost, lange Fastenzeiten, Schlafen auf hartem Lager oder auf dem Boden unterstützen diesen Prozeß der Depersonalisation (Entpersönlichung, Personzertrümmerung). Es ist ein Milieu, in dem eine Hypnose oder Wachsuggestion ferner die Entwicklung medialer Fähigkeiten möglich sind. Die kommunistische Gehirnwäsche, die Mun in der Zeit seiner Haft in Nordkorea kennenlernte, bringt nun ihre Früchte.

B 338 Mir ist ein seltsamer Fall einer extremen Seelsorge gemeldet worden. Eine junge Frau rief mich in großer Not an. Sie berichtete: „Mein Vater hat von einem Gruppenleiter eine Gehirnwäsche erhalten. Nun zerschlägt er die Wohnungseinrichtung, reißt die Bilder von der Wand, verbrennt seine Bücher und Kassetten, zertrümmert die Uhr, ein Erbstück seines Vaters. Wir können ihn nicht stoppen. In seiner religiösen Raserei meint er, damit einen Neuanfang in seinem Leben zu setzen, indem er alles ‚Alte' vernichtet." Die Familie hatte keine andere Wahl, als den Vater in eine psychiatrische Klinik einweisen zu lassen.

Solche Fälle von seelischen oder nervlichen Zusammenbrüchen bis hin zum Selbstmord werden von nahezu allen Psychogruppen gemeldet.

B 339 Ein Beispiel sei aus der Mun-Sekte gegeben. Ein junger Mann ertrug nicht die Strapazen der rigorosen Exerzitien. Er schied aus der Mun-Kirche aus und schrieb einen Abschiedsbrief, in dem es heißt: „Der Grund für meinen Selbstmordversuch ist der Satz von Vater (Mun): ‚Wer aus der Familie geht, kann mitsamt seiner Verwandtschaft in seinem physischen Leben nicht wiederhergestellt werden.'" Danach verübte dieses unglückliche Opfer der Sekte Selbstmord im Juni 1978. (Berichtet von Pfarrer Haack in „Jugendreligionen", S. 33)

Die unvermeidlichen Prozesse

Die Eltern und die Sicherheitsorgane der westlichen Welt lehnen sich gegen diesen seelischen Terror auf. Mir sind viele Berichte über die Mun-Prozesse im Ausland und Inland zugestellt worden.

Ein englischer Freund, John Ballantyne, der mich stets mit allen wissenswerten Informationen aus England versorgt, sandte mir die „Daily Mail" vom 1. 4. 81 mit allen folgenden Nummern, die über den Prozeß Muns berichten. Die Ausgabe vom 2. 4. 81 berichtete, daß 100 Parlamentsmitglieder eine Eingabe an den Generalstaatsanwalt Sir Havers gemacht haben, um die Mun-Bewegung zu überprüfen. Es entwickelte sich daraus ein Mammutprozeß, dessen Kosten sich auf £ 750000 (damals über 3 Millionen DM) beliefen. Mun verlor diesen Prozeß und mußte danach tief in die Tasche greifen.

In Deutschland hatte die Mun-Kirche genauso wenig Erfolg. Drei evangelische Pfarrer und eine Pfarrerin hatten auf einer Konferenz vor der Vereinigungskirche gewarnt. Die Frankfurter Sektenleitung hat daraufhin einen Zivilprozeß in Darmstadt angestrengt. Sie wollte unter Androhung einer Geldstrafe von DM 50000,– die Pfarrer zwingen, ihre Äußerungen zu widerrufen, die Mun-Sekte setze Menschen dem Psychoterror aus, sie treibe Leute in den Selbstmord. Unter Berufung auf den Artikel 5 des Grundgesetzes wiesen die Richter die Klage ab.

Die Frankfurter Mun-Kirche ging in die Berufung. Am 15. 3. 83 wurde das Urteil veröffentlicht. Der 6. Zivilsenat des Bundesgerichtes verwarf die Revision des 12. Zivilsenates des Oberlandesgerichtes Frankfurt mit dem Sitz in Darmstadt. Nach dem Urteil der höchstrichterlichen Instanz darf von der Mun-Sekte weiter behauptet werden, sie setze Menschen Psychoterror aus, proklamiere ein faschistisches System, sei eine kriminelle Vereinigung, durch die junge Leute bis zum Selbstmord getrieben werden.

Der Kampf wird damit nicht zu Ende sein. Psychosekten geben nicht auf.

Weltweite Warnung

Die Tätigkeit der Mun-Sekte hat sich so zugespitzt, daß weltweit Warnungen veröffentlicht werden. Als Beispiel nenne ich „Das Beste" vom Sept. 1983. In Kanada kam das Buch von Josh Freed heraus. „In den Fängen der Mun-Sekte." Das Buch wurde auch unter dem Titel „Fahrkarte zum Himmel" verfilmt und errang 1982 den höchsten kanadischen Filmpreis. Es würde zu weit führen, wenn der Inhalt dieses erfolgreichen Buches wiedergegeben werden sollte. Es sollen nur einige typische Hinweise gegeben werden.

Ein Lehrer mit Namen Benji, Hochschulabsolvent, geriet in den Sog der Munies, erhielt eine Gehirnwäsche und sah seit dieser Zeit seine Eltern und Freunde für Werkzeuge des Teufels an und einen „Rattenfänger aus Korea“ für den neuen Messias.

Der Autor schildert die Mun-Bewegung mit folgenden Worten: „Mun ist ein selbsternannter Prophet, der aus Politik, Philosophie und Religion eine Mission ‚zur Eroberung und Unterwerfung der Welt‘ zusammengebastelt hat. Während er mit seiner ‚heiligen Frau und seinen 12 sündlosen Kindern‘ in Saus und Braus lebt, fristen seine jugendlichen Anhänger ein spartanisches Dasein. Die Mitglieder arbeiten bis zu 20 Stunden täglich und werden durch Erschöpfung, Eiweißentzug und gesellschaftliche Isolierung zu ‚wandelnden Toten‘ degradiert. Psychologen stellten fest, die Munies seien durch diese physische und psychische Folter so ‚gefühlskalt‘, daß bei manchen Frauen die Regel ausbleibe und die Männer impotent würden und keinen Bartwuchs hätten. Das eigene Denken wird den Munies durch monotones Litaneisingen und pausenlose Vorträge zerschlagen. Sie werden zu willenlosen Robotern, die das durchführen, was ihrem programmierten Gehirn eingetrichtert worden ist.

Da die Gerichte gewöhnlich den verzweifelten Eltern nicht behilflich sind, die Jugendlichen zurückzuholen, betreiben manche „kidnapping“ und wenden List und Gewalt an, um ihre Söhne oder Töchter zu „entführen“. So geschah es auch mit dem erwähnten Lehrer Benji. Nach geglückter Entführung dauert es dann manchmal bis zu einem Jahr, die psychischen Sklaven wieder zu deprogrammieren.

Ich hatte seelsorgerlich mit solchen Fällen zu tun. Es war aber eine entmutigende Aufgabe, die mir erneut zeigte, daß eine echte, anhaltende Befreiung nur durch Christus möglich ist.

Verführung durch Schule

Wenn das Thema Schule und Lehrer angeschnitten wird und nur Negatives berichtet wird, dann ergibt das ein völlig falsches Bild. Wenn man zum Beispiel die Slums einer Großstadt beschreibt und damit das Gesamtbild der Stadt charakterisieren will, dann entsteht ein völlig schiefes Bild. Ein kleines Beispiel dazu, das ich selbst erlebt habe. Ich holte eine südafrikanische Besucherin vom Flugplatz in Frankfurt ab. Es war ihr erster Besuch in Deutschland. Da ihre Vorfahren aus Deutschland nach Südafrika ausgewandert waren, hingen schöne Landschaftsbilder aus Deutschland in der Wohnung der manchmal heimwehkranken Siedler. Die Tochter dachte nun, Deutschland sei so schön, wie sie es von den Bildern her kannte. Ich hatte die Besucherin in ein Bauerndorf zu bringen. Sie machte ein etwas bekümmertes Gesicht. Ich fragte sie in den nächsten Tagen: „Was hast du für einen Eindruck von Deutschland?" Ich bat um eine offene Antwort. Sie erwiderte: „Ich wußte nicht, daß Deutschland so schmutzig ist. Wir haben daheim einige schöne Bildbände über Deutschland. Was ich hier sah, stimmt ja gar nicht damit überein." Einige Wochen später, als ich sie und ihre Begleiter an einige schöne Plätze gefahren hatte, wiederholte ich meine Frage. Die Antwort fiel nun schon viel günstiger aus.

Mit dem Thema Schule und Lehrer geht es genauso. In meiner Kartei habe ich soviel furchtbares Material, daß ich daraus ein schreckliches Bild über das Schulwesen, Lehrmethoden und Lehrerschaft gestalten könnte. Und umgekehrt könnte ein Lehrer über uns Pfarrer nach dem Prinzip der negativen Auslesen eine schauerliche Skizze erstellen.

Nach dieser langen Einleitung bekenne ich, daß ich aus der Kirchengeschichte und aus der Gegenwart Lehrer kenne, die gläubige Christen waren oder sind. Der schwäbische Pietismus hat viele gläubige Lehrer hervorgebracht, die werktags ihren Unterricht und sonntags die „Stund" (Bibelstunde) hielten. Ich kenne auch Großmütter und Großväter, die schon in der Schulzeit unter einem gläubigen Lehrer sich bekehrten und danach zeit ihres Lebens Jesus nachfolgten. Die Geschichte dieser Lehrer ist in der Ewigkeit festgehalten. In meinem Rundbriefkreis habe ich auch solche Lehrer, die mir schon manchmal eine geistliche Hilfe waren.

Man darf das Positive nicht aus den Augen verlieren, wenn nun schreckliche Dinge genannt werden müssen.

Schule und Okkultismus

B 340 Eines Tages kam mein jüngerer Sohn vom Gymnasium (in Karlsruhe) heim und berichtete über ein Erlebnis im Religionsunterricht. Nach Anweisung des Theologen setzten sich die Schüler um einen Tisch. Auf dem Tisch saß ein Schüler. Die anderen bildeten eine spiritistische Kette. Mein Sohn wehrte sich und sagte dem Lehrer: „Mein Vater schreibt Bücher gegen die okkulten Dinge. Ich weigere mich, hier mitzumachen." Ich habe mich über die entschiedene Haltung meines Jungen gefreut.

B 341 Der Gottesmann Wim Malgo berichtete in der Mainummer des „Mitternachtsrufes" 1981 einen ähnlichen Vorfall:

Frage eines Abonnenten: „Psychokinese – was ist das?

G. K. in S.: „Meine Tochter kam von der Schule heim und erzählte, in der Religionsstunde hätten sie Psychokinese durchgeführt. Der Lehrer hätte zu den Schülern gesagt, sie sollten sich alle um einen Tisch stellen. Er selber saß mitten darauf. Er sagte, sie sollten nun die Augen schließen, den Tisch anfassen und fest daran glauben, daß der Tisch emporgehoben würde. Meine Tochter glaubte daran und verspürte eine gewisse Kraft. Sie sagte mir, der Tisch wäre wirklich leicht emporgegangen. Sie können sich ja vielleicht vorstellen, wie entsetzt ich war und bin. Ich habe mit meiner Tochter gebetet und das Siegesblut über sie gerühmt, daß Jesus sie von dieser Tat (Sünde) freimacht.

Nun muß ich mit dem Lehrer und Rektor sprechen. Mir fehlt hierüber Schriftgut. Bitte helfen Sie mir. Vielleicht können Sie mir Bücher nachweisen, die ich bestellen kann ... Nein, was alles in die Schule hineinkommt! Ich könnte als Mutter von zwei Kindern heulen – aber Jesus bleibt Sieger."

Antwort: Psychokinese bedeutet: seelische Einflußnahme auf Bewegungsvorgänge ohne physikalische Ursache. Sprechen Sie mit dem Religionslehrer und halten Sie Ihr Kind von solchen Stunden und Experimenten fern! Was da getan wurde, gehört in den Bereich des Spiritismus. Ich empfehle Ihnen, das Buch „Seelsorge und Okkultismus" von Dr. Kurt E. Koch zu lesen, das Sie beim Brunnen-Verlag, CH-4001 Basel, beziehen können. Lesen Sie dann insbesondere ab Seite 30, und reichen Sie dieses Buch gegebenenfalls auch an den Religionslehrer weiter. Der Herr gebe Ihnen Gnade und Vollmacht zu Ihrem Vorgehen. Halten Sie sich an Jakobus 1,5–6a! W. M.

Das sind zwei Beispiele aus Deutschland und aus der Schweiz. Vom Ausland habe ich sehr viel Material gesammelt. Bei drei Vortragstouren in Japan erhielt ich dort Einblick in die Schulen und

Universitäten. In den siebziger Jahren fegte eine Okkultismuswelle über ganz Japan. Einem Berichterstatter P. C. in Tokio verdanke ich folgenden Bericht, der überschrieben ist:

Spiel mit dem Übersinnlichen

Eine sechzehnjährige Schülerin wurde das neueste Opfer der „Okkultismus-Welle“, die seit einiger Zeit zu einer beliebten Modeerscheinung unter Japans Jugendlichen geworden ist. Das Mädchen wurde auf einem Schulfest von einem Mitglied einer religiösen Sekte hypnotisiert, ohne wieder aus ihrem Trancezustand erweckt werden zu können. Es entwickelte hohes Fieber und konnte erst nach drei Tagen durch ärztliche Hilfe wieder zum Bewußtsein gebracht werden.

Behörden und Lehrer haben in ganz Japan eindringliche Aufrufe an Eltern und Erziehungsberechtigte gerichtet, die vor den gefährlichen Auswirkungen dieses „Spiels mit dem Übersinnlichen“ warnen. Lange, bevor der Filmschocker „Der Exorzist“ in den japanischen Filmtheatern anlief, wetteiferten in Japans Schulen bereits eine ständig zunehmende Zahl von Amateur-Spiritisten, die sich gegenseitig in die Kunst der Telepathie, der Hypnose und der Geisterbannung unterwiesen. Angeregt wurden sie unter anderem durch Fernsehsendungen des bekannten Hypnotiseurs Hiki Tenko und durch einschlägige Magazine. Das Ergebnis: 18 Schüler aus Kiuschu mußten sich vom Unterricht befreien lassen, weil sie nach einer Hypnosesitzung in der Schulpause über Schmerzen in der Brust und Gefühllosigkeit in den Beinen klagten. Einige von ihnen wurden auf dem Nachhauseweg ohnmächtig. In einer anderen Schule hypnotisierten sich zweihundert Jugendliche in einer Massensitzung, wobei mehrere von ihnen erst durch Schläge ins Gesicht von ihren Lehrern wieder aus ihrer Trance befreit werden konnten. Eine Schülerin in Miyazaki mußte von ihrer Mutter zu einem Heilpraktiker gebracht werden, weil die Ärzte sie nicht aus ihrer Ohnmacht erwecken konnten.

Nach einer Untersuchung des zentralen Jugendamtes sind 80 Prozent aller japanischen Jugendlichen areligiös, wobei 60 Prozent der Erwachsenen noch einem religiösen Glauben anhängen. Die Areligiosität der Jugend werde dagegen durch eine starke Anziehung von Fetischismus und Magie ersetzt. Das Amt nennt diese Erscheinung eine „Flucht in den Okkultismus“, der ein Ergebnis der mangelnden moralischen und geistigen Grundkonzeption seit dem Krieg sei. P. C., Tokio

(Siehe auch Kapitel „Hypnose“)

Diese Beispiele aus meinen Sammelmappen könnten um viele vermehrt werden. Mir liegt mehr Material vom Ausland als von Deutschland vor.

B 342 Wie schon erwähnt, versorgt mich ein englischer Freund schon seit Jahren mit diesbezüglichen Erlebnissen aus England. So teilte er mir zum Beispiel in einem Brief mit, daß der Pinguin-Buchverlag ein Kinderbuch herausgebracht hat, in dem den Kindern der Gebrauch des Ouijaboard (spritistisches Buchstabierbrett) beigebracht wird. Die Kinder nehmen dieses gefährliche Spielzeug mit in die Schule und betreiben es in den Pausen und oft auch zusammen mit dem Lehrer in den Unterrichtsstunden. Die Lehrer sind genau wie die Psychologen der Meinung, daß man nur Inhalte des Unterbewußtseins damit erhellen könne. Diese Erklärung trifft nicht zu, weil das Ouijaboard auch Zukunftsfragen beantwortet, wenn ein medial veranlagtes Kind es bedient. Weiteres Material steht in dem Kapitel über das Buchstabierbrett.

Am schlimmsten steht es mit dem Schulwesen in den Vereinigten Staaten. Insgesamt 35 Vortragsreisen und Besuchsreisen in den USA gaben mir reichlich Gelegenheit, die okkulte Verseuchung der Schüler und Lehrer zu beobachten. Ich habe auch in anderen Büchern darüber berichtet. Amerika schaffte Bibel und Gebet im Unterricht ab. Dafür zog der Spiritismus und Okkultismus in jeder Form ein. Zunächst wurde nach Anweisung der Behörden nur theoretisch darüber unterrichtet. Einige Jahre später kam die Anordnung, den Okkultismus praktisch zu erproben. In den einzelnen Staaten kam es zu heftigen Auseinandersetzungen. Ich selbst hatte vor den Senatoren des Staates New Hampshire über die furchtbaren Auswirkungen der okkulten Praktiken in den Schulen zu berichten.

Als Folge der behördlichen Anordnungen forderten gläubige Eltern unter der Führung von Billy Graham die Gründung von christlichen Schulen, in denen nur gläubige Lehrer ihrer Wahl unterrichten dürften. Selbstverständlich sollten die okkulten Unterrichtsstoffe wegfallen. Nach langen Verhandlungen wurden die christlichen Schulen genehmigt. Die Eltern mußten aber weiterhin die Schulsteuer für die staatlichen Schulen zahlen und zusätzlich ihre christlichen Schulen finanzieren. Alle Verhandlungen auf diesem Sektor scheiterten. Der Staat gab nicht nach.

Im Zusammenhang mit diesen Kämpfen kam es zu rigorosen Entscheidungen der Schulbehörden. Ein Religionslehrer wurde entlassen, weil er den Schöpfungsbericht für wahr hält. Eine Psychologin wurde ihres Postens enthoben, weil sie daran glaubt, daß es Dämonen, böse Geister und Besessenheit gibt.

Bibelkritik und Atheimus ist heute gängige Ware an den meisten Schulen der USA – aber auch bei uns in Europa.

Schule und Sexualkunde

Seit den sechziger Jahren wird in unseren Schulen unter anderem eine Geschlechtserziehung betrieben. Durch Bildmaterial, Zeichnungen, Texte und offene Besprechungen selbst der intimsten Dinge vor der Klasse wird eine Sexualerziehung vorgenommen, die eine bewußte Entwicklung der Schamlosigkeit zur Folge hat. Diese Form des Schulunterrichtes hat viele gläubige Eltern auf die Barrikaden getrieben. Im In- und Ausland erfolgten Bürgerinitiativen, Gesuche, Aufrufe mit dem Ziel, dieser Sexualerziehung zu wehren. Es gab und gibt auch Lehrer, die im privaten Boykott sich weigerten, all das den Schülern vorzutragen, was vom Kultusministerium vorgeschrieben worden war.

Einige Beispiele der christlichen Opposition werden wiedergegeben. Zuerst sei ein nordrhein-westfälischer Elternbrief erwähnt, der, von rund 30 Bittstellern unterschrieben, an den Kultusminister des Landes Nordrhein-Westfalen ging. Er ist im Informationsbrief 75 der Bekenntnisbewegungen abgedruckt. Da er sieben Seiten lang ist, können nur einige Sätze daraus gebracht werden. Es heißt unter anderem in dem Schreiben:

„Die Sexualerziehung in Nordrhein-Westfalen wie in den übrigen Bundesländern ist eine Erziehung, die den Schüler für Hurerei und Unzucht öffnet und diese Verhaltensweise anerkennt. Die Richtlinien fordern, die sexuelle Erlebnisfähigkeit der Geschlechter sowie den Geschlechtsverkehr im Unterricht zu behandeln, Kriterien für Pornographie zu erarbeiten, sexuelle Themen aus der Literatur kennenzulernen, anhand von künstlerischen Darstellungen nackter Menschen und sexueller Vorgänge einen Einblick in die Einstellung des Künstlers zur Sexualität seiner Epoche zu gewinnen ... Bei dem Bildmaterial geht es um die bildliche Darstellung selbst der intimsten Vorgänge. Die Schüler wiederum müssen darüber vor der Klasse sprechen, Aufsätze schreiben, Zeichnungen anfertigen, sogar vielfach schriftliche Beschreibungen des Geschlechtsverkehrs abgeben.

Sehr geehrter Herr Minister, sehr geehrte Damen und Herren Abgeordnete des Parlaments von Nordrhein-Westfalen: Mit der gesetzlichen Verankerung der Sexualerziehung in der Schule würden Sie sich zu Werkzeugen dessen machen, der den Menschen von Gott abhält und wegführt..."

Aus der Monatszeitschrift „Morgenland" Nov. 74 entnehme ich einen detaillierten Plan für die vorgesehene Aufklärung in den Schulen. Es heißt in diesem Artikel:

„... Viele Eltern scheinen immer noch ahnungslos zu sein, was ihren Kindern mit der ‚Schul-SE' zugemutet wird, wenn 6–7jährige Kinder unter anderem über den ‚Kaiserschnitt' aufgeklärt werden;

wenn es für 9–10jährige Kinder heißt: ‚Kernstück des Aufklärungsunterrichtes sind die Gespräche über den Geschlechtsakt der Eheleute';

wenn wir in der Schule 13–14jährige Kinder über sämtliche Verhütungsmittel aufklären sollen. Geplant ist die ‚Gegenüberstellung der Möglichkeiten der Empfängnisverhütung; Zeitenwahl, Unterbrechung, mechanische Hilfsmittel, chemische Hilfsmittel, Ovulationshemmer, Herausstellen der jeweiligen Vor- und Nachteile hinsichtlich Sicherheit, Gesundheit, Wohlbefinden, Spontaneität der Liebeshingabe'.

Zur augenfälligen Vertiefung des Vorgetragenen gibt es dann für die Kinder die ministeriell genehmigten Arbeitsblätter mit nackten Männlein und Weiblein und detaillierten Darstellungen ihrer Geschlechtsorgane, manchmal samt schriftlicher Anleitung für diese Aufgaben..." (siehe „Kommentar zur Bayerischen Landespolitik" von Bernhard Ücker, Bayerischer Rundfunk 16. 10. 1971).

Das Deutsche Pfarrerblatt vom Febr. 1979 brachte einen Protest der französischen Jugend gegen die Sexualerziehung. Dieser Artikel lautet:

„Schluß mit Sex-Aufklärung!" Diesem Appell ist ein Flugblatt der Jeunes Volontes, Chamberry gewidmet. In dieser Publikation in einer französischen Bürgeraktivität heißt es unter anderem: „Schluß mit Sex in der Schule! Sex-Aufklärer, Sex-Lehrer, Sex-Propheten, die französischen Jungen und Mädchen sagen euch: Wir sind keine solchen Schweine wie ihr glaubt!... Wir wollen

Braut und Bräutigam sein, keine ‚Partner'. Wir wollen Väter und Mütter sein, keine Pillenschluckerinnen und Abtreiber. – Verschwindet, macht euch davon! Und wenn ihr die Revolution haben wollt, dann werden wir sie machen gegen euch und eure Schweinereien, eure bösen Absichten und eure Wichtigtuerei! – Heuchler! Wir wollen nichts wissen von eurem Sex-Unterricht, euren Sex-Praktiken und Sex-Artikeln ... Was wir wissen müssen, das wissen wir ohne euch und gegen euch. Ihr aber geht und lernt das, was ihr nicht kennt: Die Ehre der französischen Jugend, die ihr umbringen wollt!"

Pfarrer und Evangelisten aller Kirchen haben die Kehrseite der Sexualerziehung in den seelsorgerlichen Gesprächen erlebt. Die Sexualerziehung hat viele Dämme eingerissen, das Schamgefühl durchbrochen, hat Jugendliche und junge Lehrer enthemmt und viel anderes Unheil angerichtet. Zwei Beispiele sollen das zeigen:

B 343 Ein etwa zehnjähriges Mädchen kam zur Aussprache. Sie berichtete weinend, daß der junge Lehrer ihrer Klasse sich Wochen hindurch einzelne Mädchen auf sein Zimmer kommen ließ. Dort hat er sie praktisch in den intimen Verkehr eingeführt. Dem berichtenden Mädchen erging es genauso. Das Bildmaterial der Schule samt allen Gesprächen hat ihren inneren Widerstand gebrochen. Sie wurde auch von dem Lehrer verführt. Die Mädchen untereinander behielten das Geheimnis nicht für sich. Es stellte sich heraus, daß der Lehrer sämtliche Schülerinnen verführt hat. Meine Berichterstatterin war eine Pfarrerstochter.

B 344 Das nächste Beispiel ist noch furchtbarer. Ein Religionslehrer kam in den Unterrichtsraum. Da fährt er entsetzt zurück. Alle Jungen und Mädchen waren paarweise damit beschäftigt, praktisch das auszuüben, was sie im „Sex-Unterricht" gehört hatten. Der Vorfall ereignete sich in einem Großstadtviertel, das in ganz Deutschland einen üblen Ruf hat. Dieses Ertapptwerden in flagranti zeigt doch, daß jegliches Schamgefühl bei diesen Schülern im Alter von 13 Jahren zerbrochen und erloschen war.

Gott wird einmal die Gesetzgeber und Behörden zur Verantwortung ziehen, die diese Enthemmung unserer Jugend mit ihrer Sexualerziehung angebahnt oder wenigstens begünstigt haben.

Nicht nur in der Schule, auch in der politischen Arena spielt

Sex eine entscheidende Rolle. Dazu einige Sätze aus dem Flugblatt „Deutsche Bürgerinitiative, Rechtsanwalt Manfred Roeder":

Zersetzt alles, was im Lande eurer Gegner gut ist. Beeinträchtigt ihren Willen durch sinnliche Lieder und Musik. Entwertet die Überlieferung und Tradition.

Sun Tsu, chin. Philosoph 500 v. Chr.

Interessiert die Jugend am Sex, und ihr bekommt sie in die Hand! Lenin

Die Sowjetbotschafterin für Skandinavien, Frau Kolontai, hatte die Anweisung, nicht über Kommunismus zu sprechen, dafür aber um so mehr die freie Liebe unter der akademischen Jugend zu propagieren.

Totale sexuelle Enthemmung ist die Voraussetzung für die kommunistische Revolution. W. Reich

Wir werden unsere Ideologie durch die moralische Schwäche des Gegners einschleusen. Mao Tse-tung

Die Probleme der Sexualität sind unser Einstieg für die Politisierung der Schüler gewesen. Ehem. Vorsitzender des SDS

Die Schüler sollen die Schule nach ihren sexuellen Bedürfnissen gestalten. Helmut Kentler, Päd. Zentrum Berlin

Erfahrungen mit dem Orgasmus sind von früher Kindheit an zu fördern. Dipl. Psychologe Kentler „underground 6/69"

Das sind nur einige Stilblüten aus diesem Sumpf. Wer Sex propagiert, hat die Jugend. Wer die Jugend hat, hat die Zukunft. Die Jugend ist in der Schule erreichbar.

Schule und Religionsunterricht

Was von den gläubigen Lehrern zu Anfang dieses Kapitels gesagt wurde, gilt auch für die gläubigen Religionslehrer im Besondern. Leider sind sie dünn „gesät". Ich kenne aber solche, die sich ihrer Verantwortung vor Gott und den gläubigen Eltern gegenüber bewußt sind. Von ihnen gilt das Wort aus Hebr. 13,7: „Gedenket an eure Lehrer, die euch das Wort Gottes gesagt haben. Ihr Ende schauet an und folget ihrem Glauben nach." Ich denke mit Hochachtung und in Dankbarkeit an solche gläubigen Lehrer, die dem Worte Gottes gefolgt sind und ein Vorbild dafür waren oder sind.

Wir sind hier aber bei einem Buch, das viel Gefährliches, Verborgenes und Okkultes ans Licht zerrt – zur Information und zur geistlichen Hilfe. Einige Beispiele von kleinen, aber typischen Erlebnissen.

B 345 Meine Kinder erzählten mir manchmal Dinge, die im Religionsunterricht passierten oder vorgetragen wurden. Ich bin stets darüber in Harnisch geraten. So erzählte mir meine älteste Tochter einmal, daß die Vikarin im Unterricht den Auszug der Kinder Israel aus Ägypten durchnahm. Der Durchzug durch das Schilfmeer wurde mit Ebbe und Flut erklärt, obwohl es das im Schilfmeer gar nicht gibt. Die Feuersäule in der Nacht wurde mit dem Feuer von Vulkanen deutlich gemacht. Die Wolkensäule am Tage war eine Windhose oder Sandhose. Das Manna war eine Tamarindenfrucht, die der Wind brachte. Woher kamen aber für das 2-Millionen-Volk 40 Jahre lang die Tamarinden? Desgleichen die Wachteln, und alles nur an den Werktagen. Am Sabbath versagte diese Nahrungsquelle. Dazu sind in 40 Jahren die Kleider und Schuhe nicht veraltet oder abgetragen. – Es gibt moderne Theologen, bei denen man das Unmöglichste glauben soll, nur das, was die Bibel sagt, ist unglaubhaft.

B 346 Bei ungläubigen Modernisten kann man noch verstehen, daß sie die Wunder ablehnen, wenn das aber von seiten gläubiger Männer geschieht, dann ist das nicht zu fassen. So hat ein gläubiger Professor erklärt, die Mauern Jerichos wären wahrscheinlich mit Salpeter gesprengt worden, den es in jener Gegend gab. Der gleiche Professor erklärte das schwimmende Eisen des Propheten Elisa sehr einfach: Der Prophet stieß in das Wasser und erwischte die Öse der Axt und holte sie hoch.

Ein anderer gläubiger Theologe, der unter den Pietisten einen guten Namen hat, erklärte Jesu Wandel auf dem Wasser damit, daß Jesus die seichten Stellen des Ufers benützte, die Petrus (als der Fischer des Sees!) nicht kannte und darum im Wasser versank. Ich stellte diesen Bruder zur Rede. Ohne Erfolg! Er blieb bei seiner Meinung.

Ich kenne die Männer, die hier in diesen Beispielen ohne Namen erwähnt sind. Sie sind gläubig, schneiden aber aus der Bibel Dinge heraus, die gegen ihren Verstand gehen.

Das scheint ein hartes Urteil über Theologen zu sein. Darum ein anderes Beispiel, das in meine Sammlung wanderte. In einer deutschen Großstadt hatte ich einen Vortrag. Hinterher war mit einigen Pastoren ein kleiner Konvent. Das Gespräch kam auf die Glaubwürdigkeit der Bibel. Eine Theologin sagte: „Ich lese dieses alte Buch nicht." Ich fragte: „Über was predigen Sie denn?" Ihre Antwort: „Über moderne Literatur."

In Jeremia 1,12 sagt Gott: „Ich will wachen über mein Wort, daß ich es tue." Die Bibel ist ein Buch unter den wachen Augen Gottes. Welches Buch der Weltliteratur hätte noch diesen Anspruch? Ich richte diese Theologin nicht, aber ich bete für sie.

Die Bibel, von „ihren geistlichen Handwerkern" nicht gelesen und darum unbekannt! Dazu ein haarsträubendes Beispiel, das geradezu ungeheuerlich ist.

B 347 In den „Badischen Neuesten Nachrichten" (BNN) vom 6. Sept. 1980 stand folgender Artikel:

„Wir werden die Instandsetzung wohl zahlen müssen"
Pfarrer und die Mauern von Jericho

Stuttgart (lsw). Die Mauern Jerichos, die einstürzten, als vor über 3000 Jahren die Israeliten jene alte Stadt in Palästina eroberten, sind sprichwörtlich. Doch wenn man der Darstellung eines Dekans der Evangelischen Kirche in Württemberg glauben darf, ist Jericho sogar unter Pfarrern und Kirchenpflegern in Vergessenheit geraten. In der Schule einer kleinen Schwarzwaldgemeinde besuchte der Dekan den Bibelunterricht und fragte, was die Klasse über die eingestürzten Mauern Jerichos wisse. Nach langem Schweigen meldet sich ein Schüler und berichtet treuherzig: „Mit Mauern, auch mit eingestürzten, kennt sich der Karl am besten aus, denn Karls Vater hat ein Baugeschäft."

Der Dekan, sprachlos über diese unerwartete Antwort, wirft dem Pfarrer einen erstaunten Blick zu. Aber der Pfarrer, offenbar ebenso unwissend wie seine Schüler, bestätigt dem Dekan, er möge sich wegen der eingefallenen Mauer vertrauensvoll an das Baugeschäft von Karls Vater wenden. Der könne ihm bestimmt helfen.

Verwirrt über diesen abgrundtiefen Mangel an Bibelfestigkeit stellt der Dekan am Tag darauf mit derselben Frage den Ausschuß seines Kirchenbezirks auf die Probe. Doch auch hier herrscht nur Ratlosigkeit und Schweigen. Endlich seufzt der für die Finanzen zuständige Kirchenpfleger: „Da wird wohl unser Kirchenbezirk die Instandsetzung der eingestürzten Mauern bezahlen müssen!"

Nach dieser dreifachen „Niederlage“ wird der Dekan wohl eigens Nachhilfe in Bibelkunde erteilen müssen.

Jahrelang habe ich Vorträge gegen die moderne Theologie gehalten und dadurch viele „grausame“ Geschichten der Modernisten zu hören bekommen. Dazu ein furchtbares Beispiel:

B 348 Mein Berichterstatter ist ein gläubiger Pfarrer einer norddeutschen Großstadt. Zu seinem Schutz lasse ich seinen Namen weg. Junge Männer seiner Gemeinde kamen zu ihm und berichteten folgendes. Ihr Religionslehrer, ein Theologe, nahm das Problem der Jungfrauengeburt durch. Er sagte der Klasse: „Die Maria will ein Kind vom lieben Gott bekommen haben, und dann bekam sie Kinder von Joseph. Sie hat also ihre Kinder von verschiedenen Vätern. Wie nennt man eine Frau, die von verschiedenen Vätern Kinder erhält? – Einige Schüler, die zum evangelischen Jugendkreis gehörten, waren darüber empört und empfanden das als Lästerung. Ihr Ortspfarrer gab ihnen den Rat: „Wenn der Religionslehrer wieder so etwas sagt, dann steht unter Protest auf und verlaßt den Unterricht. Meldet dann dem Direktor, warum ihr den Unterricht verlassen habt.“

Die Bibel sagt für eine solche Situation in Mt 18,6: „Wer aber ärgert dieser Geringsten einen, die an mich glauben, dem wäre besser, daß ein Mühlstein an seinen Hals gehängt und er ersäuft würde im Meer, da es am tiefsten ist.“

B 349 Für mich ist das, was dieser Religionslehrer sagte, auch Lästerung. Ich habe das Gegenstück oder die Frucht eines solchen modernistischen Unterrichts selbst erlebt. In einer Jugendversammlung erklärte eine Theologiestudentin: „Jesus war ein H...“ Ich stand auf und rief: „Das ist Gotteslästerung. Ich verlasse sofort diese Versammlung.“ Dann rief ein junger Bursche mir noch nach: „Und Maria war eine Hure!“ Da es sich bei der Zwischenruferin um eine Theologiestudentin handelte, habe ich die zuständige Kirchenbehörde über diesen Vorfall informiert.

Die Saat, die von Professoren, Pfarrern und Lehrern an den Universitäten, Gymnasien und Hauptschulen gesät wurde und wird, geht heute sechzig- und hundertfältig auf.

Visionen aus göttlicher Quelle

Zu dem Kapitel über Visionen sollte auch der Bericht über die Wahrträume gelesen werden, denn es sind verwandte Gebiete.

Alle Phänomene auf dem paranormalen Sektor sind trivalent, d. h. dreiwertig. Es gibt göttliche, menschliche und dämonische Heilungen. Das gleiche gilt für die anderen Charismata (Geistesgaben). Es gibt ein göttlich geschenktes Zungenreden, das sehr selten ist, es gibt menschliche und vielfach auch dämonische Nachahmungen. Was wir heute in dem Dschungel der pseudocharismatischen Bewegungen erleben, sind zum größten Teil mediale Praktiken in religiösem Gewand oder Produkte aus dem Unterbewußtsein des schwärmerischen Menschen.

Trivalent sind auch die Gesichte und Visionen. Es gibt göttliche, also durchaus echte Visionen. Viel Not und Verwirrung bereitet das große Gebiet organisch und psychisch bedingter Visionen und die dämonischen Inszenierungen und Gaukeleien.

In diesem Buch ist schon mehrfach geäußert worden, daß das negative, okkulte Material mehrmals durch positive Erlebnisse aufgelockert wird. Hier in diesem Kapitel werden nur positive Visionen berichtet.

Wir beginnen mit dem wunderbaren visionären Geschehen in der Apostelgeschichte 10. Ein gottesfürchtiger römischer Offizier, Kornelius, sieht, während er betet, einen Engel, der ihm sagt: „Sende Boten nach Joppe und lasse einen Mann kommen, der Simon Petrus heißt. Er wohnt bei einem Gerber Simon, des Haus am Meer liegt, der wird dir sagen, was du tun sollst."

Simon Petrus hat zur gleichen Zeit die Vision mit den unreinen Tieren und dem göttlichen Hinweis: „Was Gott gereinigt hat, mache du nicht gemein." Damit wurde Petrus klargemacht, daß er die als Heiden geltenden Römer nicht abweisen dürfe. Am Schluß der Begegnung fällt der Heilige Geist auf die Familie und Freunde des Kornelius. Das ist kurz zusammengefaßt Apostelgeschichte 10, die wir am besten in der Bibel nachschlagen und ganz lesen.

Wenn heute im 20. Jahrhundert ähnliche Dinge sich ereignen, dann muß man mit schwerster Kritik rechnen, nicht etwa von der Welt, sondern von den kalten, erstarrten, alles besserwissenden Frommen.

Ein Stückweit ist diese Geschichte auf Sizabantu passiert, wo dieses Kapitel niedergeschrieben wird.

In der zweiten Hälfte des Monats Februar 1984 kamen 14 hochgewachsene Amerikaner aus Kalifornien auf Sizabantu an. Es war ein gläubiger Pastor und 13 Älteste und führende Männer seiner Gemeinde. Was sie hier an dieser Segensstätte berichteten, ist ein Stück Korneliusgeschichte.

In dieser kalifornischen Gemeinde wurde seit einigen Jahren um eine Erweckung gebetet. Die Tatsache, daß der Herr eine klare Hilfestellung gab, zeigt, daß ihr Beten nüchtern und biblisch war.

Einer der treuesten Ältesten hatte eines Tages eine Vision. Es wurde ihm ein Mann gezeigt, der Deutscher ist, aber englisch predigte, und wurde angewiesen, daß die Gemeinde mit diesem Mann der Vision Kontakt aufnehmen solle, damit ihnen in der Bitte um eine Erweckung weitergeholfen werde.

Der Älteste erzählte diese Vision dem Pastor und den anderen Brüdern. Der Pastor kennt viele Erweckungsprediger, weil er sich deren Literatur beschafft hatte. Da gerade R. Bonnke in USA evangelisierte, sagte der Pastor: „Bonnke ist Deutscher und predigt englisch. Das muß der Mann sein.“ Er nahm Kontakt mit Bonnke auf und lud ihn zu Vorträgen ein. Als dieser Evangelist in der kalifornischen Gemeinde erschien, erklärte der Älteste, der die Vision gehabt hatte: „Das ist nicht der Mann, den ich sah.“ Der Pastor war fast ein wenig ungehalten. Er erwiderte: „Nun machte ich mir solche Mühe, den Evangelisten hierher zu bekommen, und du sagst, es sei der falsche.“

Der Pastor holte sich von den Büchern über Erweckungen die hervor, in denen auch Fotos sind. So geriet er auch an das Zulubuch, das auf der Vorderseite das Foto von Erlo Stegen trägt. Kaum sah der Älteste Erlo Stegen, da rief er aus: „Das ist der Mann. Wo finden wir den?“ Die Suchaktion nach Erlo Stegen und seiner Station Kwa Sizabantu verlief mit einigen Telefongesprächen positiv. Nun wurde rasch geplant, denn diesen Brüdern brannte das Anliegen einer Erweckung auf dem Herzen.

Der Pastor stellte zusammen mit seinen Ältesten das Team für Sizabantu zusammen. Die Männer sind aber alle berufstätig und davon abhängig, ob sie vom Arbeitsplatz für einen Sonderurlaub freigegeben werden. Der Mann, der die Vision hatte, wurde kurzerhand von seinem Chef „gefeuert“, als er auf einem Sonderurlaub bestand. Zwei andere Männer wurden ebenfalls entlassen. Bei den beiden wandte sich aber die Entlassung zum Guten. Beim Abflug erschien ihr Chef am Flugplatz und machte die Entlassung rückgängig. Der erste Bruder ist nun mit seiner Familie ohne Arbeit. Der Herr wird sich aber seiner annehmen.

Das ist der Bericht, den der kalifornische Pastor auf Sizabantu gab.

Man kann zwischen den Zeilen einiges herauslesen. Das soll aber nicht niedergeschrieben werden. Eines spielt dabei keine Rolle. Es geht nicht um Menschenverherrlichung. Diese Gefahr ist auf Sizabantu bekannt. Wenn eine Erweckung in den Sog der Menschenvergötterung gerät, dann bereitet ein solcher Götzendienst der Erweckung ein schnelles Ende.

Von Bombensplittern durchlöchert

Bevor diese furchtbare Geschichte berichtet wird, zuerst etwas Persönliches, das man vielleicht belächeln mag, das aber mir eine große Glaubensstärkung und Bestätigung für meine Arbeit ist. Als ich die Geschichte der 14 Kalifornier gehört hatte, sagte ich Erlo: „Mir fehlt jetzt noch eine zweite Visionsgeschichte für dieses Kapitel. Eine Stunde später bekam ich sie. Erlo brachte einen Major, Stabsoffizier der südafrikanischen Luftwaffe, zum Mittagstisch. Wir saßen uns gegenüber und hatten schnell Kontakt, weil der Offizier sagte, er habe alle meine englischen Bücher. Sie seien ihm eine große Hilfe gewesen, weil bei seinen Vorfahren teilweise Zauberei getrieben worden sei. Seine Belastung habe er nach dem Lesen des englischen Buches „Satans Devices“ erkannt. Vor etwa vier Jahren hatte er in einem Zornesausbruch seine Frau aus dem Haus gejagt und dann ein Messer genommen, um ihr beider Kind zu töten. Eine unerklärliche Macht hielt ihn aber vor dieser entsetzlichen Tat zurück. Er kam dann kurze Zeit später nach Sizabantu und fand hier den Herrn Jesus. Seine Frau und das liebliche Mädchen, das er hatte töten wollen, waren auch hier. Das Kind hat schon ein eigenes selbständiges Glaubensleben. Als Vierjährige sagte sie einmal: „Unser Leben ist ein Film, und Gott schaut ihn sich an.“

Nun aber zu der Bombengeschichte. Am 20. Mai 1983 fuhr ein Auto der ANC (African National Congress), einer kommunistischen Terrororganisation Südafrikas, mit einer 50-kg-Bombe vor den Eingang des Hauptquartiers der Luftwaffe in Pretoria.

Die Auswirkungen der Explosion waren furchtbar. Die europäischen Zeitungen, ja die ganze westliche Presse berichtete davon. Nun aber hörte ich alles viel genauer von einem Betroffenen.

Der scheußliche Terrorakt forderte zwanzig Menschenleben und mehr als 270 Verletzte. Dieses Beispiel ist auch eine Ergänzung zum Kapitel über den Weltkommunismus. Bei dem zwölfstöckigen Gebäude waren alle Fenster zersplittert. Teile der zerfetzten Leichen wurden zum 12. Stockwerk hochgeschleudert. Auch bei dem gegenüberstehenden Hochhaus mit 32 Stockwerken waren ebenfalls alle Fenster zerschmettert. Ein Passant machte unmittelbar nach der Explosion Aufnahmen. Der Major legte sie mir vor.

Was geschah aber mit ihm selbst? Er stand in der Nähe des Eingangs und wurde von einem Splitterhagel getroffen. Er blieb bei Besinnung und betete noch für den Täter: „Herr vergib ihm, er weiß nicht, was er tat." Dann betete er weiter: „Herr, wenn es dein Wille ist, dann lasse mich weiterleben, ich habe noch so wenig für dich getan." In diesem Augenblick spürte er, wie eine riesige Gestalt ihn aufhob und 200 m weit weg zu einer Ambulanz brachte. Im Hospital wurde zuerst in einer zweistündigen Operation der größte Splitter, der über dem Herz steckte, herausgeholt. Der Major zeigte mir die 14 cm lange Narbe, die ihn heute manchmal noch schmerzt. Danach wurden alle anderen Splitter herausgeschnitten. Ein Wunder der Bewahrung, daß bei 90 Splittern keiner tödlich war! Bei einem „Wundersplitter" liegt handgreiflich eine göttliche Bewahrung vor. Dieser etwa 4 cm große Splitter traf den Major direkt auf die Halswirbel. Die Jacke wurde durchschlagen. Das Loch ist hier 4 bis 5 cm breit, das Hemd darunter weist nur noch ein Loch von etwa 2 cm auf. Das Unterhemd hat an dieser Stelle keinen Einschlag mehr. Wenn die Halswirbel durchschlagen worden wären, hätte das sein Ende bedeutet.

Der Schwerverletzte wurde auf die Intensivstation gelegt. Schlafen konnte er nicht, weil er wegen der Lunge sitzend gebettet wurde. Die Atmung wurde immer flacher, die Sauerstoffzufuhr dadurch immer geringer. Das Blut wurde nahezu schwarz. Der Schwerverletzte lag im Sterben, obwohl man ihm dauernd Sauerstoff in die Lunge preßte.

In diesem Zustand sah er in einer Vision – nicht im Traum, sondern im Wachzustand – das Bild Erlos vor sich. Er betete: „Herr, sende ihn zu mir."

Und Erlo kam an sein Sterbebett. Ich fragte Erlo dazwischen: „Wer hat dich informiert? Wie kam es zu diesem Besuch?" Er antwortete: „Ich wurde innerlich gedrungen, den Major aufzusuchen, obwohl ich um seinen Zustand nicht wußte."

Erlo betete mit dem Schwerverletzten, nach Jakobus 5,14 unter Handauflegung. Einige Minuten später nahm der Arzt wieder Blut. Der erste Zentimeter war noch schwarz. Dann kam frisches, rotes Blut. Die Lunge hatte beim Gebet wieder eingesetzt zu arbeiten.

Natürlich werden Kritiker manche Argumente vorbringen. Das tun sie zu ihrem eigenen Schaden. Nur ein Argument will ich abwehren. Der Major ist nicht mit Kornelius zu vergleichen und Erlo nicht mit Petrus. Es sollte nur das doppelseitige Erlebnis gezeigt werden. Simeon ging auch auf Anregen des Heiligen Geistes in den Tempel (Lk. 2,27). Erlo ging auf Weisung des Heiligen Geistes zu diesem sterbenden Mann, und durfte in der Kraft des Herrn Hilfe bringen.

Das Erlebnis des Sterbenden war eine visuelle Vision. Das Empfinden Erlos war eine direkte Anweisung. Die Empfangsstation eines solchen Auftrages ist psychologisch nicht zu definieren, weil das Wirken des Heiligen Geistes jenseits aller Psychologie liegt. Gläubige, erfahrene Christen wissen, was gemeint ist.

Der Major genas nach dem göttlichen Eingreifen und konnte nach vier Wochen aus dem Spital entlassen werden. Hinzufügen will ich, daß mir der Major die Beweisstücke zeigte: Hose, Unterhemd, Hemd, Jacke und den von Splittern durchlöcherten Handkoffer. Er zeigte mir auch die Einschläge der 90 Splitter an seinem Körper.

Die Geschichte ist noch nicht zu Ende. Seit diesem Bombenanschlag kommen die höheren Offiziere des Luftwaffen-Hauptquartiers jeden Mittwoch zu einer Gebetsversammlung zusammen.

Bei diesem Terroranschlag wurde noch eine andere göttliche Führung offenbar. Seit seiner Bekehrung hatte der Major Gebetsgemeinschaft mit einem gläubigen Sergeant (Feldwebel). Dieser langgediente Soldat empfand eine große Liebe zum Herrn. Wie alle Christen, die beim Militär ihren christlichen Glauben ausleben und bekennen, hatte er manchmal unter dem Spott der Kameraden und Offiziere zu leiden. Andererseits, wenn die Offiziere in besonderen Schwierigkeiten waren, baten sie ihn: „Komm und bete mit uns."

Auch in seiner Familie hatte der Sergeant Opposition. Seine Frau war weltlich eingestellt, liebte schöne Kleider und flotte Sportwagen. Sie folgte ihrem Mann nicht in Glaubensdingen. Es zog sie mehr zur Welt. Ihr Mann litt darunter so sehr, daß er manchmal betete: „Herr Jesus, lasse mich zu dir kommen.“ Einige Tage vor dem Bombenattentat hatte dieser Feldwebel eine Vision. Er sah den Herrn Jesus, wie er gegen ihn die Arme ausbreitete und sagte: „Komm, mein Sohn!“ Zugleich mit dieser Erfahrung sah der gläubige Mann eine riesige Explosion, als ob die Welt unterginge. Einen Tag vor der Explosion erzählte dieser Feldwebel dem Militärpfarrer von seiner Vision. 24 Stunden später wurde er tödlich getroffen und war bei seinem Herrn, der ihn gerufen hatte. Der Militärpfarrer erzählte das in der Gebetsstunde den Offizieren, unter denen auch der Major, mein Berichterstatter, war.

Die in diesem Kapitel berichteten Visionen beruhen auf göttlichem Eingreifen und Leiten. Es gibt also auch im 20. Jahrhundert neben aller Schwarmgeisterei echtes visionäres Geschehen.

Wahrsagen

Ich habe bereits in anderen Büchern über das Wahrsagen berichtet, so in dem englischen unter dem Titel „Between Christ and Satan“ und in dem anderen „The Devil's Alphabet“ und in der deutschen Broschüre „Wahrsagen“. Darum kann ich mich hier kurz fassen.

1. Historisches

Die älteste Form der Wahrsagerei ist der Gebrauch von Rute und Pendel. Ich habe in einem speziellen Kapitel auch in diesem Buch darüber berichtet, deshalb hier keine weitere Erläuterung. Rute und Pendel lassen sich auf 6000 Jahre zurückverfolgen. Die zweitälteste Form der Wahrsagerei ist die Astrologie, die ebenfalls in diesem Buch ein eigenes Kapitel hat. Die Astrologie läßt sich auf 5000 Jahre zurückverfolgen. Die dritte Form ist die Handliniendeutung, die etwa ein Alter von 4000 Jahre hat. Die Handliniendeutung wurde im älteren Babel von den Priestern praktiziert. Die vierte Form ist das Wahrsagen mit Hilfe der Karten. Die Römer hatten Wachstäfelchen, auf denen Symbole eingeritzt waren, damit trieben sie Wahrsagerei. Das Alter der Kartenwahrsagung ist etwa 2000 Jahre. Eine fünfte Form ist dann das psychometrische Wahrsagen. Der Wahrsager hält den Gegenstand einer Person in seiner Hand und macht dann Aussagen über die betreffende Person. Eine sechste Form ist das Wahrsagen mit Hilfe einer Kristallkugel. Ich erinnere an Jeane Dixon, die ebenfalls in diesem Buch ihr eigenes Kapitel hat. Alle heidnischen Völker treiben Wahrsagerei. Auch im Alten Testament haben wir dauernd Warnungen, sich nicht mit dieser heidnischen Wahrsagerei abzugeben. Ich erinnere etwa an Bibelstellen wie 5. Mos. 18,10–12; andere Stellen sind 3. Mos. 19,31; 3. Mos. 20,6; 3. Mos. 20,27. Ich zitiere die drei letzten Stellen:

„Ihr sollt euch nicht wenden zu den Wahrsagern, forscht nicht von den Zeichendeutern, daß ihr nicht an ihnen verunreinigt werdet."

„Wenn eine Seele sich zu den Wahrsagern und Zeichendeutern wenden wird, daß sie ihnen nachfolgt, so will ich mein Antlitz wider dieselbe Seele setzen und will sie aus ihrem Volk ausrotten."

„Wenn ein Mann oder Weib ein Wahrsager oder Zeichendeuter sein wird, die sollen des Todes sterben; man soll sie steinigen, ihr Blut sei auf ihnen."

2. Beispiele

Die Wahrsageformen, die in diesem Buch ein eigenes Kapitel haben, werden hier nicht wiederholt. Gehen wir sogleich zur Handliniendeutung.

Die Verwandtschaft zwischen Astrologie und Handliniendeutung zeigt sich darin, daß die Handfläche in sieben Planetenberge eingeteilt ist. Vom Zeigefinger zum kleinen Finger sind es: Merkurberg, Apolloberg, Saturnberg, Jupiterberg. Unter dem Daumen ist der Venusberg, unter dem kleinen Finger der Marsberg und Mondberg. Man unterscheidet in den Furchungen der Hand vier Hauptlinien: die Herzlinie, die Kopflinie, die Lebenslinie und die Schicksalslinie. Dem System nach spricht man von einem intuitiven Handlesen und einem suggestiven Handlesen.

Hier in dieser Darstellung geht es nur um echte Fälle und nicht um suggestive oder gar Betrugsfälle.

B 350 Meine Berichterstatterin ist eine gläubige, akademisch gebildete Frau. Ihr Cousin lebte auf Rügen. Eines Tages erschien eine Zigeunerin, las ihm aus der Hand und erklärte: „Ihr Vater wird eines Tages eine große Geldsumme gewinnen. Er wird aber dann im 60. Lebensjahr sterben." Als der junge Mann lachte, sagte sie: „Und Sie werden im 27. Lebensjahr sterben müssen."

Eines Tages erhielt der junge Mann Post mit der Nachricht, daß der Vater DM 50000,– gewonnen hatte. Am 60. Geburtstag des Vaters kam das Telegramm, daß der Vater an seinem Geburtstag tödlich verunglückt sei. Nun bekam es der Sohn mit der Angst zu tun. Er fürchtete, daß er auch mit 27 Jahren sterben müßte, was dann tatsächlich auch eintraf. Wir haben hier also ein echtes Beispiel einer zeitlichen Vorschau.

B 351 Bei meiner Evangelisation in Graz kam eine Arztfrau in die Seelsorge. Diese Arztfrau hat selbst Medizin studiert. In ihrer Studentenzeit schloß sie sich einmal einer Studentengruppe an, die übers Wochenende einen Ausflug nach Ungarn machte, um den ungarischen Wein zu kosten. Auf dem Heimweg begegneten sie einer Zigeunerin. Die jungen Leute waren in feuchtfröhlicher Stimmung und ließen sich von der Zigeunerin in die Handlinien schauen, um ihre Zukunft zu erfahren. Bei einem jungen Mann weigerte sich die Zigeunerin, ihm ebenfalls die Zukunft vorauszusagen. Die Gruppe zog weiter. Ein junger Dozent, der die Gruppe begleitete, ging noch einmal zurück und fragte die Zigeunerin: „Warum haben Sie sich geweigert, dem jungen Mann auch wahrzusagen?" Die Zigeunerin antwortete: „Dieser junge Mann wird innerhalb von sechs Wochen eines gewaltsamen Todes sterben. Das wollte ich ihm nicht sagen." Der junge Mann erfuhr von dieser Prophezeiung nichts. Er war also nicht suggestiv beeinflußt. Die sechs Wochen verstrichen, da erhielt der junge Mann ein Telegramm, das ihn an das Sterbebett seines Vaters rief. Zwei Kameraden begleiteten ihn zum Bahnhof in Graz. Er bestieg den Zug nach Salzburg. Einige Stunden später kam eine Extrameldung, daß die zwei letzten Wagen des Zuges entgleist waren. Unter den Toten befand sich der Student. Auch hier haben wir das Beispiel einer echten zeitlichen Vorschau.

Ich komme zurück auf die Arztfrau, meine Berichterstatterin. Auch sie erhielt von der Zigeunerin eine Zukunftsvoraussage. Diese Prophezeiung hat der Frau viele unglückliche Jahre bereitet. Einzelheiten will ich hier nicht wiedergeben.

Mitunter kann man von Wahrsagern eine echte Auskunft erhalten, die aber sehr teuer bezahlt wird. Über die Auswirkungen der okkulten Praktiken hören wir in einem besonderen Kapitel. Ein weiterer Fragenkomplex entsteht durch das sogenannte psychometrische Hellsehen. Der psychometrische Hellseher konzentriert sich für einige Sekunden auf einen Gegenstand und kann dann die

Begleitumstände des Gegenstandes auf Vergangenheit, Gegenwart und Zukunft des Eigentümers darlegen. Einige Parapsychologen wie Rüsche, Osty, Price, Gumpenberg, Gatterer meinen, der Mensch würde seine Kleidung und alle Gebrauchsgegenstände geistig imprägnieren. Der psychometrische Hellseher hätte die Fähigkeit, entweder in der Trance oder Halbtrance diese geistseelischen Eindrücke zu erfassen und zu deuten. Zur Not könnte man diese Theorie noch im Blick auf die Aussagen gelten lassen, die sich auf die Vergangenheit beziehen. Der Psychometriker gibt aber auch Angaben im Blick auf die Zukunft. Und die Zukunft kann nicht etwa in dem Kleidungsstück eines Menschen verankert sein. Es ist einfach unmöglich, diesen Vorgang der psychometrischen Präkognition (Zukunftsschau) parapsychologisch zu erklären. Eher könnte man noch mit der Theorie von Carl Gustav Jung etwas anfangen, daß auf höherer Ebene Vergangenheit, Gegenwart und Zukunft gegenwärtig seien. Wenn man dann fragt, wie der Mensch zu dieser höheren Ebene gelangt, dann erhalten wir auch eine Antwort von Osty und Hartmann, die sagen, der mediale Mensch hätte die Fähigkeit, eine unio mystica mit der Weltseele zu vollziehen. In der Weltseele seien alle Pläne und Lebensabläufe der Menschen verankert, die dort abgelesen werden könnten.

Für biblisches Denken ist das ein unmöglicher Vorgang. Die Weltseele ist für uns der lebendige Gott, und der läßt sich von Wahrsagern nicht in die Karten gucken. Es ist immer das gleiche. Die Gelehrten bringen die verrücktesten Theorien zustande, nur um der Wahrheit aus dem Weg gehen zu können. Die Bibel nennt den ganzen Komplex der Wahrsagerei eine dämonische Praxis, die unter dem Gericht Gottes steht. Wer sich an der Bibel orientiert, wird sich von all diesen seltsamen parapsychologischen Theorien nicht imponieren lassen. Zur psychometrischen Wahrsagerei gebe ich zwei Beispiele.

Das eine stammt aus einem Pfarrhaus, das andere aus einer Arztpraxis.

B 352 Eine Pfarrfrau in Frankreich kam zu mir zur Aussprache. Sie hatte Jahrzehnte mit Drepressionen zu tun. Die Depressionen konnten medizinisch nicht diagnostiziert werden. Die Pfarrfrau legte eine Lebensbeichte ab. Dabei kamen wir auch auf einen Wahrsagevorgang. Als ihr jetzt erwachsener Sohn als Säugling schwer erkrankt war, kam ein Mann aus der Gemeinde an die

Pfarrhaustür. Der Mann erklärte der Frau: „Ich weiß, daß Ihr Kind krank ist. Geben Sie mir bitte irgendeinen Gegenstand des Kindes, ich bin in der Lage, das Kind zu heilen." Die Pfarrfrau sagte: „Wie wollen Sie denn das machen. Wir haben doch einen Arzt. Ich möchte das auch erst mit meinem Mann besprechen, der aber jetzt nicht anwesend ist." Der Mann erklärte: „Ihr Kind hat doch hohes Fieber, wie ich gehört habe." Die Pfarrfrau erwiderte, das Kind habe 40 Fieber. Der Mann aus der Gemeinde sagte darauf: „Sie sehen, wie eilig es ist. Wenn das Kind stirbt, sind Sie schuld, denn ich habe von Gott die Fähigkeit, Kranke zu heilen." Eine Mutter, die sich um ihr Kind sorgt und ängstigt, läßt sich natürlich unter Umständen überreden. So ging sie ins Haus und holte ein Hemdchen des Kindes. Der Mann nahm es mit heim. Kurze Zeit später wurde die Gewalt des Fiebers gebrochen. Das Kind wurde wieder gesund. Der kleine Junge entwickelte sich jedoch merkwürdig. Er war nicht normal. Er war zwar hoch begabt und besuchte das Gymnasium. Wenn er aber von der Schule heimkam, dann stellte er sich gegen die Wand und tippte etwa zwei Stunden die Wand mit der Stirn an. Das war ihm nicht auszutreiben. Seine Mutter selber hatte Nöte in ihrem geistlichen Zustand. Sie konnte kaum noch beten und die Bibel lesen, und es entwickelten sich bei ihr Depressionen. Ohne Namensnennung darf ich dieses Beispiel wiedergeben.

B 353 Nun das Beispiel aus einer Arztpraxis. Es gibt nicht nur Scharlatane und Heilpraktiker, die okkulte Diagnosen und okkulte Therapien vornehmen, sondern es gibt mitunter auch unter den Ärzten Okkultisten. Der Arzt, um den es sich handelt, ist nicht nur ein Vollmediziner mit Doktortitel, sondern er ist auch ein psychometrischer Hellfühler, Hellseher, Wahrsager. Er nimmt dem Patienten einen Blutstropfen ab. Der Blutstropfen wird nicht im Labor untersucht. Es genügt, daß der Arzt den Blutstropfen einfach gegen das Licht hält, sich darauf konzentriert, und dann stellt er daraus die ganze Diagnose. Ohne Zweifel kann man aus dem Blut sehr viele Krankheiten ablesen. Mir selbst wurde ein Blutstatus gemacht. Der Arzt hat aus dem Blut etwa 40 verschiedene Werte durchs Labor feststellen lassen. Mit einem einzigen Blutstropfen ist das natürlich nicht möglich, auch sind die Laboruntersuchungen teilweise recht langwierig. Dieser Arzt ist ein Okkultist. Alle seine Patienten, die durch diese okkulte Diagnose betreut werden, geraten unter einen Bann.

Wenn wir schon bei den Ärzten sind, dann bringe ich noch ein anderes Beispiel. Es wurde mir in der seelsorgerlichen Aussprache berichtet, daß ein Schulmediziner sich den Urin des Menschen geben läßt. Er macht aber keine Urinkontrolle nach Eiweiß, Zucker, Hämoglobin und all den anderen Werten, sondern er macht es wie der schon erwähnte Arzt. Er konzentriert sich für einige Sekunden auf den Urin, ohne ihn im Labor untersuchen zu lassen, stellt daraus die Diagnose und richtet danach die Therapie. Auch das ist eine okkulte Diagnose.

Es gibt also nicht nur Heilpraktiker und Scharlatane, die okkult arbeiten. Es gibt auch Ärzte, die unter dem Deckmantel ihres akademischen Grades das gleiche tun.

Noch ein Beispiel zur Kartenlegerei, dann schließe ich den ganzen Komplex ab. Im Grunde genommen handelt es sich ja immer um das gleiche Problem: der Mensch nimmt dunkle Kräfte in Anspruch um den Preis des inneren Friedens oder gar um den Preis seiner Seligkeit.

B 354 Ein Pfarrer hat sich als Hobby die Kartenlegerei ausgesucht. Ich meine nicht damit das Unterhaltungsspiel mit Karten, sondern ich meine das Wahrsagen mit Hilfe der Karten. Er hat nicht nur sich und seine Familie, sondern auch seine Gemeindemitglieder jahrelang mit den Karten betreut. Die Auswirkungen waren offenkundig. Seine Frau verfiel dem Alkohol, seine Tochter fing an, sich mit der Weißen und Schwarzen Magie zu befassen. Als sie 17 Jahre alt war, umnachtete sich ihr Geist, und sie kam ins Irrenhaus. Die Kartenlegerei hat diese ganze Pfarrfamilie ruiniert.

3. Warnung vor den Formen der Wahrsagerei

Es ist nicht damit getan, daß wir einfach vor den Formen der Wahrsagerei warnen. In dem ganzen Komplex der Wahrsagerei liegt noch ein anderes Problem. Es ist die Frage, wem wir vertrauen, wem wir unser Leben übergeben und anvertrauen wollen. Es ist begreiflich, daß der Mensch in schwierigen Situationen nach einem Rat sucht. Es ist auch verständlich, wenn wir vor der Zukunft und ihren drohenden Entwicklungen uns fürchten. Wir sollen aber mit dieser Angst und Furcht an die rechte Stelle gehen, zu dem, der gesagt hat: „Niemand wird sie aus meiner Hand reißen" (Joh. 10,28). Es ist Jesus Christus, der Sohn Gottes, der uns verheißen hat: „Siehe, ich bin bei euch alle Tage bis an der Welt

Ende." Die Bibel hat Tausende von Verheißungen, die uns Mut machen, und die stark genug sind, uns jede Angst zu nehmen. Vor allem sind die Psalmen ein großer Schatz, aus dem wir täglich das nehmen können, was wir brauchen. Denken wir etwa an den weltberühmten Psalm 23: „Der Herr ist mein Hirte, mir wird nichts mangeln." Ich bete ihn oft in schlaflosen Stunden. Oder denken wir an Psalm 37: „Befiehl dem Herrn deine Wege und hoffe auf ihn; er wird's wohl machen!" Lesen wir doch einmal die Psalmen durch und nehmen einen Rotstift und streichen alle die Worte an, die uns Mut machen, die uns Kraft geben, die uns beschirmen im Blick auf die ungelösten Fragen unseres Lebens.

Wahrträume

Wahrträume sind ein vielschichtiges Problem. Zur Einleitung berichte ich eine Geschichte, die in der ganzen Welt Aufsehen erregt hat. Es handelt sich um einen extremen Fall eines Wahrtraums mit einem nachfolgenden Skandalurteil.

B 355 In Chicago, einem Eldorado verbrecherischer Aktionen, wurde eine junge Krankenschwester überfallen, vergewaltigt und mit einem stumpfen Gegenstand erschlagen.

Einige Häuser daneben wohnte ein junger Missionar, glücklich verheiratet und Vater von drei kleinen Kindern. Er und seine Frau rüsteten sich für die Ausreise nach Neuguinea, um dort eine Missionsarbeit zu beginnen.

Die junge Familie hörte von dem Mord erst aus der Tageszeitung. Die Ermordete hieß Karin Philips. Die Zeitungsnotiz machte den jungen Mann nachdenklich. Er erzählte seiner Frau, daß er die Nacht vor dem schrecklichen Ereignis einen Traum hatte, der dieser von der Zeitung berichteten Mordgeschichte sehr ähnlich sei. Im Freundeskreis gab er auch diesen Traum preis. Man riet ihm dringend, doch dieses merkwürdige Erlebnis der Polizei zu melden. Steve Linscott – so heißt dieser junge Missionar – folgte dem Rat seiner Freunde. Und was geschah? Er wurde verhaftet, weil der Ermittlungsrichter erklärte: „Nur der Mörder selbst kann so genaue Angaben machen."

Seine Frau Lois, die ehemaligen Mitstudenten seiner Bibelschule und die Lehrer waren entsetzt über diese richterliche Maßnahme.

Der Direktor der Emmaus Bibelschule und viele andere namhafte Christen setzten sich für Steve ein, der insgesamt 16 Monate in Untersuchungshaft verbrachte. Die Tragödie wurde aber noch furchtbarer.

Am Tatort fand man ein Haar, das dem Haar von Steve entsprechen würde, so plädierte der Staatsanwalt. Die körperlichen Absonderungen bei Steve und der Ermordeten stimmten überein, Experten machten aber geltend, daß dieser Befund nicht beweiskräftig sei, weil 15 % der Männer die gleiche Zusammensetzung ihres Samens haben würden.

Ein großer Beterkreis setzte sich für Steve ein. Endresultat: Steve wurde zu 40 Jahren Gefängnis verurteilt. Er kann erst nach 20 Jahren begnadigt werden.

Steve selbst ist gelassen und vergleicht sich mit Joseph in Ägypten, der auch unschuldig im Gefängnis war. Seine Frau zog mit den drei Kindern in die Nähe des Gefängnisses und darf jede Woche vier Stunden ihren Mann besuchen. Den fragenden Kindern erklärt sie: „Es ist ein großer Fehler passiert. Gott wird uns helfen."

Was tat sich inzwischen außerhalb der Gefängnismauern?

Der Direktor der Emmausbibelschule, Dr. Gordon Haresign, entwickelte sich zu einem Privatdetektiv und stellte umfangreiche Nachforschungen an. Er entdeckte dabei viele Unstimmigkeiten. Der Täter im Traum war ein Schwarzer, Steve ist ein Weißer. In der Nähe der Ermordeten lebt ein solcher Mann, der zudem schon mehrfach wegen Frauenbelästigungen bekannt ist. Die Polizei und die Geschworenen dehnten ihre Ermittlungen nicht auf diesen Vorbestraften aus. Die Kleidung des Täters war anders als sie Steve besitzt. Vor allem wurde außer acht gelassen, daß Steve möglicherweise ein Sensitiver, ein medial veranlagter Mann ist, der aufgrund seiner medialen Belastung diese Untat als Wahrtraum voraussah. Es sind noch andere Widersprüche aufgedeckt worden, so daß die Freunde von Steve ein Wiederaufnahmeverfahren anstreben.

Die Gemeinde, die Steve als Missionar aussenden wollte, hat inzwischen 60000 Dollar (zur Zeit = DM 156000,–), um den nächsten Prozeß durchzuziehen. Viele Christen in USA, England, Australien, Neuseeland beten für die Freilassung dieses Missionars, der unschuldig hinter Kerkermauern sitzt.

Wie kam ein solches Urteil zustande? Der Richter und der in Frage kommende Staatsanwalt sind radikale Rationalisten, die

Wahrträume als Aberglauben abtun. Und das in einem Land, in dem es überdurchschnittliche Okkultisten und Medien gibt wie Jeane Dixon, Edgar Cayce, Arthur Ford und andere.

Bei den Prozessen spielen auch die weltanschaulichen Sachverhalte eine Rolle, wenn die Juristen das auch nicht zugeben wollen. Wenn ein Richter ein aggressiver Atheist ist und der Angeklagte ein christlicher Missionar, so wird das nicht ohne Einfluß auf die Verhandlung sein.

Man wird nun wissen wollen, wie ich an dieses Material gekommen bin.

Zunächst hat mir ein Freund die Zeitschrift „Christianity Today" vom 4. 2. 83 zugesandt, in der alles viel ausführlicher dargeboten wird. Dann wurde ich im Zuge der neuen Ermittlungen brieflich angefragt, ob ich nicht aus meiner Sammlung Fälle von Wahrträumen berichten würde, die man in der Verteidigung verwenden könnte. Ich teilte nur einen Fall mit, weil ich die Anonymität der Beichtenden wahren muß.

Wir müssen nun aber über den Charakter der Wahrträume einiges darstellen.

Biblisches Geschehen

Wahrträume sind mit Vorsicht zu behandeln. Um keine Mißverständnisse aufkommen zu lassen, bekenne ich, daß ich an alle Träume glaube, die in der Bibel berichtet sind. Diese biblischen Träume erfolgten aber in einer anderen Zeitsituation. In der Zeit, da Joseph in Ägypten Träume (1. Mos. 37) hatte oder auslegte, gab es – mit Ausnahme einzelner Berichte wie das Sepher hajaschar (Buch der Gerechten) – noch kein geschriebenes Wort Gottes. Die Engelerscheinungen, die Elisabeth, Maria, Joseph, die drei Weisen hatten, sind bedingt durch die Heilsereignisse ihrer Zeit.

Wir haben heute das gedruckte Wort Gottes, die Bibel, die Richtschnur unseres Glaubens. Die Bibel enthält alles, was wir zu unserem Heil nötig haben. Wir brauchen keine zusätzlichen Träume, Visionen und Erscheinungen.

Das heißt natürlich nicht, daß Gott sich nicht in besonderen Lebenssituationen den Menschen auch durch Träume offenbaren könnte. Speziell gilt das bei primitiven Menschen, die weder lesen noch schreiben und deshalb sich nicht an der Bibel orientieren können. Bei den Erweckungen in Indonesien, Salomon-Inseln,

Korea und auf Formosa sind gelegentlich Träume als echte Ereignisse vorgekommen.

Auch in anderen Zusammenhängen hat Gott Menschen durch Träume den Weg gewiesen oder für ein schweres Schicksal vorbereitet. Zwei Beispiele sollen berichtet werden.

B 356 Es war in Pelotas in Brasilien. Pastor Müller hatte mich zu einer Evangelisation eingeladen. Vom ersten Abend an war auch ein katholischer Mann unter meinen Zuhörern. Am Mittwoch kam dieser Mann zur Seelsorge und berichtete folgendes:

Drei Wochen vor Beginn der Evangelisation hatte dieser Katholik einen Traum. Er sah ein Kreuz. Darunter stand ein Mann, der in einer fremden Sprache das Evangelium verkündigte. Dann verschwand der Mann, und er hörte die Stimme Jesu, die sagte: „Ich bin der Weg, die Wahrheit und das Leben." Damit war der Traum zu Ende. In den nächsten Tagen vergaß er diesen Traum. Eine Woche vor Beginn der Evangelisation drückte ihm jemand einen Einladezettel in die Hand. Am ersten Abend – es war ein Sonntag – wurde über den Spiritismus gesprochen. Da er nicht nur Katholik, sondern auch Spiritist war, interessierte ihn dieses Thema, und er erschien zum ersten Vortrag. Da sein Interesse geweckt wurde, kam er auch am zweiten und dritten Abend wieder. Da fiel ihm sein Traum ein. „Das ist es ja, was ich im Traum sah. Ein Mann, der in einer fremden Sprache das Evangelium verkündigt." Am nächsten Morgen kam er dann zur Aussprache, beichtete und übergab sein Leben Jesus.

B 357 Bei meiner Vortragstour in Quebec hörte ich von einem Freund folgendes Ereignis. Der dreizehnjährige Roy hatte schon als Junge den Weg zu Jesus gefunden. Um seiner fröhlichen Art willen war er allgemein beliebt. Eines Morgens erzählte er seiner Mutter: „Heute nacht habe ich geträumt, ich hätte einen Fluß durchschwommen und dann den Herrn Jesus gesehen." Roy hat diesen Traum außerdem seinem Pastor mitgeteilt, weil er zutiefst bewegt war. Er hatte geschrieben: „Mein Herz war weit für den Herrn geöffnet, und meine Tränen flossen in Strömen. Ich blickte noch einmal auf Jesus und hatte dabei das Gefühl, daß er gekommen war, mich zu rufen." Zwei Wochen später ist Roy bei einer Veranstaltung seiner Kirche für die Jugend in einem See ertrunken. Bei seinem vorangekündigten Tod konnte fast niemand traurig sein. Der Pastor verlas bei der Beerdigung den Brief des Jungen. Die Freunde erklärten: „Roy ist jetzt ja viel glücklicher, da er beim Herrn ist."

B 358 Folgender Traum muß als eine göttliche Warnung angesehen werden. Ein gläubiger Christ war als Soldat in Rußland eingesetzt. Sie hausten nachts in einem Lager für Panzerminen. Plötzlich schrie dieser Mann im Schlaf: „Alarm, Alarm!" Durch den Ruf wurden seine Kameraden geweckt und eilten zum Ausgang. Als sie den rufenden Kameraden noch ruhig daliegen sahen, merkten sie, daß er das im Schlaf geschrien hatte. Der Geweckte erklärte dann: „Wenn ich das im Traum gerufen habe, dann müssen wir danach handeln." Sie gingen hinaus. Da schlug eine russische Granate ein, und das Minenlager explodierte. Niemand wäre dabei mit dem Leben davongekommen. – Ein Kritiker mag sagen: „Das kann Zufall gewesen sein. Die Soldaten haben oft im Traum geschrien, weil sie täglich Schießereien um sich hatten." Das ist durchaus möglich. War es dann aber nicht ein „Zufall" von Gott? War es nicht auch ein „Zufall", als eine russische Panzergranate 2,50 m über meinem Kopf explodierte und alles um mich herum ein Trümmerhaufen war? Nur mich hat kein einziger Splitter erwischt. Ich lebte oft – eigentlich müßte ich sagen täglich – von dem, was mir von Gott zufällt.

Mediale Träume

Das Gebiet der Medialität ist schwer zu erklären, weil es die Grenze des rationalen Denkens überschreitet. In meinem Buch „Seelsorge und Okkultismus" habe ich im zweiten Teil auf den Seiten 425–685 Probleme der Medialität abgehandelt. Trotz allem Bemühen, die mystische, okkulte, magische und dämonische Struktur des Medialen zu erhellen, bleibt vielleicht der größte Teil noch unerforscht und unerforschbar in Dunkel gehüllt. Welche Fragestellungen und Querverbindungen bei den medialen Träumen auftreten, werden an einigen Beispielen gezeigt. Seit Jahrzehnten ist mir das lateinische Sprichwort geläufig: verba docent, exempla trahunt = Worte belehren, Beispiele ziehen.

B 359 Zahlentraum brachte 2,7 Millionen Mark im Lotto. Die RNZ vom 22. 2. 78 berichtete folgendes:

Die 55 Jahre alte Angestellte stapelte tief: „Ich werde den

Kindern sagen, daß ich im Lotto ein paar Mark gewonnen habe." Die „paar Mark" – das ist die stolze Summe von rund 2,7 Millionen Mark, der höchste Gewinn, der nach Mitteilung der Lottogesellschaft in Köln jemals auf einem Spielschein erzielt wurde. Die Frau, die in einer rheinischen Kleinstadt zusammen mit ihrem 60 Jahre alten Mann wohnt, landete zweimal einen Volltreffer in der ersten Gewinnklasse. Die sechs am letzten Wochenende gezogenen Zahlen waren der Angestellten einer Eisenfirma vor Jahren einmal im Traum erschienen – und sie blieb der Kombination treu. dpa

B 360 Ein noch viel beweiskräftigeres Beispiel, das ich schon einmal in einem meiner Bücher benützt habe, ist ein Erlebnis, das mir in der Seelsorge berichtet worden ist. Der Betreffende gab mir Veröffentlichungsrecht.

Anläßlich einer Evangelisation in Frankfurt kam ein Mann zu mir, der offensichtlich innere Konflikte mit sich herumtrug. Es liegt einige Jahre zurück. Da hatte er einen Traum, in dem ihm eine schwarzgekleidete elegante Frau erschien und ihn anwies, wie er seinen Lottozettel auszufüllen habe und zu welcher Zeit er ihn am Bahnhofkiosk abgeben solle. Dann würde er einen zusätzlichen Gewinn von DM 5000,– erhalten.

Der Berichterstatter handelte nach dieser Anweisung und zog tatsächlich einen Gewinn von 5000,–. Da man es keinem Kritiker recht machen kann, gebe ich zu, daß bei allen Meldungen der Tageszeitungen eine gewisse Vorsicht geboten ist, weil Journalisten gern sensationell aufbauschen. Darum trete ich den Beweis an.

Der berichtende Bruder legte seinen Lottoschein vor und den Brief der Lotterie-Treuhandgesellschaft Hessen vom 15. Jan. 74, der folgenden Wortlaut hat:

„Sehr geehrter Herr E.

Ihr Spielschein wurde bei der Prämienauslosung gemäß Art. 5 der amtlichen Teilnahmebedingungen für die Olympia-Lotterie als Gewinnlos für eine Prämie von 5000,– DM ermittelt. Die Prämie wird Ihnen im Namen und für Rechnung der Hessischen Lotterieverwaltung ausgezahlt. Wir beglückwünschen Sie zu Ihrer erfolgreichen Beteiligung und verbleiben mit freundlichen Grüßen

Lotterie Treuhandgesellschaft mbH Hessen

gez. Dumschar"

Beide Beweisstücke, Lottoschein und Brief, bewahre ich in

Ablichtung in meiner Sammlung auf. Die Originale habe ich vernichtet. Der intellektuelle Hochmut mancher Kritiker konstruiert immer wieder einen Ausweg, massive Beispiele zu entkräften.

Die Geschichte des Berichterstatters ist aber noch nicht zu Ende. In dem seelsorgerlichen Gespräch beichtete er alles, was ihm als Sünde gezeigt worden war und übergab sein Leben Jesus. Diese Entscheidung für Christus hatte dann ein Nachspiel. Im Traum erschien ihm nochmals die schwarze Frau und drohte ihm: „So, du willst auf die andere Seite gehen. Das wirst du zu bereuen haben. Alles, was du beruflich anfängst, wird dir mißlingen."

Dieser Fluch traf ein. Das wirft ein neues Problem auf. Kann Christus nicht die bewahren, die sich ihm anvertraut haben? Doch, er kann es. Wir kennen aber nicht die Wege und Ratschläge Gottes, der mit jedem seiner Kinder eine spezielle Führung vornimmt.

Lange Zeit habe ich für diesen Mann gebetet. Es dauerte Jahre, bis ich eines Tages einen Brief mit der Nachricht erhielt, daß er eine Anstellung als Ingenieur gefunden hat.

Die ganze Geschichte, ferner das seelsorgerliche Gespräch mit dem Berichterstatter, zeigt die Querverbindung zwischen Wahrtraum und Spiritismus, denn der Ingenieur hatte früher das spiritistische Tischrücken praktiziert.

B 361 Der folgende Wahrtraum zeigt eine Querverbindung zur Magie. Eine Frau, etwa 45 Jahre alt, erzählte, daß sie als Kind bei einem magischen Besprecher gewesen war, der sie heilte. Später heiratete sie. Ihr Mann wurde zu Beginn des 2. Weltkrieges eingezogen. Nach langer Trennung hatte sie nachts einen Traum. Ihr Mann war in Rußland eingesetzt. Sie beobachtete im Traum ihren Mann, wie er den Ehering mit einem Wollknäuel umwickelte und ihn in der Nähe einer Fabrik unter einem Baum vergrub. Als ihr Mann nach der russischen Gefangenschaft heimkehrte, fragte die Frau sofort: „Hast du deinen Ehering wieder?" Er bejahte und erzählte dann die gleiche Geschichte, daß er seinen Ring vor den „filzenden" (ausplündernden) Russen versteckt hatte.

Diese beiden letztgenannten Beispiele zeigen den medialen Charakter der Wahrträume. Bei Menschen, die sich okkult betätigten, entstehen mediale Veranlagungen und Kräfte, die verschiedene Auswirkungen haben können. Darüber habe ich oft in meinen Büchern berichtet. Medialität geht häufig bis ins dritte und vierte Glied einer Familie.

Seelsorger, die keine Erfahrung haben, meinen nun, daß bei der Bekehrung (geistlichen Erneuerung) eines Menschen die mediale Veranlagung verschwindet. Diese Annahme stimmt nur etwa bei der Hälfte der Menschen, die sich Jesus zuwenden. Trotz Bekehrung und Wiedergeburt bleibt bei manchen die mediale Veranlagung bestehen, die gewöhnlich unbewußt vorhanden ist und sich gelegentlich manifestiert.

Bei dem tragischen Erlebnis von Steve Linscott kann man die mediale Wurzel seine Wahrtraumes annehmen. Er war oder ist unbewußt medial, sei es durch okkulte Betätigung seiner Vorfahren, sei es durch eigene Praktiken. Es ist keine Übertreibung: Millionen junger Amerikaner betrieben das spiritistische Ouijaboard als Unterhaltungsspiel und wurden dadurch medial. Leider wurde und wird dieses belastende spiritistische Spiel auch in christlichen Kreisen, ja auch unter Bibelschülern betrieben. Über die Folgen sind sich die jungen Leute nicht klar. Ein Psychiater in New York erklärt: „Das Ouijaboard füllt die Nervenheilanstalten New Yorks."

Angenommen, Steve Linscott hat aus Zeitvertreib oder aus Neugierde an solchen Spielen teilgenommen, dann wurde er medial. Sein Wahrtraum zeigt medialen Charakter. Vergessen wir aber nicht, daß nur eine Gruppe von Wahrträumen auf dieser Ebene liegen. Wir hörten, daß es auch biblische Wahrträume gibt. Nicht vergessen darf werden, daß man von einer medialen Veranlagung durch Christus frei werden kann. Das Freiwerden wird auf den letzten 80 Seiten des Buches beschrieben.

Die gefährlichste Form, die Mißdeutung von medialen Kräften, erfolgt bei Pseudocharismatikern, wenn sie solche Erlebnisse als Geistesgaben ansehen.

Mediale Kräfte können mißgedeutet werden. Ein bayrischer Pfarrer sieht seine drei Fälle von Nekroskopie (Treffsichere Vorausschau von Todesfällen) als eine natürliche Begabung oder gar als Gottesgaben an. Andere sogenannte Pseudocharismatiker versehen mediale Kräfte mit dem Etikett „Gaben des Heiligen Geistes" Das sind verhängnisvolle Kurzschlüsse und Verwechslungen, die jede Seelsorge erschweren.

Es darf nicht übergangen werden, daß die große Masse an Träumen weder mit den biblischen noch mit den medialen Schlafgesichten zu tun haben. Prof. Jung erklärte, daß die Hauptmasse unserer Träume folgende Wurzeln hat: das kollektiv Unbewußte, das Familien- und individuelle Unbewußte. Weitere Faktoren der Traumentstehung sind Kindheitserlebnisse, Tagesreste, unerfüllte Wünsche, nicht bewältigte Konflikte usw.

Ein kleines verwandtes Kapitel zu den Wahrträumen soll noch angehängt werden: die Vorausahnungen. Dazu ein Beispiel, das durch die Zeitungen ging und auch in christlichen Blättern berichtet wurde.

B 362 1978 war die bis jetzt größte Flugzeugkatastrophe dieses Jahrhunderts. In Las Palmas war ein Bombenanschlag gewesen, so wurden viele Jets nach Teneriffa umgeleitet. Auf dem kleinen Flugplatz gibt es nur eine Start- und Landebahn. Schließlich landeten etwa 20 umgeleitete Jumbo-Jets auf diesem Platz, der zum Bersten überfüllt war.

Ein Ehepaar aus Bayern wollte an dem Unglückstag mit der KLM den Rückflug nach Europa antreten. Als die Frau über die Gangway die Maschine betrat, beschlich sie ein sehr ängstliches Gefühl. Sie sagte ihrem Mann: „Ich kann hier nicht mitfliegen. Die vielen Menschen, wenn da etwas passiert." Der Ehemann protestierte zunächst und sagte: „Wir haben doch diesen Flug gebucht. Wir wissen nicht, ob wir in einer anderen Maschine einen Platz bekommen." Die Frau war in großer Erregung. Der Mann kannte die Ahnungen und Gefühle seiner Frau und willigte ein. Während sie noch in der Halle waren, erschütterten mehrere Explosionen die Luft. Etwas Schreckliches war geschehen. Die PanAm hatte vom Tower die Anweisung erhalten, sich an das Ende der Startbahn zu begeben. Da raste die KLM-Maschine mit mehr als 300 km Stundengeschwindigkeit auf den amerikanischen Jet zu. Der KLM-Pilot wollte noch seine Maschine hochreißen, doch sein Fahrwerk schnitt die amerikanische mittendurch.

Das Resultat übersteigt alle Vorstellungen. 583 Menschen waren sofort tot. Zehn weitere erlagen später ihren Verletzungen. 114 waren so verkohlt, daß man sie nicht identifizieren konnte. Nur 60 überlebten die Katastrophe.

Nun zu dem erwähnten bayrischen Ehepaar. Der Mann umarmte seine Frau: „Deine Ahnungen haben uns vor diesem schrecklichen Inferno bewahrt." Dann eilte er ans Telefon, obwohl die Leitung nahezu dauernd besetzt war. Daheim in München wartete die Tochter, um die Eltern abzuholen. So rief der Mann den

Flugplatz München-Riem an und bekam nach langem Probieren seine Tochter an die Strippe: „Wir sind gerettet. Wir waren nicht wie geplant in der Unglücksmaschine. Das verdanken wir Mutter mit ihren komischen Ahnungen. Gott sei Dank!"

Das war also eine lebensrettende Ahnung. Ein Geschenk Gottes! Nicht alle Ahnungen haben dieses glückliche Ende. Mir ist aus diesem schauerlichen Zusammenstoß noch die Geschichte eines gläubigen Mannes aus USA bekanntgeworden, der vor Antritt dieser Flugreise zusammen mit seiner Mutter um den Schutz Gottes gebetet hatte. Er erlitt nur einen Beinbruch und eine Handverletzung und kam sonst unversehrt aus diesem Inferno heraus. So kann Gott auf mancherlei Art retten, außerhalb oder innerhalb einer Katastrophe. Bagatellisieren wir aber nicht die Vorstellungen des Glaubens. Bei diesem furchtbaren Unglück sind auch gläubige Christen verbrannt, genau wie im Krieg oft ohne Unterschied, aber mit dem Willen Gottes, Gläubige und Ungläubige getroffen und getötet wurden.

Weleda-Heilmittel

Oft erhalte ich Briefe mit der Frage: „Stimmt es, daß die Weleda-Mittel besprochen sind?" Was unter „Besprechen" verstanden wird, ist in einem besonderen Kapitel dieses Buches dargestellt. Nur soviel sei erwähnt, daß man unter Besprechen eine magische Handlung versteht.

Es ist nicht ungefährlich, den vielen Fragestellern eine offene Antwort zu geben. Man könnte mir wegen Geschäftsschädigung einen Prozeß anhängen.

Einer meiner alten Bekannten, Chrischonaprediger Herrmann in Colmar, hatte vor Jahren eine Auseinandersetzung mit den Weleda-Werken im Elsaß. Es ging um eine Broschüre, in der Herrmann vor den Weleda-Mitteln gewarnt hatte. Die Weleda-Werke zwangen den Verfasser, entweder auf den Vertrieb dieser Broschüre zu verzichten oder die entsprechenden Seiten herauszuschneiden. Natürlich war damit diese Broschüre erledigt.

Um mich zu informieren, kaufte ich mir ein Buch der Weleda-Werke. Der Titel heißt: „Grundlagen der Potenzierungsforschung". Eine ausführliche Besprechung erübrigt sich hier. Klar wurde mir folgendes, daß diese Weleda-Mittel nicht besprochen sind. Sie werden aber biorhythmisch vorbehandelt. Diese Prozedur besteht darin, daß Teilsubstanzen der Weleda-Mittel nachts bei Vollmond in biorhythmische Schwingungen versetzt werden. Die Mittel werden im verschiedenen Winkel zum Mond 12 mal 12 in bestimmten Kreisen bewegt.

Mir genügten diese Angaben. Ich kenne die Mondzauberei der Primitiven wie der kultivierten Westlichen. Man soll mir das nicht verübeln, daß ich einer solchen Vorbehandlung nicht zustimmen kann.

Diese Biorhythmen gehen auf Rudolf Steiner zurück. Er baute ja Theosophie, Spiritismus und Magie in sein geisteswissenschaftliches System ein. So kam mir vor Jahren ein gedruckter Rundbrief von Steiner in die Hände, in der er Anweisungen zum spiritistischen Tischrücken gibt. Dieser eine Rundbrief würde mir schon genügen, alles abzulehnen, was von Rudolf Steiner kommt.

Wenn wir schon bei den Heilmitteln sind, muß noch eine andere Frage gestreift werden. Oft werde ich gefragt, ob man die Kräuter von Pfarrer Künzli und Pfarrer Emmenegger als Christ benutzen darf. Ohne Zweifel sind Kräuter als die natürlichen Produkte unserer Erde in der richtigen Dosierung heilsam. Das Problem liegt aber darin, daß sowohl Pfarrer Künzli als auch Pfarrer Emmenegger Pendler waren, die alle Kräuter auf ihre Heilwirkungen bependelten.

Pendeln ist weder eine Gabe Gottes noch eine natürliche Kraft, sondern okkult. Ergebnisse und Produkte einer okkulten Betätigung sollten von Gläubigen nicht akzeptiert werden.

Nun will ich an dieser Stelle auch vor der Kehrseite warnen. Man darf nicht in eine überspitzte Angst vor dem Okkulten geraten. Wer für irgendeine Erkrankung Kräuter benützt, die nun zufällig auch im Kräuterbuch von Pfarrer Künzli erwähnt sind, braucht sich nicht darum kümmern. Es gibt nicht nur einen Mißbrauch, sondern auch einen rechten Gebrauch der Kräuter.

Meine Großmutter wußte nichts von Pfarrer Künzli und seinem Buch. Sie brachte mir aber viele Tees bei: Johanniskraut für die Nieren, Huflattich für die Bronchien, die Bettellaus (Unkraut) für die Zuckerkrankheit, Tausendgüldenkraut für Magenverstimmungen usw. Der Schöpfer hat in seine Natur mancherlei Kräfte hineingelegt, die wir dankbar gebrauchen dürfen. Erwähnt sei, daß der Prophet Jesaja dem König Hiskia empfahl, ein Feigenpflaster auf seine Geschwüre zu legen. Und es half (Jes. 38,21). Hüten wir uns vor Zauberei und Abgötterei. Nennen wir aber nicht alles okkult, was wir nicht begreifen.

Weltkommunismus

In der Hauptsache werden drei Männer für das Aufkommen des Weltkommunismus verantwortlich gemacht: Karl Marx (gestorben in London 1883) – Uljanow Lenin (gestorben 1923 in Gorki bei Moskau) – Josef Stalin (gestorben 1953).

Diese drei Männer haben einen großen Teil der Welt in ein Meer von Blut und Tränen verwandelt. Es sind absichtlich nur die Jahre angegeben, in denen diese drei Größen des Abgrundes vom Schauplatz der Erde abgetreten sind. Der Prophet Jeremia sagt in 17,13: „Der Name der Gottlosen müsse in den Sand geschrieben werden." Das heißt, der erste Windstoß oder die erste Wasserwoge wischt den Namen aus. Ihr Name und Gedächtnis vergeht.

Leider ist das aber nicht vergangen, was diese drei Männer gesät haben. Ihre Drachensaat ging nicht hundertfältig, sondern tausendfältig auf.

Karl Marx war Sohn eines jüdischen Anwaltes. Seine Lebensgeschichte zeigt die Entfaltung revolutionärer, atheistischer Ideen. Nach seinem Studium war er journalistisch tätig. Wegen seiner radikalen Anschauungen mußte er seine Stellung als Chefredakteur der „Rheinischen Zeitung" aufgeben. Er hat so viel Ärger ausgelöst, daß die preußische Regierung verlangte, daß Marx aus Paris ausgewiesen wurde. Er siedelte dann nach London über, wo er sich einer Satansloge anschloß. Über seine Zugehörigkeit zu den Illuminaten steht in dem betreffenden Kapitel. Ich verweise auf das Buch Wurmbrands „War Karl Marx ein Satanist?"

Die Opposition gegen jede Form einer Religion zeigt sich schon in seiner Frühschrift: „Die Kritik der Religion als Voraussetzung jeder Kritik." Marx äußert in dieser Schrift einige seiner revolutionären Ideen. Die Kritik an jeder Religion hat damit zu enden, daß der Mensch das höchste Wesen für den Menschen sei. Die Religion sei nur die illusorische Sonne, die sich um den Menschen bewege, solange er sich nicht um sich selbst drehe. In diesem Zusammenhang steht das geflügelte Wort: „Religion ist das Opium für das Volk." Der französische Soziologe Raymond Aron, in seiner Jugend selbst Marxist, schloß an diese Aussage von Marx die

Erklärung an: „Der Marxismus ist das Opium für die Intellektuellen."

Vor einigen Jahren suchte ich Material zur Person und Politik von Marx zusammen. Typisch für seine menschenverachtende Ideologie ist sein Bekenntnis: „Meine Aufgabe ist es, die Menschheit in die Hölle zu ziehen. Dort werde ich lachen über sie." (Zitiert bei Richard Wurmbrand in „War Marx ein Satanist?")

Eine ähnliche Aussage fand ich in der Broschüre „An ideology for South Africa" von Francis Grim. Darin heißt es auf Seite 10:

> „What grater challenge could there be for Christians than to directly oppose the design of Karl Marx, the writer of the Communist Manifest and the father of Communism, who said: ‚The sole purpose of my life is to destroy God and to dethrone Him forever.'"
>
> Auf deutsch heißt das: „Was kann es für einen Christen eine größere Herausforderung geben, als der Absicht von Karl Marx direkt zu widerstehen. Er ist Schreiber des ‚Kommunistischen Manifestes' und Vater des Kommunismus, der erklärte: ‚Der einzige Zweck meines Lebens ist, Gott zu vernichten und ihn für immer zu entthronen.'"

Lenin war ebenfalls wie Karl Marx Mitglied eines Satansklubs. In dem Buch von L. Trotzky „Der junge Lenin" (Fischer Verlag. zit. bei Wurmbrand) heißt es: „Bei Lenin, dem Begründer des modernen Kommunismus, vollzog sich die Aufnahme in eine Satanssekte, indem er auf das Kreuz spie und auf ihm herumtrat." Viele Satanskulte praktizieren die gleiche Zeremonie bei der Aufnahme von Mitgliedern.

Den Lebensweg dieses revolutionären Politikers hier darzustellen, ist nicht Aufgabe dieses Buches. Nur einige kurze Hinweise sollen gebracht werden. Seit 1912 sammelte und vereinigte er als geschickter Organisator russische revolutionäre Gruppen. Seit 1914 hielt er sich in der Schweiz auf und wurde im April 1917 in einem geschlossenen Eisenbahnwagen nach Rußland geschafft, um die russische Kampfkraft zu unterhöhlen. Das war ein verhängnisvoller Schachzug der deutschen Heeresleitung. Der Friede mit Rußland kam zustande, kurze Zeit später vollzog sich eine blutige Revolution. Lenin räumte mit allen Gegnern rücksichtslos auf. 1922 gründete er die Union der sozialistischen Sowjetrepubliken (UdSSR). Seine politische Einstellung ist eine Weiterentwicklung des Marxismus und zugleich eine Entfaltung einer ungeheuren Machtgier und radikalen skrupellosen Beseitigung der Gegner. Es gibt kein anderes politisches System, das derart brutal die Menschen versklavt.

Wie diese Beherrschung und Versklavung der Völker erreicht werden soll, ist in einem Buch Nr. 3926 des Britischen Museums in London aufgezeichnet. Daraus werden einige Leitbilder und Instruktionen zitiert:

1. Die Jugend durch falsche Grundsätze verderben.
2. Das Familienleben zerstören.
3. Die Menschen durch eigene Laster beherrschen.
4. Die Kunst entweihen und die Literatur beschmutzen.
5. Die Achtung vor der Religion vernichten.
6. Priester in Skandalgeschichten verwickeln.
7. Grenzenlosen Luxus und verrückte Moden einführen.
8. Mißtrauen zwischen sozialen Schichten säen.
9. Arbeitgeber- und Arbeitnehmerverhältnisse vergiften.
10. Das Volk gegen die „Reichen" aufwiegeln.
11. Die Landwirtschaft durch Industrie ruinieren.
12. Löhne ohne Vorteil für die Arbeiter erhöhen.
13. Feindseligkeit zwischen den Völkern hervorrufen.
14. „Ungebildete" regieren lassen. (Freies Wahlrecht).
15. Gestrauchelte Regierungsbeamte erpressen.
16. Vermögenschluckende Monopole schaffen.
17. Durch Wirtschaftskrisen Weltbankrott vorbereiten.
18. Massen auf Volksbelustigungen konzentrieren.
19. Menschen durch Impfgifte gesundheitlich schädigen.
20. Grundbesitze mit Rittern vom „Goldenen Kalb" besetzen.
21. Den Todeskampf der Völker vorbereiten, die Menschen durch Leiden, Angst und Entbehrungen erschöpfen... denn... Hunger schafft Sklaven.

Die Verwirklichung dieser Prinzipien hat die kommunistischen Länder zu Zuchthäusern verwandelt. Ein Christ aus den sowjetischen Gefängnissen konnte einen Brief nach dem Westen schmuggeln. Er schrieb: „Die Sowjetunion ist für uns ein riesiges Konzentrationslager, innerhalb dessen es noch zusätzliche Kerker und Orte der Bestrafung gibt. Man hat uns verurteilt, weil wir gläubig sind und unsere Kinder im Glauben erziehen... Nach der schlechten Behandlung in den Lagern sind wir nicht mehr lebenstüchtige Bewohner dieser Erde, sondern nur noch armselige Kreaturen... Brandschwarze Verleumdungen und Lügen wurden erfunden und die Bevölkerung gegen uns aufgehetzt, indem man uns Ritualmorde anlastete. Unsere Frauen schmerzt es, wenn Kinder gezwungen werden, der Ocobryata oder den Pionieren beizutreten (Komm. Jugendorganisationen). Es ist erschreckend, zu welch wahnsinnigen, erpresserischen Mitteln die Lehrer greifen, wenn unsere Kinder sich weigern, die Abzeichen der Gottlosigkeit (Stern und rotes Halstuch) zu tragen..."

Durch Mord und Terror ist es Lenin gelungen, seine Pläne zu verwirklichen. Er nahm ein schreckliches Ende. Ich erinnere mich gut an die Zeit, da Lenin starb. Damals war ich noch Schüler. Eines Tages kam unser verehrter Religionslehrer in den Unterricht und erzählte uns von den Ereignissen beim Tode Lenins. Lenin starb in geistiger Umnachtung. Er kroch wie ein Tier auf dem Fußboden umher und bat Tische und Stühle um Vergebung für seine Greueltaten. Dieser Götze von Millionen von irregeführten Menschen wurde also noch vor seinem Tode gestürzt wie der Gotteslästerer Herodes (Apg. 12,23).

Der dritte in dieser schauerlichen Reihe muß genannt werden: Josef Stalin. Was Karl Marx philosophisch und journalistisch gesät und Lenin mit vollendeter Technik organisiert hat, ist bei Stalin zur verbrecherischen Reife gelangt. Ein Zeitgenosse urteilte über ihn: „Er war kein Mensch, sondern ein Teufel." Sein Vater war ein versoffener Flickschuster, seine Mutter eine gläubige Frau, die aus ihrem Sohn einen Priester machen wollte. In der Tat gelang ihr die Aufnahme ihres Sohnes im Priesterseminar in Tiflis. Nach vierjähriger Seminarzeit wurde er wegen revolutionärer Ideen weggeschickt.

Stalin gewann sich zunächst das Vertrauen der ärmsten Volksschicht, der besitzlosen Landarbeiter, indem er die begüterten Bauern, die Kulaken, enteignete und sie liquidierte. Bis in die Mitte der dreißiger Jahre hatte er sechs Millionen Kulaken umbringen lassen.

Das Militär machte sich Stalin gefügig, indem er die fähigsten Kommandeure verhaften und nach einem Schauprozeß hinrichten ließ.

Auch vor der eigenen Partei machte er nicht halt. In großen Säuberungsaktionen hat er die Partei auf fast die Hälfte dezimiert.

Nobelpreisträger Alexander Sacharow schrieb im Jahr 1968 zu diesen Massakern:

„Allein in den Jahren 1936–1939 wurden mehr als 1,2 Millionen Mitglieder der Partei verhaftet. Nur 500000 kamen mit der Zeit wieder frei. Die anderen wurden bei Verhören zu Tode gefoltert, erschossen oder sind im Arbeitslager umgekommen.

Wie war Stalins Ende, der getreu in den Fußstapfen seines Vorgängers Lenin wandelte? Dem „Arche Blatt" vom Mai 1977 entnehme ich folgendes: „Am 21. Dez. 1952, ein halbes Jahr vor seinem Tode, rief Stalin 12 seiner treuesten Genossen des obersten Sowjets zu sich und verkündigte ihnen sein politisch-ideologisches Testament." Es können nur einige Einzelheiten gebracht werden, weil dieses letzte Vermächtnis den Rahmen dieses Kapitels sprengen würde. Es heißt darin:

„Genossen, noch nie in der Geschichte der Menschheit hat eine Heilslehre in so kurzer Zeit sich ein solches Riesenreich erkämpft wie der Kommunismus ... Vom großen Ozean bis zur Elbe ist alles in unserer Hand, denn die sogenannten Satellitenstaaten geben wir nicht mehr her. Mehr als 22 Millionen Quadratkilometer mißt die Sowjetunion allein. Dazu kommen die Länder, die durch Hitlers Wahnsinn und die Naivität der Amerikaner uns in den Schoß gefallen sind: Polen, Ostdeutschland, Tschechoslowakei, Ungarn, Rumänien und Bulgarien. Estland, Lettland und Litauen nicht einmal gezählt. Dazu kommen die starken kommunistischen Parteien in Italien und Frankreich und viele unserer Freunde in Asien, Afrika und Südamerika. Genossen, im Kampf um Rußlands Weltherrschaft haben wir eine wunderbar zügige Parole, ganz anders als Hitler, der meinte, nur am deutschen Wesen könne die Welt genesen. Wir Russen reden hintenherum ... Die Idee des Kommunismus zieht die Armen der ganzen Welt unter ihren Bann. Diesen Armen verkünden wir die frohe Botschaft von der Verteilung der irdischen Güter an alle ... Die Lehre vom Kommunismus treibt die Schäflein der ganzen Welt in die russische Hürde ... Bald werden alle Völker nach Moskau wallfahren. Moskau wird das neue Jerusalem sein ...

Unser alter Marx hat den Slogan geprägt: Religion ist Opium für das Volk. Er hat damit den Menschen das Gewissen herausgeschnitten. Und ein Mensch ohne Gewissen kennt keine Verantwortung vor einem Gott. Auch ich habe mir von Marx und Lenin das Gewissen herausschneiden lassen. Meine moralische Norm heißt jetzt: Gut ist, was uns Russen nützt, was uns zur Weltherrschaft bringt. Schlecht ist, was uns daran hindern will. Offen sage ich euch: Wir stellen die Gewalt und Lüge in unseren Dienst. Ja, ihr müßt alles versprechen und nicht halten ... Auf den Köder des Kommunismus beißen die unreifen und unerfahrenen jungen und auch alte Menschen an, sogar viele Intellektuelle ...

Der Kommunismus ist für Narren eine süße Droge ... Wer muckst, wird in die sibirische Kühltruhe gesteckt. Resümieren wir kurz: Kommunismus ist unser Opium für die Völker. Unsere Außenpolitik heißt List und Intrige, unsere Innenpolitik ruht auf dem Terror! Unser Ziel ist: die Weltherrschaft." ... Die zwölf auserwählten Jünger Stalins klatschten 10 Minuten lang Beifall. In dem Lärm des Klatschens hörte keiner das Gemurmel Chruschtschows: „Aber Liebknecht hat doch schon gesagt: ‚Wenn es einen Gott gibt, so sind wir Kommunisten die Geleimten!'" – Nachdem der Beifall verebbt war, hob Stalin nochmals die Faust, und alles war augenblicklich mäuschenstill. „Genossen", sprach er mit lauter Stimme, „vergeßt eines nicht: Redet immer vom Frieden, bereitet aber immer den Krieg vor! Zu Hause, d. h. in Rußland, dürft ihr mit groben Schuhen einhergehen. Im Westen aber schleicht auf leisen Sohlen umher, bis auch der Westen unser ist!"

Stalin müßte heute 20 Jahre nach seinem Tode die Liste der kassierten Länder vervollständigen. Vietnam kam dazu, Kambodscha, Afghanistan, dazu die durch kommunistische Revolutionen von innen her eroberten Länder. Mozambique wäre zu nennen, Angola, Äthiopien, Simbabwe usw. Insgesamt stehen allein auf dem Kontinent Afrika mehr als 20 Länder unter kommunistischem Einfluß. Kein Wunder, daß viele meinen, daß der Antichrist aus dem kommunistischen Weltreich kommt. Ich folge dieser Meinung nicht, sondern meine immer noch, daß dieser Machtmensch der Endzeit sich aus dem wiedererwachten römischen Weltreich erhebt. Ein Streitpunkt ist es aber für mich nicht.

Streiflichter aus dem kommunistischen „Paradies"

Es liegt so viel entsetzliches Material vor, daß es unmöglich ist, das alles zu berichten. Das gäbe nicht nur viele Bände, sondern eine ganze Bibliothek. Das meiste Material ist dem sehr zu empfehlenden Magazin von Wurmbrand „Stimme der Märtyrer" entnommen. Ich besitze auch Originalberichte aus Nordkorea, Kambodscha, Rhodesien (Simbabwe) und anderen kommunistisch regierten Ländern. Dazu einige Berichte.

Ein Fetus im Leib eines Priesters

B 363 In Lwow nagelten die Kommunisten dem ukrainischen Priester Zinowy Kowalyk Arme und Beine an ein Kreuz. In seinen aufgeschlitzten Bauch legte die Geheimpolizei den Körper eines ungeborenen Kindes, das sie seiner toten Mutter – die daneben auf dem blutbefleckten Boden lag – aus der Gebärmutter geschnitten hatte. (Pfr. I Nahajewski: „America", 7. Oktober 1982.) Das geschah während des Zweiten Weltkrieges; doch die Bosheit der Kommunisten hat bis heute nicht aufgehört.

Der Missionar James Stuart berichtete kürzlich aus Mozambique (Afrika) über die Verhaftung eines Christen mitsamt seiner Frau und seinen vier Kindern. Die Kinder waren aneinandergekettet. Die Kommunisten drückten der Frau eine Axt in die Hand und erklärten ihr: „Wenn du deinem Mann den Kopf abschlägst, lassen wir dich und deine Kinder frei. Wenn du dich weigerst, werden wir es tun und auch den Kindern den Kopf abschlagen." Der Christ bat seine Frau, sich dem Wunsch der Mörder zu fügen. Zögernd holte sie zum Schlag aus, brachte ihm aber nur eine Verletzung bei, an deren Folgen er später starb. Die Frau wurde wahnsinnig. Was mit den Kindern geschah, ist nicht bekannt.

Den Kommunisten macht es nichts aus, solche Greueltaten zu verüben. Je größer das Übel ist, desto weniger glaubwürdig erscheint es. Jahrelang wollte die Welt nicht glauben, zu welchen Untaten Stalin fähig gewesen war. Präsident Roosevelt hatte ihn den „guten Onkel Joe" genannt. Die Kommunisten verlassen sich auf diesen psychologischen Trick und begehen absichtlich Scheußlichkeiten, die sich andere Menschen kaum vorstellen können.

Mai 1983

Kommunisten und die Kirchen (Juni 1983)

Die Kommunisten töten die Leute nicht nur einzeln, sondern auch in Gruppen. Lenin hat ja gelehrt: „Grundsätzlich haben wir nie auf Gewaltanwendung verzichtet und werden nie darauf verzichten können."

In Nicaragua drangen uniformierte Kommunisten in eine Kirche ein, vergewaltigten fünf Musawa-Indianerinnen – darunter zwei zwölfjährige Mädchen – und töteten sie anschließend. Als nächste wurden sechs Gottesdienstbesucher, die gegen die Vergewaltigung protestiert hatten, auf der Stelle erschossen. Später mußten unzählige andere ihr Leben lassen.

40 Dörfer der Musawa-Indianer fielen der Zerstörungswut zum Opfer, das Vieh wurde geschlachtet und die Ernte vernichtet. In Tulinbila überführten die Kommunisten 13 Kranke in die katholische Kirche und steckten das Gebäude dann in Brand.

Der evangelische Pfarrer Abel Flores und 13 kirchliche Mitarbeiter wurden vor einem Jahr verhaftet. Seither hat man nichts mehr von ihnen gehört. („Deutsche Tagespost", 18. Dezember 1982.)

Im kommunistischen Mozambique (Afrika) starb der katholische Priester Estevao Mirassi nach drei Jahren Gefangenschaft. Andere sind immer noch eingekerkert. Viele Kirchen wurden geschlossen. Diejenigen Bischöfe und Pfarrer, welche die Kommunisten unterstützten, bevor diese an die Macht kamen, werden inzwischen die wahre Natur ihrer neuen Herrscher erkannt haben. Vorher hatten sie sich als Freiheitskämpfer ausgegeben.

In Kambodscha töteten die Kommunisten drei Millionen Unschuldige und trachteten danach, jede Form von Religion auszumerzen. Von den 5000 Christen, die es in diesem Lande vor der Machtübernahme durch die Kommunisten gab, sind heute die meisten nicht mehr am Leben. Bischöfe, Priester, Mönche, Nonnen und evangelische Geistliche wurden umgebracht oder gingen an den Folgen der erlittenen Qualen zugrunde. Zur Zeit lebt im ganzen Lande noch ein einziger protestantischer Pfarrer.

In Vietnam floh jeder, der konnte, von Schrecken gepackt, vor den Kommunisten. So kam es, daß eine halbe Million Vietnamesen einschließlich vieler Christen im Meer ertranken oder von Piraten ermordet wurden.

In China verbüßten 100000 religiöse Führer Freiheitsstrafen. Tausende verloren ihr Leben gewaltsam.

Folter in Kuba (Juli 1983)

In Kuba befindet sich der Christ Valladares nach 22jähriger Gefangenschaft seit einiger Zeit wieder auf freiem Fuß. Der UNO-Kommission für Menschenrechtsfragen schilderte er, wie die herzlosen und so präzisen Kommunisten ihre Gefangenen behandeln:

„Fässer mit Exkrementen und Urin wurden über die Gefangenen gegossen. Eloj Menojo wurde derart zusammengeschlagen, daß er sein Gehör und ein Auge verlor. Der sterbende Roberto Chavez hatte Durst und bat um Wasser. Ein Aufseher versprach ihm: ‚Ich werde dir etwas zu trinken geben' und urinierte in seinen Mund.

Russische, tschechische, ostdeutsche und kubanische Ärzte machten die Gefangenen absichtlich krank; dann verwendeten sie sie noch als ‚Versuchskaninchen'. Der evangelische Prediger Gerardo Gonzales Alvarez wurde erschossen. Seine letzten Worte waren: ‚Vater vergib ihnen; denn sie wissen nicht, was sie tun.' Enrique Correa versuchte, dem tödlich verwundeten Prediger zu helfen und wurde dabei selbst von neun Kugeln getroffen; aber er überlebte.

Hunderte von Gefangenen vegetieren immer noch in unterirdischen Zellen dahin, wo sie kein Sonnenstrahl erreicht. Ebenfalls erschossen wurden Gonzalez, Reloba und Rodolfo Alonso. Alonso war 21 Jahre alt."

Christliche Persönlichkeiten aus Westeuropa waren in Kuba auf Besuch, als sich diese Greuel abspielten. Sie kehrten in ihre Länder zurück und teilten mit, in den kubanischen Gefängnissen befänden sich keine Christen. Sie hatten die Schreie der Gefolterten nicht gehört. Als ich diese Tatsachen veröffentlichte, griff mich einer der christlichen Führer an und warf mir vor, ich hätte alles erfunden. Nun bestätigt der christliche Glaubensheld Valladares jedes Wort, das ich gesagt habe. Der Kommunismus ist ein Monstrum, und wer ihn mit milderen Worten beschreibt, täuscht die anderen oder ist selbst getäuscht worden.

Ein idea-Bericht über Afghanistan (1983)
von Rudolf Pfisterer

Mehr als drei Jahre nach ihrem Einmarsch in Afghanistan greifen die sowjetischen Besatzungstruppen zu immer grausameren Mitteln, um das Land unter Kontrolle zu halten. Grund: Die Aktivität islamischer Widerstandsgruppen – die Bevölkerung ist zu 99 Prozent moslemisch – ist ungebrochen, und die afghanische Armee wird immer schwächer. Sie hat nach Angaben eines nach Pakistan geflüchteten Generals mehr als 65000 Soldaten verloren. Viele von ihnen seien zu den Widerstandsgruppen übergelaufen. Zur Zeit stehen in den afghanischen Streitkräften wahrscheinlich nur noch rund 15000 Mann unter Waffen.

Je mehr das moskauhörige Regime in der Hauptstadt Kabul seine Schwäche offenbart, desto intensiver werden die Terrormaßnahmen der sowjetischen Besatzer. Die Zivilbevölkerung hat darunter zu leiden. Erst kürzlich tauchten überall im Land kleine Sprengsätze auf: bunt bemalt wie Spielzeug, Uhren und Füllhalter. Der amerikanische Schauspieler Kirk Douglas, der ein Flüchtlingslager an der afghanisch-pakistanischen Grenze besuchte, war entsetzt: Kinder, denen die Beine abgerissen worden waren, lernten gerade, auf ihren Stümpfen zu laufen. Ganze Ortschaften wurden von den Sowjets mit Napalm und Phosphor bombardiert, Moscheen und Krankenhäuser nicht verschont. Die Sondergefängnisse, in denen mutmaßliche Sympathisanten gefoltert werden, füllen sich. 5200 Menschen sollen im letzen Jahr in einer Strafanstalt in der Nähe Kabuls gefangengehalten worden sein. Ein Freigekommener faßte seine Eindrücke in einem einzigen Satz zusammen: „Alles ist dort schrecklich." Eine Medizinstudentin berichtete von brutalen Verhörmethoden. Nachdem man in ihrer Wohnung ein Flugblatt des Widerstandes gefunden hatte, wurde sie im Polizeihauptquartier von sechs Beamten einer intensiven „Behandlung" unterzogen: vierzehn Tage und Nächte mußte sie aufrecht stehen, wurde mit Elektroschocks gequält und immer wieder mit Vergewaltigung bedroht. Zur Einschüchterung führte man sie durch Schreckenskammern, wo sie sich menschliche Körperteile – Arme und Finger – ansehen mußte. Man zwang sie, der Entmannung eines Gefangenen beizuwohnen. Der Sterbende flüsterte ihr zu: „Meine Schwester, gestehe niemals, halte dich gut." In diesem Gefängnis befanden sich noch vierzig weitere Frauen. Eine von ihnen verlor fast den Verstand, weil man sie immer wieder mit dem abgeschnittenen Arm eines Menschen schlug.

Kein Wunder, daß der Flüchlingsstrom nach Pakistan nicht abreißt.

Ohne Blutbad keine Revolution

Das ist ein Wort Lenins, das mit einer grauenvollen Statistik untermauert werden soll. Die französische Zeitschrift „Figaro" vom November 1978 brachte einen Bericht über die Blutopfer, mit denen die Kommunisten ihre Weltrevolution bezahlten und immer noch weiterfinanzieren. Was hat der Kommunismus es sich an Menschenleben seit der russischen Revolution 1917 kosten lassen? Die „Figaro-Statistik" sagt folgendes aus:

1. Menschenopfer des Kommunismus in der UdSSR

von 1917–1959	66 700 000
2. Menschenopfer in der UdSSR von 1959 bis 1978 (nach Mindestschätzungen)	3 000 000
3. Menschenopfer des Kommunismus in China	63 000 000
4. Das Blutbad von Katyn	10 000
5. Während der Vertreibungen von 1945–1946 getötete deutsche Zivilisten	2 923 700
6. Kambodscha von April 1975–April 1978	2 500 000
7. Unterdrückung in Ost-Berlin, Prag, Budapest, sowie in den Ländern des Baltikums	500 000
8. Kommunistische Angriffe auf Griechenland, die Malaiische Halbinsel, Birma, Philippinen, Korea, Vietnam, Kuba, Schwarzafrika und Lateinamerika	3 500 000
insgesamt:	142 133 700

Nicht nur, weil sich ungezählte Christen unter diesen Millionen befinden, sondern auch weil der gottlose Kommunismus zur Stunde blutgierig nach neuen Opfern Ausschau hält, ist es unsere Pflicht, unsere Mitmenschen vor dieser Ideologie zu warnen.

Diese Statistik müßte auf neuesten Stand gebracht werden, weil in den letzten fünf Jahren seit dieser Figaro-Veröffentlichung noch einige Millionen Opfer dazu kamen.

Es gibt irregeführte oder schlecht informierte Christen, die eine solche Schreckensbilanz anzweifeln. Dann werden sie aber gebeten, einmal in ihrer Bibel nachzulesen, daß solche Greuel schon einmal gegen Christen verübt worden sind. Am globalen Ausmaß haben aber die kommunistischen Greuel die Opfer der Christenverfolgungen in der alten Kirche übertroffen. Da viele Namenchristen keine Bibel lesen – von den Ungläubigen ganz zu schweigen – soll die markanteste Stelle über die Christenverfolgungen zitiert werden. In Hebräer 11,36–38 heißt es:

„Etliche haben Spott und Geißeln erlitten, dazu Bande und Gefängnis.

Sie wurden gesteinigt, zerhackt – zerhackt – zerstochen, durchs Schwert getötet. Sie sind umhergegangen in Schafspelzen und Ziegenfellen, mit Mangel, mit Trübsal, mit Ungemach.

Deren die Welt nicht wert war, und sind im Elend umhergeirrt in den Wüsten, auf den Bergen und in den Klüften und Löchern der Erde."

Wir sind im Blick auf all diesen Jammer aufgerufen, für unsere bedrängten Brüder und Schwestern zu beten. Wir im satten Westen haben die Fürbitte aber noch nötiger, damit uns die Augen aufgehen über unser geistliches Elend und den endzeitlichen Charakter der Gegenwart.

Herr Jesus, komme bald und mache diesem teuflischen Terror und unserer Verstocktheit und Blindheit ein Ende. Ja, komme bald, Herr Jesus.

Wiederbringung aller Dinge

Wir betreten hier ein heiß umstrittenes Problem. Für viele schwäbische Pietisten ist es eine Selbstverständlichkeit, daß Gott über den Tod der Menschen hinaus noch „Heilsveranstaltungen" durchführt, in deren Gefolge auch die Verdammten durch lange Läuterungen geführt werden und zuletzt noch die Seligkeit erlangen. Selbst der Teufel soll da nicht ausgeschlossen sein. Er ist der Schlußstein, daß Gott dann „alles in allen" ist. Wir untersuchen diese Behauptung.

Die vorchristlichen Wurzeln

Helmut Lamparter hat in dem Evangelischen Gemeindelexikon das Problem unter dem Begriff „Allversöhnung" abgehandelt. Er behauptet, die Allversöhnungslehre habe mit Origenes eingesetzt. Das ist eine historische Ungenauigkeit.

Gedankengänge, wie wir sie bei der Allversöhnungslehre vor uns haben, finden sich teilweise schon im Parsismus, in der Theosophie und in der vorchristlichen Gnosis.

Die Wurzeln des Parsismus reichen zurück bis Zarathustra, dessen Leben und Wirksamkeit in dem 8. Jahrhundert vor Christus angenommen wird. Die Zoroastrische Religion ist dualistisch angelegt: Der gute oder kluge Geist kämpft mit dem bösen Geist. Die Exponenten dieser beiden Mächte sind Ahura Mazda, der kluge Geist, und Angra Mainyu, Inbegriff des Bösen. Sie liegen in steter Opposition als Wahrheit und Lüge, Demut und Hochmut, Wohlergehen und Verderben. Beide Mächte sind im Menschen verkörpert und vermischen sich. Endlich siegt das Gute. Hier klingt schon die Vorstellung von einer geistigen Entwicklung an, die bei allen philosophischen Richtungen, die es mit der Wiederbringung aller Dinge zu tun haben, transparent wird.

Der mittelpersische Parsismus (etwa 500–300 v. Chr.) bringt diese Gedankengänge noch detaillierter. Ahura Mazda wird sprachlich zu Ormuzd, Angra Mainyu zu Ahriman. Beide Gottwesen, deren Eigenschaften im Menschen verkörpert sind, stehen in harter Auseinandersetzung, bis der Shaosyant als Heiland und Helfer erscheint und dem Gott der Weisheit und des Guten zum Sieg verhilft. Die Epoche des Kampfes wird durch ihn beendet und damit eine Epoche der Befreiung und „Entmischung von Gut und Böse" eingeleitet.

Im jüngeren Parsismus treten dann Thesen hervor, die wir nur allzugut von der Allversöhnunglehre her kennen. Beim Abschluß des Kampfes kommen die Guten zu Ormuzd, der im Himmel residiert, die Bösen stürzen hinab zu Ahriman, der am Ort der Qualen weilt. Seligkeit und Verdammnis dauern nicht ewig, sondern nur so lange, bis die „Entmischung" von Gut und Böse vollzogen ist. Hier sind klare Wurzeln der Wiederbringung, ehe Christus erschien. Die Wiederbringungslehre spekulativer Christen ist also ein Gewächs heidnischer Philosophie und Religion.

Interessant ist im jüngeren Parsismus auch der Hinweis auf die Läuterungsstufen. Die bösen Menschen erleiden im Reich Ahrimans Martern. Sie müssen durch einen Strom glühenden Metalls hindurchgehen und dabei von allen Sünden geläutert werden. Zuletzt nehmen sie „an der Verklärung im Endwunder" teil. Das ist auch eine Vorwegnahme des Purgatoriums der katholischen Kirche.

Eine zweite, noch stärkere Wurzel der Wiederbringungslehre ist die Theosophie. Die Theosophie der vorchristlichen Zeit ist monistisch ausgerichtet, die der christlichen Ära ist dualistisch geprägt. Weil manchen diese Begriffe nicht klar sind, eine kurze Erläuterung.

Der Monismus bedeutet, daß das gesamte Weltgeschehen aus einem einzigen Prinzip abgeleitet wird. Zum Beispiel ist die Allbeseeltheit des Kosmos (Pantheismus) ein solcher Grundsatz. Auch die religiösen Fragestellungen werden im Monismus auf ein einziges Prinzip reduziert. So ist es im Buddhismus, in der Gnosis, im Joga, in der Mystik und verwandten Gruppierungen. Im religiösen Sektor kann das heißen: Gott ist Mensch, der Mensch ist Gott. Der Mensch ist mit Gott eine Einheit, er hat nur durch einige Bewußtseinsstufen sich selbst zu entwickeln und damit seine Gottebenbildlichkeit zu entdecken. Ein gutes Beispiel gab Rabindranath Maharaj, der in seinem Buch „Tod eines Guru" mitteilte, daß er sich manchmal vor den Spiegel setzte und sich selbst als Gott anbetete. In den Kapiteln über Joga und TM sind diese Vorstellungen erläutert.

Der Dualismus nimmt an, daß die Wirklichkeit auf zwei Prinzipien aufgebaut ist. Anthropologisch ist das z. B. die Dichotomie, die Zweiheit von Leib und Seele. Kosmisch kann das heißen: Einheit oder Gegensatz von Makrokosmos und Mikrokosmos. Ethisch stehen wir vor dem Gegensatz: gut und böse, licht und finster. Religiös geht es um Gott und Satan. Das Christentum ist wie der Parsismus dualistisch angelegt. Das darf aber nicht zu dem Kurzschluß in der Bewertung führen. Christus ist nicht mit einem Gott oder Götzen anderer Religionen gleichzustellen, wie es z. B. die Baha'i getan haben.

Die Theosophie ist ein ungeheures Sammelbecken für viele Philosophien, Kulte und Religionen. In der vorchristlichen Zeit ist die Theosophie vorwiegend monistisch bestimmt. In der älteren Epoche glaubt der Theosoph eine unmittelbare und unvermittelte Vereinigung mit der Gottheit erleben zu können. Das Mittel, dieses Ziel zu erreichen, ist die Spekulation oder auch die Kraft des Intellekts. Der Weg, der beschritten wird, ist die geistige, erkenntnismäßige Evolution. Diese Methode der stufenmäßigen Entwicklung ist in den verschiedenen Religionen verschieden ausgeprägt. Beim Buddhismus und bei der Anthroposophie geht es um die Reinkarnation (die Wiederverkörperung). Die Höherentwicklung erfolgt durch verschiedene Wiederverkörperungen, bei denen der Mensch die Chance hat, sich von allem Negativen zu lösen und zu läutern.

Die Theosophie der christlichen Ära ist dualistisch ausgerichtet. Das hängt damit zusammen, daß das junge Christentum gegen bisherige heidnische Philosophien eine große Stoßkraft entfaltete. Trotzdem haben vorchristliche Systeme Einbrüche in das christliche Denken erzielt. Eine Reihe von Theologen wurden theosophisch beeinflußt, wie wir noch sehen werden.

Zum Komplex der Theosophie gehört die Mystik. Der Bereich der Mystik ist in allen Zeitepochen so weitreichend, daß wir uns wiederum auf das beschränken müssen, was zu den Wurzeln der Wiederbringungslehre gehört.

In der indischen Mystik herrscht eindeutig die monistische

Auffassung vor. Das Ich und das All sind eins. In dieser pantheistischen Form der Mystik soll das Einswerden des Getrennten erlebt werden. Für unser Thema heißt das, der Mensch werde eins mit Gott. Das geschehe auf dem Weg der Kontemplation und Meditation. Der Lichtfunke, aus dem Zentrallicht der Gottheit entsprungen, soll durch die geistlichen Exerzitien zur Lichtflamme auflodern, bis sie in die Lichtfülle der Gottheit eingeht. Reicht ein Leben nicht aus, muß in einer Wiederverkörperung das gleiche Ziel angegangen werden.

Wir stehen hier wieder vor dem monistischen Weg der geistigen Evolution, die ein Grundprinzip der Wiederbringungslehre darstellt.

In der christlichen Ära wird natürlich der Monismus aufgegeben. Das junge Christentum hat den Entwicklungsbegriff zurückgedrängt.

Wenden wir uns nun der Gnosis zu, die am meisten zu der Wiederbringungslehre der Gegenwart beigesteuert hat. Zunächst eine Frage, die in der Auseinandersetzung mit Vertretern der Allversöhnung oft laut wird. Diese Brüder bestreiten den Einfluß der Gnosis auf ihre Theologie mit dem Hinweis: „Wir haben nie Informationen aus dem Bereich der Gnosis gelesen. Wir haben unsere Überzeugung aus der Bibel allein." Es stimmt, daß diese Brüder nie gnostische Schriften gelesen haben, aber weltanschauliche Dinge verbreiten sich nicht nur durch Literatur und Tradition, sondern auch durch metaphysische Gegebenheiten. C. G. Jung würde vielleicht sagen, es gibt auch ein Wissen durch das kollektiv Unbewußte. Daran denke ich bei diesem Problem aber nicht, sondern an einen biblischen Tatbestand. Der Teufel legt von Zeit zu Zeit die gleiche Platte – manchmal mit einer kleinen Veränderung – auf. In der Seelsorge ist mir oft das „Beinerücken" seltsamer Heiler bekannt geworden. Einer der bekanntesten von ihnen, ein Afrikaner, wußte nicht, daß das in USA in extremen Kreisen praktiziert wird. Auf meine Frauge, wo er das gelernt habe, antwortete er: „Nirgends. Ich bin selbst darauf gekommen."

Da wir hier bei der Gnosis sind, gebe ich dazu ein gnostisches Beispiel. Im 2. Jahrhundert war Marcion ein führender Gnostiker. Getreu der Gnosis – der menschlichen Vernunft als Erkenntnisprinzip – schnitt er aus dem Neuen Testament alles heraus, was nach seiner Meinung gegen vernünftiges Denken geht. So leugnete er die Jungfrauengeburt, die Wunder, Sühneleiden Jesu, Auferstehung, Himmelfahrt, Wiederkunft. Im 19. Jahrhundert vollzog D. F. Strauß den gleichen Prozeß in seinem Buch „Das Leben Jesu". Im 20. Jahrhundert sind es die Entmythologisierer, die wiederum alles Wunderhafte des Neuen Testamentes als mythologisches und orientalisches Beiwerk ansehen. Natürlich waren Strauß und die modernen Theologen nicht von Marcion abhängig. Sie haben nur das gleiche Erkenntnisprinzip, die menschliche Vernunft.

Eine historische Vorfrage zur gnostischen Bewegung bezieht sich auf die Auseinandersetzung, ob die Gnosis vorchristlichen Ursprungs sei, also orientalisch beeinflußt, oder ob sie nur eine Hellenisierung des Christentums darstelle.

Das gnostische System ist so sehr mit den religiösen und philosophischen Strukturen der vorchristlichen Zeit verbunden und gekoppelt, daß die Gnosis damit ihren vorchristlichen Ursprung bestätigt.

Welche gnostischen Positionen weisen auf die heutige Wiederbringungslehre hin?

Zunächst ist es die Äonenlehre. Aion ist griechisch und heißt Zeit, Zeitspanne. In der gnostischen Literatur wird aion auch hypostasiert, das heißt als Person gedacht. Der erste Äon ist der Schöpfungsäon, der unmittelbar aus Gott hervorging. Der zweite Äon ist die böse Welt mit dem bösen Gott. Die Übergänge von einem Gegensatz zum andern werden mit immer zahlreicheren Zwischenstufen einer fortschreitenden Entwicklung und entsprechenden Mittelwesen ausgestattet, so daß eine ganze Reihe der Äonen entsteht. Zuletzt kehrt der gefallene Äon zu Gott zurück. Die Äonen finden ihren Abschluß im Pleroma (Fülle, Vollzahl, Vollkommenheit).

In dieser gnostischen Lehre tauchen zwei Gedanken auf, mit denen mich die Vertreter der Wiederbringung seit Jahren konfrontieren.

Ich kenne Gemeinschaftsleute in großer Zahl, die folgendes behaupten: Es gibt vier Äonen: der Schöpfungsäon, der Äon der gefallenen Welt, der Erlösungsäon und zuletzt der Wiederbringungsäon. Joh. Michael Hahn soll einmal geäußert haben, der Wiederbringungsäon würde 50000 Jahre betragen. Dieser Gedanke ist eine Anlehnung an das israelitische Halljahr (50 Jahre).

Der zweite Hinweis, den wir aus der gnostischen Spekulation erhalten, ist der Begriff Pleroma. Nach der Rückführung aller

Bösen nach vielen Läuterungsstufen entsteht die Vollzahl, die Endvollendung der Wege Gottes: Gott alles in allen. (1. Kor. 15,28). Der Bruder und Freund, mit dem ich mich jahrzehntelang wegen der Allversöhnung auseinandersetzen mußte, gebrauchte das griechische Wort pleroma und den Hinweis, daß Gott sei alles in allen. Er wußte bei seinen Behauptungen aber nicht, daß die Gnosis genau die gleiche Terminologie benützte.

Ein weiterer Hinweis auf die Wiederbringung ist in der gnostischen Bewegung die Bedeutung der Erkenntnis. Das griechische Wort gnosis heißt ja Weisheit, Erkenntnis. Erlösung und höheres ethisches Verhalten ist nur auf dem Weg der Erkenntnis möglich. Die Menschen werden in drei Klassen eingeteilt: Hyliker (griech. hyle = Wald, Material), Psychiker (psyche = Seele), Pneumatiker (pneuma = Geist). Das bedeutet: es gibt materielle, seelische und geistliche Menschen. Das Vorankommen auf dieser Leiter der Läuterung ist nicht abhängig von geistlich-biblischen Vorgängen, sondern von dem Prozeß größerer Erkenntnis. Die Gnostiker hielten sich gegenüber Nichtgnostikern als Pneumatiker, die größere Reife durch größere Erkenntnis erlangt haben. Genau so erlebte ich es in Auseinandersetzungen mit Anhängern der Wiederbringung. Sie sagten mir: „Du hast eben noch nicht die weiterführende Erkenntnis." Es klang häufig durch solche Argumente, daß sie sich für fortgeschrittene Christen erster Klasse hielten.

Die erkenntnismäßige Struktur der Gnosis tritt noch in anderer Hinsicht bei der Wiederbringungslehre zum Vorschein. Man sagt dort in diesem Lager: „Gott regiert nicht mit einer Minderheit." Oder: „Sollen zeitliche Vergehen mit ewigen Strafen vergolten werden?" Und andere Argumente kann man hören: „Die Seligkeit der Gläubigen im Himmel sei geschmälert, wenn sie an die Verdammten denken müßten." Das sind drei Argumente, die ich bis zum Überdruß zu hören bekam.

Diese Begründungen sind nicht biblisch fundiert, sondern schieben das Denken, die Gnosis, vor mit dem Hinweis: Ewige Verdammnis ist denkunmöglich. Wir können es uns nicht vorstellen, daß die Verlorenen im ewigen Feuer brennen müssen.

Es ist eine lapidare Wahrheit: Im Reich Gottes geht es nicht darum, was denkmöglich und was denkunmöglich ist, sondern was die Heilige Schrift sagt. Die Gnosis und die davon abhängige Wiederbringungslehre ist nicht ein höherstehendes Christsein, sondern Irrlehre. Es wird an Luthers Erklärung zum dritten Glaubensartikel erinnert:

Ich glaube, daß ich nicht aus eigener Vernunft noch Kraft an Jesum Christum, meinen Herrn, glauben oder zu ihm kommen kann.

Nicht aus eigener Vernunft! Das ist die Antwort des Reformators, die Antwort der Bibel gegen die Gnosis.

Über das monistische Entwicklungsprinzip haben wir schon mehrfach gehört. Darin steht die Gnosis den anderen Bewegungen der vorchristlichen Zeit nicht nach. Die Gnostiker sagen, wer nicht die Mysterien (Erleuchtung) erlangt, wird wieder in den Kreislauf des Lebens zurückgeschickt. Das heißt also Wiederverkörperung. In der christlichen Zeit fällt die Wiederverkörperung weg, wie wir schon hörten, aber es bleibt die fortschreitende Läuterung nach dem Tode. Das ist das Kernstück im Glaubensbekenntnis der Wiederbringungsleute.

Leider steckt dieser gnostische Entwicklungsplan so sehr in den Köpfen sogar gläubiger Christen, daß sie sich nicht überzeugen lassen. Dieser Fanatismus, der nicht aus dem Heiligen Geist und der Heiligen Schrift kommt, ist nicht ausrottbar, wenn der Herr Jesus nicht selber eingreift.

Bei der Überprüfung der Quellen der Wiederbringungslehre muß auch der Manichäismus erwähnt werden. Gründer dieser Strömung, die man eigentlich zu den Weltreligionen zählen kann, ist Mani. Er ist 215 n. Chr. in Babylonien in der Nähe der Hauptstadt Ktesiphon-Seleucia geboren. In der nicht nachprüfbaren Überlieferung wird berichtet, Mani sei durch den Apostel Thomas für den christlichen Glauben gewonnen worden. Er muß ein hochbegabter Mann gewesen sein, denn er entfaltete ein ausgeklügeltes gnostisch spekulatives System, das sich 1100 Jahre in Vorderasien bis zum fernen Osten in China gehalten hat.

Die vier hauptsächlichsten Quellen, aus denen Mani für sein System Impulse bekam, sind Zarathustra, Buddha, Gnosis, das Christentum. Die Priesterschaft Zarathustras sahen in Mani aber einen Häretiker, den sie zu beseitigen versuchten. Es gelang ihnen, ans Ziel zu kommen. 273 wurde Mani gekreuzigt. Seine Anhänger wurden vertrieben, was zur Folge hatte, daß die Lehren des Märtyrers in andere Länder getragen wurden.

Das ganze manichäische System kann nicht dargestellt werden.

Es geht ja nur darum, die entwicklungsgeschichtlichen Wurzeln der Wiederbringungslehre freizulegen.

Mani gliedert das Weltgeschehen in drei Epochen: Das erste Stadium sind die beiden Reiche des Lichtes und der Finsternis. Der Kampf zwischen beiden Reichen wird als die Auseinandersetzung Gottes mit dem Teuflischen angesehen, als der Prozeß der Vermischung. Diesem Vorgang folgt dann die „Entmischung", der Sieg des Lichtreiches. Der Mensch inmitten dieser Gewalten wird zuerst mit der teuflischen Materie belastet, erkennt aber stufenweise seine wahre Natur. Wer bis zu seinem Tod die volle Entmischung von Licht und Finsternis erlebt hat, kommt nach seinem Sterben in die Lichtwelt. Wer diese manichäische Vollkommenheit nicht erreicht hat, muß durch viele Wiederverkörperungen hindurchgehen. In der reichen, vielseitigen Mythologie Manis findet sich aber nicht nur die Reinkarnation, sondern auch die gnostische Spekulation vom Aufstieg und Vervollkommnung der Seele nach dem Tode.

Wir stehen hier an einem entscheidenden Punkt. Im christlichen Glauben gibt es, wie wir gehört haben, keinen Platz für Wiederverkörperung. Christliche Theologen sind aber zum Teil dem anderen Mythos vom Aufstieg und Läuterungsstufen nach dem Tode zum Opfer gefallen.

Nennen wir einige Namen

Origenes ist als erster Theologe zu nennen, der die christliche Theologie mit der Gnosis vermischte. Er ist 185 in Alexandria geboren. Neben der Bibel waren ihm die platonischen Schriften, die Stoiker und die valentinianische gnostische Schule die Grundlagen seiner Lehrauffassung. Sein theologischer Standpunkt wird an seiner Aussage deutlich, daß das gnostische Wissen die allgemeine kirchliche Lehre überrundet und vervollkommnet. Roy Hession, der englische Evangelist sagte einmal, es gäbe Jesus Pluschristen. In diesem Sinn war Origenes ein Bibel Pluschrist, weil er nicht in der Bibel, sondern in dem spekulativen System der Gnosis die Vollendung sah.

Kein geringerer als der bekannte Kirchenhistoriker Adolf von Harnack schrieb über diese Einstellung von Origenes in RGG IV, 783 folgendes:

„Die volle, innerlich befreiende Wahrheit empfängt man dadurch noch nicht, daß man ein gläubiges Mitglied der christlichen

Kirche ist. Denn die volle Wahrheit liegt nicht in der Sphäre der Historie, der Autorität und des Glaubens, sondern in der Sphäre des Erkennens und Wissens (der Gnosis), zu der sich jene andere Sphäre wie die notwendige Vorstufe verhält. Die Gnosis ist nicht jedermann zugänglich, und nicht jedermann dringt bis an das Ende und Ziel derselben vor. Aber nicht eherne Schranken sperren die Gläubigen und die Wissenden voneinander ab, vielmehr besteht eine Stufenleiter. Die Gläubigen und Wissenden sind dadurch miteinander verbunden, weil sie aus derselben Quelle schöpfen, der Bibel."

Diese Darstellung der Theologie von Origenes zeigt, daß der Wissende einige Stufen höher steht als der Bibelgläubige. Die Bibel ist nur Vorstufe.

Dieser Theologe stand also im Gegensatz zu der bibelorientierten Lehre der Kirche. Kein Wunder, daß er als Häretiker vielen Angriffen ausgesetzt war. Als Origenes auf seiner Reise nach Griechenland in Caesarea zum Presbyter geweiht wurde, machte Bischof Demetrius von Alexandrien diese Würde rückgängig und verbannte Origenes aus Alexandrien. Später verfaßte der Verbannte eine Verteidigungsschrift seiner Theologie und sandte sie an die bekanntesten Bischöfe seiner Zeit. Es gelang ihm aber nicht, die Bedenken zu zerstreuen. Eine unlösliche Spannung zur herrschenden Gemeindetheologie blieb bestehen.

Aber Origenes ist einer der Kronzeugen für die Wiederbringungsleute. Sein Beispiel zeigt, daß nicht nur einfache, ungebildete Leute Häresien anheimfallen, sondern auch die oberste Intelligenzschicht. Origenes gilt ja als der fähigste Theologe seiner Zeit.

Im 9. Jahrhundert war es Scotus Erigena, der in seiner Lehre einen Synkretismus von griechischer Spekulation, Mystik und christlichem Glauben vertrat. Dreißig Jahre lang (850–880) leitete er am Hof Karls des Kahlen die Hochschule. Seine Theologie weist die Abhängigkeit von der Gnosis nach. Die Welt ist eine Emanation Gottes, verfällt dem Bösen und wird durch Christus erneuert, dessen Wirksamkeit der Anfang zur Rückkehr der Welt zu Gott bedeutet. Dieser Prozeß des Werdens, Vergehens und Wiederbringung vollzieht sich so, daß die Vernunft den Vorgang vor der Autorität der Bibel hat. Er erregte damit den Zorn der kirchlichen Führer. Das führte zu seiner Verurteilung als Häretiker. Auch Scotus Erigena ist ein Bindeglied in der Beweiskette der Vertreter der Wiederbringung.

Zu Beginn der Neuzeit ist als spekulativer Zwischenträger der Wiederbringungsgedanken Jakob Böhme (1575–1624) zu nennen. Er war ein Schuhmachermeister, der sich aber durch ein selbständiges Denken auszeichnete, was ihm den ehrenvollen Beinamen philosophus teutonicus einbrachte. Böhme war von der Mystik und der Alchimie beeinflußt. Seine Entwicklungsstufen zu dem Problem Gott und Natur weisen eine formale Verwandtschaft zu der neuplatonischen Kosmogonie (Entstehung der Welt) auf. Zweimal kam er mit kirchlichen Instanzen in Konflikt, die seine nicht schriftgemäßen Thesen beargwöhnten. In kleinen Kreisen, die auch den evolutionistischen Spekulationen zuneigten, lebte Böhmes Mystik und Theosophie weiter.

Ein Theologe, der hauptsächlich aus der Bibel, aber auch aus der theosophischen Quelle Böhmes sich nährte, ist Johann Albrecht Bengel (1687–1752). Bengel ist eine überragende Gestalt der schwäbischen Kirche. Er gab 1734 das erste Neue Testament mit textkritischem Apparat heraus. Bleibende Frucht brachte seine Auslegung des Neuen Testaments, das Gnomon, das ich als Student benützte und bis heute besitze. Aber auch dieser große Mann war für Spekulationen offen. Anhand der Offenbarung bestimmte er als Zeitpunkt der Wiederkunft Jesu das Jahr 1836 (Sind es Druckfehler, daß andere Berichte vom Jahr 1837 und 1846 sprechen?) Professor Althaus sagte zu dieser Art Eschatologie: „Die Künstelei der Endberechnungen darf nicht über den großen Zug dieser Theologie (Bengels) täuschen... Durch Bengels Einfluß kam der Chiliasmus (Lehre vom tausendjährigen Reich) auch in der lutherischen Kirche zur Anerkennung. Die Kirche der Reformation hat ja die Annahme vom tausendjährigen Reich verdammt. (Artikel XVII confessio Augustana).

Im Blick auf das spekulative Element und die visionär bedingten Ansichten bei Bengel verweise ich auf den Beitrag von Prof. Beyreuther im Evangelischen Gemeindelexikon, Seite 411, wo es heißt:

„Der schwäbische Pietismus zeigte sich gegenüber der typisch reformierten Strenge grüblerisch und der Spekulation zugeneigt. Den puritanischen Erbauungsbüchern gegenüber war man zurückhaltend und öffnete sich lieber der Theosophie Böhmes."

Ein Schüler und Freund Bengels ist Friedrich Christoph Oetinger (1702–1782). Bei ihm tritt das Spekulative noch viel stärker hervor als bei Bengel. Oetinger hat aus vielen, zum Teil sehr trüben Quellen geschöpft: der Alchimie, der Kabbala, der Mystik, der Theosophie Böhmes, der spanischen Mystik, und natürlich wurde er von den eschatologischen Visionen Bengels beeinflußt. Verheerend wirkte sich Swedenborg in Oetingers spekulativem System aus. Dieser Spiritist bestimmte Oetingers Meinung von der Weiterentwicklung des Menschen nach dem Tode. Die Kirchenbehörde war mit seinen durch Swedenborg gefärbten Veröffentlichungen nicht einverstanden und verbot ihm daher weitere Publikationen in dieser Richtung. Am meisten erregte Oetingers Buch „Swedenborgs und anderer irdische und himmlische Philosophie" aus dem Jahr 1765 Ärgernis bei Theologen und gläubigen Laien. Seine Kritiker brachten wegen dieser Schrift einen Spitznamen auf und nannten Oetinger „Magus des Südens" (Zauberer des Südens). Emmanuel Hirsch erklärte, Oetinger befinde sich auf Nebenwegen.

In meiner Studentenzeit in Tübingen, wo ich auch zum Dr. theol. promovierte, mußte ich mich mit Oetinger befassen. Schon damals wurde ich als junger Student über Oetinger nicht froh. Diese Abneigung habe ich nie mehr überwunden. Hören wir einmal, was Guntram Spindler im Pfarrkalender 1982 über Oetinger schreibt:

„Mit Rückgriff auf den Grundgedanken der Signaturlehre Böhmes, wonach das ‚Innere', Unsichtbare, der Dinge durch das Äußere, Sichtbare, dargestellt wird und umgekehrt ‚die Signatur des Äußeren als ein Bild alles Inneren' anzusehen ist, will er unter Hinzufügung bestimmter Elemente der Lehre von den Entsprechungen bei Swedenborg sowie von solchen der klassischen Emblematik eine ‚Theologia emblematica' erstellen." Was ist hier gemeint? Ein Emblem ist ein Sinnbild, ein Symbol. Oetinger will nun von natürlichen Sinnbildern, die sichtbar sind, auf das Unsichtbare schließen. Man könnte das auch eine theologia naturalis nennen, die in Röm. 1,20 angedeutet ist. Um dieses Problem der Entsprechung des Sichtbaren mit dem Unsichtbaren geht es in unserer Fragestellung nicht, sondern um die Tatsache der unbiblischen Quellen. Am Taufbecken der Theologia emblematica stehen der Mystiker und Theosoph Böhme und der Spiritist Swedenborg als Paten.

Vielleicht ist die andere Überzeugung Oetingers noch lästerlicher, wenn er sagt, daß die Erkenntnisse der Kabbala und Böhmes die gleichen seien, aus denen auch die Heilige Schrift geschrieben worden ist. Er benützte auch das kabbalistische Hauptwerk Sohars in Kombination mit den „sieben" Qualitäten Böhmes, um die Selbstoffenbarung Gottes symbolisch zu illustrieren.

Oetinger ist ohne Zweifel ein universaler Geist, der fast alles Wissen seiner Zeit anging, aber eines kommt nach meiner Meinung zu kurz, daß die Vernunft unter den Gehorsam Christi gestellt wird.

Für unsere Linienführung ist das bedeutsamste, daß er die Weiterentwicklung des Menschen nach dem Tode der Theosophie und dem Spiritismus entnommen hat. Als Student hörte ich in Tübingen durch meinen Freund Theo Hauser folgenden Spruch, den Oetinger geäußert haben soll:

„Wer an die Allversöhnung nicht glaubt, ist ein Ochs. Wer sie aber verkündigt, ist ein Esel."

Die Sonderlehre der Wiederbringung bekommt beinahe in jedem Jahrhundert neue Anhänger und Bekenner. Als jüngerer Zeitgenosse und teilweise Schüler von Oetinger ist Johann Michael Hahn zu nennen (1758–1819). Mit 22 Jahren wurde dieser Bauernsohn durch eine Karfreitagspredigt erweckt und fand dadurch den Weg zu Gott. Hahn nannte dieses Erlebnis „Zentralschau". Von diesem Erlebnis her, das wir seine Bekehrung nennen können, entfaltete er ein reiches geistliches Leben. Obwohl er nur eine geringe Schulbildung besaß, wurde er zu einem tiefgründigen Schriftausleger. Gott segnete ihn mit der Entstehung vieler Hauskreise und Gemeinschaften. Ich habe große Hochachtung vor diesem Bruder, der ein Leben der Heiligung führte wie wenige seiner Zeitgenossen. Man nenne mich nicht sentimental, wenn ich sage, daß ich diesem Bruder in der Ewigkeit begegnen möchte, vorausgesetzt, daß ich dahinkomme, wo er sich befindet.

Angesichts dieses geheiligten und geistlich lauteren Bruders fällt es mir schwer, das folgende zu schreiben. Leider hat Hahn vom Sauerteig der Theosophie gegessen. Die RGG II, 1579 sagt über ihn aus: „Hahn ist theosophischer Pietist. Die Bibel ist ihm Haupterkenntnisquelle. Daneben hat er Begriffe wie Tinktur und andere von Böhme und Oetinger übernommen." Das führte zu seiner Sonderlehre von der Wiederbringung aller, auch des Teufels. Dr.

Grünzweig schrieb im Evangelischen Gemeindelexikon dazu: „Hahn sprach von einem Weiterwirken Gottes in der Ewigkeit durch lange, schwere Gerichte hindurch bei allen zum Leben." Um seiner Sonderlehre willen wurde er mehrfach bei staatlichen und kirchlichen Behörden verklagt. Trotzdem blieben er und seine Anhänger in der Volkskirche.

Wir bringen die Zeugenreihe zum Abschluß und geben für die Zeit nach Hahn nur noch die Namen derer, die das spekulative Element für die Weiterentwicklung nach dem Tode vertreten haben.

Zu diesen Männern gehören: Schleiermacher (1768–1834) und sein Meisterschüler Alexander Schweizer, Pfarrer am Großmünster in Zürich.

Aufschlußreich ist für mich, was Prof. Althaus in der RGG V, 1908 über die Wiederbringungslehre schreibt: „Im Christentum ist der Glaube an Wiederbringung von jeher auf eigenbrötlerische Naturen, vor allem Schwärmer und Sektierer beschränkt geblieben wie die Brüder des freien Geistes, das pietistische Ehepaar Petersen im Gefolge der Jeane Leade, Oetinger, Hahn und andere." Das ist eine unfreundliche Rubrizierung, aber zeigt immerhin, daß Theologen von Rang die Allversöhnungslehre verwerfen. Ich sprach einmal mit Prof. Dr. Helmut Thielicke über die Allversöhnungslehre. Er erklärte: „Die Allversöhnung bricht dem Evangelium die Spitze ab." Die norddeutsche Christenheit ist nüchterner als die süddeutsche. Sie nennen die Schwaben „Spintisierer".

Im 20. Jahrhundert traten dann wieder ganze Scharen von Wiederbringungslehrern auf. Ich erwähne nur, die ich persönlich kennenlernte. Es sind: Pfarrer Böhmerle, Pfr. Beck, Pfr. Hauser, Heller, Geier, Borngräber und der ehemalige Liebenzeller Missionar Robert Schadt. Mit all diesen Brüdern bin ich zusammengetroffen. Bruder Schadt sagte ich manchmal: „Robert, wir sind die besten Freunde, nur deine Allversöhnungslehre muß ich ausklammern." Einer dieser erwähnten Brüder sagte mir einmal wörtlich: „Ich finde auf jeder Seite der Bibel die Bestätigung der Allversöhnung."

Bis jetzt sind Bibel und die reformatorische Auslegung noch nicht erörtert worden. In der Augsburgischen Konfession lautet der Artikel XVII: Derhalben werden die Wiedertäufer verworfen, so lehren, daß die Teufel und verdammte Menschen nicht ewige Pein und Qual haben werden." Dieser Artikel hat nicht verhindert, daß in Süddeutschland die pietistischen Gemeinschaften – auch die, die sich speziell auf die Augsburgische Konfession berufen – dieser theosophischen Erweichung der biblischen Aussagen zum Opfer gefallen sind. Eine Ausnahme bilden die neupietistischen Gruppen, die diesem Trend der Spekulation nicht gefolgt sind.

Lehrt die Bibel die Allversöhnung?

Die Vertreter der Wiederbringung aller Dinge sagen ja und führen dazu zwei Kardinalstellen an: Apg. 3,21 und 1. Tim. 2,4. Es heißt dort:

„Jesus Christus muß den Himmel einnehmen bis auf die Zeit, da wiedergebracht werde alles, was Gott geredet hat."

„Gott will, daß allen Menschen geholfen werde und sie zur Erkenntnis der Wahrheit kommen."

Beide Stellen werden von den Wiederbringungsleuten kurzschlüssig ausgelegt. Es muß alles wiedergebracht werden, was Gott geredet hat. Die Männer Gottes und Propheten des Alten Bundes haben nicht nur vom Heil Gottes geredet, sondern auch starke Gerichtsdrohungen Gottes weitergegeben. Lese man gründlich die drei großen Propheten Jesaja, Jeremia, Hesekiel. Die Vertreter der Wiederbringung nehmen aber einzelne Bibelworte aus ihrer Spannung heraus. Jede Aussage der Bibel muß auch von seinem Komplementärbegriff her beleuchtet und verstanden werden.

„Schaffet eure Seligkeit mit Furcht und Zittern. Aber Gott ist es, der Wollen und Vollbringen wirkt." (Phil. 2,12)

Wer sich nur an die erste Aussage hält, gerät in die Verzweiflung. Wer nur die zweite Aussage beherzigt, der wird leichtsinnig, oberflächlich.

Die Auflösung der biblischen Spannung ist ein markantes Merkmal der Häretiker. So hat vor Jahren ein Prof. Dr. Stähelin an der Basler Universität eine Rektoratsrede über die Allversöhnung gehalten und dabei alle biblischen Zitate benützt, die dafür geeignet sind. Die Komplementärworte ließ er weg. Damit war die Spannung aufgelöst, und das ist stets der Beginn einer Irrlehre. Ich wunderte mich, daß ein Akademiker dieses Ranges eine so naive und einseitige Bibelauslegung sich leistete.

Warum beachten die Häretiker nicht das Wort „alles". Darin liegt nicht nur Heil, sondern auch Gericht: Alles, was Gott geredet hat.

Bei der Auslegung des Wortes aus 1. Tim. 2,4 wird wieder kurzschlüssige Auslegung betrieben. Ein Vertreter der Wiederbringung, es war sogar ein Freund von mir, sagte: „Wenn Gott etwas will, dann führt er es auch durch." Ich hielt ihm Mt. 23,37 entgegen, wo Jesus sagt:

„... wie oft habe ich deine Kinder versammeln wollen ... aber ihr habt nicht gewollt."

Jesus wollte, aber Israel wollte nicht. Gott hat dem Menschen die Freiheit gelassen, nein zu sagen. Bekannt ist Luthers Satz: „Jasagen ist Gnade, Neinsagen ist Schuld."

Wir wiederholen die Frage: „Lehrt die Bibel die Allversöhnung?" Darauf gibt die Heilige Schrift ein klares Nein.

Den Ansatzpunkt der Allversöhnung finden wir bereits auf den ersten Seiten der Bibel.

1. Mose 2,17: „Von dem Baum der Erkenntnis des Guten und Bösen sollst du nicht essen; denn welches Tages du davon issest, wirst du des Todes sterben.

1. Mose 3,4: „Die Schlange sprach zum Weibe: Ihr werdet mitnichten des Todes sterben."

Gott sagte: „Ihr werdet sterben." Satan sagte: „Ihr werdet nicht sterben." Wer hat nun recht?

Der springende Punkt der Wiederbringungsleute ist die Auseinandersetzung um die Höllenqualen. Ist die Höllenpein ewig oder zeitlich begrenzt? Hören wir dazu Schriftstellen:

Daniel 12,2: „Und viele, die unter der Erde schlafen, werden aufwachen, die einen zum ewigen Leben, die anderen zu ewiger Schmach und Schande."

Matthäus 25,46: „Und sie werden in die ewige Pein gehen, die Gerechten aber in das ewige Leben."

Markus 9,43 f.: „... das ewige Feuer, wo ihr Wurm nicht stirbt und ihr Feuer nicht erlischt."

Die Bibel spricht also von

der ewigen Verdammnis (Mark. 3,29)
dem ewigen Gericht (Hebr. 6,2)
dem ewigen Feuer (Jud. 1,7).

Auf diese Bibelstellen geben die Anhänger der Allversöhnungslehre prompt die Antwort der gnostischen Irrlehre: ewig heißt nicht unendlich, sondern der Äon ist ein Zeitabschnitt.

Ich erinnere mich sehr gut an den Tag, da ich mit einem Freund in Heidelberg über diesen Punkt sprach. Er wollte mir die gnostische Äon-Auffassung plausibel machen. Ich erwiderte ihm mit einer Bibelstelle aus Römer 16,26. Dort wird vom ewigen Gott (aionios theos) gesprochen. Wenn ewig nur einen begrenzten Zeitabschnitt bedeutet, dann heißt das, daß wir nur einen zeitlich begrenzten Gott haben. Der Freund blieb mir darauf die Antwort schuldig.

Noch einen anderen Hinweis kann ich geben. Vor einigen Jahren traf ich in Adelaide, Australien, Prof. Dr. Hermann Sasse, der aus Enttäuschung über die Entwicklung der lutherischen Theologie Deutschland verlassen hatte. In einem ausgezeichneten Artikel weist Sasse nach, daß hinter dem Begriff Aion die Vorstellung einer zeitlosen Ewigkeit steht. Er gibt auch die Quellen dafür an, daß dem griechischen Begriff Aion der persische Begriff Zrvan akarana = unendliche Zeit gegenübersteht. Die Anhänger der Allversöhnung müßten sich von ihrem naiven und unbiblischen Ewigkeitsbegriff lösen lassen.

Das Irrationale und das Denkmögliche

Bei den Auseinandersetzungen mit den Wiederbringungsleuten steht die Gnosis im Vordergrund, obwohl sie es gar nicht merken. Sie sagen: „Ewige Strafen sind nicht mit dem Gott der Liebe vereinbar. Ewige Höllenpein ist denkunmöglich. Gott regiert nicht mit einer Minderheit. Das Erlösungswerk Jesu gilt allen.“ Diesen letzten Satz unterschreibe ich von ganzem Herzen, aber nicht die zuvor erwähnten Kurzschlüsse, die alle den Charakter der rationalen Erfaßbarkeit haben. Wie alle Theosophen unterstellen die Wiederbringungsleute die biblischen Heilstatsachen der Kontrollstation der Gnosis, der Erkenntnis. Bibel plus Erkenntnis!

Man vergegenwärtige noch einmal, was über die Komplementärworte gesagt worden ist. Zu jeder biblischen Aussage gehört ein einschränkendes oder abgrenzendes Partnerwort. Darin ist Jesus uns das einzigartige Vorbild. Lesen wir den Kampf in der Wüste. Der Teufel zitiert geschickte Bibelworte, um Jesus zu Fall zu bringen. Wir bekommen ein klassisches Schulbeispiel für die Auswahl und Entgegnung mit Partnerworten.

Der Teufel: „Sprich, daß diese Steine Brot werden!“

Jesus: „Der Mensch lebt nicht vom Brot allein..."
Der Teufel: „Spring von der Zinne des Tempels..."
Jesus: „Du sollst Gott deinen Herrn nicht versuchen."
Der Teufel: „Falle nieder und bete mich an..."
Jesus: „Du sollst anbeten Gott deinen Herrn..."

Solange die Wiederbringungsleute es nicht lernen, die Partnerworte (Komplementärworte) anzuwenden, bleiben sie in ihrem theosophischen Fanatismus stecken.

Solange diese Brüder ihre „höhere" Erkenntnis als Argument gegenüber biblisch Denkenden nicht aufgeben und ihre Vernunft unter den Gehorsam der Heiligen Schrift stellen, kommen sie aus dem Irrgarten der Allversöhnung nicht heraus.

Ein bekannter Evangelist und Autor bedeutender Bücher nannte die Allversöhnung ein süßes Gift. Man kann es noch radikaler sagen: „Die Allversöhnung ist das Evangelium des Teufels, weil ihm damit die Seligkeit versprochen wird."

Das Heilsgeschehen läßt sich nicht im rationalen System der Gnosis unterbringen, sondern es steht gegen die menschliche Vernunft, ist also irrational und kann nur im Glauben und durch einen Gnadenakt Gottes begriffen und erfaßt werden.

Entgleisungen

Vor einiger Zeit las ich wieder die Bücher von Martensen Larsen. Er war lutherischer Propst am Dom zu Roskilde in Dänemark, den ich mit einer Jugendgruppe besucht habe. Ein Band trägt den Titel „Am Gestade der Ewigkeit". Dieses Buch feiert in höchsten Tönen die Wiederbringung aller Dinge und ist voll massiver Irrlehre. Ich zitiere von Seite 166 folgendes.

> „Es wäre doch ein wunderlicher Himmel, in dem man nicht Plato und Sokrates, Buddha und Konfuzius, Phidias, Cäsar, Goethe, Schiller und Beethoven finden würde!"

In meiner Bibel steht aber: „Es ist in keinem anderen Heil, ist auch kein anderer Name unter dem Himmel den Menschen gegeben, darin wir sollen errettet werden" – als in dem Namen Jesu. Aus einer anderen Quelle entnahm ich sogar den Bericht, daß Goethe sich im Innern des Planeten Jupiter befinden und die verstorbenen Seelen zu ihrer Rettung unterrichten würde. Ausgerechnet Goethe, der von seinem Freund Lavater in Zürich vor die Christusfrage gestellt wurde und ihr auswich!

Eine andere Ungeheuerlichkeit las ich vor vielen Jahren in einem Blatt, das aus dem Anhängerkreis von Langensteinbach kam. Langensteinbach, jetzt in Karlsbad umbenannt, war von jeher Zentrum der Allversöhnungslehre in Baden. In diesem Blatt war ein weinender Engel in einem finsteren Abgrund dargestellt. Im Text dazu heißt es, das sei Satan, der gefallene Luzifer, der schon mit seiner Buße begonnen habe, weil die Wiederkunft Jesu bald zu erwarten sei.

Da haben wir's: Satan tut Buße, weil er auch einmal zu den Geretteten gehören wird, wie uns in der Allversöhnungslehre verkündigt wird!

Eine dritte Ungeheuerlichkeit steht in dem Buch von Heinz Schuhmacher: „Das biblische Zeugnis von der Versöhnung des Alls", Seite 48:

„Die Sünden der Welt, die hartnäckigste Ablehnung des Kreuzes, die erbittertste Feindschaft gegen Christus und Gott, ja auch die Lästerung des Heiligen Geistes, für das alles hat Christus einen einmaligen und vollgültigen Preis bezahlt."

Schuhmacher meint, daß selbst die Lästerung gegen den Heiligen Geist – auch wenn sie äonenlang nicht vergeben werden kann – zuletzt doch einmal in die Versöhnung der ganzen Menschheit einbezogen wird.

Jesus erklärt aber im Gegensatz zu dieser Aussage Schuhmachers: „Die Lästerung wider den Geist wird den Menschen nicht vergeben... weder in dieser noch in jener Welt" (Matth. 12,31–32). Hier steht ein anerkannter Wortführer der Allversöhnungslehre im eindeutigen, glatten Widerspruch zur Aussage Jesu. Diese Ungeheuerlichkeit ist aber noch nicht alles. Es gibt Anhänger der Allversöhnungslehre, die sagen: „Gott hat seine Meinung geändert. Er ist barmherziger geworden." Ist die Güte Gottes, der seinen Sohn am Kreuz opferte, noch nicht genug? Und in Kanada lernte ich einen Pastor kennen, der sagte: „Judas ist nicht verloren, er ist und bleibt gerettet. Er hat nur seine Belohnung eingebüßt." Die Bibel sagt aber: „Judas ist das verlorene Kind" (Joh. 17,12). Es gibt aber Anhänger der Wiederbringung, die diese Entgleisungen nicht billigen.

Zur Abrundung einige oppositionelle Hinweise aus dem Lager der Wiederbringungsleute. Sie sagen: „Wenn sich der Gedanke der Wiederbringung aller Dinge schon durch 2700 Jahre verfolgen läßt, dann ist das eine Art Geschichtsbeweis für eine Wahrheit, die sich durchsetzt." Nein, so ist es nicht, der Ahnenkult, Totenverkehr und Spiritismus sind noch älter und trotzdem entgegengesetzt zur Heiligen Schrift.

Der nächste Hinweis lautet: Es ist eine Wolke von Zeugen für die Allversöhnung da, sollen die sich alle irren? Ja, sie irren sich, weil es gegen den geoffenbarten Willen Gottes geht. Außerdem gibt es für hundert Wiederbringungsanhänger tausend, die dagegenstehen.

Ich will einen nennen, Dr. Fritz Rienecker, der den sprachlichen Schlüssel zum griechischen Neuen Testament schrieb und andere, für die theologische Ausbildung wichtige Lehrbücher. In Epheser 1,10 heißt es: „... auf daß alle Dinge zusammengefaßt würden in Christo." Wir stehen hier vor einer Kardinalstelle der Wiederbringungslehre. Rienecker sagt dazu in der Wuppertaler Studienbibel S. 65: „In dem Zusammenfassen kann jedoch kein Hinweis auf eine schließliche Wiederbringung auch der widerstrebenden Elemente gefunden werden. Vor dieser sogenannten allgemeinen Wiederbringung, d. h. endlichen Seligkeit aller Gefallenen, Zurückführung auch Satans und seiner bösen Engel unter Gott, redet unsere Stelle nicht."

Eine weitere Kritik richtet sich gegen die Tatsache, daß ein Kapitel über die Wiederbringung in ein Buch kam, das Okkultes ABC heißt. Was hat die herrliche Versöhnung des Alls mit den Dämonien zu tun, die in dieser Veröffentlichung zur Sprache kommen? Dazu mein Gegenbeweis. Die Theosophie aller Zeiten hat als Nebenlinie den Okkultismus und Spiritismus. Ich habe die Darstellung der mannigfachen Nebenlinien in diesem Kapitel außer acht gelassen, weil dieses Thema in diesem Buch reichlich abgehandelt wird.

Und noch ein Schlußwort. Ich liebe diese spekulativ irrenden Brüder, auch wenn ich ihren Anschauungen entgegentreten mußte. Mit Robert Schadt, Dr. F. Gros und vielen anderen entschlossenen Verfechtern der Allversöhnung verband mich eine herzliche Freundschaft bei aller lehrhaften Distanz.

Der biblische Rat gegen alles Abschweifen kann nicht oft genug zitiert werden: Nichts dazutun – Nichts davontun! (Offbg. 22,18 f.).

Wiedergänger

Unter einem Wiedergänger versteht man das schemenhafte Wiederauftauchen eines Verstorbenen an dem Ort, an dem er gelebt hat. Wir haben in der Bibel z. B. ein Wiedergängererlebnis in Matthäus 17, wo Mose und Elia dem Sohn Gottes erscheinen und ihn vorbereiten auf seinen Leidensweg. Selbstverständlich glaube ich an alle biblischen Berichte.

Es gibt Wiedergängererlebnisse, die als Außenprojektion des menschlichen Unterbewußtseins zu verstehen sind. Wenn z. B. eine junge Frau den Ehegatten durch einen Autounfall verloren hat, kann es passieren, daß sie eines Tages, sei es im Traum oder im Halbschlaf, den verstorbenen Gatten wiedersieht. Das ist dann einfach eine Außenprojektion ihrer Wünsche. Neben diesen „immanenten" Wiedergängern, die aus den Tiefenschichten der menschlichen Seele zu erklären sind, gibt es aber auch echte Wiedergänger. Wir haben bereits im Altertum solche Berichte, die ich aber hier nicht wiederholen will. Ich bringe Beispiele aus der Gegenwart.

B 364 Eine Pfarrfrau in Frankreich berichtete von einem Wiedergänger in ihrem großelterlichen Haus. In dem Haus wurde jahrzehntelang, nach Chronikaussagen sogar einige jahrhundertelang, ein Wiedergänger beobachtet. Das Haus wurde im 13. Jahrhundert gebaut. In dem Haus war früher ein Café mit der Bezeichnung „Tannenzapfen". Das Haus wurde vor einigen Jahren wegen seiner Baufälligkeit abgerissen. In den Grundmauern fand man ein eingemauertes Skelett. Wahrscheinlich lag hier also ein Verbrechen vor. Wir haben hier wiederum die These, daß Häuser, in denen Verbrechen begangen worden sind, manches Mal Spukphänomene erleben und die Bewohner beunruhigen.

B 365 Pfarrer Wirt von Hasle-Rüegsau in der Schweiz erzählte mir folgendes Erlebnis: Er fuhr mit einem Pferdegespann in eine Nachbargemeinde. An einer bestimmten Wegstelle machte ihn der Bauer auf folgendes aufmerksam: „Herr Pfarrer, halten Sie sich fest. Die Pferde werden gleich scheuen." Auf die erstaunte Frage des Pfarrers, was denn hier los wäre, erhielt er die Auskunft, alle Pferde der ganzen Umgebung würden an dieser Stelle scheu werden. Vor einigen Jahrzehnten sei hier ein Verbrechen begangen worden. Im Volksmund sagt man, daß der Verbrecher dort immer noch umgehe.

Aus der Sammlung meiner Wiedergängererlebnisse wähle ich nun einen schwierigen Bericht aus.

B 366 Ein evangelischer Pfarrer hatte bei einer Predigtvorbereitung an einem Samstagabend ein merkwürdiges Erlebnis. Es ging plötzlich die Türe auf, und sein verstorbener Vorgänger, den er von einem Foto her kannte, erschien in seinem Arbeitsraum. Der Pfarrer erschrak über diesen merkwürdigen Besuch und wußte nicht recht, ob es sich bei ihm um eine Halluzination handelte oder um ein reales Geschehen. Der verstorbene Amtsbruder sprach ihn an und klagte, er käme im Jenseits nicht zur Ruhe. Der Pfarrer fragte ihn, ob er ihm in irgendeiner Weise behilflich sein könne. Der Wiedergänger berichtete, eine unselige Erbgeschichte würde ihm die Ruhe rauben und erst, wenn das Unrecht korrigiert wäre, würde er von seiner Qual erlöst werden. Er erzählte dem erstaunten Kollegen, er hätte zusammen mit seinem Kirchengemeinderat in einer Erbsache einen unrechten Beschluß gefaßt. Einigen Gemeindegliedern ging dadurch ein in Amerika hinterlassenes Vermögen verloren. Der Wiedergänger bat den Pfarrer, er möchte doch mitkommen, er werde ihm die betreffende Akte aus dem Aktenschrank herausholen. Der Wiedergänger ging dem Kollegen zum Archiv voran und holte aus einem bereits abgelegten Aktenbündel die diesbezügliche Akte heraus. Er erklärte ihm dann die Zusammenhänge aufgrund des Schriftstücks. Damit verschwand er. Der Pfarrer machte sich sofort daran, den Fall zu regeln und besuchte die alten Glieder des früheren Kirchengemeinderats. Es fand eine Sitzung statt mit dem neuen Kirchengemeinderat, und der betreffende Beschluß wurde aufgehoben und korrigiert. Von diesem Zeitpunkt an erschien der Wiedergänger im Pfarrhaus nicht mehr, nachdem vorher jahrelang immer merkwürdige Schritte und seltsame Spukphänomene im Pfarrhaus beobachtet worden waren.

Ich bin mir bewußt, daß dieser Bericht schwere theologische Probleme auslöst. Ist das überhaupt möglich, daß ein Mensch, der gestorben ist, vom Jenseits her noch ein Unrecht wiedergutmachen kann? Wir lehnen das normalerweise nach unserem Verständnis der Bibel ab. Andererseits ist dieser Familie durch dieses seltsame Ereignis das Erbe in Amerika noch zugänglich gemacht worden. Die Parapsychologen würden sagen, der Pfarrer habe durch eine

Hellsehfähigkeit den Inhalt der fraglichen Aktenstücke unbewußt aufgenommen. Da er den verstorbenen Amtsbruder durch ein Foto kannte, hat er diesen Wissensinhalt mit einem nach außen projizierten Bild des Amtsbruders gekoppelt. Diese parapsychologische Erklärung ist aber genauso unbegreiflich und zweifelhaft wie die ganze Geschichte selbst. Ich kann nur bezeugen, daß der Pfarrer das so erlebt hat, wie es hier berichtet ist.

Ein anderes Problem taucht in folgendem Beispiel auf.

B 367 Ein Bauer ließ sich von seinem Gemeindepfarrer seelsorgerlich beraten. Die Bauersfamilie wurde nachts durch einen Wiedergänger beunruhigt. Der Pfarrer gab dem Angefochtenen den Rat, er solle mit seiner Frau für den Wiedergänger beten, daß Gott ihm die Sünden vergebe. Dann würde der Wiedergänger nicht wieder erscheinen. Ich muß ausdrücklich betonen, daß ich diesen Rat des betreffenden Pfarrers nicht billige. Wir haben nicht für Wiedergänger zu beten, sondern Gott darum zu bitten, daß er uns vor den Wiedergängern beschützt. Wir können höchstens, wie es Blumhardt einmal getan hat, dem Wiedergänger sagen: „Gehe zu Jesus Christus, wenn er dich vorläßt." Ich würde sogar soweit gehen, daß ich im Namen Jesu den Wiedergängern gebieten würde, nicht mehr zu erscheinen. Ein anderer Sachverhalt zeigt sich in dem folgenden Bericht.

B 368 Eine Diakonissin wurde lange Zeit damit geplagt, daß sie einen scheußlich aussehenden Wiedergänger nachts beobachtete. Diese Erscheinungen führten sie in die seelsorgerliche Aussprache eines Pfarrers, der sich in der Fürbitte für sie einsetzte. Der Pfarrer hatte vorher in der Seelsorge nie einen derartigen Fall gehabt, darum konnte er auch die Schwester in dieser Sache nicht richtig beraten. Außerdem hatte der Pfarrer von dieser Zeit an selbst schwere Anfechtungen zu erleiden, wenn er sich im Gebet für die Schwester einsetzte. Er fühlte sich jedesmal tätlich angegriffen und spürte auch einen Würgegriff an der Kehle, wenn er für die Schwester beten wollte. Nach diesen Anfechtungen wurde ich in der Seelsorge an dieser Schwester zu Rate gezogen.

Es gibt also Wiedergängererlebnisse auch bei Menschen, die selber medial veranlagt oder durch Zaubereisünden belastet sind. Das erklärt die Tatsache, daß der Pfarrer Würgegriffe und tätliche Angriffe erlebte, wenn er für die Schwester betete. Die Schwester war ohne Zweifel okkult belastet. Und Wiedergänger zeigen sich mit Vorliebe Menschen, die eine gewisse Medialität besitzen. Es scheint manches Mal, als ob die Wiedergänger aus dem Jenseits die mediale Kraft eines medial belasteten Menschen gebrauchen würden, um sich sichtbar zu machen. Es gibt derartige Vorgänge in den spiritistischen Sitzungen, darum seien sie einmal erwähnt.

Ich gebe abschließend hier den seelsorgerlichen Rat, daß wir uns mit Wiedergängern nicht einlassen, daß heißt, ihnen keine Fragen stellen und ihnen auch im Namen Jesu nicht gestatten, uns in unserer Wohnung zu erscheinen. Wir haben den Schutz des lebendigen Gottes und brauchen diese Machenschaften der Finsternis nicht zu fürchten. Unser Leben ist entscheidend dafür, wie wir es in der Ewigkeit vorfinden. Wir haben keine Chance, vom Jenseits her Dinge wieder zu ordnen und wiedergutzumachen. Die katholische Fegfeuerlehre lehne ich in diesem Zusammenhang als unbiblisch ab. Wir haben für Tote nicht zu beten. Sie hatten in ihrem Leben Zeit, sich für Jesus Christus zu entscheiden. Und wenn Heiden, die nie etwas von Jesus gehört haben, in der Ewigkeit noch diese Chance bekommen, dann ist das die Sache des Herrn und nicht das Problem unseres theologischen Denkens.

Wenn es Ausnahmefälle geben sollte – ich weiß es aber nicht –, daß Verstorbene vom Jenseits her ein begangenes Unrecht korrigieren dürfen, dann ist das wiederum Sache Gottes, der der Herr seiner Schöpfung und seines Heilsplans ist und nicht ihr Sklave. Wenn es solche Ausnahmefälle geben sollte, dann dürfen wir aber nicht damit rechnen. Wir haben unsere Lebenszeit auszunützen, uns für Jesus Christus, den Erlöser der Menschheit, zu entscheiden und unser Leben nach ihm zu richten.

Anhang: Das vorliegende Buch war schon druckreif, als mich noch ein Wiedergängererlebnis erreichte, das wert ist, veröffentlicht zu werden. Es wird ohne Namen und Ortsnennung wiedergegeben. In meiner Kartei liegen aber die Daten vor.

Einer Frau starb der einzige Sohn. Sie stand nach der Beerdigung oft weinend am Grabe. Eines Tages spürte sie, wie jemand die Hand auf ihre Schulter legte. Eine Stimme – es war die Stimme ihres verstorbenen Sohnes – sprach sie an: „Mutter, weine nicht. Ich lebe ja." Die bekümmerte Frau war hocherfreut. Sie sah aber ihren Sohn nicht, hörte nur die Stimme.

Das Erlebnis wiederholte sich oft. Nach einigen Monaten zog die Frau an einen anderen Ort um. Kurz vor der Umsiedlung erschien ihr der Sohn wieder und sagte vorwurfsvoll: „Und mich wollt ihr hier zurücklassen?“ Da kam der Mutter der Gedanke, den Sohn exhumieren und in einem Bleisarg an den anderen Ort bringen zu lassen. So geschah es.

Am neuen Ort war die Frau gerade beim Auspacken, da sagte plötzlich die Stimme ihres verstorbenen Sohnes: „Mutter, wir sind da.“ Die Frau schaute durchs Fenster und sah den Wagen mit dem Bleisarg.

In der neuen Wohnung wurde dem verstorbenen Sohn ein Zimmer eingerichtet, das die Mutter mit dem Eigentum des Sohnes ausgestaltete. Sie machte auch täglich das Bett für ihn, obwohl es nicht benutzt wurde.

Bei einem Besuch fragte die Mutter den Verstorbenen: „Bitte sage mir, wo du bist.“ Die Stimme antwortete: „Schaue den Berg hinauf.“ Die Mutter tat es und sah ein mit Edelsteinen geschmücktes Tor. Sie fragte weiter: „Geht es dir gut?“ Die Antwort kam: „Ja, es geht mir gut. Du siehst ja, daß es dort hinter dem Tor schön ist.“

Bisher könnte man meinen, der Verstorbene sei wirklich seiner Mutter erschienen. Die folgenden Ereignisse ließen sie wankend werden. Es zeigten sich Spukphänomene im Haus, Poltergeräusche, Kratzen an den Wänden, Schritte usw. Als der Unsichtbare wieder erschien, sagte er: „Nun paß auf, ich gehe jetzt in die Schublade.“ Die erschrockene Frau hörte dann einen furchtbaren Knall. Damit war ihr Vertrauen, daß es sich um ihren Sohn handelte, erschüttert, und sie wandte sich zum ersten Mal an den Seelsorger.

Hier zeigte es sich eindeutig, daß sie einem Spuk- und Poltergeist zum Opfer gefallen war. Die Geschichte offenbart aber auch, daß diese Frau medial veranlagt ist.

Die Wiedergängererlebnisse lassen sich nicht alle auf einen Nenner bringen. Einige Formen sollen genannt werden.

1. Ich habe Berichte, daß gläubige Menschen in großer Lebensgefahr etwa die verstorbene Mutter sahen, die sie vor der Gefahr mit Erfolg warnte.
2. Es liegen ferner viele Beispiele vor, daß sich in alten Häusern Gestalten früherer Zeiten zeigen. Der sogenannte „Hambachgeist“ wurde dreihundert Jahre beobachtet, bis beim Abbruch des Hauses eine Zisterne sichtbar wurde, in der sich Kinder- und Frauenskelette befanden. Es hieß, die Zisterne hätte vor Jahrhunderten zu einem Kloster gehört.

3. Wiedergänger können auch materialisierte Dämonenerscheinungen sein. Schon Luther wies darauf hin, daß Dämonen und böse Geister das Aussehen von Verstorbenen annehmen, um Lebende zu verführen.
4. Wiedergänger können auch das Produkt einer krankhaften Phantasie oder Symptome einer Geisteskrankheit sein.
5. Wiedergänger können Projektionen der Vorstellung von gesunden Menschen sein, die eine eidetische Veranlagung haben.

Die Warnung sei wiederholt, daß wir uns mit Wiedergängern nicht einlassen. Nur bei Fall 1 ist es gut, wenn wir den gegebenen Rat prüfen und dann beachten oder ablehnen. Denn auch da gibt es frommen Betrug.

Zeitgeist

Wir sind von einer verwirrenden Fülle von geistigen Strömungen umspült. Die Vorstellung – Zeitgeist – ist nicht damit charakterisiert, daß wir auf die Klagen der älteren Generation über die Gegenwart und den Verlust der guten alten Zeit hinweisen. Der Zeitgeist ist ein komplexes Gebilde.

Auf christlichem Sektor stellen wir eine Entchristianisierung der westlichen Welt und eine Entmissionierung auf den ehemaligen Kolonialgebieten fest. Nur ein kleines Beispiel. In den Jahren 1967 bis 1974 haben in Frankreich 9000 katholische Priester ihr priesterliches Amt verlassen. Ferner ist in den Jahren 1970–1974 die Zahl der katholischen Theologiestudenten um 68 % niedriger geworden. In den Vereinigten Staaten haben im Jahr 1973 200 Priester ihr Amt verlassen, und in den letzten sieben Jahren ist die Zahl der Theologie Studierenden in den USA von 49 000 auf 17 000 zurückgegangen. Die gleichen Beobachtungen macht man fast in allen Ländern des Westens.

Bis vor wenigen Jahren haben von hundert Studenten der evangelischen Theologie nur fünfzehn später ein evangelisches Pfarramt übernommen. Die anderen haben entweder das Studium gewechselt oder sind in andere Berufe abgewandert. Neuerdings hat sich allerdings dieses Bild gewandelt. Dadurch, daß in Deutschland ein Numerus clausus besteht, das heißt, es werden zu den einzelnen Fakultäten nur eine bestimmte Anzahl Studenten zugelassen, sind viele Studenten aus Verlegenheit zur Theologie gekommen. Hier besteht also nicht eine innere Berufung oder eine überzeugte Nachfolge Jesu, sondern der Mangel an Studienplätzen hat junge Menschen in die Arme der Kirche getrieben. Sollen das dann später geisterfüllte, vollmächtige Zeugen Jesu auf den Kanzeln abgeben? Eine Antwort erübrigt sich. Auf den Missionsfeldern macht man ebenfalls deprimierende Erfahrungen. Ein Missionar in Ostasien, der seit Jahrzehnten auf dem Missionsfeld arbeitet, erzählte mir, daß die Heimatmission ihnen einen jungen Missionar geschickt hat, der von der modernen Theologie völlig verdorben war. Sie konnten diesen jungen Missionar nicht gebrauchen, sondern schickten ihn wieder in die Heimat zurück. Auf einigen Missionsfeldern erzählte man mir, daß Stationen aufgegeben werden mußten, weil die Heimatleitungen keine jungen Missionare mehr aussenden konnten. An dieser Entwicklung ist sowohl die moderne Theologie als auch die Ökumene und der Säkularismus, das heißt die Verweltlichung der christlichen Kirchen schuld. Diese Ermüdungs- und Zerfallerscheinungen beobachtend, erleben wir parellel dazu eine neue Aktivität der okkulten Bewegungen und Strömungen. Einige Beispiele dazu:

B 369 Ich habe schon einmal berichtet, daß im Oktober 1970 der amerikanische Student Isaac Bonewits an der Universität Berkeley in Kalifornien zum Doktor der magischen Künste promovierte. Bonewits ist der erste Träger eines solchen Titels auf der ganzen Welt. Zur Promotion erhielt er Glückwunschtelegramme von einigen afrikanischen Medizinmännern.

B 370 Im Sommer 1975 weilte ich in Bogotá in Kolumbien. Fast zur gleichen Zeit war in Kolumbien ein Weltkongreß über Zauberei. Dreitausend Zauberer, Spiritisten, Magier versammelten sich in dieser Metropole von Kolumbien. Der Kongreß bot Vorträge und praktische Übungen auf dem Gebiet der Schwarzen Magie, des Spiritismus und anderer okkulter Künste. Da es keine gemeinsame Kongreßsprache gab, wurden die Teilnehmer aufgefordert, durch Telepathie und Mentalsuggestion sich miteinander zu verständigen. Während des Kongresses wurden auch magische Heilungen praktiziert. In spiritistischen Sitzungen wurden die Geister verstorbener Tyrannen wie Neros, Napoleons, Hitlers, Peróns und anderer historischer Persönlichkeiten zitiert. Es gab Gruppendiskussionen über Parapsychologie, Alchimie, Astrologie, Wahrsagerei, Exorzismus und ebenso über Macumba und Wudu. Während der Nächte wurden schwarze Messen gefeiert.

Gleichzeitig wurden in der Tagespresse Angriffe gegen die christlichen Kirchen gestartet. Die Christen ihrerseits haben um Fürbitte gebeten und haben christliche Literatur gegen diese okkulten Machenschaften in die Häuser gebracht. Mit diesem Kongreß über Zauberei ist Bogotá eine der bedeutendsten Metropolen der Satanskulte und der Schwarzen Magie in der Welt geworden.

B 371 Während der Niederschrift dieses Buches erreichte mich der Brief eines Freundes aus Südafrika. Es ist ein Missionar J. I. van H. In diesem Brief wurde mir folgendes mitgeteilt. An dem Wohnsitz dieses Missionars befindet sich ein College. Etwa 200 bis 300 Studenten dieses College werden geschult, um die Führung von satanischen und magischen Zirkeln zu übernehmen. Angesichts dieses schauerlichen Studiums hat van H. beschlossen, diesen Studenten meine englischen Bücher gegen den Okkultismus zu vermitteln.

Südafrika ist aber nicht das einzige Land, in dem es Kurse über Zauberei und Magie gibt. Solche Institute gibt es auch in England, in Kanada, USA, Brasilien, Haiti und vielen anderen Ländern.

Noch heimtückischer als die ausgesprochenen okkulten Bewegungen ist die Vermischung von religiösem Fanatismus und Magie. Auch dazu Beispiele:

B 372 In den USA ist eine Bewegung entstanden, die sich Arcane-School nennt. Zentren dieser Schule sind in New York, Genf, Tokio und in anderen Weltstädten. Gründerin und Leiterin ist eine Alice Bailey. Sie hat 30 Bücher geschrieben, die ihr angeblich von Geistern diktiert worden sein sollen. Dieser Kult fordert seine Anhänger auf, jeden Mittag um 5 Uhr für den Weltfrieden zu meditieren und zu beten. Dieser Friede soll durch Buddha und den wiederkommenden Herrn zustande gebracht werden. 1984 sei das Jahr der Wiederkunft Jesu. – Wir haben hier also eine Mischung aus Spiritismus, Christentum und Buddhismus. Ohne Zweifel fallen auch hier wieder Hunderte oder gar Tausende auf diesen religiösen und okkulten Schwindel herein.

Die USA haben viele derartige Bewegungen, die Spiritismus und Christentum vereinigen wollen. Zu diesen Bewegungen gehören die Inner Peace Movement (die Bewegung des inneren Friedens), Spiritual Frontiers Fellowship (die Gemeinschaft der geistigen Grenzen), Churches Fellowship for Psychic Studies (Kirchliche Gemeinschaft für psychische Studien), Church of Divine Science (Kirche der göttlichen Wissenschaft).

Welchen Charakter diese sogenannten Kirchen haben, kann an einem Beispiel gezeigt werden. Es liegen mir aber viele Detailberichte vor.

B 373 Ein Mann kam nach einem Gottesdienst in einer solchen spiritistischen Kirche heim. Er verlangte von seiner Frau, die eine gläubige Christin ist, daß sie alle Bibeln und religiösen Blätter im Haus zu vernichten habe. Einige Zeit später besuchte dieser Mann abermals eine Sitzung seiner spiritistischen Kirche. Nach der Versammlung ging er heim, tötete seine Frau und zerschnitt sie mit einem Messer in viele Stücke. – Man wird nun die Menschen, die von diesem Terror hören, glauben machen wollen, daß es sich hier um einen Geisteskranken handle. Das entspricht nicht den Tatsachen. Es liegen mir viele Beispiele vor, daß die Teilnahme an spiritistischen Sitzungen und die Zugehörigkeit zu spiritistischen Kirchen furchtbare Folgen auslöst.

B 374 Eine andere Bewegung, die angeblich christlichen Charakter hat, nennt sich in den USA New Testament Missionary Fellowship (Neutestamentliche Missionsvereinigung). Bei diesem Namen glaubt man unwillkürlich, daß man eine christliche Bewegung vor sich habe. Das entspricht allerdings nicht den Tatsachen. Das Ziel dieser Bewegung ist, junge Menschen, die im Elternhaus christlich erzogen worden sind, zu deprogrammieren. Das heißt, man will ihnen ihr christliches Gedankengut austreiben. Um dieses Ziel zu verwirklichen, entführen sie junge Personen an einen unbekannten Ort und praktizieren eine Art Gehirnwäsche, um diese Opfer der christlichen Erziehung von ihren religiösen Vorstellungen zu befreien. Ein solcher Fall kam in New York im Mai 1973 vor Gericht. Angehörige dieser sogenannten christlichen Kirche wurden wegen religiösem Menschenraub angeklagt und verurteilt.

B 375 Einer meiner Freunde sandte mir den Bericht über eine Kirchenkonferenz auf Trinidad. Dieser Bericht ist enthalten im

„Trinidad Guardian“ vom 10. September 1975. Bei dieser Kirchenkonferenz machte die Gruppe Zehn der Delegierten den Vorschlag, daß die christlichen Kirchen die alte karibische Zauberei studieren sollten, um Menschen dadurch zu beraten. Die Bewohner der Karibischen Inseln würden viel eher zu einem karibischen Zauberer gehen als etwa zu einem christlichen Seelsorger. Beim Zauberer würden sie schnelle Hilfe finden, und der christliche Seelsorger würde sie nur mit tröstenden Worten abspeisen. Die karibische Zauberei heißt Obeah. Obeah stammt von den Sklaven, die einmal von Westafrika auf die karibische Inselwelt verschleppt worden sind. Diese Delegierten erklärten, daß die Missionare schuld daran seien, daß diese afrikanische Zauberei in ihrer Bedeutung abgewertet worden sei. Die gleiche Gruppe Zehn machte auch den Vorschlag, daß man nicht nur Obeah, sondern auch den Wuduismus in seiner Geschichte und Praxis studieren sollte, vor allem auch deshalb, weil Wuduismus und der moderne Pentekostalismus sehr verwandt seien. Beide Strömungen würden ähnliche Züge aufweisen. Man würde sowohl bei den Wuduisten als auch bei den Pfingstlern singen und tanzen und in die Hände klatschen. Die Botschaften hätten oft einen supranaturalen (übernatürlichen) Charakter. Beide Gruppen würden glauben, daß Gott unmittelbar in ihre Mitte herabkommen würde. Die Ausüber beider Strömungen hätten auch die Fähigkeit, in fremden Sprachen zu sprechen und Visionen zu erleben. Auch die neue charismatische Bewegung müsse zu diesen beiden Gruppen hinzugezählt werden. Für die nüchternen biblischen Christen, die in der Opposition zu der neuen charismatischen Bewegung und der Zungenbewegung stehen, sind diese Äußerungen immerhin interessant.

Selbstverständlich setzte sich die Gruppe Zehn der Delegierten nicht durch. Viele andere Delegierte lehnten diese Vorschläge ab. Es ist aber bezeichnend, daß auf einer Kirchenkonferenz von Gläubigen, die sich Christen nennen, solche Vorschläge überhaupt gemacht werden können.

B 376 Während meiner Vortragstour auf Jamaika im Jahre 1973 erhielt ich vom Theologischen Seminar in Kingston einen Bericht über die in Jamaika herrschende Zauberei. Sie heißt Pocomania. Pocomania ist eine seltsame Vermischung von religiösen Vorstellungen und der afrikanischen Zauberei. Es würde ein Taschenbuch abgeben, wenn Pocomania ausführlich dargestellt werden würde.

Da diese Bewegung aber weder in Nordamerika noch in Europa gut bekannt ist, kann ich es hier nur bei einigen Anmerkungen belassen.

Kenner von Pocomania erklären, daß diese Art der Zauberei eine Mischung der methodistischen Erweckungsbewegung und der afrikanischen Zauberei sei. Die Bibel wird als ein weißmagisches Zauberbuch benützt. Daneben hat aber das sogenannte 6./7. Buch Moses die gleiche Bedeutung. Ich war überrascht, daß dieses Buch, das doch in Deutschland seinen Ursprung hat, auch in Jamaika zu finden ist. Im Pocomania wird alles gefunden, was auch in den spiritistischen Bewegungen praktiziert wird, also Totenkult, Tischrücken, Dämonenkult, andererseits aber auch das Zungenreden, geistige Heilungen, Exorzismus, kurz eben alles, was man bei den extremen Strömungen antrifft. Selbst die sogenannte Todesmagie wird praktiziert, um sich eines Gegners zu entledigen. Auch der drei- oder vierwöchige Tranceschlaf, wie wir ihn bei den Jogi in Ostasien finden können, wird ebenfalls im Pocomania geübt. Wer einmal von dieser Bewegung erfaßt ist, ist in den Klauen Satans und hat nur eine geringe Chance loszukommen, es sei denn, daß er eine totale Befreiung durch Christus erlebt. Bei all diesen Mischbewegungen wird der Trend unserer Zeit sichtbar. Hinter diesen Strömungen steht eine klare Strategie, eine Steuerung aus dem Abgrund. Der Teufel mixt okkulte und religiöse Elemente untereinander, er vernebelt das klare Urteil, und Millionen von Opfern geraten in diesen teuflischen Sog. Der Zeitgeist wird von unten gesteuert. Diese Regie aus dem Abgrund oder der Geisterwelt wird zum Beispiel an folgendem Ereignis deutlich.

B 377 Im Sommer 1974 lief in Tansania ein merkwürdiger Prozeß. Der Angestellte einer Kaffeeplantage, Omar Mustalla, war vier Jahre lang glücklich verheiratet. Eines Abends kam er nach Hause, nahm seinen Revolver und schoß seine Frau nieder. Die Ärzte konnten die Schwerverletzte nicht mehr retten. Bevor sie starb, erklärte sie: „Ich verstehe die Handlungsweise meines Mannes nicht, wir waren sehr glücklich miteinander." Der Mörder wurde dann auf seinen Geisteszustand untersucht. Einer der Ärzte, der Inder Shandra Bhava, entwickelte eine merkwürdige Theorie. Er erklärte: Omar bekam den Mordbefehl aus dem Jenseits von seiner früheren Verlobten, die an einer unheilbaren Krankheit gestorben war. Omar hatte seiner früheren Verlobten auf dem

Sterbebett versprochen, nie eine andere Frau zu heiraten. Weil er diesen Schwur brach, hatte ihn die frühere Verlobte aus dem Jenseits beauftragt, seine jetzige Frau zu töten. Das Gericht entschied im Sinne des indischen Arztes und sprach Omar Mustalla frei. Natürlich wäre es in Deutschland oder Amerika nicht zu einem derartigen Ende des Prozesses gekommen. Dieses Beispiel zeigt aber, daß Inder die Vorstellung hatte, daß Menschen vom Jenseits her beeinflußt werden können. Das ist auch die Meinung nahezu aller Spiritisten.

Man kann eine solche Überzeugung als absurd ablehnen. Wir wissen aber aus den prophetischen Teilen der Heiligen Schrift, daß in der Endzeit tatsächlich Satan versucht, das Urteilsvermögen der Menschen zu trüben, die Sinne zu vernebeln, das Gefühl für die Wahrheit abzutöten oder ein unhaltbares geistiges Chaos zu schaffen.

Das ist die große Strategie der Unterwelt, die den Zeitgeist formt und steuert.

Das sind nur einige Anmerkungen auf dem religiös-okkulten Sektor. Die gleichen Linien könnten auch auf politischen, philosophischen, juristischen und anderen Gebieten ausgezogen werden. Es fehlt hier aber der Raum dazu.

Zungenreden

Manche Gläubige werden nahezu einen Schock bekommen, wenn sie entdecken, daß in einem Buch mit dem Titel „Okkultes ABC" ein Kapitel über das Zungenreden gebracht wird. Wie im Vorwort schon gesagt wird, geht es in dieser Veröffentlichung nicht um die echten Erlebnisse, sondern um die okkulten und dämonischen Verzerrungen eines Phänomens. Es sind mir einige Male Gläubige begegnet, die in aller Stille in ihrem privaten Gebet manchmal in Zungen beten. Niemand weiß davon außer ihrem Seelsorger. Selbst in der Gemeinde ist das nicht bekannt. Ich habe nicht die Absicht, solchen treuen Christen, die mit ihrem Glaubensleben und ihrer Opferbereitschaft ihre Kritiker weit in den Schatten stellen, ihr Erleben abzuwerten. Flüchte sich aber niemand in die bekannte Entschuldigung: „Wenn es bei allen anderen unecht sein mag, bei mir ist es echt."

Zur Zungenbewegung selbst habe ich ein entschlossenes Nein. Von Jahr zu Jahr wird die Zahl der negativen Erlebnisse größer.

An Literatur wären über 100 Veröffentlichungen zu nennen. Dafür aber ist hier kein Raum. Die wissenschaftlich beste Arbeit ist das Buch „The Psychology of Speaking in Tongues" (Die Psychologie des Zungenredens) von John P. Kildahl. Die Zungenbewegung hat in den USA solche Verwirrung und Aufspaltung der Gemeinden gebracht, daß die amerikanisch-lutherische Kirche sich genötigt sah, eine Kommission zum Studium des Zungenredens einzusetzen. Die Kommission bestand aus dem Psychiater Dr. Qualben, dem Theologen Dr. Satre und dem Psychologen Dr. Kildahl. Ihr Bericht bringt ausgezeichnete Hinweise zur Frage des Zungenredens, ich vermisse aber etwas die geistlichen Belange.

In Deutschland brachte der Hänssler-Verlag das Buch von Francis Schaeffer mit dem Titel „Die neue Welle" heraus. Das Buch von Hubmer wurde schon in einem anderen Kapitel erwähnt.

Ich selbst nahm schon zweimal zum Zungenreden Stellung in den Taschenbüchern:

„Die moderne Zungenbewegung" (vergriffen)

„Die Geistesgaben" (Brunnen-Verlag, Basel)

Es soll hier nicht wiederholt werden, was dort schon gesagt ist. In „Geistesgaben" sind lange Kapitel über das Zungenreden.

Es sieht fast aus, als sei die Zungenbewegung und die sogenannte charismatische Bewegung die gefährlichste Waffe Satans auf das Lager der Gläubigen. Es muß aber ausdrücklich betont werden, daß sich in dem Lager der beiden genannten Bewegungen viele Gläubige befinden, die aus Mangel an Geistesunterscheidung sich nicht absetzen.

Es soll hier in diesem aufklärenden Kapitel nur die dämonische Linie ausgezogen werden. Beginnen wir mit einem Zitat aus dem Buch von Hubmer, „Zungenreden, Weissagung", Seite 41. Es heißt dort: „In Fällen, in denen Männer wie Johannes Seitz mit sogenannten Geistgetauften beteten, stellte sich oft in greulichen Szenen heraus, daß solche Geisttaufen dämonischen Ursprungs waren." Dazu einige Beispiele:

B 378 Im März 1975 hatte ich in der Kirche von Dr. Kenneth Moon in St. Petersburg (Florida) einige Vorträge. Ein Missionar O. suchte mich auf. Er berichtete mir einen schwierigen Seelsorgefall. In Orlando, Florida, betreute er eine zungenredende Frau. Er wies sie darauf hin, daß sich hinter der Zungengabe oft spiritistische Geister verstecken. Als sie wieder in Zungen betete, fragte der

Missionar sie: „Du zungenredender Geist, bekennst du, daß Christus in das Fleisch gekommen ist?" Zunächst kam keine Antwort. Er gebot dann im Namen Jesu dem zungenredenden Geist, sich zu offenbaren. Schließlich sagte der Geist, während die Frau nicht bei vollem Bewußtsein war: „I belong to a church" – ich gehöre zu einer Kirche. Der Missionar ließ nicht locker: „Zu welcher Kirche?" – „Zur Kirche Satans", war die erstaunliche Antwort. Dann gebot der Seelsorger diesen Mächten im Namen Jesu. Die Frau ist durch Gottes Gnade frei geworden. Dem Herrn die Ehre!

B 379 Ein weiteres Beispiel dieser Art erhielt ich in Form eines Berichtes durch den kanadischen Erweckungsprediger Bill McLeod und durch ein Tonband. Evangelist Rosteck hat in den USA eine ähnliche seelsorgerliche Arbeit, wie ich sie auch seit Jahrzehnten getan habe. In einer Gebetsversammlung in Tokoa im Staate Georgia fiel eine Frau immer ins Zungenreden. Es war kein Ausleger da. Sie hätte daher nach der Anweisung der Heiligen Schrift 1. Kor. 14,28 und 34 schweigen müssen. Die Brüder baten sie: „Bete in Englisch, damit wir dich verstehen und mitbeten können." Die Frau erklärte: „Ich kann nicht in Englisch beten. Ich falle stets in Zungen." Die Brüder beschlossen, den Test nach 1. Joh. 4 durchzuführen. In dem vorangegangenen Beispiel ist das schon beschrieben. Als die Brüder fragten: „Bekennst du, daß Christus in das Fleisch gekommen ist?", erhielten sie keine Antwort. Darum geboten sie dem zungenredenden Geist: „Im Namen Jesu gebieten wir dir, uns zu antworten, bekennst du dich zu Christus?" Da kam eine erstaunliche Reaktion. Die Frau schrie: „No I hate him" = Nein, ich hasse ihn. Damit war der Charakter dieses Zungenredens klar.

Ähnliche Erfahrungen machte ein kanadischer Missionar, der zehn Jahre auf Borneo gearbeitet hat. Es ist Rev. George A. Birch, dem ich zuerst auf einer Missionskonferenz auf Java begegnete. Wir wurden schnell Freunde, da wir die gleiche geistliche „Wellenlänge" haben. Wir trafen uns wieder bei meinen Vorträgen in Vancouver B. C. (Kanada). Dann erhielt ich auch einige Briefe, in denen mich Bruder Birch ermutigte, in meiner Arbeit fortzufahren. Wer gegen den Okkultismus zu kämpfen hat und schwarmgeistige Umtriebe angreift, der ist ja vielen Angriffen ausgesetzt. Was mir an Bruder Birch gefällt, ist seine Bejahung der echten Geistesgaben und zugleich sein Widerstand gegen menschliche oder dämonische Nachahmungen.

Bruder Birch hat in Kanada 20 Fälle von Zungenreden untersucht. 19 davon hatten einen dämonischen Charakter. In einem Fall hat ein Zungenredner erklärt: „Ihr braucht meinen Geist nicht zu testen, ich bringe das Zungenreden selbst zustande." Ein Beispiel von den 19 Untersuchungen wird wiedergegeben:

B 380 Shirley stammte aus einem christlichen Elternhaus. Als junges Mädchen kam sie zum Glauben und schloß sich dann einige Jahre später einer Jugendgruppe an, die sich „Missionierende Jugend" nannte. In dieser Jugendgruppe, die zur Pfingstgemeinde gehörte, sprachen alle in Zungen außer Shirley. Ihre Kameraden sagten ihr: „Solange du nicht die Geistestaufe empfangen hast, besitzest du keine Kraft zum Zeugnis."

Shirley betete viel um die Gabe des Zungenredens. Eines Tages trat sie in einer Versammlung der Pfingstgemeinde, die Hände hochhaltend, zum Podium vor. In dieser Stunde bekam sie die Gabe des Zungenredens. Jeder freute sich und rief: „Praise the Lord. Shirley got the baptism of the Holy Spirit." (Preis dem Herrn, Shirley hat die Taufe des Heiligen Geistes empfangen.)

Einige Zeit später hörte sie von den dämonischen Nachahmungen der Zungengabe. Zugleich beobachtete sie, daß die meisten der Gruppe „Missionierender Jugend" rückfällig wurden. Manche wurden rauschgiftsüchtig, ein anderer kam ins Gefängnis. Nicht einer folgte noch Jesus nach. Damit wurden ihre Zweifel immer stärker. Sie war damit einverstanden, daß Bruder Birch den zungenredenden Geist nach 1. Joh. 4,2 prüfte. Als Shirley in Zungen betete, fragte Bruder Birch: „Du zungenredender Geist, bekennst du, daß Jesus Christus in das Fleisch gekommen ist?" Nach einer Wiederholung der Frage schrie der Dämon: „Nein, nein!" Bruder Birch gebot daraufhin: „Im Namen Jesu Christi, sage uns deinen Namen." Die Antwort wurde gegeben: „Luzifer mit drei Genossen: Saul, Demetrius, Judas." Dann schrien die Stimmen aus dem Mädchen: „Ich hasse dich, ich hasse dich." Zugleich sprang das Mädchen auf und wollte Bruder Birch erwürgen. Der Gottesmann stellte sich unter den Schutz Jesu Christi (Luk. 10,19) und band diese Dämonen im Namen des Herrn. Dann gebot er diesen Geistern: „Im Namen Jesu Christi, sage uns, wann ihr in das Mädchen gekommen seid." Sie antworteten: „Bei jener

Versammlung der Pfingstgemeinde am 17. August." – „Was habt ihr mit dem Mädchen vor!" – „Wir wollen sie von der Wahrheit abhalten. Darum übernahmen wir die Kontrolle ihrer Zunge." Bruder Birch wies dann Shirley an, sich im Namen Jesu Christi von diesen Dämonen loszusagen. Sie tat es. Dann gebot Bruder Birch den Dämonen, das Mädchen zu verlassen, weil sie ein Eigentum Jesu Christi sei. Das Mädchen wurde frei, pries und lobte Gott für die Rettung und Befreiung.

Bei diesem Erlebnis werden einige Wahrheiten sichtbar. Die Dämonen sprechen in der Ichform. Wenn sie von der von ihnen besessenen Person reden, gebrauchen sie die dritte Form.

Wer Geistesgaben, z. B. die Gabe des Zungenredens, erzwingen will, gerät an andere Geister. 1. Kor. 12,11 sagt uns, daß der Geist Gottes austeilt, wem er geben will.

Paulus zeigt uns auch in 1. Kor. 12,29–30, daß nicht alle Gaben auf alle kommen. Die Gaben sind verschieden.

Was mir an dem Bericht von Bruder Birch so wertvoll ist, sind einige spezielle Hinweise.

Es kommt vor, daß Dämonen sich für den Heiligen Geist oder Jesus ausgeben. Sie sprechen also mitunter den Namen Jesus aus. Gebietet man dann im Namen Jesu Christi, sich zu offenbaren, dann müssen sie bekennen: „Ich bin der unheilige Jesus." Auch das andere Bekenntnis wurde schon gegeben: „Ich bin der Jesus Satans." Der Name Jesus ist ja nicht auf Jesus Christus beschränkt. Er ist ein allgemeiner Personenname, wie auch Kol. 4,11 zeigt.

Eine Erfahrung, die sowohl Bruder Birch als auch mich bedrückt, ist die Tatsache, daß die Dämonen gelegentlich auf die Testfrage nach 1. Joh. 4,2 mit Ja antworten und damit ganze Gruppen von Christen in die Irre zu führen versuchen. Ich habe das mit erfahrenen Gottesmännern besprochen. Es ist in der Tat nicht ganz einfach zu verstehen. Man muß bei dieser Stelle 1. Joh. 4 zwischen einem formalen Zugeständnis zur Existenz Jesu unterscheiden und der Anerkennung seiner Erlösungstat. Es soll kurz erläutert werden.

Rein formal glauben auch die Moslems und die Baha'i, daß Jesus geboren worden ist und existiert hat. Sie halten ihn sogar für einen Propheten. Sie lehnen aber scharf ab, daß er Gottes Sohn sei und in seiner Gestalt »des sündlichen Fleisches die Sünde im Fleisch verdammte«. So erläutert es Paulus in Römer 8,3.

Bei den Namenchristen liegt der gleiche Sachverhalt vor. Sie glauben, daß Jesus gelebt hat, nehmen aber die sühnende Bedeutung seines Opferwegs persönlich nicht an.

Zur Testfrage nach 1. Joh. 4,2 muß demnach als Erläuterung Röm. 8,3 hinzugenommen werden, dann wird diese nicht leicht verständliche Schriftstelle deutlicher.

Ich will zum Schluß noch einen anderen meiner Freunde erwähnen. Es ist V. Raymund Edman, der frühere Präsident vom Wheaton College. Er schrieb das Vorwort zu meinem Buch „Christian Counselling and Occultism" und lud mich auch mehrmals ein, in Wheaton zu sprechen. Er gliederte das Zungenreden in drei Ebenen ein: Die Gabe Gottes – das suggestiv oder autosuggestiv bedingte Zungenreden – das dämonische Zungenreden. Das ist die Unterteilung, die ich selbst in meiner Broschüre „Die moderne Zungenbewegung" gegeben habe. Diese Einteilung zeigt zugleich, daß wir nicht wie extreme Theologen alle Geistesgaben in das erste Jahrhundert verbannen. Der Heilige Geist hat sein Büro nicht im ersten Jahrhundert geschlossen. Es gibt aber mehr menschliche und dämonische Nachahmungen. Das ist Satans Geschäft.

Dämpfet nicht den Heiligen Geist
Betrübet nicht den Heiligen Geist
Imitiert nicht den Heiligen Geist
Zwinget nicht den Heiligen Geist
sondern
werdet voll Heiligen Geistes (Eph. 5,18)

B. AUSWIRKUNGEN

Es gehört eine vielfache Ausrüstung dazu, die Auswirkungen der Zaubereisünden von den medizinischen, vor allem den psychiatrischen Krankheitsbildern zu unterscheiden.

Bei meiner Niederschrift dieses Kapitels teilte mir ein Freund mit, ein Psychiater hätte sich über meine Bücher geäußert, er würde keine Zeile von mir lesen, weil ich die Psychiatrie ablehnen würde. Woher will dieser Arzt wissen, daß ich sein Fachgebiet ablehne, wenn er keine Zeile von mir gelesen hat? Wer mein Buch „Seelsorge und Okkultismus" gelesen hat oder das englische „Demonism, Past and Present", der weiß, daß ich stets behauptet habe, daß es für einen Seelsorger auf dem Gebiet des Okkulten von außerordentlicher Bedeutung ist, wenn er sich mit der Psychiatrie befaßt hat.

Ich wehre mich nur gegen die Übergriffe der Psychiater, die meinen, auch die religiösen Probleme meistern zu können. Im Falle religiöser Wahnvorstellungen und ähnlich gelagerter Probleme ist eine psychiatrische Behandlung angezeigt. Liegen aber Belastungen aufgrund okkulter Praktiken vor, dann ist ein erfahrener Seelsorger gefordert.

Natürlich gibt es auch Mischfälle, bei denen eine Zusammenarbeit von Psychiater und Seelsorger ersprießlich ist.

Es ist hier der Ausdruck Seelsorger gebraucht. Wer kann Seelsorge auf dem Gebiet okkulter Belastungen treiben?

Nicht der moderne Theologe, dem das Irrationale und Supranaturale fremd und unannehmbar ist.

Nicht der gläubige Theologe, der aufgrund einer apriorischen Festlegung gegen eine solche Seelsorge blockiert ist.

Nicht der erfahrene Seelsorger, der meint, auf den Beitrag der medizinischen Wissenschaft verzichten zu können.

Der Kreis der zuständigen Seelsorger ist sehr klein. Darum werden die wenigen, die es gibt, derartig von Hilfesuchenden angegangen, daß sie nicht mehr aus noch ein wissen. Alle meine Freunde, die Seelsorge an okkult Belasteten treiben, stöhnen über die Last der Anforderungen.

Wer ist also geeignet, auf diesem Gebiet zu arbeiten?

1. Nur der Mensch, der durch die Kraft des Heiligen Geistes eine echte Wiedergeburt erlebt hat.

2. Nur der Christ, der sich durch ausgiebige Seelsorge große Erfahrung gesammelt hat. Man mag mir entgegenhalten: Einmal muß doch jeder zunächst ohne Erfahrung anfangen. Das stimmt. Anfänger sollten ein Jahr oder länger einem älteren Bruder beigegeben werden, damit er in dieses schwere Gebiet hineinwachsen kann.
3. Oft wurde ich gefragt, ob jeder Christ sich in das Gebiet der okkulten Seelsorge hineinwagen sollte. Ich antwortete, niemand soll das suchen. Wird er durch die Verhältnisse hineingeworfen, dann soll er einen Bruderkreis um sich bilden, damit er vom Teufel nicht abgeschossen wird.
4. Im engsten Freundeskreis habe ich es sechsmal erlebt, daß gläubige Seelsorger an okkult Gebundenen Seelsorge getrieben haben und dabei zerbrochen sind. Darum kam mir oft der Gedanke, es gehöre eine Berufung zu diesem schweren Dienst, weil man gewöhnlich auch von wohlmeinenden Christen nicht verstanden, sondern sogar bekämpft wird. Ohne eine göttliche Sendung ist dieses schwere Amt kaum wahrzunehmen.
5. Für den Seelsorger auf diesem Gebiet ist es sehr hilfreich, wenn er eine medizinische, noch besser eine psychiatrische Ausbildung hat. Das Theologiestudium ist weniger geeignet als die medizinische Ausrüstung. Das Theologiestudium ist mit historischem, philologischem und philosophischem Ballast gefüllt und geht oft achtlos an den praktischen Lebensproblemen vorbei. Ich besitze noch Niederschriften der Vorlesungen über Seelsorge von der Universität Heidelberg. Diese Vorlesungen waren von einer himmelschreienden Dürftigkeit und Hohlheit. Woher sollen Theologieprofessoren das auch haben, wenn sie weder eine Wiedergeburt erlebt haben noch seelsorgerliche Erfahrung besitzen. Männer Gottes auf dem Katheder sind äußerst rar. Viele Universitäten haben nicht einen einzigen Mann mit dieser Ausrüstung.

Diese Sätze sind nicht im geistlichen Hochmut geschrieben. Einer muß doch den Mut haben, die Dinge beim Namen zu nennen. Im Namen Gottes wage ich es.

Bei den vielseitigen Auswirkungen muß ich mich auf die wichtigsten Gruppen beschränken, sonst geht das Buch ins Uferlose.

Die mediale Affinität

Begriffserklärung: Der Ausdruck mediale Affinität enthält zwei lateinische Wurzeln: medius, media, medium und affinitas. Medius hat viele Bedeutungen. Hier wird nur eine gebraucht: Mittler. Ein Medium ist eine Kontaktperson zwischen Unbekanntem und Bekanntem, zwischen dem Übersinnlichen und dem Sinnlichen, zwischen der Sphäre der bösen Geister und den vorwitzigen Menschen.

Affinitas = enger Zusammenhang, Kontakt, Verwandtschaft usw. Wir können den Ausdruck mediale Affinität auch mit „mediale Kontaktfähigkeit" übersetzen. Eine 54jährige Beobachtung dieses Problems zeigte mir, daß in den allermeisten Fällen die mediale Kontaktfähigkeit unbewußt ist. Das hängt damit zusammen, daß der Sitz der medialen Kräfte nicht im Bewußtsein, sondern im Unbewußten liegt. Hunderttausende von Menschen sind medial veranlagt, ohne es zu wissen.

Die ausführliche Beschreibung des Medialen würde Bände füllen. Einiges ist in „Medialität aus der Sicht der Seelsorge" Teil II der „Seelsorge" dargestellt.

Wie schon in einem anderen Kapitel gesagt wurde, stammt die Medialität aus drei Wurzeln: Vererbung – Übertragung – magisches Experimentieren.

1. Der mediale Bereich

Die Medialität hat eine große Spannweite. Als bei der Uri-Geller-Show sich bei den Zuschauern ebenfalls die Gabeln verbogen, wurde die unbewußte mediale Veranlagung der Zuschauer von der ebenfalls unbewußten oder bewußten Medialität Uri Gellers angezapft und mitbenützt.

In den Versammlungen von William Branham, dem spiritistischen Heiler aus Arizona, konnte der Redner exakt angeben, welche Krankheit der einzelne hatte, oder in welcher Reihe und auf welchem Platz der Patient saß. Das geschah durch den medialen Kontakt.

Wenn in einer spiritistischen Sitzung ein Medium Phantome von „Verstorbenen" zeigt und die eigene mediale Kraft nicht ausreicht, dann werden die medial veranlagten Teilnehmer angezapft und ihre mediale Kraft mitbenützt.

Medial veranlagte Menschen werden von medial aktiven Kreisen angezogen, also von mystischen Kulten, von spiritistischen Zirkeln, von extremen Schwarmgeistern, von unbiblischen Sekten und Strömungen. Es gibt extreme Pfingstgemeinden, die geradezu ein Eldorado medialer Menschen sind. In vielen Fällen ist die Medialität religiös überlagert wie z. B. in den sogenannten neucharismatischen Strömungen. Zum wiederholten Male betone ich, daß es in diesen Kreisen auch echte, treue Kinder Gottes gibt, vor denen ich die größte Hochachtung empfinde. Sie gehören aber nicht in diese extremen Kreise hinein.

2. Der ethische Charakter des Medialen

Da Medialität ihren Sitz im Unbewußten hat, steht sie immer im Gegensatz zu einer bewußten Christusentscheidung. Medial veranlagte Menschen haben es außerordentlich schwer, Jesus Christus als ihren Herrn anzunehmen.

Medialität kommt aus der Zauberei der Vorfahren oder der eigenen Zauberei. Sie stellt eine Belastung dar. Affinität heißt nicht nur Kontaktfähigkeit, sondern auch Haftvermögen. Der mediale Mensch haftet unbewußt, manchmal auch bewußt an den Greuelsünden der Vorfahren oder an den eigenen Zaubereisünden oder steht unbewußt in einem medialen Kreis aller medial veranlagten Menschen seiner Verwandschaft und Umwelt.

Dieses Haftvermögen an das Okkulte ist ein großes Problem auf den Missionsfeldern und in der Seelsorge im Zusammenhang mit den Evangelisationen. In okkult verseuchten Gebieten wie Los Angeles, Haiti, Rio de Janeiro, Lüneburger Heide und tausend anderen Plätzen ist die Seelsorge derartig schwer, daß dem Evangelisten davor graut.

Die mediale Affinität ist der Nährboden für das Entstehen der verrücktesten Sekten, Kulte und Logen. Darum ist Los Angeles so reich an diesen Sumpfblüten aus dem Moor Satans.

3. Das Bewußtwerden einer medialen Veranlagung

Die unbewußte Medialität kann gelegentlich an bestimmten Erlebnissen erkannt und damit bewußt werden. Beispiele aus der Seelsorge können den Sachverhalt deutlich machen.

B 381 Eine junge Frau kam in die Seelsorge und klagte darüber, daß sie jedesmal vor dem Tode eines Angehörigen oder eines nahen Verwandten nachts eine schemenhafte Gestalt in ihrem Zimmer sehe. Sie fürchte diese Erscheinungen. Zwei oder drei Tage später kommt dann die Todesnachricht.

Der Parapsychologe wird diese Erlebnisse vielleicht mit Telepathie erklären wollen. Eine schwere Erkrankung wird mitunter telepathisch erfaßt. Diese Erklärung reicht nicht aus, da Unfälle mit tödlichem Ausgang sich nicht drei Tage vor dem Ereignis telepathisch übertragen können.

Wir stehen bei den Erlebnissen der jungen Frau vor der sogenannten Fähigkeit des zweiten Gesichtes. Träger dieser Belastung sehen häufig Todesfälle, Feuersbrünste, Katastrophen voraus. Wo stammt diese Belastung her?

Nach der Beichte fragte ich die junge Frau, ob ihre Eltern oder Großeltern Spiritismus getrieben hätten. Sie bejahte sofort und erklärte: „In unserer Familie wird das Tischrücken als Gesellschaftsspiel mindestens seit drei Generationen betrieben." Sie selbst hat als junges Mädchen auch daran teilgenommen.

Durch diese spiritistische Praxis ist die junge Frau medial geworden. Ihre Medialität offenbarte sich durch die nächtlichen Erlebnisse.

4. Formen und Stärkegrad des Medialen

Die Medialität hat viele Äußerungsmöglichkeiten: Dazu gehören Wahrträume, die sich in den folgenden Tagen erfüllen, ferner die Fähigkeit der Rutenfühligkeit und Pendelreaktion. Wenn ein Mann, der nie in seinem Leben etwas mit okkulten Dingen zu tun gehabt hat, die Rute oder das Pendel in die Hand nimmt, und diese Gegenstände funktionieren ohne bewußten Anstoß, dann ist der Betreffende medial.

Die Medialität hat einen verschiedenen Stärkegrad. Eine schwache Medialität wird manches Mal dem Träger das ganze Leben hindurch nicht bewußt. Eine sehr starke Medialität drückt schon im Kindesalter durch.

So wissen wir von bekannten Heilmedien, daß sie schon als Kinder im Alter von vier oder sieben Jahren heilen konnten. In diesem Buch sind solche Beispiele erwähnt.

Die medialen Gaben sind, biblisch gesehen, das satanische Gegenstück zu den Gaben des Heiligen Geistes. Da die satanischen Gegengaben meistens religiös frisiert sind, werden sie in ihrem dämonischen Charakter nicht erkannt, ja manches Mal sogar als Gaben des Heiligen Geistes deklariert.

Zu den bekanntesten medialen Kräften gehören viele Erscheinungsformen, die in diesem Buch schon erwähnt sind: Hellsehen, Hellfühlen, Hellhören, Trancefähigkeit, automatisches Schreiben, Telekinese, Exkursion der Seele, Apporte, Inszenzierung von Spukereignissen, die schon erwähnte Rutenfühligkeit und Pendelreaktionen und vieles andere.

Wer solche Belastungen hat – Gaben sind es nicht –, der soll sich nicht damit wichtig machen, sondern Sorge tragen, daß er davon befreit wird. Natürlich haben die Parapsychologen es sehr gern, wenn sie hochqualifizierte Medien zum Experimentieren bekommen. Das fördert ja „ihre Wissenschaft" und erhöht den Ruhm ihres Namens.

Der Teufel hat ja eine vielfache Strategie. Den Okkultisten präsentiert er seine Machenschaften als „neue Wissenschaft", den Rationalisten macht er klar: „Das ist ja alles Humbug, Schwindel, Aberglauben."

5. Echte Gotteserlebnisse

Im Gegensatz zu den medialen Erlebnissen stehen die echten Gotteserlebnisse. Gott kann auf mancherlei Weise seine Kinder vorwarnen und bewahren. Dazu ein Beispiel. Mein Berichterstatter ist ein langjähriger englischer Freund, Paul Hunt aus Englefield Green.

B 382 Pauls Freund Richard und dessen Frau sind gläubige Christen. Sie fuhren eines Tages mit dem Tandem eine steile Straße hinab. Plötzlich, vor einer scharfen Kurve, bekam Richard einen Angstanfall. Seine Haare im Nacken stellten sich hoch, und er wurde kreidebleich. Er stoppte und hielt an. Seine Frau fragte ihn: „Was hast du? Warum bist du so entsetzt?" Richard konnte keine Antwort geben. Er sah sich nur angstvoll um, konnte aber nichts Gefährliches entdecken. Sie gingen zu Fuß weiter. Nach der Kurve war die Straße versperrt. Ein Laternenpfahl war von einem Auto umgerissen worden und lag quer über der Straße. Auch das demolierte Auto stand quer. Es war kein Warnschild aufgestellt worden. Der Besitzer war weggegangen, um Hilfe zu holen. Die Tandemfahrer wären auf dieses Hindernis aufgefahren, wenn Richard nicht die Vorwarnung gehabt hätte.

Worin liegt der Unterschied zwischen den medialen und den göttlichen Vorwarnungen?

Mediale Vorwarnungen künden ein unabwendbares Ereignis an. Sie sind unvermeidbar.

Göttliche Vorwarnungen dienen dazu, Kinder Gottes vor Schaden zu bewahren. Die angekündigten Gefahren werden vermieden. Bitte vergleichen Sie B 358.

Es ist glaubensstärkend, daß es in unserer unheilvollen Welt noch eine vorlaufende Gnade und nicht nur mediale Präkognitionen (Vorausschau) gibt. Gott hat diese Erde nicht den Dämonen überlassen. Seine Hand greift helfend und rettend in das Chaos der Erde hinein. Und es kommt die Zeit, da Gott abwischen wird alle Tränen von den Augen der Menschenkinder.

Resistenz gegen das Göttliche

Es ist ein Hauptmerkmal der Medialität, daß ihre Träger gegen das Wirken des Heiligen Geistes immunisiert sind. Der medial veranlagte Mensch hat eine Abwehrstellung gegen alles, was mit dem echten christlichen Glauben zusammenhängt. Er ist unempfindlich gegen die Mahnungen des Heiligen Geistes, er hat keine Liebe zum Wort Gottes und zum Gebet. Bei starker Medialität zeigt sich sogar eine Übelkeit bis hin zum Erbrechen, wenn der Mediale unter eine klare biblische Verkündigung kommt.

Das Resistenzphänomen (Widerstand gegen das Göttliche) zeigt sich auch in anderer Hinsicht. Manchmal werden okkult Belastete jedesmal vor den hohen kirchlichen Festen krank, so daß sie etwa nicht den Weihnachtsgottesdienst oder den Ostergottesdienst besuchen können. Ist eine Evangelisation oder biblische Verkündigungswoche geplant, und sie haben den Wunsch daran teilzunehmen, dann werden sie immer gerade vor Beginn der Woche krank. Es ist, als ob der Teufel sie dauernd daran hindern wollte, unter die biblische Verkündigung zu kommen.

Am besten, ich zeige den Sachverhalt durch einige Beispiele.

B 383 Vor einigen Jahren war ein junger Mann bei mir in der Seelsorge. Er hat verschiedene Formen der okkulten Hilfe in Anspruch genommen. Bei ungelösten Fragen ließ er sich von Wahrsagern, Astrologen und von Pendlern beraten. Bei Erkrankungen ging er zu einem berüchtigten Besprecher – und wurde tatsächlich rasch geheilt. Seit dieser Zeit hat der junge Mann Tobsuchtsanfälle, die sich vor allem vor den kirchlichen Festen zeigen, oder wenn ein Evangelist oder Missionar in seiner Heimatkirche predigt. Dieser Sachverhalt kam in der Seelsorge zutage, und ich konnte dem jungen Mann den Weg zu Jesus, dem Befreier, zeigen.

B 384 Das folgende Beispiel hat einen besonderen Wert, weil der Mann, um den es sich handelt, zuerst von einem gläubigen Psychiater untersucht worden war. Ein Prediger des Evangeliums war bei dem bekannten Psychiater Dr. Lechler, mit dem ich viele Jahre hindurch in Verbindung stand. Ich habe ihn außerordentlich geschätzt. Dieser Prediger erklärte dem Arzt, daß er bei der Ausübung seines Amtes furchtbare Kämpfe habe. Diese Störungen hätten bei seiner Bekehrung eingesetzt. Sie wurden stärker, als er zur Bibelschule ging, und er trug sich darum manches Mal mit dem Gedanken, die Bibelschule zu verlassen. Er hielt durch, wurde Prediger, seine Kämpfe ließen aber nicht nach. Besonders, wenn er die Bibel lese, bete, das Wort Gottes verkündige und das Abendmahl austeile, werde er furchtbar angegriffen.

Dr. Lechler meinte, er sei übergewissenhaft, und die Angst, sich zu versündigen, hätte in eine Umkehrung umgeschlagen. Solche Reaktionen gibt es tatsächlich. Ich habe das gelegentlich in der Seelsorge auch erlebt. Da die Behandlung auf der „Hohen Mark" zu keiner Befreiung führte, suchte dieser Prediger meinen Rat. Ich dehnte die Anamnese (Krankheitsgeschichte) auch auf seine Eltern und Großeltern aus. Es stellte sich heraus, daß dieser Bruder als kleines Kind besprochen worden war. Auch seine Geschwister waren jeweils von einem Heilpraktiker und Besprecher behandelt worden. Der Erfolg ist, daß alle seine Geschwister und er selber unter den gleichen Symptomen leiden.

Es lag also hier kein psychiatrisches noch psychologisches Problem vor, sondern ein geistliches Faktum, das nur von der Seelsorge her angegangen werden konnte.

B 385 Bei diesem folgenden Beispiel wird wieder ein berühmter Name genannt. Eine Diakonisse besprach eine andere Diakonisse, die erkrankt war. Bei einem Gebetskreis, den Mutter Eva leitete, waren beide Schwestern anwesend. Die besprochene Schwester fing bei dem Gebet zu toben an. Sie hatte auch Mühe, sich etwa zur

Andacht in einer Kapelle einzufinden. Mutter Eva ging der Sache auf den Grund. Es kam heraus, daß die eine Diakonissin von ihrer Tante das Besprechen gelernt hatte. Beide taten Buße und wurden unter der Seelsorge der geistesmächtigen Mutter Eva frei. Nachdem der Bann gebrochen war, waren aber beide Schwestern einige Zeit krank. Auch diese Reaktion ist manchmal anzutreffen, daß Menschen, die vom Bann der Zauberei frei werden, dann erkranken und andere Störungen erleben.

B 386 Ein typisches Erlebnis hatte ich bei einer Vortragsreihe in der Martin-Luther-Kirche in Curitiba (Brasilien). Während des Gottesdienstes am Sonntagmorgen erlebte ich dreimal Störungen. Eine Frau, die Tochter einer magischen Besprecherin, die selbst alle ihre Kinder hatte besprechen lassen, fiel während der Predigt in spiritistische Trance und hörte von der Verkündigung nichts. Erst, als ich Amen sagte, kam sie wieder zu sich. Die zweite Frau, eine Heilsarmeeoffizierin, rannte aus der Kirche. Später bekannte sie, sie hätte die Verkündigung nicht ertragen können, und eine Stimme hätte ihr dauernd zugeflüstert: „Schrei laut, störe diese Botschaft!“ Um nicht aufzufallen, hätte sie dann die Kirche verlassen. Die dritte Person war ein Mädchen, das ebenfalls während der Predigt die Stimme hörte: „Fluche Gott, lästere ihn.“ Auch sie verließ die Kirche, und in der späteren Aussprache bekannte sie, daß sie gegen eine Erkrankung als Kind besprochen worden war. Damit haben wir bei einem einzigen Gottesdienst drei Beispiele der Resistenz, des Widerstandes gegen das Göttliche, bedingt durch Zaubereisünden. Brasilien ist ja voll von Spiritismus. Wer in Brasilien evangelisiert, hat nahezu täglich damit zu tun. Es sei denn, er ist mit totaler Blindheit geschlagen und geht all diesen Problemen aus dem Weg. Es gibt ja solche Evangelisten und Seelsorger.

B 387 Mehrmals wurde mir in der Seelsorge gebeichtet, daß Menschen, die für das Evangelium durchaus offen sind, jedesmal in eine totale Starre fallen, wenn sie zur Bibel greifen, lesen und beten wollen. Das jüngste Beispiel dieser Art, das noch gar nicht in meiner Kartei aufgenommen ist, hat folgenden Inhalt. In einer katholischen Gegend, in der viel Zauberei getrieben wird, kam eine Frau zur Seelsorge. Sie beichtete, wenn sie die Bibel lesen wolle, werde sie steif wie ein Brett und könne die Bibel weder halten noch aufschlagen. Die tonischen Starrezustände ohne Bewußtseinsverlust sind mir von dem medizinischen Studium her bekannt. Wir finden solche Vorgänge etwa bei der kataleptischen Starre oder bei der Myoklonus-Epilepsie.

Bei der Beichtenden lag keine solche Erkrankung vor. Die Störungen traten ja nur ein, wenn sie die Bibel lesen oder beten wollte. Ich fragte deshalb nach der okkulten Vorgeschichte und war mehr als schockiert. Die ganze Ahnenreihe bis zurück zu den Ururahnen hatte Spiritismus und Magie in jeder Form getrieben. Daher stammen die furchtbaren Belastungen, die die Frau in der Seelsorge vor mir ausbreitete. Die Frau war willig, Jesus Christus als ihren Herrn anzunehmen. Wir beteten zusammen ein Lossagegebet. Von diesem Zeitpunkt an erschien sie regelmäßig zu meinen Vorträgen. Ich bin mir aber bewußt, daß es bei so schweren Belastungen gern Rückfälle gibt. Darum muß bei so starken medialen Belastungen normalerweise ein Gebetskreis für eine solche Person eingesetzt werden.

Es ist eine zehntausendfache Erfahrung, daß okkult belastete Menschen gewöhnlich Ruhe haben, solange sie dem Teufel dienen und Christus aus dem Weg gehen. Wenn sie sich aber für Jesus Christus entscheiden wollen, dann setzen furchtbare Kämpfe ein. Das Rezept ist sehr einfach: Der Teufel läßt den in Ruhe, der ihm dient. Erst, wenn er sein Opfer zu verlieren droht, dann setzen seine Attacken ein. Leider ist auch dieser Tatbestand offenkundig, daß nicht alle Menschen, die zu Christus kommen, sofort von ihren okkulten Belastungen frei werden. Wenn die Hingabe nicht vollständig ist und nicht alle biblischen Regeln beachtet werden, hat der, der sich für Christus entschieden hat, noch Wochen oder Monate oder gar Jahre viele Nöte. Es ist nicht so, wie oberflächliche oder unerfahrene Seelsorger oft behaupten, daß mit der Bekehrung alle okkulten Probleme beendet sind.

Am besten zeige ich das durch ein Beispiel.

B 388 Vor einigen Jahren kam ein bekannter Evangelist zu mir zur Aussprache. Er berichtete, er habe mein Buch „Seelsorge und Okkultismus" gelesen, und dabei seien ihm die Augen aufgegangen. Sein Dienst als Evangelist sei 25 Jahre unter einer Belastung gestanden, die er sich nie erklären konnte. Jetzt habe er erst folgenden Tatbestand entdeckt. Seine Mutter hatte ihn als kleines Kind gegen eine Erkrankung besprechen lassen. Er hat später in einer klaren Umkehr den Herrn Jesus erlebt, eine theologische

Ausbildung erhalten und nun 25 Jahre dem Herrn gedient. Er habe aber allezeit Bleigewichte an den Füßen gespürt. Ich habe dann diesem Evangelist den Weg zur Befreiung gezeigt. Er ging den vorgeschlagenen Weg und durfte nach einem Lossagegebet und nach einem Lossprechen im Namen des Herrn frei werden. Einige Monate später bezeugte er in einem Brief, daß sein Dienst sich völlig verändert habe. Die Bleigewichte seien verschwunden. Das hat der Herr Jesus getan. Es ist nicht mein Verdienst.

Verzerrung des Charakters

Eine okkulte Belastung zeigt sich manches Mal an extremen charakterlichen Tendenzen und Neigungen. Dazu einige Beispiele.

B 389 In Brasilien kam ein 20jähriges Mädchen in die seelsorgerliche Aussprache. Sie litt unter einem furchtbaren Jähzorn. Einmal warf sie ihrer jüngeren Schwester eine Schere gegen den Kopf und verletzte sie schwer. Sie wollte sich dann die Pulsadern aufschneiden, wurde aber gehindert. Sie hat den Wunsch, Christus nachzufolgen und hilft sogar im Kindergottesdienst mit. Aber ihr schrecklicher Jähzorn ist eine furchtbare Belastung für sie. In der seelsorgerlichen Aussprache kam zum Vorschein, daß sie als sechsjähriges Mädchen gegen eine Erkrankung von einem Curandeiro besprochen worden war.

B 390 Der Appenzeller Naturheilkundige B. führt auch Fernbehandlungen durch das Telefon durch. Die Mutter eines siebenjährigen Kindes rief ihn an, das Kind habe eine Blinddarmentzündung und müsse zur Operation in das Spital eingeliefert werden. B. antwortete: „Es ist nicht notwendig. Sie wird in kürzester Zeit von der Blinddarmentzündung befreit sein.“ Tatsächlich war die Operation überflüssig. Die Auswirkung war, daß das Kind furchtbar verwilderte. Mit zehn Jahren verführte es einen verheirateten Mann – und nicht etwa umgekehrt. Mit zwölf Jahren trieb es Unzucht mit einem Mann, der im öffentlichen Dienst stand und dafür vor Gericht kam. Vom 20. Lebensjahr an führte die junge Frau mit einer hochgestellten Persönlichkeit eine wilde Ehe.

Okkulte Heilungen werden stets teuer bezahlt, nicht nur mit dem Verlust der Seligkeit, sondern oft auch schon zu Lebzeiten mit schweren Entgleisungen, Unglücksfällen und einer Kette von Krankheiten.

B 391 Ein kleiner Junge wurde stets beim Stehlen erwischt. Er stahl ein Fahrrad, obwohl er selbst eins besaß. In der Schule war nichts vor ihm sicher. Er stahl Füllhalter und Hefte, Radiergummis und viele kleine Gegenstände, die er selbst besaß. Zur Rechenschaft gezogen, versuchte er sich durch Lügen zu retten. Schließlich gab er es zu und erklärte: „Ich will gar nicht stehlen, aber ich werde gezwungen, es zu tun." In der Seelsorge kam heraus, daß er als kleiner Junge bei einer Erkrankung von seiner Mutter zu einer Besprecherin gebracht worden war.

Lügensucht, Stehlsucht (Kleptomanie) und Feuersucht (Pyromanie) sind häufig die Auswirkungen einer okkulten Heilung. In den letzten Jahren war in der Tagespresse oft von Pyromanen die Rede. Es wurde bereits in einem anderen Zusammenhang erwähnt, daß ein jugendlicher Brandstifter in Norddeutschland eine Reihe von historischen Gebäuden angezündet und damit Millionenwerte vernichtet hat. Der Junge wurde psychiatrisch untersucht. Die Psychiater fragen aber nie nach dem Zusammenhang mit den Zaubereisünden der Vorfahren. Sie sprechen dann höchstens von einer Fehlentwicklung und Fehlhaltung, die für diese Feuersucht in Frage kommen.

B 392 Ein Ehepaar hat bei einer Evangelisation eine Umkehr erlebt. Sowohl der Mann als auch die Frau nahmen Jesus als ihren Herrn an. Seit ihrer Bekehrung setzten in ihrem Leben furchtbare Angriffe und Störungen ein. Die Kämpfe beginnen gewöhnlich zwei Tage vor den kirchlichen Festen, oder wenn ein Gebetskreis in ihrem Haus zusammenkommt. Es entstehen dann zwischen den gläubigen Ehegatten jähzornige Ausbrüche und viel Streit. Seltsamerweise geht es den noch gottlosen Verwandten des Ehepaares gut. Oft sind die beiden Gläubigen auch krank. Die gottlosen Verwandten sagen: „Das kommt von eurer Frömmigkeit."

In der Seelsorge wurde deutlich, daß sowohl der Mann als auch die Frau von Zauberern abstammen. Wir haben also hier das oft wiederholte Bild, daß der Teufel die Menschen in Ruhe läßt, solange sie ihm dienen. Erst wenn sie aus seiner Schule davonlaufen, dann setzt er mit seinen Angriffen ein.

B 393 Eine Frau aus Polen kam zu mir in die Seelsorge. Sie berichtete, daß sie als Kind die englische Krankheit hatte. Die Mutter suchte eine Besprecherin auf und erhielt folgende Anweisung: „Hole von neun verschiedenen Ackergrenzen Erde, binde sie zusammen mit einem Spruch aus dem 6./7. Buch Moses in ein Tuch. Übergieße dann die Erde mit heißem Wasser. Dann bade das Kind in diesem Wasser. Bringe die Erde dann zurück an den alten Platz. Dann wird das Kind wieder gesund werden." Die Polin hielt sich an diese Anweisung. Tatsächlich wurde das Kind gesund. Das Kind hat sich aber merkwürdig entwickelt. Es ist sehr streitsüchtig, jähzornig, leidet unter schweren sexuellen Verfehlungen und richtet in der eigenen Familie viel Streit und Zwietracht an.

B 394 Ein Mann berichtete in der Seelsorge über schwere Anfechtungen in seiner Gedankenwelt. In seiner Jugend hat er Sodomie (Unzucht mit Tieren) getrieben. Er empfand auch oft sexuelle Lästergedanken gegen Christus. Dieser Mann hat bei einer Evangelisation eine Bekehrung erlebt. Er wurde aber von all diesen Störungen nicht frei. Ich erklärte ihm, daß ich solche Symptome als Folgen von Zaubereisünden kenne. Er gab das zu und erzählte: „Ich ließ mir beim Militär die Handlinien lesen. Später war ich auch bei Kartenlegerinnen und bei Pendlern. Mein Großvater war ebenfalls ein Mann, der magisch belastet war. In der Walpurgisnacht stellte er den Besen senkrecht nach oben, um die Hexen abzuwehren." Ich zeigte dann dem Mann den Weg der Befreiung und betete auch ein Lossagegebet mit ihm, da er ja bereit war, Jesus nachzufolgen.

B 395 Ein geistig hochstehender Mann kam zur seelsorgerlichen Aussprache. Er berichtete von seiner Mutter, daß sie Zauberei trieb. Die Mutter hat manchmal im Zorn erklärt: „Ich gehe freiwillig in den Feuersee. Gott muß mich gar nicht dahinsenden. Diese Chance gebe ich ihm nicht." Der Sohn, der über die Tätigkeit seiner Mutter einen Abscheu hatte, suchte den Weg zu Christus, um aus diesem Teufelskreis frei zu kommen. Von diesem Zeitpunkt an setzten furchtbare Kämpfe ein. In jähzornigen Anwandlungen zerbrach er das Geschirr der Küche. Er schlug Frau und Kinder, so daß sie angstvoll vor ihm flüchteten. Das alles war vorher nicht der Fall. Dieses Verhalten trat erst auf, als er sich Jesus auslieferte.

Solche Beispiele sollen nicht zeigen, daß etwa der Teufel stärker sei als Christus. Der Teufel ist nur ein ernst zu nehmender Feind. Die Tatsache bleibt bestehen, daß Christus am Kreuz auf Golgatha ihn besiegt hat. Wenn wir alle Hilfsmittel und Möglichkeiten in Anspruch nehmen, die uns in der Bibel gezeigt sind, dann gibt es eine ganze Befreiung. Wir werden später noch davon hören.

Störung des seelischen Gleichgewichts

Auf dem Gebiet der psychischen Konflikte gibt es viele Ursachen. Vor Jahren wurde ich einmal von dem bekannten Rundfunkevangelisten Akira Hartori in Tokio eingeladen, vor einem Pfarrkonvent über die Depressionen zu sprechen. Ich zeigte im Vortrag etwa 20 verschiedene Ursachen der Depressionen auf. Nur eine Ursache aus den 20 Formen hat okkulten Charakter. Wer nicht den medizinischen Formenkreis der seelischen Erkrankungen kennt, ist in einer großen Gefahr, falsche Diagnosen zu stellen und dann auch eine falsche Therapie einzuleiten. Hier in diesem Kapitel geht es nur um die psychischen Störungen, die okkult bedingt sind und nicht etwa um den Komplex der ererbten, erworbenen oder organisch bedingten seelischen Störungen.

B 396 Eine Frau in einer europäischen Hafenstadt berichtete aus ihrer Familie. Ihre Schwester nahm als Mädchen an spiritistischen Sitzungen teil. Sie selbst weigerte sich. Das Medium in der Séance war so stark, daß es nur an den Tisch dachte, ohne ihn zu berühren. Der Tisch bewegte sich und gab Klopfzeichen. Die Schwester, die an diesen Sitzungen teilnahm, hat heute eine Zwangsneurose. Sie hört Stimmen und spricht mit ihnen. Die Stimmen geben ihr Befehle, die die Kranke ausführt. Diese spiritistisch belastete Schwester treibt ihre gesunde Schwester fast zum Wahnsinn.

Natürlich wird der Psychiater das Stimmenhören als ein schizophrenes Syndrom ansehen. Es gibt aber auch Stimmenhören mit einem spiritistischen Hintergrund.

B 397 Während einer Evangelisation in Edmonton (Kanada) kam eine gläubige Frau zur Seelsorge. Sie gab mir die Erlaubnis, ohne Namensnennung ihren Bericht zu veröffentlichen. Diese gläubige Frau wachte eines Morgens auf und sagte ihrer Schwester:

„Ich sah dich mit deinen Freunden zusammen Auto fahren. Ihr hattet einen Unfall. Du bist unter den Toten gewesen." Acht Tage später erfolgte dieser Unfall. Drei Mädchen und ein junger Mann, alle vier gläubig, Mitglieder des EC (Jugendbund für entschiedenes Christentum) in Edmonton, wurden von einem Lastwagen gerammt. Der Lastwagenfahrer hatte die Schuld. Alle vier jungen Leute waren tot, auch die Schwester der Berichterstatterin.

Ich sagte der berichtenden Frau, daß solche Wahrträume oft aus der Zauberei der Vorfahren kommen oder aus dem Besprechen. Sie gab zu, daß sie einmal ihre Warzen habe besprechen lassen. Seit dieser Zeit litt sie auch unter Depressionen, die sie aber im Glauben an Christus und durch das Gebet überwinden durfte.

B 398 Ein junger Mann kam zur Seelsorge und klagte über Depressionen, Selbstmordgedanken und Mangel an Entschlußkraft. Er sei oft auch zur Arbeit kaum fähig. Er fühlte sich wie gelähmt. Die Familiengeschichte ergab ein sehr trübes Bild. Die Großtante, die in der Familie lebte, betrieb das Pendeln. Diese Frau pendelte für alle Glieder der Familie. Sie pendelte über dem täglichen Essen. Sie pendelte über den Tagesproblemen, sie pendelte über den Zukunftsfragen, sie pendelte vor allen Entscheidungen. Der Erfolg war, daß das ganze Familienleben gestört war. Sowohl die Kinder als auch die Eltern litten unter Depressionen und erlebten allerlei Entgleisungen.

Ich besitze einige hundert Beispiele über Pendler und Rutengänger, und zwar alle mit einem negativen Akzent. Ich kann die Theologen und Reichgottesarbeiter, die Rutengehen und Pendeln verharmlosen, nicht begreifen.

B 399 Eine junge Frau, 34 Jahre alt, kam zur Seelsorge. Sie berichtete, daß ihre Urgroßmutter Besprecherin und Kartenlegerin gewesen war. Alle vier Generationen sind depressiv veranlagt und haben extreme Neigungen.

Natürlich wird ein Psychiater eventuell von einem manisch depressiven Irresein sprechen, das oft durch vier Generationen sich hindurchzieht. Das manisch depressive Irresein hat eine andere Charakteristik als die Depressionen, die durch Zaubereisünden entstehen.

B 400 Eine gläubige Krankenschwester kam zur Aussprache. Sie berichtete, daß sie charakterliche Nöte habe. Sie höre Stimmen, leide unter Depressionen und habe Schlafstörungen. Und das alles, obwohl sie die Bibel liest und betet und sich zur Gemeinde Jesu hält. Die Anamnese (Krankheitsgeschichte) ergab, daß sie als 10jähriges Mädchen gegen Geschwüre besprochen worden war.

B 401 Ein Theologiestudent mit einer Zwangsneurose kam zur Seelsorge. Vater und Mutter sind gläubig. Seine Großmutter war aktive Besprecherin. Der Junge hat Zwangsvorstellungen mit einem ausgesprochenen Wiederholungszwang. Einmal leistete er sich einen Aprilscherz. Vier Jahre später ging er dann von Haus zu Haus und bat die Leute um Verzeihung für diesen Scherz. Er weiß selbst, daß er unsinnige Dinge treibt. Aber dieser Zwang vom Unbewußten her ist stärker als sein bewußter Wille.

B 402 Ich hatte vor 36 Jahren ein interessantes Erlebnis. Ich machte Dr. Lechler, der damals noch der Leiter der „Hohen Mark“ war, darauf aufmerksam, daß etwa 50% der Zwangsneurotiker, die ich in die Seelsorge bekam, einen spiritistischen oder magischen Hintergrund hatten. Dr. Lechler konnte sich nicht dazu äußern, weil er bei der Erstellung der Krankengeschichte nicht nach okkulten Beziehungen fragte. Er führte aber diesen Punkt in seine Anamnese ein. Viele Jahre später, es waren wohl ca. 15 Jahre, schrieb er mir, er könne meine Beobachtungen bestätigen, daß gut die Hälfte der Zwangsneurotiker Vorfahren haben, die sich mit Zaubereisünden belastet haben.

Es muß an dieser Stelle noch einmal davor gewarnt werden, alle seelischen Erkrankungen auf den okkulten Nenner zu bringen. Nur ein kleiner Prozentsatz der seelischen Erkrankungen hat okkulte Wurzeln. Die anderen Formen der psychischen Störungen müssen vom Psychotherapeuten oder vom Psychiater behandelt werden. Es ist aber oft schwer, die beiden Gebiete auseinanderzuhalten, ob es sich um ein religiös-geistliches Problem handelt oder um ein medizinisches Faktum. Wir dürfen bei diesen vielen Beispielen nicht einen okkulten Spleen bekommen oder sogar in eine okkulte Neurose verfallen. Auch das gibt es. Ich werde manches Mal von Menschen geplagt, die alle absonderlichen Dinge ihres Lebens auf die okkulte Ebene schieben wollen. Das ist auch eine Form von Wahnvorstellungen. Ich warne vor dem okkulten Gebiet, will aber nicht okkulte Wahnvorstellungen hervorrufen.

Meine Gegner werden an dieser Stelle einhaken. Was tut's? Das Problem des Okkulten wird sowohl in der Theologie als auch in der Psychiatrie und Psychologie derartig vernachlässigt, daß es ja einen geben muß, der eine warnende Stimme erhebt; auch wenn man ihn darüber boykottiert.

Nährboden für Geisteskrankheiten

Es wird hier ausdrücklich betont, daß die okkulten Praktiken nicht als die Ursache der Geisteskrankheiten angesehen werden, sie sind aber der Nährboden, das geistliche Milieu, das geistliche Klima, in dem Geisteskrankheiten leicht entstehen können. Dann gibt es außerdem innerhalb des Spiritismus Erkrankungen, zum Beispiel die mediumistische Psychose, die den echten Geisteskrankheiten sehr ähnlich sind. Ich will den Sachverhalt durch einige Beispiele klären.

B 403 Ein Missionar und seine Frau kamen zu mir, um sich beraten zu lassen. Der leibliche Bruder des Missionars hört Stimmen und hat Zwangsvorstellungen. Die ärztliche Diagnose lautet auf Schizophrenie. Die Familiengeschichte weist aus, daß sowohl der Großvater als auch der Urgroßvater Besprecher waren. Auch hier wird betont, daß das Besprechen nicht die Ursache der Geisteskrankheit ist, aber die Voraussetzung, der Nährboden, auf dem sich Geisteskrankheiten leicht entwickeln können.

B 404 In Blumenau kam ein Mann zur Seelsorge. Er erzählte, daß er unter Zwangsantrieben leide. Oft höre er eine Stimme: „Bring deine Frau um." Dann wieder heißt es: „Nimm dir das Leben." Auf Befragen gab er Auskunft, daß seine Mutter das spiritistische Tischrücken praktizierte. Der Berichterstatter erzählte auch, daß alle seine Kinder nicht normal seien. Im Alter von 10, 12 und 15 Jahren sind sie noch nicht frei vom Bettnässen und anderen unnormalen Dingen.

B 405 In England kam ein Arzt zu mir in die Seelsorge. Er hatte einen Nervenzusammenbruch erlitten und mußte im Beruf aussetzen. Eine psychiatrische Klinik verpaßte ihm neun Schocks. Beim Erstellen der Krankengeschichte erfuhr ich, daß der Vater Freimaurer war und zugleich Spiritist. Die Mutter war Wahrsagerin und spiritistische Heilerin. Es ist eigentlich normal, daß aus einer solchen Ehe Menschen kommen, die schwer belastet sind. Das war bei dem Arzt der Fall.

B 406 In England berichtete mir ein anglikanischer Pfarrer über seinen leiblichen Bruder. Sein Bruder hatte vor Jahren eine Erkrankung des Knies. Die Ärzte, die ihn untersuchten, meinten, es sei eine Tuberkulose. Der Pendler, der daraufhin zu Rate gezogen wurde, sagte: „Nein, es ist keine Tuberkulose." Wie konnte der Pendler die Diagnose feststellen? Auf dem Tisch des Pendlers lag ein Blatt mit einem Verzeichnis der verschiedenen Bazillen und Bakterien. Darauf legte der Pendler seine linke Hand. Auf der rechten Seite des Tisches stand ein Transistor mit einer Elektrode und einem dazwischengeschalteten Meßgerät. Der Pendler legte die rechte Hand darauf. Er konzentrierte sich dann in seinem Geist auf den Patienten, der sich im Raum befand und fuhr dann mit der linken Hand die Bazillentabelle herunter. Der Transistor gibt bei der richtigen Erkrankung den höchsten Ausschlag. Auf diese Weise konnte der Bruder des anglikanischen Priesters geheilt werden. Zwei Jahre nach der Heilung geriet dieser geheilte Mann in den religiösen Wahnsinn. Pendeldiagnose und Pendelheilungen gehören in das Gebiet der okkulten Praktiken.

B 407 Eine Frau kam in die Seelsorge und klagte über ihre zerrüttete Familie und Ehe. Ihr Mann kann manchmal toben und brüllen wie ein Stier, dann ist er wieder völlig vernünftig und normal. Er war schon einmal in der Nervenheilanstalt. Der Großvater dieses tobsüchtigen Ehemannes war aktiver Besprecher.

B 408 In Kanada kam eine Spiritistin zur Aussprache. Sie berichtete, daß ihre Großmutter Spiritistin gewesen sei, und sie selbst, also meine Berichterstatterin, sei ein spiritistisches Medium. Sie gab zu, daß alle vier Enkel dieser spiritistischen Großmutter geistig nicht normal sind. Dieses spiritistische Medium kam deshalb zu mir, weil sie gegen meinen Heilungsvortrag protestieren wollte. Ich hatte im Vortrag erklärt, daß spiritistische Heilungen zugleich Belastungen darstellen. Sie widersprach dieser Äußerung und erzählte dann selbst, daß sie durch einen spiritistischen Heiler geheilt worden sei. Sie berichtete ferner, daß sie die Fähigkeit habe, mit guten Geistern zu verkehren. Sie könne sie hören und spüren und ihre Gegenwart merken. Manchmal würden sich allerdings auch ungute Geister einmischen, die sie dann durchs Gebet verjagen könne. Damit war meine Vermutung schon bestätigt. Diese Frau stand bereits in einer mediumistischen Psychose.

Ich anerkenne durchaus die Behandlung durch Psychiater, wenn es sich um eine genuine Geisteskrankheit handelt. Es gibt verschiedene Therapieformen. Die Pharmazie hat eine Reihe von wirksamen Medikamenten entwickelt. Dann kann in schweren Fällen eine Schocktherapie eingeleitet werden oder eine Schlafkur. In den USA verspricht man sich sehr viel von einer Wasserkur, bei der der Patient in einem Schwimmbecken die Haltung eines Embryo im Mutterleibe nachahmt. Bei Geisteskrankheiten, die in dem Milieu der Zaubereisünden der Vorfahren entstanden sind diese Behandlungsformen wirkungslos. Man muß einfach zwischen den medizinischen Problemen und den biblisch-religiös-geistlichen Problemen unterscheiden.

Belastung der Nachkommen

In den bereits ausgeführten Beispielen wird häufig deutlich, daß die Besprecher, Spiritisten, die Magier ihre Nachkommen bis in das 3. und 4. Glied belasten. Das entspricht auch dem 1. Gebot: „... der da heimsucht der Väter Missetat an den Kindern bis in das dritte und vierte Glied derer, die mich hassen." Zur Erläuterung will ich nur noch wenige Beispiele hinzufügen.

B 409 Bei einer Missionsreise durch Thailand begleitete mich Missionar Pretel, der später bei einem Autounfall ums Leben kam. Von diesem Missionar Pretel stammt folgender Bericht. In einer Missionsgemeinde bekehrte sich ein junger Thai, der sehr begabt war. Die Mission brachte die Mittel zusammen, um ihn in die USA auf eine Bibelschule zu schicken. Er wurde Pastor, kam zurück, und man vertraute ihm eine Gemeinde an. Dieser Pastor ist aber derartig entgleist, daß er seinen Beruf aufzugeben hatte. Hintergrund dieser Geschichte ist die Tatsache, daß sein Vater von einem spiritistischen Heiler vorher geheilt worden war.

B 410 Bei einer Vortragstour in Brasilien kam ein Pfarrer nicht zu einer seelsorgerlichen Aussprache, sondern zu einer Diskussion zu mir. Ich hatte in meinem Vortrag das Pendeln abgelehnt. Dieser Pfarrer war aber ein Pendler. Er gab zu, daß das Pendeln die nervliche Kraft eines Menschen aufbrauchen könne, wenn man es übertreibe. Er hielt es aber doch für eine Gabe Gottes. Die Tochter des Pfarrers ist geistig umnachtet. Der Vater selbst erklärte, seine Tochter wäre der Ausgleich dafür, daß er mit seinem Pendeln andern helfen könne. Man müsse dabei immer einen eigenen Tribut entrichten, und das wäre in diesem Fall die Geisteskrankheit der Tochter. Eine seltsame Theologie. Es wäre besser gewesen, dieser Pfarrer würde das erste Gebot studieren.

B 411 Bei einer Vortragstour in der Provinz Santa Catarina in Brasilien kam eine Heilsarmeeoffizierin zur seelsorgerlichen Aussprache. Sie ist medial veranlagt und erlebt schwere Angriffe während der Nacht und beim Beten und Bibellesen. Da ich in meinen Vorträgen Beispiele brachte, die in ihrer eigenen Familie sich in gleicher Weise ereigneten, hatte sie Vertrauen zu mir. Bei der Aufstellung der Krankengeschichte kam folgendes zum Vorschein. Ihre Großmutter und ihre Mutter sind aktive Spiritisten. Der Bruder der Mutter nahm sich das Leben. Der Vater wurde bei einer Explosion getötet. Ihr eigener Mann fand bei einem Autounfall den Tod. Ihr ältester Sohn hatte ebenfalls einen tödlichen Unfall.

Dieses Beispiel zeigt uns in mehrfacher Hinsicht, wie es in spiritistischen Familien aussieht. Unfälle, Selbstmordfälle, Geisteskrankheiten und schwerste Attacken von seiten der Finsternis. Wenn die spiritistische Großmutter gewußt hätte, was sie mit ihrem Spiritismus anrichtete, hätte sie vielleicht darauf verzichtet. Die Häufung von Unfällen und auch die Häufung von Selbstmordfällen ist ein bekanntes Phänomen im Bereich des Okkultismus. Das wird in den folgenden Kapiteln noch deutlicher.

Häufung von Selbstmordfällen

B 412 Bei einer Vortragsreihe in Hamburg kam ein Mann zur seelsorgerlichen Aussprache. Er berichtete folgendes. Sowohl seine Mutter als auch ihre Schwester haben Selbstmordversuche unternommen. Der Großvater war Besprecher. Er endete im

Selbstmord, genau wie sein Bruder. Die Bilanz dieser Familie: zwei Selbstmorde und zwei Selbstmordversuche. Ferner sind die Familienmitglieder dieser Sippe dafür bekannt, daß sie harte, selbstgerechte, egoistische Naturen sind, die keinen Kontakt haben zur Umwelt und natürlich auch keine Bindungen an das Wort Gottes und an Christus.

B 413 Bei einer Vortragsreihe durch Südafrika kam eine Frau zur seelsorgerlichen Unterredung. Ihre Mutter war eine Kartenlegerin. Der Vater nahm sich das Leben. Ihr Bruder bereitete sich das gleiche Schicksal, also ebenfalls Selbstmord. Ihre Schwester ist eine Missionarin, aber eine Frau, die seelisch völlig aus den Fugen ist. Sie ist an die lesbische Liebe gebunden, hat Depressionen und ist unfähig, die Bibel zu lesen und zu beten trotz ihres missionarischen Dienstes.

B 414 Vor vielen Jahren hatte ich zwei Vorträge an der Volkshochschule Geesthacht im Gebiet Schleswig-Holstein. Der damalige Leiter der Volkshochschule, Dr. Rieck, sagte mir, daß dieses Gebiet im Blick auf Selbstmorde an erster Stelle in Deutschland stehen würde. Mich wundert das nicht, weil Schleswig-Holstein gleichzeitig dafür bekannt ist, daß es zusammen mit der Lüneburger Heide die meisten Besprecher vom ganzen Bundesgebiet hat.

Spukphänomene als Auswirkung von Zaubereisünden

B 415 Eine Abiturientin wurde gläubig. Ihr Vater ist vor einem Jahr ungläubig gestorben. Nach einigen Monaten tauchte der Vater in Wachvisionen auf. Er sprach mit seiner Tochter. Sie konnte ihn sehen. Die Erscheinungen wurden immer häufiger. Der Vater nahm immer finsterere Gesichtszüge an. Schließlich forderte er seine Tochter zum Selbstmord auf. Die Tochter ist bei diesen Besuchen wie gelähmt. Sie kann nicht beten, sich nicht rühren, kann nicht einmal an Jesus denken.

Eine Vikarin nahm das Mädchen zu einem kritischen Psychiater, den ich sehr gut kenne. Bevor er das Mädchen selbst gesprochen hatte, erklärte er: „Das sind Halluzinationen und Wahnvorstellungen.“ Als er das Mädchen gesprochen hatte, erklärte er: „Es liegt nichts Krankhaftes vor, Sie müssen zu einem Seelsorger.“ Um sicherzugehen, nahm die Vikarin das Mädchen noch zu dem damals bekanntesten Psychiater Deutschlands, Dr. Lechler. Auch er stellte die Diagnose, daß keine Geisteskrankheit vorliege, sondern daß das Mädchen tatsächlich durch spiritistische Dinge geplagt werde, und versuchte dem Mädchen seelsorgerlich zu helfen. Dr. Lechler war ja nicht nur Psychiater, er war auch ein geistlicher Vater und Seelsorger.

B 416 Eine Frau litt unter Alpdrücken. Besonders schlimm waren diese Zustände immer nachts zwischen 12.00 und 1.00 Uhr. Bei ihren merkwürdigen Anfechtungen hatte sie oft das Gefühl, es würde jemand ins Zimmer kommen. Sie beobachtete, wie eine graugrüne Masse sich ihrem Bett näherte und sie an der Hand berührte.

Diese Erscheinung wiederholte sich oft bei völligem Wachzustand. Die Familiengeschichte und die persönliche Lebensgeschichte ergibt folgenden Anhaltspunkt. Die Tante war Kartenlegerin, Wahrsagerin und Spiritistin. Sie hatte der Nichte, unserer Berichterstatterin, das Kartenlegen beigebracht. Außer der Kartenlegerei betrieb die Angefochtene noch das Tischrücken, die Handlinienleserei und noch andere Formen der Mantik.

B 417 Ein Mädchen wurde um einer Krankheit willen bependelt. Ferner ließ sie sich von einer Wahrsagerin die Zukunft voraussagen. Nach diesen beiden okkulten Beratungen erlebte sie plötzlich nachts in ihrem Zimmer verschiedene Spukerscheinungen, die Nacht für Nacht anhielten. Da das Mädchen eine christliche Einstellung besaß, betete sie oft darum, daß Gott den Spuk vertreiben möchte, tatsächlich ließ der Spuk nach. Waren ursprünglich die Spukerlebnisse unmittelbar um ihr Bett herum, so zogen sich beim Beten die seltsamen Geräusche zurück, zum Fenster hin. Schließlich hörte das Mädchen das Röcheln eines Sterbenden vor dem Fenster.

B 418 Ein Diakonissenhaus rief mich um Hilfe an. Eine Jungschwester kam nachts nicht zur Ruhe und konnte nicht schlafen. Die Möbel, vor allem der Tisch, tanzten im Zimmer umher. Meine Antwort war: „Wenn keine Halluzinationen vorliegen, dann kommt Spiritismus in Frage." Es kam vom Diakonissenhaus die Bestätigung, daß der Vater des Mädchens jahrelang das spiritistische Tischrücken geübt habe. Die Tochter war also medial und wurde von diesen finsteren Mächten als Medium benützt. Die Parapsychologen würden wieder sagen, das sind Spukerscheinungen in Gegenwart eines pubertierenden Jugendlichen. Als ob damit das Problem gelöst wäre. Die Schwestern des Diakonissenhauses haben das Richtige getan. Sie bildeten in dem betreffenden Schwesternzimmer einen Gebetskreis, und sowohl die Jungschwester als auch das Zimmer wurde von den Spukereignissen frei.

Häufung von Krankheiten

Menschen, die in der Fluchlinie der Zaubersünden stehen, sind häufig von Erkrankungen aller Art geplagt. Man muß sich aber auch hier vor Kurzschlüssen hüten und nicht einfach unerklärliche Krankheiten auf okkulte Wurzeln zurückführen wollen. Es ist in jedem Fall erforderlich, daß ein Vollmediziner um seine Diagnose und Behandlung gebeten wird. Man darf auf keinen Fall in einen okkulten oder hysterischen Krankheitswahn verfallen. Wenn die Arbeit des Arztes getan ist, bleibt für den Seelsorger immer noch ein großes Gebiet übrig.

B 419 In Brasilien hatte ich die meisten Aussprachen mit spiritistisch belasteten Menschen. Das hängt damit zusammen, daß Brasilien eine Hochburg des Weltspiritismus darstellt. Im Gebiet von Ponta Grossa kam eine Frau zur Seelsorge. Sie war 18 Jahre lang Glied eines spiritistischen Zirkels gewesen. Dann löste sie sich, weil sie voller Unfriede war und Christus suchen wollte. Seit dieser Umkehr leidet sie unter Schlafstörungen, Depressionen und kann keinen Frieden finden. Bei der Beichte kam auch zum Vorschein, daß sie einen Himmelsbrief besaß und als Kind gegen eine Krankheit besprochen worden war. Neben all den seelischen Störungen hatte sie eine unerklärliche Hautkrankheit, die von keinem Hautspezialisten geheilt werden konnte.

Es ist eine häufige Beobachtung, daß okkult belastete Menschen unter Hauterkrankungen leiden. Dazu ein Beispiel.

B 420 In einer Stadt in Santa Catarina (Brasilien) brachte ein

Ehepaar seinen Jungen, der an einer Sklerodaktylie litt. Seine Finger standen in Klauenstellung. Die Haut der Hand wurde spröde, hart und fiel langsam ab. Die Handmuskulatur war mit befallen. Sogar die Knochen wurden atrophisch. Da die Eltern meine Vorträge gehört hatten, dachten sie, ich könnte ihnen irgendeinen Rat geben. Ich fragte nach der Vorgeschichte der Familie und hörte, daß die Großmütter in beiden Linien Besprecherinnen waren. Natürlich werden die Mediziner, die nichts von geistlichen Vorgängen wissen, über einen solchen Zusammenhang lachen. Und doch findet man es häufig, daß unheilbare Hautkrankheiten in Familien auftreten, wo die Vorfahren Zauberei getrieben haben.

B 421 Ein weiteres Beispiel zeigt den Charakter einer hysterischen oder medialen Erkrankung. Eine Frau kam zur Aussprache. Sie hatte eine Krankheit nach der anderen. Zuerst eine Lungenentzündung, dann eine Nierenbeckenentzündung, dann setzte eine Zwangsneurose ein. Sie war schließlich soweit, daß sie praktisch das ganze medizinische Lehrbuch durchmachte. Ihre Geschichte ergab das Bild einer hysterischen oder auch einer medialen Erkrankung. Die Vorgeschichte zeigte, daß die Großmutter Kartenlegerin war und auch ihre Kinder und Enkel besprechen ließ. In einem solchen Fall gibt es keine Befreiung durch die Medizin. Das ist ein geistliches Problem.

B 422 Bei meinem Aufenthalt auf den Fidschiinseln kam eine Frau zur Aussprache. Es war keine Insulanerin, sondern eine europäische Siedlerin. Diese Frau hatte häufig Anfälle einer völligen Starrheit. Es ist bereits ein solches Beispiel berichtet worden, daß Menschen steif wie ein Brett werden, wenn sie etwa die Bibel zur Hand nehmen wollen, oder wenn sie beten wollen. Sie ließ sich ärztlich betreuen. Der Arzt fand aber keine Ursachen. Es war nach seiner Meinung organisch alles in Ordnung. Ich erzählte der Frau einige Beispiele, wie ich sie in Ostasien und auch in Afrika vorfand, daß Menschen manchmal eine Art kataleptische Anfälle erleben, wenn sie unter dem Bann von Zaubereisünden der Vorfahren stehen. Ich fragte die Frau, ob ihr Vater, ihre Mutter oder sie selbst solche Dinge getrieben haben. Sie verneinte. Auf dem Heimweg sagte sie zu der Frau, die meine Gastgeberin war, sie habe als kleines Mädchen das Tischrücken mitgemacht. Sie maß aber diesem Vorgang keine Bedeutung bei. Und doch liegen da die Zusammenhänge.

B 423 Eine junge Frau litt unter merkwürdigen epileptischen Anfällen. Da der Hausarzt mit der Erkrankung nicht fertig wurde, wies er die Patientin in eine Universitätsklinik ein. In dieser Klinik stellte man fest, daß die Frau eine sehr seltene Form der Epilepsie hat, und zwar die sogenannte Myoklone-Epilepsie. Da sie der einzige Fall dieser Art in der Klinik ist, wird sie als Versuchsperson genommen. Sie wurde aufgefordert, sich in gewissen Zeitabständen zu melden, um einige Medikamente ausprobieren zu können. Die Behandlung ist kostenlos. Sie erzählte in der seelsorgerlichen Aussprache, daß sie schon im Mutterleib besprochen worden sei. Ihre Mutter wollte sie durchs Besprechen abtreiben. Sie suchte nun den Weg zu Christus, da ihr ärztlich nicht geholfen werden konnte.

Wir schließen damit den Rundgang durch das Gebiet der Auswirkungen der okkulten Belastungen. Ich rate nicht dazu, dieses Buch durchzulesen wie einen schauerlichen Krimi. Es ist nur eine Art Nachschlagwerk, eine Information für bestimmte Gebiete. Ich verweise auf meine diesbezüglichen Ausführungen im Vorwort dieses Buches. Meine Gegner werden mich nun fragen wollen: „Warum schreibst du überhaupt solche Bücher?" Ich antworte gern. Es können ja nur Männer über diese Gebiete schreiben, die über eine genügende Erfahrung verfügen. Vielleicht verstehen die gläubigen Christen, welche Kämpfe es kostet, wenn man in einer 54jährigen seelsorgerlichen Arbeit rund 20000 furchtbare Beispiele in der Seelsorge erlebt hat. Das hält normalerweise kein Mensch, auch nicht mit dem stärksten Nervensystem durch. Es ist ein Wunder der bewahrenden Gnade Gottes, daß der Teufel mich nicht schon längst umgebracht hat. Und ich bitte an dieser Stelle wiederum alle gläubigen Christen um eine ernsthafte Fürbitte für meine Familie, meine Arbeit und mich selbst.

Schließen wir aber doch das Kapitel über die Auswirkungen mit einem positiven Beispiel.

B 424 Vor einigen Jahren kam eine junge Frau in die seelsorgerliche Aussprache. Sie war von den Füßen bis zum Kopf mit einer fürchterlichen Hautkrankheit bedeckt. Ich fragte sie: „Wie konnten Sie in einem solchen Zustand heiraten?" Sie antwortete: „Diese Hautkrankheit geht mitunter einige Monate weg, und dann kommt sie wieder.“ Sie hat bereits Tausende von Mark für Hautärzte ausgegeben, aber keiner konnte ihr helfen. Ganz beiläufig fragte ich, ob in ihrer Vorfahrenreihe Zauberei läge. Sie bejahte. Ihr Großvater war ein Viehbesprecher und Krankheitsbanner. Ihr Vater hat dies von ihrem Großvater gelernt und das ebenfalls seit Jahren praktiziert. Und sie hat nun eine fürchterliche Hauterkrankung, mit der sie sich nun schon seit Jahren verzweifelt abquält. Ich zeigte der jungen Frau den Weg zu Jesus. Ihr schweres Los ging mir ans Herz. Mir kam in den Sinn, ob ich nicht mit der jungen Frau nach Jakobus 5,14 beten sollte. Ich hatte zwar Hemmungen, weil ja ihre Erkrankung eine Auswirkung von Zaubereisünden der Vorfahren war. Ich fragte einen gläubigen Pastor, einen Freund von mir, wie er darüber denke. Er hatte den Mut und die Freudigkeit zu diesem Dienst, jedoch nur im Blick auf ihre Erkrankung, nicht im Blick auf ihre okkulte Belastung. Wir hatten uns beide unter den Schutz Jesu gestellt und dann mit der Frau unter Handauflegung für diese gefährliche Hauterkrankung gebetet. Ich verließ dann den Ort. 18 Monate später traf ich den Pastor wieder und fragte ihn, wie es der jungen Frau gehe. Er antwortete freudestrahlend, seit jener Seelsorge mit Gebet unter Handauflegung sei sie von dieser furchtbaren Krankheit frei. Die Frau folgt seither Jesus nach. Das ist ein Triumph der Gnade Gottes. Hier hat Jesus ein Zeichen seines Sieges aufgerichtet. Wir sind nicht einfach unter die Herrschaft Satans verkauft. Es gibt eine Stelle, wo wir im Namen Jesu den Sieg erlangen können. Wir werden ja noch mehr solche Beispiele in den beiden folgenden Kapiteln über die Befreiung und im Schlußkapitel lesen.

C. BEFREIUNG

Wir kommen nun zu dem wichtigsten Punkt der Seelsorge. Wie kommen okkult Belastete oder gar dämonisierte Menschen los? Wenn es keine Befreiung und Lösen aus okkulten Belastungen gäbe, hätte ich das ganze Buch nicht geschrieben. Ich wünsche mir nur, daß der Heilige Geist mir Weisheit schenkt und meine Niederschrift inspiriert, so daß der Leser tatsächlich die Freudigkeit bekommt, den Weg der Befreiung zu suchen und zu finden.

Wer die Beispiele in dem Großen Teil A und B mit den Beispielen C und D vergleicht, der wird feststellen, daß die Beispiele mit okkulten Belastungen in großer Überzahl sind. Man wird mir entgegenhalten wollen: Warum bringst du nicht mehr Beispiele, die die Lösungen und Befreiungen verkünden? Ich habe zwei Antworten.

1. Viele von den Menschen, deren Belastungen in Kapitel A und B berichtet sind, sind ja frei geworden.
2. Die Zahl der Befreiungen ist immer kleiner als die Zahl der Belastungen. Jesus selbst sagt am Schluß der Bergpredigt: Viele sind's, die den breiten Weg gehen, und nur wenige sind's, die den schmalen Weg finden. Das Heil, die Rettung, die Befreiung durch Christus ist allen angeboten. Aber es sind nur wenige, die die ausgestreckte Hand des Herrn im Glauben ergreifen.

Das ist kein Grund zur Entmutigung. Wir wissen vom Sieg. Wir wissen, daß Gott alle Feinde seines Sohnes zum Schemel seiner Füße legen wird. Darum sind wir getrost, wenn es in der Welt auch noch so dunkel und dämonisch aussieht.

Gleichsam zum Auftakt für dieses Kapitel hat der Herr mir am Tag, da ich dieses Kapitel niederschrieb, eine wundervolle Erfahrung geschenkt, die berichtet werden soll.

B 425 Es kam eine Frau zur Seelsorge. Sie stammt aus dem Osten aus einem Gebiet, wo es keine Ärzte gab, sondern nur magische Besprecher. Sie hat eine Vielzahl der Belastungen in ihrem Leben gehabt, da sie als kleines Kind von ihren Eltern zu den Besprechern gebracht worden war. Bei einer meiner letzten Evangelisationen war sie zur Aussprache gekommen. Sie hatte gebeichtet, ihr Leben erneut dem Herrn Jesus ausgeliefert und hat dort im Glauben die

Befreiung erfaßt. Nach wenigen Monaten, kam sie wieder, um mir zu berichten, daß sich in ihrem Leben alles verändert hat. Hier sehen wir die Macht Jesu, nicht etwa die Routine eines Evangelisten.

In diesem Teil C des Buches will ich ein doppeltes Zeugnis aufrichten: erstens einmal ein Zeugnis gegen die Blindheit vieler Reichgottesarbeiter. Ich weise auf das Vorwort hin und auf die Aussage von Bruder Gilgen, daß es in der Schweiz keinen Okkultismus gäbe. Solche Reichgottesarbeiter sind mir auf allen Kontinenten in großer Zahl begegnet. Bei meinen verschiedenen Evangelisationen in Vancouver (Kanada) erzählte mir Bruder Gebauer von den vielen Seelsorgefällen mit okkult belasteten Menschen in Vancouver. Ein Pfarrer einer anderen Kirche, ein Pfarrer Dr. S., erklärte dagegen, so etwas gibt es in Vancouver nicht. Ein anderes Beispiel, das mich geradezu erschütterte, erlebte ich wiederum in einer kanadischen Stadt. Die Kirchenältesten einer lutherischen Kirche baten mich, auch in ihrer Kirche zu sprechen. Ich antwortete ihnen: „Es ist nur möglich, wenn ich auch von dem betreffenden Pastor eingeladen werde." Die Brüder berieten sich mit ihrem Pastor, kamen zurück und gaben mir die Antwort ihres Pfarrers: „Wir brauchen die Vorträge von Dr. Koch nicht, denn wir haben nichts Derartiges in unserer Gemeinde." Unter den Ältesten war dann einer, der mit einem bitteren Sarkasmus bemerkte: „Und dabei betreibt unsere Pfarrfrau mit dem Frauenkreis das spiritistische Tischrücken, und die Organistin steckt in der Astrologie." Blindheit über Blindheit! Ich habe aber noch Schlimmeres erlebt. Es war in einer Stadt, in der ich auch vor Jahren evangelisierte.

B 426 Eine Frau kam zur Seelsorge und erzählte, daß sie als junges Mädchen den inneren Zug hatte, sich dem Jugendbund für entschiedenes Christentum (EC) anzuschließen. Sie besuchte zunächst einige Versammlungen dieser Jugendgruppe. An einem Abend bekam sie das Nasenbluten. Da gab ihr der Leiter des EC ein Rezept. Sie mußte einen Zettel, auf dem ein Spruch aus dem 6. und 7. Buch Moses geschrieben war, sich unter die Zunge legen. Das Bluten hörte sofort auf. Als sich das Nasenbluten eines Tages wiederholte, probierte sie diesen Spruch noch einmal aus. Es funktionierte abermals. Die Frau sagte: „Seit dieser Zeit habe ich den inneren Drang zum Wort Gottes und zum Gebet verloren. Ich habe mich dann auch nicht dem EC angeschlossen. Ich hatte bisher angenommen, daß man beim EC weiß, was Zauberei ist. Ich bin aber maßlos enttäuscht worden."

B 427 Immer noch nicht genug. Eine junge Pfarrfrau ist in Ostpreußen aufgewachsen. Ihr Vater war ein Gemeinschaftsmann des ostpreußischen Gebetsbundes. Er hatte die Sitte, in der Nacht zum Ostermorgen das sogenannte Osterwasser zu holen, mit dem in vielen Gegenden Zauberei getrieben wird. Das Wasser muß aus einem fließenden Bach geholt werden. Man darf nichts dabei sprechen. Dieses Wasser wird benützt, um damit Kranke zu besprengen und Kinder zu segnen. Die Pfarrfrau übte das auch an ihren eigenen Kindern. Später stellte sie fest, daß alle ihre Kinder sich irgendwie unnormal entwickelten. Dieser Brauch, Osterwasser zu holen, gehört in das Gebiet der sogenannten Weißen Magie, der Zauberei. Daß ein Gemeinschaftsmann das nicht weiß, ist wiederum ein Zeichen einer schrecklichen Geistesverwirrung und mangelnder Aufklärung.

B 428 Ein Pfarrer ist Wünschelrutengänger. Er sucht mit seiner Rute Wasser. Er ist noch ein junger Mann, ist aber bereits furchtbar jähzornig und schlägt seine eigene Frau. Mit 38 Jahren bekam er bereits zwei Schlaganfälle. Sein sechsjähriges Kind ist nicht normal. Dieser Mann behauptet, seine Gabe wäre von Gott, und er müßte seiner Gemeinde damit dienen. Die seelsorgerliche Aussprache ergab, daß sein Großvater ein Viehbesprecher war. Und angesichts solcher Tatsachen innerhalb der Reichgottesarbeit soll ich keine Aufklärung treiben?

B 429 Die Oberin eines Diakonissenhauses übte immer das Toi-toi-toi. Der neue Anstaltspfarrer war ein gläubiger Mann und machte sie und die Schwestern auf diesen Aberglauben aufmerksam. Denn das Wort toi ist die mittelalterliche Abkürzung für Teufel. Die Oberin wurde fuchtig und erklärte: „Sie machen mir die Schwestern durcheinander." Sie ruhte nicht, bis dieser Anstaltspfarrer versetzt wurde.

B 430 Ein Beispiel aus Südafrika. Eine Missionarin fuhr mit vier Bantupastoren über Land. An einer Stelle verlangten die Pastoren, daß angehalten würde. Die Missionarin fragte nach dem Grund. Die Männer erklärten: „Hier ist das Grab eines Oberzauberers.

Wenn wir diesem Mann keine Verehrung erweisen, dann werden wir heute noch einen Unfall haben." Die Missionarin lehnte dieses Ansinnen ab. Aber die Pastoren bestanden darauf. Sie hielten an. Die Missionarin blieb im Auto, die vier Männer begaben sich zum Grab des Oberzauberers, verneigten sich und sprachen ein Gebet, dann fuhren sie weiter. Sie hatten dann tatsächlich eine Stunde später einen Autounfall. Die Bantupastoren klagten dann die Missionarin an: „Sie sind schuld an diesem Unfall, weil Sie sich geweigert haben, diesem Oberzauberer die gebührende Ehrerbietung zu erweisen."

Es gibt aber auch Männer, die diesen Ungeist der Zauberei erkannt haben. Ich berichte von einem alten, gläubigen Pfarrer im Werratal (Deutschland). Er kam eines Tages dahinter, daß ein Mann seiner Gemeinde Besprecher war. Er suchte ihn auf und wollte ihn zurechtweisen und ihn eventuell vom Abendmahl ausschließen. Der Besprecher erklärte ihm: „Herr Pfarrer, was wollen Sie eigentlich? Ich habe nicht nur alle Häuser und Familien des Dorfes besprochen, sondern auch die Dörfer der Umgebung." Daraufhin brachte der Pfarrer diesen Tatbestand im Kirchengemeinderat vor. Er meinte, es sollte etwas dagegen unternommen werden. Die Ältesten erklärten, daß sie selbst und ihre Familien von diesem Mann besprochen worden seien. Deshalb konnte der Pfarrer nichts unternehmen. Er sagte aber: „Bei der Beerdigung dieses Mannes will ich am Grab ein Zeugnis aufrichten gegen den Ungeist des Besprechens." Der Besprecher war damals schon hoch in den Achtzigern. Der Pfarrer hielt Wort. Als er in seiner Gemeinde eine Bibelstunde einrichten wollte, erklärten seine Gemeindeglieder: „Wir gehen nicht zur Sekte des Pfarrers." Drei Männer, die im Werratal als Pfarrer und Prediger arbeiteten, erzählten mir, die Dörfer im Werratal seien sehr gottlos. Es gäbe darin kaum geistliches Leben. Kein Wunder, wenn ein Besprecher jahrzehntelang die Menschen unter einen Bann gebracht hat.

B 431 Aus Süddeutschland ein anderes Erlebnis. Einer meiner Freunde hat nach der Lektüre meines Buches „Seelsorge und Okkultismus" in seiner Gemeinde von der Kanzel herab Vorträge gegen die Zauberei gehalten. Es entstand dadurch im Dorf eine furchtbare Erregung, ja ein Aufruhr. Das Dorf hatte einen Besprecher, der etwa 70% aller Bauernhäuser mit ihren Familien besprochen hatte. Das war der Hintergrund vieler Selbstmordfälle und

Mordaffären in diesem Bauerndorf. Die Bauern setzten dem Pfarrer so zu, daß er eines Tages die Gemeinde verlassen mußte. Wer ein Zeugnis aufrichtet gegen die Zaubereisünden, muß mit Gegenangriffen Satans und seiner Helfershelfer rechnen.

Bei Evangelisationen erlebt man es manches Mal, daß es erst nach einem Vortrag gegen die Zaubereisünden zu seelsorgerlichen Aussprachen kommt. Wolfgang Heiner, der Leiter des Missionstrupps „Frohe Botschaft" sagte mir einmal: „Der Bann bei einer Evangelisation bricht gewöhnlich erst, wenn man über die okkulten Dinge gesprochen hat."

B 432 Noch ein Beispiel von einem australischen Evangelisten, mit dem ich etwa drei Jahre gereist bin. Er evangelisierte in England in Newcastle. Neben dem Evangelisationszelt standen die Buden des Jahrmarktes. Als der Evangelist an einer Wahrsagebude vorbeiging, rief die Wahrsagerin ihm zu: „Ich kann Ihnen die Zukunft voraussagen." Er antwortete: „Ich weiß meine Zukunft, ich brauche Ihre Hilfe nicht." Sie rief: „Sie werden vor Tausenden von Menschen sprechen und große Reisen machen." Toni antwortete: „Ich kann Ihnen auch die Zukunft sagen aus diesem Buch." Er hielt dabei seine Bibel hoch. Die Wahrsagerin fragte uns: „Und die wäre?" Der Evangelist antwortete: „Wenn Sie nicht für Ihre Zauberei Buße tun und Jesus als Ihren Herrn annehmen, dann gehen Sie verloren." Sie fragte: „Was ist das für ein Buch?" – „Die Bibel." Sie schüttelte sich und drückte ihren Abscheu aus.

Nach dieser Einleitung stellen wir nun die Frage: Wie wird man frei?

Auf diese Frage will ich mit 20 Hinweisen antworten. Damit kein Mißverständnis entsteht, schicke ich voraus, daß diese 20 Ratschläge kein System, keine Methode, keine Schablone darstellen. Wir müssen nur alles zusammentragen, was das Neue Testament als Hilfe anbietet. Es kommt gelegentlich vor, daß der erhöhte Herr mit mächtiger Hand in ein Menschenleben hineingreift und einen Menschen befreit, ohne daß alle diese 20 Punkte etwa erfüllt worden wären. Ich muß das bezeugen, weil vor einigen Jahrzehnten ein Bischof erklärte, der Stil meiner Seelsorge würde einer Schablone entsprechen, die jedem Menschen aufgedrückt wird. Das ist eine Verleumdung, auch wenn sie aus dem Mund eines Bischofs kommt. Ich habe bereits vor 32 Jahren in meinem ersten Buch gegen den Okkultismus betont, daß man auf dem

Gebiet des Okkulten eine charismatische Seelsorge ausüben muß und nicht mit Schablonen arbeiten kann. Meine Gegner halten mir aber oft Dinge vor, die in meinen Büchern erläutert sind. Da mir in den folgenden Abschnitten die seelsorgerlichen Anweisungen sehr wichtig sind, beziffere ich sie.

1. Komm zu Christus

Wenn Menschen an einer okkulten Belastung leiden, dann bekommen sie keine Hilfe durch einen Psychiater oder Psychologen oder modernen Theologen. Es hilft auch keine Meditation und kein Joga und kein autogenes Training. Hier hilft allein Christus. Apostelgeschichte 4,12 zeigt diese Ausschließlichkeit: „Es ist in keinem andern Heil – als in Jesus Christus." In Matthäus 11,28 ruft Jesus alle Belasteten auf, zu ihm zu kommen. In der Lutherbibel ist es übersetzt: „Kommet her zu mir alle, die ihr mühselig und beladen seid." Aus dem griechischen Grundtext ist das Wort viel schöner: deute pros me kopiontes kai pephortismenoi. Frei übersetzt heißt das: „Her zu mir alle, die ihr euch abquält und die ihre Lastenträger seid." Jesus hat nicht nur den Befehl gegeben, zu ihm zu kommen, sondern er gibt auch die Zusage, Joh. 6,37: „Wer zu mir kommt, den werde ich nicht hinausstoßen."

Wer versucht, seine Belastungen ohne Christus loszuwerden, wird maßlos enttäuscht werden. Ich hatte vor Jahren eine Evangelisation in der Bergkirche in Marburg. Nach einem Vortrag kam eine Frau in die Sakristei. Sie berichtete: „Ich leide unter all dem, was Sie in Ihrem Vortrag gesagt haben. Bitte helfen Sie mir." Meine Gegenfrage war: „Sind Sie bereit, Ihr Leben Christus anzuvertrauen?" Da wurde sie wütend. Sie schrie mich an: „Lassen Sie mich in Ruhe mit Ihrem Jesus. Ich will gesund und frei werden." Ich erwiderte ruhig: „Ohne Jesus schaffen Sie und ich es nicht." Da verließ sie in erregter Stimmung die Sakristei.

Wer frei werden will, muß die Bereitschaft haben, sein Leben völlig Christus anzuvertrauen. Sonst gibt es keine Lösung von all diesen Banden.

2. Vernichte alle okkulten Gegenstände

Okkulte Gegenstände wie Amulette, Talismane, Fetische, Maskottchen, Himmelsbriefe, Glücksbriefe, Brandbriefe, Götzenfiguren und alle kultischen Gegenstände außerchristlicher Religionen sind Kristallisationspunkte für dämonische Mächte. Die Rationalisten lachen darüber und betreiben damit das Geschäft des Teufels.

Wie oft haben mir Frauen von Missionaren berichtet, daß von dem Zeitpunkt an, da ihre Männer die Teufelsmasken in der Heimat im Wohnzimmer aufhängten, in der Familie Unfriede und Streit herrschte. Es ist außerordentlich töricht und zeugt von einer großen Unerfahrenheit, wenn Missionare in ihrer Sammlerfreude Teufelsmasken und andere kultische Gegenstände vom Missionsfeld heimbringen und in ihrer Wohnung aufhängen oder aufstellen.

B 433 Ein Beispiel von der Prince-Edward-Insel. Eine Pfarrfrau hatte einen ganzen Tisch voll Götzenfiguren und kultischer Objekte vom Missionsfeld gesammelt. Sie ist heute in der Nervenheilanstalt.

Es ist oft merkwürdig, daß die Heiden, die zur Bekehrung kommen, sofort wissen, daß sie ihre Götzen zu vernichten haben. Nur Christen haben diese primitive christliche Erkenntnis nicht. Als 1913 unter einem Prediger Harris in Liberia eine kleine Erweckung entstand, haben die Bewohner sofort ihre Götzen weggeworfen. Als auf der Insel Rote durch Pastor Zacharias eine Erweckung in den letzten zehn Jahren entstand, haben die Bewohner ihre Götzen vernichtet und sogar die Häuser verbrannt, in denen die Götzen aufgestellt waren. Sie sagten, die Atmosphäre der Häuser wäre durch die Götzen belastet.

In Afrika kommt es vor, daß manchmal Kinder mit einer Art Überhaut geboren werden. Diese Haut hat den Namen Cowl. Die Einwohner sind der Meinung, daß diese Kinder besondere mediale Fähigkeiten hätten. Gewöhnlich wird diese Cowl von der Hebamme zu einem Amulett verarbeitet, das das betreffende Kind sein ganzes Leben tragen muß. Die Missionare berichten, daß diese Amulette ein ungeheures Hindernis für die Bekehrung seien. Nur die Einwohner, die diese Cowl vernichten, können zu Christus kommen.

B 434 Nach einer Evangelisation im Raum Hamburg hat ein Prediger S. seine Lorberbücher verbrannt. Er sagte, nun wisse er endlich, warum er jahrelang so seltsame Angriffe beim Gebet und Bibellesen gehabt habe. Nachdem diese spiritualistischen Bücher verbrannt waren, blieben seine Anfechtungen aus.

B 435 Bei einem anderen jungen Mann war es genau das Gegenteil. Er kam zum Glauben und verbrannte allen okkulten Kram. Aber seine Lorberbücher, d. h. eine Lederausgabe des großen Johannesevangeliums behielt er. Das war für den jungen Mann ein kostbarer Schatz. Immerhin hatte er einige hundert Mark dafür bezahlt. Zunächst war er nicht bereit, diese Bücher zu vernichten, weil sie einen großen Wert darstellten. Er drang aber nicht zum Glauben durch. Eine Krankheit folgte der andern, dazu setzten ihm furchtbare Anfechtungen zu. Die Brüder, die ihn seelsorgerlich betreuten, sagten ihm: „Solange du nicht bereit bist, deine Lorberbücher zu verbrennen, kommen wir nicht mehr in dein Haus zum Gebet.“ Erst nach einigen Monaten war der junge Mann dazu bereit. Er wurde dann endgültig von seiner okkulten Belastung frei.

B 436 Vor einigen Jahren predigte ich in der Kirche von Samuel Leith in Southampton in Südengland. Bruder Leith berichtete mir, daß er einem jungen Mädchen den Weg zu Christus gezeigt habe. Das Mädchen hätte aber nach wie vor Depressionen und würde nicht von seinen Belastungen loskommen. Schließlich stellte sich heraus, daß es noch zwei magische Bücher besaß und ferner mit seinen spiritistischen Freundinnen verkehrte. Der Seelsorger machte es darauf aufmerksam, daß es erst dann frei werden würde, wenn es die Bücher von Edwards und Cayce verbrennen würde und auch den Kontakt mit den spiritistischen Freundinnen aufgeben würde. Das geschah, und das Mädchen wurde frei.

B 437 Auf Hawaii kam eine eingeborene Frau zu Missionarin Birkey. Die Frau klagte nicht nur über Depressionen und Angstzustände, sondern auch über Spukerscheinungen während der Nacht. Ihr Mann war einige Monate vorher im Unglauben gestorben. Die Missionarin beriet diese Frau und machte dann einige Tage später einen Besuch in ihrer Wohnung. Sie beobachtete auf dem Dach des Hauses ein Geisterhäuschen. Die Missionarin verlangte, daß das Geisterhäuschen sofort heruntergeholt würde. Es geschah. Und erst dann wurde die bekümmerte und angefochtene Frau frei.

B 438 Ein Maschinenbauer und Werkmeister beschaffte sich das 6./7. Buch Mose. Er war an dieser Lektüre so interessiert, daß er es sogar an seinen Arbeitsplatz mitnahm und in den Essenspausen darin las. Das war der Beginn seiner Depressionen, mit denen er nicht fertig wurde. In seinem unglücklichen Zustand fing er an, in die Kirche zu gehen. Er war aber innerlich so abgestumpft, daß er zum Wort Gottes keinen Kontakt bekam. Auch seine Heirat brachte keine entscheidende Hilfe. Die Kinder, die dem Ehepaar geschenkt wurden, nahmen eine unnatürliche Entwicklung. Sie konnten daher später nicht heiraten. Trotz der kirchlichen Einstellung kam die Familie nicht zur Ruhe. Der Besitz des „Teufelsbuches" bedeutet ein Unsegen für Haus und Familie.

Wer frei werden will, hat nicht nur alle okkulten Gegenstände, sondern auch alle Bücher, die von Okkultisten geschrieben sind, zu vernichten. Man darf allerdings solche Bücher haben, die gegen den Okkultismus von Männern Gottes geschrieben worden sind.

B 439 Es machte auf mich einen großen Eindruck, als auf der Insel Timor der König Kusa Nope seine wertvollen Amulette vernichtete. Es waren Edelsteine, in Gold gefaßt, und stellten einen sehr hohen Wert dar. Dennoch hatte er sie mit einem Hammer zerschlagen und in eine Dunggrube geworfen. Ich hörte in der Kirche von Soe sein Zeugnis, das er anläßlich einer großen Missionskonferenz ablegte.

Ich bin oft gefragt worden, ob man vom Missionsfeld holzgeschnitzte Figuren als Souvenirs mit nach Hause nehmen könne. Gegenstände, die von frischem Holz geschnitzt und die nicht den Götzen geweiht sind, sind ungefährlich. Es ist leider in manchen Gegenden, z. B. auf der Insel Bali, Sitte, daß auch die frisch geschnitzten Götzenfiguren irgendeinem Dämon geweiht werden. Ich war selbst fünfmal auf der Insel Bali. Ich habe aber keine Gegenstände der Insel Bali mit in mein Haus genommen. Man hüte sich aber vor Übertreibungen und Überspitzungen.

3. Brich mit allen medialen Kontakten und Freundschaften

Es ist nicht nur damit getan, daß wir alle okkulten Gegenstände vernichten. Wir haben auch die Gemeinschaft mit Menschen aufzugeben, die in bewußten Zaubereisünden leben und nicht bereit sind, sie abzulegen. Ich bringe dazu Beispiele in verschiedenen Variationen.

B 440 Bei einer Vortragstour in Südafrika kam ein Baptistenprediger zur Aussprache. Er hatte in seiner Gemeinde eine Erwekkung. Da wurde er krank und suchte einen Heilpraktiker auf. Dieser Mann zapfte ihm Blut ab, machte aber keine Blutuntersuchung, sondern trieb damit psychometrische Hellseherei. Insgesamt war der Prediger viermal bei diesem Heilpraktiker. Exakt in dieser Zeit stoppte die Erweckung radikal. Der Prediger konnte sich das nicht erklären, weil dieser Stopp so plötzlich kam. Er hatte durch diesen okkulten Heilpraktiker einen Bann über die Erwekkung seiner Gemeinde gebracht. Als er mein Buch „Between Christ and Satan“ gelesen hatte, gingen ihm die Augen auf. Er berichtete darüber bei mir in der Seelsorge und danach öffentlich im Pfarrkonvent. Ich erhielt auch die Erlaubnis, sein Erlebnis zu veröffentlichen. Dieses Beispiel zeigt, daß man auch aus Unwissenheit unter einen Bann geraten kann. Die Ausrede: „Ich habe das nicht gewußt“, schützt uns nicht vor den Folgen.

B 441 Bei einer Missionsreise in Peru mit Vorträgen in Pucallpa und Lima begegnete ich Dr. Money. Money berichtete mir über seine Erfahrungen mit Christen, die sich Jogaübungen hingegeben hatten. Sein Urteil festigte sich durch viele Beispiele. Darum sagte er zu mir: „Wer in Joga einsteigt, verliert seinen christlichen Glauben.“ Das sei all denen gesagt, die meinen, Joga sei eine harmlose Angelegenheit und könnte auch von Christen betrieben werden.

B 442 In Colombo auf der Insel Ceylon hatte ich einige Vorträge in der Kirche von Rev. Fernando. Ich begegnete auch dem Mitglied des World Council of Churches, Dr. Dt. Niles. Ihm verdanke ich folgendes Beispiel: Ein Missionar auf Ceylon arbeitete in einem Dorf, in dem die Bewohner Feueranbeter waren. Merkwürdig war, daß dieses Dorf häufig von Feuersbrünsten heimgesucht wurde. Der Missionar erklärte den Dorfbewohnern, diese mysteriösen Brandkatastrophen würden erst dann aufhören, wenn sie mit der Anbetung des Feuerteufels aufhören würden. Unter dem Eindruck dieser schweren Verluste waren die Bewohner bereit, ihre Opfer an den Feuerteufel einzustellen. Damit hörte auch tatsächlich das häufige Abbrennen der Häuser auf. Einige Wochen später kam es wieder zu einer Brandkatastrophe. Der Missionar rief die Dorfbewohner wieder zusammen. Es stellte sich heraus, daß ein Mann wieder dem Feuerteufel geopfert hatte.

B 443 In Südafrika leben etwa zwei Millionen Einwanderer aus Indien. Diese Einwanderer haben auch ihre Hindugötzen mitgebracht. Ich habe eine Reihe solcher Dörfer und Gemeinden besucht. Ein Evangelist, der unter ihnen arbeitet, erzählte mir folgendes: In einer Hindufamilie war die Tochter seit Jahren stumm. Da die Hindugötzen nicht helfen konnten, kamen die Eltern eines Tages zum Missionar und baten ihn um seine Hilfe und Fürbitte. Bruder N. besuchte die Familie und betete mit ihnen. Am ersten Tag war noch keine Reaktion bei der Tochter zu erkennen. Sie stieß nur einen unartikulierten Schrei aus. Bruder N. kam jeden Tag. Nach dem dritten Tag stellte plötzlich das bisher stumme Mädchen eine Frage. Alle waren hocherfreut.

Die Ereignisse der nächsten Tage zeigten allerdings, daß das Mädchen noch nicht ganz befreit war. Eines Abends wälzte sich das Mädchen wie eine Schlange am Boden. Der Vater schickte es ins Bett und verständigte am nächsten Morgen erneut den Missionar. Bruder N. besuchte die Familie abermals und forderte sie auf, alle Götzen herauszugeben. Die Familie hatte geweihte Hindunägel, um die Geister abzuhalten. Die Nägel wurden abgeliefert, dann betete der Missionar wieder mit dem Mädchen. Es trat aber immer noch keine ganze Befreiung ein. Der Missionar fragte die Eltern: „Habt ihr alles herausgegeben?“ Die Eltern bejahten. Die Tochter mischte sich aber ein und sagte: „Mutter, was hast du im Bad versteckt?“ Es war ein schöner Götze, um den es der Mutter leid war. Sie entschloß sich dann aber doch, diesen Götzen herauszugeben. Erst dann wurde das Mädchen frei. Die Stummheit des Kindes war also nicht organisch bedingt, sondern war die Auswirkung eines Bannes durch Zauberei.

B 444 In Port Elizabeth, Südafrika, hielt ich einen Pfarrkonvent nebst anderen Diensten in verschiedenen Kirchen. Eine Pfarrfrau erzählte mir folgendes: „Ein Bekannter von uns liest die Bibel, er betet, er sucht Christus, dringt aber nicht durch.“ Dieser Mann ist Rosenkreuzer und ist nicht bereit, davon abzulassen.

B 445 In Pretoria, Südafrika, kam ein junger Mann nach einem Vortrag zu mir zur Aussprache. Er sagte, er sei durch die Jogaübungen in seinem christlichen Glauben lau und träge geworden. Drei andere Kameraden hätten die gleiche Erfahrung. Er fügte hinzu, die Atmosphäre des Joga sei für gläubige Christen gefährlich.

In der Seelsorge gibt es aber noch viel schwierigere Probleme. Was mir häufig gebeichtet wird, ist folgendes: Die Eltern besuchen einen spiritistischen Zirkel und nehmen die heranwachsende Tochter oder den Sohn mit in diese Séance. Nun kommt die Tochter oder der Sohn zum Glauben an Christus. Selbstverständlich müssen sie sofort mit dem Besuch des spiritistischen Zirkels aufhören. Das andere Problem ist aber, daß das Zusammenleben mit den Eltern für solche gläubig gewordenen Kinder sehr gefährlich ist. Man erlebt häufig Rückfälle dieser jungen, bekehrten Menschen. Manchmal gebe ich den Rat: „Suchen Sie sich ein Zimmer und wohnen Sie nicht mehr im Elternhaus." Selbst mit der Fürbitte des jungen Gläubigen für die Eltern ist Vorsicht geboten. Am besten ist es, er betet nur in einem Gebetskreis für die Eltern. In schweren Fällen gebe ich sogar den Rat: „Hören Sie mit der Fürbitte auf, solange nicht die Eltern bereit sind, den Besuch der spiritistischen Zirkel aufzugeben." Fürbitte für okkult belastete Menschen, die nicht bereit sind, zu Christus zu kommen, kann für junge Christen eine Quelle dauernder Kämpfe und Anfechtungen sein. Ich selbst bete nur für Menschen, die frei werden wollen und nicht für solche, die gar keine Bereitschaft dafür zeigen.

4. Erkenne, bekenne deine Schuld

B 446 Ein Pfarrer in Schleswig-Holstein erzählte mir, daß in seinem Frauenkreis von acht Frauen sechs besprochen sind. Sein Kollege am gleichen Ort hat drei besprochene Frauen in seinem Kreis. Beide Pfarrer wagen es nicht, die Gemeinde und die Frauenkreise aufzuklären, weil sie ihren Gemeindegliedern nicht weh tun wollen.

Wie sollen die Gemeindeglieder ihre okkulten Bindungen und Belastungen erkennen, wenn die Pfarrer der Gemeinde sie nicht darauf aufmerksam machen? Hier haben nicht nur die besprochenen Gemeindeglieder schuld, sondern auch ihre Pastoren.

B 447 Ein Mädchen in Hamburg ließ ihre Warzen besprechen. Es wurde von den häßlichen Dingern dadurch frei. Bei einer Evangelisation kam es zum Glauben. Da hörte es zum ersten Mal von den unguten Auswirkungen des Besprechens. Es bekannte in der Seelsorge seine Schuld und betete dann: „Herr Jesus, wenn das ein Unrecht war, dann lasse mich wieder die Warzen bekommen und den Bann brechen." Prompt am nächsten Tag hatte es seine Warzen wieder. – Die grobe Faustregel heißt: lieber mit Warzen in den Himmel als ohne Warzen in die Hölle.

B 448 Ein epileptisches Mädchen ging treu in den christlichen Jugendkreis. Da ließ die Mutter aus Unkenntnis ihre Tochter besprechen. Die Epilepsie verschwand. Seit dem Besprechungsvorgang kam das Mädchen nicht mehr unter das Wort Gottes.

Dem Pfarrer fiel das natürlich auf. Er besuchte die betreffende Familie und fragte nach dem Grund des Fernbleibens. Die Sache kam ans Licht. Nach der Aufklärung gab das geheilte Mädchen ein Amulett heraus, das zu seinem Entsetzen eine Teufelsverschreibung enthielt. Sowohl die Mutter als auch die Tochter taten Buße darüber. Beide kamen wieder unter das Wort Gottes. Sie konnten wieder die Bibel lesen und beten. Die Epilepsie tauchte aber erneut auf.

In 1. Joh. 1,9 heißt es: „So wir unsere Sünden bekennen, so ist er treu und gerecht, daß er uns die Schuld vergibt." Kein Mensch wird von okkulten Bindungen frei ohne Erkenntnis und Bekenntnis seiner Schuld. Es geht bei dieser Beichte nicht nur um das Bekenntnis der okkulten Sünden, sondern um alles, was wir als Schuld erkennen und zwischen Gott und uns steht. Wenn der betreffende Mensch bereits eine Beichte abgelegt hat, dann braucht er das nicht wiederholen. Grundsätzlich werden Schuldbekenntnisse nicht wiederholt. Es gibt gläubige Christen, die unter einer okkulten Bindung leiden, weil sie das nicht erkannt haben. Sie haben das, was noch nie gebeichtet worden ist, dem Seelsorger in der Gegenwart Gottes zu sagen. Ich habe es in langjähriger Seelsorge noch nicht erlebt, daß ein okkult Gebundener oder gar Dämonisierter ohne Erkenntnis und Bekenntnis seiner Schuld frei geworden ist. Der Apostel Jakobus schreibt (5,16): „Bekenne einer dem andern seine Sünden und betet füreinander."

5. Sage dich von Satan und den Zaubereisünden der Vorfahren los

Die Zaubereisünden sind ein unbewußter Vertrag mit Satan. Satan glaubt, dadurch ein Recht an uns zu haben. Dieses Vertragsverhältnis besteht auch, wenn die Eltern oder Großeltern sich mit okkulten Dingen eingelassen haben. Es gehört zum Geheimnis der Weltregierung Gottes, daß die Kinder durch die Sünden der Vorfahren mitbelastet sind. Das entspricht der Aussage des 1. Gebotes. Und die Erfahrung bestätigt das tausendfach.

Nach vorangegangener Seelsorge bete ich mit okkult Belasteten ein sogenanntes Lossagegebet, das etwa folgenden Wortlaut haben kann: „Im Namen Jesu Christi sage ich mich los von allen Werken der Finsternis und der Zauberei meiner Vorfahren und in meinem eigenen Leben und verschreibe mich Jesus Christus, meinem Herrn und Heiland, für Zeit und Ewigkeit. Im Namen des Vaters, des Sohnes und des Heiligen Geistes."

Ein solches Lossagegebet ist keine Abwehrformel. Der Belastete kann das Lossagen auch selbst formulieren. Wenn der Beichtende, der sich von Satan lossagen will, aber nicht bereit ist, sein Leben völlig und rückhaltlos Jesus als seinem Herrn zu übergeben, dann hat sein Lossagen keine Kraft und Gültigkeit. Gegenüber meiner früheren Meinung bin ich heute so geführt worden, daß man das Lossagen auch wiederholen darf. Das ist die Erfahrung der Seelsorge. Nun folgen einige Berichte.

B 449 Ein Pfarrer in Brasilien wurde als Kind gegen die Epilepsie besprochen. Seine Mutter hatte vor einem epileptischen Anfall Schleim vom Mund des Kindes genommen, ihn auf Brot gestrichen und gab es zusammen mit einem Spruch aus dem 6./7. Buch Moses einer Katze zu fressen. Die Katze starb. Der Junge bekam seine Anfälle nie wieder. Später, als er schon Pfarrer war, kam er zu mir zur Seelsorge. Das Gespräch ergab, daß er stark unter den Folgen des Besprechens litt. Er sagte sich in meiner Gegenwart im Namen Jesu los und wurde dadurch von den Auswirkungen der Zaubereisünden befreit. Gleichzeitig wurde dem Pfarrer deutlich, daß magische Heilungen mit göttlichen Heilungen nichts zu tun haben. Er hatte nämlich seine Heilung von der Epilepsie ursprünglich als göttliche Heilung angesehen.

B 450 Es war in England. Eine Frau mit einem verkürzten Bein ging zu einem spiritistischen Heiler. Das Bein streckte sich auf die normale Länge, nicht plötzlich, sondern im Verlauf von einigen Wochen. Bei dieser merkwürdigen Heilung verlor die Frau aber ihren Frieden und ihre Heilsgewißheit. Das machte sie aufmerksam, daß an der Heilung etwas nicht stimmen könne. Sie tat Buße, sagte sich von dieser seltsamen Heilung los und bekam wieder ihren Frieden. Das geheilte Bein verkürzte sich wieder wie zuvor.

Natürlich weiß ich, daß die Mediziner solche Vorgänge ablehnen, und dennoch ereignen sie sich, besonders in Gegenden, wo starker Spiritismus herrscht, z. B. auf Haiti oder in Brasilien und in einigen Staaten in Ostasien.

B 451 Der Direktor eines Missionswerkes, dem ich sehr nahe stehe, gab mir folgenden Bericht: Eines Tages war zu ihm ein Magier gekommen, der eine so starke mediale Kraft hat, daß er Tiere auf Entfernung töten kann. Dem Missionsdirektor war das nicht geheuer, und er zog einen gläubigen Pfarrer zur Seelsorge hinzu.

Der Magier bekannte, daß er sich mit seinem Blute dem Teufel verschrieben habe. Er müsse als Gegenleistung im Auftrag Satans jede Woche zwei Aufträge ausführen. Wenn er einen Hühnerstall verfluche, dann legen die Hühner keine Eier mehr. Verfluche er einen Kuhstall, dann geben die Kühe keine normale Milch, sondern eine braune Brühe. Bringt man die Kühe aber weg in ein anderes Dorf, dann geben sie normale Milch.

Der Magier wollte unter allen Umständen frei werden, denn er wußte, daß er in den Klauen Satans war. Es kam zu mehreren seelsorgerlichen Unterredungen. Eines Tages ließ er sich von dem einen Seelsorger eine Kerze, Streichhölzer, eine Nadel, Papier und Federhalter geben. Er glühte die Nadel am Licht aus, stach sich in den Finger und schrieb sich mit seinem Blut vom Teufel los. Seit dieser Zeit bekommt er keine Aufträge mehr, und er sieht auch nicht mehr die Teufelsgestalt, von der er vorher geplagt worden war.

Es hat sich also nicht um eine Halluzination eines Geisteskranken gehandelt, sondern es war tatsächlich eine Folge der Blutsverschreibung.

Ich muß hier, wie ich es schon einmal in diesem Buch getan habe, sagen, daß ich solche Ratschläge nicht gebe, sich mit dem eigenen Blut vom Teufel wieder loszuschreiben. Ich weiß, daß es Seelsorger gibt, die einen derartigen Ratschlag geben. Wenn Belastete oder blutsverschriebene Menschen von sich aus glauben, das tun zu müssen, dann will ich sie auch nicht daran hindern.

Wir wissen ja, daß auch gelegentlich Männer Gottes in der

Kirchengeschichte so etwas getan haben. Ich erinnere an Tersteegen, der sich mit seinem Blute dem Herrn Jesus verschrieben hat.

B 452 Bei einer Vortragstour in Argentinien wurde ich von Pfarrer Albert Renschler begleitet, der mich zu verschiedenen protestantischen Gemeinden brachte. Sehr aufschlußreich war unsere Tour durch Entre Rios. Ein Pfarrer in diesem Gebiet berichtete nach einem Vortrag, daß er von einem Besprecher geheilt worden ist. Gleichzeitig hat er von dem Besprecher ein Amulett erhalten. Wir baten ihn, das Amulett doch einmal zu öffnen. Er tat es und war zu Tode erschrocken, als er erblickte, daß sich in dem Amulett ein Stück Papier mit einer Teufelsverschreibung befand. Er verbrannte und vernichtete Papier und Amulett und sagte sich im Namen Jesu vom Teufel los. Dann allerdings trat seine Krankheit wieder auf.

Daß die Krankheiten wieder auftauchen, wenn der Bann des Besprechens gebrochen ist, ist ein gutes Zeichen. Denn das bedeutet, daß der Bann gelöst ist. Dieses Beispiel zeigt aber auch, daß selbst Pfarrer in Unwissenheit solche Dinge an sich vornehmen lassen.

B 453 Nach meiner Evangelisation in Lüneburg, eingeladen von Prediger Seifert, kam ein junger Mann, der als Kind gegen eine Krankheit besprochen worden war. Er beichtete seine Schuld, lieferte sein Leben Jesus aus und wurde von diesem okkulten Bann frei. In den nächsten Tagen erschien er wieder und sagte, seine Krankheit sei wieder da. Dann kam auch seine Mutter, die sich bei Bruder Seifert beklagte, es sei ein Unrecht, den Jungen so durcheinander zu machen, daß er nun wieder krank sei. Bruder Seifert erklärte ihr: „Wollen Sie denn haben, daß Ihr Junge unter dem Bann der Zauberei bleibt und dann in die Hölle fährt?“ Die Frau war bestürzt. Dann fuhr aber Bruder Seifert fort: „Jesus kann mindestens ebensoviel wie der Teufel, ja noch tausendfach mehr.“ Er betete, und der Junge wurde wieder gesund.

Man erlebt es häufig, daß Menschen von Jesus geheilt werden, wenn der Bann der Zauberei gebrochen und die alte Krankheit wieder zum Vorschein gekommen ist.

B 454 Bei einer Tour in Australien und in Neuseeland begegnete ich mehrfach Peter Jamieson. Er ist Häuptling des Wongaistammes in Westaustralien. Er nahm als Häuptling den Herrn Jesus im Glauben an und fühlte den Ruf, den eingeborenen Stämmen das Evangelium zu verkündigen. Er berichtete mir, daß alle Urbewohner (Aborigines), die sich bekehrt haben, wieder zurückfallen. Grund ist, daß sie sich nicht von ihrer früheren Zauberei losgesagt haben. Die Missionare wissen normalerweise nicht, daß das erforderlich ist.

B 455 Bei einer Vortragstour durch England und Schottland war in Glasgow ein Bibelschüler bei mir zur Seelsorge. Dieser junge Mann war dauernd von Selbstmordgedanken geplagt und hatte es auch mehrmals versucht. Der Hintergrund der Selbstmordversuche war ihm nicht bekannt. Schließlich hat seine 90jährige Großmutter gestanden, daß seit einigen Generationen in der Familie Zauberei, vor allem Spiritismus getrieben wird. Der junge Mann bekannte seine Sünden und sagte sich in meiner Gegenwart von der Zauberei der Vorfahren los. Ich merkte es ihm an, wie aufrichtig und ernst es ihm war. Ich hatte die innere Freiheit, ihn auch im Namen Jesu loszusprechen. Das Lossprechen gründet sich auf Matth. 18,18. Der Junge war am Ende seiner Kraft gewesen. Er durfte nun mit Jesus in seiner Nachfolge neu anfangen.

B 456 Leider kann man auch durch eine religiös überlagerte Medialität unter einen Bann geraten. In England kam ein gläubiger Ire in die Seelsorge. Er war schon einige Jahre Jesus nachgefolgt. Seine Freunde hatten ihn zu einer Konferenz der Pfingstbewegung eingeladen. Dort wurde sehr um die Gabe des Zungenredens gebetet. Er schloß sich diesem Gebet an und bekam tatsächlich diese Gabe des Zungenredens. Gleichzeitig verlor er aber seinen Frieden und seine Vergebungsgewißheit. Damit gingen ihm die Augen auf. Er sagte sich, wenn man zusammen mit der Zungengabe die Heilsgewißheit, die Vergebung und den Frieden verliert, dann stimmt irgend etwas nicht. Er tat Buße, bekannte den ganzen Vorgang und sagte sich von dem Zungengeist los. Er wurde frei vom Zungenreden und hat auch damit wieder seinen Frieden gefunden. Solche Beispiele liegen mir in großer Zahl vor.

6. Ergreife im Glauben die Vergebung

In der Seelsorge an okkult Belasteten spielt der Glaube eine entscheidende Rolle. Paulus sagt im Römerbrief: „So man von Herzen glaubt, so wird man gerecht.“ Der Glaube ist gleichsam das Bindeglied zwischen dem vollbrachten Erlösungswerk Jesu und uns. In Hebräer 11,6 heißt es: „Wer zu Gott kommen will, der muß glauben ... ohne Glauben ist es unmöglich, Gott zu gefallen.“ Ohne Glauben können wir uns die Heilsgüter Gottes nicht aneignen. Es ist aber eine Erfahrungstatsache, daß gerade die okkult Belasteten es sehr schwer haben, glauben zu können. Aus diesem Grunde müssen wir alle Hilfsmittel in Anspruch nehmen, die das Neue Testament uns bietet, den toten inneren Punkt des Unglaubens zu überwinden.

7. Bleibe nicht auf halbem Wege stecken

Wir haben in der Geschichte und in der Gegenwart Beispiele, daß Menschen, die sich bekehrten, nicht sofort von allen okkulten Belastungen frei geworden sind. Zunächst ein Beispiel aus Chicago.

B 457 Dwight L. Moody, der große amerikanische Evangelist, wurde von einem Sänger Henry Drummond begleitet. Drummond konnte ursprünglich bis auf 80 km Entfernung Menschen beeinflussen und hypnotisieren. Nach seiner Bekehrung hatte er Mühe, mit diesen okkulten Kräften fertig zu werden. Während seines Dienstes in den Versammlungen von Moody beobachtete er gelegentlich, daß die Zuhörer durch seine medialen Kräfte beeinflußt waren. Er erschrak darüber und bat den Herrn, ihn von diesen okkulten Kräften zu lösen. Es ist ihm dann auch geschenkt worden.

B 458 In Kotzebue in Alaska kam eine Eskimofrau zu mir in die Seelsorge. Sie sieht im Geiste Personen zu ihrem Hause kommen, ehe sie da sind. Vor ihrer Bekehrung wußte sie bereits, daß das mediale Kräfte sind. Sie bekehrte sich und dachte nun, sie müßte die okkulten Kräfte damit verlieren. Sie täuschte sich, ihre okkulten Kräfte blieben. Darum kam sie in die Seelsorge, beichtete und sagte sich in meiner Gegenwart von diesen Kräften los.

Es ist also nicht so, wie oft unerfahrene Seelsorger diesseits und jenseits des Ozeans glauben, daß mit der Bekehrung alle Probleme ein für alle Mal gelöst sind. Wir haben manches Mal an den Folgen einer früheren okkulten Tätigkeit zu leiden. Das läßt sich auch mit einem anderen Beispiel sehr schnell zeigen. Wenn z. B. ein junger Mann, der sich durch ein ausschweifendes Leben eine schwere Geschlechtskrankheit zugezogen hat, z. B. Syphilis, zum Glauben kommt, dann hat er zwar Vergebung, aber die Krankheit ist noch nicht behoben.

Es ist schlecht zu sagen, wieviel Menschen frei werden und wieviele ihre Belastungen noch weiterschleppen. Es könnte beinahe die Hälfte der Menschen sein, die eine Bekehrung erlebt haben. Wenn sie aber die medialen Kräfte in der Nachfolge Jesu entdekken, dann müssen sie Christus darum bitten, daß er sie davon löst und ihnen dafür ein vermehrtes Maß an Heiligem Geist schenkt.

B 459 Es gibt also Gläubige, die trotz ihrer Bekehrung noch unter einem Bann stehen. Das wird in den folgenden Beispielen noch deutlicher. Ein junger Mann mit 21 Jahren kam aus einer gottlosen Familie heraus zur Bekehrung. Er wurde Kreisjugendwart, ist begabt und zieht sofort alle in seinen Bann. Er steht immer im Mittelpunkt und imponiert den anderen. Er hält Bibelfreizeiten, spricht über das Gebet, spricht über Seelsorge und Beichte, und daheim lehnt er die Gebetsgemeinschaft mit seiner Frau ab. Er weigert sich auch, Seelsorge in Anspruch zu nehmen. Wenn seine Frau in ihrer Not zu einem Seelsorger geht, ist er furchtbar jähzornig auf den Seelsorger und auf seine Frau.

Als die Frau zu mir kam und ich ihn bitten ließ, er möchte doch zu mir kommen, da wurde er wütend und sagte zu seiner Frau: „Du kannst mir zehn solcher Männer anschleppen. Du bringst mich nicht hin. Und wenn du so weitermachst, dann kannst du den Koffer packen." Seine Eltern sind gottlose Leute. Kommen sie zu Besuch ins Haus, dann liegt eine drückende Atmosphäre in der Familie. Es liegt ein Bann auf diesem gläubigen Mann, der nach außen hin eine andere Rolle spielt als daheim. Viele fromme Tyrannen haben als Hintergrund eine okkulte Belastung, die bei der Bekehrung nicht ausgeräumt worden ist.

B 460 Ein Christ von Jamaica war in meiner Seelsorge. Er berichtete, daß er nachts mit bösen Geistern zu kämpfen habe. Erst, wenn er im Glauben auf Jesus blicke und Jesus anrufe, dann würden diese finsteren Mächte weichen. Ich fragte ihn, ob er nicht als Kind von einem Obeah besprochen worden wäre. Obeah sind, wie schon berichtet, die Magier der karibischen Inselwelt. Er antwortete, daß er als Junge krank gewesen sei. Kein Arzt hatte ihm helfen können. Da brachten ihn seine Eltern zu einem „frommen Mann", der ihn an drei Tagen heilte. Das war Weiße Magie. Die Weiße Magie hat die gleichen Auswirkungen wie die Schwarze Magie. Den Erfolg sehen wir. Dieser Christ war noch nach seiner Bekehrung von dunklen Mächten geplagt, eben weil er bei seiner Bekehrung keinen Seelsorger hatte, der ihn richtig beraten konnte.

B 461 In Brisbane kam eine junge Frau zur Aussprache. Sie war 1960 bei einer Wahrsagerin gewesen. Diese Okkultistin sagte ihr: „Ich kann Ihre Zukunft nur bis 1965 voraussagen. 1965 passiert etwas in Ihrem Leben, was Ihr Leben verändert. Weiter hinaus sehe ich nichts." 1965 kam die Frau zum Glauben an Christus. Sie fand Vergebung, aber keinen echten Frieden. Sie wird immer noch von Vorstellungen verfolgt, mit denen sie nicht fertig wird. Auch hier liegt wiederum der Fall vor, daß bei einer Bekehrung die alten okkulten Belastungen nicht vollständig weichen.

B 462 In Los Angeles kam im Zusammenhang mit Vorträgen an der Church of the Open Door eine gläubige Frau zur Seelsorge. Seit ihrer Kindheit litt sie unter Ekzemen. Die Behandlung des Dermatologen war erfolglos. Die Frau berichtete, daß ihre Mutter eine Atheistin sei. Mein Verdacht auf okkult bedingte Ekzeme bestätigte sich. Die Aussprache ergab, daß die Mutter jahrelang okkulte Dinge getrieben hatte. Ihre gläubige Tochter hat lange Zeit hindurch für die Mutter gebetet. Das war der Grund, daß die gläubige Tochter häufig schwere Anfechtungen erlebte. Trotz ihrer Bekehrung sind die okkult bedingten Ekzeme nicht verschwunden. In einem solchen Fall rate ich meist, daß eine gläubige Tochter für die okkulte Mutter nicht betet, wenn die Mutter nicht bereit ist, ihre Zauberei aufzugeben. Der gläubige Mensch holt sich dabei nur neue Belastungen. Außerdem fehlt dieser Frau ein Gebetskreis. Es ist in Los Angeles äußerst schwer, Gebetskreise zu entdecken, die eine geistliche Kraft und Vollmacht haben. Alle diese Beispiele zeigen, daß bei den Bekehrungen nicht immer zugleich die okkulten Belastungen beendet sind. Viele Christen bleiben auf halbem Weg stecken.

8. Suche für das Lossprechen einen geistlich vollmächtigen Seelsorger

Das Lossagen ist ein Glaubensakt des belasteten Menschen, der frei werden will. Das Lossprechen ist ein Glaubensakt des Seelsorgers, der im Namen Jesu gebundene Menschen lösen darf. Das Lossprechen gründet sich auf Matth. 18,18: „Alles, was ihr auf Erden binden werdet, soll auch im Himmel gebunden sein, und was ihr auf Erden lösen werdet, soll auch im Himmel los sein."

Als junger Seelsorger habe ich manches Mal zu früh okkult belastete Menschen losgesprochen. Die Auswirkung war, daß ich dann selbst schwere Angriffe von seiten der Finsternis bekam. Ich bin dadurch vorsichtiger geworden. In jedem einzelnen Fall frage ich den Herrn Jesus, ob ich in seinem Auftrag den Menschen lossprechen darf oder nicht. Ich habe es häufig verweigert, in manchen Fällen war mir aber die Freiheit dazu gegeben.

B 463 Eine 42jährige Frau kam und bekannte, daß in der Jugend ihre Warzen in folgender Weise besprochen worden sind: Ihre Mutter streute Salz auf die Warzen, sagte einen Spruch aus dem 6. und 7. Buch Moses und dazu die drei höchsten Namen. Dann wurde das Salz ins Feuer geworfen. Die Warzen verschwanden. Seit dieser Zeit setzten aber sexuelle Verwilderungen ein, ferner Lügensucht und Stehlsucht. Als sie sich bekehren wollte, konnte sie nicht.

In der Seelsorge beichtete sie alle Schuld ihres Lebens und sagte sich im Namen Jesu von der Zauberei ihrer Mutter los. Ich wandte dann Matth. 18,18 an und gebot im Namen Jesu den Mächten, von dieser Frau zu weichen und sprach sie von ihren Bindungen los. Durch Gottes Hilfe und Gottes Tat wurde dieser Frau geholfen.

Der Seelsorger hat niemals seine Vollmacht aus sich selbst, er ist nur ein Stellvertreter und ein Beauftragter des erhöhten Herrn.

B 464 In Paris kam ein junger Mann zu mir in die Seelsorge, der aktiv und passiv in Zauberei verwickelt war. Er legte eine Lebensbeichte ab und war bereit, sein Leben völlig Christus auszuliefern. Ich sprach mit ihm zusammen ein Lossagegebet und sprach ihn auch im Namen Jesu los. Viele Jahre später begegnete mir dieser Mann wieder. Er war völlig frei und froh und aktiver Mitarbeiter in einer Baptistengemeinde.

B 465 Vor vielen Jahren evangelisierte ich in Verden, eingeladen von Prediger Fritz Taddei. Er berichtete mir folgendes Erlebnis. Ein gläubiges, junges Ehepaar war bei ihm zur Seelsorge gewesen. Die Eheleute sahen nachts um zwei Uhr immer einen dunklen Mann. Taddei sagte ihnen: „Dann habt ihr oder die Hausbewohner vor euch Zauberei getrieben." Das Ehepaar bekannte folgendes. Es war oft krank gewesen und fand keine Hilfe durch den Arzt. So rief das Ehepaar einen Besprecher, der jedesmal half. Der Besprecher erklärte eines Tages: „Ich werde alt und gebrechlich. Ich kann bald nicht mehr kommen. Ihr könnt das selber lernen." Er schrieb ihnen die Besprechungsformel auf. Der Ehemann probierte in Zukunft die Formel aus, und sie funktionierte. Schließlich wurde er selbst als Besprecher geholt. Dann kam die Zeit, da beide Eheleute sich bekehrten. Von dieser Zeit an tauchte nachts der dunkle Mann auf. Sie wurden lange damit belästigt, bis sie Taddei zu Hilfe riefen. Sie beichteten erneut und sagten sich los. Taddei sprach sie im Namen Jesu frei. Als dann die dunkle Gestalt wieder nachts erschien, sagten die beiden Eheleute: „Wir folgen dir nicht mehr nach. Jesus hat uns frei gemacht. Wir sagen uns von dir los." Seit dieser Zeit haben sie Ruhe. Auch hier der Tatbestand, daß gläubige Menschen nach ihrer Bekehrung noch belästigt wurden, bis sie sich lossagten und vom Seelsorger losgesprochen worden waren.

9. Gliedere dich in eine Gebetsgruppe ein

Seelsorge an okkult Belasteten ist team-work (Gruppen-Arbeit). Oft kommt der einzelne Seelsorger nicht durch, sondern braucht die Unterstützung einer Gebetsgruppe. Leider gibt es in der Christenheit wenig aktive Gebetskreise.

B 466 Ein Missionar, der viele Jahre in China gearbeitet hatte, kam heim. Er konnte nicht mehr beten und die Bibel lesen. Er war geistlich blockiert. Das trieb seine eigenen Kinder in die Buße. Zuerst übergab sich die Tochter erneut dem Herrn Jesus, danach ihr Bruder. Sie bildeten eine Gebetsgemeinschaft für den Vater, und der Herr schenkte es, daß nach langer treuer Fürbitte der Vater wieder beten konnte.

B 467 Bei einer Vortragstour durch Argentinien lernte ich Prof. Winter kennen. Er erlebte in Cordoba, Argentinien, folgendes: Er kam mit einer Frau in Berührung, die jahrelang Spiritismus und

Magie getrieben hatte. Prof. Winter sprach mit dieser Frau über den Einfluß der bösen Geister auf unser Leben und über die medialen Fähigkeiten. Sie hörte aufmerksam zu und merkte, daß Prof. Winter etwas davon verstand. Beim zweiten Besuch bekehrte sich diese Frau. Von diesem Augenblick an rächten sich die Geister. Sie selbst sah Frösche aus ihrem Mund springen, und ihr Bett wurde geschüttelt. Die Frau wurde von Krämpfen geplagt. Einige Christen bildeten einen Gebetskreis, der monatelang zusammenkam. Schließlich wurde sie frei. Ihre Befreiung war offensichtlich. Sie stellte sich ganz dem Herrn Jesus und für seine Arbeit zur Verfügung.

B 468 Vor einigen Jahren erhielt ich eine Einladung von Dr. Martin Lloyd Jones. Er hatte 22 Ärzte und Psychiater für eine Konferenz zusammengebracht. Ich hatte über das Problem der Besessenheit zu berichten. Zwei dieser Psychiater griffen mich an. Zwei andere Psychiater verteidigten mich. Nun das Erlebnis des einen Psychiaters, der ein gläubiger Christ ist. Er lebt in der Nähe von New Forest, wo viel Magie getrieben wird. Es kam eines Tages ein junger Mann zu ihm, der ursprünglich in einen magischen Zirkel verwickelt war. Er wollte frei werden, weil dieser Zirkel immer mit sexuellen Orgien endete. Der magische Zirkel kam regelmäßig in einem Walddickicht zusammen. Der Psychiater versammelte sich mit einigen Betern in der Nähe des Versammlungsortes. Das Treiben der Magier und Spiritisten begann. Da trieb aber ein solcher Sturm durch den Wald, daß sie abbrechen mußten. Der Arzt verweilte mit seiner Gebetsgruppe so lange in der Fürbitte, bis den Magiern die Lust verging, sich erneut in dem Wald zu versammeln.

B 469 In Port Elizabeth, Südafrika, suchte mich ein Mann auf. Er ist jetzt Glied der Heilsarmee. Sein Onkel war Besprecher. Er selbst wollte 1947 Christus nachfolgen. In diesem Augenblick stellten sich bei ihm mediale Fähigkeiten ein. Er konnte sich Nadeln durch die Zunge und die Wangen stecken, ebenso durch die Hand, ohne irgendeinen Schmerz zu verspüren. Er konnte auch Feuer schlucken.

Ein Gebetskreis hatte sich für ihn eingesetzt und viel für ihn gebetet. Durch den treuen Dienst dieser Beter innerhalb der Heilsarmee kam er wieder los. Er hat aber heute noch kein Gefühl für Feuer und verbrennt sich die Finger oder berührt heiße Gegenstände, ohne daß er es merkt. Ein Zeichen dafür, daß noch ein Rest seiner medialen Fähigkeit vorhanden ist. Das heißt, die Arbeit des Gebetskreises ist noch nicht beendet. Der Gebetskreis sollte solange beten, bis der Mann auch von dem Rest seiner okkulten Kräfte frei geworden ist.

In der ganzen Welt ist es eine Notlage, daß es zwar viele Christen gibt, aber wenig Gebetskreise, die einsatzfähig und treu und vollmächtig im Dienst der Fürbitte stehen.

Für den Einsatz von Gebetskreisen haben wir die Verheißung Matth. 18,19: „Wo zwei unter euch eins werden, worum es ist, daß sie bitten wollen, das soll ihnen widerfahren von meinem Vater im Himmel." Notfalls genügen also zwei Menschen zu einem Gebetskreis, wenn nicht mehr zu finden sind.

Ein biblisches Beispiel für die Vereinigung von zwei Menschen zum Gebet haben wir in Apostelgeschichte 16,25, wo es heißt: „Um die Mitternacht aber beteten Paulus und Silas und lobten Gott." Wir haben ferner in der Apostelgeschichte auch den Hinweis auf einen sehr großen Gebetskreis im Haus der Maria. Es heißt in Apostelgeschichte 12,12: „Petrus kam vor das Haus der Maria, der Mutter des Johannes, da viele beieinander waren und beteten." Solche Gebetszellen sind die Plätze, wo der Herr Jesus seine Herrlichkeit offenbart.

10. Praktiziere Beten und Fasten

Beten und Fasten gründet sich auf das Wort Jesu Mt. 17,21: „Diese Art fährt nicht aus, denn durch Beten und Fasten."

Beten und Fasten ist fast in Vergessenheit geraten. Die katholische Kirche hat daraus ein verdienstliches Werk gemacht. Das ist aber nicht der Sinn des Fastens. Fasten bedeutet nur ein intensives Beten unter Verzicht auf Nahrung. Beim Fasten muß man aber auch die Vernunft walten lassen.

B 470 Eine Missionarin reiste nach Israel und nahm sich vor, 40 Tage zu beten und zu fasten. Sie nahm keine Flüssigkeit zu sich. Nach dem 12. Tag brach sie zusammen. Nach der Einlieferung in ein Spital konnte sie nicht mehr gerettet werden. Wer fastet, muß mindestens am Tag die erforderliche Menge Flüssigkeit zu sich nehmen. In meinem deutschen Buch „Jesus auf allen Kontinenten" und in dem englischen Buch „The Wine of God" berichtete ich von

Vater Daniel in Madras, der jedes Jahr den Monat Juni als Monat des Betens unter Fasten benützte. Vater Daniel war ein Mann mit einer seltenen geistlichen Vollmacht. Er durfte für viele schwerbelastete Menschen ein Seelsorger von Gottes Gnaden sein.

B 471 Bei einer meiner Ostasientouren begegnete ich Dr. Eitel, der viele Jahre der Leiter des Hospitals von Changsa gewesen war. Von ihm habe ich folgenden Bericht. Eine Stadt in Kweichow wurde von einer starken Räuberbande eingeschlossen. Innerhalb der Stadtmauern waren Soldaten des Magistrats, aber in großer Minderheit. Zehn Tage lang wehrten die Soldaten die Räuber ab, dann war ihr Pulver verschossen.

Ohne um diese Vorgänge zu wissen, wurde Eva von Thiele-Winckler in Deutschland innerlich gedrungen, zehn Tage für China zu fasten und zu beten.

Nach zehn Tagen zogen die Räuber sonderbarerweise ab. Zu der gleichen Stunde stand Eva von Thiele-Winckler auf und nahm wieder Nahrung zu sich. Sie wußte, daß die Gefahr vorüber war, ohne die Details zu kennen.

B 472 Vor rund 20 Jahren hatte ich in Coburg einige Vorträge. Ein gläubiger Pfarrer berichtete mir folgendes. Eine Frau seiner Gemeinde war jahrelang von einem Psychiater behandelt und als schizophren diagnostiziert worden. Die Frau sieht Fratzen am Fenster, ist schwermütig und hat Selbstmordgedanken. Daraufhin bildete der Pfarrer einen Gebetskreis, der auch unter Fasten für die Frau Fürbitte übte. Die Frau veränderte sich unter der geistlichen Beeinflussung zusehends. Es war also keine Schizophrenie, sondern es war eine Belastung durch Zaubereisünden der Vorfahren.

B 473 Nun ein dramatisches Beispiel, das ich vor Jahren zusammen mit meinem Freund und Seelsorger Gottlieb Weiland erlebt habe. Es ist eine lange Geschichte. Ich versuche, sie aber stark verkürzt wiederzugeben. Es war am Ostermontag 1962. Der Evangeliumssänger Franz Knies brachte einen jungen Mann zur Seelsorge an, weil er nicht mit ihm fertig wurde. Wir waren zunächst drei Brüder: Franz Knies, Gottlieb Weiland und ich. Franz Knies redete den jungen Mann an: „Horst, was ist mit dir?" Es kam die Antwort: „Ich bin nicht Horst, ich habe Horst." Da gebot Franz Knies im Namen Jesu. Die Stimme fing an zu jammern: „Jage mich nicht fort. Ich gehe nicht fort. Wo soll ich sonst hin. Ich bin ja wohnungslos." Gottlieb Weiland nahm dann den Jungen zunächst in ein Zimmer und sprach mit ihm seelsorgerlich. Der Junge legte eine Lebensbeichte ab und erklärte, er wolle unbedingt Jesus nachfolgen. Dann holte uns Gottlieb Weiland wieder in das Zimmer. In diesem Augenblick veränderte sich das Gesicht von Horst. Er grinste spöttisch. Weiland erklärte: „Wir gehen auf die Knie und beten." Horst erklärte: „Aber ich nicht." Als wir beteten, fuhr Horst dazwischen und schrie: „So hört doch auf und laßt mich in Ruhe." Als wir weiterbeten, springt Horst auf und greift uns tätlich an. Er steht vor mir, hält mir die Hände um den Hals, als wollte er mich erwürgen. Ich stellte mich unter den Schutz Jesu. Der Besessene konnte mich nicht anrühren. Ich sagte ihm: „Zwischen dir und mir steht Jesus." Da läßt sich Horst fallen. Wir beten weiter. Wieder jammert die Stimme aus dem Besessenen: „Ich gehe nicht raus, sonst muß ich umherirren. Ich brauche einen Menschen als Behausung." Wir geboten im Namen Jesu diesen Mächten auszufahren. Plötzlich erklärte der Besessene: „Wenn ich raus muß, dann laßt mich in einen besoffenen Lumpen fahren, der heute mittag in dem nahe gelegenen Gasthaus sitzt." Wir antworten: „Im Namen Jesu fahre dahin, wohin Jesus dich schickt." Wir holten dann Verstärkung. Im Hause befanden sich zwei Missionsschwestern, die wir riefen, um mit uns zu beten. Der Besessene liegt immer noch bewußtlos am Boden, und verschiedene Stimmen reden aus ihm und erwähnen Horst in der dritten Person. Wir ziehen uns dann in ein anderes Zimmer zum Gebet zurück. Weiland sagte dann: „Das wäre nun ein Besessener, bei dem das Wort Jesu angewandt werden muß: ‚Diese Art fährt nicht aus, denn durch Gebet und Fasten.'"

11. Stelle dich unter den Schutz des Blutes Jesu

Vor einigen Jahren besuchte ich verschiedene Missionsstationen an der Elfenbeinküste. Unter anderem hatte ich eine Konferenz mit den Missionaren in Man, eingeladen von Missionar Walter Hadorn. Bei dieser Konferenz hörte ich folgende Geschichte. Der Präsident aller evangelischen Kirchen in der Umgebung von Man, ein treuer Evangelist, sollte vergiftet werden. Die Heiden benützten die Galle eines Krokodils und eines Leoparden. In zehn Minuten sollte der Evangelist daran sterben. Er bekam aber nur leichtes Bauchweh. Ein Jahr später bekannte der Mörder: „Ich sollte dich vergiften. Dein Gott ist aber stärker als mein Gott." Die Missionare auf diesen gefährdeten Missionsfeldern stellen sich täglich unter den Schutz des Blutes Jesu, damit der Feind keine Macht an ihnen hat. Sie wissen auch um die besonderen Bibelstellen, die sie im Glauben in Anspruch nehmen dürfen. Dazu gehört Sach. 2,9: „Ich will eine feurige Mauer umher sein und will mich herrlich darin erzeigen." Oder Luk. 10,19: „Siehe, ich habe euch Macht gegeben zu treten auf Skorpione und Schlangen und über alle Gewalt des Feindes; und nichts wird euch beschädigen."

B 474 Dr. Eitel berichtete mir von seinem Freund, einem Pfarrer in E. in der Schweiz. In dem Dorf wurde viel Zauberei praktiziert. Der Pfarrer und seine Frau beteten viel wegen dieser Zauberei. Da wurde die Pfarrfrau besessen und erlebte in ihrem Leben keine Befreiung mehr. Der Pfarrer klagte: „Wir haben uns zu wenig unter den Schutz des Blutes Jesu gestellt."

In solchen Fällen gebe ich andere Ratschläge. Ich rate nicht den Gläubigen, generell gegen die Zauberei eines Dorfes zu beten, sondern nur für die Menschen, die die Opfer der Zauberei geworden sind, und auch unter denen nur für solche, die bereit sind, mit der Zauberei zu brechen. Ich habe auf den Missionsfeldern eine Reihe von Beispielen erlebt, daß Missionare es als ihre Aufgabe ansahen, etwa gegen die Priester eines buddhistischen oder hinduistischen Tempels zu beten, und sie haben darüber ihren Verstand verloren.

Die Seelsorger, die okkult Belastete beraten und betreuen, müssen sich täglich unter den Schutz Jesu stellen. Und die okkult Belasteten, die frei geworden sind, haben es in gleicher Weise nötig, sich täglich, vor allem abends, wenn sie zu Bett gehen, unter den Schutz Jesu Christi zu stellen.

Das Blut Jesu Christi ist unser Panier. Hebr. 9,14; Hebr. 10,22; Eph. 1,7.

12. Gebiete dem Feind im Namen des Herrn

Wie das Gebieten gehandhabt wird, zeigt uns der Apostel Paulus in Apg. 16,16–18. Der Apostel Paulus hat gegenüber dem Wahrsagegeist dieser Wahrsagerin von Philippi im Namen des Herrn geboten, und die Frau wurde frei. Wir gebieten nicht nur in der Seelsorge an anderen Menschen, wir dürfen auch im Namen Jesu gebieten, wenn der Feind uns selber angreift. Das Gebieten im

Namen Jesu ist eine stärkere Form des Gebets und des Glaubens. Jeder Christ sollte das üben, um den Kampf mit den Mächten der Finsternis zu bestehen. Die Hölle zittert vor dem Namen des Herrn. In Offb. 14,1 wird berichtet, daß die Auserwählten den Namen des Lammes Gottes und den Namen des Vaters an ihre Stirn geschrieben haben. Wir haben seinen Namen, und darum stehen wir auf der Seite des Siegers.

B 475 1964 bereiste ich einige Indianerstämme im oberen Amazonasgebiet. Ich war auch an der Bibelschule in der Nähe von Pucallpa. Eines Nachts wurde ich zu einer jungen Indianerfrau gerufen. Ich erfuhr, daß sie fünfmal bei den Zauberern gewesen war und selbst Ayahuasca, einen Zaubertrank, trank. Wenn diese junge Frau in Trance fällt wie der Zauberer selbst, dann fängt sie an, mit einer sehr hohen Stimme zu singen. Dem christlichen Glauben gegenüber ist sie völlig verschlossen. Und nun war ich nachts um halb zwei gerufen worden. Seit einer Stunde sang sie wieder ihre Zaubergesänge. Ich betete mit ihr und stellte mich unter den Schutz des Blutes Jesu. Dann gebot ich im Namen Jesu diesen Mächten auszufahren und gebot auch, daß sie sofort mit diesem Zaubergesang stoppen sollte. Sie hörte auch tatsächlich sofort auf und sang nicht mehr.

B 476 Bei einer Evangelisation in der Schweiz kam in der Nähe von Zofingen ein gläubiger Bruder zu mir zur Aussprache. Seine Schwester wohnte damals in einem Spukhaus. Ihr Mann ist nicht gläubig. Wenn er sich ins Bett legte, hob sich das Bett hoch und schaukelte. Das Schaukeln und das sogenannte Schlittenphänomen zeigt sich vor allem in spiritistischen Häusern. Die gläubige Frau wies ihren ungläubigen Mann an, er sollte bei solchen Angriffen den Namen Jesu anrufen. Ein andermal war er bereits eingeschlafen. Er wurde wieder von unsichtbaren Mächten geweckt und spürte, daß jemand ihn an beiden Schultern niederdrückte. Er griff danach und hatte Tierpfoten in den Händen. Nach der Anweisung seiner Frau rief er den Herrn Jesus an, und die Pfoten verschwanden.

Ein andermal knallte es im Zimmer, oder er hörte Hunderte von Tauben, die aus dem geschlossenen Zimmer wegflogen. Es handelt sich hier nicht um Halluzinationen eines Geisteskranken. Die vier Mietsparteien im gleichen Haus erlebten diese Spukfälle mit und noch schlimmere. Sie wollten alle ausziehen, hatten aber damals keine geeigneten Wohnungen gefunden.

Wir haben hier die Tatsache, daß ein ungläubiger Mann den Namen des Herrn Jesu anrief. Und der Herr hat tatsächlich geantwortet. Das ist eine Erfüllung des Wortes: „Wer den Namen des Herrn Jesu anruft, wird errettet werden (Apg. 2,21). Der Name Jesu darf aber niemals als magische Abwehrformel benützt werden, sonst zieht sich der betreffende Mensch nur noch mehr Belastungen zu. Bibelworte und der Name Jesu sind keine magischen Formeln. Es zeigt sich auch, daß Ungläubige, die den Namen Jesu in ihrer Angst gebrauchen, zwar eine vorübergehende Hilfe erfahren. Die Angriffe erfolgen aber immer wieder, bis der Betreffende sich total Jesus ausliefert.

B 477 In San Francisco berichtete ein Pfarrer in dem Konvent, den ich zu halten hatte, folgendes Erlebnis. Eine junge Frau seiner Gemeinde hatte sich bekehrt und besuchte auch die Gebetsstunden. Während des Betens verlor sie immer das Bewußtsein, und in der Trance oder in der Halbtrance ging sie umher und rief: „Wachet und betet." Der Pfarrer sah sich das dreimal an. Während die Gemeindeglieder meinten, das sei ein wunderbares Erlebnis, war der Pfarrer anderer Meinung. Er gebot dieser Frau im Namen Jesu aufzuhören. Die Frau wurde frei und freute sich ihrer Befreiung. Es stellte sich heraus, daß sich diese Frau früher in spiritistischen Sitzungen herumtrieb. Daher stammte ihre Trancefähigkeit. Trotz der Bekehrung war sie noch okkult belastet, bis der Pfarrer im Namen Jesu diesen Mächten gebot.

Auch hier zeigt sich wieder, daß bei einer Bekehrung nicht alle okkulten Belastungen sofort verschwinden. Wenn es geschieht, dann ist es eine Großtat Gottes. Aber manches Mal brauchen diese Menschen doch eine spezielle Seelsorge.

Das Gebieten im Namen Jesu führt auch zur Frage, was wir vom Exorzismus zu halten haben. Nur einige Stichworte zu diesem Problem: Von Jesus heißt es in Markus 1,27: „Er gebietet mit Gewalt den unsaubern Geistern, und sie gehorchen ihm." Die Jünger des Herrn haben von ihrem Meister die gleiche Vollmacht erhalten. In Matth. 10,1 heißt es: „Jesus gab seinen Jüngern Macht über die unsaubern Geister, daß sie die austrieben." Wir haben damit Belegstellen, daß sowohl Jesus als auch seine Jünger den Exorzismus übten.

Nun kommen aber verschiedene Anhänger der sogenannten Dispensationstheologie, die sagen, diese Vollmacht sei mit dem ersten Jahrhundert beendet worden. Seit wir den Kanon der biblischen Schriften haben, sind alle oder ein Großteil der Geistesgaben verschwunden. In dieser Theologie steckt nur eine Teilwahrheit. Es gibt Gaben, z. B. die Prophetie über die eschatologischen Dinge, die tatsächlich mit dem Kanon der biblischen Schriften aufgehört haben. Andere Kräfte und Gaben gehören aber zur Dauerausrüstung der Christen, und dazu gehört auch der Auftrag, im Namen Jesu zu gebieten oder böse Geister auszutreiben. Nahezu alle großen Männer der neunzehnhundertjährigen Kirchengeschichte haben das geübt. Es ist mir deshalb unbegreiflich, daß Männer im 20. Jahrhundert, die sonst einen guten Namen haben, in ihren Zeitschriften erklären, daß diese Gabe der Vergangenheit angehöre. Ich kann eine solche Aussage nun damit kontern, daß diese Männer absolut keine Erfahrung mit Besessenen haben, sonst würden sie nicht derartige unbiblische Lehren vertreten.

Man kann den Exorzismus auch nicht damit erledigen, daß man darauf hinweist, daß die heidnischen Zauberer und die Vertreter der außerchristlichen Religionen wie die Moslems, die Hindus, die Buddhisten Formen des Exorzismus haben. Einen echten Exorzismus gibt es nur im Namen des Herrn Jesus Christus.

Die katholische Kirche hat im Mittelalter vielfach aus dem Exorzismus eine großartige religiöse Show gemacht. Man hat damit das eigentliche Problem des Exorzismus entwertet. Aber dennoch muß man der katholischen Kirche es anrechnen, daß sie das Problem der Besessenheit und des Exorzismus besser diskutiert hat als die protestantische Kirche. Ich sage das als Protestant und nicht als Katholik, darum wird diese Aussage besonderes Gewicht haben. Dazu als Beispiel:

B 478 Der Bericht in einer süddeutschen Tageszeitung vom 15. Dezember 1975. In der Wochenzeitung des Vatikans, Osservatore Romano, schreibt der Msgr. Balducci: „Es gibt Besessene." Balducci räumt ein, daß in früherer Zeit viele Fälle, die man für Besessenheit hielt, ins Gebiet der Psychiatrie fallen. Dennoch gäbe es sichere Kriterien dafür, daß ein Dämon von einem Menschen Besitz ergreifen kann. Die Indizien der Besessenheit äußern sich anders, als sie in der Psychiatrie und in der Parapsychologie noch für natürlich gehalten werden.

Eine furchtbare Verzerrung erhält das Problem der Besessenheit bei den Schwarmgeistern, die oft einfach zu erklärende Krankheiten als eine Besessenheit hinstellen. Eine andere Verzerrung sind diese schauerlichen Filme wie z. B. „Der Exorzist", die das Problem der Besessenheit in einer satanischen Weise verzerren. Selbst, wenn unter hundert Fällen von Exorzismus 99 unbiblisch und widerbiblisch sind, so bleibt doch ein kleiner Rest echter Besessenheitsformen, die auch einen echten Exorzismus verlangen. Solche echten Fälle sind mir wohlbekannt. Ich selbst bin mit meinem Freundeskreis dafür Zeuge, daß Menschen, die besessen waren, und die eindeutig Symptome der Besessenheit aufwiesen, durch den Namen Jesu frei geworden sind. Dem Herrn sei Dank, daß wir auch im 20. Jahrhundert noch etwas wissen und erleben vom Sieg Jesu Christi.

13. Benutze fleißig die Gnadenmittel

In Apostelgeschichte 2,42 werden die Gnadenmittel genannt: Sie blieben beständig in der Apostel Lehre und in der Gemeinschaft und im Brotbrechen und im Gebet. Hier sind also die vier Elemente, die geistlichen Bausteine eines christlichen Lebens genannt: Das Wort Gottes, die Gemeinde der Gläubigen, das Heilige Mahl, das private Gebet und das Gebet im Gebetskreis. Viele okkult belastete Menschen lassen sich dazu führen, daß sie ein Lossagegebet sprechen. Manche denken dabei: dann haben wir's geschafft, nun sind wir ein für allemal die Belastungen los. Es kommt aber manches Mal vor, daß trotz Lossagegebet die Belastungen weiterlaufen. Das hängt damit zusammen, daß der Befreite nicht treu ist im Gebrauch der Gnadenmittel. Wer nicht seinen geistlichen Menschen durch diese Gnadenmittel stärkt, kommt nicht los, sondern wird immer wieder Zielscheibe satanischer Angriffe sein. Hier ist also ein wichtiger Punkt in unserem Glaubensleben und in der Nachfolge Jesu, daß wir die Gnadenmittel treu und fleißig anwenden und gebrauchen.

B 479 Aus einer bayerischen Großstadt reiste eine Frau an. Sie war in großer seelischer Not. Ihre Mutter und Großmutter haben das spiritistische Tischrücken betrieben. Sie selbst hat meine Bücher gelesen und ihre Störungen als Auswirkungen des Spiritismus der Vorfahren erkannt. Sie suchte in ihrer Stadt einen gläubigen Priester auf, der ihr in seiner Unkenntnis und Unerfahrenheit sagte, ihre Telepathie und ihre Hellseherei wäre eine Gabe von Gott. Sie selbst aber empfand es richtig als Belastung, und darum reiste sie an, um mich seelsorgerlich zu sprechen. Sie legte eine Lebensbeichte ab und übergab ihr Leben erneut Christus. Ich betete mit ihr ein Lossagegebet. Dennoch empfand sie immer noch eine Wand zwischen Gott und sich, wie sie mir später mitteilte. Ich antwortete ihr, sie möchte in ihrer Stadt Umschau halten, ob sie nicht einige Christen fände, die mit ihr zusammen einen Gebetskreis bilden würden. Dazu riet ich ihr dringend, treu zu sein im Gebrauch der Gnadenmittel, die in Apg. 2,42 erwähnt sind.

B 480 Bei einer Evangelisation in der Schweiz kam ein etwa 40jähriger Mann zur Seelsorge. Seit zehn Jahren litt er unter Kopfweh. Er war bei berüchtigten Appenzeller Heilpraktikern, bei G., bei S. und einer Besprecherin gewesen. Alle drei erklärten: „Wir kommen nicht durch. Es stört jemand, es sind Gegenkräfte da." Die Frau des Mannes ist eine treue Beterin, die alle Hilfsmittel und Verheißungen der Heiligen Schrift in Anspruch nimmt.

Wer seinen geistlichen Menschen nicht fleißig und treu täglich stärkt, kommt nie ganz los von der okkulten Vergangenheit und ist immer wieder neu den Angriffen Satans ausgesetzt.

14. Lege die Waffenrüstung des Geistes an

Paulus hat in Epheser 6,10–18 einen ganzen Abschnitt der geistlichen Waffenrüstung gewidmet. Er spricht vom Harnisch Gottes, vom Panzer der Gerechtigkeit, vom Schild des Glaubens, vom Helm des Heils und vom Schwert des Geistes.

Diese Ausdrücke sind alle der Kriegssprache entnommen. Paulus will damit sagen, in der Auseinandersetzung mit Satan und seinen Dämonen befinden wir uns auf einem Kampffeld, auf dem scharf geschossen wird.

Der Feind kämpft nicht immer mit offenem Visier, sondern viele seiner Angriffe sind sehr fromm getarnt. Darum spricht auch Paulus in Eph. 6,11 von den listigen Anläufen des Teufels. Bei einem Besuch in Toronto sagte mir die Marburger Missionsschwester Mary Klee: „Bei den Satanskulten weiß man sofort, woran man ist. Bei den sogenannten charismatischen Bewegungen und den verschiedenen Richtungen der Pfingstgemeinden kann man oft nicht durchblicken. Es klingt alles so fromm. Die Grenzen sind verwischt." Damit sprach diese Schwester aus, was Paulus unter den listigen Anläufen des Teufels versteht.

Daß der Teufel mit der Bibel angreift, sehen wir in der Versuchungsgeschichte Matthäus 4. Der Teufel kennt die Bibel. Jesus kennt sie aber noch besser und pariert die frommen Angriffe Satans ebenfalls mit Bibelworten.

Man muß die Bibel mit einem Farbstift lesen und all das anstreichen, was wir uns merken wollen und im Kampf gegen die Angriffe Satans verwenden können. In der Zeit der schlimmsten Angriffe gegen mich konnte ich mich nur durch Bibelworte retten, die mich durch alle Kämpfe hindurchtrugen. Wenn die frommen Dämonen uns verwirren wollen, dann müssen wir wie Jesus sagen: „Wiederum steht auch geschrieben!" Der Verzerrung biblischer Worte müssen wir die echte Anwendung biblischer Worte entgegenhalten.

B 481 Bei einer meiner Vortragstouren durch Kanada erzählte mir Pfarrer C., daß er eine Frau in seiner Gemeinde habe, die angibt, sie hätte ihre Wahrsagefähigkeit von Gott. Er versuchte, sie aufzuklären. Sie nahm seinen Rat nicht an. Als er zum Abschluß der Unterredung mit ihr betete, kam eine unheimliche Macht aus ihren Augen auf ihn zu. Es war wie eine dunkle Wolke, die ihn überschatten wollte. Er konnte sich nur unter den Schutz Jesu flüchten und um den Harnisch Gottes, den Schild des Glaubens und den Helm des Heils bitten. Achten wir einmal auf diese Ausrüstungsgegenstände. Der Harnisch, den Panzer, der Schild und der Helm sind Schutzwaffen, eine Abwehr gegen die Angriffe des Bösen. Das Schwert ist eine Angriffswaffe. Es sind in diesem Text vier Schutzwaffen und eine Angriffswaffe genannt, das zeigt schon, in welcher Gefahr wir uns befinden.

15. Realisiere den Sieg Jesu über die finsteren Mächte

B 482 In Liberia hatte ich folgendes Erlebnis. Ich besuchte eine Farm mit hundert Arbeitern. Der Aufseher gehörte ursprünglich einem Geheimbund an. Als er den Weg zu Jesus gefunden hatte, trat er aus dem Geheimbund aus und bekam dadurch Todfeinde. Er sammelte gläubige Christen in seinem Wohnhaus, las mit ihnen zusammen die Bibel und betete. Eines Tages kam der zehnjährige

Junge heim. Er hatte wahnsinnige Schmerzen. In 1½ Stunden war er tot. Es stellte sich heraus, daß er von den Anhängern des Geheimbundes vergiftet worden war. Sechs Monate später kam ein anderer Junge heim und hatte wieder schauerliche Schmerzen. Nun waren aber der Vater und die Gläubigen gerüstet. Sie beteten und riefen den Sieg Jesu über dem Jungen aus. Der Junge war vorübergehend ganz blind und bewußtlos. Als sie unter Handauflegung mit ihm beteten, kam er wieder zu sich, wurde wieder sehend und gesund. Beim ersten Angriff waren sie von der Macht der Finsternis überrascht worden. Beim zweiten Angriff waren sie gewarnt und nahmen den Sieg Jesu in Anspruch.

B 483 Eine gläubige Frau R. übernachtete in Würzburg. Bevor sie einschlief, erlebte sie im Wachzustand, daß sich eine Frau in ihrem Zimmer befand, obwohl die Türen und die Fenster verschlossen waren. Die Frau schrie etwas vom Halsabschneiden. Frau R. hatte eine Lähmung am ganzen Körper. Sie konnte nicht beten. Schließlich gelang es ihr auszurufen: „Jesus, Jesus, Jesus.“ Bei diesem Ruf verschwand die Lähmung und die Spukerscheinung.

B 484 In Manila auf den Philippinen hatte ich einen Vortrag in der Unionskirche. Plötzlich ging das elektrische Licht aus. Man stellte daraufhin zwei Kerzen auf. Die Flamme wurde immer kleiner. Da hielt ein Missionar die hohle Hand um das Licht. Obwohl in der Kirche völlige Windstille und die Flamme durch die hohle Hand geschützt war, drohte das Licht auszugehen. Ich spürte in diesem Augenblick einen Angriff der Finsternis und gebot in meinem Herzen: „Im Namen Jesu gebiete ich euch Finsternismächte zu weichen.“ Die Flamme wurde normal. Ich sagte dem begleitenden Missionar: „Das war der Teufel.“ Hinterher stellte sich heraus, daß ein Hilot (Zauberer) in der Kirche war, der schweißtriefend nach der Versammlung herauskam. Ich sprach ihn an, weil er sich ganz in meiner Nähe befand, und er gab offen zu, daß er das elektrische Licht durch magische Kraft gelöscht hatte. Er hätte auch das Licht der Kerzen gelöscht, wenn nicht eine stärkere Macht ihm entgegengetreten wäre. Dieser Hilot gab auch an, er könne durch magische Kraft sogar Menschen auf Entfernung töten. Ich weiß das durch andere Gespräche mit Missionaren, daß das der Wahrheit entspricht. Die Hilots auf den Philippinen, die

Karhunas auf Hawaii und die Saugumma auf Neuguinea besitzen die Kraft der sogenannten Todesmagie.

B 485 Bei einer Evangelisation im südlichen Württemberg kamen zwei Männer zu mir in die Aussprache. Sie sind vier Geschwister, zwei Brüder und zwei Schwestern, die eine Mühle besitzen. Ein fremder Müllerbursche nahm Arbeit in dieser Mühle an. Er hatte es bald auf die jüngere Schwester abgesehen. Dieser Müller ist Spiritist. Er betreibt das Tischrücken, arbeitet mit dem 6./7. Buch Moses und praktiziert die Mentalsuggestion. Er hat das Mädchen, auf das er es abgesehen hatte, nachts immer gerufen: „Komm!“ Es ging wie eine Traumwandlerin in das Zimmer des Müllers. Sie heirateten. Als die junge Frau im Krankenhaus lag, hörte die ältere Schwester nachts wohl zehnmal den Ruf: „Komm!“ Dieses Mädchen rief den Namen Jesu an und widerstand dem Ruf.

Die beiden Brüder, die zu mir in die Aussprache kamen, werden von dem Spiritisten furchtbar geplagt. Sie hören Spuk, Geräusche, Poltern, es kommen schwarze Tiere auf sie zu. Wenn sie dann den Namen Jesu anrufen und beten, verschwindet dieser Spuk.

Der Müllerknecht erklärt, er gebe keine Ruhe, bis er die drei unter dem Boden habe, um die Mühle und das Erbe dieser drei an sich zu reißen. Bis jetzt ist ihm das nicht gelungen, denn die beiden Brüder und die Schwester, auch die junge Frau, sind gläubige Christen. Die jüngere Schwester hat nur einen Fehler begangen, daß sie diesen furchtbaren Burschen heiratete.

B 486 Noch ein Beispiel aus der Schweiz. Es ist das Erlebnis einer meiner Freunde. Der Evangelist O. H. evangelisierte im Schweizer Jura. Das Tal, in dem er arbeitete, ist bekannt für seine Zauberei. Nach der ersten Versammlung erschien ihm nachts plötzlich eine dunkle Gestalt im Zimmer, obwohl die Tür verschlossen war. Die dunkle Gestalt erklärte ihm: „Ich bin der Herr des Tales, verschwinde, oder ich bringe dich um.“ Am nächsten Morgen rief der Evangelist eine Reihe von Freunden an, erzählte ihnen das nächtliche Erlebnis und bat um ihre Fürbitte. Er verließ das Tal nicht. Nach der zweiten Versammlung hatte er wiederum diese unheimliche Erscheinung, die ihm sagte: „Ich gebe dir noch 24 Stunden Zeit, wenn du dann nicht verschwunden bist, bist du ein toter Mann.“ Der Evangelist war wie gelähmt, er konnte nicht seine Lippen zum Gebet bewegen. Er konnte nur in seinem Herzen unablässig rufen: „Jesus, Jesus, Jesus." Am nächsten Morgen rief er noch mehr Beter an als zuvor. Nach der dritten Versammlung erschien die schwarze Gestalt nicht mehr. Es blieb alles ruhig. Die Evangelisation verlief sehr segensreich. Es kam eine ganze Reihe von Menschen zum Glauben an Christus, und viele von ihnen wurden aus ihren okkulten Bindungen frei. Wir haben damit eine Erfüllung von 1. Joh. 4,4: „Der in euch ist, ist größer als der in der Welt ist." Ich bitte aber darum, daß man dieses Wort nicht leichtsinnig für Situationen in Anspruch nimmt, für die man es nicht verwenden darf. Ich habe viele leichtsinnige Christen erlebt, die mit diesen Worten operieren und dann in ihrer Oberflächlichkeit vom Satan abgeschossen wurden. Wer die Macht Satans kennt, unterschätzt ihn nicht, er weiß aber noch mehr um die wundervolle Siegesmacht Jesu, die wir im Glauben in Anspruch nehmen dürfen.

Ich will an dieser Stelle mit einem Beispiel aus dem Alten Testament schließen. Das Volk Israel stand am Roten Meer, hinter ihm die Ägypter, die ihm nachjagten. Die Lage des Volkes war verzweifelt und schier hoffnungslos. Es schrie zu Mose: „Warum hast du uns aus Ägypten geführt? Nun rette uns aus der Hand der Ägypter." Mose schrie zu Gott. Der Herr antwortete ihm: „Was klagt und jammert und schreit dieses Volk? Sage dem Volk Israel, daß sie ziehen." Gott machte Mose klar, der Sieg ist bereits beschlossen. Der Sieg ist da, nehmt ihn in Anspruch. Dann hob Mose seinen Stab über das Meer, die Wasser teilten sich, das Volk Israel ging trockenen Fußes durch das Meer und behielt damit den Sieg, den Gott ihm bereitet hatte.

So hat Gott für uns den Sieg am Kreuz auf Golgatha bereitet, und er ruft auch uns in unseren Kämpfen zu: Was schreist du zu mir, der Sieg ist da, nimm den Sieg in Anspruch. In einem amerikanischen Kirchenlied heißt der Refrain: Realize the victory (Verwirkliche den Sieg). Das ist ein Befehl.

16. Hüte dich vor der Rückkehr der Dämonen

In Lukas 11,24 werden wir gewarnt, daß die ausgetriebenen Geister gerne zurückkommen. Sie finden das Haus geschmückt und gekehrt, dringen ein, und hinterher wird es mit dem Menschen schlimmer, als es zuvor war.

Jeder, der mit Besessenen Seelsorge zu treiben hat, kennt das Problem, daß die ausgetriebenen Geister gerne zurückkehren und die Situation verschlimmern. Ich habe das schon manches Mal in meiner eigenen Seelsorge erfahren.

Auch das kommt gelegentlich vor, daß Dämonen einen Menschen freigeben und dann in ein anderes Familienmitglied oder in einen Freund oder eine Freundin fahren. Dazu einige Beispiele.

B 487 Bei einer Vortragsreise in Paris, in Vaux und in Nogent hatte ich verschiedene Aussprachen. Die Hausmutter einer Bibelschule berichtete mir, daß sie eine Bibelschülerin hatte, die früher an spiritistischen Sitzungen teilgenommen hatte. Nach der Teilnahme wurde die Bibelschülerin als 20jährige noch Bettnässerin. Vorher war sie es nicht. Die Hausmutter betete intensiv für das Mädchen. Dann hörte bei dem Mädchen das Bettnässen auf, und sie selbst bekam es. Sie suchte daraufhin gläubige Brüder auf, die mit ihr unter Handauflegung beteten. Da hörte das Bettnässen bei der Hausmutter auf, und das Mädchen hatte es wieder. Diese Vorgänge zeigen, daß die seelsorgerliche Beratung der Hausmutter nicht ausreichte. Es gibt ja gläubige Brüder, die sich bei der Seelsorge an okkult Belasteten nicht auskennen.

B 488 Bei einer Vortragsreihe in Australien sprach ich auch in Riverwood. Ein junger Mann kam nach einem Vortrag zur Seelsorge. Er beichtete seine Schuld, lieferte sein Leben Jesus aus, und da er früher mit dem Spiritismus zu tun hatte, betete ich auch mit ihm ein Lossagegebet. Nach acht Tagen kam er zurück und erklärte, seit er Jesus nachfolge, erhalte er Schläge aus der unsichtbaren Welt. Das heißt, er war entweder von seiner spiritistischen Belastung noch nicht ganz frei, oder er war nicht gewappnet genug, diese unsichtbaren Mächte abzuwehren. Man kann ja in einer seelsorgerlichen Aussprache einem Menschen nicht alles sagen, was zur Frage der Befreiung und des Freilebens gehört. Normalerweise gebe ich solchen Menschen in Deutschland mein Taschenbuch „Heilung und Befreiung", in der englischen Welt das Buch „Occult Bondage and Deliverance" und im französischen Sprachgebiet das Buch „Esclavage occulte et dèliverance".

B 489 In der Schweiz kam bei einer meiner Evangelisationen eine Frau zum Glauben. Von diesem Augenblick an wurde sie tobsüchtig, denn es lag eine sehr schwere okkulte Belastung vor. Eine ihrer Freundinnen war eine gläubige Frau, die sich der Tobsüchtigen annahm. Als die Tobsüchtige starb, wurde die Christin, die für sie gebetet hatte, schwermütig und lehnt seither alles Göttliche ab. Wir haben hier also den Vorgang, daß die finstern Geister einen Menschen verlassen und in einen anderen Menschen fahren. Dämonen bleiben ja nicht in einem Leichnam. Wenn ein Mensch stirbt, verlassen sie den betreffenden Menschen und suchen sich dann eine geeignete Behausung. Manchmal fahren sie dann in ein anderes Glied der Familie oder in einen befreundeten Menschen. Dieses Beispiel zeigt, daß man nicht einfach unvorsichtig für einen belasteten oder besessenen Menschen beten darf. Man muß sich schon unter den Schutz des Blutes Jesu stellen und notfalls, wenn es sich um eine schwere Belastung handelt, nur innerhalb eines Gebetskreises Fürbitte üben. Es gibt viele unerfahrene und dadurch ungeschützte Christen.

17. Sei bereit zu einer völligen Auslieferung an Jesus

Wer mit Jesus nur halbe Sache macht, der kommt nicht durch und kann die Angriffe Satans nicht abwehren.

B 490 In Zürich kam ein junger Mann zur Seelsorge. Er erzählte mir, daß er fünf Jahre bei der geistigen Loge gewesen sei. Er löste sich von der Loge und übergab sein Leben Jesus. Es stellte sich nunmehr heraus, daß er unter einem sehr starken Bann und einer furchtbaren Belastung stand. Er konnte nicht richtig glauben und beten. Er war geradezu blockiert und erlangte keine Heilsgewißheit. Vielleicht lag es daran, daß er das Schrifttum der geistigen Loge nicht verbrannte und sich auch nicht von seinen früheren Freunden löste.

B 491 Ich erinnere an meinen schwersten Besessenheitsfall, den ich auf den Philippinen hatte. Ich habe das bereits in dem Buch „Unter der Führung Jesu" ab Seite 254 berichtet. Bei meinen Vorträgen an einem theologischen Seminar in der Nähe von Manila kam ein junger Mann in meine Seelsorge. Als ich mit ihm betete, fiel er in Trance, und andere Stimmen sprachen aus ihm. Die Stimmen benützten teilweise Fremdsprachen, die der junge Mann gar nicht erlernt hatte. Er sprach nur seinen Filipino-Dialekt und englisch. Die Dämonen, die aus ihm redeten, sprachen aber auch ein fließendes Russisch und Partien anderer Sprachen. Es war die längste Seelsorge meines Lebens. Sie erstreckte sich über 19½ Stunden, und die gläubigen Lehrer des Seminars standen mir bei. Wir fragten diese Stimmen: „Warum seid ihr in dem jungen Mann?“ Sie antworteten auf englisch: „We posses him, because he did not make a full surrender.“ Zu Deutsch: „Wir machen ihn besessen, weil er keine vollständige Auslieferung an seinen Herrn vollzogen hat.“ Jede unvollständige Übergabe unseres Lebens an Jesus läßt einen Türspalt für das neue Eindringen dämonischer Mächte offen. Nach dieser langen seelsorgerlichen Sitzung beichtete der junge Mann verschiedene Dinge, die er bei seiner Bekehrung und ersten Beichte verschwiegen hatte. Das Zeugnis der Dämonen über ihn war also richtig.

Halbheit des Herzens ist eine gefährliche Sache im Reich Gottes. Mein Freund und Evangelist Gottlieb Weiland fragte manches Mal seine Zuhörer: „Wieviel Ganze geben 1000 Halbe?“ Natürlich hat dann mancher Zuhörer geantwortet: „500.“ Er sagte: „Nein. Tausend halbe Christen geben nicht einen einzigen ganzen Christen.“ Wir verstehen dieses Bild. Jakob Vetter, der Gründer der Deutschen Zeltmission, rief manchmal in die Zuhörermenge hinein:

„Halbheit taugt in keinem Stück,
sie tritt noch hinters Nichts zurück.“

Das heißt, Halbheit ist noch weniger als nichts.

18. Sei dir bewußt, daß die Befreiung nur durch Christus möglich ist

Die Wahrheit, die in dieser Aufforderung steckt, muß nach verschiedenen Seiten hin beleuchtet werden.

a) Jedem okkult Belasteten muß dringend angeraten werden, einen erfahrenen Seelsorger aufzusuchen. Das okkulte Labyrinth ist so gefährlich, daß der darin Gefangene kaum allein den Ausweg findet.

Es muß aber ein Seelsorger oder einige Brüder sein, die sich auf diesem Gebiet auskennen. Es ist mir mehrfach begegnet, daß Theologen, Pfarrer und Prediger die okkulten Fähigkeiten für Gaben Gottes oder des Heiligen Geistes hielten.

b) Was soll aber der Belastete tun, in dessen Wohngebiet oder Distrikt kein Seelsorger zu finden ist? Gott ist auf jeden Fall barmherziger als wir Menschen. Er braucht unsere Hilfe nicht. Er kann auch Wege im Weglosen bahnen.

So erhielt ich eines Tages aus Frankreich einen Brief. Eine Frau schrieb mir, sie habe meine Bücher gegen den Okkultismus gelesen und sei danach verfahren. Durch Gottes Güte sei sie frei geworden.

B 492 In Neuseeland hörte ich eine ähnliche Geschichte. Ich hatte in der Baptistenkirche in Otorohanga einen Gottesdienst. Hinterher kam eine Frau in die Sakristei. Sie stellte sich als Sonntagsschulleiterin vor und berichtete, daß sie früher Zauberei getrieben habe. Ein Freund gab ihr mein Buch „Between Christ and Satan". Es gingen ihr die Augen auf. Sie bat den Herrn Jesus Christus um Befreiung und wurde frei ohne die Hilfe eines Seelsorgers, den sie in ihrem Gebiet nicht gefunden hatte.

B 493 Auf der gleichen Linie liegt ein Erlebnis in Brisbane in Australien. Ich wurde am Flugplatz von einer Frau abgeholt, die mir ihre Geschichte erzählte. Ihr Mann und der eine Sohn trieben Schwarze und Weiße Magie. Sie selbst war gläubig. Da sah sie eines Tages in einem Schaufenster das Buch „Between Christ and Satan". Sie kaufte es. Das Buch verursachte in ihrer Familie eine Revolution. Ihr Sohn Allan machte mit der Magie Schluß und tat Buße. Er nahm den Herrn Jesus an. Wenn ich wieder nach Australien komme, will er mich als Musiker auf meinen Vortragstouren begleiten. (Das ist inzwischen geschehen.)

c) Das alles sind Ausnahmefälle. Die Regel ist das nicht. Betrachten wir das Bibelwort Joh. 8,36: „So euch nun der Sohn frei macht, so seid ihr recht frei."

Der Herr Jesus kann Menschen ohne und mit der Hilfe eines Seelsorgers frei machen. In Ps. 127,1 heißt es: „Wo der Herr nicht das Haus baut, bauen umsonst, die daran bauen." Wir können auch sagen: Wenn der Herr nicht die Seelsorge betreibt, so betreiben sie die Seelsorge umsonst. Zum Abschluß noch einen „Normalfall".

B 494 Eine Frau breitete ihre Lebensgeschichte vor mir aus. Mit zwölf Jahren war sie gegen Warzen besprochen worden. Später betrieb sie aktiv und passiv Wahrsagerei. Dann folgte Joga mit Meditationen, um das Maß ihrer Bindungen vollzumachen.

Mit 34 Jahren fand sie den Herrn Jesus bei einer Evangelisation und bei einem seelsorgerlichen Gespräch mit dem Evangelisten. Seit ihrer Umkehr setzten nun Störungen ein. Wenn ein gläubiger Christ mit ihr in Vollmacht betete, wurde sie in ihrer Konzentration abgelenkt und bekam das Gefühl, als müßte sie platzen. Das Schlimmste war, daß sich ein absolutes Skotom entwickelte. Unter einem Skotom versteht man einen teilweisen oder totalen Gesichtsfeldausfall. Sie konnte fast nicht mehr sehen. Die geplagte Frau suchte mehrere Brüder auf und bat um eine Handauflegung nach Jakobus 5,14. Es geschah, und der Herr bekannte sich zu dem Gebet der Brüder.

Wenn auch seelsorgerliche Menschen einem Belasteten dienen, so dürfen sie aber niemals zwischen Jesus und den Hilfesuchenden treten. Das Blickfeld auf Jesus muß frei bleiben.

19. Gehorche dem Herrn in allen Dingen

Von Generalfeldmarschall Moltke wird erzählt, daß er eines Tages in einem Diakonissenhaus den Schwestern eine Ansprache hielt. Es war die kürzeste, die je gehalten worden ist. Er sagte: „Ihr Schwestern, seid gehorsam!" Eine Ansprache von vier Worten.

Bei der indonesischen Erweckung auf Timor spielte ein Begriff eine ganz große Rolle: TAAT = Gehorsam.

Es ist selbst den gläubigen Christen sehr schwer, dem Herrn in allen Dingen zu gehorchen. Wir geben doch höchst ungern die Zügel aus der Hand. Wir planen, handeln, entscheiden doch selbst und lassen uns nicht gern dareinreden.

Wer nach seiner Bekehrung dem Herrn Jesus nicht gehorsam ist, erlebt viele Rückschläge und Niederlagen.

Gehorsam in kleinen und großen Dingen des Alltags bringt großen Segen. Ungehorsam lähmt unsere geistliche Kraft.

Von Jesus heißt es in Phil. 2,8: „Er war gehorsam bis zum Tode."

Der Auftrag des Apostels Paulus war es, den Gehorsam des Glaubens aufzurichten (Röm. 1,5).

Petrus spricht vom Gehorsam der Wahrheit (1. Petr. 1,22).

B 495 Vor vielen Jahren schüttete mir ein älterer Bruder, der in der Gemeinschaft mitarbeitete, sein Herz aus. Als er nach Beendigung des Ersten Weltkrieges heimgekommen war, betete er um eine Lebensgefährtin. Er war damals schon gläubig. Da begegnete ihm eines Tages ein hübsches Mädchen, bei dem er sofort Feuer fing. Leider war sie nicht gläubig. Er dachte in seiner Verliebtheit, er könne sie durch seine Liebe zu Jesus bringen. Im hintersten Winkel seines Herzens hörte er die mahnende Stimme: „Zieht nicht am fremden Joch mit den Ungläubigen." (2. Kor. 6,14) Er überrannte diese Warnung und heiratete das ungläubige Mädchen. Schon im ersten Ehejahr gab es Probleme. Sie erklärte: „Zur Kirche gehe ich, zur Gemeinschaft bringst du mich nicht mit zehn Pferden." Damit verlief ihr beider Leben nicht in Harmonie, und er mußte erkennen, daß er nicht der mahnenden Stimme des Gewissens gehorsam gewesen war. Die Ehe wurde für den Bruder zu einem Martyrium. Die Frau war herrschsüchtig und dominierte. Er wurde immer stiller um des Friedens willen. Er erntete die Frucht seines Ungehorsams, bis er starb. Seine Frau bekehrte sich nicht. Sie besuchte nicht einmal die Gottesdienste der Landeskirche, wie sie ursprünglich versprochen hatte. Nur einmal fand sie ihren Meister. Ihre Tochter war so hübsch wie sie und genauso ungläubig. Als diese verheiratet war, meinte sie, sie könne auch so in die junge Ehe hineinregieren, wie sie es in ihrer eigenen getan hatte. Bei ihrem tatkräftigen Schwiegersohn kam sie aber an die falsche Adresse. Er verbat sich mehrmals ihr „Herumkommandieren". Als sie nicht darauf reagierte, ohrfeigte er sie derartig, daß seiner Schwiegermutter die Lust zum Kommandieren verging. Wo waren die Weichen falsch gestellt worden? Als der Gemeinschaftsbruder in der Frage seiner Heirat ungehorsam war und das ungläubige Mädchen heiratete.

20. Werdet voll Geistes!

In unserer Zeit wird viel vom Heiligen Geist geredet, mehr unbiblisch als biblisch. Dazu einige Beispiele:

B 496 Ich besuchte in Süddeutschland einen Pfarrkonvent. Erich Schnepel war der Hauptreferent. Der ehemalige Landesbischof Bender war auch dabei. Es ging um die Frage des Heiligen Geistes. Eine junge Theologin stand auf und erklärte: „Wir empfangen den Heiligen Geist mit der Kindertaufe." Mir standen die Haare zu Berge, weil niemand widersprach. Da in Deutschland 90% der Bewohner als Kinder getauft worden sind, hätten demnach 90% der Deutschen – die Bankräuber, die Raubmörder, die Sexualmörder, aber auch die selbstgerechten, selbstgefälligen Wohlstandsbürger – den Heiligen Geist. Eine groteske Vorstellung. Und das wurde in Gegenwart von 140 Pfarrern der Landeskirche gesagt. In der anschließenden Pause suchte ich den Hauptreferenten auf und bat ihn, dieser unbiblischen Aussage entgegenzutreten. Ich selbst war damals noch ein junger Pfarrer, und Bischof Bender hat mich mehr als einmal wegen meiner Proteste „zusammengestaucht".

Meiner Bitte an den Referenten wurde nicht entsprochen. Schnepel war ja allezeit ein vorsichtiger Bruder, der niemand wehtun wollte.

Das andere Extrem ist die überhitzte Atmosphäre der schwarmgeistigen Gruppen, denen das Zungenreden wichtiger ist als das echte, biblische Leben in der Kraft des Heiligen Geistes. Dazu ein Beispiel aus Timor/Soe (Indonesien).

B 497 Nachdem in Soe die Erweckung eingesetzt hatte, reisten einige amerikanische Pfingstprediger an, um die Erweckung kennenzulernen. Bevor sie eintrafen, wurden die führenden Brüder in Soe durch den Herrn gewarnt: „Es kommen Männer, die eine falsche Lehre vom Heiligen Geist haben. Sie dürfen hier nicht sprechen, damit sie nicht die Gemeinde verwirren." Die Amerikaner kamen und waren bei der Bevölkerung rasch beliebt, weil sie viele Dollar verschenkten. Bei der großen Konferenz in der Kirche saßen sie als Besucher auf der Plattform. Stunde um Stunde verrann. Viele Sprecher gaben ihr Zeugnis. Die Amerikaner kamen nicht an die Reihe. Schließlich wurden sie ungeduldig und fragten: „Dürfen wir nicht ein Zeugnis geben?" Der leitende Pfarrer Daniel antwortete: „Nein, der Herr hat uns gewarnt, ihr hättet eine falsche Lehre vom Heiligen Geist." Das war eine kalte Dusche für die Männer, die mehr als 10000 km weit gereist waren!

Zwischen dem kalten, starren Landeskirchentum und der angeheizten Atmosphäre der Extremisten liegt die Wahrheit.

Die Wahrheit wird uns eindeutig in der Heiligen Schrift geoffenbart.

Wir bekommen den Heiligen Geist in der Wiedergeburt. Niemand kann Jesus einen Herrn heißen ohne den Heiligen Geist (1. Kor. 12,3). Die Säuglingstaufe ist nicht die Wiedergeburt. Zur Wiedergeburt brauchen wir kein zweites großes Erlebnis, etwa den zweiten Segen oder die zusätzliche Geistestaufe. Einem Herrn, der nur zwei Segen zu geben hätte, würde ich nicht folgen. Jeder Tag mit ihm gelebt, ist ein Segen.

Mir sind alle Stellen der Bibel, die vom Heiligen Geist handeln, sehr wichtig. Wir haben aber nicht das Recht, aus diesen Stellen eine Irrlehre zurechtzuzimmern. Ich verweise in diesem Zusammenhang auf mein Buch „Geistesgaben" (Charismatic Gifts).

Auf einen kurzen Nenner gebracht, muß von der Heiligen Schrift her gesagt werden:

a) Wir empfangen den Heiligen Geist bei der Wiedergeburt. Bei diesem Geschehen werden wir mit dem Heiligen Geist erfüllt und versiegelt.

b) Bei diesem Anfang dürfen wir nicht stehenbleiben. Paulus, der die Erfüllung der Epheser (Apg. 19,6) mit dem Heiligen Geist miterlebte, schreibt den gleichen Menschen in Epheser 5,18: „Werdet voll Geistes!" Das heißt, wir brauchen nicht eine Geistestaufe als zweites vollständiges Heilserlebnis, sondern wir brauchen ein fortlaufendes Erfülltwerden mit dem Heiligen Geist, wenn wir durch die Wiedergeburt ein Glied der Gemeinde Jesu geworden sind. Es sind noch viele Fragen offen, die in dem erwähnten Buch „Geistesgaben" behandelt sind.

Der Mensch, der aus dem Machtbereich des Okkulten herausgekommen ist, hat in dem Kraftbereich des Heiligen Geistes zu stehen und Jesus nachzufolgen. Die civitas diaboli, Herrschaft Satans, hat er verlassen und ist Glied der civitas dei, Herrschaft Gottes, geworden.

Wer es noch nicht verstanden hat, daß diese 20 Punkte keine Schablone sind, der soll es nicht übelnehmen, wenn es noch einmal gesagt wird. Keine Schablone, keine Routine, keine Methode, kein System – nein, wir brauchen Jesus selbst, der uns allein aus dem Machtbereich Satans herausholen kann.

Es war aber unerläßlich zu zeigen, was die Heilige Schrift für Hilfsmöglichkeiten hat, damit Belastete frei werden.

D. IM TRIUMPHZUG DES SIEGERS

In der Geschichte war es oft der Brauch, daß siegreiche Feldherren die Führer der geschlagenen Feinde im Siegeszug mit sich führten.

Wir finden das zum Beispiel in 1. Samuel 15. König Saul hatte die Amalekiter besiegt und danach Agag, deren König, als Gefangenen mit sich geführt.

Auch im alten Rom herrschte diese Sitte, daß heimkehrende Sieger ihre geschlagenen Gegner im Triumphzug mit sich brachten.

Von dem gewaltigsten Sieger aller Zeiten berichtet Jesaja 53,12 mit den Worten: „Ich will ihm eine große Menge zur Beute geben, und er soll die Starken zum Raube haben."

Wer ist dieser gewaltigste Sieger? Wer hat die Starken zum Raube? Die folgenden Kapitel werden die Antwort geben.

Vom Satanisten zu Christus

Im Jahr 1975 schenkte mir der Herr die Begegnung mit einem ehemaligen Satanisten. Er gab mir die Erlaubnis, seine Lebensgeschichte zu veröffentlichen und bat gleichzeitig um die Fürbitte meines Rundbriefkreises. Einige Monate nach unserer Begegnung sandte mir David Hansen – so heißt dieser Bruder – eine Kurzbiographie. Da sie für einen vollständigen Abdruck zu lang ist, gebe ich nur die Einleitung des Briefes, um einen plastischen Hintergrund der folgenden Geschichte zu geben.

„Dear Dr. Koch, thank you for the time I was able to spend with you after the service at Trinity Baptist Church in Santa Barbara (California) on March 19th. (1975) That was a very crucial meeting for me, of encouragement and blessing.

I praise God for your committed life to Christ and the work our Lord has brought you into. As I read your book WINE OF GOD (Kregel, Grand Rapids Mi.) I was again blessed, encouraged and challenged. The Lord has used your life of commitment to HIM to encourage and strengthen me every time I delve into one of your books. I uphold you in prayer daily now ..."

„Lieber Dr. Koch, ich danke Ihnen für die Zeit, die Sie mir nach

Ihrem Gottesdienst in der Trinity Baptisten-Kirche in Santa Barbara gewährten. Es war eine entscheidende Versammlung für mich, voller Ermutigung und voller Segen.

Ich danke Gott für Ihr Christus-ergebenes Leben und für das Werk, in das Sie der Herr geführt hat. Als ich Ihr Buch WINE OF GOD (Kregel, Grand Rapids Mi.) las, wurde ich wiederum gesegnet, ermutigt und in meinem Glauben gefordert. Der Herr hat Ihr Leben benützt, mich allezeit aufzurichten und zu stärken, seitdem ich mich in Ihre Bücher vertieft habe. Ich bete darum täglich für Sie."

Und nun die Geschichte dieses Mannes, der an einer höheren Schule unterrichtet. Das Christentum, von dem er im Elternhaus und in der Kirche gehört hatte, ließ ihn unbefriedigt. Er sah mit wachen Augen die große Kluft zwischen den christlichen Lehren und dem praktischen Ausleben. Er war auch ehrlich genug, die Diskrepanz zwischen Wollen und Vollbringen im eigenen Leben zu erkennen. Darum suchte er nach einer soliden Grundlage des Lebens. Er strebte nach einer Kraft, die es ermöglichte, das auszuleben, was man sein wollte.

Eines Abends hörte er im Fernsehen einen Satanisten, der mit tönenden Worten die Macht Satans anpries. Dieser Finsterling sagte unter anderem: „Wollt ihr Kraft, wir geben sie. Sucht ihr Erfüllung eures Lebens, wir bieten sie. Das Christentum hat schon längst abgewirtschaftet. Es hat ohnehin seinen Anhängern nie etwas geboten, sondern sie nur mit leeren Versprechungen abgespeist."

An diesem Abend fiel im Leben des suchenden Gymnasiallehrers die Entscheidung. Er ließ sich die Anschrift und den Versammlungsort des nächsten Satanskultes geben. Es war der Skeleton Cañon (Skelett-Schlucht) bei Thousand Oaks, einem Ort zwischen Santa Barbara und Los Angeles. Ich habe sechsmal diesen Ort passiert.

Zwei Jahre war der Lehrer Mitglied dieser Gruppe, die normalerweise von Samstag 16 Uhr bis 24 Uhr oder länger im Skeleton Cañon zusammen war, schwarze Messen und Orgien feierte. David hatte alles Satan geopfert: sein Leben, seine Seele, sein Heim, sein Vermögen, seinen Wagen und seine Familie. Zur Ruhe war er bei diesem totalen Opfer aber nicht gekommen. Die Finsternis griff nach seiner Seele, und Selbstmordgedanken bemächtigten sich seiner.

Eines Tages befand er sich wieder im Gebet zu Satan, seinem Herrn. Er fluchte Gott, ein Vorgang, der zum genuinen Gebet zu Satan gehört. Da drängte sich seinem Sinn und Gedächtnis ein Bibelwort aus 1. Joh. 4,4b auf: „Größer ist der, der in euch ist, als der, der in der Welt ist." Trotz dieses Bibelwortes fluchte er immer noch Gott mit allem Haß, dessen er fähig war. Doch spürte er, daß in seinem Herzen und in dem Raum ein großer Friede sich ausbreitete. Diese Atmosphäre überwältigte ihn. Sie war gottgewirkt. David saß plötzlich auf seinem Bett und bat Gott um Hilfe. Sein Beten und Schreien wurde erhört.

Von diesem Erlebnis an bekam sein Leben einen neuen Kurs. Er nahm die Bibel vor und studierte täglich eifrig die Heilige Schrift. Sein Friede wurde dabei immer tiefer.

Dann kam der nächste Samstag heran, an dem sich seine ehemaligen Freunde in Skeleton Cañon wieder versammelten. David betete um Klarheit, was er tun sollte. Er nahm sich vor, noch einmal diese Versammlung zu besuchen, um seinen Austritt zu erklären und den Kameraden Jesus Christus zu bezeugen.

Nachmachen darf man das nicht. Ich würde als Seelsorger nie den Rat geben, noch einmal diesen teuflischen Versammlungsort zu besuchen. In diesem Fall hatte David nicht nur die innere Freiheit, sondern auch die Kraft und Vollmacht dazu.

Er suchte den Skeleton Cañon auf. Als alle Mitglieder versammelt waren, ergriff er das Wort, erklärte seinen Austritt und bezeugte Jesus Christus als seinen Befreier und Erlöser. Die Kameraden staunten, widersprachen ihm seltsamerweise aber nicht. Sie fragten ihn nur: „Warum tust du das? Was bekommst du dafür?" David blieb die Antwort nicht schuldig.

„Ich tue diesen Schritt, weil das Leben in dieser Gemeinschaft mir nur Unfrieden, Verzweiflung und Selbstmordgedanken gebracht hat. Was ich mit Christus bereits gewonnen habe, ist ein innerer Frieden, der höher ist als alle Vernunft."

Das Zeugnis für Christus und die Diskussion zog sich neun Stunden bis nach Mitternacht hin. Der Erfolg war, daß eine ganze Reihe seiner Kameraden erklärte: „Wir gehen mit dir. Deine Not war auch unsere Not. Wir suchen auch diesen Frieden, den Christus zu geben hat."

An dem Ausgang dieser Versammlung sieht man, daß David vom Herrn den Auftrag hatte, noch einmal diese Kultstätte aufzusuchen.

Wer Satan davonlaufen will, muß mit schwersten Rückschlägen und Angriffen rechnen. In der Nacht nach diesem gewaltigen Sieg Jesu Christi an der satanischen Kultstätte erlebte David das persönliche Eingreifen Satans. Der Böse erklärte ihm: „Du gehörst mir. Wenn du mir entlaufen willst, dann töte ich dein Kind und mache dich zum armen Mann." David aber war entschlossen: „Komme, was kommen mag und der Herr zuläßt, ich bleibe bei Jesus."

Am nächsten Morgen war sein Kind schwer krank und mußte ins Spital gebracht werden. Die Krankenhausbehandlung dauerte drei Wochen. Dann starb das Kind. Die Rechnung betrug nach deutschem Geld rund DM 33000.

Satan hatte seine Drohung wahrgemacht: das Kind umgebracht und ihn finanziell ruiniert.

An dieser Stelle muß ich den Bericht unterbrechen. Ich habe die Geschichte Davids schon einmal in einem Rundbrief kurz berichtet. Daraufhin erhielt ich verschiedene Zuschriften mit der Bitte, diese Wendung der Dinge wegzulassen. Manche Christen stoßen sich daran, weil sie glauben, mit der Bekehrung ist alles ausgelöscht, und alle Probleme sind gelöst. Vor allem finden wir diese Meinung in amerikanischen und kanadischen Kirchen.

Eines stimmt: Mit der Bekehrung sind alle Sünden vergeben. Es sind aber noch lange nicht alle Folgen beseitigt. Die Bibel vertritt keine oberflächliche, gedankenlose Theologie.

Ein Beispiel, das ich schon mehrfach gebrauchte, kann uns eine Hilfe geben. Ein Playboy hatte sich bei seinem ausschweifenden Leben eine hartnäckige Krankheit, die Lymphopathia venerea, zugezogen. Er fand Christus und damit die Vergebung für sein Luderleben. Aber seine Krankheit war damit nicht ausgelöscht. Sie brauchte noch lange eine ärztliche Behandlung.

Es gibt Bibelstellen, die jede oberflächliche Theologie ad absurdum führen.

Denken wir an Bibelstellen wie Jesaja 45,7: „Ich gebe Frieden und schaffe das Übel." Gott schafft das Übel? Oder denken wir an Amos 3,6: „Ist auch ein Unglück in der Stadt, das der Herr nicht tue?" Gott bringt Unglück?

Die gedankenlosen, oberflächlichen Christen vergessen Gottes Heiligkeit und Gerechtigkeit und unterschätzen Satans Gewalt.

David hatte sich dem Teufel verschrieben und Gott oft verflucht. Es ist Gottes Sache, wenn er den Tod des Kindes und den finanziellen Ruin Davids zuließ. Übrigens hat David mir berichtet, daß dieses Kind schon im Mutterleibe Satan geweiht worden war.

Trotz dieser schweren Schläge ließ sich David nicht mehr von Jesus abbringen. In Zukunft stellte er täglich seine Familie und sich selbst unter den Schutz Jesu. Die Anweisungen in meinem Buch „Occult Bondage and Deliverance“ (Kregel, Grand Rapids Mi.) wurden ihm dabei zum Segen.

Als zusätzliche Hilfe suchte er nach Gläubigen, die ihn im Gebet unterstützen sollten. Er erlebte dabei große Enttäuschungen. Die Christen hatten Angst vor ihm und gingen ihm aus dem Weg. Es ist eine Tragödie, daß die Christen der westlichen Welt so wenig Sinn für Gebetszellen haben, die angefochtenen und bedrohten Christen zu Hilfe kommen.

Inzwischen ist David vielen Gemeinden zum Segen geworden. Er gibt überall auf Einladung hin sein Zeugnis, wie Christus ihn aus den Banden Satans befreit hat. Gott rüstet diesen Bruder zu, okkult Belasteten seelsorgerliche Hilfe zu bringen. Viele Kirchen haben ihm die Türen geöffnet.

Ein solcher Dienst erfordert die Gebetshilfe von verständnisvollen Christen. Ich bitte hiermit meinen ganzen Gebetskreis, eine solche Fürbitte aufzunehmen und treu zu pflegen.

Dieses Erlebnis aus dem Jahr 1975 ist eine erste Antwort auf die Frage: „Wer ist der Mann, der die Starken zum Raube hat.“ Wir kennen ihn.

Nachtrag zur 2. Auflage

Inzwischen habe ich im Blick auf David Hansen eine große Freude erlebt. 1982 war ich nach Boston (USA) eingeladen, um bei einer großen Jugendkonferenz zu sprechen. Im Verlauf der Veranstaltung wurde ein evangelischer Film gezeigt mit dem Titel „Revival of Evil“ (Okkulte Erweckung). Plötzlich wurde ich hellwach. Auf der Leinwand erschien Hansen und berichtete von seiner Bekehrung und Befreiung aus dem Satanskult. Es wurde auch mein Buch „Occult Bondage and Deliverance“ gezeigt. Weder der Veranstalter noch ich hatten eine Ahnung, daß die Geschichte von David Hansen verfilmt worden war. Es handelte sich um einen zentral evangelistisch ausgerichteten Film.

Astrologie und Christentum?

1972 hatte ich in einer französischen Kirche von Quebec (Kanada) einen Vortrag über die Wahrsagerei. Anschließend war eine Diskussion. Ein langmähniger junger Bursche meldete sich und erklärte: „Ich bin Astrologe und Christ." Dann widersprach er den Ausführungen des Vortrages. Ich antwortete ihm: „Entweder sind Sie Astrologe oder Christ. Beides zusammen geht nicht."

„Warum nicht?" wollte der Langmähnige wissen.

„Lesen Sie daheim einmal Jesaja 47,12–14." Dann zitierte ich diese drei Verse. Die Auseinandersetzung mit diesem jungen Mann war zu Ende.

Etwa sechs Monate später wurde mir eine Broschüre mit 23 Seiten zugesandt. Sie hat auf der Vorderseite zwei Fotos. Oben der Langmähnige, unten ein junger Mann mit kurzgeschnittenem Haar. Eine Ähnlichkeit zwischen beiden ist nicht festzustellen. Oben Vollbart, „Absaloms Haarbusch" und finsterer Blick, unten ohne Bart, fröhliches Gesicht und Militärschnitt. Zwischen beiden Fotos steht der Titel:

„Pourquoi j'ai quitté l'Astrologie."

Warum ich die Astrologie verließ.

Diese Broschüre enthält das Zeugnis von Ives Petelle. Hören wir kurz seine Geschichte.

Petelle kommt aus einer katholischen Familie, die ihren Wohnsitz in Montreal hatte. Der Vater arbeitete in einem Werk der Canadair.

Der heranwachsende Junge interessierte sich für Kunst und Theater. Aus diesem Grunde wollte er sich bei einer Akademie der dramatischen Künste als Student einschreiben. Er unterzog sich der Zulassungsprüfung. Der Direktor lehnte ihn mit folgender Begründung ab: Kein Mangel an Talent, aber fehlende Disziplin und Anpassungsfähigkeit. Wer den verwilderten Petelle vor seiner Bekehrung kannte, versteht dieses Urteil.

Nach einigen weiteren erfolglosen Versuchen, ein Jünger der schönen Künste zu werden, verlor er das Interesse. Die vielen Enttäuschungen führten ihn zum Rauschgift. Er wollte die unangenehmen Erfahrungen seines Lebens vergessen, die Vergangenheit abschütteln.

Das Rauschgift brachte ihm nicht die erhoffte Sinnerfüllung des Lebens. So geriet er an die Astrologie.

Drei Jahre lang betrieb er astrologische Studien in einem speziellen Sektor. Er erstellte Horoskope, um medizinische Diagnosen zu geben. Mit Hilfe der Karte des Himmels wollte er die zukünftigen Ereignisse voraussehen. Er betrieb auch Charakteranalysen und versuchte sich mit psychotherapeutischen Beratungen. Damit verdiente er sich seinen Lebensunterhalt.

Wie kam es nun zur großen Wende seines Lebens? Wahrscheinlich haben die Enttäuschungen in der beruflichen Ausbildung und die Rauschgiftsucht ein gewisses Vakuum geschaffen, auf dessen Beseitigung Petelle unbewußt wartete.

Ein Anstoß zu einer Neuorientierung kam durch die Bekehrung eines Freundes am Jahresende 1971. Petelle beobachtete die große charakterliche Verwandlung, die sein Freund durch seine Entscheidung für Jesus erlebte. Das spornte ihn an, selbst zur Bibel zu greifen und wahllos darin zu lesen.

Die nächste Etappe zu einer „Umfunktionierung" seines Lebens war mein Gottesdienst in einer französischen Gemeinde Quebecs. In der Einleitung dieses Kapitels ist bereits darüber berichtet worden.

Petelle rang sich zu der Erkenntnis durch, daß in den Sternenzeichen des Himmels so wenig eine übernatürliche Weisheit und Kraft steckt wie in der Kristallkugel oder dem Wahrsagependel. Diese übernatürlichen Fähigkeiten liegen auch nicht in den Menschen, die mit diesen Hilfsmitteln Wahrsagerei betreiben, nein, diese übernatürliche Kraft kommt allein von Satan. Zu dieser Erkenntnis hatten ihn viele Bibelstellen wie Jes. 47,12–14; 5. Mos. 18,9–12 und andere gebracht.

Diese Erkenntnis führte aber noch nicht zu einer praktischen Auswertung in seinem Leben. Es bedurfte noch eines weiteren Hinweises, der kurze Zeit nach meiner 17. Vortragstour in Kanada kam.

Im Salon der internationalen okkulten Wissenschaften in Montreal wurde eine okkulte Vortragsreihe angekündigt. Petelle, immer noch unsicher im Blick auf die Astrologie – vor allem deshalb, weil sie ihm den Lebensunterhalt gab –, besuchte diese Veranstaltung und holte sich dort vollends den Abscheu, der ihm half, eine Lösung von den okkulten Praktiken zu vollziehen.

Bei diesem okkulten Festival in Montreal kam Petelle mit einem katholischen Pater ins Gespräch. Dieser Mann gab ihm den Rat, zur Klärung ungelöster Probleme die Kristallkugel zu benützen. Das heißt: Hilfe bei der Wahrsagerei zu suchen.

Nun kam der aufgewühlte junge Mann nicht mehr zur Ruhe. Er erkannte, daß die Astrologie und alle Künste der Wahrsagerei mit dem christlichen Glauben nicht vereinbar sind. Am 28. Mai 1972 fiel die Entscheidung für Christus. Damit war ein Neuanfang im Leben von Petelle vollzogen.

Die Auswirkungen seiner radikalen Bekehrung wurden offensichtlich. Petelle richtete sich in der Stadt Quebec ein kleines Pizza-Restaurant ein. Die ersten, die er zu Jesus führte, waren seine Mitarbeiter. Es war für mich ein besonderes Erlebnis auf meiner 18. Kanadatour, seine Mitarbeiter zu beobachten. Mit der Bibel unter dem Arm betraten sie ihr Speiselokal und begannen den Tag mit Bibellesen und Gebetsgemeinschaft.

18 Monate nach der Bekehrung hatte Petelle schon 23 junge Menschen zu Jesus führen dürfen. Als ich an der Bibelschule Bethel einen Vortrag hatte, redete mich ein Bibelschüler an, der ebenfalls von Petelle zu Christus geführt worden war. Petelle scheut sich auch nicht, mit Gästen seines Restaurants über geistliche Dinge zu sprechen und mit ihnen zu beten.

Wer so tatkräftig für den Herrn sich einsetzt, muß mit Gegenschlägen Satans rechnen. Und die kamen mit unerhörter Wucht. Petelle sollte abgeschossen werden wie so manch anderer im Reich Gottes. Aus diesem Grunde habe ich schon zweimal in meinen Rundbriefen um Fürbitte für ihn gebeten. Hier an dieser Stelle rufe ich alle Glieder meines Gebetskreises zur ernstlichen Fürbitte auf. Die Gemeinde Jesu ist oft an denen schuldig geworden, die in vorderster Linie kämpfen. Petelle ist ein solcher Zeuge im Nahkampf mit dem Feind, denn er reist manchmal umher und hält Vorträge gegen den Okkultismus und gegen die Astrologie, die er früher selber praktiziert hat.

Der Magier

Oft sind mir auf den Missionsfeldern Männer begegnet, die gleich Elymas in der Apostelgeschichte 13 ihr Unwesen treiben und Menschen von Christus abhalten. Es ist genug in diesem Buch über Zauberei geschrieben worden. Uns interessiert in diesem Kapitel nur, wie Zauberer durch Christus frei wurden.

An Gandi auf Neuguinea erinnere ich mich. Ich besuchte die Stationen der australischen Südseemission. Schwester Lisbeth

Schrader stellte mir diesen ehemaligen Magier vor, der Christ geworden war. Seine Geschichte ist bereits in meinem Buch „Unter der Führung Jesu" erzählt. Sie soll hier nicht wiederholt werden.

Magier, die schwarze Kunst treiben und als Handlanger des Teufels viel Unheil anrichten, gibt es unter allen Völkern.

So hat vor Jahren ein Magier in Holstein mir berichtet, daß er durch die Kraft Satans drei Menschen getötet habe. Heute steht er in der Nachfolge Jesu.

Ein Erlebnis hat sich meiner Erinnerung tief eingeprägt. Es ist die Bekehrung eines Zauberers, dem ich selbst den Weg zu Jesus zeigen durfte.

Nach einem Vortrag in einer lutherischen Kirche kam ein Mann in die Sakristei gestürzt. Ehe ich es hindern konnte, lag er auf den Knien, weinte und bekannte seine Sünden. Er war so erschüttert und bewegt, daß er sich nicht mehr beherrschen konnte. Es muß einen Mann hart ankommen, bis er weint.

Er hatte meinen Vortrag gegen Magie und Besprechen gehört und war in seinem Gewissen getroffen worden. Er machte vor Gott reinen Tisch. Es war leicht, ihn zu Christus zu führen. Der Heilige Geist war offensichtlich am Werk. Ich betete mit ihm ein Lossagegebet und sprach ihn auch im Namen des Herrn los. (Mt. 18,18)

Am nächsten Tag reiste ich ab und verlor den Mann aus den Augen. Etwa zwei Jahre später kam ich in die Nähe jener Stadt. Der ehemalige Magier konnte nicht selbst kommen, aber er sandte einen Freund, der den Auftrag erhalten hatte: „Sage Dr. Koch, daß ich damals frei geworden bin und seither Jesus nachfolge." Das war eine mutmachende Botschaft bei all den Beschwernissen des Dienstes.

Dann hörte ich jahrelang nichts mehr von ihm. Acht Jahre später hatte ich 360 km vom Wohnort jenes Bruders entfernt eine Missionskonferenz. Unter den Teilnehmern der Tagung, die zur Seelsorge kamen, war ein Mann, der mich anredete: „Kennen Sie mich noch?" Ich verneinte. „Ich bin der ehemalige Besprecher, dem Sie den Weg zu Jesus zeigten. Und ich bin immer noch dabei." Meine Freude war groß.

Die Geschichte ist aber immer noch nicht zu Ende. Der Bruder berichtete:

„Sie wissen noch nicht alles. Als ich damals zu Ihnen kam, war ich lungenkrank. Ich habe Sie bisher nicht informiert, daß damals bei meiner Umkehr die Lungentuberkulose zum Stillstand kam.

Ich wollte warten, bis ich ganz gewiß war. Nun sind es fast zehn Jahre. Der Herr hat ein dreifaches Wunder an mir getan: Vergebung all meiner Schuld, Befreiung aus den Banden Satans und Heilung."

Hier ist also der ursprüngliche Sendungsauftrag Jesu an seine Jünger deutlich geworden. In Lukas 9,1–2 gab der Herr den Jüngern folgende Ausrüstung: „Gewalt und Macht über alle Teufel, und daß sie Seuchen heilen konnten und sandte sie aus, zu predigen das Reich Gottes und zu heilen die Kranken."

Verkündigung – Heilung – Austreibung. Das war der Dreiklang des Auftrages Jesu. Es gibt viele Reichgottesarbeiter, die erklären, das habe nur für die apostolische Zeit gegolten. Natürlich hat die Zeit der Apostel einen anderen Charakter als die Entwicklung der späteren Gemeinde. Und doch machen sich viele Boten Jesu ein Ruhekissen aus dem Hinweis auf die apostolische Zeit. Solange in meiner Bibel steht: Jesus Christus gestern und heute und in alle Ewigkeit (Hebr. 13,8), untersuche ich nicht, was uns nicht gehört, sondern frage nach dem, was uns gehört. Und das ist mehr, als was kurzsichtige Menschen wahrhaben wollen.

Überwundene Starke

Zu den stärksten Formen des Spiritismus und der Magie gehören die Macumba-Gruppen in Südamerika, der Wuduismus auf Haiti, der Zombismus in Afrika und Asien und der Schamanismus in Sibirien und Alaska. Ich habe diese Gebiete bereist, aber nicht viele Beispiele der Befreiung dort gehört. Die wenigen sieghaften Erlebnisse sind aber Malzeichen des Triumphes Jesu in dunklen Erdteilen und Gebieten. Hören wir davon.

1. Von der Macumba zu Christus

Die Geschichte der Otilia Pontes ist ein Fanal für die Tatsache, daß Jesus Menschen aus der tiefsten Hölle der Zauberei herausholen und zu seinen Werkzeugen machen kann. Ich habe bereits über Otilia ausführlich in meinem Buch „Jesus auf allen Kontinenten" ab Seite 544 berichtet. Hier soll nur ein kurzes Siegeszeichen aufgerichtet werden.

Otilia Pontes war Textilarbeiterin in einer Fabrik in Rio de Janeiro. Dort fiel sie ihrer Chefin in die Hände, die sie durch mediale Kräfte dazu brachte, sich der Macumba anzuschließen. Otilia wurde in dem brasilianischen Urwald in die geheimen Kultstätten eingeführt. Aufgrund ihrer starken angeborenen medialen Kraft durchlief sie rasch alle Stufen und bestand alle Proben.

Eine Probe bestand darin, brennende Baumwolle aus kochendem Öl mit bloßen Händen herauszuholen, ohne sich die Finger zu verbrennen. Unter 50 Bewerberinnen brachte nur Otilia und eine andere Novizin das fertig.

Die höchste Probe war die Aufforderung, ihren eigenen Jungen als Kultopfer darzubringen. Um Mitternacht wurde der Junge zum Festmahl gebracht. Gleichzeitig wurde neben dem Jungen ein gefesselter Ziegenbock hingelegt. Der Dämon hatte zu entscheiden, ob er das Leben des Kindes haben wolle oder mit dem Ziegenbock vorliebnehme. Kinderopfer sind bei der Macumba bis heute noch üblich. Der Staat hat es zwar streng verboten. Die Kultstätten sind in den Urwäldern aber so versteckt, daß keine Polizei sie findet.

Um 24 Uhr fuhr der Dämon Joao Caveira in die Kultmutter und gab bekannt, daß er mit einem Kopfwechsel einverstanden sei. Darauf wurde der Ziegenbock getötet und geopfert. Ohne Zweifel wäre aber auch der Junge geopfert worden, wenn der Dämon es verlangt hätte.

Es wird vorweggenommen, daß dieser Junge heute ein Bote Jesu ist.

Nach der letzten Probe wurde Otilia „Baba de vovo Rosario", Kultmutter des Rosengelübdes. Sie entfaltete ungeheure mediale Fähigkeiten. Sie konnte heilen und krankmachen, bannen und lösen. In der Trance war sie imstande, jede erwünschte Nachricht einzuholen oder weiterzubefördern. Ein überraschendes Erlebnis war für Otilia, daß ihre Kraft an echten Christen versagte. Sie wußte also, daß es noch etwas Stärkeres gab als Satan und die Dämonen.

23 Jahre hatte Otilia eine leitende Stellung in der Macumba. Da wurde sie von Christus angerufen. Zuerst erkrankte ihr Kind so schwer, daß an ein Aufkommen kaum noch zu denken war. Ein Bote Jesu, der sie besuchte, erklärte ihr: „Christus kann Ihr Kind heilen. Bitte kommen Sie doch nächsten Sonntag zum Gottesdienst."

Eine Kultmutter zum christlichen Gottesdienst? Eine unmögliche Vorstellung! Sie liebte aber ihr Kind. So kämpfte es die ganze

Woche in ihr, ob sie gehen sollte. Schwierigkeiten aller Art stellten sich ihr in den Weg. Auch ihre Vorgängerin, die alte Kultmutter, wollte sie hindern. Otilia bannte sie in ihrer Wohnung. Die alte Baba hatte regungslos stehenzubleiben, bis Otilia zurückkam. So stark waren die medialen Kräfte der jungen Baba.

Es blieb nicht bei dem einen Gottesdienstbesuch. Otilia fand unter furchtbaren Kämpfen den Weg zu Christus und sagte sich von der Macumba los. Wer als Kultmutter aus der Macumba ausscheidet, hat normalerweise sein Leben verwirkt. Otilia wußte das. Aber auch diese Gefahr nahm sie auf sich. Sie wußte ja, daß sie unter dem Schutz eines Stärkeren stand. Ihr Kind wurde ganz gesund. Otilia selbst wurde Evangelistin, die in Brasilien große Frauenversammlungen hält. Als ich ihr in Rio begegnete und aus ihrem Mund ihr Zeugnis hörte, hatte sie bereits 130 Gemeinden gedient. Sie braucht aber Fürbitte, weil Satan jeden verfolgt, der ihm einmal gedient hat und dann davonlief.

2. Vom Wuduismus zu Christus

Es ist schnell berichtet, und doch liegt viel zwischen den Zeilen. Den Wuduismus lernte ich auf Haiti kennen. Es liegen mir viele Berichte von Missionaren vor, aber auch eigene Beobachtungen durch die Seelsorge.

Es war Anfang der fünfziger Jahre. Ein junger Mann schwarzer Hautfarbe kam zu mir in die Seelsorge. Er war als kleiner Junge in Port au Prince (Haiti) durch einen Wuduisten geheilt worden. Bei jeder Gelegenheit nahmen seine Eltern die Wuduisten in Anspruch.

Die Auswirkungen waren offensichtlich. Veränderungen des Charakters, Blockierung des Glaubenslebens und Bindungen aller Art. Der junge Mann legte eine Lebensbeichte ab. Ich betete mit ihm ein Lossagegebet. In Gegenwart von zwei gläubigen Brüdern sprach ich ihn auch im Namen des Herrn vom Wuduismus los. Ich muß aber bekennen, daß es mir dabei angst war. Ich kenne die Rückschläge der Finsternis, die viel furchtbarer sind, als es die oberflächlichen und unerfahrenen Christen wahrhaben wollen.

Danach habe ich den jungen Mann aus den Augen verloren. 1966 bei der Weltkonferenz für Evangelisation stand er plötzlich vor mir und fragte: „Kennen Sie mich noch? Es liegt zehn oder zwölf Jahre zurück, daß ich bei Ihnen in der Seelsorge war.“ Da fiel mir die ganze Situation wieder ein. Wie freute ich mich zu hören, daß dieser Bruder nun in seiner Heimat das Evangelium verkündigt und ein leitender Bruder der christlichen Gemeinde ist. So beschämt der Herr manchmal unseren Kleinglauben.

3. Vom Joga zu Christus

Vor Jahren hatte ich in San Diego (Kalifornien) einige Vorträge. Nach einem solchen Dienst kam eine junge Frau zu mir und berichtete, daß sie jahrelang im Joga gesteckt hatte. Nach vielen Übungen war sie Meisterin der zweiten Stufe geworden. Sie beherrschte durch Konzentration ihr viscerales Nervensystem. Sie konnte ihre Blutzirkulation antreiben oder verlangsamen. Die unbewußten Körperfunktionen wurden durch Konzentration und Meditation gesteuert.

Bei ihren Übungen hatte sie Jesus als Guru gewählt. Wohlgemerkt, Jesus war nur Vorbild, war nur der große Weise, nicht ihr Erlöser und Heiland. Die junge Frau meinte, ein abgerundetes Weltbild zu haben. Da wurde ihre Sicherheit aber erschüttert.

In ihrer Umgebung waren gläubige Christen, die für sie beteten und sie zu Gottesdiensten einluden. Man gab ihr auch Schriften, die in christlichem Geist geschrieben waren. Es wurde ihr auch auseinandergesetzt, daß es nicht damit getan ist, daß man Jesus ein Ehrenprädikat verleiht und ihn zum Guru erwählt. Nein, Jesus will der Herr unseres Lebens sein.

Nachdem ein Stein aus ihrem Lehrgebäude herausgeschlagen war, bröckelten andere nach. Es ging durch einen schmerzhaften Prozeß, bis sie Christus ihr Leben auslieferte.

Sie ließ den Bericht über ihre Wende zu Christus drucken. Es ist eine kleine Broschüre von 32 Seiten, die sie mir in San Diego schenkte. Das Heft trägt den Titel: „Vom Joga zu Christus."

4. Der Countrydevil (Landesteufel) wird Christ

Es war in Liberia. Ich besuchte die Station Kingsville, auf der Missionar Graham Davies arbeitete. Bruder Davies war ein feiner Christ. Er ist inzwischen heimgegangen.

Nach meinen Vorträgen kam ein 70jähriger Mann in die Seelsorge. Der Missionar machte mich darauf aufmerksam, daß dieser alte Mann ein gefürchteter Zauberer sei, der den Beinamen Countrydevil (Landesteufel) hat. Er ist das Haupt, der Präsident der Zauberer in Liberia.

Mir war es unheimlich, einen solchen Zauberer in die Seelsorge zu bekommen. Doch wie war ich überrascht!

Dieser Zauberer sagte rundheraus: „Ich will meine Sünden beichten und Christ werden." Und dann kam es heraus, was er alles im Leben getrieben hatte. Er hatte keine Schwierigkeiten, im Glauben die Vergebung und Befreiung durch Christus zu erfassen. Bei dieser Aussprache sah ich natürlich auch hinter die Kulissen der liberianischen Zauberei. Manches beruht auf Suggestion. Vieles aber ist satanische Magie.

Mir war es klar, daß ich bei diesem Mann nur das letzte Glied einer langen Kette war. Die Missionare hatten ausgezeichnete Vorarbeit geleistet. Ohne den Dienst dieser treuen Zeugen Jesu auf dem Missionsfeld wäre die rasche und verständnisvolle Umkehr des alten Zauberers nicht möglich gewesen.

Es wurde mir aber auch deutlich, wie groß die Macht Jesu ist, daß es Oberzauberer gibt, die vor dem Sohn Gottes kapitulieren.

5. Ein Moslemzauberer wird Christ

In Südostasien ist mir dreimal Bruder N. N. begegnet. Es ist besser, sein Name wird nicht genannt, weil er sonst möglicherweise Angriffen ausgesetzt ist.

Seine Eltern wohnten in Sumatra, in einem von den Moslems beherrschten Distrikt. Da ihr Sohn sehr begabt war, durfte er nicht nur die höhere Schule, sondern später auch die Universität besuchen. Der Plan und das Ideal der Eltern war, daß der Sohn ein Moslempriester werden sollte. Während der Semesterferien ging der angehende Priester einem alten Priester zur Hand und lernte alles, was man auf der Universität nicht lernen kann. Der alte Jünger Mohammeds führte seinen lernwilligen Schüler in die Kunst der Magie ein. Da offensichtlich eine starke mediale Veranlagung vorlag, brachte der Jungmagier es zu einer großen Meisterschaft. Er konnte durch die Kraft der Magie verschlossene Türen und Fenster öffnen, brennendes Feuer löschen oder Feuer entfachen. Bei all diesen Experimenten machte ihm sein Lehrmeister klar, daß jeder vollwertige Moslempriester auch die Kunst der Magie erlernen und beherrschen müsse.

Zur Vervollständigung und zum Abschluß seiner Studien ging der Priesterstudent außer Landes und besuchte eine führende Koran-Universität. Hier traf er zum ersten Mal in seinem Leben auf echte, überzeugte Christen, die er ohne Grund zu hassen begann. Kein Wunder, er steckte ja durch seine magischen Praktiken in der Gewalt Satans.

Um seinen Haß in die Tat umzusetzen, bildete er unter Studenten eine antichristliche Aktionsgruppe. Ihre Aufgabe war, jede christliche Aktivität in der Öffentlichkeit zu bekämpfen. Wurden irgendwo christliche Gottesdienste abgehalten, dann warfen sie die Fenster ein und lärmten stark um die Kirche herum, um den Gottesdienst zu stören. Die Christen bekamen natürlich keine Hilfe von der Polizei, weil die Polizisten selbst Moslems sind und gegen Christen ebenfalls Gefühle des Hasses hegen. Die Christen dachten auch nicht daran, die Polizei um Schutz zu bitten. Sie wußten, daß das sinnlos war, und zum anderen beteten sie mit Psalm 124,8: „Unsere Hilfe steht im Namen des Herrn."

Die Christen gingen in der lärmumtosten Kirche auf die Knie und beteten für die Störenfriede. Bei einem anderen Gottesdienst an einem Sonntagabend kam der Leiter und Prediger der christlichen Gemeinde auf den Gedanken, die Gruppe der Moslems zu einer Diskussion in die Kirche zu bitten. Während der gläubige Bruder nach außen ging, beteten die anderen in der Kirche um den Schutz des Herrn für ihn. Es war eine Gebetserhörung, daß der Rädelsführer der Moslems sich zu einer Diskussion bereitfand. Studenten sind ja überall in der Welt diskussionssüchtig.

Ein wenig beklommen, andere Moslems auch mit trotzigem und kampflustigem Gesicht, kamen sie in den christlichen Versammlungsraum. Unter dem Gebet aller anwesenden Christen setzte der Leiter den jungen Heißspornen in Ruhe auseinander, was sie als Christen wollten. Die Diskussion verlief viel ruhiger, als es nach Lage der Dinge zu erwarten war.

Ohne weitere Störung gingen die beiden Parteien an diesem Abend auseinander.

Am meisten beschäftigte sich der Priester-Student mit dem, was er bei den Christen gehört hatte. Zu weiteren Störaktionen war er nicht mehr aufgelegt. Seine Kameraden trieben das allein weiter, aber nicht mehr bei der „Diskussionskirche".

Der junge Priesteranwärter ging sogar noch einen Schritt weiter. Er schlich sich eines Abends in den Gottesdienst der Christen und drückte sich in die letzte Bank. Die Botschaft, die er hörte, riß irgend etwas in seinem Herzen auf. Gottes Geist hatte an seinem Herzen zu wirken begonnen.

Es ging durch Stürme und Kämpfe, unter denen bei dem jungen

Mann der Entschluß reifte, mit dem Leiter der Gemeinde persönlich zu sprechen. Dieser Seelsorger nahm dann den Koranstudenten zu einer Evangelisation mit, die gerade von einem vollmächtigen Missionar in der Stadt gehalten wurde. Das war der letzte Stoß – und der Koranjünger, der Priesteranwärter wurde ein Jünger Jesu. So radikal, wie er als Gegner gegen die Christen war, so entschieden wurde er als Bekenner Jesu Christi.

Er meldete sich bei einer Bibelschule, um gründlich das Neue Testament zu studieren. Dann ging er zurück in seine alte Heimat, um dort als Missionar zu wirken.

Ich habe diesen Bruder, der einmal Moslempriester werden sollte und dafür christlicher Missionar wurde, nicht aus den Augen verloren. Andere Missionare haben mir laufend von seinem gesegneten Dienst berichtet.

Noch ein kleines abschließendes Erlebnis, das mir eine Führung des Herrn war. Seit Jahren unterstützt meine Bibel- und Schriftenmission eine ganze Reihe von Missionaren auf allen Kontinenten. Es ist nicht immer einfach, auf fremde Kontinente Geld zu senden. Einmal sandte ich über die Staatsbank in Madras/Südindien eine größere Summe. Die Staatsbank hat das Geld sechs Monate zurückgehalten, bis sie bereit war, es an den Empfänger auszuzahlen. Und dann behielten sie noch 20% davon als Devisensteuer ein. Für westliche Begriffe ist das Gaunerei. Erst arbeiten die sechs Monate zinslos mit fremdem Geld, und dann nehmen sie noch einmal einen großen Aderlaß vor.

Nun zu dem kleinen Erlebnis mit Bruder N. N. Eines Tages fühlte ich mich gedrungen, ihm einen Dollarscheck zu senden. Es ging nicht direkt. Der Brief mußte über einen Mittelsmann zugestellt werden. Es ging dieses Mal außerordentlich rasch. Schon nach drei Wochen erhielt ich von dem Empfänger die Bestätigung. Er schrieb: „Ich habe vor einem Jahr geheiratet. Nun erwarteten wir unser erstes Kind. Wir waren aber zu dieser Zeit völlig mittellos. Meine Frau konnte sich keine Babyausstattung kaufen. Nicht einmal zu Windeln reichte es. Wir flehten inbrünstig zum Herrn, uns zu helfen. Da kam als Antwort Gottes und Erhörung unseres Gebetes Ihr Scheck. Dem Herrn sei Dank."

Hier war es nicht Monate gegangen, weil der Herr wußte, daß es eilig war. Ich selbst hatte von der ganzen Situation keine Ahnung. Ich hatte auch nicht gewußt, daß Bruder N. N. verheiratet war.

Der Herr weiß durch kleine und große Erlebnisse unseren Glauben zu stärken.

Das große Erlebnis dieses Berichtes ist die Tatsache, daß ein in den magischen Künsten ausgebildeter Priesteranwärter dem Satansdienst entflieht, Christ wird und heute als Bote des Herrn auf einem Missionsfeld steht.

6. Sie sind schuld!

So klagten mich zwei junge Männer in Straßburg an, als ich in der Aubette (Festsaal) einige Vorträge hielt.

„Was habe ich verbrochen, daß Sie mich so anklagen?"

„Sie haben vor einem Jahr hier im gleichen Saal gegen die Wahrsagerei gesprochen. Unsere Mutter hat Sie gehört, kam heim und erklärte uns Kindern: ‚Nun ist Schluß. Ich betreibe mein Geschäft nicht mehr.'"

„Was für ein Geschäft hat Ihre Mutter betrieben?"

„Nun, das liegt doch auf der Hand. Mit Karten, Kristallkugel und Pendel beriet sie ratsuchende Menschen und hat dabei viel Geld verdient. Die ganze Familie konnte sehr gut davon leben. Das ist nun aus. Wir müssen alle arbeiten gehen, weil die Mutter so stur ist und ihre Fähigkeiten nicht mehr ausnützt."

„Begreifen Sie denn nicht, daß Wahrsagen ein Teufelsgeschäft ist, bei dem wir unsere Seligkeit verlieren?"

„Unsere Mutter hat doch viel Gutes damit getan. Sie hat auch kein Geld verlangt. Ihre Kunden gaben ihr das freiwillig. Unter den Ratsuchenden waren viele hochgestellte Persönlichkeiten. Die wären doch nicht gekommen, wenn unsere Mutter etwas Unrechtes getrieben hätte."

Es war mir unmöglich, diese jungen Menschen zu überzeugen. Sie waren verärgert, weil sie jetzt ihr Brot selbst verdienen mußten und nicht mehr aus dem goldenen Topf der Mutter leben konnten.

Ich aber freute mich über dieses Ereignis. Damit habe ich nach einem Jahr eine Frucht der Vorträge sehen dürfen. In Jesaja 55,11 sagt der Herr: „Mein Wort soll nicht leer zurückkommen." In Straßburg hat es aber immerhin den goldenen Topf einer Wahrsagerin geleert. Es hatte aber noch mehr ausgerichtet. Eine Gebundene Satans wurde befreit und mit den reichen Gütern des Hauses Gottes beglückt.

7. Blutsverschrieben

In den letzten zwanzig Jahren haben Zehntausende von jungen Menschen sich mit ihrem Blut dem Teufel verschrieben. Was ist der Hintergrund dieser furchtbaren Blutspakte?

Manche Jugendliche wie die vierzehnjährige Heidi aus der Schweiz probierten es aus Neugierde aus, ob ein Blutspakt einen Nutzen hätte.

Andere junge Menschen fühlten sich abgestoßen von der hölzernen kirchlichen Trockenheit, oder sie empfanden Abscheu vor dem satten, selbstgerechten Pharisäismus der sogenannten Christen.

Für andere wurde der Blutspakt nur eine neue Stufe in ihrer Jagd nach Lebensgenuß oder Sinnerfüllung eines inhaltslosen Lebens. Sie absolvierten die ganze Skala, was der Teufel zu bieten hat: Sex, Alkohol, Rauschgift, dämonische Musik, religiöse Schwarmgeisterei und schließlich die totale Auslieferung an Satan.

In der Seelsorge fürchte ich die Blutspakte mehr als die Formen der Besessenheit. Ich habe rund hundert solcher Fälle registriert. Ich weiß nur von vier jungen Menschen, die frei geworden sind. Es mögen auch fünf sein.

Die gewaltigste Erfahrung auf dieser Ebene machte ich in Zürich. Ein junger Mann bekannte in der Seelsorge, daß er sich mit seinem Blut dem Teufel verschrieben habe. Mir wollte der Mut sinken.

Doch hörte ich geduldig zu, was der junge Mann mir vorzutragen hatte. Er beichtete und bekundete seinen Entschluß, sein Leben Jesus auszuliefern. Ich betete ein Lossagegebet mit ihm. Loszusprechen wagte ich nicht, weil ich den Glauben nicht dazu aufbrachte. Ich schenkte ihm nur mein Taschenbuch „Heilung und Befreiung“, in dem ich Anweisungen zu einer Seelsorge an okkult Belasteten gegeben habe. Selbst in der Fürbitte war ich nicht treu, weil schlimme Erfahrungen in ähnlichen Fällen mich hatten vorsichtig werden lassen.

Wie groß war dann aber meine Freude, als ich sechs oder acht Monate später hörte, daß der junge Mann frei geworden war und das Evangelium verkündigte.

Hier hat der Herr Jesus ein Mahnmal seines Sieges aufgerichtet, ein ermunterndes Zeichen dafür, daß keine Bindung und Belastung für ihn zu schwierig ist. Ihm ist gegeben alle Gewalt im Himmel und auf Erden.

Jesus ist kommen, nun springen die Bande
Stricke des Todes, die reißen entzwei.
Unser Durchbrecher ist nunmehr vorhanden.
Er, der Sohn Gottes, er machet recht frei.
Bringet zu Ehren aus Sünden und Schande.
Jesus ist kommen, nun springen die Bande.

Jesus ist kommen, der starke Erlöser
Bricht dem gewappneten Starken ins Haus.
Sprenget des Feindes befestigte Schlösser,
Führt die Gefangenen siegend heraus.
Fühlst du den Stärkeren, Satan, du Böser?
Jesus ist kommen, der starke Erlöser.

Die Blutverschriebenen erhalten vom Neuen Testament eine dreifache Garantie:

Durch das Blut Jesu gereinigt von den toten Werken (Hebr. 9,14)
Durch das Blut Jesu erlöst (Eph. 1,7)
Gott erkauft mit Jesu Blut (Offbg. 5,9)

Das Blut Jesu Christi, des Sohnes Gottes, ist das Siegespanier für alle, die unter den Bann Satans geraten sind, frei werden wollen und befreit worden sind.

Anhang

Nachdem das vorliegende Buch schon im Umbruch gesetzt und korrigiert war, zeigte es sich, daß im 52. Druckbogen noch einige Seiten frei waren. Die Druckerei fragte mich, ob ich nicht die Lücke noch füllen wolle. Mir kam das sehr gelegen, denn bei meinem zwölften und dreizehnten Besuch auf Sizabantu nahm ich neue Berichte auf, die nun als Fülltext benützt werden. Es sind alles Erlebnisse, die in den Rahmen dieses Buches passen. Die Niederschrift wurde im April 1984 auf Sizabantu begonnen.

Über die Feiertage Karfreitag und Ostern waren 3000 Besucher auf der Missionsstation. Unter ihnen befanden sich 33 Schweizer und Deutsche, die an meinem Gruppenflug teilgenommen hatten. Erlo Stegen, der Direktor dieses gesegneten Werkes, sagte mir übrigens, es seien noch nie so viele Europäer hier gewesen wie dieses Jahr. Vom Januar bis März fanden sich 270 Besucher aus dem alten Kontinent Europa hier ein. Das ist erstaunlich, da doch in Deutschland und in der Schweiz viele Christen – durch Verleumdung und anonyme Schreiben angestachelt – gegen Sizabantu hetzen. Gott sagt: „Ich will mich meiner Herde selbst annehmen" (Hes. 34,11). Das gilt auch für seine Herde auf der Missionsstation Kwa Sizabantu. Dem Teufel ist dieses Werk ein Dorn im Auge, weil hier viele Menschen zum Glauben an den Herrn Jesus kommen. Manche durften auch eine Hilfe für den kranken Leib erfahren.

Den Querschnitt durch das neue Material beginne ich mit zwei „Vettern" des gläubigen Offiziers aus der Apostelgeschichte 10. Kornelius hieß jener Römer, dessen Gebete Gottes Thron erreicht haben.

Zwei gläubige südafrikanische Offiziere

Die Geschichte des Majors Pieter van der Watt ist bereits auf Seite 659 dieses Buches berichtet worden. Bei der berüchtigten Bombenexplosion in Pretoria war er eines der Opfer. Insgesamt 90 Splitter hatten ihn getroffen.

Nun habe ich im Zusammenhang mit diesem Bombenattentat Dinge erfahren, die den schon sehr angeschlagenen Ruf der Evangelischen Kirche in Deutschland (EKiD) noch mehr belasten.

Die Süddeutsche Zeitung brachte am 6. 2. 84 die Information, daß das Evangelische Missionswerk der EKiD mit der südafrikanischen Terrororganisation ANC (African National Congress) ein Treffen vereinbart hat, um sich für die Ziele der ANC einzusetzen.

Die ANC ist die extremste Terrorgruppe in Südafrika. Laut idea 4/84 gehen seit 1979 28 Morde und 125 Terroranschläge auf das Konto dieser Killergruppe. Ein scharfer Beobachter und Mahner schrieb zu diesem Vorgang: „Während die Terroristenabwehr in Deutschland alle Hände voll zu tun hat, um mit den Chaoten fertig zu werden, holt die Kirche Nachschub aus Südafrika. Jeder Kirchensteuerzahler finanziert diese verbrecherischen Machenschaften mit."

Inzwischen kam die Meldung, daß die Terrororganisation ANC einen neuen Anschlag verübt hat. In der Nacht vom 13. auf 14. Mai 1984 versuchten die ANC Killer die Ölraffinerie von Durban – einer großen südafrikanischen Hafenstadt – zu zerstören. Bei diesem Bombenattentat kamen sieben Menschen ums Leben. – Und mit einer solchen Terrororganisation nahm die Führung der EKiD Kontakt auf, um ihr beizustehen.

Kein Wunder, daß bekannte Männer, die hinter die Kulissen schauen, sich überlegen, ob sie nicht aus der Kirche austreten sollten.

Der andere Offizier, den ich auf Sizabantu kennenlernte, ist der Brigadier Wassenaar.

Ich fragte einen Offiziersanwärter nach dem Rang der hohen Offiziere. Der Colonel entspricht dem deutschen Oberst. Ein Brigadier ist in der deutschen Rangordnung der Generalleutnant.

Dieser Mann ist gläubig und ein aktiver Christ. Es wurde uns auf Sizabantu eine Begegnung unter etwas merkwürdigen Umständen geschenkt. Nach einem sehr anstrengenden Tag besuchte ich nicht den um 11 Uhr stattfindenden Gottesdienst. Brigadier Wassenaar hielt einen Vortrag und erwähnte meine englischen Bücher, die ihm in seiner Arbeit eine große Hilfe waren. Persönlich kannten wir uns nicht. Nach dem Gottesdienst sagte Erlo dem Brigadier: „Dieser Mann, von dem Sie sprachen, ist gerade hier auf unserer Station." Der Offizier erklärte sofort: „Ich will ihn sprechen und grüßen." Aus dieser kurzen Begegnung wurde eine Freundschaft. Ich erfuhr einiges aus seinem Leben. Ich lasse ihn nun selbst erzählen.

„Meine Eltern waren aktive Christen. Während eines Ferienaufenthaltes, den ich daheim verbrachte, wurde mein Vater sehr krank. Trotz unserer ausgiebigen Gebetsunterstützung verschlechterte sich von Tag zu Tag sein Zustand. Ich stand unter dem Eindruck, daß Gott irgend etwas im Wege war, uns zu erhören. In dieser Zeit fiel mir das Buch von Dr. Koch ‚Occult Bondage and Deliverance' in die Hände. Nach der Lektüre kam mir beim Gebet der Gedanke, daß ich das vermutete Hindernis vielleicht auf diesem Gebiet suchen sollte. Vorsichtig fragte ich meine Eltern, ob sie in ihrem Leben etwas mit okkulten Dingen zu tun gehabt hätten. Nach langem Zögern erklärte die Mutter, daß sie noch nicht lange zuvor Bücher mit einem merkwürdigen Charakter gekauft hätte. Als die Mutter mir den Namen des Autors nannte, war mein Verdacht bestätigt. Nach meiner Meinung gehören die Bücher dieses Mannes nicht in den Bücherschrank gläubiger Menschen.

Meine Mutter war bereit, diese Bücher herauszugeben. Ich verbrannte sie im Garten in Gegenwart der ganzen Familie. Anschließend beteten wir gemeinsam um die Reinigung von verborgenen Belastungen und zugleich um die Gesundung des Vaters. Sofort ging es ihm besser. Er schien geheilt zu sein.

Nach einer Woche ging es ihm dann schlechter als zuvor. Wiederum rief ich die ganze Familie zusammen. Wir überlegten, ob noch ein verborgener Bann auf der Familie liegen würde. Gott schenkt doch keine Heilung nur für eine Woche. Ich fragte dann die Mutter, ob sie auch alle okkulten Bücher herausgegeben hätte. Nach langem Zögern gab sie zu, daß sie noch ein Buch zurückbehalten habe, weil ihr dies besonders wertvoll schien. Wie einen Schatz hatte sie dieses Buch versteckt und darin gelesen, wenn sie allein war. Ich bestand auf der Herausgabe dieses Buches, das anschließend sofort verbrannt wurde. Von diesem Tag an war mein Vater völlig gesund und erreichte ein hohes Alter."

Es ist selbstverständlich, daß Rationalisten eine solche Geschichte für Humbug ansehen. Ohne den Heiligen Geist lassen sich geistliche Vorgänge nicht begreifen. Schmerzlich ist aber, daß selbst Verkündiger des Evangeliums und Seelsorger keine Erfahrung auf dem okkulten Gebiet haben und erklären: „Damit wollen wir nichts zu tun haben." Sie lassen dann aber Hunderttausende ohne seelsorgerliche Hilfe, die dringend erforderlich ist.

Brigadier Wassenaar berichtete noch ein anderes Erlebnis, das für unerfahrene Christen oder Nichtchristen noch schwerer zu verstehen ist. Eine gläubige Cousine ließ sich einmal von einer Malerin porträtieren. Die Künstlerin war eine Spiritistin und praktizierende Okkultistin. Die gläubige Kundin wußte das aber nicht, erfuhr es aber später. Sie hängte das Bild zu Hause auf. Von diesem Tage an aber herrschte eine unheimliche und unfriedliche Atmosphäre im ganzen Hause. Eines Tages wurde eine merkwürdige Entdeckung in dem betreffenden Zimmer gemacht. Der Bruder schlief in dem Raum, in dem sich das Bild befand. Eine unerklärliche Unruhe bemächtigte sich seiner. Er versuchte, im Gebet damit fertig zu werden. Es half nicht, darum stand er mehrmals auf. Das Ölbild seiner Schwester versetzte ihn in eine innere Spannung. Schließlich hängte er es ab und öffnete die Rückwand. Dahinter fand er das Porträt einer Teufelsfratze mit ausgeschnittenen Augen. Darauf wurde das Frauenporträt gelegt, so daß der dämonische Kopf die Augen der Cousine erhielt. Erschrocken packte der Bruder das Bild, zeigte es seiner Schwester und verbrannte es mit ihrer Erlaubnis. Von diesem Augenblick an trat wieder Ruhe und Frieden im Hause ein.

Gegenstände, die kultisch im Götzendienst benützt oder von einem Zauberer besprochen worden sind, stellen Konzentrationspunkte für die Macht der Finsternis dar. Solche Beispiele finden sich in meinen Büchern. Hier in dieser Veröffentlichung steht das Beispiel, daß eine Pfarrfrau klagte: „Seit das 6./7. Buch Moses (Zauberbuch) sich in unserem Haus befindet, herrscht Streit und Unfriede unter uns."

Ein anderes Erlebnis ist noch beweiskräftiger.

B 498 Ich reiste eine Zeitlang zusammen mit einem südafrikanischen Missionar. Er gab mir folgenden Bericht. Auf dem Missionsfeld hatte er Teufelsmasken gesammelt, die im heidnischen Kult gebraucht worden waren. Er hing sie in seinem Arbeitszimmer als Dekoration auf. Seit dieser Zeit hatte er Schlafstörungen ganz massiver Art. Er sah nachts ein Ungeheuer mit feurigen Augen auf sich zukommen. Die Hände waren mit Krallen versehen, die nach dem Missionar griffen. Es war kein Traum. Er setzte sich auf den Bettrand und betete gegen diese Bedrohung. Dann verschwand die Spukgestalt, kam aber in der nächsten Nacht wieder. Der Missionar dachte über diese Vorfälle nach und kam schließlich auf den Gedanken, daß die Erscheinungen mit seinen Teufelsmasken im Zusammenhang stünden. So vernichtete er sie schließlich schweren Herzens. Einige Tage später ertrank sein vierjähriger Junge in einem kleinen Wasserbecken im Garten, das nur etwa 15 bis 20 cm Wasser –

der Tiefe nach – enthielt. Der Missionar, der mir dieses Erlebnis berichtete, deutete das als einen Racheakt der teuflischen Mächte, denen er den Abschied gegeben hatte.

Ich bin mir bewußt, daß ich damit Kritik herausfordere. Manche werden mit Recht auf 1. Kor. 10 hinweisen, wo Paulus sagt: „Götzen sind nichts." Ich bejahe die Einstellung des Apostels, will aber doch als Ergänzung Apg. 19,19 erwähnen. In Ephesus brachten die Leute ihre okkulten Dinge und verbrannten sie. Es gibt auf diesem Gebiet eine Reihe Probleme, die hier nicht mehr behandelt werden können. Es ist ein Unterschied, ob Gegenstände frisch geschnitzt und als Souvenir verkauft werden oder im dämonischen Kult gebraucht worden sind. Aber auch bei Souvenirs ist Vorsicht geboten. Es ist schon berichtet worden, daß auf Bali, der Teufelsinsel, auch die frisch geschnitzten Götzenfiguren zuerst dem Teufel geweiht werden, ehe man sie den Touristen anbietet. Auch das wurde schon erwähnt, daß in Südafrika Sybil Leek, die im Ruf steht, eine Chefhexe zu sein, eine Fabrik besitzt, die Souvenirs herstellt. Aus der Seelsorge weiß ich, daß alle diese Gegenstände einer „Weihe" unterzogen werden. Es ist ein uferloses Gebiet, das Unterscheidungsgabe und Erfahrung erfordert.

An dieser Stelle muß auch eine eindrückliche Warnung ausgesprochen werden. Die Gefahr kann entstehen, daß in einer abergläubischen Weise Dinge in Beziehung zueinander gesetzt werden, die nichts miteinander zu tun haben. Es kann passieren, daß der Teufel, den wir zur vorderen Tür hinauswerfen, wieder zur Hintertüre hereinkommt. Eine okkulte Gläubigkeit kann entstehen, die einem neuen, okkulten Aberglauben gleichkommt. Das kann bedeuten, daß wir genau dem verfallen, was man bekämpfen und ablehnen will. Auf diesem schwersten Gebiet der Seelsorge kann man nur unter Furcht und Zittern, aber mit dem Beistand des Heiligen Geistes dem angefochtenen und belasteten Menschen dienen.

Um zu zeigen, daß ich mit meiner Erfahrung und Meinung nicht alleinstehe, bringe ich das Erlebnis einer ehemaligen Liebenzeller Missionarin, die ich in meiner Jugend selbst noch kennengelernt habe. Der Verlag der Liebenzeller Mission hat über die Lebensarbeit der Elisabeth Seiler drei Taschenbücher herausgebracht, die ich empfehle. Im Band III mit dem Titel „Wunderbar sind seine Wege" steht auf Seite 11 die Geschichte einer besessenen Chinesin, die hier wiedergegeben wird.

B 499 In der Nähe einer Liebenzeller Evangeliumshalle in China wohnte ein heidnisches chinesisches Ehepaar. Die Missionarin besuchte es oft. Die Chinesin hatte merkwürdige Anfälle. Manchmal stürzte sie zu Boden und schlug um sich. Dabei hatte sie Schaum vor dem Mund. Jeder Arzt würde das als eine Epilepsie diagnostizieren. Die Begleitumstände dieser krampfartigen Anfälle waren aber so seltsam, daß sie mit einer Epilepsie nicht zu erklären waren. Die Umherstehenden hörten Stimmen, die mit der Frau sprachen. Die Geplagte gab auch diesen Stimmen Antwort. Das ist ein Vorgang, der mit einer reinen Erkrankung nichts zu tun hat. Die Antworten der Frau könnten zwar als Ausdruck von Wahnvorstellungen gedeutet werden, aber die Stimmen von unsichtbaren Mächten, die von den Familienangehörigen mitgehört wurden, lassen sich nicht in dieser Weise erklären. Die Missionarin sah es als eine Besessenheit an und war damit auf der richtigen Fährte. Für diese heimgesuchte belastete Frau wurde viel gebetet. Gott erhörte das Flehen seiner Kinder. Die Besessene wurde frei.

Eines Tages erfolgte ein Rückschlag, ein Vorgang, der sich nach Luk. 11,24 manchmal abspielt. Ein Freund dieser Familie kam zur Missionsstation geeilt und berichtete: „Die Frau schreit wieder. Die Stimmen reden erneut zu ihr." Der Freund hatte folgendes Gespräch mitgehört:

„Was habt ihr in eurem Haus? Man kommt ja nirgends mehr hinein? Ihr habt eine Mauer um euch. Seit wann habt ihr diese hohe Mauer?"

Die Chinesin antwortete: „Die Mauer um uns ist das Blut Jesu Christi, das uns einhüllt und schützt. Aber wer bist du?"

„Ich bin deine Großmutter. Es stört mich, daß man euch nicht mehr besuchen kann."

„Wie bist du aber jetzt hereingekommen? Wir stehen doch unter dem Schutz Jesu."

„Durch deinen Kopf kam ich herein."

Die besessene Chinesin und der Freund der Familie konnten sich diese Ausdrucksweise nicht erklären.

Zur Vermeidung eines Mißverständnisses wird hier eingeschoben, daß es sich bei diesem Erlebnis nicht um den Geist der verstorbenen Großmutter handelt, sondern um einen Dämon, der möglicherweise von der Großmutter Besitz ergriffen hatte. Es ist in diesem Buch schon ein ähnliches Beispiel gebracht worden. Wenn ein besessener Mensch stirbt, geht der Dämon aus dem Körper des

Sterbenden heraus und versucht, in ein anderes Glied der Familie einzudringen. Da Dämonen Lügengeister sind, geben sie sich für die verstorbene Person aus, deren Stimme sie nachahmen. Das war schon Luther und Philipp Jakob Spener bekannt. Nur den heutigen Theologen und Seelsorgern ist das – von Ausnahmen abgesehen – weithin unbekannt.

Als der Freund der Familie den Missionsleuten die Nachricht von dem Rückfall überbracht hatte, wurde er gebeten, in dem Haus der Besessenen alles nach verborgenen Zaubergegenständen abzusuchen. Er befolgte diesen Rat, durchsuchte das Haus der besessenen Frau, fand aber nichts. Da bat er den Herrn um Hilfe, er möge ihm doch zeigen, auf was er seine Aufmerksamkeit richten solle.

Eines Morgens, in der Frühe, mahnte ihn Gott: „Geh sofort in das Haus deiner Freunde und beobachte alles genau." Dieser Jünger Jesu gehorchte und begab sich in das Haus des Ehepaares. Die Frau kämmte sich gerade. Der Freund sah, wie die Frau flugs etwas unter ihr Haar steckte. Er bat um den kleinen Gegenstand. Es war ein Medaillon, das geöffnet, einen Zettel mit einer Teufelsverschreibung freigab. Die Frau hatte als Kind bei einer Erkrankung dieses Amulett erhalten, das sie laut Anweisung des okkulten Heilers stets auf dem Körper tragen sollte. Die Chinesin war über die Teufelsverschreibung furchtbar erschrocken und rief aus: „Ich will nicht dem Teufel gehören, ich bin ein Eigentum des Herrn Jesus."

Die Missionsleute verstanden nun, warum dieser Dämon der Großmutter erklärt hatte, durch den Kopf der Frau Eingang gefunden zu haben. Die hohe Mauer hatte diesen bösen Geist nicht abhalten können, solange die Frau die Teufelsverschreibung unter ihrem Haar mit sich herumtrug. Die Frau lieferte sofort das Amulett aus, tat Buße, sagte sich im Namen Jesu los von diesen Finsternismächten und blieb seither frei von Angriffen und Anfällen.

An dieser Stelle muß ein seelsorgerlicher Hinweis gegeben werden. Es gibt unerfahrene Seelsorger, die meinen, mit der Bekehrung eines Menschen seien alle Belastugen ein für allemal ausgeräumt. Solche totalen Befreiungen kommen vor. Und das sollte der Normalfall sein. Leider schleppen aber viele Gläubige alte Bindungen und geheime Belastungen mit in das neue Leben hinein. Ich habe einige tausend solcher Ratsuchenden in einem halben Jahrhundert in der Seelsorge gehabt.

Einmal mußte ich mich mit einem sehr bekannten Mann Gottes auseinandersetzen. Um ihn zu schonen, nenne ich keinen Namen. Er erklärte mit letzter Bestimmtheit, eine ausführliche Seelsorge mit okkult Belasteten sei nicht erforderlich. Wenn man mit solchen Menschen einmal intensiv bete, seien alle Schwierigkeiten ausgeräumt. In einem anderen Zusammenhang habe ich dieses Erlebnis schon erwähnt. Mir ist das unbegreiflich. Sowohl die Bibel nennt Rückfälle bei der schon mehrfach erwähnten Stelle Lukas 11,24, auch die seelsorgerliche Erfahrung weist aus, daß man häufig mit Rückschlägen rechnen muß, vor allem, wenn nicht alle okkulten Gegenstände und Verschreibungen ausgeliefert worden sind. Das zeigt uns ja das Beispiel der Chinesin.

Befreiung von der Zuluzauberei

Vom chinesischen Missionsfeld wechseln wir über zum afrikanischen. Die beiden hier folgenden Beispiele wurden in Sizabantu direkt von den Betroffenen aufgenommen.

B 500 Busisiwe Nzama kam als 36jährige Frau zu mir und erzählte mir ihre Geschichte. Mit ihren sechs Geschwistern stammt sie von glaubensverschiedenen Eltern ab. Der Vater war und ist Heide, der dem Ahnenkult verfallen ist. Die Mutter ist eine überzeugte Katholikin, die ihre Kinder zum Besuch der katholischen Gottesdienste anhielt.

Die Berichterstatterin besuchte die Grundschule, danach die höhere Schule, wo sie das Abitur machte. Ihr Berufsziel war, Krankenschwester zu werden. Während einer 3½jährigen Ausbildungszeit erlahmte ihre Gewohnheit, die katholische Kirche zu besuchen. Weil sie gut verdiente, kaufte sie sich schöne Kleider und machte sich mit Make-up und strenger Diät attraktiv. Sie wurde nicht korpulent wie die meisten Zulufrauen, sondern achtete stets auf eine gute Linie und Figur. Unter den jungen Männern wurde sie beachtet. Ein Wechsel unter ihren Freunden entsprach ihrem Lebenshunger. In den Diskotheken und bei Tanzveranstaltungen war sie häufig anzutreffen. Das alles brachte ihr aber nicht den erhofften Frieden und die begehrte Lebenserfüllung. Depressionen und Schlafstörungen stellten sich ein. Allmählich verlor sie die Freude und die Kraft zur Arbeit. Ein Spitalaufenthalt brachte keine Besserung. So lag sie daheim apathisch im Bett. Christen besuchten sie, beteten mit ihr, konnten ihr aber nicht helfen. Ja, es wurde jedesmal schlimmer, wenn man mit ihr gebetet hatte. – Das ist oft das Zeichen einer okkulten Belastung. – Schließlich verbat sich die Patientin weitere Besuche der Christen.

Der heidnische Vater sah sich einige Monate diese Entwicklung an. Dann sagte er: „Das ist keine Krankheit, wo ein Arzt helfen kann. Da muß ein Zauberer geholt werden." Aus langjähriger Erfahrung mit den Zulus – seit 1963 – weiß ich, daß die Zulus zwei Arten von Krankheiten unterscheiden. Nach ihrer Meinung gibt es Krankheiten, bei denen medizinische Hilfe erforderlich ist, und solche, wo nur Zauberei hilft.

Der Vater ließ einen Zauberer rufen. Als die Zaubertrommel geschlagen wurde, fiel die Tochter in Trance. Das war ein Zeichen ihrer okkulten Belastung und zugleich die Erklärung, daß keine medizinische Hilfe genützt hatte. Als der Zauberer diese Reaktion miterlebte, sagte er seiner Patientin, nachdem sie wieder zu sich gekommen war: „Du hast die Begabung, eine Zauberin zu werden. Gebrauche deine Veranlagung." Ein Heilerfolg trat bei dieser Behandlung nicht ein. Es wurden weitere Zauberer gerufen. Sie alle erkannten die Fähigkeit der Busisiwe, eine Hexe zu werden.

Es muß hier eine andere Zulu-Eigenart erwähnt werden. Bei starker Trancefähigkeit tritt oft eine Serie medialer Erkrankungen auf, bis der Belastete sich bereit findet, ein Zauberer oder eine Hexe zu werden. In Europa habe ich keine derartige Geschichte erlebt, dagegen bei den Zulus sehr oft.

Bei all den erlebten Mißerfolgen der Zauberer wurde Busisiwe schließich bereit, sich um die Aufnahme in eine Zauberschule zu bewerben. Es gibt in Südafrika zwei Formen einer Schulung in der Zauberei. Entweder sie erfolgt in heidnischer Zulumagie oder in der religiösen Form der Zionisten. Es wurde schon früher erwähnt, daß die Zionisten Südafrikas nichts mit den Zionisten Israels zu tun haben. Der Zionismus Afrikas ist ein Religionssynkretismus, eine Mischung aus Heidentum und christlicher Verbrämung. Es ist leichter, daß ein Zuluzauberer Jesus findet als ein zionistischer Zauberer, der meint, das wahre Christentum zu vertreten. Es ist wiederum typisch, daß die Zionisten mit den Pfingstgemeinden gemeinsame Sache machen. Sie erklärten z. B. bei meinem Vortrag in Swaziland, daß sie die Theologie der Pfingstgemeinden vertreten. Diese Aussage kann als Härte empfunden werden. Darum gebe ich folgende Feststellung: In den Pfingstgemeinden habe ich viele gläubige Christen gefunden, bei den Zionisten bis heute nicht einen einzigen.

Bei der Aufnahme in die Zauberschule mußte sich Busisiwe viele Zeremonien gefallen lassen. Es wurde ein roter Hahn auf ihren Kopf gesetzt. In diesem Augenblick sprachen unsichtbare Geister zu ihr, die sie nicht verstehen konnte. Andere fortgeschrittene Schüler konnten die Geisterstimmen verstehen. Sie ermutigten Busisiwe und sagten: „Auf den höheren Stufen der Ausbildung wirst du ebenfalls die Geisterstimmen verstehen können."

Eine weitere Weihe war, daß in einem großen Pott Kräuter verbrannt wurden. Busisiwe hatte den Kopf darüber zu halten. Der Rauch oder Dampf umgab sie. Von da an hatte sie die Fähigkeit, verborgene Dinge zu entdecken und wahrzusagen. Sie hatte dabei aber zu lernen, ihre eigenen Gedanken abzuschalten und passiv auf Informationen zu warten, die ihr von den Geistern gegeben wurden.

In der zweiten Klasse der Zauberschule lernte sie Kräuter kennen, die zur Heilung gebraucht wurden. Es handelt sich dabei nicht um die Phytologie, die in ihrer reinen Form nichts mit Zauberei zu tun hat, sondern die Pflanzen werden unter Gebrauch von Zaubersprüchen gegen die Krankheiten eingesetzt.

Die dritte Klasse betrifft reinen Spiritismus. Die Adeptin (Zauberlehrling) bekam die Fähigkeit, direkt mit den Geistern zu verkehren, das heißt, ihre Anweisungen zu hören und zu antworten.

Auf dieser Stufe angelangt, wurden ihr die Bedingungen der Zauberschule zu schwer. Sie plante eine Flucht, und es gelang ihr zu entfliehen. Das war insofern schwer, weil die Lehrer und Vorgesetzten ja alle die Fähigkeit der Clairvoyance (Hellsehen) und der Telepathie besitzen und deshalb merken, wenn ein Schüler innerlich nicht mehr mitmachen will. Vielleicht war es eine vorlaufende Gnade Gottes, der geplant hatte, diese Frau zu retten.

Es war eine göttliche Fügung, daß Busisiwe eine Fernsehsendung sah, in der von Sizabantu gesprochen und erklärt wurde, wie es zu finden sei.

Aus den wenigen Bruchstücken entnahm die kranke und belastete Zauberin den Hinweis, daß man auf Sizabantu die Botschaft bringe, wie friedlose Menschen den Weg des Heils und der Freude finden können. Sie machte sich auf den Weg und kam im März 1984 auf Sizabantu an. Unter der Verkündigung erkannte sich die geplagte Frau als große Sünderin. Sie ging in die Seelsorge und beichtete alles, was ihr der Geist Gottes aufgedeckt hatte. Durch all den Jammer jahrelanger Erkrankung und seelischer Nöte war sie innerlich reif zu einer großen Wandlung. Der Herr tat ein ganzes Werk an ihr. Sie fand Vergebung und Frieden. Ihre Depressionen verschwanden wie der Frühjahrsschnee, der in der Sonne schmilzt. Zum ersten Male konnte sie wieder fröhlich sein. Ihre Zauberutensilien gab sie alle ab, damit sie verbrannt werden. Das erfolgte auf Sizabantu beim nächsten Feuerdienst.

Stellas Befreiung

Auf Sizabantu saß das 22jährige Mädchen, geboren am 12. Mai 1962, vor mir und berichtete ihre Geschichte. Stella ist heute Mitglied des Chores und der Mannschaft. Sie wird als Mitarbeiterin geschätzt.

Die Geschichte ihres kurzen Lebens zeigt vor der Bekehrung „die Tiefen Satans". Ihr Vater war Chef vieler Zauberer. Er war ein Experte okkulter Praktiken. Zunächst trieb er Spiritismus und verkehrte mit seinem verstorbenen Bruder. Eines Nachts erschien ihm der Tote und sagte ihm: „In drei Jahren hole ich dich." So geschah es auch. Diese drei letzten Jahre waren aber angefüllt mit Zauberei. Der Vater warf zur Wahrsagerei Knochen und las „ihre Schrift". Damit konnte er alle Fragen beantworten. Das Knochenwerfen ist übrigens unter fast allen primitiven Völkern bekannt. Mir ist es auf allen Kontinenten berichtet worden.

Eine andere Fähigkeit der Zauberer war die Herstellung eines Tokolosh. Man versteht darunter ein kleines Geistwesen, das Glück bringen und Schaden anrichten kann. Man lese dazu das Kapitel über „Kobolde und Feldteufel". Mir war zwar bekannt, daß medial veranlagte Menschen Verbindung mit einem Tokolosh herstellen können. Neu ist mir nach den Berichten von Stella, daß ihr Vater solche Geistwesen erschaffen, produzieren konnte. Es ist ein komplizierter Vorgang, der hier raummäßig nicht besprochen werden kann. Der Tokolosh braucht ein jährliches Blutopfer. Der Zauberer mußte ihm einmal im Jahr eine Ziege opfern. Wenn das unterlassen wird, holt sich der Tokolosh eines der Kinder des Zauberers. Auf jeden Fall ist das ein Zeichen, daß hier dämonische Zusammenhänge bestehen.

Das schlimmste Treiben des Vaters war die Ausübung des Todeszaubers. Wer ihn gut bezahlte, konnte auf diese Weise sich eines Feindes entledigen. Der Vorgang ist sehr kompliziert und für europäisches Denken so abwegig, daß ich ihn hier nicht darstellen will. Die ausführliche Erläuterung wird aber in meiner Kartei verankert.

In diesem finsteren Milieu wuchs Stella auf. Eine fröhliche Jugend hatte sie also nicht. Sie war daher offen für irgend etwas, was ihren gedrückten seelischen Zustand lindern und erleichtern konnte.

Eines Tages hielt ein Baptistenprediger in ihrer Schule eine Ansprache. Am Schluß fragte er: „Wer Jesus annehmen will, hebe die Hand." Stella tat es auch und war dann acht Tage froh, dann griff die alte Schwermut wieder nach ihr.

In ihrem Elend schrieb sie an Oral Roberts, der ihr antwortete: „Don't worry, Jesus is with you. Pray and God will help you". (Sei nicht traurig. Jesus ist mit dir. Bete, und Gott wird dir helfen.) Ihr Zustand änderte sich aber nicht. Danach kam der Prediger einer Pfingstgemeinde zur Schule. Sie wandte sich auch an ihn, um Hilfe und Beratung zu finden. Er lud sie ein, in seine Bibelschule einzutreten. Die Tochter des Predigers beruhigte sie mit den Worten: „Du brauchst die Taufe mit dem Heiligen Geist, dann wird sich alles ändern."

Stella war damit einverstanden. Einige Mädchen bildeten einen Kreis. Stella setzte sich in die Mitte. Dann beteten die Glieder der Pfingstgemeinde in Zungen. Sie wurde dann aufgefordert: „Der Heilige Geist ist schon über dir, bete du selbst in Zungen, damit er bei dir einzieht." Stella imitierte dann das Zungengebet, ohne Frieden zu finden. Nach dieser Enttäuschung verließ Stella diese Gruppe. Sie probierte es dann mit der Zeltmission eines sehr bekannten Pfingstpredigers, der auch in diesem Buch schon genannt ist. Ein Mitarbeiter des Pfingstevangelisten erklärte den Hörern: „Jeder kann den Heiligen Geist empfangen. Wenn der Redner gebetet hat, sagt er dreimal Halleluja, dann hebt die Hände zum Empfang des Heiligen Geistes. Ihr werdet alle zu Boden fallen." Stella machte diese unbiblische Zeremonie mit, hob die Hände und fiel rückwärts, aber nur, weil eine dicke Person vor ihr rückwärts fiel und sie mitriß.

Nach dieser neuerlichen Enttäuschung wurde Stellas Unfrieden noch größer. Ihre alten Sünden verstärkten sich mit Macht. Sie sollen nicht genannt werden. Da sie ihren Jammer vermehrt fühlte, versuchte sie es mit Fasten, von dem sie einmal gehört hatte. Sie fastete drei Tage in der ersten Runde, dann fünf Tage. Zuletzt hielt sie es zehn Tage ohne Nahrung aus. Aber Frieden fand sie nicht. Sie machte sich schon Gedanken darüber, ob sie es nicht mit 40 Tagen Fasten probieren sollte, wie Jesus es getan hat. Da trat ein Ereignis ein, das den Anstoß zu einer Wende gab.

Der Sizabantu-Chor kam nach Bophutatswana, wo Stella wohnte. Zum ersten Mal sah Stella Schwarze und Weiße friedlich zusammen arbeiten und singen. Das beeindruckte sie mächtig. Dann erregten aber die Zeugnisse ihre Kritik. Michael, einer der Mitarbeiter, bekannte öffentlich, daß er im Streit einen Kameraden erstochen hatte. Stella ärgerte sich darüber, daß Michael bezeugte, daß Gott ihm diese schwere Schuld vergeben habe. Noch mehr geriet sie in Harnisch über das Zeugnis der Lydia, die der Herr vom Tod zum Leben zurückholte. Stella dachte, das sei vielleicht nur eine Ohnmacht oder ein Koma gewesen. Der Chor mit seinen wunderbaren Liedern und seinen Kurzberichten hinterließ eine Unruhe in Stellas Herzen. Einige Zeit später lag sie wachend und sinnend auf ihrem Bett. Da sah sie in einer Wachvision eine Hand, die vor ihr die beiden Worte Kwa Sizabantu schrieb. Zugleich wurde ihr deutlich gemacht: da findest du Frieden.

Dieses Erlebnis ließ in ihr den Entschluß reifen: da muß ich hin. Sie wußte aber nicht, wo Kwa Sizabantu lag. Nur die Provinz Natal hatte sie sich gemerkt. Natal ist aber fast so groß wie die Bundesrepublik.

Als sie ihrer Mutter von der Absicht erzählte, Kwa Sizabantu zu suchen, bekam sie Widerstand mit den Worten: „Ich dachte, du arbeitest, verdienst Geld und hilfst mir." Als 22jährige hatte sie aber ihren eigenen Willen. Sie reiste kurz entschlossen nach Johannesburg und erkundigte sich nach einem Zug nach Natal. Sie löste eine Fahrkarte nach Durban, ohne ihr Fahrtziel zu kennen. Vor Pietermaritzburg spürte sie einen inneren Drang, in dieser Stadt auszusteigen. Sie tat es, konnte sich aber nicht verständigen, da sie nur twana sprach, weder englisch noch afrikaans noch zulu. Sieben Stunden hielt sie sich in Pietermaritzburg auf, bis eine innere Stimme sie drängte: Da steige in den Bus nach Kranskop. Dort kam sie abends zu einer Zeit an, da kein anderer Bus sie ans Ziel bringen konnte. Per Anhalter nahm sie dann jemand mit bis zur Einfahrt zur Missionsstation. Sie war durch göttliche Führung am Ziel. Schon am Tor spürte sie den Frieden dieses Ortes. Sie sagte sich: Das ist es, was ich brauche und suchte.

In der Beichte machte sie reinen Tisch mit allem, was ihr Leben belastete, und fand Vergebung und innere Freude am Herrn Jesus. Sie ist sich bewußt, daß ihre früheren Kontakte mit zungenredenden und rückwärtskippenden Gruppen Irrwege darstellen. Auf Sizabantu gibt es das nicht. Man muß zwischen biblischen und unbiblischen Erweckungen unterscheiden. Die Geistestaufe durch Rückwärtskippen (slain in the Lord) ist ein medialer Vorgang, der mit einer Bekehrung und Lebenserneuerung nichts zu tun hat. Der Teufel ist der Affe Gottes, sagt ein Sprichwort. Er ahmt echtes Geschehen nach. Es kommt aber die Stunde, da jede Unwahrheit ans Licht kommt und die Wahrheit durch Jesus Christus triumphiert. Ihm, der für uns starb und auferstand, der uns den Heiligen Geist als Tröster geschenkt hat, Ihm, der wiederkommt in Herrlichkeit sei Ehre, Preis und Anbetung in alle Ewigkeit.

Nun gehören unsere Herzen, ganz dem Mann von Golgatha,
der in bittern Todesschmerzen das Geheimnis Gottes sah,
das Geheimnis des Gerichtes über aller Menschen Schuld,
das Geheimnis neuen Lichtes aus des Vaters ewger Huld.

Doch ob tausend Todesnächte liegen über Golgatha,
ob der Hölle Lügenmächte triumphieren fern und nah,
dennoch dringt als Überwinder Christus durch des Sterbens Tor,
und die sonst des Todes Kinder führt zum Leben er empor.

Übersicht über die Titel von Dr. Koch

I. Missionsbände

Gott unter den Zulus	304 Seiten	17 Abb.	Lein.	DM 16,80
Jesus auf allen Kontinenten	588 Seiten	122 Abb.	Lein.	DM 18,80
In der Gefolgschaft Jesu	416 Seiten	102 farb. Abb.	fester Einb.	DM 16,80
Uns Herr wirst du Frieden schaffen	497 Seiten		Lein.	DM 14,80
Jesus im Alltag	250 Seiten		Lein.	DM 8,80
Der Weg zu Jesus	250 Seiten		fester Einb.	DM 7,–
Jesus heute	250 Seiten		fester	DM 7,–
Jesus unter uns	250 Seiten		Ein-	DM 7,–
Mit Jesus unterwegs	250 Seiten		band	DM 7,–
Namen über alle Namen	405 Seiten		kart.	DM 9,80
Im Himalaja	80 Seiten	65 farb. Abb.	fester Einb.	DM 9,80

II. Taschenbücher

a) Die Sizabantu-Titel

In seinem Namen	80 Seiten			vergriffen
Du nahtest dich zu mir	96 Seiten			DM 3,–
Gott unter den Zulus	304 Seiten			DM 5,–
Südafrika	96 Seiten			vergriffen
Im Paradies	140 Seiten			DM 5,–
Kwa Sizabantu	96 Seiten			DM 5,–
Jesu Name ist wunderbar	130 Seiten			DM 5,–
Kraft Gottes	96 Seiten			DM 3,–
Ströme lebendigen Wassers (von Bärbel Koch)	80 Seiten	48 farb. Abb.	fester Einb.	DM 9,80
Überwundene Starke	206 Seiten	48 farb. Abb.	fester Einb.	DM 9,80
Ohne Apartheid	176 Seiten	42 farb. Abb.	fester Einb.	DM 12,50
Gottes Maßarbeit	31 Seiten	25 farb. Abb.		DM 2,–
Erweckung unter den Zulus (von Erlo Stegen)	112 Seiten 2. neubearb. Auflage			DM 5,–

b) Die Lebensgeschichte in 13 Teilen

1. Gottes Treue	96 Seiten	DM 3,–
2. Lehrling Gottes	96 Seiten	DM 3,–
3. Von der Arktis zur Antarktis	106 Seiten	DM 3,–
4. In alle Welt	96 Seiten	DM 3,–
5. Volle Genüge	96 Seiten	DM 3,–

6. Seine Hilfe	96 Seiten		DM 3,–
7–8 Besessenheit und Exorzismus	304 Seiten		DM 7,–
9. Stacheln und Nägel	96 Seiten		vergriffen
10. Licht am Abend	96 Seiten		DM 3,–
11. Eingreifen Gottes	112 Seiten		DM 4,–
12. Herrlichkeit des Herrn	112 Seiten		DM 4,–
13. Mit Jesus in alle Welt	288 Texts. 415 farb. Abb.		DM 39,80
(von Dr. H. Pfandl) Aus der Lebensarbeit von Dr. Koch			

c) Für die Seelsorge

Kontakt mit dem Höchsten	64 Seiten	kart.	DM 1,–
Israel	140 Seiten	kart.	DM 4,–
Die Geistesgaben	192 Seiten	kart.	DM 6,–
Bei Ihm (P. Distel = Dr. Koch)	248 Seiten	kart.	DM 6,–
Koreas Beter	80 Seiten	kart.	DM 4,–
Dynamit Gottes (Monod = Dr. Koch)	64 Seiten	kart.	DM 3,–
Die Erweckung in Kanada	94 Seiten	kart.	DM 4,–
Blickfeld Äthiopien	116 Seiten		vergriffen
Untergang der freien Welt	80 Seiten	kart.	DM 4,–
Welt ohne Chance	80 Seiten	kart.	DM 4,–
Leben auf Abruf	109 Seiten	kart.	DM 4,–
Tag X	160 Seiten	kart.	DM 5,–
Angst und Einsamkeit	125 Seiten	kart.	DM 4,–
Dir war sie bestimmt	164 Seiten	kart.	DM 6,–
Wie findet man Jesus	142 Seiten	fester Einb.	DM 7,–
Jesus lebt (Neuauflage)	96 Seiten	kart.	DM 4,–
Jesus heilt (Neuauflage)	96 Seiten	kart.	DM 4,–
Jesus siegt (Neuauflage)	96 Seiten	kart.	DM 4,–
Der Höhenflug	80 Seiten		DM 3,–
Die dämonische Unterwanderung der Kirche	80 Seiten		DM 4,–
Weichenstellung	256 Seiten	kart.	DM 9,80

III. Hilfe bei Belastungen

Seelsorge und Medialität 26. Aufl.	688 Seiten	fester Einb.	DM 24,80
Seelsorge und Okkultismus	350 Seiten	kart.	DM 14,80
Okkultes ABC, 3. Auflage	832 Seiten	fester Einb.	DM 24,80
Heilung und Befreiung	139 Seiten	kart.	DM 4,–
Wahrsagen und Folgen	64 Seiten	kart.	DM 1,50
Der Spiritismus	48 Seiten	kart.	DM 1,50

Magie	48 Seiten	kart.	DM	1,50
Wider das 6./7. Buch Mose	16 Seiten		DM	1,–

IV: Englische Bücher von Dr. Koch

Christian Counselling	338 pages	pb.	DM 15,–
Occult Bondage and Deliverance	197 pages	pb.	DM 10,–
Devil's Alphabet	160 pages	pb.	DM 8,80
Between Christ and Satan	191 pages	pb.	DM 8,80
Demonology Past and Present	161 pages	pb.	DM 8,80
Wine of God	167 pages	pb.	DM 6,–
Occult ABC	520 pages	pb.	DM 16,–
The Coming One	94 pages	pb.	DM 4,–
World without Chance	80 pages	pb.	DM 4,–
Revival in Indonesia	300 pages	pb.	DM 8,–
Revival Fires in Canada	80 pages	pb.	DM 4.–
Victory through Persecution	70 pages	pb.	DM 3,–
Day X	80 pages	pb.	DM 4,–
Speaking in Tongues	48 pages	pb.	DM 4,–
God among the Zulus	336 pages	pb.	DM 12,–
Charismatic Gifts	174 pages	pb.	DM 6,–

V. Französische Bücher von Dr. Koch

Le Dr. Kurt E. Koch a écrit en allemand, sa langue maternelle, plus de 70 ouvrages. Nous connaissons présentement plus de 60 traductions de ses écrits en français, chinois, grecque, anglais, espagnol, portugais, danois, norvégien, suédois, finnois, japonais, coréen, polonais, afrikaans, hongrois, italien, taiwanese, burmese, telugu, pidgin-english, shipibo, conibo, tschécoslovaque ect. Certaines de ses œuvres ont paru sous un pseudonym.

Occultisme et cure d'ame	360 pages	DM 16,50
Entre Christ et Satan	168 pages	DM 8,80
Les ruses de Satan	400 pages	DM 16,80
Esclavage occulte et délivrance	170 pages	DM 8,80
Le conflit des langues	49 pages	DM 2,50
Le Jour „X"	150 pages	DM 5,–
Le Réveil de Timor	64 pages	DM 3,–
Quand les Coréens prient	64 pages	DM 3,–
Puissance plus grande que la Dynamite	62 pages	DM 3,–
Dieu parmi les Zoulous	320 pages	DM 16,80

VII. Spanische Bücher von Dr. Koch

El Diccionario del Diablo	162 Seiten	DM 8,80
Entre Christo y Satanas	202 Seiten	DM 8,80
Occultismo y Cura de Almas	280 Seiten	DM 16,80

SEELSORGE UND OKKULTISMUS

von Dr. Kurt E. Koch

Dieses grundlegende Standardwerk ist in der 25. Auflage (Jubiläumsausgabe 1982) um einen zweiten Teil **Medialität aus der Sicht der Seelsorge** erweitert worden. Das Buch umfaßt 688 Seiten. Durch eine Subvention ist der Preis nur DM 24,80.

Unter anderem werden in dem zweiten Teil folgende Probleme behandelt: Parapsychologische Unterwanderung der Seelsorge – Der Begriff der Medialität – Die mediale Heilkunst – Die Vererbung der medialen Fähigkeiten – Übertragung der medialen Kräfte – Magisches Experimentieren – Umkehrung medialer Kräfte (maleficium = Ihr Einsatz, Böses zu tun) – Der Ursprung der medialen Kräfte – Die Auswirkungen – Die Befreiung. Exkurs: Heilmagnetismus und Homöopathie.
Alle Kapitel sind christozentrisch ausgerichtet. 175 Originalfälle aus der seelsorgerlichen Arbeit machen das Buch für jedermann verständlich.

Das Buch erhielt 1984 in Antwerpen einen internationalen Buchpreis.

Bezugsquellen sämtlicher Titel:

Hänssler-Verlag, D-7303 Neuhausen
M. Rahner, Knüllweg 4, D-6420 Lauterbach
Brunnen Verlag, Wallstrasse 6, CH-4002 Basel

Die Bibel- und Schriftenmission Aglasterhausen erledigt keine Bestellungen.